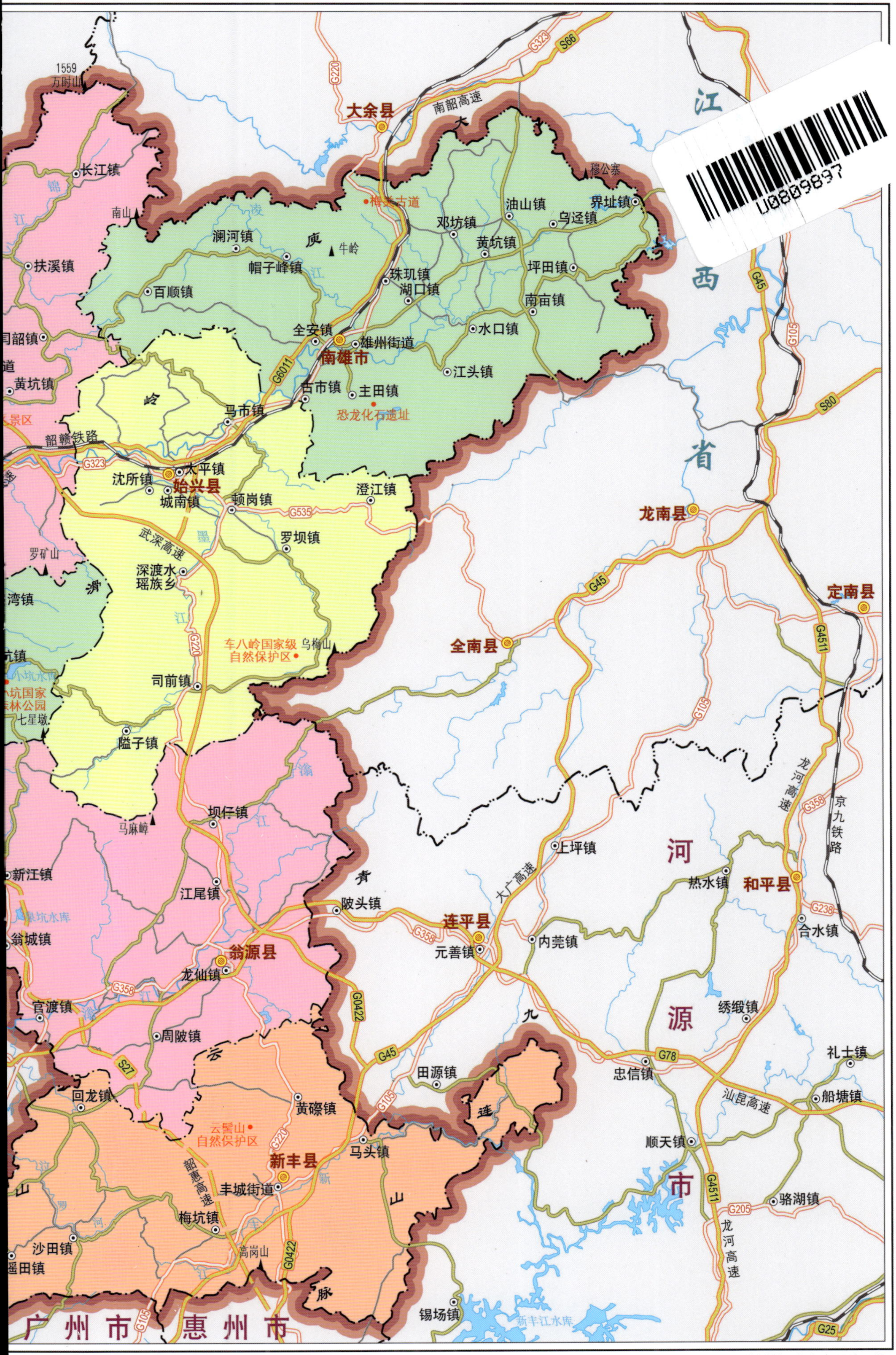

审图号：韶S（2020）1号

韶关年鉴

SHAOGUAN NIANJIAN

2021

韶关年鉴编纂委员会　编

方志出版社
Publishing House of Local Records

图书在版编目（CIP）数据

韶关年鉴. 2021 / 韶关年鉴编纂委员会编. -- 北京:
方志出版社, 2021.12
ISBN 978-7-5144-4891-7

Ⅰ. ①韶… Ⅱ. ①韶… Ⅲ. ①韶关 — 2021 — 年鉴
Ⅳ. ①Z526.53

中国版本图书馆CIP数据核字（2021）第255483号

韶关年鉴（2021）

编　　者：韶关年鉴编纂委员会
责任编辑：刘方圆

出 版 者：方志出版社
地址　北京市朝阳区潘家园东里9号（国家方志馆4层）
邮编　100021
网址　http://www.zgfzcb.cn
发　　行：方志出版社图书经销中心
电话（010）67110500
经　　销：各地新华书店
印　　刷：韶关市典经社彩印有限公司

开　　本：889 × 1194　1/16
印　　张：30.5
字　　数：997千字
版　　次：2021年12月第1版　2021年12月第1次印刷
印　　数：001 ~ 1500册

ISBN 978-7-5144-4891-7　定价：260.00元

《韶关年鉴》编纂委员会

《韶关年鉴》编辑部

撰稿人名单

（按姓氏笔画顺序排列）

马 玄	王 丹	王贵妹	王家龙	王福苗	方田瑛	方 勇	邓远泉
邓 佳	邓桂文	左桂华	卢阳雯	卢宥霖	卢 颖	叶伟标	叶志威
田秋菊	史 超	兰光有	成志军	朱红梅	朱丽娟	朱 莹	朱 健
朱 益	朱智祯	伍雪龙	伍 遥	华永锋	华彩虹	向丽霞	向 婧
刘志荣	刘秀易	刘明涛	刘 珊	刘俊勇	刘姣妹	刘耿萍	刘 涛
刘清华	刘 维	刘 超	刘 超	刘锡禧	刘 蔚	许少强	阮 昆
阮 智	纪烈焕	苏彩婷	李义华	李 双	李红艳	李国华	李 孟
李荣臻	李胜选	李倩倩	李陶猛	李 敏	李 阎	李清平	杨文怡
杨文捷	杨 旦	杨永其	杨伟剑	杨 浩	杨慧颖	肖仕胜	肖钧元
肖 萍	时会璞	吴云籼	吴丹丹	吴玉学	吴柳亭	吴朝阳	吴雅宸
吴 颖	邱海燕	何秋懿	何晓丽	何跃裕	何惠琦	余姗姗	邹 云
宋文婷	宋仕广	张 宇	张建明	张春玲	张秋利	张秋妹	张晓华
张钰廷	张曼曼	张银双	张智生	张瑞锋	张 静	陈于兵	陈文顺
陈文婷	陈立新	陈沛豪	陈 彦	陈 恺	陈艳君	陈晓丹	陈晓坚
陈晓聪	陈惠韶	陈福兵	林清然	欧阳宛华	欧金美	欧彩秀	罗 炅

罗钦洪　罗　艳　罗盛芳　岳倩雯　周生录　周欣凯　周晓飞　周　煜

庞靖茹　郑小侠　郑　彬　赵天养　赵伯佬　赵祎伶　赵湘敏　胡艳萍

胡　娟　钟达贵　钟志伟　侯淑琼　饶丽华　饶雅琴　聂圣怡　桂文杰

徐文涛　徐孝东　徐　希　徐俊喜　高　凡　郭冠文　郭寅飞　黄少忠

黄文华　黄文武　黄　平　黄永雄　黄吉万　黄　旭　黄远习　黄志浩

黄　健　黄家辉　黄婷婷　龚　华　梁昊涛　梁恬馨　巢若曦　琚荣荣

彭小峰　彭丽娜　彭裕强　彭僖华　董素梅　曾炳权　曾　莹　温　菁

温　舜　谢人权　谢光明　谢细榕　谢家斌　谢嘉文　赖凤玲　赖香军

雷思昑　廖永聪　廖先宏　廖志刚　谭兴华　谭景成　熊丽萍　缪艺梅

潘光盛　潘国君　薛梅沁　穆　青　戴甲文

2020年，韶关全市地区生产总值1354亿元，人均地区生产总值5.1万元，均居北部生态发展区第二位。图为韶关市区风貌 （张伟　摄）

大美韶关
DAMEI SHAOGUAN

乐昌市坪石金鸡报喜 （温秩玲 摄）

新丰县云髻山 （罗志忠 摄）

浈江区百年东街晚霞 （骆志强 摄）

始兴县满堂客家大围　　（始兴县委宣传部　供）

❶ 2020年12月15日，2020韶关绿色发展产业招商大会举行，集中签约41个项目，投资总额322亿元 （张伟 摄）

❷ 2020年10月15日，京粤（韶关）跨区域产业协作对接洽谈会在北京举行 （张伟 摄）

③ 2020年11月30日，韶关市重点项目开工、竣工暨北江航道（韶关段）扩能升级工程建成通航活动在北江航道工程孟洲坝举行。千吨级全长258千米的北江航道全线贯通，船舶通过北江航道从韶关市区通往珠三角、直达港澳的通航时间缩短　　（韶关日报社　供）

④ 2020年11月28日，首届广东省北部生态发展区（韶关）农业招商大会在韶关举行，韶关市、清远市、梅州市、河源市、云浮市五个地级市人民政府共同签订《广东省北部生态发展区现代农业高质量发展合作框架协议》，达成十条共识（简称“丹霞山共识”），签约项目70个，签约总额227.94亿元

（张伟　摄）

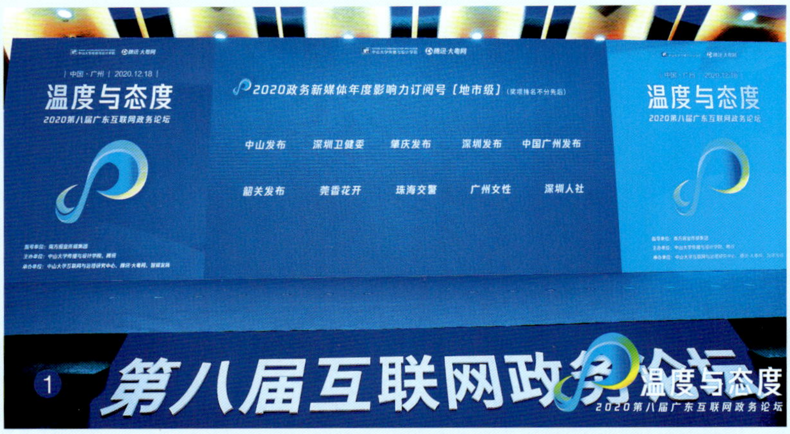

❶ 2020年12月18日，“温度与态度”2020第八届广东互联网政务论坛在广州举行，“韶关发布”获“2020政务新媒体年度影响力订阅号（市级）”称号

（韶关日报社　供）

❷ 2020年9月4日，韶关市政府与广州港集团签订韶关港港口建设合作框架协议

（张伟　摄）

❸ 2020年11月，仁化县获“全国文明城市”

（龙全明　摄）

❹ 今日仁化——万里碧道县城锦江河段

（龙全明　摄）

⑤2020年11月27日，见证信仰——2020年韶关市“双拥”晚会在中山公园中心舞台举行　　（邓琴　摄）

年度视点
NIANDU SHIDIAN

❶治理前：广东省乐昌市长来罗村硫铁矿矿山地质环境治理恢复工程EPC总承包 （地质三队 供）

❷治理初期：广东省乐昌市长来罗村硫铁矿矿山地质环境治理恢复工程EPC总承包 （地质三队 供）

❸治理后：广东省乐昌市长来罗村硫铁矿矿山地质环境治理恢复工程EPC总承包 （地质三队 供）

❹2020年，大宝山生态恢复治理工程上榜广东省“十大生态修复样板” （张伟 摄）

❶2020年，仁化县获“国家全域旅游示范区”称号，图为城口红色小镇一角　（龙全明　摄）

❷乐昌市九峰镇入选2020年“全国农业产业强镇建设”名单，图为九峰镇花海　（童铜韶　摄）

❸2020年，翁源县获评“全国村庄清洁行动先进县”，图为坝仔镇一角　（坝仔镇　供）

年度视点
NIANDU SHIDIAN

❶ 2020年6月29日，广东南岭干部学院揭牌 （张伟 摄）

❷ 2020年8月6日，韶关市“十大最美环卫工人”评选表彰现场 （张伟 摄）

❸ 2020年3月10日，市“市树、市花”评选结果公布，市树为香樟树，市花为兰花 （刘嘉健 摄）

3

❶ 2020年2月15日，韶关高速路上的工作人员检查、检测过往车辆及人员 （童铜韶 摄）

❷ 2020年2月6日，乳源东阳光增产扩产支援疫情防控。图为在乳源东阳光电化厂工作人员正在分装次氯酸钠溶液准备消毒 （刘嘉健 摄）

❸ 2020年2月，韶关中行2000万贷款火速支持本市首家口罩生产企业—始兴县赛洁无纺布科技有限公司

❹ 始兴县澄江镇做好疫情防控期间的蔬菜供应工作 （张伟 摄）

❺ 2020年7月，韶关卷烟厂党员参加社区志愿者活动 （许钊杰 摄）

❻ 党员突击队在京珠北韶关公路上指挥交通 （童铜韶 摄）

5

6

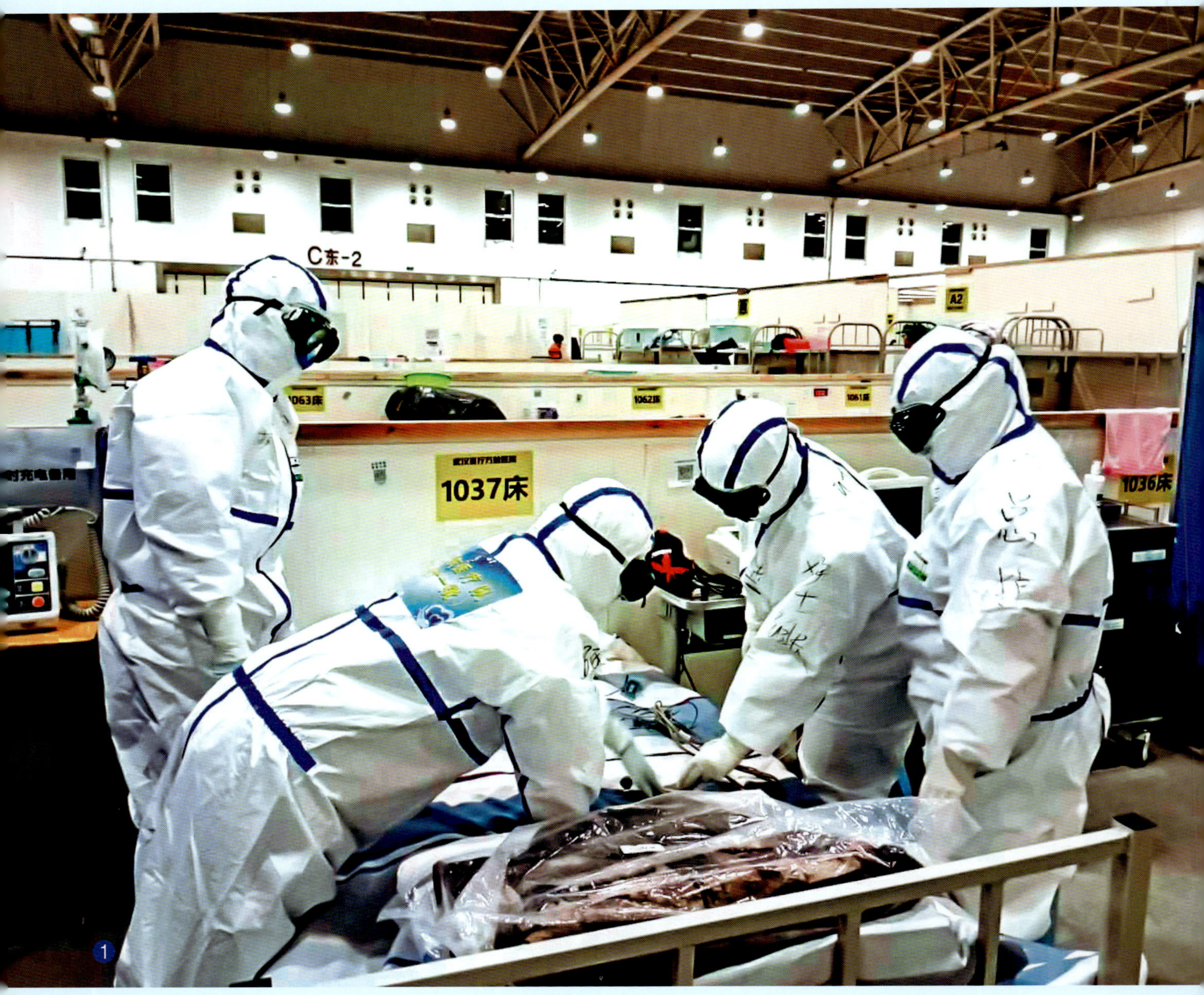

❶ 韶关支援湖北医疗队队员在武汉方舱医院紧急救治病人　（韶关日报社　供）

❷ 2020年2月14日，韶关支援湖北医疗队合影　（韶关日报社　供）

❸ 2020年2月，市邮政公司组织志愿者参与疫情防控口罩封装配送

广东省韶关市支援湖北医疗队
2

城区寄递事业部党务公开栏
3

❶ 韶钢高等级工业线材项目建设进展顺利（张伟　摄）

❷ 浈江区园区在做好疫情防控的同时，推进企业复工复产（童铜韶　摄）

❸ 2020年，欧莱高新材料有限公司一季度的产值逆势比上年增长60%（张伟　摄）

①

抗疫复产

KANGYI FUCHAN

2

3

❶ 2020年11月28日，中国丹霞山扶贫公益行活动在阅丹公路举行。东莞驻韶关市扶贫工作组、共青团广东省委、广东青年发展现代农业促进会、北京深醒魔方有限公司、广州中洲国际会展有限公司、广东东西部扶贫协作产品交易有限公司等8个单位，公司认购4.68亿元扶贫产品　　　　（市农业农村局　供）

❷ 2020年3月17日，在韶关市曲江区大塘镇东岗岭村蝴蝶兰扶贫产业基地，工作人员正在打理兰花　（冯兆宇　摄）

③ 阳光玫瑰葡萄大棚带动南雄市扶贫产业集群连片发展 （张伟 摄）

④ 乳源瑶族自治县一六镇发展蔬菜种植 （张伟 摄）

⑤ 乐昌市大源镇永济桥村发展蜜蜂代养代销项目，该村贫困户人均年收入达到1.7万元，全部实现脱贫 （张伟 摄）

❶ 乐昌市廊田村建成美丽新农村　（张伟　摄）

❷ 南雄市古市镇丰源村村口　（张伟　摄）

❸ 翁源县坝仔镇金星村俯瞰　（张伟　摄）

美丽乡村

MEILI XIANGCUN

❶ 新丰县马头镇秀田村利用当地古枫树建起古树公园，打造乡村旅游景点 （潘俊才　摄）

❷ 乳源瑶族自治县乳城镇云门村委胡屋清拆前

❸ 乳源瑶族自治县乳城镇云门村委胡屋清拆后，乡村面貌焕然一新 （许燕萍　摄）

❹ 南雄市灵潭村初心公园 （王志珍　摄）

南粤驿道
定向大赛
2020 · 第一站
韶关乐昌
终
FINISH
点
1

❶ 2020年6月14日，南粤古驿道“Hello5G杯”定向大赛第一站赛事在韶关市乐昌坪石镇举行　　（王志珍　摄）

❷ 2020年9月22日，始兴县在该县深渡水瑶族乡长梅村举行2020年“中国农民丰收节”暨消费扶贫月活动　　（始兴县宣传部　供）

韶关
丹霞100
FINISH
FINISH

韶关市首届网络文化节
正式启动

第十三届 农行杯
穿越丹霞山50公里徒步赛

❶ 2020年12月19日，广东100跑山系列赛总决赛暨2020丹霞100跑山赛在韶关仁化丹霞山风景名胜区举行（市文广旅体局　供）

❷ 韶关市首届网络文化节启动（市网信办　供）

❸ 独家冠名第十三届“农行杯”穿越丹霞山50公里徒步赛（农行韶关分行　供）

❹ 2020年1月4日，“描绘善美城 画说价值观”第二届千人绘画大赛在韶关市区中山公园举行（冯兆宇　摄）

❶ 2020年8月29日，“南粤家政”技能大赛暨“韶关保姆”评选活动闭幕式“韶关市技术能手”颁奖
（市商务局　供）

❷ 2020年10月29日，韶关市第二届“粤菜师傅”技能工匠大赛现场　（市商务局　供）

❸ 2020年12月29日，第二届“粤菜师傅”技能工匠大赛颁奖　（市商务局　供）

文化
生活
WENHUA SHENGHUO

2

3

数字韶关·2020

- ◆土地面积 1.85万平方千米
- ◆年末户籍人口 336.6万人
- ◆地区生产总值 1353.49亿元
- ◆第一产业增加值 198.36亿元
- ◆第二产业增加值 464.8亿元
- ◆第三产业增加值 690.33亿元
- ◆第一、第二、第三产业构成 14.7∶34.3∶51.0
- ◆农林牧渔业总产值 335.8亿元
- ◆全社会固定资产投资比上年增长 2.8%
- ◆全社会消费品零售总额 445.3亿元
- ◆地方一般公共预算收入 105.1亿元
- ◆地方一般公共预算支出 394.4亿元
- ◆各项税收 54.8亿元
- ◆金融机构存款余额 2090亿元
- ◆全体居民人均可支配收入 27546元
- ◆城镇居民人均可支配收入 34418元
- ◆农村居民人均可支配收入 18289元
- ◆脱贫人数 8.28万人
- ◆全日制高等学校学生数 44168人
- ◆技工学校学生数 19590人
- ◆普通中学在校学生数 159587人
- ◆医疗卫生床位数 1.93万张
- ◆境内公路通车里程 1.71万千米
- ◆自然保护区面积 25.2万公顷
- ◆外贸出口总额 71.1亿元
- ◆外贸进口总额 112.5亿元
- ◆实际利用外资总额 2.03亿美元
- ◆接待旅游总人数 596.34万人次
- ◆旅游总收入 60.8亿元

编辑说明

一、《韶关年鉴(2021)》以马克思列宁主义、毛泽东思想、邓小平理论、“三个代表”重要思想、科学发展观、习近平新时代中国特色社会主义思想为指导,坚持辩证唯物主义和历史唯物主义的立场、观点和方法,全面、准确地记录韶关市自然、政治、经济、文化、社会等方面基本情况,为读者了解和研究韶关提供基础资料。

二、《韶关年鉴(2021)》采用分类编辑法,主体内容设类目、分目、条目,以条目为基本记载单元。全书条目的标题统一用黑体加【　】表示,少数包含多方面资料的条目则在文内用楷体标题标明各段资料的主题。

三、《韶关年鉴(2021)》着重反映 2020 年韶关市的基本情况。全书设特辑、大事记、市情概览、中共韶关市委、韶关市人大、韶关市政府、中国人民政治协商会议韶关市委员会、韶关市纪委监委、民主党派·工商联、群众团体、法治、军事、经济管理、交通、粤北生态发展区建设、开放型经济、农业、工业、商贸服务业、信息业、旅游业、房地产业、金融业、城市建设和管理、乡村建设、科学技术、教育、文化、体育、卫生健康、收入与消费、社会事务、社会治理、县(市、区)和功能区、人物、附录,共计 997 千字。

四、本年鉴主要统计数据均经撰稿单位与统计部门核对,某些对应指标数据在上年出版后做了调整的,一般不予注明,而以本年出版的韶关市统计局提供的《韶关统计摘要》为准。

五、本年鉴配备双重检索系统,书前刊有目录,书后配有索引。索引采用主题分析法,款目按汉语拼音字母顺序排列。

六、全书内容在省情信息网(http:// www.gd.gov.cn/)上同步推出。

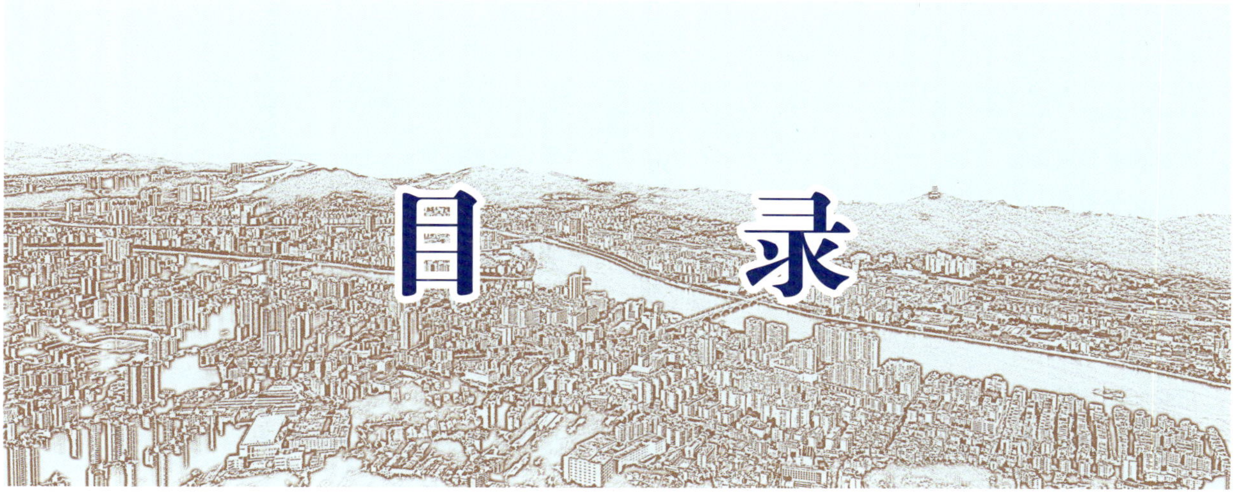

目 录

特 辑

大事记

市情概览

中共韶关市委

韶关市人大

韶关市政府

中国人民政治协商会议韶关市委员会

韶关市纪委监委

民主党派·工商联

群众团体

法治

军　事

经济管理

交 通

粤北生态发展区建设

开放型经济

农 业

工 业

商贸服务业

信息业

旅游业

房地产业

金融业

城市建设和管理

乡村建设

科学技术

教 育

文 化

体 育

卫生健康

收入与消费

社会事务

社会治理

县（市、区）和功能区

人　物

附　录

索　引

韶关市抗击新冠肺炎疫情

2020 年 1 月 16 日，省政府召开新型冠状病毒感染的肺炎疫情电视电话会议后，韶关市立即启动联防联控机制。1 月 23 日，成立韶关市防控新冠肺炎疫情指挥部。1 月 28 日，韶关市委组织部印发《关于组织全市机关在职党员干部到社区报到做好新型冠状病毒感染的肺炎疫情防控工作的通知》。从 2020 年 1 月 21 日确诊首例新冠肺炎病例，到 3 月 8 日最后一名确诊病例治愈出院，再到毫不松懈抓好常态化疫情防控，做到医护人员“零感染”、本地社区“零传播”。疫情防控相关做法、成效得到国务院疫情获防联控工作第十八指导组和省委、省政府有关领导的肯定，为全省疫情防控大局做出韶关贡献。

在疫情防控形势严峻期间，市党政主要领导、其他班子成员每天到防控一线检查督导、督促防控，市县镇村坚持网格化管理，做好排查、巡查、宣传和管控工作。医务人员舍生忘死奋战“抗疫”一线，全市 22000 多名医务工作者在医疗岗位上尽职守责。全市 400 多名医务人员驻守在各交通检查点；粤北人民医院“互联网医院”80 多名线上医生全天候接受群众有关咨询。来自全市 12 家医院的 31 名医护人员组成韶关支援湖北医疗队，分批奔赴湖北“抗疫”。

韶关市组织公安交警、卫健、交通、林业、农业等部门，在所有出入广东省的高速公路、国省道和县道、乡道，设置 77 个检疫检查站（其中 4 个省际检查站），24 小时全天候开展检疫检查。在每个检查站成立临时党支部，抽调 90 名市直单位处级干部担任市际检查站临时党支部第一书记。从市县两级机关选拔 2257 名党员干部，组成“党员志愿者突击队”，设立“党员先锋岗”。各级党员干部共检查车辆 192.98 万辆次，检测司乘人员体温 465.76 万人次，发现发热等健康异常人员 506 人，采取防护措施并转送至医疗机构 392 人。

市县两级组织部门以 1441 个社区（村）为基础单元，在全市划分 7158 个疫情防控网格，1 月 28 日（大年初四）起，市委组织部组织动员 1 万多名市县机关党员干部前往社区报到，协助基层社区疫情防控。市委组织部牵头负责市辖三区“网格化”疫情防控工作，成立 3 个由副部长任组长的包片工作组下沉社区一线督促指导；挑选 79 名机关干部担任中心城区社区临时党组织第一书记。截至 2020 年 5 月底，全市疫情防控形势全面好转，到社区报到党员干部累计发放宣传资料 488 万份，入户宣传排查 238 万户次，制止群众集聚活动 1.9 万起，为居家医学观察或出行不便的群众提供代买代办等服务 7.5 万次。

全市人民自觉遵守防疫要求，全市各劳动者敬业奉献，合力阻断病毒传播渠道。省直部门、兄弟地市和社

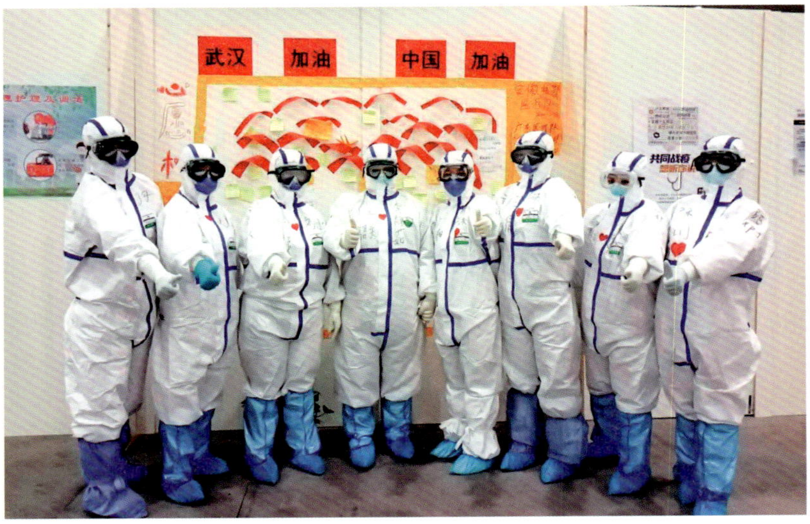

2020 年 2 月，韶关南雄市人民医院重症医学科护士刘细妹正在武汉方舱医院，与她的同伴一起开始繁忙的一天

（韶关日报　供）

会各界助力韶关疫情防控。南方医科大学南方医院医疗专家团队、省新冠肺炎医疗救治专家亲赴韶关会诊，钟南山院士等专家多次组织远程会诊。东莞市捐赠价值近600万元的紧急防疫物资，协助韶关建成首条口罩生产线，推动韶关口罩日产量达200万只。韶关市高信塑胶制品有限公司在医用防护服密封胶条生产上占据全国约70%的市场份额，被工信部办公厅确定为疫情防控重点保障企业。

疫情得到控制后，市委、市政府指导工信、商务、农业、教育等部门做好全市复工复耕复学工作。落实省支持企业复工复产20条政策措施，开展"暖企稳产"专项行动，出台支持旅游服务业39条等惠企纾困政策。落实领导干部分片包干责任制，市县领导干部全覆盖联系所有镇(街)，县镇领导干部全覆盖联系所有村(社区)，300多名市县领导干部"一对一"直接联系企业，配备专门的党员网格员对接服务复工复产企业。3月26日，全市规模以上工业企业全部实现复工复产。受疫情影响较大的餐饮业营业收入7月起实现当月正增长、住宿业营业收入9月起实现当月正增长，两项指标全年增速均排全省前列。

市农业部门成立6个工作组，服务农业龙头企业复工复产，组织220多名农技人员组成50多个党员服务小分队，分头分批指导农民群众开展春耕生产。全市春耕农资化肥就位率、农药就位率均达100%，春种进度较往年快3~5天。

组织开展线上教育，安排驻村干部、大学生志愿者或学校老师进行学习指导，为2201名学生解决设备问题，为2739名学生解决网络问题，实现中小学生在线率100%。指导教育系统党组织和党员做实做细开学复学工作，全市中小学、幼儿园42万名学生顺利实现复学。

市委、市政府周密部署常态化疫情防控工作，持续落实市县镇村四级网格化管理，完善冷链食品防疫工作机制，健全车站、医院、农贸市场等人流密集场所安全措施，开展集中隔离场所新冠肺炎疫情处置演练，从严控制举办聚集性活动，充分发挥发热门诊、诊所、药店等"哨点"监测作用，强化物资供应保障，持续巩固疫情防控成果。

市委组织部于2020年4月29日印发《关于组织在职党员到社区报到开展服务的工作方案》，着力构建"社区吹哨、党员报到"工作机制，组织全市机关、国企、事业单位6万多名在职党员回居住地社区报到服务。将233个社区作为一级网格，以居民小组、物业小区等为二级网格1091个，楼栋等为三级网格9162个。

全市吸纳44名在防控一线表现特别突出的优秀分子入党。市县两级组织部门统筹划拨900万元党费，用于支持基层紧急采购防疫物资；及时划拨党的基层组织建设保障经费5亿多元，保障和支持基层党组织和党员开展疫情防控工作。争取财政资金3017.77万元，对9911名参加防疫的村(社区)"两委"干部和城乡社区专职工作者，按照每人每天100元的标准进行补助。全市175360名党员捐款1560.42万元支持新冠肺炎疫情防控工作。疫情大考中，韶关涌现出一大批先进典型和感人事迹，其中全国先进个人1人，全省先进个人30人、先进集体8个、优秀共产党员4人、先进基层党组织2个，全市先进个人225人、先进集体75个、优秀共产党员35人、优秀基层党组织25个。

韶关市"十三五"回眸

"十三五"期间，韶关市获全国双拥模范城"四连冠"，获评全国绿化模范城市、最美中国文化旅游名城，是全省唯一的国家产业转型升级示范区、国家绿色矿业发展示范区、国家山水林田湖草生态保护修复试点市。

一、政治方面。提升政府效能，优化营商环境。调整435项市级权责清单事项，415项高频县级事项下沉镇村办理，基本完成乡镇(街道)体制改革，"证照分离"改革实现"24证合一"。

政务服务水平显著提升，营商环境综合评价和企业开办便利度均居粤东粤西粤北第一。"数字政府"改革建设走在全省前列，在全省率先完成"一门式一网式"系统延伸到所有镇村，全市1.8万多项事项实现最多跑一次，市县两级事项网上可办率达90%。"十三五"期间，韶关市建成广东"数字政府"政务云平台韶关节点、欠发达地区政务云平台、韶关自建政务云平台"三朵云"，全市非涉密电子政务外网实现上连省、横向连接党政机关、下连10个县(市、区)和镇(街)村(居)的网络体系。扩大"数字政府"应用范围，"粤省事"韶关专版上线事项782项，"粤省事"韶关本地注册用户数超过180万户，"粤政易"开通数6.3万人，注册数、激活率和激活度居全省前列。

2016年以来，全市共召开市委深改委(组)会议12次，传达学习中央、省委改革精神文件29份，先后研究制定《中共韶关市委关于加快推进新时代全面深化改革的实施意见》、年度改革工作要点、东莞韶关深化改革对接行动年度工作计划等55份重要改革文件，推动全面深化改革的布局科学有序。制定出台深改委(组)、专项小组和改革办工作制度，推动形成"深改委(组)统筹决策、专项小组分块抓总、牵头部门主责实施、参与部门各尽其责、改革办协调督促"的良好工作格局。"十三五"期间，市委印发实施《中共韶关市委关于加快推进新时代全面深化改革的实施意见》，推出一批重点领域和关键环节改革，生态保护、营商环境、文化、民生保障、党的建设等10项重大改革任务相继落地，成效显著。完成市与区权责关系改革，"数字政府"改革建设走在全省前列，企业开办便利度居全省第六，2018年度、2019年度连续两年河长制考核被省评为"优秀"等次，成功创建广东省推进教育现代化先进市。

2019年，韶关市优化人才管理体制和引进、使用、保障机制，大力实施"丹霞英才计划"，实行人才编制动态管理、分类管理，积极引进各领域紧缺适用人才。专门建立"一对一、手把手、实打实"导师帮扶制度。

截至2020年10月31日，全市累计引进“丹霞英才”2590名，其中博士研究生33名、硕士研究生827名、本科生1730名。以“丹霞英才计划”为代表的韶关市人才体制机制改革经验受到人民日报客户端的关注和深入报道。有效衔接全面脱贫与乡村振兴，全市共实施新时期精准扶贫项目7087个，完成21.31亿元扶贫资产的确权工作，南雄市、翁源县、仁化县等地探索出各具特色的经验做法。为全国扶贫资产管理贡献“韶关模式”。7月13日，韶关市被省扶贫办列为广东省扶贫资金资产管理改革先行示范试点市。市出台《关于做好开放或半开放式居民区封闭式管理规范化建设工作指导意见》，创新“先试点、后推广”“先围蔽、后提升”的路径方法，在开放或半开放式居民区实施封闭式管理规范化建设。完成第一批市辖三区11个试点小区建设，涉及住宅楼464栋，住户3282户共计11307人，第二批试点从市辖三区扩展到县（市）。出台《韶关市改革创新典型案例评选方案（试行）》，从2020年起开展韶关市改革创新典型案例评选活动，以市委深改委名义对评选为典型案例的牵头和主要配合单位进行表扬通报。2020年，10个县（市、区）将21项县级特色改革事项列入2020年市委深改委工作要点。

二、经济方面。2020年，全市地区生产总值增长3%，居全省第六位。实际利用外资增长1.5倍，居全省前列。推进产业转型升级，加快新旧动能转换。韶关在北部生态发展区中唯一获评全省制造业发展较好地市。工业投资增长11.9%。规上工业增加值增长3%，居全省第五位。华韶数据谷等项目建设加快。南雄、乳源成功创建省级高新区，净增高新技术企业72家。14个镇、118个村被评为省级“一村一品、一镇一业”专业村镇。工业运行质量显著提升，累计完成工业投资1018亿元，其中技改投资317亿元。创新驱动能力显著提升，研发经费支出占GDP的比重连续5年位居粤东粤西粤北第一。高新技术企业308家，比2015年增长8倍。融入粤港澳大湾区和深圳先行示范区取得重大进展。基本融入大湾区城市1小时生活圈经济圈，基本构建“八高三铁两航”现代综合交通运输体系。第二轮莞韶对口帮扶以来两市共投入产业共建专项资金29亿元，签约亿元以上项目313个，“2+10+N”园区建设提速；融入广佛肇清云韶经济圈和广州都市圈，新增粤港澳大湾区“菜篮子”生产基地34家。推进重点领域改革取得重大进展。供给侧结构性改革推进，累计淘汰落后钢铁产能315万吨，完成补短板投资350亿元，为企业降成本148亿元。启动国家产融合作试点工作。林业碳普惠改革经验在全省推广。农村集体产权制度改革等国家级试点取得成效。综合竞争力实现新突破。全市地区生产总值1354亿元，居北部生态发展区第二位。三次产业结构调整为14.7：34.3：51。

韶关市通过加快推动电子信息、装备制造、新材料、生物医药、大数据、汽车及零部件等高新产业集群发展，提升产业的整体竞争力，同时推动传统优势产业绿色化转型、智能化升级和数字化赋能。

发展生态旅游方面，“大丹霞、大南华、大南岭、大珠玑”等四大龙头景区成效初显，成功举办徒步穿越丹霞等66场大型文旅活动，仁化县被评为国家全域旅游示范区，始兴县获评国家生态文明建设示范县和中国生态康养胜地，翁源兰花电商创业园建成启用，国兰销量占全国60%。

三、文化方面。创建研学基地（营地）21家，举办徒步穿越丹霞等66场大型文旅活动。仁化被评为国家全域旅游示范区。

广东南岭干部学院建成使用，成为全省红色教育新高地。建成新时代文明实践中心（所、站）920个。建成风度书房71间。

“十三五”期间，红军长征粤北纪念馆、斌庐、两塘书院、浈江区图书馆、武江区文化馆等文化场馆先后建成并开放，公共文化服务水平显著提升。村（社区）综合性文化服务中心建设不断推进，“十三五”期间全市建成村（社区）综合性文化服务中心1430个，基本实现全覆盖。各级公共图书馆、博物馆、文化馆（站）全部实现零门槛免费开放，保障广大群众的基本文化权益。图书馆、文化馆总分馆制建设推进，全市二级以上图书馆、文化馆全部建成总分馆制。“十三五”期间，韶关市各类文化活动和节庆活动蓬勃开展，尤其是韶关市实施“一年民间艺术，一年音乐舞蹈，一年戏剧曲艺”品牌战略，举办韶关市音乐舞蹈花会、韶关市民间艺术花会和韶关市戏剧曲艺花会，丰富群众的文化生活，提升人民群众的获得感和幸福感。自2018年12月机构改革后，韶关市以文化旅游体育融合发展为方向，先后举办韶关市第二届音乐舞蹈花会、2019年环粤港澳大湾区城市自行车挑战赛（韶关站）暨环丹霞山自行车赛、2020年南粤古驿道定向大赛首站（乐昌坪石）等一系列大型活动。其中，丹霞山七夕浪漫嘉年华活动还获得2019中国旅游影响力年度营销推广活动奖项。先后推出扶贫主题《枫树湾近事》、工矿题材《51号信箱》等舞台精品。《51号信箱》入选广东省文艺创作生产重点选题（戏剧），并参加“岭南风华·我爱你中国——广东省庆祝中华人民共和国成立70周年舞台艺术精品展”。

2019年，韶关市有关部门与中国音乐家协会主席叶小纲团队合作，创作以韶乐为主题的交响组曲《新韶九章》，并在广州大剧院进行首演。瑶族原创音乐剧《过山“谣”》获得广东省第十一届精神文明建设“五个一工程”奖，《51号信箱》和乳源《过山“谣”》入围广东省第十四届艺术节，乳源县《瑶山飞来一群金鸪鸪》获广东省第七届群众音乐舞蹈花会金奖，《卖杂货》和《阿三戏公爷》参加2018年全国采茶戏会演。

2016年以来，西京古道被公布为第八批全国重点文物保护单位。大坪南昌起义军和红七军革命活动旧址、书堂石遗址、宜乐古道老坪石段等13处文物保护单位被公布为第九批广东省文物保护单位。全市有国家级文物保护单位10处，省级文物保护单位57处。乳源西京古道活化利用项目、华南教育历史研学基地项目被评为2020年度广东省文物古迹活化利用典型案例。

七个县(市、区)入选第二批革命文物保护利用片区，韶关市也是广东省内唯一入选该项目长征片区(红一方面军)的地级市，其中仁化县、乐昌市、南雄市三县(市)成功入选。

“十三五”期间，全市新增省级非遗项目5个、市级非遗项目19个；新增国家级非物质文化遗产代表性传承人2名、省级非遗传承人9名、市级非遗传承人15名。2020年6月，2020年“文化和自然遗产日”非遗宣传展示广东主会场暨“全域旅游在行动·广东人游广东”健康出行季系列活动在韶关市举办。

南雄罗曼水晶钢琴生产基地、翁源兰花文化创意产业园、始兴盛怡制笔产业园等一批文化产业项目(产业园区)建设稳步推进；瑶族刺绣、丹霞红豆饰品等以非遗项目为设计元素开发的文创产品，深受市民和游客喜爱。

“十三五”期间，韶关市制定《韶关市文化旅游融合发展示范区创建办法》，“珠玑古巷·梅关古道”景区被评为省级文化旅游融合发展示范区，仁化县石塘古村等11个项目被评为市级文化与旅游融合发展示范区。在2019年的深圳文博会中，韶关市获“优秀组织奖”“优秀展示奖”，非遗作品手拉壶《五福临门》《石破天惊》获“中国工艺美术文化创意奖”银奖。

“十三五”期间，韶关市全面贯彻落实国家、省市创新驱动发展战略部署，先后出台《韶关市人民政府关于进一步促进科技创新若干政策措施》《韶关市加快培育高新技术企业扶持办法》等政策。该政策涵盖加强创新主体培育扶持、加快企业研发能力提升、强化区域创新能力建设、优化科技创新生态等八个方面的内容，初步形成“众创空间+孵化器+加速器”孵化育成体系，推动建立以企业为主体、市场为导向，产学研结合的技术创新体系。

“十三五”期间，韶关市有13个项目获得省科学技术奖，1个项目获得国家科学技术奖。东阳光“高能量安全快充型动力电池关键技术研究及产业化”项目获得省重点领域研发计划重大科技专项1000万元支持，韶钢“高品质热作模具钢研发与产业化”、利民制药厂“参芪扶正注射液上市后系统再评价研究”、仁化奥达“竹重组材制备关键装备研发”、欧莱“高迁移率氧化物半导体溅射靶材研究及显示应用”等4个项目获得2020年省重点领域研发计划3100万元的专项资金支持。在知识产权工作方面，2018年获得第二十届中国专利优秀奖1项，完成知识产权质押融资贷款3500多万元，实现零的突破。推动科技创新交流与产学研结合，2018年成立航天医学产业研究院，2019年与北京理工大学空间生物与医学工程研究所签订战略合作协议。2019年，中科院新型特种精细化学品技术创新与产业化联盟中试与产业化验证平台在南雄建成揭牌。2020年3月，韶关市与北京跨区域产业协作中心签订《京粤(韶关)跨区域产业协作服务协议》。10月15日，京粤(韶关)跨区域产业协作对接洽谈会在北京举行，现场集中签约项目18个。

韶关市着重在科技创新平台建设方面持续发力，2019年韶关国家农业科技园区通过科技部验收，韶关高新区升级国家高新区通过科技部专家现场调研咨询。2020年，乳源经济开发区创建省级高新区，南雄产业转移工业园通过省级高新区专家现场考察。省矿产应用研究所、利民制药厂被列入省重点实验室，省级新型研发机构总量由2015年的2家增至如今6家。截至2020年年底，韶关市拥有国家级孵化器1个、省级孵化器4个、省级众创空间5个、市级孵化器3个、市级众创空间4个，亿元以上企业研发机构覆盖率达61%，规模以上企业研发机构覆盖率52%，进一步增强韶关市企业的自主创新能力。

四、社会。城乡面貌明显改善。城市建成区面积比2015年扩大23.7平方千米，县城和乡镇面貌焕然一新，乡村振兴走在全省前列。社会治理明显改善。群众安全感稳居全省前列，法治广东考评居粤东粤西粤北第二，食品安全工作考核居粤东粤西粤北首位。民生福祉明显改善。城乡居民人均可支配收入达2.73万元。全市278个省定贫困村和32376户82823名贫困人口全部脱贫出列。

韶关坚决守好广东疫情防控“北大门”，在全省率先开展机关党员干部到社区报到工作，48天实现全部病例清零。出台复工复产19条等惠企纾困政策措施，稳住经济基本盘。推进城乡建设，改善人居环境。武江大道南等道路贯通，韶关国际会展中心等项目基本建成，韶州公园等建成提升，韶州中学等加速推进。市区完成30个老旧小区和8家农贸市场改造。10个县(市、区)品质提升和50个镇(街)整治提升成效明显，打造“兰乡古韵”“阅丹公路”等美丽乡村示范带。

十件民生实事全面完成，基本医疗保险参保率提高至98.9%，新增公办学前教育学位1.23万个，仁化入围全国文明城市行列，20间县级公立医院升级项目基本完成，建成农村安全饮用水保障工程207宗。

五、生态。生态质量改善。森林覆盖率、林地面积、活立木蓄积量均保持全省前列，全域加强生态保护，提升生态环境质量。山水林田湖草生态保护修复试点工程完成投资71亿元。始兴获评国家生态文明建设示范县。建成万里碧道129千米，城镇生活垃圾无害化处理率100%。推进南岭国家公园建设，加快构建以南岭国家公园为主体的自然保护地体系。落实绿美南粤行动，“十三五”期间，划定生态保护红线6101平方千米，完成造林更新11.13万公顷，新建森林公园38个、湿地公园7个。提高生态质量。加快全域创建国家森林城市，全市7个县(市)完成申请和总体规划“双备案”。全市森林覆盖率74.43%、有林地面积121万公顷、活立木蓄积量9350万立方米，均保持广东省首位。打好污染防治攻坚战。投入71亿元，实施山水林田湖草生态修复试点4大类17项治理工程项目，举办“韶关市山水林田湖草生态保护修复技术和工程治理创新研讨会”，签订5个生态保护修复项目合作协议，总投资8.08亿元。全面推行河长制十条措施，建成万里碧道129千米，全市江河水质持续保持优良。2020年，市区空气质量优良天数比例97.3%、创2014年以来的新纪录，广东省考以上断面水质优良率100%。

韶关市脱贫攻坚战取得全面胜利

2020年是全面打赢脱贫攻坚战的收官之年。韶关市各级各部门、40个省直帮扶单位及对口帮扶东莞市深入学习贯彻习近平总书记关于扶贫工作的重要论述及重要指示批示精神，落实中央、省打赢脱贫攻坚战的决策部署，坚持把提高脱贫出列质量摆在突出位置，聚焦分散贫困人口、特殊贫困群体和影响"两不愁三保障"短板，克服疫情影响，狠抓扶贫责任、政策、工作"三落实"，冲刺脱贫攻坚目标任务。韶关市278个相对贫困村、32376户82823名贫困人口如期实现脱贫退出。9月，广东省人民政府授予韶关市扶贫开发办公室"广东省民族团结进步模范集体"荣誉称号。

韶关市始终围绕加强领导"一个根本"。市委、市政府主要领导重视脱贫攻坚工作，多次召开全市性扶贫工作会议，各级各部门坚持一把手负总责工作责任制，压实工作责任；市、县两级四套班子落实联县挂镇包村帮户责任，各级领导干部开展遍访和访贫问效工作。抓好帮扶政策、帮扶举措"两个落实"。坚持"每月一会"制度，利用建档立卡信息系统与行业部门数据比对，核查出政策落实情况，确保"两不愁三保障"及安全饮用水等帮扶政策兑现。加强全市扶贫项目资金管理，推进县级脱贫攻坚项目库建设，强化资金保障，落实扶贫资金支出进度报告和月通报制度；面向有劳动力贫困户开展信用评级，发放扶贫小额贷款，2020年发放4102笔、1.66亿元，增量排名全省第一。推进贫困村创建美丽乡村示范村建设，加强公共基础设施建设，贫困村厕所改造、破旧泥砖房拆除、村道庭院及房前屋后美化绿化、村道硬化、供水管道铺设均得到较大改善。聚焦产业、就业、消费扶贫"三个重点"。发展"一县一园、一镇一业、一村一品"特色扶贫产业，推广"农业企业(农民合作社)+基地+贫困户"发展模式，全年实施贫困户产业扶贫项目3.37万个、收益2.24亿元，带动1.5万户贫困户增产增收。为有就业意愿的贫困劳动力提供100%就业帮扶，开展"粤菜师傅""南粤家政"培训；加强与东莞市帮扶单位深度合作，制定《莞韶优质人力资源对接行动2020年工作安排表》，推动扶贫车间以"公司+车间+村集体+村民(包括贫困户)"的运作模式到镇到村，2020年东莞帮扶带动韶关市贫困劳动力实现转移就业7779人、就近就业3725人。加快推进"三专一平台"建设，设立消费扶贫专区38个，成立消费扶贫专馆28个，线上建立消费扶贫网站19个，网络专区29个；运营好广东东西部扶贫协作产品交易市场韶关馆，进馆产品364种，2020年6月开馆至12月底销售收入242万元，在全省消费扶贫专馆考评中排在"好"等级的第二名；创新消费扶贫方式，于2020年11月28日举办中国丹霞山扶贫公益行暨首届广东省北部生态发展区(韶关)农业招商大会。注重党建引领、督导推动、社会参与、示范先行"四个强化"。全市26个软弱涣散贫困村完成整顿工作，强化驻村帮扶和责任人"一对一"帮扶，构建起农村三级党建网格和党群协同治理大格局。成立市级督导组、督战组，开展日常督促检查，推动各级各部门扶贫责任、政策和工作"三落实"，构建起"省市县督战、东莞助战、贫困户参战"的督战工作机制。利用各种宣传媒体报道脱贫攻坚，动员社会各界力量参与扶贫；办好扶贫济困日活动，2016-2020年，全市"广东扶贫济困日"活动接收捐赠资金2.31亿元。指导各地创新推出帮扶工作新模式，打造先行先试示范样板，率先在全省创新推出"三个在先"党建引领机制、特色产业帮扶机制、扶贫资产管理机制、访贫问效机制、扶贫档案管理机制，获得中央、省的肯定，助推全市如期全面打赢脱贫攻坚战。 (何惠琦)

韶关市重点项目建设

2020年，韶关市重点项目建设成效显著，全市固定资产投资增长2.8%，市重点项目243个，年度计划投资363亿元，完成投资370.7亿元，完成计划的102.1%，列入省重点的42个项目完成投资149.53亿元，完成年度计划的116%。带动固定资产投资稳步增长，建成北江（韶关至乌石）航道扩能升级工程、韶州大道、韶州互通、粤北天然气管网韶关——广州主干线韶关段、南雄犁牛坪第三期风电场、华南装备园污水处理中心一期、广东(曲江)中耀废物回收及综合利用项目、萱嘉生物功能性食品化妆品和药品产学研基地、韶关新区市妇幼保健计划生育服务中心等55个项目，新开工建设武深高速公路始兴连接线、韶赣高速公路欧山互通立交、华南数谷一期、韶州中学、张九龄纪念公园、韶州体育公园、翁源县中等职业技术学校等99个项目。韶关丹霞机场航站区及工作区已建成并通过了工程验收。南水水库供水工程原水管道工程已完成30千米管道建设，扩建西河二水厂主体工程已完成。广东南岭干部学院建成使用，成为全省红色教育新高地。韶新高速完成主体工程，雄信高速动工建设，韶关港取得重大进展。韶州中学、市一医院新院、韶州人民医院等加速推进。乐昌市金扬100兆瓦农光互补光伏发电综合利用项目、韶能(翁源)生物质发电项目、韶能(新丰)生物质发电三、四期项目已完工，3条天然气主管道、500千伏犁市输变电站等项目扎实推进。厦昆高铁、沪穗高铁、京广高铁第二通道韶关段等项目的前期工作有序推进。北江航道扩能升级工程正式建成通航。韶关港"一港三片区"项目建设有序开展，韶关港乌石综合交通枢纽一期工程开工建设，韶关港北江港区白土作业区一期工程各项前期工作稳步推进，韶关新港扩能升级一期工程启动工程可行性研究报告编制工作。

韶关市十件民生实事

2020年，韶关市十件民生实事全面完成，兑现市政府对全市人民的承诺。具体情况如下：

增加学前教育公办学位供给。加大公办幼儿园建设力度，2020年全市完成公办幼儿园建设33所（其中新建11所、改扩建21所、回购1所），提高公办幼儿园在园幼儿占比至50.27%，新增公办园学位1.23万个(含政府购买学位2970个)。

提高低保、特困人员、孤儿基本生活补贴和残疾人两项补贴保障水平。自2020年1月1日起，城乡低保对象最低生活保障人均补差水平，分别提高到609元、276元，全年累计支出低保金2.37亿元，惠及城乡低保对象2.77万户、5.23万人。特困人员基本生活标准不低于当地最低生活保障标准的1.6倍，全年累计支出特困供养金8070.24万元，惠及城乡特困供养人员7261人。孤儿基本生活最低养育标准集中供养和分散供养水平，分别提高到每人每月1820元和1110元，全年发放孤儿(含艾滋病病毒感染儿童）基本生活费539.17万元。困难残疾人生活补贴、重度残疾人护理补贴标准，分别提高到每人每月175元和235元，全年发放困难生活补贴1.94万人，发放金额3696.6万元；发放重度护理补贴4.72万人，发放金额1.22亿元。

完成农村公路建设500千米。全年完成建设通村组路面硬底化、砂土路改造、等外路改造等农村公路1636千米，实现农村公路等级公路占比100%、路面铺装率100%，新增281个100人以上自然村实现通水泥路，率先完成任务，走在全省前列。

实施70个老旧小区改造。完成市区30个老旧小区示范改造，其中浈江区4个、武江区13个、曲江区13个；新开工46个老旧小区改造，其中浈江区5个，武江区21个，曲江区20个。老旧小区的水电路气等民生基础设施及公共环境得到改造提升。

建成后的环丹霞山碧道（张伟　摄）

完成环丹霞山碧道建设。开展环丹霞山（车湾新桥至夏富镇江司段）碧道建设，建成慢行系统7.1千米，其中：新建3千米、升级改造4.1千米；建成亲水广场1座、亲水平台3处及其配套服务设施，项目涉及丹霞街道车湾村、夏富村2个村委会24个自然村小组1383户5531人。

加强学前及普通高中生均经费保障。2020年，全市学前教育生均经费最低标准已提高到每生每年400元，公办普通高中生均公用经费最低标准已提高到每生每年1000元。

完成1000个自然村整洁达标建设。其中，乐昌市、南雄市、翁源县各130个，仁化县、始兴县、新丰县各110个，乳源瑶族自治县100个，浈江区、武江区、曲江区各60个。基本完成脏乱差村庄人居环境综合整治和非正规垃圾堆放点整治，均达到“村庄生活污水治理率提高至40%以上，村庄保洁覆盖面和垃圾处理率达到100%”的目标和创建要求。

建设百所中小学卫生工作示范学校。全年建成100所中小学卫生工作示范学校，中小学卫生硬件设施条件和防控应对疾病能力得到提升。其中，市属学校3所，曲江区、仁化县、新丰县各11所，浈江区、南雄市、乐昌市、始兴县各10所，乳源县、翁源县各9所，武江区6所。

新建改造100所农村中小学厕所。完成100所农村中小学“厕所革命”提升改造项目，10个县（市、区）各10所，累计完成投资3409.08万元，改造面积1.55万平方米，其中新增面积4497.96平方米，新增坑位1143个，惠及学生7.56万人。

实施“广东技工”“粤菜师傅”和“南粤家政”三大培训工程。培训“广东技工”3.11万人次，完成任务的239.58%，实现高技能人才占比31.2%；培训“粤菜师傅”2764人，完成任务的276.4%，助力精准扶贫，其中开展特色乡厨培训1145人次；培训“南粤家政”7343人，完成任务的183.53%，其中母婴服务项目培训2758人次，居家服务项目培训1775人次，养老服务项目培训2144人次，医护服务项目培训666人次。

大事记

1月

8—9日 广东省委书记李希到韶关检察部署春运和节日保障工作，省领导张硕辅、林克庆、郑雁雄、李春生、陈良贤参加。

10日 全市召开“不忘初心、牢记使命”主题教育总结会议。

11日 中国共产党韶关市第十二届委员会第十一次全体会议召开，市委书记李红军代表市委常委会作工作报告和总结讲话，市委副书记、市长殷焕明就经济工作作具体部署。会议审议市委常委会2019年抓党建工作情况报告，表决通过《韶关市关于加快推进市域社会治理现代化的实施意见》《中国共产党韶关市第十二届委员会第十一次全体会议决议》。

12日 省委书记李希到韶关市城乡社区、现代农业生产基地、制造业企业等，就深入贯彻习近平新时代中国特色社会主义思想，贯彻落实党的十九届四中全会和中央经济工作会议精神，推动省委十二届九次全会部署落实进行调研，并主持召开座谈会，听取韶关市工作汇报。省领导林克庆、郑雁雄参加调研，市领导李红军、殷焕明陪同调研。

18日 韶关张九龄纪念公园、韶州历史文化博物馆项目工作现场会在曲江区回龙山脚举行。

19日 市委市政府向市直单位离退休干部通报工作情况大会召开。

△ 市政府召开2020年第一次全体会议。会议审议《关于2019年市政府工作报告重点工作和市十件民生实事完成情况的报告》及市十四届人大六次会议《政府工作报告（送审稿）》《韶关市2019年国民经济和社会发展计划执行情况及2020年计划草案的报告（送审稿）》。

21日 韶关市确诊首例新冠肺炎病例。

22日 市委书记、市人大常委会主任李红军主持召开全市疫情防控工作第一次视频会议，研究部署新冠肺炎疫情防控工作。之后，全市又先后召开第二至第九次疫情防控工作视频会议。

23日 韶关新区武江大道南（韶州大桥至百旺大桥）工程项目建设现场会在韶州大桥北桥头广场举行。

△ 韶关市防控新冠肺炎疫情指挥部成立。

28日 市委书记李红军主持召开市委十二届第一百六十三次常委会（扩大）会议，传达学习贯彻习近平总书记在中央政治局常委会会议研究新型冠状病毒感染的肺炎疫情防控工作时重要讲话精神及1月27日关于紧紧依靠人民群众坚决打赢疫情防控阻击战重要指示精神、省委常委会（扩大）会议暨省防控工作领导小组会议精神，研究部署全市疫情防控工作。

△日 市委组织部印发《关于组织全市机关在职党员干部到社区报到做好新型冠状病毒感染的肺炎疫情防控工作的通知》。

2月

1—27日 市委书记、市疫情防控指挥部总指挥李红军先后主持召开全市疫情防控工作第10次视频会议至第三十五次视频会议。

2日 市委书记、市疫情防控指挥部总指挥李红军主持召开书记专题会暨市疫情防控领导小组（指挥部）疫情形势研判会，听取全市疫情防控物资保障工作情况汇报，研究部署当前疫情防控医用物资生产供应保障工作。

3日 副省长、省公安厅厅长李春生到京港澳高速粤北站调研检查疫情防控工作，并送来防护口罩、防护眼镜，慰问一线检查人员。

△ 韶关首例新型冠状病毒感染的肺炎患者（女性，58岁）从粤北第二人民医院痊愈出院。

8日 韶关市第二例新型冠状病毒感染的肺炎患者痊愈出院。

9日 赴湖北省抗击新冠肺炎疫情医疗队出征仪式举行，市委书记、市疫情防控指挥部总指挥李红军参加仪式，并向医疗队队长授旗，宣布出发。从粤北人民医院、市第一人民医院、市中医院、市妇幼保健院及各县（市、区）医院共12家医院抽调的32名骨干医护人员，组建起韶关市赴湖北抗击新冠肺炎疫情医疗队，仪式结束后，首批15名医疗队员出征湖北，其余 17 名医疗队员随时准备待命出发。

11 日 韶关市第二批支援湖北医疗队 16 名医护人员出发。

15 日 副省长陈良贤率队到韶关市检查疫情防控和交通保畅工作，实地察看京港澳高速粤北站、武深高速城口站等省际出口，了解防疫检查、交通疏导和服务保障工作，慰问一线工作人员。

Δ 国务院疫情防控物资保障组驻企特派员、工信部直属机关党委巡视员田川一行，到韶关市高信塑胶制品有限公司调研企业生产情况。

3月

1 日 华南数谷鹰硕大数据中心项目动工仪式在莞韶城黄沙坪创新园举行。

5 日 市委书记、市疫情防控工作指挥部总指挥李红军主持全市疫情防控工作第三十六次视频会议。

8 日 省委副书记、省长马兴瑞到韶关大宝山隧道调研天然气管网建设。

13 日 韶关市决战决胜脱贫攻坚推进会召开，部署韶关市决战决胜脱贫攻坚工作。

20 日 支援湖北医疗队队员返韶欢迎仪式举行。

Δ 中国共产党韶关市第十二届纪律检查委员会第五次全体会议召开。会议审议通过市纪委常委的工作报告和全会决议，开展对有关单位党委(党组)书记述责述廉的书面评议。

27—28 日 省委常委、组织部部长张义珍到南雄市督战调研脱贫攻坚工作。

4月

1 日 副省长张虎到乐昌峡水利枢纽调研检查防汛工作。

14 日 全市推进乡村振兴暨农村安全饮用水保障工程专项行动现场会在乳源瑶族自治县召开，与会人员实地察看乳城镇雕子塘村、大东村，研究部署推进农村饮水安全保障工程建设工作。

16 日 莞韶对口帮扶“十组团”座谈会召开。

16—17 日 省委常委、统战部部长黄宁生到新丰县马头镇、新丰县梅坑镇、仁化县周田镇调研扶贫工作。

16—18 日 省委常委、组织部部长张义珍到仁化县（长江镇、城口镇、董塘镇）、始兴县（马市镇、罗坝镇）、曲江区（枫湾镇、大塘镇）、翁源县(江尾镇、周陂镇)督战调研脱贫攻坚工作。

20 日 广东省供销合作联社与市政府《战略合作框架协议》签约仪式举行。

24 日 市政府召开 2020 年第二次全体(扩大)会议，贯彻落实市委书记专题会议关于下一阶段经济工作的有关部署要求，深入分析 2020 年以来韶关市经济运行情况，研究解决经济运行中面临的突出问题，部署下一阶段工作。

Δ 由韶关市人民政府与北京跨区域产业协作中心联合主办、市科技局承办的京粤（韶关）跨区域产业协作项目“云上”对接视频会召开，北京 10 家企业有意与韶关合作。

27—28 日 省政协副主席张少康到乳源富源工业园、南岭国家森林公园、红军长征粤北纪念馆、仁化丹霞街道瑶塘新村、丹霞山调研。

28 日 韶关市人民政府主办的“2020 云游韶关”系列活动启动仪式在主会场丹霞山风景区召开，市委副书记、市长殷焕明，副市长李欣在主会场直播推介。南雄市、翁源县、新丰县、乳源瑶族自治县同步设分会场。直播现场派出 1 万张酒店折扣优惠券和 6 万张“1 元景区门票”。截至直播结束，南都、腾讯微视、新浪等各平台直播观看总量超 455 万人次，拼多多成交 2.2 万单，店铺涨粉 4.5 万人。

30 日 全市科技创新暨制造业高质量发展大会（电视电话会议）召开。李红军、殷焕明为获得省重点领域研发计划立项的牵头单位和省级新型研发机构，以及中国创新创业大赛获奖企业代表颁奖。

5月

8 日 全市打赢污染防治攻坚战工作推进会议召开。

12 日 市委书记、市人大常委会主任李红军在阅丹公路浈江区犁市镇新桥村牛栏前村参加《乡村振兴——市委书记访谈录》节目录制。

13 日 在市委常委会扩大会议上，省委组织部常务副部长吴钢运宣读省委任免决定：任命王瑞军为韶关市委委员、常委、副书记，免去殷焕明的韶关市委副书记、常委、委员职务。提名王瑞军为韶关市市长候选人，殷焕明不再担任韶关市市长职务。随后召开市委常委会会议，决定王瑞军任市政府党组书记。

14 日 市十四届人大常委会第三十四次会议决定任命王瑞军为韶关市人民政府副市长、代理市长。

15—16 日 中国人民政治协商会议第十二届韶关市委员会第四次会议召开。市政协主席王青西代表政协第十二届韶关市委员会常务委员会向大会报告工作，市政协副主席吴春腾向大会报告十二届三次会议以来提案工作情况，市政协秘书长陶学权宣读《政协韶关市委员会关于表彰 2019 年优秀提案的决定》，谢天友、卢春燕当选市政协副主席。

16—17 日 市第十四届人民代表大会第六次会议召开。代市长王瑞军作政府工作报告，市人大常委会党组副书记、副主任杨小明作市人大常委会工作报告，市中级人民法院院长叶向荣作市中级人民法院工作报告，市人民检察院检察长曾伊山作市人民检察院工作报告。市政协委员在碧桂园凤凰酒店分会场以视频会议方式听取政府工作报告。会议选举市人大常委会组成人员、市人民政府市长和市监察委员会主任。王瑞军当选为韶关市人民政府市长，冯国华当选为韶关市监察委员会主任，周伟源当选为韶关市十四届人大常委会副主任，冯振鹏、刘剑城、潘国忠当选为韶关市十四届人大常委会委员。

17 日 2020 年全市固定资产投资及重点项目推进工作会召开。市委常委、副市长罗骁勤总结 2019 年全市固定资产投资和重点项目建设工作，通报2019年固定资产投资和重点项目建设工作考核结果，部署2020年全市固定资产投资和重点项目建设工作。

20—21日 副省长陈良贤到南雄市珠玑三佳村农业产业园C932线、珠玑镇古田村、珠玑镇洋湖村、珠玑镇灵潭村、湖口镇新溅村调研。

25日 市委书记李红军主持召开市委十二届第一百八十九次常委会（扩大）会议，宣布谢超武、刘清生职务调整，免去刘清生市政府党组成员、副市长、市公安局党委书记、局长职务，任命谢超武为市政府党组成员、市公安局党委书记，提名谢超武为副市长人选、市公安局局长人选。

6月

4日 全市推进市域社会治理现代化工作动员部署会召开。

7—8日 副省长许瑞生到乐昌市坪石镇、浈江区犁市镇华南教育历史研学（大村）基地、丹霞山"广东人游广东仪式"活动筹备现场调研。

8日 曲江区樟市镇南约村降雨量达460.7毫米，刷新韶关市日雨量历史纪录。

10—12日 省政协党组副书记、副主席林雄到始兴县、乳源瑶族自治县调研。

11—12日 省委组织部副部长、老干部局局长王力伟到韶关调研指导脱贫攻坚、老干部工作。

12日 "探寻广府之源 品阅红色南雄"——2020云游韶关系列活动之大珠玑、红色南雄篇网络直播暨"我与南雄"短视频大赛在南雄珠玑古巷启动。活动为韶关市"最美逆行者"的医务代表发放韶关市A级以上景区免费游玩门票，为南雄市非遗传承人颁发证书，并为南雄市奋战在抗疫一线的公安民警、志愿者、企业家、社区干部、基层医生发放南雄市景区免费游玩门票。

13—14日 2020年南粤古驿道"Hello 5G杯"定向大赛（第一站·韶关乐昌）在乐昌市坪石镇坪石老街举行，其开幕式于14日举行。

16日 市委书记、市疫情防控指挥部总指挥李红军主持召开全市新冠肺炎疫情防控工作第38次视频会议。

17日 省委常委叶贞琴到乐昌和村、誉马葡萄酒庄园、乐昌峡调研。

18日 全省耕地分类管理工作现场推进会在乐昌市廊田镇召开，省委常委叶贞琴，省委农办主任、省农业农村厅厅长、省扶贫办主任顾幸伟，市委副书记、市长王瑞军出席会议。

19日 副省长张虎带领军地联合调研组到韶关机场调研机场规划建设情况。

22日 市委书记、市人大常委会主任李红军主持召开市扶贫开发领导小组会议。

23日 市委书记、市人大常委会主任李红军出席中国联通智慧客服南方中心全面合作协议签署仪式。

△ 经中共广东省委同意广东南岭干部学院批复设立。

△ 市委"擦亮张九龄文化品牌"专题协商现场会召开，与会人员实地参观韶州历史文化博物馆（风度阁）项目现场，了解项目规划建设情况。市政政协专题调研组、各民主党派、工商联负责人及委员代表分别提出意见建议。

29日 广东南岭干部学院揭牌，市委副书记、市长王瑞军主持揭牌活动，市委书记李红军致辞并与省委组织部副部长廉奕共同为广东南岭干部学院揭牌，随后参加广东省疫情防控火线入党青年人才专题研修班开班动员并致辞。

△ 省委组织部脱贫攻坚调研组在韶关召开调研座谈会。

30日 2020年韶关市"广东扶贫济困日"活动暨"6·30"活动10周年总结电视电话会议召开。总结全市"6·30"活动10周年工作和扶贫开发工作，表彰先进，部署下一阶段工作。

7月

1日 韶关市入选由中央宣传部，财政部、文化和旅游部、国家文物局联合公布的第二批革命文物保护利用片区分县名单，为广东省内唯一入选长征片区（红一方面军）的地级市，其中仁化县、乐昌市、南雄市三县（市）入选。浈江区、曲江区、始兴县、仁化县、翁源县、新丰县、南雄市等7个县（市、区）入选广东片区。

3日 东莞、韶关对口帮扶第十二次联席会议暨脱贫攻坚工作会议在韶关召开。会议总结近年来莞韶对口帮扶和精准扶贫工作，研究部署下一阶段工作。审议通过《关于深化东莞韶关对口帮扶和脱贫攻坚的工作方案（2020—2022年）》《东莞韶关对口帮扶2020年工作要点》《关于深化莞韶对口帮扶"十组团"产业共建的工作方案（2020—2022年）》，签订"菜篮子"建设战略合作框架协议、两地园区签订共建协议和两地高校结对帮扶协议等6份协议，举行重大项目集中签约仪式。

8日 省委常委、组织部部长张义珍在新丰县主持召开定点联系工作座谈会。

11日 韶关市扫黑除恶专项斗争誓师大会在新丰县政府广场举行。

13日 韶关市推进乡村振兴暨农村安全饮用水保障工程专项行动现场会在南雄市召开。

17日 广东股权交易中心韶关运营中心揭牌暨武江区知识产权服务业集群区建设启动仪式在武江区举行。

21日 副省长陈良贤到韶关调研普铁沿线安全整治工作。

△ 全市省级现代农业产业园建设暨农民合作社发展工作推进现场会在乐昌召开。

24日 农业产业化国家重点龙头企业新希望六和股份有限公司300万头现代化生猪养殖产业链项目奠基仪式在乳源瑶族自治县乳城镇大东生猪养殖基地举行。

29日 召开韶关市民主党派负责人暑期座谈会暨"加快打造粤北医疗高地"专题协商现场会召开。

△ 中共韶关市委办公室、韶关市人民政府办公室印发《关于加强兰花产业全域发展的实施意见》。

30日 韶关市召开2020年下半年全市经济工作部署会，贯彻落实全省上半年经济形势研判会、全省重大工程建设项目总指挥部第四次会议和市委财经委员会第二次会议精神，深入分析2020年上半年韶关市经济运行情况，研究部署下半年经济工作。

8月

1日　韶关市城乡人居环境整治(仁化)现场会召开，实地察看董塘镇、石塘镇、丹霞街道察看环丹村庄打造、农房管控、“四好农村路”、农村污水处理、城镇“139”整治提升工作。

5—6日　省委副书记、省长马兴瑞，省委常委、常务副省长林克庆，副省长许瑞生到韶关丹霞机场、南岭国家森林公园、丹霞山、车八岭国家级自然保护区、广东南岭干部学院调研。

5日　东莞统一战线帮扶韶关民族地区加快高质量发展项目签约和捐赠活动在乳源瑶族自治县举行。

6日　2020年韶关市区“十大最美环卫工人”表彰大会召开。市住建管理局组织开展评选活动并评选出2020年度韶关市区“十大最美环卫工人”——吴珍、何志铭、胡将心、朱国雄、张会良、郑冬英、潘细妹、温福泉、袁薇、钟丽芳。市委书记、市人大常委会主任李红军，市委副书记、市长王瑞军，市政协主席王青西，市人大常委会党组副书记、副主任邓小杰为“十大最美环卫工人”颁奖。

7日　市委书记李红军主持召开市委实施乡村振兴战略领导小组会议，传达学习习近平总书记重要文章《关于全面建成小康社会补短板问题》和《中国共产党农村工作条例》精神，研究部署全市乡村振兴工作。

11日　广东省立图书馆抗战遗址纪念碑揭幕仪式在韶关市武江区举行。

18日　全市宣传贯彻《韶关市文明行为促进条例》暨创文攻坚现场会召开，市长王瑞军参加现场会并作总结点评。

19日　全市乡村振兴暨兰花产业发展推进会召开。

20日　市委副书记、市长王瑞军在广州参加第四届、第五届世界广府人恳亲大会主办城市遴选会议，韶关市当选2024年第五届世界广府人恳亲大会主办城市。

Δ 始兴县满堂客家大围旅游区被广东省文化和旅游厅评为国家AAAA级旅游景区。

21日　全市抓项目促投资大干160天重点项目建设现场推进会暨市委推进城市公园建设专题协商现场会在市区召开。与会人员实地察看韶州体育公园、张九龄纪念公园、曲江大塘将军岭市循环经济环保园、韶州人民医院、丹霞大道北、华韶数谷、明德电器、韶州中学、芙蓉山片区道路建设项目现场。

30日　中华全国供销合作总社党组成员、理事会副主任邹天敬到韶关调研供销社综合改革工作。

31日　中共韶关市委办公室印发《关于坚决落实“两个维护”十项制度机制的实施方案》。

9月

1日　广东北江中学改扩建项目(一期)建设推进会召开。市委副书记、市长王瑞军宣布广东北江中学改扩建项目(一期)动工。

3日　省文化和旅游厅、省住房和城乡建设厅、省自然资源厅、省教育厅、省广播电视局联合韶关、梅州、清远、云浮市政府共同举办的“‘铭记烽火历史、传承红色基因’——走进华南教育历史研学基地”系列活动在韶关、梅州、清远、云浮四市举行，主会场设在韶关市浈江区犁市镇大村村和乐昌市坪石镇管埠村。

4日　韶关市政府与广州港集团合作框架协议签约仪式举行，副市长凌振伟、广州港集团总经理黄波分别代表市政府、广州港集团签约。市委副书记、市长王瑞军、省交通运输厅党组成员、副厅长陆亚兴、省航道事务中心党委书记朱永灵、市委常委、常务副市长华旭初为韶关市港航发展有限公司成立揭牌。

11日　韶关市首届网络文化节启动。

14日　凤凰大视野《烽火逆行——粤北华南教育抗战史全纪录》拍摄展览厅开展仪式在韶关学院举行。

17日　省人大常委会主任李玉妹率队赴新丰县，检查督导省人大常委会定点帮扶梅坑村工作。

19日　副省长王曦到南雄市梅关古道、珠玑古巷、南雄市黎灿小学小区、广东南岭干部学院调研。

22日　2020年中国农民丰收节韶关系列活动在武江区龙归镇乡村振兴培训实践中心启动。系列活动以“谷满粮仓·幸福武江”金秋轻骑活动拉开序幕，随后举行2020年中国农民丰收节韶关系列活动启动仪式暨“谷满粮仓·幸福武江”农旅展销推介会，设置农特产展区等十大展区，并为获得2019年广东省名牌产品（农业类）和武江区“十优农业先锋”的企业代表授牌。系列活动至10月8日，在各县（市、区）十大会场举办，传播党的“三农”政策，展示丰收盛况。

23日　省委决定王瑞军任中共韶关市委书记。省委批准陈少荣任中共韶关市委委员、常委、副书记。

25日　2020年广东省粮食和物资储备行业安全生产应急综合演练在广东省储备粮管理总公司韶关直属库举行。

28日　市十四届人大常委会召开第三十九次会议，接受王瑞军辞去韶关市人民政府市长职务，任命陈少荣为韶关市人民政府副市长、代理市长。

Δ 全省农房管控和乡村风貌提升(粤北)现场推进会在翁源县召开，副省长覃伟中，省政协副主席、省住建厅厅长张少康出席，市领导王瑞军、陈少荣等参加。

29日　全市交通建设百日劳动竞赛活动推进会暨武深高速公路始兴联络线建设动员会、“四好农村路”建设暨普通公路路域整治现场会在始兴县召开。市委书记王瑞军宣布始兴联络线项目动工。此次劳动竞赛活动有32个交通运输项目参与，总投资320亿元。

10月

7日　后疫情时代武汉理工大学

高质量发展战略合作论坛暨合并组建20周年大会在武汉举行，中国科学院院士、武汉理工大学校长张清杰代表学校与韶关市人民政府签订全面合作协议。

10日 中共韶关市委办公室印发《中共韶关市委理论学习中心组学习制度》。

12日 中国共产党韶关市第十二届委员会第十二次全体会议召开，会议审议通过《关于贯彻落实省委第十二届十次全会精神全力筑牢粤北生态屏障打造绿色发展韶关样板的实施意见》，表决通过《中国共产党韶关市第十二届委员会第十二次全体会议决议》。

Δ 省委第十巡视组巡视韶关市工作动员会议召开。

15日 京粤（韶关）跨区域产业协作对接洽谈会在北京举行。

16日 水口战役学术研讨会在南雄举行。

19—21日 省委常委、统战部部长黄宁生到仁化县周田镇平甫村、新丰县梅坑镇长江村调研。

20日 韶关军分区党委第一书记任职大会在军分区举行。省军区副司令员廖正荣宣读《中共广东省军区委员会关于增补王瑞军为韶关军分区党委第一书记的决定》。

Δ 全国双拥模范城（县）命名暨双拥模范单位和个人表彰大会在北京举行，韶关市获得“全国双拥模范城”称号，实现“四连冠”。

23日 全市传达学习贯彻习近平总书记出席深圳经济特区建立40周年庆祝大会和视察广东重要讲话重要指示精神干部大会召开。

24日 省人大常委会秘书长王波率队到韶关新丰县丰城街道双良村督导帮助深入推进乡村振兴和脱贫攻坚工作。

25日 2020年环丹霞山自行车赛在韶关丹霞山和阅丹公路举办。

25—26日 省委常委、组织部部长张义珍到南雄市湖口镇长市村、武江区龙归镇、广东南岭干部学院调研宣讲习近平总书记出席深圳经济特区建立40周年大会精神和到广东视察重要讲话精神，并召开座谈会。

26日 省委第十巡视组听取中共韶关市委党风廉政建设和反腐败工作、中共韶关市委巡察工作、中共韶关市委干部选拔任用工作、中共韶关市委意识形态工作责任制专题汇报会在荷花园酒店召开。

Δ 中共韶关市委全面工作汇报会、中共韶关市委上轮巡视整改情况专题汇报会先后在荷花园酒店召开。

28日 全市2020年全域创建国家森林城市工作现场推进会在仁化召开，省林业局局长陈俊光为韶关市“十大樟树王”及“国家森林乡村”授牌。

28—29日 省政协副主席郑振涛到乳源瑶族自治县调研乡村振兴和脱贫攻坚工作。

29日 中共韶关市委办公室、韶关市人民政府办公室印发《市领导同志挂点联系县（市、区）、乡镇（街道）、村（社区）工作方案》。

31日 韶关市第十四届人民代表大会第七次会议召开，会议通过市第十四届人民代表大会选举办法。王瑞军全票当选市人大常委会主任，陈少荣全票当选市人民政府市长。

11月

10日 2020年韶关市扶贫开发领导小组（扩大）会议举行。

14日 国家林业和草原局局长关志鸥率调研组到韶关调研南岭国家公园筹建、森林城市创建等工作。

Δ 副省长李红军到韶关大道新区段、韶州大桥、武江大道南、张九龄纪念公园、芙蓉山公园、市一医院迁建项目、韶州中学建设项目调研。

15日 省委常委张福海到韶关调研，实地察看宝武集团韶关钢铁有限公司智慧中心及717风度书房、南华禅寺、翁源县翁城镇黄塘村产业扶贫项目园区、黄塘村乡韵楼、黄塘村贫困户黄春茂家、翁源县江尾镇兰花展示中心、新丰县马头镇大陂村贫困户黄雁灵家、大陂村村委会、温氏养鸡场、砂糖橘种养基地、大陂村新时代文明实践站。

17日 省政协副主席郑振涛调研乳源基层党建、乡村振兴和脱贫工作情况。

Δ 仁化县双峰寨入选全国重点文物保护单位革命文物名录。

18日 生态环境部在韶关市组织举办全国土壤污染防治管理培训班，生态环境部副部长庄国泰出席并作授课讲话。

Δ 韶关市与武汉理工大学共同举办的广东北江内河港航发展座谈会在韶关召开。

19日 省政协副主席郑振涛在曲江区调研基层党建、乡村振兴和脱贫工作情况。

27日 科技部党组成员、科技日报社社长李平到韶关调研。

28日 第十三届穿越丹霞山50千米徒步赛启动仪式和中国丹霞山扶贫公益行启动仪式在丹霞山南门举行。洪隆彬（韶关）、农志威（韶关）、郭明艳（韶关）分别获得穿越组男子冠军、亚军、季军。

Δ 首届广东省北部生态发展区（韶关）农业招商大会在韶关举行。五地市人民政府签订《广东省北部生态发展区现代农业高质量发展合作框架协议》，达成十条共识，签订《广东省青年农业创业示范区（试点）建设框架协议》等一批政府事项；签约项目70个，签约总额227.94亿元。

Δ 华南教育历史研学学校联盟成立大会暨研学基地考察交流活动在韶关学院图书馆学术报告厅举行。大会举行华南教育历史研学学校联盟启动仪式。

Δ 市委书记王瑞军、市长陈少荣分别为杜锋和扶贫干部王月洪颁发“中国丹霞山扶贫公益推广大使”证书。

29日 市循环经济环保园一期工程（垃圾焚烧发电）项目投产。

Δ 武汉理工大学韶关研究院成立。

30日 韶关市重点项目开工、竣工暨北江航道（韶关段）扩能升级工程建成通航活动在孟洲坝举行，市委书记、市人大常委会主任王瑞军出席并宣布活动启动。129个项目举行集中开竣工仪式。

Δ 全市村（社区）“两委”换届工作会议召开，市委书记、市村（社区）

“两委”换届工作领导小组组长王瑞军出席会议并讲话。

Δ 宝武集团“重走钢铁长征路”华南片区健步走启动仪式、韶钢第四出口至曲江区黑石 G106 线通车仪式暨《钢铁荣耀：我的宝武故事》首发式活动举行。

Δ 韶关市人民政府与宝武集团中南钢铁有限公司合作框架协议签约仪式举行。

12月

2 日 仁化县被列入文化和旅游部公布的第二批国家全域旅游示范区名单。

3 日 省人大常委会副主任王学成到乐昌市现代农业产业园、北乡镇调研。

6 日 2020 丹霞山山地马拉松赛开赛。最终贾俄仁加（青海）获得半程马拉松男子组冠军，张开琴（云南）获得半程马拉松女子组冠军，岑万江（贵州）获得全程马拉松男子组冠军，杨花（贵州）获得全程马拉松女子组冠军。

7—8 日 省委常委、组织部部长张义珍到南雄市调研。

10 日 财政部副部长余蔚平到四一九医院、武江区惠民街道居家养老服务中心、韶阳楼调研。

11 日 副省长张新到韶关调研。

15 日 2020 韶关绿色发展产业招商大会召开。会上举行重大项目签约仪式，集中签约 41 个项目，投资总额 322 亿元。市工业和信息化局与 6 家银行分行签署《培育发展战略性产业集群战略合作框架协议》，累计将为韶关市战略性产业集群提供 1500 亿元新增融资支持。

Δ 省委常委、常务副省长林克庆到韶关调研。

16 日 国家卫健委党组成员王建军到粤北人民医院、四一九医院调研。

17 日 2020 年韶关市劳动模范先进工作者和先进集体表彰大会召开。表彰一批在全市改革开放和现代化建设中做出突出贡献的 2020 年全国、省、市三级劳动模范、先进工作者和先进集体。

25 日 东莞对口帮扶韶关干部恳谈会召开。

Δ 全市中医药大会召开，部署促进市中医药传承创新发展，加快建设中医药强市工作。

26 日 韶关市的仁化阅丹乡村旅游线等 3 条乡村游线路入选第二批全省乡村旅游精品线路。

28 日 市委书记王瑞军主持召开县（市、区）人武部党委第一书记党管武装工作述职会议。

29 日 “韶商·市长面对面”协商座谈会召开。韶钢、韶冶、乳源东阳光、韶关液压件厂等韶商代表提出意见建议。座谈会梳理形成 50 条意见建议。

30 日 韶关港北江港区白土作业区一期先行工程暨乌石综合交通枢纽工程、信丰（省界）至南雄高速公路项目建设现场推进会召开，副省长陈良贤出席会议召开。

Δ 韶关市市域社会治理研究合作协议签约，韶关市市域社会治理研究中心揭牌仪式在韶关学院举行。

（何秋懿 穆 青 谢人权 叶志威 张银双 杨 旦）

2020 年 12 月 30 日，韶关市市域社会治理研究中心揭牌

（市委政法委 供）

市情概览

自然地理

【位置和面积】 韶关位于广东省北部，北界湖南，东邻江西，东南面、南面和西面分别与本省河源、惠州、广州及清远等市接壤。介于北纬23°53′～25°31′，东经112°53′～114°45′之间，东起南雄市界址镇界址村，西至乐昌市三溪镇丫告岭村，北自乐昌市白石镇三界圩村，南至新丰县马头镇路下村。全市总面积1.84万平方千米，居广东省第二位，市区面积2870.66平方千米。

【地形地貌】 韶关地形以山地丘陵为主，河谷盆地分布其中，平原、台地面积约占20%。自北向南三列弧形山系排列成向南突出的弧形构成粤北地貌的基本格局：北列为蔚岭、大庾岭山地，长140千米；中列为大东山、瑶岭山地，长250千米；南列为起微山、青云山山地，长270千米。其间分布两行河谷盆地，包括南雄盆地、仁化董塘盆地、坪石盆地、乐昌盆地、韶关盆地和翁源盆地。地势北高南低，北部地势为全省最高，位于乳源、阳山、湖南省交界的石坑崆，海拔1902米，为广东第一高峰。南部地势较低，市区海拔最低35米。

【气候水文】 2020年，韶关市气温偏高。全市年平均气温21℃，偏高0.8℃(历史第一高)，最高翁源21.4℃，最低仁化20.6℃。年内极端最高气温为40.3℃，极端最低气温为-2.6℃。韶关市平均高温日数(最高温度≥35℃的日数)35.4天，较常年(25.6天)偏多近10天。全市各县(市、区)年平均气温均较常年平均值偏高，最高始兴偏高1.2℃，其余地区偏高0.5～1℃。全市年平均降水量1654.1毫米，正常(常年1649.0毫米)。其中，乳源瑶族自治县降水最多1830.3毫米，乐昌市最少1421.5毫米。年内降水分布不均匀，6月月降水量最多255.9毫米，11月最少1.1毫米。全市各地总日照时数1533.9小时，与常年同期持平。全年全市共收到10宗雷击灾害报告，直接经济损失15.2万元。“2020年韶关十大天气气候事件”分别为：2020年1月，韶关气温为有历史记录以来第一高；5月1日至5日，出现历史以来的最高气温；年气温高，是1951年有气象记录以来最高，高温日数多，全年高温日数35.4天，比常年同期25.6天偏多近10天；6月5日到9日，极强“龙舟水”破单日降水记录；7月气温达到有历史记录以来第三高；9月降水有气象记录以来第三多的年份；10月5日韶关简标进入气象学的秋季，是韶关有气象记录以来简标入秋并列第二早；10-11月降水严重偏少；12月14日韶关简标进入气象学的冬季，比历年平均入冬时间(简标)早12天；“跨年”寒潮，2020年12月28日至2021年1月1日，受寒潮影响，全市24小时日平均气温下降10℃左右(30日比29日)，最低气温出现在2021年1月1日早晨。

水资源分区划分为浈江、武江(中下游)、北江上游、滃江、连江(连江中游支流黄洞河、大潭河)、新丰江(上游)、桃江和章江(长江流域)等8个四级水资源分区。

境内主要江河有浈江、武江、墨江、锦江、南花溪、南水、滃江、北江干流及新丰江，江堤总长936.25千米。韶关市有大型水库6宗，中型水库33宗，小型水库653宗，1万立方米以上山塘2247宗，水闸122座，总蓄水库容37亿立方米。水利工程年供水量19.43亿立方米，耕地有效灌溉面积178.39千公顷。韶关市有小水电站2082宗，总装机容量175.3万千瓦，年度发电量42亿千瓦时。2020年全市地表水资源量为196.18亿立方米(折合年径流深为1067.1毫米，比上年偏少11.2%，比多年均值偏多9%)。地下水资源量47.99亿立方米(不含中深层地下水比上年偏少11.3%，比多年均值偏多8.9%)。供用水量18.42亿立方米(其中地表水源占91.7%，地下水源占3.5%，其他水源占4.8%)。总用水量18.42亿立方米(比上年基本持平，生产用水占总用水量的85.8%，居民生活用水占9.7%，生态环境用水占1.5%)。 (刘 蔚)

【自然资源】 2020年，韶关市总面积为184.13万公顷。农用地面积171.82万公顷，其中耕地面积16.44

万公顷、园地面积5.53万公顷、林地面积146.1万公顷、草地面积6.4公顷，其他农用地面积3.76万公顷；建设用地面积8.25万公顷，其中城镇及工矿用地面积5.55万公顷、交通运输用地面积1.5万公顷、水利设施用地面积1.2万公顷（水库及水利设施）；未利用地面积4.05万公顷。

矿产资源 截至2020年12月31日，全市有效勘查许可证的探矿项目共计31个，其中部级发证1个、市级发证30个，勘查矿种以稀土、钨、铅、锌、铌钽、铜、铁、银、萤石为主。其中，金属类探矿权30个，占总数的96.77%；非金属探矿权1个，占总数的3.23%。全市有效采矿许可证77个，以铅、锌、钨、铁、铜、锑、萤石、石英、陶瓷土、水泥用灰岩、建筑石料用灰岩（花岗岩）、地热、矿泉水等为主，其中金属类矿山15个，占总数的20%；地热、矿泉水类矿山12个，占总数的15%；非金属矿山50个，占总数的65%。

植被和生物资源 2020年，韶关市林业用地面积144.73万公顷，占土地总面积的78.6%；森林总面积137.05万公顷，森林覆盖率74.43%。活立木蓄积量9675万立方米，总碳储量4976.42万吨。划定省级以上生态公益林面积68.57万公顷，占林业用地面积比47.4%。全市有林地面积127.74万顷。天然林48.42万公顷，占37.91%；非天然林79.32万公顷，占62.09%。其中，Ⅰ级重点保护区域9.62万公顷，占19.84%；Ⅰ级非重点保护区域7.22万公顷，占14.89%；Ⅱ级14.06万公顷，占29.02%；Ⅲ级17.56万公顷，占36.24%。

植被种类复杂多样，拥有较为完整的生态系统结构，优势树种有杉木、马尾松（广东松）、桉树和湿地松（国外松）等。其中，杉木24.34万公顷，占21.16%；马尾松（广东松）11.31万公顷，占9.83%；湿地松（国外松）2.89万公顷，占2.51%；桉树9.97万公顷，占8.67%；其他软阔19.06万公顷，占16.57%；黎蒴0.19万公顷，占0.16%；其他硬阔19.77万公顷，占17.19%；针叶混交林2.87万公顷，占2.49%；针阔混交林10.17万公顷，占8.85%；阔叶混交林14.44万公顷，占12.55%。全市有陆生野生脊椎动物573种；陆生野生动物22目75科295种，在调查到的295种动物中，国家一级保护动物1种，即中华穿山甲；国家二级保护动物19种，包括虎纹蛙、普通鵟、黑鸢、褐翅鸦鹃、斑林狸等；广东省重点保护动物17种，包括大白鹭、苍鹭、栗苇鳽、豹猫等；"3有"保护动物210种。2020年，发现4种广东省新记录物种，分别是井冈山脊蛇、方花丽斑蛇、莽山掌突蟾和峨眉树蛙；2月在乳源瑶族自治县洛阳镇记录到2只中华穿山甲活体；发现韶关市2种新记录，分别是石门台角蟾和北部湾蜓蜥。（桂文杰）

【环境质量】 2020年，韶关市有县级以上集中式饮用水源地9个，设监测断面9个，9个饮用水水源地水质均达到饮用水源Ⅲ类水质要求。市区饮用水源地水量达标率100%，与上年持平。全市河流水质监测设28个市控以上常规监测断面，水质均达水质目标要求，优良率100%。韶关市区城市空气中二氧化硫、二氧化氮、可吸入颗粒物、细颗粒物年均浓度等均优于国家二级标准，全年空气质量指数优、良天数356天，优良率97.3%。市区道路交通噪声强度为一级，声环境质量好；市区区域环境噪声总体水平等级为二级，声环境质量较好。各功能区域噪声基本符合标准要求。（向丽霞）

建置区划

【建置】 今韶关市所属各县（市、区），因受南岭山脉的阻隔，上古时代与中原联系甚少。当时并无实体建置。汉朝开始有行政建置。

秦统一六国，始皇帝三十三年（前214）略定扬越，置南海、桂林、象郡。今粤北各地其时均未建县。高祖建汉后，本境开始建县。武帝元鼎六年（前111）平南越后，以粤北5个县内属桂阳郡，郡治在郴（今湖南省郴州市），隶于荆州。东汉各期，省阳山县，并入含洭县。两汉时期，今南雄、始兴一带尚未独立建县，地属扬州豫章郡南野县（古代野同埜，或写作壄）。三国两晋及南北朝时期，开始在粤北设郡置州。南朝时期，朝代更替和州郡废置频繁，建置沿革较为复杂。隋唐时期，全国重新统一，粤北建置渐趋稳定。唐韶州先后领3个县、6个县、3个县，唐贞观元年（627），韶州属岭南道。五代时期，后梁乾化元年（911），韶州领6个县。宋元以后，南（雄州）、韶（州）、连（州）三地的建置，或为州，为路，为府，辖区大体不变。到元末，设置为韶州路、南雄路2个路及英德州1个州，属广东道。明朝英德州降为县，韶州府、南雄府2个州辖8个县。清沿明制，韶州府的建置一直不变，领6个县。南雄府于清朝降为直隶州（保昌附郭），领1个县。以上府、州，均隶属于广东省。民国时期，粤北属广东省。地方政权建置的变化也甚频繁。1912年，在粤北初置军事机关南韶连绥靖处，兼管地方行政，驻韶关。下辖11个县，即今韶关市全境。到1949年4月，粤北分置3个行政督察区，辖15个县。中华人民共和国成立后，粤北境内的行政机构设置及其隶属关系，也有过多次变革。1949年，先后在南雄、韶关作为韶关市区，1949年成立韶关市人民政府，辖韶关市区。1949年、1950年，北江临时人民行政委员会先后改称北江人民行政督查专员公署、北江区行政督查专员公署，辖16个县1个市。1951年，北江区行政督查专员公署辖15个县1个市。1952年，设立粤北行政公署，辖19个县1个市。1956年，改置韶关专员公署，辖16个县1个市。1957年，辖17个县1个市。1958年，辖9个县1个市。1963年，韶关专区的辖区再度变为15个县1个市。"文化大革命"期间，辖区均不变。1977年1月，韶关市升格为省直辖市，脱离地区建制，韶关地区下辖13个县，韶关市下辖1个县。1983年6月，韶关地区与韶关市合并，统一称为韶关市（地级市），下辖市区和12个县。1984年9月，韶关市下辖3个区12个县。1988年1月，韶关市辖3个区8个县。1996年

6月，韶关市下辖3个区、2个县级市、6个县。2004年5月29日，韶关市设立曲江区。广东省从2010年10月1日开始试行省直管县财政改革，韶关市南雄市、仁化县、乳源瑶族自治县、翁源县分别于2010年、2013年、2014年、2015年成为广东省直管县财政改革试点地区。

【区划】 2020年，韶关市辖浈江区、武江区、曲江区、仁化县、始兴县、翁源县、新丰县、乳源瑶族自治县，代管乐昌市、南雄市，有乡镇95个（其中94个镇、1个瑶族乡），10个街道办事处，1208个村委会，229个居委会。

历史人文

【历史脉络】 韶关是“马坝人”的故乡，其后裔在此繁衍生息。粤北存在一个不甚发达的青铜器时代；粤北在战国时期已进入铁器时代。

秦始皇三十三年（前214），秦始皇略定岭南，设置南海、桂林和象郡，汉人开始有组织地从黄河、长江流域迁移此三郡，和越人杂居。西汉时期，韶关开始有组织地开荒垦殖。到东汉时期，本境农业得到进一步发展。粤北古代经济的腾飞，以矿业的崛起为支柱。到宋代，粤北的矿冶业更加发达，各种冶炼场遍布各县。唐以来，粤北的手工业也有一定发展。唐代能制作渡船和小木船，宋代开始制作运输船。韶关水陆交通方便，是造就粤北古代经济繁荣的又一重要因素。东汉桂阳太守周昕募民开凿武溪，整治九泷十八滩，时人称便。唐开元四年（716），张九龄奉诏开凿大庾岭新路，使韶关和雄州镇成为南北货物流通的转运站和集散地。明清时期，粤北的经济进入缓慢发展阶段，渐渐落后于广州等沿海地区。采矿业在广东地区仍然占有举足轻重的地位。到清代粤北矿产的开采仍达10多种之多。粤北的造船业的发达始于明代后期，至明清时期，粤北商业达到鼎盛。清朝在粤北设关征税，韶州成为全国著名的税关，韶州也因此改名韶关。民国前期，粤北各地经济活动日见萎缩。抗日战争时期，广东省府曾移治曲江。中华人民共和国成立前，粤北工农业基础薄弱。中华人民共和国成立后，韶关作为小三线建设的地区，由此奠定韶关在广东省的工业“龙头”地位，创造出多个“第一”。到1966年上半年，韶关全区的经济形势全面好转，城乡市场繁荣，人民收入增加，生活明显改善。1968年9月，韶关油泵油嘴厂试制成功中国自行设计的九〇系列分配式油泵。1971年，韶关挖掘机厂开始试制1立方米机械式和全液压式挖掘机，当年生产2台。1971年11月28日，韶关棉纺厂生产出第一批棉帘子布，填补省内空白。1973年，韶关水轮机厂试制成功中国第一台高水头、高转速水轮发电机组。1973年2月，韶关市无线电厂研制成功晶体管161型南华牌台式计算机。1975年8月，韶关市无线电厂研制成功南华牌 LX-121型银行利息机，并于1977年10月获1977年全国台式计算器质量评比第一名。韶关因此成为全省第二大工业城市。

【人口】 2020年，全市年末户籍人口336.6万人，其中城镇人口151.9万人，户籍人口城镇化率45.1%。户籍人口出生率为10.47‰，户籍人口出生性别比111.2%。

【民族】 韶关是广东省少数民族主要聚居区之一，少数民族人口约5.5万人，占全市总人口的1.7%，世居少数民族为瑶族和畲族。其中，瑶族3.2万人，畲族1.1万人，主要分布在乳源瑶族自治县和始兴县、南雄市、曲江区、翁源县、仁化县、乐昌市、武江区8个县（市、区）的51个乡镇、130个行政村、376个自然村。辖1个民族自治县即乳源瑶族自治县（瑶族人口2.42万人，占全县人口的10.7%），1个民族乡始兴县深渡水瑶族乡（瑶族人口1642人，占全乡人口的20%）。此外还有回族、满族等43个少数民族成分共约1.2万人。

【宗教】 韶关市有市佛教协会、市道教协会、市天主教爱国会和市基督教三自爱国会4个全市性宗教团体。宗教活动场所51处（其中佛教19处，道教4处，天主教7处，基督教21处）。有宗教教职人员566人（其中佛教僧、尼506人，道教乾道、坤道16人，天主教神甫、修女8人，基督教牧师、长老、传道36人）。全市宗教信徒约5万人。有宗教院校2所，分别是广东佛学院曹溪学院和云门学院。

【方言】 粤北的汉区，方言土话多。在汉语方言中，依使用人口多少为序，以客家方言为主，粤方言次之，此外还有粤北土话，以及赣方言、湘方言、闽方言、北江船话等。粤北的土著居民最先用各自的母语。客家人和广府人大量入迁以后，粤北土话的地盘不断缩小，被分割形成许多互不相连的方言小区。客家方言分布很广，主要分布在翁源县、始兴县、曲江区、仁化县、乳源瑶族自治县、南雄市、乐昌市。粤方言在粤北的传播最早是清代来往于曲江等地的广府行商，在当地落籍。到民国初，也有部分广府人从清远、阳山等地迁入。抗日战争期间，广东省府及部分机关、学校迁到韶关、乐昌等地，广州话在粤北成官场、机关、学校的通用语。加之后来铁路、公路和水上交通不断改善，物产集散和社交往来渐广，粤方言成社会交际的共同语。这些方言主要分布在韶关市区、乐昌市、曲江区、乳源瑶族自治县。粤北土话是粤北土著居民使用的汉语方言。现仍通行的粤北土话有19种，分布在韶关市西郊及浈江、武江和北江沿岸的部分村庄，曲江区、南雄市、仁化县、乐昌市的部分乡镇和村。其他汉语方言有赣语、湘语、闽语潮汕话、北江船话等。主要分布在南雄市界址镇、梅岭村、乐昌市老坪石、河南乡镇、乳源瑶族自治县桂头镇杨溪等地。北江船话分布在乐昌市坪石、乐昌市县城及以南等地。

【人文】 韶关地区自古人文荟萃。侯安都佐陈霸先建立起陈王朝（南朝）。韶关风烈路就是因侯安都的风烈可钦而留传。唐朝名相张九龄开凿梅岭古道，成为连接南北交通的主要孔道，后人誉之为“古代的京广线”，有著名诗篇《感遇》十二首及《望月怀远》传世。宋朝名臣余靖官至工部尚书，是北宋时期的政治家、外交家。余靖在南海做官十年，离任时不带走南海一物，以“风采清华”称颂于世，后人在韶关建风采楼、以风采为路名纪念他。唐代诗人邵碣、明朝清官谭太初、明朝大将陈璘、清代文学家廖燕也都生长于此。民国著名茶商池秉德掌舵着一家有“乌龙世家”之称的龙德记茶庄以香港为跳板把乌龙茶贸易拓展到世界各地，填补北美市场乌龙茶的空白，被誉为中国近代茶业复兴的先行者。抗日名将张发奎、薛岳为抗日战争做出贡献，革命英雄李任予、余贵等为中国革命事业献出宝贵的生命。当代，韶关地区名人辈出，有数学家朱熹平、美籍油画家涂志伟、演员张颂文、运动员侯晓兰、生态专家潘晓玲等。刘耀光生于韶关市，植物遗传学家，为中国科学院院士。韶关地区还留有不少达官显贵、文人墨客在此游历的古迹和史话。唐宋诗人韩愈、苏轼、杨万里等都曾留下歌咏韶关山水的名诗佳作。孙中山曾两度率国民革命军在韶关誓师北伐。中国工农红军二万五千里长征曾在韶关留下足迹。毛泽东、朱德、邓小平、彭德怀、陈毅等革命家都在韶关战斗过。抗战期间，韶关为国民党战时省会。中共广东省委、粤北省委也曾设在韶关。佛教禅宗六祖惠能在韶州弘法37年，建寺1500年的南华禅寺是禅宗六祖慧能弘扬南宗禅法的发源地。寺内供奉着六祖慧能的真身，保存着中国历史上第一部佛教经典《六祖坛经》和众多文物。韶关市是世界上著名的红层古生物圈恐龙的故乡，是12.9万年前“马坝人”的故乡，是石峡文化和海外瑶族的发祥地，是中华民族古老摇篮之一。韶关素有“岭南名郡”之称，是古代中原文化和南方百越文化交汇之地，自古就是连接海陆丝绸之路的交通要道，中原文化、岭南文化以及外来文化在此交汇融合、创新发展，在历史长河中，以石峡文化为开端，形成珠玑姓氏迁徙文化、禅宗文化、红色文化、工矿文化、客家文化、瑶族文化等具有地方特点的“韶文化”。地方剧种有粤北采茶戏等。瑶族盘王节、采茶戏（粤北采茶戏）、瑶族刺绣、龙舞（香火龙）、瑶族民歌、珠玑巷人南迁传说6个项目入选国家级非物质文化遗产保护名录。到2020年年底，全市有文物保护单位382个，其中国家级10个、省级57个。

【风俗】 韶关历史悠久，中原文化、岭南文化、外来文化在韶关地区交融渗透，使韶关民俗既有岭南的基本民俗特色，又有中原地区、山区的习俗风貌。二十四节气生产习俗，山区有春种田基豆、冬放野牛、打横塘、捡油茶等各种习俗。经商贸易讲究择吉开张、注重招牌，有赶墟日（定期集市）、赊销等习俗。在居住方面，农村多以姓族聚居，讲究风水择地而居，有姓族大屋（檐街屋）、围龙屋、“四点金”住宅、骑楼式住宅、围楼、“小康房”等住宅类型。饮食方面，注重节日饮食，讲究吃“团年饭”“团圆饭”，有炒米饼、米糕、油糍、灰水糍、艾糍等十数种有特色的年节食品，民间普遍重视传统节日，有尝新节、冬至节等。婚俗方面，农村仍有哭嫁、送嫁、迎亲、拜堂、闹洞房等古俗遗风。民间重视传宗接代和靠子女养老送终，还有修族谱家谱、春节清明祭祖及订立族规、奖励读书等传统。瑶、畲两族有各自独特的风情习俗，在姓名称呼、起居饮食、衣冠服饰、喜庆禁忌、社会风尚等各方面富有当地民族特色。

【市树、市花】 2020年3月10日，韶关市召开“市树、市花”评选结果新闻发布会，韶关市第十四届人民代表大会常务委员会第三十二次会议审议市人民政府《关于提请审议韶关市“市树、市花”的议案》，会议同意这个议案，决定批准香樟（樟树）为韶关市“市树”，兰花为“市花”。香樟属韶关乡土阔叶树种，是韶关市古树名木分布最多的树种，全市现有三级以上古樟树2306株，占全市8300株古树名木的27.78%。香樟树在大自然历千百年不倒，有顽强生命力，将其评选其为韶关市树，寓意良好。而韶关市翁源县是中国兰花之乡，也是中国兰花的主要产地之一。兰花在韶关市有广泛的自然生长分布，是韶关市花卉产业的龙头产品，其花色淡雅别致，香气清而不浊，被誉为“花中君子”，历来被看作是高洁典雅的象征。

总体发展

【依法行政】 2020年，韶关市“12345”政府服务热线整合21条以“123”开头的政务热线和12个系统平台，构建成电话、网站、微信公众号一体的多渠道服务体系。推动社保、医疗、公积金等41个高频办理查询事项上线“粤省事”韶关专版；“粤商通”韶关专版上线高频事项275项，企业招聘事项4项。建设“韶关战疫”微信小程序，推进“粤康码”在公共场所体温检测及基层网格等的应用。全市10个县（市、区）政府门户网站及市直部门网站设置“政策解读”专栏。全年市政府门户网站发布市级政策解读材料88条；“12345”政府服务热线受理业务43.12万件，同比增长117.75%，办结率99.97%；以市政府新闻办公室名义组织新闻发布会22场；《韶关市人民政府公报》“政策解读”专栏刊载政策解读材料23条。办理人大代表建议69件、政协提案315件。调整435项市级权责清单事项，415项高频县级事项下沉镇村办理，基本完成乡镇（街道）体制改革。“证照分离”改革实现“24证合一”。建设韶关市“互联网+不动产登记”系统，并在全市上线试运行。深化法治政府示范创建，健全重大决策法定程序制度，开展民法典学习宣传，实施《韶关市烟花爆竹燃放安全管理条例》等6部地方性法规。加强重点领域行政立法，推动《韶关市农村住房建设管理条例》《韶关市南水水库水质保护条例》等4个立法项目，以及《韶关市城乡生活垃圾分类管理办法》等8个政府规章项目进入制定阶段。向上级单位报备已出台的规章和市政府规范性文件，指导市直相关部门起草有关规范性文件。重点领域信息发布平台实现全覆盖。市政府门户网站主动公开信息3.51万条。《韶关市人民政府公报》刊载政府信息97条。市政府及其部门办理依申请公开111件，全市公共法律服务实体平台接受法律咨询7645次、开展办事服务4169件、组织服务资源2.78万人次。年底实现律师进园区工作覆盖全市9个省级园区。做好韶州公证处公证业务进驻市行政服务大厅政务对接工作，推进韶关市远程视频公证服务试点工作和公证参与人民法院司法辅助事务试点工作，组织2020年国家统一法律职业资格考试。开展律师违规兼职等行为专项清理活动，开展规范律师与司法人员接触交往专项整治。全市建成109个镇(街)综治中心、1465个村(居)综治工作站。将10个县(市、区)划分为1.44万个网格，网格化服务管理覆盖率100%。开展疫情防控、"12•4"宪法日等法治宣传。韶关市审理涉疫情案件，审理涉民生案件，审结案件12件，审结侵权责任纠纷案件1107件，审结追索劳动报酬、劳动争议案件554件，审结知识产权案件145件。审结一审行政诉讼案件377件，判决行政机关败诉案件58件，协调和解、撤诉案件42件。出台《韶关市中级人民法院审判权力和责任清单（试行）》，分流民商事速裁案件692件。立案受理行政非诉执行监督案件331件；加强公益诉讼办案力度，立案81件，提出检察建议和发布公告66件；召开检察官联席会议56次；加强民事行政裁判结果监督、执行监督，受理各类民事行政执行申诉案件420件，审结各类民事行政申诉案件218件。全市359名村（社区）法律顾问在1465个村(社区)开展疫情防控普法宣传，开展全市"七五"普法总结验收工作。收集全市行政执法和司法行政部门办证员信息967条，涉及350个单位。在广东省行政执法信息公示平台上面公示行政执法主体400个，公示行政执法案件信息2万多条。审核行政执法证办理申请2547次，组织行政执法人员综合法律知识考试37场，参考人数3841人。依法纠正行政机关违法或不当的行政行为。市政府受理案件数117宗，已办结案件48宗，未结案件69宗。市政府为被告案件数37宗、人民法院判决维持案件数为17宗，败诉案件数为5宗。成立韶关市首家知识产权人民调解工作委员会(武江区)，推动建立个人人民调解工作室(目前有3个)。政府系统党风廉政建设和反腐败工作深入推进。

（张晓华）

【经济建设】 2020年，全市地区生产总值1354亿元，人均地区生产总值5.1万元，均居北部生态发展区第二位，年均分别增长5.1%和6%。地方一般公共预算收入105.1亿元，年均增长5.9%。金融机构各项存款余额突破2000亿元。社会消费品零售总额445亿元，年均增长4.4%。五年累计完成固定资产投资3463亿元。三次产业结构调整为14.7：34.3：51。韶关市基本融入大湾区城市1小时生活圈经济圈，汕昆高速、武深高速、北江航道扩能升级等一批重大交通项目相继开通，韶新高速完成主体工程，雄信高速动工建设，韶关港、韶关丹霞机场取得重大进展，基本构建"八高三铁两航"现代综合交通运输体系。第二轮莞韶对口帮扶以来两市共投入产业共建专项资金29亿元；融入广佛肇清云韶经济圈和广州都市圈，引进广州港、广汽等来源于广州的项目171个，总投资额339亿元；新增粤港澳大湾区"菜篮子"生产基地34家。累计淘汰落后钢铁产能315万吨，完成补短板投资350亿元，为企业降成本148亿元。市属一级国有企业从10家优化整合至5家，国有"僵尸企业"全部出清，"三供一业"（即企业的供水、供电、供热和物业管理）分离移交和退休人员社会化管理工作基本完成。启动国家产融合作试点工作。开展林长制试点，市县属国有林场改革全面完成，林业碳普惠改革经验在全省推广。完成农村土地确权登记颁证工作。农村集体产权制度改革、集体林业综合改革、紧密型医共体改革、中小学教师"县管校聘"改革等国家级试点取得成效。创建省现代职业教育综合改革示范市。累计完成工业投资1018亿元、其中技改投资317亿元。制造业占工业增加值的80.4%，比2015年提高6.4个百分点。园区占规上工业增加值的37.5%，比2015年提高10.5个百分点。华南装备园累计引进亿元以上工业项目35个。乳源东阳光入围省民营企业百强榜，新增国家"小巨人"企业3家、省级"专精特新"中小企业45家。研发经费支出占地区生产总值的比重连续五年位居粤东西北第一。高新技术企业308家，比2015年增长8倍；高技术制造业占规上工业增加值比重比2015年提高3个百分点。新增省级研发平台(孵化器)74个、院士(博士)工作站和创新基地30个，规上企业研发机构覆盖率52%，国家级孵化器和省重点实验室均实现零的突破。每万人口高价值发明专利拥有量1.32件。

【文化建设】 2020年，韶关市建成新时代文明实践中心(所、站)920个。

2020年7月3日，韶关市第9届"善美之城•爱心送考"大型志愿服务活动在市区西河全民健身广场举行

（李陶猛　摄）

文艺精品创作取得突破性进展。华南教育历史研学基地建设有序推进，建成红军长征粤北纪念馆及10个县级公共文化场馆、71间风度书房、1430个基层综合性文化服务中心。人均体育场馆面积2.5平方米。全域旅游深入推进，创建研学基地（营地）21家，举办徒步穿越丹霞等66场大型文旅活动，擦亮韶关户外运动赛事品牌。仁化被评为国家全域旅游示范区。

【社会建设】 2020年，市委政法委牵头制定《关于为韶关经济高质量发展提供司法服务和保障的意见》等制度，完善政法公共服务体系。推进行政综合执法"放管服"改革，"网上办、掌上办、不见面办"基本实现。重新修订《韶关市户籍管理规定》，落实"零门槛"落户政策。律师进园区工作覆盖全市9个省级园区，每万人拥有律师数2.04人，位居粤东西北之首。办理生态环境和资源保护领域公益诉讼案件51件，挽回经济损失756万余元。推动韶关入选全国市域社会治理现代化首批试点城市，编制《韶关市加快推进市域社会治理现代化"十四五"规划》。与韶关学院签订合作协议，成立韶关市市域社会治理研究中心，率先在全省探索实施市域社会治理研究市校合作。无物业管理小区封闭改造提升试点工作取得突破，翁源社光下新村、武江拖拉机厂东区宿舍等一批试点小区面貌焕然一新。"雪亮＋智格"项目加快推进，完成公共安全视频图像信息共享总平台建设，实现与省平台的对接联网。十件民生实事全面完成。城镇登记失业率控制在3.5%以内。底线民生保障水平提高。基本医疗保险参保率提高至98.9%，乡镇以上公立医疗机构全部实现省内外异地联网直接结算。新增公办学前教育学位1.23万个，实现"5080"目标。完成农村义务教育寄宿制学校改造92所。仁化入围全国文明城市行列。20间县级公立医院升级项目基本完成，实现镇级中医馆和村卫生站全覆盖，引进基层医疗卫生人才298名。建成农村安全饮用水保障工程207宗。国防动员、统计调查、审计监督、外事侨务、民族宗教、妇女儿童、残疾人等事业取得新成效。

（朱　益）

【生态建设】 2020年，市区AQI优良率（实况状态下）为97.3%，比上年上升4.7%。市区和乐昌垃圾焚烧发电项目建成投产，完成56个镇级生活垃圾填埋场治理，城镇生活垃圾无害化处理率100%。印发《韶关市水污染防治攻坚战2020年实施方案》《韶关市人民政府办公室转发市生态环境局关于韶关市污染防治攻坚战问题清单及对策措施的通知》，统筹谋划，系统推进水污染防治攻坚工作。全市市级水源地问题27个、县级水源地问题42个均完成清理整治；完成2020年县级以上集中式饮用水源地环境状况自查评估和乡镇水源地基础信息调查。建立黑臭水体监测预警制度；编制《韶关市区污水管网和处理设施建设提升方案》，开展控源截污工程。截至12月，韶关市建成区无黑臭水体。全市新增31座乡镇污水处理厂，实现镇级生活污水处理设施全覆盖。韶钢集团焦化等重点工序废水处理、大宝山矿废水处理、翁源华彩园区污水处理厂等提标改造基本完成；华南装备园、翁源工业园电源基地片区、始兴工业园马市片区污水处理厂总体工程进度均达到80%以上。落实河长制，打击查处非法采运河砂，建成万里碧道129千米，江河水质保持优良。推进《韶关市涉重金属行业环境综合整治方案（2015—2020年）》《大宝山矿区及周边地区环境综合整治工作方案》《仁化县董塘镇环境综合整治方案》等方案实施，省市投入超过20亿元，完成90余家涉重金属企业整治提升，落实187项重金属污染治理工程，污染源头得到有效控制。6月24日，韶关市生态环境局会同自然资源局公布区域2020年污染地块名录及其开发利用负面清单，严格建设用地准入管理；韶关市10家土壤污染重点监管企业均完成土壤环境隐患排查、土壤及地下水自行监测、企业拆除活动污染防治、社会公开等工作。污染地块安全利用率100%。有12家年排放二氧化碳2万吨及以上控排企业开展2019年度企业碳排放权信息报告核查和配额清缴履约工作。实现全国土壤污染防治先行区建设目标。始兴县、翁源县、新丰县等3个县（市、区）7个省定贫困村及少数民族县村林业碳普惠（PHCER）项目减排量14.7万吨二氧化碳当量经广东省发展和改革委员会核准核证，在广州碳排放权交易所竞价交易，全部用于控排企业的配额清缴履约，交易价格28.5—36.69元每吨二氧化碳当量，交易金额449万元。山水林田湖草生态保护修复试点工程完成投资71亿元，7个县（市）均完成创建国家森林城市申请和总体规划"双备案"。城市绿化覆盖率43.4%。始兴获评国家生态文明建设示范县。加强扬尘整治，$PM_{2.5}$和PM_{10}平均浓度分别下降17.2%和14%。

中共韶关市委

综述

【概况】 2020年，韶关市综合竞争力实现新突破，融入粤港澳大湾区、深圳先行示范区和推进重点领域改革取得重大进展，工业运行质量显著提升。创新驱动能力、政务服务水平显著提高。生态质量、城乡面貌、社会治理、民生福祉明显改善。全市实现地区生产总值1353.49亿元，比2019年增长3%；居民人均可支配收入2.75万元，比上年增长6.7%。

【学习培训】 2020年，韶关市委把学习贯彻习近平新时代中国特色社会主义思想作为首要任务，全面系统抓好学习培训。发挥党校主渠道主阵地作用，将习近平新时代中国特色社会主义思想、习近平总书记系列重要讲话和重要指示批示精神作为主体班次主课内容，全面纳入教学计划和教学布局。

【经济发展】 2020年，韶关市委聚焦发展第一要务，推动经济平稳较快发展，年度主要目标完成，完成“十三五”规划主要目标任务。全年地区生产总值、一般公共预算收入分别增长3%、4%。工业化进程全面提速，全年工业投资、规模以上工业增加值分别增长11.9%、3%。项目投入实现大突破，工业投资增长11.9%，重点建设项目完成投资370.7亿元，完成计划的102.1%。建成北江（韶关至乌石）航道扩能升级工程、韶州大道项目、市妇幼保健院新院、南岭干部学院等55个项目，新开工建设武深高速公路始兴连接线、丹霞大桥、华南数谷、韶州中学等99个项目。工业支撑显著增强。全市规模以上工业企业资产497个。发展的质量和效益提升。推进创新驱动，研发经费支出占GDP的比重位居粤东西北第一。高新技术企业308家。新增省级研发平台（孵化器）74个、院士（博士）工作站和创新基地30个，规模以上企业研发机构覆盖率52%，国家级孵化器和省重点实验室均实现零的突破。每万人口高价值发明专利拥有量1.32件。

【改革开放】 2020年，韶关市委深化改革、扩大开放取得重大进展、形成强力推动。2020年起实施改革创新典型案例评选，2020年共评选出5个市直和5个县级改革创新典型案例，有力促进各地各部门狠抓各项改革措施落地见效。“数字政府”公共财政综合管理平台预算域、执行域与核算域先后顺利在韶关市上线。完成105个镇（街）体制改革，将547项县（市、区）级权限调整至镇（街）行使。市卫生健康局、市委编办联合出台相关文件，在浈江、乳源试点推行校长职级制改革，优先保障医疗卫生事业对高层次和急需人才的编制需求。健全突发公共卫生事件应急管理体系，市、县级疾控中心均具备新冠病毒核酸检测能力。全市建成新时代文明实践中心（所、站）920个，创建全国市域社会治理第一期试点城市，武江区重阳镇万侯村等4个村入选全国乡村治理示范村。建成长者饭堂17个（其中浈江区10个、武江区6个、曲江区1个），为农村老年人提供精神慰藉、娱乐活动、日间照料及托老服务。推进驾考制度改革，确保群众就近考取驾驶证。落实出入境“只跑一次”制度。开展人民警察职务“两个套改”工作，推进户籍制度、居住证制度改革。建立“社区吹哨、党员报到”工作机制，搭建“居民点单、社区下单、党员接单”云吹哨平台，推动1795个机关、国企、事业单位党组织6万多名在职党员常态化服务社区，党员服务时长超百万小时。实施丹霞英才计划，实施“乡村振兴人才专项招聘”“党员人才回乡计划”“基层医疗卫生人才引进计划”等，促进脱贫攻坚、乡村振兴。市纪检监察部门实行办案协作区制度，采取“一案一授权”组建跨部门专案组，整合办案力量，提高案件突破能力和问题线索处置质效。开展新一轮林业碳普惠项目申报，完成14.7万吨市级碳普惠减排量交易，成交总价值达449万元。

【城乡统筹协调发展】 2020年，市委强化统筹，促进城乡要素双向流动，新型城镇化、城乡一体化推进。高水平规划建设韶关新城，加快推进主城区有机更新，开展棚户区、老旧小区改造，已完成30个老旧小区改造。推进文明城市创建，摩托车、非法改装机动车、“飙车”等整治有效。城市管理更加精细，市民文明素养不断提升。深入实施乡村振兴战略，推进农民住房条件改善，一批新型农村社区建成使用。现代农业快速发展，获批省级现代农业产业园13个。完成56个镇级生活垃圾填埋场治理，镇级生活污水处理设施实现全覆盖。自然村基本完成“三清三拆三整治”，打造“兰乡古韵”“阅丹公路”“画里清化”等美丽乡村示范带。实施精准脱贫，278个省定贫困村和33008户84454名贫困人口全部达到脱贫出列标准，提前完成新一轮脱贫攻坚任务。

【生态文明建设】 2020年，韶关市委推动生态环境质量提升。绿美南粤行动，划定生态保护红线6101平方千米，完成造林更新11.13万公顷，新建森林公园38个、湿地公园7个。森林覆盖率74.43%，保持全省前列。污染防治力度加大，2020年市区空气质量优良天数比例97.3%、创2014年以来的新纪录，省考以上断面水质优良率为100%。山水林田湖草生态保护修复试点工程完成投资71亿元，7个县（市）均完成创建国家森林城市申请和总体规划“双备案”。城市绿化覆盖率43.4%。始兴获评国家生态文明建设示范县。加强扬尘整治，$PM_{2.5}$和PM_{10}平均浓度分别下降17.2%和14%。落实河长制，打击查处非法采运河砂，建成万里碧道129千米，江河水质保持优良。市区和乐昌垃圾焚烧发电项目建成投产，实现全国土壤污染防治先行区建设目标。

【民生福祉保障】 2020年，韶关市委办实事、惠民生，增强群众的获得感、幸福感、安全感。强化就业优先政策，实现更充分更高质量就业。全市新增城镇就业2.53万人，城镇登记失业率控制在2.45%以内，城乡居民人均可支配收入分别增长5.5%、8%。完善公共服务，促进教育改革发展，中小学教师“县管校聘”改革等国家级试点取得成效，广东南岭干部学院建成使用，成为全省红色教育新高地。创建省现代职业教育综合改革示范市。基本医疗保险参保率提高至98.9%，乡镇以上公立医疗机构全部实现省内外异地联网直接结算。实现镇级中医馆和村卫生站全覆盖。每千人拥有养老床位达35张。基本建成12349套棚改房和保障性住房。居民健康素养水平持续提升。城区建成一批景观公园、“口袋”公园，韶州公园、芙蓉山公园、林桥公园建成。村级文化广场等便民娱乐设施遍布农村，群众休闲健身需求得到更好满足。加强社会治理，拓展网格化社会治理。推进扫黑除恶专项斗争，群众安全感显著增强。开展安全生产专项整治和巡查工作，安全生产形势总体平稳。

重要会议

【市委常委会会议】 2020年，韶关市委召开常委会会议66次。主要内容有：传达学习贯彻习近平总书记重要指示批示及重要讲话精神，中央其他领导同志和省委、省政府领导指示批示及讲话精神，中共十九届五中全会和省委十二届九次、十次、十一次、十二次全会等中央和省重大会议精神。学习贯彻《中国共产党地方委员会工作条例》《中国共产党党组工作条例》《中国共产党重大事项请示报告条例》《中共中央关于加强党的领导、为打赢疫情防控阻击战提供坚强政治保证的通知》《中共中央、国务院关于抓好“三农”领域重点工作确保如期实现全面小康的意见》《中共广东省委关于认真学习宣传贯彻习近平总书记出席深圳经济特区建立40周年庆祝大会和视察广东重要讲话重要指示精神的通知》《中共广东省委办公厅、广东省人民政府办公厅印发〈关于领导干部深入基层定点联系涉农县（市、区）的实施方案〉的通知》《中共广东省委办公厅、广东省人民政府办公厅〈关于促进民营经济高质量发展的若干政策措施〉的通知》等中央和省重要文件精神。听取市人大常委会、市政府、市政协、市中院、市检察院、市总工会、团市委、市妇联党组和市纪委监委、市委组织部、市委宣传部、市委统战部、市委政法委等部门专题工作汇报。统筹推进新冠肺炎疫情防控和经济社会发展工作、融入和服务粤港澳大湾区、支持深圳开展建设中国特色社会主义先行示范区综合改革试点、推进全面深化改革、资源资产价值化、科技创新、新型工业化和新型城镇化、重大基础设施建设项目、决战决胜脱贫攻坚、乡村振兴、生态文明建设、保障和改善民生、“广东技工”“粤菜师傅”“南粤家政”三项工程、扫黑除恶专项斗争、防范化解重大风险、安全生产、市域社会治理现代化试点、市县两级党委巡视巡察、村（社区）“两委”换届等工作。审议并原则通过《韶关市关于加强乡镇政府服务能力建设实施方案》《关于推动制造业高质量发展的实施意见》《韶关市市属国企重组整合实施方案》《关于加强乡村振兴重点工作确保如期实现全面小康的实施意见》《市级国有资产资源盘活总体工作方案》《韶关市生态环境机构监测监察执法垂直管理制度改革实施方案》《韶关市供销合作联社社有企业改革方案》《全市村（社区）“两委”换届工作方案》《中共韶关市委员会关于制定韶关市国民经济和社会发展第十四个五年规划和二〇三五年远景目标的建议》《韶关市户籍管理规定》《韶关市农村住房建设管理条例》《韶关市文明行为促进条例》等一批重要文件。讨论研究人事和干部处分有关问题。

【市委书记专题会议】 2020年，市委召开书记专题会议92次，主要内容有：研究韶关国际会展中心、冷库选址，华南装备园扩园规划等产业项目及韶关高新区、专业园区建设，招商引资、招才引智和重点项目落地，全产业链招商大会、扶贫招商会筹备工作和重大项目动工、竣工投产活动筹备工作，中心城区贯通联网“10+1”工程、路网桥梁优化设计、港口规划建设等交通基础设施项目，市第一人民医院、韶州中学、广东北江中学、韶州人民医院、韶关张九龄纪念公园、韶州体育公园、韶关市图书馆等城市发展配套项目，城市建设和管理、山水林田湖草项目试点、土地征收出让、住房发展规划和拆旧复垦、自然保护地整合优化、第五届世界广府人恳亲大会申办、市委巡察等专项工作。

【市委十二届十一次全会】 2020年1月11日，中国共产党韶关市第十二届委员会第十一次全体会议在市委会议中心召开。市委书记李红军代表市委常委会作关于《发扬钉钉子精神 狠抓各项工作落实 奋力争当北部生态发展区高质量发展排头兵》的工作报告和总结讲话，市委副书记、市长殷焕明就经济工作作具体部署。会议审议《市委常委会2019年抓党建工作情况报告》，表决通过《韶关市关于加快推进市域社会治理现代化的实施意见》《中国共产党韶关市第十二届委员会第十一次全体会议决议》。

【市委十二届十二次全会】 2020年10月12日，中国共产党韶关市第十二届委员会第十二次全体会议在市委会议中心召开，市委常委会主持会议，市委书记王瑞军代表市委常委会作题为《生态优先绿色发展奋力争当北部生态发展区高质量发展排头兵》工作报告和总结讲话，会议审议通过《关于贯彻落实省委十二届十次全会精神全力筑牢粤北生态屏障打造绿色发展韶关样板的实施意见》，表决通过《中国共产党韶关市第十二届委员会第十二次全体会议决议》。全会深入学习贯彻习近平新时代中国特色社会主义思想，全面贯彻习近平总书记关于促进区域协调发展、加快形成以国内大循环为主体，国内国际双循环相互促进的新发展格局的重要论述和对广东重要讲话、重要指示批示精神，落实省委十二届十次全会和李希书记在韶调研讲话精神，分析韶关面临的机遇与挑战，对全力筑牢粤北生态屏障、打造绿色发展韶关样板、争当北部生态发展区高质量发展排头兵进行再动员再部署。其间，市委书记王瑞军主持召开市委十二届第210次常委会会议，听取全会《决议（草案）》《实施意见（稿）》修改情况汇报。

【市委、市政府向市直单位离退休干部通报工作情况大会】 2020年1月19日下午，市委、市政府向市直单位离退休干部通报工作情况大会在市委会议中心四楼会议室召开。市委书记、市人大常委会主任李红军出席会议并讲话，会议通报2019年全市经济社会发展情况及2020年主要工作安排，通报2019年全市组织工作情况。会议指出市委、市政府要坚持以习近平新时代中国特色社会主义思想为指导，全面贯彻中央和省委的决策部署及李希书记在韶调研讲话精神，团结带领广大党员干部群众，凝心聚力、攻坚克难，推动各项事业取得进展。一系列成绩的取得，与老领导、老同志之前工作打下的坚实基础，以及一直以来的关心支持帮助密不可分。会议强调，韶关要贯彻落实李希书记在韶调研讲话精神，按照市委十二届十次、十一次全会工作部署，坚持一张蓝图绘到底，坚持勤政为民、实干兴韶，坚持干字当头、问题导向、重点发力、以上率下，发扬钉钉子精神，狠抓各项工作落实，致力于"说一件、做一件，做一件、成一件"，奋力争当北部生态发展区高质量发展排头兵。市领导颜玉明、陈磊参加会议。

【东莞韶关对口帮扶联席会议】 2020年7月3日上午，东莞韶关对口帮扶第十二次联席会议暨脱贫攻坚工作会议在韶关召开，韶关市委书记李红军、东莞市委书记梁维东出席会议并讲话，韶关市市长王瑞军主持会议。会议总结近年来莞韶对口帮扶和精准扶贫工作，研究部署下一阶段工作，会上观看莞韶对口帮扶工作汇报片，通报莞韶脱贫攻坚工作进展和对口帮扶工作情况，审议通过《关于深化东莞韶关对口帮扶和脱贫攻坚的工作方案（2020—2022年）》、《东莞韶关对口帮扶2020年工作要点》和《关于深化莞韶对口帮扶"十组团"产业共建的工作方案（2020—2022年）》，签订"菜篮子"建设战略合作框架协议、两地园区签订共建协议和两地高校结对帮扶协议等6份协议，举行重大项目集中签约。东莞市市长肖亚非，东莞市委常委、政法委书记杨东来，韶关市有关领导参加。

【全市乡村振兴暨兰花产业发展推进会】 2020年8月19日上午，在市委会议中心四楼大会议室召开全市乡村振兴暨兰花产业发展推进会，会议总结推广翁源兰花产业发展经验，充分发挥市花的品牌效应，全面提升韶关兰花的知名度、美誉度、文化内涵和品牌价值，为全市乡村振兴提供坚实产业支撑。市委副书记、市长王瑞军，市领导颜玉明、谢天友参加会议。

【东莞韶关对口帮扶干部恳谈会】 2020年12月25日上午，在广东南岭干部学院召开东莞对口帮扶韶关干部恳谈会。市委书记、市人大常委会主任王瑞军在恳谈会上讲话，东莞市产业帮扶代表、"十组团"指挥部干部代表、开发平台公司代表、脱贫攻坚干部代表汇报帮扶工作成绩和收获。会议指出，东莞帮扶干部的真抓实干作风、敢于担当劲头、勇于奉献精神，值得全市广大干部群众大力学习，希望东莞帮扶干部能够聚焦脱贫攻坚、产业共建、民族地区、民生领域，加大帮扶力度，结合贯彻落实中央、省的部署和东莞韶关两市工作要求，谋划好"十四五"时期工作，韶关各级各部门将一如既往关心关爱帮扶干部，保障帮扶干部安心在韶施展作为。市委副书记、市长陈少荣，市政协主席王青西，市领导邓小杰、肖展欣、颜玉明、罗晓勤参加。

【2020年全市中医药大会】 2020年12月25日下午，在市委会议中心四楼大会议室召开全市中医药大会，市委书记、市人大常委会主任王瑞军在会上讲话，会议深入学习贯彻习近平总书记关于中医药工作的重要论述精神，贯彻落实全国、全省中医药大会精神，对促进市中医药传承创新发展、加快建设中医药强市进行全面部署。市委副书记、市长陈少荣，市领导刘启宇、颜玉明、高冬瑞、谢天友、卢春燕参加。

重要决策

【发展兰花产业】 2020年7月24日，中共韶关市委办公室、韶关市人民政府办公室印发《关于加快兰花产业全域发展的实施意见》。实施意见明确韶关市兰花产业全域发展的总体要求、产业布局、工作重点和保障措施，目标任务是通过十年的不懈努力，力争把韶关打造成为全球兰花产业的典型产区，全国兰花的生产研发中心、产销中心和种质资源中心。到2030年，全市兰花年产销量达到5亿盆，全产业链产值100亿元以上。其中"十四五"期末，全市兰花栽培量达到2亿盆，产值30亿元。

【"两个维护"十项制度机制】 2020年8月31日，中共韶关市委办公室印发《关于坚决落实"两个维护"十项制度机制的实施方案》。实施方案根据省委《关于建立健全坚决落实"两个维护"十项制度机制的意见》精神，结合韶关市实际，提出严格落实第一议题制度、扎实开展"大学习、深调研、真落实"、组织开展专题研讨培训、积极推动政治要件落地落实、规范做好政治要件落实情况年度报告等十项落实举措，要求各地各部门进一步提高政治站位，强化责任担当，按照实施方案的要求，把"两个维护"十项制度机制落到实处。

【市委理论学习中心组学习制度完善】 2020年10月10日，中共韶关市委办公室印发《中共韶关市委理论学习中心组学习制度》。学习制度根据《中国共产党党委（党组）理论学习中心组学习规则》和《广东省党委（党组）理论学习中心组学习办法》等党内法规文件制定，明确市委理论学习中心组学习的性质和定位、中心组成员的构成和职责、学习秘书的组成和职责及学习内容、学习形式和要求等，推进市委理论学习中心组学习制度化、规范化建设。

【市领导挂点联系工作】 2020年10月29日，中共韶关市委办公室、韶关市人民政府办公室印发《市领导同志挂点联系县（市、区）、乡镇（街道）村（社区）工作方案》，要求市领导按照省委和市委有关工作部署，全面准确把握当前韶关改革发展稳定面临的新形势新任务新挑战，发扬"脚上有土、心中有谱"务实作风，沉到一线、深入基层，宣传党的政策、了解社情民意，指导帮助基层发现问题、解决问题，推动各类资源和力量下沉，指导、支持和帮助县（市、区）、乡镇（街道）、村（社区）狠抓各项决策部署落地落实。

督导调研

【督导】 2020年，市委督查室纳入台账并跟进的政治要件109件，涉及事项406项，均顺利推进并取得阶段性成果。紧贴市委工作部署强化日常督查，对市委全会、市委常委会、市委书记专题会等会议及市委书记调研、批示明确的重点事项跟进，聚焦脱贫攻坚、镇级污水处理厂建设、农村饮用水安全等民生事项以及"一桥三园三路"（韶州大桥、韶州历史文化博物馆、韶州体育公园、芙蓉山公园、韶州大道新区段、韶州大道曲江段、武江大道南）等重点项目，全年跟进各类事项893项，推动市委工作部署有效贯彻落实。开展中央八项规定精神情况落实督查，推进中央八项规定精神落实到位。统筹规范督查检查考核，制定印发《韶关市2020年督查检查考核计划》，全年督查检查考核事项33项，比2019年减少4项。开展疫情防控督查，累计开展疫情防控督查58次，派出督查人员292次，撰写督查报告29篇，发现并督促整改问题128个。

【调研】 2020年，中共韶关市委政策研究室（改革办）组织撰写综合文稿256篇、约121万字，创历史新高，其中4份报告得到省委书记李希、省委常委叶贞琴等省委领导的批示，16篇综合文稿获市委主要领导批示肯定。在县（市、区）实施22项特色改革事项，评出5个市直和5个县级改革创新典型案例。推进市委财经办工作，组织召开市委财经委员会会议3次，明确2020年度全市经济社会发展的主要预期目标和6项重点工作。参与筹备"十四五"规划专题座谈会7场，收集有关意见建议，并做好《中共韶关市委关于制定国民经济和社会发展第十四个五年规划和二〇三五年远景目标的建议》等文件起草工作。机关党支部在2019—2020年度市直机关基层党支部达标创优工作中被评为"优秀"等次。

综合文稿服务工作　2020年，市委政研室先后撰写关于疫情防控、复工复产、生态环境改善、老工业基地调整改造、脱贫攻坚、"四好农村路"建设、"三防"等工作的向省委报告材料，向上级反映韶关的亮点工作情况和取得的成绩。研究学习中央和省的重要政策文件，梳理市委常委会、市委书记专题会等会议精神，把握中央和省的精神以及韶关实际，完成市委十二届十二次、十三次全会报告等重要文稿起草工作，文稿质量得到市委主要领导和干部的好评。组织撰写市委主要领导讲话稿152篇，汇报报告等104篇。

调查研究工作　2020年，市委政研室到10个县（市、区）、7个园区及30余家企业开展调研活动，形成12篇调研报告，其中6篇被《韶关调研》采用，《韶关市全域发展精致农业大有可为》等被《广东调研》选用。组织干部赴江浙地区调研考察，学习借鉴发达地区和同类地区推动改革发展的好经验做法，形成3篇学习考察报告。推动调研成果转化为文件文稿内容。开展"十三五"工作总结和"十四五"发展规划、创建国家"两山"理论实践创新基地、争当北部生态发展区高质量发展排头兵等专题调研时，同步谋划起草市委"十四五"规划建议稿。编发《决策参考（调研内参）》40期、《政策动态》12期，出版《韶关调研》12期，内刊获市委、市政府主要领导批示8次，市委、市政府领导批示3次。筹办市委财经委员会第一次、第二次、第三次会议，按程序起草《中共韶关市委财经委员会工作制度》《中共韶关市委财经委员会办公室工作制度》《中共韶关市委财经委员会2020年工作安排》等文件。注重与省委财经办的对口联系，加强对各县(市、区)委财经办的工作指导。

全面深化改革工作 2020年，市委改革办推动韶关列入全省扶贫资产管理示范试点市，相关经验做法得到国务院扶贫办肯定。配合南雄市承接农村宅基地制度改革国家级试点。向省争取"厂区变园区、产区变城区"等6项重大改革试点在韶关落地。建立市委深改委会议议题预告制度，提前谋划改革文件审议时间，确定改革汇报专题。组织召开市委深改委会议4次，审议通过改革文件13份，听取2个市改革专项小组、9个县(市、区)、6个市直单位改革汇报，部署11个方面44项改革要点任务、县(市、区)22项特色改革事项及3项东莞韶关改革对接行动。打造韶关市改革创新典型案例评选活动，按照评选规则评出5个市直案例和5个县级案例。面向社会公开遴选韶关学院等4个团队分别开展招商引资工作机制等改革评估。编印《韶关改革工作简报》10期，其中《广东改革工作简报》采用2期，市委主要领导签批1期；《广东调研》采用1期。在全国337个城市中，第四季度韶关改革热度指数74.29，位居全国第十四名、全省第三名。 （向 靖）

组织工作

【概况】 2020年，全市有基层党组织9161个，其中基层党委462个，党总支874个，党支部7825个。截至2020年12月底，全市共有党员19.36万名，其中女党员5.48万名，30岁以下党员1.72万名，大专以上学历党员8.96万名。

【基层组织建设】 2020年，韶关市委组织部打好基层党建三年行动计划(2018—2020年)收官战。发展党员3663名。在全面建成105个镇街党校的基础上，在村(社区)开设1288个镇街党校分教点，组织"百人讲师团"送教下乡。完成村(社区)党组织换届选举工作，新一届村级党组织班子成员6694名，平均年龄43.5岁，比上届下降1.5岁；35岁及以下的1567名，比上届提升191.3%；大专及以上学历2760名，比上届提升206%；女性班子成员2351名，比上届提升79.1%。创新开展"民情夜访"工作，组织县镇干部每周至少利用一个晚上时间，到挂点村(社区)夜访群众，夜访群众14.6万户，解决群众反映问题1.6万件。在标准化建设镇村党群服务中心的基础上，建立2300多个统一规范的村(居)民小组党群服务室，构建"5分钟党群服务圈"。实施"头雁"工程，推行无职党员"设岗定责"，探索党组织领办创办集体经济组织，使经济发展成为组织群众凝聚群众的过程，全市集体经济5万元以下的"薄弱村"清零，集体经济10万元以上的村从221个增加到549个，增幅148%。细化1万多个"社区—居民小组、物业小区—楼栋"三级党建网格，推行"社区吹哨、党员报到"服务机制，引导全市机关、国企、事业单位6万多名在职党员融入网格，开展服务活动4.7万次，解决1万多件群众的急事难事。开展国企党建重点任务"百日攻坚行动"，健全国有企业党的组织体系，55家市属国有企业完成将党建工作要求写入公司章程工作，推动国有企业深化改革。1.3万名国企退休人员转接党组织关系到街道社区实行社会化管理，完成率100%。在广东南岭干部学院、循环经济环保园、韶州中学、韶州人民医院等重点项目中设立临时党支部、党员先锋岗，组建党员突击队。促进一批重点民生项目又好又快建设。

【机关党建】 2020年，韶关市直机关工委直接管理市直机关党组织73个，其中党委(机关党委)51个、直属党总支部6个、直属党支部16个，党员1.13万名。2020年，市直机关工委落实加强党的基层组织建设三年行动计划，以"基层党建全面进步全面过硬"为重点，开展模范机关创建活动，深化"双争双促"主题实践活动，推进市直机关党的建设。

做好疫情防控工作 2020年，韶关市直机关工委面对新冠疫情，充分发挥基层党组织战斗堡垒作用和党员先锋模范作用。主动选拔201名党员迅速组成"市直机关党员突击队"充实到疫情防控交通管制市际检查站9个出入口和4个交通枢纽站，协助做好疫情防控工作。其间，党员突击队员到一线发放防疫宣传资料8.7万份，登记过往车辆41.6万辆，开展体温监测92.2万人。团结带领市直机关在职党员到社区报到参与新冠肺炎疫情防控和其他工作，市直机关有6704名机关在职党员下社区报到，累计开展活动4万多次。组织开展"学王烁、战疫情、强自信、建功业"活动，全市机关基层党支部开展学习活动1325场，党员形成问题整改清单2.5万份，作出承诺4.3万条。募集和购买医用口罩、橡胶手套和护目镜等物资送到市际交通检查站点和社区一线。下拨50万元到重点防疫单位用于支持开展防疫工作，组织市直机关党员干部共捐款131.1万元。组织和支持企业复工复产。

模范机关创建 2020年，韶关市直机关工委坚持强化政治责任、理论武装、组织力提升和政治纪律规矩，建设对党忠诚、思想过硬、担当作为和风清气正的模范机关。开展"党员领导领学带学督学"活动，领导班子成员带头讲党课634人次，邀请专家辅导243次，基层党支部集中学习8051次。召开韶关市直机关深入学习贯彻习近平总书记重要讲话精神创建模范机关推进会，邀请3个单位负责人作大会交流发言并印发8个单位的书面交流材料，研究部署推进市直机关党的建设和模范机关创建的思路举措。开展分片联系调研，层层传导压力。由工委领导班子成员分别带领工作联系组，每季度分片对68个单位党组织进行全覆盖分片调研。采取听取汇报、查阅资料、集中座谈、问卷调查等形式，进行指导督促，压实机关党建工作责任。

机关党组织建设 2020年，韶关市直机关工委分层级、分类别开展党员教育培训。在韶关市委党校分6期对市直机关近500名党支部书记，分别开展每期5天的集中全员轮训。分别举办机关党组织书记党建工作

8月31日，韶关市直机关深入学习贯彻习近平总书记重要讲话精神创建模范机关推进会召开　　（市直机关工委　供）

能力提升专题培训班和党支部书记示范班各1期，全面提升机关基层党支部“头雁”的政治素质和履职能力。2020年，市直机关工委举办“千名科级党员干部大培训”“专职党务干部（组织委员）培训”等各类培训班12期，培训5000多人次；举办宣讲报告会5场，共7700多人次参加。各基层党组织举办学习培训班276次，培训14251人次。联合市审计局开展党费联合检查，对20个市直机关单位党组织党费收缴、使用和管理工作进行检查通报，规范党费管理工作。市直各单位共评定优秀党支部93个，评定五星级党员975名，推动基层党支部组织力全面提升，党员先锋模范作用突出，品牌示范效应显著。推行发展党员台账跟踪管理制度和检查报告制度，从严保障党员发展质量，培训党员发展对象155人，发展党员143人，指标完成率100%。加强宣传阵地建设，出版《韶关机关党建》杂志6期，刊登调研文章43篇，党建信息103篇。推动市直机关各单位加强党员活动阵地建设，新建修缮党员活动阵地12个，投入留存党费和其他经费近50万元。采取党建考核信息化平台开展市机关2020年党建工作目标责任制考核，通过目标管理考核、党组织书记抓党建述职评议考核等方式，转作风提效能，保证和推进各项党建工作任务落到实处。

机关效能提升　2020年，韶关市直机关工委实施“党性锤炼”“能力锻造”“提质增效”“先锋示范”工程，推进“双争双促”主题实践活动常态化。开展机关效能工作典型案例评比活动，评选出典型案例11个。开展机关工作创新创优竞赛，共从151个参赛作品中评选出45个获奖项目，其中6个项目入围省“先锋杯”工作创新大赛决赛。通过党风政风评议工作将开展民主评议与明察暗访结合起来，对24个重点单位进行明察暗访。韶关“民声热线”全年共开展20期周三上线版节目和1期大型户外上线活动，“民声热线”首个乡村工作站在武江区龙归镇挂牌成立。深化“双周讲坛”，实现以讲促学。在全市持续开展“双周讲坛”活动，各单位累计开展“双周讲坛”13016期，参加总人数31.8万人次。组织开展“双周讲坛”活动先进单位和精品课程评选工作，经组织评审，从全市51个参评单位中和141个优秀课程中推选出先进单位15个、精品课程16个。《韶关：“双周讲坛”激活高质量发展新动能》宣传信息分别被人民日报客户端、人民网等多个主流媒体登载。做好机关绩效考核工作，优化考核方案、考核指标设置、考核流程和市机关绩效信息化考核系统。围绕庆祝建党99周年主题，开展重温入党誓词、“党旗在战疫一线高高飘扬”主题展览、“学用新思想展现新作为”线上云朗诵等活动。

党风廉政建设　2020年，韶关市直机关工委抓好机关党员干部正面引导和警示教育，紧盯“四风”问题易发多发重点节日，向党员干部提要求、明规矩。在市直机关工委所辖党组织中开展“严家教正家风　共筑廉洁幸福家庭”主题党日活动，73个单位3000余名党员干部及家属代表参加。组织机关纪委书记和纪检委员开展“啄木鸟”专项行动，采取交叉暗访、重点专访、随机察访等形式，对21个市直单位进行明察暗访，对发现问题的13个单位及时反馈，并督促整改。　（杨文怡）

2020年11月24日上午，韶关《民声热线》首个乡村工作站在武江区龙归镇挂牌成立　　（市直机关工委　供）

【"两新"组织党建】 2020年，韶关市委组织部推动"两新"党建摸排和组织建设"双同步"工作。新组建党组织117个，比上年增长234%，"五类"企业党组织覆盖率高于全省平均水平。采取省、市、县"两新"党建示范点三级同创的方式，培育25个党建示范点，其中乳源东阳光实业发展有限公司党委被确定为全省"两新"党建工作示范点。开展党建引领支持非公企业复工复产"十项行动"，协调解决民营企业复工复产中遇到的用工、融资、法律、防疫物资等问题。推动3家民营环卫企业、5家物业服务企业、2家快递企业、1家互联网社会组织成立党支部，扩大新兴领域党的组织覆盖面。截至12月底，全市有3名以上党员非公企业单独组建党组织100%，有3名以上党员社会组织单独组建党组织96.38%。

【干部选拔任用】 2020年，韶关市委组织部从脱贫攻坚、乡村振兴、莞韶对口帮扶、重大项目建设等一线工作中提拔使用干部占新提拔市管干部的75.4%。就干部调整配备事项征求分管市领导、有关部门意见725人次，与市直单位班子成员开展谈心谈话611人次，开展两轮县（市、区）领导班子换届工作专题调研。推进县（市、区）之间、市直部门之间、县（市、区）与市直部门之间干部交流，推进政法部门干部异地交流、市直机关单位中层正职轮岗工作。交流调整市管干部80名，推动政法部门干部异地交流33名、市直机关中层正职轮岗228名。从党政机关、企事业单位和金融部门中，选拔16名干部充实到整合重组后的5家市管企业。

【干部学习教育】 2020年，韶关市委组织部举办"推动经济高质量发展""国资监管与国企管理""民生建设""优化营商环境"等系列专题培训班。选派53人次参加中央、省级各类短训班13期；选派42人次参加省委党校厅级班、处级班、中青班等主体班学习。成功申报广东南岭干部学院，并于6月29日揭牌。线上和线下培训干部11.6万人次，其中党政干部7.48万人次，事业单位专技人员1.71万人次，企业经营管理人员0.53万人次，村（社区）干部1.89万人次。选派18名干部赴东莞进行为期一年的挂职锻炼。

【干部监督】 2020年，韶关市委组织部加强干部日常监督管理。抽查核实领导干部个人有关事项184人次，对存在漏报、瞒报的16名领导干部进行相应处理。组建10个专项检查组，对30个市直单位的选人用人工作开展专项检查，规范市直单位选人用人工作。集中保管省管、市直单位市管干部的因私出国（境）证照406本，对22个地区（单位）落实出国（境）管理工作情况进行再检查、再清理，对违反因私出国（境）管理规定的领导干部及时进行处理。指导督促始兴县、翁源县抓好省委巡视整改工作，做好省委第十巡视组巡视检查各项工作。录播市民问政节目《做好拆除破旧泥砖房的后半篇文章》。直接或转办、督办查核群众反映干部有关问题的信访件72件次。

【干部档案管理】 2020年，韶关市委组织部组织开展干部人事档案数字化工作。对全市1135卷市管干部人事档案纸质材料采取扫描、高清处理等技术手段，实现干部人事档案信息化管理。依托档案数字化信息平台，实现多人同时查阅，一键办理，为各单位提供电子化阅档服务。

【公务员管理】 2020年，韶关市委组织部统筹做好公务员招录、教育培训和日常监管工作。完成广东省2019年从优秀村（社区）党组织书记中专项选拔19人进入乡镇公务员队伍工作。组织实施2020年省考韶关考区考录公务员工作，招录职位822个，1.81万人参加笔试，截至12月底，完成省考录用公务员693名。全市各级机关单位公务员晋升职级3826人。完成职级工资套改和职级晋升公务员的工资晋升审批及待遇兑现工作。截至2020年12月底，全市共有公务员2.14万名。

【选调生管理】 2020年，韶关市委组织部组成4个宣讲小组，到省内中山大学、华南理工大学、深圳大学等16所高校开展选调生专项招录宣讲工作，招录89名选调生。新安排53名选调生到村任职锻炼。截至12月底，省、市、县三级招录的选调生在村在岗总人数175名。

【人才工作】 2020年，韶关市委组织部深入组织实施"丹霞英才计划"。设立高层次人才"专项编制周转池"，其中市一级拿出500个事业编制，推动优秀人才向山区集聚。全年引进丹霞英才2755名，其中博士85名、硕士940名。引进中国工程院严新平院士及其团队共建武汉理工大学韶关研究院。新增创新实践基地2个，引进创新创业团队3个、产业科技人才685名。实施"大数据产业人才振兴计划"，获得省"扬帆计划"重点人才扶持项目第二档三年4500万元的扶持资金。安排20名丹霞英才到乡镇（街道）历练。为3319名各领域丹霞英才发放丹霞英才卡，提供十项便捷服务。实施"乡村振兴人才专项招聘""党员人才回乡计划""基层医疗卫生人才引进计划"等，引导农业科技、医疗卫生、法律咨询等各方面人才"上山下乡"，服务脱贫攻坚、乡村振兴工作。韶关市省级"优秀创业致富带头人"占全省的1/5。

【组工调研信息宣传】 2020年，韶关市委组织部被省委组织部评为"全省组织系统2020年度信息报送先进单位"。撰写各类文稿280多篇。编发《韶关组工通讯》4期。深入基层开展调研，形成8篇调研报告，其中《韶关市构建新时代城市基层党建新格局问题研究报告》获广东省党的建设研究会自选课题一等奖。向中央和省报送工作信息，宣传韶关组织工作经验，其中，《广东韶关市建立健全政法干部常态化交流调整机制》《韶关市加强红色资源保护利用 打造粤北红色教育高地》《韶关市"五访十问四整改"巩固提升抓党建促脱贫攻坚工作质量》等20多篇组工信息被中组部《组工信息》及省委办公厅

《每日汇报》《广东组工信息》采用。先后在人民日报客户端、学习强国、南方日报、“南方+”等平台推出《韶关：“双周讲坛”激活高质量发展新动能》《韶关“民情夜访”暖民心》等40多篇反映全市组织工作生动实践的宣传报道。

（钟达贵　廖永聪）

宣传工作

【概况】 2020年，市委宣传部贯彻落实中央、省委关于宣传思想工作的决策部署和指示精神，把握举旗帜、聚民心、育新人、兴文化、展形象的使命任务，抓好宣传思想各项工作，特别是新冠肺炎疫情防控宣传和舆论引导工作。深入基层开展主题宣讲3000多场（次），中央、省、市主要媒体累计刊播韶关市疫情相关正面报道7万多条次，全网点击量超过3亿次。中央和省主要媒体全年推出韶关市正面报道稿件近8000条（不含疫情相关报道）。

【理论学习研讨】 2020年，市委宣传部坚持把习近平新时代中国特色社会主义思想作为各级党委（党组）理论学习中心组学习的核心内容和常设议题，开展市委理论学习中心组集体学习研讨13次，全市各级党委（党组）理论学习中心组集体学习研讨6000多场次，打造5个中心组学习示范班。创新用好直播访谈、主题展览、“云朗诵”等方式开展党员干部理想信念教育。

【理论宣讲宣传】 2020年，市委宣传部围绕《习近平谈治国理政》第三卷、习近平总书记出席深圳经济特区建立40周年庆祝大会和视察广东重要讲话重要指示精神、中共十九届四中和五中全会精神等重大主题，组织领导干部宣讲团、专家学者宣讲团、百姓宣讲团、红色文艺轻骑兵宣讲团等。推广使用“学习强国”平台，全市注册用户17万户，比上年增加40%，人均积分13分(全省排名第五）。

【理论研究】 2020年，市委宣传部制定《中共韶关市委理论学习中心组学习制度》《中共韶关市委理论学习中心组2020年度学习计划》《2020年韶关市党委（党组）理论学习中心组学习重点》等文件。与韶关学院建立战略合作关系，成立社会主义核心价值观研究实践中心，建立决策咨询库及科学基地、人才培训基地和实践研学基地，完成3个重点课题研究和韶关红色文化教育精品课程研究工作。结合市委市政府中心工作，立项94个社科课题，组织社科界专家撰写并在《韶关日报》理论版刊登理论文章20多篇。

2020年韶关市委理论学习中心组学习情况表

表1

次数	时间	学习内容	学习形式
1	3月18日	专题学习党的十九届四中全会精神	集体学习讨论
2	4月20日	专题学习习近平总书记关于安全生产、扫黑除恶专项斗争重要指示批示精神和《中华人民共和国安全生产法》	集体学习讨论
3	5月19日	观看学习专题片	集体学习讨论
4	5月22日	请有关专家作地区生产总值统一核算改革专题报告（报告人：省统计局局党组书记、局长杨新洪）	专题辅导报告
5	8月3日	专题学习习近平总书记关于扶贫工作、精神文明建设重要论述	集体学习讨论
6	9月3日	专题学习《习近平谈治国理政》第三卷	集体学习讨论
7	9月10日	请有关专家作“百名法学家百场报告会”韶关市委理论学习中心组专场暨南粤法治报告会（报告人：省人大常委会秘书长王波）	专题辅导报告
8	10月9日	专题学习省委省政府关于加大有效投资力度加快构建“一核一带一区”区域发展格局的意见	集体学习讨论
9	10月22日	专题学习中央“八项规定”精神、纠正“四风”问题和树牢“过紧日子”的思想	集体学习讨论
10	11月4日	请有关专家作南岭国家公园与韶关生态文明建设专题辅导报告会（报告人：广州大学教授黄金玲）	专题辅导报告

续表1

次数	时间	学习内容	学习形式
11	11月30日	请有关专家作习近平生态文明思想专题辅导报告会（报告人：中国工程院院士、同济大学教授徐祖信）	专题辅导报告
12	12月9日	专题学习习近平总书记重要讲话、重要指示精神暨习近平生态文明思想	集体学习讨论
13	12月28日	专题学习习近平总书记关于民族宗教工作、总体国家安全观的重要论述	集体学习讨论

【重大主题宣传】 2020年，市委宣传部聚焦决胜全面小康、决战脱贫攻坚等重大主题，人民日报、新华社、光明日报、经济日报、南方日报、广东广播电视台等近20家中央、省级主流媒体到韶关市开展“走向我们的小康生活”主题采访活动，推出相关报道70多篇。其中，韶关市“粤菜师傅”入选中宣部主办的“走向我们的小康生活”大型主题采访计划，成为全省5个采访点之一。策划推出“东莞对口帮扶韶关”“讲好脱贫攻坚故事”等系列宣传活动，省主要媒体专栏累计刊登韶关市脱贫攻坚成效报道40多篇，数量位居全省前列。

【新冠肺炎疫情防控宣传】 2020年，市委宣传部在疫情期间协调增加“韶关发布”等20多个政务微信公众号每日发布权限，发布本地疫情权威信息和各类公告、指引、通告等200多条。协调各级媒体策划推出“坚决守好疫情防控广东‘北大门’”“万名党员下基层”“奋力夺取‘双胜利’”“致敬‘最美逆行者’”等重要报道，组织开展网评引导20多次，形成正面舆论。安排160多万元专项经费，设置刊播公益宣传广告1亿条次，派发宣传资料130万份，出动宣传车12万台次，启用流动喇叭10万个，为全市100多万名户移动、联通、电信用户设置疫情防控手机视频彩铃。依托新时代文明实践中心（所、站）开展疫情防控宣传工作，建立“文明实践员＋党员先锋队＋红袖章”体系。组织开展文明实践志愿服务活动7万次，参与人数4万人次。

【舆论引导】 2020年，市委宣传部网评引导作品《韶关奔小康》入选中央网信办、中央广播电视总台央视网“人民记忆·百年百城”大型系列短视频节目。建立新闻发布机制，制定全市新闻发布计划，召开新闻发布会30多场，利用“聚焦重点工作”“直击县市区”等栏目，回应社会关切。组织发动各级道德模范、身边好人、新乡贤等投身疫情防控工作当中，带动广大群众配合支持疫情防控工作。组织各类文化单位、文艺团体、“非遗”传承人等围绕疫情防控开展网上文艺活动，创作抗疫等主题作品1600篇（件），线上推出《众志成城·同心战“疫”，韶关文艺界在行动》等文艺作品展示30多期。在全国率先利用各类基层公共文化设施，为300名困难学生提供网上学习场地和设备，帮助解决边远山区贫困学生网上“学习难”问题，为此，文化和旅游部《每日舆情摘报》及人民日报、新华社、中国文化报等中央和省主要媒体对此作报道和经验推广。

【对外宣传】 2020年，市委宣传部在中国外文局和布鲁塞尔中国文化中心的社交平台、网站、公众号推出“云游中国之行走在韶关”系列报道，被新华社、文化和旅游部云平台、中国文化网等刊发。协调中央、省的主要媒体，策划推出“韶关获两项国务院督查激励”“丹霞英才计划”“广东韶关推动党员服务社区常态化制度化”“基层文化中心变身特殊课堂”“余缺调剂破解用工难”“《牡丹亭》寻梦古梅关”等宣传报道。“坐着高铁看中国”等报道登上中央电视台《新闻联播》。在中共广东省委宣传部和“学习强国”平台联合举办的“走向我们的小康生活”大赛中，892个作品入选，入选数量全省排名第五。

【文化基础设施建设】 2020年，市委宣传部组织召开全市公共文化基础设施攻坚做强会议，统筹安排和调配省拨文化补短板资金1000万元用于支持公共文化基础设施建设。截至2020年年底，全市11个市、县级文化馆均达到国家二级馆以上标准，完成率100%；全市建成11个市、县级博物馆，覆盖率100%；全市107个乡镇（街道）综合文化站均达到二级站以上标准，完成率100%；全市建成11个市、县级图书馆，建成率100%。全年新建风度书房28间，全市风度书房总数达到71间。推进市图书馆新馆、市博物馆新馆的建设工作和市文化馆改扩建工作。

【公共文化服务活动】 2020年，市委宣传部按疫情防控要求开展文化活动和组织文化场馆开放工作，推动农村公益电影放映和影院恢复放映，指导协调文化行业复工复产和帮扶纾困工作，为全市20多家影院减免租金120万元。采取“群众点单、政府买单”方式，购买40多项公共文化服务项目，协调广东民族乐团到韶关市开展惠民下乡演出11场，协调广东京剧促进会到韶关市演出京剧《秦香莲》和折子戏《游湖》《惊梦》等。组织开展第六届戏剧曲艺花会、中秋和国庆期间文艺活动、线上文博会等活

2020年11月5日，国内著名昆曲专业演出团体——湖南省昆剧团携经典昆剧走进南雄演出现场 （刘嘉健 摄）

动。引进全国首部抗疫题材文献剧场《致勇气》、歌舞集《海上丝路》、昆曲《牡丹亭》等文艺演出项目。

【文化遗产保护利用】 2020年，韶关市被广东省认定的重要红色革命遗址502处，数量居全省第三。申报11个2020年广东省红色革命遗址保护利用项目，争取省资金6275万元。重新启动并完成市级非物质文化遗产项目传承人和市级文物保护单位的申报和评审工作，5名"非遗"传承人被列入第六批省级"非遗"代表性项目代表性传承人名录。在中宣部等部门公布的第二批革命文物保护利用片区分县名单中，韶关市成为省内唯一入选长征片区的地级市，7个县(市、区)入选广东片区分县名单。乳源西京古道活化利用项目、华南教育历史研学基地项目入选2020年度广东省文物古迹活化利用典型案例。

【文艺精品创作】 2020年，市委宣传部完成电影《老师，别哭》《三生万物》《搏击俏佳人》的摄制及后期制作。启动电影《双峰星火》《坪石先生》的创作及大型采茶调音乐剧《又一个春天》、红色题材舞剧《二十一天(暂名)》、乐昌花鼓戏《阿聪正传(暂名)》等重点文艺作品的创作。统筹推进纪录片《南岭物语》《时光之城·韶关篇(暂定名)》《归田(暂定名)》等摄制工作。打磨提升音乐剧《过山"谣"》和大型采茶戏《51号信箱》，两部作品均入围第十四届"广东省艺术节"，获铜奖，创历史最好成绩。委托广东人民出版社和省立图书馆，启动韶关历史文献丛书的整理出版和《曲江集》的影印出版，并与中华书局合作重印《张九龄集校注》。

【文化体制改革】 2020年，市委宣传部组织召开文化体制改革会议，培育和践行社会主义核心价值观的长效机制得到建立，完成全市县(市)融媒体中心建设，"总馆—分馆—服务中心"三级联动机制完善。推动韶关日报社、韶关市广播电视台实施媒体改革工作，优化人事制度和薪酬制度。实施媒体三年振兴计划，落实媒体经营公司财税优化政策。制定实施《粤北采茶戏振兴发展规划(2020—2025年)》。推进文化体制改革纵深发展。与广东舞蹈戏剧职业学院合作，公费定向培养地方戏曲表演专业人才，第一期在10月开班。

【新闻出版行业管理】 2020年，市委宣传部开展新闻出版行业安全生产和疫情防控检查。组织对全市10家新闻单位、86家印刷企业和244家出版物发行单位开展排查。开展为期3个月的印刷企业和内部资料性出版物专项整治，重点督查印刷企业五项制度落实情况和内部资料性出版物审批监管情况，并对督查情况进行通报。整治期间，出动执法人员896人次，检查印刷企业（含打印复印店)278家次、书店155家次、音像店86家次。

【版权宣传保护】 2020年，市委宣传部开展"4·26"知识产权日"版权宣传周"活动，组织开展线上线下版权保护宣传活动。开展打击网络侵权盗版"剑网2020"专项行动，依托网信、网监技术力量进行网络侵权盗版行为监测，集中开展网络空间排查，组织开展线下市场清查行动等，排查属地网站2800多家、网络应用程序1800个，检查巡查辖区网站、微信公众号等自媒体1149家次，检查辖区印刷企业、书店、音像店等场所608家次。推进使用正版软件工作，借助第三方公司专业技术力量，对市直机关单位软件正版化情况进行排查，对重点企业使用正版软件情况进行督查，完成市级政府机关软件正版化检查整改工作，推进作品著作权(版权)登记和版权兴业示范单位（园区）创建工作。

【扫黄打非】 2020年，市委宣传部组织开展扫黄打非"正道""新风"集中行动，组织实施"清源2019""净网2019""秋风2019""护苗2019""固边2019"等五大专项行动及宗教类出版物整治、少儿类非法出版物整治、校园周边出版物市场整治等专项整治行动。出动执法人员1.45万人次，检查文化市场经营单位及其他重点行业经营单位1.25万家次，收缴各类非法出版物1.2万本，清理涉"黄"涉"非"网络有害信息7560条。

（张曼曼）

精神文明建设

【概况】 2020年，韶关市在全国第六届文明城市创建中成绩比往届提高，入选第七届全国文明城市提名城市，仁化县获第六届全国县级文明城市称号，21家单位获全国、省文明单位、文明村镇、文明校园称号，1户家庭获省文明家庭称号，1人被授予省道德模范提名奖。

【韶关市文明委成员会议召开】 2020年7月23日，市文明委在市委会议中心四楼会议室召开韶关市文明委2020年第一次全体成员会议。会议的主要任务是全面部署韶关市全年的创文工作，动员全市上下做好创文工作。会议传达省文明委2020年第三次全体会议精神，对2019年以来韶关市的文明城市创建工作进行总结和分析。武江区党委、市教育局和市整治办主要负责人依次发言。9月4日，市文明委在市委会议中心四楼会议室召开韶关市文明委2020年第二次全体成员会议。会议的主要任务是研究部署韶关市创文实地迎国检工作。会议通报市领导督导创文工作以及创文入户宣传情况。浈江区、市公安局、团市委主要负责人依次发言。12月29日，市文明委在市委五楼常委会议室召开韶关市文明委2020年第三次会议。会议的主要任务是部署推进全市精神文明建设工作。会议审议通过《2018—2020年度韶关市文明单位、文明社区、文明示范窗口、文明村镇、文明家庭和2020年度韶关市文明校园拟推荐名单》和《韶关市精神文明建设表彰大会工作方案》。

【《韶关市文明行为促进条例》出台实施】 2020年7月29日，广东省十三届人大常委会第二十二次会议在广州举行，会议表决通过《韶关市文明行为促进条例》。该条例于10月1日起实施。《韶关市文明行为促进条例》共七章四十四条，分别对立法目的、适用范围、工作职责、行为规范、保障措施和法律责任等内容进行规定。

【《韶关市文明行为十五条（2020年修订版）》发布】 2020年8月10日，市文明办发布《韶关市文明行为十五条（2020年修订版）》。《韶关市文明行为十五条（2020年修订版）》采用白话语言，简短上口，易做易行。配套原创漫画也同时发布。

【“文明健康　有你有我”公益广告宣传行动】 2020年5月，市文明办组织开展绿色环保、健康生活、文明行为、良好心态、环境保洁、共筑新风6个方面的公益宣传行动，制作60幅“文明健康　有你有我”公益广告。重点在办公场所、车站、公交车、出租车、公共广场、主要干道、公园、景区（景点）、街道和社区、建筑围挡等场所进行刊播。全市在各重点公共场所制作“文明健康　有你有我”户外公益广告牌800多块，张贴宣传海报10万多张。在《韶关日报》刊登“文明健康　有你有我”公益广告200多条次，电视台滚动播放“文明健康　有你有我”公益广告视频4万多条次，在各大门户网站、微博、微信、客户端等推送“文明健康　有你有我”公益广告100多万条次。在各大屏幕播放“文明健康　有你有我”公益广告视频25万余次，滚动播放“文明健康　有你有我”公益广告图片30万余次，LED屏幕滚动播放标50万余次。

【“爱心送考”常态化志愿服务活动】 2020年7月3日，韶关市第9届“爱心送考”常态化志愿服务活动启动。司机代表、医护人员代表、新闻工作者、社会服务人员、建筑工地代表、交警代表等代表联合号召大家为考生们营造安静、良好的高考氛围。启动仪式现场为6名代表授予善美旗，为参与“爱心送考”的6位代表赠送“爱心送考”纪念照片。活动组织300台车辆为考生提供接送服务。

【第十八个全国公民道德宣传日活动举办】 2020年9月20日，市委宣传部、市文明办举办韶关市第十八个全国公民道德宣传日活动。活动以“德润善美韶关共建文明城市”为主题。各界代表共读《践行文明行为争做文明好公民》倡议书，现场发放《韶关市文明行为促进条例》单行本，设计《新时代公民道德建设实施纲要》等现场互动问答、节目表演等环节。活动为获2020年第一季度“韶关好人”称号的个人和集体颁奖。韶关市抗疫先进典型、省道德模范、年度好人等代表上台现场分享感悟心得。

【新时代文明实践中心建设试点工作成效显著】 2020年，乳源瑶族自治县和仁化县被列为全国新时代文明实践中心建设试点县，曲江区和始兴县被列为省级试点县，其他各县（市、区）推进新时代文明实践中心建设工作有特色、有成效、有经验。乳源瑶族自县、仁化县、曲江区和始兴县通过试点评估验收。组织市级新时代文明实践志愿服务大队到农村基层开展新时代文明实践活动。11月26—27日，曲江区承办新时代文明实践广东“七个一百”精品项目下基层活动。截至12月31日，全市建成新时代文明实践中心（所、站）920个，成立文明

2020年9月20日，2020年韶关市第十八个全国公民道德宣传日活动在市区中山公园文化广场举行　（彭倩华　摄）

实践志愿服务队980多支，志愿者人数4万多人，开展文明实践活动4300多场次，受众80多万人次。

【社会主义核心价值观建设推进】 2020年，韶关市开展社会主义核心价值观“六进”宣传活动3000多场次。举办“画说价值观韶关第三届千人绘画大赛”、新时代公民道德建设宣传、新时代爱国主义教育宣传、“扣好人生第一粒扣子”等主题教育实践活动。推进《韶关市文明行为促进条例》立法工作。设计社会主义核心价值观等公益广告作品300多幅，各类媒体累计播出3万多条次，建成社会主义核心价值观主题公园4个，主题广场6个。

【公民文明素质提升】 2020年，韶关市有9人入选“广东好人”，32人和3个集体被评为“韶关好人”。举办“传家训、立家规、扬家风”活动。开展“文明交通·礼让出行”系列主题实践活动和“严禁车窗抛物”专项行动。开展文明旅游、文明餐桌、文明上网、文明公厕等文明引导活动。推进志愿服务制度化，开展系列学雷锋志愿服务活动，打造特色志愿服务品牌，评选一批志愿服务先进典型，建立健全志愿服务激励机制。推进诚信建设制度化，开展电信网络诈骗、涉金融领域失信问题专项治理和互联网金融风险等19项专项治理。（彭倩华）

统一战线

【多党合作】 2020年，市委统战部推动各民主党派持续开展“不忘合作初心，继续携手前进”主题教育活动。开展“市委出题、党派调研”。指导并协助市各民主党派全部成立监督委员会加强民主党派内部监督机制建设。出台支持市各民主党派加强中国特色社会主义参政党建设和民主党派代表人士队伍建设相关文件。协助各民主党派完成市委委员增补工作和基层组织换届工作。召开民主党派负责人暑期座谈会，各党派主委就如何打造粤北医疗高地和做好“六稳”“六保”工作向市委提出意见

2020年1月19日，澳门韶关地区联谊会第九届、韶澳青年协会第三届就职典礼（市委统战部 供）

建议。举办市民主党派新成员培训班和民主党派基层组织骨干培训班。开展市级层面民主党派代表人士调研工作，完善民主党派后备干部队伍建设。民建韶关市委、民进韶关市委、农工党韶关市委分别获“民建全国先进集体”“民进全国履职能力建设先进集体”“纪念中国农工民主党成立90周年先进集体”称号，九三学社韶关市委被九三学社中央评为“2016—2020年社会服务先进集体”。

【非公有制经济领域统战】 2020年，市委统战部倡导民营企业家、商协会参与抗击新冠疫情。会同市工商联成立暖企小组，走访民营企业，宣传国家、省、市关于支持企业复工复产的举措和惠企纾困措施，鼓励企业应对疫情造成的影响，坚定信心，化危为机，科学有序复工复产。联合市司法局等部门举办“为民营企业法治体检暨企业复工复产座谈会”，倾听企业法律需求，助力企业稳工稳岗稳产，帮助企业解决困难。推进“万企帮万村”乡村振兴和脱贫攻坚工作，动员40余家企业捐款捐物139余万元用于武江区生态宜居美丽乡村建设。广东自由能实业科技有限公司总经理杨青坡获评“广东省劳动模范”，韶关市龙韶实业有限公司、广东自由能科技股份有限公司的优秀员工代表2人获评“韶关市劳动模范”，韶关金喆园生态农业有限公司获评“2020年韶关市先进集体单位”。完成市工商联（总商会）副会长增补工作。

【民族工作】 2020年，市委统战部成立推进《关于推动我省民族地区加快高质量发展的实施意见》工作专班，统筹安排使用中央和省市少数民族发展资金6733万元，用于支持民族地区加快高质量发展。出台《关于全面深入持久开展民族团结进步创建工作铸牢中华民族共同体意识的实施方案》，深入开展深化民族团结进步教育活动。瑶族原创音乐剧《过山“谣”》荣获省“五个一工程”优秀奖和第十四届广东省艺术节三等奖。韶关市交通运输局等4个集体被授予“全省民族团结进步模范集体”称号，张结莲等4人被授予“全省民族团结进步模范个人”称号。乳源瑶族自治县东坪镇新村村委会雕子塘新村等3个村寨被评为广东省首批少数民族特色村寨。

【宗教工作】 2020年，市委统战部牵头承办全省宗教活动场所“四进”推进会和2020年广东省宗教界代表人士坚持宗教中国化专题培训班。加强宗教理论及政策法规宣传和学习培训，举办全市统一战线2020年第一期“同心大讲堂”——民族宗教法规专题讲座，统战、民宗部门及市直有关单位负责人80余人参加。举行韶关市2020年反宗教极端思想宣传

教育活动。做好宗教场所安全工作，开展全市宗教活动场所消防安全专项整治行动，召开全市宗教活动场所消防安全综合演练现场观摩会暨安全工作会议。做好宗教领域疫情防控和宗教场所有序开放工作。推动解决天主教红星厂落实房产问题。指导韶关市基督教三自爱国会完成换届工作。

【党外知识分子、新的社会阶层人士队伍建设】 2020年，市委统战部做好党外知识分子、新的社会阶层人士培训教育工作，注重政治引领，加强思想教育，凝聚广泛共识。完善党外知识分子和网络人士统战工作机制。组织召开韶关市无党派知识分子第二届第六次理事会、韶关市新的社会阶层人士第一届第三次理事会。武江区知联会、浈江区、武江区、新丰县基层新的社会阶层人士联合会组织相继成立，推进新的社会阶层人士同心服务站建设。推荐党外知识分子参加省归国留学培训班、新的社会阶层人士参加省新的社会阶层人士联合会培训班。组织市知联会代表人士到广州、佛山、梅州开展兰花产业调研，新的社会阶层人士联合会代表人士赴清远市开展实践创新基地建设调研。

【韶台交流合作服务】 2020年，市委统战部协调各方资源，推动韶台交流与对台服务工作再上新台阶，牵头举办第七届台湾青年岭南行广东世界遗产探寻之旅活动，协办禅宗文化研习交流之旅活动；举办2020年台胞台商台属迎中秋座谈会；开展"惠台暖企"行动，助力台资企业共同抗疫、复工复产达产；深入帮助台资企业解决融资难、林用地审批难、征拆安置难等问题；协调解决国台办重点督办案件。推动两家台资企业创建韶关市"科普教育基地"。

【民族工作】 2020年，市委统战部成立推进《关于推动我省民族地区加快高质量发展的实施意见》工作专班，统筹安排使用中央和省市少数民族发展资金6733万元，用于支持民族地区加快高质量发展。出台《关于全面深入持久开展民族团结进步创建工作铸牢中华民族共同体意识的实施方案》，深入开展深化民族团结进步教育活动。瑶族原创音乐剧《过山"谣"》荣获省"五个一工程"优秀奖和第十四届广东省艺术节三等奖。韶关市交通运输局等4个集体被授予"全省民族团结进步模范集体"，张结莲等4人被授予"全省民族团结进步模范个人"。乳源瑶族自治县东坪镇新村村委会雕子塘新村等3个村寨被评为广东省首批少数民族特色村寨。

【侨务】 2020年，市委统战部制定《关于加强新时期韶关侨务工作统筹协调的实施意见》，加强党对侨务工作的领导。修订完善《韶关市授予荣誉市民称号实施办法》，加强海外统战工作的谋划推进。加强侨务法规宣传，依法维护侨界群众权益。做好2024年第五届世界广府人恳亲大会的申办工作，韶关市高票获得2024年第五届世界广府人恳亲大会举办权。

【港澳事务管理】 2020年，市委统战部参加澳门韶关地区联谊会第九届、韶澳青年协会第三届就职典礼暨澳门南雄联谊会、澳门武江联谊会、澳门翁源同乡联谊会2020年新春联欢晚会和澳门武江联谊会成立暨第一届理监事就职典礼。接待澳门韶关商会（筹委会）、澳门江门青年会、韶澳青年协会韶关交流考察团等。走访在韶关的港资企业，了解企业复工复产情况，为企业排忧解难。加强和规范韶关市因公临时赴港澳管理工作，全年审批因公临时赴港澳签证495人次。 （刘秀易）

网信工作

【网络舆论引导】 2020年，市委网信办部署在全市主流媒体网站、新媒体平台开设"习近平新时代中国特色社会主义思想""党的十九届五中全会精神"等专题专栏10多个，推送中央和省主要媒体刊发的重要稿件1.6万篇次。围绕市委、市政府中心工作开展网上主题宣传，运用短视频、VLOG、H5等形式开展"脱贫攻坚奔小康 共建美好新时代""建功'十三五'共谋'十四五'""聚焦扶贫攻坚、助力春耕复产"等网络新媒体活动。组织新闻单位网站、网络媒体开设"统筹推进常态化疫情防控和经济社会发展"等专题专栏，集纳刊发重要稿件1.77万篇次，《疫情下的韶关24H》等原创抗疫主题稿件被中央和省主要媒体采用推广。发动互联网社会组织、企业、行业参与疫情防控工作，开展"防疫知识竞答"，组织"助力复工复产 共建善美韶关"等网络公益活动，免费为企业、农户、个体工商户推送公益信息。开展"红色文化滋养人心，全域旅游助推乡村振兴"第二届市网络采风活动，深挖韶关市红色旅游新亮点。其中《践行生态理念 彰显绿色美丽》短视频获2020年广东省"网络传播精品工程"奖项。

【网络内容管理】 2020年，市委网信办推进网络综合治理体系建设，制定落实"日研判、月分析、季联席"网络舆情工作体制，编发《网络舆情日报》267期，《网络舆情专报》285期，《网络舆情快报》33期，获市委市政府领导批示157次，督促解决民生问题566件。统筹开展"清朗""网络恶意营销账号""黑公关"等网络生态专项治理行动，关停虚假网站3家。加强属地网络平台分级分类管理，建立韶关市互联网违法信息举报平台。

【网络安全防护】 2020年，市委网信办着力提高网络安全防护能力建设，建立完善韶关市网络安全态势感知平台，实现对全市政务网站、信息系统等重点网络资产的实时监测预警。编发《网络安全风险提示》8期、《网络安全信息通报》11期。统筹市公安局、市机要和保密局、市政务服务数据管理局对全市重点单位和关键基础设施开展网络安全检查，发现和处置高危漏洞隐患67个。与国家计算机网络与信息安全管理中心广东分中心建立战略合作关系，面向全国遴选8家网络安全企业组建网络

2020 年 9 月 11 日，在韶关市首届网络文化节启动仪式上，举行韶关市网络安全技术支撑单位授牌仪式　（市委网信办　供）

安全技术支撑单位。举办网络安全宣传周活动，开展网络安全讲座等系列宣传活动 16 场，发放宣传资料 10 余万份，发送网络安全公益短信 312 万条次。

【信息化工作】 2020 年，市委网信办制定《韶关市贯彻落实〈广东省网络安全和信息化产业发展重点任务工作方案〉的实施方案》。推动南雄市入选国家和省数字乡村试点，仁化县黄坑镇、翁源县江尾镇入选广东省数字乡村发展试点。省委网信办于 12 月到南雄市开展专项调研并召开现场会，总结推广南雄数字乡村试点工作经验。

【互联网行业党的建设】 2020 年，韶关市以党的建设引领互联网企业健康发展。制定《互联网行业党建工作制度》《韶关市互联网行业党委议事规则》《韶关市互联网行业党委挂点联系指导基层党建工作制度》等，推动韶关市网络文化协会成立党支部。

【2020 年韶关市首届网络文化节启动】 2020 年 9 月 11 日，韶关市首届网络文化节启动，集中展示全市网络文化成果，倡导向上向善的网络文化。国家计算机网络与信息安全管理中心广东分中心主任周小敏，市委常委、宣传部部长刘启宇出席启动仪式并致辞。市属各有关单位负责人，各县（市、区）委宣传部、网信办负责人，网络社会组织、互联网企业代表等参加启动仪式。　（赖凤玲）

机构编制

【概况】 2020 年，韶关市委编办持续巩固机构改革成果，完成乡镇街道体制改革，完成从事生产经营活动事业单位改革，进一步理顺城市公园管理体制，开展医疗卫生领域改革工作，优化机构编制资源配置，创新事业单位登记管理，开展机构编制监督检查，为韶关市奋力争当北部生态发展区高质量发展排头兵提供机构编制保障。

【机构改革成果巩固深化】 2020 年，市委编办抓好机构改革“回头看”，深入各县（市、区）、市直各涉改部门开展调研和指导，加强对涉改部门尤其是整合力度较大的部门“三定”规定执行情况的监督检查，推动改革深刻发生“化学反应”。对接省直部门机构职能的优化调整，及时完善市发改局、市财政局、市民政局、市文联等部门的职能配置、机构设置和人员编制。通过实行统一领导、统筹力量、集中办公等方式，优化市科技局与市科协、市民政局与市残联、市商务局与市贸促会的工作运行机制。

【乡镇街道体制改革完成】 2020 年，市委编办健全基层党的全面领导体制机制，镇街党建工作办公室和党群服务中心设置实现全覆盖，并统一建立由党（工）委统筹领导的综合治理委员会、公共服务委员会、综合行政执法委员会等 3 个工作平台，统筹辖区各方力量资源。优化基层机构设置，结合韶关生态发展区和山区市的实际在镇街因地制宜设置农业农村、应急管理、生态环境保护等特色机构。加强基层执法力度，统一在镇街设立综合行政执法机构，配备执法编制人员，并相应下放一批县级执法事权。基层的工作力量大幅充实，将县级部门派驻在镇街的全部共 281

2020 年 9 月 1 日，召开市直从事生产经营活动事业单位改革动员部署会　（市委编办　供）

个事业站所全部下放镇街管理，其中南雄市还先行先试一并将自然资源所、市场监督管理所等派驻行政机构下放，10个县（市、区）向镇街下放编制1100多名，下沉人员1000多人。精简规范基层事业单位，将镇街“七站八所”各类事业单位全部整合，统一设置公共服务中心、退役军人服务站、财政所等2～3个事业单位，全市镇街压减事业单位546个，压减率63.9%。完善基层管理服务功能，印发《韶关市乡镇（街道）权责清单指导目录》，并推动各县（市、区）累计向镇街下放县级职权659项。

【从事生产经营活动事业单位改革推进】 2020年，市委编办印发《韶关市市直从事生产经营活动事业单位改革方案》。年内市直纳入改革范围的42个从事生产经营活动的事业单位完成改革。注重抓好改革的协同配套，细化资产管理、人员安置、社会保障衔接等配套措施。

【城市公园管理体制理顺】 2020年，市委编办理清城市公园管理职责边界，明确由市住建管理局牵头负责城市公园的规划、建设和管理，设置市城市公园管理中心具体负责城市公园的日常管理工作。

【医疗卫生领域改革】 2020年，市委编办深化公立医院“放管服”改革，赋予市直公立医院内设机构设置自主权，允许其在核定的内设机构限额内，根据自身专业优势、发展方向等设置业务科室，并按程序备案，全年批复同意7家市直公立医院备案管理事项。围绕“1331”三甲医院集群发展战略，整合粤北第三人民医院和广东省韶关复退军人医院，重新组建粤北第三人民医院；整合市铁路医院、市第二人民医院韶钢院区，组建为韶州人民医院，补齐综合性、专业型三甲医院短板。

【机构编制资源配置优化】 2020年，市委编办加强和完善党的领导，优化调整市委国安办、改革办以及市委办公室、统战部、政法委和网信办等部门机构编制，及时做好新组建的韶州人民医院、粤北第三人民医院党委书记、纪委书记等领导职数核定和党建机构设置工作。加大民生领域和基层编制保障，做好发展改革、财政、民政、教育卫生、乡村振兴等民生领域机构职能调整优化、编制使用核准等服务保障工作。将省下达的行政执法编制全部下沉到基层，充实镇街一线行政执法工作力量。加大高层次人才编制保障，围绕市委招才引智、人才强市工作，将高层次人才专项编制周转池编制总量由300名扩充至500名，当年下达市直党政储备类人才专项编制197名。简化“丹霞英才”用编审批手续，建立列编登记快速通道。加强防疫一线编制保障，统一在全市乡镇卫生院和社区卫生服务中心设置公共卫生科室，补足基层疾病预防控制短板。将尚未列编的76名参加疫情防控阻击战的一线医务人员纳入编制管理，落实中央、省市疫情防控激励措施。创新中小学教职工编制管理，探索建立全市中小学教职工编制周转专户，实行市域统筹、以县为主的动态调配机制。

【事业单位登记管理创新】 2020年，将事业单位法人登记事项进驻市行政服务中心综合服务窗口统一办理，优化登记管理方式，简化办理流程。

【机构编制监督检查】 2020年，深入10个县（市、区）和有关乡镇开展机构编制实地检查，并对标对表中央第一轮巡视发现的问题，围绕“超审批权限设置机构、超规格、超职数配备领导干部、擅自设置领导职务名称”等开展自查自纠。建立全市问题台账，开展问题整改，将有关整改情况上报省委编办。已全部完成违规问题整改消化任务。 （方田瑛）

老干部工作

【概况】 2020年，全市老干部工作部门加强离退休干部党的建设，做好离退休干部服务管理，建好管好用好离退休干部学习活动场地，发挥离退休干部在疫情防控、基层治理、脱贫攻坚、乡村振兴、红色传承、志愿服务等领域的优势和作用。截至12月31日，韶关市有离退休干部43367人，其中离休干部546人，退休干部42821人；离退休干部党员24777人。

【离退休干部助力疫情防控】 2020年，市委老干部局、市委离退休干部工委采取线上线下同步的方式向全市老干部发出《保护自身健康，发挥正能量，支持配合疫情防控工作》倡议，引导老干部正确对待新冠肺炎疫情。组织离休干部医疗费管理中心及各服务管理工作站人员分组上门排查，了解接管的企业离退休老干部生活情况，宣传防疫知识。暂时关闭市老干部大学（市老干部活动中心）线下学习活动场地并做好常态化场地清洁消杀工作，以电话、微信、短信等线上方式引导老同志学员、老干部了解疫情防控工作的重要部署、重要信息。做好宣传解释工作，引导离退休干部减少外出、不参加群体性聚集活动、安心居家学习生活。组织引导全市老党员老干部在确保自身安全的前提下，参与联防联控、捐款捐物、发文发声。全市老党员老干部为疫情直接捐款约320万元。广大离退休老干部参加全市各类线上主题战“疫”行动宣传、网络诗词接龙等活动，被各类官网媒体刊载报道的诗歌、书画作品等50余篇。老干部和老干部工作者战“疫”事迹被省委老干部局“广东老干部”微信公众号、“南方+”客户端、“韶关发布”微信公众号、《韶关组工通讯》、《机关党建》等媒体刊物相继报道。

【离退休干部思想政治建设】 2020年，市委老干部局引导广大离退休干部坚决维护以习近平同志为核心的党中央权威和集中统一领导。组织老干部开展中共十九届五中全会精神，习近平总书记出席深圳经济特区建立40周年庆祝大会和视察广东重要讲话重要指示精神，全国“两会”精神，以及《习近平谈治国理政》第三卷、《中华人民共和国民法典》等原著的学习教育，向全市印发专题学习通知，梳理重要会议重要文件理解要点，组织参加全国全省电视电话会议，利用网络“云课堂”等手段扩大老干部学习的覆盖面。全年组织市四套班子老领导参加传达全国全省重要会议精神电视电话会议及有关情况通报会30余人次；组织全市老干部参加中组部老干部局举办的离退休干部网上专题报告会3次，15000余人次参加；各地各单位组织离退休干部开展小型培训会、支部学习会、情况通报会、座谈会等共251次，4500余人次参加。

【离退休干部党组织建设】 2020年，市委老干部局、市委离退休干部工委联合印发《2020年韶关市离退休干部党建工作要点》和《2020年韶关市老干部学习教育工作通知》，对全市各地各单位老干部工作部门、离退休干部党组织提出贯彻要求，为全市离退休干部党组织工作开展提供遵循。为市直和中省驻韶单位离退休干部党支部订阅2020年度《广东老干部政治理论读本》和《离退休干部党支部参考》，共计500余册。落实离退休干部党建工作经费保障，出台《关于做好市直单位离退休干部职工党组织书记工作补贴发放工作的通知》向市直单位离退休干部职工党组织书记每人每月发放300元补贴，明确经费来源渠道，并要求各县（市、区）参照执行。指导仁化县成立全市首个镇级离退休干部党建工作示范点。

【老干部正能量活动开展】 2020年，市委召开市四套班子老领导集中学习贯彻习近平总书记出席深圳经济特区建立40周年庆祝大会和视察广东重要讲话重要指示精神座谈会，老干部围绕生态发展、工业经济、城市提升、教育改革、生态旅游、人才队伍建设等领域提出的建设性意见建议获采纳，写入韶关市“十四五”规划。南雄市老促会新发掘革命遗址29处，筹集资金2000多万元，修缮革命遗址12处，组织编纂出版的《南雄革命老区发展史》，被省老促会选为“标本”书，向全省老区县推介作为参照书稿。

【“我看脱贫攻坚新成就”专题调研】 2020年，全市有78家市直单位、10个县（市、区）及65个镇街、305个离退休干部党支部开展调研活动，召开专题座谈会214次，2192人次参加，老干部参与访谈497人次，提出意见建议123条，所收集的意见建议通过不同渠道反馈给各单位的驻镇驻村工作队，收到良好反响。其中，市中级人民法院退休干部陈远辉提出“做好扶贫政务公开”的意见被该院帮扶村翁源县新江镇凉桥村采用，驻村工作队在工作中坚持做到“四个公开”和“五个精准度”，提升基层群众满意度。市委老干部局借助市机关工作创新创优竞赛平台，讲好老干部助力脱贫攻坚故事，选送的《发挥关工委优势，助力脱贫攻坚》项目参加韶关市第四届机关工作创新创优竞赛并获优秀奖。

【获全省离退休干部“双先”表彰】 2020年9月，全省离退休干部先进集体和先进个人表彰会议在广州召开，始兴县人大常委会原主任邓国祥获“全国离退休干部先进个人”称号；乐昌市坪石镇老人活动中心、翁源县老年人体育协会，原韶关市科委离休干部郑大伟、韶关市文联退休干部郭福平、新丰县政协退休干部赖展域、乳源瑶族自治县委政法委退休干部钟辉等2个离退休干部集体和4名离退休干部分获“全省离退休干部先进集体”和“全省离退休干部先进个人”称号。

2020年6月3日，韶关市委常委、组织部部长肖展欣（中）为荣退的市管退休干部颁发荣退证书和纪念章 （市委老干部局 供）

【市管干部荣退机制建立】 2020年，市委组织部印发《关于建立市管干部荣退制度的方案》，建立市管干部荣退制度，并于1月26日，举办首次市管干部荣退仪式，以市委、市政府的名义向2019年光荣退休的36名市管干部颁发荣退证书和纪念章。受市委书记、市长委托，市委常委、组织部部长肖展欣向到会的荣退干部颁发由市委书记李红军亲笔签署的荣退证书和纪念章，对荣退干部在韶关市改革开放、经济建设和社会发展中作出的积极贡献给予充分肯定和褒扬。

【老干部生活待遇落实】 2020年，市委老干部局协调做好离退休干部医疗保健、丧事办理和遗属抚慰等工作，确保政策落实。落实中华人民共和国初期参加革命工作部分退休干部生活待遇，为50名市直单位中华人民共和国初期参加革命工作的退休干部申请发放慰问金86.62万元。为97名市直单位中华人民共和国初期参加革命工作的退休干部，申请发放生活补助、医疗补助和护理补助195.91万元。重新修订《韶关市市直单位生活特殊困难离退休干部帮扶实施意见》，拓宽离退休干部困难帮扶渠道，扩大帮扶覆盖面，对有特殊困难的离退休干部及遗属给予更多关照。全年共有207名离退休干部列为帮扶对象，发放帮扶资金共计58.26万元。做好信访精准化工作，2020年处理老干部咨询电话300余次，信访7件次，做到事事有着落，件件有回音，得到老干部的表扬。

2020 年 10 月 23 日，市委老干部局举办我们的节日·重阳老干部文艺演出
（市委老干部局　供）

【文化养老推进】 2020 年，韶关市老干部学习活动场所在建项目进展顺利。市老干部大学新华南路校区装修改造项目如期竣工并投入使用，解放路校区改造项目稳步推进；浈江区和翁源县老干部大学新建项目已投入使用，始兴县“三馆合一”的老干部大学建设项目已经动工建设。截至 2020 年年底，全市 10 个县（市、区）中，有 9 个县（市、区）争取到省专项扶持资金支持 2417.5 万元，在获补助的地级市中列第一，撬动当地配套资金 1.46 亿元，投入到县级老干部学习活动场所改建、扩建或新建项目中，完成项目 9 个、在建项目 1 个。所有项目完成后，韶关市县级老干部（老年）大学、老干部活动中心面积均将达标，总建筑面积将超过 5 万平方米，学员规模将达到 1.6 万人，成为全省惠老范围最广的地级市。
（温　舜）

党校工作

【概况】 2020 年 6 月 6 日，韶关市委党校整体搬迁到新址韶关新区梅关路 2 号，与广东南岭干部学院合署办公。校园建筑主体占地面积 6.93 公顷，连同配套用地 32.13 公顷，总投资 3.36 亿元，总建筑面积 5.2 万平方米，可同时容纳 550 人住宿、600 人用餐、2000 人上课，并配套建设智慧校园信息化系统。全年开设课程 57 门，举办主体培训班 34 期。

【干部教育培训】 2020 年，市委党校突出主业主课，抓好党的理论教育和党性教育，始终把习近平新时代中国特色社会主义思想、习近平总书记系列重要讲话和重要批示精神摆在最突出的位置。全年共开设各类课程 57 门，其中新课 17 门，增设《〈习近平谈治国理政〉第三卷导读》《习近平总书记出席深圳经济特区建立 40 周年庆祝大会和视察广东重要讲话重要指示精神》《党的十九届五中全会精神解读》等课程，有效推动习近平新时代中国特色社会主义思想入脑入心。

受新冠肺炎疫情影响，上半年所有主体班停办，在做好防控措施的前提下，下半年秋季学期主体班开始办班。全年举办各类主体培训班 34 期，培训学员 7196 人。落实领导干部到党校讲课制度，邀请市委书记王瑞军，市委常委、统战部部长颜珂，市委常委、军分区政委黄星会及多位市直和县（市、区）领导前来授课，特别是市委书记王瑞军亲自为中青班学员上专题党课，提出“讲忠诚、强本领、敢担当、会生活”的 12 字要求，在学员中引起强烈反响。做好政策理论宣讲，校领导及相关教师深入基层，宣讲中共十九届五中全会精神、《习近平谈治国理政》第三卷及《中华人民共和国民法典》，完成各类重大主题宣讲近 200 场次。

【党校教学科研成果】 2020 年，市委党校围绕市委、市政府中心工作，发挥党校智库作用，强化党校科研工作，修订完善科研项目（课题）经费、校级课题等方面的科研管理制度。全年课题结项 5 项；课题立项 14 项；教师在各类刊物上公开发表论文 39 篇；科研成果获奖 4 项（广东省科学社会主义学会 2020 年学术年会二等奖 1 项、广东省统战理论政策研究创新成果奖优秀奖 1 项、韶关市统战理论政策研究创新成果奖优秀奖 2 项）；参加第四届“长三角——珠三角”党校智库合作联盟论坛、广东省党校（行政学院）系统庆祝经济特区成立 40 周年理论研讨会等各类学术活动 19 人次，入选理论研讨会论文 10 篇；接受媒体采访 3 人次。市委党校教师指导中青班学员撰写

韶关市委党校新址　（市委党校　供）

的《提升城市文化形象 着力打造善美韶关——关于中心城区历史文化保护和活化利用的调研报告》《对接"双区"建设 推动广韶同城融合发展——关于韶关市产业园区建设发展情况的调查与建议》两篇调研报告获市委主要领导的批示，为市委、市政府提供资政服务。 （刘立强）

外事工作

【概况】 2020年，韶关市外事工作开展涉外疫情防控，助力复工复产，国际间交流合作，外事管理，外事接待服务，海外领事保护宣传。

【强化党对外事工作的集中统一领导】 2020年4月2日，市委外办召开市委外事工作委员会会议，深入学习习近平外交思想，传达学习省委外事工作委员会第二次会议和全省外事工作会议精神，总结2019年对外工作，研究部署2020年对外工作重点任务，印发《韶关市2020年对外工作要点》和《韶关市举办国际会议管理制度》。4月14日，召开全市外事工作会议，传达学习全省外事工作会议和市委外事工作委员会会议精神，对2020年全市外事工作进行安排部署。指导和督促尚未成立党委外事工作委员会及其办公室的浈江区等6个县（市、区）尽快成立党委外事工作委员会及其办公室，完善相关外事工作制度，压实各县（市、区）党委对本地区外事工作的主体责任，强化党对外事工作的集中统一领导。制订韶关市2020年因公临时出国计划报市委外事工作委员会审批，因受疫情影响计划未实施。

【国际交流合作】 2020年，市委外办开展抗疫民间外交，创新开展友城间交流与合作，服务经济社会发展。2月7日向各国际友城、各友好交流合作城市、海外友好组织及乡亲社团发出《疫情防控捐赠倡议书》。韩国荣州市市长张彧铉、格鲁吉亚执政党政治委员会成员大卫·萨加涅利泽、马来西亚沙巴马中联谊会会长胡逸山等分别致信慰问。美国旧金山市韶关旅美乡亲联谊会紧急采购N95防护口罩及护目镜8000多套，在美方对外政策收紧情况下，克服困难寄回N95口罩560套。澳大利亚广府人联谊会捐赠1万双医用手套。韶关市也向韩国荣州市市政厅致信慰问，捐赠N95口罩5000个；翁源县向韩国海南郡捐赠一次性医用口罩2万个；向美国旧金山市政厅致慰问信，向美国旧金山韶关旅美乡亲联谊会捐赠N95口罩3000个。11月27日，市和平路小学和浈江区执信小学青少年参加由日本九州日中文化协会主办、省友协参与协办的第23届日中青少年书画展，主题为"中日一心、共战疫情"，有60幅作品参展，获奖作品34幅。

2020年12月10日，韶关市与韩国荣州市共同召开缔结友好城市十周年线上庆祝大会 （市委外办 供）

12月10日，召开韶关市与韩国荣州市缔结友好城市十周年线上庆祝会。会上，双方市长现场致辞，观看过去十年双方交流合作回顾视频和青少年合唱视频，韶关市市长陈少荣与荣州市市长张彧铉签署《中华人民共和国广东省韶关市与大韩民国庆尚北道荣州市进一步加强交流合作备忘录》，深化两市在经贸、科技、农业、教育、卫生医疗等领域的交流与合作。韶关市文广旅体局局长黄宣剑与荣州市文化福利局局长张师远签署《中华人民共和国广东省韶关市与大韩民国庆尚北道荣州市文化、旅游、体育领域交流协议书》，依托两市各具特色的文化、旅游、体育资源，增进两市间的交流合作，共促两地文旅体事业繁荣发展。

【外事管理】 2020年，市委外办制定并上报2020年韶关市因公临时出国计划。受疫情影响，全市2020年无因公临时出国团组出访。按照国家、省、市有关规定，做好因公护照管理工作。截至12月23日，全市共有因公普通护照92本，全年未出现因公护照遗失、逾期不交等现象。对全市利用远程音视频方式在线开展对外交往活动进行规范，确保各领域对外交流合作有序开展。出台《韶关市举办国际会议管理制度》，对全市举办国际会议的管理原则和要求、审批权限、审核部门及职责、报批办法等进行明确规范。印发《关于进一步加强因公临时出国事中事后监督管理工作的通知》，创新监管手段，消除监管盲区，避免重事前审批、轻事中事后监管，甚至只审批不监管等问题，完善全过程监管体系。执行因公出访管理规定，创新出访团组行前教育方式和出访成果转化的做法得到省委外办的肯定。

【外事接待与服务】 2020年1月6日，新加坡驻穗总领事馆副领事（商务）邓佩筠（兼任新加坡企业发展局中国司华南区主任）携新加坡博瑞金属回收有限公司等一行6人到访韶关，考察韶关投资环境及发展现状，探讨双方潜在的合作机会。

【海外领事保护宣传】 2020年9月18日，市委外办人员赴广东冀春劳务派遣有限公司了解海外派遣情况并宣传领事保护和涉外安全知识。公司已派遣90多人到非洲坦桑尼亚劳务外，督促做好派遣前的海外领事保护和涉外安全知识培训工作。

保密工作

【保密会议】 2020年5月14日，韶关市召开市委保密委员会全体会议暨全市保密工作会议，传达贯彻省委保密委全体会议暨全省保密工作会议精神，通报全国、全省、全市保密形势，总结部署全市保密工作。

【保密机构队伍建设】 2020年，市委机要保密局组织人员参加全省第二届保密技术检查监管技能培训班和业务比赛，提升韶关市保密干部的行政执法能力。

【保密制度建设】 2020年，市委机要保密局优化保密考核机制，完善机关单位绩效考核和县（市、区）工作评价逆向指标扣分考核，涵盖75个机关单位和10个县（市、区）党委政府，实现考核全覆盖。把贯彻落实中央加强保密工作的意见文件和省重点推动的保密工作纳入绩效考核逆向扣分项目，压实各地、各单位的保密工作责任。

【保密监督检查】 2020年，市委机要保密局完成韶关市人社局考试试卷保密室合格证到期换证检查验收工作。对高考、自学考试、成人考试、研究生入学考试、大学英语四六级考试等国家教育统一考试和公务员考试、人事职称考试、法律职业资格考试、教师资格考试、医师资格考试等国家统一考试以及中考的保密管理进行巡查巡考。开展涉新冠肺炎疫情重点单位、外事系统、自然资源领域涉密和敏感数据安全保密、邮政机要系统、保密资质（格）单位“双随机”、保密风险隐患大排查等专项检查，共检查涉密计算机123台、非涉密计算机584台、工作邮箱3506个、涉密文件444份、保密室180间，及时排查保密风险隐患，真正做到以查促改。汇总整理2015年以来在保密检查和日常管理中发现的泄密隐患和保密工作不规范等问题，指导各地各单位举一反三，认真整改。指导市公安局做好全省公安专项工作韶关现场会的保密工作；对市委举办的重要涉密会议派人进行监督指导。对新组建或搬迁单位的保密室建设进行现场指导和验收。

【涉密人员管理】 2020年，市委机要保密局监督指导各地各单位涉密人员和涉密岗位分类管理工作，完成市纪委、市技术保障中心、市医保局、市人社局、市委外办等部门涉密岗位和涉密人员的确认工作。

【定密管理】 2020年，市委机要保密局开展定密统计分析和密级变更、解密清理审核工作，完成全市定密清理和统计上报任务。指导市纪委监委等单位申报定密授权和开展定密工作。转发《广东省党政机关定密工作指南》，部署2010年秘密级、2020年机密级国家秘密的解密工作。

【保密行政审批】 2020年，市委机要保密局做好全年实施行政许可和监督管理的情况、行政审批标准化建设系统录入、公共信用信息资源目录登记、互联网+监管、信用信息资源系统相关数据录入等工作；完成新增3家涉密设备定点维修维护企业的审批。对114个单位的47个保密要害部门、180个保密要害部位的确认；对市检察院新建保密室进行验收。指导3家民营企业申报涉密资质工作。

【保密宣传教育】 2020年，市委机要保密局利用“韶司在线”“韶关发布”和保密宣传教育网站等平台广泛开展保密普法宣传教育，全年推送保密文章、信息17篇。选派业务骨干到市委党校主题班、市农业农村局、武警韶关支队、市邮政管理局、市水投公司和乐昌、武江等单位和地区进行保密意识、保密常识教育。参加全市“宪法宣传周”大型法制宣传教育，现场派发宣传资料500多份，解答市民咨询问题，帮助市民增强保密观念、法治意识。全市普法考试中，含有保密知识考题占比15%以上；全市机关单位征订张贴保密宣传教育挂图2409套，征订各类保密宣传教育书籍及视频光盘资料1375套（册、张），订阅《保密工作》924份、《保密科学技术》271份。12家机关单位借阅保密警示教育视频（光盘）开展保密宣传教育活动。

【保密技术服务保障】 2020年，市委机要保密局强化保密服务保障，为机关单位提供涉密会议移动信号屏蔽服务40多场次；优质完成市委、市政府会场涉密电视电话会议信号保障34场次。

【保密整改】 2020年1月6日至9日，组成5个检查组，对全市75个市直机关绩效考核单位开展检查，对16个保密管理不规范、不到位的机关单位实行扣分处理，并督促其落实整改，提升保密管理水平。2月26日，对各县（市、区）领导干部责任制落实情况进行绩效考核，通过书面报送资料的方式进行核查，结合日常检查情况，对8个县（区）进行扣分处理。 （曾炳权　陈沛豪）

韶关市人大

综述

【概况】 2020年，韶关市人大常委会制定出台法规2件，审议法规草案2件；作出决定16项、决议8项；听取和审议计划、预算及其执行情况报告、审查决算报告草案、预算调整方案报告4项，审计方面工作报告2项；听取和审议市政府专项工作报告14项；听取和审议市检察院工作报告1项；听取和审议市人民代表大会法制委员会、市人大常委会各工作部门提请审议的议案、报告、说明和视察报告、检查报告20项；组织人大代表视察9次，开展执法检查3项；任免国家机关工作人员58名；备案审查规范性文件17件，完成市十四届人大六次会议确定的各项目标任务。

【地方立法】 参见法治类目

【法律法规贯彻实施】 2020年，市人大常委会听取和审议市政府“七五”普法工作报告，推动落实“谁执法谁普法”主体责任，提高普法工作的覆盖面和针对性。针对《韶关市文明行为促进条例》《韶关市农村住房建设管理条例》两个法规即将颁布实施，要求有关部门做好法规宣传发动工作。开展《韶关市野外用火条例》执法检查，督促各级各部门构建长效机制，控制野外用火和森林火灾的发生。市人大常委会主任会议专门听取禁毒工作报告，督促政府保持对毒品的“零容忍”。听取和审议市人民检察院关于公益诉讼工作情况报告，要求检察院加大办案力度，建立公益诉讼机制，提升公益诉讼水平。开展《关于全面禁止非法野生动物交易革除滥食野生动物陋习切实保障人民群众生命健康安全的决定》贯彻落实情况检查，推动政府及有关部门统一思想认识，坚决打击非法野生动物交易，从源头上做好疫情防控工作。配合省人大常委会开展《中华人民共和国土壤污染防治法》《广东省实施〈中华人民共和国土壤污染防治法〉办法》实施情况执法检查，压紧压实土壤污染防治责任。确保法律法规在辖区内正确实施。

【决议】 2020年8月28日，市十四届人大常委会第三十七次会议，听取和审议市人民政府《关于2019年市级决算草案的报告》，决定批准韶关市2019年市级决算。12月28日，市十四届人大常委会第四十一次会议，听取和审议市人民政府提交的《关于2020年预算调整议案的报告》，决定批准2020年预算调整方案。

【人事任免】 2020年，韶关市人大常委会依法任免人大和“一府一委两院”(市政府及组成部门、市监察委员会、市法院、市检察院）等国家机关工作人员58人，其中任命33人、免职14人、批准任命2人、批准免职2人、接受辞职7人。

【人大工作宣传】 2020年，全年在韶关发布、《韶关人大》杂志、韶关人大网、人民之声等市级以上新闻媒体发表文章900余篇，在韶关人大公众号推出310篇信息和文章。首次编辑出版《韶关人大年鉴(创刊号)2020》。出版发行《韶关市人民代表大会常务委员会公报》5期、《韶关人大》杂志6期；组织参加第29届“广东人大新闻奖”评选活动，报送5篇优秀新闻作品，其中2篇获奖。

重要会议

【市十四届人大六次会议】 2020年5月15日至17日，韶关市第十四届人民代表大会第六次会议在韶关市区举行。出席此次会议应到代表353人，实际到会334人，符合法定人数。会议听取和审议王瑞军代理市长代表市人民政府所作的政府工作报告，书面审查市发展和改革局局长郭先桂提交的韶关市2019年国民经济和社会发展计划执行情况及2020年计划草案的报告、市财政局局长陈大川提交的韶关市2019年预算执行情况和2020年预算草案的报告；听取和审议市人大常委会副主任杨小明所作的韶关市人民代表大会常务委员会工作报告、市中级人民法院院长叶向荣所作的韶关市中级人民法院工作报告、市人民检察院检察长曾伊山所作的韶关市人民检察院工作报告。会议表决通过关于政府工作报告的决议、关于韶关市2019年

2020 年 5 月 17 日，韶关市第十四届人民代表大会第六次会议圆满完成各项议程，在庄严的国歌声中胜利闭幕——市委书记、市人大常委会主任李红军为当选的市人民政府市长王瑞军颁发当选证 （童铜韶 摄）

国民经济和社会发展计划执行情况与 2020 年计划的决议、关于韶关市 2019 年预算执行情况和 2020 年预算的决议、关于韶关市人民代表大会常务委员会工作报告的决议、关于韶关市中级人民法院工作报告的决议、关于韶关市人民检察院工作报告的决议等 6 项决议。会议依法补选王瑞军为韶关市人民政府市长，周伟源为韶关市第十四届人民代表大会常务委员会副主任，冯国华为韶关市监察委员会主任，冯振鹏、刘剑城、潘国忠为韶关市第十四届人民代表大会常务委员会委员；依法通过部分韶关市第十四届人民代表大会财政经济委员会组成人员（主任委员 1 名、委员 3 名）。会议对市政府 2020 年度计划实施民生实事项目进行票决（差额数为 4 项），增加学前教育公办学习位供给等 10 项最终确定为市政府 2020 年民生实事。会议期间，收到代表提出的建议、批评与意见 74 件（包括代表提出 1 件议案转作建议处理）。

【市十四届人大七次会议】 2020 年 10 月 31 日，韶关市第十四届人民代表大会第七次会议在韶关市区举行。应到代表为 349 人，实际到会 324 人，符合法定人数。会议依法补选王瑞军为韶关市第十四届人民代表大会常务委员会主任，依法补选陈少荣为韶关市人民政府市长。

【市十四届人大常委会会议】 2020 年，韶关市第十四届人民代表大会召开 12 次常委会会议，即市十四届人大常委会第三十次至第四十一次会议。

第三十次会议 2020 年 1 月 16 日召开，会议审议市人大常委会关于召开韶关市第十四届人民代表大会第六次会议有关事项、审议市人大常委会代表资格审查委员会关于部分代表的代表资格审查报告。会议作出《关于列席和邀请列席市十四届人大六次会议人员的决定》《关于接受潘穗等辞职请求的决定》。会议还进行人事任免事项。

第三十一次会议 2020 年 1 月 28 日召开，会议审议市人大常委会关于推迟召开韶关市第十四届人民代表大会第六次会议有关事项，会议作出《关于推迟召开韶关市第十四届人民代表大会第六次会议的决定》。

第三十二次会议 2020 年 3 月 10 日召开，会议听取和审议市政府关于提请审议韶关市“市树”、“市花”的议案（草案），会议作出《关于批准市树市花的决定》。会议决定免去万卓培的韶关市副市长职务、任命罗晓勤为韶关市副市长，会议还进行其他人事任免事项。

第三十三次会议 2020 年 5 月 11 日召开，会议审议市人大常委会代表资格审查委员会关于部分代表的代表资格审查报告。会议作出《关于韶关市第十四届人民代表大会第六次会议召开时间的决定》《关于调整韶关市第十四届人民代表大会第六次会议列席人员的决定》。会议还进行人事任免事项。

第三十四次会议 2020 年 5 月 14 日召开，会议审议市十四届人大六次会议议程（草案）、市十四届人大六次会议选举办法（草案）、市人大常委会代表资格审查委员会关于部分代表的代表资格审查报告；会议审议市政府关于提请任命王瑞军为韶关市副市长的议案、关于接受殷焕明辞去韶关市市长职务请求的议案、关于决定王瑞军为韶关市代理市长的议案。会议作出《关于接受殷焕明辞职请求的决定》《关于王瑞军代理市长的决定》。会议决定任命王瑞军为韶关市副市长。

第三十五次会议 2020 年 6 月 12 日召开，会议听取和审议市政府关于审计查出突出问题整改情况的报告、市人民代表大会法制委员会关于《韶关市文明行为促进条例（草案修改二稿）》审议结果的报告、市人大常委会法制工作委员会关于 2019 年规范性文件备案审查工作情况的报告。会议作出《关于接受杨小明等辞职请求的决定》。会议决定免去刘清生的韶关市副市长职务、任命谢超武为韶关市副市长，会议还进行其他人事任免事项。

第三十六次会议　2020年6月30日召开，会议听取和审议市政府关于韶关市地方政府性债务管理情况的报告、关于我市打赢脱贫攻坚战工作完成情况的报告、关于推进城乡生活垃圾分类工作情况的报告、市人民代表大会法制委员会关于《韶关市农村住房建设管理条例（草案）》修改情况的报告。会议还进行人事任免事项。

第三十七次会议　2020年8月28日召开，会议听取和审议市政府关于韶关市2019年市级决算草案的报告、关于韶关市2020年上半年预算执行情况的报告、关于韶关市2019年本级预算执行及其他财政收支情况的审计报告、关于韶关市2020年上半年国民经济和社会发展计划执行情况的报告、关于韶关市“七五”普法工作情况的报告、市人民检察院关于公益诉讼工作情况的报告、市人民代表大会法制委员会关于《韶关市农村住房建设管理条例（草案）》审议结果的报告、市人大常委会研究室关于《韶关市人民代表大会常务委员会议事规则（草案）》修订情况的说明。会议还进行人事任免事项。

第三十八次会议　2020年9月24日召开，会议听取和审议韶关市公安局关于提请许可对市人大代表行政拘留的报告。会议作出《关于许可韶关市公安局对市十四届人大代表谢名斯予以行政拘留的决定》。

第三十九次会议　2020年9月28日召开，会议审议有关人事任免事项。会议作出《关于接受李红军辞职请求的决定》《关于推选邓小杰为韶关市第十四届人民代表大会常务委员会代理主任的决定》《关于接受王瑞军辞职请求的决定》《关于陈少荣为韶关市人民政府代理市长的决定》。会议决定任命陈少荣为韶关市人民政府副市长，会议还进行其他人事任免事项。

第四十次会议　2020年10月21日召开，会议听取和审议市政府关于韶关市2019年度金融企业国有资产管理情况的报告、关于贯彻实施省人大常委会推进法治化营商环境建设决定情况的报告；会议审议市人大常委会关于召开韶关市第十四届人民代表大会第七次会议有关事项、审议市人大常委会代表资格审查委员会关于部分代表的代表资格审查报告。

第四十一次会议　2020年10月28日召开，会议听取和审议市政府关于韶关市2020年预算调整方案的报告、关于韶关市2020年上半年预算执行情况的报告、关于提请审议《韶关市农村饮用水源保护条例（草案）》的议案、关于韶关市2019年度环境状况和环境保护目标完成情况的报告、关于生态旅游发展情况的报告、关于我市开展残疾儿童学前教育工作情况的报告、关于市十四届人大六次会议代表建议办理情况的报告、市人民代表大会法制委员会关于《韶关市建筑垃圾管理条例（草案修改二稿）》审议结果的报告。

【市十四届人大常委会主任会议】 2020年，市十四届人大常委会召开18次主任会议。会议听取市政府关于全市公共卫生服务体系建设情况的报告、关于我市“七五”普法工作情况的报告和关于我市禁毒工作情况的报告；听取市人大常委会有关工作委员会关于我市高新技术企业培育发展情况的视察报告、关于全市农村安全饮用水保障工作情况的报告、关于我市开展加强农村人居环境整治推进美丽乡村建设专题视察报告、关于我市水污染和大气污染防治工作情况的视察报告、关于全市禁毒工作情况的调研报告、关于跟踪视察市区治理交通拥堵工作情况的报告、关于推进县城品质提升“439”乡镇整治提升“139”行动专题调研报告和关于我市省级现代化农业产业园建设情况专题调研报告；通过《韶关市人大代表履职经费管理办法》《韶关市人大常委会2020年工作要点》《韶关市人大常委会2020年立法工作计划》《韶关市人大常委会2020年代表工作计划》；重新修订《韶关市人民代表大会常务委员会主任会议议事规则》。

重要决定

【关于市十四届人大六次会议的有关决定】 2020年1月16日，市十四届人大常委会第三十次会议决定，不是韶关市十四届人大代表的下列人员，列席和邀请列席韶关市第十四届人民代表大会第六次会议：市人民政府组成人员；在韶关工作的第十三届全国人民代表大会代表、广东省第十三届人民代表大会代表；市监察委员会副主任和各县（市、区）监察委员会主任，市中级人民法院副院长，市人民检察院副检察长；市人民政府直属（特设）机构及驻北京联络处、驻广州办事处主要负责人；市人大常委会原主任、常务副主任（只参加开幕会和闭幕会）；出席市政协十二届四次会议的委员及列席人员（只参加听取政府工作报告）；部分市直属正处级事业单位和市属企业单位主要负责人；部分中省在韶单位主要负责人；市十四届人大六次会议副秘书长；市人大常委会机关和派驻纪检组副处级以上领导干部。1月28日，韶关市第十四届人民代表大会常务委员会第三十一次会议决定，推迟召开韶关市第十四届人民代表大会第六次会议。具体时间另行通知。5月11日，韶关市第十四届人民代表大会常务委员会第三十三次会议决定，韶关市第十四届人民代表大会第六次会议于5月15日至17日在韶关市区召开，会期一天半（不含预备会议）。5月11日，市十四届人大常委会第三十三次会议决定，调整韶关市第十四届人民代表大会第六次会议列席和邀请列席人员，调整后，不是韶关市第十四届人民代表大会代表的下列人员，列席和邀请列席韶关市第十四届人民代表大会第六次会议：韶关市人民政府组成人员；政协第十二届韶关市委员会副主席；有关县（市、区）人大常委会主持日常工作的副主任。5月15日，市十四届人大六次会议主席团第一次会议通过，韶关市第十四届人民代表大会第六次会议代表提出议案的截止时间为5月15日晚上8时。

【关于重大人事事项的决定】 2020年1月16日，市十四届人大常委会第三十次会议决定，因工作需要，接受潘穗辞去韶关市第十四届人民代表大会财政经济委员会主任委员职务；接受钟沛东辞去韶关市第十四届人民代表大会财政经济委员会副主任委员职务的请求。报韶关市第十四届人民代表大会备案。5月14日，市十四届人大常委会第三十四次会议决定，因工作需要，接受殷焕明辞去韶关市人民政府市长职务的请求。报韶关市第十四届人民代表大会备案。5月14日，市十四届人大常委会三十四次会议决定，王瑞军为韶关市人民政府代理市长。6月12日，市十四届人大常委会第三十五次会议决定接受：杨小明、张平辞去韶关市第十四届人民代表大会常务委员会副主任职务的请求；巫育明、潘穗辞去韶关市第十四届人民代表大会常务委员会委员职务的请求。杨小明的韶关市第十四届人民代表大会常务委员会代表资格审查委员会主任委员职务相应终止。报韶关市第十四届人民代表大会备案。9月28日，市十四届人大常委会第三十九次会议决定，接受李红军辞去韶关市第十四届人民代表大会常务委员会主任职务的请求。报韶关市第十四届人民代表大会备案。9月28日，市十四届人大常委会第三十九次会议决定，推选邓小杰为韶关市第十四届人民代表大会常务委员会代理主任。9月28日，市十四届人大常委会第三十九次会议决定，接受王瑞军辞去韶关市人民政府市长职务的请求。报韶关市第十四届人民代表大会备案。9月28日，市十四届人大常委会第三十九次会议决定，陈少荣为韶关市人民政府代理市长。

【关于批准市树市花的决定】 2020年3月10日，韶关市第十四届人民代表大会常务委员会第三十二次会议审议市人民政府《关于提请审议韶关市“市树、市花”的议案》，会议同意这个议案，决定批准香樟（樟树）为韶关市“市树”，兰花为韶关市“市花”。香樟是韶关市古树名木分布最多的树种，常绿，花清香，抗性强，生长快、易繁活，是优良的行道及庭荫绿化树种，且富有地域特征，能反映韶关的地方特色和文化底蕴；兰花在韶关市有较为广阔的生长分布，是韶关市花卉产业的龙头产品，其花色淡雅别致，香气清而不浊，历来被看作是高洁典雅的象征，形象好、特色浓，符合韶关市城市文化品位，是优良的园林及庭院花卉品种。

【关于许可韶关市公安局对市十四届人大代表谢某斯予以行政拘留的决定】 2020年9月24日，市十四届人大常委会第三十八次会议决定，许可韶关市公安局对韶关市第十四届人民代表大会代表谢某斯予以行政拘留。

【关于召开韶关市第十四届人民代表大会第七次会议的决定】 2020年10月21日，市十四届人大常委会第四十次会议决定，韶关市第十四届人民代表大会第七次会议于10月30日至31日在韶关市区召开，会期半天（不含预备会议）。建议会议议程：补选韶关市人大常委会主任；补选韶关市人民政府市长。

人大监督

【计划审查监督】 2020年，市人大常委会听取和审议市政府关于2020年上半年国民经济和社会发展计划执行情况的报告，督促政府必须深度融入“双区”建设，实现韶关高质量跨越式发展；必须狠抓工业转型升级，增强经济发展动能；必须狠抓重点项目建设，发挥投资拉动作用；必须全面深化改革，创新发展机制等以推动全市经济社会发展目标任务完成。听取和审议市政府关于贯彻省人大常委会推进法治化营商环境建设决定情况的报告，督促政府坚定推进法治化营商环境建设的决心和信心，压实各级政府和部门的责任，优化韶关的营商环境。听取和审议市政府关于高新技术企业发展情况的报告，建议政府要加强高新技术企业培育服务，为韶关的经济发展注入新的活力。听取和审议市政府关于生态旅游发展情况的报告，督促政府推进全域旅游示范区建设，做好生态旅游文章，打造生态经济发展新标杆。

【财政金融审查监督】 2020年，市人大常委会在对2021年预算草案进行审查前，围绕代表关注的民生热点问题及政府投资重大项目等资金安排提前介入预算编制监督，推进市人民代表大会批准的预算决议的落实，强化中心工作任务资金保障，深化决算审查，依法审查批准决算和预算调整，确保财政平稳运行。听取和审议市政府关于韶关市地方政府债务管理情况的报告，督促政府加强政府性债务管理，防范和化解政府债务风险。听取和审议市政府关于2019年度金融企业国有资产管理情况的报告，提出依法理顺地方国有金融资本管理体制，引进金融机构，增强地方金融企业服务实体经济的能力等建议。完善人大预算联网监督，推进联网系统升级更新，完成12批次省级重大专项资金数据联网报送上传工作。听取和审议市政府关于审计查出突出问题整改情况的报告，要求政府加大整改力度，建立健全审计整改和管理长效机制，构建更为完善的审计监督体系，加强事前指导和事中事后监督的同时，要强化依法监督意识，深化预算执行审计，推进绩效审计，狠抓审计问题整改落实。

【民生事业建设监督】 2020年，市人大常委会听取和审议市政府关于公共卫生服务体系建设开展情况的报告，要求政府提升公共卫生服务体系建设水平，从新冠肺炎疫情中吸取经验教训，纠正“重医疗，轻预防”的倾向，加大投入，打牢基础，补齐短板，更好地保障人民群众的健康需求。市人大常委会主任会议听取治理市区交通拥堵、城市公交建设等工作报告，督促政府加快公共交通事业发展，解决好交通拥堵问题。组织代表开展对市政府落实2020年10件民生实事项目进行专题视察，督促政府采取措施确保民生工程落到实处、惠及全市人民。开展农村安全饮用水保障工程建设专题视察、开展残疾儿童学前教育专题视察。配合省人大开展保居民就业专题调研。

【生态环境保护监督】 2020年，市人大常委会综合运用听取专项工作报告、视察和调研等开展一系列生态环境保护工作监督。听取和审议市政府关于水污染防治和大气污染防治工作情况报告、关于2019年度环境状况和环境保护目标完成情况报告、关于城乡生活垃圾处理分类工作情况报告，督促政府坚决打赢污染防治攻坚战、筑牢粤北生态屏障、建立和完善城乡生活垃圾处理分类工作机制。组织代表开展全域创建国家森林城市和“十大樟树王”管护情况专题调研，督促政府补齐森林资源综合管护短板，提高城乡绿化水平。围绕建立健全生态补偿机制为建设生态发展区提供支持开展专题调研，提出提高生态公益林补偿标准、建立支持生态发展区发展现代生态产业的政策体系等意见建议，得到市委肯定。

【乡村振兴发展监督】 2020年，市人大常委会听取和审议市政府关于打赢脱贫攻坚战工作完成情况报告，督促各地各部门增强责任担当，完善脱贫长效机制，巩固拓展脱贫成果，确保高质量打赢打好脱贫攻坚战。组织三级人大代表联动开展“加大农村人居环境综合整治力度建设美丽乡村”议案办理工作的专题视察和调研，要求各地各部门按照议案提出的目标任务，全域推进农村人居环境整治工作。开展现代农业产业示范园区建设情况专题调研。配合省人大常委会农工委开展粮食安全、高标准示范农田等开展工作调研。

人大代表

【视察调研】 2020年，市人大常委会下发《韶关市人大常委会2020年代表工作计划》，对代表活动进行部署。围绕城乡人居环境整治、爱国卫生运、打好污染防治攻坚、公共卫生风险防控、抓好六稳六保和智慧2经法院建设等6个主题，开展一系列专题调研活动。各代表联组分别到仁化县参加全市城乡人居环境整治现场会并开展专题调研；到始兴县深渡水乡、城南镇开展美丽乡村建设专题视察；到韶关学院代表联络室听取市政府贯彻落实“六稳”“六保”工作情况汇报；曲江区、粤北二院、市疾控中心开展贯彻实施《广东省爱国卫生运动工作条例》和公共卫生服务体系建设情况调研；到市第二污水处理厂、第三污水处理厂及移山路建筑工地、冶炼厂对污水和大气污染防治工作视察；到兴隆市场、芙蓉市场、红星市场及部分餐饮公司开展疫情防控和《省野生动物保护管理条例》执行情况视察；到市中级人民法院专题调研“两个一站式”建设，对智慧法院建设视察。组织驻韶全国、省人大代表和部分市代表开展“创建南岭国家公园，推进生态发展区向质量发展”集中视察，并召开法、检两院座谈会。协助省人大常委会组织韶关市、肇庆市、清远市、河源市、梅州市、云浮市六市全国人大代表围绕关于推动生态发展区协同发展及韶关市经济社会发展情况开展集中视察。

【人大代表主题月活动】 2020年，市人大常委会在全市三级人大组织开展“我为民、我履职、我行动”主题活动，全市累计有5046名各级人大代表参加主题月活动，开展代表小组活动784次，视察、执法检查297次，专题调研168次，约见国家机关负责人8次，103名代表向选民述职。通过开展代表主题月活动，拓展代表履职新空间，推动一批社会难点堵点痛点问题的解决。

【人大代表建议督办】 2020年，市人大常委会机关收到代表提出的建议74件，其中，由市政府系统办理69件，市委组织部办理2件，市委统战部办理1件，市中院办理2件。通过听取和审议代表建议办理情况报告，落实领导领办、“一把手”承办责任制，办理工作纳入绩效考核等加强对代表建议的督办，对人民群众关注度比较高、代表意见比较集中的5件重点建议，由市人大常委会领导班子成员牵头督办，统筹谋划推动落实，跟踪督办，促进市政府及承办单位落实措施，回应代表关切，提高办理质量。74件代表建议全部答复完毕。代表所提问题解决或基本解决的25件，占建议办理总数的33.7%；列入计划逐步解决的40件，占办理总数的54.1%；因条件所限或者其他原因暂时无法解决留作参考的9件，占办理总数的12.2%。代表对办理答复综合评价表示满意的69件，满意率93.2%；基本满意的5件，基本满意率6.8%。

【基层人大代表联络站建设】 2020年，市人大常委会重视加强基层代表联络站点建设，提升完善乡镇（街道）代表中心联络站功能，逐步规范建设村（居）代表联络站。至2020年年底，全市已建成代表联络站573个，其中镇街代表中心联络站108个、村（居）代表联络站465个，组织16235人次代表进站活动，基本形成代表履职平台网格化。全市镇街代表中心联络站和村（居）联络站，接待人民群众1.44万人次，收集群众意见建议3922条，推动解决问题3376件。

（黄远习）

市十四届人大六次会议代表建议领导重点督办安排一览表

表2

编号	标题	领衔代表	代表团	承办单位		督办领导	联系工委
				主办单位	会办单位		
50	关于为筑牢粤北生态屏障提供基层涉林人才支撑的建议	彭华贵	乳源	市林业局	韶关学院	邓小杰	财经工委、选联工委
49	关于加强公共卫生物品应急储备的建议	许天华	乳源	市发改局	市卫生健康局、市商务局、市财政局	林　岚	教科文卫工委、选联工委
55	关于加快推进我市城区垃圾分类工作的建议	余构华	乳源	市住管局		梁韶灵	城建工委、选联工委
72	关于制定“品牌强市”政策支持本地中小企业、重点企业发展的建议	周统齐	武江	市市场监管局	市工信局	周伟源	财经工委、选联工委
52	关于优化交通信号灯设置的建议	陈小雄	浈江	市公安局		陈　曦	监察司法工委、选联工委

2020年韶关市人大常委会制定的重要文献、法规目录一览表

表3

序号	文件题目、法规名称	发文号
1	关于刘剑城等职务任免的通知	韶常〔2020〕1号
2	印发《关于推迟召开韶关市第十四届人民代表大会第六次会议的决定》通知	韶常〔2020〕2号
3	关于批准市树市花的决定	韶常〔2020〕3号
4	关于罗晓勤等职务任免的通知	韶常〔2020〕4号
5	关于李亚军等免职的通知	韶常〔2020〕5号
6	关于卢春燕等职务任免的通知	韶常〔2020〕6号
7	关于张立新等职务任免的通知	韶常〔2020〕7号
8	关于温洁麟等免职的通知	韶常〔2020〕8号

续表3

序号	文件题目、法规名称	发文号
9	关于王瑞军任职的通知	韶常〔2020〕9号
10	关于巫育明免职的通知	韶常〔2020〕10号
11	关于谢超武等职务任免的通知	韶常〔2020〕11号
12	关于报请批准《韶关市文明行为促进条例的报告》	韶常〔2020〕12号
13	关于刘海旺等任职的通知	韶常〔2020〕13号
14	关于李再丰等职务任免的通知	韶常〔2020〕14号
15	关于宋良锋等职务任免的通知	韶常〔2020〕15号
16	关于印发《韶关市人民代表大会常务委员会主任会议议事规则》的通知	韶常〔2020〕16号
17	关于陈文英免职的通知	韶常〔2020〕17号
18	关于印发《韶关市人民代表大会常务委员会议事规则》的通知	韶常〔2020〕18号
19	关于报请批准《韶关市农村住房建设管理条例》的报告	韶常〔2020〕19号
20	关于批准韶关市2019年市级决算的决议	韶常〔2020〕20号
21	关于陈少荣任职的通知	韶常〔2020〕21号
22	关于李琼宇等任职的通知	韶常〔2020〕22号
23	印发《关于召开韶关市第十四届人民代表大会第七次会议的决定》的通知	韶常〔2020〕23号
24	关于批准2020年预算调整方案的决议	韶常〔2020〕24号
25	关于召开韶关市地方立法五周年座谈会的请示	韶常〔2020〕25号
26	韶关市文明行为促进条例	韶关市第十四届人民代表大会公告（第13号）
27	韶关市农村住房建设管理条例	韶关市第十四届人民代表大会公告（第16号）

韶关市政府

综述

【概况】 2020年，韶关市人民政府较好完成市十四届人大六次会议确定的目标任务。全市经济社会保持平稳健康发展，全市地区生产总值1353.49亿元，同比增长3%；一般公共预算收入105.1亿元，同比增长4%。全市固定资产投资同比增长2.8%。社会消费品零售总额445.3亿元，同比下降6.8%。工业投资同比增长11.9%，完成55个市级重点产业项目。一批事关长远的大事要事取得重大突破，千吨级北江航道扩能升级建成通航，韶关港、丹霞机场等重大项目取得重大进展，省重点项目整县推进村镇生活污水处理基础设施PPP项目完成年度计划的200%，首届广东省北部生态发展区（韶关）农业招商大会在韶关举办，商事制度改革、公立医院综合改革、供给侧结构性改革、农村电商发展等加快，累计淘汰落后钢铁产能315万吨。国有“僵尸企业”全部出清，“三供一业”分离移交和退休人员社会化管理工作基本完成。启动国家产融合作试点工作。开展林长制试点，市县属国有林场改革全面完成，林业碳普惠改革经验在全省推广。完成农村土地确权登记颁证工作。创建为省现代职业教育综合改革示范市。广东南岭干部学院建成投入使用。推进创新驱动，研发经费支出占GDP的比重连续五年位居粤东西北第一。高新技术企业308家，新增省级研发平台（孵化器）74个、院士（博士）工作站和创新基地30个，规上企业研发机构覆盖率52%，国家级孵化器和省重点实验室均实现零的突破。民生实事项目加快推进，民生支出占财政支出的80.4%，人民生活持续改善。促进就业创业，新增城镇就业2.53万人。

城乡居民人均可支配收入分别同比增长5.5%、8%。社会保障水平不断提升，城乡低保每人每月分别达到772元、532元。基本公共服务进一步完善，基本建成12349套棚改房和保障性住房。

“1331”医院集群发展战略顺利推进，乐昌、南雄、翁源第二人民医院建成使用，完成36家乡镇卫生院标准化和1035间村卫生站规范化建设，实现镇级中医馆和村卫生站全覆盖。群众安全感稳居全省前列，法治广东考评居粤东西北第二，成功创建3个信访工作“三无”县（市、区）。文明城市建设深入开展，入选第七届全国文明城市提名城市，仁化县获第六届全国县级文明城市称号，城市文明水平整体提升。

【民生实事】 2020年，市政府提出办好10件民生实事，涵盖教育培训、底线民生、乡村振兴、城市建设、交通公路等多个领域。2020年，各地各部门把民生实事作为市政府2020年工作的重中之重来抓，主动作为、狠抓落实，着力解决群众的利益问题。市政府督查室对10件民生实事进行全程跟踪督办，推动各项民生实事落到实处。已完成的2020年10件民生实事分别为增加学前教育公办学位供给；提高低保、特困人员、孤儿基本生活补贴和残疾人两项补贴保障水平；完成农村公路建设500千米、实施70个老旧小区改造；完成环丹霞山碧道建设，加强学前及普通高中生均经费保障，完成1000个自然村整洁达标建设，建设百所中小学卫生工作示范学校，新建改造100所农村中小学厕所；深入实施“广东技工”“粤菜师傅”“南粤家政”三大培训工程。

【决策咨询】 2020年，市政府做好韶关改革发展重大问题的谋划和研究，丰富拓展对策思路和工作举措。完成《关于新冠肺炎疫情对韶关经济发展影响的调研报告》《关于丹霞山生态保护与绿色发展情况的调研报告》等5篇市级重大研究课题，其中《关于新冠肺炎疫情对韶关经济发展影响的调研报告》获市领导批示。截至12月，共报送省政府办公厅政务信息33篇，采用16篇，其中《基层反映困难儿童权益保护存有五方面制约亟须强化保障予以补足（综合）》《广东基层反映下调响应等级疫情防控面临“五难”期盼分区分级精准施策指导基层防控落实落细（综合）》等上报国务院办公厅，《基层期盼出台更细化、更科学、更有力的分区分级（综合）》得到省政府领导批示，《韶关市实施系列措施推动制造业高质量发展》《韶关市三大举措创新发展园区经济》《韶关市出台政策措施大力支持服务业发展》等信息被《粤府信息》刊载。

2020年，市发展研究中心完成市重大行政决策咨询研究课题《韶关融入粤港澳大湾区发展，支持深圳建设中国特色社会主义先行示范区专题研究》《韶关市实践习近平总书记“绿水青山就是金山银山”理论专题研究》，研究成果获市政府主要领导批示并分送市领导和相关部门参阅。

优化市重大决策咨询论证专家库运用 2020年，市发展研究中心做好专家咨询论证服务和专家库管理，增补武汉理工大学严新平院士为韶关市重大行政决策咨询论证专家。引导专家为韶关市发展建言献策，开展“韶关市推进复工复产”“韶关农业高质量发展”“韶关零配件产业发展”“韶关市生态经济体系建设与招商引资”“韶关市对接融入、支持参与‘双区’建设”等为主题的5场专家咨询座谈会，委托专家开展《关于规划建设韶关市印染产业聚集区的建议》《韶关市高新区装备制造业产业集群数字化转型发展研究和对策建议》《大数据背景下提升韶关政府决策科学化水平的对策研究》等3个课题调查研究。

协助省级相关部门开展专题调研 2020年，市发展研究中心协助省政府发展研究中心到韶关开展脱贫攻坚、电价价区改革、工业园区布局等专题调研及“十四五”时期广东省精准帮扶省际边界地区工作调研。协助省政府发展研究中心汇总整理韶关市有关新冠肺炎疫情对广东经济社会影响，健全公共卫生应急管理体系专题调研，广东进一步优化营商环境对策研究，广东城市污水管网建设与管理，茶叶生产及普及茶文化知识，工业投资、人工智能园区及小镇建设等专题调研材料。协助省社科院“省情调研网”韶关基地入户调查工作，协助开展社科专家库专家征集工作专题调研。（黄志浩）

【接待工作】 2020年，市接待办公室（市机关事务管理局）完成接待任务730批次8534人次，其中：一类客人（副国级以上）1批次38人，二类客人（省部级）43批7828人，三类客人（厅级及其他）668批7745人次。

2020年，市接待办公室（市机关事务管理局）完成中共中央政治局委员、广东省委书记李希，省长马兴瑞等到韶关考察接待任务，以及省委第十巡视组巡视韶关，2020年市委、市政府主要领导任期经济责任审计和自然资源资产离任（任中）审计、全省耕地分类管理工作现场会、东莞党政代表团、清远党政代表团到韶关考察、京粤（韶关）跨区域产业协作对接洽谈会、中国丹霞山扶贫公益行暨首届粤北生态发展区农业招商大会、韶关绿色发展产业招商大会后勤保障工作，指导各县（市、区）完成疫情防控要求下的7场全市工作现场会等全市重大会议活动的接待任务，被授予“2020年环丹霞山自行车赛等四项体育赛事组织工作先进单位”。

2020年，市接待办公室（市机关事务管理局）健全完善公务接待管理办法、公务接待流程及细则、接待用品入库验收和出库发放制度等系列制度，推行“五单合一”制度，提升全市公务接待工作规范化、标准化水平；把握疫情期间接待任务少的机会，强化接待学习培训，开展政务接待基地技能练兵竞赛，参与“粤菜师傅”评比，打造接待服务专班，推进接待基地规范化建设；推动接待干部“走出去”，办党组成员带队赴江门、珠海、清远等地学习交流接待工作经验。11月23日至27日，组织办机关、各县（市、区）、韶州宾馆15人，到江西省景德镇参加全国接待交际工作培训班研讨会年会暨“第三届最美接待人（单位）评选活动表彰会”。组织开展韶关本土特色文化收集活动，并以文创产品为基点，更新制作餐桌摆件、台卡、茶杯、随车物品盒、瓷盘摆件、纸镇和快客杯等。

【机关事务】 2020年，市接待办公室（市机关事务管理局）投入资金94万元，推进机关大院提升改造工程和物业改革工作，完成市委办公区和住宅区807户“一户一电表”改造工程，完成市四套班子机关大院办公区绿化管理工作外包服务，推进物业管理社会化改革。11月，通过政府购买服务与人员整合相结合，完成市四套班子机关大院保洁外包，每年节约财政资金20万元。

会务服务 2020年，市接待办公室（市机关事务管理局）协调后勤经费27万元，在市委、市政府会议室安装电视电话会议高清系统，优化会场硬件设施设备，提升开会质量。承办1600余场各类会议后勤服务工作，均无出现延期延误现象。

机关食堂管理 2020年，市接待办公室（市机关事务管理局）依法公开招标引入2家食堂原材料物资

2020年9月30日，召开全市党政机关公务用车使用管理工作推进会（市接待办 供）

配送公司，降低食堂管理廉政风险，从源头控制食品质量，确保食堂供货安全。1月疫情发生后，机关食堂落实各项抗疫措施，指定专人负责，做好电梯、打卡机等公共场所设施设备每日消毒工作及就餐人员体温检测工作，要求就餐人员佩戴口罩、勤洗手、单排就座。牵头成立集中整治“舌尖上的浪费”活动工作领导小组，制定《韶关市接待办公室贯彻落实习近平总书记重要指示精神坚决制止餐饮浪费行为十项措施》，以机关第一食堂、第二食堂整治为重点，突出宣传教育、文明劝导等做法，明确机关食堂人员就餐基本要求、就餐分类标准及就餐原则，推进“文明餐桌”“光盘行动”常态化。2月29日，机关第二食堂被韶关市妇女联合会评为2019年度韶关市三八红旗集体。6月17日，市直机关第二食堂完成一楼改造项目，新增干部职工就餐座位92个，并启用人脸识别刷卡模式。10月，机关第二食堂派出2名厨师参加浈江区“风采杯”粤菜师傅技能工匠竞赛，获优秀奖。

机关安全保卫　2020年，市接待办公室（市机关事务管理局）投入6.8万元购买消防维保服务，于6月完成增设市政府前后门、市政府车队车牌自动识别系统。4月13日，完成市政府大院前门停车场、市委车队停车场及市政府车队停车场改造，在全面铺设沥青路面基础上，对部分场地进行修整和水泥硬底化，并重新对停车位及相关标识进行划分。4月，完成市委办公区和家属区“一户一电表”改造工程。5月7日，完成市政府三楼天桥雨棚更换工作。9月28日，完成市政府办公大楼西面外墙外立面剥落处的铲除修复工作。11月，完成市四套班子机关大院保洁外包工作。疫情期间，为市四套班子机关大院门岗配发电子体温测量仪，对进入机关大院的人员实施体温检测及信息登记，严防严控，发现体温超标的人员及时上报、及时处理。全年处理群众上访事件221批次1682人次，维护机关大院安全稳定。

公务车辆管理　2020年，市接待办公室（市机关事务管理局）完成市、县两级党政机关一般公务用车编制重核工作，牵头完成全市公务用车ETC安装工作，推动韶关市ETC累计发行完成率排名跃升全省前列，被市政府授予“韶关市ETC发行工作先进单位”称号。组织市直党政机关和指导县（市、区）完成首次全国党政机关公务用车统计报告工作。组织开展全市党政机关及事业单位公务用车使用管理专项整治，严格司机队伍管理教育，全年保障公务行车80多万千米，实现安全无事故。推进全市公务用车信息化管理，集中组织对全市公务用车北斗车载定位系统进行巡检，对1640台车载卫星定位设备进行调试更换和技术升级，确保车辆管理信息及各项数据能及时上传广东省公务用车管理平台。

资产管理　2020年，市接待办公室（市机关事务管理局）加强资产实物的盘查与规范管理，全年购置固定资产1022件，合计228.5万元。加强办公用房和公租房信息登记管理，协助市财政局做好办公用房调配工作，协调多方落实市信访局办公用房调配方案，完成全市办公用房实地抽查和信息统计报告工作。

公共机构生活垃圾分类试点　2020年，市接待办公室（市机关事务管理局）推动公共机构生活垃圾分类试点工作，3次邀请中国城市建设研究院广东分院专家到韶关考察调研，制定市四套班子大院及机关第一、第二食堂生活垃圾分类实施方案、管理制度，以及《韶关市公共机构垃圾分类示范点打造方案》，对垃圾分类容器的摆放位置、数量、款式、颜色等进行明确规定。在市四套班子大院和机关第一、第二食堂设置垃圾收集点7处、有害垃圾集中投放点4处，摆放各类型垃圾桶68组471个，并向机关大院各单位派发垃圾桶标识1390份，做到垃圾分类投放科学、精准、全覆盖。（杨　浩）

2020年11月27日，召开韶关市公共机构生活垃圾分类工作培训会（市接待办公室　供）

重要会议

【市政府全体（扩大）会议】 2020年1月19日，市政府召开2020年第一次全体会议。市长殷焕明主持会议。会议通报2019年全市主要经济指标完成情况；审议《关于2019年市政府工作报告重点工作和市十件民生实事完成情况的报告》以及市十四届人大六次会议《政府工作报告（送审稿）》《韶关市2019年国民经济和社会发展计划执行情况及2020年计划草案的报告（送审稿）》。会议就做好当前春运、安全生产、社会稳定等各项工作做出工作部署。4月24日，市政府召开第二次全体（扩大）会议，贯彻落实市委书记专题会议关于下一阶段经济工作的有关部署要求，深入分析2020年以来韶关市经济运行情况，研究解决经济运行中面临的突出问题，部署下一阶段工作。市长殷焕明主持会议并讲话。会议以电视电话会议的形式开至各县（市、区）。

【市政府常务会议】 2020年，韶关市人民政府召开常务会议41次（十四届市政府第93次至第133次）。

市政府第十四届93次常务会议于1月10日召开，会议审议《韶关市关于加强乡镇政府服务能力建设实施方案》《韶关市水土保持规划（2019—2030年）》《韶关市社会保障卡管理办法（草案）》《韶关市全民健康信息综合管理平台建设方案》《2019年城市公交车成品油价格补助资金安排方案》《2019年交通运输固定资产投资计划（第三批）资金分配方案》；听取市发改局关于韶关市地方政府专项债券有关工作情况的报告、市审计局关于韶关市2017年至2019年水污染防治情况审计结果的报告。

市政府第十四届94次常务会议于1月22日召开，会议审议《始兴县政府关于处置中古坑生态示范园资产的请示》《市区棚改实物安置惠民花园项目处理方案》《武江区政府关于将韶关市第九中学土地不动产权划转归宗的请示》《市自然资源局关于暂行工业物业产权分割及分割转让办理不动产登记事项有关要求的请示》《武江区芙蓉东路原第二拖拉机厂"三旧"改造方案》《市自然资源局关于完善北江电动工具厂补办出让手续的请示》《浈江区十里亭镇五里亭村委留用地"三通一平"工程遗留问题处理方案》《省财政2020年免除殡葬基本服务费用补助资金分配方案》《省财政2020年殡葬公共服务体系建设项目资金分配方案》《2019年生态宜居美丽乡村建设（农村泥砖房整治）资金分配方案》《韶关市区管道燃气配气价格暨进一步完善动态联动机制方案》《市南水引水工程建设工作领导小组办公室关于南水水库供水工程（原水管道部分）涉及较大危险施工段继续施工及费用控制的请示》《韶关机场建设项目联合工作协调领导小组办公室关于韶关机场用地报批水田指标处理意见的请示》《2019年下达中央自然灾害救灾资金安排》；听取市财政局关于市辖三区财政运行情况的调研报告，市发改局关于韶关市地方政府专项债券有关工作情况的报告，市国资委关于市属国有企业资产、负债及损益专项审计工作情况的报告。

市政府第十四届95次常务会议于2月7日召开，会议审议《韶关市人民政府关于应对新型冠状病毒感染的肺炎疫情支持企业复工复产的若干政策意见》；听取各县（市、区）政府关于企业复工复产工作情况的汇报；通报全省和全市2019年固定资产投资完成情况，研究部署韶关市2020年固定资产投资工作。

市政府第十四届96次常务会议于2月27日召开，会议审议《广东韶州人民医院建设项目总投资概算》《2019年广东省加大工业企业技术改造奖励力度（设备事前奖励）资金项目计划》《韶关市质量提升行动实施方案》《2020年促进经济高质量发展专项资金、2020年中央药品监管补助资金分配方案》《武江区政府关于协调办理原新三联公司二幼及招待所移交手续的请示》《韶关市"房地一体"农村不动产登记发证工作方案》《2020年度韶关市山水林田湖草生态保护修复试点工程绩效目标、工作任务及责任分解表（中央奖补资金拟支持的项目）》《市自然资源局关于对广东新元农产品有限公司申请延缓缴纳SD0304-02号地块土地款并免除滞纳金事项的请示》《市自然资源局关于返还曲江区城市基础设施配套费有关事宜的请示》《市发改局关于将乳源瑶族自治县南水水库供水工程专项债券资金用于扩建西河二水厂工程建设的请示》《市国资委关于市金财集团挂牌转让所持有韶关绿能售电有限公司43%股权的请示》《华南装备园关于将华南先进装备产业园QJ0615-03-1、SN0507-06-2号地块划拨给韶关市装备园污水处理有限公司的请示》《2018年度结转省级体育彩票公益金分配计划》。

市政府第十四届97次常务会议于2月28日召开，会议审议有关工作实施意见等；听取国家税务总局韶关市税务局《关于从近五年新登记工业企业税收视角看韶关工业企业发展的状况、问题与对策的报告》。

市政府第十四届98次常务会议于3月6日召开，会议审议《2019、2020年中央财政农业保险保险费补贴资金分配方案》《韶关市"十四五"专项规划编制目录清单》《市公路事务中心关于要求审批南华大道（原禅意大道）项目优化后设计方案及调整项目工可的请示》《2020年公费签约培养地方戏曲人才试点工作方案》《2020年省财政补齐人均公共文化财政支出短板奖补资金分配方案》《京粤（韶关）跨区域产业协作服务协议》《2016年广东省省级技术改造专项资金股权投资资金滚动用于2019年省级企业技术改造资金（股权投资）拟安排项目计划》《大学路道路改造提升工程规划设计方案及总投资概算》《市教育局关于韶州中学建设项目总建筑面积和总投资概算的请示》《2020年特殊教育中央补助资金和中央支持学前教育发展资金分配方案》《2019年省预防接种安全体系能力建设项目资金二次分配方案》《广佛肇清云韶经济圈发展规划（2019—2025年）》；听取市发改局关于韶关市地方政府专项债券有关工作情况的汇报。

市政府第十四届99次常务会议于3月20日召开，会议审议《2020年防范化解财政运行风险工作方案》《2020年广东省省级促进经济高质量发展专项企业技术改造资金拟安排项目》《省级促进小微工业企业上规模奖励资金计划安排》《2020年省产业共建扶持项目奖补资金计划安排》《2020年省级促进经济高质量发展专项资金（先进装备制造业发展）第一批项目分配计划》《市卫生健康局关于划拨广东韶州人民医院项目建设用地土地使用权的请示》《新冠病毒疫情应急处置市级补助经费使用计划》《2020年中央财政补助疾病应急救助项目等3项资金二次分配方案》《2020年省级医疗卫生健康事业发展专项资金（第一批）二次分配方案》《2020年重大传染病防控中央财政补助资金二次分配方案》《2020年中央财政医疗服务与保障能力提升补助资金二次分配方案》《市纪委监委关于无偿划拨韶关市SD0602－03号地块的请示》《市供销社关于协调解决金城小区供销社企业房产办理不动产权证的请示》《市人社局关于授予李烈军等48名同志"韶关市第二期享受市政府特殊津贴人才”称号的请示》《2020年中央和省级财政下达我市中央集中彩票公益金支持社会福利事业专项资金、省财政用于社会福利的彩票公益金项目资金、省财政困难群众救助补助预算资金分配方案》《中央财政及省级财政2020年残疾人事业发展补助资金分配方案》《2019年中央缉私经费分配方案》《中央财政2017年度农村道路客运成品油价格补助资金安排方案》《“十二五”农村水电增效扩容改造项目中央财政补助资金分配方案》《2020年中央水利发展资金（第一批）提前下达资金分配方案》;听取市统计局关于全市1至2月经济运行情况的汇报、市发改局关于韶关市地方政府专项债券有关工作情况的汇报,研究部署下一阶段有关工作。

市政府第十四届100次常务会议于3月24日召开,会议审议《韶关市贯彻落实2020年省政府工作报告责任分工》《市自然资源局关于广东煤炭地质二〇二勘探队东区地块“三旧”改造项目土地权属有关事宜的请示》《韶关市山水林田湖草生态保护修复试点工程项目（中央奖补资金支持项目）第四期资金计划安排》《韶关市第二污水处理厂出水水质提标改造工程项目概算》《韶关市2020年中央就业补助资金和省级促进就业创业发展专项资金分配方案》《韶关市2020年中央大中型水库移民后期扶持基金（资金）分配方案》;听取市政府办公室关于2020年1—2月韶关市有关县（市、区）、市政府部门及中省驻韶单位获得上级通报表扬情况的汇报,市土地储备中心关于市本级征地项目土地专项清查工作进展情况的汇报。

市政府第十四届101次常务会议于4月2日召开,会议审议《翁源县铁龙镇将军屯水泥用灰岩、熔剂用白云岩、建筑石料用灰岩拟设采矿权设置及出让方案》《韶关供电局关于将500千伏犁市（韶关北）变电站建设用地划拨给韶关供电局的请示》《韶关张九龄纪念公园（韶州历史文化博物馆、阁楼、博物馆及阁楼景观）初步设计及总投资概算》《盘活首批政府存量国有资产资源方案》《推动制造业高质量发展实施意见》《2020年现代职业教育质量提升计划专项资金分配方案》《2020年以市政府名义召开的全市性会议及有关重大政务活动安排计划》《韶关市普通公路路长制“136”行动工作方案》《2019年中央污染防治资金和省污染防治专项资金分配计划》《韶关市人民政府2020年度重大行政决策事项和听证事项目录》;听取市政府办公室关于韶关市工程建设项目区域评估改革工作进展情况的汇报,市教育局关于韶关市职业教育发展情况的汇报,市发改局关于韶关市地方政府专项债券有关工作情况的汇报;通报《2020年以省政府名义召开的全省性会议及有关重大政务活动安排计划》《2020年第2季度全市重点工作和重要会议活动初步安排》。

市政府第十四届102次常务会议于4月9日召开,会议审议《2020年中央财政动物防疫等补助资金分配方案》《韶关市促进银行业金融机构发展激励办法（修订）》《市国资委关于请求同意广东省韶铸集团有限公司继续使用国有划拨土地办理抵押贷款的请示》;听取市司法局关于韶关市2019年度法治政府建设工作情况的汇报。

市政府第十四届103次常务会议于4月17日召开,会议审议《市自然资源局关于武江区原南方化工厂地块置换相关事宜的请示》《市直党政机关和事业单位经营性国有资产集中统一监管试点工作方案》《韶关市市直行政事业单位非经营性国有资产管理暂行办法》《实施更大规模减税降费后调整市以下增值税收入划分改革方案》《韶关市人民政府2020年规章制定计划》《2020年省住房和城乡建设厅经管部分专项资金和其他事业发展性资金（非省直管县）分配方案》《2020年职业教育“扩容、提质、强服务”省级专项资金分配方案》;听取市发改局关于韶关市地方政府专项债券有关工作情况的汇报。

市政府第十四届104次常务会议于4月23日召开,会议审议《市工信局关于2019年度全市产业园区工作绩效考核有关事项的请示》《市金融局关于广东股权交易中心在韶设立运营中心洽谈情况的报告》《韶关市市属国企重组整合实施方案》《韶关市交通旅游投资集团有限公司组建方案》《韶关市工贸发展集团有限公司组建方案》《韶关市市属国企重组整合工作方案》《韶关市市直经营性国有资产租赁管理暂行办法》《2020年“四好农村路”省级补助资金（提前下达部分）分配方案》《2020年省级医疗卫生健康事业发展专项资金（第二批）二次分配方案》《广东省药品监督管理局韶关市人民政府建设广东省生物医药创新发展试验区合作框架协议》;研究《韶关市需省政府帮助解决支持事项》;听取市土地储备中心关于市本级征地项目土地专项清查工作进展情况的汇报。

市政府第十四届105次常务会议于4月29日召开,会议审议《广东省翁源县龙仙镇蓝屋矿区砖用砂岩矿采矿权设置及出让方案》《韶关市划转部分国有资本充实社保基金工作方案》《市国资委关于落实市政府十四届92次常务会议涉合作开采熔剂矿项目有关事项的报告》《市国资委关于市工贸资产经营有限公司承租西联考场有关事项的请示》《韶关市国有企业退休人员社会化管理工作实施方案》《鼓励优质企业（项目）落户华南先进装备产业园暂行办法》《市人社局关于增加2020年“广东技工”“粤菜师傅”“南粤家政”三大工程项目资金的请示》《韶关市进一步稳定和促进就业若干政策措施》;听取市商务局关于2019年韶关市对接粤港澳大湾区（广州、深圳）城市发展推介会、首届韶商大会签约项目进展情况的汇报,市政务服务数据管理局关于韶关市进一步深化“放管服”改革,优化政务服务工作情况的汇报,市发改局关于韶关市地方政府专项债券有关工作情况的汇报。

市政府第十四届106次常务会议于5月15日召开,会议审议《韶关学院医学院迁建项目（一期）投资概算》《中国联通智慧客服南方中心项目选址及全面合作协议（二阶段）》《武江区政府关于无偿划拨沐溪小学教学楼扩建项目建设用地事项的请示》《武江区政府关于无偿划拨阳山小学教学楼扩建项目建设用地事项的请示》《市国资委关于请求拨付市公共汽车有限公司部分政策性亏损补贴的请示》《市财政局关于对韶关市公共汽车有限公司2020年第二季度资金需求的审核情况报告》《中共韶关市委 韶关市人民政府关于全面深化新时代教师队伍建设改革实施方案》《2020年省财政养老服务体系建设项目资金分配方案》《2020年提取职业技能提升培训补贴资金及分配意见》《有关资金分配方案》。

市政府第十四届107次常务会议于6月1日召开，会议审议《韶关市关于激活商贸流通扩大消费工作方案》《韶关市授予荣誉市民称号实施办法草案》《韶关市生猪产业园资金使用方案》《浈江区、武江区2018—2019年城市提升项目资金问题处理方案》《2020年新增政府债券额度分配及项目安排情况》《市广播电视台关于以所持省网络公司股份出资设立持股公司作为发起人参与组建“全国一网”股份公司的请示》《市住建管理局关于韶关市新城兴建筑工程有限公司缓交保障房以资代建资金等费用的请示》《2020年区域协调发展战略专项（普通公路水路建设）资金（成品油消费税增量）使用计划》《韶关市应对新冠肺炎疫情影响促进投资稳增长工作措施》《2020年广东省科技专项资金“大专项+任务清单”立项项目及资金安排计划》。

市政府第十四届108次常务会议于6月5日召开，会议审议《中国联通智慧客服南方中心项目选址及全面合作协议（二阶段）》《武江区西河镇村头村留用地落实方案》《韶关市山水林田湖草生态保护修复试点工程项目（中央奖补资金支持项目）第五期资金计划安排表》《韶关市乳源瑶族自治县南水水库供水工程（引水管线项目）移交协议》《韶关市物业服务收费管理实施细则》《原市粮食局撤销后资产债务处理意见》《市国资委关于盘活低效资产（2020年第一批）的请示》《市公路事务中心关于核销两条一级公路借款剩余本金的请示》；听取市财政局关于市级国有资产资源清查工作情况的汇报，市住建管理局关于2019年度保障房资产管理工作及制度执行情况的汇报。

市政府第十四届109次常务会议于6月12日召开，会议审议《“十三五”迎国评路况提升整治工程项目市与县（市、区）地方配套资金分担方案》《2020年市〈政府工作报告〉重点任务责任分工》《2020年市十件民生实事责任分工》《省（厅、局）下达2020年必须完成的约束性指标和硬任务责任分工》《韶关市以食用为目的人工繁育陆生野生动物退出工作方案》《大学路道路改造提升工程项目新增路面工程方案及追加投资预算》《韶州体育公园及配套工程总体规划设计方案和总投资概算》《2020年旅游厕所建设及就业脱贫与持续管理试点工作资金分配方案》《关于推动我市兰花产业全域发展的指导意见》《粤港澳大湾区“菜篮子”工程东莞·韶关战略合作框架协议》《韶关市关于2020年推广新能源汽车补贴方案》《韶关市2020年省级促进经济高质量发展专项资金（先进装备制造业发展）第二批股权投资项目分配计划》《市公安局关于修改〈关于进一步加强市区大货车通行秩序管理的通告〉的决定》《市委政法委关于“雪亮工程”项目启动建设工作的请示》《韶关市区公共安全视频监控系统“十三五”规划建设方案》。

市政府第十四届110次常务会议于6月19日召开，会议审议《韶关市深化市场主体退出制度改革实施方案》《韶关市推进企业注销便利化工作部门联席会议制度》《深化改革加强食品安全工作实施方案》《2020年韶关市食品安全重点工作安排》《稳定全市工业经济增长工作方案》《关于应对疫情支持中小企业渡过难关的若干政策措施》《市卫生健康局关于申请划拨韶关学院医学院（新华南校区）土地和地上附着物的请示》《市教育局关于将原市二高技和粤北技工学校的国有土地及建筑物产权无偿划转并移交给韶关学院医学院的请示》《市教育局关于将原韶关市委党校国有土地和固定资产无偿划转并移交给广东北江中学的请示》《市代建局关于高德路道路工程概算调整的请示》《韶关大道南路面维修工程设计方案及概算》《韶关市市属国有企业大额财政资金管理暂行办法》《韶关市鼓励高质量招商引资项目引荐人暂行办法》《市交通运输局关于安排韶关机场进场道路临时替代线项目费用的请示》《韶关市人民政府关于调整市政府领导班子成员分工的通知》。

市政府第十四届111次常务会议于7月1日召开，会议审议《韶关市“广东技工”工程实施方案》《市档案馆关于划拨韶关市国家综合档案馆、市自然资源局综合档案馆建设用地的请示》《韶关市第三污水处理厂工程PPP项目概算》《2020年韶关市“139”乡镇（镇街）整治提升行动专项奖补资金（第一批）分配方案》《韶关市疫苗安全事件应急预案（试行）》《韶关市2020年重点项目建设工作考核办法》《2020年省级促进经济高质量发展专项资金（促进民营经济及小微企业工业企业上规模发展—中小微企业贷款贴息）安排计划》《2020年第二批中央财政专项扶贫资金（扶贫发展方向）二次分配方案》《2020年农技推广服务驿站建设项目（基层农技推广体系改革与建设补助项目）资金分配表及绩效目标》《参与防疫的城乡社区工作者临时工作补助资金分配意见》《韶关市本级2020年压减部门预算支出工作方案》。

市政府第十四届112次常务会议于7月8日召开，会议审议《韶关市安全生产委员会关于2019年度安全生产责任制及消防工作考核结果的通报》《关于加强乡村振兴重点工作确保如期实现全面小康的实施意见》《韶关市农村集体资金资产资源管理实施细则（试行）》《中国互联网金融协会南方数据中心项目方案》《市教育局关于将韶关市SD0103－01号地块无偿划拨给韶关市教育局的请示》《2020年全市中小学“厕所革命”建设项目资金使用安排》《2020年省级促进经济高质量发展专项资金（促进民营经济及小微企业工业企业上规模发展中小微企业服务券）

使用计划》《广东省2020年度打好污染防治攻坚战专项资金（绿色发展用途）项目资金安排计划》《2020年韶关市市本级政府投资建设项目计划》。

市政府第十四届113次常务会议于7月15日召开，听取关于韶关市2020年上半年行政复议应诉工作情况汇报，研究部署韶关市法治政府建设工作；审议《韶关市安全生产专项整治三年行动实施计划》《韶关市森林防灭火指挥部工作规则》《韶关市森林防灭火工作职责事项划分意见》《关于2019年度全市扶贫开发工作成效考核情况的通报》《韶关市地质灾害防治三年行动方案（2020—2022年）》《韶关市农村物流现代化建设规划》《市交通运输局关于莞韶园甘棠生物医药产业园（基础设施）建设项目高创南路（南段）总投资概算的请示》《韶关市关于实现公交电动化率达80%的工作方案》《韶关市农业转移人口市民化奖励资金管理办法》《韶关市人民政府关于印发广东省城乡居民基本养老保险实施办法贯彻意见的通知》《市教育局关于调整市级教育项目预算经费用于全市“三区”教师全员轮训和市区教育资源整合项目（一期）的请示》《2020年打好污染防治攻坚战省级专项资金分配计划》。

市政府第十四届114次常务会议于7月24日召开，会议审议《市政务数据管理局有关M件》《韶关市质量强市工作领导小组工作制度》《关于盘活第二批政府存量国有资产资源的方案》《甘棠工业园9号路跨南水河大桥及周边道路工程项目总预算》《市自然资源局关于武江区重阳镇三墩寨矿区建筑石料用灰岩矿采矿权设置方案的请示》《市公路事务中心关于要求统筹使用国道G106线曲江转溪至南华段路面改造工程省补资金的请示》《关于确定市区棚改实物安置项目采购价的请示》《2020年省级促进经济高质量发展专项资金（产业创新能力和平台建设）拟安排计划》《支持新冠肺炎防护用品（具）企业实施技术改造扩大生产奖励资金计划安排》《新冠肺炎疫情防控中央补助结算资金分配方案》《2020年中央财政土壤污染防治资金（第二批）项目分配计划（送审稿）》《2020年公共图书馆、文化馆（站）免费开放补助资金分配方案》。

市政府第十四届115次常务会议于7月28日召开，听取《韶关学院关于韶师迁建项目三条路一护坡和带顶棚球场项目建设方案及相关问题的汇报》；审议《市自然资源局关于浈江区升平路113号8栋房屋补缴土地出让金等问题的请示》《中央财政2018年城市公交车成品油价格补助资金（20%涨价补助）安排方案》《韶关市全面推进农房管控风貌提升实施方案》《风度小学（车头小学异地重建）项目总投资概算》《市教育局关于广东北江中学改扩建项目（一期）总建筑面积和总投资概算的请示》。

市政府第十四届116次常务会议于8月16日召开，会议听取市政府办公室关于韶关市争取国务院2020年度督查激励工作情况的报告；听取市教育局关于韶关市未成年人思想道德建设工作情况的汇报；审议《2019年韶关市区面源扬尘整治专项评议考核经费奖励方案》《市本级特殊转移支付资金分配方案》《广东省第八届兰花博览会暨首届中国·韶关兰花交易博览会工作方案》《2020年全域推进农村人居环境整治建设生态宜居美丽乡村市级财政专项资金调整分配方案》《市发改局关于批准南水水库供水工程同槽施工段有关事项的请示》《韶关市全民健康信息综合管理平台建设方案》《市卫生健康局关于尽快启动新区市妇幼保健院建设项目医疗专业设备采购工作的请示》《韶关市2019年财政管理工作绩效评价奖励资金分配方案》《2020年中央财政土壤污染防治资金项目分配计划》《2020年省级财政文化繁荣发展专项资金公共文化服务类项目分配方案》《韶关市交通运输局关于安排芙蓉山片区道路等项目建设资金的请示》《2020年省级交通建设资金分配方案》。

市政府第十四届117次常务会议于8月27日召开，会议审议《韶关港港口建设合作框架协议》《韶关市港口建设工作领导小组办公室关于引进韶关港港口建设合作企业的专题报告》《市级国有资产资源盘活总体工作方案》《韶关市划转部分国有资本充实社保基金工作建议方案》《韶关市市级基本建设类项目支出评审办法（试行）》《韶关市农贸市场管理办法》《市水投集团关于市区污水管网建设与提升项目（首期）调整建设规模及内容和总投资概算的请示》《市代建局关于请求批准启用花拉寨生活垃圾卫生填埋场二期做应急填埋的请示》。

市政府第十四届118次常务会议于8月28日召开，会议审议《市公路事务中心关于解决省道S248线浈江段路肩硬化和路灯安装工程及犁市镇沿武江河段道路提升工程建设费用的请示》《市公安局关于分配2020年中央缉私补助经费的请示》《市交通运输局关于解决灾毁修复抢通资金的请示》《市旅投集团关于将韶关国际会展中心项目用地无偿划拨至市旅投集团名下的请示》《市教育局关于将原曲仁中学资产划转给广东松山职业技术学院办学的请示》《2020年省特殊教育学校建设维护资金分配方案》；听取市教育局关于收回韶关市田家炳中学专项编制及人员情况的汇报。

市政府第十四届119次常务会议于9月4日召开，会议审议《韶关市供销合作联社社有企业改革方案》《应对新型冠状病毒肺炎疫情支持企业复工复产专项资金（工业企业贷款贴息）项目安排计划》《2020年民营经济及中小微企业发展（上市挂牌融资奖补）项目资金安排计划》《2020年韶关市区市容市貌整治提升工作经费安排方案》《韶关市循环经济环保园一期工程（垃圾焚烧发电）项目投资概算》《2020年中央财政城镇保障性安居工程补助资金分配方案》《市自然资源局关于三宗司法裁定国有划拨土地使用权转移事项的请示》《韶关市“十四五”期间年森林采伐限额》《2020年“四好农村路”建设攻坚省补助资金分配计划（非直管县部分）》《中央财政2018年节能与新能源公交车运营补助资金清算安排方案》《2020年交通运输部固定资产投资计划（第三批）资金分配计划》；听取市工信局关于韶关市疫情防控惠企相关政策落实情况的汇报、关于贯彻全省推动工业经济提速增效工作动员电视电话会议精神的情况汇报。

市政府第十四届120次常务会议于9月10日召开，会议审议《市国家综合档案馆、市自然资源综合档案馆项目（一期）总建筑面积和总投资概算》《广东省乐昌市双门寨矿区水泥用石灰岩矿采矿权设置方案》《2020年公共卫生体系建设和重大疫情防控救治体系建设中央补助资金分配方案》《市住建管理局关于调整报送我市2020年中央补助支持城镇老旧小区改造计划任务的请示》《莞韶指挥部关于推进曲江区山子背安置区开发建设的请示》《2020年中央自然灾害救灾资金分配方案》《2020年省级特大三防应急救灾资金分配方案》《市发改局关于南水水库供水工程全面复工有关事宜的请示》《韶关市城区（韶关新区、浈江区、武江区）城镇土地定级与基准地价成果调整情况》《韶关市实施〈广东省消防救援队伍职业保障办法（试行）〉细则》；听取市住建管理局关于市区老旧小区改造工作情况汇报。

市政府第十四届121次常务会议于9月15日召开，会议审议《韶关市新增债券、抗疫特别国债项目和资金调整方案》《2020年双季稻扩面增产提质行动有关资金分配方案》《韶关市2020年工业企业技术改造事后奖补（普惠性）资金拟安排项目计划》《东莞韶关对口帮扶指挥部关于申请第三轮对口帮扶专项资金的请示》。

市政府第十四届122次常务会议于9月22日召开，会议审议《北江白土航道管理站码头项目用地置换方案》《韶关市2020年中央水库移民扶持基金（第二批）分配方案》《韶关市关于进一步支持餐饮、住宿、文化、旅游和娱乐业若干措施》。

市政府第十四届123次常务会议于9月29日召开，会议审议《市公路事务中心关于解决南华大道建设项目缺口资金的请示》《韶关黄金村公交客运站（原韶关东郊客运站枢纽中心站）项目涉及优化方案》《韶关市人民政府武汉理工大学战略合作协议》《2020年残疾人事业发展补助资金分配方案》《2020年中央财政农田建设补助资金（第二批）分配方案》《2020年中央财政农村“厕所革命”奖补资金分配方案》；听取市住建管理局关于韶关市2018年保障性安居工程资金投入和使用绩效的审计整改情况报告，市交警支队关于韶关市加强和改进、盘活城市停车管理工作的情况汇报；专题研究和分析《2020年广东省营商环境试评价工作情况的报告》。

市政府第十四届124次常务会议于10月11日召开，会议审议《韶关市人民政府中国科学院稀土研究院战略合作框架协议》《韶关市人民政府广州市中科华南智慧农业创新研究院战略合作框架协议》《韶关市县级人民政府耕地保护责任目标考核办法》《韶关市县级人民政府耕地保护责任目标考核评分细则》《市自然资源局关于请求移交太傅庙停车场对面建筑物管理权的请示》《韶关市人民政府国家农业信息化工程技术研究中心共建数字农业农村合作框架协议》；听取市国资委关于韶关市工业资产经营有限公司按股比为韶铸集团贷款提供担保的情况报告。

市政府第十四届125次常务会议于10月28日召开，会议审议《广州深圳17宗外地房产拍卖处置方案》《市公路事务中心关于解决省道S244线始兴周所至翁源坝仔（始兴段）路面改造工程建设资金的请示》《武江区政府关于无偿划拨江湾镇中心幼儿园项目建设用地事项的请示》《市发改局关于南水水库供水工程相关合同的请示》《市教育局关于申请市直公办普通高中教师2019年度超工作量核增绩效工资和2019—2020学年度市直学校班主任工作绩效经费的请示》《2020年中央财政动物防疫等补助经费（第二批）分配使用方案》《2020年渔业成品油价格改革补助资金分配方案及绩效目标》。

市政府第十四届126次常务会议于11月6日召开，会议审议《韶关市人民政府广东寻锂新能源有限公司动力电池梯次利用项目合作框架协议书》《韶关市2021年省级促进经济高质量发展专项企业技术改造（第一批）资金（特别抗疫国债）安排计划》《韶关新区管委会关于批准莞韶城一期控制性详细规划局部调整暨莞韶产业转移工业园沐溪片区MX0203－18号地块规划条件优化的请示》。

市政府第十四届127次常务会议于11月17日召开，会议审议《韶关市人民政府关于对南岭国家公园总体规划（2021—2030年）修改意见的复函》《广东粤北南岭山区山水林田湖草生态保护修复试点工程项目验收管理办法》《韶关市人民政府与宝武集团中南钢铁战略合作框架协议》《韶关华南先进装备产业园首期控制性详细规划（评估与修编）》《韶关华南先进装备产业园二期控制性详细规划》《市金融局关于恳请落实市级财政专户资金转出开户银行定期存款的请示》《2020年非畜牧大县畜禽规模养殖场粪污治理项目资金分配方案》《2020年中央财政农村综合改革转移支付资金分配方案及绩效目标》《2020年省级一般债券乡村振兴（农村人居环境整治）资金分配方案及绩效目标》《2020年中央财政医疗服务和保障能力提升（卫生健康人才培养、公立医院综合改革）项目资金分配表》《2020年中央财政补助重大传染病防控项目资金分配表》《韶关市市级预算执行监督管理办法》《韶关市市级财政预算安排“三挂钩”试行办法》《韶关市新增债券资金用途调整方案》《2020年全年批（第四批）新增政府债券额度分配及项目安排情况》；传达学习《广东省人民政府办公厅关于明确广东国家公园建设工作领导小组有关事项的通知》，听取韶关市配合创建广东南岭国家公园有关工作情况汇报，市政府督查室关于对韶关市2020年未开工专项债项目专项督查的情况报告。

市政府第十四届128次常务会议于11月19日召开，会议审议《关于促进韶关市大数据产业创新发展的试行办法》《市代建局关于固化市第一人民医院迁建项目主体结构预算及相关事宜的请示》《韶关市人民政府武汉理工大学共建广东省内河港航发展研究院及武汉理工大学韶关研究院协议》《广东韶新高速公路有限公司办理增值税退税后调整出资方案》《2020年交通运输部第一批公路灾损抢修保通资金分配计划(非直管县部分)》《韶关市农村饮用水源保护条例(草案)》《2020年省级转移支付有关资金分配方案》《2020年中央水利发展资金(第四批)分配方案》《中央农业生产和水利救灾资金(第五批)分配方案》《小型水库安全治理省级补助资金分配方案》;传达学习《中共广东省委办公厅 广东省人民政府办公厅印发〈关于促进民营经济高质量发展的若干政策措施〉的通知》精神;听取市公安局关于韶关市打击治理电信网络诈骗犯罪工作情况的汇报。

市政府第十四届129次常务会议于11月27日召开,会议审议《关于韶关市农村乱占耕地建房问题整治摸底阶段工作情况及分类处置建议的报告》《韶关市政府 共青团广东省委员会广东省青年农业创业示范区(试点)建设框架协议》《韶关市人民政府 广东省农村信用社联合社战略合作框架协议》《韶关市人民政府 中国农业银行广东省分行金融服务乡村振兴战略合作协议》《韶关市人民政府 中国建设银行股份有限公司广东省分行金融战略合作协议》《韶关市人民政府 梅州市人民政府 清远市人民政府 河源市人民政府 云浮市人民政府 广东省北部生态发展区现代农业高质量发展合作框架协议》《韶关市人民政府 广东省农业农村厅共建休闲农业与乡村旅游示范市合作协议》《韶关市人民政府 广东省农业科学院关于韶关种植业科技支撑合作框架协议》《韶关市人民政府 华南农业大学科技兴农框架协议》《韶关市人民政府 南方报业传媒集团韶关兰花走向世界战略合作协议》《新港改造提升工程、白土港一期工程土地出让意见》《韶关市户籍管理规定》《市人社局关于下达"以工代训"补贴资金的请示》《中央财政工业企业结构调整专项奖补资金分配方案》。

市政府第十四届130次常务会议于12月2日召开,会议审议《韶关市区市容市貌整治提升工作方案(2020—2022年)》《韶关市区市容市貌整治提升项目资金奖补办法》《2020年城镇老旧小区改造省级补助资金分配方案》《韶关市公安监管中心项目总投资概算》《市公安局关于增加警务辅助人员的请示》《市公安局关于申请追加基本保障经费的请示》《关于进一步加强塑料污染治理的实施方案》《市台港澳事务局关于黎子流等9人为韶关市荣誉市民候选人的请示》《棚户区改造田螺冲安置区商业街资产盘活方案》《莞韶产业转移工业园沐溪—阳山片区控制性详细规划调整局部优化暨MX0104与MX0105-01号地块间规划道路优化方案》《韶关市加快推进教育现代化工作落实方案(2020—2022年)》《2020年中央追加资金分配方案》《韶关学院关于申请改善学生住宿条件改新建宿舍专项资金的请示》《市公路事务中心关于解决国道G323线始兴东湖坪至中古坑段等建设项目缺口资金的请示》《韶关市促进上市公司规范发展协作机制》《新增债券和特别国债资金用途调整的报告》。

市政府第十四届131次常务会议于12月9日召开,会议审议《关于培育发展战略性支柱产业和战略性新兴产业集群的实施方案(2020—2025年)》《韶关市第一中学校舍建设设计方案和总投资估算》《市医疗保障局 市财政局关于调整增加2020年医保基金预算的请示》《韶关市突发火灾事故应急救援预案》《市自然资源局关于南方技师学院新校区用地有关问题的请示》《韶关市民宿管理暂行办法》《2020年省财政补齐人均公共文化财政支出短板奖补资金(第二批)分配方案》。

市政府第十四届132次常务会议于12月18日召开,会议审议《2020年韶关市救灾复产补助资金分配方案》《韶关市关于综合施策解决违法违规占用耕地和历史遗留问题推动土地管理工作健康发展的实施方案》《市自然资源局关于城市基础设施配套费征收标准有关事项的请示》《市自然资源局关于安排增加土地储备年度财政预算资金的请示》《韶关市关于深化消防执法改革的实施意见》《韶关市"数字政府"政务云管理办法(试行)》《武江区政府关于无偿划拨MX0514-01A号地块用于建设韶关新区幼儿园的请示》《韶关市南水水库水质保护条例》《市住建管理局关于解决市城市照明管理中心2020年项目经费紧缺问题的请示》《2020年中央财政水污染防治资金(第二批)项目分配计划》《2020年中央财政大气污染防治资金(第二批)项目分配计划》《2020年预算调整方案的报告》《关于明确预算资金审批范围和程序的通知》;专题学习《民法典》;听取韶关市近期安全生产、尘肺病防治工作情况汇报。

市政府第十四届133次常务会议于12月30日召开,会议审议《韶关市碧道建设总体规划(2020—2035年)》《关于加快推进质量强市建设的实施方案》《关于乡镇(街道)综合行政执法的公告》《韶关市乡镇(街道)人民政府权责清单指导目录》《〈韶关市东环线沿线地区控制性详细规划〉〈芙蓉新城控制性详细规划〉〈韶关市芙蓉北路沿线地区控制性详细规划〉〈上绕路周边地区控制性详细规划〉局部调整事宜》《市委党校关于划拨韶关市委党校迁建项目用地的请示》《市住建管理局关于划拨韶关张九龄公园项目建设用地的请示》《市交通运输局关于划拨孟洲坝二线船闸工程建设用地的请示》《市公路事务中心关于统筹使用国道G323线乳源上围至沙坪(阳山交界)段上级补助资金的请示》《市城投集团关于韶关综合客运枢纽项目功能定位调整的请示》《韶关市人民政府与中国科学院华南植物园合作协议书》《韶关市人民政府 松山湖材料实验室战略合作协议》《韶关市加快培育高新技术企业扶持办法》《韶关市推动企业建立研发机构扶持办法》《2020年第二批中央缉私经费分配方案》《2020年中央财政农业生产发展资金(第七批)分配方案》《市财政局关于安排2020年市本级政府债券还本付息资金的请示》。

【市政府工作会议】 2020年，市政府召开工作会议344次。

1月，会议研究华南装备园二期规划编制及黄沙坪村整村搬迁工作有关问题，研究原第三运输公司及周边地块（启明北片区）“三旧”改造项目处置工作，研究口岸综合大楼改建社区卫生服务中心有关问题，研究韶关新区城市项目建设，研究黄沙坪村整村搬迁工作有关问题，研究加快推进大数据产业项目建设有关问题，推进韶关新区金融集聚区建设有关问题，促进投资增长专题工作，召开韶关机场军民合用工程指挥部会议，研究城市智能指挥调度中心无人机业务场景应用有关问题，研究全市工业经济发展有关问题，研究分管部门2020年重点工作有关问题，研究市第一污水处理厂出水水质提标改造项目有关问题，全市2018年度保障性安居工程审计发现问题整改工作推进会，研究浈江区、武江区2018—2019年城市提升项目资金有关问题，研究省际通道入口疫情防控有关问题，支持乳源东阳光公司加快发展。

2月，会议研究疫情防控物资保障工作有关问题，研究韶关市企业复工筹备工作有关问题，研究政府投资项目前期工作有关问题，研究分管部门新型冠状病毒肺炎防控工作，研究原市农业局大院拆迁户房产证办理有关问题，研究房地产项目地下车位（库）不动产登记工作，研究新型冠状病毒肺炎对经济增长影响有关问题，研究部署分管部门疫情防控和经济平稳运行，研究韶新高速公路翁城镇部分路段占用部队特殊用地有关问题，研究大数据支撑疫情防控工作有关问题，研究整合我市物流企业信息助力工业企业复工复产工作有关问题，研究大学路道路改造提升工程项目建设有关问题，研究韶州体育公园项目建设及周边高压线迁改工作，研究部署2020年固定资产投资、专项债券项目等工作，近期全市春运疫情防控工作，研究部署2020年市重点项目有关工作，协调推进南方（韶关）智能网联新能源汽车试验检测中心项目建设工作，与宝武集团韶关钢铁有限公司工作对接联席会议，研究中小学生研学实践营地建设有关问题，研究一季度全市经济形势有关问题，全市工程项目复工工作电视电话会议。

3月，会议加快推进韶关市中医院十里亭分院项目建设，研究百年东街（东堤路）提升工作，研究解决韶关烟叶复烤有限公司在整合过程中相关问题，研究全市交通重点建设项目推进工作，全市政银企座谈会，研究市区预拌商品混凝土搅拌站选址及供地方式有关问题，研究南水水库供水工程、补短板项目谋划等有关工作，百年东街（东堤路）道路提升改造工作现场会，研究中国联通南方九省智慧客服中心项目选址及全面合作协议有关问题，市区大货车通行秩序管理工作，研究华南装备园扩园规划及韶钢片区物流园规划选址有关问题，研究国家综合档案馆、市自然资源综合档案馆项目投资估算调整工作，研究推动华韶数据谷项目建设有关问题，研究解决韶关市第一中学建筑物产权证明补办工作有关问题，研究乡村农房管控、风貌提升及宅基地管理工作有关问题，研究市属国有企业经营决策与经营管理审计整改工作有关问题，研究青云山药业公司产业发展有关问题。

4月，会议全市稳外贸工作视频会议，研究分管领域经济运行有关问题，研究韶关市口罩生产销售出口等有关问题，研究全市山水林田湖草生态保护修复试点工程工作，研究加快推进新型基础设施建设工作有关问题，研究分管部门经济运行、省级专项资金争取等有关工作，研究国家健康医疗大数据应用示范（粤港澳）中心与产业园建设试点市申报工作有关问题，农林科所地块征拆交地工作现场会，研究学习广东省5G基站和数据中心总体布局规划，研究西联考场租金有关问题，研究解决韶关学院有关困难和问题，研究解决市区河道清淤疏浚工程施工船舶通过孟洲坝发电厂有关问题，2020年第二季度全市金融形势分析会，研究加快推进韶关市5G网络基础设施建设和大数据产业发展有关问题，市区环卫市场化工作联席会议，研究韶关新区高压电力线路迁改有关问题，研究创新驱动发展“八大举措”监测评估指标有关问题，研究加快推进阅丹公路通信基站建设有关问题，研究自然保护地整合优化和南岭国家公园创建工作，研究百旺隧道、西联隧道、韶赣高速顶峰山隧道整治问题，研究韶州大道（曲江段）标高有关问题，研究协调韶关市农村商业银行筹备开业有关问题，加快推进全市审计整改工作有关问题，研究全市产业园区闲置土地处置和标准厂房建设工作，研究受新冠肺炎疫情影响返还企业失业保险费有关事项。

5月，会议研究部署曲江区、乳源瑶族自治县、新丰县、翁源县、始兴县、乐昌市、武江区、南雄市、浈江区、韶关新区固定资产投资、重点项目建设及地方政府专项债券申报有关工作，研究浈江区启明北育红巷社区项目（原第三运输公司及周边地块“三旧”改造项目）有关问题，莞韶对口帮扶“十组团”座谈会，研究贯彻落实省《关于促进生物医药创新发展若干政策措施》有关工作，研究市区河道清淤疏浚施工船舶通过孟洲坝水利枢纽有关问题，研究“空天地”一体化高频遥感监测服务体系项目推进工作，研究武江大道南道路标高问题，推进韶关市公安监管中心及配套市政工程项目建设有关问题，研究韶关义乌国际小商品商贸城和盛世华庭房地产项目有关问题，2020年度第一次土地利用年度计划管理工作，研究东莞穗丰粮食集团项目选址有关问题，研究全市综合应急救援体系建设及强降雨期间防汛工作有关问题，研究全国“两会”及“龙舟水”期间全市三防重点工作有关问题，研究韶关市新冠病毒核酸检测项目收费标准有关问题，研究东莞市对口帮扶韶关市民族地区工作推进有关问题，研究全市地质灾害点安全防护及建筑工地安全生产工作，贯彻落实市委书记专题会议和全市固定资产投资及重点建设项目推进工作会议精神，南郊水果批发市场、蔬菜批发市场关闭疏解有关问题工作协调会，研究当前全市建筑领域安全生产有关问题，研究市区河道清淤有关问题。

6月，会议研究全市白蚁防治工作，研究市城投集团有关地块置换问题，研究宥韶高速乐村坪出口至百旺隧道路段道路及环境提升有关问题，研究韶州大道（韶关新区段与曲江段）与武江大道南景观优化方案，研究部署申报省“十四五”规划纲要重大项目及发改重点工作有关问题，研究市区棚户区改造安置房利用工作，研究大学路改造提升工程新增路面提升工程及韶关大道南路面维修工程，研究浈江大道、武江大道、曲江大道沿线房屋外立面整治提升工作，研究部署全市稳投资促项目有关工作，全市1—5月经济运行情况分析，研究韶关港建设有关问题，研究韶关市正星车轮有限公司生产经营有关问题，研究废钢企业落户韶关产业园有关问题，研究“十大樟树王”后续宣传推介工作，研究韶关丹霞机场项目建设有关问题，研究部署乐昌市、曲江区、浈江区、武江区、始兴县、韶关新区、新丰县、乳源瑶族自治县固定资产投资、重点项目建设、山水林田湖草生态修复工程及涉农资金统筹整合工作，研究韶关新区110千伏芙孟高压线（丹霞大道韶州中学段）迁改有关问题，市第一人民医院迁建项目后续工作移交市代建局负责有关事项，研究华南数谷（一期）建设项目等有关问题，巡查督导市区道路整治提升工作，研究部署全市金融工作。

7月，会议研究部署全市粮食、物资储备和粮食安全责任落实有关工作，研究武深高速始兴联络线项目建设有关问题，研判上半年全市经济形势相关事宜，研究市区手机信号盲点区域整治工作有关问题，加快推进全市碧道建设有关工作，研究龙洲岛项目有关问题，研究市丹霞山旅游投资经营有限公司7台观光车入户有关问题，研究上半年全市应急管理及消防工作有关问题，研究韶钢公司“三供一业”分离移交工作有关问题，研究韶关高新区人民医院（西联镇卫生院）规划建设工作，研究韶关新区有关建设项目，研究花拉寨生活垃圾卫生填埋场二期工程项目PPP合同问题，研究高速公路“133”工程项目建设有关问题，对接时代中易换电项目和梯次电池工业园区项目，研究市区风采桥头交通组织优化有关问题，研究朝阳路、林桥公园等项目日常管理及移交管养工作。

8月，会议研究市政府与广东联通全面合作项目推进工作有关问题，调研督导大学路道路改造提升工程及移交管养工作，研究原浈江区曲仁中学土地和建筑物有偿划转给广东松山职业技术学院有关问题，研究市场监管近期重点工作，研究“十三五”迎国评路况提升整治等有关工作，研究南华大道项目用地报批有关问题，研究铜鼓大道和南岭干部学院周边环境提升管理工作，研判2020年1—7月全市经济运行相关事宜，研究市区北江中路楼宇景观亮化工作，研究民爆企业、建筑行业等领域生产安全及防汛防旱有关问题，研究全市产业园区规划修编、产业发展规划编制、低效用地处置工作有关问题，研究韶关学院片区消防隐患排查化解工作有关问题，研究广晟公司驻韶国有工矿企业棚户区改造安置工作，研究韶关科艺创意工业有限公司返还受影响企业失业保险费有关情况，推进全市天然气基础设施建设规范市场管理降低企业居民用气成本价格，广东省药品监督管理局、韶关市人民政府关于促进生物医药创新发展联席会议，研究市消防救援支队备勤楼和西联特勤站电力通信架空线路落地改造工作，研究仁化县创建国家全域旅游示范区有关工作，研究韶关国际会展中心项目和花拉寨生活垃圾卫生填埋场安全隐患应急处置工作。

9月，会议研究市区棚改安置房盘活利用工作，深刻吸取山西省临汾市襄汾县“8·29”重大坍塌事故教训部署韶关市安全生产工作，研究曲江区马坝镇山子背安置区项目建设有关问题，研究中金岭南韶关有色金属新型功能材料绿色制造基地建设有关问题，韶关市人民政府与广州港集团有限公司关于韶关港港口规划建设合作有关事宜，研究加快推进全市“十三五”迎国评有关工作，研究韶关港乌石综合交通枢纽一期和白土作业区一期项目建设有关问题，研究500千伏犁市（韶关北）输变电工程建设等有关问题，研究市代建局在建项目有关问题，市长王瑞军调研市发改局相关工作，研究挂点联系地方政府新增债券项目有关问题，研究营顶至邓屋公路和曲江区Y242线新村至乐村坪项目建设有关问题，研究韶关市工业经济发展有关问题，韶关张九龄纪念公园建设百日攻坚工作推进会，市长王瑞军赴市自然资源局调研相关工作，研究加快推进全市国省道建设有关工作，研究龙洲岛项目河湖“四乱”问题整治有关工作，市长王瑞军调研市金融部门相关工作，市长王瑞军调研市人社局相关工作，研究北江航道扩能升级上延工程有关问题，研究商贸领域重点项目选址等有关工作，研究广东中易新能源有限公司梯次电池交易中心项目建设有关问题，市长王瑞军调研市市场监管局、市商务局、市审计局、市税务局、市财政局相关工作，市政府与深圳市中金岭南有色金属股份公司座谈会。

10月，会议约谈第三污水处理厂PPP项目有关责任单位，研究全市生态保护红线内矛盾冲突情况有关问题，研究芙蓉山道路周边环境整治及芙蓉山公园山门建设，研究涉广东南岭国家公园项目政府专项债申报和省下达南岭国家公园创建启动资金支出使用工作，研究加快韶关市住建系统转移支付资金支出进度工作，研究市区违规自建LNG气化站处理事宜，研究广东韶关健康职业学院建设项目（原韶关学院医学院迁建项目）有关问题，研究韶关市产业集群发展有关问题。

11月，会议研究华南教育历史坪石研学基地项目推进有关问题，研究2020年省食品安全工作评议考核有关问题，调研韶关市秋冬季新冠肺炎疫情防控工作，研究部署全市推进高水平医院建设工作，研究京粤（韶关）跨区域产业协作对接工作有关问题，研究挂点联系重点建设项目有关问题，加快推进粤北二院传染病综合大楼项目有关问题，研究韶关站周边交通组织优化、韶关综合客运枢纽项目一期改造及二期设计方案优化工作，研究韶州大道、南华大道等项目建设有关问题，研究中国联通智慧客服南方中心二期项目建设有关问题，民营经济工作领导小组会议。

12月，会议研究北江河道开闸放水有关工作，研究芙蓉山公园管理提升工作，研究落实市委主要领导巡河部署工作，研究全市工业经济运行及工业园区发展有关问题，韶关市与省气象局座谈气象防灾减灾第一道防线先行示范市建设等有关问题，研究北江河道蓄水有关工作，地质灾害综合治理工作督导协调会议，研究北江桥至百旺桥两岸楼宇亮化工作。

（陈晓坚）

重要施政

【统筹疫情防控和经济社会发展】 2020年，韶关市人民政府出台《关于应对新型冠状病毒肺炎疫情支持企业复工复产的若干政策意见》，落实党中央、国务院和省委、省政府关于疫情防控的决策部署，从加大金融支持、做好税务保障、增加财政补贴、降低用工成本、便利政务服务等五方面实施19条具体措施，支持受疫情影响、生产经营遇到困难的企业复工复产。韶关市人民政府办公室出台《关于印发应对疫情影响加大对个体工商户支持措施实施方案的通知》，明确要降低经营成本、加大资金纾困力度、实施包容审慎监管、加强服务保障，帮助韶关市个体工商户应对疫情影响，复工复产。韶关市人民政府出台《关于印发韶关市关于进一步支持餐饮住宿、旅游娱乐及相关生活服务业若干措施的通知》，明确要降低经营租金成本、降低水电气成本、降低用工成本、降低税费负担、开展金融促消费活动、开展旅游促消费活动、开展优化环境促消费活动、优化政务服务，加大支持受疫情影响较大的餐饮住宿、旅游娱乐及相关生活服务业的解困发展。韶关市人民政府出台《关于调整扩大市区活禽经营限制区的通告》，市政府决定进一步扩大市区活禽经营限制区范围，自2020年11月1日起，在原市区活禽经营限制区范围的基础上，将韶关新区全域、浈江区莲花大道两侧和黄金村片区及曲江区建成区纳入韶关市活禽禁售区。韶关市人民政府办公室出台《关于印发韶关市消费券发放总体工作方案的通知》，发放惠民消费券、汽车消费券、线上平台消费券、重点移动支付便民消费券，激活商贸流通。韶关市人民政府办公室出台《关于对应对新冠肺炎疫情支持复市复业先进单位予以表扬的通报》，对应对新冠肺炎疫情支持复市复业先进单位予以通报表扬。

【政府职能转变和自身建设】 2020年，韶关市人民政府出台《关于调整实施一批市级权责清单事项的通知》，调整435项市级权责清单事项，其中取消事项60项、承接省重心下移事项50项、新增事项23项、承接省委托事项302项，规范办事行为，优化办事程序和流程，缩短办理时限，为企业和群众提供服务，接受群众监督。出台《关于开展市级和县（市、区）市场监管综合执法工作的公告》，明确依法整合市级和县（市、区）市场监管、商务和粮食流通领域行政执法职能，市级和县（市、区）商务和粮食流通领域的行政处罚权及与行政处罚相关的行政检查权、行政强制措施权由同级市场监管综合执法机构在其管辖区域内，以市场监管部门名义集中行使；市级和县（市、区）市场监管部门应当根据省政务服务事项目录管理系统记载的行政检查、行政处罚、行政强制等行政执法类权力事项，梳理、明确本单位权力清单并向社会公布。出台《关于印发韶关市人民政府法律顾问工作规则的通知》，明确各级人民政府及其工作部门应当建立政府法律顾问制度，完善政府法律顾问工作机制，推行法律顾问制度，加强和规范法律顾问工作。印发《韶关市2020年政务公开工作要点分工方案的通知》，明确要围绕贯彻落实中共十九届四中全会精神加强用权公开，围绕"六稳""六保"加强政策解读，围绕优化营商环境加强政务信息公开，围绕突发事件应对加强公共卫生信息公开，围绕落实新修订的政府信息公开条例加强制度执行，强化做好政务公开工作的各项保障措施。

【推进经济高质量发展】 2020年，韶关市人民政府出台《韶关市专精特新中小企业认定办法（试行）》，重点遴选制造业和信创产业中的中小企业，优先遴选战略性新兴产业、核心基础零部件（元器件）、关键基础材料、先进基础工业、产业技术基础，以及基础软件等领域的中小企业，在融资服务、技术服务、创新驱动、转型升级、专题培训等方面进行重点扶持。出台《韶关市鼓励高质量招商引资项目引荐人暂行办法》，遵循"谁引进、谁申报、谁受奖"和公开公正原则，对引荐人给予奖励，鼓励引荐更多优质企业投资韶关。出台《韶关市市级企业技术中心认定实施细则（试行）》，加快建立以企业为主体、市场为导向、产学研相结合的技术创新体系，引导和支持创新要素向企业集聚，鼓励和支持有条件的企业、企业集团和行业龙头企业建立企业技术中心。出台《韶关市市级工业设计中心认定办法（试行）》，明确认定范围、申报条件、认定程序、动态管理等事宜，培育壮大韶关市工业设计中心的规模，增强企业设计创新能力。

【推进乡村振兴】 2020年，韶关市人民政府出台《韶关市农村宅基地审批管理工作指引》，明确严格执行"一户一宅"原则，农村村民住宅用地由乡镇人民政府审核批准，建立健全部省指导、市县主导、乡镇主责、村级主体的宅基地管理机制，加强农村宅基地管理。出台《韶关市级示范家庭农场认定管理办法》，明确示范性家庭农场应符合"四有五化三效益"要求，即建设时"有规模、有标牌、有场所、有配套"，经营中实施"生产订单化、管理科学化、营销网络化、技术标准化、产品品牌化"，最终实现"经济效益、社会效益、生态效益"三同步，引导家庭农场健康发展，培育示范典型。出台《韶关市农贸市场管理办法》，自2020年11月15日起施行，有效期五年，明确农贸市场建设管理工作实行统一领导、属地管理、分级负责、分工合作原则，加强监督管理，规范农贸市场秩序，保护经营者和消费者合法权益。

【加强生态文明建设】 2020年，韶关市人民政府出台《韶关市人民政府关于印发部分县（市）新增乡镇及以下集中式饮用水水源保护区划定方案的通知》，印发南雄市、仁化县、翁源县7个乡镇集中式饮用水水源保护区划定方案，要求各有关县（市）政府抓紧开展饮用水水源保护区界标、警示标志等规范化建设，落实各项水质保障措施，加快清理整治水源保护区违法违规项目，加快推进各项饮用水源保护工程建设。出台《韶关市环境违法行为举报奖励实施办法（试行）》，明确任何单位和个人都有权对本市范围内的环境违法行为进行举报，对符合本办法规定范围和条件的举报，生态环境部门可以给予奖励，鼓励公众参与环境监督管理，查处环境违法行为。出台《韶关市人民政府办公室关于印发韶关市环境影响评价制度改革措施的通知》，明确强化建设单位生态环境保护主体责任，实施建设项目环评分类管理，加强事中事后监管，提升环评管理水平。

【增进民生福祉】 2020年，韶关市人民政府出台《韶关市社会保障卡管理办法》，规范社会保障卡的制作、发行、运行、清算、管理，方便参保人办理个人社会保障事务，维护持卡人合法权益，推动韶关市社会保障卡事务信息化管理。出台《韶关市困难群众医疗救助实施办法》，明确对救助对象参加基本医疗保险给予资助，保障其获得基本医疗保险服务；对救助对象在扣除各种医疗政策性补偿、补助、减免及社会指定医疗捐赠后，仍难以负担的符合规定的医疗费用，给予适当比例补助，帮助困难群众获得基本医疗服务。出台《韶关市户籍管理规定》，深化户籍制度改革，规范户籍管理，保障公民合法权益，推进新型城镇化建设，促进本市人口与经济社会协调发展。出台《韶关市人民政府关于实施健康韶关行动的意见》，深入实施健康中国战略，推进健康韶关行动，实施健康知识普及行动、合理膳食行动、全民健身行动、控烟行动、心理健康促进行动、健康环境促进行动、妇幼健康促进行动、中小学健康促进行动、职业健康保护行动、老年健康促进行动、心脑血管疾病防治行动、癌症防治行动、慢性呼吸系统疾病防治行动、糖尿病防治行动、传染病及地方病防控行动、北部生态发展区医疗高地行动、中医药健康促进行动、智慧健康行动。出台《韶关市人民政府关于印发韶关市进一步稳定和促进就业若干政策措施的通知》，支持企业稳定岗位、开发更多就业岗位，促进劳动者多渠道就业，鼓励创业带动就业，稳定高校毕业生等重点群体就业，提升劳动者技术技能水平，加大困难人员托底帮扶力度，强化就业服务供给，加强就业失业监测研判，强化稳就业工作保障，促进各类群体就业。出台《韶关市人民政府关于公布韶关市第七批文物保护单位的通知》，公布韶关市第七批文物保护单位（共计20处），要求各地、各部门贯彻落实"保护为主、抢救第一、合理利用、加强管理"工作方针，做好文物的保护、利用和管理工作。出台《韶关市人民政府关于批准并公布韶关市第六批市级非物质文化遗产代表性项目代表性传承人的通知》，批准"曲江柴烧陶艺"（传统技艺）代表性传承人龙志雄等15人为韶关市第六批市级非物质文化遗产代表性项目代表性传承人，并予以公布。

【推进市域社会治理现代化】 2020年，韶关市人民政府出台《韶关市消防安全违法行为举报奖励办法（试行）》，明确任何单位或个人可通过来电、来信、微信等形式举报火灾隐患，举报人对韶关市行政区域内存在消防安全违法行为进行举报的，按照本办法有关规定给予奖励，预防和减少火灾事故。出台《韶关市人民政府关于2020年度韶关市消防安全重点单位的通告》，调整确定2020年度韶关市消防安全重点单位560家，促进各重点单位做好消防安全管理工作。出台《韶关市人民政府关于公布2020年韶关市市区气象灾害防御重点单位的通知》，明确将韶关市水务集团投资有限公司等43家单位纳入韶关市市区气象灾害防御重点单位。出台《韶关市授予荣誉市民称号实施办法》，适用于对华侨、外籍华人、台港澳同胞、外籍人士和其他市外人士为本市作出突出贡献的认定，明确荣誉市民称号授予和取消程序及荣誉市民在韶关市可享受的礼遇等。出台《韶关市物业服务收费管理实施细则》，加强物业服务收费管理，规范物业服务收费行为，保障业主（物业使用人）和物业服务企业的合法权益。出台《韶关市人民政府办公室印发关于加快推进社会信用体系建设构建以信用为基础的新型监管机制实施方案的通知》，以加强信用监管为着力点，创新监管理念、监管制度和监管方式，全面记录市场主体信用行为并依法向社会公开，建立健全贯穿市场主体全生命周期，衔接事前、事中、事后全监管环节的新型监管机制，提升监管能力和水平，改善城市信用状况，规范市场秩序，优化营商环境。

（陈晓坚）

服务型政府建设

【概况】 2020年，市级政务服务大厅办理各类业务31.17万件，比上年增长1.12%；"12345"政府服务热线业务总量43.12万件，比上年增长117.8%，群众满意率99.54%；市政府门户网站发布信息6675条。市行政服务中心获得"2018—2020年度广东省文明单位""韶关市抗击新冠肺炎疫情先进集体"称号，市"12345"政府服务热线平台获得"韶关市三八红旗集体"称号。

【服务事项无差别办理】 2020年，韶关市群众在镇村可办事项545项，涉及公安、人社、民政、残联、社保等领域。市行政服务中心组织市直部门以广东省统筹材料清单为基础，对县级政务服务事项的材料清单、材料形式、材料份数、承诺时限和办理流程等要素进行梳理、审核、确认，分类分批推进实施事项标准，实现1275项事项标准的全市统一，全市10830项事项无差别办理，取消下线230项事项。在第一批、第二批镇村事项工作经验的基础上，依托省政务服务事项管理系统，结合业务和办事实际，采取市直部门统筹、试点先行、全面推广的工作方法，在全市推广实施第三批镇级事项，涉及公安户政类业务78项。11月，依托省政务服务事项目录管理系统，对现行镇村事项再次进行动态调整，汇总形成全市镇村事项目录（镇级434项，村级111项）并印发到各县（市、区）。

【工程建设项目“一窗通办”】 2020年，韶关市实现工程建设快速落实地。市行政服务中心完成市级工建事项标准工作，将涉及工程建设项目审批的18个部门95个事项线上纳入工建系统审批运行，线下纳入综合窗口实行“一窗通办”，推行阶段并联审批、一张表单、一套材料，一次申请，减少互为前置，涉及部门同步审批，压缩审批时限，将政府投资项目审批时间控制在45个工作日，社会投资项目审批控制在42个工作日。市级政务服务大厅工程建设综合窗口受理审批业务1777件，涉及项目917个。

【一件事一次办改革】 2020年，韶关市完成1190个联办事项的认领和发布实施工作。市行政服务中心梳理出第一批在省联办功能认领的主题目录清单51个，第二批目录清单39个，第三批目录清单10个，分别在6月12日、9月16日、12月3日通过印发通知要求各级政务服务数据管理部门组织牵头单位，通过省事项目录管理系统在省联办事项目录中进行认领，完成联办事项要素录入、配置和发布实施等工作。

【政策兑现便利化】 2020年，市行政服务中心以扶持政策标准化推动政策兑现便利化。2月，围绕韶关市出台的疫情防控复工复产“惠企19条”，梳理为政策兑现事项16项，帮助企业了解税费减免、房租“一免两减半”等政策，助力企业复工复产。实施政策兑现“线上+线下”一窗办理模式，统一扶持政策线上线下申办入口，拓宽扶持政策办理渠道，列出服务事项115项，包括企业扶持类政策、高素质人才奖补政策、税费减免、企业社保减免、中小企业房租“一免两减半”、商事登记优化等，年内办理业务378件。

【“12345”政府服务热线】 2020年2月5日起，“12345”政府服务热线被指定为韶关市疫情统一服务专线，实行7×24小时服务。“12345”政府服务热线建立疫情防控专项知识库，采集1000多条知识点，为热线人员直接解答群众咨询事项提供重要支撑，受理疫情类诉求2.3万件，编制67期疫情专报上报韶关市疫情防控指挥部办公室，形成《关于韶关市12345政府服务热线2020年1—2月韶关市新冠肺炎疫情防控有关情况数据分析的报告》上报给市委、市政府，助力韶关市打赢疫情防控阻击战。在广东省市场监督管理局对各地市“12345”投诉举报平台数据质量2020年前三季度评判中，韶关市均获得满分100分。11月16日，市委常委、常务副市长华旭初上线“12345”政府服务热线，接听群众诉求。

【政府门户网站运行维护】 2020年，市行政服务中心在韶关市政府门户网站内增加统筹推进疫情防控和经济社会发展、致敬·2020清明祭英烈、2020年“两会”、广东乡村微视频大赛优秀作品展播、网络安全宣传周等专题专栏，制定《韶关市政府门户网站信息发布及信息修正审批制度》，规范市政府网站信息发布工作，保障市政府网站内容安全。市政府门户网站采编发布信息6675条。

【政务公开】 2020年，韶关市市政府门户网站主动公开信息35121条，其中市政府门户网站新冠疫情防控专栏发布疫情信息1282条，专题上线企业复工复产扶持政策事项 16项并办理业务200多项。《韶关市人民政府公报》刊载政府信息97条，其中，市政府文件（函件）33条、市政府办公室文件（函件）12条、部门规范性文件17条、市政府工作报告1条、人事任免11条、政策解读23条。市政府及其部门办理依申请公开111件，其中自然人申请件105宗，法人或其他组织申请件6宗，均在法定期限内予以答复。予以公开及部分公开70宗，占63.1%；依法不予以公开4宗，占3.6%；因本机关不掌握等原因无法提供30宗，占27.0%；依法不予处理2宗，占1.8%；其他处理4宗，占3.6%；结转下年度办理1宗，占0.9%。加强政府信息发布范围、形式和载体的标准化规范化管理，让企业和群众快捷获取政府信息。拓宽政府信息公开载体和形式，完善政府公报发布平台，推出面向公众的“韶关市人民政府公报”微信小程序，群众在公报出版当天即可通过小程序浏览最新的公报电子版，并完成历史公报数字化工作。推进建设统一的政府信息公开平台，规范政府网站政务公开栏目名称，优化栏目检索功能，方便社会公众快速准确获取所需要的政府信息。统筹“数字政府”改革建设，推进政务信息系统迁移上云，整合公共资源交易一体化平台，并上线运行小额工程交易业务。升级完善工程建设项目审批管理系统及推广应用，实现全市工建项目审批“一张网、一盘棋”。建设韶关市“互联网+不动产登记”系统，并在全市上线试运行。打造“一号接听”平台，“12345”政府服务热线整合21条以“123”开头的政务热线和12个系统平台，构建成电话、网站、微信公众号一体的多渠道服务体系。建设上线韶关市政府公报网页版和微信小程序，推动更多高频社保、医疗、公积金等41个高频办理查询事项上线“粤省事”韶关专版；“粤商通”韶关专版上线高频事项275项，企业招聘事项4项。建设“韶关战疫”微信小程序，推进“粤康码”在公共场所体温检测及基层网格等的应用。全市10个县（市、区）政府门户网站及市直部门网站设置“政策解读”专栏。全年市政府门户网站转载国家和省政策解读材料310条，发布市级政策解读材料88条；“12345”政府服务热线受理业务43.12万件，增长117.75%，办结率99.97%；以市政府新闻办公室名义组织新闻发布会22场；《韶关市人民政府公报》“政策解读”专栏刊载政策解读材料23条。

（周　煜）

中国人民政治协商会议韶关市委员会

综述

【概况】 2020年，政协韶关市第十二届委员会有29个界别、政协委员326人，常务委员会组成人员67人，在韶关的省政协委员11人。政协委员中，中共委员124人，占38%，非中共委员202人，占62%，妇女委员78人，占23.9%。市政协设提案委、社会法制委、经济委、人口资源环境委、教科卫体委、文化和文史资料委、民族和宗教委、港澳台侨联络委、农业和农村委、联络工作委办公室等10个专门委员会，其中，提案委与社会法制委、经济委与人口资源环境委、文化和文史资料委与民族和宗教委合署办公。市政协举行全体会议1次，常委会会议5次、主席会议6次、专题协商4次、对口协商8场、专题视察7次，开展民主监督活动2次，专题调研6次；征集提案315件，立案213件；报送《韶关市政协反映社情民意信息专报》6期。

【团结联谊】 2020年，韶关市政协坚持团结和民主主题，促进各界人士的大团结大联合。市政协党组成员联系走访各民主党派、工商联。定期召开秘书长会议，及时交流沟通，听取意见建议，鼓励和支持各民主党派、工商联利用政协平台参政议政，邀请各民主党派、人民团体围绕市委、市政府工作主线，聚焦全市经济社会发展大局，联合开展调研、视察和民主监督的途径和办法，组织运动会、会演活动。加强与部门和省市贸促会的联系和合作。

【文史资料编纂】 2020年，韶关市政协完成《粤北古建筑》编印。

重要会议

【政协第十二届韶关市委员会第四次会议】 2020年5月15—16日在市区召开，李红军、王瑞军等市委、市人大常委会、市政府、韶关军分区、市中级人民法院、市人民检察院领导应邀出席开、闭幕大会，市政协领导和全体委员参加会议。会议总结市政协2020年工作，讨论和部署2021年工作，听取和审议通过政协第十二届韶关市委员会常务委员会工作报告和十二届三次会议以来提案工作情况的报告，组织界别委员代表书面发言，选举谢天友、卢春燕为政协第十二届韶关市委员会副主席，选举伍海燕、闫振一、汤满懿、李亶、骆新航为政协第十二届韶关市委员会常务委员，听取大会期间提案情况的报告，审议通过会议决议（草案）；委员列席市十四届人大六次会议开幕大会，听取和审议市政府工作报告及有关报告。

【市政协常务委员会会议】 2020年，政协第十二届韶关市委员会常务委员会召开5次会议。

十二届第十四次常委会会议 1月7日在市区召开，市政协主席、副主席、秘书长及常委56人参加，市政府秘书长朱裕华和市纪委监委、市中级人民法院、市人民检察院负责人应邀出席，各县（市、区）政协负责人、市政协机关非常委处级干部列席。会议传达学习省委和市委政协工作会议精神；听取市“一府两院”、纪委监委工作情况通报，讨论市政府工作报告（征求意见稿）；审议十二届市政协常委会工作报告（稿）和十二届三次会议以来提案工作情况的报告（稿），并同意提交市政协十二届四次会议；审议通过关于召开市政协十二届四次会议日期、议程和日程安排的建议；审议十二届市政协各专门委员会2019年工作总结及2020年工作设想（书面）；通报市政协十二届2019年度委员履职考核情况（书面）；通报市政协2019年优秀提案名单（书面）；审议通过《中国人民政治协商会议韶关市委员会委员履职工作规则（修订稿）》；同意免去龚水石政协第十二届韶关市委员会农业与农村委员会副主任职务、撤销其政协第十二届韶关市委员会委员资格。

十二届第十五次常委会会议 1月21日在市区召开，市政协主席、副主席、秘书长及常委51人参加，市政协机关非常委处级干部列席。会议同意免去周伟源政协第十二届韶关市委员会副主席、委员职务，免去钟曦、马小青、胡列峰、熊奇斌、何育强等5人政协第十二届韶关市委员会常务委员、委员职务，免去林嘉、陈坤明、周素岚、丘文、荣笑虹、石中心、巫建平、陈利红、朱熹华、吕小辉、高忠、向志强、雷能福、刘炎生、胡强、朱伙新、江金兰、文武宏、黄继丰、谭宝龙、许晓梅、朱戴伟、涂红梅等23人政协第十二届韶关市委员会委员职务；同意增补谢天友、卢春燕、骆新航、闫振一、赵东灿、叶明、徐志宏、周平、文清年、郭燕海、邬贤有、彭波、刘允曾、陈志光、邓红红、唐继华、关艳芬、陈肇华、管世强、郭志毅、庄强、林伟新、张文华、张南生、李英明、胡新强、刘国昌、谢云华、何露、蓝昭军等30人为政协第十二届韶关市委员会委员；同意提名谢天友、卢春燕为政协第十二届韶关市委员会副主席候选人，同意提名汤满懿、伍海艳、李亶、骆新航、闫振一等5人，为政协第十二届韶关市委员会常务委员候选人，并提交市政协十二届四次会议选举；同意任命周平为政协第十二届韶关市委员会农业与农村委员会副主任。

十二届第十六次常委会会议　5月16日在市区召开，市政协主席、副主席、秘书长及常委59人参加，各县（市、区）政协主席列席。会议听取市政协十二届四次会议期间各组汇报审议市政府工作报告及有关报告的情况，审议十二届市政协常委会工作报告、提案工作报告的情况，审议选举办法（草案）和选举总监票员、副总监票员、监票员名单（草案）和《政协第十二届韶关市委员会第四次会议决议（草案）》，并提交全体委员大会审议通过；同意增补邓志聪为政协第十二届韶关市委员会委员，并任命为农业与农村委员会主任。

十二届第十七次常委会会议　6月30日在市区召开，市政协主席、副主席、秘书长及常委52人参加，市委常委、统战部部长、市政协党组副书记颜珂应邀出席，各县（市、区）政协负责人、市政协机关非常委处级干部、市纪委监委派驻第二纪检监察组负责人列席。会议传达学习习近平总书记重要讲话精神和全国“两会”精神；审议通过2020年市政协常委会会议预安排（草案），部署2020年市政协常委会主要工作；通报市政协十二届四次会议以来提案收集立案情况；审议通过《中国人民政治协商会议韶关市委员会提案工作条例》（审议稿）；通报开展市区扬尘整治民主监督活动情况；审议通过市政协经济委、农业和农村委2020年专题调研报告（审议稿），邀请市直有关单位负责人列席会议听取市政协常委对相关工作的意见建议，同意将2个报告以建议案形式报市委、市政府。

十二届第十八次常委会会议　9月23日在市区召开，市政协主席、副主席、秘书长及常委47人参加，各县（市、区）政协负责人、市政协机关非常委处级干部列席。会议传达学习习近平总书记在全国抗击新冠肺炎疫情表彰大会上的讲话精神；传达学习省委十二届十次全会精神；传达学习王瑞军在全市县处级主要领导干部学习贯彻中共十九届四中全会精神暨《习近平谈治国理政》第三卷专题培训班开班式上的讲话精神；通报推进现代农业产业园建设民主监督活动情况；审议市政协提案委、教科卫体委、文史委、港澳委2020年专题调研报告（审议稿），邀请市直有关单位负责人列席会议听取市政协常委对相关工作的意见建议，同意将4个报告以建议案形式报市委、市政府；同意免去陈红光十二届市政协经济委、人资环委副主任职务。

【市政协主席会议】 2020年，市政协召开主席会议8次。

1月3日，政协第十二届韶关市委员会第二十二次主席会议召开。会议讨论政协第十二届韶关市委员会常务委员会工作报告（讨论稿）；讨论政协第十二届韶关市委员会常务委员会关于十二届三次会议以来提案工作情况的报告（讨论稿）；讨论政协第十二届韶关市委员会各专门委员会2019年工作总结及2020年工作设想（书面）；通报政协韶关市委员会2019年度委员履职考核结果，讨论确认优秀委员名单；讨论关于召开政协第十二届韶关市委员会第四次会议日期、议程和日程安排的建议（草案）；讨论修订《中国人民政治协商会议韶关市委员会委员履职工作规则》（修订稿）；讨论关于召开政协第十二届韶关市委员会常务委员会第十四次会议有关事宜。

1月29日，政协第十二届韶关市委员会第二十四次主席会议召开，根据政协第十二届韶关市委员会常务委员会第十四次会议授权，会议决定：推迟召开政协第十二届韶关市委员会第四次会议，具体召开时间另行通知。

5月11日，政协第十二届韶关市委员会第二十五次主席会议召开。会议审议通过关于调整政协第十二届韶关市委员会第四次会议日期、议程和日程安排的建议（草案）。经报请中共韶关市委同意，由政协第十二届韶关市委员会常务委员会第十四次会议授权，政协第十二届韶关市委员会第二十五次主席会议决定：定于2020年5月15—16日，在市区召开中国人民政治协商会议第十二届韶关市委员会第四次会议。会议讨论《中国人民政治协商会议韶关市委员会提案工作条例（讨论稿）》《政协韶关市委员会关于提高提案工作质量的意见（讨论稿）》。会议讨论有关人事事项，决定将有关人事事项提交市政协常委会会议审议。

6月19日，市政协十二届第二十六次主席会议召开。会议讨论2020年市政协常委会会议预安排（草案）；通报市政协十二届四次会议以来提案收集立案情况，讨论2020年重点提案跟踪督办安排（草案）；讨论市政协经济委“加强城市公园建设和管理”专题调研报告（讨论稿）；讨论市政协农业和农村委“加快林缘经济发展”专题调研报告（讨论稿）；审议市政协领导工作分工调整方案；审议新增补委员安排到专委会的方案；讨论关于召开政协第十二届韶关市委员会常务委员会第十七次会议有关事宜。会议原则通过有关事项，对两个专题调研报告提出修改意见建议，并决定把有关事项提请市政协常委会会议审议。

9月17日，市政协十二届第二十七次主席会议举行。会议讨论市政协提案委《关于我市红色旅游产业发展的调研报告（讨论稿）》；讨论市政协教科卫体委《关于加强我市重大疫情医疗救治体系建设的调研报告（讨论稿）》；讨论市政协文史委《关于韶关农耕文化遗产保护利用情况的调研报告（讨论稿）》；讨论市政协港澳委《关于加快我市夜间经济发展的调研报告（讨论稿）》；讨论有关人事事项；讨论关于召开政协第十二届韶关市委员会常务委员会第十八次会议有关事宜。会议原则通过有关事项，对各调研报告提出修改意见建议，并决定把有关事项提请市政协常委会会议审议。

9月22日，市政协召开十一届第二十八次主席会议。会议听取市政协各专题调研组负责人对市政协提案委、教科卫体委形成的《关于我市茶叶产业发展情况的调查与建议》《关于推进我市科技企业孵化器建设的调查与建议》2个专题调研报告的有关情况汇报，讨论这两个专题调研报告，并提出修改完善的意见。会议协商关于召开市政协十一届二十次常委会会议有关事宜和有关人事事项。会议决定，将上述有关事项提交市政协十一届二十次常委会议审议。

12月23日，市政协十二届第二十九次主席会议召开。会议讨论政协第十二届韶关市委员会常务委员会工作报告（讨论稿）、政协第十二届韶关市委员会各专门委员会2020年工作总结及2021年工作设想（书面），通报政协韶关市委员会2020年度委员履职考核情况，确认优秀委员名单，讨论评选2020年市政协优秀提案有关事宜。会议讨论关于召开政协第十二届韶关市委员会第五次会议日期、议程和日程安排的建议（草案），讨论关于召开政协第十二届韶关市委员会常务委员会第十九次会议有关事宜。

政治协商

【专题协商会】 2020年，市政协协助市委召开专题协商会会议4次。

6月23日，协助市委在韶关张九龄纪念公园项目现场召开“擦亮张九龄文化品牌”专题协商现场会。会前，市政协成立专题调研组，并组织有关市民主党派和部分县（市、区）政协，深入张九龄各历史遗存点实地考

2020年6月23日，市政协协助市委在韶关张九龄纪念公园项目现场召开“擦亮张九龄文化品牌”专题协商现场会　（市政协　供）

察调研，形成《擦亮张九龄文化品牌，助推韶关高质量发展》《“九龄风度”内涵的时代意义》等6篇调研报告，提出意见和建议。

7月29日，协助市委在市区部分医疗卫生机构及相关项目现场召开市民主党派负责人暑期座谈会暨“加快打造粤北医疗高地”专题协商现场会。会前，市政协成立专题调研组，并组织有关市民主党派和相关单位，到医疗卫生机构和医疗卫生建设项目调查研究，形成《加快打造粤北医疗高地增强北部生态发展区核心城市竞争力》《关于粤北人民医院推进省级高水平医院建设的建议》等6篇调研报告。

8月21日，协助市委召开重点项目建设现场推进会暨市委推进城市公园建设专题协商现场会。会前，市政协成立专题调研组，并组织有关市民主党派及相关单位，到市区各大小城市公园开展调研，形成《关于我市城市公园建设的调研报告》《关于加强城市公园规划管理的建议》等6篇调研报告，提出加强城市公园建设和管理的意见和建议。

10月9日，协助市委召开专题协商会及“两代表一委员”征求意见座谈会，围绕贯彻落实省委十二届十次全会精神，就《在市委十二届十二次全会上的报告》（讨论稿）和《关于贯彻落实省委十二届十次全会精神全力筑牢粤北生态屏障打造绿色发展韶关样板的实施意见》（讨论稿），组织韶关市各民主党派、市工商联建言献策。

【“韶商·市长面对面”协商座谈会】 2020年12月29日，“韶商·市长面对面”协商座谈会在市区召开，市委书记王瑞军、市长陈少荣和王青西、华旭初、颜玉明、罗晓勤、陈磊等市领导出席会议，市直相关职能部门主要负责人、来自全国各地的68名韶商代表参加会议。会上，韶商代表围绕产业发展、科技创新、园区建设、招商引资、生态发展等领域，提出加快现代产业园建设、制定鼓励投资政策形成产业集群、做强电子材料、生物医药等产业、高标准建成国家全域旅游示范区等意见建议。

【对口协商】 2020年，市政协以专门委员会为主体，组织开展8场对口协商活动，邀请议题相关市政府对口部门负责人与政协委员进行协商。6月19日，开展“加强公办幼儿园建设”对口协商及提案督办座谈会；7月24日，开展“实施‘南粤家政’工程，打造‘韶关保姆’‘丹霞月嫂’品牌”对口协商会；8月26日，开展“发挥商协会的桥梁纽带作用，助推民营经济发展”对口协商会；9月1日，开展“加强重点项目谋划和实施”对口协商活动；10月16日，开展“农村四好公路建设”对口协商活动；10月30

日，开展“加快推进山水林田湖草生态保护修复工作，提高韶关市生态文明建设水平”对口协商活动；11月2日，开展“加强韶港澳青年交流”对口协商会；11月20日，开展“做好旅游+文化+体育文章”对口协商会。

民主监督

【民主监督活动】 2020年6月16日，市政协组织住韶省级、市级、区级三级政协委员，到市辖三区开展“市区扬尘整治”民主监督暨评议活动。9月，组织部分市政协常委及农业和农村委委员分4个组，对韶关市2019年、2020年获批的8个省级现代农业产业园建设情况进行民主监督暨评议活动。2次民主监督活动结束后，均在市政协常委会上通报民主评议结果，并形成专题报告报市委、市政府。活动成效得到市委、市政府肯定和社会认可。

【专题视察】 2020年，市政协以专门委员会为主体，组织界别委员开展7次专题视察，并形成视察报告送市政府及有关部门作参考。5月28日，开展“外资企业发展情况”专题视察；7月2日，开展“加强派出所建设”专题视察；7月23日，开展“推进农村饮用水安全建设”专题视察；8月5日和12日，开展“推进厕所革命”专题视察；8月13日，开展“宗教场所规范化管理”专题视察；10月29日，开展“农村破旧泥砖房‘拆清用’工作”专题视察；11月20日，开展“常态化举办体育赛事活动”专题视察。

【提案工作】 2020年，市政协十二届三次会议以来收到提案315件，其中立案213件，立案率67.6%；转来信处理102件。立案提案中，委员提案177件，占83.1%，集体提案36件，占16.9%；经济建设类提案69件，占32.39%，生态城建交通类提案56件，占26.29%，教科卫体类提案55件，占25.83%，政法社会保障类提案33件，占15.49%。提案办复率100%，满意率90.3%，基本满意率9.7%。解决或采纳74件，占34.7%；正在解决或纳入计划解决131件，占61.5%；暂时不具备条件解决作参考8件，占3.8%。遴选确定重点提案11件，分别由市委书记王瑞军、市长陈少荣和市政协主席王青西等市领导牵头督办。评选《关于加强城市社区建设的提案》《关于完善重大疫情防控体制机制，健全公共卫生应急管理体系工作的提案》《关于促进我市生猪现代化发展，保障市场供给的提案》等26件提案为优秀提案。协助住韶全国政协、省政协委员撰写并提交提案20多件。

【反映社情民意】 2020年，市政协编报《韶关市政协反映社情民意信息专报》6期。其中，《一部手机游韶关“打造智慧乡村旅游新名片”》《关于加强我市园区建设的建议》《消除我市老旧小区消防安全隐患的几点建议》等信息专报，得到市委、市政府重视和采纳，推动一些群众普遍关注问题的解决。出版《韶关政协》会刊6期，征集编印文史资料《粤北古建筑》。

参政议政

【市政协议政会】 2020年8月19日在市区召开，市政协主席王青西主持会议，市委常委、常务副市长华旭初和市政府有关职能部门负责人应邀出席。会上，与会委员就韶关装备制造业发展、旅游服务提升、公办幼儿园建设和县级医院医共体建设等12个问题发言，提出意见建议。与会的政府有关职能部门负责人回应委员意见，表示将其转化为决策和具体行动。

【政协专题调研】 2020年，市政协围绕韶关市“加强城市公园建设和管理”“加快林缘经济发展”“红色旅游工作开展情况”“加强重大疫情医疗救治体系建设”“农业文明遗产保护利用”“夜间经济发展情况”等6个议题开展专题调研，撰写调研报告形成建议案报送市委、市政府作决策参考。配合省政协在韶关市开展调研视察等履职工作，承接“促进北部生态发展区建设发展”“加强对政协委员和专委会政治监督研究”“推进广东省城市社区治理建设”“推进公共文化设施建设”“以旅游产业为抓手，助力北部生态发展区建设”等5个自主调研活动，并形成5篇调研报告。

【凝聚共识】 2020年，韶关市政协落实市政协党组成员分工联系民主党派、市政协党组会议邀请民主党派副主席列席，邀请各民主党派市委、市工商联、各县（市、区）政协开展联合调研视察和民主监督活动，提升多党合作制度和人民政协制度整体效能。参与爱国统一战线专项工作，引导港澳委员落实支持特别行政区政府和行政长官依法施政，坚决维护“一国两制”。走访委员企业和韶商、乡贤代表，邀请外出乡贤和韶商代表参加政协协商议政活动。召开港澳台同胞、华人华侨、民族宗教界爱心人士座谈会，组织社会各界热心人士为韶关疫情防控和社会公益事业捐资捐物。助力打赢疫情防控总体战。组织机关党员干部参与联防联控工作，鼓励广大委员在防疫一线、物资生产、复工复产等方面动员捐资捐物530多万元。走访企业助推复工复产，组织召开应对新冠肺炎疫情支持复市复业先进单位（个人）代表协商座谈会。 （琚荣荣）

韶关市纪委监委

综述

【机构变更】 2020年，韶关市和畅园管理办公室更名为韶关市清风园管理办公室，其他机构编制事项维持不变。

【纪检监察体制改革】 2020年，韶关市纪委监委推进市管企业和高校纪检监察体制改革，推动派驻监督全覆盖。探索建立佛韶两地留置协作配合机制，支持保障省纪委监委和兄弟地市纪委监委执行留置任务，为全省提供可复制、可借鉴的留置协作样本。完善纪法贯通、法法衔接机制。全面推行办案协作区制度，先后组建9个跨部门专案组。发挥市委反腐败协调小组统筹协调作用，健全完善工作会议、信息共享和问题线索移交处置机制，增强反腐败工作合力。开展党员和公职人员受行政刑事处罚但未被给予处分的专项清查，以及常态化案件质量评查与处分决定执行情况的检查。制定纪检监察机关提请公安机关协助采取有关措施的规定，完善对外协作配合机制。

【纪检监察队伍建设】 2020年，市纪委监委坚持疫情防控和干部队伍建设两手抓、相结合、同推进，为全市140名处级以上纪检监察干部建立健全廉政档案，强化纪检监察干部队伍监督管理，严防"灯下黑"。在已有建档对象为各县(市、区)纪委监委班子成员的基础上，扩大廉政档案的建档范围，增加市纪委监委班子成员，各派驻(出)机构、委机关各部门、市委巡察机构副处级以上领导干部，以及市管企业纪检监察机构负责人和领导班子、党委书记、校长列入市委管理的高校的纪检监察机构负责人。要求将个人年度述职述廉报告、民主生活会或组织生活会上的个人剖析材料纳入干部廉政档案中，动态监督纪检监察干部廉洁自律情况，预判和排查纪检监察干部的廉政风险点，为日常监督提供指向。廉政档案在首次填报后于每年年初填报一次，基本情况如有变化需及时报备。廉政档案实行"一人一档"的电子档案管理，由纪检监察干部监督室专人负责。

重要会议

【中国共产党韶关市第十二届纪律检查委员会第五次全体会议】 2020年3月20日，中国共产党韶关市第十二届纪律检查委员会第五次全体会议在市委会议中心召开。会议坚持以习近平新时代中国特色社会主义思想为指导，深入学习贯彻十九届中央纪委四次全会、十二届省纪委五次全会精神，研究部署韶关市深化全面从严治党、推进党风廉政建设和反腐败工作。市委书记李红军出席会议并讲话，强调要坚决扛起全面从严治党使命担当，为韶关全面建成小康社会、奋力争当北部生态发展区高质量发展排头兵提供坚强保障。要坚定不移一体推进不敢腐不能腐不想腐，树牢"不敢"这个前提，扭住"不能"这个关键，夯实"不想"这个根本。要坚定不移整治群众身边腐败和作风问题，加强对漠视群众利益问题的专项整治，深入开展扶贫领域腐败和作风问题专项治理，严厉查处黑恶势力背后的"保护伞"，不断增强人民群众的获得感幸福感安全感。要坚定不移加强干部队伍作风建设，坚决落实中央八项规定精神，坚决杜绝形式主义、官僚主义，大力弘扬艰苦奋斗的优良作风，在全市上下营造干事创业的浓厚氛围。要坚定不移加强日常监督，强化监督的意识和氛围，抓好对"关键少数"特别是各级"一把手"的监督，坚持监督关口前移，改进监督方式方法，切实增强监督的针对性和有效性。要坚定不移保障制度执行到位，以检查考核推动制度执行，以有效问责强化制度执行，以严格执纪保障制度执行，确保各项决策部署、政策措施落地见效。要坚定不移打造高素质专业化纪检监察干部队伍，深化拓展"不忘初心、牢记使命"主题教育成果，全面提升纪检监察干部队伍履职能力，强化自我监督和自我约束，建设一支让党放心、人民信赖的纪检监察铁军。市委副书记、市长殷焕明传达习近平总书记在中央纪委全会上的重要讲话和中央纪委、省纪委全会精神，市政协主席王青西，市人大常委会党组副书记、副主任杨小明等市四套班子领导出席会议。市委常委、市纪委书记、市监委代理主任冯国华主持会议并代表市纪委常委会作工作报告。会议审议通过市纪委常委会的工作报告和全会决议，开展对有关单位党委（党组）书记述责述廉的书面评议。会议以电视电话会议形式开至县(市、区)。

【十二届韶关市委第七轮巡察工作动员部署会召开】 2020年5月28日，十二届韶关市委第七轮巡察工作动员部署会召开。会上，市委常委、组织部部长、市委巡察工作领导小组副组长肖展欣宣布第七轮巡察任务分工决定。此轮巡察对象为市委办公室、市委宣传部、市委编办、市委军民融合办、市委机要和保密局、市公安局、市财政局、市自然资源局、市水务局、市文广旅体局、市卫生健康局、市应急管理局、市审计局、市市场监管局、市接待办等15个市直单位党组织。巡察时间为5月下旬至8月下旬。市委常委、市纪委书记、市监委主任、市委巡察工作领导小组组长冯国华出席会议并讲话。

【第三轮县级交叉巡察工作动员部署会议召开】 2020年7月31日，韶关市委召开第三轮县级交叉巡察工作动员部署会议。会议对韶关市委第三轮县级交叉巡察工作进行动员部署。市委常委、组织部部长、市委巡察工作领导小组副组长肖展欣宣布市委第三轮县级交叉巡察工作任务分工决定。此轮交叉巡察对象为10个县(市、区)公安局、法院等20个单位党组织。巡察时间为7月下旬至9月下旬。市委常委、市纪委书记、市监委主任、市委巡察工作领导小组组长冯国华作动员讲话。

监督监察

【监督主体责任落实】 2020年，市纪委监委贯彻《党委（党组）落实全面从严治党主体责任规定》，推动各级党委（党组）主体责任特别是“一把手”第一责任人责任落实。健全完善委托“一把手”谈话有关制度，推动委托谈话工作规范化、制度化，切实提高谈话的针对性和有效性。持续开展党风廉政建设逆向扣分和“一票否决”考核工作，以责任考核促责任落实。组织武江区、市国资委等6个单位党委（党组）主要负责人在市纪委全会上书面述责述廉，提升党内监督质量。用好问责利器，全市共问责管党治党不力的党员领导干部78人。

【做实日常监督】 2020年，市纪委监委精准把握政策策略，善于发现问题、敢于指出问题，把日常监督做实做好。运用函询方式处置问题线索，谈话函询310人次，比上年增长8.4%；组织处理853人次，比上年增长21.9%。精准运用“四种形态”(即党内关系要正常化，批评和自我批评要经常开展，让咬耳扯袖、红脸出汗成为常态；党纪轻处分和组织处理要成为大多数；对严重违纪的重处分、作出重大职务调整应当是少数；严重违纪涉嫌违法立案审查的只能是极少数)处理2999人次，四种形态占比分别为56.6%、30.2%、7.3%和5.9%。严把选人用人政治关、廉洁关，市纪委监委回复党风廉政意见1330人次。

【助力疫情防控】 2020年，市纪委监委自觉服从服务疫情防控大局，主动下沉一线开展疫情防控，科学精准稳慎有效实施监督。全市纪检监察机关累计出动人员9821人次，发现并推动整改问题2825个，有力压实各级各部门疫情防控责任。着眼于厚爱和激励开展监督，通过诫勉、通报批评和提醒谈话等方式处理24人，推动党员干部投身抗疫斗争。

【助力脱贫攻坚】 2020年，市纪委监委对部分地区农村饮用水安全问题进行暗访并摄制专题片，推动市委用3年时间投入35.05亿元，解决全市8024个自然村159.81万名农村群众饮用水安全问题。聚焦脱贫攻坚收官战，对纳入省挂牌督战地区开展全覆盖调研谈话和脱贫攻坚落实情况专项检查，对未纳入地区开展专项巡察，持续压实各地各部门主体责任，助推韶关市高质量完成脱贫攻坚目标任务。

【助力生态环境保护】 2020年，市纪委监委紧盯“林、水、矿”等生态资源领域违纪违法问题，加强监督检查，严厉打击“靠山吃山、靠水吃水”等行为背后的腐败问题，坚决守护好韶关的绿水青山，以铁的纪律全力筑牢粤北生态屏障。

【“四风”问题查处】 2020年，市纪委监委紧盯重要时间节点，加大对餐饮浪费、违规吃喝、私车公养，以及“指尖上形式主义”、民生领域形式主义、官僚主义问题的明察暗访

2020年9月25日，韶关市2020年领导干部党章党规党纪教育培训班在市委会议中心举办（潘志立　摄）

力度，严肃查处顶风违纪、隐形变异“四风”问题。全市纪检监察机关共查处“四风”问题165个，给予党纪政务处分234人，通报曝光典型案例65起。

【精准问责】 2020年，市纪委监委坚持问题导向和效果导向，防止问责不力或问责泛化、简单化，调动党员干部干事创业积极性。跟进监督市委“森林防灭火23条”责任落实情况，发现问题70个，问责79人，通报曝光6起35人。

审查调查

【惩治腐败】 2020年，全市纪检监察机关接收信访举报2483件，其中检控类2011件；立案1284件，比上年增长5.7%；处分1267人，比上年增长13.9%。查处县处级干部32人、乡科级干部143人，采取留置措施34人，移送检察机关30人。开展“天网行动”，拍摄追逃视频短片，以政策感召和亲情感化推动重点个案攻坚。做好追逃追赃防逃工作，实现外逃人员零新增。

【打“伞”破“网”】 2020年，市纪委监委紧扣扫黑除恶三年总目标，深入开展“六清行动”(即线索清仓、逃犯清零、案件清结、伞网清除、黑财清底、行业清源)，坚决打掉涉黑涉恶团伙背后的“保护伞”。全面回溯核查涉黑涉恶重点案件，确保打深打透。探索建立长效机制，推动打“伞”破“网”从深挖根治向长效常治迈进。全市纪检监察机关共处置涉黑涉恶腐败和“保护伞”问题线索531条，立案326人，给予党纪政务处分264人，移送检察机关42人。

【以案促改】 2020年，市纪委监委针对查办案件发现的问题，有针对性地发出纪律检查建议书24份、监察建议书28份，推动各地各单位建章立制、堵塞漏洞、管住今后。开展纪律教育学习月活动，编印警示教育读本《韶关市党员干部严重违纪违法案件警示录》，拍摄制作警示教育片《背离》并在全市领导干部党章党规党纪教育培训班上集中播放。更新充实市廉政教育基地布展内容，组织韶关新区和各县（市、区）政府分管领导共40多人旁听违法案庭审全过程，用身边事教育身边人。在南粤清风网、《韶关日报》、“韶关发布”、韶关廉政网、“韶关廉信”及时公开审查调查和党纪政务处分情况，点名道姓通报曝光正风肃纪反腐典型案例，严明纪律作风，加强警示教育。

【审查调查安全压实】 2020年，市纪委监委坚持将安全规范贯穿于纪检监察工作全过程、各环节，组织开展3次全覆盖专项安全检查，及时整改问题21个。严格管控“走读式”谈话，严密防范潜在风险和突发风险。建成并启用清风园留置点，建立健全“1+5”制度，没有发生审查调查安全事件。

巡察

【巡察全覆盖】 2020年，开展市委第七轮、第八轮常规巡察，十二届市委巡察全覆盖任务完成率达85.1%。组建10个交叉巡察组，组织对县级公安局、法院等20个单位党组织开展第三轮交叉巡察。围绕市委中心、重点工作，开展决战决胜脱贫攻坚专项巡察。灵活运用延伸巡察、机动巡察等方式巡察村级党组织1436个，提前实现对村巡察全覆盖。出台加强队伍建设实施意见，有效破解巡察工作的瓶颈问题。制定巡察后评估制度，从严抓好巡察队伍的教育监督管理。

【巡察成果运用】 2020年，编印巡察整改工作手册、韶关市县党委巡察常用党内法规制度选编，有效指导市县巡察工作高效开展。坚持“双反馈”(向被巡察党组织主要负责人和领导班子反馈)和“四通报”(向党委、政府相关领导通报其分管领域或联系单位，向党委政府相关职能部门通报其管理或联系单位巡察情况）制度，从严传导整改责任压力。快速精准移交市委第六轮、第七轮巡察发现的50条重要问题线索。梳理意识形态责任制落实不到位、出国（境）管理不规范、财务管理不严格等13个共性问题，推动各地各部门对照整改。开展巡察整改专项检查，对整改责任不落实、整改措施不到位的进行专项督导，推动巡察成果落实落地。

（张　宇）

民主党派·工商联

中国国民党革命委员会韶关市委员会

【概况】 至2020年年底，中国国民党革命委员会韶关市委员会（简称“民革韶关市委”）辖26个基层组织，其中2个基层委员会，2个总支部，22个支部。党员435人，大专以上学历372名，占86%；中级以上职称203名，占47%，其中副高职称68名、正高职称8名。在职党员323名，其中教育工作者128名，占40%；医疗卫生工作者50名，占15%；公务员队伍52名，占16%。各级人大代表、政协委员55名，占17%。

【思想建设】 2020年，民革韶关市委建立并坚持落实政治理论学习中第一时间安排学习习近平总书记重要讲话指示批示精神的“第一议题”制度，召开12次主委会议、10次全体委员会议，2次参政议政工作会议，1次领导班子民主生活会。

【组织建设】 2020年，韶关市新增民革党员15名，其中女党员4名。大学以上学历14名，其中硕士研究生1名，高级职称1名。完成22个基层支部、2个总支部、2个基层委员会的换届工作，优化基层组织班子结构。召开监督委员会全体会议，明确监督重点和监督方式，推动建立健全内部监督制度。开展达标支部创建工作，对所有支部进行量化考核，基本实现达标支部全覆盖。完成浈江民革党员之家、曲江民革党员之家、乐昌民革党员之家建设，至2020年年底，全市有6个民革党员之家建成并投入使用，完成既定建设目标任务。6月，张秉钊、娄平、徐慧平等3位党员的书法作品入选纪念民革广东省委会成立65周年书画作品展；刘毅飞、肖沛均2位党员参加民革广东省委会成立65周年朗诵比赛获得三等奖。

【参政议政】 2020年，民革韶关市委主委张文铭参加2020年韶关市各民主党派负责人工作座谈会，作《以组织建设为抓手，努力实现履职尽责有新作为》的发言；参加2020年韶关市民主党派负责人暑期座谈会，作《不忘合作初心 为打好“两场硬仗”贡献民革力量》的发言。副主委叶纬参加中共韶关市委专题调研，提交《关于加快城市公共交通配套，助推中心城区发展》调研报告。市委委员张嘉异参加2020年韶关市议政会，作《关于加强我市公办幼儿园建设的建议》的发言。民革韶关市委向各级人大、政协提交议案、提案76件，其中向省政协提交提案2件，向市政协提交集体提案6件，委员个人提案31件，向县（市、区）政协提交提案36件。民革韶关市委在市政协十二届四次大会上作《关于加强我市乡村基础设施建设的建议》书面发言。《关于做好我市拆除农村破旧泥砖房后半篇文章的提案》《关于保障我市农村饮水安全的提案》《关于加快推进我市

2020年11月13日，民革韶关市委到定点扶贫点翁源县桂竹村开展送医送药下乡活动　（民革韶关市委　供）

2020年9月26日，民革韶关市委赴贵州省纳雍县新房乡开展教育、医疗帮扶活动 （民革韶关市委 供）

城市垃圾强制分类处理的提案》被列为2020年韶关市政协11件重点提案中的3件，《关于保障我市农村饮水安全的提案》由市政协主席王青西、副主席卢春燕督办。集体提案《关于建设一村一文化广场，打造乡村振兴新阵地的建议》《关于强化科学技术支撑，促进我市乡村产业兴旺的建议》被评为市政协优秀提案并受到大会表彰。

【社会服务】 2020年，民革韶关市委以助力打赢脱贫攻坚战为重点，开展社会服务活动。主委张文铭、副主委叶纬分别带队，组织帮扶工作组3次到贵州省纳雍县，组织全市民革党员向当地贫困学生和教学条件较差的小学捐资10万元。党员企业韶关爱尔眼科医院为纳雍县人民医院2名眼科医生提供进修学习机会，向新房乡卫生院捐赠价值5万元的眼科检查设备和一批药品。对口帮扶翁源县桂竹村，贫困户人均可支配收入1.73万元，达到脱贫标准。专职副主委娄平组织党员医疗组到该村为近80名村民进行健康检查、诊治，现场免费发放、向村委会捐赠价值5000多元的药品一批。组织广大党员参与“广东扶贫济困日”捐款12.4万元。发动各基层组织和广大党员参与民革广东省委会开展的乡村振兴“画好同心圆，造好博爱林”活动，向民革广东省委会对口扶持的云浮市郁南县大全村捐赠价值3.25万元的银杏树65棵。党员中的法务工作者办理法律援助案39宗，开展法律咨询和普法活动700多次。 （田秋菊）

中国民主同盟韶关市委员会

【概况】 截至2020年12月，民盟韶关市委员会直辖1个县委会（下辖8个支部）、2个基层委员会（下辖16个支部）、3个总支、2个直属支部。全市有盟员659人，平均年龄53.73岁，其中，具有中、高级职称的盟员539人，占81.79%；主体界别（教育、文化艺术、科技医卫界）盟员466人，占70.7%。

【思想建设】 2020年，民盟韶关市委员会被民盟中央授予“民盟思想政治建设和宣传工作先进集体”称号。组织市委会领导班子、市委委员和机关干部参加“韶关市统一战线同心大讲堂”学习民法典，收听收看深圳经济特区建立40周年庆祝大会，参加中共韶关市委党外人士情况通报会，深入学习习近平总书记视察广东重要讲话、重要指示精神。组织盟员深入学习习近平总书记关于疫情防控工作重要讲话和指示精神。将“不忘合作初心，继续携手前进”主题教育活动与疫情防控相结合，与“弘扬爱国奋斗精神、建功立业新时代”活动相结合，引导各基层组织开展主题教育活动。盟市委支部到广东民盟盟史馆韶关分馆、红军长征粤北纪念馆等地开展盟史学习和革命传统教育。全市各级盟组织依托盟史馆和“盟员之家”开展学习教育活动和履职工作交流。“民盟韶关市委员会”公众号推出各类文章70余篇、《韶关民盟》编辑出版三期。

【组织建设】 2020年是基层组织换届年，民盟韶关市委成立换届工作领导小组，制定《民盟韶关市基层组织2020年换届工作方案》，于5月30日召开基层组织换届工作部署会

2020年7月24日，民盟韶关市委与韶关市发展和改革局到韶州大桥、丹霞机场开展2020年对口联系活动 （民盟韶关市委 供）

议。到10月底完成20个基层组织的换届工作。在5月底选举产生民盟韶关市委第一届监督委员会。盟市委副主委龙仕华参加2020年民盟广东省委红旗渠干部学院管理干部培训班；吴莹等16名盟员参加全市民主党派新成员培训班；谢佳等9名盟员参加2020年韶关市民主党派基层骨干培训班；盟员谢必晟、赵桂林参加盟省委组织的参政议政能力培训班。发展20名新盟员。平均年龄35.3岁，大学以上学历17人。对文体机关支部、文体机关二支部、韶关冶炼厂支部、北江中学支部等4个支部进行优化整合，分出16名盟员成立民盟韶关市浈江区综合支部。将原十中支部、三中七中支部、二中支部进行调整，整合为九龄纪念中学支部和风采实验学校支部。曲江支部被民盟中央授予“盟务工作先进基层组织”。全市盟员获省级奖励11项、市级奖励76项。

【参政议政】 2020年，民盟韶关市委员会获“2019年度民盟广东省参政议政工作先进集体三等奖”“2019年度民盟广东省反映社情民意信息工作先进集体二等奖”。在“两会”上提交3篇发言材料；提交市级议案2件；集体提案6件，个人提案30件。其中，2件提案被评为2020年市政协重点提案跟踪督办提案。在市委6月召开的“擦亮张九龄文化品牌”专题协商现场会上，盟市委作题为《关于建设“张九龄纪念公园”的几点建议》的发言。在7月召开的市民主党派负责人暑期座谈会暨“打造粤北医疗高地”专题协商现场会上，盟市委主委林炜东作“加强疫情之下农贸市场管理工作”的发言。上报省政协3篇参政议政材料，其中，《当前乡村教师队伍建设中的问题及建议》被民盟广东省委采用作为提交省政协十二届三次会议的大会发言和集体提案。提交2篇论文参与民盟中央“2020年法制论坛”；2篇论文参与民盟广东省委“推动广东加快形成全面深化改革开放新格局”专题研讨会。做好“市委出题，党派调研”工作，确立《加强新形势下招商引资工作的对策建议》和《关于韶关红色文化资源开发和产业化发展的建议》作为重点调研课题。向省市相关部门投稿75篇。向盟省委和市有关部门提交7篇建议。

2020年11月8日，民盟韶关市浈江区基层委员会协同浈江区妇女儿童工作委员会等单位到浈江区十里亭开展阅读朗诵会 （民盟韶关市委 供）

【社会服务】 2020年，民盟韶关各级组织在疫情防控期间为抗击疫情捐款5.8万余元和医用口罩等物品一批，参与“广东扶贫济困日”活动，捐款6万余元。7月，选派一名机关干部到翁源龙仙镇，开展对口扶贫入户调查工作。11月，浈江区科技支部在曲江区马坝中学举办朗诵公益讲座、在浈江区十里亭良村开展阅读朗诵会。12月，邀请华南师范大学教授到仁化丹霞学校举办“阅读障碍症儿童的教育”主题讲座。10月，组织医疗服务队，到乳源瑶族自治县乳城镇开展送医送药义诊活动3小时，服务群众逾200人次，免费发放价值5000元的各类药品。

【民盟韶关市委监督委员会成立】 2020年5月30日，民盟韶关市第九届委员会第八次（扩大）会议在党派大楼会议室召开。会议选举产生民盟韶关市委第一届监督委员会，盟市委副主委包玉兰当选主任。与会人员审阅《民盟韶关市基层组织2020年换届工作方案（讨论稿）》，提出修改意见。各基层组织的换届工作将于10月底完成。30余人参加会议。

（陈于兵）

中国民主建国会韶关市委员会

【概况】 截至2020年年底，中国民主建国会韶关市委员会（简称民建韶关市委）有基层组织31个，其中基层委员会5个，总支部1个，支部25个；会员449人，平均年龄49.5岁。其中，大专以上学历386人，占86%；中级以上职称187人，占41.6%；经济界人士348人，占77.5%；中上层人士248人，占55.2%；各级人大代表、政协委员62人，任政府实职的会员5人。2020年，民建韶关市委获“民建全国先进集体”称号，及2019年度民建省委组织管理信息系统一等奖、参政议政工作先进集体二等奖、社会服务工作先进集体三等奖、网站工作先进集体三等奖、理论研究优秀组织奖；1人被民建中央评为全国优秀会员，13人获评民建省委2019年度参政议政工作优秀个人，8人获评民建省委2019年度社会服务优秀个人，1人获评2019年度民建省委会网站工作优秀通讯员，1人获民建省委“我身边的民建故事——纪念中国民主建国会成立75周年”演讲比赛优秀奖。

【思想建设】 2020年，民建韶关市委报送各类理论研究文章4篇，各类主题征文 4 篇。汤宁滔撰写的《实例探讨旅游与香港青少年国家认同感的建构》获 2019 年全省统战理论政策研究创新成果三等奖；丘志敏撰写的《高校在防止宗教渗透工作中作用机制研究》获 2020 年广东省高校统战理论研究会优秀论文表彰；张蕊红撰写的《助力抗击疫情　彰显民建风采》和胡海英撰写的《房子·家·梦想》入选广东民建纪念中国民主建国会成立 75 周年主题征文活动作品选集；李娟撰写的统一战线助力决胜全面小康主题征文《时光不语，静待花开》被省民建采用，并在广东民建微信公众号上刊登。累计报送各类宣传文章 201 篇次，编辑出版 2 期《韶关民建》会刊，编印 12 期《会务简讯》，推送 70 条信息到韶关民建微信公众号，更新 85 篇文章到韶关民建门户网站。

【组织建设】 2020 年，民建韶关市委举办韶关民建风度讲堂第二讲，先后推荐 9 名新会员参加 2020 年韶关市民主党派新成员培训班、10 名会员参加政协第十二届韶关市委员会委员履职能力提升培训班、10 名会员参加韶关市社会主义学院第五期民主党派基层组织骨干培训班。6 月，民建韶关市委组织成立民建韶关市委监督委员会，并制定《民建韶关市委监督委员会工作规则》，严格制度落实。民建浈江六支部、浈江七支部、武江六支部、武江七支部、乐昌一支部、乐昌二支部、乳源一支部、乳源二支部新建，乐昌市基层委员会、乳源县基层委员会组建，民建韶关市委对任期届满的基层组织进行领导集体换届选举。有基层组织 31 个，新一届基层组织领导集体成员 121 人。

【参政议政】 2020 年，民建韶关市委在 2020 年省政协“完善我省城市社区治理体系建设，提高‘善治’水平”专题协商会上，主委陈曦作题为《疫情下提高城市社区治理水平的有关建议》的主题发言；在市各民主党派负责人暑期座谈会和市委“打造粤北医疗高地”专题协商现场会上，民建韶关市委提交《履职尽责勇担当，凝心聚力促发展》的发言材料；在中共韶关市委“推进城市公园建设”专题协商现场会上，主委陈曦代表民建市委提交《关于以韶关环城高速为依托、构建城市湿地公园体系的建议》的书面发言材料；在中共韶关市委组织召开的专题协商会及“两代表一委员”征求意见座谈会上，主委陈曦提出“康养 +”概念。向各级人大、政协提交建议案、提案 69 件，其中集体提案 3 件，省政协提案 11 件，市政协提案 36 件，县（市、区）政协提案 18 件，市人大建议案 1 件、县（市、区）人大建议案 3 件。在省“两会”上，主委陈曦提交《关于规范人脸识别等技术应用加强公民生物信息保护的建议》等 3 篇提案；由李华峰撰写的《关于科学统筹小水电运行管理改善水生态环境的建议》和胡海英撰写的《关于加强退役军人服务保障的建议》分别被采用为民建省委报省政协集体提案；张南生撰写的《关于加强引导和支持生态产业发展区产业发展的建议》被采用为省政协重点督办提案，由省政协副主席林雄督办；徐喆撰写的《关于加强互联网游戏监管的建议》被评为 2019 年省政协优秀提案。在市“两会”上，民建韶关市委提交《关于创新我市养老服务模式的建议》《关于打造绿色生态发展韶关样板的调研报告》《关于科学统筹小水电运行管理改善水生态环境的建议》等 3 篇集体提案；由胡海英撰写的《关于加强城市社区建设的建议》和《关于加强农村地区疫情防控的建议》被选为市政协重点督办提案，分别由市委书记王瑞军和市长陈少荣督办；3 件提案获得韶关市政协 2019 年度优秀提案表彰。9 月，组织课题组成员赴衡阳市、郴州市和贺州市等地开展调研。完成 2 篇调研文章。其中由胡海英、徐喆为主笔人的《关于推进韶关康养基地建设的有关建议》被选为 2020 年“市委出题、党派调研”课题；由袁哲为主笔人的《关于优化阅丹公路沿线产业布局的建议》被选为 2021 年市政协大会发言材料。向有关单位报送信息稿件，其中被采用为全国政协提案 1 篇，省政协提案 8 篇，市政协提案 23 篇；被采用为民建中央、民建省委和市政协反映社情民意信息 14 篇；采用为市统战信息 29 篇；经省委会推荐给会中央春、秋季成果选送材料 4 篇。

【社会服务】 2020 年，民建韶关市委到挂点帮扶贫困户家中，开展“五个一”活动；与退役军人事务局在“八一”建军节期间开展走访慰问老复员军人、残疾军人和生活困难的退伍军人活动；组织开展爱心捐书活动，向省委统战部定点扶贫点仁化县周田镇平甫村捐赠一批图书。会员陈国雄捐款 3.3 万元资助大学生 7 人、高中生 12 人；会员企业乐昌市中航城乡环卫有限公司捐款 2 万元资助

2020 年 6 月 9 日，民建韶关市委首家“会员之家”在乐昌市揭牌

（民建韶关市委　供）

20名高中生等。组织退休老会员每月定期开展支部学习活动。

【“会员之家”建设推进】 2020年，民建韶关市委完成3间“会员之家”的建设，分别是乐昌市基层委员会会员之家、武江区光华五金商贸城的武江区基层委员会会员之家和浈江七支部会员之家。（吴丹丹）

中国民主促进会韶关市委员会

【概况】 截至2020年底，民进韶关市委有会员453人。民进韶关市委会员在各自的工作岗位上建功立业，争创先进。会员获得市级以上的表彰主要有：张九龄纪念中学综合支部骆政的教学论文获“广东省学校体育论文报告会”征文二等奖，他还带队参加市“体彩杯”篮球赛荣获“优秀教练员”称号；浈江综合二支部主委林森焕获得广东省化学命题能力大赛二等奖和广东教育学会学术讨论会论文评比三等奖；武江综合一支部主委黄春神被省教育厅聘为第一届学生体质健康专家委员会委员，并成功申报省教育研究院足球专项课题（韶关市中小学体育与健康学科唯一的省级课题）；武江综合二支部主委李婷参加省自然资源厅组织的“粤自然粤美丽”摄影大赛其作品《群象出山》被《广东年鉴》收录，支部副主委赖国斌撰写的新闻作品获得广东人大新闻奖的二等奖和三等奖各1项，支部委员赵芳获“同饮一江水”广东劳动者歌唱大赛总决赛冠军和广东省群众艺术花会决赛三等奖，欧俊锋指导学生参加省市电子作品竞赛获得“优秀指导老师”称号，朱思武主笔编撰的《韶关市镇街整治提升专项规划编制指引》所指导的首批试点镇规划设计获省“优秀城市规划设计二等奖”；始兴县总支林发田获“全国中学生物理竞赛优秀辅导员”称号；仁化县支部副主委罗兆祥的摄影作品《神奇丹霞山》获广东省自然保护地协会摄影大赛铜奖等。

【思想建设】 2020年，民进韶关市委会开展纪念雷洁琼115周年诞辰纪念活动，撰写纪念文章《雷老的韶关之缘》被民进广东省委采用。引导会员参与纪念抗美援朝70周年活动，学习习近平总书记在纪念中国人民志愿军抗美援朝出国作战70周年大会上的讲话精神。以主委刘大济为组长的民进韶关市委会课题组向民进中央提交《新时代加强民进作风建设研究》课题并中标和结题，成为全国民进17个中标课题之一，连续两年均为广东民进唯一中标民进中央课题的单位。民进韶关市委被民进省委评为“参政党理论研究工作先进单位”。

【组织建设】 2020年，民进韶关市委发展11名新会员。重新编印《民进支部工作手册（修订版）》，重点修订《支部活动制度》《财务管理制度》《会员入会流程》《量化考评表》等，并发放给各支部委员。提出新的“3111”工作要求：每个支部每年开展3次以上组织活动，每次活动都要有学习任务；开展1次以上社会调研并形成调研成果；开展1次以上社会服务；物色1名以上发展对象。参加各类学习培训。其中，刘大济主委多次赴省委党校参加省管干部选调培训和“国事学堂”，并参与学习习近平总书记重要讲话精神等专题研讨；全体市委委员和机关干部在荷花园酒店参加“统一战线同心大讲堂”学习《中华人民共和国民法典》；全体担任市政协委员的会员在广东南岭干部学院参加为期三天的履职培训。民进韶关市委会员任职取得突破。市委委员、韶关学院支部副主委吕伟担任韶关学院教师教育学院副院长和浈江区政协委员；市委委员潘小坤担任浈江实验学校（九年一贯制）副校长等。民进韶关市委对部分支部进行大调整：武江大专支部并入韶关学院支部；浈江联合、浈江小教、武江联合、武江小教4个支部升格为综合支部，曲江区支部升格为总支；曲仁联合支部更名为张九龄纪念中学综合支部，芙蓉新区支部更名为韶关新区支部；浈江区基层委员会成立。2个基层委员会、2个总支、11个支部完成换届，基层组织新班子高票当选。

【参政议政】 2020年，民进韶关市委《关于完善低龄未成年人实施“犯罪”行为惩戒机制的提案》被民进中央以集体提案形式提交全国政协；议政调研课题《关于大力发展林下经济，促进粤东西北绿色发展的建议》被民进广东省委采用并以集体提案形式提交省政协；《关于建立未成年人犯罪惩戒和预防法制体系的提案》和《关于打造我省友善适老环境的提案》获评民进广东省委2019年度优秀提案二等奖，《关于加强我省农村饮水安全的提案》获评民进广东省委2019年度优秀提案三等奖。2020年民进韶关市委获“民进全国履职能力建设先进集体”称号。韶关市两会上，民进韶关市委会担任市人大代表的会员提交人大代表建议4件、提交政协提案23件（含集体提案6件），集体提案《关于农村饮用水安全的建议》和《关于加快推进我市垃圾强制分类处理的建议》被列为全市重点提案，前者由市委书记李红军领衔督办。韶关市政协表彰2019年30件优秀提案，民进韶关市委占6件，是市政协各参加单位中获奖最多的单位。市人大代表邓庭艳“两会”期间关于建设研学基地的建议被刊发在《韶关日报》上。《尽快补齐我省新型消费短板，全方位支撑新业态、新模式发展的建议》立项为民进广东省委议政调研课题。疫情期间，民进韶关市委提交“抗疫”相关参政议政信息19条，其中《关于帮助中小微企业度过疫情难关的建议》被民进中央采用。提交《关于集中开展我国主题乐园违反〈消费者权益保护法〉等法律专项整治的建议》被全国政协《每日社情》采用，《关于实施儿童购票以年龄为购买标准的建议》《关于打击货车超载既要严法也要技术》《建议从根源上入手解决农村快递“二次收费”问题》被民进中央《民进信息》采用。民进韶关市委被民进广东省委评为“信息工作先进单位”。

【社会服务】 2020年，民进韶关市委通过延续2个老品牌，打造1个新品牌的方式开展社会服务工作，分别是：五中支部“爱心基金”品牌得以延续，其2014年创办以来，截至2020年，资助市第五中学困难学生200名，助学总金额超过30万元；始兴县总支“图书角”项目得以坚持，该项目于2015年启动，完成对全县所有公立幼儿园的捐赠，累计捐书7000多册，总价值7万多元，始兴县总支把此项服务从幼儿园推广到中小学，为逸夫小学、风度中学、中等职业学校等捐书1388册，价值3.6万元；“地贫之家”项目启动，该项目由韶关民进社会服务工委联合市慈善总会、市铁路医院、市立德会、深圳狮子会香蜜湖服务队等单位共同发起，在市铁路医院挂牌并为地贫患儿开通诊治绿色通道，提供一周7天、一天24小时不间断一站式医疗服务。刘大济、邓海清获“民进中央脱贫攻坚民主监督工作先进个人”称号。邓敏、卢俊甫、魏迪华等3名会员被民进广东省委评为“抗疫突出贡献会员”，27名会员被民进广东省委评为“抗疫先进会员”。

【“微公益”活动】 2020年，民进韶关市委会推行人人公益。民进始兴县总支副主委林婷玉捐款2000元，每月固定为贫困大学生募集生活费600元直至大学毕业；浈江区综合二支部副主委廖招丘组建志愿者服务队，在“全国科普宣传日”活动中获得浈江区颁发的荣誉证书；浈江区综合二支部会员陈文洁组织“金秋助学——传递爱心，放飞梦想”资助贫困学生活动；乐昌市支部委员丘韦国坚持每年春节慰问五山镇敬老院；社会服务工委副主任卢俊甫获“2020年中国慈善榜最美志愿者”称号。

（朱玉娟）

农工党韶关市委员会

【概况】 截至2020年年底，农工党韶关市委有基层委员会2个，总支2个，支部22个，党员446人，其中医药卫生、人口资源和环境保护界占65.7%；中高级职称以上党员占

2020年8月2日，农工党韶关市委召开庆祝中国农工民主党成立90周年暨表彰疫情防控工作先进个人大会 （陈勇胜 摄）

77.6%。担任各级人大代表、政协委员的党员有56人。2020年，农工党韶关市委被农工党中央评为“纪念中国农工民主党成立90周年”先进集体、浈江区二支部被评为先进基层组织、彭峰被评为先进个人。彭峰被农工党中央授予“农工党抗击新冠肺炎疫情先进个人”称号；黄海辉、李国华2名党员被省委、省政府授予“广东省抗击新冠肺炎疫情先进个人”称号；16名党员获“农工党广东省委员会新冠肺炎疫情防控工作先进个人”表彰。

【思想建设】 2020年7月25日，农工党韶关市委组织党员到仁化红军长征粤北纪念馆、铜鼓岭开展红色教育现场培训。8月2日，召开庆祝中国农工民主党成立90周年暨表彰疫情防控工作先进个人大会。10月17日至18日，新一届基层组织领导班子和新党员到惠州邓演达纪念园开展农工党党史学习教育。组织党员参加农工党广东省委庆祝农工党成立90周年“学精神、学党章、学党史”网上知识竞赛和“大美中国——农工党成立90周年书画作品展”，3名党员获得网上知识竞赛活动个人奖，邓明荣作品入选书画作品展在广东省文联艺术馆展出。市委会委员江鸿带队，3名党员代表农工党韶关市委参加农工党广东省委在惠州举办的“不忘合作初心 继续携手前进——庆祝中国农工民主党成立90周年文艺晚会”，获最佳节目奖。7月1日，农工党韶关市委召开会议，传达学习习近平总书记重要讲话精神和全国“两会”精神。11月1日，市委会扩大会议召开，传达学习中共十九届五中全会精神，学习习近平总书记出席深圳经济特区建立40周年庆祝大会和视察广东重要讲话重要指示精神及中共韶关市委十二届十二次全会精神，并对学习贯彻落实工作进行动员部署。12月19日，学习中共十九届五中全会精神专题报告会召开，邀请市委宣讲团专家组成员、市委党校副校长杨斌教授作专题辅导报告。

【组织建设】 2020年，农工党韶关市委发展新党员16人。在市政协十二届四次会议上，主委卢春燕当选为市政协副主席，副主委李亶增补为市政协常委。届中补选2名市委会委员。8月底前完成基层组织换届工作，新成立浈江区三支部、武江区一支部、市妇幼保健院支部3个支部。换届后，全市基层组织委员总数125人，平均年龄44岁。组织5名新党员参加市委组织部、市委统战部在市社会主义学院举办的2020年市民主党派新成员培训班；8名党员参加第五期市民主党派基层组织骨干培训班。抓好基层组织创优和“星级支部”创建活动，年终在参评的22个支部中，评选出市医卫支部、浈江区二支部、浈江区一支部、乐昌市二支部等4个

五星级支部。

【参政议政】 2020年，农工党韶关市委向各级"两会"提交提案和建议52件，其中市委会集体提案6件。卢春燕主委向省政协十二届三次会议提交《关于加紧解决我省农村"有水喝""喝好水"问题的提案》《关于支持韶关建设粤北区域医疗中心的提案》《关于筑牢生态屏障，打造粤北绿色样板的提案》3件提案。在市政协十二届四次会议上，市委会和党员吕泱、刘杨提交《关于大力推进我市大数据产业发展的建议》《进一步完善我市网络餐饮服务监管的建议》《加快我市重点项目建设，促进韶关经济发展》《加强粤北采茶戏保护传承中心建设的建议》4件大会书面发言材料。卢春燕主委《关于加紧解决农村"有水喝""喝好水"问题的提案》提案被评为省政协、市政协2020年度优秀提案，市委会集体提案《关于大力推进我市大数据产业发展的建议》《关于筑牢生态屏障，打造粤北绿色样板的建议》、吴蔚的《加快推进韶关城区垃圾分类的建议》、黄文忠的《推进我市生活垃圾分类工作 建设生态文明美丽韶关》、吕泱的《加快我市重点项目建设，促进韶关经济发展》被评为市政协2020年度优秀提案。

【社会服务】 2020年9月4日，农工党韶关市委联合市退役军人事务局，组织粤北第二人民医院支部、市中医院支部的医学专家，到武江区重阳镇水口村开展"关爱功臣送医送药"活动。10月11日，组织粤北医院总支、韶关学院医学院支部、乐昌市总支联合广州市委会广药集团基层委员会到乐昌市廊田镇开展"同心扶贫送健康"义诊活动，开展现场急救教学，向廊田镇各村卫生站捐赠一批药品和药箱，接受群众义诊咨询300多人次，赠送药品价值近6万元，现场发放急救知识和健康宣传资料400多份。11月15日，联合市卫生健康局、广东狮子会韶州服务队、中清服务队等15支服务队筹集25.4万元在省定贫困村南雄市乌迳镇响联村开展"狮爱灯光 点亮乡村"暨扶贫敬老、扶志助飞等综合扶贫服务活动，为该村捐赠安装100盏太阳能路灯，向16名困难家庭长者和20名困难家庭学生送上慰问金、助学金和慰问品。8月，农工党韶关市委联合农工党广东省委帮助曲江区8名农村贫困户初中应届毕业生免费就读肇庆医学高等专科学校。9—11月，联合农工党广东省委、广东省同心圆慈善基金会在曲江举办同心圆工程新一轮乡村医生培训，分三期对曲江区近100名乡村医生进行全覆盖培训。参与"99公益日"活动，为资助贫困乡村医疗项目捐款3831.48元。

（陈晓聪）

2020年12月19日，农工党韶关市委召开学习中共十九届五中全会精神暨2020年度工作总结大会 （陈勇胜 摄）

九三学社韶关市委员会

【概况】 2020年，九三学社韶关市委有7个基层委员会、31个支社，有社员414人，平均年龄48.9岁。其中，高中级职称308人，占社员总数74.4%，女社员158人，占38.2%，退休社员63人、占15.2%。2020年，九三学社韶关市委获九三学社中央2016—2020年社会服务先进集体，获九三学社中央王选基金会抗疫爱心奉献者纪念金币，获九三学社广东省委"新冠肺炎疫情防控工作先进集体"称号；陈汉飞获九三学社中央"抗击新冠肺炎疫情先进个人"表彰，罗海涛被评为第二次全国污染普查表现突出个人。

【思想建设】 2020年，九三学社韶关市委召开各类学习会议32次。9月，举行庆祝九三学社创建75周年暨基层组织班子成员学习培训大会。出版《韶关九三》2期，每月编发工作动态。向九三学社中央、九三学社广东省委及韶关政协、《韶关日报》等投稿43件。规范网站、刊物、微信公众号等宣传载体的发布程序。

【组织建设】 2020年，九三学社韶关市委监督委列席九三学社韶关市委主委会议和市委委员会议，开展对各基层组织的巡查督导工作，推进社内监督工作。加大对各基层组织工作的指导力度。下发《九三学社韶关市委员会支社年度工作目标管理考评试行办法》《九三学社韶关市委员会关于社费收缴、使用和管理的意见》和《九三学社韶关市委员会基层组织印章管理办法》。启动"九三之家"建设，年底前完成挂牌20家。完成基层组织换届工作。新一届基层组织班子平均年龄42.4岁；新当选委员56人，占46.7%；女委员50人，占41.7%；中级以上职称82人，占68.3%；行政副科级以上27人，占22.5%；本科以上学历113人，占94.2%。发展的30名新社员全部具有大学以上学历，高级职称率50%，平均年龄37.9岁。累计推荐11名骨干社员分别参加市民主党派新成员培训班、市党外中青年干部培训班。九三学社韶关市委及各基层组织走访慰问社内老领导、患病社员、80岁以上社员22人次。退休社员联谊会结合主题教育活动开展学习会、谈心座谈会、参政议政调研活动。各基层组织开展各类政治学习、参政议政、社会服务等组织活动130余次。

【社会服务】 2020年，九三学社韶关市委开展送医送药社会服务活动3次。6月，组织社员参与完成"广东扶贫济困日"捐款工作。赴翁源县桂竹村挂点帮扶贫困户，开展"访贫问效"活动。浈江三支社、供电支社、曲江支社合计捐赠1.2万元助学金。连续13年开展"九三生态林"创林和抚育工作。"韶关九三志愿者服务队"为韶关市"乡村健康快车"开展宣传工作。在抗击新冠肺炎疫情中，集体和个人捐款捐物累计14.48万元。166位社员在医疗救治、社区排查、疫情宣传、复产复工、建言献策等方面积极作为。为韶关市33名一线抗疫医务人员提供免费飞秒摘镜治疗手术，投入59.4万元。

【参政议政】 2020年，九三学社韶关市委主要领导及社员参加中共韶关市委、市人大、市政府和市政协组织召开的专题协商会、专题议政会、对口协商会、情况通报会、征求意见座谈会、无主题议政会以及各种调研、视察、监督活动65人次。10月，专职副主委谢勇参加市委专题协商会及"两代表一委员"征求对中共韶关市委十二届十二次全会报告意见座谈会，提出"打造一批网红打卡地"和"点亮研学基地"的建议被中共韶关市委采用并写入全会报告中。召开参政议政工作会议5次，实行参政议政课题招标工作。在大数据运用、粤北医疗高地建设、污染防治、脱贫攻坚、产业转型升级、天然气使用等7个重点课题开展调研，完成参政议政调研报告9篇。在十三届全国人大三次会议上，全国人大代表潘丽梅提交《关于促进环保产业发展的建议》。在2020年市"两会"期间，九三学社韶关市委及各市人大代表、市政协委员提交建议及提案28件，其中社韶关市委集体提案《关于发挥生态资源优势，培育"科普研学"新业态的提案》、罗元月委员《关于加快推进我市城市垃圾强制分类处理的提案》和罗伟委员《关于发展韶茶公共品牌的提案》等3件提案入选市政协2020年重点提案。集体提案《关于加强我市市区扬尘整治工作的提案》《关于加强政务诚信建设，进一步优化营商环境的提案》、郑立军的《关于促进我市民宿业健康发展，打造乡村旅游精品名片的提案》、罗元月的《关于完善浈江工业园基础设施及公共服务设施建设的建议》、陈昉的《关于加快建设丹霞山科普小镇，深入推进乡村振兴的提案》、罗伟的《关于进一步加快我市成立、完善和发展业主委员会的提案》等6件提案被表彰为2019年市政协优秀提案。向九三学社中央、九三学社广东省委、市政协和市委统战部提交信息110篇。社员中有全国人大代表1人，市人大代表4人，市政协委员15人(副主席1人、常委5人)，县级人大常委会委员5人、县级政协委员26人(副主席1人、常委4人)。

【韶关市"乡村健康快车"行动】 2020年，九三学社韶关市委、韶关市卫健局联合中华健康快车眼科中心(韶关市铁路医院)开展韶关市"乡村健康快车"行动。帮助韶关市、南雄市、乐昌市、翁源县、始兴县637名贫困白内障患者免费实施手术治疗，做到"零感染、零事故、零投诉"的安全目标。对曲江区2619名建档在册的糖尿病患者进行免费糖网筛查。发动包括市政协港澳委员、商会、协会、九三学社社员等在内的各界爱心人士和社会团体捐款53.15万元，其中各基层组织募集捐款16.14万元。有17个基层组织为"乡健"募捐款项。

(成志军)

韶关市工商业联合会

【概况】 韶关市工商业联合会成立于1954年5月26日，简称"韶关市工商联"，又称"韶关市总商会"。至2020年，共经历十四届执委会。2020年11月，韶关市工商联召开第十四届第五次执委会议。

【非公企业和非公经济人士学习教育】 2020年6月12日，韶关市工商业联合会组织市非公企业和韶关市异地商协会代表30余人集中学习习近平总书记在全国"两会"上的重要讲话精神。11月，组织1名民营企业家和3名民营经济人士参加省委统战部和省工商联在井冈山干部教育学院举办的"年轻一代民营经济人士培训班暨全省优秀民营企业家培训班"。推荐韶关市龙韶实业有限公司、广东自由能科技股份有限公司的优秀员工代表2人获评"韶关市劳动模范"，推荐韶关金喆园生态农业有限公司获评"2020年韶关市先进集体单位"，广东自由能实业科技有限公司总经理杨青坡被评为"广东省劳动模范"。

【参政议政】 2020年，市工商联拟出《关于我市民营企业在疫情中面临的困难问题和应对建议意见的报告》上报市政府，反映广大民营企业在疫情下复工复产面临的7个急需解决的共性问题，从信息发布、防控要求、金融服务等方面提出4项应对措施的建议，为市政府出台《韶关市人民政府关于应对新型冠状病毒肺炎疫情支持企业复工复产的若干政策意见》提供依据和参考。向市政府反映企业诉求，报送《韶关市民营企业疫情扶持调查分析》，先后向市政府办政务信息科反映企业诉求3个，得到市政府高度重视。10月16日，在2020年广东省省长督办省政协重点提案办理工作暨中小企业座谈会上，参加座谈会的市工商联常委杨青坡面对面向省长马兴瑞汇报，疫情期间他们收到优惠补贴300多万元，得到省长的点赞。

【助力企业复工复产】 2020年1月27日，市工商联向全市民营企业发出《关于做好新型冠状病毒感染的肺炎疫情防控工作的通知》和《致广大韶商的倡议书》，动员广大民营企业参与打赢疫情防控攻坚战。组织专门人员收集整理各地、各会员企业捐资助物参与疫情防控的情况，进行动态管理更新，通过微信公众号和微信工作群进行公示。疫情期间，发动市属民营企业108家、非公经济人士79人、商协会66个，捐款419.59万元、捐赠抗疫物资价值1000多万元。民营企业从调配社会资源、防疫产品生产、提供社会服务等方面参与疫情防控。成立暖企小组，走访重点企业，了解疫情防控和企业复工复产情况。走访规模以上企业20家、中小微企业18家、商会组织5家，并将《企事业单位复工复产疫情防控措施指南》《机关、企业及工厂复工复产防控新冠肺炎工作指引》及国家、省、市各级政府出台支持企业复工复产举措和惠企纾困措施等资料推送给民营企业。在市工商联微信公众号中推送《中央及广东支持企业抗击疫情和复工复产政策文件汇编》。与韶关市红日职业培训学校联合开展《疫情下企业复工复产指导员线上系列课程》网上培训，部分企业家和企业管理人员523人参加网上培训，1332人次收看培训课程。与市金融局、省交通银行、中国邮政储蓄银行等金融机构联系，给会员企业搭建融资平台，帮助解决疫情下企业资金需求。市工商联向全国工商联推荐韶关凯鸿纳米材料有限公司、广东硕成科技有限公司、广东自由能实业科技有限公司、翁源县仙邑兰花生物科技有限公司等18家创成型中小企业，入库全国工商联创新型企业数据库。5月14日，联合韶关市司法局等部门主办“为民营企业‘法治体检’暨企业复工复产座谈会”，现场解答企业遇到的被拖欠工程款、劳动用工、合同签订等方面的相关法律问题。7—8月，开展新增财政资金惠企情况专项调研，了解疫情以来，社保减免、返还，减免增值税等14项面向民营企业新增财政资金落实落地情况，反馈企业发展“最后一公里”存在的问题，研究提出政策建议。9月8日，组织召开“民法典”宣讲会，100多人参加。同月，配合全国工商联开展2020年度营商环境评价调查，了解韶关市营商环境的整体状况，收集整理民营企业生产经营中的需求和困难，统筹推进疫情防控和经济社会发展。10月27日，联合市检察院为会员举办“服务六稳六保护航民企发展”检察开放日活动。

【加强非公经济组织党建】 2020年，市工商联集中开展省工商联执委和市工商联副会长以上企业党建工作摸底调查。全市有100家工商联会员企业建立党组织，其中市级企业40家，县级企业60家。通过摸底调查，建立完善党建工作台账，并实行动态更新。其中，通过推荐，丽珠集团利民制药厂党委被定为广东省非公有制经济领域党建工作示范点。省委统战部、省工商联将广东东阳光科技控股股份有限公司党委作为党建工作直接联系点；省非公经济组织党委将丽珠集团利民制药厂党委作为直接联系点；市非公党委将广东鸿源众力党委、市悦俊工程监理有限公司党支部、广东冀春劳务派遣有限公司党支部、市卓兴药业有限公司党支部、市童氏电源科技有限公司党支部、广东苏氏控股集团有限公司党支部等6个非公党组织纳入直接联系点。11月，组织全市非公企业和商协会党建工作代表赴东莞市开展非公党建交流学习活动，学习东莞优秀商会和优秀非公企业在党建方面的经验做法。

【基层组织建设】 2020年，市工商联党组通过推荐、考察，会议研究并报市委统战部同意，拟增选8名执委、补选9名常委、增选4名副会长。制定《2020年“五好”县级工商联建设工作实施方案》，到各县(市、区)工商联和各地商会调查研究，确定培育对象，进行具体指导。9月8日，召开全市“五好”县级工商联和“四好”商会建设工作推进会，推动评先创优活动引向深入。会员管理系统样板企业数量增加近60%，由年初56家增加到89家，超额完成任务，全年完成填报270份，填报率都在90%以上。韶关市工商联、翁源县工商联、韶关市曲江宏基电源科技有限公司被评为“全国工商联2019年度民营企业调查点工作示范单位”。全市有7个县级工商联先后被评定为全国“五好”县级工商联，并实现省“五好”县级工商联全覆盖；有10个商会被评定为省“四好”商会。通过考察选拔，推荐韶关市江西商会、翁源县青年商会参加全国“四好”商会评选。10—11月，分别赴珠海市、清远市、东莞市协调推动韶关商会的成立。清远乡贤召开2次筹备会议，东莞韶关商会基本筹备完毕。

【光彩事业】 2020年，市工商联联合市个私协会向全市发出《关于适度减免各类经营主体租户租金的倡议书》，得到响应。1月，市工商联党组书记翁良方带队，到浈江区车站社区、大塘路社区走访慰问13户困难群众，送去节日慰问金。7月，组织市大世界家具直销广场总经理刘楚江等企业代表到市武警支队走访慰问武警官兵，并送去慰问金和慰问品。从2020年年初开始，先后到翁源等县(市、区)工商联指导“万企帮万村”乡村振兴工作，重点指导翁源县和仁化县两地。其中武江区工商联动员会员企业参与武江区推进农村人居环境整治建设生态宜居美丽乡村打擂比武活动，动员会员企业40余家捐款捐物139余万元用于武江区生态宜居美丽乡村建设。 (赵伯佬)

群众团体

韶关市总工会

【概况】 2020年，韶关市总工会履行维权服务职责，加强职工思想政治引领，抗击新冠肺炎疫情，助力经济社会发展。全年举办各类“中国梦•劳动美”主题宣传教育和宣讲活动100多场次，2万余名职工参加，推动习近平新时代中国特色社会主义思想进企业、进车间、进班组。举办韶关市劳动模范（先进工作者）和先进集体表彰大会，表彰全国、省、市三级劳动模范（先进工作者）和先进集体，弘扬劳模精神。全市基层工会累计7306家，涵盖单位3.1万家，工会会员70.53万人，农民工会员24.83万人。市、县两级工会共安排本级经费295.8万元，做好全市防疫一线人员及广大职工的关爱慰问工作。乳源瑶族自治县、新丰县、浈江区新工人文化宫相继竣工并投入使用。推进粤工惠APP工作，注册人数15万人。韶关市总工会获2020年广东省工会工作一等奖。

【劳动竞赛】 2020年，市总工会开展产业工人“大培训、大学习、大比武”活动，各级各类“职工发明家”“技术创新标兵”“职工技术创新能手”成为建设韶关的优秀人才。全市各级工会开展劳动竞赛3761项，参赛工程项目107个，参赛职工13.5万人次；职工职业技能参赛工种67个，参赛职工8万人次，产生发明创造专利702项，其中1041名职工通过岗位练兵、技术培训、技能竞赛活动提升技术等级。

【劳模工作】 2020年，市总工会组织省级新闻媒体记者对韶关市劳模工匠进行采访报道。以“当好主人翁•建功新时代”为主题，开展“五一”“十一”劳模网上微访谈活动。在韶关工会微信公众号等工会宣传阵地，推出弘扬劳模精神专题，营造良好氛围。恢复韶关市劳动模范和先进集体评选表彰活动。弘扬劳模精神、劳动精神、工匠精神，通过韶关市劳动模范先进工作者和先进集体表彰大会、韶关工匠座谈会、劳模工匠先进事迹展览、劳模工匠精神进校园进企业、“当好主人翁•建功新时代”劳模工匠视频微访谈等活动。创建劳模工匠创新工作室，打造“展示+交流+培训+竞赛+服务”的创新工作集聚平台。市创建各级各类劳模工匠创新工作室111个（其中全国行业级1个、省级9个，市级58个）。推荐、评选全国劳动模范（先进工作者）5名；广东省劳动模范（先进工作者）17名，省先进集体5个；韶关市劳动模范（先进工作者）60名，市先进集体30个。

【职工权益维护】 2020年春节前夕，市、县（市、区）两级总工会开展“致敬劳动者•温暖回家路”暖流行动，筹集资金40多万元，服务返乡务工人员3万多人次。各级工会深入基层、厂矿、社区、车站，开展“送万福，进万家”活动，为职工群众送春联送祝福。全市工会元旦春节期间送温暖慰问活动累计投入慰问金超1300万元，慰问劳动模范、困难职工及一线职工等2.5万。开展“夏送清凉”活动，市县两级工会累计投入资金200万元，分别走访慰问城管、环卫、交警及部分重点行业的一线高温岗位干部职工。与市人社部门联合开展工资支付检查和用工检查，从源头上加强对欠薪隐患排查和监控力度。调解劳动争议案件10件，预防化解劳动关系领域重大风险。巩固深化工会法律顾问工作，确保一个县（市、区）一个工会法律顾问团队，代理9件劳动争议仲裁和诉讼案件，为职工挽回损失（含追讨欠薪）195万元。采取措施，以工会律师团队成员、各县（市、区）总工会干部和企业工会干部736人组成专职集体协商指导员，推动韶关市工资集体协商工作开展。全市参保人数10.6万人，参保金额1056万元，受理赔付4906人，理赔金额797.5万元，提升职工会员医疗保障水平。为女职工进行“两癌”筛查免费体检400人次。

【职工文化活动】 2020年，市总工会邀请南粤工匠、韶关工匠到技术院校举办“传播工匠精神•培育明日工匠”主题宣讲活动。乳源瑶族自治县、新丰县、浈江区新工人文化宫相继竣工并投入使用，争取省总工会补助资金2400万元，市总工会配套补助

600万元。举办“劳动者杯”职工篮球赛、围棋、象棋比赛，与市妇联联合举办全市广场舞比赛。

【职工帮扶济困】 2020年，市总工会推动解困脱困工作融入全市脱贫攻坚大局，实现解困脱困工作精准化、常态化、长效化。4月，市总工会十七届六次全委会议审议通过《关于决战决胜城市困难职工解困脱困攻坚战确保同步迈入小康社会的决定》。截至2020年年底，累计有8111户2.15万人通过工会帮扶实现解困脱困，解困脱困工作走在全省前列。在2020年召开的省总工会十四届二次全委会议上，市总工会作经验交流发言。韶关市困难职工解困脱困工作通过全国总工会委托的第三方评估验收，得到省总工会肯定评价。开展消费扶贫工作。鼓励全市各级工会，通过会员爱心助销等方式，助力全市打赢脱贫攻坚战。截至2020年年底，各级工会累计参加消费扶贫2.49万人次，消费金额近3000万元。

【工会助力企业抗疫复产】 2020年，韶关市、县两级工会安排经费295.8万元，做好全市防疫一线人员及职工的关爱慰问工作。对韶关市驰援湖北的31名医务人员家庭组成“一对一”或“多对一”的帮扶服务小组进行上门慰问服务。组织驰援湖北的医务人员到省劳模疗休养基地开展疗休养活动。配合工信、人社等部门，支持各行各业复工复产，市总工会安排13万元对韶关市12家生产防疫器材用品的企业一线职工进行慰问。执行中小微企业工会经费支持政策，2020—2021年，对小微企业实施经费全额返还，对困难中型企业工会进行补助。截至年底，全市小微企业工会经费累计返还945.95万元，困难企业工会经费累计补助80.84万元。在疫情期间，市总工会安排资金98.6万元，慰问493户在档困难职工，帮助受疫情影响的困难职工家庭解决生活困难。做好疫情防控期间劳资纠纷隐患排查和调处工作。组织动员各级工会党员干部到社区农村、交通卡点、客运站点、高速路口等场所参与疫情防控工作，促进疫情防控工作落实。

【基层工会建设】 2020年，市总工会开展“广普查、深组建、全覆盖”集中行动，推动企业普遍建立工会组织。做好《关于进一步加强“党建带工建、工建服务党建”工作的实施意见》的贯彻落实，推动形成党建和工建优势互补、同步联动、相互促进的工作模式。推进民主建会和发展会员工作，在网约车司机、货车司机、外卖送餐员、劳务派遣工等“三新”领域群体建会入会工作方面取得进展。对全市118个乡镇（街道）和园区工会下拨经费补助958万元，采取省、市、县三级总工会配套补助形式，在全市招聘116名社会化工会工作者，充实基层工作力量。做好“三个一批”建设工作，推动工会在支持企业复工复产，化解劳资纠纷、协调劳动关系、促进社会稳定中发挥作用。推进“粤工惠”APP工作，完成工会会员实名认证15万人。翁源县、乐昌市总工会困难职工解困脱困工作成效明显，南雄市总工会“粤工惠”APP推广应用工作亮点纷呈，仁化县总工会劳动竞赛活动深化，曲江区、始兴县总工会经费收缴工作加强，武江区总工会社会化工会工作者队伍管理有新举措。

（吴柳亭）

共青团韶关市委员会

【概况】 2020年，韶关市团员人数12.7万人，团干人数（含挂兼职）1.49万人，本级及下级团组织7184个，其中基层团委300个，基层团工委36个，团总支177个，团支部6671个。志愿者人数62.18万人，参加活动的志愿人数32.08万人，韶关志愿者服务发展指数排名全省第三。

【青年学习教育】 2020年，团韶关市委召开习近平总书记“五四”寄语精神座谈会；举办韶关市中学“青马工程培训班”；开展学习习近平总书记致少年先锋队建队70周年贺信、“六一”寄语和致全国八少贺信精神等少先队主题教育实践活动；开展“绽放战疫青春 坚定制度自信”“红领巾致敬逆行先锋”等主题团、队日活动；开展“青年抗击新冠肺炎疫情故事分享会”“我的青春超精彩”等优秀青年典型先进事迹宣讲；开展韶关市“青少年传承红色基因”志愿宣讲行动，组建市县两级宣讲队11支、宣讲员500余人，面向粤港澳大湾区游客及全市大中小学生研学团开展党史学习教育常态化宣讲。开展“2020清明祭英烈”“五四精神 传承有我”“我与祖国共成长”主题线上活动，覆盖青少年50万余人次。深化全市“青年大学习”行动，做大做强“韶关青年论坛”“韶关青年读书会”“青读计划”“青年宣讲团”等学习品牌。

【团组织建设】 2020年，团韶关市委对全市团员常态化动态化管理实现全覆盖。充实基层团干力量，从全国选派382名优秀韶关籍大学生到10个县（市、区）、108个乡镇（街道）兼职团委副书记或组织干事，以一年为周期参与基层党政中心工作。落实“全团抓学校”战略部署，启动团教工作联席会议制度，抓好中小学团队工作队伍建设，推出韶关市中学共青团网络教研精品课程21个，实现中学共青团和少先队组织人员全覆盖，试行各县（市、区）总辅导员、校级大队辅导员考核持证上岗制度，逐步实现大队辅导员全部持证上岗。

【青年志愿服务】 截至2020年年底，韶关市注册志愿者62.18万人，占常住人口20.52%，参加活动的志愿者人数32.08万人，占全市注册志愿者51.6%，累计组织5.93万次志愿服务活动，累计志愿服务时长3697万小时。组织市直各单位、党员服务队、企业、其他志愿服务组织在主要交通路口开展交通文明劝导活动，全年开展文明交通志愿服务活动参与志愿者2.14万人次，服务时长6.41万小时。建成区社区建立学雷锋志愿服务站112个，社区志愿者有3.3万人，累计服务时长17万小时，其中党员志愿者有6万人。在帽峰公园、中山公园、森林公园、步行街口及南华寺设立5个善美亭，常态化开展志愿服务活动，全年参与善美亭志愿服务志愿者 3900 余人次，服务群众 3.2 万人次。开展“整治车窗抛物·提升文明交通”志愿服务，活动为期 32 天，参与志愿者 1624 人次，服务时长 4872 小时。开展文明旅游宣传引导行动，发动旅游志愿者 2 万人次，服务游客近 30 万人次，发放旅游宣传手册、安全手册、文明旅游提示手册等 8 万余册。12 月，团省委、省志愿者联合会首次发布广东志愿服务发展指数及全省排名情况，韶关市志愿服务发展指数排名全省第三。

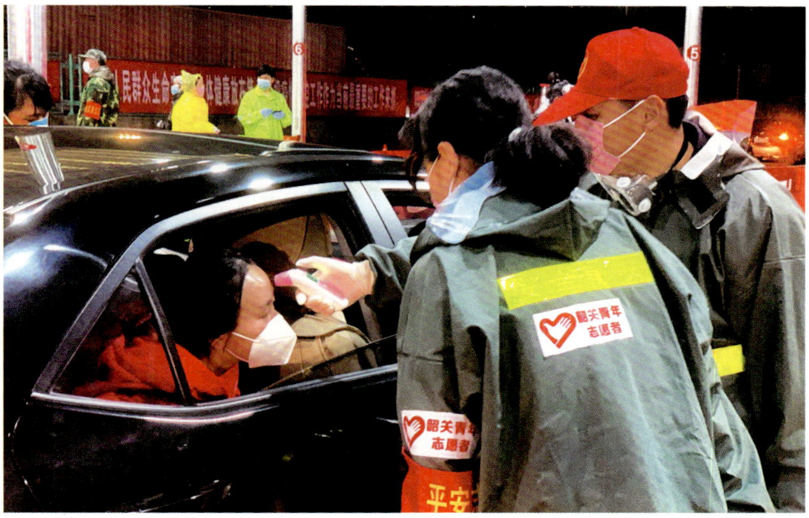

2020 年 2 月 2 日，团市委组建韶关市战“疫”青年志愿者突击队增援粤北检查站，为入粤旅客进行体温检测
（团市委　供）

【青少年人才服务】 2020 年，团韶关市委组织 100 余名韶关籍大学生开展“践行新思想　建设新韶关”社会实践主题系列活动，鼓励动员大学生情系家乡、建设家乡。实施“领头雁”农村青年人才培养工程，以“线上+线下”方式培养农村致富带头人 200 人，助力乡村振兴行动。组织动员青科协会员、韶关学院师生代表开展青年科技人才下乡暨“韶关青年看脱贫”活动，各县（市、区）团委组织青年科技人才开展“智能生活，战胜疫情”“微光护童”“青爱同行”“服务百姓健康行动”等服务乡村振兴主题活动。实施新生代产业工人“圆梦计划”，与韶关学院、西安电子科技大学达成合作，录取并资助 100 名新生代产业工人在职接受专、本科高等教育。组织 600 余名大中专学生志愿者开展暑期“三下乡”社会实践活动，参与全市疫情防控、生态文明建设、治安联防、关怀慰问等各类型活动 3 万人次。举办“善美缘聚·情定韶城”丹霞英才“七夕”专场交友联谊活动，200 名“丹霞英才”现场参加活动。

【青少年为社会服务】 2020 年，团韶关市委组建 21 支疫情防控青年突击队，其中，韶关抗“疫”青年志愿者京珠高速粤北检测站突击分队 1 小时内招募 80 名志愿者驰援粤北检测站，连续 15 天支援一线，344 名青年志愿者参与粤北站入粤旅客体温检测、信息登记等工作，检测车辆 3.67 万辆，获全国抗击新冠肺炎疫情青年志愿服务先进集体、广东省五四青年奖章集体奖（全省 28 个，非医疗系统有 4 个）。组织各级团组织开展 317 场巡河护河志愿活动，组建“河小青”志愿队伍 503 支，建立“护河 U 站”、青少年环保实践基地等护河志愿服务基地 36 个，覆盖青少年 21 万人。开展预防青少年违法犯罪工作，实施韶关市“失学、失管、失业”青少年帮扶教育项目，对韶关市辖三区“三失”青少年开展法制教育、亲子教育、禁毒教育等服务。实施“伙伴同行”项目，对全市 135 名社矫青少年进行建档、电访 1130 人次和上门探访 675 人次。推进落实韶关市“善美心房”青少年心理服务项目，新招募 70 名持证心理服务志愿者成立专家团队，新增建成曲江图书馆、乐昌监狱 2 个“善美心房”服务站。开展韶关市“全民禁毒·志愿同行”禁毒志愿服务服务“九个一工程”，组建禁毒志愿者 9.49 万人，开展“健康人生，绿色无毒”等禁毒主题活动 15 场，覆盖 5000 人次，获“广东省最美禁毒团队”称号。开展第十三届韶城会亲活动，整合社会资金 20 万元，资助相对贫困家庭学生 200 人。实施新时代广东乡村青少年健康成长“两帮两促”行动，为全市 261 名相对贫困家庭学生提供学业、就业、体质健康和心理健康帮扶服务。

2020 年 8 月 25 日，团市委联合市人社局在碧桂园凤凰酒店国际厅举行韶关市 2020 年“善美缘聚·情定韶城”丹霞英才“七夕”专场交友活动
（团市委　供）

【青年文明号创建】 2020年，团韶关市委组织开展韶关市青年文明号（战“役”专项）集体评选活动，择优评选14个市级青年文明号（战“疫”专项）。有13个先进集体获第二十届“广东省青年文明号”称号。疫情防控期间，全市58个青年文明号集体投入疫情防控阻击战中，服务时长超5万小时。

【青年就业创业】 2020年，团韶关市委跟踪建档立卡青少年中有就业及技能培训需求187人，申请就业补助金14.96万元。推进“千校万岗”行动，依托韶关市各级团组织、高校团干对家庭经济困难大中专毕业生建立“一对一”“一对多”的结对帮扶机制，在职业规划、技能培训、见习实习等方面，为帮扶对象提供就业服务，开展“两帮两促”“千校万岗”招聘会20场次，参与企业800多家，开发岗位数2500余个，实现“结对帮扶”就业278人。推进“展翅计划”大学生就业创业能力提升行动，发动全市146家企业、单位、社会组织等，为大学生提供2040个实习、见习岗位，完成率136%。 （苏彩婷）

韶关市妇女联合会

【概况】 2020年，韶关市有市、县、乡、村四级妇联干部1.9万人，其中市级妇联干部25人。有村、社区（居委会）妇联组织1441个，机关事业单位妇女组织42个。市级妇联团体会员20个，其中在民政部门注册2个。在企业和“两新”组织中建立妇女组织7个。累计组建广场舞队伍472支。

【妇女政治学习宣传】 2020年，市妇联各级妇联开展宣讲活动263次，参加人次近5万人。特别邀请全国妇联干部培训学院院长刘利群到韶关宣讲习近平总书记在联合国大会纪念北京世界妇女大会25周年高级别会议上的重要讲话精神。被中国妇女报社授予“2020年度全国妇女宣传舆论阵地建设先进单位”称号。

【妇女先进典型树立】 2020年，市妇联开展寻找“最美巾帼逆行者”、“致敬，广东最美她力量”、评选2020年“韶关市十大好军嫂”等系列活动。评选命名包括支援湖北医疗队女医护人员先进典型在内的87名韶关市三八红旗手、25个韶关市三八红旗集体、42个韶关市巾帼文明岗。推荐2名先进女性为全国三八红旗手，5名先进女性、3个先进集体为省三八红旗手（集体），6个先进岗位为广东省“巾帼文明岗”。推荐乳源新村村巾帼志愿者阳光站成为全省唯一一个村“巾帼志愿阳光站”全国试点站。宣传一线女医护人员和各行各业妇女拼搏奋战的故事，拍摄播放公益宣传片5条，相关工作经验在全国妇联、省妇联、韶关发布、《韶关日报》等刊登437篇（次），市妇联第一季度信息工作获省妇联通报表扬。

【妇女助力抗疫】 2020年，市妇联开展“您家的菜我来送”“您家的活我来干”关爱广东医疗队队员家庭公益活动，为全市31户援鄂医疗队员及其家庭配送新鲜蔬菜500多人次，提供公益保洁服务40次。通过争取中国社会福利基金会战疫天使守护计划关爱项目等筹措爱心物资、资金价值约40万元。实施开展“爱•回家”公益活动，为一线医护人员提供强身健体，舒缓心理压力等关爱服务。开展“抗疫情我同行”——广东妇女守护家园志愿服务活动、“您有需 我就在”心理援助行动，为上千名群众提供心理援助服务。

【妇女儿童发展规划贯彻落实】 2020年，市妇联组织开展市、县两级妇儿发展规划年度统计监测工作。协助市妇儿工委召集市教育局、市公安局、市民政局、市卫生健康局等13家成员单位召开全市妇女儿童发展规划重难点指标攻坚研判会，逐项研究推进重难点指标的具体措施，形成《会议纪要》，下发至各县（市、区）妇儿工委及市妇儿工委各成员单位进行工作指导。下发《关于推进妇女儿童发展纲要规划（2011—2020年）指标如期达标的提醒函》，建立定期提醒督促机制，督促各有关单位抓好固强补弱和短板指标冲刺清零工作。协助市妇儿工委领导组成3个调研组，分赴各县（市、区）进行调研督导，确保规划如期达标。开展新规划编制专题调研工作，开展2021—2030年新十年妇女儿童发展规划编制需求调研工作，形成调研报告，为新十年规划编制做好准备。

【妇女组织建设】 2020年，市妇联实施县级妇联组织建设“破难行动”，做好推动女性进村（社区）“两委”和村（社区）妇联同步换届、村妇女小组长示范点项目等工作。以“巾帼驿站——党建带妇建，带红一片天”为主题的项目，在全市第四届机关工作创新创优现场竞赛中，获服务中心类二等奖。市妇联创建20个市级“妇女之家”示范点和28个广东省第四期“妇女之家”示范点；先后成立市消防救援支队妇委会、韶关新区妇女联合会、华南装备园妇女委员会；打造巾帼驿站工作品牌；创建110个“妇女微家”。

【妇女干部成长成才】 2020年，市妇联开展市、县级女领导干部配备情况统计工作，建立市妇女干部人才库，向上级妇联和组织部门汇报，推动加强女干部培养力度。举办韶关市女干部“传承红色基因 助力乡村振兴”主题培训班、广东省县级妇联主席培训班（韶关市）等81场，全市部分处级女领导干部、县（市、区）妇联主席及各界优秀妇女代表5210人次参加。

【创业创新巾帼行动】 2020年，市妇联组织开展全市妇女创业培训需求调查，收集调查问卷1.08万份，并形成调查报告。印发《关于深入开展2020年韶关市巾帼家政服务专项培训工程的通知》等，参与“广东技工”“粤菜师傅”“南粤家政”三项工程建设。各级妇联举办2020年韶关市妇女电商创业培训班等127期次，线上线下培训人数超2万人。举办“把爱带回家——广东省助力消费扶贫推动妇女创业就业公益行动”走进韶关工作推进会暨妇女创业技能培训班，邀请58优品控股集团副总裁、播客大学商学院教师，为全市100多名妇女免费提供直播带货技能培训。与市农业农村局联合命名12个韶关市巾帼创业示范基地。

【巾帼精准脱贫行动】 2020年，市妇联印发《韶关市妇联关于“巾帼精准脱贫行动”工作方案》，由各县（市、区）妇联摸排韶关市建档立卡贫困户中未脱贫的妇女及儿童情况，分类施策开展帮扶。开展消费扶贫，举办“与爱同行——‘630’广东扶贫济困日韶关市妇联助力脱贫攻坚和乡村振兴直播带货活动”和培训及“把爱带回家——走进韶关”助力消费扶贫直播带货活动，汇聚韶关市农特产品70多种，上架各县（市、区）妇联推荐的助农产品130多种，直播观看人数超313万人次，活动期间销售额近80万元。在广东省“把爱带回家——走进韶关”助力消费扶贫直播带货活动中，韶关市妇联获活动优秀组织奖。发放妇女小额担保财政贴息贷款144笔，金额991万元，市2017—2019年妇女小额贷款工作被省妇联通报表扬。

【家庭文明建设】 2020年，市妇联引导家庭开展“清洁卫生我先行”“绿色生活我主导”“家人健康我负责”“文明家风我传承”四大行动，

市委常委、统战部部长颜珂为先进典型授牌　　（市妇联　供）

打造“四美家庭”。举办“家越美　粤幸福”美丽家园示范点现场培训交流会，指导各个示范点铺开“家越美　粤幸福”美丽家园建设工作。创建完成100个“美丽家园”示范村、500个“美丽家园”示范户，形成“市部署——县（市、区）统筹——镇街指导——村创建——农户参与”的建设矩阵。实施“善美韶关　家家幸福安康工程”，开展“传承弘扬好家教　好家风行动”，印发《韶关市忠诚立家风行动方案（2020—2022）》，韶关市被省妇联列为“忠诚立家风行动”试点市，开展忠诚立家风、家和万事兴、立德育新人、书香飘万家、绿色进我家等5项行动，落实20项具体措施。助推注重家庭家教家风建设纳入党校主体班次党性教育教学课程。开展寻找“最美家庭”、评选“书香之家”“平安家庭”创建活动，评选市级平安家庭示范户100户、书香家庭49户、“最美家庭”20户，推荐1户“全国抗疫最美家庭”、1户第十五届广东“十大优秀书香之家”，创建6个省级家庭文明建设示范点，30个“平安家庭”创建活动示范村（社区），6个“家风家训实践基地”，韶关市广府人家训馆被命名为“广东省首批家教家风实践基地”，创建“星级文明户”累计1.94万户。建立“好家庭信用贷”等激励机制。出台《韶关市家校共育工作方案》，完善常态化疫情防控下的网络、学校、社区等家长学校建设。做好迎接全国、省家庭教育五年规划终期评估工作。开展家庭教育大讲堂进村居、传承弘扬好家教好家风主题宣传进村（社区）、“书香飘万家”亲子阅读等线上线下活动，实施“父母成长计划”，开展家庭教育队伍培训，举行“看见幸福‘阅’出梦想”2020韶关市“4·23”世界读书日亲子线上共读半小时打卡活动等，举办活动500多场，近4万人参与，派发宣传资料超10万份，当地家长的知晓率和参与率90%以上。

2020年8月2日，韶关市妇联主席汪波（中）为韶关市首批家风家训实践基地授牌　　（市妇联　供）

【妇儿权益维护】 2020年，市妇联举办全市妇联系统维权干部及志愿者培训班，组织《基层妇联组织维权工作手册（试用）》和《婚姻家庭纠纷调解工作指南（试行）》维权业务专题

学习活动，培训全市婚调委工作人员60余人次。通过购买社会服务的方式，实施“女童保护、预防化解婚姻家庭矛盾纠纷”“婚姻家庭法律援助、调解服务”等专项服务项目。各级婚调委受理婚调案件125件。是年，市妇联开展“关爱女童，护苗成长”主题宣传教育工作，开展特殊妇女儿童排查建档工作，建立关爱帮扶长效机制，各级妇联探访重点儿童1.6万人次、重点妇女2.11万人次，重点家庭1.36万次。各级妇联系统接待来信来访来电1472宗，支持基层妇联干部参与代理妇女法援案件9件，为妇女儿童争取经济利益价值约70万元。开通“您有需 我就在”心理咨询热线，为上千名妇女群众提供帮助，各级妇联开展普法宣传活动2536场，受益群众51.8万人次，编印发放禁毒宣传资料上百种10万余份。广东省妇女维权与信息服务站（韶关站）获省项目优秀团队奖；禁毒工作被广东省禁毒委员会办公室授予“全省全民禁毒工程先进集体”称号；市妇联在韶关市“我与民法典有个约”主题演讲比赛中，获团体优秀组织奖，选送的《一部民法典 幸福你我他》获个人二等奖。

【妇女儿童关爱帮扶】 2020年，市妇联链接价值236万元的爱心资源，组织慰问740户困境妇女儿童和家庭，救助困境群体1万多人次。开展“把爱带回家”系列活动之春节“走基层、送温暖”慰问活动等。推进单亲特困母亲安居工程，第一期35户家庭援建项目通过验收入住，第二期17户家庭加快建设；全市35户家庭纳入农村困境家庭援建房屋公益项目；筹集资金开展全市农房建设和卫生健康培训。与市扶贫办等部门推动“童•奔康”——广东省关爱贫困地区儿童决战脱贫攻坚公益行动，为308名14周岁以下建档立卡贫困儿童购买“守护成长保险”。链接到中国人寿保险股份有限公司韶关分公司等的爱心捐赠，为困难妇女购买“两癌”公益保险8.5万份，总保费85万元。是年，韶关市提前完成100%覆盖城乡建设儿童之家的目标，“善美儿童之家”为留守儿童开展自然科普课、安全教育等常规活动、主题活动及特色活动1340多场，惠及2.4万名农村留守儿童。 （李红艳）

韶关市科学技术协会

【概况】 2020年，韶关市科学技术协会（简称市科协）所属学会、协会和研究院20个（含科技局下属2个）。完成自然科学课题申报评审工作，有5个课题立项。

【科普活动】 2020年1月6—10日，市科协联合市委组织部、团市委、市教育局、市政协港澳台侨联络委、市青年联合会、澳门科学馆、韶澳青年协会主办，市科技馆、市青少年宫及各县（市、区）科协、教育局在韶关市承办“科学原来很近”韶澳青少年科普教育交流活动，活动覆盖武江区、浈江区、曲江区、南雄市14所学校和市科技馆。5月，联合丹霞山管委会举办丹霞山科普抖音大赛。超7000人参加活动，收到1500多个作品，“科普丹霞”累计话题播放传播量560万次以上。6月11日，在韶关芙蓉山国家矿山公园开展韶关市“全国科技活动周、防灾减灾日”暨“广东省科技进步活动月”主场活动。吸引近200名群众参与。6月29—30日，在仁化县开展“科普助力两个中心建设”业务培训。分别到乳源瑶族自治县、仁化县、始兴县和曲江区开展科普活动。8月，联合广东科学馆、广东科技报社等相关单位组织开展韶关市2020年全国科技活动周暨“科普助力两个中心建设”科技志愿服务活动下农村、进社区系列科普活动。活动内容有“广东省最美科技工作者”事迹巡展、省科普大篷车巡展、创意航模表演体验、广东省科普讲师团专家科普讲座、韶关市科技馆科普互动体验展等项目。9月26日，市科协、市科技局联合全民科学素质领导小组各成员单位，在百年东街婚庆广场举行“2020年韶关市全国科普日‘迎国庆——科普嘉年华’主场活动”。活动以“决胜全面小康，践行科技为民”为主题，500人参与。各县区科协同步组织开展主题活动，合计开展各类活动27场，约3200人次参与，发放宣传资料2800多份。10—11月，组织开展“韶关科普大讲堂——2019年中国科学院老科学家科普演讲团韶关行”。10月，4位老科学家讲师团开展3天20场巡讲活动，受众人数5131人；11月，2020年院士广东校园行（科普报告）活动，6位老科学家开展2天24场巡讲活动，受众1.09万人。完成“韶关市科普教育基地”申报及评审工作。授予南雄市富农源生态农业开发有限公司等16家单位为“韶关市科普教育基地”（2020—2025年）。全市有全国科普教育基地2个，省级科普教育基地25个（其中省10佳科普教育基地1个），市级科普教育基地74个。市“科普中国”信息员数注册在全省21个地市中位居第七位，传播榜位居第三位，月活榜位居第六位。市科协申报23个科普中国e站和1个科普信息化试点县，获国家和财政奖补资金240万元。争取上级科协财政资金10万元，推进丹霞山科普e站建设。

【科普竞赛获奖】 2020年，韶关市在广东省全民科学素质线上竞赛中在全省21个地市中排名第四，线下总决赛排名第七，韶关市科协获1个优秀组织奖和1个优胜奖，南雄市科协获优秀组织奖。韶关市选手在广东省科普讲解大赛中获1个优秀组织奖、1个“十佳中小学生科普讲解员”和1个三等奖。5月，韶关市23个项目参与第35届广东省青少年科技创新大赛，获一等奖2个、二等奖3个、三等奖18个，北江中学学生谭宇乐获本届大赛的专利申请奖。9月12日，第四届韶关市机器人活动暨广东省创意机器人大赛韶关市活动在韶关市科技馆举行，有80支队伍214人参加比赛，评出一等奖18个、二等奖20个、三等奖28个、优秀组织奖10个。

【科技工作者评选】 2020年，市科协联合市委宣传部、市科技局组织实施韶关“最美科技工作者”推选。刘武生等35人被评为韶关“最美科技工

2020 年 8 月 7 日，中青年科学家到仁化县开展科技志愿服务

（市科协　供）

作者”。并在《韶关日报》、韶关电视台对“最美科技工作者”作专题报道。

【韶港澳科技工作者交流】 2020 年 10 月 17 日至 18 日，市科协在丹霞山科普小镇举办韶港澳科技工作者交流活动。来自韶关、中国香港、中国澳门的科技工作者代表 40 余人参加，聚焦推动韶关“需要山水而不污染山水的产业”等方面进行交流研讨。协同丹霞山管委会，开展科普志愿者、科普导师和科普导赏员培训。争取上级科协财政资金 10 万元，推进丹霞山科普 e 站建设。

【学会服务管理】 2020 年，市科协在所属学会、协会、研究会 / 院开展党建工作，在所属 20 个学会、协会和研究院中建有 19 个（剩余 1 个计划改由其他单位管理）建立临时党组织。改革学会治理结构和治理方式。建设中国特色现代科技社团组织，推动学会标准化建设。对所有学会进行清理，对活动不正常的学会组织力量协助其注销，对能正常开展活动的，设法通过资金、项目的支持让其逐步成长，拓展其生存空间。开展学会承能工作，在韶关市医学会、地质学会承接政府职能转移的基础上，与市人社局协商推动市化学化工学会承接全市化工工程技术分析、精细化工专业的中级和初级职称评审工作。

【科技志愿服务】 2020 年 8 月 5—7 日，市科协联合市委组织部组织 100 多名中青年科学家到韶关开展人才对接和科技服务活动。与各地各单位签订框架协议 126 份。

【引智引资】 2020 年 9 月 1 日，市科协邀请省农村科技特派员中国水产科学研究院珠江水产研究所汪学杰、罗渡研究员到乐昌市丽丰兆业渔业加洲鲈示范养殖场和乐昌市长来镇和村村委会进行科技对接服务并签订合作协议。邀请广州中医药大学教授何振国在仁化县建立阳春砂实验种植基地。与韶关丹霞科创有限公司协商筹建韶关市丹霞山科普小镇创新创业产业园。邀请省茶叶研究所专家、博士张凌云到韶关商讨野生茶树资源保护开发利用合作意向，在韶关筹建华农粤台茶叶研究院事宜。

【韶关市科技馆】 2020 年，市科技馆争取中央专项补助资金 157 万元，完成 2019 年韶关市科技馆机器人综合展品包项目的收尾工作，并开展 2020 年韶关市科技馆展厅布展服务项目的前期招标工作。

【科协系统改革】 2020 年，市科协推进县级科协系统改革和基层科协组织“3+1”工作。10 个县级科协完成独立设置并配备专职主席和若干名专职干部，8 个县级科协制定新的“三定”方案。9 个县（市、区）成立乡镇科协，6 个县（市、区）乡镇科协完成“3+1”改革工作。

【农村夜校】 2020 年，市科协“农村夜校”在仁化县取得初步成效，拟在全市推广开展“农村夜校”工作，工作得到省科协认可。　（刘清华）

韶关市归国华侨联合会

【概况】 2020 年，韶关市归国华侨联合会（以下简称“市侨联”）主管的侨界组织社团有 2 个，分别是韶关市侨界青年联合会、韶关市潮人海外联谊会。

【归侨爱心帮扶】 2020 年 1 月 17 日，

2020 年 7 月 2 日，韶关市侨联到仁化县城口学校开展图书捐赠活动

（市侨联　供）

2020 年 6 月 3 日，韶关市侨联召开第十一届六次全委会议（市侨联　供）

市侨联陪同省侨联慰问组一行到消雪岭华侨农场慰问困难归侨侨眷。1月19—21日，市侨联到各县（市、区）基层侨联走访慰问，发放慰问金7.2万元。开展重阳节慰问活动。10月22—23日，看望市区部分老归侨，为市辖三区229名70岁以上老归侨发放慰问金3.67万元。4月8日，印发《2020年韶关市贫困归侨扶贫救助补助资金分配方案及分配计划》。4月21—24日，到各县（市、区）开展2019年韶关市贫困归侨扶贫救助补助资金核查工作，加强资金监管。为全市95名贫困归侨发放扶贫救助补助资金43.5万元。经广东省仁爱基金会牵线，东莞市江厦实业有限公司为该项目捐赠6万元。截至2020年底，发放20.54万元，有15人受益。为9名特困老归侨发放资金1.92万元。

【侨界慈善公益活动】 2020年7月，市侨联争取广东省侨界仁爱基金会支持，为仁化县城口学校捐赠价值5万元的图书。11月，配合广东省侨界仁爱基金会开展“慈爱基金·侨界奖教奖学金”活动，奖励韶关市6名侨界优秀教师及学生1.2万元。

【侨联组织建设】 2020年6月4日，市侨联召开第十一届第六次全委会会议，审议通过《关于召开韶关市第十二次归侨侨眷代表大会的决议》。8月21日，市委批复同意《韶关市第十二次归侨侨眷代表大会组织方案》。11月26日，市侨联召开第十一届第十四次常委会会议，审议通过韶关市第十二次归侨侨眷代表大会有关文件。建立县（市、区）侨联组织换届工作台账，督促指导乐昌市侨联、翁源县侨联、新丰县侨联完成换届。推进“侨胞之家”服务阵地建设，在消雪岭华侨农场、武江区惠民西社区、始兴县大水村建设3个“侨胞之家”。

【侨界参政议政】 2020年，市侨联界政协委员提交的《关于依托珠玑古巷做好新生代华侨华人工作，推动韶关对外友好交流弘扬中华优秀传统文化的建议》《关于以机构改革为契机加强新时代侨联工作，为韶关争当北部生态发展区高质量发展排头兵做贡献的建议》《关于五里亭涵洞交通疏导改造方案的建议》《关于加强韶关市水资源开发利用的建议》《关于做好我市城区少数民族管理服务的建议》等提案、建议均得到相关部门的重视和答复。

【侨联交流联谊】 2020年，市侨联与韶关市海外联谊会联合申办2024年第五届世界广府人恳亲大会。

（陈文顺）

韶关市文学艺术界联合会

【概况】 2020年，韶关市文联联系16个市属文学艺术团体，分别是作家协会、美术家协会、书法家协会、摄影家协会、民间文艺家协会、文艺评论家协会、戏剧家协会、曲艺家协会、音乐家协会、舞蹈家协会、电视艺术家协会11个专业协会及诗社、赏石协会、兰花协会、盆景协会、九龄书画家研究会5个新文艺团体。全市有会员5100余人，其中国家级会员125人、省级会员850人。开展文艺惠民活动40余场，惠及群众5.05万人次。

【文联组织建设】 2020年2月，市

2020 年 10 月 30 日，韶关市红色文艺轻骑兵走进恩村文艺演出

（市文联　供）

文联开始筹备第七次代表大会工作，成立换届工作领导小组筹备会议各项工作。第七次代表大会推选代表建议人选 83 人，委员建议人选 33 人。探索制定加强对文艺家协会和新文艺组织政治引领机制和联络员制度；完善 40 余项管理制度。在文艺家协会建立 11 个临时党支部和选派 5 名党建指导员，确保文艺组织党的建设和党的工作全覆盖。

【文艺作品】 截至 2020 年 7 月，市文联收到以新冠肺炎疫情防控为题材的各类文艺作品 1670 篇(件)，在各类媒体挂出 579 篇（件），77 幅作品被市博物馆收藏。推出《众志成城·同心战“疫”——“韶关文艺界在行动”》文艺作品 17 期，在“南方 +”、广东文艺网、韶关发布、《韶关日报》《韶关文艺》、文化韶关等媒体刊播，在《南叶》杂志出版抗疫文艺作品专刊。市作品获省级奖项 82 项，国家级奖项 5 项；出版作品 13 部，发表作品 848 篇，其中市级刊物 669 篇，省级刊物 175 篇，国家级刊物 4 篇；展览（展演、展示）文艺作品 25 场，展出作品 801 幅；举办文艺交流研讨 16 场，研讨作品 22 部。推出“情韵小康路——韶关文艺界主题作品集”12 期。市作协推出王心钢的《赤焰》；马月兰的《铺花的西京古道》；江先华、王心钢的《大宋名臣》；秦向东的《韶州往事》《红土地之恋》《电工的女儿》《客家山歌集》《千年书香》等 8 部文学作品。其中，市作协荣笑雨的《一个时代的精神回响》、钟祥荣的《喜壶》获第五届广东省期刊优秀作品二等奖；苏景文的《冬日暖阳》、陈长莲的《天香》、杜海涛的《彩云易散琉璃脆》获三等奖。

市音协参演的合唱节目《文明歌》《法治歌》获韶关市第二届法治文化节法治文艺类决赛一等奖；市民协潘奇的剪纸作品《法治宣传日》，获韶关市第二届法治文化节创意剪纸类决赛一等奖；市书协黄倩婵获“大沥杯”广东省第六届中青年书法篆刻作品展优秀奖。与市委宣传部、市文明办、韶关开放大学共同打造的“社区文明大讲堂”项目获中国成人教育协会“终身学习品牌项目”称号，成为广东省内 5 个获此殊荣品牌之一。

【文艺惠民】 2020 年，市文联及下属 16 个文艺团体开展文艺惠民活动 40 余场，惠及群众 5.05 万人次。节日期间，举办系列节庆文化艺术活动，如书法、美术、摄影、奇石作品展，引领市民过好“我们的节日”。各协会举办文艺讲座 32 场，培训学员 2460 人次，开展艺术采风 37 场，691 人参加，组织会员学习交流 18 场，涉及学员 194 人。新加入国家级会员 4 人，分别是荣笑雨加入中国作协、黄倩婵加入中国书协、周丽萍加入中国剧协、彭玉芸加入中国音协，省级会员 7 人，市级会员 140 人。 （黄文华）

韶关市残疾人联合会

【概况】 截至 2020 年底，韶关市持证残疾人 8.53 万人，其中视力残疾 8198 人，听力残疾 6939 人，言语残疾 1362 人，肢体残疾 4.26 万人，智力残疾 9788 人，精神残疾 1.19 万人，多重残疾 4518 人；重度残疾人（一、二级)3.99 万人、其中重度一级 1.23 万人、重度二级 2.77 万人。全年为困难残疾人发放生活补贴 3696.6 万元，为重度残疾人发放护理补贴 1.22 亿元。

韶关市残疾人事业“十三五”发展主要指标完成情况表

表4

序号	指标	目标	属性	完成情况
1	残疾人家庭人均可支配收入年均增速	>6.8%	预期性	8%
2	困难残疾人生活补贴目标人群覆盖率	≥95%	约束性	95.6%
3	重度残疾人护理补贴目标人群覆盖率	≥95%	约束性	95.2%
4	残疾人城乡居民基本养老保险参保率	90%	预期性	97.7%
5	残疾人城乡居民基本医疗保险参保率	95%	预期性	99.3%
6	农村建档立卡贫困残疾人脱贫率	100%	约束性	100%
7	农村贫困残疾人家庭存量危房改造率	100%	约束性	100%
8	残疾人基本康复服务覆盖率	80%	约束性	97.45%
9	残疾人辅助器具适配率	80%	约束性	99.26%
10	残疾儿童少年接受义务教育比例	95%	约束性	97.25%

续表4

序号	指标	目标	属性	完成情况
11	社区康园中心建设镇（街道）覆盖率	100%	约束性	100%
12	有需求的残疾人就业服务率	100%	约束性	100%

【残联改革】 2020年6月，市残联撤销中共韶关市残疾人联合会党组，由市民政局党组统一管理。经市委第十二届191次常委会会议研究决定，将整合后的中共韶关市民政局党组更名为中共韶关市民政局和残联党组。市委全面深化改革委员会第四次会议审议通过《韶关市残疾人联合会改革方案》。从6月28日起，中共韶关市残疾人联合会支部委员会和中共党员（共30名中共党员，其中在职党员23人，退休党员7人）划转至中共韶关市民政局机关委员会管理。市残联梳理确认县级政务服务事项15项，镇村事项目录清单8项。《韶关市人民政府办公室关于市本级与浈江区武江区残疾人就业保障金收支分成的通知》印发，自2020年起，市本级与浈江区、武江区残疾人就业保障金收支分成，分别按各区征收总额的15%划缴省级、55%划缴市级、30%划缴各区执行。

【残疾人扶贫】 2020年，市残联新办残疾人证1.31万人，持证率44%，全省排名第五，其中新增残疾人精准扶贫对象1473人。韶关市评残办证工作被省表扬，并作为先进典型在全省残联会议上作经验交流发言。市列入建档立卡精准扶贫对象的1.78万名残疾人、1.51万户残疾人家庭达到脱贫出列标准。市残联在2019年度全市脱贫攻坚考核中获先进行业部门称号，受到市委、市政府表扬。

【残疾人康复】 2020年，市残联为1.31万名残疾人提供各类精准康复服务，其中，为2204名残疾人提供辅具适配服务，为1162名白内障患者进行复明手术。17家残疾人康复机构人员配备达到广东省残疾人精准康复服务定点机构准入标准。为残疾儿童提供线上康复训练服务。在各机构受训残疾儿童647人，其中，市残疾人康复中心受训178人（新收训15名），毕业54人，进入普小普幼27人。康复有效率89%，家长对康复效果满意度92.6%，排全省前十名。市残疾人康复中心被市妇联评为“巾帼文明示范岗”。截至年底，韶关康复服务率97.45%，辅助器具适配率99.26%，居全省前列。完成108个社区康园中心建设任务，其中本年度新建27家。

【残疾人就业培训】 自2020年2月起，市残联跟踪调查全市69家盲人按摩机构129名盲人按摩从业人员，审核全市37家盲人按摩机构，对27家符合条件的机构落实省稳就业专项补贴，发放资金19.2万元。安排有残疾人就业的用人单位1172家，按比例安排残疾人就业人员2877人，其中新增城镇就业人员274人，完成本年度任务率116.1%；新增农村就业人员851人，完成率243.8%。新增培训人数775人，完成率124%。安排残疾人就业的成员单位13家，安排残疾人就业46人。调查辖区户籍残疾大学生就业信息，对就业大学生开展稳岗跟踪服务。应届残疾人高校毕业生45人，高校毕业生就业率82.76%。

以社区康园中心为依托，全市各县（市、区）均建有1个以上残疾人（20人）集中就业基地，其中武江区3个“旭日爱心车间”安排117名残疾人就业，在省人社厅和省残联组织的有关评比中获二等奖和20万元奖金。2020年5月17日，市残联组织38个项目参加广东省“众创杯”残疾人公益赛，4个项目进入复赛，其中“起飞—创韶城梦”项目获银奖。

【残疾人维权和组织建设】 2020年，市残联完成重度残疾人家庭无障碍改造467户。对获取小汽车驾照证的39名残疾人每人补贴2000元。在市残联一楼设立服务残疾人之窗，内含市残疾人法律救助工作站和心理咨询服务站、视障人士阅览室，服务

2020年9月18—21日，广东省残疾人作家创作培训班在韶关丛林山庄举行，省残联宣文部部长陈土新（左二）为“广东省残疾人作家创作创意基地”揭牌

（市残联　供）

2020 年 12 月 3 日，市残联在市区丛林山庄举办庆祝第 29 个国际残疾人日暨韶关“最美残疾人专职委员”演讲推荐评选活动　（市残联　供）

残疾人。春节慰问残疾人 1036 户。韶关市肢协与新丰县盲协、新丰县肢协被批准成为独立法人单位，韶关市专门协会注册登记工作走在全省前列。携手市税务局武江区分局为康复中心的残疾儿童举办“税爱相伴暖童心，六一共享‘云’欢乐”活动。协调省残疾人公益基金、省残疾人康复协会、东莞市残疾人福利基金会、徐福记公司和广东狮子会在韶关的服务队捐赠价值 1.07 万元的防疫物资和糖果等慰问给残疾人和残疾人服务机构。韶关市完成 2019 年全国残疾人基本服务状况和需求信息数据动态更新工作，考核达到 A 类，是全省 13 个达到 A 类的地级市之一。市残联在韶康医院举行以“助残有大爱，康复润无声”为主题的第三十次全国助残日活动启动仪式，广东狮子会广州第一代表处孝行服务队、韶州服务队、风采服务队、粤北服务队、韶康医院、广州医创科技有限公司协办，筹得善款 7 万元，用于成年残疾人在韶康医院进行康复医治。配合民政等部门，落实最低生活保障政策及残疾人“两项补贴”和政府购买城乡居民医疗保险和养老保险政策。

【残疾人宣传文体】 在韶关电视台播放残疾人事业公益宣传片《残健共融，平等相爱》；邀请南方日报社在“南方 +”客户端直播《来自粤北深山的“甜蜜”》；在韶关广播电视台办好残疾人专题节目《爱在人间》《平安韶关》手语栏目。在广东省残联网站集中发表抗疫题材的文学作品。9 月 18—21 日，省残疾人作家创作培训班在韶关市丛林山庄举办，30 多人参加培训。省残联宣文部部长陈土新为“广东省残疾人作家创作创意基地”揭牌。韶关市作家王心钢《屈原魂》、荣笑雨《盲棋》、钟霞瑛《半个人》作品登 2020 年《中国作家》杂志“仁美文学专刊”。12 月 3 日，举办庆祝第 29 个国际残疾人日暨韶关“最美残疾人专职委员”演讲推荐评选活动，评选韶关市“十大最美残疾人专职委员”，在全省属首次。韶关市参加全省残联系统“心悦普法”考试完成率 100%，排名第一；韶关市在省残联网站来稿、用稿量排名全省第一。韶关市盲协秘书长、省作协残联分会会员张新梅凭借散文《孔明灯》在第二届全国盲人散文大赛征文大赛获二等奖。《助残脱贫　决胜小康——韶关市残联驻犁市镇扶贫工作组工作纪实》电视宣传片入选中国残联“决战脱贫　共奔小康”微视频展播。由市残联和市图书馆在市残联一楼合作共建的市区首个功能齐全视障人士阅览室投入使用。与市作家协会签订协议，共建广东省残疾人作家创作创意基地。编印《季风》杂志“残疾人作家作品专号”。出版《绽放——韶关残疾人自强风采录》。市武江区税务局持续 7 年为市残疾人康复中心儿童举行“点亮微心愿”助残系列活动。

（黄婷婷）

链接

韶关市“十大最美残疾人专职委员”

1. 乐昌市政府坪石办事处残疾人专职委员曾少红
2. 新丰县梅坑镇梅南村残疾人专职委员李成艳
3. 乳源瑶族自治县游溪镇政府残疾人专职委员吴连华
4. 武江区惠民街道办事处残疾人专职委员邝永华
5. 仁化县城口镇残疾人专职委员蒙万平
6. 曲江区枫湾镇残疾人专职委员陈楷莲
7. 翁源县新江镇残疾人专职委员梁耀文
8. 浈江区十里亭镇残疾人专职委员俞意
9. 始兴县深渡水瑶乡残疾人专职委员谢献云
10. 南雄市湖口镇残疾人专职委员饶纪葵

韶关市老区建设促进会

【概况】 2020 年，韶关市老促会完成对涉老单位的调研报告。开展烈士后裔助学工作，资助大中专以上学生 13 人，资助金额 124.5 万元。获全省先进老促会一等奖，获全省烈士后裔助学工作先进集体奖。

【老促进调查研究】 2020 年 7—8 月，市老促会召开本级会长和县级会长 2 个会议，传达贯彻中国老促会和广东省老促会开展 2 次调研活动，启动调研工作。7 名副会长每人联系市直机关 2 个涉老单位，与涉老单位负责人共同研究开展调研事宜。县级由会长带队展开调研。活动铺开后，第一副会长梁聪会同 3 名副会长到 4 个单位和 3 个县(市、区)调研。并形成调研报告。调研报告针对国家层面提出2点建议，针对省层面提出6点建议。对落实省委11号文件，则针对九大政策，提出要将项目名称、资金安排、完成时间等，分解到对应责任的省直委厅局建议，以便市县对口跟进。

【烈士后裔助学】 2020年，韶关市筹集烈士后裔助学金124.5万元，比上年增加15.3万元。资助大中专以上学生213人，增加22人。其中大专以上183人，增加19人，中专30人，增加3人。达到大专以上6000元/人•学年、中专4000元/人•学年的助学目标。

【老促会奖励和受嘉奖】 2020年11月16日，韶关市老促会发出通报，对致力于老区苏区振兴发展做出突出贡献的集体和个人进行表彰奖励。其中集体特等奖2个，一等奖4个，优秀奖4个，弘扬老区精神奖1个。特别贡献奖个人27人（含源流特约记者和社会作者），并分别颁发证书和奖金。3月，第一副会长梁聪获《中国老促会群英谱》提名，获提名的有始兴县老促会会长阳日成、南雄市老促会会长涂运发。12月22—23日，在南雄市召开的全省老促会会长座谈会上，市老促会获全省先进老促会一等奖。12月22日，在全省烈士后裔助学工作25周年大会上，市老促会获先进集体奖，并在大会上做首个介绍经验。副秘书长张钰廷获先进个人奖。获奖的先进集体有曲江区老促会和南雄市老促会。先进个人有曲江区老促会副会长兼秘书长李景昌等7人。 （时会璞）

韶关市关心下一代工作委员会

【概况】 2020年8月，韶关市关工委连续四年被中国关工委、教育部关工委评为全国“中华魂”主题教育活动先进集体；10月，韶关市关工委被省关工委、省教育系统关工委、省作家协会评为“中国梦•家风美”广东省少年儿童征文活动优秀组织奖；11月，韶关市关工委被中国关工委、中央文明办评为“全国关心下一代工作先进集体”，浈江区关工委执行主任余石怡、仁化县关工委执行主任邓昌文被中国关工委、中央文明办评为“全国关心下一代工作先进工作者”；12月，南雄市关工委、始兴县关工委被省关工委、省文明办评为“全省关心下一代工作先进集体”，市关工委常务副主任许永吉、翁源县关工委执行主任刘跃通被省关工委、省文明办评为“全省关心下一代工作先进工作者”，市关工委执行主任李石保被省关工委、省文明办授予“全省关心下一代工作突出贡献奖”称号。

【关工委成立20周年纪念活动开展】 2020年是中国关工委成立30周年，省、市、县(市、区)关工委成立20周年。韶关市县(市、区)关工委开展系列纪念活动。召开关工委成立20周年理论研讨会。编辑出版关工委成立20周年纪念画册。召开关工委成立20周年纪念大会，表彰一批先进集体和先进个人。

【开展青少年主题教育活动】 2020年，韶关市各级关工委开展“中华魂”—(科技托起强国梦)、“传承红色基因，争做时代新人”主题教育活动。全市370多所学校40多万名学生参与活动。各地关工委、教育局、中小学采取读书、辅导、参观、演讲比赛等方法，开展主题教育活动。8月，韶关市2名小学组选手在全国“中华魂”线上演讲展示中，被中国关工委、教育部关工委评为全国“中华魂”——(爱我中华)主题教育活动演讲比赛小学组优秀奖；曲江区余靖小学段滢滢等4名学生在“中华魂”主题教育活动中分别获得一等奖、二等奖、三等奖；韶关市关工委讲师团潘玉秀等4名“五老”和学校教师分别获得优秀辅导员奖；韶关市关工委被中国关工委、教育部关工委连续4年评为全国“中华魂”主题教育活动先进集体。

开展“中国梦•家风美”广东省少年儿童征文活动。参与师生25万多人，家长5.3万多名。经自下而上评选推荐，韶关市教育局、市关工委收到各地报来的优秀参评作品2037篇。经韶关市组织专家教授三轮评选，向省关工委报送优秀参评作品237篇。在省作家协会专家评选中，韶关市有21名学生的征文作品分别获得全省一等奖、二等奖、三等奖和优秀奖。北江实验学校、韶关市关工委被省评为“中国梦•家风美”广东省少年儿童征文活动优秀组织奖。

开展“朝阳读书”活动。全市各级关工委协调和配合教育部门在各中小学开展“朝阳读书”活动。始兴县、翁源县、教育局关工委采取深入动员、目标引导、检查评比、总结表彰等措施开展活动，受到省关工委、省教育系统关工委的肯定。

配合市文明办等部门开展“新时代好少年”评选表彰和学习宣传活动。2020年全市评出诸葛芷烨等10名“韶关市新时代好少年”。在此基础上，配合韶关市、县文明办、教育局宣传“新时代好少年”的先进事迹。

开展励志教育、安全教育、法制教育、禁毒教育、家庭教育和“三教结合”工作等。全年各地关工委和“五老”深入校园作各类报告250多场次，7万多名学生受到教育。

【助力脱贫攻坚和乡村振兴工作】 2020年，韶关市关工委联合中组部、农业农村部广东仁化平甫村农村实用人才培训基地举办1期农村创业青年培训班，培训学员61名。全市10个县(市、区)举办各类农村创业青年培训班11期，举办农村创业青年入党积极分子培训班3期，培训学员825人次。全市经过培训的学员创办和建立农民专业合作社1236个，专业协会99个，农业龙头企业161家，家庭农场671个。韶关市关工委评出和授牌10个农村创业青年培训示范基地。

【为青少年办实事】 2020年，韶关市各级关工委筹集爱心扶贫助学金205.7万元，资助贫困学生1033人，解决贫困家庭学生读书难问题。乐昌市关工委组织“五老”到广州市、深圳市及中国香港、中国澳门等地区，或通过电话、微信等方式，发动富裕乡贤及社会热心人士捐资助学，全年筹集善款 132.2 万元，资助贫困学生 583 人。各级关工委累计筹集爱心扶贫助学金 7450 多万元，资助贫困学生 13.4 万多人。韶关市选送 100 多名贫困家庭初中毕业生参加深圳德昌电机技术学院的入学考试，79 名考生被深圳德昌电机技术学院录取，免费入学学习三年，安排就业。

开展关爱保护农村留守儿童工作。各级关工组织和“五老”配合当地民政、妇联、教育、学校、镇村等部门创办关爱阵地，开展关爱活动。截至 2020 年底，各地关工委协同有关部门创建“农村留守儿童之家”“四点半学校”“校外辅导站”“农村留守儿童心灵加油站”等关爱阵地 33 个。

【基层队伍建设】 2020 年，韶关市各县(市、区)关工委推动党建带关建工作落实，强化关工组织建设。南雄市、浈江区、武江区、仁化县、乳源瑶族自治县等地关工委抓基层组织建设，扩大基层关工组织覆盖面，提升基层关工组织建设质量。截至 2020 年底，全市关工组织“五好”“六有”达标率达 91%。 （韶关市关工委）

韶关市红十字会

【概况】 韶关市 10 个县(市、区)均建立红十字会，市本级下辖无偿献血、水上救援、募捐箱管理 3 支志愿者服务队。2020 年，韶关市红十字会注册志愿者数 1352 人，志愿服务总时长 11.23 万小时。12 月 18 日，市红十字志愿者陈俊被中国红十字会总会评为中国红十字会抗击新冠肺炎疫情优秀志愿者。

【红十字会筹资募捐】 2020 年元旦、春节期间，市红十字会开展“红十字博爱送万家”活动，将上级红十字会下拨及自筹资金购买的棉被、食用油、毛毯等慰问物资价值 39.25 万元，慰问贫困户、贫困党员、受灾群众、困难孤寡老人和麻风病康复者等特殊群体 349 人次；协助韶关市贫困家庭白血病患儿向中国红十字基金会申请“小天使”基金救助，帮助 14 名患儿获“小天使”基金资助 41 万元。省、市红十字会联合广东省中医院救治贫困家庭先天性心脏病患儿 37 人，资助 54.5 万元。组织红十字会志愿者开展“关爱孤寡老人，行动温暖人心”活动 24 场次，行程遍及 10 个县(市、区)42 个乡镇，参与志愿者人数 500 多人次。

【应急救护】 2020 年，市红十字会选派骨干力量参加上级红十字会专题培训。开展应急救护“五进”活动，通过“党建＋救护培训”模式，先后与风采路、芙蓉北、太阳城、黄田坝等 10 余个社区联合开展“在职党员学急救 危难时刻当先锋”应急救护知识宣讲，800 多名市直、区直和中省驻韶单位在职党员参加活动。组织红十字志愿者在商业街、公园、广场、学校等地举行应急救护演练主题宣传活动 10 多场次，举办应急救护知识讲座 21 场普及救护知识 5600 多人次。5 月 12 日，开展防灾减灾日宣传活动，组织心肺复苏等应急救援知识现场教学，韶关市主要新闻媒体给予报道。制定《韶关市红十字会备灾救灾仓库管理和物资采购制度》。更换货物存储登记卡 23 张，建立仓库物资存储台账，发放及时归集和统计。完善报损机制，清点仓库储备物资，处理报损的物资，销账并注明损耗原因、数量、总价值、批准人，以便核查。加快救助物资流转速度，对受灾严重地区给予倾斜，将省红十字会接受海关罚没物资下拨各县(市、区)红十字会和韶关市福利院、残疾人康复中心等有关单位。赴中小学、社区举办水上安全知识普及活动 5 场次，发放防溺水知识手册，惠及师生 1200 人次。制定《韶关市红十字会自然灾害应急预案（试行）》。选派志愿者参加全国社会应急力量培训班、与清远市红十字水上救援大队开展友好交流，10 月 31 日组织韶关市红十字水上应急救援队开展水上应急演练。

【遗体器官、造血干细胞捐献】 2020 年，市红十字会到松山职业技术学院、韶关学院医学院、韶关学院进行捐献造血干细胞的宣传和动员工作，采样 122 人份，刘嘉雄、连旭耿、伍伟杰 3 人捐献。韶关市实现遗体(器官)捐献 32 例，对辖区内 2019 年度人体器官捐献家庭困难情况进行摸底调查，救助慰问 13 户、发放慰问金 3.9 万元。

【无偿献血宣传】 2020 年，市红十字会开展无偿献血宣传活动 87 场次，参加人数 2.5 万人次，无偿献血量 816.66 万毫升，连续 22 年临床用血来自无偿献血。春节期间，组织参与“百名志愿者无偿献血”活动，保障市医疗机构在新冠肺炎疫情期间用血安全。6 月 14 日，联合市卫健局、市中心血站开展庆祝第 17 个世界献血者日活动，向市 1200 多名献血者获广东省无偿献血奉献奖（金奖、银奖、铜奖）、终身荣誉奖、星级志愿者奖、促进奖及获韶关市 200 次无偿献血银质功勋奖，110 次无偿献血铜质功勋奖奖章、“作善降祥”“积善余庆”牌匾的献血者颁发证书、奖章、牌匾等。10 月 24 日，市委宣传部、市教育局、市卫建局、市红十字会等部门联合举办韶关市第十一届无偿献血志愿者 18 岁成人礼活动，全国 20 多个省、市、自治区 60 多个城市代表和志愿者 200 余人参加活动。11 月 29 日，召开韶关市 2019 年度成分献血及志愿服务总结大会，对优秀无偿献血志愿者和造血干细胞捐献志愿者给予表彰。连续 14 年被国家卫生健康委员会、中国红十字会总会、解放军总后勤部卫生部评为“全国无偿献血先进城市”。

【红十字会志愿参与新冠肺炎疫情防控】 2020 年，市红十字会与韶关市新型冠状病毒肺炎疫情防控指挥部办公室对接，动员爱心人士和企事业单位奉献爱心，接收款物 468.18 万元，资金支出率、物资发放率 100%。对捐赠款收支情况、物资接收和发放情况进行整理汇总，分类统计，对捐赠款物的接收使用情况定期进行公示，依法主动接受审计，接受社会监督。配合有关审计调查工作，主动补充完善新冠肺炎疫情期间财务会计账。韶关市红十字志愿者出动志愿者 900 人次，志愿服务时长 5400 小时。

（华永锋）

法　治

地方立法

【概况】 2020年，韶关市人大常委会完成2项立法工作，即市十四届人大常委会第35次会议表决通过的《韶关市文明行为促进条例》，并经广东省第十三届人民代表大会常务委员会第22次会议批准，由市人大常委会颁布实施；市十四届人大常委会第37次会议表决通过的《韶关市农村住房建设管理条例》，并经广东省第十三届人民代表大会常务委员会第26会议批准，由市人大常委会颁布实施。提请初次审议法规项目2项，即推进《韶关市南水水库水质保护条例》《韶关市农村饮用水源保护条例》的起草工作，并于市十四届人大常委会第41次会议进行第一次审议。预备立法项目1项，即组织开展2021年度《韶关市红色资源保护条例》立法前期调研。

【《韶关市文明行为促进条例》颁布实施】 2020年7月29日，省十三届人大常委会第二十二次会议在广州举行第二次全体会议，会议表决通过关于批准《韶关市文明行为促进条例》(以下简称《条例》)等的决定。2017年，韶关市被中央文明办确定为新一届全国文明城市提名城市以来，全市创文工作推进，城市功能、市容市貌、城市综合环境等得到提升。但是，随着创文工作的开展和推进，城市管理水平有待提高、市民文明素质有待提升等问题日益凸显，迫切需要制定一部综合性、内容比较全面的地方性法规，以进一步推动韶关市精神文明建设常态化和法治化。 根据《中华人民共和国民法典》《中华人民共和国治安管理处罚法》《中华人民共和国行政处罚法》《中华人民共和国道路交通安全法》等，韶关市制定《韶关市文明行为促进条例》。《条例》共七章四十四条，分别对立法目的、适用范围、工作职责、行为规范、保障措施和法律责任等内容进行规定。《条例》自2020年10月1日起施行。

【《韶关市农村住房建设管理条例》颁布实施】 2020年《韶关市农村住房建设管理条例》经韶关市第十四届人民代表大会常务委员会第三十七次会议于8月28日通过，广东省第十三届人民代表大会常务委员会第二十六次会议于11月27日批准，自2021年3月1日起施行。《韶关市农村住房建设管理条例》分五章，除总则和附则外，还包括规划和用地、建设和管理、法律责任等内容。《条例》对名称和基本原则、政府职责、分户和以户为单位申请建房、建新拆旧、规划许可证和宅基地批准文件的申请程序、农村住房建筑面积和宅基地用地面积、建房选址及法律责任等问题作出规定。随着社会主义新农村建设热潮的掀起，韶关市农村村容村貌发生可喜变化，但农村村民建房领域仍存在不少问题和突出矛盾。《条例》的施行，对填补韶关市农村住房建设领域立法空白，农村住房建设管理工作纳入法治化轨道，整顿农村住房建设领域乱象，缓解农村建房矛盾和冲突问题，强化农村住房建设管理，促进村庄规划工作及其管理行为的规范化和法治化具有重要意义。

【文件备案审查】 2020年，市人大常委会专门听取和审议备案审查工作报告，推进规范性文件备案审查工作规范化制度化，推进省级规范性文件备案审查信息化平台向县(市、区)人大常委会延伸。备案审查规范性文件18件，其中市政府规范性文件10件(含规章1件)，市检察院清理报备规范性文件6件，各县(市、区)人大常委会报送备案的决定决议2件。向省人大常委会报送备案的决定决议1件，依法作出暂缓备案2件、不予备案5件。开展地方性法规和民法典涉及的地方性法规专项清理工作。清理现行有效规范性文件13件，其中市人大常委会决定决议12件、镇人大决定1件。

政法委及综治

【概况】 2020年，全市各级政法部门严格落实全国“两会”、深圳经济特区建立40周年庆祝大会等重要时间节点维稳安保等级响应机制，深入贯彻总体国家安全观，开展反邪防邪工作，强化意识形态工作，打造综治维稳工作指挥枢纽，加强公安派出所规范化建设，纵深推进扫黑除恶专项斗

2020年6月4日，市委、市政府召开推进市域社会治理现代化工作动员部署会 （市委政法委 供）

争，化解金融风险，开展矛盾纠纷排查化解，统筹完善行政立法工作机制，依法打击利用疫情实施的各类违法犯罪，推进司法救助制度改革。

【节日、重要活动维稳安保】 2020年，市委政法委完成各项维稳安保任务，全市没有发生各类街头非法聚集活动，重点人员到省进京非正常上访行为实现“零发生”，被省评为“2020年全国‘两会’期间广东省驻京信访保障工作先进集体”。

【国家政治安全维护】 2020年，市委政法委出台《2020年维护政治安全八个专项行动工作方案》，强化反恐防暴工作，建立形势分析和风险评估机制。打击邪教组织，侦破邪教案件13起，抓获涉案人员19人。加强涉法网络意识形态阵地管控和舆情应对处置，4月，处置2起重大涉政治安全情报信息案件，筑牢意识形态“防火墙”。

【社会综合治理】 2020年，市委政法委统筹推进市、县、镇三级综治中心建设，建成109个镇（街）综治中心、1454个村（居）综治工作站，推动社会治理重心下移。完善“综治中心+网格化+信息化”治理模式，夯实社会稳定基层基础，将10个县（市、区）划分为1.44万个网格，配备专兼职网格员1.56万人，网格化服务管理覆盖率100%。新增一级派出所6家，实现四五级派出所全部清零。推行公安派出所“八个一”勤务机制和“红袖章”治安联防组织“三个一”工作机制，覆盖全市所有村（居），助推群防群治工作提质增效。

【平安韶关建设】 2020年，市委政法委涉黑恶案件结案率、重刑率等指标位居全省前列，扫黑除恶知晓率及扫黑除恶带来的好转率均排名全省第一。举办全市公安机关武装巡游，开展“飓风2020”专项行动，打击涉枪爆、涉电诈、涉黄赌毒、涉食药环等违法犯罪，全市刑事治安警情数比上年下降23.3%。起诉金融诈骗、破坏金融管理秩序犯罪57人，审结金融纠纷案件176件。

【社会矛盾纠纷化解】 2020年，市委政法委统筹市区和乐昌两个焚烧发电项目建成投产，完成省广晟公司驻韶关企业园国有工矿棚户区改造4336套安置房分配和南郊水果批发市场关闭疏解工作。排查发现矛盾纠纷1.59万宗，化解1.57万宗，化解率98.5%。浈江区十里亭镇人民调解委员会被评为“全国模范人民调解委员会”。韶关市公共安全视频监控联网应用“雪亮+智格”工程项目开工建设。

【公正执法】 2020年，市委政法委破获涉疫情网络诈骗案115宗，查处破坏野生动物资源违法犯罪案件94宗，维护疫情期间市场经济秩序。刘某某非法收购珍贵、濒危野生动物案分别入选最高人民检察院、广东法院“妨害新冠肺炎疫情防控犯罪典型案例”。试点建立司法救助保险制度，发放司法救助金186.56万元，启用保险救助资金40.81万元。发挥行政复议作用，实现各县（市、区）建立行政复议立案室全覆盖。

【司法体制改革】 2020年，市委政法委统筹推进政法领域全面深化改革，实施《韶关市关于全面落实以审判为中心的刑事诉讼制度改革的实

12月30日，韶关市委政法委与韶关学院签署《韶关市市域社会治理研究合作协议》 （市委政法委 供）

施方案》等三项改革文件。深化法院和检察院员额制度改革，入额员额法官255名，检察官181名，办案团队政治能力和综合业务素养提升。执行认罪认罚从宽制度，办理适用案件2766人，适用率超过80%，比上年上升57.65%。实施法律援助制度改革，降低法律援助门槛，扩大法律援助范围，办理法律援助案件6238件，比上年增长9.5%，为群众挽回损失2376万元。

【韶关市市域社会治理研究合作协议签约暨韶关市市域社会治理研究中心揭牌】 2020年12月30日，韶关市市域社会治理研究合作协议签约暨韶关市市域社会治理研究中心揭牌仪式在韶关学院举行，市委政法委副书记曾洪，韶关学院党委委员、副校长吴善添，分别代表市委政法委、韶关学院签署《韶关市市域社会治理研究合作协议》。双方代表共同为"韶关市市域社会治理研究中心"揭牌。该中心成立后，将发挥韶关学院在科研探索、人才交流、干部培训、法律咨询等方面的资源优势，提升韶关市市域社会治理现代化水平。（朱　益）

法治政府建设

【概况】 2020年，韶关市开展法治宣传教育，总结验收"七五"普法工作，加强规范性文件备案审查力度，对8项市政府重大行政决策进行合法性审查。加强行政执法监督协调，公示行政执法案件信息2万多条。健全矛盾纠纷多元化解机制，市政府受理案件117宗，办结案件48宗。市政府为被告案件37宗，人民法院判决维持案件17宗。成立韶关市首家知识产权人民调解工作委员会。全市公共法律平台接受法律咨询7645次，开展办事服务4169件。全市各级行政复议机关收到行政复议申请411件，其中立案受理399件，法定期限结案率100%。全市一审行政应诉案件516件，行政机关应诉率73%。全市105个乡镇（街道）全部实施综合行政执法，调整事项547项。市政府法律顾问室为市政府和有关部门拟报市政府审定的行政决策、行政措施出具法律意见493件次，重大合同合法性审查65份，涉及金额83.98亿元。

【依法行政】 2020年，韶关市推动政府建设工作任务全面落实，推动政府各部门主要负责人履行推进法治建设第一责任人职责落实，协调指导全市各地各部门各单位做好疫情防控等工作的法律服务和法治保障工作。深化法治政府建设示范创建活动，建立法治政府建设联系点制度，督促落实法治政府建设年度报告等工作；指导各县（市、区）依法治县办落实行政审批制度改革工作专项督察、行政复议体制改革、乡镇街道综合行政执法等工作。加强法治政府建设工作督察，先后开展优化营商环境建设、工程建设领域行政审批等工作督察。针对2019年度法治广东考评反馈的韶关市法治政府建设方面存在问题整改落实工作。部署开展"防控疫情、法治同行"法治宣传教育专项行动。推动市直各部门各单位落实"谁执法谁普法"普法责任制，在全市公共场所等宣传阵地加大法治文化传播力度，实现民法典和法治元素全覆盖。组织"七五"普法法治创建督导检查和"八五"普法规划调研，开展全市"七五"普法总结验收工作。落实行政立法立项机制，编制《韶关市2020年规章制定计划》，并督促落实。制定韶关市立法协商工作规定，落实公众参与立法的程序要求，督促牵头单位在实施有关立法项目时听取市民和企业、行业协会的意见。推动《韶关市农村住房建设管理条例》《韶关市南水水库水质保护条例》等4个立法项目，以及《韶关市城乡生活垃圾分类管理办法》等8个政府规章项目进入实质性制定阶段。加强规范性文件备案审查力度，除向上级单位报备已出台的规章和市政府规范性文件外，指导市直相关部门起草有关规范性文件。指导、督促各县（市、区）、市直部门落实证明事项清理工作，确保每一个办事指南的证明事项都符合文件清理要求，并按时上报。开展韶关市人民政府2020年度重大行政决策事项和听证事项目录编制工作，对《韶关市人民政府关于印发广东省城乡居民基本养老保险实施办法贯彻意见的通知》等8项市政府重大行政决策进行合法性审查。疫情防控和推动复工复产等方面的文稿审核、事项论证，对《韶关市进一步稳定和促进就业若干政策措施》等政策文件出台、2020年中央就业补助资金等资金分配方案提出法律论证意见，为韶关市依法防控疫情提供法治保障。起草《韶关市政府法律顾问工作规则》，对全市2020年度政府法律顾问制度建立及业务开展情况进行总结分析，并向市政府专题报告。参与"花拉寨生活垃圾卫生填埋场二期工程PPP项目""龙洲岛四乱专项整治"等市政府专项工作，提供相关法律意见。推行行政执法"三项制度"，督促全市各级行政执法部门普遍制定行政执法信息公示办法，编制权责清单、行政执法主体和行政执法人员资格清单、随机抽查事项清单等，并主动向社会公开，接受社会监督。应对疫情执法工作，动态掌握韶关市疫情期间行政执法遇到的各种问题，加强各地各部门疫情期间行政执法工作指导。推进广东省行政执法信息平台和行政执法监督网络平台运用，收集全市行政执法和司法行政部门办证员信息967条，涉及350个单位。在广东省行政执法信息公示平台上公示行政执法主体400个，公示行政执法案件信息2万多条。落实行政执法人员持证上岗和资格管理制度，创新培训方式，依托网络开通行政执法人员公共法律知识远程培训，审核行政执法证办理申请2547次，组织行政执法人员综合法律知识考试37场，参考人数3841人。强化行政复议纠错和监督功能，办理行政复议案件。市政府受理案件数117宗，办结案件48宗，其中维持41宗，撤销7宗；未结案件69宗。健全行政应诉工作机制，注重以和解方式化解矛盾纠纷，促进行政争议的实质性化解，推进行政机关负责人出庭应诉工作，坚持行政机关不出庭、不应诉、不履行法院生效判决等情况定期通报制度。市政府为被告（含共同被告）案件数37宗，人民法院判决维持案件数17宗，败诉案件数5宗。深入推进人民调解和行政调解、司法调解的衔接融合，推动人民调解参与信访矛盾纠纷化解，探索通过政府购买服务实现行业性专业性矛盾纠纷专业化调处化解，成立市首家知识产权人民调解工作委员会（武江），推动建立个人人民调解工作室（建有3个）。 （彭继维）

【政府立法】 2020年，韶关市司法局完善政府立法工作机制，夯实政府立法工作基础，推行精细立法，提升政府立法工作质量。完成市政府规章《韶关市城市市容和环境卫生管理办法》《韶关市生活垃圾分类管理办法》的合法性审核。

【规范性文件管理】 2020年，韶关市司法局落实《广东省行政规范性文件管理规定》《韶关市行政机关规范性文件管理规定》，执行规范性文件听取公众意见、合法性审查、集体讨论决定、有效期等制度，实行规范性文件统一登记、统一编号，统一公布的“三统一”制度。审查市政府规范性文件7件，备案审查各县（市、区）政府、市直各单位规范性文件54件。开展涉及野生动物保护、涉及民法典的规章、规范性文件清理，组织开展韶关市政府、县（市、区）政府、镇政府（街道办事处、园区管委会）及政府系统办公室、部门制定的规范性文件梳理工作和配合开展妨碍统一市场和公平竞争的政策措施清理工作等4个专项文件清理工作。

【行政复议】 2020年，韶关市各级行政复议机关收到行政复议申请（监督申请）411件，其中立案受理399件，办结的350件案件中，作出维持决定147件，撤销126件，驳回16件，确认违法7件，责令履行5件，终止决定37件（包含调解和解结案），其他方式处理12件。纠错率较高，法定期限内结案率100%，并且凡是符合条件的都受理。受疫情的影响，与上年相比，受理申请数量有所下降，但全年没有受理1宗涉及“新冠疫情”的复议案件。加强行政复议信息化建设，2020年，韶关市完成2018—2020年案件的录入，录入率100%；线上线下同步办案339宗、办案率83%。韶关市司法局出台《韶关市行政复议体制改革实施方案（征求意见稿）》，向全市各县（市、区）和有关市直属部门征求意见。

【行政应诉】 2020年，韶关市一审行政应诉案件516件，原行政行为机关单独应诉273件；复议机关单独应诉9件；共同应诉197件。一审已判决行政诉讼案件428件，未审结88件。一审判决胜诉率45%，败诉率20%，其他裁定25%。定期通报各县（市、区）政府和市直单位负责人出庭应诉及全市行政机关在行政诉讼中不答辩、不应诉、不履行人民法院生效裁判的情况。安排行政机关负责人出庭件数312件，行政机关应诉率73%。

【行政执法监督】 2020年，韶关市严格行政执法主体及行政执法人员的资格管理，组织行政执法人员综合法律知识网上考试，审核行政执法人员行政执法证件的申领，杜绝临时工、合同工等不具有行政管理职能身份的人员从事行政执法工作。办理行政执法证件2970个，编制行政执法人员综合法律知识网上考试计划4次，组织43场行政执法人员网上考试，4700人次参加考试。对民法典1260个条文中涉及行政法律规范、行政机关履行职责的内容进行梳理，就加强行政执法工作、完善相关工作制度提出意见、建议，形成《行政执法领域贯彻实施民法典的工作指引》。制定《关于乡镇（街道）综合行政执法的通告》，明确实施综合行政执法的乡镇（街道）名单和调整的事项目录，全市105个乡镇（街道）实施综合行政执法，调整事项547项，涉及市场监管、自然资源、教育、文广旅体、交通运输、水务、住建管理、农业农村、卫生健康、应急管理、林业11个领域。开展全市行政审批制度改革专项督察活动，制定全市行政审批制度改革专项督察工作方案。召开全面依法治市委员会执法协调小组第二次全体会议，以推行行政执法三项制度为主题，总结全市行政执法三项制度推行工作情况，指出推行工作存在的短板和下一步的工作重点。

【政府法律顾问】 2020年，韶关市司法局制定《韶关政府法律顾问工作规则》，健全政府法律顾问工作机制。市政府法律顾问室为市政府和有关部门拟报市政府审定的行政决策、行政措施出具法律意见493件次，重大合同合法性审查65份，涉及金额约83.98亿元；对原亚太财富中心项目历史遗留问题、支付风度中路48号物业私产房补偿款等政府重大法律事务提供法律意见；出席各类涉及政府法律事务相关会议25次，参与韶关市花拉寨生活垃圾卫生填埋场二期工程PPP项目、浈江区龙洲岛“四乱”整治等政府专项工作16项；编制《韶关市人民政府2020年度重大行政决策事项和听证事项目录》，市政府重大行政决策的合法性审查9件。加强《韶关市进一步稳定和促进就业若干政策措施》《关于应对新型冠状病毒感染的肺炎疫情支持有关企业共渡难关的政策意见》等疫情防控和推动复工复产等方面的文稿审核，对调整韶关市政策性农业保险种植险在疫情期间承保模式等有关涉疫事项进行法律论证。对新冠病毒疫情应急处置市级补助经费计划、市2020年中央就业补助资金和省级促进就业创业发展专项资金分配计划等涉及疫情应急保障资金安排进行合法性审查，涉及金额约3.09亿元。

（张晓华）

公安

【概况】 2020年，全市治安大局平稳。全市群众安全感排名全省第六，公安工作满意度排名全省第九，综合排名全省第八。先后评选出“韶关十佳刑警”“最美基层民警”“韶关辅警之星”等先进代表，全市有37个集体、280名个人获得表彰奖励，完成“向着春天”公安工作报告会。

【安保维稳】 2020年，韶关市公安局以中共十九届五中全会深圳经济

2020年1月10日，市公安局在韶关剧院举行“向着春天”2019年韶关公安工作报告会 （市公安局 供）

特区建立40周年庆祝大会等重大安保为抓手，启动高等级勤务，加强重点部位、人员密集场所巡逻防范，组织开展集中清查行动、多警种联合整治交通秩序统一行动，开展应急演练测试，全市没有发生较大以上群体性事件，社会治安状况保持良好。

【服务疫情防控】 2020年1月25日至3月2日，市公安局会同市卫生健康局、市交通运输局等部门设置111个省、市、县三级联合检疫检查站，24小时落实“逐车登记、逐人检查”措施，核查车辆193.1万辆次、人员465.8万人次。开展“两站一场一码头”联查联控工作，落地排查人员信息6690条。加强对重点部位防控封控，落实集中隔离点安保力量100%在岗在位、安全设施100%正常运转、工作人员100%安全培训、安全隐患100%整体清零“四个100%”要求。抓好公安监管场所疫情防控，实现监所疫情“零感染”、安全事故“零发生”。

【刑事案件侦破】 2020年，市公安局严打电信网络诈骗犯罪，破案数、抓获犯罪嫌疑人数比上年分别上升65.5%、141%，完成乐昌市、新丰县验收摘帽工作。集中整治重点治安问题，破涉黄赌刑事案件135宗、食药环案件171宗，拒不支付劳动报酬案件24宗，侦破“飓风104号”陈某贵等人非法经营药品案、“飓风171号”李某球等人特大污染环境案、“飓风359号”陈某遵等人污染环境案。深化打私工作，破获涉野生动物及其制品刑事案件5宗、成品油走私案11宗、涉烟草走私案2宗、涉冻品走私案14宗。推进命案攻坚，侦破命案现案14宗、积案10宗，现案破案率93.3%。

【经济案件侦破】 2020年，市公安局严打金融领域违法犯罪，完成“猎狐行动”“百城会战”等任务，破获经济案件数比上年上升10.83%，侦破公安部督办“飓风273号”信用卡诈骗案，打掉韶关市首个利用“第四方支付平台”进行洗钱的特大地下钱庄团伙。

【扫黑除恶专项斗争收官】 2020年，市公安局打掉黑社会性质组织2个、恶势力犯罪集团11个、涉恶犯罪团伙32个，查封、冻结、扣押涉案资产6.78亿元，完成“铁网6”追逃行动，配合执行判决生效涉黑恶案件财产入库8100万余元。

【禁毒重点问题整治】 2020年，市公安局开展专项行动，破获毒品刑事案件133宗，缴获毒品1.1千克。推进“清隐”“清零”“清库”行动，做好分级分类管控，开展乐昌市、新丰县和10个镇（街）重点整治并全部“摘帽”，创建首批10个“无毒社区”“无毒场所”示范点。

【派出所建设】 2020年，市公安局建成一级派出所14个，四、五级派出所清零，建成派出所合成作战室23个，完成省公安厅11个派出所智能办案区示范点建设。推行城区“一区一警两辅”和农村“一村一辅警”模式，全市社区民警占派出所民警40%，实现社区警务工作村（居）全覆盖。

【社会治安防控】 2020年，市公安局落实“1、3、5分钟”防控要求，实行武警特警动中备勤、机关警力下沉、亮警灯见警车等措施，举行市区公开武装巡游活动，推进5个省际公安检查站“升级增效”，建成智感小区6个，压减违法犯罪，全市刑事治安警情数比上年下降23.3%。全年派出所设卡4.9万余次，抓获犯罪嫌疑人403人，查获治安违法人员920人，送治精神病人396人；红袖章队员提供有价值线索120条，化解或协助化解矛盾纠纷1.48万起。开展“护校安园”行动，完成全市中小学、幼儿园一键式紧急报警固定电话安装、校园保安配置、护学岗建设任务，城镇“护学岗”率100%。整治医院及周边治安环境，调解医患纠纷126起。强化枪爆和危化物品管理，推广使用电子雷管，消除安全隐患。完成2020年环丹霞山自行车赛、丹霞山山地马拉松赛、第十三届穿越丹霞山50千米等重要活动安保任务。

【网络安全管理】 2020年，市公安局强化关键信息基础设施隐患排查整治，摸查行业单位网络情况967个，通知修复重点网站漏洞26个。加强信息安全等级保护，新增备案单位18家、备案系统66个，完成12个单位、15个系统的等级保护测评整改工作。

【交通安全管理】 2020年，市公安局开展事故预防“减量控大”、打击非法改装机动车及“飙车”违法行为百日行动、“一盔一带”安全守护等，严查各类交通违法行为，全市道路交通事故数、死亡人数、受伤人数、财产损失数比上年分别下降6.57%、4.12%、23.51%、6.6%。将22处重点路段列为市级严管道路，在重点位置安装爆闪黄闪警示灯1700余盏。春运期间，全市公安交警部门投入警力4.3万人次，出动警车1.8万辆次，查处各类交通违法行为超过9.1万起。全市发生统计交通事故24宗，比上年下降27.27%；死亡12人，比上年上升20%；受伤29人比上年下降45.28%；财产损失62万元，比上年下降26.39%，实现“高效、畅顺、平安、智慧、温馨”春运的工作目标。在全省率先推行摩托车带牌销售工作，建立191个摩托车带牌销售点，完成14个基层交警中队摩托车考场建设任务。

【智慧新警务建设】 2020年，市公安局完成省际158个卡口补点和全市人、车数据治理，完成国家禁毒大数据广东中心地市禁毒情报研判室建设、6个监所视频监控系统“提档升级”等重点任务。建立第一批科技信息化人才备选库，开展集中轮训，举办全省大数据智能化应用粤东片区会。

【法治公安建设】 2020年，市公安局开展常态化执法质量考评和3轮专项巡查，发现整改执法问题1237个。完成12个智能执法办案场所示范点建设任务，建成执法视音频联网管理二级平台，全市公安派出所完成“侦查监督工作室”挂牌并实体化运作。

【全国公安机关集中统一销毁非法枪爆物品广东韶关现场活动】 2020年11月17日，2020年全国公安机关集中统一销毁非法枪爆物品广东韶关现场活动在宝武集团广东韶关钢铁有限公司举行。2020年以来，全省收缴非法枪支6824支、弹药14.45万发、仿真枪11504支、弩和管制刀具8342件、炸药8850千克、雷管1.5万枚、黑火药1.3吨、易制爆危险化学品11.2吨。省公安厅党委委员、副厅长张锐出席活动。省委政法委、省委网信办，省市场监管局、邮政管理局，海关总署广东分署、韶关市公安局和省公安厅厅直有关部门负责人，以及广州市、深圳市、韶关市、汕头市、东莞市、肇庆市、清远市公安局民警代表参加活动。

（刘俊勇）

检察

【概况】 2020年，韶关市检察机关对涉疫案件批捕50人，起诉75人，办理的刘某某非法收购珍贵、濒危野生动物罪一案入选最高检“首批妨害新冠肺炎疫情防控犯罪典型案例”。依法审慎批捕、起诉，对15名微罪企业经营人员作出相对不起诉处理，对3人变更羁押强制措施。打击金融犯罪，起诉金融诈骗、破坏金融管理秩序犯罪57人，推动强化源头治理。全市两级检察院检察长带头办理司法救助案件，向因案致贫、因案返贫、因案增贫的70个贫困家庭发放司法救助金116万余元，韶关市检察院联合仁化县检察院办理的麦某娣等5人司法救助案被评为“全省检察机关国家司法救助工作服务脱贫攻坚精品案件”。办理生态环境和资源保护领域公益诉讼案件51件，挽回生态公益损失756万余元。肇庆市、韶关市基层检察院结对共建工作启动。牵头召开韶关市、清远市、赣州市、郴州市三省四地检察机关公益诉讼协作机制联席会议，合力推动北江中上游区域绿色发展，得到中央、省、市众多媒体的持续关注和跟踪报道，该协作机制获评“2020年度韶关市改革创新典型案例”。

【刑事案件检察】 2020年，韶关市检察机关依法精准打击各类刑事犯罪，批捕2164人，起诉3109人，监督立案116件，监督撤案44件，纠正漏捕112人，纠正遗漏同案犯115人，发出《纠正违法通知书》69份，对认为确有错误的刑事裁判提出抗诉4件，对减刑、假释、暂予监外执行不当提出纠正意见421人，对监外执行监管活动提出书面纠正670件，完成对英德监狱的交叉巡回检察。胜利收官扫黑除恶专项斗争，专项斗争开展以来，批捕涉黑恶犯罪680人、起诉770人，完成“案件清结”任务，随案移送涉黑恶资产4.99亿元，向有关机关移送涉黑恶及“保护伞”线索165条。深化未成年人司法保护工作，起诉侵害未成年人犯罪118人，比上年上升29.67%。推动建立“一站式”取证救助中心9个，对19名未成年人提供司法救助，开展心理援助25人次，对涉嫌轻微犯罪并有悔罪表现的未成年人不批捕36人、不起诉42人、附条件不起诉12人。全市两级检察院检察长带领100名检察干警走进中、小学担任法治副校长，举办法治宣讲活动133场，覆盖

2020年9月1日，韶关市检察机关在武江区红星小学开展“民法典进校园”活动 （谭畅 摄）

2020年12月5日，韶关市人民检察院开展“学习习近平法治思想 强化新时代法律监督”检察开放日活动 （张瑞锋 摄）

人数4.9万余人。推进认罪认罚从宽制度应用尽用，适用认罪认罚从宽制度办理案件2766人，适用率81.7%，上诉率降低到6.96%，案件比降低到1：1.44。加强与纪委监委的沟通协作，受理各级监察委员会移送审查起诉的职务犯罪案件63人，起诉29人。调查核实司法机关工作人员相关职务犯罪线索12条，立案侦查4人，移送审查起诉2人，移送审查不起诉4人。

【民事案件检察】 2020年，韶关市检察机关审查各类民事申诉案件117件，对认为确有错误的民事判决、裁定、调解提出抗诉3件，提请抗诉9件，提出再审检察建议5件。依法不支持监督申请105件，做好当事人的服判息诉工作。审查民事执行监督案件23件，提出检察建议8件。

【行政案件检察】 2020年，韶关市检察机关推进行政非诉执行监督工作，开展自然资源领域行政非诉执行监督专项活动，建立健全行政检察与行政执法衔接工作机制，促进行政机关依法行政。受理行政非诉执行案件线索2019条，立案340件，办结169件，提出检察建议38件，立案数比上年增长27倍。

【公益诉讼检察】 2020年，韶关市检察机关受理公益诉讼案件线索187条，立案112件，提起诉讼21件，通过公益诉讼追偿经济损失826万余元。开展“公益诉讼守护美好生活”专项监督活动，通过办理一批食品药品安全领域公益诉讼案件，追缴惩罚性赔偿金70万余元。开展“基本养老金领域国有财产保护”专项监督活动，追回国有财产64万余元。督促郑某某、邓某某环境侵权民事公益诉讼案损害赔偿金异地执行到账，打通民事公益诉讼跨地区执行“最后一公里”。把落实公益诉讼制度纳入2020年韶关市督查检查考核计划，督促各级行政部门重视加强公益保护和民生守护。

【阳光检务】 2020年，韶关市检察机关把“12309”检察服务中心打造成服务群众的“便民直通车”，审查处理群众控告、申诉、举报等各类信访1547件，采取领导包案、检察长约访接访等措施，做好反馈、释法说理工作，7日内程序性回复和3个月内办理过程或结果答复均实现100%。针对一批群众诉求强烈、息诉难度大或疑难复杂的案件，邀请人大代表、政协委员、律师、专家学者参与公开听证，最大限度消除戾气和对立。走访联系各级人大代表，向市人大常委会专题报告公益诉讼检察工作情况，向政协通报检察工作，联合市司法局制定下发《检察办案活动接受人民监督员监督实施细则》，邀请人民监督员评议案件23次，发布案件程序性信息4799条、法律文书2108份、重要案件信息177条，向律师提供电子卷宗1.8万余册，并在全省范围内开通律师跨区域阅卷通道，网上办结辩护与代理申请443次，召开新闻发布会2场，向社会通报认罪认罚从宽制度适用、扫黑除恶专项斗争等工作成效，开展检察开放日等活动，邀请5000余名社会各界代表走进检察院了解检察工作。（张瑞锋 丘 果）

法院

【概况】 2020年，韶关市两级法院受理各类案件5.84万件，办结5.41万件，比上年分别上升1.47%和1.92%。其中，市中院受理各类案件1.03万件，办结9887件，结案率96.1%。全市法院法官人均结案211.27件，与上年基本持平。全市法院涌现出全国优秀法官、广东省先进工作者林兵等一批先进典型，5个集体、21名个人被记功，市中院审监庭在特赦工作中表现突出获最高法院表扬。落实“谁执法谁普法”责任制，利用妇女节、国际禁毒日、国家宪法日等重要节点举办法治宣传活动110场，发放普法资料6万余份。学习宣传贯彻民法典，举办普法活动38场。制作播出普法电视节目《以案说法》26期，在报纸、微博、微信公众号等媒体平台刊发新闻报道2300篇次，市中院拍摄的《瑶山来客》获评全国法院第七届金法槌奖百优微电影。整合优化移动办公平台、远程庭审等信息网络系统，促进信息技术更好为审判工作服务。

【刑事案件审判】 2020年，全市法院审结一审刑事案件2201件，判处罪犯3113人。审结危险驾驶等危害公共安全犯罪一审案件563件，依法审理林某聪高空抛物危害公共安全案。审结故意伤害、故意杀人、绑架等暴力犯罪一审案件256件；审结“两抢一盗”、诈骗等多发性侵犯财产权益一审案件576件。审结涉毒品一审案件167件，依法审理林某等4人特大贩卖、运输毒品案。审结贪污、贿赂、渎职等职务犯罪一审案件24件27人，依法审理黄某平贪污受贿案等一批社会影响较大的案件。出台防

2020年3月27日，韶关中院召开全市法院扫黑除恶专项斗争推进工作视频会议 （市中院 供）

范化解审判领域重大风险的意见，建立重大敏感案（事）件动态管理和月通报机制。

【扫黑除恶专项斗争】 2020年，全市法院审结一、二审涉黑恶案件198件，结案率100%，判处罪犯509人，涉黑案件重刑率70.6%，依法铲除赵某华、龙某等一批黑恶势力。深挖彻查黑恶势力"保护伞"，立案审理涉"保护伞"一审案件9件10人。市中院获评2019年全省扫黑除恶专项斗争先进单位。推进"打财断血"，依法对25人判处没收个人全部财产，判处罚金刑1.45亿元。建立涉黑恶案件财产刑快速执行工作机制，开展"雷霆行动"专项执行活动，加强与检察、公安、财政等部门沟通协作，执行到位财产2.94亿元，执行到位率90%，入库1.82亿元。针对涉黑恶案件暴露出的行业领域突出问题和监管漏洞，向有关单位和行业组织发出司法建议125份，2份司法建议获评全省扫黑除恶"十佳"司法建议。

【民商事案件审判】 2020年，全市法院审结一审民商事案件2.18万件。审结非法采矿、盗伐滥伐林木、非法倾倒、利用、处置固体废物和垃圾案件150件。服务对接融入"双区"，制定关于为韶关经济高质量发展提供司法服务和保障的意见。制定关于加强产权司法保护的实施意见，审结财产权属纠纷案件227件。与韶关市市场监督管理局合作建立知识产权侵权惩罚机制。制定关于保护民营企业合法权益、促进民营经济健康发展的意见，审慎适用强制措施，禁止超范围查封扣押冻结涉案财物。发挥破产审判职能作用，推动企业破产重整、和解恢复生机，广东活力股份有限公司等3家公司破产清算案入选广东法院优化营商环境破产审判典型案例。

依法审理涉民生案件，处理家事纠纷，审结婚姻家庭和继承案件3180件。依法保护公民人身权利，审结交通事故、医疗损害赔偿纠纷案件1092件，审结食品药品安全、制假售假等直接关系群众生命健康案件14件。维护劳动者合法权益，审结劳动争议案件445件，开展根治欠薪冬季专项行动，为劳动者追回欠薪1412.75万元。

【行政案件审判】 2020年，韶关市加强行政审判工作，支持和监督行政机关依法行政，审结一审行政案件481件。加大行政行为合法性审查力度，确认行政行为违法案件82件，依法纠正行政不作为、慢作为等行政违法行为。加大行政纠纷调解力度，协调和解、撤诉案件73件，促进行政争议实质性化解。加强司法审判与行政执法工作衔接，推动行政机关负责人出庭应诉，出庭应诉率76.2%。组织15批次行政人员旁听庭审，助力提升依法行政水平。陈某华诉乳源瑶族自治县自然资源局土地行政处罚案入选全省法院司法服务保障脱贫攻坚和乡村振兴战略典型案例。

【执行工作】 2020年，全市法院健全完善执行长效机制，办结执行案件1.95万件，执行到位金额11.87亿元。开展"南粤执行风暴2020"专项活动，对68人采取罚款、拘留、限制出境等强制措施，6人因拒不执行生效判决、裁定罪，妨害公务罪被追究刑事责任。加强失信联合惩戒，发布失信被执行人名单5267人次，向1.14万名被执行人发出限制消费令，促使3758名被执行人履行义务。落实信用修复机制，832名失信被执行人履行义务后退出失信名单。

【诉讼调整】 2020年，韶关市推进"诉源治理"，形成以"源头预防为先，非诉机制挺前，法院裁判终局"为核

2020年12月5日，韶关中院举办"12•4"宪法宣传日活动 （市中院 供）

心的多元解纷模式。完善"分调裁审"机制，将129名调解员纳入广东法院诉讼服务网管理平台。明确适用先行调解的案件范围，诉前化解矛盾纠纷2660件，比上年上升95%。在疫情防控一、二级响应期间，依托诉讼服务网、"12368"诉讼服务热线、云上法庭等在线诉讼服务平台，开展在线诉讼活动，确保审判工作平稳有序进行。推进案件全流程网上办理网上立案1.15万件，网上开庭案件2503件，网上调解案件292件。

【司法体制改革】 2020年，韶关市健全审判权力运行机制，制定审判权力和责任清单。完善审判监督管理机制，健全履职指引和案件监管全程留痕制度。出台劳动和社会保障行政确认等案件审判指引，强化类案指导。落实关联案件和类案检索制度，实施法信、裁判文书网、案例数据库"三必查"措施，统一法律适用标准和裁判尺度。落实以审判为中心的刑事诉讼制度改革，落实法庭调查、非法证据排除规则，召开庭前会议案件35件。实施案件繁简分流，适用速裁程序审结刑事案件540件，审结民事案件4556件。推动出台韶关市关于完善破产审判工作机制的实施方案。建立"保险+救助"执行救助模式，为13件案件发放救助资金36.02万元。

【典型案例】 2020年，全市法院从严从快打击扰乱医疗秩序、防疫秩序、市场秩序等涉疫情犯罪，李某福妨害公务案、刘某军非法收购珍贵、濒危野生动物案入选广东法院妨害疫情防控刑事典型案例。妥善处理因疫情影响引起的买卖合同、房屋租赁等纠纷，仁化法院调解的韶关诚粤贸易有限公司等4家公司买卖合同纠纷系列案入选广东法院疫情防控民事行政典型案例。拓展司法公开广度和深度，直播庭审9996场，5551万人次点击观看，公开裁判文书27976份。 （温 菁）

司法行政

【概况】 2020年，市司法局统筹推进全市公共法律服务实体平台建设，加强公证、司法鉴定行业、律师行业管理，联合有关单位开展普法活动，在国家统一司法主、客观题的考试中实现司法部要求的"十个百分之百"。韶关市强制隔离戒毒所被司法部授予"2019年度'六无'戒毒管理局'六无'强制隔离戒毒所"称号。韶州公证处被广东省公证协会评为"先进公证处"称号。谢华被省普法办评为"省'七五'普法最美普法人"称号。

【普法推进】 2020年，市委全面依法治市办、市普法办、市司法局联合市有关单位，组织开展"善美之城·法治韶关"——"送法进社区"暨"法援惠民生·助力农民工"活动日、民法典学习宣传、"宪法和民法典进企业"宣传、防范非法集资宣传月、"6·26"国际禁毒日阅丹线自驾游暨"送法进乡村、进社区"、社区矫正法宣传、韶关市"和善和美 法治韶关"第二届法治文化节等法治宣传专项活动。举办民法典宣讲115场，开展"送法进单位、进机关、进乡村、进学校、进社区、进企业、进军营、进码头、进船舶"等民法典主题宣传活动289场，组织近13万名国家工作人员和40多万名大中小学生参加民法典专题学考；面向全市征集812件法治文化原创作品，韶关市司法局被评为"第二届广东省法治文化节"特别组织奖。组织开展韶关市第三届国家机关"谁执法谁普法"履职报告评议会，市住房和城乡建设管理局、市农业农村局、市文化广电旅游体育局、市卫生健康局、市人民检察院、市消防救援支队取得优秀等次。组织开展2020年度全市国家工作人员学法考试，全市近15万名国家工作人员参与。组织全市各校中小学生开展"晨读宪法和民法典"活动，主场设在广东韶关实验中学，4000多名学生和家长参加活动。组织全市普法骨干暨法治副校长180人参加学习培训班。组织开展韶关市"宪法宣传周"法治宣传暨第二届法治文化节颁奖典礼活动，市领导李安平、周伟源、张文铭出席活动。组织开展韶关市"宪法教育大课堂"公开课，800多名学生参加。浈江区犁市镇群丰村，浈江区东河街道陵西路社区等15个村（社区）被评为省级"民主法治示范村（社区）"，翁源县龙仙镇青云村、浈江区东河街道陵西路社区入选第八批"全国民主法治示范村"。

【公共法律服务】 2020年，全市基本建成市级公共法律服务中心1个，县（市、区）公共法律服务中心10个，镇（街）公共法律服务工作站109个，村（社区）公共法律服务工作室1465个，完成41个示范性公共法律服务工作站、177个示范性公共法律服务

2020年7月25日，市普法办、市司法局联合武江区惠民街东岗岭社区居民委员会在东岗小学举行韶关市"善美之城 法治韶关"——送法进社区、进学校暨民法典法治宣传志愿服务活动 （市普法办、市司法局 供）

2020年12月5日，韶关市在中山公园文化广场举办2020年“宪法宣传周”法治宣传暨第二届法治文化节颁奖典礼活动 （市普法办、市司法局 供）

工作室建设；全市公共法律服务实体平台接受法律咨询6.17万人次、开展办事服务3.06万件、组织服务资源27.28万人次。做好公共法律服务网络平台、语音平台的推广应用工作，全市公共法律服务网络平台接受法律咨询2204人次、开展办事服务126件，公共法律服务语音平台接受法律咨询2.15万人次、开展办事服务175件。全市组织2025名执业律师上线值班，办理公共法律服务工单177件。落实领导干部公共法律服务接待日制度，每天安排一名四级主任科员以上领导干部到公共法律服务中心开展接待群众来访、接受法律咨询服务等活动，累计安排375人次接待群众来访、接受法律咨询。

【司法行政基层组织建设】 2020年，韶关市95个乡镇、14个街道，109个司法所，有工作人员332人，其中本科及以上134人。在2020年深化乡镇体制改革完善基层治理体系中，全市109个司法所维持管理体制不变，工作职能不变，规范化建设、法治建设有新进展，参与辖区治安防范体系建设，参与平安建设、群防群治、安全生产等专项工作。

【司法行政执法管理】 2020年，全市有公证机构11家，公证员30人，司法鉴定机构13家，司法鉴定人96人；有律师626人，其中专职律师319人，兼职律师24人，公职律师213人，法援律师56人，公司律师3人。公证行政许可申请3件、受理3件、许可3件；司法鉴定行政许可申请47件、受理47件、许可50件；没有不予许可、撤销许可情形。办理公证投诉案件5宗，办理司法鉴定咨询案件4宗，投诉案件3宗。做好省级权力事项委托下放的承接工作，完成18项（其中行政许可事项2项，行政处罚事项10项，其他行政权力6项）省级权力事项委托下放的承接工作。开展司法鉴定专项检查、清理整顿、教育整顿、“双随机一公开”检查、日常巡查5次。开展律师行业年度考核检查，全市66家律师执业机构（不包含11家法援处）年度考核均为合格。开展有关律师收费法规文件的学习，完善律师服务收费告知制度，开展律师服务收费专项检查。开展违规兼职等行为专项清理活动，全市56家律师事务所、专职律师319人参加专项清理，覆盖面100%。开展律师行业“双随机一公开”检查工作，从全市57家律师事务所随机抽取广东务本、广东奏凯2家律师事务所，抽查率3.5%，对抽查发现的存在问题，要求限期整改。韶关市律师协会副会长、广东山外山律师事务所主任欧阳楚平律师团队为湖北当阳、石首等涉及6个省20多个县（市、区）的74名农民工追回欠薪226万多元。

【国家统一法律职业资格考试】 2020年，韶关市司法局完成年度考试组织实施任务，实现平稳、安全、顺利、有效的工作目标。韶关考区客观题考试审核通过报名人数1200人，客观题考试于10月31日、11月1日分2批次在广东松山职业技术学院举行。第一批次应到600人，试卷一实际参考468人，试卷二实际参考467人；第二批次应到600人，试卷一实际参考484人，试卷二实际参考480人。2个批次参加考试率79%。主观题考试有508人报名，其中机考492人，纸笔考16人。主观题考试于11月28日在广东松山职业技术学院举行，机考实际参考485人，参加

2020年12月5日，由市普法办、市司法局、市教育局联合开展的韶关市中小学生民法典故事分享会在武江区文化馆举行 （市普法办、市司法局 供）

考试率98.6%。

【首个个人调解工作室“刘日红调解工作室”进驻法院】 2020年11月22日，韶关市首个以个人名义命名的调解工作室——“刘日红调解工作室”进驻仁化县人民法院。该县县委政法委、县法院、县司法局有关负责人，周田镇司法所所长、全国模范人民调解员刘日红和相关工作人员参加揭牌仪式。 （张晓华）

仲裁

【概况】 2020年，韶关仲裁委员会全年受理各类经济纠纷案件354宗，其中通过调解化解纠纷210件，调解率69%。已经结案214宗，占受案总数的60%，收仲裁案件受理费和处理费254.17万元。案件主要包括房屋装饰、租赁、商品房买卖、保险、建设工程施工、承揽、商标、交通事故损害赔偿等10多种类型。仲裁案件无一被人民法院撤销、不予执行。

【仲裁推广】 2020年，韶关仲裁委员会走访银行领域，如曲江区农村商业银行、翁源县农村商业银行、仁化县农村商业银行等银行，加强他们对仲裁知识的了解，部分银行的借贷合同中加入仲裁条款。到重点联系企业如中铁五局集团第四工程有限责任公司、韶关市裕康物业服务有限公司、韶关市关山供电工程有限公司等企业宣传仲裁法律知识，并与企业的部门负责人召开座谈会，让他们当好推行仲裁法律制度的带头人、示范人，帮助他们解决工作中涉及的法律难题。

【“道交一体化”成立】 2020年6月，韶关仲裁委员会交通事故损害赔偿仲裁在与韶关市中级人民法院共同施行“道交一体化”，“道交一体化”着眼于共同预防和化解道路交通事故赔偿纠纷。通过发挥部门联动、信息共享、诉前调解、诉前鉴定等机制作用，实现问题处理公正高效，促进道交纠纷社会治理的法治化和专业化。 （李　阎）

监狱

【韶关监狱】 2020年，韶关监狱实现连续26年监管安全和20年生产安全。完成机构编制优化调整，实现从三级管理到二级管理的平稳过渡。举办韶监大讲堂6期，全监性培训班3期17批次。因时因势调整值班执勤模式，按照“高于平时、严于地方”的要求，严格落实各项疫情防控措施，实现“三零”目标。对接地方司法单位，共同做好刑释人员安置管理。通过司法部“智慧监狱”考核验收和广东省质量协会“现场管理星级评价”创建验收。推广可视化手机会见，解决省外居住罪犯亲属会见难的问题，参与家属达1万多人次，居全省首位。开展扫黑除恶专项斗争，组织检举揭发，收集线索数量居全省前列。推进硬件设施建设，完成“两个中心”（回归指导和技能培训中心）、新监舍文体设施和数字化网络等项目建设。通过《立新之声》、正念冥想、八段锦健康操和团体辅导等方式，开展罪犯心理健康教育。实施罪犯诉求管理，编制《罪犯共性诉求回应参考提纲》。建成狱内外办案中心，推行“无纸化”办案模式，创新使用网络平台，实现狱内法庭的数字化设备与中院、省高院的对接，成为省内首个在疫情期间开展远程庭审的监狱单位，并作为广东监狱系统唯一优秀案例入选广东省网络安全宣传周“信息化抗疫”成果展。 （巢若曦）

【北江监狱】 2020年，北江监狱考核被评为优秀等次。

狱政管理取得新成效 完成两会、改革开放40年、国庆、元旦期间安保任务，全年未发生重大案件、未发生涉访涉诉事件，实现“四无一减少”工作目标，全年罪犯违纪率比上年年下降8.12%。每月排查围墙周界、监控报警等安防设施使用情况，深除狱内“三违品”，深挖扫黑除恶线索，通过自报名罪犯身份核查专项行动，排查出2名负案在逃多年的犯罪嫌疑人并在出监之日予以拘捕。推行省监狱管理局“罪犯体重测量监测”“生产物料首验”等安全管理工作法。创新物品定置“一二三四”工作法，加强罪犯物品管理，受到省监狱管理局肯定并全面推广。

教育改造呈现新面貌 邀请学校名师等社会人员到监狱开展政治教育，开展9期政治改造专题讲座。成立青年志愿者宣讲团，开展民法典宣讲。推进入监教育试点，形成“2+1”的入监教育工作模式，明晰责任分工；通过划分3个阶段，区分2个层面，规范7项流程，把好4道关口，打造北江入监教育特色亮点。在疫情防控期间组建20批次心理危机干预，256人参与心理矫治小分队，开展心理咨询3832人次。办理减假保案件

2020年1月27日，韶关监狱举行新冠肺炎疫情封闭执勤誓师大会

（韶关监狱　供）

实现零错案。启动办理 8 宗暂予监外执行案件，依法进行处置。

保障能力实现新提升　巩固规范化监区创建成果，一、二、三、四监区和监狱医院通过省监狱管理局创建办“回头看”验收。开通“广东省北江监狱”公众号，北江监狱经验做法、警察职工先进典型等得到宣传。通过司法部智慧监狱考核验收，并得到司法部考核组肯定。实现“十二五”工程建设收官，人行天桥、雨污分流、办公区生活区绿化美化工程等配套项目完成，工作生活环境改善。

（北江监狱）

疫情警察进驻监区封闭执勤　（武江监狱　供）

【武江监狱】　截至 2020 年年底，武江监狱统筹疫情防控和监狱发展，推进“五大工程”，完成监狱企业改制工作，实现连续 22 年监管安全和连续 26 年生产安全。

刑释人员安置遣送　武江监狱制定防疫措施、选址隔离区，实行封闭隔离执勤七个半月，落实各项疫情防控措施，筑牢疫情防线，实现“四无”“三零”目标。执行临释罪犯隔离观察、健康检测、过渡性安置等工作要求，与地方司法所、安置帮教部门对接，临时安置刑释人员 62 人，遣送回地方 103 人。

安全治理　武江监狱通过建立狱情预警机制、开展核查罪犯自报名身份信息、规范狱情排查处置系统登记、罪犯诉求管理等专项活动，建立监狱新型矛盾三级调处机制，罪犯违纪率比上年下降 33.7%。集中出监教育试点工作通过省监狱管理局初步验收，形成具有可操作性、可复制性的集中出监教育样板。

罪犯改造　武江监狱利用狱内多媒体系统，组织罪犯上“网课”，在重要时间节点开展歌唱爱国主义歌曲比赛、主题演讲比赛、知识竞赛等活动，确保疫情防控状态下教育改造质量。开展模拟实景教育，成立狱内法律援助工作站，邀请韶关市司法局、市民政局等政府部门到监狱现场模拟业务办理和案例处理，为罪犯讲解相关政策法规，引导罪犯尊法学法、守法用法。开展职业推介，邀请浈江区司法局、韶关市人社部门及劳务派遣公司到监狱举行回归人员职业推介会，为刑释人员铺好步入社会的回归路。

监狱执法　2020 年，武江监狱办理 4 批减刑假释案件，向韶关市中级人民法院提请减刑案件 756 件，假释案件 39 件，依法办理监外执行案件 2 件，无一错案漏案。疫情期间，通过成立临时办案小组，以远程开庭的方式，解决案件开庭审理的问题。主动邀请驻监检察室列席监狱减刑假释案件评审会、检察官参加暂予监外执行案件的罪犯面试和评审。制定《关于进一步统一办案标准和尺度的细化说明（试行）》，组织监区领导和刑罚干事进行业务培训和刑事政策解读。在罪犯中开展刑事政策宣讲活动 12 场次，运用监狱门户网站、微信公众号、狱务公开系统、狱务公开张贴栏等载体，公开监狱执法结果，主动接受社会监督，以公开促公正公平，不断提高监狱执法公信力。

（徐孝东）

【乐昌监狱】　2020 年，乐昌监狱夯实平安、法治、现代、文化“四型”监狱建设基础，疫情防控取得阶段性胜利，各项工作推进，实现连续 24 年监管安全、20 年生产安全目标，获评“全省监狱系统表扬单位”。1 人获“全国司法行政系统抗击新冠肺炎先进个人”称号；论文《监狱公共卫生突发事件应对与研究》《构建疫情防控下“七大体系”》被中国政府法制信息网刊发。

安全管理　完成庆祝经济特区建立 40 周年安保任务，推进“扫黑除恶”攻坚战、“四防行动”主动战。建立“六大监管安全”风险评估及重点单位关注机制，推行全狱“100 网格”化管理，创新开展“扫雷”专项行动，在管教线开展“工匠精神”专项活动，锤炼行家里手。做好罪犯伙房物资采购和调价管理，落实食品核酸抽样检测制度，罪犯伙房实现无刀化管理，生活卫生保障水平提升。

教育改造　依托七个中心“空间力量”，提高教育改造针对性、有效性和科学性。开设“微视”改造栏目、亲情点歌台，打造罪犯教育管理“四大线上平台”，做实节日专题教育，引进“凤凰课堂”系统，开展线上辅学、心理咨询帮教。弘扬“正法安本、乐教德昌”改造宗旨，建设监区文化工作室，打造以“懂”为主题新生文化体系。建立警察、监区领导和业务科室“三级”接访机制，抓实抓细罪犯诉求管理、情绪管理、矛盾管理。　（廖志刚）

军　事

韶关军分区

【概况】 2020 年，韶关军分区先后完成干部转业、转文和文职人员调整任职、招聘。南雄、始兴、乳源、翁源、新丰等单位领导干部带头坚守岗位，出台专武干部管理、大学生征集等制度政策；军分区有 4 个单位和 6 名个人被省军区表彰为先进。机关投入经费规范办公室和各类库室建设标准，购置办公用品、设施、器材及部分民兵物资，投入经费完成“三室一课”建设，投入经费完成七楼机房改造，确定在乳源瑶族自治县开展先进示范和在新丰县开展攻坚帮扶。

【军分区党委第一书记任职大会】 2020 年 10 月 20 日，韶关军分区党委第一书记任职大会在军分区礼堂举行。省军区副司令员廖正荣宣读《中共广东省军区委员会关于增补王瑞军同志为韶关军分区党委第一书记的决定》并作讲话。市委书记、韶关军分区党委第一书记王瑞军发表任职讲话。军分区政委黄星会主持会议，军分区司令员郑爱军，市领导肖展欣、谢天友，韶关军分区党委委员，市国防动员委员会成员单位负责人，各县（市、区）委书记、人武部党委第一书记等出席大会。

【军事备战】 2020 年，韶关军分区修订完善各类战备和应急抢险等非战争军事行动方案预案，完善指挥手段建设，完成引接地方信息系统建设和值班视频指挥系统建设，机关进行“三室一课”建设和军网机房改造，改善工作、学习环境，提高战备通信指挥保障能力。

【战备训练】 2020 年，韶关军分区推进构建以市级训练基地为主体、县级训练基地为补充、行业基地为拓展的训练体系。组织集中轮训，组织 2 批全区干部、文职人员为期 10 天的基本技能课目训练和考核；组织国防动员专业分队、民兵应急营、防汛救援队伍等各类训练 60 批；完成 43 所学校 5 万余名学生军训任务，完成年度训练任务。

【民兵整组】 2020 年，韶关军分区召开国动委专题会议部署任务，在乐昌组织民兵整组试点，组织韶关市军地联合工作组对 10 个县（市、区）督导考评，抽查基层武装部，现地点验民兵应急连，在乳源瑶族自治县开展经验交流活动，推动全市民兵整组任务的完成。完成普通民兵、基干民兵整组任务。抓好队伍训练，备战能力得到提升。10 月，迎接省检查组检查验收，军分区机关本级达到优秀标准，人武部达到良好标准。乐昌民兵接受国防动员部电话抽点完成任务。

【征兵工作】 2020 年，韶关军分区落实兵役制度改革。全市各级利用新媒体开展线上宣传，坚持每周大交班通报制度，推动基层征兵工作落实。全市大学毕业生报名人数为征集任

2020 年 4 月 8 日，全市民兵整组和基层正规化建设试点观摩会在乐昌市组织召开　　（韶关军分区　供）

2020年9月22日，全省退役报废武器装备销毁现场观摩会在韶钢厂区组织进行 （韶关军分区 供）

务数的9倍。全市大学生和大学毕业生征集比率分别为72%、21%，均超过省下达的征集指导比例9个百分点，退兵比例控制在1%以内，各项考核指标创历史新高，走在全省前列。始兴县实现连续66年无责任退兵，乐昌市、南雄市、仁化县、始兴县、新丰县、武江区、曲江区7个单位实现零退兵，完成年度征兵任务。

【支援驻地抗疫】 2020年，韶关军分区支持地方抗击新冠肺炎，担负17条车道的车辆检查任务，每日定点排查近2万台车次，全区出动官兵职工和民兵支援帐篷等装备100余项次，设立健康监测场所3处，组织消杀4.2万余平方米，发放宣传资料近2000份，发动全区266人捐款6.94万元支援湖北抗疫，为20名受新冠肺炎疫情影响的贫困学生购买网上学习平板电脑，协调解决网络信号问题。

【基层武装工作】 2020年，韶关军分区在乐昌市组织县人武部、镇街武装部和村民兵连3个不同层级的单位正规化建设试点，推进基层正规化建设。武江区、乐昌市、新丰县、翁源县、曲江区及仁化县、浈江区国防教育训练基地建设取得进步。

【退役报废武器装备销毁】 2020年9月至11月，省军区在韶关集中组织全省退役报废武器装备销毁工作，韶关市完成全市报废武器销毁作业。配合省军区在韶钢组织退役报废武器销毁处理现场观摩会，配合各军分区和部分军兵种部队完成退役报废武器销毁工作。

【国防动员】 2020年，韶关军分区调整完善市、县两级国防动员委员会领导和办事机构，召开国动委会，研究部署国防动员专项任务，修订完善国防动员各类方案，指导各县（市、区）国动委和市本级各专业办公室开展国防动员“十三五”规划重点项目建设。完成国防动员专业队伍组织整顿，进行现场点验。组织基层武装部规范化建设试点观摩并联合市委组织部对全市第二批专武干部进行集训和资格认证考核。开展2020年度国防动员潜力调查统计工作，完成信息统计工作，整理编报重点潜力图册。与市机关事务局对接，建立国防潜力调查纳入政府机关绩效考评机制。 （赖香军）

武警韶关支队

【概况】 2020年，武警韶关支队加强练兵备战训练，完成守卫押运、城市武装巡逻等勤务，规范战备值班力量体系建设，筹划组织“中队长之家”“指导员之家”等活动，执勤二大队、机动大队被评为“四铁”先进大队。组织安全大检查、百日安全竞赛等活动。支队获得“百日安全竞赛活动优胜单位”“安全工作先进单位”称号。推进“智慧磐石”工程，组织“魔鬼周”极限训练。保障处获得“先进保障处”称号。

【思想政治工作】 2020年，武警韶关支队统筹推进“深入学训词、奋斗决胜年”专题教育、“传承红色基因，担当强军重任”主题教育和经常性教育，打造党委中心组学习、军营演说家、主题辩论赛、每月法纪课、士兵讲堂等教育品牌。开展“做阳光阳刚军人，建和谐幸福连队”和“强军风采”群众性文化活动，举办“奋进2020”春节晚会、军营歌手大赛节目录播晚会、红歌通讯赛和“强军杯”篮球赛，完成支队志编撰。1人被总队表彰为“十佳”政治教员，2篇“双百微课”被总队评为精品课，4名战士成功考入军校。

【执勤战备建设】 2020年，武警韶关支队开展“执勤安全教育整顿”活动，推进“智慧磐石”工程，优化执勤组勤管勤方式，严格制度落实、狠抓能力提升、紧盯隐患治理和拓展“智慧磐石”效能，固定目标全年安全无事故；完成联勤武装巡逻等专项勤务；组织“两学一研”、首长机关训练、勤训轮换、“魔鬼周”极限训练、军事体育运动会等活动，军事训练提升。参加总队优秀教练员等级考评，多人次被评为“优秀教练员”，被推荐备战武警部队“标兵教练员”；参加总队冲锋舟操作手集训，3人被评为“优秀学员”；参加总队教练员比武获团体总分第六名。

【部队基础建设】 2020年，武警韶关支队在总队网上纲要培训和新任大（中）队主官培训基础上，开展针对性培训整训。筹划组织“中队长之家”“指导员之家”“专业兵之家”活动，在基层中队实地组织党员发展程序、特色文化活动、疫情防控、车辆管控等观摩会，狠抓工作规范、立起工作标准，培育按纲抓建、按纲落实的明白人、实干家，提升基层自主抓建能力。执勤二大队、机动大队被评为“四铁”先进大队，5个中队被评为“四铁”先进中队。

2020年6月16日以来，韶关支队严密组织第二季度“魔鬼周”极限训练
（武警韶关支队 供）

【服务保障质量】 2020年，武警韶关支队修订两级后装保障方案，对表军事行动方案，先后修订支队后装方案计划4次，抓好常态化推演、实战化检验和动态化更新。完善支队战备储备基本格局，组织“一组五队”和基层“战勤编组”拉动演练，参加总队后勤训练网上抽考和后装专业兵大比武，获得团体总分第四。争取驻地经费支持，新建改造营区营房7处，购买配发衣柜、签字桌、文件柜等营产营具，执勤四大队部、南雄中队搬迁新营房。修缮改善老机关营院供水，教导队营房改造，改造公寓房。依据上级调整增加伙食费的通知，组织年度副食品配送单位重新招标，把牢询价、配送、验收各个关口。保障处被总队表彰为“先进保障处”。

【节假日执勤联勤】 2020年，武警韶关支队于节假日期间完成担负韶关火车东站、武广高铁韶关站、市委市政府及西河客运站周边主要街道联勤武装巡逻和粤北、城口、珠玑检查站警戒设卡勤务任务。

【后勤管理】 2020年，武警韶关支队在总队后勤专业训练网上抽考中，支队后勤炊事、驾驶、军械专业均名列前茅，取得团体总分第四。优化保障机关、勤务保障大队“一组五队”和大（中）队“战勤编组”编携配装，落实人员定岗、装备定位、物资定量、管理定责，确保遇有情况能够依案而动、依案保障，组织“一组五队”演训，经受春运执勤、城市武装巡逻等任务检验。开展野战给养器材操作使用、班卫生战士战场救护、宿营车架设、快速装卸轮胎、班用帐篷搭设等“一专多能、一兵多用”交叉训练。

【营房营区新建改造】 2020年，武警韶关支队执勤四大队部、南雄中队搬迁入住新营房，推动乐昌、曲江、韶关中队新建营房、改造营区，整体硬件设施水平得到提升。

【训练场地建设】 2020年，武警韶关支队在机动大队、特战中队营区新建靶场、攀登楼、器械训练大棚、400米障碍场，完善训练场地，完成“十三五”军事设施建设任务。
（李位航）

2020年1月19日至30日，武警韶关支队协同公安机关圆满完成韶关高铁站、韶关东站、小岛片区及西河客运站周边的联勤武装巡逻勤务
（武警韶关支队 供）

人民防空

【概况】 2020年，韶关市人防指挥体系建设推进有力，训练演练效果明显。市委军民融合办与广东松山职业技术学院签订韶关市军地人才培养框架协议。

【人防训练演练】 2020年，市委军民融合办制定印发2020年全市人防指挥通信训练计划，开展1次市带县人防机动指挥所跨区域协同训练，5次由县（市、区）轮流牵头组织全市人防机动指挥所训练，参加省第一防护区机动指挥跨区域协同训练。组织人防专业队训练、综合演练和点验，完成全市人防专业队伍整顿。9月18日，全市联动组织防空警报试鸣，检验防空警报系统的可靠性和预警能力。

【人防宣传教育】 2020年，市委军民融合办联合市教育局在全市城区中学二年级开展人防知识教育，覆盖全市52所初中2.5万名学生。结合“9·18”纪念日、“12·4”宪法宣传日，在京广高铁韶关站、韶关西河体育健身广场大型电子屏播放人防知识宣传图片、视频。9月17日，在浈江区商业步行街、武江区沃尔玛购物广场、曲江区人民公园广场设立“我与人民防空”宣传咨询点，编印1000份人防知识宣传手册向市民派发。分别在陵西路人防社区工作站、峰前路人防社区工作站举办城市防空防灾知识讲座，组织居民、工作站志愿者参观结建式人防疏散工程。（陈晓丹）

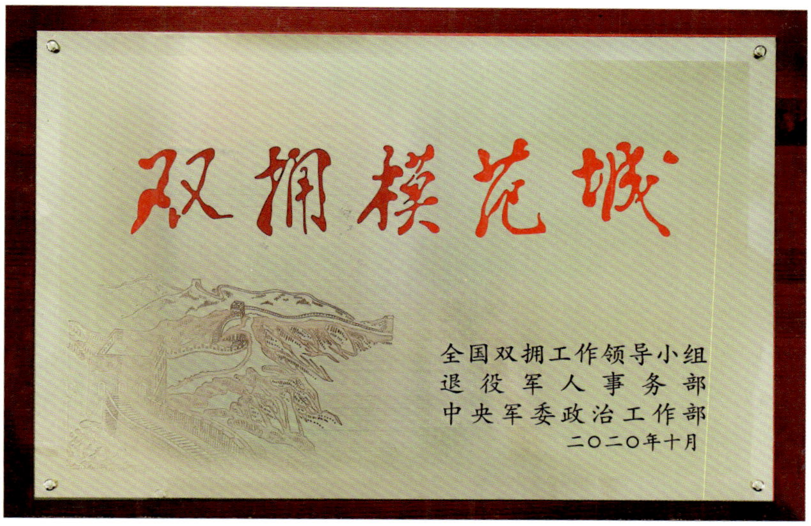

双拥模范城牌匾 （市退役军人事务局 供）

双拥共建

【概况】 2020年10月20日，全国双拥模范城（县）命名暨双拥模范单位和个人表彰大会在北京举行。韶关市再次获得“全国双拥模范城”称号，这是韶关市连续4届获此殊荣。10月22日，全省退役军人工作暨省双拥模范命名表彰大会在广州举行。曲江区、乐昌市、南雄市、仁化县、乳源瑶族自治县获得“广东省双拥模范县（市、区）”称号，韶关市委组织部被授予“广东省爱国拥军模范单位”称号，市退役军人事务局局长梁祖超、市教育局职业与成人教育科科长朱俊英、市财政局社会保障科副科长汤焕樑3人被授予“广东省爱国拥军模范”称号，中国人民解放军某部队政治工作部副主任姜武被授予“广东省拥政爱民模范”称号。

【双拥工作】 2020年7月1日，韶关市成立市军地互提需求、互办实事“双清单”工作领导小组，落实“双清单”工作协调机制。协调驻韶部队加快推进丹霞大道北、韶关大道北道路提升等5个项目建设，协调解决20多处军事用地的征地及权属问题，解决现役军人子女入学入托事项。9月30日在韶关烈士陵园举行烈士公祭活动暨向烈士纪念碑敬献花篮仪式，500人参加。11月27日，韶关军分区政治工作处和韶关市退役军人事务局在市区中山公园联合举办“见证信仰—2020年韶关市双拥晚会”。全市组织开展元旦、春节和“八一”期间系列拥军优属慰问活动，走访慰问驻韶部队和军烈属、伤残军人、复员军人等，全年全市共发放慰问品（金）约485.9万元。

2020年10月，韶关市被授予“全国双拥模范城”荣誉称号 （市退役军人事务局 供）

韶关军分区到韶关学院、大为中学开展扶贫助学活动，投入90多万元援建浈江区大村村机耕路，帮助始兴县双烈属家庭完成危房改造，解决乳源瑶族自治县军烈属医疗救助经费，组织春节困难官兵职工救济活动和“七一”困难党员慰问活动。乳源瑶族自治县人武部被省政府表彰为民族团结进步模范集体。

（刘志荣 赖香军）

经济管理

宏观经济运行管理

【发展规划编制】 2020年，韶关市启动“十四五”规划编制工作，研究提出争取纳入国家和省“十四五”规划纲要的重大政策、重大事项和重大项目。做好新型城镇化、公共服务、人口发展等专项规划编制工作，配合开展广州都市圈规划编制工作。编制《韶关市“十四五”规划重大项目表（初稿）》。完成“十四五”规划前期研究，制定《韶关市“十四五”专项规划编制目录清单》，起草形成《韶关市“十四五”规划基本思路》，起草韶关市《规划纲要（草案）》。形成《关于应对新冠肺炎疫情影响抓好稳增长稳投资工作建议的报告》，提出“六稳”（即稳就业、稳金融、稳外贸、稳外资、稳投资、稳预期工作）“六保”（即保居民就业、保基本民生、保市场主体、保粮食能源安全、保产业链供应链稳定、保基层运转）对策和建议。

【经济运行分析】 2020年，市发改局建立健全经济运行要素监测分析体系和月报监测报表体系。深化经济运行调度，按月监测提质增效指标及主要经济指标，按季召开经济形势分析联席会议，适时调整制定稳增长政策。加强监测分析，推动固定资产投资稳步增长，投资结构持续优化，工业投资中，工业技改投资，分别同比增长11.9%、10.9%。

【固定资产投资】 2020年，韶关市固定资产投资增长2.8%，增速在全省排名第十四位，主要指标投资增速分别为：工业增长11.9%、工业技改增长10.9%、制造业增长3.2%、高新制造业下降12.8%、电力燃气水的生产供应业增长22.7%、基础设施增长5.3%、房地产下降1.6%、民间投资下降0.6%；各县（市、区）和韶关新区投资增速分别为：浈江区增长0.2%、武江区增长4.8%、曲江区增长7.3%、乐昌市增长6.1%、南雄市增长5.7%、仁化县下降2.8%、始兴县下降7.8%、翁源县下降0.2%、新丰县增长8.1%、乳源瑶族自治县增长2.7%、韶关新区增长3.3%。

【重点项目建设】 2020年，韶关市安排243个市重点建设项目，完成投资370.71亿元，完成年度计划的102.12%；列入省重点的42个项目完成投资149.53亿元，完成年度计划的116%。建成韶州大道、韶州互通、粤北天然气管网韶关——广州主干线韶关段、南雄犁牛坪第三期风电场、华南装备园污水处理中心一期、广东（曲江）中耀废物回收及综合利用项目、萱嘉生物功能性食品化妆品和药品产学研基地、韶关新区市妇幼保健计划生育服务中心等55个项目，新开工建设武深高速公路始兴连接线、韶赣高速公路欧山互通立交、华南数谷一期、韶州中学、张九龄纪念公园、韶州体育公园、翁源县中等职业技术学校等99个项目。韶关丹霞机场航站区及工作区建成并通过工程验收。南水水库供水工程原水管道工程完成30千米管道建设，扩建西河二水厂主体工程完成。广东南岭干部学院建成使用，成为全省红色教育新高地。韶新高速完成主体工程，雄信高速动工建设，韶关港取得重大进展。韶州中学、市一医院新院、韶州人民医院等加速推进。乐昌市金扬100兆瓦农光互补光伏发电综合利用项目、韶能（翁源）生物质发电项目、韶能（新丰）生物质发电三、四期项目完工，3条天然气主管道、500千伏犁市输变电站等项目推进。厦昆高铁、沪穗高铁、京广高铁第二通道韶关段等项目的前期工作推进。北江航道扩能升级工程建成通航。韶关港“一港三片区”项目建设开展，韶关港乌石综合交通枢纽一期工程开工建设，韶关港北江港区白土作业区一期工程各项前期工作推进，韶关新港扩能升级一期工程启动工程可行性研究报告编制工作。

【韶关丹霞机场项目】 2020年11月30日，韶关丹霞机场航站区及工作区通过竣工验收，于12月30日通过民航专业工程竣工验收，累计完成投资9.39亿元，占总投资16.67亿元的56%。

【南水工程项目】 2020年，南水水库供水工程完成10千米原水管道建设，完成总共工程量26.3%，全线累计完成约30千米原水管道建设，完成总工程量78.9%。

【争取上级资金和政策支持】 2020年，韶关市向上争取相关政策支持。5月，韶关市因推动老工业基地调整改造成效显著获国务院激励表彰，成为全国获得该项激励的10个城市之一。研究制定《关于支持韶关建设全国产业转型升级示范区建设的若干意见》，并经市政府同意上报省政府，争取省尽快出台配套政策。仁化凡口铅锌矿纳入国家级独立工矿区名单。争取省级城乡融合发展试点政策支持，武江区、翁源县翁城镇、乐昌市坪石镇被列入省级城乡融合发展试点。争取中央、省资金17.64亿元，其中，争取生态补偿资金16.84亿元，产业转型升级示范区和重点园区建设第一、第二批、第三批中央预算内投资5030万元，区域协调发展战略专项资金（重大项目前期工作经费）投资2500万元，新能源汽车产业发展及推广应用补贴436万元，打好污染防治攻坚战专项资金90万元。韶关市获得的生态补偿资金实现质的飞跃，从2012年的3.4亿元增加至2020年的16.84亿元。争取债券资金方面，全市提前批、第三批、全年批3个批次118个项目，发行专项债券76.9亿元，抗疫特别国债资金12.67亿元。

【营商环境综合改革】 2020年，韶关市制定《韶关市优化营商环境专项行动工作方案》《韶关市2020年优化营商环境改革重点任务清单》等改革措施，在重点领域和关键环节攻坚，减程序、减时间、减成本、优服务，打造营商环境。统筹做好2019年度营商环境考核评价工作，综合得分77.96分，在全省排名第十二，在粤东西北地市中，名列第三。牵头起草《韶关市开展营商环境补短板强优势专项行动工作方案》。

【能源管理】 2020年，韶关市发改局推进全市能源保障可持续发展，电力能源结构优化，新能源项目有太阳能、风电、生物质发电等清洁能源开发利用。全市电力总装机容量805万千瓦，其中太阳能、风电、生物质等新能源发电项目装机分别为75.6万千瓦、46.8万千瓦和38.9万千瓦。韶关本地上网电量209.56亿千瓦时（可再生能源15.61亿千瓦时，其中光伏发电6.75亿千瓦时，风力发电8.76千瓦时），本地消纳118.94亿千瓦时，南送省主网71.12亿千瓦时。韶关全社会用电量154.14亿千瓦时，同比增长6.68%。其中工业用电量105.89亿千瓦时，同比增长4.89%。推进电网改造升级，电网建设完成投资12.8亿元，完成年度计划的156.19%。韶关市500千伏犁市（韶关北）输变电工程完成进展61.64%。韶关市于年底前完成全市贫困村农网改造，城乡电网质量全部达到国家要求标准。全市纳入省级电力市场用户750家。推进全市天然气主干管网及相关配套门站建设，韶关市已建750成4条天然气输送管道397.52千米，在建和已建天然气输入管道途经除新丰县以外的其他9个县（市、区）。全市加油站数量250家，其中中石化、中石油和中海油三大石油公司经营油站占三分之二强，成品油市场经营秩序良好，加油站覆盖面广泛，“十四五”规划新建油站将适度增加。

【区域协调发展】 2020年，韶关市发改局参加全国第三届产业转型升级示范区现场会。经六市政府同意，六市发改部门印发《广佛肇清云韶经济圈发展规划（2019—2025年）》。韶关市仁化县凡口铅锌矿独立工矿区申报纳入国家独立工矿区范围。

【新型城镇化与城乡融合发展】 2020年，韶关市争取省级城乡融合发展试点政策支持，武江区、翁源县翁城镇、乐昌市坪石镇被列入省级城乡融合发展试点。

【特色小镇建设】 2020年，韶关市推进特色小镇建设，乐昌誉马葡萄酒小镇被纳入省第三批特色小镇培育库。跟进2018年省级特色小镇市级财政专项扶持资金情况，督促翁源兰花小镇、浈江商贸物联网小镇、仁化城口历史文化小镇、南雄珠玑文化小镇、始兴文笔小镇5个省级特色小镇做好资金使用评价，加快资金使用拨付，推动财政资金取得成效。配合省完成省级特色小镇“回头看”评价和清理核查工作，乐昌誉马葡萄酒小镇、南雄珠玑文化小镇、仁化城口历史文化小镇、始兴文笔小镇、翁源江尾兰花小镇通过省评价。浈江商贸物联网小镇退出省级特色小镇培育库。

【物资管理】 截至2020年12月底，韶关市收储市本级粮食9.01万吨、植物食油500吨、救灾物资1.53万件（套）、三防物资4.61万件（套）、市级冻猪肉507吨。其他物资暂未接收和收储。先后研究制定《韶关市市级冻猪肉储备管理办法》《关于建立市级救灾物资应急保障联动机制（试行）》《韶关市市级冻猪肉储备日常管理工作制度》《关于印发韶关市市级防汛抢险救灾物资管理实施细则（试行）的通知》等相关规章制度。市粮食和物资储备保障中心制定各项物资相关的管理工作制度，建立应急物资使用台账，对各类机器设备进行保养维护；落实仓管人员，明确责任；物资库区实行24小时值班制度。2019年10月，市应急管理局通过《关于同意市水务局2020年度水利工程抢险物资储备计划和预算的函》，下达物资储备计划100万元，用于对达到保质期的物资进行更新及购置部分新的抢险物资。2020年4月，市应急管理局下达采购三防物资价值30万元和救灾物资价值30万元，以上于12月底全部入库。

【价格收费管理】 2020年，韶关市落实阶段性降低水电气价格政策。从2月1日起至6月30日，市区非居民用水销售价格由2.48元/立方米，下调至2.23元/立方米，减轻非居民用水企业负担165.23万元。自2月1日起至12月31日，除高耗能行业用户外，对执行一般工商业电价和大工业电价的电力用户，电网企业在计收电费时，统一按原到户电价水平的95%结算，减轻用电企业负担1.38亿元。出台阶段性降低市区管道燃气非居民用气销售价格等政策，2020年减轻非居民用气企业负担5651.18万元。7月24日，市发改局、市住建管理局联合印发《关于印发〈韶关市物业服务收费管理实施细则〉的通知》，相关规定从8月15日起施行。编制《韶关市2020年实行政府定价管理的价格和收费（含涉企收费）目录清单》。

【民生事业发展规划】 2020年，韶关市争取2020年度卫生领域中央预算内资金投资计划4700万元；确定广东韶能集团股份有限公司等9家企业纳入省第一批建设培育的产教融合型企业，并将其纳入产教融合型企业储备库。完成韶州体育公园及配套工程项目、广东北江中学改扩建项目（一期）工可批复，以及广东韶州人民医院、韶州中学、韶关张九龄纪念公园项目的子项目韶州历史文化博物馆工程、韶关市风度小学、广东韶关健康职业学院建设项目的概算批复。（陈艳君）

国有资产监督管理

【概况】 2020年，韶关市人民政府国有资产监督管理委员会（简称市国资委）监管国有控股、参股企业资产总额375.62亿元，比上年增长6.7%；净资产160.16亿元，比上年增长3.3%；实现营业收入80.61亿元，比上年增长0.6%；实现利润总额8.32亿元，比上年减少13.8%；上缴税费5.16亿元，比上年减少18.9%；上缴国资收益1.84亿元。

【常规监管】 2020年，市国资委建立健全韶关市国资国企监督管理制度，完善《韶关市国有资产监督管理制度汇编》（2020年版）。汇编涵括重大事项监督、投资监督、财务监督、产权监督、考核分配监督、法人治理结构、干部监督、党建工作和党风廉政建设等各类制度共60个。印发《关于制定市属国有企业党委研究讨论重大经营事项管理事项清单的通知》《韶关市市直经营性国有资产租赁管理暂行办法》《韶关市国资委外部董事管理办法》《韶关市国资监管企业违规经营投资责任追究实施办法（试行）》《韶关市市属国有企业大额财政性资金管理暂行办法》《韶关市市管企业领导人员任用管理工作规程》等13项监管制度。督促和指导各监管企业及市物管中心对符合要求的承租市级国有资产经营性物业上半年执行按《韶关市人民政府关于应对新型冠状病毒肺炎疫情支持企业复工复产的若干政策意见》文件要求落实"一免两减半"租金减免政策，下半年按《韶关市关于进一步支持餐饮住宿、旅游娱乐及相关生活服务业若干措施的通知》文件落实"四减半"租金减免政策，减免租金1956.4万元，惠及2685户中小企业和个体户。市财政局、市国资委联合下发《关于印发〈市直党政机关和事业单位经营性国有资产集中统一监管试点工作方案〉的通知》，指导主管部门对其下属试点企业进行清产核资，并对相关单位在实施过程中遇到的问题进行解答。

组织开展对市物管中心、市直行政事性总公司托管中心2019年度政府性资产收益清查工作，并聘请第三方审计机构进行专项审计，期间多次召开专题会，听取落实"一免两减半"、专项审计存在问题、兴隆市场消防整改进度、出租物业维护维修、羽田酒店租赁存在问题的整改进度情况汇报。配合市财政局做好韶关市列入划转范围的韶关市工业资产经营有限公司、韶关市商贸资产经营有限公司10%股权划转相关工作。督促市水投集团开展市区河道清淤项目，上缴财政7000万元。指导市公汽公司定制的"丹霞英才公交专线"运行。

【企业整合重组】 2020年，市国资委推进市属国资国企整合重组工作。《韶关市市属国有企业重组整合实施方案》于5月21日印发实施。制定《韶关市市属国有企业重组整合工作指引》，对重组整合实际操作层面的工作进行明确。通过整合重组，韶关市市属一级国有集团公司由10家压减至5家，分别为交旅集团、工贸集团、水投集团、城投集团、韶实集团。截至年底，除交旅集团、韶实集团在组建外，其余3个集团基本完成组建并运营。指导市交投公司完成注册成立"韶关市港航发展有限公司"工商登记等有关工作。

【公司制改制】 2020年，市国资委推动完成韶关市金叶发展公司、韶关市消雪岭华侨茶场、韶关市保安服务公司3户全民所有制企业的公司制改制工作。截至年底，市属12户正常生产经营、需实施公司制改制的企业完成改制任务。

【"僵尸企业"出清】 2020年，市国资委加快推进全市国有"僵尸企业"市场化出清工作。韶关市核定的国有"僵尸企业"有80户，其中市属39户、乐昌市24户、南雄市2户、乳源瑶族自治县12户、新丰县3户。截至12月底，全市出清80户（关停企业68户、特困企业12户），其中工商注销34户、司法出清33户、兼并重组5户、创新发展6户、其他方式2户。出清率100%。

【国有企业"三供一业"分离移交】 2020年，市国资委会同市直各有关部门、各县（市、区）政府推进国有企业"三供一业"分离移交。截至6月30日，韶钢马坝生活区供气、物业维修改造主体任务完成，韶关市12.4万户"三供一业"分离移交任务完成。

【国有企业退休人员社会化管理】 2020年，市国资委完成国有企业退休人员社会化管理各项工作任务。5月22日，《韶关市国有企业退休人员社会化管理工作实施方案》印发实施。6月30日，完成大宝山矿等4家省属驻韶企业移交接收试点任务。10月30日，国有企业退休人员社会化管理移交工作100%签订移交协议，100%完成实质性移交，按期完成省定工作任务，工作进度位居全省前列。截至12月30日，韶关市累计接收各级国有企业退休人员总人数5.32万人（党员1.03万人），其中中央企业2.99万人（党员5650人）、省属企业1.54万人（党员3238人）、市属企业2757人（党员347人）、县（市、区）属企业5065人（党员1086人）。

【国有产权管理】 2020 年，市国资委对各监管企业办理调整事项审核或备案业务 7 宗，计划投资总额 12.83 亿元。其中，白土港一期工程，总投资金额 6.99 亿元；芙蓉新城 XC0403—02、XC0403—03 地块，总投资金额 2.68 亿元；红尾坑熔剂矿项目，总投资金额 2.74 亿元。办理产权登记业务 21 宗，其中，新设立 4 宗、注销 8 宗、变动 9 宗，办理股权、资产评估结果审核及备案业务 9 宗。

（王福苗）

政府非经营性项目代建管理

【概况】 2020 年度，韶关市代建局工作取得成果。固定资产投资突破 19.7 亿元，完成率 131%，连续两年突破 19 亿元。其中，市重点项目固定资产投资任务 5.3 亿元，实际完成 6.64 亿元，完成率 125%，在市直责任单位中排名第一。承担建设项目 62 个，新动工项目 18 个，完工项目 22 个，其中已完工项目 22 个，在建项目 16 个，开展前期工作项目 24 个。武江大道南（韶州大桥至百旺大桥）项目于 1 月 23 日动工，实现当年开展前期工作、当年完成建设任务、当年通车的建设目标，是“一桥三园三路”项目中最早完工的项目；韶关大道南维修工程于 8 月 15 日动工，在一个月内完成道路维修全部工程。第三污水处理厂如期完成建设任务，解决东河片区、韶南大道片区的生活污水问题。复退军人医院、机场供油工程等项目推进快速，开拓代建项目异地管理新模式。

2020 年 7 月 10 日，朝阳路断面提升改造工程完工并开放通行

（市代建局　供）

【非经营性项目建设】 2020 年，韶关市代建局参与韶关城市提升项目建设，在教育医疗民生项目、城区道路联网、基础设施建设、民生棚改工程、生态环保等方面取得成效。负责代建的教育、医疗民生项目有 11 项。动工建设韶关市风度小学、广东北江中学改扩建项目（一期），韶州中学、韶关市健康职业学院推进，原曲仁矿棚户区改造项目二期工程田螺冲安置区配套公共设施至幼儿园、物管中心项目加快收尾，市一中初中部七年级校舍改造在开展前期工作。建成复退军人医院康复楼项目、妇幼保健院新院，并逐步交付业主使用。广东韶州人民医院、市第一人民医院等项目加快推进，韶关市中医院十里亭分院建设工程项目开展项目前期工作。负责代建市政道路等项目 18 项，包括道路贯通联网及提升类工程。建成武江大道南、风华路与大学路连接线道路工程及 SD0306—01 号地块排水渠改造工程、东田一路延长线、高德路道路工程及东田一路、国田三路三期工程项目等一系列市政道路工程并通车。建成芙蓉新区恒兴路（19 号路）、九成路（23 号路）、东冲路（34 号路北段）、九龄西路（45 号路）道路项目并通车，增强城市服务功能。完成大学路道路改造提升工程、朝阳路（移山路至五里亭桥）断面提升改造工程、韶关大道北（西联隧道至移山路）断面提升改造工程、韶关大道南路面维修工程等一系列道路提升改造工程，提升道路颜值、美化城市环境。丹霞大道北道路工程、教育路道路工程、乐业路上跨京广铁路桥梁工程、丹霞大桥、芙蓉北环山路建设工程（一期）等项目开工建设并推进中，莲芙大桥、聆韶路项目等项目开展前期工作。负责代建城市提升项目 12 项。芙蓉北路镇泰小学地块绿化及配套设施项目（林桥公园二期项目）于 3 月建成开放，韶关市小石背窝城市公园建设项目、韶关市红色教育基地后山片区围蔽工程、莲花山上山步道、韶关市和畅园建设项目完成建设并投入使用。韶州体育公园及配套工程于 8 月动工建设，韶关机场供油工程、韶关市国家综合档案馆新馆建设项目等项目动工建设并推进。韶关市公安监管中心及配套市政工程项目、韶关市图书馆、粤北（韶关）区域应急救援中心建设工程等项目开展前期工作。负责代建的环境保护项目 5 项。韶关市花拉寨生活垃圾卫生填埋场二期工程、韶关市第三污水处理厂 PPP 项目、韶关市中厂山生活垃圾填埋场封场工程项目、韶关市旧堤改造加固及环境改造工程项目（市政设施修复及污水提升泵站建设工程）等项目完成项目建设。大学路道路改造提升工程韶关市红色教育基地项目完工移交业主；韶关市红色教育基地项目（广东南岭干部学院）克服新冠肺炎疫情大考于 2020 年 3 月 8 日如期高质建成了一座总面积 5.2 万平方米，可同时容纳 2000 人上课的干部教育培训基地，并逐步移交业主使用，为发挥韶关红色资源优势、做好红色教育文章、开创干部教育培训新局面打下坚实基础。大学路提升项目在克服交通状况复杂等众多困难下，3 个月内完成约 10 千米的改造任务并实现通车；第三污水处理厂工程克服建设工期紧和难度大双重困难，按时建成通水，较好完成省、市的重点项目考核任务，得到领导、群众的一

2020年12月24日，大学路道路改造提升工程完成工程竣工验收工作
（市代建局　供）

致好评。

【非经营性项目组织管理】 2020年，市代建局累计支付工程款及其他费用约13.39亿元，比上年增长63%。完成抗疫国债和一般新增债务支出任务，提前完成年度财政支出预算考核任务。6次调剂盘活5000多万元到资金短缺项目。提前申请调剂韶州体育公园新增一般债券3000万元至韶关市中心城区道路贯通联网“10+1”工程项目，加强新增债券支付进度及保障重点项目资金。规范项目管理，抓好事前源头管理，在招标文件中明确各参建单位主体责任，加强事前管理；抓好事中施工过程管理，按照合同条款加强人力、机器、原料、法律、环保五大要素管控，落实工程质量终身责任制、安全生产责任制管理，落实项目履约、文明施工、消防安全、扬尘治理等专项检查。理顺党组决策和监督机制，建立招标核心条款会审制度，完善资金支付程序，强化设计、工程签证变更等关键点的管理，修订20多项内部管理制度，完成核心制度框架的搭建，为加快项目建设提供制度保障。（缪艺梅）

财政

【概况】 2020年，全市一般公共预算收入105.11亿元，同比增长4.02%，增速高于全省平均水平1.88个百分点，增幅全省排名第七位，北部生态区第三位，完成全年预期目标。全市一般公共预算支出完成394.35亿元，同比增长3.08%，其中直达资金支出进度100%，新增债券支出进度91%，涉农资金支出进度95%。压减一般性支出，严控“三公”经费支出，全市压减支出3.57亿元，优先安排用于落实“三保”支出、疫情防控、支持打赢三大攻坚战等民生保障领域。全市民生类支出完成317.18亿元，比上年增长4.76%，占一般公共预算支出的80.43%，比上年提高1.29个百分点。市财政局财政总决算获得全省一等奖，部门决算获得全省优秀名次，预算执行分析获得全省二等奖。

【财力保障】 2020年，韶关市争取中央直达资金34.11亿元，支出32.17亿元，支出进度94.3%；争取抗疫特别国债16.25亿元，已支出16.25亿元，支出进度100%；争取省级涉农资金21.84亿元，已支出20.8亿元，支出进度95.23%；争取新增政府债券资金91.9亿元，全部拨付至项目上，支出比例100%，实际支出83.83亿元，实际支出比例91.22%。统筹复工复产各项政策资金5.41亿元，助力韶关市疫情防控、公共卫生体系、企业复工复产和重大项目建设。

【土地储备运营】 2020年，韶关市协助武江大道南、韶州体育公园、张九龄纪念公园、丹霞大道北等“10+1”项目及党建促市政府重点项目的资金保障和征拆交地工作，完成土地收储90.2公顷，确保项目如期建设；完成土地出让金入库总额25.94亿元（含当年出让项目入库20.57亿元，往年出让项目入库5.37亿元）。

【财政政策落实】 2020年，韶关市履行供给侧结构性改革降成本行动牵头单位职责，落实“实体经济十条”“民营经济十条”等惠企减税政

2020年12月17日，韶关市委、市政府召开2020年韶关市劳动模范先进工作者和先进集体表彰大会，市财政局预算科获韶关市“先进集体”称号
（市财政局　供）

2020年8月31日，广东省财政厅杨朝峰同志来韶对韶关市“数字财政”建设进展情况开展调研 （市财政局 供）

策，助力实体经济发展，减税降费和降成本合计30.63亿元，完成年度计划目标30亿元的102.1%。严控项目建设成本，受理送审项目235个，送审金额64.5亿元。其中，审核定案项目207个，审定项目送审金额40.76亿元，审定金额38.27亿元，净核减金额2.5亿元，核减率6.12%，从源头上严控投资成本，减轻财政资金压力。盘活存量资金、资产和资源，建立中省资金、市级资金、单位账户资金统筹管理机制，全年市本级盘活存量资金15.8亿元，支持韶关市重点项目建设和暂付款消化。支持生态文明建设，统筹安排农林水资金46.09亿元、节能环保资金11.28亿元，重点支持创建国家森林城市、生态公益林效益补偿、造林抚育、森林植被恢复、垃圾与固体废物处置、城镇污水处理设施建设、大气污染防治、土壤重金属污染治理、重点生态修复保护、生态环境能力建设等方面，筑牢粤北生态屏障。支持创新驱动发展战略实施，全市科技投入6.64亿元，支持鼓励韶关市创新创业工作。向上级争取转移支付资金4494万元。

【财政管理效能】 2020年，韶关市财政推进预算编制执行监督管理改革，将改革向县(市、区)和部门延伸，市财政局出台《实施更大规模减税降费后调整市以下增值税收入划分改革方案》《韶关市市本级预算执行监督管理办法》，拟订《韶关市市本级财政预算安排“三挂钩”试行办法》《韶关市上级财政专项资金分配管理办法》等制度文件，实现全链条资金管理。各县(市、区)制定印发相关办法，提升预算管理规范性。乳源瑶族自治县印发《乳源瑶族自治县县级财政预算安排“四挂钩”试行办法》《关于规范县级财政预算调剂管理及办理程序的通知》，翁源县印发《翁源县财政资金支出管理暂行办法》等。推进预算绩效管理，修订印发《韶关市财政管理工作绩效评价激励办法》《韶关市县级财政预算绩效管理工作考核实施细则（试行）》，举办全市财政业务培训班，加强对县(市、区)预算绩效管理工作的督导考核。完善绩效指标体系，建立涵盖各部门、各行业、各领域的超过1.5万条的绩效指标库，解决预算与绩效“两张皮”的问题，实现预算编制与绩效管理融合。做好韶关市财政资金绩效评价工作，将重点评价范围扩展至专项债、竞争性资金。争取被列为省“数字财政”建设试点市，通过市县两级上下联动，保证“数字财政”预算域、执行域上线，提高财政管理信息化水平，并争取到“数字财政”建设补助资金3800万元，为全省补助最高。曲江区被省财政厅纳入“三保”执行重点关注地区及“三保”资金专户试点地区。

【财政运行风险防范】 2020年，全市各级财政部门以防范风险为主，坚决遏制隐性债务增量，稳妥化解存量，规范隐性债务变动流程。化解隐性债务26.01亿元，超额完成年度化解任务。重视审计发现问题整改工作，开展市县财政挂账清理工作，全市存量挂账消化，新增挂账控制在规定限额内。翁源县、乳源瑶族自治县挂账管理工作取得较好成效。

【财政信息公开】 2020年，市财政局规范预决算公开管理，要求全市所有预算单位在公开时间、内容、格式等方面与上级保持同步、规范、统一。组织各级财政部门提前对预决算公开工作自查，并在自查自纠基础上开展重点检查，督促指导预算单位立行立改，最后组织“回头看”检查，确保问题全面整改到位。7月，在省财政厅对地方财政管理绩效考核中，韶关市预决算公开工作位列全省第一。加强政务公开工作经费保障，部门预算安排市行政服务中心项目经费1399.04万元，其中安排市行政服务中心大厅、政府服务热线平台运行与服务145.54万元，市行政服务中心服务大厅工作人员购买服务550万元；安排市政务服务数据管理局项目经费5154.31万元，其中安排韶关市“一门式一网式”政务服务系统提升改造项目106.3万元，韶关市政务云服务采购项目第二年度服务费1239.36万元，韶关市“一门式一网式”政务服务系统提升改造项目148.5万元，省政务服务一体化平台提升改造地市配套项目204.5万元。在“南方+”政务新媒体发布信息129余篇。 （潘国君 李 敏）

税务

【概况】 2020年，全市税务完成税费收入291.3亿元。完成税收收入192.06亿元，其中国内税收181.06亿元、市县级收入55.27亿元、海关代征收入11亿元。办理出口退(免)税10.89亿元，完成费金收入99.24亿元，其中社保费收入81.56亿元。

2020 年 7 月 8 日，韶关旭日国际有限公司向市税务局赠锦旗（孔鹏　摄）

【纳税征管】 2020 年，市税务局出台支持企业复工复产创新举措，靶向精准落实税费优惠政策，累计新增减税降费 30.6 亿元，其中出台的支持疫情防控和经济社会发展税费优惠政策新增减税降费 21.09 亿元。社保费减免工作获市主要领导肯定性批示，为企业纾困解难收到企业锦旗点赞。推广税银贷服务，通过“银税互动”和“社保 e 贷”为 1153 户中小微企业发放贷款 15.19 亿元。推出“社保 e 贷”项目。以社保缴费信用为融资依据，填补大规模减税降费后“银税贷”出现的“空缺”，累计为 162 户小微企业发放贷款 4275 万元。拓宽“非接触式”办税缴费渠道，扩大“全程网上办”业务范围，试行“套餐式 + 承诺制”税务注销模式，不动产登记一窗受理推进。实现资源整合“一盘棋”、办事服务“一站式”、信息化应用“一张网”“两头跑”问题迎刃而解。打造“5G 办税微厅”，开启智能办税新模式。打造“12345”税企亲清朋友圈，提升大企业个性化纳税服务质效。举办“云游税月”税收文化节，开展“韶税有为、满意十分”等活动，一批工作亮点被央视、《光明日报》、《南方日报》等媒体报道。在全省 2019 年度营商环境 13 个一级指标试测评中，韶关市税务局税务指标居全市第一、全省第四。推进“平安韶税”建设，确保税务系统内部平安；强化增值税发票风险“快反”、打击“三假”、土地增值税清算、稽查检查和纳税评估等工作。完成企业所得税汇缴、个人所得税年度汇算。创新推行法治税务合议制。解决 18 个税收政策执行疑难争议问题，行政复议和诉讼案件比往年下降 88%。对纳税人和涉税事项科学分类、实现规范化管理，划分涉税事项风险等级、实现差异化管理，整合优化组织体系、实现专业化管理。选出八大重点行业开展试点，统一涉税事项标准、规范行业涉税风险事项、流程管理、税源管理举措，建立行业服务管理新标准。6 月 30 日，市税务局完成 2019 年度个人所得税汇算清缴工作任务，是新个税法实施后首次年度汇算清缴工作。

【智慧税务建设】 2020 年，市税务局加强韶关智慧税务平台建设，促进数据应用。加大省税务局“三化”建设成果在韶关的应用力度，参与省市共建项目 9 个。利用增值税发票等税收大数据分析企业复工复产情况，全年为市领导讲税课 4 次，全市税务系统累计向党委政府报送分析报告 69 篇，获各级党委政府主要领导肯定批示 68 次。打造一个全省标杆办税服务厅，建成一个韶关监控指挥中心。创建“韶关智慧税务服务平台”。平台内设多维分析、查询统计、征管辅助、风险管控等四大类 84 项功能。已收纳 15 个政府单位 41.7 万条有效数据。自主研发横向到个人、纵向到基层的财务“e 点通”系统，实现自动报账、自动支付、自动记账，实现财务一体化管控。

【纳税服务】 2020 年 1 月 3 日，广东省首个标杆办税服务厅亮相。该厅是国家税务总局韶关市武江区税务局按照新版《国家税务总局广东省税务局办税服务厅管理规范》打造的标杆办税服务厅。

11 月 24 日，“税银互融”5G 办税微厅在韶关市武江区揭牌亮相。

12 月 1 日，韶关市“交房即交证”服务试点工作启动，市税务局多名业务骨干在现场辅导 200 余户业主线上办理契税等申报征收业务，推进“交房即交证”服务新模式。

（庞靖茹）

2020 年 1 月 4 日，纳税信用修复为企业信用绘上“善美色彩”税收宣传活动（孔鹏　摄）

审计

【概况】 2020年，全市审计机关完成审计项目209个，查出非金额计量问题1318个，查出问题金额61亿元，为国家增收节支1450万元，审计促进整改落实有关金额11亿元。向被审计单位或有关单位提出审计建议753条，被采纳699条，占提交建议总数的93%。市本级提交的审计报告和综合报告得到市委、市政府主要领导批示30篇。移送纪检监察、司法和有关部门处理事项31项，派出6人次配合市纪委监委等部门开展工作。

【重大政策措施落实情况跟踪审计】 2020年，韶关市审计局组织市、县两级完成国家和省重大政策措施落实情况跟踪审计，重点关注各地区、部门单位落实"六稳""六保"相关政策、推动复工复产复市帮扶政策、新冠肺炎疫情防控情况、新增财政资金直达市县基层直接惠企利民情况、"南粤家政"工程实施情况及清理拖欠民营企业中小企业账款、优化营商环境、现代农业产业园建设推进等政策措施的落实情况，并跟踪审计发现问题的整改情况。全市投入政策跟踪审计人员63人，出具审计报告等审计结果文书81份，审计发现问题170个。

【财政审计】 2020年，韶关市审计局通过大数据审计手段，加大对本级财政预算执行情况和其他财政收支情况审计，实现一级预算单位预算执行审计的全覆盖。突出加强对预算管理情况、财政资金使用审批情况、预算管理改革推进落实、财政提质增效和政府"过紧日子"、重点支出预算执行及相关政策落实等情况的专题审计，揭示同级预算执行、内部控制、财政资金绩效等方面存在的问题46个。

【经济责任审计】 2020年，韶关市审计机关完成经济责任审计项目87个，其中市本级完成17个。审计经济责任人99人，提交审计报告和审计结果报告193篇。在经济责任审计中，学习并贯彻落实两办（中共中央办公厅、国务院办公厅）新颁布的《党政主要领导干部和国有企事业单位主要领导人员经济责任审计规定》，坚持"三个区分开来"，把准审计执法尺度，围绕领导干部履职用权的情况，以部门的重大决策为切入点，注重发现和揭露主要问题，查清问题发生的时间、原因、问题事实、决策过程、责任主体和造成的后果。针对审计发现的普遍性和突出问题，从完善体制机制的层面提出意见和建议，促进领导干部履职用权合法依规。

【底线民生审计】 2020年，韶关市审计局组织开展2019年韶关市医疗保险基金审计项目，通过对医保基金筹集运行、定点医疗机构监管等情况进行审计，揭示医保政策落实和医保基金管理使用中存在的制度缺陷和管理漏洞，并提出审计建议。组织全市审计机关开展2019年至2020年6月困难群众基本生活保障政策落实和资金管理使用情况专项审计调查，重点对困难群众应保尽保、困难群众专项救助政策落实情况及孤弃儿童、事实无人抚养儿童管理情况等方面进行审计，并对审计问题发生的原因进行分析，提出审计建议，推进韶关市困难群众保障政策的落实。

【国有企业审计】 2020年，韶关市审计局组织开展市属国有企业专项审计调查与韶关市水务投资集团有限公司2017—2019年财务收支审计。重点聚焦国有企业经营决策与管理情况，关注国有企业经营行为的合法性、效益性及内部控制管理制度有效性，通过审计揭示国有企业重大管理漏洞，机制体制、资本运营及风险等相关方面的问题，分析问题成因并提出相应审计建议，推动国有企业加强管理。

【资源环境审计】 2020年，韶关市审计局开展森林资源管护情况、山水林田湖草等审计，打好蓝天、碧水、净土保卫战。组织开展仁化县黄坑镇、南雄市全安镇领导干部自然资源资产离任（任中）审计，揭示领导干部任期内落实生态环境、国土资源等自然资源资产的保护、监督、管理方面存在的问题，推动领导干部开展自然资源资产管理和生态环境保护工作。开展韶关市辖三区2016—2019年森林资源管护情况的专项审计调查，掌握韶关市森林资源的总体情况和开发管理保护的实际成效，揭示各部门（单位）在贯彻落实习近平总书记生态文明思想、落实各级党委政府重大战略部署、完成森林资源保护和发展目标考核、重大项目建设进展等方面存在的问题，分析问题产生的原因，提出可行的审计建议，提升市辖三区森林资源管护水平。对韶关市山水林田湖草生态保护修复试点工程项目

2020年3月26日，全市审计工作电视电话会议召开　（市审计局　供）

资金管理使用情况进行专项审计调查，揭露项目申报、遴选，以及资金分配、管理、使用中存在的问题，揭示项目推进中存在的主要问题，评价相关职能部门、责任主体履行职责情况，注重从机制、制度层面分析问题成因、提出合理化意见和建议，推进相关部门完善制度，提高管理水平。

【固定资产投资审计】 2020年，韶关市审计局组织对韶关大道北及朝阳路断面改造、省道S342线南雄分水坳至雄州段路面改造、韶关市传染病综合大楼、韶关市国际会展中心（原城市客厅）等工程项目开展审计，开展丹霞大桥（原金凤桥）项目（浈江段）征地拆迁资金使用情况专项审计调查、韶关市本级2020年重大城市生活垃圾处理设施建设管理及运营情况的绩效审计，揭示工程建设领域存在的共性问题，保障国有资产安全。

【内部审计】 2020年，韶关市审计局到韶关学院、市教育局等资金量、业务量大的单位开展现场调研，听取单位内部审计工作情况。协助市退役军人事务局、市公共资源交易中心等单位建立内审制度、机构，交流审计机关业务流程和相关做法。全市设立独立内审机构的单位36个，实有内审人员872人，开展审计项目924个，出具审计报告（含委托外部审计）924个，审计查出内部控制漏洞或管理不规范数量1755项，促由修订完善制度221项。

【审计整改】 2020年，韶关市审计局推进审计整改监督“全覆盖”，将全部审计查出问题、市人大常委会决议审议意见、同级党政领导批示意见落实等纳入监督范围。梳理2017年以来审计署、省审计厅要求韶关市整改的问题，提出下阶段加强审计整改工作意见建议。建立整改事项台账及“挂销号”制度，向市委、市政府提交整改落实情况报告13篇，提请市政府召开整改工作推进会2次，市政府召开行业性整改工作会议2次，推进协调解决需要多个部门共同参与、整改难度大的事项。向市人大常委会报告2019年度审计查出突出问题的整改情况及2019年市本级预算执行和其他财政收支审计工作报告。

【疫情防控资金和捐赠款物专项审计】 2020年，全市审计机关派出11个审计组104名审计人员参加疫情防控专项审计工作。市审计局机关成立疫情防控专项审计工作领导小组，加强工作统筹。编制实施方案，将疫情防控专项审计工作与国家重大政策措施落实情况跟踪审计、2019年度本级预算执行和其他财政收支情况审计结合起来，重点关注财政专项资金、捐赠款物和重点保障企业贴息贷款的分配管理使用情况，以及市政府出台“惠企19条”落实情况。在疫情形势较为严峻阶段，利用信息化手段和大数据技术对疫情防控款物进行审计监督；疫情形势好转后，持续发挥审计职能作用，加大现场核查力度，助力打好疫情防控阻击战。

（朱丽娟）

统计

【概况】 2020年，韶关市统计系统改革创新，做好各项统计服务工作。全市实现地区生产总值1353.49亿元，比上年增长3%，增速在全省排第六位。其中，第一产业增加值为198.36亿元，比上年增长4.5%；第二产业增加值464.8亿元，比上年增长4.5%；第三产业增加值690.33亿元，比上年增长1.8%。在全省统计系统17项业务工作考核中，韶关市有7项业务工作获评优秀，10项业务工作获评良好，优良率居全省并列第一。

【疫情统计监测】 2020年，市统计局加强对县（市、区）统计部门的督促和指导，加强疫情对经济增长影响的监测和研判。从年初开始就部署各专业科跟踪重点企业生产经营、就业、投资项目施工等情况，了解疫情对企业经营和投资项目施工等影响。先后召开10余次专题研究会，部署做好经济运行监测及落实国家统计局开展的疫情对企业经营影响跟踪问卷调查工作，研判韶关市经济运行形势。加强对重点企业、投资项目的跟踪了解，掌握企业（项目）生产经营情况和复工复产情况。每月编印经济形势研判分析材料等报市党政领导参考；分行业、分地区分析“四上”企业复工复产情况，研判疫情对经济增长影响。撰写95篇统计分析、信息和专报材料报送市党政领导参阅，其中15篇获得市领导批示和圈阅。

【经济运行情况汇报通报】 2020年，市统计局向市委常委会、市委书记专题会、市委财经委会议、市政府常务会议等汇报全市经济运行的形势。参与谋划好经济形势分析会议。通过深入分析研判，了解掌握各行业、各县（市、区）经济发展情况及存在问题，向分管市领导报送《市领导分管经济指标完成情况》，通过召开经济情况研判会议，向市行业主管部门和各县（市、区）反馈经济发展情况及存在问题。

【地区生产总值统一核算改革】 2020年，市统计局制定并实施《韶关市地区生产总值统一核算实施方案》，落实地区生产总值统一核算改革工作，先后组织统计系统和行业部门专题学习统一核算业务。5月下旬，邀请省统计局主要领导到韶关为市委理论学习中心组授课，专题学习地区生产总值统一核算改革知识内容。

【服务“十四五”规划】 2020年，市统计局组织开展全市“十四五”地区生产总值增长目标细化测算。举办落实十九届五中全会精神暨“十四五”地区生产总值增长目标细化测算培训班，使市、县规划编制部门提出的“十四五”经济增长目标做到有行业支撑，行业发展目标和着力点更加明确。

【第七次全国人口普查】 2020年，全市落实人口普查经费2963万元，人均8.8元，居粤东西北前列。强化人口普查宣传动员，利用电视、广播

2020年9月19日，广东忘忧红九林和统计文化室在韶关乐昌廊田白平村正式挂牌开放
（市统计局 供）

电台、报纸、横幅、宣传画等开展普查宣传。开展部门人口行政资料整理和户口整顿工作。开展普查区域划分和绘图工作及人口普查试点工作，完成全市1.7万名普查员的选聘和培训任务，完成人口普查摸底、普查正式入户登记、复查比对等重点任务。开展全市普查摸底、入户登记、行业编码等阶段的质量抽查验收，确保普查数据质量。在通过省人口普查质量抽查的同时，代表广东省通过国家质量抽查。开展"百岁"老人走访核查工作。

【统计执法和"两防"工作】 2020年，市统计局开展"双随机"统计执法检查。制定《韶关市统计局2020年"双随机"统计执法检查工作实施方案》。抽选浈江区开展执法检查。开展统计法宣传。开展统计法律法规宣传，将统计法纳入2020年各级党校领导干部培训必修课，组织编印和派发《统计调查对象须知》《依法统计 依法治统》宣传单张等宣传品。配合开展统计督察工作。配合国家统计局对广东省的统计督察。开展"两防"（防弄虚作假，防少报漏报）工作，对企业和投资项目上报数据"跑漏低估"进行调研，加强企业、投资项目数据上报的在线审核、对异常数据核查，夯实源头数据报送基础，统计数据质量得到巩固提高。

【统计改革创新】 2020年，全市统计系统开展各项统计改革创新工作。创新县（市、区）高质量发展考核体系，服务推动经济社会高质量发展。市统计局牵头设计县（市、区）高质量发展考核指标体系，重点突出评价经济发展等短板指标，增加"四上企业从业人员"和"在岗职工平均工资"指标。推动工业生产统计台账试点工作，夯实工业统计基础数据。韶关市被省统计局确定为工业生产和名录库动态维护更新机制改革试点市之一，在试点过程中，市县名录库统计工作人员完成业务培训、部门资料获取、数据整理、入户调查、核实验证等试点任务。工业生产统计台账和完善名录库动态维护更新机制改革2项试点工作受到省统计局书面表扬。

（吴 颖）

市场监督管理

【概况】 2020年，韶关市市场监督管理局在省政府公布的2019年全省食品安全考核结果中，韶关首次获最高等级A级，考核成绩位居粤东西北及北部生态发展区首位。市市场监督管理局牵头农贸市场新冠疫情防控工作获得省农贸市场疫情防控专班感谢和表扬。2019年政务信息工作、学校食堂"互联网明＋厨亮灶"建设100%覆盖等工作获省市场监管局通报表扬，并获2019年广东政务新媒体年度政务公开奖。2020年，全市登记市场主体191227户，比上年增加16062户，增长9.17%。其中，内资（非私营）企业6174户，私营企业29888户，外商投资企业1126户，农民专业合作社3730户，个体工商户150309户。全市有地理标志保护产品14个，地理标志保护商标2个，处于全省领先水平。至12月，全市新增限额以上餐饮企业9家（始兴县、乐昌市各2家，浈江区、武江区、南雄市、新丰县、翁源县各1家）。全市有109家餐饮单位获减免租金优惠268万元。

【日常监管】 2020年，韶关市市场监管系统狠抓野生动物、餐饮业、"菜篮子"保价稳供三大重点排查整治，累计检查档口23.64万个次，餐饮服务单位10.47万家次，立案7宗。落实餐饮企业主体责任，排查餐饮企业10.47万家次，整改问题802个，立案23宗，劝停聚餐4.83万人次。围绕"人员、产品、环境"三大重点，强化核酸检测每周全覆盖、场所清洁消毒全覆盖、产品安全监管全覆盖，对全市147家农贸市场开展清洁消毒。全年累计开展核酸检测3.92万份均为阴性，反映韶关市农贸市场、冷库、商场、超市、餐饮企业等重点部位、重点人群、重点产品均安全平稳。全市市场监管系统13人次获评省、市抗疫先进集体和个人。提请市政府出台《韶关市农贸市场管理办法》，累计完成市辖三区34个农贸市场升级改造。

【企业融资服务】 2020年，全市市场监管部门办理抵押登记341宗，抵押登记金额63.62亿元；开展股权出质登记441宗，帮助企业担保融资145.92亿元。

【优化营商环境】 2020年，市市场监督局牵头提请市政府印发《应对疫情影响加大对个体工商户支持措施实施方案》，提出降低经营成本、加大资金纾困力度、实施包容审慎监管、加强服务保障4类23条措施。采取"制定指引、加强指导、帮扶限上、延长食品从业人员健康证明有效期"等

2020 年 12 月 16 日，韶关市推广实施营业执照与首套印章一站式免费办理，实现企业开办全流程“马上办、零成本” （陈惠韶 摄）

措施同步推进餐饮行业疫情防控、食品安全保障和复工复产。抓实非国有物业出租方减租降费工作，全市有 109 家餐饮单位获得减租降费 268 万元。倡导电子商务服务平台为韶关市餐饮业线上促销售、促消费提供让利，倡导餐饮企业开展宣传、优惠等有利于促进餐饮消费的活动。牵头推广开办企业全流程“马上办、零成本”改革，实施营业执照与首套印章一站式免费办理。至 2020 年 12 月底，市级、浈江区、乳源瑶族自治县、南雄市、翁源县实现目标，其他县（市、区）的改革在推进中。韶关开办企业便利度居全省第八，保持粤东西北及北部生态发展区首位。提请市政府印发《韶关市推进证照分离改革全覆盖试点工作方案》，组织印发《关于精简优化县（市、区）市场监管局实质审查许可流程的指导意见》《韶关市市场监督管理局开展“证照分离”改革全覆盖试点实施方案》，转变职能简政放权。提请市政府常务会议通过《韶关市深化市场主体退出制度改革实施方案》及《韶关市推进企业注销便利化工作部门联席会议制度》，为市场主体便利退出提供制度保障。实施包容审慎监管，印发韶关市市场监督管理局违法经营行为提示清单和《韶关市市场监督管理系统推行三单一平台市场监管模式工作实施方案》，在严厉打击违法违规行为的前提下，对于情节轻微并及时纠正、主动消除或者减轻危害后果的违法行为，依法从轻、减轻或不予行政处罚，督促市场主体进行整改。

【质量发展战略实施】 2020 年，韶关推行国际先进质量管理模式，韶关市获得首席质量官人数 93 人。韶关市市场监督管理局组织市质量强市领导小组各相关部门开展制造、旅游、环境、工程、服务五大重点领域的质量提升行动。统筹安排全市质量管理体系认证培训工作，分类别举办培训班。开展“中国品牌日”“质量月”系列宣传活动，举办“质量论坛”讲座。实施质量提升行动，市政府召开全市质量大会，印发《韶关市人民政府关于印发韶关市质量提升行动实施方案的通知》《韶关市人民政府关于印发关于加快推进质量强市建设的实施方案的通知》，出台《韶关市制造业品质领跑者认定及管理实施方案》。组织开展县（市、区）人民政府质量工作考核，优化高质量发展综合绩效评价指标，推进质量提升和质量强市建设。韶关拥有 2 个驰名商标，1 个服务业省名牌，14 个地理标志产品，2 个地理标志商标。食品监督抽检 15561 批次，合格率 97.57%；药品监督抽检 676 批次，合格率 99.85%；食用农产品快检 18.08 万批次，合格率 99.65%，各项指标居全省前列。

【检验检测能力建设】 2020 年，市食药检所申报的基本公共服务标准化试点项目（韶关食品检验检测服务标准化试点）被列为 2020 年度全省 5 项省级基本公共服务标准化试点项目之一，为全省食品检验系列唯一项目。申报的《化妆品禁用（动）植物组分检测技术重点实验室》项目被广东省药监局列入 2020 年科技创新项目，是全省地级市申报获批的 3 个重点实验室之一。

【网络监管】 2020 年，韶关市市场监督管理局规范各类涉网经营行为，约谈并要求网络订餐平台全面开展涉及野生动物及其制品经营排查和撤销、下架野生动物经营范围、菜

2020 年 4 月 27 日，广东省药品监督管理局与韶关市人民政府在省药品监管局举行《广东省药品监督管理局韶关市人民政府促进生物医药创新发展合作框架协议》签约仪式 （黄莹 摄）

单和经营准入。监测电商平台（网站）1520个次，发现违法违规案件线索4条。

【广告监管】 2020年，韶关市市场监督管理局在全市启动重点整治食品、保健食品、药品、医疗器械、医疗服务、房地产、金融投资理财等重点领域和农村、城乡接合部、中小学周边、公共场所等重点地区及媒介发布不利于青少年身心健康的虚假违法广告专项整治行动。建立移动端互联网监管数据库。落实属地广告监测职责，对全国互联网广告监测平台、移动互联网广告监测平台、广东省广告监管平台派发的违法线索100%查看，违法广告100%查处，处理结果100%反馈。全市监测市属媒体广告36.96万条次，检查重点监管互联网媒介主体166个，行政约谈经营主体11家次，发现涉嫌违法广告27条次。

【计量监管】 2020年，韶关市市场监督管理局联合市质计所为粤北各市(县、区)的医疗机构、火车站、高铁站、长途汽车站等疫情防疫重点场所在用的红外体温计提供免费检定校准工作，免费校准检定红外线测温仪5896台。为全市中、小学校校准检测手持式红外额温计2334台，为企事业单位复工复产计量器具强制检定5.12万台(件)，免征费用417.27万元，开展计量器具校准检测1.33万台(件)，减免费用159.44万元。举办全省第21个世界计量日“计量精准战‘疫’、助力复工复产”主题宣传活动。全市社会公用计量标准新增18项，累计273项。引导和推动计量基础较好的企业开展测量管理体系认证，全市通过测量管理体系认证企业4家，二、三级计量保证体系确认企业64家。

【标准化工作】 2020年，市市场监管局新立项省级农业、服务业和基本公共服务标准化试点（示范区）项目6个，4个省级农业标准化示范区和1个国家级旅游服务标准化试点项目通过验收。韶关市参与6项国家标准、1项省地方标准、2项团体标准的制(修)订，首次制定市级地方标准7项。组建70名专家组成的韶关市标准化专家库。首次对韶关市企事业单位参与标准制(修)订进行奖励，15个单位2019年参与31个项目获得奖励169.5万元。

【医药健康产业发展】 2020年，市市场监管局争取省有关部门支持，促成省药监局与市政府签署《促进生物医药创新发展合作框架协议》。双方同意共同促进韶关市生物医药创新发展，引导企业在韶关建设化学原料药、中药材原材料供应基地，加强生物医药产业监管和服务平台建设，推动生物医药技术推广运用，加快韶关生物医药产业发展，专门制定促进产业发展三年行动计划等制度文件。

【执法稽查】 2020年，市市场监管局加强价格监管，突出食品经营监管，打击制售假冒伪劣疫情防控相关产品行为，强化防控物资的质量安全监管，提高市场监管依法防控、依法治理能力，形成疫情防控攻坚的合力。开展扫黑除恶专项斗争和市场监管领域“行业清源”行动，为全市扫黑除恶专项斗争取得胜利发挥作用。组织开展“长江禁捕 打非断链”专项行动，重点对全市市场销售长江流域非法捕捞渔获物进行摸排和检查；履行反走私工作部门职责，协助做好案件办理和涉案冻品存储、无害化销毁等工作。做好“扫黄打非”和禁毒工作；开展成品油市场价格行为检查，组织对市内的营利及非营利性质的养老机构进行抽查，规范医疗价格行为。牵头联合市检察院、市公安局印发《韶关市市场监管领域行政执法与刑事司法衔接工作意见》，促进全市市场监管领域规范落实行政执法与刑事司法衔接工作制度。全市市场监管系统查处各类行政违法案件1118宗，罚没金额1373.29万元。

（陈惠韶）

知识产权保护

【概况】 2020年，韶关市知识产权工作取得新突破，有国家知识产权优势企业6家、省知识产权示范企业11家、省级知识产权优势企业13家。累计培育出国家级知识产权试点县(区)4个。市政府建立知识产权质押融资风险资金池并颁布实施《韶关市知识产权质押融资风险补偿资金管理试行办法》，2020年全市知识产权质押融资金额1.91亿元，融资总额居粤东西北首位、全省第九。全市有地理标志保护产品14个，地理标志保护商标2个，处于全省领先水平。

【专利保护】 2020年，全市万人发明专利拥有量(3.35件)比上年增长18%；专利申请5924件，比上年增长44.17%；专利授权4574件，比上年增长38.31%；PCT国际专利申请量6件，比上年增长50%；1项专利入选第六届广东专利奖银奖，2项专利入选第七届广东专利奖银奖。

【商标注册】 2020年，全市商标有效注册量22148件，比上年增长20.42%。

（陈惠韶）

【版权保护】 2020年，韶关市委宣传部开展新闻出版行业安全生产和疫情防控检查。组织对全市10家新闻单位、86家印刷企业和244家出版物发行单位开展排查。开展为期3个月的印刷企业和内部资料性出版物专整治，重点督查印刷企业五项制度落实情况和内部资料性出版物审批监管情况，并对督查情况进行通报。整治期间，出动执法人员896人次，检查印刷企业（含打印复印店）278家次、书店155家次、音像店86家次。开展“4·26”知识产权日“版权宣传周”活动，组织开展线上线下版权保护宣传活动。开展打击网络侵权盗版“剑网2020”专项行动，进行网络侵权盗版行为监测，集中开展网络空间排查，组织开展线下市场清查行动等，排查属地网站2800多家、网络应用程序1800多个，检查巡查辖区网站、微信公众号等自媒体1149家次，检查辖区印刷企业、书店、音像店等场所608家次。推进使用正版软件工作，对市直机关单位软件正版化情况进行排查，对重点企业使用正版软件情况进行督查，完成市级政府机关软件正版化检查整改工作，推进作品著作权（版权）登记和版权兴业示范单位（园区）创建工作。组织开展扫黄打非“正道”“新风”集中行动，组织实施“清源2019”“净网2019”“秋风2019”“护苗2019”“固边2019”五大专项行动及宗教类出版物整治、少儿类非法出版物整治、校园周边出版物市场整治等专项整治行动。共出动执法人员1.45万多人次，检查文化市场经营单位及其他重点行业经营单位12500多家次，收缴各类非法出版物12012本，清理涉“黄”涉“非”网络有害信息7560条。（张曼曼）

2020年4月20日，韶关市完成韶关“12345”平台与全国“12315”平台对接，实现投诉举报信息一体化（林仕佳　摄）

消费维权

【概况】 2020年，韶关市市场监督管理局推进省“12345”平台与全国“12315”平台对接集成工作，4月20日，实现将地方政务服务热线及服务平台接收的市场监管投诉举报数据归集到全国“12315”平台运行处理，实现投诉举报信息一体化，位列全省第二。全市“12315”投诉举报机构受理各渠道咨询、投诉、举报8533件，为消费者挽回经济损失460.32万元。全市各级消委会受理消费纠纷投诉502宗，涉案金额211.6万元，为消费者挽回损失127.2万元。全市建立消费维权服务站90家，创建1016家放心消费承诺单位和62家线下无理由退货承诺店。组织开展消费保护系列活动，包括“3•15”国际消费者权益日线上宣传教育活动、推进经营者放心消费承诺创建工作、坚持依法调解消费纠纷，维护消费者的合法权益、开展“崇尚节约为荣、拒绝餐饮浪费”主题等系列宣传活动。（陈惠韶）

【消费调解】 2020年，韶关市各级消委会依法调解消费纠纷，维护消费者的合法权益。各级消委会接待来电来访投诉455宗，涉案金额197.67万元，为消费者挽回损失120.15万元。其中按投诉性质分类，质量问题占29%，合同问题占19%，其他问题占28%。产品质量和售后服务问题仍是引发投诉的主要原因，占投诉总量的39%以上。

【经营者放心消费承诺创建】 2020年，市消委会开展宣传发动，指导组织经营者进行放心消费承诺申请，创建1016家放心消费承诺单位和62家线下无理由退货承诺店。

【消费权益宣传】 2020年，市消委会受新冠肺炎疫情影响，“3•15”国际消费者权益日宣传活动以“凝聚你我力量　共建放心消费韶关”为主题进行全网络覆盖宣传。宣传活动从3月上旬辐射至3月下旬，以3月15日为主宣传日，开设专题专栏，宣传健康科学消费理念、韶关市消费维权工作成效、市开展放心消费创建工作举措等，活动期间发布软文、新闻超过200篇次，发布媒体平台20家，接受电视、报纸采访5次，宣传受众人数众多，达到良好的宣传效果。以“崇尚节约为荣、拒绝餐饮浪费”为主题开展一系列宣传活动。向全市人民发出倡议书。通过向市主流媒体推送，会同韶关市市场监督管理局、韶关市个体私营企业协会、韶关市餐饮协会向广大消费者、餐饮企业发出“崇尚节约为荣、拒绝餐饮浪费”倡议书。印制2万张以“节约粮食　从我做起”“俭以养德　做好榜样”“合理点餐　理性消费”“人走桌清　浪费可耻”等崇尚节俭美德为主要内容的宣传海报，发放到各餐饮企业店堂张贴，向消费者进行宣传。联合各有关部门，在韶乐广场举办“拒绝餐饮浪费　共建善美韶关”主题现场活动。活动现场向20家餐饮企业代表颁发“放心消费承诺”公示牌，并进行长江流域禁捕相关工作承诺书签订仪式，拒绝餐饮浪费宣传海报及长江禁捕宣传海报发放仪式，活动邀请粤北人民医院营养科专家，围绕“如何践行光盘行动，拒绝餐饮浪费，合理膳食保障身体健康”的主题，为现场观众进行讲解。

（欧彩秀）

交通

综述

【概况】 至2020年年末，韶关市公路通车里程17075.8千米，比上年增加67.3千米。公路密度92.74千米/百平方千米。全市内河航道通航里程386千米。全年全市公路客运周转量15.4亿人·千米，同比下降47.3%；公路货运周转量70.8亿吨·千米，同比增长3.7%；水路货运周转量116.3亿吨·千米，同比下降10.6%。全市全年公路水运业增加值增长1.1%。有机动车驾驶培训机构30家，汽车维修企业1145家、汽车综合性能检测站18家。（邓远泉）

【交通基础设施建设】 2020年，韶关市交通基础设施建设完成投资82.2亿元，占年度计划的100.6%。韶赣高速欧山互通、武深高速公路始兴联络线、南雄至信丰（省界）高速公路先行工程分别于7月28日、9月30日、12月30日启动。（徐　希）

【交通发展规划】 2020年5月28日，广东省交通运输厅印发《广东省高速公路网规划2020—2035年》，其中，南雄至乐昌高速公路、韶关至连州高速公路、韶关至江西全南（远期展望线）项目纳入《广东省高速公路网规划2020—2035年》。10月23日，广东省交通运输厅印发《广东南岭生态旅游公路规划（2020—2035年）》，规划线路串联起韶关市丹霞山、南华寺、南岭森林公园、珠玑古巷等旅游片区，兼顾沿线自然风光和人文景观。（郭寅飞）

【节假日交通运输生产】 2020年春运期间，韶关市运送旅客171.2万人次，比上年下降60.5%，其中，铁路客运运送旅客28.6万人次，下降59.9%；（韶关火车东站运送旅客14.3万人次，下降51.2%；武广客运韶关站运送旅客14.3万人次，下降45.6%）；公路客运运送旅客142.2万人次，下降62.4%；水路客运运送旅客0.4万人次，比上年下降90.7%。高速公路出口车流总量329.2万车次，比上年下降9.1%；进入口车流总量274.8万车次，比上年下降23.4%。多部门加强协调联动，健全信息互通；客运企业注重提升服务品质，加强旅客服务，为人民群众欢度春节创造良好的道路交通环境。（张文俊）

交通运输管理

【交通运输行政执法】 2020年，韶关市围绕道路运输市场整治以及市交通运输局重点工作，开展新冠肺炎疫情防控工作，配合公安、卫健部门做好市辖范围3个省际联合检查点、9个市区联合检查点及“两站两场”的防控检查及后勤保障工作。开展货运行业乱象整治、道路运政执法、超限超载车辆治理、公路路政执法、春运执法等工作，协调推进韶关市高速公路治超站转型升级及职能调整。出动执法人员63848人次，检查车辆563962辆次，查处违章案件5151宗，罚款金额913.7万元，卸货转运54487.1吨(其中韶关市区查处违章案件1534宗，罚款金额104.21万元，卸货转运13415.3吨)。（甘顺花）

【货运行业乱象整治】 2020年，韶关市交通运输局成立韶关市货运行业乱象整治工作领导小组，制定《韶关市货运行业乱象专项整治工作方案》。韶关市交通运输局联合发改、公安、工信、市场监管等部门开展货车超限超载、非法改装、执法部门包庇纵容、买卖“路牌”收取保护费、黑油站非法贩油等货运行业乱象问题整治，货运行业秩序明显好转，其中源头治超案件比上年增长率、普通公路非现场执法立案数居广东省前五，获广东省交通运输厅通报表扬。检查车辆43.5万辆次，查处超限车辆2653辆次，卸货转运4.9万吨，罚款393.13万元，扣分12587分；非法改装2503辆次，恢复原状，罚款236.25万元；查处非法加油点28个，查获非法成品油120.11吨，涉及案值64万元，抓获嫌疑人4人；未发现买卖“路牌”收取保护费和执法部门包庇纵容现象。

7月1日，市区G323线鑫金汇监测点启用，所在路段货运车辆超限超载运输违法行为得到遏制。

（朱意明　甘顺花）

【行政许可审批“放管服”改革】 2020年，韶关市交通运输局受理和办理各项业务12835宗，其中道路运输业务6890宗、水路运输业务1280宗、公路路政业务425宗、公路工程施工许可19宗，业务咨询4221宗，业务办结率、群众满意率均达100%。

公路

【概况】 至2020年底，韶关市有客货营运车辆11313辆，其中：客运企业31家，车辆1039辆；危运企业21家，车辆505辆；普货车辆8769辆，全市50辆以上道路普货运输企业41家。全市有驾校32家，教练车2650辆。全市有等级客运站20个其中：一级客运站1个，二级客运站7个，三级客运站2个。全市有出租汽车企业9家，正常营运出租汽车275辆。其中，市辖三区有出租车企业3家，车辆201辆。全市有公交企业14家，车辆777辆。市辖三区有公交企业5家，车辆541辆，线路81条。全市通镇、村农村客运班线264条，开通班车的行政村有1205个，农村客运车辆587辆。全市有一、二类机动车维修业户288户，其中，一类机动车维修业户35户，二类机动车维修业户253户。（钟满芬）

【公路建设】 2020年，韶关市砂土路全面清零，硬化农村公路里程1636千米。新增281个100人以上自然村实现通水泥路。12月31日，经核查和公示，省交通运输厅、农业农村厅、扶贫开发办公室决定，韶关市南雄市、仁化县、始兴县被命名为“四好农村路”省级示范县。韶关市完成农村公路危桥改造项目共计8座303延米，完成投资1537万元。19条地方公路开展植树补种，完成沿线绿化里程共约168千米。地方管养国、省、县道里程2044.67千米，列养率100%，年平均优良路面率86%；管养的乡村公路里程12643.65千米，列养率100%，年平均路面良好率80%。受雨雪影响，年内韶关市中断交通的地方公路有52条68处，坍塌方307处3.33万立方米，水毁路2574.3立方米、0.86千米，水毁混凝土路面1353平方米，水毁挡墙1.89万立方米、129处，水毁涵洞12道，水毁桥梁局部毁2座30.6延米，累计损失约3650万元。芙蓉山片区道路改造提升工程涉及道路22条，包括芙蓉山环山路及周边道路以及环拾贝湖周边道路，总长约22.7千米，项目总投资7667万元，由韶关市公路事务中心负责建设，项目于2020年5月动工，9月底完工。推开普通公路路长制“136”行动，主要任务是在全市国省道、县乡道和村道范围内，开展普通公路规划建设、促进公路路域环境提升、强化道路交通安全管理、规范道路运输秩序、提升公路养护水平和改善普通公路运营环境等六大重点工作。按照“一路一长、部门联动、分级管理”原则，制订出台普通公路路长制工作方案，建立“市级统筹指导、县级跟踪督导、乡镇级主导推进”的工作运转机制，成立市、县、镇三级工作领导小组，负责统筹协调辖区路域环境整治工作，其中县（市、区）四套班子领导担任国省道路长，镇（乡）领导干部担任县乡道路长，村（居）两委干部担任村道路长，全市共设立县、镇、村三级路长2078名，其中，县（市）级路长147名，乡（镇）级路长587名，村级路长1344名，组建工作队伍4292人，竖立路长标志牌1014块。

（张国权、陈雪梅、刘玲、杨松坚、廖声星、邹美仪）

【公路运输】 至2020年年底，全市道路客运业户31户，其中班车业户23户。客运班车870辆，旅游包车203辆；高级车473辆，中级车390辆，普通级车210辆。客运从业人员6520人。客运站日均发车3816班次。跨省客运线路23条，跨市线路106条，跨县线路72条，县内线路384条。（钟满芬）

韶关市粤运汽车运输有限公司 下设20家分公司、5家全资或控股子公司，在韶关三区六县（市）共设16个汽车客运站。2020年，韶关粤运资产总额47764万元，拥有营运车辆1353辆，其中城市公交车（含韶关市区及县城公交车）302辆，各类客运班线278条，市内（含县城）公交线路38条，年营运4237万千米，年发送旅客624万人次，营业收入19683万元，利税总额996万元。（许少强）

韶关市公共汽车有限公司 简称“公汽”，是韶关市国资委监管的国有独资企业。2020年，拥有控股及参股公司6家；在岗员工730人，其中运营驾驶员479人。2020年，公汽营业总收入3314.29万元，比上年下降39.08%，其中公交车运营收入2475.96万元，比上年下降46.95%；营业总成本1.1亿元，比上年下降15.87%，其中公交车运营成本9123.05万元，比上年下降14.82%；营业利润-1339.27万元，资产总额1.1亿元，负债总额1.26亿元，资产负债率114.14%。2020年，公汽有公交站场12个（其中首末站9个，停车场3个），营运线路51条，线路总长705.3千米，营运车辆388辆（其中欧Ⅲ柴油车17辆、天然气公交车100辆、纯电动公交车271辆）。营运线路客运量2342.13万人次，比上年下降44.46%；行驶里程1219.12万千米，比上年下降34.8%。至2020年年底，全市通镇、村农村客运班线264条，农村客运车辆587辆；全市1205个建制村通客运班车。

（刘耿萍）

农村客运 至2020年年底，全市通镇、村农村客运班线264条，农村客运车辆587辆；全市1205个建制村通客运班车。

道路货运 至2020年年底，韶关市道路货运业户2487户，从业人员31011人，其中危险品运输21户，从业人员5460人。营运载货车辆8769辆（个体2144辆）、130222吨位（个体27499吨位）。按车型分为普通载货货车3043辆、45495吨位；牵引车3188辆；挂车3107辆、101343吨位；按标记吨位分为大型车辆5735辆、145925吨位，中型车辆125辆、500吨位，小型车辆280辆、414吨位。（钟满芬）

机动车维修与检测 至2020年年底，韶关市有一类汽车维修业户35户，二类汽车维修业户253户，三类汽车维修业户857户，摩托车维修业户747户。全年完成维修量2654646辆次，其中整车修理49790辆次，总成修理228163辆次，二级维护969999辆次，专项修理1287401辆次，维修救援119293辆次。汽车综合性能检测站18个，全年检测车辆24651辆次，其中维修竣工检测6838辆次，等级评定检测6498辆次，维修质量监督检测2368辆次。（钟满芬）

道路运输培训　至2020年年底，韶关市机动车驾驶员培训机构共30家，其中一级机动车驾驶员培训机构12家、二级机动车培训机构11家、三级机动车驾驶员培训机构7家。道路运输驾驶员从业资格培训机构1家。机动车驾驶培训教学备案车辆共2527辆，教练员3145人，全年共完成机动车驾驶员培训558889人次。道路运输从业资格审核到期换证1662宗，审核道路运输驾驶员从业资格证初考、增考报名5339宗。

（赵　洁）

铁路

【韶关东站】　广深铁路股份有限公司韶关东站（简称"韶关东站"），是京广铁路南端的一等区段站，属中国铁路广州局集团公司广州车务段管辖。车站站型为双向纵列式一站二场，分为韶关东场和韶关直通场。韶关东场中心里程为京广线K2048+248米，韶关直通场的中心里程为京广线K2051+630米。主要办理粤北地区、赣南地区大部分的客运业务、列车中转技术作业（机车换挂、列检、商检作业等）、部分直通、区段、摘挂货物列车的解编。至2020年年底，韶关东站有职工517人，设运转、客运2个车间和1个综合后勤班组。韶关东站每日办理营业的旅客列车共57对114列。受新冠肺炎疫情影响，2020年全年发送旅客161万人，比2019年减少119.8万人，减少43%。至年底，实现安全生产无责任事故4119天。

新冠肺炎疫情防控　新冠肺炎疫情发生后，车站按照中央、省市、集团和车务段的工作部署要求，严格落实各项防控措施。落实好职工上下班进行体温检测、登记、戴口罩、勤洗手、常通风措施和工作场所清洁消毒工作；对所有进出站的旅客进行体温检测，做到一个不漏，100%检测；落实好封闭式管理措施，加强车站汽车通道、综合办门卫、单身宿舍门卫的管理，严禁外来人员进入，并做好进出人员的体温检测、登记工作；加强与地方政府部门的沟通协调，向市政府申请调拨口罩、防护服、酒精、消毒液、护目镜、手套等防控物资，得到市委、市政府和有关部门的支持，为打赢新冠肺炎疫情阻击战提供条件。

安全管理　落实《广州车务段安全生产责任制》，督促指导所属运转、客运2个车间和综合后勤组，落实现场作业标准和安全分析制度，落实管理人员安全管理量化，抓好接发列车、调车作业、劳动人身、防火防盗、旅客乘降安全及站场封闭式管理、职教培训、疫情防控等方面的工作，开展严管理、严纪律、严落责的"三严"行动，督促各车间抓好春运、清明、"五一"、端午和中秋、国庆长假等重要时期的运输工作，严格落实各项规定要求，制订运输方案，值班干部深入现场一线，做到有序可控，保证安全稳定。车站每月组织管理人员召开月度安全生产分析会，分析和研判车站安全生产工作中存在的问题，制定出解决措施和方案，布置月度工作安排和重点工作事项，强化安全管理，保持运输安全稳定。（罗春辉）

【武广韶关站】　武广韶关站位于韶关市武江区芙蓉新城，距离韶关中心城区约16千米。车站总建筑面积4.98万平方米，其中站房面积1.58万平方米。有2层候车室，每层候车区域面积为2700平方米；车站售票厅设有18个售票窗口，自助售票机、自助取票机各4台；进站口设有4台人脸识别验票系统，站台6条股道，分为2条正线和4条到发线。站长江建强。

2020年，韶关站办理营业列车117列/日，其中上行63列、下行54列；另有高峰时段开行的列车4列，日均输送旅客7400人次。受新冠疫情影响，韶关站2020年全年发送208.57万人次，实现运输进款3.03亿元，均较2019年有所减少。

2020年6月9日7:20分，韶关站接到京广线启动防洪二级预警通知，因受强降雨影响，普速铁路滞留大量旅客，须由韶关站转运到广州南、深圳北站。车间管理人员、所有休班职工回站参加普铁旅客转运高铁工作，成立多个转运工作应急小组，各负其责，加强与上级调度部门及运行列车的联系，了解列车动态；做好旅客退票、改签等工作，为取消、推迟出行计划的旅客解决好现实问题；联系地方政府及配合运输单位，掌握需转运旅客的批次、人数，并启用一楼候车室作为转运旅客专用候车区域，设专人做好测温与安检工作。车站秩序安全平稳，直至22:22分最后一批转运滞留旅客乘降完毕，历时15小时，转运旅客6000余人。

服务品牌　2020年，韶关站成立有"丹霞服务岗"及设立服务热线，收到旅客感谢信64封，好人好事86件，处理求助问题63件，客运服务质量提升。（纪烈焕）

航空

【韶关丹霞机场概况】　韶关丹霞机场，原名韶关机场（本地人俗称桂头机场），是广东省第9个民用机场，位于韶关市乳源瑶族自治县桂头镇，为4C级军民合用支线机场，项目总投资约15.41亿元。1998年，国务院、中央军委联合批复军用韶关机场实行军民合用改扩建；2018年12月27日，韶关丹霞机场航站区土方工程动工；2019年1月21日，航站区及工作区项目开工。韶关丹霞机场航站楼面积1.2万平方米，民航站坪设8个C类机位；跑道长2800米，宽45米；可满足年旅客吞吐量100万人次、货邮吞吐量4000吨、飞机起降9500架次的使用需求。

【韶关丹霞机场航站区及工作区基础工程完成】　2020年，韶关丹霞机场主体建筑——航站楼封顶，外部装修接近完成。航站楼旁边修建的是机场指挥调度塔台，开工建设中。停机坪在修建初期。航站楼正面，设有4个出入口，墙体和玻璃搭建完毕。机场广场的社会停车场和公交车场，完成进度90%。航站楼内部首层地砖铺设和室内装修基本完成。飞行区南端延长段工程总体进度74.5%，建成后的飞行区跑道比之前桂头机场老跑道长1/3。

水路

【概况】 广东省韶关航道事务中心辖区航道里程698千米。2020年12月8日，经省人民政府同意，省交通运输厅印发《广东省航道发展规划(2020—2035)年》，辖区355千米航道纳入规划，航道发展规划技术等级为Ⅲ级的高等级航道计151千米，分别为北江（大坑口分界石—韶关）49千米、武江（韶关—富湾水电站下游）61千米、浈江（韶关—周田大桥）39千米、龙归河（鲤鱼村大桥—上乡）2千米；武江（富湾电站下游—三星坪）73千米发展规划技术等级Ⅳ级；锦江（锦江口—黄屋电站）37千米发展规划技术等级Ⅴ级；浈江（周田大桥—三枫水电站）86千米近期按Ⅲ级控制，远期按国家规划的粤赣运河线路开发；龙归河（社主—鲤鱼村大桥）8千米发展技术等级为Ⅵ级。至2020年年底，辖区内明确航道等级的航道达428千米（含Ⅷ、Ⅸ级）。辖区内一线养护的航标总计170座，其中岸标55座、水标115座。维护二线航标311座（含桥柱标）、标灯298盏。各类航道维护工作船舶8艘。

【北江航道扩能升级系列工程】 2020年，北江航道扩能升级上延工程（以下称北江上延工程）完成专题验收10个。北江上延工程是广东省人民政府印发的《推进基础设施供给侧结构性改革实施方案》在列项目，同时作为交通运输部、广东省“十三五”发展规划重点项目。2020年10月29日省交通运输厅组织北江上延工程专家评审会评审，根据评审意见北江上延工程将研究范围调整为北江百旺大桥至韶关塔台6千米、武江长来至北江塔台57千米。浈江周田至塔台37千米河段与赣粤运河统筹考虑，不纳入北江上延工程研究范围。北江上延工程主要工程内容包括：航道工程、船闸工程（新建4座千吨级单线船闸）、桥梁工程（拆除重建8座、防撞加固3座）、交叉工程等。年内，辖区内北江航道扩能升级工程除白土大桥防撞加固未完成之外其余项目基本完成，孟洲坝二线船闸工程在6月通过交工验收。

【航道养护】 2020年，韶关航道事务中心按规定开展航道巡查、浅滩探测、水位站维护、水情观测、船舶密度观测、航道维护技术考核、节能减排等航道日常养护工作；认真做好三年滚动计划方案编报、船舶密度观测、辖区七级以上跨航道桥梁通航净空尺度信息复核、航道维护标准复核调整、航道信息化建设和辖区航道应急抢通等重要养护措施工作；完成《广东省韶关航道事务中心重点航段航道养护情况分析报告》编制并向省航道事务中心和市政府报告，提出将8段重点航段划分为先行示范段、重点养护段和常规养护段分类养护，通过样板示范、数字智能、先进管养和安全生态手段，优化建管养能力提升，打造成为新时代绿色、智慧型养护样板航道。全年在航道养护专项经费方面投入20余万元，巡查航道里程5166千米，发布航道通告19次，航道维护水深年保证率100%。

【航标维护】 2020年，韶关航道事务中心开展武江浮标更新项目，完成武江（韶关至武广桥）航标升级改造33千米，改造航标36座，备用12座。开展辖区航标配布提质增效工作，基本完成浈江（湾头—周田）、锦江（锦江口—瑶山电站）、龙归河河口段约39千米重点航标配布。争取并落实省航道事务中心拨付战备航标24艘用于辖区航标管养。协调完成韶关市区桥梁桥涵标验收移交、濛浬二线船闸下游专用标撤除、辖区铁路桥涉航协调事项。督促协调武广客运专线武江、龙归河铁路桥永久航标设置工作。全年投入航标维护专项经费160万元，完成航标维护工程量157275座·天，航标维护正常率100%。

【船舶养护】 2020年，韶关航道事务中心推进船舶更新换代进程，20米级铝合金内河巡标快艇“粤标巡1509船”于2020年9月验收交付投入使用，内河旋转吊3吨级航标船于年内完成招标并开工建造。加强船舶船员持证台账管理、船舶三级保养、船舶联合检查等基础管养工作。全年投入船舶维护专项经费682万元，在用船舶优秀率100%。

【船闸养护】 2020年，韶关航道事务中心做好孟洲坝枢纽二线船闸接收、试运行，以及濛浬二线船闸的试

2020年9月15日，全省航道系统第一艘18.8米级铝合金内河巡标快“粤标巡1509”艇顺利通过验收
（韶关市航道事务中心　供）

运行管理。开展运行机构设立、建章立制、编制试运行方案、加强人员招聘培训等筹备工作，于10月30日接收并试运行孟洲坝枢纽二线船闸；濛浬二线船闸实现安全试运行1周年。

【航道行政】 2020年，广东省韶关航道事务中心严格按当前职能开展好航道监督检查技术服务工作，开展航道巡查、技术核查和航道保护等工作，加强涉航事项的巡查、监管和服务。按航道法规和规章制度就涉航项目开展航道技术核查，出具航道技术意见。开展辖区涉航事项的排查统计，加大协调监管力度，坚持每季度将有关情况上报省航道事务中心。全年完成航道专业技术意见复函54宗，现场技术核查33项/次，告知涉嫌违法案件11宗，办结违法案件3宗。 （何晓丽）

韶关港

【概况】 至2020年年底，韶关港岸线2079米，已建成泊位61个，其中正常使用泊位数23个，堆场10.25万平方米，堆场容积44.5万吨，年货物通过能力570万吨。2020年，韶关港年吞吐量为298.95万吨，同期增长205.84%。6月26日，韶关市政府成立韶关市港口建设工作领导小组，领导小组下设办公室。10月15日，市港口领导小组成立5个港口建设专项工作组，其中规划编制工作组组长单位为市发改局，项目建设工作组组长单位为市交通运输局，企业监管工作组组长单位为市国资委，历史遗留问题处置工作组组长单位为市交通运输局，岸线管控工作组组长单位为市自然资源局。

2020年9月4日，韶关市与广州港集团签订韶关港港口建设战略合作框架协议，合作推进公共码头基础设施建设，谋划发展绿色水上旅游项目，重点建设韶关港白土作业区一期工程、韶关新港改造提升工程。韶关市交通旅游投资集团有限公司与广州港集团签订《韶关港合作项目合作意向书》。韶关市港航发展有限公司（韶关市交通旅游投资集团有限公司子公司）与广东港航投资有限公司（广州港集团子公司）注册登记成立合资公司韶关市北江国际港务有限公司，开发建设运营韶关市与广州港集团合作建设项目。 （宋早生）

2020年，韶关市19家水运企业，其中货运18家、客运1家。新增建造船舶84艘、载重吨为26.46万吨，分别增长44%和109%。全市营运船舶共计819艘、其中货运船舶803艘，载货量118.79万吨；客船16艘，核定客位562座。 （梁 艳）

2020年，韶关市政府与武汉理工大学共建韶关研究院（广东省内河港航发展研究院），由中国工程院院士、武汉理工大学首席教授严新平任武汉理工大学韶关研究院名誉院长，围绕韶关航运、物流、港口经济、装备制造、新材料等领域进行科技创新、成果转化、人才培育与产业孵化。11月18日，韶关市与武汉理工大学在韶关举办广东北江内河港航发展座谈会。11月29日，武汉理工大学韶关研究院揭牌成立，《韶关市人民政府 武汉理工大学共建广东省内河港航发展研究院及武汉理工大学韶关研究院协议》同时签订。 （宋早生）

【港航规划优化】 2020年，结合韶关市综合交通运输“十四五”发展规划的编制，韶关市港口建设工作领导小组办公室委托交通运输部水运科学研究院对韶关港各港区功能进行优化调整，委托交通运输部公路勘察设计院开展北江港区集疏港公路优化设计，会同武汉理工大学组织开展乌石港综合交通枢纽一期工程优化设计。 （宋早生）

【港口建设】 韶关市引入广东省能源集团、广州港集团参与韶关市港口建设，推进北江港区3个港口项目建设。乌石综合交通枢纽一期工程拟建1000吨级泊位12个，使用岸线935米，设计年吞吐量为1000万吨散货，投资约11.2亿元。白土作业区一期工程规划建8个1000吨级泊位，岸线长度615米，总投资估算6.2亿元，年设计吞吐量320万吨。新港改造提升工程计划建设千吨级泊位2个、工作船泊位2个，使用岸线188米，年吞吐能力达90万吨，投资估算为1.27亿元。乌石综合交通枢纽一期工程、白土作业区一期工程均于2020年12月30日举行开工仪式。 （宋早生）

【航道建设】 2020年，北江航道韶关段全长约42千米，“五改三”扩能升级工程按内河Ⅲ级、通航1000吨级船舶标准建设，通航保证率98%。乌石至大坑口分界石段约7千米航道扩能升级工程于2014年12月动工，百旺大桥至乌石段34.5千米（含孟洲坝、濛浬两座二线船闸）航道扩能升级工程于2015年10月动工，同时建设远程视频监控系统、通信系统和船闸联合调度管理系统。2020年11月30日，北江航道扩能升级工程（韶关段）建成通航。北江航道通航条件的改善带动韶关港港口吞吐量2020年大幅增长至298.95万吨，比上年增长205.84%。 （宋早生）

【港口企业】 2020年，韶关市登记在册港口企业3家，均为民营企业，其中1家为客运港口企业，2家为普通货运港口码头企业，以干散货码头装卸、搬运和堆存为主。港口从业人员106人，其中企业管理人员14人、专业技术人员48人、安全生产管理人员5人、后勤人员39人。港口装卸设备有吊机8台、铲车8台、输送机4台，吊机最大起重能力40吨。 （梁 艳）

【韶关市交通投资建设有限公司】 简称市交投公司。截至2020年12月，资产总额39.97亿元，比上年增长10%；所有者权益27亿元，增长16%；资产负债率32.43%。市交投公司获“韶关市先进集体”称号；被评为2019年度广东省“守合同重信用”企业。

重大项目建设高效推进 2020年，广东省在建最长公路隧道韶新高速项目控制性工程松山隧道于10月22日全线贯通，韶新高速项目难点工程狮子山隧道于12月29日全线贯通。市重点工程韶州大道有综合技术难度处于广东内河第一的韶州大桥于11月30日合龙。韶州大道于12月31日全线贯通。韶关机场进场道路临时替代线于12月31日全面完工。

广东韶关港有限公司揭牌仪式于1月在粤江发电公司基建办公楼举行；8月，市交投公司注册成立全资子公司——韶关市港航发展有限公司，着手布局韶关港口码头投资、融资、开发、建设、经营业务，并于12月与广州港集团有限公司全资子公司广东港航投资有限公司合资成立韶关市北江国际港务有限公司，共同开发建设运营韶关港北江港区白土作业区一期工程和韶关新港改造提升一期工程项目；韶关港北江港区白土作业区一期先行工程暨乌石综合交通枢纽工程建设推进会，于12月30日在韶关市曲江区举行。

推动经营性业务破局 2020年，市交投公司经营项性业务取得突破性进展，韶关市兴路贸易有限公司更名为广东兴路交通工程有限公司，着手布局公路、市政、建筑工程施工及检测、养护等业务板块；5月，兴路公司获得“公路工程施工总承包三级”“建筑工程施工总承包三级”及“市政公用工程施工总承包三级”三项建筑业企业资质证书。市交投公司与中国石化销售股份有限公司、广东韶新高速公路有限公司共同成立合资公司参与经营韶新高速公路新江服务区加油站。与中核（广东）科技有限公司达成合作意向，共同投资开发辉绿岩绿色智慧矿山项目。自主经营项目——粤北新型环保沥青生产基地《工程可行性研究报告》编制、专家评审会、项目立项及设备供应商考察等前期工作均已完成。（彭思衢）

【市区水上游船项目】 市区水上游船项目为韶关市与广州港集团签订的《合作框架协议》内容之一。2020年，围绕通天塔、风采楼、百年东街、太傅庙等市区夜景景观较好地段，韶关市先行启动浈江河百年东街中山路广场至通天塔约3千米河段夜游项目。在完成游客服务中心、室外连廊、游船临时停靠点配套设施建设以及岸电、排污、自来水等接入后，水上游项目于2020年11月试航，先期投入1艘约100客座游船，邀请环卫工人代表、扶贫干部、抗疫代表、劳动模范、省“三师”志愿者等约700人免费体验，2020年12月31试运营。

（宋早生）

海事管理

【概况】 2020年，市海事局海事政务服务量比上年翻番，全年办理业务4216宗，平均办理时限比法定办结时限提速80%。督促县（区）政府拆解“三无”船舶40余艘。将南水湖60余艘非法水上民宿集中清理。创建非体系航运公司安全管理品牌。落实水上交通安全联席会议制度，实现安全风险共治。建立联合巡检机制，与水务部门、清远海事等定期开展区域通航环境整治，实现检查互认、信息互通、资源互享、执法互动。对全市10个县市区水上防汛工作进行常态化督查，辖区未发生任何险情和事故。

【水上交通安全建设】 2020年是“平安北江”建设收官之年，建设三年来，韶关辖区水上通航环境良好，未发生列入统计范围的水上交通事故，四项指标全部为零，水上交通安全形势持续稳定。水上安全命运共同体建设初步形成。韶关海事局累计开展各类联合执法巡航92次，巡航1000余千米，出动执法人员380余人次，排查整治水上交通安全隐患23处。韶关海事局指挥中心、船舶监督处和曲江海事处获广东海事局表彰为“平安三江”建设先进集体，3名干部职工被广东海事局评为“平安三江”建设先进个人。

【水上运输监管】 2020年，韶关辖区进出港船舶3.05万艘次，比上年降低34.55%；货物吞吐量345.45万吨，增长177.87%，是受新冠肺炎疫情影响下全省唯一逆势增长的港口；全年安全载运旅客（游客）22.39万人次，受疫情影响下降69.03%。实施行政处罚51宗，处罚金额12.35万元。开展巡航405次，巡航里程3385海里，比上年增长26.02%，夜航检查17次，巡航计划完成率100%。开展“船舶一对一点名”“电煤运输保障”“船员健康排查”“涉客船舶宣教”等行动，水上运输安畅有序。

【通航管理】 2020年，韶关海事局制定《韶关海事局水上交通安全隐患排查治理工作制度》，深入推进水上交通安全风险管控体系。整治内河船涉海运输1艘。开展铁拳行动、水上交通安全集中整治行动、水上无线电秩序管理专项整治工作、水上交通安

2020年10月21日，韶关市水上搜救分中心在韶关曲江大桥下游200米附近水域举办“船畅桥安 善美韶关”2020年韶关市水上突发事件应急演习

（万嵘 摄）

2020年4月8日，韶关浈武江海事处一线执法人员在仁化县丹霞街道黄屋村对“粤韶关渡2062”展开检查 （白海峰 摄）

全专项整治三年行动、“攻砂”行动、“奋战一百天 全年保平安”安全生产攻坚行动等专项整治行动。服务重大工程建设，为韶州大桥建设工程、韶关市区河道清淤疏浚项目、白土北江大桥危桥维修加固工程等水工项目提供通航安全保障。是年，完成水上水下活动许可51宗、发布航行通(警)告51份。

【船舶监督管理】 2020年，韶关海事局开展船舶安全检查320艘次，其中初查152艘次，复查168艘次，复查率105.26%，发现船舶缺陷912个，实施船舶滞留2艘次。疫情期间，实行“网上办、预约办、电话办、邮寄办、延期办”等便民服务。辖区目前登记注册船舶1020艘次，2020年受理各类行政审批和服务事项7444件，其中，危险货物申报审批1655件，办理船舶国籍证书322艘次，船舶所有权登记116艘次。

【船员管理】 2020年，受疫情影响，韶关海事局组织开展船员考试10期、考试257人次；发放船员适任证书655本，比上年增加29.1%，船员考试监督检查率100%，完成船员履职检查200人次。

【船舶污染管理】 2020年，韶关海事局向广东海事局落实到防污染检查专项经费4万元，利用广东海事局配备的船用燃油快速检测仪开展现场抽检39艘次，向第三方检测机构送检船用燃油及生活污水样品40艘次，实施危险品运载船（运煤船）监督检查327艘次。积极宣贯《400总吨以下内河船舶水污染防治管理办法》，要求辖区18家航运公司、2家码头企业严格落实内河船舶水污染物的处置规范。

【航运公司管理】 2020年，韶关海事局开展航运公司安全与防污染检查19次，实现检查全覆盖，发现并整改安全与防污染缺陷115项，发放油类记录簿、垃圾记录簿各83艘次。联合航道、交通、水务等部门同韶关港公司、乌石港公司等港航企业开展“服务航运 通力合作 打造韶关港安全命运共同体”共建活动，联合相关乡镇、应急管理、交通运输、水务水政、公安打私等监管单位对乌石港水域、大坑口水域、永顺码头、乌石港码头等重点监管部位开展联合执法巡航17次，成立韶关港北江港区乌石综合交通枢纽海事服务工作小组，在韶关港开展水上水下作业活动及濛浬二线船闸北江航道清淤疏浚弃渣清理水工项目时解决水工作业遇到的海事问题。

【船舶智慧监管】 2020年，韶关海事局对辖区重点水域增设CCTV高清远程监控点位23个，制定《韶关海事局智慧监管工作手册》，建立电子取证辅助执法工作制度及三级运行架构，监控设备24小时在线，远程监管24小时不断。依托信息化平台对重点水域、重点船舶、重点时段设置水上斑马线、施工作业区、禁止超速区等监管模块，可对发生违法违规行为的船舶实时报警，智管中心接报后与现场执法单元进行快速联动处置。

【船员应急搜救】 2020年，韶关海事局制定《韶关海事局2020年防汛工作方案》《韶关海事局防汛应急预案》，建立同气象、水文、水务、三防等涉水单位24小时联系制度，社会应急力量清单，建立水上突发事件应急机制，推动市三防指挥部实施年度防汛安全大检查工作制度。对全市10个县（市、区）水上防汛工作进行督查，化解1起因洪峰过境导致一艘渔业工作小艇断缆自漂危及安全锚泊船舶及下游桥梁、水电站的险情。举办“船畅桥安 善美韶关”2020年韶关市水上突发事件应急演习。

【水上无线电整治】 2020年，韶关海事局开展水上无线电整治专项行动，累计检查船舶163艘次，开展行政处罚7宗，处罚金额12500元，约谈航运公司29家次，发放宣传册80余份，开展辖区重点水域检查3次，检查督促航运公司闭环整改重点问题1次。 （刘 超）

粤北生态发展区建设

生态环境质量

【概况】 2020年，韶关市实况状态下市区空气质量指数优良率为97.3%（年度考核值为96%），比上年上升4.7个百分点；六项指标[（细颗粒物（$PM_{2.5}$）、二氧化硫（SO_2）、可吸入颗粒物（PM_{10}）、二氧化氮（NO_2）、臭氧浓度、一氧化碳（CO）]均达到国家二级标准要求，综合指数在全省21个地级市中排名第13位。全市13个地表水省考断面水质达标率、优良率均为100%；9个在用县级以上集中式饮用水源水质达标率100%；城市建成区内无黑臭水体，考核点位地下水水质极差比例为0；全年韶关市省考断面水质综合指数为3.25，全省排名第三，与2019年同期相比，污染指数下降5.48%。全市受污染耕地安全利用率达到90%任务目标，污染地块安全利用率100%。经省核定，2020年韶关市化学需氧量排放量相对于2015年下降11.12%、氨氮下降12.64%、二氧化硫下降17.49%、氮氧化物下降8.65%，超额完成省下达的目标任务（化学需氧量排放量相对于2015年下降9.9%、氨氮下降10.5%、二氧化硫下降9.3%、氮氧化物新增0.7%）。

【水环境质量】 2020年，全市县级以上集中式饮用水源地9个，设监测断面9个；9个饮用水水源地水质均达到饮用水源Ⅲ类水质要求，其中乳源南水水库、南雄瀑布水库、始兴花山水库3个水源地为Ⅰ类水质，市区十里亭、曲江苍村水库、乐昌张滩闸坝上游780米处、仁化高坪水库、翁源园洞水、新丰白水礤6个水源地为Ⅱ类水质，达标率100%。全市县级以上集中式饮用水源地水质质量基本与2019年持平，保持稳定达标。市区饮用水源地水量达标率100%，与上年持平，其中十里亭断面达标水量为8420万立方米、苍村水库断面达标水量2633万立方米。

全市河流水质监测在北江、武江、浈江、南水河、墨江、锦江、马坝河、滃江、新丰江、横石水共设28个市控以上常规监测断面，其中省考以上断面14个（国考断面4个，分别为武江三溪桥、武江十里亭、浈江长坝、北江高桥）；省跨界断面2个，分别为三溪桥（与湖南交界）、孔江水库上游（与江西交界）。2020年，韶关市28个监测断面水质均达水质目标要求，优良率100%，与2019年持平。

【大气环境质量】 2020年，韶关市区城市空气中二氧化硫、二氧化氮、可吸入颗粒物、细颗粒物年均浓度、一氧化碳日均浓度第95百分位数、臭氧日最大8小时浓度第90百分位数分别为0.01毫克／立方米、0.021毫克／立方米、0.037毫克／立方米、0.024毫克／立方米、1.1毫克／立方米、0.132毫克／立方米，均优于国家二级标准，全年空气质量指数优、良天

2020年12月23日，韶关市环境监测中心站更名为广东省粤北区域生态环境监测中心暨广东省韶关生态环境监测中心站，图为该中心站举行挂牌仪式

（市生态环境局　供）

数356天,优良率97.3%。

【声环境质量】 2020年，市区道路交通噪声年昼间平均等效声级（Ld）66.7分贝，道路交通噪声强度为一级，声环境质量好；市区区域环境噪声昼间平均等效声级（Sd）54.5分贝，市区区域环境噪声总体水平等级为二级，声环境质量较好。各功能区域噪声基本符合标准要求。

2020年韶关市区饮用水源水质状况一览表

表5

监测断面	监测年份	年取水量（万立方米）	年达标水量（万立方米）	水质达标率（%）	水质类别	年均值超标项目	年均值超标项目浓度（毫克/升）	综合污染指数均值
十里亭	2020	8420.0	8420.0	100	Ⅱ	-	-	0.16
苍村水库		2633.0	2633.0	100	Ⅱ	-	-	0.13

2020年韶关市区市控以上河流水质变化趋势一览表

表6

河流名称	断面名称（功能类别）	功能区划水质目标	水质类别	是否达标	超标项目	定性描述	上年水质类别	变化趋势	备注
武江	三溪桥	Ⅲ	Ⅱ	是	—	优	Ⅱ	持平	国控、国考（考核湖南）、跨省界
	坪石	Ⅱ	Ⅱ	是	—	优	Ⅱ	持平	省控
	昌山变电站	Ⅱ	Ⅱ	是	—	优	Ⅱ	持平	省考
	中心寮	Ⅱ	Ⅱ	是	—	优	Ⅱ	持平	市控
	桂头	Ⅱ	Ⅱ	是	—	优	Ⅱ	持平	省考
	塘头电站	Ⅱ	Ⅱ	是	—	优	Ⅱ	持平	市控
	十里亭	Ⅱ	Ⅱ	是	—	优	Ⅱ	持平	国控、国考
	武江桥	Ⅲ	Ⅱ	是	—	优	Ⅱ	持平	市控
锦江	丹霞山	Ⅲ	Ⅱ	是	—	优	Ⅱ	持平	国控、省考
浈江	总圃桥	Ⅲ	Ⅱ	是	—	优	Ⅱ	持平	市控
孔江水库	孔江水库上游	Ⅱ	Ⅱ	是	—	优	Ⅱ	持平	国控、跨省界
浈江	河坪	Ⅱ	Ⅱ	是	—	优	Ⅱ	持平	国控
滃江	古市	Ⅲ	Ⅱ	是	—	优	Ⅲ	好转	省考
墨江	墨江出口	Ⅱ	Ⅱ	是	—	优	Ⅱ	持平	国控、省考

续表6

河流名称	断面名称（功能类别）	功能区划水质目标	水质类别	是否达标	超标项目	定性描述	上年水质类别	变化趋势	备注
浈江	长坝	Ⅱ	Ⅱ	是	—	优	Ⅱ	持平	国控、国考
浈江	曲江桥	Ⅲ	Ⅱ	是	—	优	Ⅱ	持平	市控
北江	孟洲坝电站	Ⅳ	Ⅱ	是	—	优	Ⅱ	持平	国控
北江	白沙	Ⅱ	Ⅱ	是	—	优	Ⅱ	持平	省控
北江	高桥	Ⅱ	Ⅱ	是	—	优	Ⅱ	持平	国控、国考、跨市界
南水水库	南水水库	Ⅰ	Ⅰ	是	—	优	Ⅰ	持平	国控、省考
南水河	锑厂下游	Ⅱ	Ⅱ	是	—	优	Ⅱ	持平	市控
龙归河	龙归	Ⅱ	Ⅱ	是	—	优	Ⅱ	持平	省考
马坝河	马坝河出口	Ⅲ	Ⅲ	是	—	良好	Ⅲ	持平	市控
滃江	河口桥	Ⅲ	Ⅱ	是	—	优	Ⅱ	持平	市控
滃江	官渡	Ⅲ	Ⅱ	是	—	优	Ⅱ	持平	省考
横石水	横石水桥	Ⅲ	Ⅲ	是	—	良好	Ⅲ	持平	省考
新丰江	交通桥	Ⅱ	Ⅱ	是	—	优	Ⅱ	持平	市控
新丰江	马头福水	Ⅱ	Ⅱ	是	—	优	Ⅱ	持平	国控、国考、跨市界

2019、2020年韶关市区大气监测结果统计表

表7

市县名称	监测项目	测点名称	年平均		超标率（%）	
			2019	2020	2019	2020
韶关市区	二氧化硫	市八中	0.011	0.010	0	0
		碧湖山庄	0.009	0.008	0	0
		园林处	0.010	0.011	0	0
		韶关学院	0.010	0.011	0	0
		曲江监测站	0.011	0.009	0	0
		市区统计	0.010	0.010	0	0

续表7

市县名称	监测项目	测点名称	年平均		超标率（%）	
			2019	2020	2019	2020
韶关市区	二氧化氮	市八中	0.027	0.022	0.6	0
		碧湖山庄	0.020	0.018	0	0
		园林处	0.024	0.022	0	0
		韶关学院	0.020	0.017	0	0
		曲江监测站	0.029	0.024	0	0
		市区统计	0.024	0.021	0	0
	可吸入颗粒物	市八中	0.042	0.038	0	0
		碧湖山庄	0.045	0.039	0	0
		园林处	0.040	0.035	0	0
		韶关学院	0.041	0.036	0	0
		曲江监测站	0.047	0.035	0	0
		市区统计	0.043	0.037	0	0
	细颗粒物	市八中	0.029	0.025	1.1	0.3
		碧湖山庄	0.028	0.024	1.4	0.0
		园林处	0.026	0.022	1.1	0.0
		韶关学院	0.029	0.026	0.9	0.6
		曲江监测站	0.031	0.023	1.4	0.3
		市区统计	0.029	0.024	1.4	0.3
	一氧化碳（日均浓度第95百分位数）	市八中	1.4	1.1	0	0
		碧湖山庄	1.3	1.1	0	0
		园林处	1.4	1.2	0	0
		韶关学院	1.3	1.1	0	0
		曲江监测站	1.8	1.3	0	0
		市区统计	1.3	1.1	0	0
	臭氧（日最大8小时浓度第90百分位数）	市八中	0.147	0.122	7.8	1.4
		碧湖山庄	0.145	0.136	7.0	2.8
		园林处	0.141	0.138	5.3	3.1
		韶关学院	0.143	0.138	6.4	3.4
		曲江监测站	0.145	0.138	5.3	3.0
		市区统计	0.145	0.132	6.6	2.5

续表7

市县名称	监测项目	测点名称	年平均		超标率（%）	
			2019	2020	2019	2020
韶关市区	降尘（吨/平方千米·月）	市八中	1.54	1.19	0	0
		碧湖山庄	1.65	1.29	0	0
		园林处	1.37	1.14	0	0
		韶关学院	1.46	1.24	0	0
		曲江监测站	1.51	1.30	0	0
		市区统计	1.51	1.23	0	0

2019、2020年韶关市区降水质量统计表

表8

监测站名称	2020年				2019年			
	样品个数	酸雨频率（%）	降水pH值		样品个数	酸雨频率（%）	降水pH值	
			范围	平均			范围	平均
韶关市	115	11.3	4.32～7.42	5.49	94	6.4	4.83～7.66	5.88

2020年韶关市区道路交通噪声监测统计表

表9

行政区	测点数（个）		总路长（千米）		平均路宽（米）	
韶关市区	55		73.5		20.4	
昼间	平均车流量（辆/小时）	等效声级	达标率%	>70dB路段		声级范围（分贝）
				路长（千米）	（%）	
	大型车流量206，中小型车流量：1788	66.7	90.9	9.6	13.1	55.5～73.9

2020年韶关市区区域环境噪声功能区统计表

表10

功能区	网格大小（米）	网格数（个）	覆盖面积（平方千米）	等效声级（分贝）				等级划分	评价
				夜间	超标率（%）	昼间	超标率（%）		
1类区	500×500	42	10.50	—	—	52.7	7.1	二	较好
2类区	500×500	136	34.00	—	—	54.6	2.9	二	较好
3类区	500×500	69	17.25	—	—	55.6	2.9	三	一般
韶关市区	500×500	247	61.75	—	—	54.5	3.2	二	较好

资源保护

【耕地保护】 2020年，韶关市加强和改进永久基本农田保护措施，加强耕地保护制度建设、严格落实用途管制，严守耕地保护红线，强化耕地数量、质量、生态“三位一体”保护。加强耕地保护责任目标考核，履行耕地保护责任，落实“先补后占、占优补优、占水补水”的耕地占补平衡制度。开展土地整治相关工作，提升耕地质量，推进高标准农田、垦造水田项目建设（其中水田垦造新增水田指标114.4公顷），组织各地加快完善历史补充耕地核查整改工作、开展补充耕地后备资源潜力数据库建设，加强耕地和永久基本农田后期管护的责任落实等，做好耕地占补平衡的保障工作。健全“大棚房”长效监管机制，制止耕地“非农化”防止“非粮化”行为，遏制违法违规占用耕地行为。宣传贯彻落实新发展理念，提高民众的耕地保护意识，推动集约节约利用土地资源。在省政府2019年度耕地保护目标责任履行情况考核中得分全省第四名，获三等奖。

（周欣凯）

【水资源管理保护】 2020年全市地表水资源量为196.18亿立方米（折合年径流深为1067.1毫米，比上年偏少11.2%，比多年均值偏多9%）。地下水资源量47.99亿立方米（不含中深层地下水比上年偏少11.3%，比多年均值偏多8.9%）。供用水量18.4243亿立方米（其中地表水源占93.7%，地下水源占3.5%，其他水源占4.8%）。总用水量18.42亿立方米（比上年基本持平，生产用水占总用水量的85.8%，居民生活用水占9.7%，生态环境用水占1.5%）。全市用水消耗量为9.15亿立方米。全市水资源利用率为9.4%，比上年略有增加。人均综合用水量626立方米，万元地区生产总值用水量136立方米，万元工业增加值用水量60立方米（含火电），水功能区达标率96%；万元GDP用水量和万元工业增加值用水量对比2015年分别下降36%、49%。农田灌溉水有效利用系数0.529。农田实灌亩均用水量736立方米，城镇居民生活人均生活用水量206升/日，农村居民生活人均用水量124升/日。2020年，韶关市完成水利投资17.67亿元，其中，中央投资1.98亿元，省级投资7.11亿元，市县自筹8.58亿元。加强取水户的日常监督管理，全市河道外计量设施安装率达97%，基本完成对年取水50万立方米以上取水户的在线监控。严格用水计划管理，全市年用水12万立方米以上的用水大户全部开展计划用水工作。开展节约用水工作，印发《韶关市节水行动实施方案》，截至年底全市共创建84个节水载体（包括69个公共节水型单位、4家节水型企业、5所节水型学校、6个节水型居民小区），乳源县建成节水型社会示范县，曲江区县域节水型社会建设通过市级验收；建成1个市级和10个县级水利行业节水机关；建成3所市级节水型学校；农业灌溉水有效利用系数由2015年的约0.485提高到2020年的0.529；主要工业重复利用率超过95%，再生水回用和雨水利用8849万立方米。加强水资源保护，完成南水水库和武江2个重要水源地安全保障达标建设年度评估；加强水量分配与流量调度工作，确定市级生态流量管理河湖名录，印发《韶关市2020年主要江河生态水量调度计划》《韶关市北江流域水量分配方案》。

（刘 蔚）

【河长制工作】 2020年，韶关市有大小河流1200多条，总河长9400多千米，地跨珠江流域的北江、东江水系和长江流域，其中北江流域面积占92%、东江流域占6.7%、长江流域占1.3%。境内主要河流有浈江、武江、墨江、锦江、南花溪、南水、滃江、北江干流及新丰江等，实行河长制后，由市级党政领导担任河长的河流为北江（含浈江）、武江、滃江、新丰江和南水河5条，由县级党政领导担任河长的河流93条，由镇级党政领导担任河长的河流625条。

河长巡河　2020年，韶关市市、县、镇、村四级共2167名河长（其中，市级5名、县级84名、镇级722名、行政村级1356名），组织召开河长会议404次，巡河9.98万次，发现并处理问题12.23万个，其中5位市级河长完成巡河37次，发现并处理问题55个，问题整改率100%。

河湖治理与管护　2020年全市投入河湖治理资金47.74亿元。开展三次“清漂”专项行动，投入“清漂”资金3642.46万元，清理河道总长3975.6千米，清理水域面积235.01平方千米，清理漂浮物18万吨。

水域岸线管理保护　开展河湖“清四乱”常态化规范化自查自纠工作，排查整改河湖“四乱”问题15宗。完成流域面积50～1000平方千米河流3362.674千米河道管理范围划界任务，完成流域面积50平方千米以上及有采砂任务的其他河道共180条河流的采砂规划编制工作，印发实施《韶关市河道采砂规划（2021—2025年）》。

跨地区河长制工作合作交流　2020年6月23日，韶关市河长办与清远市河长办在翁源县与英德市交界河段通过查勘现场和召开座谈会的方式，交流跨界河流管护与治理事项。2020年韶关市河长办分别与清远市、河源市签订《交界地区河长制工作合作协议》；仁化县河长办分别与江西省崇义县、大余县河长办签订河长制合作协议；仁化县与湖南省汝城县、江西省崇义县、大余县河长办在仁化县举办三省四县跨界河流治理联席会议；乐昌市与宜章县签订《湖南省宜章县、广东省乐昌市边界区域河长制合作协议》。12月9日，韶关市河长办印发《韶关市跨地区河长制工作联动机制》，健全河长制合作交流机制。

河湖执法监督　2020年9月，韶关市建立市河湖警长制机构并开始运行。10月，全市各县（市、区）公安机关均建立河湖警长制机构并运行，设立市、县、镇三级警长。韶关市水务局开展河湖违法陈年积案“清零”行动，结案陈年积案12件，“清零”率100%；开展河道采砂专项整治行动，全年共立案查处非法采运砂案件100宗，罚款244.69万元，扣押作业工具109台。

河长制工作机制　2020年5月28日，韶关市全面推行河长制工作领导小组印发《关于进一步加强韶关市全面推行河长制工作十条措施的意见》，建立并实施河长制述职机制、河湖警长制、市区河道联合巡查执法机制、跨地区河长制工作合作机制、河湖管护红黑榜制度、河湖工作台账制度等多项机制、制度。

河长制宣传培训　开展争当"河小青"助力河长制护河志愿行动，全市"i志愿"平台注册志愿者61万人，护河志愿者组织65个，护河志愿者3.5万人。组织开展巡河护河活动134场，韶关市河长办和全市各级团属新媒体发布河长制相关宣传报道和推文160多篇（次），印发工作简报203期，开展河长制业务培训3次。（刘　蔚）

【森林和自然保护地保护】　2020年，全市建立各级各类自然保护地167个。其中，县级以上自然保护地102个，占全省数量的12.28%，矢量面积41.48万公顷，占国土面积的22.54%。含自然保护区35个，矢量面积26.76万公顷；森林公园53个，矢量面积9.36万公顷；湿地公园10个，矢量面积1.30万公顷；地质公园4个，矢量面积4.06万公顷。开展县级以上自然保护地整合优化，根据整合优化预案，全市自然保护地缩减为76个，面积41.44万公顷，占全市总面积的22.52%，占全省保护地面积的12.47%。（桂文杰）

【矿产资源管理】　2020年，韶关市新增7家省级绿色矿山，获得奖补资金342万元。截至2020年年底，韶关市累计建成绿色矿山35家，占全省已建成绿色矿山367家的9.54%，超额完成《韶关市矿产资源总体规划（2016—2020年）》制定的2020年建成25个绿色矿山的目标。12月11日，自然资源部发布《关于公布绿色矿业发展示范区名单的公告》，韶关市成为广东省唯一入选的全国绿色矿业发展示范区。7月，启动"十四五"期间的《韶关市矿产资源总体规划（2021—2025年）》编制工作，形成初稿。11月，韶关市全面完成露天矿综合整治工作，治理恢复面积889.44公顷，提前完成广东省2020年必须全面完成露天矿综合整治工作的任务要求。（周欣凯）

2020年韶关市行政分区地表水资源量一览表

表11

名称	计算面积（平方千米）	地表水资源量（亿立方米）	占韶关市比例（%）	多年平均地表水资源（亿立方米）	与多年平均值比较（%）	单位面积地表水资源量（万立方米/平方千米）
曲江区	1618	17.34	8.8	15.37	12.8	107.17
武江区	689	7.06	3.6	6.61	6.8	102.47
浈江区	567	6.07	3.1	5.22	16.3	107.05
乐昌市	2421	25.23	12.9	22.10	14.2	104.21
南雄市	2361	21.72	11.1	18.73	16.0	91.99
始兴县	2152	19.80	10.1	19.14	3.4	92.01
仁化县	2205	24.00	12.2	21.80	10.1	108.84
乳源瑶族自治县	2227	28.87	14.7	27.29	5.8	129.64
翁源县	2158	23.24	11.8	22.60	2.8	107.69
新丰县	1987	22.85	11.6	21.08	8.4	115.00
韶关市	18385	196.18	100.0	179.93	9.0	106.71

2020年韶关市行政分区地下水资源量一览表

表12

名称	计算面积（平方千米）	地下水资源量（亿立方米）	占韶关市比例（%）	多年平均地下水资源量（亿立方米）	与多年平均比较（%）	单位面积地下水资源量（万立方米/平方千米）
曲江区	1618	4.16	8.7	3.65	14.0	25.71
武江区	689	1.75	3.6	1.56	12.2	25.40
浈江区	567	1.46	3.0	1.30	12.3	25.75
乐昌市	2421	5.90	12.3	5.43	8.7	24.37
南雄市	2361	4.91	10.2	4.52	8.6	20.80
始兴县	2152	4.40	9.2	4.29	2.6	20.45
仁化县	2205	7.51	15.6	6.88	9.2	34.06
乳源瑶族自治县	2227	5.78	12.0	5.14	12.5	25.95
翁源县	2158	5.21	10.9	4.90	6.3	24.14
新丰县	1987	6.91	14.4	6.38	8.3	34.78
韶关市	18385	47.99	100.0	44.05	8.9	26.10

2020年韶关市行政分区水库蓄水动态情况表

表13

行政分区	水库数（宗）		大型水库蓄水量（万立方米）		大型水库年蓄水变量（万立方米）	中型水库蓄水量（万立方米）		中型水库年蓄水变量（万立方米）	合计（万立方米）	
	大型	中型	上年末	当年末		上年末	当年末		年末蓄水量	年蓄水变量
曲江区	2	2	10232	9211	-1021	5923	6001	78	15212	-943
武江区	1	1	4839	5033	194	149	129	-20	5162	174
浈江区		3		0	0	6312	6575	263	6575	263
乐昌市	1	2	13863	16187	2324	2060	1963	-97	18150	2227
南雄市		6		0	0	8380	8011	-369	8011	-369
始兴县		3		0	0	3266	3051	-215	3051	-215
仁化县	1	3	12994	10424	-2570	5143	4581	-562	15005	-3132
乳源瑶族自治县	1	4	65154	57060	-8094	10013	11661	1648	68721	-6446

续表13

行政分区	水库数（宗）		大型水库蓄水量（万立方米）		大型水库年蓄水变量（万立方米）	中型水库蓄水量（万立方米）		中型水库年蓄水变量（万立方米）	合计（万立方米）	
	大型	中型	上年末	当年末		上年末	当年末		年末蓄水量	年蓄水变量
翁源县		5		0	0	3724	2427	-1297	2427	-1297
新丰县		1		0	0	189	375	186	375	186
韶关市	6	30	107082	97915	-9167	45159	44774	-385	142689	-9552

2020年韶关市行政分区供水量情况表

表14

单位：万立方米

行政分区	总供水量	占韶关市比例（%）	地表水量				地下水量	占总供水量比例（%）	其他供水量	占总供水量比例（%）
			蓄水量	引水量	提水量	占总供水量比例（%）				
曲江区	22589	12.3	12872	1297	6901	93.3	1519	6.7	0	0.0
武江区	13320	7.2	3704	1712	6928	92.7	531	4.0	445	3.3
浈江区	12032	6.5	9919	1395	410	97.4	258	2.1	50	0.4
乐昌市	24457.1	13.3	16144	6259	693	94.4	446	1.8	915	3.7
南雄市	26525	14.4	16000	7000	3290	99.1	115	0.4	120	0.5
始兴县	17633	9.6	4150	8180	3437	89.4	1256	7.1	610	3.5
仁化县	20394.4	11.1	16060	1198	1277	90.9	567	2.8	1292	6.3
乳源瑶族自治县	15147	8.2	10521	1724	1210	88.8	35	0.2	1655	10.9
翁源县	18486	10.0	11006	4540	1720	93.4	1220	6.6	0	0.0
新丰县	13660	7.4	3788	948	8334	95.7	470	3.4	120	0.9
韶关市	184244	100.0	104164	34253	34201	93.7	6417	3.5	5207	2.8

2020年韶关市行政分区用水量情况表

表15

单位：万立方米

行政分区	生产用水量					居民生活	占总用水量比例（%）	生态环境	占总用水量比例（%）	总用水量	占韶关市比例（%）
	农田灌溉	林牧渔畜	工业	城镇公用	占总用水量比例（%）						
曲江区	10413	1553	8013	420	90.3	1845	8.2	345	1.5	22589	12.3
武江区	4228	1095	2936	915	68.9	3484	26.2	662	5.0	13320	7.2

续表15

行政分区	生产用水量					居民生活	占总用水量比例（%）	生态环境	占总用水量比例（%）	总用水量	占韶关市比例（%）
	农田灌溉	林牧渔畜	工业	城镇公用	占总用水量比例（%）						
浈江区	5471	1172	1096	1128	73.7	2905	24.1	260	2.2	12032	6.5
乐昌市	19881	998	581	470	89.7	2297	9.4	230	0.9	24457	13.3
南雄市	21555	1370	1500	450	93.8	1400	5.3	250	0.9	26525	14.4
始兴县	14591	924	625	399	93.8	971	5.5	123	0.7	17633	9.6
仁化县	14010	1483	3056	364	92.7	1101	5.4	380	1.9	20394	11.1
乳源瑶族自治县	10707	884	2038	388	92.6	943	6.2	185	1.2	15145	8.2
翁源县	13580	1898	750	393	89.9	1730	9.4	135	0.7	18486	10.0
新丰县	9426	630	1770	558	90.7	1156	8.5	120	0.9	13660	7.4
韶关市	123862	12007	22365	5485	88.9	17832	9.7	2690	1.5	184242	100.0

2020年韶关市各行政分区主要用水指标情况表

表16

行政分区	人均GDP（元）	人均综合用水量（立方米）	万元GDP用水量（立方米）	万元工业增加值用水量（立方米）		农田实灌亩均用水量（立方米）	居民生活人均用水量（升/日）	
				含火电	不含火电		城镇	农村
曲江区	60257	741	117	79	71	750	199	136
武江区	83125	369	49	37	37	801	257	244
浈江区	46704	307	62	34	15	852	234	128
乐昌市	29142	585	199	36	18	773	202	123
南雄市	34253	762	228	92	71	689	136	82
始兴县	36654	816	220	35	35	720	144	128
仁化县	47789	949	197	93	88	804	193	141
乳源瑶族自治县	48959	707	159	50	50	737	213	73

续表16

行政分区	人均GDP（元）	人均综合用水量（立方米）	万元GDP用水量（立方米）	万元工业增加值用水量（立方米）		农田实灌亩均用水量（立方米）	居民生活人均用水量（升/日）	
				含火电	不含火电		城镇	农村
翁源县	29588	538	171	41	37	594	172	133
新丰县	32972	655	190	105	89	875	197	123
韶关市	44633	608	136	60	53	736	206	124

资源环境监管

【项目环评审批】 2020年，韶关市深化生态环境领域“放管服”改革，印发《韶关市人民政府办公室关于印发韶关市环境影响评价制度改革措施的通知》，对建设项目环境影响评价进行分类管理，强化重点项目管理，实行建设项目环评豁免，试行建设项目环评告知承诺，简化建设项目环评编制内容，缩减审批流程及时限。韶关市生态环境局通过提前介入、主动对接、开辟绿色通道等措施加强对项目环评的分类指导，做好环评协调审批工作。全年完成市级项目环评审批140份（其中报告书34份、报告表106份），登记表备案管理132份，办理许可证657份（排污许可证583份、建筑噪声排污许可证核发45份、辐射安全许可证29份）。

【森林公安执法】 2020年，韶关市开展林业系统“护林2020”、“绿剑2020”等系列专项行动严厉打击森林违法犯罪，保护林林资源安全。全市立各类刑事案件243宗，破126宗，受理各类林业等案件135宗，查处45宗；刑事拘留98人，提请逮捕76人，监视居住5人，取保候审97人，移送起诉149人。行动集中清查整治占用林地项目100个、经营野生动物场所24314个、木材交易市场和收购站211个、木材经营加工厂446个，收缴木材707.8立方米，整治林地11.28公顷，行政罚款302万元。

2020年11月18日至19日，全国土壤污染防治管理培训班在韶关举办

（市生态环境局　供）

【环境监管执法】 2020年，韶关市结合日常“双随机”检查和信访投诉处理，开展环境监管工作，依法查处环境违法行为。4月14日印发《韶关市生态环境局环境行政处罚自由裁量权裁量标准》，对裁量条件、种类、范围、幅度等进行明确规定。开展双随机抽查工作，每个季度组织各县（市、区）分局重点对企业环评制度落实情况、污染治理设施建设和运行情况、污染物达标排放等情况进行检查，全年全市生态环境系统检查企业748家次。核处涉环保舆情，全年跟踪处理《每日舆情》涉环保舆情问题73则；《网络舆情快报》涉舆情问题31则；省长信箱留言舆情问题4则，其他单位交办舆情问题13则，按时核处率100%。开展夜间巡查，印发《韶关市生态环境局领导班子夜间巡查方案》，强化暗查暗访工作力度，加大对餐饮油烟、建筑施工夜间超时施工等扰民问题的夜间巡查，提高执法效能；全年局领导带队开展夜间巡查41批次，发现并处理环境问题29个，其中涉及环境违法行为的立案调查3宗。开展打击危险废物违法犯罪专项行动，期间调查并向公安机关移送8条非法倾倒、处置危险废物环境违法行为线索，公安机关立案调查6条，破案4宗，刑事拘留58人，逮捕41人，行政拘留4人。开展尾矿库环境风险隐患排查治理专项行动，出动执法人员32人次，检查涉尾矿库企业10家、尾矿库16座，发现环境安全隐患及问题数4个，责令整改企业2家。开展打击稀土违法违规行为专项行动，出动执法人员60人次，检查稀土废弃矿点45个，稀土废弃加工点2个，瓷土矿点6处。2020年，全市生态环境系统出动执法人员

13200人次，检查企业5026家次，行政处罚86宗，处罚金额241.44万元，责令整改企业217家；受理群众反映各类环保问题信访件5827宗，比上年同期上升11.67%，处理率100%，按期办结率100%。

污染整治

【空气污染防治】 2020年，韶关市开展挥发性有机物排放企业销号整治，经过两轮帮扶检查，124家挥发性有机物排放重点监管企业完成销号整治116家，销号完成率93.5%。建成3套机动车遥感监测设备，对过往车辆实现24小时全天候尾气排放监测，累计检测253.47万车次，超标率0.18%。开展机动车联合路检，全年抽检车辆1068辆，其中超标74辆，处罚金额1.48万元。加强各重点路段扬尘问题巡查督查，市区暗访和督查发现问题1474宗，整改1445宗，整改率98.0%。推进“三场”整治，核查砂石场（堆）52个，学车场（教练场）16个，停车场30个。推进裸露地等相关面源问题的摸查与整治，市区合计完成裸露土地整治194处，面积9.06万平方米（包括绿化、播撒草籽、活化利用），完成市政道路、普通国省道公路周边连接线硬化141处，面积2.84万平方米。推进施工扬尘实时监管与重点督导整改。对市区在监项目开展巡查700次，出动2800人次，下发限期整改通知书185份，确保“六个100%”（施工现场100%围蔽，工地砂土100%覆盖，工地路面100%硬底化，拆除工程100%洒水压尘，出工地车辆100%冲净车轮车身，暂不开发的场地100%绿化）扬尘治理设施落实到位。落实露天焚烧管控，削减面源污染，在重点管控区域内中国铁塔的基站安装12个高清摄像头，实时察看露天焚烧情况，对露天焚烧火情进行自动监测、火点定位、自动报警，辅助执法人员及时处理露天焚烧行为。启动污染天气管控21次，62天，出动1.22万人次，检查工业企业925家次，巡查建设项目、建设工地2681家次。

【水污染防治】 2020年，韶关市印发《韶关市水污染防治攻坚战2020年实施方案》《韶关市人民政府办公室转发市生态环境局关于韶关市污染防治攻坚战问题清单及对策措施的通知》，围绕污染防治攻坚战工作总目标，推进水污染防治攻坚工作。推动“千吨万人”乡镇及农村水源地整治，全市排查出水源地环境问题15个，完成清理整治；新增划定7个水源保护区，市政府于12月8日根据《广东省人民政府关于将乡镇及以下集中式饮用水水源保护区划定方案批复权限委托地级以上市行使的决定》批复印发划定方案；完成2020年县级以上集中式饮用水源地环境状况自查评估和乡镇水源地基础信息调查；建成韶关市区武江十里亭饮用水源地和南水水库一级保护区视频监控系统。建立黑臭水体监测预警制度；编制《韶关市区污水管网和处理设施建设提升方案》，针对建成区河涌全面开展控源截污工程。至年底，韶关市建成区无黑臭水体。全市新增31座乡镇污水处理厂，实现镇级生活污水处理设施全覆盖；2018年至今新增镇级污水处理能力8.2万吨/日，污水管网504.08千米；新增县级以上污水处理能力4.7万吨/日，新增镇级污水处理设施68座。实施韶钢厂区雨污分流优化改造工程及废水深度处理工程；完成大宝山污水处理厂、南雄精细化工园区、翁源华彩园区污水集中处理厂提标改造建设；华南装备园、翁源工业园电源基地片区、始兴工业园马市片区污水处理厂完成主体工程建设。2020年7月，韶关市生态环境局印发《韶关市地下水污染调查评估及污染防治区划项目实施方案》，开展韶关市地下水污染调查评估及污染防治区划项目（计划于2021年底完成）；年内完成50个地下水监测井的建设和部分水文试验工作，并组织编制《韶关市地下水污染状况调查报告》《韶关市地下水污染防治区划报告》。9月，印发《韶关市生态环境局地下水污染防治工作方案》，进一步明确涉及生态环境部门任务清单的工作安排。推进加油站埋地油罐防渗改造，全市247家加油站863个油罐全部完成防渗改造（更新为双层罐或设置防渗池）。开展“十四五”国家地下水考核监测点位优化调整工作，选取具有代表性的国家地下水监测工程站点替换现不合理考核点位，完成“十四五”地下水环境质量考核点位的优化调整方案。

【土壤及重金属污染防治】 2020年，韶关市印发《韶关市2020年土壤污染综合防治先行区建设工作计划》《韶关市涉重金属行业环境综合整治2020年度工作计划》，落实年度工作目标任务。推进《韶关市涉重金属行业环境综合整治方案（2015—2020年）》《大宝山矿区及周边地区环境综合整治工作方案》《仁化县董塘镇环境综合整治方案》等方案，开展90余家涉重金属企业整治提升，实施187项重金属污染治理工程，以整治措施化解区域环境风险，区域重金属污染源头得到有效控制。6月24日，韶关市生态环境局会同韶关市自然资源局公布区域2020年污染地块名录及其开发利用负面清单，严格建设用地准入管理；韶关市10家土壤污染重点监管企业均完成土壤环境隐患排查、土壤及地下水自行监测、企业拆除活动污染防治、社会公开等工作。11月18—19日，全国土壤污染防治管理培训班在韶关举办，培训班就净土保卫战考核有关要求、土壤污染防治法执法检查情况、土壤生态环境领域法律法规体系等内容进行系统讲解培训，并组织赴韶关市矿区土壤污染源头治理、受污染农用地安全利用、土壤污染重点监管企业等开展现场教学，130人参加培训。2020年，韶关市受污染耕地安全利用率达90%任务目标，污染地块安全利用率100%。

【农业面源污染治理】 2020年，韶关市通过推广清洁养殖和异位发酵床、发酵罐等技术模式，推进畜禽养殖绿色化和产业模式生态化，全年督促指导125家畜禽规模养殖场实施粪污治理工程，其中107家通过减排认定。加强畜禽粪污资源化利用，全市粪污资源化利用率77%，畜禽规模养殖场粪污处理设施配套率95%，大型养殖场粪污处理设施配套率100%。持续推进化肥、农药减量增效，全市化肥、农药使用总量逐年减少，从2016年的12.28万吨、0.58万吨减少至2019年的9.49万吨、0.39万吨。加强秸秆、农膜等废弃物资源化利用，全年全市秸秆综合利用率90.27%；农膜回收再利用量4745.23吨，农膜回收利用率89.58%。

（向丽霞）

节能减排

【节能工作】 2020年，韶关市完成省下达韶关市的能耗"双控"目标任务，其中：单位地区生产总值能耗下降1.46%，比全年目标任务（比上年下降1%）低0.46个百分点；全社会用能总量增长1.52%，比全年目标任务（增长5.56%）低4.04个百分点。韶关市公共机构人均综合能耗量64.84千克标准煤／人，比上年下降5.31%，单位建筑面积能耗量3.05千克标准煤／平方米，上升1.39%，人均用水量27吨／人，下降12.18%，超额完成省下达韶关市的"十三五"公共机构节能任务目标。韶关市对59家工业用能单位实施节能监察，其中41家纳入国家重大工业节能专项监察的企业（单位）和18家纳入省级高耗能行业阶梯电价及能耗限额专项监察的企业（单位），完成省下达任务，没有超能耗限额情况。韶关市合理分解和下达各县级政府2020年度节能目标任务，向全社会公布县级政府节能目标责任考核和万家重点用能企业2019年度节能目标评价考核结果。

【二氧化碳减排】 2020年，韶关市有12家年排放二氧化碳2万吨及以上控排企业（钢铁企业2家、电力企业4家、水泥企业4家、造纸企业2家）开展2019年度企业碳排放权信息报告核查和配额清缴履约工作。始兴县、翁源县、新丰县等3个县（市、区）7个省定贫困村及少数民族县村林业碳普惠（PHCER）项目减排量14.7万吨二氧化碳当量经广东省发展和改革委员会核准核证，在广州碳排放权交易所竞价交易，全部用于控排企业的配额清缴履约，交易价格为28.5～36.69元每吨二氧化碳当量，交易金额449万元。

【污染物减排】 2020年，强化电厂超低排放改造和钢铁行业升级改造，广东省韶关粤江发电有限责任公司、仁化县华粤煤矸石电力有限公司完成超低排放改造，县级及以上城市建成区在用每小时10蒸吨及以下燃煤锅炉全部完成淘汰；宝武韶钢焦炉烟气脱硫脱硝、炼铁炼钢除尘以及露天煤场筒仓工艺技术改造等项目推进。开展全市入河排污口污染排放现状调查，建立入河排污口台账，排查摸底入河排污口360处（原有的入河排污口208个，新增排查出入河排污口152个，主要为畜禽养殖业溢流和社区居民生活污水），经排查整顿后保留入河排污口总数260个。做好全市入河排污口的监督性监测工作，规模以上监督性监测覆盖率100%，规模以下监督性监测覆盖率达37%。排查三江（浈江、武江、北江）两岸入河口，排查河流长度约158千米，查出入河口298个（浈江108个，武江50个，北江140个），其中有水排入河的有62个，无水外排的有236个。7月31日，韶关市生态环境局、韶关市河长办根据省生态环境厅、省河长办《关于印发广东省入河（海）排污口排查整治专项行动方案的函》有关要求，印发《韶关市入河排污口排查整治专项行动工作方案》及《关于推进韶关市入河排污口排查整治专项工作的通知》，明确排查范围、排查内容和工作流程等，指导各县（市、区）政府开展排查工作；截至12月31日，仁化县、南雄市完成2020年的排查工作。

（向丽霞）

生态文明创建

【国家森林城市创建】 2020年1月，市创森办将2020年度全市创森工作任务细化分解成5大体系24项工程390个项目，落实到各县（市、区）。4月，市创森办创新开展"芳香四溢的樟"创森网络直播科普课堂。8月，市创森办启动"共建生态区 共享绿色发展"——韶关市全域创建国家森林城市巡回主题宣传活动，相继在始兴、乐昌、曲江、南雄、仁化、新丰等地开展创森主题宣传。8月，7个县（市）完成创森申请和总体规划的"双备案"，成为全省首个完成全域创建国家森林城市备案的地级市。10月，市政府在仁化召开全域创建国家森林城市现场推进会。至年底，国家森林城市建设各项指标基本达标，符合称号申请的基本条件，全面进入创森攻坚冲刺阶段，力争2021年创建为国家森林城市。

【绿化与生态修复】 2020年，韶关市完成造林与生态修复1.97万公顷，森林碳汇工程5020公顷，新建生态景观林带33千米、132公顷，打造乡村绿化美化建设工程57个（其中省级贫困村34个），完成绿美古树乡村建设6个、红色乡村6个；开展森林抚育5.82万公顷，综合治理石漠化地区1.49万公顷；组织参与义务植树总人数167.9万人，折合义务植树总株数653万株，义务植树尽责率高达97.5%。发动全社会参与"市树市花"评选活动，评定樟树为"市树"、兰花为"市花"。（桂文杰）

水旱灾害防御

【概况】 2020年，韶关市降雨总量1748毫米，较2019年偏少10.2%，较多年平均偏多2.8%，主要集中在3—6月，气候特征总体表现为"气温偏高，高温天气多；降水正常，龙舟水偏重"。6月7—9日遭遇年度最强场次降雨，6月6日8时到10日08时，全市平均降雨量达169.5毫米，6月8日曲江樟市南约村委会录得日雨量460.7毫米，刷新韶关市日雨量历史纪录。全年全市共发生3次较大洪水过程，分别是3月18—19日、4月1—4日、6月7—9日，其中4月3日武江出现全年最大洪水，乐昌峡水库最大入库流量达3120立方米／秒（接近10年一遇）。龙舟水集中降雨期过后，韶关市持续出现大范围高温天气，降水量较往年同期明显偏少，2020年7—12月全市降水量仅430毫米，较2019年同期偏少4.9%，较多年同期偏少30%。受后汛期降雨偏少影响，8月及11月后部分县（市、区）局部出现旱情。截至12月31日，韶关市有灌溉任务的大中型水库蓄水10.93亿立方米，占正常蓄水量的56%，小型水库蓄水1.25亿立方米，占正常蓄水量的46%，水库蓄水量总体偏少，防旱抗旱形势严峻。

【预报预警预案预演】 2020年，韶关市共发送预警短信6.50万条，市本级启动水利防汛Ⅳ级应急响应2次、Ⅲ级应急响应1次，启动预警广播站54次，转移人员6237人。市县水行政主管部门及时组织修编市区及各县（市、区）城区防御特大洪水预案，全市完成38宗大中型水库、663宗小型水库防洪抢险应急预案和县、镇、村、组四级山洪灾害防御预案修编，开展水库防洪抢险应急预案演练334次，开展山洪灾害防御预案演练4226次。

【隐患排查整治】 2020年，经汛前排查，全市有64宗隐患水库、679宗万立方米以上病险山塘、69处山洪灾害高危隐患点、153处沿河低洼区高危隐患点。针对排查发现的隐患，分级建立隐患排查整治台账，并实施动态管理，落实汛期属地巡查责任，安排专人盯防，逐一明确整治主体、责任人和完成时限，做到“发现一件、整治一件、销号一件”。受强降雨影响，韶关市多地发生洪涝灾害，一些水利工程遭遇不同程度损毁，其中曲江区和翁源县较为严重。截至12月底，强降雨造成韶关市水毁水利工程384处，其中损坏水库3宗、电站4宗、灌溉设施218处、堤防41处、护岸41处、损坏塘坝44座、损坏饮水工程30处，造成水利设施直接经济损失5032.3万元。韶关市到位水毁资金2470.99万元（其中中央资金354万元，省级资金334万元，自筹1782.99万元），截至12月底完成112宗水毁工程修复任务，完成投资2283.99万（其中中央资金完成投资267万元，省级资金完成投资234万元，自筹资金完成投资1782.99万元），投资完成率92%。

2020年7月16日，市河长办、团市委联合开展“助力河长制·争当河小青”主题活动

（韶关市水务局　供）

【病险水库山塘除险加固工程】 韶关市有38宗小型水库除险加固工程被列入全国防汛抗旱水利工程实施方案，截至2020年年底，38宗小型水库完成初步设计报告审查、审批工作；乐昌市叶子川水库、丰收水库2宗小型水库（未列入全国防汛抗旱水利工程实施方案）完成加固建设，完成投资510万元；乳源县3宗小（1）型水库除险加固工程（船塘水库、旱岩水库和瓮笃水库）通过韶关市水务局初步设计审查。经2016年排查，韶关市存在安全隐患的山塘有1035宗，截至2020年12月底，全市完成372宗病险山塘除险加固任务，完成投资1.75亿元。

【抗旱保供水】 2020年，韶关市主要经历两轮旱情。7—8月，韶关市持续出现大范围高温少雨天气，全市农作物受旱面积约6106.67公顷。各有关部门迅速行动，投入资金377万元，投入抗旱人员1.16万人，调用抽水机、水泵1086台，水管、水龙带1.29万米、电排230个、挖掘机7台、消防车3台、拖拉机5台，解决农作物受旱面积5233.33公顷，实现秋季的粮食增产丰收。10月以来，因降雨量稀少，汛末各山塘水库蓄水量普遍偏低，造成乐昌市、翁源县、曲江区、武江区等地农作物受旱452.67公顷（其中轻旱390.67公顷，重旱62公顷），饮用水受影响人数1.41万人。全市投入抗旱资金82.2万元、人员270人，打井1口，接驳水管1130米，清洗维修蓄水池8口，维护用水管网21处，维修疏浚水渠1000米，调配抽水机23台。通过加强节水宣传、发动群众自行挑水和政府送水、分时分片供水等措施，基本解决受旱地区群众饮水问题。（刘　蔚）

开放型经济

综述

【概况】 2020年，韶关市开放型经济呈现总体平稳、稳中提质的良好态势。全年全市实际利用外资及港澳台资2.03亿美元，比2019年增长150%。进出口总额183.52亿元，比2019年增长0.7%。其中，出口额71.1亿元，下降5.6%；进口额112.5亿元，增长5%。新设外商及港澳台商投资项目17个。

【开放平台建设】 2020年，全市开放平台载体建设取得新突破。开发园区提档升级步伐加快。口岸开放建设成效明显，国际贸易“单一窗口”建设做好全面试点工作，通过“单一窗口”完成进出口货物申报6396票，货物申报覆盖率100%。（刘　莉）

【营商环境建设】 2020年，韶关海关关区面积1.85万平方千米，在广州各隶属海关排名第二。在海关注册登记的企业725家，其中有进口活动的199家，监管现场主要是南郊进出境货运车辆检查场。韶关海关推广“提前申报”“两步申报”等措施，进口通报时间压缩50%以上，实现进口5小时、出口1小时以内，韶关地区进口、出口通关效率分别排名广州海关第三和第五，减少企业通关成本。韶关市在广东省整体营商环境排名，提升至十二位。海关服务粤港澳大湾区“菜篮子”检测监管平台落户韶关，提供农产品检测权威绿色通道。配备近千万元的CT审图设备，为快件业务获批创造条件、韶关进出境快件监管中心做好营运准备。

招商引资

【概况】 2020年，韶关市完成招商引资新签约项目241个，合同投资额728.93亿元，新开工项目120个、新竣工投产项目90个，完成年度投资额150.85亿元。全市先进装备制造、大数据、医药健康、文化旅游、商贸物流及现代特色农业等新兴产业新签约项目111个，合同投资额406.58亿元，新开工项目40个、新竣工投产项目30个，完成年度投资额59.43亿元。实施市领导包片招商工作机制，督促指导各地开展招商引资，及时协调解决问题和困难加快重点招商项目落地；开展乡贤招商，授予6家异地韶关商会为“招商联络处”牌匾；开展“云招商”活动，举办京粤（韶关）跨区域产业协作项目“云上”对接视频会和2020年“云招商”对接会；与东莞市开展联合招商，与东莞市电子行业协会和东莞市五金机械模具行业协会签订合作协议。韶关市新设外商投资企业（项目）17个；合同吸收外资22572万美元；实际利用外资及中国香港、中国澳门、中国台湾20347万美元，比上年增长151%，增速列全省第一位，总量规模创五年新高。

【招商活动】 2020年在新冠疫情缓解后，各县（市、区）及各有关部门举办各类招商活动，营造浓厚的招商宣传氛围。其中，影响力较大的活动包括10月市委、市政府主办，市商务局与市科技局共同在北京承办的“京粤（韶关）跨区域产业协作对接洽谈会”；11月中旬至12月，按照“市级为主、市县联动、协同作战”的思路，韶关市举办广东韶关绿色发展产业升级招商引资系列活动；11月28日韶关市举办首届广东省北部生态发展区（韶关）农业招商大会；11月29日举办武汉理工大学韶关研究院揭牌仪式；12月8日在深圳举办韶关市（深圳）大数据产业招商推介会；12月15日在韶关举办2020韶关绿色产业发展招商大会。2020年，市贸促会经与北京中关村海新联新兴产业促进会协商，围绕产业招商、优质农林产品进京签订战略合作协议。组织中关村企业到韶关市考察，云投股份、中科软等公司有意向在韶关投资林业大数据项目，楚天云公司有意投资伐竹林业机器人项目，北京中船经济技术开发有限公司有意向投资300～500吨电推游船项目。会同南雄市、武江区到北京中关村回访，北京中关村确定在韶关设立北京中关村韶关工业园，发展生物医药和智能装备制造。市贸促会作为发起人之一，依托广东松山职业技术学院，组织北京中关村企业及广东的企业参与，协助其申报成立中国林业机器人国家创新联盟。加强与中国林业机械

户外机械协会、中国林业机械标准化协会联系，珠海巧力林业机械科技有限公司有意向到韶关投资林业智能机器人项目。 （林烨华）

【外资及港澳台资产业结构】 2020年，韶关市第二产业实际利用外资及港澳台资资金占比较大，规模居三产之首。第一产业实际利用外资为0，比上年下降100%；第二产业实际利用外资及港澳台资18791万美元，增长162.6%，占总量的92.36%；第三产业实际利用外资及港澳台资1556万美元，下降20.49%，占总量的7.65%。

【投资来源地】 2020年，韶关市投资来源地主要集中在亚洲。来自日本的实际利用外资9749万美元，占总量47.92%；来自中国香港地区的投资7267万美元，占总量的35.72%；来自芬兰的投资1970万美元，占总量的9.7%；来自中国台湾地区的投资1230万美元，占总量的6%。

【投资区域结构】 2020年，韶关市各县(市、区)实际利用外资及港澳台资不均衡。其中，韶关新区实际利用外资及港澳台资6144万美元，比上年增长200.44%，占总量的30.2%；曲江区实际利用外资及港澳台资2986万美元，增长273.25%，占总量的14.7%；武江区实际利用外资及港澳台资1976万美元，8491.3%，占总量的9.7%。 （张　榕）

2020年韶关市吸收外商及中国港澳台商直接投资情况表

表17

指标 划分	新批项目（个）数		合同吸收外资及中国港澳台资（万美元）		实际吸收外资及中国港澳台资（万美元）	
	本年数	同比±%	本年数	同比±%	本年数	同比±%
全市	17	-80	22572	-27.2	20347	151
一、按产业结构分						
第一产业	0	-100	40	-88.2	0	-100
第二产业	5	-76	18026	40.89	18791	162.6
第三产业	12	-79	4506	-77.31	1556	-20.49
二、按投资分						
中国香港地区	9	-88.75	12135	-70.69	7267	20.3
中国台湾地区	2	100	39	2764.29	9749	907.13
日本	2	0	9749	1273.1	1230	73.24
三、按区域结构分						
浈江区	1	-95.65	1	-99.98	0	-100
武江区	5	0.00	167	-90.49	1976	8491.30
曲江区	1	-80.00	429	-96.21	2986	273.25
乐昌市	2	100.00	545	-66.79	799	41.17
南雄市	0	-100.00	657	41.29	74	-12.94
仁化县	1	0.00	367	416.90	1170	130.77

续表17

划分＼指标	新批项目（个）数		合同吸收外资及中国港澳台资（万美元）		实际吸收外资及中国港澳台资（万美元）	
	本年数	同比±%	本年数	同比±%	本年数	同比±%
始兴县	0	-100.00	0	-100.00	28	-31.70
翁源县	0	-100.00	0	-100.00	1628	25.23
新丰县	0	-100.00	1200	225.20	1709	63.69
乳源瑶族自治县	5	-37.50	332	-92.54	54	-96.84
广东韶关工业园	1	0.00	9192	218.61	6144	200.44

进出口贸易

【概况】 2020年，韶关市实现货物进出口183.5亿元，比上年增长0.7%，其中出口71.06亿元，下降5.6%，进口112.5亿美元，增长5%。2020年，韶关市一般贸易出口37.97亿元，比上年增长1.77%，占全市出口总值的53.4%；加工贸易出口33.09亿元，下降12.76%，占全市出口总值的46.6%。一般贸易进口98.66亿元，增长9.36%，占全市进口总值的87.7%；加工贸易进口12.89亿元，下降18.7%，占全市进口总值的11.5%。

【进出口主体结构】 2020年，韶关市出口以“三资”企业（在中国境内设立的中外合资经营企业、中外合作经营企业、外商独资经营企业三类外商投资企业）为主，“三资”企业和国有企业出口不同程度下降。全市“三资”企业出口39.1亿元，比上年下降15.1%，占全市出口总值的55%；民营企业出口29.7亿元，同比增长21.7%，占全市出口总值的41.7%；国有企业出口2.3亿元，同比下降52.5%，占全市出口总值的3.2%。进口以国有企业为主，国有企业和民营企业进口不同程度增长。全市国有企业进口86.7亿元，同比增长7.8%，占全市进口总值的77.06%；“三资”企业进口14.7亿元，同比下降14.4%，占全市进口总值的13.1%；民营企业进口11.1亿元，同比增长45.4%，占全市进口总值的9.9%。

【进出口商品结构】 2020年，韶关市出口产品以机电产品为主，机电产品和纺织服装不同程度增长。全市机电产品出口31.9亿元，同比增长0.7%，占全市出口总值的44.9%；玩具出口13.4亿元，同比下降22.8%，占全市出口总值的18.9%；纺织服装出口6.2亿元，同比增长15.6%，占全市出口总值的8.7%。进口商品以铁矿砂为主，铁矿砂及其精矿增长较大。全市铁矿砂及其精矿进口70.8亿元，同比增长13%，占全市进口总值的62.9%；煤及褐煤进口11.8亿元，同比下降31.4%，占全市进口总值的10.5%；机电产品进口12.7亿元，同比下降8.8%，占全市进口总值的11.3%。

【进出口市场结构】 2020年，韶关市出口市场以亚洲、北美洲为主，对美国出口下降。全市对美国出口17.9亿元，比上年下降12.3%，占全市出口总值的25.2%；对欧盟（27国）出口12亿元，同比增长16.9%，占全市出口总值的16.9%。进口以大洋洲、亚洲地区为主，对澳大利亚进口略有下降。2020年，全市对澳大利亚进口54.8亿元，同比下降3.4%，占全市进口总值的48.7%；对巴西进口16.6亿元，同比增长29.4%，占全市进口总值的14.8%；对欧盟（27国）进口5.3亿元，同比增长46.8%，占全市进口总值的4.7%。

2020年韶关市进出口（境）情况表

表18　　金额单位：亿元

指标	累计	比上年同期±%
进出口总额	183.52	0.66
一、出口总额	71.06	-5.56

续表18

指标	累计	比上年同期±%
按主要贸易方式分		
一般贸易	37.97	1.77
加工贸易	33.09	-12.76
其他贸易	0.0002	-91.94
按主要经济类型分		
“三资”企业	39.11	-15.08
民营企业	29.66	21.75
国有企业	2.29	-52.5
按主要国家（地区）分		
中国香港	13.66	-25.58
美国	17.88	-12.33
欧盟（27国）	12	16.93
按主要商品分		
机电产品	31.91	0.73
玩具	13.45	-22.79
纺织服装	6.16	15.56
二、进口总额	112.5	5.02
按主要贸易方式分		
一般贸易	98.66	9.36
加工贸易	12.89	-18.7
其他贸易	0.013	1248.36
按主要经济类型分		
国有企业	86.66	7.84
“三资”企业	14.69	-14.35
民营企业	11.11	45.37
按主要国家（地区）分		
澳大利亚	54.76	-3.36
巴西	16.64	29.42

续表18

指标	累计	比上年同期±%
欧盟（27国）	5.32	46.2
按主要商品分		
铁矿砂及其精矿	70.79	12.97
煤及褐煤	11.77	-31.38
机电产品	12.67	-8.81

【参加进出口交易会议】 第127届、128届线上中国进出口商品交易会分别于6月15—24日、10月15—24日举办。韶关市共组织29家大型机械及设备、汽车配件、轻工纺织、建筑及装饰材料等行业的外贸企业参展，其中18家企业通过“云展厅”平台参与在线直播。11月5—10日，第三届进口博览会在上海举办，韶关市组织70余家采购商参展采购。

对外及港澳台经济合作

【概况】 2020年，韶关市新批境外投资项目17个，比2019年下降80%。投资的国家有日本，主要地区有中国香港、中国台湾，产业有第二产业、第三产业。韶关市有12家对外投资合作企业和1家对外劳务合作企业，其中在境外有实质生产业务的有恒瑞(广东)投资有限公司和北江纺织(越南)有限公司。

【参加第二十五届澳门国际贸易投资展览会】 2020年，市商务局组团参加2020年10月22—24日在中国澳门举办的第二十五届澳门国际贸易投资展览会，并与澳门贸易投资促进局进行经贸对接交流活动，推动韶关市与葡萄牙语国家和中国澳门的投资合作，挖掘商机拓展招商引资渠道。

【2020粤澳名优商品展览会】 广东省商务厅与澳门贸易投资促进局于2020年12月11—13日在中国澳门举办“2020粤澳名优商品展览会”。韶关市商务局组织市内的食品、家电企业参会参展，与中国澳门客商进行对接，推动韶关市企业与中国澳门企业开展经贸合作。

口岸

【概况】 至2020年年底，韶关市共有对外开放口岸5个，开设时总体设计吞吐量100万吨/年。经改造升级，吞吐能力达到300万吨/年。5个对外开放的口岸分别为铁路口岸2个［韶关陆路(铁路)口岸、乐昌陆路(铁路)口岸］，公路口岸2个［韶关陆路(公路)口岸、乐昌陆路(公路)口岸］，内河口岸1个［韶关新港水运(河港)口岸(二类口岸)］。2020年，全市口岸进出口货物总量1024万吨，比上年增长1.50%，其中，进口1020.6万吨，增长1.59%，出口3.4万吨，下降2.38%。进出境交通工具17.6万辆次，下降4.53%。进出口集装箱共6746个标箱，下降0.5%，其中铁海联运4514个标箱，增长12.2%。

2020年韶关市对外开放口岸一览表

表19

口岸名称		情况简介
铁路口岸	韶关陆路（铁路）口岸	位于韶关市区南郊三千米处，占地25640平方米，内设有一座500平方米封闭式仓库、一座3000平方米的低温仓库、300平方米的停车场，铁路专用线、站台465米，可同时停靠8个火车皮，地面仓库及附属建筑4153平方米，年吞吐能力150万吨，主要开展铁海联运业务
	乐昌陆路（铁路）口岸	位于乐昌市环城中路，距离韶关车检场65千米，占地21700平方米，有专线500米，年吞吐能力20万吨

续表19

口岸名称		情况简介
公路口岸	韶关陆路（公路）口岸	位于韶关市区南郊6千米的广韶公路旁，占地9500平方米，设有建筑面积2400平方米的三层报关大楼，800平方米19个停靠候检车位的查验平台和5000平方米的停车场并配套设有500平方米的监管仓，年吞吐能力90万吨
	乐昌陆路（公路）口岸	位于乐昌市乐城镇环城中路，距离韶关车检场65千米，占地1600平方米，设有3条人工查验通道，年吞吐能力10万吨
内河口岸	韶关新港水运（河港）口岸	位于市区南郊9千米处，占地65000平方米，300吨船泊位3个，岸线180米，监管仓库500平方米，堆场30000平方米，办公大楼2800平方米，配备设备40T吊机1台，叉车1台，120吨地磅1台，年吞吐能力30万吨

【拟定韶关市口岸“十四五”规划建议报告】 2020年，市商务局对韶关市“十三五”工作情况进行总结评估，对“十四五”全市口岸规划发展拟定建议报告。拟在“十四五”期间申请开放的韶关港内河口岸项目，同时保留韶关市现有的5个通关场所。韶关港内河口岸项目首期建设约350亩，规划建设8个1000吨级件杂货泊位，设计年吞吐量为杂货52万吨、集装箱27.2万TEU，位于韶关市南部曲江区白土镇，距离广乐高速白土出口4千米，背靠曲江工业园区，距离芙蓉新城8千米，距离曲江区政府10千米，已纳入国家“十三五”规划的韶柳铁路在白土镇设计有接入车站，建成后可通过铁路集散韶钢和韶关市北部各电厂所需原材料，为韶关市南部物流集散区。

【海关通关监管】 2020年，韶关市跨境电商清关服务中心一期运营有序。全年到车285台次，到货15.7件，货值1.02亿元，税额1071.5万元。韶关市商务局会同韶关海关，指导运营方韶关邮政速递公司加快推进清关中心二期快件监管场所建设。场所硬件建设和配套设施已通过海关部门的实地验核评审，韶关进出境快件监管中心的注册工作已完成。广州速递有限公司快递经营许可证获国家邮政局批复。韶关保税物流中心项目首期计划投资3亿元，建设5万平方米保税仓储，项目总占地约14.67公顷，在开展项目选址工作。韶关市商务局继续会同韶关海关和省电子口岸公司做好“单一窗口”全面试点工作，通过工作微信群等工作交流平台，实时解决企业在运用过程中遇到的问题。韶关市通过“单一窗口”完成进出口货物申报6396票，其中报关5240票，报检1156票，货物申报覆盖率达100%。韶关市商务局对全市口岸收费目录清单进行梳理汇总，并上报省口岸办进行网上公示，会同市市场监督管理局和韶关海关对韶关市公示的口岸收费目录清单进行全面检查，对进一步落实口岸进出口环节收费公示工作进行部署，要求各收费单位按要求公示收费清单，更新内容。成立“韶关市防控境外重点地区新冠肺炎疫情输入工作专班”，专班办公室设在韶关市商务局。出台30余份政策措施方案，从信息排查、防护措施、隔离要求、应急处置等方面做出安排部署。市专班组织工作人员120余人、车辆50余台，对境外返（来）韶关人员全部实施专车接转服务和移交医学观察处置，全年，累计接转及医学观察境外返韶关人员730人。市专班排查外贸企业91家。

2020年，韶关海关制定《韶关海关关于促进外贸稳定增长的若干措施》，对62家重点企业开展实地调研，组织外贸企业问卷调查850家次，电话随访120家次，收集解决企业反映问题32个，帮扶企业解决困难。助力跨境电商清关中心复工复产，动态了解跨境电商企业计划，安排工作人员，保证复工后跨境直购进口商品快验快放、全速通关。自2月10日复工后，监管跨境电商直购进口商品15.5万件，货值1.01亿元。抓住外贸龙头企业，保障大宗商品进口，韶关市外贸进出口总值183.5亿元，比上年增长0.7%。抓好铁矿砂等重点商品进口，跟踪做好商品的量价走势分析，把控税收进度。做好铁矿砂的公式定价备案及核销工作，并做好尾款结算工作。立足属地企业纳税情况，对辖区内39家主要属地企业进行逐一数据调取分析，为开拓税源奠定分析研判基础。办结10宗稽查作业，其中移交缉私1宗，稽查补税3宗，补交税款511.41万元。税收入库11.42亿元，完成全年税收目标任务。梳理加工贸易政策措施，精准施策，鼓励企业办理内销集中纳税手续，引导企业拓展内销路径，加工贸易内销征税金额4830.1万元，比上年增长13.6%；为加工贸易企业免除风险类保证金1.36亿元，帮助疫情影响下的企业享受政策红利，为“能生存、谋发展”创造条件。将信用度较高、在地方影响力较大的大型骨干企业、新型业态企业纳入海关 AEO 信用企业培育名单，培育一般认证企业 3 家、高级认证企业 2 家、高级认证重新认证 3 家。有高级认证企业 15 家，一般认证企业 23 家，高级认证企业和一般认证企业信用评估优质率均高于全国和关区平均水平。对跨境电商直购进口件 100%通过 X 光机检查，双人作业通过同屏比对系统查看过机图像，查获问题进口件 109 票。定期召开关局联席会议对打私、案件等工作进行研究部署，打击整治洋垃圾、象牙等濒危物种及其制品走私，办结邮包类案件 285 宗，新立案邮包类案件 50 宗；侦办走私红油刑事案件 1 宗，涉案红油 2991.87 吨，案值 1435 万元，偷逃税款 671.3 万元，净化关区进出口通关秩序。

（伍雪龙）

【出入境检验检疫】 2020 年，韶关海关鼓励和支持企业申报粤港澳大湾区“菜篮子”生产基地，新申请备案及注册的企业中 8 家入选粤港澳大湾区“菜篮子”生产基地。为供港澳加工用活鸡 192.15 万只、米粉 4464.02 吨、食用菌 3435.78 吨提供质量检测认证，韶关水果奈李首次自主出口香港，助力韶关绿色生态产品打响品牌。2020 年，韶关海关加强进出口安全防控工作，推行“提前预约 + 集中查验”模式，监管进口危化品 275 批、1546.35 吨、1433.15 万美元；监管出口危化品 941 批、1.6 万吨、3670.66 万美元，出具危险货物包装性能检验证书 663 份，比上年增长 2039%；出具使用鉴定证书 950 份，比上年增长 890%。加强供港蔬菜种植基地监管，完成 9 类品种 15 个样品抽样，分别检测 216 项农残项目；对供港冰鲜鸡养殖场开展出口动物源性食品安全风险监测，抽取鸡肝、鸡肉、鸡脂肪样品 5 个，检测 27 项兽药残留指标。预防外来媒介生物传入，开展实蝇、杂草等外来有害生物监测工作，在 6 个区县部署 10 个实蝇监测点、14 个草地贪夜蛾监测点，保证定期监测，及时上报结果。

（陈　恺）

贸易促进

【概况】 韶关国际商会有会员单位 64 家，市贸促会注册企业 124 家，筹备成立韶关国际商事认证中心。

【生态产业发展协调推动】 2020 年，市贸促会协同南雄市推动总投资 44 亿元，首期投资 19 亿元的国家储备林项目落地，主要发展竹、银杏产业。在完成国家储备林项目规划、建设方案合规性审批的基础上，由珠海横琴森禾生物科技控股有限公司、广东省五建投资的 20 万吨机械——活性氧化法中密度竹纤维压缩板项目于 9 月 8 日签约，总投资 2 亿元，产值 6 亿元，年创税超 8000 万元，推动国际竹藤中心竹产业创新园项目落地。协助武江区落实国家储备林项目申报，年前完成规划评审，并着手向国家林草局速丰办办理备案手续。中国化学交通集团公司计划对武江区国家储备林投资 30 亿元，以此牵引广东林产品交易中心落户武江区，该项目将由中国化学交通集团公司、东方园林控股公司、云投股份等公司投资，注册资本 5 亿元。协助武江区申报国家智能林草装备创新园，并以国家储备林项目为依托，着手开展树葬项目工作。南雄申报的中国森林道地药材产业基地落地。

【产业转移】 2020 年，全市产业园区承接珠三角产业转移项目 64 个，签约金额 79.67 亿元。（白朝忠）

【商事出证认证服务】 2020 年，市贸促会签发原产地证 610 份，出口货物总值 2771.39 万美元，出口 48 个国家和地区。办理国际商业文件证明书 44 份、代办领事认证 12 份，认证国别涉及阿根廷、俄罗斯、墨西哥、埃塞俄比亚和哥伦比亚共 5 个国家。

【组织企业参加展览展会】 2020 年，市贸促会先后 5 次动员和组织企业分别参加“2020 年广州国际防疫物资展览会”“中国——阿联酋经济贸易数字展览会”“广东国际贸易精品展览会——智慧家居”“第五届中国（广州）国际跨境电商展暨跨境商品博览会”“2020 佛山（潭洲）国际陶瓷展”等展览展会。

【为韶关涉外企业提供商事法律咨询服务】 2020 年，市贸促会依托中国国际贸易促进委员会韶关市经贸摩擦预警点，借助国家贸促会、省贸促会的法律支援平台，为韶关涉外企业提供商事法律咨询服务，帮助韶关外贸企业抗击疫情。从 2 月 12 日起，开通外贸企业抗击疫情法律服务热线 3 条，为企业提供相关法律问题咨询。

（伍雪龙）

2020 年 9 月 6 日，市贸促会邀请省中检集团到韶关开展设立韶关国际商事认证中心调研（市贸促会　供）

2020年10月28日，邀请广州市贸促会到韶关开展经济交流活动
（市贸促会 供）

【为来韶关投资企业提供帮助】 2020年，市贸促会先后协调广东东升集团到武江区投资10亿元矿业、文旅一体化项目。对接广州环保投资集团，推动在翁源县计划投资12.8亿元固废物理填埋项目，在省市重点项目立项、环评、林地用地、建设用地需求等方面提供协调帮助。协调解决韶关新鸿立冶金材料有限公司在环保、用地、融资等方面困难，落户浈江区产业园，投资总额1亿元。跟进北京冶金规划园与祺瑞环保设备有限公司共同设立特殊冶金材料首台套装备研发生产基地。

【协助企业办理和出具不可抗力事实性证明】 2020年，市贸促会作为中国贸促会的支会之一，协助企业办理和出具由于新冠肺炎疫情影响而产生的不可抗力事实性证明，先后协助韶关市北纺智造科技有限公司、广东自由能科技股份公司、韶关市曲江区宏博机械设备有限公司、广东鸿源众力发电设备有限公司、新丰县永强五金制品公司等5家企业，免费办理6份不可抗力事实性证明书，涉及合同金额327.25万美元。（李荣臻）

开发园区

【产业园区建设】 2020年，全市拥有市县两级产业园12个，其中省级产业园8个。截至12月底，全市产业园区入园企业873家，其中规模以上企业326家，实现规模以上工业总产值508.8亿元，比上年增长6.8%；实现规模以上工业增加值121.56亿元，比上年增长5.3%；完成固定资产投资133.67亿元，比上年增长7.5%，其中完成工业投资100.4亿元。全市园区基本形成以机械装备制造、汽车零部件、特钢深加工、有色金属新材料、精箔产品、精细化工等为主体的产业布局，加快培育和拓展生物医药、半导体电子、大数据云计算、新能源汽车、大健康等新兴产业。开展园区规划修编工作，园区新规划总面积354.37平方千米，较原规划新增214.58平方千米。完成基础设施配套投资33.63亿元，比上年增长72.2%，完成投资额创2016年以来新高。建成标准厂房17.02万平方米。

（何跃裕）

【韶关华南先进装备产业园】 韶关华南先进装备产业园位于韶关市曲江区，规划总面积43.5平方千米（其中宝武韶钢12.5平方千米）。重点培育发展基础零部件、汽车零部件、成套（台）装备制造及装备服务等四大产业，打造特钢全产业链生态圈专业园区。截至2020年12月，韶关华南先进装备园招商引资项目34个，主要生产精密铸造、汽车零部件、五金模具、紧固件等产品，计划总投资67.69亿元，计划总用地约178.22公顷。动工入库企业19个，累计完成工业项目投资26.65亿元，竣工试投产企业10家，规模以上工业企业6家。

园区规划建设　2020年，韶关华南先进装备产业园分二期规划：首期规划用地面积18平方千米，二期规划用地面积13平方千米。规划重点培育发展基础材料加工、基础零部件（汽车零部件）、成套（台）装备制造及装备服务等四大产业，打造成特钢全产业链生态圈专业园区。6月24日，装备园边界优化方案提交市国土空间规划委员会审议并通过，8月18日，市规委会出具会议纪要，调整后的方案通过市自然资源局审批并于9月27日形成最终成果报请市政府批复，12月3日获市政府批复。首期规划新增建设用地约76.67公顷，可供使用的工业地块24个；二期规划近期建设用地约66.67公顷，可供使用工业地块23个。

园区经济　2020年，韶关华南先进装备产业园累计试投产企业10家，分别是广东金志利科技股份有限公司、韶关市康恒实业有限公司、韶关市诚一金属材料有限公司、韶关市一本机械设备有限公司、韶关宏大精锻科技有限公司、韶关市湘明钢铁有限公司、广东申力金属制品有限公司、广东东一钢结构有限公司、韶关格美机械有限公司、广东嘉鑫伟业钢铁发展有限公司，10家公司完成投资10.78亿元。完成固定资产投资9.87亿元，其中工业投资完成额7.78亿元（含技改投资1.59亿元），比上年增长24.9%，规上工业总产值3.36亿元，比上年增长235.9%，规上工业增加值0.64亿元，比上年增长228.58%，全口径入库税金1110万元（不含退税）。

招商引资　2020年，韶关华南先进装备产业园先后到安徽省、浙江省、广东省东莞市、广东省广州市等地拜访企业，外出考察近50次，拜访企业100余家，邀请相关行业协会和企业到园区考察，接待企业协会等113次。参与中国机床展、广东智博会、长安模具展等3场装备类展会，并在会场设立展位、推介装备园。

2020年12月28日，华南装备园污水处理中心项目一期启用
（华南装备园　供）

10月15日，参加在北京市举办的京粤跨区域产业洽谈会，与北京联东、牧家科技等2家企业签订战略合作协议；12月15日，参加在韶关市举办的2020韶关绿色发展产业招商大会，与乾鸿电气、尚辉重钢、三浩铸锻签订项目投资协议书；12月29日，参加中国产业园区发展（广东）合作交流会。新签约11个项目，计划总投资26.57亿元，其中基础材料加工类项目4个，基础零部件（汽车零部件）类项目4个，成套（台）装备制造类项目3个。

企业服务　2020年，韶关华南先进装备产业园做好企业建设服务攻关。完成17个项目立项工作，9个项目的技术改造项目备案申请，技改总投资2.79亿元。自主研发的智能政务审批平台投入使用，实现在线并联审批、业务协同、统计分析、监督管理、信息共享等功能。

园区基础配套设施　2020年，韶关华南先进装备产业园基本实现“六通一平”，东韶大道、科技大道、乐业路等7条园区一期主干市政道路11.86千米建设完成并基本实现通车；8月，特钢110千伏变电站完成规划验收并投入使用；10月，综合服务中心大楼完成规划验收并投入使用；12月，配套污水处理厂一期完成规划验收并投产运营；配套表面处理站启动建设工作；建成标准厂房面积5.23万平方米。

盘活闲置低效用地　2020年，韶关华南先进装备产业园对园区闲置低效土地进行排查清理，逐宗地块制定专项处置方案，对构成合同违约的，进行“收地＋收缴违约金”；对无法按时开工的，进行“收地＋补偿”；对已停工但地表有建筑物的，进行“折扣收购”；对投资计划放缓的，进行“项目劝退”。盘活闲置低效用地29.87公顷，有6家企业意向入驻已盘活地块。（邓慧玲）

【始兴工业园】　2020年，始兴工业园区内共有工业企业74家，其中规模以上工业企业31家。始兴工业园完成规模以上工业产值50.76亿元，比上年增长5.7%。完成工业增加值14.95亿元，比上年增长4.1%。完成固定资产投资6.14亿元，比上年下降66.8%，其中工业投资4.18亿元，比上年下降76.4%，基础设施及配套1.96亿元，比上年增长41.3%。

园区建设　2020年，始兴工业园完成园区2020—2035年的规划修编，修编后，主要是新增沙水工业片区和马市工业片区规划面积，新增规划面积263公顷（较原规划调减面积183.33公顷，较原规划新增面积446.33公顷），其中沙水片区新增431.67公顷，马市片区新增1公顷。完善园区基础设施建设。争取政府新增专项债券资金2.04亿元，主要建设智慧标准厂房及附属设施、马市工业片区污水处理厂、土方平整、道路管网以及绿化亮化美化等工程。落实园区扩园征地工作。始兴工业园计划扩园征地180.98公顷，完成127.04公顷征地和青苗补偿。落实县领导挂点联系企业制度，推动召开产业发展联席会、项目推进会、部门协调会，专题协调破除项目瓶颈，排除企业建设生产经营中存在的困难和问题，推动新签约项目动工4个，新投产项目7个，新增规上企业4家：忠信世纪电子材料（始兴）有限公司、始兴县咖冠食品有限公司、广东永乐通电子科技有限公司、始兴县倩琦塑料制品有限公司。

招商引资　2020年，始兴工业园新签约工业项目14个（其中紧固件项目11个），签约总投资金额13.3亿元，其中亿元项目7个；完成土地“招拍挂”11宗，交易用地面积12.44万平方米（12.44公顷），其中完成当年新签约项目土地“招拍挂”8宗；划拨用地1宗，用地面积7645平方米（约0.76公顷），用于马市工业片区污水处理建设。

服务企业　2020年，始兴工业园完善全程代办管理制度、干部职工挂点联系企业工作制度等，为23家企业代办事项44项。为园区企业建立“一企一档”，完善企业入驻情况、员工构成，帮助企业分析近三年产值、增加值、用电、用水等数据，以及做好企业疫情防控、安全生产资料归档。利用“双周讲坛”，每个挂点联系企业人员交流介绍“一企一档”工作经验。出台《关于解决始兴县工业园区企业报建等有关历史遗留问题办理房屋产权登记的方案》，协调办理原旭粤一期、二期厂房不动产权登记证过户手续。协助广东三信科技有限公司、韶关益而高文具科技有限公司、韶关市骏东科技有限公司争取省产业共建资金349万元；会同县工信局、县财政局落实《始兴县降低制造业企业成本支持实体经济发展若干政策措施》2019年度奖励资金715.37万元。新增省级高新技术企业4家：万达工业（始兴）有限公司、韶关市骏东科技有限公司、广东金亿

利实业有限公司和联丰纤维制品(始兴)有限公司。 (陈福兵)

【乐昌产业转移工业园】 2020年，乐昌产业园区培育新增规模以上企业10家，新增年产值亿元企业6家，认定高新技术企业4家，省级专精特新企业4家、市级专精特新企业1家，省级工程技术研究中心1家、市级工程技术研究中心4家，完成规模以上工业产值22.7亿元，比上年增长41.9%，完成工业增加值5.9亿元，比上年增长32%，完成固定资产投资19.2亿元，比上年增长3.9%，实现税收1.19亿元，比上年增长11.2%。乐昌产业园区在2020年的乐昌产业转移工业园基础设施建设项目。累计获得专项债券资金2.2亿元，支付完毕。现有高新技术企业16家，省级专精特新企业4家、市级专精特新企业1家，省级工程技术研究中心3家、市级工程技术研究中心10家。

招商引资 2020年，乐昌产业园区协同大朗指挥部、市商务局等有关部门，新签入园项目19个，合同投资总额39.55亿元，其中亿元以上项目8个。

基础设施建设 2020年，乐昌产业园区做好建设用地指标及使用林地指标报批工作，2019年第五批次用地指标组卷报批及2019年第十四批次用地指标组卷报批工作获批复，面积约78.49公顷；2019年第二、三批次取得使用林地批复，面积约38.74公顷，2019年第四批次（面积约12.67公顷）使用林地报批手续申报由乐昌市林业局向上级部门进行指标申请。2020年，乐昌产业园区总投资2.7亿元的12条路网建设工程基本完工，北面延伸工程、道路建设提升及边坡防护工程（一期）A标段及金岭五路道路提升与整治工程竣工验收并投入使用。首期2.33公顷8栋2.54万平方米标准厂房及配套设施交付使用，自助办税服务厅和医疗站点投入使用，完善“两湖一公园”、公交枢纽站、大朗乐昌产业共建园等配套项目的规划建设。城东片区规划总面积726.8公顷，开发区域建设面积约406.2公顷，建成区域实现“七通一平”。综合整治项目完成68.72公顷土地征收及50.85公顷地上附着物补偿工作，土地平整约128.25公顷，边坡修建约6340米，其中一期边坡防护、一期土地平整、二期土地平整及边坡防护工程竣工验收，三期土地平整及边坡防护工程完成总工程量约80%，2019年土地平整及边坡防护工程完成总工程量约82%。加强功能配套设施建设，启动污水泵站及配套工程建设提升泵站、固体废弃物处理设施、科技创新智慧化平台等补短板项目的设计、可研编制工作。为在建企业项目提供施工临时用水、用电条件，并实施多项临时用水用电工程。新材料园区及乐园大道北部区内项目给水主管安装工程管网采购项目及新材料园廊富线110千伏21号杆至25号杆迁改工程竣工验收、新材料园及北部片区临时用电架设工程新材料园内完成85%，北部片区完成50%、加油站边坡工程完工。启动110千伏廊乐线及110千伏廊牵线电力线路迁改工程、欧匹特和金来得及母婴童储备地块给水管采购项目、精铟项目地块钢杆迁移工程、乐廊路与乐园大道交会处接口道路拓宽工程、金岭四路与乐园大道十字路口交通灯电子警察系统等工程的设计、预算等前期工作。

规划发展 2020年，乐昌产业园区完成城东片区规划修编工作、城南片区及坪石片区的地形测绘工作，城南片区和坪石片区（湘粤开放合作试验区）扩园及规划编制单位完成政府采购，编制单位启动规划修编工作。城东片区控制性详细规划修编工作开展，加强与上级科技有关部门的沟通，跟进市级科技孵化器、省级高新园区申报后续评审有关工作。做好城东片区周边地块、城南片区的集聚地认定，谋划坪石片区（粤湘开放合作试验区）“热电冷联”产业区和粤湘仓储功能区，形成“一园三区”空间布局。 （肖 萍）

【韶关南雄高新技术产业开发区】 2020年，南雄产业开发区被认定为省高新区，定名韶关南雄高新技术产业开发区，实行现行广东省级高新区政策。获得广东省制造强省领导小组通报表扬，入围国家环境污染第三方治理示范试点园区，是2020年广东省唯一入选园区。园区总面积733.33公顷，以精细化工、电气机械、器材制造和林业生物等为主导产业。有入园企业119家，其中投产企业93家，规模以上企业46家，高新技术企业32家，省、市工程技术研究中心30个，国家、省、市专精特新企业17家（国家级2家，省级6家，韶关市级9家），国家级检测中心1个，科技孵化器1家，广东省科技专家（院士）工作站3家，广东省博士工作站1个，科技创新团队4个。完成工业总产值33.5亿元，增长15.6%；实现工业增加值6.65亿元，增长20.5%。完成固定资产投资13.78亿元，比上年增长32.5%；实现全口径税收收入2.22亿元、比上年增长11%。研发投入7862万元，增长24.08%，占园区增加值比重高11.82%。

扩能增效 2020年，南雄产业开发区完成年初预定的置换8家低效企业目标，置换总面积9.76公顷，总投资8.7亿元，置换企业投产后预计可新增税收3000万元。园区二期年内完成6家优质企业入驻和5家规模以上企业的培育。

科技兴企 2020年，中科院南雄新型特种精细化学品专业孵化器投入市场化运营，签约在孵项目12个。完成6家国家高新技术企业和3家广东省级或韶关市级工程技术研究中心的组建认定。自由能、衡光被认定为国家级专精特新企业。

基础设施 截至2020年年底，南雄产业开发区完成总投资2.7亿元，用于道路、雨污管网和绿化等基础设施建设。危废中转中心和绿炭再生资源有限公司活性炭脱附再生中心项目被列入债券资金和中央资金的重点支撑项目。完善园区特勤消防站建设，加大园区应急救援基地建设，扩充消防救援专职人员，更新升级应急救援装备。完成污水处理厂提标改造工程建设。 （李 孟）

【乳源高新区】 2020年2月，乳源经济开发区经省政府认定为省级高新技术产业开发区，定名为韶关乳源高新技术产业开发区，成为韶关市的第一个县域省级高新区，是全省认定的六个县域省级高新区之一，实行现行的省级高新区政策。乳源开发区纳入省产业转移工业园统计考核，工业生产总值完成123.08亿元，增速3.4%；增长规模以上工业增加值完成27.38亿元，增速8.4%；完成全口径税收3.40亿元，降低7.36%；完成技改投入2.32亿元，降低49.4%。新增固定资产投资项目26个，年度固定资产投资8.93亿元，降低4.5%，工业固定资产投资8.03亿元，降低7.4%。

招商引资 2020年，乳源开发区完成新签约项目4个，其中亿元以上项目4个，分别是总投资3.65亿元的乳源瑶族自治县东阳光生物科技有限公司的新型动物专用低毒长效生物药物研发及产业化项目；投资1亿元的广东硕源新材料科技有限公司的特种保护膜生产项目；投资3.22亿元的广东禾康精细化工有限公司的年产2万吨杀菌剂和年产4000吨中间体项目；投资1.32亿元的广东精润生物科技股份有限公司的中药材深加工项目。

基础设施建设 2020年，乳源开发区运用上级专项债券资金实施园区基础设施提升工程。综合服务平台孵化器项目基本完工。道路附属设施项目基本完工，准备验收。新材料产业园污水管网新建工程完成竣工结算。路灯完善工程完成竣工结算。东阳光2020年三通一平完成总工程量的90%。新材料产业园至官溪村农村道路建设项目完成总工程量的95%。鹰峰站四回路10千伏电力迁改项目完工验收和结算。新材料产业园河堤治理三期完成初步设计，根据专家评审意见进行优化设计。环邦公司西侧地块土方平整项目完成施工图设计和预算，开始施工。环邦公司南侧地块土方平整项目完成施工图设计。新材料产业园供水工程完工验收，完成结算。开发区国道323线北侧溪坑渠整治工程完成总工程量的30%。孵化器项目配电房及周边电力线路迁改工程完工验收，进行结算。富源工业园污水处理厂应急池工程完成总工程量的50%。展厅项目完成竣工结算。

园区规划 2020年，乳源开发区完成区位调整。市政府批复同意乳源经济开发区区位调整，等待省自然资源厅备案。5月，拟在一六镇东七村委会附近选址扩园，在进行现场踏勘后，征求相关单位的意见，综合认为该地块可作为扩园选址，待区位调整备案完成后，落实该地块171.93公顷土地规模再实施扩园。

高新区孵化器 2020年5月，乳源开发区开始建设“高新区综合服务平台孵化器项目”，12月中旬完成建设，12月23日，举行广科乳源创新园开园仪式、省科学院乳源产业技术服务中心揭牌仪式活动，具备孵化运营条件，与13家科研机构及企业达成合作意向。

新材料产业园 完成新材料产业园污水管道铺设，园区除东阳光外四家企业的污水集中送到东阳光污水处理厂处理，在污水水泵中调试。新建大桥基本完成建设。建设一条从原中鸿公司到官溪村应急疏散通道。在新材料产业园启动“有毒有害气体预警体系”，项目建设因资金问题暂停施工。完成新材料产业园危化品停车场选址论证，位于京珠高速与国道323线之间地块，委托第三方完成设计，正在根据各相关单位设计意见优化设计方案。引导园区主要企业东阳光公司完成建设车辆入园预约管理系统，车辆预约管理系统建成开始运营。在新材料产业园建立专用消防抽水码头，以便紧急情况下消防车等抽水。 （侯淑琼）

【翁源产业转移园】 截至2020年年底，翁源产业园引进项目116家，其中建成投产项目94家，规模以上企业54家。重点企业有鹏瑞环保、彤德、卡西欧、金悦通、日立化成电池等。在2020年度韶关市产业园区绩效考核中取得综合得分排名第一。新引进签约投资项目16个，合同投资总额39.05亿元，其中超亿元项目12个。有62个项目投入建设，累计完成18.34亿元(工业固定资产投资12.98亿元，基础设施投资5.36亿元)，比上年增长10.2%。全年累计完成规模以上工业产值58.14亿元，增长11.27%；完成规模以上工业增加值12.27亿元，增长14.8%。实现全口径税收3.67亿元，增长22.8%。

项目建设 2020年底，翁源产业园动工项目15个，分别是泰洁、中茂、新基业、金成、东森、腾发、金悦诚二期、福兴建材、嘉元新材料、金悦通、彤德二期、电源基地污水处理厂、创意孵化园标准厂房、南部平台基础设施、华彩二期主干道等项目。投产项目13个，分别是福润五金、龙源、泰洁、中茂、南田、粤森、汇淼、龙源、盛佳、美之锦、图彩、鹏炜、及韶能（翁

韶能循环经济产业园 （翁源产业转移工业园 供）

源)生物质发电项目(三、四期),其中粤森、汇淼实现当年投产并上规。

服务企业 2020年,翁源产业转移园协助县政府制定《翁源县招商引资优惠政策十二条(试行)》,对投资企业实行零距离服务、零障碍落地、零容忍跟踪“三个零”机制及联席会议制度,与企业沟通对接,每周五定期召集相关职能部门召开联席会议,了解掌握和解决项目碰到的各种矛盾和问题。深入走访挂点企业,听取企业诉求,解决反馈。联合县就业局、滃江人力资源服务公司举办专场招聘会7次,组织企业参与二轮丹霞英才招聘。疫情期间,建立网格化跟踪服务制度,分12个服务小组“一对一”指导企业做好疫情防控、复工复产工作。联合县工信局举办4场政策宣讲会,为企业争取技改资金。实行“走出去,引进来”招商方式,由主要领导带队每月2次以上外出深莞广佛招商。委托中介招商。通过政府购买服务的方式,与5家中介机构合作,并加强与各行业及商会的沟通对接。利用中介,提高投资企业的跟踪服务。

配套设施建设 2020年,翁源产业园区投入5.36亿元完善基础设施配套工程建设。完成韶能循环经济产业园、翁源县健康产业园的控制性详细规划编制工作,并通过规委会。完成韶关融湾南部平台7200公顷初步规划及韶新、昆汕高速附近地块约2000公顷1∶500数字化地形图测绘工作。完善华彩二期66.67公顷基础设施建设;完成电源电子产业园四栋标准厂房建设,完成工业大道、环湖绿道铺设,污水处理厂建成使用;完成新能源循环经济产业园及商务中心区部分道路建设。 (刘 超)

【新丰县产业转移工业园】 2020年,新丰产业转移园完成新签约项目7个,投资总额29.04亿元。全年完成固定资产投资13.03亿元,其中工业投资11亿元,增速28.7%,基础配套设施投资2.04亿元,增速163.1%。全年总产值39.94亿元,增速19.4%,规模以上工业增加值12.6亿元,增速16%,税收2.79亿元,增速13.9%。

招商引资 截至2020年年底,新丰产业园入园企业45家,其中规模以上企业23家,高新企业6家。2020年引进亿元以上项目7个、在建项目11个、新投产项目5个、新上规项目2个、基础设施建设项目6个,技改项目9个。新盟食品、金丰达增资扩产及韶能集团新丰旭能生物质发电项目三、四期项目全面投产,签约有瑞达、清爽、雷诺贝尔、新盟增资扩产、马拉松小镇、丰江食品标准厂房、食品园交流中心等项目,加强与宝能城发集团、恒荣控股、欧丽亚环保等意向落户企业的洽谈对接。

基础配套设施建设 2020年,新丰产业园以专项债券资金为依托,推动园区基础设施项目建设。马头园消防栓迁移及周边道路提升工程、紫程园道路提升、给水排水、电力等配套工程已竣工;紫城园生活性服务项目碧桂园工程已交房,创新园、马头园等已全面开通城市公交;回龙华夏建陶园一号主干道路修复及延长线路面铺设工程、创新园路网及排水(污)管网工程、园区标准厂房、东新食品园排洪渠、马头园后山地质灾害防治工程等项目加快推进。

基础配套设施建设 2020年,新丰产业园以专项债券资金为依托,推动园区基础设施项目建设。马头园消防栓迁移及周边道路提升工程、回龙园污水处理工程、紫城园道路提升、给水排水、电力等配套设施工程已竣工;紫城园生活性服务项目碧桂园工程业已交房,创新园、松园园、马头园已全面开通城市公交;回龙华夏建陶园一号主干道路修复及延长线路面铺设工程、创新园路网及排水(污)管网工程、园区标准厂房、东新食品园排洪渠、马头园后山地质灾害防治工程等项目加快推进;马头老粮所(2.47公顷)、回龙墟镇(4.67公顷)作为园区人才公寓预留地,强化生活服务配套建设。

融湾产业平台建设 2020年,新丰产业园围绕“两核两轴七园区”产业发展格局,总规划面积4804.2公顷,重点培育稀土高新材料、新型环保建材、高端装备制造、新能源和汽车零部件等产业,做大做强万洋众创城创新资源集聚平台,打造稀土产业专业园、新型环保建材产业园、汽车配件产业园、“循环经济示范园”、“产城融合示范园”及绿色食品产业园等一批专业(特色)园区。松园园引进总投资100亿元的万洋众创城项目;稀土精深加工产业园发展规划及项目初步可研报告完成编制,项目征收土地52.4公顷,报批用地17.44公顷,广晟有色获批自然资源部颁发的探矿许可证,预计2021年底获批采矿权证;环保建材产业园已签约有雷诺贝尔,完成计划投资60亿元占地133.33公顷的恒荣环保建材项目的规划选址;汽车配件产业园引进了瑞达电动车及零配件项目,总投资2亿元,推进总投资52.5亿元的广汽测试中心项目建设;落户新丰循环经济示范园、年产值超12亿元的韶能生物质发电项目全面建成投产,成为目前亚洲装机容量最大的生物质电厂,着力推动当地企业绿色改造、转型提质;绿色食品产业园引进丰江食品标准厂房和食品园交流中心项目,食品交流中心项目1.11公顷通过公开招拍挂摘得土地。 (梁肖飞)

农　业

综述

【概况】 2020年，韶关市农林牧渔业总产值335.78亿元，比上年增长5%；第一产业增加值198.36亿元，比上年增长4.5%。（卢阳雯）

【"一村一品、一镇一业"建设】 2020年，韶关市获认定国家级"一村一品"示范镇1个，省级"一村一品、一镇一业"专业镇14个、专业村118个，新增省级"一村一品、一镇一业"专业镇和专业村数量分别排名全省第一和第二。乳源县大桥镇(油茶)入选第十批全国"一村一品"示范村镇，仁化县大桥镇长坝村入围2020年全国乡村特色产业亿元村名单。

（陈韶明　周生录）

【农业品牌战略】 2020年，韶关市打造"善美韶农"韶关农业区域公用品牌和"韶州茗茶"茶叶区域公用品牌。新增全国名特优新农产品13个、新增"粤字号"农业品牌62个，新增粤港澳大湾区"菜篮子"生产基地12个。

【2020年中国农民丰收节韶关系列活动】 2020年9月22日至10月8日，韶关市开展2020年中国农民丰收节韶关系列活动。9月22日，以"庆丰收·迎小康"为主题的启动仪式在武江区龙归乡村振兴培训实践中心举行。各县(市、区)同时举行启动仪式，10场庆祝活动同步上线，上万名粤港澳大湾区游客及当地市民现场参观，2000多万人次通过视频网络直播、图文直播和网红直播观看。活动期间，市、县、镇、村四级共举办61场活动，26余万名农民参与，吸引外地游客及当地市民200万人次。市、县农业类协会协调组织568家农业经营主体全程参与丰收节的农产品展示展销活动。丰收节有关宣传报道380多篇，点击人数突破5000万人次，拉动当地农产品销售3000多万元。（肖光群）

【现代农业产业园建设】 2020年，韶关市获批的省级现代农业产业园2个，累计获批13个，产业园获批数量位列全省前列。韶关市生猪优势产区农业产业园、乐昌市岭南落叶水果产业园为2020年获批的省级现代农业产业园，其中韶关市生猪优势产区农业产业园为广东省政府批准建设的第一批优势产区产业园。

【现代农业现代化试点】 2020年，韶关市仁化县被认定为广东省粤东西北地区率先实现农业农村现代化试点县。（李素莲）

【休闲农业】 截至2020年年底，韶关市累计创建全国休闲农业与乡村旅游示范县2个，中国美丽休闲乡村5个、广东省休闲农业与乡村旅游示范镇14个，示范点31个。

【农业龙头企业】 截至2020年年底，韶关市拥有市级农业龙头企业

2020年11月28日，首届广东省北部生态发展区（韶关）农业招商大会

（市农业农村局　供）

2020 年 11 月 28 日，广东省北部生态发展区名特优新农产品线上展销启动 （韶关市农业农村局 供）

149 家，省级重点农业龙头企业 63 家，国家级重点农业龙头企业 2 家，覆盖包括粮食、蔬菜、兰花、水果、养殖业、茶叶、蚕桑等领域。

【农民专业合作社】 2020 年，韶关市依法在工商部门登记注册的农民专业合作社 3730 家，出资总额 38.19 亿元，成员 7.21 万人。全市拥有市级示范社 159 家，省级示范社 135 家，国家级示范社 19 家。 （陈韶明）

【家庭农场】 截至 2020 年年底，韶关市依法在工商部门登记注册的家庭农场 2661 家，其中市级 362 家、省级 62 家，比上年分别增加 34 家、25 家。 （熊丽萍）

【农业科技推广应用】 2020 年，韶关市获 2019 年度广东省农业技术推广奖励项目 14 个，其中一等奖 4 项、二等奖 6 项、三等奖 4 项。经省级评审，韶关市乳源瑶族自治县乳城镇农业技术推广站袁群城被评为“2020 年广东省十佳最美农技员”，韶关市乳源瑶族自治县桂头镇农业技术推广站陈冬松被评为“2020 年广东农技推广能手”。 （肖仕胜）

【农技推广服务驿站】 2020 年，韶关市开展农技推广驿站建设，创建翁源、仁化 2 个县级农技推广服务驿站，建设 9 个农业科技示范展示基地。 （肖仕胜）

【数字农业农村建设】 2020 年，韶关市加强信息进村入户益农信息社建设，全市申报益农信息社 1407 个，超额完成 1205 个行政村益农信息社全覆盖的目标任务。南雄市建成一个县级运营中心和 208 个村级益农信息社，益农信息社建设覆盖率 100%。南雄市被认定为国家数字乡村试点县、省数字乡村发展试点县，翁源县江尾镇和仁化县黄坑镇被认定为省数字乡村发展试点镇。 （肖光群）

【高标准农田建设】 2020 年，韶关市完成 2016—2018 年度 130 个 4.03 万公顷高标准农田历史遗留项目和 2019 年度 8 个 0.39 万公顷项目的市级竣工验收。2020 年度，全市高标准农田建设项目 39 个 1.74 万公顷（含补建 120 公顷），计划总投资 3.96 亿元，总体工程进度完成 90%以上，较往年偏快，在全省进度通报中排名靠前。

【耕地质量建设与管理】 2020 年，韶关市完成 2020 年度全市耕地质量等级调查 452 个调查点的耕地土样送检和 2019 年度高标准农田建设项目区的耕地质量建设自评；在曲江区新增加 1 个（全市 30 个）耕地质量监测点。 （高 爽）

【垦造水田项目后期管护】 2020 年 2 月，韶关市农业农村局联合韶关市自然资源局、韶关市财政局下发《关于加快落实垦造水田项目后期管护工作的通知》，组织各县（市、区）农业农村部门对全市 2019 年底前验收确认的垦造水田项目制定地力培肥计划，以政府名义印发实施；6 月，与市自然资源局组成检查组，对全市垦造水田项目验收后落实水田种植及后期管护情况进行实地检查，并配合做好乐昌、新丰、乳源、翁源等多个水田垦造项目的取土或验收工作。 （高 爽）

【农业综合执法】 2020 年，韶关市农业农村部门出动执法人员 5674 次，检查生产经营场所 3204 个，办案 88 件，其中种子案件 1 件，农药案件 13 件，饲料案件 2 件，肥料案件 5 宗，兽药案件 3 件，农产品质量安全案件 13 件，生猪屠宰案件 3 件，动物检疫案件 5 件，渔业案件 29 件，其他 2 件，移交司法机关 6 件，挽回经济损失 172.5 万元，罚款 72.46 万元，没收违法所得 7.8 万元，没收违法财物货值 10.26 万元。6 月 5 日，韶关市农业农村局联合仁化县农业农村局在董塘镇举办“放心农资下乡进村宣传周”现场宣传活动，发放各类宣传资料 3000 余份，接受群众咨询 200 余人次。9 月 27 日，韶关市农业农村局组织农业综合执法培训，培训 30 人次。 （席 伟）

【新冠疫情防控】 2020 年，韶关市农业农村局充分发挥党支部战斗堡垒和广大党员干部先锋模范作用，做好农业农村新冠疫情防控。指导涉及粤港澳大湾区“菜篮子”的生产保障，组织各地加强农产品产销对接，畅通商场超市与批发市场、生产基地的流通渠道，确保疫情防控期间农产品产得出、运得走、供得上，保证疫情期间的市场供应。印发《关于保障疫情防控期间主要农产品生产供给工作的通知》《春耕生产指南》，抢抓“惊蛰”至“春分”期间天气时晴时雨、气温偏高的大好农时，迅速掀起春耕大高潮；为农资生产、加工、流通企业开具《民生保供企业资质证明》73份，增设“春耕春播天气趋势预测”手机专报，多形式全方位为春耕生产保驾护航。印发《关于全力支持和组织推动农业企业复工复产的指导意见》，全力支持引导和组织推动农业企业复工复产，推荐农业龙头企业纳入疫情防控重点保障企业名单，全市有18家重点农业龙头企业分别纳入国家和省级疫情防控重点保障企业名单，6月，全市159家市级农业龙头企业均已复工复产。印发《农业农村部门联合检疫检查站工作指引》《农村疫情防控工作建议30条》等防控文件，在农村开展联合检疫，组织77个联合检疫站，每个站派出不少于3名农业农村系统工作人员，24小时全天候轮班检疫，共检疫生猪54.7万头，生猪产品11871.2吨，家禽415.9万羽，家禽产品24674.4吨。组织爱心企业捐赠百余吨农产品援荆抗疫，全市50多家农业单位共捐赠米面、蔬菜、水果、茶叶、饮料、即食食品等农副产品122.68吨，总价值达167.1万元（其中，支援湖北省荆州市115吨，价值149.78万元；支援韶关抗疫一线7.68吨，价值17.32万元）。

（周生录　晏勇邦）

【农村土地流转】 2020年，韶关市打造“432”农村土地流转韶关样板，指导推进农村产权交易体系建设试点，组织开展省级农村承包地经营权流转奖补试点镇“回头看”工作，全年全市农村承包地总面积（应确权面积）16.07万公顷，流转总面积7.07万公顷，承包地流转率44%。南雄市成立县级土地流转服务平台、始兴县强化村组集体“统”的经验做法，在全省农村承包地流转工作现场推进会上作经验交流。（潘光盛）

种植业

【粮食生产】 2020年，韶关市粮食播种面积11.97万公顷，总产量74.45万吨，面积比上年增加0.37万公顷，总产量增加1.84万吨。韶关市大宗粮食作物主要包括水稻、玉米、大豆和薯类。是年，水稻种植面积10.4万公顷，产量67.92万吨，面积和产量分别比上年增加0.3万公顷和1.35万吨；玉米面积0.78万公顷，产量3.59万吨，面积和产量分别增加0.04万公顷和0.28万吨；薯类0.41万公顷，产量1.95万吨（五折一），面积和产量分别增加0.02万公顷和0.2万吨；大豆面积0.28万公顷，产量0.73万吨，面积和产量分别增加0.01万公顷和0.03万吨。

【经济作物生产】 2020年，韶关市大宗经济作物主要有蔬菜、烟叶、花生、果用瓜、甘蔗等。全市蔬菜种植面积5.56万公顷，总产量135.23万吨，分别比上年增长6.39%、6.26%。全市种植黄烟的有南雄、始兴、乐昌、乳源等4个县（市）约30个乡镇，种植面积0.86万公顷，总产量2.12万吨，分别比上年减少100公顷、1000吨。全市油料种植面积4.1万公顷，总产量13.8万吨，分别比上年增加0.1万公顷、0.41万吨，其中花生种植面积3.88万公顷，产量13.47万吨，分别增加0.09万公顷、0.37万吨。甘蔗种植包括果蔗和糖蔗，其中翁源县是甘蔗主产区。全年全市甘蔗种植面积0.27万公顷，产量30.03万吨，分别比上年减少0.02万公顷、0.19万吨。其中糖蔗370公顷，产量3.07万吨；果蔗0.23万公顷，产量26.96万吨。果用瓜种植品种主要有西瓜、甜瓜、草莓等，果用瓜种植面积0.55万公顷，总产量17.35万吨，分别比上年增加0.01万公顷、0.54万吨。

【园艺作物生产】 2020年，韶关市主要园艺作物包括水果、茶叶和花卉。水果栽培品种资源丰富，除柑、橘、橙、李、梨、柚等常规品种外，还有沙田柚、三华李、黄金柰李、九仙桃、油桃、大果枇杷、杨梅等名优特色水果。是年，水果种植面积4.65万公顷，总产量67.29万吨，面积比上年增加0.21万公顷，产量增加3.99万吨。其中柑、李子、橘、柚子种植面积，分别为1.74万公顷、8.53万公顷、0.51万公顷和0.3万公顷，产量分别为26.7万吨、12.9万吨、8.18万吨和3.32万吨。花卉生产以盆栽植物、鲜切花、观赏苗木为主，品种主要有兰花、荷花、牡丹、百合、红掌、白掌等。是年，花卉种植面积0.12万公顷，面积比上年增加50公顷。全年生产盆栽植物2217.29万盆，鲜切花1.21亿枝，观赏苗木29.65万株。茶叶种植面积3266.67公顷，总产量0.76万吨，分别比上年增加0.02万公顷和0.04万吨。主产区有乐昌市、仁化县、曲江区和乳源瑶族自治县，具有代表性的茶叶品种包括仁化白毛茶、乐昌白毛尖、曲江高山茶和乳源单枞茶。茶叶生产以绿茶为主，青茶、红茶次之。绿茶产量0.49万吨，占茶叶总产量65%；青茶产量0.13万吨，占茶叶总产量17%；红茶产量0.14万吨，占茶叶总产量18%。

（张　洋）

畜牧业

【概况】 2020年，韶关市生猪饲养量354.92万头，其中：出栏180.03万头，存栏174.87万头，分别比上年增长11.86%、下降9.86%和增长48.72%；家禽饲养量6787.37万只。其中：出栏5389.25万只，存栏1398.13万只，分别比上年增长28.2%、增长37.37%和增长1.97%；山羊饲养量14.22万只。其中：出栏7.11万只，存栏7.11万只，分别比上年下降6.89%、下降2.91%和下降10.57%；肉牛饲养量4.16万头。其中：出栏1.05万头，存栏3.11万头，分别比上年增长4.22%、增长30.07%和下降2.34%；禽蛋产量2.13万吨，增长6.81%；肉类总产量21.98万吨，增长5.2%。受非洲猪瘟疫情、畜禽禁养区清理整治等因素影响，2019年末生猪存栏下降影响2020年生猪出栏供应量，2020年落实各项目生猪复产政策，2020年末生猪存栏基本恢复。

【饲料工业发展】 2020年，韶关市有饲料生产企业16家，持有饲料和饲料添加剂生产许可证20个。其中，配合、浓缩饲料生产许可证8个；单一饲料生产许可证1个；添加剂预混合饲料生产许可证5个；饲料添加剂生产许可证5个；混合型饲料添加剂生产许可证1个。是年，新建2家饲料添加剂企业韶关绿鑫环保技术有限公司和广东中耀环境科技有限公司，新建配合饲料生产企业韶关海大生物科技有限公司。全年，韶关市饲料工业总产值25.43亿元，比上年增长11.17%。配合饲料77.83万吨，下降3.46%；添加剂预混合饲料0.176万吨，下降6.56%。

【畜禽养殖废弃物资源化利用】 2020年，韶关市推进畜禽粪污资源化利用，全市畜禽粪污综合利用率89%，规模养殖场粪污处理设施装备配套率97.8%，大型规模养殖场粪污处理设施装备配套率100%。

【政策性养殖保险】 2020年，韶关市开展政策性能繁母猪、育肥猪、仔猪、家禽养殖保险工作，提升全市畜牧业抵御风险、自救发展能力。全年参保量分别为9.65万头、105.33万头、99.4万头、3501.25万羽；政策性养殖保险总保费4436.46万元，其中财政补贴资金3403.42万元。

（叶庆强）

【非洲猪瘟防控】 2020年，韶关市实施包村包场监测排查机制。全市安排691名工作人员开展网格化监管工作，监管养殖场（户）4333个（户），全年累计排查生猪1504.317万头/次，排查场点6.7333万个（次），出动排查人员5.85万人次，未发现异常情况；开展入场采样监测行动。对年出栏2000头以上规模猪场开展一次全覆盖进场检测，对年出栏500—2000头规模猪场随机采样监测，累计采样135场，检测环境拭子、血清样品7821份，结果均为阴性；落实入粤指定道口管理和中南区活猪限制调运有关规定，乐昌粤北、南雄珠玑、仁化城口、翁源坝仔4个入粤指定道口检查站全面检查入粤动物及动物产品运输车辆。是年，韶关市累计检查生猪运输车辆3.79万辆，检疫生猪428.7万头，检查生猪产品运输车辆5935辆，检疫生猪产品8.21万吨，检查家禽运输车辆1241辆，检疫家禽735.8万羽，检查家禽产品运输车辆1021辆，检疫家禽产品1.37万吨；做好活畜禽流通监管，检疫出栏活猪218.6万头，家禽4396.3万羽，办理跨省调入种猪行政审批15次，调入种猪7837头；查处3起非法调运生猪案件，查获生猪130头，行政处罚4人，罚款23.77万元；备案生猪运输车辆352辆。

【动物疫病防控】 2020年，韶关市推进强制免疫工作主要采用春、秋两季集中强制免疫和常年补免相结合的模式。全年免疫生猪、牛、羊口蹄疫174.93万头，禽流感2566.43万羽，羊小反刍兽疫9.66万头，存栏畜禽免疫率97%以上；为监测评估免疫效果，监测禽流感1990份，口蹄疫1975份，小反刍兽疫993份，免疫抗体合格率达70%以上。开展布病防控专项行动，监测牲畜血清样品6253份，检出阳性样品2份，扑杀阳性及同栏羊14头。

【病死畜禽无害化处理】 2020年，韶关市养殖环节累计无害化处理病死猪2.84万头，屠宰环节无害化处理病害猪及其产品1080.6头。

【兽药药政管理】 2020年，韶关市加强兽药监管，送检兽药样品108份，检测结果均符合有关规定；推进兽药二维码追溯体系建设，全市兽药生产、经营环节兽药二维码上传率100%；对1.4万份猪尿样品进行“瘦肉精”检测，结果均为阴性。

【离岗基层老兽医补助政策落实】 2020年，韶关市出台《韶关市离岗基层老兽医补助工作实施方案》，全市认定符合条件基层老兽医1620人，核发补助资金867.5万元。

【全国执业兽医资格考试】 2020年，韶关市有57名考生报考全国执业兽医资格考试资格，4名考生成绩达到执业兽医师合格分数线，8名考生成绩达到执业助理兽医师合格分数线。

（晏勇邦）

水产业

【概况】 2020年，韶关市水产品总产量8.34万吨，比上年增长0.23%。其中捕捞产量2595吨，比上年下降0.5%，养殖产量8.08万吨，比上年增长0.41%，养殖品种以草鱼、鲢鱼、鳙鱼、鲤鱼、鲫鱼、罗非鱼为主。渔业总产值13.4亿元，比上年增长2.85%。全市养殖面积1.58万公顷，其中池塘养殖面积9592.6公顷，平均亩产444千克，水库养殖面积6200.53公顷，平均亩产175千克。全市繁殖鱼苗13.99亿尾，其中罗非鱼苗0.99亿尾，各类淡水鱼种8815吨。渔业村3个，渔业户1.65万户，渔业人口8.61万人，其中专业从业人员2.71万人。全市捕捞渔船576艘，总吨位610.3吨，主机总功率6619.25千瓦，其中非机动渔船3艘。

【稻渔综合种养】 2020年，韶关市稻渔综合种养面积0.17万公顷，产量563吨，主要分布在乐昌、乳源瑶族自治县、南雄、始兴等县（市），建立以乳源县大桥镇中冲村、始兴县罗坝镇河渡村、南雄市三佳农业公园等为代表的稻渔综合种养示范基地66.67公顷。市渔业技术推广站开展南岭禾花鲤选育与推广工程，完成南岭禾花鲤F1-F4的选育工作，初步获得具有优良性状的良种品系。韶关市推进“南越稻乡”水产区域公用品牌建设，以《南方农村报》为载体，专题推出系列产品报道19篇，在抖音、“南方+”等平台推出宣传短视频8个、举办线上直播推介活动5场。

【水生野生动物管理】 2020年初新冠肺炎疫情突如其来，韶关市对饲养繁育水生野生动物场所实施封控隔离，严禁任何水生野生动物及制品对外扩散和转运贩卖，做好养殖场地消毒等疫病防控工作。疫情防控进入常态化管理后，办理到期换证证件215本。11月20日，在乳源县云门山海洋公园举行水生野生动物科普宣传月活动，发放宣传资料310份。

【渔业增殖放流】 2020年，韶关市共投入渔业增殖放流资金62万元，放流淡水鱼类676.1万尾。其中：农业资源及生态保护资金补助资金50万元、545.5万尾，市、县财政资金12万元、130.6万尾。韶关市放生文化协会不定期组织社会团体、单位、市民开展增殖放流活动，放流各类鱼苗约65万尾。6月6日，在市区海关放生平台举行“保护生态环境，共建善美韶城”主题宣传活动，发放宣传资料558份。（佳 芬）

【渔船检验管理】 2020年，韶关市对全市登记在册的611艘渔船进行检验。检验内容包括渔船证书证件、安全生产设备、消防设施、救生设备及渔船适航状况等，检验率100%，检验合格率100%。

【渔业安全生产】 2020年，韶关市成立渔业安全生产工作领导小组，通过各县（市、区）执法队伍，督促乡镇与渔民签订安全生产责任书，全市签订安全生产责任书611份。强制为船主配备消防救生设备及航行信号灯，强化渔民、船员船舶基础知识、内河船舶避碰规则、消防救生知识、渔业法律法规和实际操作技能；韶关市农业农村局每季度检查各县（市、区）渔船安全生产落实情况及工作台账，各县（市、区）每月至少检查一次辖区内渔船安全生产情况，安全生产检查覆盖率100%，全年渔业安全生产实现“零伤亡”。7月14—15日，开展全市渔船安全生产应急演练培训，培训42人次。

【珠江禁渔执法】 2020年禁渔期间，韶关市出动宣传车次111次，发放宣传资料3956份，张贴宣传画、横幅和标语141幅，发送给渔民禁渔期短信80多条，重要河段、渔民聚居地安装禁渔警示牌4块，召开渔民座谈会7次，电视新闻媒体宣传报道42次，全市组织开展联合执法行动20次，各县（市、区）开展执法检查90次，出动执法车辆265多辆次，参加执法舰艇67艘，参加执法人员1176人次，取缔违禁渔具187件1900余米，收缴背包式电鱼机58台，没收违法捕捞渔获物47千克，查处案件36件，其中行政处罚案件32件，行政处罚39人次，行政罚款1.49万元，司法移送案件4件，追究刑事责任4人。

【水生野生动物执法检查】 2020年，韶关市开展市区范围内农贸市场水生野生动物专项检查、联合执法检查行动。全市检查水生野生动物养殖场所157间，检查农贸市场、商场超市、餐饮单位等共521间，出动执法人员2207人次，执法车辆225辆次，查办案件1件，罚没金额0.3万元。（王 宁）

农业机械化

【概况】 2020年，韶关市落实中央农机购置补贴资金931万元，使用财政资金300多万元支持农业机械化建设，拉动社会资金投入农业机械4200多万元，新增耕、种、收、植保等各类机械2566台（套），其中大中型拖拉机153台、水稻插秧机66台、联合收割机95台、大型谷物烘干机7台、无人植保飞机34台，全市农业机械总动力172万千瓦，比上年增长1.5%；农作物耕种收综合机械化率51.23%，提高1个百分点；水稻耕种收综合机械化率73.58%，提高1.8个百分点。

【农机推广】 2020年，韶关市各地以不同形式开展农业机械化推广演示及技术培训、农机维修技能培训等农业机械化推进活动13场，为1200多名农机大户、种粮大户提供机械化种植、秸秆机械化还田、无人机植保、农机维修等各类农业生产机械化观摩培训服务。

【农机社会化服务】 2020年，韶关市农机主管部门培育壮大农机社会化服务主体，创建省级农机专业合作社2家和广东省“全程机械化+综合农事”服务联合体1家，全市农机服务组织开展作业服务面积达2.13万公顷，比上年增长20%；当地无人机植保作业服务面积8666.67公顷，增长18%。（高 驰）

林业

【概况】 2020年，韶关市有国有林场31个（含3个省属林场），经营面积18.43万公顷（其中国有林地面积11.71万公顷）。其中，省属林场3个，经营面积6.08万公顷（其中国有林地面积5.96万公顷）；市属林场6个，经营面积3.12万公顷（其中国有林地面积2.75万公顷）；县属林场22个，经营面积9.23万公顷（其中国有林地面积3万公顷）。全市林业用地面积144.73万

红花油茶选优 （市林科所 供）

公顷，占国土面积78.6%；森林总面积137.05万公顷，森林覆盖率74.43%，活立木蓄积量9675万立方米，省级以上生态公益林面积68.57万公顷，占林业用地面积47.4%，天然林占37.91%，Ⅰ级重点保护区域占19.84%，优势树种有杉木、马尾松(广东松)、桉树和湿地松(国外松)等。

【林业产业发展】 2020年，韶关市林业产业总产值219亿元，建成竹子种植基地面积16.07万公顷、油茶种植基地面积1.64万公顷、中药材种植基地面积4133.33公顷。获新认定2020年省级林业龙头企业9家，全市省级林业龙头企业48家、省级林业专业合作社示范社13个、省级示范家庭林场11家。争取省级林下经济示范基地4个，全市建有国家级林下经济示范基地1个，省级林下经济示范基地26个，省级林下经济(扶贫)示范县5个。抽检油茶籽、竹笋、食用菌、蜂蜜、石斛等类别的食用林产品190个和土壤样品10个，抽检产品合格率100%。有11条线路和12个品牌地入选省林业局、省文化和旅游厅公布广东省100条森林旅游特色线路和100个森林旅游新兴品牌地，数量居全省第一。全市有国家级森林康养基地（试点)3个、省级森林康养基地(试点)4个、市级森林康养基地(试点)29个。有45个林产品获广东省名牌产品(农业类)称号，其中茶叶产品38个、茶油产品3个。13个茶叶产品获无公害产品认证。是年，韶关市友丰生态园林开发有限公司入选2020年中国油茶产业“百强企业”。 （桂文杰）

水利

【水利行业监管】 2020年，韶关市强化水利工程质量监管，对1家涉事企业进行不良信用行为处理。审查15家水利施工三级企业资质，组建韶关市小额水利建设工程施工企业库，当年共有29家企业入库。开展全市水利安全生产三大专项整治。完成174宗小型水库标准化建设，完成中央投资730万元、自筹资金931万元。完成217宗水库大坝安全鉴定，完成宗数位居全省第一。市县两级审批184宗生产建设项目水土保持方案，开展日常监督检查335次。完成水利部下发的418个图斑及98个省级加密图斑的复核工作，查处违法违规项目82个。完成2020年度省水利厅下达的新增水土流失面积50平方千米治理任务。开展打击水土保持违法行为联合执法专项行动，完成132宗疑似违法违规生产建设项目整改。巡查河道3.97万千米，出动人员5981人次，出动车辆1741台次，出动船只16艘次，立案查处水事违法行为106宗。开展扫黑除恶专项斗争，至年底，全市水利系统共摸排线索111件，结案106件，移交公安部门办理线索14件。

【中小河流治理】 2020年，韶关市完成23宗山区中小河流治理项目尾工建设，至年底，2015—2019年134宗项目完成竣工验收78宗。启动开展新增中小河流项目前期工作，经摸查筛选，向省水利厅上报新增中小河流项目74宗，规划治理河长504千米，投资估算14.75亿元。首期计划实施项目申请纳入涉农资金项目库，争取到2021年度涉农资金3900万元。各县(市、区)组织开展项目前期工作，其中：南雄市湖口水治理工程、乳源县大布河治理工程、浈江区大陂河治理工程、始兴县长梅水治理工程等已完成初步设计审批；浈江区犁湾河及上坝陂河准备初步设计招标；曲江区、乐昌市正在编制实施方案并同步开展初步设计工作；新丰县实施方案初稿形成待批复；翁源县完成实施方案初步设计招标；武江区及仁化县准备启动实施方案编制工作。

（刘 蔚）

水文监测

【概况】 2020年，广东省水文局韶关水文分局（以下简称“韶关水文分局”)，管辖站点包括15个水文站(含6个巡测站)，其中3个国家重要水文站，6个省级重要水文站；32个中小河流水文监测站点，其中21个水文站，11个水位站；274个雨量站，其中基本站158个；4个蒸发站；33个大中型水库水雨情监测站；11个国家地下水监测站；11个冰冻灾害站；8个土壤墒情站；87个常规水质监测断面、9个市界断面、74个韶关市重要水功能区。除水质监测断面外，其他监测站点与2019年一致。雨量、水位观测站点实现自动测报。流量自动监测方面，安装6套在线H-ADCP及1套雷达测流系统。配备雷达测速枪、GPS RTD(RTK)、全站仪、数字水准仪、水深测量仪等辅助测量设备，提高生产效率。站网建设覆盖辖区大江大河、城乡防洪重点区域和主要供水水源地，大部分中小河流布设水文站网，满足地方政府及各涉水部门解决“洪、涝、旱、污”等水问题对水文技术服务支撑能力的需求。

【水文测报】 2020年，韶关水文分局完成辖区内水文位站的测验任务和水文资料收集整理，主持完成《中华人民共和国水文年鉴2019年第8卷珠江流域水文资料第4册（北江区)》的整理编纂。2020年，局地短历时强降水频发，山区性中小河流洪水频繁，全年发生中小河流超警洪水6站次，分局发布水情预警10次，启动洪水蓝色预警9次，洪水黄色预警1次，预警短信2.55万条。韶关水文分局提前7小时向乐昌水文站、滃江水文站预报成果并进行洪水调度，化解10年一遇、5年一遇洪水洪峰。

【水环境监测】 2020年，广东省水文水资源监测中心韶关分中心建筑面积1300平方米，具有国家级计量认证资质证书，设有化学分析室、生化室、样品室、监测业务室等。中心配备ICP(电感耦合等离子体发射光谱仪)、原子荧光仪、连续流动分析仪等仪器设备。

是年，完成北江流域连江口以上区域和东江上游部分区域87个常规监测站点水质采样、分析与评价工作，监测站新增2个。站点能代表的功能区74个，覆盖率82.2%。全年完成50个河流水质站、36个水库站、1个地下水站的水质分析评价工作，其中包括国家重点水质站24个、重要饮用水源地站3个、重点水库生态站20个、市界水质站9个。新增站点4个，停测韶关钢铁厂、韶关冶炼厂2个排污口站点。

【水文监测自动化推进】 2020年，韶关水文分局小古菉水文站安装的TEZ-601全自动水面遥测蒸发站投产使用，推进蒸发观测自动化；安装滃江水文站在线流量监测系统并进行比测率定，进行岳城站移动式雷达波自动在线测流系统的比测率定，推进流量监测自动化；继续率定犁市水文站在线泥沙监测系统、便携式泥沙监测仪，推进泥沙监测自动化。

【水资源管理服务】 2020年，韶关水文分局完成50个河流水质监测站点、36个水库监测站点、1个地下水监测站点共87个常规水质站点的监测任务；做好常规监测和5个自动监测站日常巡查工作；完成2019年韶关市《水资源公报》《水资源管理年报》的编制出版；开展广东省北江流域2019年冬至2020年春枯水期水量调度评估工作；完成《2019年北江流域水资源状况报告》《韶关市2019年主要江河生态水量调度效果评估报告》《韶关市北江流域水量分配方案》《2020年韶关市枯水期生态流量调度方案》编写；为丹霞山风景区提供水文综合情况报告；开展乐昌峡水利枢纽库区水质监测工作。

【水文科技创新】 2020年，韶关水文分局与有关仪器公司合作研发“一种缆道泥沙监测装置”和“一种基于近红外光发射的泥沙传感器”等2项专利技术，取得中华人民共和国国家知识产权局颁发的实用新型专利证书。编制常见淡水藻类图谱，组织开展水质监测辖区内15座重要大中型水库藻类监测成果汇编，编制《韶关市大中型水库常见淡水藻类图谱》。自主研发“一键式”处理测量资料和输出测量记载表、“一站式”进行数据录入、整理、计算及测量登记表的标准化输出，编写在逐时水位过程线上绘制单沙过程、流量测点等3个小程序，减少人工操作造成的错误。研发水库调洪演算工具提升预报调度水平，实现韶关市境内全部大中型水库的水库调洪过程计算，提高预报调度计算效率，为大中型水库预报调度提供工具支撑。

【水文测报一体化】 2020年，韶关水文分局开展中小河流水文站水位流量关系定线工作，完成20个中小河流水文站报汛曲线的修订和完善。开展中小河流水文站相关图预报方案建模，完成大桥、京口、明星桥、汾市、三溪、周陂等6个中小河流水文站预报方案编制工作；对分局业务骨干开展资料整编、水情知识、水情作业预报实操等理论和实操培训。

【水文测站达标建设】 2020年，韶关水文分局对韶关市区的新韶水文站和韶关水位站进行安全隐患整治并率先在全省完成任务，打造韶关水位自记台及新韶水位自记台2座“网红打卡点”。5月，犁市站和新韶站2个国家重要水文站通过水利部检查。

【中小河流水文资料整编】 2020年，韶关水文分局完成分局属下32个中小河流水文（位）站2016—2019年的水位、雨量、流量的整编，并对整编成果进行合理性审查，整编成果可应用于水资源的开发利用与保护。

【水文宣传】 2020年，广东水文科普园被广东省教育厅评定为广东省中小学生研学实践教育基地。制定《新韶水文科普园突发事件应急预案》，提升科普园在接待过程中面对突发事件的应急防范能力；邀请20名水文职工家属到科普园开展“水工程与水文化有机融合”宣传活动，分局职工自编电影剧本、韶关水文微电影，宣传水文工作。水文宣传报道省网采纳158篇，省水利厅网采纳34篇，微信公众号采纳7篇。

【水文服务社会】 2020年，韶关水文分局为水务局和市应急管理局进行梯级水库防汛调度工作提供水情支撑，参与地方应急工作。为北江流域管理局和乐昌峡枢纽提供水情服务，提前预判、综合分析预测水情，全年向北江流域管理局和粤海乐昌峡报送水文预报613份。完成北江流域水资源（含取水许可监管）查询系统和湾头水利枢纽水情信息传输系统维护工作，完成项目数据同步软件的转换及上云工作。（王贵妹）

气象

【概况】 2020年，韶关市气象局获评为第六届“全国文明单位”称号，获评为2020年度政府机关绩效考核“优秀”等次，获评为2020年广东省气象部门综合考评“特别优秀单位”。

【气候特点】 2020年，韶关市天气气候总体特征表现为气温高，高温天气偏多；降水正常，阶段性明显；开汛正常，“龙舟水”极端，破日降水纪录；气象干旱阶段性严重；年末寒潮致大幅降温。是年，全市气候年景属于中等。

气温偏高　2020年，全市年平均气温21℃，偏高0.8℃（历史第一高），最高翁源21.4℃，最低仁化20.6℃。年内出现气温正距平的月份为1—3月、5—6月、11月，偏高1—2.8℃；出现气温负距平的月份为4月和8—10月、12月，偏低0.2—2.1℃。年内极端最高气温37.6—40.3℃，极端最低气温-2.6—1.5℃。全市平均高温日数（最高温度≥35℃的日数）35.4天，较常年（25.6天）偏多近10天，其中始兴高温日数（62天，全市最多）为有气象记录以来第二多。

从空间分布来看，全市各县（市、区）年平均气温均较常年平均值偏高，最高始兴偏高1.2℃，其他地区偏高0.5～1.0℃。

降水正常，降水时空分布不均　全市年平均降水量1654.1毫米，正常（常年1649毫米）。其中，最多乳源1830.3毫米，最少乐昌1421.5毫米。年内降水分布不均匀，月降水量最多6月255.9毫米，最少11月1.1毫米。与常年值比较，降水偏多的月份有

2020 年 11 月 19 日，韶关市气象局邓小良（右四）获第十五届全国气象行业职业技能竞赛暨第四届全国气象行业县级综合气象业务职业技能竞赛个人全能三等奖 （市气象局 供）

2—3 月、6 月、9 月，偏多 2～8 成，4—5 月持平；偏少的月份有 1 月、7—8 月、10—12 月，偏少 2～9 成。

季节分布：第一季度全市平均降水量 440.1 毫米，偏多 3 成；第二季度（前汛期）793.6 毫米，正常；第三季度（后汛期）387.2 毫米，正常；第四季度 32.5 毫米，偏少 8 成。

从空间分布情况来看：最多乳源 1828.1 毫米，最少乐昌 1421.3 毫米；与常年同期比较，各县（市、区）降水均属于正常。

4 月上旬全省开汛，正常。

2020 年，全市各县（地面遥测站资料）出现降水量≥ 50 毫米的暴雨平均天数 5.8 天，较常年平均值偏多 0.6 天，正常。

日照时数正常　全市各地总日照时数 1533.9 小时，与常年同期持平。

雷电灾害偏轻　全市收到 10 宗雷击灾害报告，其中，农村雷灾事故 1 宗，无人员伤亡。直接经济损失 15.2 万元。

极端气候事件　基于 2020 年天气气候特点，2020 年韶关十大天气气候事件：史上最暖 1 月；5 月第一候最高气温破纪录；年气温高，高温日数多；极强“龙舟水”破单日降水纪录；7 月气温第三高；9 月降水第三多；入秋第二早；10—11 月降水严重偏少；入冬偏早 12 天；“跨年”寒潮。

【气象预报服务】 2020 年，韶关市气象局及时分析研判，第一时间发送权威气象信息，全年启动或变更应急响应 12 次，发布各类预警信号 158 次，短信 290 万人次，发布决策报告 70 期，森林火点信息通报 95 期，《疫情防控气象保障信息》专报 117 期。全年累计开展人影作业 34 次，发射火箭弹 148 枚。完成广东省青少年锦标赛、环丹霞山自行车赛、丹霞山系列体育赛等重大活动的气象服务保障工作。“龙舟水”期间，首次提供的逐小时定点定量精细化预报，在防灾减灾救灾工作发挥重要作用。

【气象现代化建设】 2020 年，韶关市气象局开展生态气候品牌创建活动，助力新丰县获评为广东省内首个“中国岭南避暑胜地”称号，助力始兴县获评为“中国生态康养胜地”称号；完成 3 个县气象局人影标准化作业点建设；推进新丰国家大气本底站建设；国家气象卫星遥感产品真实性检验站落户仁化。建成 6 个市县气象科普场所并对外开放，累计开放约 300 场，接待中小学生、社会公众 4 万人次。市气象天文科普馆先后获评为广东省科普教育基地、全国气象科普教育基地。翁源气象观测站入选中国气象局第二批百年气象台站名录；乐昌市气象局获评为广东省文明单位；曲江区气象局获评为广东省气象现代化新型台站。

【气象改革】 2020 年，韶关市气象局通过加强灾害性气候预测预报及实施人工防雹作业，降低灾害天气对烟叶生产的影响，累计 300 公顷烟田免受冰雹灾害影响，挽回经济损失约 2000 万元。保险公司向全市巨灾保险赔付 5635 万元。印发《韶关市新农村村民集中聚集区雷电灾害风险排查实施方案》，解决城乡防雷减灾工作发展不平衡不充分问题，并作为韶关经验在全省推广；完成全市中小学校防雷设施收官之年的各项工作，保障全市 40 万名师生生命安全。

【气象科技创新和人才体系建设】 2020 年，韶关市气象局提升智慧气象服务保障能力，新丰打造“智慧气象 +”服务助推乡村振兴，南雄市智慧气象综合服务平台投入使用；《韶关市智慧气象专业服务平台》获广东省气象学会技术进步奖二等奖。韶关市气象局在 2020 年广东省气象行业职业技能竞赛中获团体第一名；在第十五届全国气象行业职业技能竞赛中，1 人获个人全能第四名，被中国气象局授予“全国气象行业技术能手”称号。 （黄少忠）

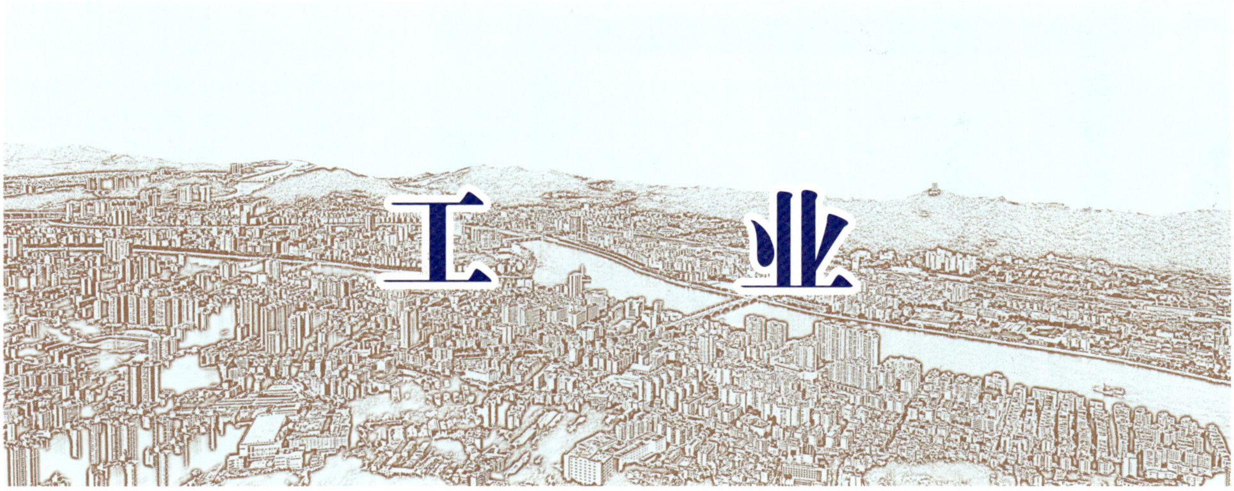

工业

综述

【概况】 2020年，韶关市统筹推进疫情防控和经济社会发展。全市实现规模以上工业增加值320.87亿元，比上年增长3%，全省排名第五；工业投资完成210.95亿元，比上年增长11.9%，增速全省排名第八；技改投资完成62.86亿元，比上年增长10.9%，增速全省排名第五。韶关市被工信部列入国家产融合作试点城市第二批试点名单，韶关新区申报工信部大中小企业融通型创新创业特色载体；韶关市健康医疗大数据应用中心建设项目申报工信部2020年大数据产业发展试点示范项目。韶关液压件厂有限公司、广东自由能科技股份有限公司、广东衡光新材料科技有限公司3家企业被列入工信部第二批专精特新“小巨人”企业名单，广东彤德新材料有限公司、博雅生物制药（广东）有限公司、丽珠集团利民制药厂、广东韶钢松山股份有限公司等4家企业项目被列入2020年广东省智能制造试点示范项目名单。广东东阳光科技控股股份有限公司牵头组建的广东省高性能电极材料创新中心获批北部生态发展区唯一一家省级制造业创新中心；韶关市被列为广东省数据中心九大集聚区之一，《大数据产业人才振兴计划》入选2020年省“扬帆计划”项目。

（李国华）

【工业产品质量安全监管】 2020年，韶关市市场监督管理局开展电动自行车及配件产品质量专项整治、危险化学品及包装物和车载罐体产品质量安全问题排查、塑料污染治理及油品质量专项整治行动。制定《2020年重点监管产品目录》《2020年监督抽查计划》，组织对全市生产领域47种138款产品开展质量监督抽查，合格131款，不合格产品检出率5.07%。在流通领域抽查产品336款，合格330款，不合格产品检出率1.79%。

【工业企业规模】 2020年，韶关市50家重点监测工业企业（集团）累计完成工业增加值259.12亿元，比上年增长1.3%，占全市规模以上工业增加值比重的80.75%。全市工业产值超10亿元的工业企业（集团）有18家，累计完成产值827.66亿元，工业增加值210.58亿元，占全市规模以上工业增加值比重65.63%。工业产值超100亿元工业企业（集团）2家，工业产值在50亿元～100亿元的企业（集团）2家，产值10亿元～50亿元企业(集团)14家。

（吴玉学）

【防疫物资生产】 2020年，韶关市协调推动口罩、消毒水、酒精等防疫物资生产，全市口罩生产企业实现从无到19家，检测合格口罩日产量最高200万只，日产能563万只，全市消毒用品日产量超100吨，从3月起口罩产量能保障市民日常防疫需求。韶关市高信塑胶制品有限公司生产的防护服密封条产能占全国70%以上，从2月11日起每日定量向重点疫区调拨防护服密封条。

【企业复工复产】 2020年，韶关市建立市县两级“1+10”网格化管理工作模式，落实网格化管理，协调帮助企业解决防控物资保障、用工、物流、融资及产业链等困难问题。全市473家规模以上工业企业于3月26日复工复产，企业复工、员工返岗率均居全省前列。出台《韶关市人民政府关于应对新型冠状病毒肺炎疫情支持企业复工复产的若干政策意见》《关于印发应对新冠肺炎疫情促进工业企业稳定发展的若干措施的通知》《韶关市人民政府办公室关于应对疫情支持中小企业渡过难关的若干政策措施》等奖补措施，安排落实省、市奖补资金近700万元对疫情防控物资和装备生产企业扩大生产方面补贴扶持；对37家工业企业在1月23日至5月14日期间获得商业银行83笔贷款进行贷款贴息，贴息204.2万元，带动企业贷款6.2亿元。

（李国华）

【推动制造业高质量发展】 2020年4月30日，市委、市政府召开全市科技创新暨制造业高质量发展大会，明确到2025年制造业高质量发展实现“5321”的目标任务。成立制造强市建设领导小组，出台《韶关市关于推动制造业高质量发展的实施意见》。韶关市被评为广东省2019年度制造业发展较好地市，曲江区、乳源瑶族自治县、南雄市被评定为制造业发展较好县(市、区)。制定出台《韶关市制造业高质量发展综合评价体系试点实施方案》，全年实现先进制造业增加值104.81亿元、高技术制造业增加值23.34亿元。 （李国华）

【企业降本减负】 2020年，韶关市落实税费减免优惠政策、新增减税降费28.86亿元，其中减免企业社会保险费12.52亿元。降低企业用电成本，221户企业参与直购电，为企业节约电费3.3亿元；对高耗能行业外执行一般工商业电价和大工业电价的电力用户，统一按原到户电价水平的95%结算电费，惠及企业11.18万户，减轻企业负担1.38亿元。降低企业用气成本，市区管道燃气非居民企业用气销售基准价每立方米由3.59元下调到3.39元，惠及企业1229户，减轻企业负担5651.18万元。落实“一免两减半”和“四减半”政策，减免租金2624.53万元。阶段性降低市区非居民用水销售价格10%，为企业节约水费165.23万元。推广应用“中小融”和“粤信融”，全年融资成交174笔，成交金额47.01亿元，其中，中小微企业成交159笔，成交金额44.03亿元。 （谢家斌）

【挂点联系企业】 2020年6月，韶关市委、市政府印发《关于调整市领导班子成员和市直部门挂点联系工业企业安排的通知》。由市四套班子领导成员和市直部门挂点联系的帮扶企业152家。挂点市领导通过调研走访企业、召开挂点企业对接会等形式了解企业诉求，并帮助协调解决企业生产经营遇到的问题。28名挂点市领导走访调研企业上百家，收集企业诉求248项，办结诉求215项，办结率86.7%，比2019年度办结率提高13.4个百分点。 （吴玉学）

【重点工业企业联席会议制度】 2020年，市政府与韶钢公司召开5次联席会议，解决韶钢公司“三供一业”中供气改造、供电改造、物业改造等相关事宜，成立韶关矿投宝龙矿业有限公司，保障韶钢公司熔剂矿长期稳定供应。11月18日，印发《韶关市政府与深圳市中金岭南有色金属股份有限公司工作对接联席会议制度》，与中金岭南公司建立重点企业联席会议制度。 （吴玉学）

【优质企业倍增计划】 2020年，韶关市实施优质企业倍增计划，收集倍增计划企业诉求124项，办结诉求111项，办结率89.5%，比2019年度办结率提高10.9个百分点。市倍增办对倍增计划试点企业进行调整，118家企业拟纳入倍增计划试点企业名单。118家“倍增计划”试点企业中，有43家企业产值和税收实现双倍增任务目标，其中22家企业产值和税收均翻番，提前实现倍增。有61家企业产值实现倍增任务目标，60家企业税收实现倍增任务目标。

（吴玉学）

大数据产业

【概况】 2020年内，韶关市制定《韶关市促进大数据产业创新发展办法(试行)》。6月，韶关市被定为全省数据中心“双核九中心”总体布局的9大数据中心集聚区之一，规划新增机架数全省第一。8月，韶关市申报的《大数据产业人才振兴计划》入选2020年省“扬帆计划”项目。10月15日，韶关市在北京举办的“京粤（韶关）跨区域产业协作对接洽谈会”上，市工信局对接跟进18个项目，其中大数据签约项目2个，跟进项目5个。12月8日，由市政府主办、市工信局承办的2020年韶关市(深圳)大数据产业招商推介会，现场意向签约企业12家，合计意向投资项目金额21.95亿元。签约杰之龙、小淼数字安全科技等一批大数据企业。

【华韶数据谷项目】 包含数据智能信息港、产业孵化加速基地和服务配套等三部分，建成总面积约58.33公顷，建设周期为5年，计划完成65亿元的投资，按T3标准建设5万个标准机柜的数据中心，并以此为主体开展政产学研用合作，搭建科研成果转化平台，并申报国家重点实验室和国家工程中心。华韶数据谷项目一期工程1号产业用房和2号数据中心大楼封顶。

【中电鹰硕数据中心项目】 总投资14.97亿元，将建成7500个高功率机柜的数据中心。项目建设用地4.18万平方米，规划建筑面积9.66万平方米，包括2栋数据中心、2栋大数据产业大楼、2栋宿舍楼。鹰硕大数据中心项目安装机柜容量调整为1.2万个。

【中国联通智慧客服南方中心项目】 一期项目于2019年8月26日投入运营。二期项目在一期项目基础上，于2020年6月签约。该项目包括广东省、上海市、江苏省、浙江省、安徽省、福建省、江西省、广西壮族自治区、海南省等省市的联通集团客服业务（合称南方9省业务），预计2021年内完成九省全部业务接入。项目建成后，直接用工超过5000人，将是中国联通4个全国性客服中心之一，是唯一在非省会城市设立的区域性客户服务中心。

钢铁工业

【概况】 2020年，韶关市钢铁工业实现工业增加值57.05亿元，比上年增长5.1%，工业增加值占全市规模以上工业的17.78%，是韶关市工业经济发展的第一支柱产业。钢铁工业主要产成品产量成品钢材893.32万吨，比上年增长9.1%，其中棒材75.74万吨，比上年增长13.7%。推进钢铁工业转型升级，被列为省先进材料战略性支柱产业集群；作为韶关市钢铁工业龙头企业，宝武集团广东韶关钢铁有限公司(简称“韶钢”)实现年产铁652万吨，达到历史新高，铁成本首次进入行业前5名；年产钢802万吨，首次跃上800万吨钢平台，占全市成品钢材总产量的89.78%。

【钢铁产业创新突破】 2020年7月5日，韶钢高三线全线热负荷试车成功，标志着韶钢工业线材产品覆盖冷镦钢、弹簧钢、易切削钢、结构钢、帘线钢、轴承钢、齿轮钢等10余个系列100余个牌号，规格组距覆盖5.5～50毫米的生产制造能力，实现全品种、全牌号、全规格的市场竞争力。11月5日，韶关市与宝武集团中南钢铁签署合作框架协议。11月11日，韶钢首创不锈钢复层螺纹钢成功。12月5日，宝武集团中南钢铁有限公司在广州揭牌。12月18日，粤韶钢铁“宝武韶钢松山生产制造基地”举行揭牌仪式，粤韶钢铁成为韶钢松山生产制造基地。（王振宇）

【重点企业】 广东韶钢松山股份有限公司 （简称“韶钢松山”）是由原广东省韶关钢铁集团有限公司独家发起，采用募集方式设立的股份公司。2020年年底，韶钢松山总股本24.2亿股，其中控股股东宝武集团中南钢铁有限公司持有12.84亿股，占总股本的53.05%，其实际控制人为中国宝武钢铁集团有限公司。截至2020年年底，韶钢松山在岗员工6410人。2020年，韶钢松山铁、钢、钢材产量分别为652万吨、802万吨、768万吨，分别比上年增长2%、8.3%、9.1%；实现营业收入315亿元，比上年增长8.2%；实现利税29.1亿元，比上年增长13.7%。韶钢松山党委书记、董事长李世平（至2020年12月）；韶钢松山党委书记、董事长解旗（12月任职）；韶钢松山总裁、党委副书记谢志雄（12月任职）。加快实施一批节能环保改造项目。完成高效发电（一期）、能源回收利用等节能项目和技术攻关，吨钢综合能耗498千克标准煤/吨。推进废气超低排、废水零排放、固废不出厂技术改造，污染物排放指标完成政府控制要求和宝武集团约束目标。公司被评为“环保诚信企业”，连续4年获评宝武集团能源环保工作优秀单位。推进16个主要智慧制造项目，推进智慧中心2.0建设，实现轧钢生产操控管一体化，完成3条高线、3条棒线、1条宽板机组的远程智慧集控，整合优化操作室28个；实施设备智能运维（一期）改造项目，实现3条高线设备的远程智能运维。探索5G技术在钢铁行业中的创新应用，建设韶钢5G+边缘云专网，打造韶钢智慧制造新亮点。通过聚焦一批“金苹果计划”和重点科研项目，持续研发投入，引进高素质人才，建立博士/博士后工作站，加快科技人才队伍建设。加强钢铁生产技术基础研究，建立内引外联的合作机制，持续提升公司技术创新能力。首次获得国家冶金科技奖1项、获广东省冶金科技成果奖14项、集团“技术创新重大成果奖”2项。2020年，公司专利申请数578件，比上年增长119%，其中发明专利395件，增长204%；新产品销售率5.3%，增长0.2%。

先后揭牌建立粤深钢、粤韶钢铁2个“宝武韶钢松山生产制造基地”，粤深钢基地炼钢和轧钢生产效率提升25%，炼钢成分命中率提升至98%，全年产品销量19.2万吨。（陈立新）

宝武杰富意特殊钢有限公司 成立于2020年4月，是由广东韶钢松山股份有限公司和日本JFE钢铁株式会社共同投资运营的外商投资企业，注册资本13.72亿元。位于韶关市曲江区马坝镇韶钢特棒厂内，主要经营钢铁冶炼、有色金属冶炼及压延等。2020年该公司两条产线大棒、中棒轧制直径20-220（毫米）的共101个规格，生产特殊钢90万吨。其中大棒特殊钢54.3万吨，中棒特殊钢36.3万吨。大棒生产15个钢种系列161个牌号，中棒生产13个钢种系列166个牌号。实现商品钢材销量79.6万吨，轧制坯12万吨。2020年，该公司生产总值31.46亿元，营业收入32.12亿元，税收2519万元。（市商务局）

有色金属

【概况】 2020年，作为韶关市工业经济支柱产业之一的有色金属工业，实现增加值32.1亿元，比上年增长6.31%，工业增加值占全市工业增加值总量的10%。全年生产10种有色金属31万吨，比上年增长8.9%。

韶关的有色金属工业主要以凡口铅锌矿、韶关冶炼厂、丹霞冶炼厂为代表。（王振宇）

【重点企业】 深圳市中金岭南有色金属股份有限公司韶关冶炼厂 2020年，韶关冶炼厂党委书记：饶东辉（至3月）；钟勇（4月任职）。厂长：钟勇。实现工业总产值30.2亿元，上缴税费1.12亿元。全年完成铅锌总产量16.2万吨（锌及锌制品11.7万吨，铅锭4.5万吨），超年度计划6.08%，比上年增长15.1%。全年实现主营业务收入29.4亿元，工业总产值30.2亿元，上缴税费1.12亿元，实现净利润超5000万元，创造十年来工厂生产经营的最佳业绩。韶冶厂先后与中南大学、广东赛迪工业和信息化研究院有限公司等专业机构及

全自动铅锭铸锭生产线在韶冶厂铅电解车间投入使用 （韶冶 供）

2020 年 12 月 1 日，中金岭南凡口铅锌矿进行为期 37 天的新旧选矿系统对接工作 （张秋利 摄）

韶关市政府有关部门明确韶冶生产区域按“工改工”模式转型升级，打造“中金岭南韶关有色金属新型功能材料绿色制造基地”，全年混合精矿处理比例超过 85%，比上年增长 26%，创历史新高；四季度粗炼系统日均产粗铅锌突破 380 吨，再创复产以来新高；优化锌产品结构，合金生产规模提升，电池级锌锭年产量创历史新高；提升贵金属元素回收率，全年产白银 102 吨，比上年增长 78.4%，创单系统年度生产历史最高水平。

承办“ISP 技术创新战略联盟”成立大会，当选联盟理事会副理事长单位；启用“刮渣”“码垛”“环集烟气脱硫无人值守”等机器人项目，减轻岗位劳动强度并实现本质安全；主导或参与制定及修订国际标准 3 项、国家标准 13 项、行业标准 27 项；全年获得 5 项国家专利授权。

深圳市中金岭南有色金属股份有限公司凡口铅锌矿 （简称“凡口铅锌矿”）年生产能力 18 万吨铅锌金属量。矿长：田志刚，党委书记：蔡文。2020 年，凡口铅锌矿开展中金岭南公司技术创新、质量创优、产能创高、管理创严、效益创好“五创”活动，完成攻关项目 17 项，采矿入选矿石品位 12.3%，采矿贫化率 12.34%，损失率 1.85%，创历史最优水平。选矿综合回收率 93.43%，再创历史新高。全年实现产值 16.74 亿元，增加值 13.71 亿元。其中 3 月产量创下凡口铅锌矿历史单月新高，获得政策支持奖励资金 3168 万元。全年排查整改环境风险隐患 50 余项，通过国家、广东省、韶关市、仁化县环保督查 40 多次。申领国家政策专项资金 1130 万元，尾矿库生态恢复二期工程、井下水澄清处理工程、尾矿管更换工程也分别获得 300 万元、330 万元和 500 万元支持。完成“选矿厂厂前水处理及回用项目”的项目建设，废水回用率达 87%以上，全矿各排放口污染物达标率 100%，连续 4 年被授予“广东省环保诚信绿牌企业”称号，被生态环境部主管单位评为“十三五节能减排先进单位”。参与编制《有色金属采选行业绿色工厂评价导则》《铅锌选矿废水处理与回用规范》《铅锌采选业绿色工厂评价要求》3 项行业标准。12 月 23 日，由仁化伟达发展有限责任公司吸收合并仁化凡口铅锌矿建筑安装有限责任公司。申报国家专利 26 项，被受理 19 项，授权专利 6 项（其中发明专利 4 项），获得“广东省企业技术创新中心”称号。全矿申报创新成果 166 项，经评审确定技术创新 17 项、岗位创新 63 项、管理创新 16 项。6 月，完成电工、钳工实操培训基地建设，基地配备电工 10 套、钳工 20 台培训实验台。12 月，完成安全虚拟实训平台建设，通过 VR 设备和技术，形成高仿真度的虚拟作业场景。凡口铅锌矿尾矿资源综合回收及环境治理开发项目、凡口铅锌矿采掘废石资源化利用技术改造项目均是广东省重点工程项目，工程于 2019 年开工，至 2020 年 12 月，尾矿资源综合回收及环境治理开发项目中的原矿抛废工程与新旧选矿厂对接工程同步完成，已经投入生产。细粒级尾砂全回收利用项目完成工业试验，确定工业参数，进入设备选型阶段。充填系统升级改造工程，完成工艺流程试验、技术参数、设备造型工作，场地平整、拆迁等工作。采掘废石资源化利用技术改造项目主体工程基本完成。新旧选矿系统对接工程 2020 年 12 月 1 日，凡口铅锌矿进行为期 37 天的新旧选矿厂对接工作，对接内容包括索道主机改造、原

2020 年 3 月，中金岭南凡口铅锌矿完成铅锌金属产量 16021.58 吨，创下历史最高纪录 （张秋利 摄）

2020 年 7 月 4 日，韶关市市长王瑞军（右三）到丹霞冶炼厂考察调研
（杜超东　摄）

矿预先抛废、5000 吨新磨浮厂房整改、利旧车间改造、自动化系统、厂前净化回水系统利用等 6 个项目，2020 年 12 月 31 日实现投料试机，比计划提前 7 天完成。2020 年 12 月 6 日，凡口铅锌矿井下南部探矿斜坡道开工建设，建设方案总长度 5918.88 米，采用悬臂式掘进机施工主斜坡道工程，工程计划分 5 年建成。1 月，凡口铅锌矿启动退休人员社会化管理移交工作，历经 10 个月，至 10 月 21 日，全矿 3594 名退休人员基本信息、人事档案全部按照政策移交到位，910 名退休党员的组织关系接转工作、退休人员活动场所资产也同步移交完成。凡口铅锌矿退休人员社会化管理移交工作，为国家节省开支超 50 万元。（张秋利）

深圳市中金岭南有色金属股份有限公司丹霞冶炼厂　（简称丹霞冶炼厂），2020 年，丹霞冶炼厂党委书记、厂长：吴涛。2020 年，丹霞冶炼厂锌锭 14.48 万吨，完成工厂年度目标（13.8 万吨）的 104.94%，比上年提高 3.74%；硫黄 4.26 万吨，完成年度目标（3.8 万吨）的 112.00%，比上年提高 8.00%；阴极铜 344 吨，完成年度目标（300 吨）的 114.51%，比上年提高 52.10%；实现主营业务收入 25.4 亿元。0 号锌品级率连续 100%，比预算高 2 个百分点；铁渣含铁平均 38.77%，比上年提高 1.76 个百分点；回转窑处理渣料 8.74 万吨，比上年提高 5.68%；锌锭加工成本降低 274 元 / 吨。依托湿法冶金实验室开展 14 项工艺优化项目及 77 项原辅材料适用实验研究，实现在复杂矿源、极端气候条件、体积浓缩等复杂工况下，保持稳定生产。2020 年，工厂入选《铅锌行业规范条件（2020 年）》企业名单（第一批），获得专利 9 项，其中发明专利 2 项；“一种从锌置换渣硫酸浸出液中选择性萃取回收镓锗铟的方法”项目获第七届广东专利奖银奖。11 月，丹霞冶炼厂成为全国土壤污染防治管理培训会现场教学点。落实“两个计划”，开展修旧利废、降低锌粉单耗等降本增效活动，降本 5280 万元。实施高酸低锌废液运行模式，降低生产运行成本约 2000 万元 / 年；研究吨包袋分类使用、梯级利用、分质处理，耗用降低；做好燃煤锅炉、污水处理站拆除物资分类管理、按需领用，降低采购费用。统筹推进智能工厂建设工作。启动锌冶炼生产数据分析系统项目，建设“数据中心”，构建实时协同智能生产体系。成立炼锌渣绿色化升级改造项目对接领导小组，推进拆库移库、老污水站清理、燃煤锅炉退出等工作，推进渣项目与现有锌系统对接的各项工作。中金岭南丹霞炼厂炼锌渣绿色化升级改造项目于 2019 年 9 月 24 日动工，该项目是广东省重点项目，总投资额约 16.9 亿元，渣处理能力达到 28 万吨 / 年，年产值预计达到 50 亿元。先期建设的燃气锅炉升级改造项目、新污水站投入运行。锌粉制备项目于 11 月下旬投入运行，自产锌粉满足生产使用需求。新停车场及外围公路建成投入使用。

（朱智祯）

广东韶关瑶岭矿业有限公司　党委书记、执行董事、总经理：邓新生。主要从事钨矿采选业和电力生产。2020 年，公司工业总产值 3002 万元，销售产值 2955.3 万元，工业增加值 3806.96 万元，主营业务收入 919.7 万元，利税总额 1255.2 万元，利润总额 801.3 万元，资产总额 1.26 亿元，固定资产净值平均余额 4170 万元，流动资产平均余额 1768.2 万元，负债总额 9322.2 万元。年末从业人数 214 人。2020 年，生产黑钨精矿 95 吨。成立“一个中心”和“两个小组”，盘活公司资产，员工安置等工作完成。查清盘准公司产品物资，通过做好库存产品处置、盘活坪山和瑶岭矿区废石。启动对坪山、梅子斜水电站的资产评估工作。启动原瑶岭 1 号尾矿库资源勘查和坪山尾矿库回采设计工作。（张　静）

矿产业

【概况】 韶关矿业公司主要有韶关瑶岭矿业有限公司、广东省大宝山矿业有限公司，其他还有韶关石人嶂矿业有限公司、韶关梅子窝矿业有限责任公司等。

【重点企业】 广东省大宝山矿业有限公司　简称“大宝山矿”，位于曲江区沙溪镇境内，下设全资子公司广东省南方特种铜材有限公司和控股子公司韶关市广宝化工有限公司，是一家主要从事矿产资源勘探、采选、综合利用、加工和销售的矿山企业，主产品有铜精矿、硫精矿、硫酸、磷铜，综合利用钨、铁、铅、锌等各类副产。党委书记、执行董事、总经理：巫建平。采场全年累计完成采剥总量 930 万立方米，应收尽收各类副产矿 300 万吨。新钨选厂解决尾矿钨含量低、综合效益不佳的问题，全年钨品位合格率 58.69%。铜硫选厂生产铜精矿

1.48 万吨，为年度计划 1.25 万吨的 118%；生产硫 + 磁硫矿 119 万吨，为年度计划 106 万吨的 112%。7—10 月，大宝山矿选铜回收率 90%以上，开创低品位难选矿选铜回收率连续 4 个月超过 90%的先河，选矿技术水平跻身国内同行前列。东线公路和南线公路运力提升，矿产品运输总量 320 万吨。利润总额创建矿以来的最高水平，上缴税费 8516 万元。付结卫获得"全国劳动模范"称号；蔡建龙获得"全国有色金属行业劳动模范"称号；南粤工匠钟国建创新工作室被命名为"广东省劳模和工匠人才创新工作室"；大宝山矿采矿部团支部被评为全国五四红旗团支部。新山片区历史遗留矿山生态恢复治理二、三、四期工程开工建设。330 万吨 / 年铜硫采矿工程项目安全设施以现场零整改的高标准通过专家组验收，成为继 7000 吨铜硫选厂项目之后再次打造的行业样板工程。大宝山隧道改造项目成为实现一周内出设计方案、两周内开工建设、45 天通火车、90 天完工的民心工程、优质工程。硫精矿质量提升系统改造项目建成投产，提高硫回收率 4.32 个百分点、品位 0.47 个百分点，基本实现"含锌高时保质，含锌低时增产"目标。完成中南部斑岩铜矿勘探项目，累计钻探进尺 1.66 万米，总见矿长度 9824 米。

（吴云粘）

2020 年 11 月 18 日至 19 日，生态环境部在韶关市组织举办全国土壤污染防治管理培训班，大宝山矿新山片区历史遗留矿山生态恢复治理一期工程被选定为现场教学点，图为参加培训班的学员在参观现场　　（大宝山矿　供）

电力工业

【概况】 韶关电力工业企业主要有韶关粤江发电有限责任公司、广东鸿源众力发电设备有限公司、韶关市坪石发电厂有限公司(B 厂)等。

【重点企业】 广东省韶关粤江发电有限责任公司　粤江发电公司隶属于广东能源集团，于 1997 年 9 月在韶关注册成立，注册资本金 10.7 亿元，由粤电力、韶关市曲江区公共资产管理中心分别持股 90%、10%。通过八期扩建先后建成 12 台发电机组，现在运机组总装机容量 1860 兆瓦(其中 10、11 号机组 330 兆瓦，1、2 号机组 600 兆瓦)，预留 2 台 1000 兆瓦机组扩建场地。公司党政负责人：高云峰。2020 年，粤江发电公司结算电量 65.91 亿千瓦时（其中基数电 7.85 亿千瓦时；年度长协电 51.66 亿千瓦时；月度竞价 3.83 亿千瓦时，结算负偏差电量 2.55 亿千瓦时)，完成年度目标的 106.23%；供电煤耗 334.14 克 / 千瓦时，比上年升高 1.30 克 / 千瓦时；综合厂用电率 8.07%，比上年升高 0.17%；机组利用小时数 2690 小时，比上年减少 37 小时；净利润 380 万元，实现五年来首次盈利。2020 年，电煤水路运量 116.32 万吨（年度目标值 80 万吨)，比上年增加 100.52 万吨，水运占比 52.25%，节约成本 2885 万元。全年采购掺烧高栏港神华煤等经济煤种 75.7 万吨，比上年增加 40 万吨，节约成本 4100 万元；掺烧煤炭平均硫份 0.84%，比上年上升 0.16%，降低原煤价 5.6 元 / 吨，节约成本 1250 万元。电力交易全年累计月竞成交率 85.71%(上年平均成交率 83%)，结合月度发电权转让降低成本 4202 万元。1—12 月"两个细则"净收入（含考核)4287 万元，二次调频结算金额 731 万元。完成 2021 年度公司长协签约电量 46.64 亿千瓦时，长协签约售电公司 3 家。汽机、环保、电测 3 个专业获得年度广东省电力系统技术监督先进称号。公司获得全国电力行业设备管理创新成果 1 项、市科技进步三等奖 1 项、火力板块管理创新一等奖和二等奖各 1 项、新增实用型专利 6 项。330 兆瓦机组 AGC 储能项目完成设备调试，投入商业运行。330 兆瓦机组供热改造项目乌石管网建设接近尾声即将投入营运，公司在协助合作方推进白土园区管网建设投运。完成 10 号、11 号炉超低排改造项目竣工环保验收检测和全厂废水零排放升级改造项目施工调试，四台机组超低排放合格率大于 99.4%。规范处置各类危废 20.44 吨，2.8 吨废联氨和 4 个放射源得以处理，公司连续 11 年获得广东省环保诚信企业(绿牌)评级。

（徐俊喜）

广东鸿源众力发电设备有限公司　广东鸿源众力发电设备有限公司是广东鸿源机电股份有限公司属下自主生产经营骨干子公司，是一家水电设备制造企业，公司占地面积 23.6 万平方米，注册资本 1.1 亿元，拥有设备 700 多台(套)，拥有自主研发的知识产权 40 余项，主要核心竞争力和主导产品是低水头灯泡贯流式机组。2020 年，工业总产值和年销售收入超 3 亿元、纳税超千万元。

（市工信局）

日本电产(韶关)有限公司　成立于 2010 年 10 月，注册资金为 500 万美元，位于始兴县黄花园工业区，是世界最大的马达制造厂商日本电产集团子公司。2020 年，该公司投入研发3500万元，实现销售额13.7亿元，较上年同期增长22.3%，其中直接进出口为3800万美元，纳税总额(除关税等外)6400万元。

（市商务局）

卷烟加工业

【概况】 韶关市有1家卷烟加工厂—广东中烟工业有限责任公司韶关卷烟厂(简称韶关卷烟厂)，占地面积约13.85万平方米，固定资产总额17.74亿元。工厂主要生产“双喜”系列品牌卷烟。2020年，韶关卷烟厂实现工业总产值66.91亿元，比上年增长1.35%，创历史新高。实现税金36.87亿元，增长0.33%。党委书记、厂长:何锦章。

【重点企业】 2020年，韶关市卷烟厂做好新版双喜（传奇）的中试和落地生产、经典HDT叶丝掺配生产、“盛世HDT叶丝”生产和各类烟丝、卷烟试制工作；重点解决水管损耗、HDT气流烟丝线计量和能源管理信息系统产量接口修正等问题。成立工艺质量改善工作组，建立阶段性工艺质量问题反馈和改善分享机制，完善防差错管理，开展防差错合理化建议、完善防差错看板等活动，从源头上减少质量差错的发生。开展烟叶松散效果和水分均匀性、部分结块烟叶剔除不完全、加料效果及均匀性、烘丝出口水分定值控制、流量稳定性提升等专项工艺改善攻关活动。启动卷接机组烟支重量控制系统维护、卷烟机后身保养维护标准和滤棒压降稳定性改善等基础研究工作。产品市场抽检合格率、包装和卷制质量抽检质量合格率均100%，市场投诉率0.008ppm（优于目标挑战值），产品质量事故“零”。固定资产投资及维修改造资金投入3487.89万元。推进切片机改造升级、膨胀线网络升级及燃烧炉控制柜改造、更换皮带秤、制丝小线异物剔除机升级改造和PROTOS70卷接机组无凸轮式分离轮改造等项目，开展片烟(A)线加料段改造升级、配比加香线掺配段改造升级项目的采购。4月“制丝线及配套工程技术改造项目”获得中国烟草总公司总体竣工验收批复。开展全员改善活动，征集合理化建议676条。推进QC攻关活动，推送的8个QC成果获广东中烟公司QC发布一等奖1个，二等奖2个，三等奖1个，单项奖3个；获广东省“南粤之星”QC成果发布金钻奖4个，金奖2个；获全国烟草行业QC成果一等奖1个。完成628名退休人员的社会化管理工作。

（曾　莹）

2020年4月，韶关卷烟厂制丝车间技术人员开展精益改善攻关活动，现场探究生产设备技术改造方法

（张玉新　摄）

新能源工业

【概况】 广东韶能集团股份有限公司简称“韶能集团”，是以清洁能源和可再生能源的投资开发与经营为主业，形成清洁能源、生态环保植物纤维制品、精密（智能）制造三大核心业务板块的上市公司。韶能集团于1996年8月30日在深圳证券交易所挂牌上市，股票简称“韶能股份”，股票代码“000601”。截至2020年12月31日，韶能集团总股本10.81亿元，资产总额128亿元，净资产52亿元；电力总装机116万千瓦，其中，水电装机68万千瓦，生物质能发电装机36万千瓦，综合利用发电装机12万千瓦；植物纤维制品业务，形成年制浆6.5万吨、造纸10万吨、可降解环保纸餐具5.6万吨的生产能力；精密（智能）制造年产值6亿元。获“2020上市公司金质量社会责任奖”。向韶关市红十字会和深圳地区捐赠一次性口罩40万个。董事长：陈来泉，副董事长、总经理：肖南贵。

【重点企业】 2020年，韶能集团完成营业收入49.59亿元，与2019年同比（下同）增长15.16%；实现利润总额3.09亿元。全年完成投资10.77亿元，上缴税费2.78亿元。建成并投入商业运行的生物质能装机容量18万元千瓦。其中：翁源生物质能发电项目4台机组全部在年度内投运；新丰生物质能发电项目5号、6号机组于12月初投运。华南特钢园精锻项目首期工程两栋厂房及一栋生产辅助用房建成投入使用，两条智能自动化锻造生产线和九条精车生产线于3月投入试生产。南雄二园区植物纤维餐具项目完成车间和成品仓库主体工程的建设工作。热力发电业务消耗指标、经济指标达到并赶超行业先进水平；精密（智能）制造业务围绕总成、整机、精锻件三大业务做强做大；植物纤维业务成为行业规模最大、效率与效益较好的龙头企业。开展10多项重大课题的技术攻关工作，部分课题初显成效。其中：餐具生产基地通过对制浆系统、模具版面、传热技术、化学品(防油剂)添加等环节的升级改造，单机产能提升13.3%以上（部分品种提升50%)、整体节能超过50%、国产浆比例从50%提高至90%以上，降低对进口浆板的依赖度。开展“修旧利废”竞赛活动，修旧利废金额合计730万元。生态环保植物纤维餐具企业通过策略性采购浆板，降低浆板采购成本；精密制造企业（宏大公司）钢材综合利用率较上年提升7.51%。将拓展餐具产业国内市场作为经营工作重点。餐具产业实现营业收入1831万元，比上年增长103%。（邓　佳）

石油工业

【概况】 中国石化销售股份有限公司广东韶关石油公司简称中石化韶关分公司，系中国石化下属驻韶销售分公司，于2000年8月16日注册成立，中石化韶关分公司为股份有限公司（国有控股），覆盖韶关辖区三区七县（市）。2020年中石化韶关分公司主营汽油、柴油、润滑油、天然气等，兼营加油站便利店、餐饮、汽服、电子商务等非油品业务，拥有92座在营加油站，加气站2座，2座在营油库、库容5.85万立方米。党委书记：潘康想，经理：黎家明。2020年，中石化韶关分公司成品油总销量比上年增幅1.6%，非油品基础品类营业额增11.3%，上缴地方税收入3789.54万元。连续五年获“广东省守合同重信用企业”称号，韶关分公司班子获广东石油年度“四好”班子，在非油品经营、零售型业务发展、项目拓展等方面获广东石油年度先进红旗。

安全环保风险可控　2020年，中石化韶关分公司开展安全风险、隐患排查，加大考核处罚力度，实现安全环保平稳运行，全年未发生安全环保事故。向上争取资金支持，完成全部油站防渗改造工作。

首座综合服务加油站投营　2020年7月24日，该公司芙蓉大道加油站投营，填补中国石化在芙蓉新城的网点空白，是韶关首家集油品、便利店、汽服、电子商务及餐饮于一体的“人•车•生活”综合服务加油站。

新业务发展取得新突破　2020年，该公司建成并投营肯德基、润滑油中心、换胎中心、烟草20支合作店等多个新项目，与3家银行、3家保险公司确定跨界合作关系，并入围“韶关惠民消费券”企业清单。

服务项目全面升级　2020年疫情期间，卡车司机出行选择高速公路出行，该公司集中资源投入到高速站点，加快推进36个司机之家建设，增设洗澡房、餐厅等，完善洗衣机、干衣机等设备设施，与市总工会联创10个“工会司机之家”并挂牌，提升卡车司机行车生活质量；该公司推进免费洗车、送甜品、免费刮玻璃等服务项目，2020年建洗车网点27座，月均洗车43879台/月；送甜品站6座，日均服务客户780人次/日。

（卢　颖）

装备制造业

【概况】 2020年，韶关市获得省级先进装备制造业专项资金1.48亿元，资金额度位列全省第二位。

【装备制造业】 2020年，韶关市有规模以上装备制造企业112家，实现增加值44.14亿元，比上年增长5.8%；装备制造业投资30.25亿元，比上年增长1.3%。新引进装备制造业亿元以上项目15个，新开工项目16个，新投产项目6个。其中，投资15亿元的忠信世纪电子材料（始兴）有限公司月产300万张布基覆铜板项目、投资3.2亿元的宏大精锻科技有限公司齿轮精锻中心项目和投资5.8亿元的乳源东阳光优艾希杰精箔有限公司年产4万吨高精度铝箔新材料项目三期项目建成投产。韶关市有4家企业获批省级智能制造试点示范项目，占粤东西北地区获批数量的80%。（高　凡）

【重点企业】 广东省韶铸集团有限公司（韶关铸锻总厂）简称韶铸集团，始建于1969年，属于国有企业，中国最大的铸锻件专业生产企业之一。主要生产铸钢件、铸铁件、锻钢件、精锻件、破碎机等。董事长：王松（任至2月），杨国华（2月任职）；总经理：杨国华（任至2月），马陆（4月任职）。全年营业收入9.45亿元，工业总产值9.28亿元。全年营业收入增长13.1%。12月，注销广东省铸锻工程技术研究开发中心。从6月开始，开展公司退休人员（含党员）管理职能移交社会化工作，至年底全部完成。技术开发立项34项，申报专利18项，获得专利授权17项，主（参）编国家（行业、地方）标准5项。开发球铁汽车零部件、异形精锻件、合金锻锭、不锈钢锭、风电主轴及PEV1416、PEV1518和JP1300新型破碎机等一批新产品。开展自主创新评定，评定创新成果14项。旗下韶关铸锻机械设备有限公司通过广东省高新技术企业认定；广东省电磁直驱智能破碎机工程技术研究中心、韶关市精锻工程技术研究中心、韶关市锻造工程技术研究中心分别通过广东省和韶关市工程技术研究中心认定。12月30日，由韶铸集团承建的搬迁入园项目“广东韶铸精密机械有限公司精密铸锻件生产基地建设（一期一批）”项目热负荷联动试产取得成功。该项目属广东省重点建设项目。项目一期一批建筑面积约1.4万平方米，主体厂房建筑面积约1.2万平方米。新增DISAD3垂直线1条、5吨熔化炉2套、配套砂处理设备，建成后预计铸铁件年产量3万吨，产值1.83亿元。3月10日，央视“老故事”频道《信用中国》栏目以“精工细作锻造实业品质”为题，刊播韶铸集团专访。

（朱　健）

韶关比亚迪　韶关比亚迪成立于2009年，包括2家独立法人公司（韶关比亚迪实业有限公司、韶关比亚迪电子有限公司），注册资金6000万元，有员工2500人，占地77万平方米，总投资22.26亿元。韶关比亚迪实业有限公司主要经营电动叉车，生产产品主要包括电动平衡重式叉车（1.5T、2.0T、2.5T、3.5T）、电动前移式叉车、电动堆高式叉车、电动托盘式叉车、电动牵引车（5T、25T）等五大类，其中电动平衡重式叉车为主打产品，在锂电类叉车市场份额中占有率50%以上。韶关比亚迪电子有限公司主要经营手机零配件，为华为、TCL、vivo、步步高、联想、三星、摩托罗拉等国内外知名企业的手机壳提供表面装饰工艺包括喷涂，印刷，NCVM等。2020年，韶关比亚迪实现产值15.72亿元，税收3200万元。

韶关市液压件厂有限公司　始建于1965年，在2003年由国营企业改制成私营企业，专业生产各种液压缸，市场涉及冶金、工程机械、港口机械、军事工程等领域。2020年，获广东省先进集体，国家专精特新“小巨人”企业称号。2020年，韶关液压件厂实现销售收入1.94亿元、税金1378万元、利润1498万元，利润总额较2019年增长22.3%。（市工信局）

韶关市中机重工股份有限公司

韶关市中机重工有限责任公司（原名：韶关市中机重工股份有限公司），成立于2007年，2020年8月完成混改重组为国有控股企业，是一座集科研、生产为一体的华南地区最具研发能力、规模最大的锻造工厂、热处理工厂和纯净钢生产企业。公司占地6万平方米，总资产约1.6亿元。2020年，公司实现产值1.3亿元，出口额1300万元。

韶关市韶瑞重工有限公司　是由世界最大的矿山机械——破碎机设备供应商芬兰美卓集团公司独资的有限责任公司，注册资本金1.85亿元。该公司位于韶关市西联镇武江科技工业园，并于2004年11月新厂建成投产。该公司占地10万平方米，厂房建筑面积5.5万平方米，员工300余人，是集研发、加工、制造、销售及售后服务为一体的专业矿山机械设备制造商。2020年，公司主营业务收入3.65亿元（不含税），纳税总额3000余万元。（市商务局）

医药工业

【概况】 2020年，全市规模以上医药制造业实现产值14.91亿元，比上年增长38.2%；实现增加值7.75亿元，比上年增长27.9%。

【重点企业】 乳源东阳光集团　乳源东阳光于1998年落户乳源，拥有电子材料、医药化工、健康养生三大产业群，已形成制药、生物科技、医疗器械、保健品、化妆品五位一体的产业布局。有员工6000余人。2020年，实现产值135亿元、销售180亿元、出口7000多万美元。

丽珠集团利民制药厂　丽珠集团利民制药厂是珠海丽珠医药集团股份有限公司下属的集医药生产、科研、开发为一体的合资企业，有员工529人，注册资金6156.1万元。拥有大容量注射剂、小容量注射剂、片剂、胶囊剂、颗粒剂等10条生产线，151个品种规格。主导产品有参芪扶正注射液、血栓通注射液、二维三七桂利嗪胶囊等，产品销往全国30多个省市。2020年，企业实现营业收入3.79亿元，利税总额1.34亿元。

博雅生物制药（广东）有限公司

博雅生物制药（广东）有限公司是一家专业研发、生产和销售血液制品的生产企业，有员工千余人，拥有17家单采血浆站，浆站数量位居国内同行业单体企业前茅。公司拥有人血白蛋白、人免疫球蛋白、乙型肝炎人免疫球蛋白3个品种，6个规格的产品。年处理血浆能力300吨。二期智能工厂工程预计总投资10亿元，年处理血浆能力1800吨血浆，该项目已基本完成主体工程。2020年，生产投料196吨原料血浆，实现年销售收入1.78亿元。（市工信局）

新材料工业

【概况】 2020年，广东东阳光科技控股股份有限公司牵头组建的广东省高性能电极材料创新中心获批北部生态发展区唯一一家省级制造业创新中心。

【重点企业】 韶关市欧莱高新材料有限公司　广东欧莱高新材料股份有限公司成立于2010年，总部设在韶关，是国家高新技术企业，生产制造新型显示用高端靶材，参与行业标准JC/T2201-2013《镀膜玻璃用靶材》的编写，是“首届中国PVD产业联盟”7家发起人之一。2020年，销售收入保持高增长态势，三年平均年增长率达40%。实施投资2.1亿元的技改扩产项目，扩大新型显示靶材的产能，建设研发检测中心，研发半导体芯片靶材。

广东衡光新材料科技有限公司

广东衡光新材料科技有限公司成立于2012年3月，注册资金1555.9万元人民币，是一家致力于水性丙烯酸聚合物乳液研发、生产、销售与服务的国家高新技术企业。公司主营生产水性丙烯酸聚合物乳液系列产品，拥有年产4万吨水性丙烯酸聚合物乳液的生产能力。衡光科技的产品销售量在广东省行业内排名前三，市场份额占比15%。获得“广东省高成长中小企业”“广东涂料30年先进企业”“广东涂料30年优秀原料品牌”等荣誉称号。2020年公司通过工信部认定为专精特新“小巨人”企业。衡光科技拥有商标2项，各项专利50项，高新技术产品19项。2020年，完成工业总产值1.6亿元，创造各项利税总额近1700万元。

（市工信局）

乳源东阳光优艾希杰精箔有限公司　成立于2002年6月，为中日合资企业。主要产品包括铝电解电容器用铝箔、汽车热交换器用复合板带箔材、家用空调铝箔等。该公司是中国唯一生产高、中、低压及阴极全系列电子箔企业，国内市场占有率第一，公司钎焊箔技术领先，是国内外高端钎焊箔市场的主供应商。截至2020年年底，该公司用工950人，营业收入23.82亿元，进出口总额1.8亿元。

建滔积层板（韶关）有限公司　是香港建滔化工集团（HK0148）下属独资企业。成立于2002年，总投资5.5亿元，位于始兴县太平镇狮石下宝石工业园，主要生产电子行业所需的基础材料——纸基覆铜面板。占地约12万平方米，年产量1300万张，产品主要销往中国东莞、深圳等地区和印度、泰国等国家。2020年，该企业用工275人，工业总产值8.07亿元，销售收入9.07亿元，其中外贸出口额占营业收入10%。（市商务局）

化学工业

【概况】 韶关市化学工业企业主要有广东硕成科技有限公司、广东自由能科技股份有限公司等。

【重点企业】 广东硕成科技有限公司　广东硕成科技有限公司（原名

“韶关聚力胶粘制品有限公司”)成立于2013年,2017年更名为广东硕成科技有限公司，总部设在韶关乳源。是国内少数几家在胶粘材料配制、涂层聚合、精密涂布工艺、技术产业化方案等方面具有领先优势的公司。目前员工近200人，占地3.33公顷。广东硕成科技有限公司的主要产品有：聚酯(PET)、聚酰亚胺(PI)、聚氯乙烯(PVC)保护膜和特种胶带材料、电镀药水、碳孔药水等六大类。2020年外贸出口额5426万元，同比增长132%，全年营业收入3.17亿元，同比增长36.29%，全年利润为2573万元,同比增长75.64%。

广东自由能科技股份有限公司

广东自由能科技股份有限公司始创于2010年6月，并于2017年11月9日挂牌新三板，注册资本2400万元，是一家集环保气雾剂产品研发、生产制造、市场营销和增值服务于一体的高新技术企业。公司总部位于广东省韶关南雄高新技术产业开发区,总占地面积10公顷,在职员工200多人。公司旗下拥有华凯五金、深圳自由能、自由能香港国际3家子公司。启动二期厂房建设,开展“精益生产管理”提升、完成“金蝶云系统”的第一次升级,拓宽“线上”销售渠道、加快产品结构的转型升级及生产制造的自动化程度。全年实现销售收入近2亿元，比上年增长近30%；纳税近1800万元，比上年增长55%以上。（市工信局）

纺织包装工业

【概况】 韶关市纺织企业主要有韶关市北纺智造科技有限公司，包装企业主要有韶关科艺创意工业有限公司。

【重点企业】 韶关科艺创意工业有限公司 该公司是香港上市企业——星光集团有限公司的下属企业，是一家以设计、生产高端创意多功能儿童图书、纸艺精品和包装彩盒的大型港资企业，产品以出口为主。该公司占地面积13.33公顷，拥有员工1500人。2020年，该公司实现销售收入2.19亿元，出口0.32万美元，上缴税收0.13亿元。（市商务局）

韶关市北纺智造科技有限公司

该公司被省工信厅评为2020广东省服务型制造示范企业，是粤东西北地区唯一一家获评为省服务型制造示范企业。2020年北纺智造成功入选工信部第五批绿色工厂。

（市工信局）

玩具模型产业

【概况】 韶关市玩具模型工业公司主要有韶关旭日国际有限公司、万达工业(始兴)有限公司等。

【重点企业】 韶关旭日国际有限公司 成立于2004年，是由香港旭日国际集团投资的大型外商独资企业，是目前粤北地区规模最大的玩具制造企业。位于韶关市西郊六千米，总投资20亿元。该公司主要生产电子、塑料、合金、毛绒等玩具产品。2020年该公司用工约1.24万人，产值约13亿,纳税总额约1920万元。

万达工业（始兴）有限公司 是香港美昌集团独资企业，成立于2001年。该公司占地面积25万平方米，厂房面积约10万平方米。公司以国际驰名自主品牌MAISTO(美驰图),BBURAGO(比美高),POLISTIL(宝力驰)，制造按比例合金模型车收藏品，畅销全球100多个国家和地区。2020年,该公司用工3222人，总产值4.28亿元,进出口总值约6902万美元。年度出口标准型货柜数量861只。销售总额4.29亿元，纳税总额3187万元(含免抵税额2737万元)。

（市商务局）

电子信息产业

【概况】 韶关市电子信息工业企业主要有至卓飞高线路板（曲江）有限公司、韶关丸仁电子有限公司。

【重点企业】 至卓飞高线路板（曲江）有限公司 该公司位于曲江区白土工业园内,注册资本1.09亿美元,占地面积13.33公顷,厂房占地面积13万平方米，有员工1200多人。该公司主要生产2～24层线路板以及高密度互连板(HDI)、电路板装配、电子器件组装件,年产量约150万平方米。2020年，该公司总产值4.44亿元，营业收入4.29亿元，纳税总额1900万元。

韶关丸仁电子有限公司 成立于1999年10月，公司注资本金358万美元，占地面积2万平方米，生产面积1.8万平方米，是韶关市引进的重点外资企业，也是接插连接线行业的领军企业之一。2020年该公司实现产值约2.1亿元，上缴税费总额240万余元。受疫情等因素影响，该公司营业利润赤字87万余元，净利润16万余元。（市商务局）

木材工业

【概况】 韶关市木材工业主要有鸿伟木业(仁化)有限公司。

【重点企业】 鸿伟木业（仁化）有限公司是鸿伟（亚洲）控股有限公司在广东韶关投资的外商独资刨花板专业生产企业,创建于2003年5月,注册资金3.02亿港币。2020年，企业用工人数178人，生产总值3.02亿元,纳税总额913.8万元。(张 榕)

商贸服务业

综述

【概况】 2020年，韶关市加快发展商贸流通、餐饮服务业，现代服务业稳步发展，全年实现第三产业增加值690.33亿元，比2019年增长1.8%。全市规模以上服务业营业收入80.37亿元。第三产业投资下降2.8%。消费品市场平稳运行。全市完成社会消费品零售总额445.3亿元，同比下降6.8%。服务业成为吸纳劳动就业的主渠道之一。

【商品消费结构】 2020年，韶关市第一产业比重趋于下降，第二、三产业比重上升，三次产业结构呈现出一种逐步高度化、合理化的良好发展势头。全市三次产业结构14.7∶34.3∶51。随着居民生活水平的提高和消费理念的转变，对时尚潮流、品质居住、智能便捷的消费需求不断提高，服装、鞋帽、电子出版物及音像制品类、建筑及装潢材料等升级类商品较快增长。基本生活类商品零售平稳增长。全市限额以上批发和零售业商品零售额中，粮油、食品类商品零售额增长16.7%；中西药品类增长10.7%；石油制品类下降22.7%；家用电器和音像器材类下降32.1%；汽车类下降1.3%；日用品类增长29.5%。

【商贸设施建设】 2020年，华南农产品交易中心果蔬批发市场完工运营；韶关碧桂园太阳城的碧城广场、保利中宇广场、富康广场、中骏世界城新天地广场、星汇商业广场、恒大商业综合体、曲江华盛达广场等商业综合体项目动工建设。市区主要的大型商业街区4个，风度名城、沃尔玛世纪广场、中环广场、摩尔城。风度路步行街和风度名城商业街人气旺销售好。百年东街、鑫金汇美食城、韶关义乌国际小商品商贸城等重点推进的特色街区项目运营良好。

（伍雪龙）

物流

【概况】 2020年，韶关市商贸物流业持续平稳发展。全年交通运输、仓储和邮政业增加值44.77亿元，比上年下降3.1%；全市货运量10384万吨，下降3.7%，货运周转量1887091万吨千米，下降5.4%；全市快递服务企业业务量完成255.03万件，增长5%；业务收入完成0.47亿元，增长26.28%。

【商贸物流项目建设】 2020年，华南农产品交易中心二期建成，水果区于8月8日开业运营，成功承接原南郊水果批发市场整体转移。广东亚北农产品冷链仓储物流基地一期开业。天韶冷链物流基地项目一期建成，二期于9月底动工。

【成功申报中央财政扶持】 2020年，在韶关市申报中央财政2019年服务业发展专项资金推动农商互联完善农产品供应链项目、获专项资金2350万元的基础上，再次成功申报中央财政2020年服务业发展专项资金推动农商互联完善农产品供应链项目，获1529万元扶持资金，惠及全市10家农产品流通企业，用于支持农产品产后商品化处理和农产品冷链物流设施建设等，支持力度位全省第二列。

【农村物流产业发展】 2020年，韶关市商务局会同有关单位联合印发《韶关市农村物流现代化总体战略》，谋划推动全市农村物流产业发展。至2020年年底，市、县、镇、村四级农村物流服务体系基本形成，全市10个县（市、区）建成县级物流节点16个，94个镇（乡）建有镇级物流节点114个、快递网点94个，全市1208个行政村建成村级物流网点1006个，通过“村村通班车”工程开展村级物流配送，物流服务覆盖率实现100%。

（伍雪龙）

商贸流通

【概况】 2020年，韶关市完成社会消费品零售总额445.3亿元，比2019年下降6.8%。全市零售额411.05亿元，占全市零售总额的92.3%。全市批发和零售业增加值106.4亿元，同比下降7.8%。住宿业和餐饮业增加值18.6亿元，同比下降13.4%。

【生猪屠宰】 2020年，韶关市推进屠宰行业转型升级，指导曲江区群达畜牧实业有限公司屠宰厂和乳源瑶族自治县食品公司生猪定点屠宰场取得省级标准化屠宰企业资格；始兴县兴民肉联厂完成异地重建工作；取消翁源县食品公司翁城肉联厂等8家小型屠宰场定点屠宰资格；加强屠宰监管，6—12月全市在产屠宰企业开展屠宰环节非洲猪瘟自检和官方兽医派驻制度“回头看”及飞行检查，保障肉品质量安全。全年共屠宰生猪50.94万头。（晏勇邦）

【连锁经营行业】 2020年，韶关市连锁经营行业保持稳定发展，与海底捞、Spar嘉荣、优衣库等全球知名连锁品牌成功签约后，部分已经进驻或即将进驻韶关；大润发、沃尔玛、益华百货、国美、苏宁、京东、美宜佳、名创优品、大参林、益丰药房、万达影城、中影影城、肯德基、麦当劳、必胜客、星巴克、维也纳酒店等国内外知名连锁商业企业在韶关持续蓬勃发展；爱心药房、东明超市、惠福超市、中发超市、诺庭酒店、杨殷奇华饼家、新星源电讯、众孝健康等本土连锁企业继续加快城乡网点布局。全市连锁经营业态日益丰富，并逐渐从单纯的快消零售向服务业领域拓展。服务行业的连锁经营广泛开展，从餐饮、住宿、洗染、速递、租赁、美容美发，向教育、娱乐、体育、中介服务、汽车养护、母婴护理等领域发展；在零售业中，连锁经营也逐渐从超级市场向社区便利店、社区生鲜店等业态发展。农村地区农副产品的销售连锁组织也得到一定程度的发展。（刘洁鹏）

【批发零售业】 2020年，全市批发零售业实现销售额851.13亿元，较上年下降8.97%。其中，批发业实现销售额607.5亿元，零售业实现销售额243.63亿元，分别同比下降10.4%和5.2%，降幅较当年一季度分别收窄17.8个和13.4个百分点。全市限额以上批发零售企业实现销售561.18亿元，占全市批发零售业销售总额的66%；全年新增限额以上批发零售企业70家，至2020年年底，全市有限额以上批发零售企业416家（批发企业208家、零售企业208家）；年销售额超亿元的批发零售企业89家（批发企业62家、零售企业27家）。（刘小飞）

【供销商业】 韶关市供销合作联社为市政府直属事业单位，公益一类，正处级，机关内设5个职能科室，核定事业编制23名。2020年，全市系统实现销售总额62.48亿元，同比增长216.35%；利润总额1317.5万元，同比增长25.02%；社会贡献总额3704.52万元，同比增长10.07%。主要经济指标均超过年度预定目标任务，年度综合业绩考核全省排名第四，获二等奖。

冷链物流骨干网建设 2020年4月，省供销社与韶关市政府签订《战略合作框架协议》，明确把韶关列为省冷链物流骨干网区域中心城市。天韶冷链二期项目从谋划、选址到开工全程只用6个月时间，开创“韶关速度”。韶关市冷链物流骨干网正式开工建设项目2个，总投资3.5亿元、规划库容7万吨，另有储备项目1个，预计投资额约7000万元，规划库容1万吨。

服务乡村振兴 初步构建市县镇村四级助农服务体系，完成1个市级助农服务平台、10个县域助农服务平台、101个镇级助农服务中心建设，对接辐射“三区七县”助农服务综合平台（中心）经营业务。开展消费扶贫工作。富农电子商务有限公司与贫困户签署购销协议，销售省扶贫认证扶贫产品87种，对接各级政府及企事业等71个单位工会开展消费扶贫，销售额548万元。参与省级现代农业产业园建设。天韶冷链物流园项目争取到省政府专项债1.6亿元，获得市生猪产业园项目1000万元资金支持。天韶冷链物流有限公司参与建设生猪（优势产区）现代农业产业园，乐昌土产公司参与建设香芋现代农业产业园，为当地产业振兴提供多样化、精准化服务。

疫情防控 开展“无接触式配送”销售各类农资商品4万余吨；帮助销售农副产品36.25亿元，调入化肥36.92万吨、农药0.8万吨，销售化肥36.23万吨、农药0.84万吨，有效保障农资供应量足价稳。积极响应国务院、省政府关于国有经营性物业减免两个月租金支持企业复工复产政策，市供销社所属企业出租物业实行“一免两减”，减免租金总额186.9万元。

基层组织建设 完成24个村级助农服务站建设，新增基层社34个、基层社社员1.43万人；新建农村综合服务社185个，新建农业生产服务中心46个，新建庄稼医院55个；新增农业社会化服务面积66.61万亩，新领办创办农民合作社（联合社）47个，新建连锁经营网点576个。进一步践行开放办社理念，吸纳优质涉农企业30家入社，全市新建村级供销

2020年9月26日，市委、市政府主要领导出席广东供销冷链骨干网天韶冷链物流园项目建设现场推进会（市供销合作联社 供）

社25家。乐昌市好方便电子商务公司获全国供销系统“金扁担”改革贡献奖。

社有企业改革 印发《韶关市供销合作联社社有企业改革方案》，重组企业集团公司，重新选聘集团经营班子，并建立社有资产管理委员会、董事会、监事会、经理层的“三会一层”现代企业管理机构。市社直属企业全年实现利润635.67万元，同比增长4.2%，实现社有资产保值增值；指导集团公司完善内控制度建设，落实企业内部审计制度，开展全资、控股企业的经济责任、财务收支、经济效益等审计，提高社有企业监督管理水平。（钟志伟）

2020年9月25日，2020年广东省粮食和物资储备行业安全生产应急综合演练举办（省粮库韶关直属库 供）

【韶关粮食购销储备】 2020年，韶关市做好疫情防控期间粮油保供稳价，加强粮食市场和价格监测与预警工作，建立健全粮食市场供应快速投放机制，粮油市场供应和价格基本稳定。理顺市级储备粮管理体制机制，印发实施《关于进一步规范市级储备粮轮换管理体制机制的通知》。全面完成首批12个粮库智能化项目建设。市粮食和物资储备保障中心、乐昌市粮食购销有限公司直属粮食储备库、乳源瑶族自治县粮食购销有限责任公司仙湖粮库、新丰县粮食储备中心库等4家粮库被省粮食和物资储备局授予“AAA级粮库”称号。全市粮食应急供应网点146个，其中应急加工网点24个，日加工能力超2000吨；应急配送中心15个，粮食应急网点实行全市乡镇（街道）全覆盖。推进落实县级成品粮油储备，各县（市、区）于2020年底前超额完成省下达的成品粮储备任务，填补县级成品粮储备空白。狠抓粮食收购，地方储备粮采购77756.28吨。完成2020年广东省粮食和物资储备行业安全生产应急综合演练暨企业安全生产标准化建设经验交流活动。抓好粮食库存常态化监管督查，“两个安全”工作无事故，完成军粮供应保障任务，部队满意率100%。（陈艳君）

韶关直属库计划轮换稻谷2.4万吨 启动粮源调查程序，到粮源地取样检摸底。与各中标客户协商，抽检，入库前和现场层层把关，确保粮食质量良好。组织好车辆装卸及后勤保障服务，减少客户运输成本。配合总公司有关部门落实财政支付，确保客户采购资金链的延续。调试保养好机械设备，登记并培训好外包作业人员，准备疫情防控物资。开展科技储粮提升工作，优化气调储粮应用手段。气调储粮覆盖全库。韶关直属库于3月底完成在库粮食气调杀虫工作，实现气调覆盖率100%。各个仓房都能维持98%以上氮气浓度30天以上，最长维持时间47天，杀虫效果明显。智能化粮库应用覆盖全员。实施智能化粮库应用全员培训。解决系统使用过程中出现的视频监控损坏、网络线路不通、个别模块故障等技术性问题。

仓房气密性改造有突破 当前筒仓空仓实测气密性实验最好成绩59分27秒，平房仓可达10分钟以上。经实仓实验，在未补气的情况下，氮气浓度维持在98%可保持47天。

节能减损效果明显 来粮除杂采取“能除尽除”的原则，确保入仓粮食杂质合格，采取边入库边均温均水的方法，控制整体粮温不至于偏高。制定分阶段通风方案，采用自然降温、小功率缓速降温通风、出库调质通风等措施，全年稻谷出库综合损耗率控制在0.6%以内。

仓储技改 安装仓内薄膜翻转放置架。薄膜使用期间，架子翻转墙壁，不影响进仓作业，薄膜不使用期间放置在架子，避免因上下搬动使薄膜刮破，穿孔损坏，影响整体气密性问题，减轻一线员工的劳动量，延长薄膜使用周期。平房仓铺设地上通风笼防堵网。韶关直属库采用单层3针密度规格6×30米无锁边普通建筑遮阳网在通风笼上铺设防堵网，减少漏粮、堵粮现象，经过冬季通风后检查发现，四个通风口并未发现有漏粮现象，通风降温及气调作业更均匀。发明创造有新突破。2020年，韶关直属库的“槽式非等分”快速分样器取得实用新型专利，该装置解决一次性抽样数量较多，需要人工进行分样操作，传统的分样器无法满足快速分样要求的问题，一次装样一次分样成功，快速便捷。自主研发制作“便携式输送带省力牵引臂”获得使用新型专利，方便设备移动。制作“开窗加力臂”小工具，使用简单，方便操作。

（吴朝阳）

【烟草专卖】 韶关市烟草专卖局与广东烟草韶关市有限公司合署办公，实行两块牌子、一套人马的管理体制，是韶关市对全市烟草市场实行专卖专营集中统一管理和烟叶生产经营、卷烟经营的机构。有16个内设机构，下辖曲江区、乐昌市、始兴县、乳源瑶族自治县、仁化县、翁源县、新丰县、南雄市8个县（市、区）烟草专卖局（分公司），截至2020年年底全市

2020年，韶关市烟草专卖局引进全省首条能实现“细、标、异”全品规半自动分拣和包装的卷烟分拣线，异型烟分拣效率由原来的520条小时，提升至7000-10000条小时 （谢亮 供）

系统有在岗员工1201人。2020年，全市烟草商业系统销售烟叶26.15万担，卷烟11.902万箱，完成“两烟”销售总收入45.94亿元，比上年增长4.62%。实现“两烟”税利总额12.02亿元，比上年增长2.1%，其中，实现利润总额4.27亿元，增长1.38%。韶关市局（公司）获全省烟草商业企业2020年度工作目标综合考核评分第三名，并连续两年在韶关市机关绩效考核中被评为“优秀”等次，是韶关市网络安全等级保护工作先进单位。

烟叶生产　2020年，韶关市落实烟叶生产收购计划，提高烟叶生产质量，实现烟叶收购均价27.53元/千克，同比增加0.73元/千克，上等烟比例66.83%，比上年提升1.14%，中部叶比例59.98%，同比提升8.32%，烟叶等级结构达到历年来最高水平。有效落实合理密植和专业化烘烤技术，2020年烟叶种植密度较往年每亩多100—200株。探索始兴县马市烟叶产业综合体试点建设，充分发挥烟农的主体作用、合作社的平台作用，2020年综合体实现总产值6194.87万元。

卷烟经营　2020年，韶关市坚持促销量、稳市场、育品牌、强网建，全市销售卷烟11.902万箱，单箱销售收入36307元，同比提升1719元；实现销售额（含税）43.21亿元，比上年增长2.6亿元，增幅6.4%；全市重点品牌累计销量11.53万箱，增加4118箱，增长3.7%，占全市总销量比重96.85%。加快推进加盟店、合作店建设，截至2020年年底，全市建成加盟店12户，合作店36户，功能店299户。客户满意度明显提升，2020年广东省烟草专卖局（公司）满意度调查得分89.39分，高于全省平均水平2.38分，保持全省第二名。

专卖管理　2020年，全市查处各类涉烟案件635宗，其中，案值5万元以上大要案153宗；破获国标、省标网络案件16宗，是2019年的四倍；查获各类卷烟8765.42万支，其中假烟1974.54万支、私烟78.06万支、非烟6712.83万支，烟叶烟丝136.32吨，案件总值4176.27万元。非烟治理成效显著，真烟外流量比上年下降36.05%。强化许可管理，完成换证工作，依法行政水平提升。

企业管理　2020年，韶关市烟草企业优化管理，全年实现降本增效241.32万元。引进全省首条能实现“细、标、异”全品规半自动分拣和包装的卷烟分拣线，异型烟分拣效率由原来的520条/小时，提升至7000～10000条/小时。推进QC管理和科技创新，获得专利授权5项，软件著作权2项，1个QC课题获行业二等奖、全省系统一等奖、“南粤之星杯”金钻奖。创建“张丹丹劳模创新工作室”和“吴云锋工匠创新工作室”，引领广大职工立足岗位、刻苦钻研。 （朱红梅）

【盐业】 广东省盐业集团韶关有限公司（简称“韶关盐业”）隶属于广东省盐业集团有限公司，是广东省国资委监管的有限责任公司（国有独资）。公司是韶关市唯一拥有“食盐定点批发许可证”的国有企业，内设4个职能部门、4个经营片区。销售网络覆盖全市三区七县（市），负责1.86万平方千米，300多万人口的食用盐、生产用盐、农牧盐供应任务和政府储备盐管理。2020年，韶关盐业公司全年盐产品总销售1.02万吨，其中，小包装食盐销售7611吨，食品加工用

2020年8月14日，省粮油和物资储备局到韶关盐业调研省级食盐储备 （韶关盐业 供）

盐销售2174吨，小工业盐销售431吨，畜牧盐销售1吨。全年营业收入3051万元，其中主营业务收入2918万元、其他业务收入133万元；其他收益（储备盐财政补贴）109万元；实现利润总额260万元，净利润116万元。

食盐质量安全管理　2020年，韶关盐业提升食盐质量管控意识，在原料采购、检验入库、仓储管理、生产运输、销售出库等环节严格落实质量安全措施与责任。公司连续4年在省级及国家级产品质量监督抽查产品检验检测无任何不合格记录，未发生过任何重大质量安全责任事故，获评广东省质量检验协会“2016—2019年连续四年广东质量检验稳定合格产品”和省盐业集团公司2020年“质量体系建设巩固年”优秀单位称号。

食盐销售渠道拓展　2020年，韶关盐业在原食盐销售渠道（渠道商渠道、连锁超市及商超渠道、大专院校饭堂大客户渠道、药店渠道、邮政渠道）的基础上，结合韶关食盐市场情况，高度切入餐饮渠道，将餐饮行业作为主攻的重点工作，由客户经理分区域上门抄单配送，以提升服务质量进而掌控终端商户。依托爱心、广安堂、乡亲连锁药店，其他便民连锁网点资源，委托销售未加碘食盐，满足特殊人群对未加碘食盐的需求。

食盐产品结构优化　2020年，韶关盐业在巩固中端食盐和普通食盐销售的情况下，结合市场需求和人们对生活质量要求的提升，推出“粤盐”品牌高质量食盐“生态海盐”，该款食盐源自广东雷州半岛生态海域，富含多种人体所需微量元素，满足韶关食盐市场对高端食盐的需求，为民众提供更多的选择。

食盐储备管理　2020年，韶关市食盐储备量2100吨，其中：省级食盐储备1100吨，市级食盐储备1000吨，承储单位为广东省盐业集团韶关有限公司。韶关盐业公司按相关要求完成省、市级食盐储备任务，全年食盐储备库存保持充足，市场供应稳定。

推进混合所有制改革　2020年，广东盐业实施以广东省广盐集团股份有限公司（简称广盐股份）为混改主体的混合所有制改革试点工作，作为下属机构，韶关盐业于2020年10月划入广盐股份公司。

（欧阳宛华）

电子商务

【概况】　2020年，韶关市商务局推进电子商务工作，成功争取2个国家级电子商务进农村综合示范县，电子商务进农村综合示范县创建工作实现全市7个县（市）全覆盖，累计获得上级资金超过1亿元。1—12月，全市快递服务企业业务量累计完成2286.35万件，比上年增长13.07%；业务收入累计完成4.01亿元，比上年增长19.32%。

【南雄市、翁源县上榜国家级电子商务进农村综合示范县】　2020年7月5日，南雄市、翁源县获评2020年国家级电子商务进农村综合示范县。其中，南雄市曾于2015年获得“国家级电子商务进农村综合示范县”称号，翁源县曾于2019年获得“省级电子商务进农村综合示范县”称号。全市商务局从完善基础设施、培育人才、政策扶持、引进平台等方面推动全市农村电商产业高质量发展。全市争取到电子商务进农村综合示范县项目专项资金超过1亿元，为夯实韶关市农村电商产业发展基础提供资金支持，实现全市7个县（市）电子商务进农村综合示范县全覆盖。

【开展“安心消费”主题线上促消费活动】　2020年8月，韶关市商务局组织开展“安心消费”线上促消费活动。争取市财政资金50万元，在美团APP、大众点评APP为韶关定制专属线上发券活动专区，向消费者发放通用券包，涵盖餐饮、酒店住宿、商品零售、休闲娱乐、文化旅游等生活服务业务，通过开展线上活动、补贴个体工商户或消费者等方式，支持个体工商户拓展业务。至12月，全市餐饮业在美团点评平台日均订单量呈快速增长态势，日均订单量较上年同期增长38.02%；日均订单金额增长44%。从韶关市吃喝玩乐游等各品类夜间消费订单量来看，市夜间经济消费额超过3700万元，日均订单量超过4万笔，增长86.35%。

【电商消费扶贫助农活动】　2020年，乐昌滞销马蹄通过京东平台一天内销售2.5万单，电商平台助销扶农举措得到当地农户的肯定。市商务局调动电商行业协会的力量，组织广东亚北农副产品有限公司、广东开心农业科技有限公司等电商企业进行产销对接，疫情期间，电商企业网上销售农产品覆盖韶关市区20多个社区、6个超市、16家生鲜店。（邓扬亮）

中介服务

【二手车市场管理】　2020年，市商务局通过落实全面取消二手车限迁政策、鼓励建设二手车交易市场、引导二手车经营主体入驻二手车交易市场、加强二手车交易市场安全隐患管理等手段支持产业聚集发展，强化二手车交易管理服务，规范二手车交易行为；宣传减少二手车经销增值税政策，促进二手车消费。至年底，全市经广东省商务厅备案的二手车交易市场共有33家，为市民提供鉴定评估、转移登记、保险、纳税等一站式服务，二手车交易量5.45万辆，同比增长31.14%。

【拍卖业】　2020年，韶关市有拍卖企业10家，从业人员48人，其中拍卖师20人。全年举办拍卖会157场次，成交额4.89亿元。拍卖业务以政府部门委托（土地、海关、公安、工商、税务、检察）为主，成交额3.32亿元，占拍卖总额的67.79%；拍卖标的物以经营权等其他项为主，成交额3.28亿元，占拍卖总额的67.08%；较大的标的物还有土地使用权，成交额0.6亿元，占拍卖总额的12.27%；房地产，成交额0.81亿元，占拍卖总额的16.56%。年度较有影响、有特色的拍卖标的物为武江河道清淤可利用料，成交额0.63亿元，占拍卖总额的12.88%。　（何新锐）

居民服务

【住宿业】 2020年，韶关市限额以上住宿业实现营业收入9.79亿元，同比下降21.7%；新增限上住宿企业20家，全市限上住宿企业共计91家；住宿设施接待过夜游客373.02万人次，同比下降81.41%。全市共有星级旅游饭店41家，其中五星级旅游饭店1家、四星级旅游饭店2家、三星级旅游饭店36家、二星级旅游饭店1家、一星级旅游饭店1家。

【餐饮业】 2020年，韶关市餐饮业实现营业收入33.15亿元，同比下降16.9%。全市限额以上餐饮业营业收入4.21亿元，下降7.7%；新增限上餐饮企业9家。全市共有餐饮单位16249家，其中，大型餐馆94家，中型餐馆1214家，小型餐馆及小餐饮等13259家，学校、托幼托管机构食堂1060家，其他食堂622家。

出台支持餐饮住宿、旅游娱乐及相关生活服务业若干措施　2020年，市商务局会同市财政局、市人社局等有关部门，研究制定《韶关市关于进一步支持餐饮住宿、旅游娱乐及相关生活服务业若干措施》，采取减租减税降费、指导复工复产等一系列措施帮助企业复市。9月到12月，国有物业对小微企业和个体工商户租金实行“减半”，并动员非国有物业减免租金，按减租金额给予相应税收减免和财政奖励，相关企业水、电、燃气价格分别下调10%、5%、5.6%，采取促消费活动活跃服务业市场，行业发展指标逐月向好。

举办第二届“粤菜师傅”技能工匠大赛　2020年10月28日至29日，由韶关市人力资源和社会保障局、韶关市餐旅烹饪协会主办的第二届“粤菜师傅”技能工匠大赛在市高技能公共实训基地举行，副市长高冬瑞参加活动并为获奖选手颁奖。大赛有18支代表队150名选手参加，莫永辉等10名选手获得“韶关市技术能手”称号。

认定省级“粤菜师傅”培训基地和省级“粤菜师傅”大师工作室　2020年，经自主申报、专家评审，市人力资源和社会保障局组织认定，翁源县中等职业技术学校和韶关市烹饪职业培训学校为广东省“粤菜师傅”培训基地，南雄市南雄迎宾馆的肖兴仪工作室和仁化县醉三鲜大酒楼餐饮有限公司的神三强工作室为广东省“粤菜师傅”大师工作室。

举办第二届“粤菜师傅”特色餐饮名店、风味名菜和风味名点（小吃）评选活动　12月8日至26日，由市人力资源和社会保障局主办，韶关报业传媒有限公司、市餐旅烹饪协会承办开展第二届“粤菜师傅”特色餐饮名店、风味美食评选活动。通过“韶关新闻网”等微信公众号线上82万人次参与网络评选，以及专家评审推介，评选出6家韶关市特色餐饮名店、10款“韶关名菜”和10款“韶关风味名点”。

参加第三届粤港澳大湾区“粤菜师傅”技能大赛暨粤菜文化交流活动　12月27日至28日，第三届粤港澳大湾区“粤菜师傅”技能大赛暨粤菜文化交流活动在广东顺德华侨城举行，韶关市6名选手、1名教练和2名裁判员组团参加。参赛选手潘鹏宇、叶呈源分别获得大赛中式烹调师·“粤菜师傅”客家菜系项目三等奖和优胜奖，骆海金获得中式烹调师·“粤菜师傅”新星组二等奖，张思莹获得中式面点师·“粤菜师傅”新星组优胜奖。

【家政服务】 2020年，韶关市家庭服务机构412家，家庭服务从业人员5560人，覆盖保洁、母婴护理、养老护理等10多个家庭服务门类。家政服务业向“互联网+家政”发展，嘉源汇、碧桂园生活服务公司推出韶嫂在家、凤凰会等微信小程序，开启本地家政服务线上点单、线下服务模式。

7月至10月，韶关市家庭服务业协会在分别在浈江区、武江区等10个县（市、区）成立韶关市家庭服务业协会分会并完成挂牌仪式，以此加快家政服务业发展，推进“南粤家政”工程开展。

举办韶关市首届“南粤家政”职业技能大赛暨“韶关保姆”评选活动　2020年7月至9月，市人力资源和社会保障局牵头在韶关学院医学院举办首届“南粤家政”职业技能大赛暨“韶关保姆”评选活动。全市170多名育婴、养老护理相关行业的技能好手参赛，通过理论和实操竞赛，最终评选出“韶关保姆”“丹霞月嫂”各20名，“韶关市技术能手”12名（育婴员、养老护理员各6名）。

参加广东省第一届“谷丰杯”职业技能大赛　8月，韶关市家庭服务业协会选拔9名选手（育婴员组3人、养老护理员组6人）参加省人社厅组织的广东省第一届“谷丰杯”职业技能大赛。其中，育婴员组获得全省团体第三名，其成员张双芬获得个人第四名和广东省技术能手称号；养

2020年12月27日，第三届粤港澳大湾区“粤菜师傅”技能大赛暨粤菜文化交流活动
（市商务局　供）

2020 年 11 月 20 日，莞韶家政扶贫对接会企业签约　（市商务局　供）

老护理员组的宋洁煌获得个人第二名和广东省技术能手称号，其余 5 名成员获得优秀选手奖。

参加 2020 年广东省“南粤家政”服务业职业技能竞赛暨全国家政服务业职业技能竞赛广东选拔赛　8 月 31 日至 9 月 1 日，韶关市家庭服务业协会组织参加省总工会组织的 2020 年广东省“南粤家政”服务业职业技能竞赛暨全国家政服务业职业技能竞赛广东选拔赛。韶关市代表队获得养老组团体第二名，省“五一劳动奖章”获得者黄健获得养老护理组个人全省第一名，并被评为广东“最美家政人”，周海燕获得养老护理组个人全省第三名；育婴员组庄淑仪、梁丽容、邓美燕获得“优秀选手”奖。

评选 2020 年度家政扶贫示范企业和家政就业带头人　2020 年，市商务局组织评选 2020 年度家政扶贫示范企业和家政就业带头人，经各县（市、区）商务局和市家庭服务业协会初审推荐，市商务局组织专家集中评审、社会公示等环节，评选出韶关市嘉源汇人才信息咨询服务有限公司等 4 家家政企业为“韶关市 2020 年度家政扶贫示范企业”，郭沁奇等 5 人为“韶关市 2020 年度家政就业带头人”。

开展家政扶贫对接活动　11 月 19 日，市商务局组织开展莞韶家政扶贫对接系列活动，指导莞韶家政协会与企业签订合作协议、建立合作机制，并在现场举办家政扶贫招聘会。参加莞韶家政扶贫对接系列活动的企业 27 家，莞韶企业现场签订合作协议 31 份，现场达成就业意向 10 余人。

推进家政服务业信用体系建设　2020 年，市商务局组织各县（市、区）商务局开展家政服务业信用体系建设推进工作。至年底，全市在“广东省家政服务公共平台”注册、录入信用信息的家政企业 99 家，录入信用信息的家政从业人员 1898 人。

做好春节期间家政服务保供应工作　2020 年春节前夕，市商务局指导韶关市家庭服务业协会发出倡议，号召家政从业人员留韶过年、配合防疫工作。同时动员家政企业参与春节期间不停业、保供应活动。全市共有 28 家家政企业参加春节家政服务保供应工作，累计收到服务订单 991 个，为 693 个家庭提供家政服务。

【养老服务】　截至 2020 年 9 月，韶关市 60 周岁及以上的户籍老年人 57.48 万人，占户籍总人口的 17.06%。2020 年，全市有公建民营养老机构 2 家、区域性敬老院 3 间。有城乡社区养老服务设施 2848 个，其中城市 230 个、乡镇 91 个、农村 810 个，城市社区养老服务设施覆盖率 100%、乡镇养老服务设施覆盖率 95.7%、农村养老服务设施覆盖率 67%。养老机构 118 间（其中民办养老机构共 20 家），共有养老床位 18931 张（其中护理型床位 2577 张）。全市有 106 家养老机构与周边医疗机构签订合作协议、9 间养老机构内设有医务室，医养结合机构 9 家、床位 712 张。全市有三星级养老机构 1 家、二星级养老机构 1 家、一星级养老机构 5 家。市辖区建立 13 个功能较完善的居家养老服务示范中心、建立“中心厨房 + 配餐点”模式的长者饭堂试点 17 个，农村建立 79 个养老服务“幸福计划”项目；推进“互联网 + 智慧养老”，市级智慧养老服务平台建设及运营项目建设推进。在市辖区建立 13 个街（镇）一级城市社区居家养老服务中心试点，每年安排市级福彩公益金 300 万元用于运营经费，每年安排市级福彩公益金 400 万元用于提升韶关市农村养老服务的能力和覆盖面。累计投入市、县级财政资金 5883 万元用于全市敬老院消防设施设备、基础设施等软硬件条件的改造和提升工作。

（周子亮）

信息业

智慧韶关建设

【概况】 韶关市是广东省5G基站和数据中心"双核九中心"总体布局的9个数据中心集聚区之一，2015年2月5日，韶关市"智慧城市"建设工作启动会议召开；2017年4月，深圳市中证城市发展投资基金管理有限公司、华为技术有限公司在深圳共同签订《智慧城市及大数据合作框架协议》，2018年，亿航智能在广东省韶关市建成全国首个智慧城市指挥调度中心，是应急指挥的决策指挥层面媒体工作平台。2020年，韶关市开启5G智慧医疗模式。

2020年12月17日，公司与乳源人民政府签署5G+智慧区县战略合作协议 （韶关移动 供）

【5G战略合作】 2020年，韶关市政府与韶关移动签订《5G智慧城市及大数据产业合作框架协议》，为推进韶关市智慧城市、大数据产业建设提供支撑。在与韶关市工业和信息化局共同举办的5G+智慧应用推介大会上，韶关移动与11个产业园达成5G战略合作，推动城镇数字经济发展。韶关移动与粤北人民医院签约"共建5G医院的互联网+智慧医疗体系"合作协议，韶关市开启5G智慧医疗模式。

【华南数谷鹰硕大数据中心项目动工】 2020年3月1日，位于韶关市武江区莞韶城黄沙坪创新园的、总投资23亿元的华南数谷鹰硕大数据中心项目动工。该项目建设将遵循数字中国现代数字城市的顶层技术生态设计要求，打造以"高定制化数据中心、安可云示范中心、算力供应中心"为驱动，集数据应用展示、创新孵化、科研智造、配套服务为一体的数字经济"产学研"新城，建成大数据中心。

数字政府建设

【"数字政府"政务云平台建设和应用】 2020年，韶关市加强广东"数字政府"政务云平台韶关节点建设。截至年底，累计发放云主机483台，部署电子政务办公业务系统集约化平台、工程建设项目审批管理系统、"粤省事"韶关专版（住房公积金、社保事项）等9个政务信息系统。推动各部门信息系统迁移上云。全市118个单位的信息系统已迁移上云，上云率81.36%。

【电子政务集约化升级改造】 2020年，韶关市高标准规划建设韶关市一体化协同办公平台，实现在市县（市、区）镇（街道）村（居）四级党政机关、事业单位和国有企业应用全覆盖，打通乡村协同办公"最后一公里"，实现办文办公"马上办、指尖办"，并通过与省电子公文交换平台对接的方式，初步实现省市县镇（街道）村（居）五级横纵联通、全域覆盖的公文交换体系。截至年底，注册用户超7万户，日均办理公文1.6万多宗，全市办文办公效率提升。

【"粤省事"韶关专版建设】 2020年，韶关市加强"粤省事"韶关专版建设应用，推动更多高频事项上线"粤省事"韶关专版，办理上线公积金查询、提取及社保医保查询、办理等政务服务事项42个，实现更多政务服务事项"指尖办、随时办"。截至2020年年底，"粤省事"韶关专版上线事项844项，全市注册使用"粤省事"人数近200万人。

【"12345"政府服务热线（含网络问政）平台整合】 2020年，"12345"政府服务热线（含网络问政）平台整合韶关市政务咨询、民生诉求和行政效能投诉业务的21条热线和12个系统，建成集政务咨询、民生诉求和行政效能投诉等为一体的韶关市"12345"政府服务热线。平台上线单位929个，收录知识点1.8万条，累计受理企业、群众咨询投诉工单80多万件。

【工程建设项目审批系统建设】 2020年，韶关市按照"五大类型项目分类管理、三条工作主线并行推进、四个审批阶段并联审批"的模式，建成"横向到边、纵向到底"的工程建设项目审批管理系统，在市和县（市、区）推广使用，实现全市工建项目审批"一张网""一盘棋"。系统累计办理业务3000多件，涉及项目2000多个。

【"互联网+不动产"登记系统建设】 2020年，韶关市建设推广覆盖政务服务网、"粤省事"、实体大厅、自助设备4个入口的"互联网+不动产"登记系统，梳理上线163项不动产登记情形，面向全市群众提供不动产交易、登记、纳税、缴费、民生服务等"一窗式"服务，在市和县（市、区）上线应用，全市累计收件数3万多宗。

【公共资源交易一体化平台建设】 2020年，韶关市整合建设集政府采购、建设工程交易、国土资源交易、产权交易等业务于一体、覆盖全市的公共资源交易平台，实现"服务便捷化、信息透明化、业务集中化、监管一体化"。新版小额建设工程交易系统于9月上线，办理业务200多宗，国土资源交易、政府采购、产权交易、建设工程及服务平台等其他业务模块部署上线。

【"数字政府"网络信息安全保障】 2020年，韶关市做好全市网站内容安全工作。加强对全市政府网站日常管理和内容监测，截至年底，累计发现错敏信息2200多处，避免涉密信息、敏感信息、错误信息、不良信息在网络上传播。开展网站（系统）安全云防护。委托第三方安全服务公司对市政府门户网站、"一门式一网式"系统等120多个网站（系统）提供安全云防护。累计拦截攻击网络2亿多次，保护各政府网站（系统）的安全。

【政府网站建设、监测和考评】 2020年，韶关市组织第三方开展全市政府网站检查、监测工作及市政府网站自查自评工作。完成《韶关市人民政府公报》专栏建设。按照省相关要求及市政府有关批示，建设上线政府门户网站《政府公报》专栏与政府公报微信小程序。

【省政务大数据中心韶关分节点建设】 2020年，韶关市争取成为省政务大数据中心地市分节点的试点，在省支持下，推进大数据门户、需求管理系统及数据中台等的部署，并开展编目挂接、数据回流等工作。

【政务信息共享平台推广应用】 2020年，韶关市推进市政务信息共享平台应用，建成全市统一的政务信息资源共享交换平台。采集省回落的韶关人口、法人、信用、电子证照、地理、"互联网+监管"、网办、医疗救助等数据9300多万条；编制发布政务数据资源目录。完成市直单位及县级政务信息资源目录的梳理编制，在省信息资源目录系统编制发布共享目录4300多个；采集汇聚政务数据。依托市政务信息资源共享交换平台横向采集48个单位社保、公共信用、统一申办受理平台网办数据、市"12345"热线平台工单数据、"互联网+监管"专题数据等政务数据3050万条。纵向获取省下放的人口、法人、信用数据、红黑名单数据及医疗救助信息数据等1.4亿条；推进政务数据共享应用。向中小微企业信用信息和融资对接平台推送58个信息类数据1405万条。向智慧警务平台推送275个信息类数据842.6万条。推送省下放的医疗救助数据255万多条到医保系统。向税务局提供涉税相关数据400万条。向市发展和改革局信用平台推送30个信息类数据共5750.3万条。

【电子证照签发和用证实施】 2020年，韶关市完成工程建设项目审批系统和"互联网+不动产"登记系统与省电子证照系统对接，推进电子证照签发和用证工作，发布《韶关市政务服务事项免证办清单（第一批）》，市级200多个事项可通过电子证照系统调用居民身份证等高频证照，群众无须提交纸质证照。根据事项标准化，完成县级和镇村约4万个用证事项的配置，并逐步推进应用。推进电子证照制证签发配置，开展电子证照认领和签发，在市、县两级配置劳务派遣经营许可证等100多个电子证照签发模板，全市签发电子证照种类100多种。 （尹德雄）

【审批流程提质增效】 2020年，韶关市规范统一政务服务事项标准，先后在全市推广实施3批1275项县级政务服事项标准，实现全市10830项事项统一办理。延伸拓展基层服务能力，推动高频县级事项下沉到镇村工作，推广2批415项事项延伸至镇村办理，群众在镇村可办事项558项。提高办事集约化水平，推进事项办理只进一扇门、只跑一个窗、只上一张网，实现市、县服务大厅事项进驻率93.47%，市、县政务服务事项网上可办率90.35%。推进政务大厅标准化建设，全市建立1584个实体政务大厅，1795个综合服务窗口，一线窗口人员超1800人，武江区服务大厅税务专区打造为全省标杆示范区，新丰县、乳源瑶族自治县新政务服务大厅投入使用，仁化县、始兴县对政务服务大厅进行升级改造。

【营商环境优化】 2020年，韶关市促进企业复工复产，上线企业复工复产扶持政策事项16项，累计为企业办理扶持政策业务200多宗，实现复工复产扶持政策兑现。深化企业开办服务，整合营业执照领取、公章刻制、银行开户、发票申领等环节，线上开设企业开办专区，线下设立企业开办专窗，实现企业开办“一窗受理”“一日办结”。设立帮办代办服务，开通“绿色通道”快速审批快速办理，提供预约办、就近办、“最多跑一次”、马上办、容缺受理及双向快递服务等便利化服务。加快集约化平台建设，升级完善工程建设项目审批管理系统及推广应用，实现全市工建设项目审批“一张网、一盘棋”；建设韶关市“互联网+不动产登记”系统，实现抵押登记2个工作日内、其他登记类型4个工作日内办结。

【政务服务措施完善】 2020年，韶关市推广“一件事一次办”服务模式，开展第一批51个、第二批39个联办事项认领实施和录入工作，完成875个联办事项认领实施和录入工作。推进政务服务事项“跨域通办”，实现江西赣州、湖南郴州50个事项“跨省通办”，实现广州、东莞省内11个地市59个事项“省内通办”，实现全市444个事项“全市通办”。推进政务服务事项进建行网点，在建行网点智慧柜员机上线高频政务服务事项，韶关市、县行政区域建行31个网点、104台智慧柜员机，进驻近100项高频政务服务和金融服务事项，打造“一号接听”平台，“12345”政府服务热线整合21条以“123”开头的政务热线和12个系统平台，构建以电话、网站、微信公众号为一体的多渠道服务体系。

（王楠楠）

【公共资源交易】 2020年，韶关市公共资源交易中心受理入场交易项目1.19万个，比上年增长71.88%，交易总金额242.01亿元。其中，建设工程交易项目1675个，交易金额175.07亿元，节约9.84亿元；政府采购项目135个，采购金额4.93亿元，节约0.20亿元；国土交易成交交易项目179个，成交总金额58.52亿元，增值1.64亿元；产权交易成交交易项目438个，交易总金额3.47亿元，增值0.26亿元；网上中介服务超市完成采购交易9536个；提供专家抽取服务1082批次，抽取专家人数6030人次。

【中介服务管理】 韶关市加强和规范中介超市管理，优化中介超市选取规则和流程，采取多样、灵活、科学的选取方式，业主选到优质中介机构的概率增加，对选取流程进行优化，实现中介机构入驻和项目交易全流程网上办、零见面、零跑腿。

【建设工程企业交易管理】 2020年，韶关市加强小额建设工程施工交易管理，建立全市统一的房屋建筑和市政工程、交通公路、水利、能源电力小额工程企业库，改变原来市、县两级各部门多头管理格局，规定入库企业需取得一定业绩，且必须在韶关市注册，促进市建筑企业发展壮大。

【建设工程投标保证保险降费提速】 2020年4月，韶关市降低投标保证保险业务收费，将原固定保险费率（0.8%）调整为定额保险方案，全年通过建设工程交易系统实施保证保险项目822个，办理建设工程投标保证保单4001宗，为建筑企业盘活运营资金7.12亿元。 （郭冠文）

通信业

【概况】 2020年，韶关市通信服务主要代表是电信、移动、联通公司在韶关分设的运营商建成5GSA网络，实现县城及以上区域连续覆盖。电信公司优化4G网络，新增光端口2.2万个，实现城市和行政村100%全覆盖，自然村普遍覆盖。移动公司为44万家庭提供光线宽带服务，企业专线超1万条，开通市卫健局和粤北二院5个5G站点，为70多个医疗机构8000名医护人员提供欠费免停机和10086优先接入服务；开展全市首个信创项目，提升政务领域信息安全，建成“智能云广播”“智慧水务”等信息化服务系统，6个区县开展“雪亮工程”网络平台。联通通信公司推进产业数字化数字产业化，累计建设5G基站537座，5G网络路面覆盖率90%，实现5G网“电联一张网”目标。4G覆盖扩大，新增物理站点339站，全网覆盖率93.14%；全国最大的区域性呼叫中心成功落地韶关，完成广东省、海南省、广西壮族自治区等7个省的话务集约至韶关；承载70多个政务系统，用户满意度提升。

【电信】 中国电信股份有限公司韶关分公司（以下简称“韶关电信”），是中国电信在韶关的当地网企业。下辖城区、南雄、曲江、乐昌、翁源、新丰、仁化、乳源、始兴9个县级分公司，63个营销服务中心，服务网点遍布全市城乡。承担韶关地区普遍服务、党政专网通信、应急通信、战备通信和抗洪救灾通信保障等任务。

电信通信基础设施建设 2020年，韶关电信推进新基建，跨过NSA直接采用SA模式建成5GSA网络，实现县城及以上区域连续覆盖，发布“网定制、边智能、云协同、应用随选”的5G定制网解决方案，为行业客户提供“网边云用服”五位一体的定制网融合服务，实现“云网一体、按需定制”。通过采用高低频协同方式，优化4G网络。新增光端口2.2万个，实现城市和行政村100%覆盖，自然村普遍覆盖，下一代OTN与STN网络初具规模，新增29个乡镇波分成环保护，网络健壮性增强。云机架占用比上年增长25%，天翼云存储能力比上年增长55.6%。

云网物安支撑地方发展 2020年，韶关电信支撑韶关市智慧政务、医疗、教育、工业等信息化项目建设，包括支撑平安城市、雪亮工程、智慧应急、智慧城市、智慧农业、智慧工业园等具体项目。基于中国电信物联网开放平台和联合行业生态，打造韶关智慧社区服务，提供综合治理、公共安全、便民惠民、公共设施、绿色宜居等服务，将社区各项基础设施及社区服务连成有机整体。加快推动企业上云，助力传统产业转型升级，累计向全市520多家中小企业提供云资源服务。

电信安全保障 2020年，韶关电信参与市委、市政府网络安全信息化建设工作，入选韶关市2020—2022年度网络安全技术支撑单位，完成新冠肺炎疫情防控、“两会”等重大会议及活动的网络与信息安全保障及开展互联网暴露面整治、“扫雷2020”等专项工作；累计拦截高危号码2.02万次，骚扰电话处置224条，诈骗电话处置348条，垃圾短信处置212条，处置率100%，保障消费者权益。（刘 涛）

【移动】 中国移动通信集团广东有限公司韶关分公司（以下简称“韶关移动”）是中国移动通信集团广东有限公司驻韶关分支机构。2020年，有职能部门8个，中心7个，下辖市区、曲江、乐昌、翁源、南雄、仁化、乳源、始兴、新丰9个分公司。是年，韶关移动业绩考核排名全省第一。通信服务收入比上年增长9.33%，超行业增幅1.3个百分点；收入份额超63%，增长0.8个百分点。服务移动客户超200万户，为44万户家庭提供光纤宽带服务，企业专线超1万条，面向各级中小企提供固网连接数超3万条，服务集团客户超3700家，物联网连接数超56万户。新冠肺炎疫情期间，韶关移动出动保障通信超200人次，重点保障全市11个疫情防控指挥机构、13家重点医院、23个交通枢纽。紧急开通市卫健局和粤北二院5个5G站点，为70多个医疗机构近8000名医护人员提供欠费免停机和“10086”优先接入服务，减免驰援武汉防疫团队的通信费用，为疫情防控提供网络保障。累计为各级政府提供81份大数据分析报告，协助政府免费发送超1亿条防疫短信，为全市80多万用户免费开通防疫公益视频彩铃服务，主动为防疫作战单位提供云视讯、和对讲、视频彩铃、红外测温等10余项特色服务，为超2万名学生及企事业单位职工免费提供远程云视讯服务，为12家医疗单位提供45台和对讲终端。全年韶关移动推进信息基础设施建设。开通5G基站614个，提前半年完成市委、市政府下达的建设任务，实现各区县城区连续覆盖和镇镇通，重点区域平均5G覆盖率超过97%。推进光网建设，行政村光缆实现100%覆盖。完成739个20户以上自然村和373个行政村的覆盖，达成信息化助力脱贫攻坚任务，在农村区域新增布设光纤1876千米，新增7.9万个光纤用户。城区100%具备千兆网络开通能力，信息惠民工程群众共享，促进各行业信息消费。服务投诉下降量29.79%，客户满意度提升2.9个百分点。完成1256个网络问题点攻坚，干扰投诉下降明显，游戏时延下降50%。手机上网满意度、家宽整体满意度、装机服务满意度实现领先。参与“数字政府”与“智慧城市”建设。开展全市首个信创项目，提升政务领域信息安全。在民生领域打造智慧城市标杆，建成“智能云广播”“智慧水务”等信息化服务系统，并拓展全省首个治超非现场执法项目；推进平安城市与平安乡村建设，在翁源县、乳源瑶族自治县等6个区县建设“雪亮工程”网络平台，助力实现社会治安防控“全覆盖、无死角”。执行27项通信保障任务，其中节假日专项保障6次，自然灾害防御保障2次，疫情保障1次；演练5次，含现场实地演练2次、桌面推演3次；集体获省公司2020年应急保障突出贡献奖。对互联网暴露面资产、大数据安全、新业务安全等重点领域进行监督，整改漏洞隐患，协助关停诈骗、骚扰、涉案号码3000多个。（聂圣怡）

2020年12月16日，韶关移动与韶关冶炼厂开展5G+智慧冶金战略合作协议签约仪式 （韶关移动 供）

【联通】 中国联合网络通信有限公司韶关市分公司（以下简称“韶关联通”）是中国联合网络通信有限公司广东省分公司在韶关的分支机构，市公司本部于2020年8月搬迁至高新区百旺大道华科城双创中心，下辖各县（市、区）分公司。2020年，韶关联通推进产业数字化数字产业化、高质量融入“双区”建设等一系列发展布局，为产业发展“赋能”“赋智”，助力韶关社会经济加速创新转型和高质量发展。累计建设5G基站537座，5G网络覆盖韶关城区主要区域，路面覆盖率90%，实现5G网“电联一张网”目标。4G覆盖扩大，新增物理站点339站，全年开通共建共享基站小区1051个，全网覆盖率93.14%。加大传输基础设施建设，全年新增建设传输管道94千米，联通粤北云数据中心机房建成4条冷通道、100余个机柜，业务接入能力较上年提升。完成仁化县、始兴县100个20户以上自然村光网建设任务。启动重保应急预案，完成政府防疫专项——南雄市防疫卡口专用网络建设，完成韶关防疫指挥中心韶关市卫健局和定点救治医院5G基站开通，完成疫情防疫站点、市区内汽车站点和火车高铁站点网络排查及优化。组织对医疗

2020年6月23日，韶关市人民政府与广东联通签署全面合作协议，中国联通智慧客服南方中心落地韶关　（韶关联通　供）

卫生系统与党政机关单位的医疗专网、互联网电路、固话电话以及通信基站实施7×24小时监控，派出45名技术人员、12辆应急通信车辆，组成11支保障分队，每日对重保区域进行线路巡线，保障疫情防控第一线网络畅通。完成防汛、防寒、“穿越丹霞50千米徒步赛”、南雄等地农民丰收节等30余次重大活动应急通信保障任务。严守“实名制”红线，通过“技防”+“人防”确保全量新入网用户稽核100%覆盖，电话实名率100%。常态化推进骚扰电话、诈骗电话和垃圾短信治理，优化沃猎网系统，实现问题号码自动关停；全年实现网络安全事故零发生、数据安全及用户信息零泄漏。6月23日，韶关市人民政府与广东联通签署全面合作协议，韶关联通推动合作协议落地落实，在BPO、数字政府、医疗信息、工业互联网、农业信息化等领域为传统产业“赋能”“赋智”。截至年底，全国最大的区域性呼叫中心中国联通智慧客服南方中心落地韶关，并完成广东省、海南省、广西壮族自治区、福建省、江西省、安徽省、江苏省等7个省的话务集约至韶关。“数字广东”政务云韶关节点建设推进，承载韶关市移动办公业务平台、工程建设项目审批系统、“粤省事”韶关接口等70多个系统，运行状况良好。承建并建成广东省公安厅（韶关）容灾备份中心。助力申报韶关市健康医疗大数据应用中心建设项目入围工业和信息化部2020年大数据应用示范项目。完成韶关MEC边缘云地市节点的建设部署，拓展工业互联网应用，助力企业“上云上平台”。线上业务办理，高龄用户拨打“10010”直接进入人工服务，营业厅建设无障碍通道、优先办理、爱心智能辅导服务，携手腾讯、中国聋人协会联合推出“畅听王卡”，提供“无障碍AI通话服务”等，用户满意度提升。（彭丽娜）

邮政业

【概况】 2020年，韶关市邮政普遍服务营业场所136处，覆盖韶关乡镇95个，覆盖率100%，平均服务半径6.5千米，平均服务人口2.47万人。其中，城市网点29处，农村网点107处，全部开办邮政普遍服务业务并具备电子化经营（其中电子化网点108处，新增4处）。全市有邮筒（箱）150个，其中街道箱13个、营业厅门口箱137个；有传统信报箱群1825个，格口数9.27万个；有智能包裹柜83台，包裹总格口数3234个。注册邮乐购站点1135个，其中有开展巡店站点261个，完成数字化站点打造210个，占比18.5%。全市邮路104条（含临时邮路），总长度9369千米，其中：城市邮路59条，总长度5667千米，农村邮路45条，总长度3702千米。全市通过邮政、快递等渠道寄递农特产品超1.49万吨，快递包裹超274万件。

是年，全市快递行业有许可快递企业25家，备案分支机构68个，快递服务网点226个（不含邮政网点136个），乡镇快递服务覆盖率100%；拥有邮政EMS、顺丰、“三通一达”及百世、联邦快递等30多个中外快递品牌；各型运输配送车辆1200余辆。

是年，韶关市邮政行业业务总量累计完成9.38亿元，比上年增长11.26%；全市邮政行业业务收入完成8.82亿元，增长14.08%。其中，全市快递服务企业业务量完成2286.35万件，比上年增长13.07%；业务收入完成4.01亿元，增长19.32%。“双11”旺季期间，全市寄递企业共收寄邮件快件161.39万件，比上年增长40.76%；派送邮件快件1018.7万件，增长39.54%。单日处理量超76万件，比上年峰值增长26.7%。

是年，中国邮政集团有限公司韶关市分公司获“韶关市抗击新冠肺炎疫情先进集体”称号；韶关市机要通信分局获“全国邮政行业先进集体”称号；中国邮政集体有限公司广东省新丰县分公司投递班获“韶关市先进集体”称号。

【邮政普遍服务行政审批】 2020年，韶关市邮政管理局做好邮政普遍服务行政审批，收到邮政企业撤销邮政普遍服务营业场所3处，收到邮政企业普遍服务营业场所信息变更备案申请42个，其中新增网点备案3个、暂停营业备案事项10个、营业场所就近迁址5个、营业时间变更23个、营业场所名称变更1个。

【邮政普遍服务监督检查】 2020年，韶关市邮政管理局开展邮政普遍服务、机要通信、邮票销售、“扫黄打非”等监督检查工作，对全市10个县区78个邮政网点的普遍服务质量达标情况进行抽检，累计出动检查205人次。

建制村保持100%直接通邮。2020年，市邮政管理局组织开展建制村投递服务监测系统试点工作，建制村投递服务监督实现信息化，投递员每日运用信息化手段对建制村直接通邮情况进行实时监督。采取实地抽查的方式，深入城区、曲江区、南雄市、乐昌市、始兴县、仁化县、乳源瑶族自治县、翁源县等地的村邮站、村委会了解建制村通邮情况，被抽查的投递部投递频次达标，建制村能够保持100%直接通邮。对部分存在信息错误的建制村数据进行核实修改，纠正乡镇人民政府所在地的建制村周投递频次低于标准要求、建制村设置层级标识错误等情况，提升信息化监管水平。全年邮政企业获建制村补贴21.4万元。

巩固和提升《人民日报》当日见报水平。韶关市县级党政机关党报当日见报率100%。开展全市投递服务质量专项检查，重点查看《人民日报》投递情况，对县区的投递部进行全覆盖检查，巩固和提升党报党刊当日见报稳定性，确保实现当日见报的县市服务水平不下降，逐步提升县以下地区党报见报水平。依托社会监督员采用随机选取样本点的方式开展全市《人民日报》见报情况及寄递服务质量测试工作，监测范围覆盖全市10个县(市)区，监测单位包括政府机关、企事业单位、学校、村委会等，经监测，韶关市县城以上能实现当日见报。

开展邮政普遍服务营业场所分级监管工作。是年，韶关市将全市136个普服网点根据基本条件、业务种类、服务设施、服务质量等进行分类分级。对韶关市邮政普遍服务网点分级情况进行动态调整，调整网点评级20个，其中升级网点20个，降级网点0个。全市A级网点6个，比上年增加2个；B级网点40个，增加18个；C级网点90个，减少20个。

【邮政“扫黄打非”工作】 2020年，韶关市专题部署行业“扫黄打非”进基层工作，组织实施“扫黄打非”基层站点规范化标准化提升建设，在基层标准化站点覆盖全市各县区的基础上，新增韶关市邮政业“扫黄打非”工作站9个，加强邮政寄递渠道“扫黄打非”工作的宣传教育力度，杜绝非法出版物利用寄递渠道传播。

【邮政综合服务平台建设】 2020年，韶关市印发《关于做好2020年韶关市邮政普遍服务更贴近民生事工作的通知》，把推动邮政综合服务平台建设项目纳入其中，探索构筑以“互联网+邮政智慧物流+政务便民服务”为着力点，深化政务服务的深度和广度，推动邮政寄递“智慧物流”深度融入广东“数字政府”建设，助力“放管服”改革实现“异地办”“便捷办”“网上办”，搭建“政—邮—民”服务桥梁。拓展警邮、法邮、数邮、教邮、税邮、社邮、交邮、体邮、卫邮等九大类、70多种高频民生政务合作事项，初步搭建便民、利民、惠民的邮政政务服务体系。累计开通28个警邮便民服务点，1个警医邮便民服务点和2个出入境便民服务点，提供政务便民服务超105万人次，比上年增长16.8%。行政服务中心签约服务率100%。

【寄递市场行政执法】 2020年，韶关市邮政管理局出检人次266次，检查寄递企业133家，查处违法违规行为8起，开展行政约谈5次，下达整改通知16件，处罚5万元，其中使用绿色环保法则执法3起。市邮政管理局立案处罚的8件均通过国家邮政管理局行政执法信息系统公示，实现执法信息系统录入率、处罚案件公示率的100%。规范案件办理程序，办案主体合法，案由适用准确，裁量合理，并按《广东省邮政行政处罚案卷标准》规范案卷的归档整理。

【邮政专项安全整治】 2020年，韶关市邮政管理局深化行业整治，服务“平安韶关”建设。开展涉枪涉爆隐患专项集中整治，出动专项执法人员78人次，检查单位39家次，覆盖主要快递品牌企业，防止枪爆物品流入寄递渠道。加强行业扫黄打非工作。联合多部门开展执法检查，加大对寄递环节和邮政渠道销售的治理，形成联动合力，严禁非法邮运，严禁市场销售，防范禁运禁寄出版物利用寄递渠道传播。开展邮政业打击非法改装机动车以及“飙车”违法行为百日专项整治行动。全市邮政业暂未发现经营销售维修摩托车、机动车企业（门店）日常寄递整车及零部件情况。

【邮政行业市场监管】 2020年，韶关市邮政管理局推进“双随机一公开”监管，实施“两库一清单”动态管理。出动执法人员266人次，立案处罚8宗，处罚金额5万元。加强行业统计管理，开展统计执法检查，确保数据来源真实可靠。发挥寄递渠道治安协调小组作用，制定联合执法检查方案，联合公安、国安开展“双随机一公开”执法检查。

【韶关新丰邮政管理局获批成立】 2020年3月11日，国家邮政局批复成立新丰邮政管理局，为韶关市邮政管理局派出机构，新丰县配套一定数量政府雇员，并保障正常办公条件。

【快递服务能力和装备水平提升】 2020年，韶关市邮政、顺丰、申通、中通、韵达、圆通、百世等主要品牌快递干线车直通珠三角等地。韶关市分拨中心有10个，配备半自动化分拣设备6个。其中，广州顺丰速运有限公司韶关市分公司引进物流快递分拣设备，对韶关市快递进出港进行分拣，日均处理能力2.36万件。

【“韶货出关”特色农产品专项快递物流通道构建】 2020年，韶关市邮政管理局与有关部门联合印发《韶关市农村物流现代化总体战略》《韶关市推进农村物流综合服务网络节点体系建设实施方案》。制定调研工作方案，开展快递进村调研。举行“邮快合作”和“快电合作”签约仪式，开展区域试点工作，推动快递进村战略实施，中国邮政、顺丰速运品牌企业快递进村服务覆盖率100%。在农产品收获季，指导推动企业开展灵活收寄服务，开通直运邮路，利用企业互联网信息化平台助力销售，构建“韶货出关”特色农产品专项快递物流通道。

【韶关跨境电商清关服务中心二期项目建设】 2020年，韶关市邮政管理局指导推动邮政企业规范开展项目建设，7月30日通过《快递业务经营许可管理信息系统》核准广州速递有限公司增设韶关市韶南营业部为分支机构的申请，9月17日国家邮政局批准韶关市增列为通关城市。推进市跨境电商清关服务中心二期的启动、运营工作。

2020年2月，市邮政公司组织党员志愿者参与投递帮扶活动
（市邮政管理局 供）

【邮政快递行业绿色发展】 2020年，韶关市宣传贯彻《快递包装绿色产品认证目录》《快递包装绿色产品认证规则》，推进绿色产品认证，鼓励企业生产、研发、推广、使用绿色环保新材料新产品。推动落实《广东省邮政快递业塑料污染治理工作三年实施方案》，加快快递包装综合治理。推动落实“9792”工程，开展重金属和特定物质超标包装袋和过度包装2个专项治理。全市电子运单使用率99.47%，“瘦身胶带”封装比例97.47%，电商快件不再二次包装率98.25%，循环中转袋使用率97.76%，有74个邮政快递网点设置包装废弃物回收装置。主要寄递企业新能源汽车9辆。6月开展为期半年的“邮来已久、绿动未来”主题宣传活动。加大对快递企业的督导力度，督促快递企业成立内部绿色管理组织机构，对3家快递企业未按规定向办议用户书面告知封装用品、交代应当符合国家规定的案由进行立案处罚。

2020年2月，市邮政公司组织志愿者参与疫情防控口罩封装配送
（市邮政管理局 供）

【快递人员权益保护工作】 2020年，韶关市邮政管理局联合市人社局等部门召开促进邮政快递业就业工作座谈会，联合地方有关部门落实快递人员权益保障政策。开展关爱快递人员“暖蜂行动”，通过设置爱心驿站、协调公租房、开展法律心理咨询、组织免费体检和爱心慰问等为快递人员送去温暖。联合市总工会、市快递行业工会联合会等开展系列慰问活动；积极响应国家局号召开展“暖蜂”行动，邮政、顺丰、申通、中通、韵达等企业近500名“快递小哥”获赠职工互助保障计划。挖掘行业典型模范，树立并宣传最美快递员，宣扬顺丰南雄快递小哥热心助人事件，向市公安局推荐快递小哥参加“优秀平安志愿者”评选。12月17日，韶关市邮政业1名劳动模范和1个先进集体在2020年韶关市劳动模范先进工作者和先进集体表彰大会上获表彰。

【邮政专用电动三轮车管理】 2020年，韶关市邮政管理局印发《关于加快邮政业专用电动三轮车入户管理工作的通知》，联合召开韶关市邮政快递专用电动三轮车规范管理工作部署会，抓好本企业及下属网点合标电动三轮车的购置、入户上牌等工作。督导企业落实生产安全和交通安全主体责任，按照《韶关市邮政快递专用电动三轮车规范管理实施办法（试行）》有关规定，加强快递专用电动三轮车及驾驶员的管理，强化快递从业人员交通安全教育培训，规范快递专用电动三轮车的交通秩序。

【邮政“放心消费”工程建设】 2020年，韶关市邮政管理局开展省内邮件传递时限监测，督促邮政企业提高服务质量；加强申诉处理和服务质量提升工作，完成“12305”和“12345”工单数量673件，为消费者挽回经济损失3.67万元，申诉处理结果满意率100%，消费者满意率100%。推进落实邮政业7件民生实事，解决社会和消费者关注的突出问题。

【邮政助力疫情防控】 2020年，韶关市邮政管理局指导全市邮政、快递企业加大运力调度保民生。督导企业对疫情防控急需物品尤其是医疗消毒等用品进行优先处理、运输和配送，中国邮政集团公司韶关市分公司、广州顺丰速运有限公司韶关分公司、广东京邦达供应链科技有限公司韶关分公司等3家企业主动担当作为，春节不打烊、全年无休，发挥行业先锋示范作用，安全寄递防控物资，为抗击新冠肺炎作贡献。1月24日至3月31日，疫情防控物资累计收投量49.9万件（防控物资收件量22.4万件，派件量27.4万件）。

做好疫情期间群众生活必需品运输寄递，指导顺丰快递南雄分公司为农产品滞销的农户搭建绿色邮寄快速通道、京东物流为滞销农产品搭建"绿色通道"专线解决运输问题；指导企业加强与市重点商贸企业大润发、沃尔玛等公司合作，满足市民线上购物需求，保障居民日常生活所需。

推动出台政策保障疫情期间邮政快递末端投递服务，与市住建局联合发文落实快递进小区工作，率先打通末端投递障碍，推广无接触投递模式，推动行业率先复工达产，主动帮助复工复产企业办理"群众生活必须企业资质证明"13份，为维护经济社会正常运转、促进新型消费等提供支撑。督促企业落实主体责任，加强对从事国际邮路、跨境寄递运输人员的健康管理。疫情防控专项执法检查54家次企业，出动执法人员108人次，实现全市主要品牌企业全覆盖，全行业保持零疫情。（王　丹）

【邮政公司】 中国邮政集团有限公司韶关市分公司（以下简称"韶关邮政"）是中国邮政集团有限公司广东省分公司管辖的21个地市分公司之一，下辖1个寄递事业部、1个直属单位、9个区县分公司，本部设置10个部室。

2020年，新冠肺炎疫情发生以来，韶关邮政在其他快递企业暂停营业情况下，主动承担湖北方向防疫物资运输25吨。保障政务寄递服务，全市2万件户政证件，1.5万份税票，2.8万套教材试卷通过邮政渠道送达客户。免费送达民政救援物资、援鄂医护家属"爱心菜"。落实市政府工作部署，做好"韶关战疫"政府口罩配送项目，投送口罩227万只，城区及乡镇次日妥投率96.7%。是年，公司获"韶关市抗击新冠肺炎疫情先进集体"称号，仁化分公司叶霞明获"韶关市抗击新冠肺炎疫情先进个人"称号。

便民服务 2020年，该公司有136个邮政支局所，72个邮政金融网点，邮筒156个，邮路82条，邮路总长度4018千米，投递站点112个，投递段道413条，信报箱1825个，智能包裹柜83台。线上线下推进网点转型，以"菜单式"叠加政务服务和便民服务，丰富普服内涵，打造便捷化、数字化、智能化、综合化的升级版普服。抓好普服邮件全程时限、建制村投递频次达标率、机要通信件不丢失，提升普服质量和客户体验。营业服务达标率、建制村直接通邮率、邮件和报刊妥投率、全程时限达标率、县及以上党政机关《人民日报》当日见报率均达100%。平信丢失率下降，国网申诉处理满意率保持100%。机要通信连续42年万无一失。

"扫黄打非"工作成效明显，"一市一品"助力农产品进城，"邮快合作"加快复制推广，邮政企业的社会影响力扩大，《韶关日报》等主流媒体宣传报道，市机要通信分局获国家邮政局"2020年度全国邮政行业先进集体"称号，市分公司获集团公司"2019年度全国邮政用户满意企业"称号。

服务国家发展战略 脱贫攻坚目标任务完成，全市邮政参与帮扶的10个贫困村、201户460名贫困人口达到脱贫出列标准。绿色邮政建设扎实推进，实施绿色包装、绿色运输和绿色金融三大工程，完成三年行动目标任务，其中绿色包装45毫米及以下"瘦身胶带"封装比例达100%，98.9%以上电商快件不再二次包装。做好重大风险防范化解工作，强化"平安邮政"机制建设，加大金融风险防控力度，全年未发生重大金融风险和安全事故，企业安全稳定发展。

推进惠农合作项目 韶关邮政在前期实施"十百千万"工程基础上，深化平台转型，加大对农村电商优质示范站点建设投入，丰富站点产品和渠道叠加，升级52个标准化邮乐购站点，打造208个数字化站点。与农民合作社、家庭农场等新型农业经营主体开展深度合作，加快挖掘新产品，组织各县开展20余个万件农品项目。以地标产品和溯源产品为重点，开发黄金百香果、丹霞沙田柚、乐昌马蹄等特色农产品，同步搭建平台、仓储、冷链等一体化运营平台，打造同城中心、直播中心、客服中心，开通抖音"韶邮汇"，发挥邮政"三流合一"优势，为新型农业经营主体解决"融资难""销售难""物流难"等问题，助力"韶货出关、进湾出海"，建设大湾区"米袋子""菜篮子""果盘子""水缸子""花瓶子"，让韶关优质农产品风行"双区"、畅销省内、走向全国，为乡村振兴、绿色发展贡献韶关邮政力量。

服务"三农"、乡村振兴"最后一公里" 中国邮政普惠金融将普惠民生作为首要任务，坚持服务"三农"，助力乡村振兴，强化普惠金融与普遍服务的协同，为人民群众尤其是偏远农村地区提供邮政服务，做好脱贫攻坚与乡村振兴的衔接。全市381个助农取款点基本覆盖所有乡镇，累计交易金额8000余万元，累计交易笔数14.5万笔，让邮政服务延伸到农村"最后一公里"。（罗　艳）

旅游业

综述

【概况】 韶关市是一个拥有优美山水风光的中国优秀旅游城市，拥有“中国优秀旅游城市”“全国双拥模范城”“国家卫生城市”“国家园林城市”等称号。世界自然遗产和世界地质公园丹霞山、“禅宗祖庭”南华禅寺、珠玑古巷、梅关古道、“马坝人”遗址、乳源大峡谷等景区景点闻名海内外，形成自然景观与文化体验相融合的旅游特色。2020 年，韶关市有 A 级旅游景区 35 家，其中 AAAAA 级旅游景区 1 家、AAAA 级旅游景区 11 家、AAA 级旅游景区 23 家。全市旅游业加快旅游配套设施建设，加强旅游品牌培育和市场环境整治，旅游经济保持平稳增长态势。全市接待国内外旅游者 596.34 万人次，比 2019 年下降 25.8%。其中，国内过夜游客 423.68 万人次，入境过夜游客 0.1 万人次。旅游总收入 60.8 亿元，下降 38.3%。

【旅游产业规划】 2020 年，韶关市政府印发《韶关市加快营利性服务业发展若干措施》《韶关市扶持旅游文化产业发展的实施细则》。在贵阳、昆明、长沙、郑州等地开展举办联合推介活动。对接市文广旅体局、市商务局等单位，加快推进文化旅游项目招商。

【旅游设施建设】 2020 年，韶关市实施 4 个省重点文化和旅游项目建设，分别是韶关翁源嘉华康养项目，广东新丰雪山国际旅游度假区，韶关市心泉谷温泉旅游度假村项目一期、韶关张九龄纪念公园。推进旅游景区、宾馆公共设施建设，全年建成旅游厕所 117 座。（邓桂文）

旅游资源

【概况】 2020 年，韶关市有单体旅游资源 903 个，有 AAAAA 景区 1 个，AAAA 景区 11 个，AAA 景区 23 个。

【丹霞山景区】 2020 年 1 月 26 日至 3 月 2 日暂停开放，全年接待旅游人数 158.18 万人次，门票收入 1868.2 万元，旅游收入 4447.97 万元。

丹霞山管委会会同属地政府对 14 个监测图斑和 118 处涉嫌破坏生态环境行为进行核查和查处。重点对丹霞山范围内乱摆乱买、拉客等现象进行联合整治，取得实效。10—12 月，对丹霞山景区开放区域开展紧急除治，除治范围 620.13 公顷，清除枯死树 4653 株，投入除治资金 541.64 万元。截至 2020 年年底，丹霞山辖区内人工林赎买流转工作累计签订人工林赎买流转合同 33 宗，流转面积 1233.71 公顷，累计支付资金 1.01 亿元。丹霞山管委会制定《丹霞山国家级自然保护区优化整合方案》，把丹霞山内部分区域整合优化为南岭国家公园丹霞山片区，结合南岭国家公园创建和自然保护地整合优化工作同步推进。预留必要的基础设施建设、乡村生产生活，以及生态旅游发展所需要的发展空间。推进广东南岭国家公园创建和世界自然遗产丹霞山生态保护工作。会同市政府办、市林业局跟进韶关市关于创建南岭国家公园的态度及具体意见建议办理情况，争取有关意见建议被省充分吸收采纳。做细做实国家公园发展规划。完成外山门至长老峰沿江步道的建设和丹霞山科考 5 号线、细美寨至阳元石观平台步道、长老峰索道至观景平台、长老峰螺顶浮屠至火烧岩、观日亭环线、锦石岩幽洞通天至百丈峡步道、阳元山通泰桥、瑶塘村沿江、外山门右侧进山旅游步道的提升改造。8 月中旬，完成丹霞山国家级自然保护区实景三维建模。聘请广东工业大学建筑设计研究院编制《丹霞山夏富古村研学基地规划设计》，完成广东省传统村落仁化县夏富村旅游标识系统规划及设计。（张智生）

【珠玑古巷·梅关古道】 珠玑巷位于广东省韶关市南雄县城北部偏东，地处梅岭与南雄县城之间被称为广府人的祖居之地，是中国三大寻根地之一，是广府文化的发祥地，被誉为“中华文化驿站，天下广府根源”，也是古代中原和江南通往岭南古驿道上的一个商业重镇，广东仅有的宋代古巷古道有“广东第一巷”之美誉，被列为国家 AAAA 级旅游景区。古巷现有 40 多座传统祠堂建筑，其中最主要的是珠玑古巷门楼、珠玑楼、珠玑街门楼、珠玑石塔等。梅关古道总长度约 248

千米，其中梅关——乌迳古驿道全长约72千米，是2018年南粤古驿道11条重点线路之一，也是广东省保存最完好的古驿道之一。10月1日至5日，梅关古道接待游客1.7万人次，旅游收入81.38万元。

【南华寺】 南华寺坐落于广东省韶关市曲江区马坝镇东南7千米的曹溪之畔，距离韶关市区南约24千米，人称“东粤第一宝刹”。南华寺是中国佛教名寺，是中国佛教禅宗著名寺院，是禅宗六祖惠能宏扬“南宗禅法”的发源地。2017年10月，南华寺获批“海峡两岸交流基地”。

【乳源大峡谷】 广东乳源大峡谷位于距乳源县西南68千米的大布镇。大峡谷贯穿于韶关的大布镇和英德的波罗镇，全长15千米，最高深切度是400多米，是国家AAAA景区。

【南岭国家森林公园】 是广东省最大的自然保护区，是珍稀动植物宝库。公园位于南岭山脉的核心，在乳源瑶族自治县与湖南省交界地带。东南距韶关市区70千米。

旅游业态

【工业旅游】 2020年，在由广东省文化和旅游厅、广东省工业和信息化厅在广州举办的“广东省工业旅游精品线路新闻发布会”上，发布20条广东省工业旅游精品线路，韶关市入选。其游览线路为凡口国家矿山公园(AAA)→安岗红色村→石塘古村“堆花酒”工坊→双峰寨(AAA)→丹霞山(AAAAA)→王马寨生态园(AAA)→莞韶城→两塘书院→金鸡岭(AAA)→中健行集团有限公司(中国中医科学院保健产品生产基地)→华南历史研学基地。

【乡村旅游】 2020年，韶关市乐昌市九峰镇入选2020年度省级休闲农业与乡村旅游示范镇候选名单；韶关广东财领头生态农业发展有限公司、始兴县朗时生态农业发展有限公司、乳源县百绿千芳旅游开发有限公司入选2020年度省级休闲农业与乡村旅游示范点候选名单。韶关市的仁化阅丹乡村旅游线等3条乡村线路入选广东省文化和旅游厅公布认定的第二批全省乡村旅游精品线路。仁化县丹霞街道夏富村等3个村被评定为韶关市第三批旅游名村；南雄市寄心小院等24家民宿被评定为韶关市第四批星级乡村旅游民宿。

【红色旅游】 2020年，韶关市红色旅游资源为572处。推出韶关市十大红色旅游精品线路。10月1日至5日，红军长征粤北纪念馆入馆参观人数7298人，其中未成年人数约为1900人。

6月13日，2020年“文化和自然遗产日”非遗宣传展示广东主会场暨“全域旅游在行动·广东人游广东”健康出行季系列活动启动仪式在丹霞山景区举行
（丹霞山管委会 供）

文旅节庆活动

【概况】 2020年5月，韶关市印发《韶关市2020年文旅节庆活动总体方案》《韶关市2020年重点体育赛事、阅丹公路活动赛事和“一县一品”特色体育赛事活动总体方案》，全年共计举办各类文旅体节庆活动达66场，培育众多知名度高、影响力强的特色节庆品牌。举办“2020云游韶关”系列活动、“春暖韶城，安心消费”——韶关线上促消费系列活动等，刺激文旅市场复苏。参加粤港澳大湾区有影响的展会，展示韶关丰富文旅资源和产品，提升韶关文旅城市知名度。

【科研科普品牌建设】 2020年，丹霞山管委会做好丹霞山全国中小学生研学实践基地研学课程、研学师资、研学成果的研发、标准化和应用推广等工作。申报广东省中小学生研学实践教育基地。创新开展“奇美丹霞5G远程直播活动”“国宝丹霞直播”“丹霞山科普抖音大赛”等直播活动和自然观察大赛、植物辨认大赛、科普志愿者训练营、奇美天成丹霞山图书漂流等主题科普活动，宣传丹霞山，传播科普知识。

科普能力建设。摄制科普宣传片、博物馆智能化提升、自然教育规划编制、自然教育径、生物多样性厅提升改造、课程设计等项目，完善科普软硬件设施。

科技交流深化。开展地球日期间与雁荡山、黄山等11家国内世界地质公园举办互展；东华理工大学、中国地质大学、国家林业草原局自然保护地管理司、广州区从化区科协、东莞市科普中心、广西五皇山地质公园、中国科学院植物专家、中山大学、阿拉善世界地质公园等机构及专家到丹霞山考察交流；参加“2020粤港澳自然教育讲坛暨自然教育嘉年华”“第三届广东科普嘉年华”“2020年韶关市全国科普日‘迎国庆—科普嘉年华’”等活动。

科研工作开展。启动《丹霞山地层红色成因研究与丹霞地貌定义厘定》《丹霞山自然保护区竹类植物调查项目》研究，《广东韶关丹霞山国家级自然保护区陆生脊动物多样性调查》《广东韶关丹霞山国家级自然保护区大型真菌资源调查》等项目有序推进，促进丹霞山科学研究成果发展。

11 月 20 日，第二届广东省森林文化周开幕，作为广东省唯一的世界自然遗产，丹霞山开展以“粤见森林·悦见美好·阅见丹霞”为主题的系列科普活动。活动中，丹霞山博物馆科普导师为学生们带来别开生面的鸟类科普讲座。发放《珍爱森林资源，保护野生动物，守护自然家园》倡议书。森林文化周期间，举办“观鸟爱鸟”“观蝶”“观萤”“植物辨认”四大主题 12 场科普活动，为公众提供丰富的森林文化盛宴。

【2020 年环丹霞山自行车赛】 2020 年 10 月 25 日，由韶关市人民政府主办，韶关市文化广电旅游体育局、韶关市丹霞山管理委员会、浈江区人民政府、仁化县人民政府承办的 2020 年环丹霞山自行车赛在韶关丹霞山和阅丹公路鸣笛开赛，近万名运动员和骑行爱好者参与活动。赛事设自行车竞赛组（60 千米男子公开组、43 千米男子公开组、43 千米本地组、43 千米女子组）、11 千米骑游组和平衡车体验赛。赛道设置在广东最美旅游公路之一的阅丹公路上，赛道全长 60 千米，线路串联水上丹霞、韶阳石等众多景点，途经夏富古村、古竹坪村等多个古村落。各组别冠军分别由张婷婷、宋子豪、陈湘源、施文通获得。

【第十三届“农行杯”穿越丹霞山 50 千米徒步赛】 2020 年 11 月 28 日，由广东省体育局指导，韶关市人民政府主办的第十三届“农行杯”穿越丹霞山 50 千米徒步赛在阅丹公路鸣笛开赛，吸引粤港澳大湾区、省内外逾 1.5 万名选手参赛。市委书记王瑞军、省体育局局长王禹平、市长陈少荣、市政协主席王青西、省体育局二级巡视员谈晓玲、中国男篮主教练杜锋，市领导邓小杰、梁韶灵、李欣、凌振伟等出席开幕式并为赛事鸣笛发令。本届徒步赛设 42 千米穿越组、17 千米欢乐组和 10 千米亲子组，沿途穿越萝卜岭村、父子坝村、瑶塘村等多个新农村和观音山、韶石山等众多网红打卡点、部分丹霞碧道。洪隆彬（韶关）获得穿越组男子冠军，曾晓星（广州）获得穿越组女子冠军。

2020 年 11 月 28 日，“农行杯”穿越丹霞山 50 千米徒步赛颁奖仪式
（丹霞山管委会 供）

【2020 丹霞山山地马拉松赛】 2020 年 12 月 6 日，由省体育局指导，韶关市人民政府主办的 2020 丹霞山山地马拉松赛在韶关仁化丹霞山风景名胜区鸣笛开跑，吸引 1 万多名选手参赛。市委书记王瑞军，省田径协会副主席麦国强，市长陈少荣，市政协主席王青西，市人大常委会党组副书记、副主任邓小杰，副市长李欣出席开幕式并为赛事鸣笛发令。2020 丹霞山山地马拉松赛赛事分设 42.195 千米全程山地马拉松赛、21.0975 千米半程山地马拉松赛和 5 千米欢乐跑三个项目，全程路线曲折，爬升坡度大，其中全程马拉松赛累计爬升 562 米，海拔最高点达 201 米，半程马拉松赛累计爬升 226 米，欢乐跑累计爬升 60 米。沿途设置 5 个“加油鼓劲点”，表演具有韶关地域文化特色的节目，为选手加油鼓劲。贾俄仁加（青海）获得半程马拉松男子组冠军，张开琴（云南）获得半程马拉松女子组冠军，岑万江（贵州）获得全程马拉松男子组冠军，杨花（贵州）获得全程马拉松女子组冠军。

【广东 100 跑山系列赛总决赛暨 2020 丹霞 100 跑山赛】 2020 年 12 月 19 日，由广东省体育局指导，韶关市人民政府主办的广东 100 跑山系列赛总决赛暨 2020 丹霞 100 跑山赛在韶关仁化丹霞山风景名胜区鸣笛开跑，赛事吸引 1500 名国内顶尖选手参赛。副市长李欣、广东省户外运动协会副会长杨文彬等领导和嘉宾出席开幕式并为赛事鸣笛发令。赛事设 100 千米大师组、50 千米精英组、30 千米挑战组、15 千米体验组、5 千米体验组和 5 千米青少年体验组六个项目。赛道途经长老峰、阴元石、阳元石景区，牛鼻村、田螺石、白莲村、大王冲等丹霞山著名景点村落。广东 100 跑山系列赛首次落户韶关丹霞山，是韶关市推动体育赛事市场化、品牌化的重要举措。100 千米、50 千米、30 千米完赛分别获 4 个、2 个和 1 个 ITRA 积分认证。最终梁晶、谢雯菲分别获得 100 千米大师组男女子组冠军；钟朝松和张佳静分获 50 千米精英组男女子组冠军；蔡法正和林映雪分获 30 千米挑战组男女子组冠军。

【“文化和自然遗产日”系列活动】 2020 年 6 月 13 日，由广东省文化和旅游厅与韶关市人民政府联合主办的2020年“文化和自然遗产日”非遗宣传展示广东主会场暨“全域旅游在行动·广东人游广东”健康出行季系列活动启动仪式在丹霞山博物馆广场举行。本次活动主题是“非遗传承 文明出行 健康生活”。活动同步启动“全域旅游在行动·广东人游广东”健康出行季系列活动，非遗进校园广东主会场、“首届非遗购物节”——广东美好生活非遗馆、广东省粤港澳大湾区文化遗产游径、韶关非遗游和历史文化游径精品线路。活动现场还设置文创展区、非遗展区、农特产品展区、粤菜师傅展区、文旅中国展区等，以活态的方式展示文化和自然遗产的魅力。

8月2日，由广东省林业局、韶关市人民政府指导、丹霞山管委会主办“中国丹霞列入世界自然遗产名录十周年暨丹霞山暑期研学活动月”在丹霞山博物馆文化艺术中心启动。200余名代表参加启动仪式。当天，“探秘自然遗产，保护生物多样性”第二届丹霞山植物辨认大赛成了最大的亮点。来自全国的153支队伍600多名选手走进丹霞山世界自然遗产地，参加亲子组、公众组、专业组三个组别比赛。2020年，丹霞山世界地质公园科普志愿者训练营也在启动仪式上开营。启动仪式现场还举行“丹霞山杯”第三届“善美韶关”全国摄影大展开镜仪式、国宝丹霞暑期研学营授旗仪式、丹霞山暑期研学活动月启动仪式。 （邓桂文）

旅游开发

【概况】 2020年，在韶关市举行的韶关绿色发展产业招商大会上，市文广旅体局与省旅游协会民宿分会签署《全面战略合作框架协议》，通过建立双方合作交流机制，引进资本开发和推广韶关旅游民宿资源。华南历史研学基地项目，乳源西京古道活化利用项目成功入围2020年度广东省文物古迹活化利用典型案例。韶关各项文旅体重点项目加快建设。韶关体育公园、“三馆一站”达标升级，风度书房、旅游厕所、阅丹公路旅游标识等文旅体基础服务设施推进升级。1—10月，韶关全市旅游文化产业新签约项目14个，合同投资额147.82亿元；新竣工投产项目1个；全市在建文旅体项目47个，完成投资33亿元，为年度计划投资的85.46%。

【旅游产品】 2020年，韶关市以“张九龄”形象为核心设计风度书房的IP形象和表情包，并制作生产一系列文创产品，深受群众喜爱；与网红漫画家中山大学林帝浣教授合作，挖掘风度书房文化亮点，创作出一系列风度书房和贴近生活的作品，打造韶关市“文化手信”。8月，市博物馆、市图书馆被列为省第二批文化文物单位文化创意产品开发试点单位（全省10家），为韶关市文创产业的市场化发展拓宽道路。 （邓桂文）

旅游服务

【概况】 2020年，韶关市博物馆风采楼游客服务中心运营，为游客提供风采楼、韶州府学宫、斌庐三个场馆的讲解预约及其他便民咨询服务。整治不合理低价游，规范韶关市旅游市场秩序。举办A级旅游景区和星级饭店评定检查员培训班。

【旅游宣传营销】 2020年，韶关市重点做好疫情防控常态化下的文旅宣传营销及市场复苏，3月制定发布《韶关A级以上景区对全国医护工作者、部队官兵和公安民警免费开放》公告信息，“五一”、国庆等重要节假日及重要活动赛事期间，通过电视、报纸、网络、户外广告、高铁站等线上+线下对韶关文旅进行宣传报道。在2020广东旅博会上，韶关连续三年作为唯一的“旅游目的地合作伙伴”亮相展馆，获得“旅游目的地合作伙伴”和最佳组织奖，得到省文旅厅的表扬。2020深圳文博会期间打造韶关线上VR展馆。加强区域联合营销，2020年依托广清韶、深莞惠韶旅游联盟前往贵阳、昆明、长沙、郑州等高铁沿线城市举办联合推介活动，巩固和拓展内陆地区高铁沿线客源市场。12月，联合梧州、贺州、永州以及衡阳，以桂粤湘古道文化旅游联盟形象参加2020年中国—东盟博览会旅游展。加强境外市场拓展，与中国香港中国旅行社、中国香港韶华旅行社合作，设立韶关旅游（中国香港）营销中心，参加第八届中国澳门国际旅游（产业）博览会，提高韶关在港澳地区的知名度。6月及9月，分别邀请中山、江门、肇庆、东莞等粤港澳大湾区旅游业界代表及媒体到韶关采风，加深与省内各地市的交流合作，巩固和拓展粤港澳大湾区旅游客源市场。加大对旅游企业宣传营销补助，发放2019年宣传营销奖补资金共137.91万元。

【旅游公共服务】 2020年，市文广旅体局推动落实“旅游厕所新三年行动计划”，2020年建设完成117座旅游厕所，完成率136%。完善制作阅丹公路旅游标识标牌一批，为游客提供比较清晰旅游导览，提升阅丹线旅游公共服务水平。

【旅行社】 2020年，市文广旅体局批准设立旅行社1家，即韶关市飞鱼旅行社有限公司。截至年底，全市有旅行社50家(其中出境社3家)。

按照文旅部应对疫情出台的政策精神，下发《韶关市文化广电旅游体育局转发关于暂退部分旅游服务质量保证金支持旅行社应对经营困难的通知》，对全市依法交纳质保金的符合暂退条件的49家旅行社，暂减退80%已交纳质保金，支持旅行社应对当前经营困难。至2020年12月，为提出申请的34家旅行社办理服务质量保证金暂退业务，暂退金额390万元。舒缓旅行社暂停营业期间的资金困难。另有16家旅行社明确表示不申请暂退质保金。

截至2020年12月23日，全市在册导游员2028人，其中已注册电子导游证有1379人。

【旅游酒店】 2020年，韶关市指导星级旅游饭店创建、复核及规范管理工作，提升旅游星级饭店经营管理和服务质量水平。健全星级饭店退出机制，根据国家《〈旅游饭店星级的划分与评定〉实施办法》《星级饭店访查规范》，2020 年 9 月取消乳源县名瑶酒店三星级、白云天宾馆和翊杰商务酒店二星级旅游饭店资格。至年底，全市共有星级饭店 41 家，其中，五星级旅游饭店 1 家，四星级旅游饭店 2 家，三星级旅游饭店 36 家，二星级旅游饭店 1 家，一星级旅游饭店 1 家。

（邓桂文）

【旅游公司】 韶关市旅游发展投资集团有限公司简称市旅投集团，成立于 2016 年 8 月 22 日，注册资本 3.5 亿元，隶属于韶关市国资委管理。集团下属企业主要有 10 家全资及控股子公司，分别是韶关市荷花园酒店有限责任公司、韶关市丹霞酒店管理有限责任公司、韶关市保安服务有限公司、广东韶鑫投资基金管理有限公司、韶关市中侨实业有限公司、韶关市消雪岭华侨茶场、韶关市韶关国营林场联合贸易公司、韶关市丹霞智慧旅游有限责任公司、韶关市丹霞文化旅游有限责任公司和韶关市丹霞旅游巴士有限责任公司。主要经营业务涉及旅游项目和产品的策划与开发等多个板块。市旅投集团参与承接的建设项目市区公园项目（林桥坑公园一期）于 7 月移交武江市政管养。韶关国际会展中心（原城市客厅）于 9 月完成整体建设。韶关市环丹霞山碧道试点项目 4 月 28 日完工。市区水上游项目于 2021 年 1 月 1 日启动运营。加快乐昌市红军长征突破第三道封锁线遗址群修缮保护项目建设，力争在 2021 年上半年竣工。

荷花园酒店升级改造工程完工，改造酒店整体风格、软、硬件配套设施，升级改造智慧化软件等，荷花园酒店以“亲情荷花园，家的味道、家的感觉”的全新形象重新开业，打造为韶关市酒店星级标杆。开发新津酒店，作为荷花园酒店配套，与丹霞印象开展旅游民宿合作，结合乡村旅游开发具有当地特色民宿系列。下属智慧旅游公司与深大智能公司制定丹霞山、云门山、帽子峰景区的智慧化解决方案，以自助闸机和票务系统为切入点，打破现存的景区孤岛化现象，实现韶关市景区间的互联互通。自主开发“OTA 统一接入平台”系统，通过面向游客终端的“智游韶关”资讯服务平台，订制旅游产品线路，搭配全市主要酒店、景区景点，形成景区 + 酒店的套票模式，提升旅游服务水平。开发韶关旅游大数据平台，打通行业数据、产业数据、运营商数据、互联网数据的接口，将流量转换为效益。2020 年，市旅投集团投资设立体育产业公司，与合作方共同组织大型体育赛事，如丹霞山马拉松赛、韶关马拉松赛、广东省铁人三项挑战赛、环南水湖自行车公开赛、穿越丹霞山生态徒步游、韶关元旦环城跑等。参与影视作品创作、演出等多种形式，对各旅游资源联合营销，宣传推广韶关旅游。开发韶关文化旅游手信产品，创建市级旅游商品品牌认证，打造线上、线下旅游商品推广平台及销售渠道。做优旅游运输服务，以丹霞山景区、南雄帽子峰景区、云门山景区为基础拓展全市景区观光车运营，开展旅游包车、公务车租赁、通勤车服务等相关业务，策划市区、景区的水上旅游线路。（胡　娟）

韶关市丹霞山旅游投资经营有限公司　简称“丹霞山公司”，注册资本 1000 万元，隶属于韶关市国资委管理。该公司内设有 6 个部门，下属 3 家全资子公司。2020 年，在册职工 206 人。2020 年，景区接待游客 89.6 万人次，比上年恢复 55%；门票销售收入 1916.66 万元，比上年恢复 54%。2020 年 11 月，获市政府关于应对新冠肺炎疫情支持复市复业先进单位表彰。12 月，在全国文明城市创建工作中，公司获仁化县精神文明建设委员会致信感谢。筹划丹霞山锦江画廊夜游灯光秀项目（一期：索道下站入口至长老峰票站，二期：延伸到翔龙湖龙头码头），推进一期项目工程。（张　莉）

【旅游行业管理】 2020 年 11 月 13 日，市文广旅体局召集全市旅行社召开 2020 年不合理低价游专项整治工作会议，印发《不合理低价游专项整治方案》。开展韶关市不合理低价游专项整治行动，确保韶关市旅游市场经营规范有序。

【门票管理】 自 2020 年 4 月 28 日起，全国医护工作者、部队官兵、公安干警免除景区门票，随行直系家属实行景区门票五折优惠。给予东莞市民三折门票优惠。分别于 4 月至 6 月，9 月至 12 月实行丹霞山景区门票五折优惠。

【国家 A 级旅游景区管理】 2020 年，韶关市指导始兴县满堂客家大围旅游区开展 AAAA 级景区创建工作进行实地检查指导，协助旅游企业实现自我提升，按标准进行整改，提升景观质量和设施服务。8 月 20 日韶关市始兴县满堂客家大围旅游区被广东省文化和旅游厅评定为国家 AAAA 级旅游景区。指导始兴县开心农庄景区、翁源县湖心坝客家群楼景区、南雄市三佳农业公园景区、新丰县云髻山景区、曲江区百林湾景区等 5 家景区成功创建为国家 AAA 级旅游景区。

加强对 A 级旅游景区动态管理，9 月撤销曲江区宝贝健康农场 3A 级旅游景区质量等级。至年底，全市共有 A 级景区 35 家，其中：AAAAA 有 1 家，AAAA 有 11 家，AAA 有 23 家。

【限额以上住宿业】 2020 年，韶关市做好培育限上住宿企业对接，贯彻落实《韶关市人民政府办公室关于印发〈韶关市加快营利性服务业发展若干措施〉的通知》《关于印发〈韶关市扶持旅游文化产业发展的实施细则〉的通知》等奖补政策，主动把工作下沉到企业，加强与企业协会的联系，帮助企业协调解决经营过程中遇到的问题和困难，鼓励规模以上营利性服务业企业、住宿业及其他有关旅游企业做大做强，确保旅游企业高质量发展。完成新增限上住宿企业入库 20 家。（邓桂文）

房地产业

房地产生产

【概况】 2020年，韶关市房地产业增加值112.08亿元，比上年增长1.4%，比上年增长11.43%。完成房地产开发投资192.63亿元，比上年下降1.6%，占固定资产投资比重27.13%。

【房地产开发企业审批】 韶关市区（韶关新区、浈江区、武江区、曲江区）完成2家房地产开发企业的定级，核发新房地产开发企业资质8宗。

房地产市场

【概况】 2020年，韶关市区房产交易合同网签23623套，面积231.7万平方米，交易金额136亿元，与建行韶关分行合作开发的“韶关市住房租赁信息服务平台”上的房源总量1318户，可出租房源总量991户，住房租赁合同网签327宗，入驻房地产经纪机构66家。商品房库存面积556.14万平方，审核发放商品房预售许可证284宗，化解涉房地产领域矛盾纠纷400余例，完成商品房预售款审批916总，审批金额95.6亿元，存量房资金托管20宗，托管金额1854.5万元。

【房地产交易管理】 2020年，韶关市印发实施《关于进一步加强和规范商品房预售资金监管的通知》，在降低监管风险的前提下，提高企业预售资金的使用效率。做好“六稳”工作，全面落实“六保”任务，在“新冠肺炎”疫情防控期间，出台《关于新冠肺炎疫情期间下调商品房预售资金监管标准的通知》《关于商品房预售监管资金使用银行现金保函有关事项的通知》，通过适时调整预售资金监管模式、下调预售资金监管标准等手段，释放商品房预售资金1.9亿元，帮助企业缓解疫情期间资金运转压力。2020年，完成商品房预售款审批916宗，审批金额95.6亿元，比上年增长3.35%；存量房资金托管20宗，托管金额1854.5万元，比上年增长21.9%。2020年，韶关市拓展房屋交易纳税登记“一窗受理”业务覆盖面，老百姓获得感、幸福感、安全感不断获得提升。结合“放管服”改革要求，对房屋网签备案业务基础、业务流程进行梳理再造，在141个场景的基础上，增加25个场景上线，涵盖不动产交易纳税登记的全业务。主动落实省住房城乡建设厅、自然资源厅、省税务局关于实现“交房即办证”的要求，与韶关市测绘所、韶关市不动产登记中心、韶关市税务局及相关企业沟通协调，从权籍调查、房屋面积测绘审核、项目工程规划验收等环节予以优化，大大缩短办证前期各业务环节的审批时间，12月1日首批“交房即办证”现场会在新区举办。2020年度，市区房产交易合同网签23623套，比上年增长17.7%；面积231.7万平方米，比上年增长5.7%；交易金额136亿元，比上年增长4.6%。其中，新建商品房合同网签16924套，比上年增长32.4%；面积163.9万平方米，比上年增长12.6%；交易金额106.7亿元，比上年增长5.3%（含车位合同网签2787个，面积3.7万平方米，交易金额3亿元）；存量房合同网签6699套，面积67.8万平方米，交易金额29.3亿元，套数与面积比上年分别下降8.2%，7.9%，交易金额比上年增长2.2%。

【房屋租赁登记】 2020年，韶关市与中国建设银行韶关分行合作开发“韶关市住房租赁信息服务平台”，通过不断完善、优化房源信息核验、《租赁合同》网签备案等功能，编写《韶关市住房租赁综合服务平台系统操作流程使用手册》以及业务流程的对接，为租赁市场供需双方提供高效、准确、便捷的服务。至年底，平台累计上挂房源总量1318户，可出租房源总量991户，住房租赁合同网签327宗，入驻房地产经纪机构66家。市辖两区完成房屋租赁合同登记备案42宗，纳入管理面积1.43万平方米。

【商品房销售】 2020年，韶关市商品房库存面积561.57万平方米，较2019年全市商品房库存规模指标上升5.4%，其中商品住房库存面积362万平方米，较上年规模指标上升18.1%；非商品住房库存面积199.57万平方米，较上年规模指标下降18.6%。

2020年，韶关市审核发放商品

房预售许可证284宗，审批预售商品房面积382万平方米，比上年增长3.84%，其中，商品住宅上市358.14万平方米，比上年增长7.41%。

【房地产市场监管】 2020年，韶关市深化落实商品住房日监控制度、房地产旬报工作，分析、评估和稳控商品住房价格，遏制房价上涨，促进房地产市场平稳健康发展。在全市开展房地产领域社会矛盾专项治理工作，实施《2020年韶关市房地产市场秩序专项整治工作方案》《2020年韶关市房地产领域涉稳事项摸排化解行动实施方案》《关于加强房地产项目销售中介代理行为管理的通知》《关于开展主城区房地产市场专项检查的通知》，围绕房地产项目建设、工程质量、销售与售后、中介管理等环节，开展涉房地产领域矛盾纠纷专项治理。2020年化解涉房地产领域矛盾纠纷400余例，未出现影响社会稳定的新苗头新问题。

房屋管理

【概况】 2020年，韶关市启动“房屋交易合同电子签章”项目升级改造，实行房产测试从业单位及房产测绘成果备案管理，完成商品楼房预售预测绘256幢。组织推进丹霞英才公寓装修，累计交付使用丹霞英才公寓150套428间住房，累计入住丹霞英才331名。启动“韶关市大数据产业丹霞英才公寓2021年建设工作计划”。

【房屋交易合同网签备案】 2020年，据住建部《关于提升房屋网签备案服务效能意见的通知》，推行“互联网大厅”模式，10月底，韶关市启动“房屋交易合同电子签章”项目的升级改造，推进房地产领域“放管服”改革，实现房屋买卖合同备案、纳税、登记、抵押、贷款全过程无纸化。

【房产测绘】 2020年，韶关市加强房屋面积管理，实行房产测绘从业单位及房产测绘成果备案管理。至年底，完成商品楼房预售预测绘256幢，分层分户房产测绘23023套，建筑面积228.06万平方米；改进优化韶关市房产测绘成果管理系统，通过成果管理系统完成房产测绘成果审核备案93宗253幢楼房，合计建筑面积275.93万平方米。

【人才公寓管理】 2020年，市住建管理局推动丹霞英才公寓装修及分配工作。有150套英才公寓产权由市住建管理局住房保障中心代为持有，英才公寓装修以“拎包即可入住”为标准，首批英才公寓57套住宅165间住房，于2019年7月交付使用，第二批93套住宅263间住房，于2020年6月交付。累计入住英才331名，有在住英才289名。英才入住服务由市住建管理局房管所提供免租金、免物业管理费、公摊水电费、免宽带费等服务。启动韶关市大数据产业丹霞英才公寓2021年建设工作计划，选址位于新区南华路市属棚改项目“蓉城花园”的8号楼，144套房屋，可满足近280名英才入住需求。

物业管理

【概况】 2020年，韶关市物业管理综合信息平台办结1.82万宗业务。开展物业管理专项整治，开展重大节日安全生产现场检查。物业区域补充业务201宗，物业区域采集面积53.71万平方米，完成物业区域房屋信息变更、楼幢变更、房屋权属变更等申请716宗。

【物业维修资金管理】 2020年，韶关市区维修资金归集23.07万户；当年新增归集2.72万户，年末账户余额14.09亿元，当年归集额1.87亿元，审核维修资金支出申请441宗，实地查勘工程维修现场88次，审核通过并划拨的住宅专项维修资金申请389宗，划拨金额411.79万元。

（杨伟剑）

房地产建筑企业

【概况】 韶关市建筑工业公司有省第五建筑工程有限公司、中国中铁五局集团第四工程有限责任公司、韶关市工贸发展集团有限公司、韶关市城市投资发展集团有限公司等。

【重点企业】 广东省第五建筑工程有限公司（简称广东省五建），至今已走过70年历程，是国家房屋建设工程总承包一级企业。公司党委书记、董事长：林松；副董事长、总经理：伍小龚。2020年，公司产值14.06亿元，竣工验收项目11个，竣工面积23.3万平方米，验收合格率达100%，顾客满意度93.95%；全员劳动生产率26万元/人·年，上缴税收6510万元。2020年，公司获2020年度全国工程建设诚信典型企业、全国施工企业AAA级信用企业、全国建筑业AAA级信用企业、全国五星级施工企业、中国中小企业AAA级信用企业、连续33年广东省守合同重信用企业、广东省AAA级信用企业、韶关市建筑业信誉AAA级企业、2020年韶关市优秀诚信AA级施工企业。韶关张九龄韶州历史文化博物馆工程用5个月完成主体封顶；南雄黎灿小学工程3个月内完成主体封顶，比合同预定工期提早一年交付使用；韶关芙蓉新区城市地下管廊及19/23/34/45号道路工程历时9个月四条路均完工。全年未发生重大质量和安全责任事故，轻伤频率1‰；没有重大的环境污染事故。公司承建的粤北二院综合大楼工程和南雄黎灿小学工程分别获得“广东省房屋市政工程安全生产文明施工示范工地”和“广东省建设工程项目施工安全生产标准化工地”奖项；保利中旭花园工程、南雄小岛花园工程、韶关花拉寨生活垃圾填埋工程、韶关芙蓉新区城市地下管廊及19/23/34/45号道路工程、乳源桂头安置小区工程、莞韶双创（二期）工程共6个项目获得“韶关市房屋市政工程安全生产文明施工示范工地”荣誉。广东乳源污水处理工程、韶关群康路建设工程、乳源金狮森林公园改造工程3个项目获得“韶关市建设工程优质奖”。南雄黎灿小学工程获得“韶关市建设工程优质结构奖”；粤北二院综合大楼项目污水处理站工程入选“建设工程项目施工工地安全生产标准化学习交流项目”。莞韶双创工程项目收获莞城建筑公司的感谢信；粤北二院项目临危受命完成市质量月观摩日活动，得到市住建局领导好评；南雄黎灿小学项目提早交付使用，获得南雄市代建局的表彰。推广应用“销键型盘扣式脚手架”“缓黏结预应力筋施工技术”“夹心保温墙板技术”“定向钻管道施工技术”等4项新技术、新工艺、新材料，促使韶关张九龄韶州历史文化博物馆项目和市区污水管网项目比预期节省三分之二的工期。并在省土木工程学会完成“土钉墙边坡比动态监测施工技术”等3项科技成果鉴定及广东省级工法申报工作。是韶关市第一个启用信息化管理、软件共享园地、科学运用BIM技术“勇学勇上”的建筑企业。（朱　莹）

中国中铁五局集团第四工程有限责任公司　（简称中铁五局四公司），中国中铁五局集团第四工程有限责任公司（原铁道部第五工程局第四工程处），是世界企业500强“中国中铁”旗下的国有综合性一级大型施工企业，成立于1964年10月，2000年6月实现公司制改造。公司以公路、铁路、桥梁、市政工程施工为主的施工企业，注册资本5.1亿元，总资产44亿元，年生产力70亿元，装备国内外先进工程机械设备848台（套）。2020年，中铁五局四公司完成建安产值70.1亿元，完成新签合同额235亿元，在手任务290亿元，三项指标均取得历史性突破。年度人均劳动生产率303万元，年末资金存量10.2亿元；经营性现金流4.2亿元，三项指标均比上年增长。银西提前完成四线桥施工，获业主年度“先进集体”，下半年铁路信用评价排名第二（13家），年底实现开通运营；大运枢纽获业主年度评价综合第一（44家），得到省、市各级领导赞扬；东莞地铁连续获业主综合排名第一、“优秀工区”“五星级工区”等荣誉，大运枢纽和东莞地铁2个项目促进公司在中铁南方公司三级公司年度排名第三（41家），首次进入A类；卢氏生态廊道获业主劳动竞赛综合排名第一，获县政府重点工程综合考评第一；安阳水利施工生产推进，获中州水务、西部调水指挥部发函表扬；天庄获业主季度综合排名第三，专项劳动竞赛第二；合肥地铁2号线东延线进场施工，中标后99天内完成三个车站的前期工作及围护结构施工；石衡沧港施工生产保持领先；广州地铁克服“12·1”事故负面影响，拆迁工作获地方政府发函表扬感谢，在中铁总包部排名进入前三分之一；宜绩做到开工领先，钢结构加工厂全线率先通过验收获得表扬；洛阳小浪底实现保持全线领先；南京迁建及配套工程领先于其他参建单位；甜永获业主年度“先进集体”；方家冲获业主年度综合评比第二；武九获得业主季度信用评价2个AA级；西安地铁9号线获股份公司西安地铁杯“先进集体”；郑州地铁盾构区间获业主履约考评第一；引江济淮获业主年度“优秀项目部”；郑州地铁4号线获河南省“绿色施工示范工程”、河南省“安全文明标准化示范工地”；东莞雨污分流推进完成，受到业主发函表扬；春光里受到一致好评；参与井冈山铁路抢险，获南昌铁路局2020年下半年信用评价加1.5分。西安地铁9号线、郑巩3标、南阳工程、沈海高速、郑州地铁4号线、银西高铁、深圳地铁10号线、韶关国道106、鹅公岭水厂等9个项目开通运营及交付使用。彭旭旺、吴大奎获业主“优秀项目经理”；罗都颢、丁大江、鲁海亮、莫成、胡剑、王长清、王政等获得业主“先进个人”称号。全年新签合同额中，市政22.6亿元，占比9.6%；公路76.2亿元，占比32.4%；铁路44.8亿元，占比19%；房建42.6亿元，占比18%；城轨20.05亿元，占比8.5%；水利水电29.7亿元，占比12.5%，任务结构基本趋于合理。公司对预期利润较传统承包项目更好的EPC、PPP、BOT等模式的项目加大经营力度，全年中标9个项目，中标合同额112亿元，占年度中标合同总额的49%，优化产品结构。实施项目扁平化管理，推行全员风险抵押、全额风险抵押和模拟股权三种新的经济承包模式。有48个项目签订模拟股权责任书，先期实施模拟股权的3个项目（8256、武威水利、郑州地铁6号线盾构）进行分红预考核，金额228万元。京沈铁营子特大桥获“国家优质工程奖”，怀邵衡西洋江特大桥获“全国用户满意工程”，大连地铁1号线获得“辽宁省世纪杯”，京张新八达岭隧道获“铁路优质工程一等奖”和“中国中铁杯优质工程”，成贵玉京山隧道、沈海桐山溪特大桥、蒙华5标卢氏车站获“中国中铁杯优质工程”称号。全年获科技进步奖3项，其中玉京山隧道获国际隧协最高奖项“ITA”隧道奖—攻坚克难奖”；获国家专利8项，广东省专利银奖1项；省部级工法10项；股份公司科技成果鉴定3项；获得河南省建筑业“绿色施工示范工程”1项（郑州地铁4号线9标）、股份公司“绿色施工科技示范工程”2项（银西、沈海）、北京市“绿色示范工程”1项（京张）；湖南省建筑业新技术应用示范工程1项（京沈）；BIM成果获贵州省第二届BIM大赛1等奖；“广东省路桥隧施工工程技术研究中心”通过广东省科技厅认定并挂牌；获得国家级QC成果奖1项（银西），省部级QC成果奖8项。（刘　维）

韶关市工贸发展集团有限公司　（简称“工贸集团”），2020年6月8日经市政府批准，由韶关市工贸资产经营有限公司、韶关市东南控股有限责任公司合并组建而成，韶关市金财投资发展集团有限公司整建制划入，并作为工贸集团的二级公司，暂保持相对独立运作。工贸集团注册资本金3亿元，有8个部门。截至2020年12月底，集团总资产52.66亿元，净资产20.11亿元，系统在册职工518人（其中：市金财集团87人）。2020年11月，工贸集团被韶关市人民政府评为“新冠肺炎疫情支持复市复业先进单位”。集团党委书记、董事长、总经理：李清泉。与广东韶钢松山股份有限公司合作开发熔剂矿资源项目推进，将军屯熔剂矿项目完成矿权设置和采矿权出让收益评估，红尾坑熔剂矿项目基本完成矿权设置前期工作，韶关市宝铁矿业有限公司、韶关市矿投宝龙矿业有限公司先后完成注册登记；国投·西城尚筑、国投·西城尚府及工贸系统“三供一业”物业改造项目完成工程投资 5750 万元，西城尚筑商住楼签订销售合同 1640 万元，西城尚府项目已建住宅安置 112 户，办理产权过户 83 户。市金财集团代建粤北第二人民医院综合楼累计完成项目投资约 1.64 亿元，南雄旅游公路及横岭至澜河公路改造工程、始兴旅游公路及城西小学、人民医院建设等项目完成产值约 1.23 亿元，云峰诗意商住小区一期、二期项目进入收尾工程及有关附属配套设施建设阶段，完成产值 3300 万元，网签楼房销售 126 套，完成销售额 5700 万元；城市花园——乳韶路小区项目调整后的方案取得规划许可证，完成三通一平和深基坑支护桩施工；原机械集团地块开发项目完成规划设计方案并报市规划部门审批；与广汽集团合作的南方（韶关）智能网联新能源汽车试验中心项目一期约 20 公顷用地完成产权登记；盈通物流开拓了广东中烟韶关片烟仓储库区一期原料仓储服务项目、韶关烟草物流非核心业务外包、苏宁大件电器运输、广州至韶关快递、汽车租赁等多元化项目。出租物业资产 1130 处（不含托管中心出租物业），实施招租工作；投入隐患治理、整改资金约 71 万元，维修大小物业 111 余处，集团出租物业实现年度安全责任零事故；定期做好所属物业防疫消杀，强化防疫宣传；响应全市支持企业复工复产政策，对租赁集团物业的中小企业及个体户累计减免租金约 709 万元；梳理出集团系统闲置资产 101 宗，制定资产盘活初步建议方案。工贸集团完成全部 39 家“僵尸企业”出清任务；完成申请并及时拨付韶关三区 7 个签约单位 2020 年度“三供一业”第一批补助资金 4600 万元；完成工贸集团 11 家企业 782 名（武江区 105 人，浈江区 677 人）退休人员社会化管理移交工作。

（谭兴华）

韶关市金财投资集团有限公司（简称“金财集团”）成立于 2015 年 12 月 18 日，注册资金 4.27 亿元，总资产 37 亿元，净资产 12 亿元。金财集团总部内设 11 个部（室），对外投资公司共 19 家，其中二级控股公司 6 家，二级参股公司 8 家；三级控股公司 3 家，三级参股公司 2 家。在岗职工共 85 人。党委负责人董事长总经理：吴武超。金财集团公司全年营业收入 2.5 亿元，比上年增长 7%；盈利 5000 万元，比上年增长 21%；上缴利税 4590 万元，实现社会贡献总额 1.09 亿元，截至 12 月 31 日，集团公司总资产 37 亿元，净资产 12 亿元。由韶关市人民政府国有资产监督管理委员会履行出资人职责的国有独资投资控股公司。做好粤北第二人民医院综合楼项目建设管理，完成由政府购买服务向政府直接投资、金财资产公司代建方式的转变，沟通签订代建协议、调整投资估算、采购设备及招投标等工作，截至年底，累计完成产值投资约 1.64 亿元，已支付 8277 万元。推进县级基础设施和公共服务设施建设。协调推进南雄旅游公路建设、横岭至澜河公路改造工程建设等项目；协调推进始兴县旅游公路建设、城西小学建设、人民医院新建等项目，完成产值约 1.23 亿元。抓好云峰诗意商住小区（一期、二期）收尾工程及有关附属配套设施建设，推进二期棚户区改造项目剩余工程施工，完成产值 3300 万元，网签楼房销售 126 套，累计销售价款总价 5700 万元。推进金港湾项目拆迁安置办证、遗留工程整改等工作。城市花园——乳韶路小区项目调整后的方案取得规划许可证，并完成图审和取得审查合格证，办理消防审核及施工许可证，完成三通一平和深基坑支护桩施工。原机械集团地块开发项目完成规划设计方案并报市规划部门审批。对接广汽集团，完成办理南方（韶关）智能网联新能源汽车试验中心项目一期约 20 公顷用地产权登记，并以土地作价入股到该项目公司，协调解决购买项目一期土地水田指标、补充耕地数量指标；推进项目后续用地变更购地主体、申请调整市财政出资进度等工作。韶关国储石化公司恢复经营获市国资委批复同意，重新完善公司法人治理机构，金财资产公司持股 30%。跟进专项资金股权投资，完成对韶钢松山的中板产线转型工业线材技术改造扶持资金投资 1970 万元；协调办理韶钢松山提前终止股权投资合同、退款及费用提取等工作。完成绿能售电公司股权转让和退出相关工作。申请银行授信，新增厦门国际银行、广发银行授信额度 7400 万元，续东莞银行、远东租赁公司授信额度 3.8 亿元；为相关项目提出申报授信，争取灵活贷款用途。搭建金融投资平台，代表政府出资参与成立韶关东阳光新兴产业母基金，前海熙正基金本年获得约定的分红收益。完成存量政府购买服务项目贷款定价基准转为 LPR 利率工作，与相关金融机构签订补充协议，落实市财政局化解隐性债务工作要求，化解隐性债务本金 1.12 亿元。针对审计发现的部

2020 年 6 月 23 日，韶关市委书记李红军（左五）、市长王瑞军（右三）到韶关张九龄韶州历史文化博物馆工程调研（省五建 供）

分资产收益率低等问题，加大闲置资产招租力度，续约和新招资产租金增长率均较最低涨幅有提高，全年资产收益1041万元。梳理资产各项遗留问题，发现一宗整改一宗，提高租金催收率，重点处理相关资产信访投诉问题，在排放、噪音、消防、安全的排查整治方面获得群众的认可。

（彭小峰）

韶关市城市投资发展集团有限公司（简称韶关城投集团），前身为韶关市新鸿达城市投资经营有限公司，成立于2003年9月，是国有独资公司，主要承担芙蓉新城投融资建设工作。2016年6月，公司从市政府直管转变为市国资委管理，同年10月组建集团公司。2020年，整建制划入韶关市第一建筑工程有限公司、韶关市建筑设计院（改制后），重组为负责韶关城市开发建设的企业集团。2020年2月，一建公司划入集团公司，2020年7月，成立集团公司党委和纪委。韶关城投集团设6个职能部门，拥有8家全资下属公司，1家控股下属公司，8家参股专业公司。2020年，总经理、法定代表人为黄勇。截至12月末，集团总资产120.94亿元，资产负债率62.77%，下属公司总注册资本金约30亿元，信用评级AA级，2020年实现营业收入12.2亿元，净利润1.55亿元，上缴国家利税1.4亿元。2020年度，集团在建项目15个，完成建设项目固定资产投资10.05亿元，集团下属一建公司签订工程承包合同135个，合同总金额8.17亿元。赓续“铜鼓精神”，韶关新区重点建设项目如期完成，实现韶州大道新区段、九龄路及其管廊、人民南路、西景路、芙盛路、金融街路、芙蓉大道北等7条城市次主干道建成通车，12月26日，在韶关市中心城区重点基础设施项目建设推进会上得到市委、市政府肯定。便民应急工程建成，完成梅关路延长线沥青路面提升及改造、梅关路（一期）路面修复、武警支队对面地块整治及树木移植、丹霞大道污水管抢修工程。攻克复杂地质环境影响，完成芙蓉大道、人民南路等总长约4.7千米污水管建设，实现新区污水管网互联互通，完成韶关市2020年十大民生实事之一的环丹霞山碧道试点工程建设，兑现市政府对全市人民的郑重承诺。基础设施项目推进，韶关综合客运枢纽（二期）工程、韶关金融集聚区（一期）、下胡村安置房、余靖路二期、珠玑路等在建项目推进。破解项目移交结算，实现百旺中路等15条市政道路（箱涵）、路灯等设施移交，完成芙盛路西段等4个项目竣工验收，完成滨江花园等4个工程项目结算。城投商务大厦项目吸引中建八局、市烟草局、三菱电梯、广发银行、农业银行等金融机构和企业入驻办公，累计完成招商面积1.24万平方米。综合客运枢纽（一期）项目成为韶关新区科技产业发展的“三地六大板块”之一，韶关高新区文化创意众创空间、医药健康创新创业基地、科技综合服务中心、众投邦公司及丽枫酒店等科技产业和配套企业落户，累计完成招商面积2.43万平方米。楼宇开发推进，完成韶关金融集聚区（一期）项目前期工作，具备施工招标条件；强化集团土地开发管理，完成19宗待开发土地开竣工延期，避免土地闲置风险；竞得新区2宗国有建设用地使用权，为集团土地开发打下基础。强化投资项目监管，实现资产保值增值。项目投资收益提升，合作开发天玺湾项目累计实现收入3.64亿元（2020年实现收入8754万元），各类股权投资类项目实现投资收益1933.29万元，行政服务中心租金收入623万元。项目管控精细有效，出资1.92亿元（占股6.22%）入股韶关市农商行，成为集团新的利润增长点。强化基金项目穿透式管理，委派基金投决会委员参与投资决策。设立的4只基金投资项目金额2.99亿元，所投企业注册地在韶关的占47%。推进城市服务，经营收入稳中有增。物业服务优质高效。健富物业公司注册资本增资至1001万元，外拓项目3个，占物业管理项目的30%，实现经营收入2027.78万元。墓园经营管理创新模式。南华纪念园公司通过建设“智慧墓区”，开启“互联网+殡葬”新模式，墓园行业知名度和影响力提升，实现营业收入1715万元。2月，一建公司划转至集团管理，从党组织建设、制度建设、绩效考核等方面对一建公司进行指导管理，成为集团融合改革老牌国有企业的成功典范。部门设置更加精简高效。完成集团2020年4.77亿元还本付息，截至2020年年底，存量债务降至28.88亿元，下降率10.29%。完成一建公司财务整合，严格执行月度资金计划，全年资金计划执行比率平均97.16%。集团信用等级维持AA级水平。实行“一免两减半”政策，为7家小微企业、9户个体户减免租金共计10.26万元。

（兰光有）

金融业

综述

【概况】 截至2020年年底，韶关市有金融机构104家，其中银行业金融机构20家，证券业机构11家，保险业机构37家，地方类金融机构36家；金融从业人数2.47万人，其中银行机构从业人数7080人，保险机构从业人数1.70万人，地方类金融机构从业人数207人，证券从业人数387人。各项存款余额2089.98亿元，比上年增长7.5%；各项贷款余额1316.85亿元，增长18.6%，增速排名第八，生态五市排名第二，增速高于全省平均水平（16.48%）2.1个百分点。存款余额、贷款余额比上年增速均位列北部生态发展区五市排名第二。存贷比63.01%，比上年增长6.21个百分点。全市证券交易额4955亿元，比上年增长31.3%。全市保费收入62.35亿元，比上年增长4.81%。金融业增加值67亿元，比上年增长7.3%，占全市GDP比重4.95%，占全市第三服务产业生产总值9.75%。

【金融服务实体经济】 2020年，韶关市金融工作局联合人民银行韶关市中心支行、韶关银保监分局印发《韶关市金融业应对新型冠状病毒肺炎疫情支持小微企业共渡难关的政策意见》，支持企业复工复产，全市率先实现100%复工复产。2月，实现106家金融机构100%全面复工，成为全市首个100%复工的行业。金融业重点支持新冠肺炎防疫企业，落实不盲目断贷、抽贷政策，帮助受疫情影响的企业办理续贷。提高金融服务实体经济，举办4场融资对接会，有96家企业和25家金融机构参加，现场授信金额超20亿元，缓解企业融资难、融资慢、融资贵现象；通过部门反馈、企业心声、企业诉求平台等渠道，协调近40家企业融资问题；推广应用“广东省中小企业融资服务平台”，通过座谈会、督办函、现场宣讲等形式加大中小融平台应用宣传。截至年底，有18家银行机构在平台注册，实现线上融资不少于9亿元。启动“百行进千企”活动，以金融辅导员的形式为企业提供“一对一”的金融咨询服务，辖内银行机构走访中小企业近950家挖掘企业授信39.16亿元，放款17.54亿元。落实制造业小微企业贴息政策，各县(市、区)为11家企业贴息40余万元。为企业提供短期资金周转，运用中小微融资服务资金为42家企业提供4.09亿元资金用于短期周转。支持企业倍增计划，为2019年度的16家倍增计划企业提供保费补贴35.1万元。

【金融扶贫】 截至2020年年底，韶关市辖内12家承担扶贫小额信贷包干责任的银行业机构对1.64万户建档立卡贫困户进行授信，授信总额5.42亿元；实际到位风险补偿金4478.55万元，贴息金额1165.92万元。累计发放扶贫小额信贷1.07万笔、3.88亿元，韶关市扶贫小额信贷贷款规模排名全省第一。

【金融合作】 2020年11月28日，韶关市举办中国丹霞山扶贫公益行暨首届广东省北部生态发展区（韶关）农业招商大会，市政府与广东省农村信用联社、中国农业银行广东省分行、中国建设银行广东省分行签订《首届广东省北部生态发展区(韶关)农业招商大会金融合作框架协议》，协议约定金融机构服务韶关经济社会发展，2020—2023年，拟授信300亿元共同推动韶关市经济社会高质量发展。引进金融机构到韶关设立分支机构。北部湾财险股份有限公司，广州银行获监管部门批复到韶关市设立分支机构，完善韶关市银行机构服务体系。

【资本市场发展】 2020年，韶关市上市企业3家，A股融资137.63亿元；发债企业5家，融资141.36亿元；辅导备案拟上市公司2家；新三板挂牌企业5家，融资4500万元；区域股权交易中心挂牌企业51家，融资2750万元。推动政府投资基金投放，韶关市6支政府投资基金投资项目24个，投放5.62亿元。引进广东股权交易中心在韶关设立运营中心，建立和完善韶关市多层次资本市场体系，拓宽中小微企业直接融资渠道。推荐9家当地企业到广东省科技创新专板挂牌展示，超额完成韶关市分解指标任务。

【金融风险防范】 2020年4月，韶关市金融工作局启动韶关市防范非法集资短视频大赛，活动收到154个参赛作品，通过“线上+专家”评选优秀作品10个，总投票数超4万次，活动浏览点击量破30万次，6月5日举办颁奖仪式；6月19日，韶关市处非领导小组和韶关市普法办联合在西河全民健身广场举行题为“守住钱袋子·护好幸福家·创建善美韶城”的防范非法集资宣传月启动仪式。处非（处置非法集资）“七进”宣传覆盖人群超17.3万人次，微信宣传点击超51万人次，刊印登载处非内容的杂志、报刊超15万份，印发宣传手册12万份。非法集资举报奖励8笔，金额2100元。化解陈案6宗，涉及人数204人，涉及金额1335万元，陈案化解率55%。韶关市P2P网贷行业最高峰值为4家网贷机构、1.00亿元借贷余额、1195名出借人、3227名借款人，12月22日，辖内最后2家P2P网贷平台借贷余额和出借人数清零，并发布良性退出公告，互联网金融风险出清工作取得阶段性进展。其间未发生网贷机构爆雷、越级上访和群体性事件。（吴文君　侯远林　陈　惠）

银行

【概况】 2020年，中国人民银行韶关市中心支行推进中国互联网金融协会灾备数据中心落户韶关、韶关货

2020年9月16日，始兴县深渡水村“金融夜校”开班仪式暨第一期金融知识讲座
（人行韶关中支　供）

币与防伪陈列馆建成等创新工作，工作成效获韶关市委书记王瑞军批示肯定，全年获省部级以上集体及个人荣誉5项，厅级集体及个人荣誉31项。截至年底，辖内银行业累计发放贷款755.4亿元，贷款余额比年初增长18.58%。

【金融助力疫情防控】 2020年，中国人民银行韶关市中心支行引导金融机构加大信贷投放力度，落实金融支持企业复工复产政策。出台支持企业疫情防控政策指引，印发《关于进一步强化金融支持防控新型冠状病毒感染肺炎疫情的通知》等金融支持政策，支持疫情防控和复工复产

2020年6月19日，市金融工作局在西河全民健身广场举办2020年防范非法集资宣传月启动仪式
（市金融工作局　供）

工作。建立疫情防控物资生产供应企业融资对接机制，引导韶关全辖金融机构对接全市37家疫情防控重点保障物资生产企业500余次，累计授信22.83亿元，发放贷款12.4亿元，加权平均利率4.61%，满足企业生产资金需求。落实货币政策工具，优化对民营、小微企业的金融服务，向疫情防控物资生产企业发放专项再贷款2.2亿元；发放再贷款3.37亿元，支持涉农、小微企业168家，其中，向疫情影响严重的152家涉农、小微企业发放专用额度再贷款2.5亿元。促进地方贷款保持合理增长，截至年底，韶关市各项存款余额2089.98亿元，比上年增长7.5%；各项贷款余额1316.85亿元，增长18.58%，存款余额、贷款余额比上年增速均位列北部生态发展区五市第二。依托“云闪付APP”在全省率先发行消费券，拉动消费1亿元以上，对促进韶关市消费回补和潜力释放发挥作用。

【金融风险防控强化】 2020年，中国人民银行韶关市中心支行落实金融稳定重大事项报告制度、金融风险监测台账管理制度，重点摸查地方法人金融机构风险底数，加强地方法人金融机构风险监测、研判和管控。韶关市银行业金融风险系数整体较低。支持农信社改制平稳过渡，向中国人民银行广州分行争取改制后的农商行暂缓执行农商行准备金政策，推动

改制后的农商行加入中国人民银行金融服务和管理体系，辖内8家农信社改制机构完成改制。加大存款保险宣传力度，加强重点领域和重点人群开展存款保险知识宣传，部署落实并稳步推进辖区存款保险标识启用工作，辖区20个银行机构完成存款保险标识启用工作。

【金融新发展动能增强】 2020年，中国人民银行韶关市中心支行推动韶关市领导到北京拜访中国互联网金融协会会长李东荣，促成中国互联网金融协会灾备数据中心落户韶关，与天津大数据中心形成南北双数据中心架构，推动金融机构进驻韶关及金融集聚区，金融机构进驻韶关设立分支机构的意愿增强，推动广州银行进驻韶关。报送调研报告供地方政府参与决策，其中《前三季度国库数据显示：稳增长政策背景下地方收入持续正增长 但仍存三方面问题值得关注》《金融资源投放与经济发展趋势背离的原因初探》获韶关市委书记王瑞军批示。

【金融服务效能提升】 2020年，中国人民银行韶关市中心支行推进移动支付便民工程，统筹规划"智慧交通""智慧生活""智慧医疗""智慧养老"等"四个智慧"移动支付应用场景的融合发展，韶关市"智慧公交"各项指标在全省非广州地区排名第一。推进农村移动支付"十百千示范工程"，启动移动支付示范镇建设15个，全市11个镇获2020年度广东省移动支付示范镇称号，成为全省通过示范镇建成合格验收数量最多的城市。截至年底，粤信融平台新增注册企业比年初增长254%，撮合银企融资金额111.4亿元，缓解企业融资难、融资贵。提升现金质量和服务水平，韶关市创建现金服务示范区9个。建立财税库银协同工作机制，推进国库集中支付电子化，配合"数字财政"系统上线，推动个税汇算清缴落地。配合有权机关打击犯罪，推动韶关市首宗洗钱罪案件宣判，协助破获非法经营地下钱庄、金融诈骗、涉赌洗钱等案件3件。建成金融读书角10个，开展"金融夜校＋金融夜访"系列活动，扩大金融知识普及宣传范围。

【外汇服务优化】 2020年，中国人民银行韶关市中心支行落实全口径跨境融资政策，签约金额折合9252.23万美元，为企业拓宽融资渠道，提高融资比例。截至年底，贸易外汇收支企业名录449家，比上年增长14.8%，全市涉外收支规模27.3亿美元，增长3.5%。加大重点外贸企业支持力度，指导银行向30家市重点外贸企业累计发放贷款37亿元、比上年增长73%，支持重点外贸企业稳定复工复产。推行"互联网＋政务服务"，确保新冠肺炎疫情期间业务不停顿，新增防疫物资出口企业名录15家，为企业办理防疫物资出口收汇407.4万美元。加强汇警合作，推进地下钱庄查处；加强横向协调，与市金融工作局沟通交流，互通网络炒汇监管信息，共同打击网络炒汇平台。

【韶关货币与防伪陈列馆建成开放】 2020年9月24日，韶关货币与防伪陈列馆建成并对外开放。韶关货币与防伪陈列馆被评为广东省首批"金融知识普及教育基地"。是年，韶关货币与防伪陈列馆接待1800余批次1.8万人次。中国人民银行韶关市中心支行主要负责人担任钱币馆"第11号"金融文化讲解员，宣讲党建和金融文化知识40余场次，惠及听众2000余人次。 （赵祎伶）

【金融"六稳""六保"工作落实】 2020年，韶关银保监分局制定出台金融支持复工复产相关文件6份。建立"一日一监测"机制，对照新冠肺炎疫情防控生产保障类和受疫情影响其他类小微企业"两张清单"，每日统计并通报辖内银行业信贷支持情况。16家银行机构向疫情防控重点领域企业授信30.52亿元、放款18.9亿元；分别为1926户、190户中小微企业办理延期还本、延期付息，金额合计23.78亿元。有关工作获韶关市政府通报表扬。

【农信社改制完成】 2020年，韶关市在2019年6家县域农商行开业的基础上，在韶关农村商业银行获批筹建后，韶关银保监分局落实与市金融工作局、人行韶关中支、韶关市农商行系统党委、改制机构的每周碰头机制，督导加快开业相关工作，6月，完成辖内8家农信社改制工作。改制工作获市委、市政府主要领导的批示肯定。

【防范化解金融风险攻坚战取得决定性成果】 2020年，韶关银保监分局督促辖内银行机构强化新增贷款准入管理，加大不良资产处置力度。截至年底，辖内银行业不良贷款率0.65%，较年初下降0.41个百分点，低于全省（不含深圳）平均不良贷款率0.37个百分点，在全省19个地市中排名（从高至低）从2019年的第7位下降至2020年的第16位，为粤北五地市中最低。车险市场秩序规范。探索用好"三停一问责一约谈"监管工具，全年对市场主体进行监管约谈或会谈27家次，指导韶关市保险

2020年9月24日，韶关货币与防伪陈列馆揭牌仪式举行

（人行韶关中支　供）

2020 年 6 月 24 日，韶关农村商业银行股份有限公司正式开业

（韶关银保监分局　供）

行业协会组织车险秩序工作会议 20 次。全市车险保费收入增速在全省 19 个地市排名第二，车险综合费用率在全省 19 个地市排名降至第六。网络借贷机构实现清零。会同市金融工作局推进 P2P 网贷风险整治，对辖内 P2P 机构开展现场走访 8 次、约谈见面 16 次。截至年底，辖内 4 家网贷机构均实现良性退出。

【小微信贷基本实现“增量、扩面、提质、降本”】 2020 年，韶关银保监分局按月监测并通报辖内各机构普惠金融服务情况，督促机构强化政策落实，约谈机构 48 次。联合市金融工作局、人行韶关中支开展“金融服务进千企活动”，推进“百行进万企”工作，探索并在南雄市实施“金融辅导员”银企合作模式，实现送服务、送政策、送资金“三送到企”。截至年底，辖内银行业金融机构普惠型小微企业贷款余额 157.22 亿元，比年初增长 39.18%，高于各项贷款增速 20.53 个百分点。小微企业贷款附加费用、综合融资成本分别比年初下降 0.25 个、0.91 个百分点。

【重点领域银行支持力度获提升】 2020 年，韶关银保监分局引导机构优化信贷结构，主动对接韶关市重点建设项目，加大制造业贷款投放。截至年底，全市银行业支持重点建设项目 102 个，比年初增长 41.67%，表内外融资余额计 197.61 亿元，增长 26.12%，涵盖基础设施、产业、民生工程。制造业贷款突破 130 亿元，比年初增长 38.13%。督导银行机构重点加大“三农”重点领域金融资源投入，助力做好脱贫攻坚和乡村振兴的衔接。辖内法人银行机构涉农贷款实现余额增长考核目标。对接重点外贸企业金融需求，为 86 家外贸企业提供授信额度 207.8 亿元，贷款余额 76.81 亿元。

【金融银行业助力脱贫攻坚】 2020 年，韶关银保监分局指导辖内机构用活用好扶贫小额信贷延续政策，扩大推广“带种带养”扶贫模式，得到省扶贫办肯定，并在“学习强国”平台推广。辖内银行业新增发放扶贫小额信贷 1.66 亿元，在全省地市中排名第一。发动组织消费扶贫 125.29 万元，高于韶关市扶贫办设定的消费扶贫任务指标。推动地方政府成立帮扶团，赴甘肃省和政县及狼土泉村开展扶贫捐赠和产业帮扶活动。

【保险业经济“减震器”和社会“稳定器”功能增强】 2020 年，韶关银保监分局督促辖内保险机构突出“扶实体”的宗旨，发挥保险业风险保障功能。针对 5 月韶关市暴雨灾害触发巨灾保险相关情况，指导平安财险韶关中心支公司向市财政局交付巨灾指数保险赔付金额 5663.5 万元，创下自辖内巨灾保险开展以来当地受灾指数及单次赔款金额的纪录。鼓励依托“一县一品”特色农产品开发契合“三农”需求的保险产品。奶牛养殖保险、柑橘气象指数保险、水稻制种保险、猪饲料成本价格保险、鸽子养殖保险等险种实现“零”的突破，辖内保险公司种植、养殖、林业保险提供风险保障 108.05 亿元。普惠型补充医疗保险“韶关市民保”参保人数 47.82 万人、参保率 15.96%。

【韶关新区金融聚集区建设】 2020 年，韶关银保监分局鼓励辖内机构入驻新区。与省银保监局相关处室沟通，联络协调，对接省级银行保险机构，并陪同市委、市政府拜访省级金融机构，加快引进金融机构到韶关设立分支机构，推进金融集聚区建设。推动北部湾财险韶关分公司于 10 月 21 日开业；广州银行完成韶关分支

2020 年 9 月 26 日，韶关银保监分局负责人带队到西河全民健身广场开展“喜迎国庆　金融助企　服务惠民”暨“金融知识进万家　金融知识普及月”宣传活动

（韶关银保监分局　供）

2020 年 12 月 3 日，韶关市民保启动仪式　　（韶关银保监分局　供）

机构的选址，并获广东银保监局批准筹建。　（吴雅宸）

【中国工商银行股份有限公司韶关分行】 截至 2020 年年底，中国工商银行股份有限公司韶关分行（以下称“韶关工行”）本外币各项存款日均余额 287.27 亿元；各项贷款余额 207.99 亿元，比年初增长 12.12%。不良率 0.61%，比下降 0.33 个百分点。

“春润行动”　2020 年，韶关工行投放贷款超 112 亿元，其中，为超 50 户受新冠肺炎疫情影响企业给予融资调整，涉及金额超 19 亿元。

支持经济建设　2020 年 12 月末，韶关工行贷款余额 100.97 亿元，比年初增长 15.1%。项目融资重点投向交通运输、能源电力、先进制造业和幸福产业等实体经济重点领域。12 月，韶关工行与市工业和信息化局签署合作协议，未来五年提供 300 亿元新增融资支持。

发展普惠金融　2020 年，韶关工行对接企业超 3000 户，并与超 1000 户企业达成合作意向。12 月末，小微企业贷款余额 19.80 亿元，发放小微企业贷款 18.90 亿元，当年累放普惠型小微企业贷款平均利率 4.47%，比上年降低 0.58 个百分点。

提升服务品质　2020 年，韶关工行新区营业网点——保利中悦支行营业。11 月，与市税务局携手打造的 5G 办税微厅在碧水花城支行启用。推出个人客户经理“云工作室”。　（史　超）

【中国银行股份有限公司韶关分行】（简称中国银行韶关分行），2020 年末，经营发展实现“三个突破”，即：营业净收入突破 5 亿元大关、达 5.25 亿元；存贷款余额均突破 150 亿元大关、分别达 161 亿元和 153 亿元；资产质量管控实现突破，年末不良余额及不良率实现“双降”。2020 年获“中国银行广东省分行定点扶贫工作先进集体”称号。

服务实体经济　2020 年，中国银行韶关分行贷款增速排名“四行”第一，在当地“四行”中率先完成市政府信贷增长 20% 目标任务；民营企业贷款、制造业贷款、绿色信贷分别比上年增长 39.39%、33.8%、58.9%。截至年底，扶贫贷款余额 0.34 亿元，其中国定扶贫贷款 0.04 亿元、省定扶贫贷款 0.30 亿元。

推进普惠金融服务　2020 年，中国银行韶关分行助力中小微企业降成本，完成银保监、央行口径“两增两控”任务目标，小微企业贷款余额 12.74 亿元、增速 52.03%。2018—2020 年为解决小微企业融资难提供支撑，救助经营暂时困难企业 37 家，涉及授信金额 0.78 亿元。

推进贸易金融服务　2020 年，中国银行韶关分行支持韶钢、宏大齿轮及日本电产等重点企业，通过福费廷、融易达、销易达、全球供应链融资、特色跨境结算等产品，为“走出去”“请进来”的企业提供综合服务，结售汇、国际结算和跨境人民币业务市场份额分别为 34.54%、36%、44%，位居稳居当地市场首位。

打造小微企业融资服务平台　2020 年，中国银行韶关分行创新举办三场以“中银科技通宝”“中银惠农通宝”及“专精特新”为特色的线上线下评审会，累计申报项目 61 个、授信总量 3.6 亿元。与韶关市工业和信息化局签订《培育发展战略性产业集群战略合作框架协议》，未来 5 年为韶关市“3+3”战略性产业集群提供 300 亿元贷款支持；联合韶关市工业和信息化局，为韶关市先进材料和高端装

2020 年 11 月 24 日，中国工商银行韶关碧水花城支行复业暨首个“税银互融”5G 办税微厅启用仪式举行　　（韶关工行　供）

2020年12月29日下午，中国银行韶关分行携手韶关市工业和信息化局聚焦韶关“战略性产业集群”企业，成功举办“中银中小企业融资融智南粤行——培育发展战略性产业集群融资专场(韶关站)活动　　（中行韶关分行　供）

备制造产业集群上下游80多家企业提供“产业政策＋金融产品”一对一综合融资服务，为40家企业申请授信26.9亿元，截至年底，该行个人普惠贷款余额4.3亿元，比上年增长30.54%。该行作为韶关市首家成功办理知识产权质押的银行机构，累计为12家企业提供1.6亿元的授信，并获“韶关市知识质押融资工作先进单位”称号(唯一获奖的金融机构)。

打造农村普惠金融服务平台　2020年，中国银行韶关分行与韶关市农业农村局签订《金融服务乡村振兴的工作方案》，将214家省、市龙头企业列为重点授信对象，单户授信额度最高3000万元。截至年底，为41家农业龙头企业发放授信3.88亿元。为扶贫贷款客户提供“优先受理、优先尽责、优先审批”3个优先审批服务，先后为南雄村镇闪水处理等项目核定授信超5亿元。　（陈　彦）

【**中国农业银行股份有限公司韶关分行**】　截至2020年年底，全行本外币各项存款347.99亿元，比年初增加29.17亿元，余额、增量均保持同业第一；本外币各项贷款余额249.73亿元，增长19.37%，四行份额较年初提升1.46个百分点，余额、增量均居同业第一，贷款新增及增速皆创新高，信贷投放量居全市金融机构首位。在市政府对全市应对新冠肺炎疫情支持复市复业先进单位的表彰中，农行韶关分行作为唯一一家金融企业，获“促消费先进企业”称号。

为企业纾困解难　全年向14户疫情防控企业发放贷款5亿元。在疫情发生后一个月时间内，向辖内医疗卫生机构、疫情物资保障企业等发放贷款近2亿元。向农产品供应企业及春耕备耕农户发放贷款1.85亿元。运用利率优惠、利率定价切换等手段，为企业节约成本近700万元；为39家企业办理展期或调整还款计划，涉及金额19.1亿元。为超2000户受疫情影响造成贷款发生逾期的个人客户申请违约豁免。向45户农业龙头企业发放贷款5.6亿元。向疫情防控重点企业——乳源东阳光电化厂发放首批贷款1亿元。

金融信贷助力实体经济　2020年，对144个专项债项目进行承销，并对接发债项目授信15亿元；为公路、铁路等交通行业提供授信支持51亿元，贷款资金22亿元，对市重大水利工程之一的乳源南水水库供水工程项目审批贷款6.7亿元；累计向韶新高速、东阳光等重点客户投放贷款11.5亿元；向35户高新技术企业、科技型企业等发放贷款5.9亿元。

对接乡村振兴战略规划　通过抓好省农行与韶关市政府签署的200亿元金融服务乡村振兴合作协议、分行与韶关市工信局签署的100亿元培育发展战略性产业集群战略合作协议及分行与韶关市文广旅体局签署的全面战略合作协议“三个金融合作协议”的贯彻落实，做好乡村振兴金融服务。与全市13个省级现代农业产业园对接授信，现代农业产业园账户开立“全覆盖”。支持农业龙头企业48户、余额6.36亿元；向农房管控风貌提升信用户提供信贷融资服务，发放“美丽乡村农房风貌贷”73户、金额1192万元。扶贫小额贷款投放2168户，金额1.07亿元，支持24个产业(项目)扶贫项目，贷款余额3.26亿元，带动贫困人口2.05万人稳定增收，对37个政府主导的“带种带养”扶贫项目发放扶贫小额

4月29日，农行韶关分行与韶关供电局启动“电费E贷”项目
（农行韶关分行　供）

信贷 1929 户，金额 9503.59 万元。

助力构建生态经济体系　向辖内旅游行业客户新发放贷款 213 户，金额 1.43 亿元。双方开展项目互荐互融，为文广旅体局推荐的张九龄基金会提供金融服务。做好广东南岭国家公园、国家长征文化公园等项目筹建的前期沟通对接。支持国家储备林建设，审批广东省南雄市国家储备林一期建设项目固定资产贷款 7.5 亿元。

加速智慧金融建设　累计投入专项费用近 5000 万元搭建“智慧医疗”“智慧教育”“智慧旅游”等智慧项目场景。其中“智慧医疗”场景服务医疗机构 40 余个，实现从市二级以上公立医院、民营医院，到乡镇卫生院、社区医院的“广覆盖”；“智慧教育”场景覆盖全市开放大学、中职院校及幼儿园等教育机构逾百家。与珠玑古巷·梅关古道景区等国家 AAA 级以上旅游景区搭建“智慧景区票务”系统。　（黄旭峰　卢红媛）

2020 年 9 月 22 日，正邦集团感谢农发行韶关市分行授旗仪式

（农发行韶关市分行　供）

【中国建设银行股份有限公司韶关市分行】　2020 年，中国建设银行股份有限公司韶关市分行（以下简称“建行韶关分行”）全口径存款余额 287 亿元，其中，企业存款 97 亿元，个人存款 190 亿元；各项贷款余额 190 亿元。全年零案件。行长、党委书记陈昊获“全国金融五一劳动奖状”。

支持特色农业产业发展　2020 年，建行韶关分行促成省分行与韶关市人民政府签订《金融战略合作协议》，韶关市分行与市工信局签订《培育发展战略性产业集群战略合作框架协议》。为韶关市武江区聚鑫生态农业有限公司投放全国首笔自主创新“生猪贷”。联合乐昌市政数局共同打造全省首个“数字乡村”示范点。

深化“劳动者港湾 +”模式　2020 年，建行韶关分行与市农业协会共同合作打造服务夜间经济生态圈的橱窗文化，推进以“美好生活体验馆”为抓手的网点物理环境“靓化工程”和“焕然一新促发展”工作计划，提升金融服务人民群众的形象和水平。与韶关市司法局及第三方培训教育机构合作打造“司法港湾”“公益港湾”等“劳动者港湾 +”模式，增强金融服务群众安居乐业的功能。　（郑　彬　宋仕广）

2020 年 6 月 12 日，乐昌市举行“百项政务服务进建行”政银合作签约仪式

（郑彬　摄）

【中国农业发展银行韶关市分行】　截至 2020 年年底，中国农业发展银行韶关市分行（简称农发行韶关市分行）各项贷款余额 60.04 亿元，增幅 24.49%；各项存款余额 9.18 亿元，日均存款余额 13.73 亿元。

金融助力疫情防控　2020 年，农发行韶关市分行抓主业保粮油安全。发放 2000 万元应急储备肉贷款，支持企业采购省级储备冻猪肉，为保障疫情期间肉类供应提供金融支持。为国有粮食购销公司发放扶贫贷款，实现扶贫业务从无到。全年有 12.42 亿元贷款享受专项优惠利率。

启动办贷绿色通道　2020 年，农发行韶关市分行发放农发行韶关分行首笔生猪产业贷款 1.5 亿元，受到企业赠送锦旗表感谢。

（李　双）

【广发银行股份有限公司】　截至 2020 年末，广发银行韶关分行各项存款余额 20.67 亿元，各项贷款余额 26.42 亿元。全年清收处置不良贷款 6776 万元。

创新服务产品模式　截至 2020 年年底，该行小微企业贷款余额 5.51 亿元，比年初增长 14.89%，小微企业贷款户数 339 户。

助力企业抗疫 2020年，该行向抗疫重点企业发放贷款，办理个贷延期61户354笔，延期还款本金492万元，延期利息13万元；对公延期6户1648万元，延期利息1户2.9万元。（宋文婷）

2020年6月24日，韶关农村商业银行股份有限公司举行揭牌仪式

（韶关农商银行 供）

【中国邮政储蓄银行股份有限公司韶关市分行】 2020年底，中国邮政储蓄银行股份有限公司韶关市分行（以下简称“邮储银行韶关市分行”）各项存款余额342.45亿元，比上年增长39.3亿元，增幅12.97%，列韶关六大行第二；各项贷款余额73.99亿元，增长35.62%，高于全市同业平均17个百分点，列六大行第一。不良率0.57%，比年初下降0.16%。网点堵截风险事件39起，为客户资金安全保驾护航。支撑打击防范电信网络诈骗案件，获韶关市打击治理电信网络新型违法犯罪中心表扬。

支持重点项目建设 2020年，对接韶新高速、武深高速始兴联络线、韶赣高速欧山互通立交、雄信高速、韶连高速、乐昌及曲江光伏发电项目、粤北天然气管网等项目。新增批复重点项目建设贷款35亿元。

金融服务企业 普惠型小微企业贷款余额12.89亿元，净增4.02亿元，完成监管考核目标的353.29%，列邮储全省第一。向抗疫企业发放贷款1.09亿元，支持抗疫企业复工复产。

做好服务“三农”工作 小额贷款余额10.28亿元，净增3.59亿元，完成省行年度净增计划187%，列邮储全省第二。涉农贷款余额36.55亿元，比年初增长26.87%。

金融扶贫 邮储银行韶关市分行获评总行颁发的“2020年脱贫攻坚先进单位”，韶关“带种带养”模式被总行评为“脱贫攻坚优秀项目”。扶贫小额信贷发放401笔1854万元，带动辖内1236户建档立卡贫困户，“应贷尽贷”率100%。

做好零售信贷业务 全年消费贷款投放15.05亿元，年净增9.9亿元，完成省行年度净增计划117%，列邮储全省第三；信用卡新增发卡2.82万张，完成省行目标128%，列邮储全省第一，消费金额14.58亿元。

（李清平）

2020年2月5日，邮储银行韶关市分行接收抗疫企业广东省韶关市华生药业有限公司赠匾（邮储银行韶关市分行 供）

【韶关农村商业银行股份有限公司】 2020年6月24日，韶关农村商业银行股份有限公司（以下简称“韶关农商银行”）举行揭牌仪式，挂牌开业，韶关农信社改制工作完成。韶关农商银行是由原韶关市区农村信用合作联社与韶关市曲江区农村信用合作联社（以下简称“两区联社”）合并组建而成，均成立于1952年。自农商银行改制工作启动以来，韶关农商银行加快转换经营机制，优化资产负债结构，各项业务发展，盈利能力增强。截至2020年12月末，韶关农商银行资产总额138亿元，存款规模113亿元，纳税额3900万元，为地方经济做出贡献。

【韶关市农商行系统】 韶关市农商行系统党委所在地为乐昌市，辖内6家机构（乐昌农商银行、翁源农商银行、乳源农商银行、始兴农商银行、仁化农商银行、新丰农商银行）共有100个网点，12个自助银行，1235名在职人员，是韶关辖内网点最多、服务地区范围最广的金融机构。截至2020年末，韶关市农商行系统6家机构的总资产387.81亿元，存款337.33亿元，贷款177.19亿元，实现经营利润4.90亿元，净利润2.25亿元，全年缴纳各项税款1.26亿元。

2020 年 4 月 26 日，韶关首家社保卡即时发卡服务点在乐昌农商银行北郊支行揭牌
（乐昌农商银行　供）

保障防疫金融服务需求　韶关市农商行系统保障防疫金融服务需求。辖内 6 家机构累计向 14 家抗疫物资生产企业发放贷款合计 1.49 亿元。推出“抗疫贷”“复工复产贷”“阳光 e 贷”等金融服务产品，累计发放 2949 户复工复产贷款，金额 34.15 亿元。辖内 6 家机构落实中央和地方各类扶持政策，利用再贷款、财政贴息等手段，支持企业有序复工复产。利用中央再贷款资金 2.02 亿元，惠及 83 户小微企业。

推动延期还本付息政策落到实处　韶关市农商行系统向客户宣传延期还本付息政策。截至 2020 年末，为 501 户贷款客户办理延期还本手续，涉及贷款金额 9.04 亿元，为 64 户贷款客户办理延期付息手续，涉及贷款金额 4564 万元。

降低企业融资综合成本　韶关市农商行系统规范信贷融资各环节收费与管理，加大减费让利力度，截至 2020 年末，为 3957 户客户减费让利，涉及贷款金额 25.35 亿元。如始兴农商行为客户减费让利 1155.95 万元，为客户降低利息支出 1047.82 万元；为普惠小微客户降低利息支出 376 万元；为客户代付押品登记、贷款业务手续费、贷款授信管理费、押品评估费用等 114.04 万元；新丰农商行为客户减费让利 882 万元，为客户降低利息支出 842 万元；为客户代付押品登记评估费用 40 万元。

落实消费扶贫　韶关市农商行系统落实消费扶贫工作要求，辖内 6 家机构采购中国银保监会扶贫点和政县消费扶贫产品 62 万元。辖内 6 家机构为和政县捐款 20 万元，推动和政县的脱贫攻坚工作。

向数字银行转型　2020 年 4 月 26 日，韶关市首家社保卡即时发卡服务点在辖内乐昌农商行揭牌，发卡服务将原本 20-25 个工作日的流程压缩至 15 分钟内，实现“当天申请、立等可取”的一站式便利服务。9 月 18 日，韶关地区落地广东农信第一台 ETC 无感加油智能支付应用场景，为车主带来更方便快捷的加油支付体验，实现免排队、免付款、免扫码。

签订战略合作框架协议　2020 年 11 月 28 日，韶关市人民政府与广东省农信联社签订战略合作框架协议。根据合作协议，省农信联社将统筹整合全省农商行优质资源，重点围绕涉农项目、县域产业项目、乡村交通设施建设、农村民生工程、重点项目、绿色经济、教育医疗、文化旅游等领域，为韶关提供金融服务，提供不低于 200 亿元的授信合作额度。

（李嘉怡）

【交通银行股份有限公司韶关分行】

2020 年，交通银行韶关分行获“交通银行股份有限公司广东省分行（以下简称交通银行广东省分行）2020 年度优秀教育组织一等奖”；获“交通银行广东省分行 2020 年度平安创建劳动竞赛安全管理进步单位”；获“韶关银行业保险业清廉金融文化建设活动三等奖”；获“第二届韶关市支付微视频技能竞赛最佳创意奖”。

全融助力抗疫　2020 年，交通银行韶关分行为小微客户提供无还本续贷等 909.5 万元，做到应延尽延。为 455 家企业减免对公新开户手续费 4.55 万元。为 28 家小微企业贷款抵押物减免评估费 14.5 万元。为 10 家小企业贷款抵押物减免保险费 2.64 万元。为小微企业投放疫情贷款 3500 万元；普惠型小微企业贷款平均利率 4.19%，比上年降低 0.57 个百分点。为韶关市 1949 家个体工

2020 年 6 月 12 日，交通银行广东省分行与韶关新区签约战略合作协议
（交通银行韶关分行　供）

商户二维码减免手续费105.3万元。联合85家个体工商户、小微企业进行优惠商户合作，刺激当地经济消费422万元，给韶关市消费者让利65万元。在扶贫点为南雄市湖口镇岗围村的驻村干部被评为“2019—2020年广东省脱贫攻坚突出贡献个人”。

提速普惠金融 2020年，交行韶关分行普惠“两增”贷款余额2.29亿元，较年初净增8879.06万元，增速63.36%，比各项贷款增速(22.76%)高40.6个百分点；“两增”贷款客户数154户，较年初净增37户；贷款余额4.04亿元，增速4.85%；绿色信贷余额8.97亿元，增速18.63%，完成普惠“两增两控”、普惠涉农、金融精准扶贫等监管指标。

驱动经济发展 2020年，交通银行韶关分行对接韶关新区国家科技建设、工业园发展。各项贷款余额41.74亿元，增幅为22.86%。绿色信贷余额8.97亿元，增速18.63%。助力韶关市3000多户烟农缴纳烟用物资款提供结算便利。6月12日，韶关新区管理委员会与交通银行广东省分行签订战略合作框架协议，双方确定将在未来三年为韶关新区提供100亿元融资支持。12月15日，交通银行韶关分行与韶关市工信局签署《培育发展战略性产业集群战略合作框架协议》，交通银行将在未来五年为韶关市战略性产业集群企业提供200亿元融资支持。（阮 智）

【东莞银行股份有限公司韶关市分行】 截至2020年年底，东莞银行韶关分行存款时点余额35.77亿元，比年初增长19.92%；贷款余额43.5亿元，增长31.02%。支持韶关市重点领域、重点项目和小微企业发展。各项贷款增长31.02%，完成市政府下达2020年度贷款增长20%的目标任务，受到市政府表彰。

金融助力企业复工复产 2020年，该行紧急出台支持新冠肺炎疫情防控的救灾应急授信方案“防疫贷”，贷款利率不超3.05%，3月22日，为当地大型医药类客户申请新增授信5000万元，23日，审批通过，客户2日内支用1640万元。为受疫情影响的6家小微企业办理延期还本，累计金额2021.56万元；办理延期付息企业2家，累计金额124.77万元。累计发放个人经营性贷款8810万元。

政银企合作 2020年，东莞银行韶关分行先后与韶关华南先进装备产业园管理委员会、韶关装备园投资开发有限公司签订战略合作协议，成立风险补偿金，帮助解决企业日常生产经营周转资金需求。与韶关华南先进装备产业园管理委员会、韶关装备园投资开发有限公司、乐昌工业园等签订战略合作协议，成为华南装备园独家合作银行，为入园企业提供金融服务。向16家入园制造业企业授信额度3.69亿元，累计投放2.4亿元。

支持教育、医疗等民生行业发展 2020年，该行为8所学校机构投放表内贷款3.51亿元。与粤北人民医院合作开展“智慧医疗”建设合作项目，实现粤北人民医院自助办理入院、自助出院结算、住院费用汇总清单打印、电子发票打印、住院医保结算单打印等功能。为当地4家医药行业机构投放表内贷款1.53亿元。

打造“市民的银行” 2020年末，个人储蓄存款10.26亿元，比上年增长33%，高于全市增幅。个人贷款管理时点规模14.83亿元，以金融力量助力民生项目工程。

东莞银行韶关芙蓉新区支行开业 2020年11月19日，东莞银行韶关芙蓉新区支行对外开业。

（饶丽华）

【汇丰银行（中国）有限公司韶关支行】 汇丰银行(中国)有限公司韶关支行和汇丰银行（中国）有限公司韶关曲江支行是汇丰银行（中国）有限公司广州分行下设的异地支行，分别位于浈江区和曲江区。截至2020年末，在职员工9人。支行内设4个部门，即工商金融服务部、财富管理及个人银行业务部、营运部及合规部。2020年，汇丰银行韶关支行提升自身抗风险能力，落实各监管机构的各项工作部署，融入韶关市场，确保自身业务稳健发展，支持韶关的经济增长。

支持韶关实体经济发展 2020年，汇丰银行韶关支行采取“一户一策”的策略，对贷款企业进行评估。最终接近一半的贷款享受到降息、延期还款，无还本续贷等政策优惠，降低企业的负担。作为汇丰银行在韶关地区的分支机构，汇丰银行韶关支行与韶关当地企业建立业务合作关系，依托汇丰银行海外网络和国际金融服务优势，为企业客户办理本外币流动资金贷款、开立银行承兑汇票、备用

汇丰银行（中国）有限公司韶关支行参加韶关金融惠企，服务民生，韶关金融系统“稳企业保就业”活动

（汇丰银行韶关支行 供）

信用证等业务。

开展关爱客户活动 汇丰银行韶关支行与全国分支行同步推出 WPB Customer Care Program(客户暖心活动)，在支行张贴疫情防控温馨提示，并赠送防疫小礼品感谢每一位来行客户的支持，推出面向支行和支行员工的暖心评选，提高支行的服务质量。

践行社会责任 2020 年，汇丰在韶关先后开展的行业宣传活动包括“3·15 金融消费者权益日”宣传活动、“2020 年普及金融知识万里行活动”、“金融惠企，服务民生，韶关金融系统“稳企业保就业”，以及 2020 年广东金融知识普及月活动等。

2020 年 11 月 20 日，韶关市保险业“119”消防安全宣传月消防演习活动
（韶关保协　供）

保险

【概况】 2020 年，韶关保险主体有 37 家，其中寿险 20 家，财险 17 家。县（市）级支公司（营业部）机构 58 个，其中，财产险 34 个，人寿险 24 个。营销服务部机构 112 个，其中，财产险 45 个，人寿险 67 个。2020 年，韶关市保险市场保费收入 62.35 亿元，比上年增长 4.81%。其中，财险公司保费总量 17.25 亿元，比上年增长 4.64%；寿险公司保费总量 45.1 亿元，增长 4.83%。全市保险从业人员 1.56 万人，其中财险 2800 人，寿险 1.28 万人。韶关市保险分支机构高级管理人员 170 人，其中财险公司 93 人，寿险公司 77 人。其中三级机构高级管理人员 78 人，四级机构高级管理人员 92 人。

【保险行业自律】 2020 年，韶关市保险行业建立以专业委员会为主导的车险自律约束机制，落实车险非现场监管办法，开展“报行合一”工作。每月进行市场分析，定期组织驻韶财险公司开展车险市场经营行为自查自纠工作，协调解决车险市场存在的问题，维护车险市场秩序。协助政府部门协调各类保险项目投标工作，规范重大项目和招标业务竞争。协调和约束保险从业人员流动，确保销售人员流动过程稳健有序，全年协调处理行业内人员流动投诉 40 宗。9 月，向驻韶各保险公司发出《致保险销售人员的倡议书》，倡议各保险销售人员签订《保险销售人员销售服务诚信承诺书》，共同遵守诚信销售行为准则，全市 37 家保险公司的 6848 名营销员签署诚信承诺书。

2020 年，韶关市保险业无偿献血启动仪式暨“7·8”全国保险公众宣传日活动
（韶关保协　供）

【保险消费者权益维护】 2020 年，韶关市保险行业形成集行业调解、维权服务、法律咨询援助于一体的工作模式，设立专职调解工作岗位和外聘调解工作人员，解决各种矛盾争端。韶关保协与各级法院签订《交通事故损害赔偿纠纷案件诉调对接工作方案》，在法院建立调解工作室。截至年底，在浈江区、武江区、曲江区、南雄市、乐昌市法院及韶关市中级人民法院分别设立“保险纠纷诉调对接工作室”，协会派专职工作人员入驻，提前介入，化解保险纠纷。受理各类投诉案件 140 件，涉案金额 1225.25 万元，处理 87 件，结案金额 222.34 万元。

【道路交通事故快赔服务】 截至 2020 年年底，韶关市设立 15 个轻微道路交通事故快处快赔服务中心，遍布全市 10 个区县，完成韶关三区七县全覆盖。各快处快赔服务中心处理案件 1.83 万件。韶关保协推广轻微道路交通事故快处快赔“事故 e 处理”系统。“韶关事故 e 处理”服务平台处理案件 5678 件。组织保险公司和交警建立沟通渠道，通过微信群进行警情发布，快速处理交通事故，取得较好成效。在高速公路收费站、服务区设立保险快速理赔服务点，为在高速公路发生意外事故的车辆提供保险理赔指引和相关咨询服务。韶关市各县区开展"警保联动"工作，处理案件6484件。

【警保合作交通劝导站建立】 2020年，韶关保协协助保险公司与公安部门推进警保合作劝导站建设。人保财险、平安财险、太平洋财险等险企相继与公安部门签署合作方案建立警保合作劝导站，韶关建立28个警保合作一级劝导站。

【保险公益扶贫】 2020年，韶关市保险行业协会驻韶关保险业组织从业人员开展"6•30"扶贫济困日活动，韶关市保险行业募集公益捐款达6.98万元。韶关保险行业在春节前夕组织志愿者到社区慰问帮扶困难群众，募集慰问品价值3万余元，参与慰问活动的保险公司23家。"7•8"全国保险公众宣传日暨无偿献血志愿活动中有36家保险公司参与，有93名保险业员工无偿献血3.05万毫升，缓解新冠肺炎疫情期间韶关市临床用血压力。

【保险行业宣传】 2020年，韶关市保险行业在保险行业协会的官方网站、"韶关保险"微信公众平台发布保险公司报送的宣传稿件，利用互联网微信平台宣传韶关保险。年末评选宣传工作先进单位、优秀单位14家，先进通讯员、优秀通讯员14人。

（张秋妹）

【中国人寿保险股份有限公司韶关分公司】 简称人寿韶关分公司，2020年，人寿韶关分公司总保费首次突破16亿元大关，实现收入16.16亿元，居韶关寿险行业首位，市场份额36.14%；保障型业务收入1.21亿元。"十三五"期间，人寿韶关分公司总保费连续跨越14亿元、15亿元、16亿元大关，实力提升。

服务"六稳""六保" 2020年，人寿韶关分公司承办（联合承办）韶关大病保险项目及城镇职工住院附加医疗保险项目，覆盖全市233.49万名城乡居民和77.42万名城镇在职职工；联合人保财险、平安养老，由韶关市医疗保障局指导，开办普惠性商业健康保险"韶关市民保"项目；为全市约56万名老年人提供老人险构筑风险保障，覆盖率100%；为全市12.05万名女性提供25亿元的风险保障；为全市计划生育家庭提供1148万元风险保障，累计为1.07万人次赔付1662.3万元。向韶关市援鄂医疗队成员家庭赠送家政服务员保险提供保险保障200万元；向退役军人赠送"仁军保"人身意外伤害保险提供保险保障6320万元。

保险扶贫 2020年，人寿韶关分公司累计为全市11.42万名驻村扶贫干部、贫困人口、贫困妇女等人群捐赠大病医疗保险、扶贫保险、"两癌"保险承担风险保额30.57亿元，覆盖超公司定点帮扶村3/4的建档立卡贫困人口。

助力抗击疫情 2020年，人寿韶关分公司为抗击疫情捐赠保险提供风险保障总额超323.38亿元；扩展36种原有保险产品责任，创新推出"关爱保""守护神"保险方案支持复工复产；开通线上理赔绿色通道，最快赔案从立案受理到保险金到账用6个小时。

科技驱动 2020年，人寿韶关分公司线上"616客户节"吸引超68万人次在线体验，推进"空中客服、移动柜面"等工具，探索"理赔直付""重疾一日赔"等服务模式。保全自动率99%，理赔全流程自动化率88%。全年自动化理赔件数超2万件，赔付金额超1200万元。（沈婷芳）

【中国太平洋人寿保险股份有限公司韶关中心支公司】 2020年，中国太平洋人寿保险股份有限公司韶关中心支公司实现保费规模1.27亿元，个人保险期缴业务749万元。探索经营管理与业务发展模式、方法，践行集团公司"产品+服务"模式助推寿险个人客户业务发展，以"太保蓝本"为代表的健康服务体系完善，助力企业复工复产。

（太平洋人寿保险韶关中支）

【泰康人寿保险有限责任公司广东韶关中心支公司】（简称泰康人寿韶关中支），2020年实现保费收入8088.26万元，比上年增长4.9%，在职职工350余人。（王秋明）

【新华人寿保险股份有限公司韶关中心支公司】 2020年，新华保险韶关中心支公司总保费2.3亿元，比上年增长4.6%，市场份额5.22%，总保费市场排名第四。防范经营风险，改善业务结构和品质，重点发展保障型业务。实现续期保费1.64亿元，新单保费和期交保费业绩逐年提升。产品体系重点推动健康型产品，如：防癌产品康爱无忧；附加险系列推动创新性保障型产品"惠加保特定疾病保险"。提高客户附加险覆盖率，改善风险保障程度。理赔方面：2020年结案2213件客户理赔件，理赔金额1372万元，平均理赔速度用时0.39天。智能服务方面：应用行业首个服务云平台，将电话、微信、掌上新华APP、网站、短信、电子邮件互动服务与人工智能服务结合，构建智慧服务体系，提升客户服务体验。（官原全）

【太平人寿保险有限公司韶关中心支公司】 2020年，太平人寿保险有限公司韶关中心支公司总保费1.49亿元，市场份额占比3.32%。

是年，公司推出"秒赔"服务，对部分理赔案件实行先赔付后审核的理赔方式，提高理赔时效。赔付金额552.5万元，赔付件数579件，其中使用秒赔服务件数348件，占比60.1%。（赵成斌）

【合众人寿保险股份有限公司韶关中心支公司】 2020年，合众人寿保险股份有限公司韶关中支公司总保费收入5412.83万元，年金及医疗赔付额为813.78万元。（钟　芬）

【幸福人寿保险股份有限公司韶关中心支公司】 2020年，幸福人寿保险股份有限公司韶关中支公司春节前夕开展“扶贫助困送温暖”活动，并参与韶关市金融系统无偿献血活动。7月，制定“同心同行，我们在一起”方案计划，通过开展扶贫健康操、组织拍摄“一起增强免疫力，动7来8”话题短视频等形式，提高群众对保险的认知度。（潘艳琳）

【友邦人寿保险有限公司广东分公司韶关中心支公司】 友邦人寿保险有限公司广东分公司韶关中心支公司（以下简称“友邦韶关”）。2020年1月19日，韶关金融团工委、韶关市保险行业协会联合发起“新春慰问送温暖”关爱困难群众扶贫活动倡议，友邦韶关采购80包马坝油粘米作为活动的爱心物资，由友邦韶关6名志愿者作为志愿队代表送给贫困群众。友邦广东于2019年在友邦保险百年华诞之际聚焦省内14所缺乏体育设施的乡村学校援建足球场，位于韶关乳源瑶族自治县大布镇中心学校的希望足球场于2020年底完工。4月，友邦韶关被韶关市保险行业协会评为“2019年度韶关保险行业扶贫工作突出贡献奖”。同月，友邦韶关被韶关市保险行业协会评为“2019年韶关保险行业宣传工作先进单位”称号。6月，友邦韶关被中国人民银行韶关市中心支行评为“综治工作先进单位”，友邦韶关员工陈文彬获“综治工作优秀个人”称号。8月，友邦韶关在2020年“7·8”全国保险公众宣传日优秀短视频大赛中获“作品优秀奖”“优秀组织奖”称号。（陈文彬）

2020年12月，由珠江人寿广东分公司及辖内机构赞助的韶关市曲江区“大塘镇西林村善美儿童之家”启用揭牌仪式在西林村委举行

（珠江人寿韶关分公司 供）

【长城人寿保险股份有限公司韶关中心支公司】 简称长城人寿韶关中支，2020年，长城人寿韶关中支实现保费收入6178.87万元。是年，长城人寿韶关中支推出五大举措应对新型冠状病毒肺炎疫情。主要包括：住院零免赔无等待期；取消定点医院及自费药使用限制；开通理赔绿色通道，减免手续，快速处理；完善升级理赔预案和微信理赔，减免纸质材料；密切关注主动跟进，为客户提供便捷的理赔服务；提供免费在线问诊服务。推动官微服务平台使用，通过该平台客户可足不出户自助完成投保、保全等20余项服务。有8款产品进行保险责任扩展，增加新冠肺炎相应保险责任，相关责任延期时限延长至12月31日，为客户提供全面保障。（长城人寿韶关中支）

2020年9月15日，长城人寿韶关中心支公司前台客服为老年客户提供业务变更服务

（长城人寿韶关中支 供）

【建信人寿保险股份有限公司韶关中心支公司】 简称建信人寿韶关中支。截至2020年年底，建信人寿韶关中支总业绩5265.63万元，其中银保期交业务862万元，趸交业务4278.8万元，团险业务124.83万元（其中健康险年度总保费56.16万元）。全年建行韶关市分行在职及退休人员累计理赔1040笔，赔付总金额超过238万元。（王 婷）

【珠江人寿韶关分公司】 2020年，珠江人寿韶关分公司新单保费规模1.84亿元。12月，由珠江人寿广东分公司及辖内机构赞助的韶关市曲江区“大塘镇西林村善美儿童之家”启用揭牌仪式在西林村委举行。

（珠江人寿韶关分公司）

【中国人民财产保险股份有限公司韶关市分公司】 简称人保财险韶关市分公司，截至2020年年底，人保财险韶关市分公司实现保费收入8.55亿

元,比上年增长3.39%。

助力企业经营 2020年,人保财险韶关市分公司推动线上投标保证保险项目,为建筑企业盘活运营资金,助力降低企业财务成本。发展农民工工资保证保险,承保项目340个,释放资金5.1亿元。

助力乡村振兴 2020年,人保财险韶关市分公司承保水稻种植保险、玉米种植保险、柑橘种植保险、烟叶种植保险、能繁母猪保险、奶牛保险、家禽保险、商业林木保险等险种,累计赔付3280.39万元。利用新工具开展承保理赔工作,在原有数字农业系统——"粤农保"的基础上,升级打造"AI数字农业综合服务平台",并与韶关市农业农村局签订《共建韶关市农业信息管理平台协议》,推动全省首个农业数字信息平台共建合作项目落地韶关。

助力保障改善民生 2020年,人保财险韶关市分公司牵头承保韶关市城镇职工住院附加医疗保险和韶关市城乡居民大病保险,其中,韶关市城镇职工住院附加医疗保险覆盖全市61万名城镇职工参保人,年受益75万人次;韶关市城乡居民大病保险覆盖全市城乡居民约235万人。连续12年承保校(园)方责任险,每年为60万名中小学生提供保险保障。牵头推出普惠型补充医疗保险——韶关市民保,为全市48万名人参保人提供医疗保障。

助力建设善美韶关 2020年,人保财险为韶关市1638名驻村扶贫干部赠送1.6亿元意外保险保障,并向挂点扶贫村翁源县江尾镇葸岭村捐赠"守护公共安全、一元民生计划"村镇救助保险,为当地常住人口1598人提供累计500万元保险保障。 (杨建明)

【中国平安财产保险股份有限公司韶关中心支公司】 简称韶关平安产险,2020年5—6月,韶关出现严重暴雨灾害,韶关平安产险4个工作日完成向韶关市财政局交付巨灾指数保险赔款金额5663.5万元,创下自2017年巨灾保险开展以来受灾指数及单次赔款金额之最。2018—2020年,强降水触发8次巨灾理赔,累计赔款金额1.46亿元,简单赔付率384%。

助力乡村振兴 韶关平安产险与邮政合作,通过抖音等平台以直播带货形式将当地水果等农特产品推销出去;募集资金,以"消费扶贫"的形式采购县域农特产品,韶关平安财险于11月到江头镇采购价值4万余元的当地"珠玑农家米、冬菇、红薯干"等农特产品;开发"扶贫政府救助保险",专门为贫困人口"因灾、因病、因学"等发生的意外及返贫等提供保险保障,助力打赢脱贫攻坚战。8月,韶关平安财险开始开展"创业致富带头人贷款贴息"项目,该项目将惠及韶关市涵盖3个区7个县的1330名创业致富带头人,为创业致富带头人自2018年7月1日至2020年7月31日期间用于生产经营的贷款进行无偿贴息。经过申报最终为76名创业致富带头人无偿发放贴息186.53万元,贴息人数与贴息金额分别占全省48%、35%,贴息人数、贴息金额均位居全省首位。 (谢启昌)

韶关平安产险——韶关市人民政府巨灾指数保险赔付交接仪式举行
(韶关平安产险 供)

【中国太平洋财产保险股份有限公司韶关中心支公司】 (简称太平洋财险韶关中支),2020年,韶关中支经营业绩在韶关财险市场稳居前三,全险种保费1.7亿元,比上年增长9.07%,赔付支出8159万元。

支持复工复产 2020年,太平洋财险韶关中支为韶关地区2074名驻村干部赠送新冠病毒肺炎身故保障,保额合计2000万元;为辖内19家企业延长保险期限,涉及822份保险,合计为客户减免保费35.4万元。

支持脱贫攻坚 2020年5月,太平洋财险韶关中支与韶关市妇联共同开展"童•奔康"关爱贫困儿童志愿服务活动,为韶关市308名建档立卡贫困儿童及其监护人提供意外、健康及助学保障。 (朱晓军)

【天安财产保险股份有限公司韶关中心支公司】 简称天安财险韶关中心支公司,2020年,天安财险韶关中心支公司实现总保费收入2161.32万元,比上年增长50.22%。

助力疫情防控 开通保险理赔绿色通道。提供保险服务8次。启动紧急预案,推出8项便利理赔举措。截至2月19日,累计赠送疫安心754份,赠送保险金额1.13亿元;累计赠送疫安心(企业赠送)18份,赠送保险金额8346.4万元。

是年,天安财产保险股份有限公司韶关中心支公司获"韶关银行保险业2020年防范20200630非法集资直传月短视频大赛获奖作品三等奖""2020年'7•8'全国保险公众宣传日优秀短视频大赛优秀组织奖"。

【太平财产保险有限公司韶关中心支公司】 简称"太平财险韶关中支"。2020年,太平财险韶关中支完成保

2020年12月，中华财险韶关中支联合韶关银保监分局到各乡镇开展历时半个月的政策性涉农保险宣传活动　（中华财险韶关中支　供）

费收入3498万元。　（梁玉庆）

【中华联合财产保险股份有限公司韶关中心支公司】 简称“中华财险韶关中支”，截至2020年年底，中华财险韶关中支实现全险种保费收入8439万元，比上年增长12%，占市场份额4.9%，整体市场排名居前五，其中，农险市场地位排名第二，被广东分公司评为“先进中心支公司”。获韶关银行业保险业清廉金融文化建设活动“三等奖”和“清廉金融杯”系列比赛“优秀组织奖”。

农险经营　2020年，中华财险韶关中支开展地方特色险种创新，研发“翁源县兰花价格指数保险”“新丰县政策性鸽子养殖保险”“鸡饲料成本价格指数保险”“猪饲料成本价格指数保险”4个特色险种项目。其中，11月率先试点推出全市首个生猪饲料成本指数“保险＋期货”项目，该项目通过与期货公司形成农业风险共担机制，能够有效化解养殖过程中生猪饲料价格上涨过快带来的经营风险。全年累计为韶关市农业产业提供风险保障逾84亿元，服务农（林）户1608户次，在2019—2020年韶关市政策性农险考评工作中被评定为“优秀”。

森林防灾防损　2020年，中华财险韶关中支与韶关市林业局续签韶关市政策性森林保险项目，该项目连续六年由中华财险独家承保，承保覆盖率逐年提升，已决赔款1288.55万元。年内累计捐赠总价值17万元的防灾防损物资，接森林火灾理赔案件宗数比2016年下降85.5%。

深耕社会民生领域　中华财险韶关中支青年员工被韶关市委市政府评为“韶关市抗击新冠肺炎疫情先进个人”。被韶关市莞韶园产业园企业联合会授予“爱心企业”称号。当选韶关市保险行业协会第四届理事会副会长单位，中华财险韶关中支总经理林拥强当选为韶关市第十四届人民代表大会代表，在为韶关市高质量发展献计献策中获得“优秀奖”。

客户服务质效提升　2020年，中华财险韶关中支面对6月特大暴雨灾害，开通绿色理赔通道，在接报案起3日内向受灾养殖企业和林户进行快赔，并在翁源县畜牧局举行快速理赔仪式。联合市交警支队开展“车险理赔打假”专项行动，查处各类虚假案件，打击保险诈骗。全年六大专项减损（打假防骗、降责、非车专项、人伤专项、外加工专项、追偿专项）307.03万元，年度达成率149.03%。向客户发放服务监督卡，开展纠纷案件排查，全年实现零投诉。获评为广东省“守合同重信用”企业；获“韶关市金融消费权益保护工作先进单位”称号；被广东分公司评为“理赔客服工作先进单位”“服务评级先进单位”“理赔合规年竞赛先进单位”；客户服务评级为双A，进入全国公司系统内十佳。　（彭雨欣）

【华安财产保险股份有限公司广东分公司韶关中心支公司】 简称华安财险韶关中支，截至2020年年底，华安财险韶关中支保单件数1.89万笔，保费收入3751万元，比上年增长3.39%。非车险保费收入644万元，比上年增长39.39%；已结赔付案件2909件，赔款支付金额1626.78万元。华安首届客户服务节作为2020年客户服务条线重要工作项目，以“卓越客户体验、华安在您身边”为主题。主要包含“高速出行，华安守

2020年6月10日，中华财险韶关中支向特大暴雨灾害中受灾的养殖企业和林户进行快赔，图为在翁源县畜牧局举行快速理赔仪式　（中华财险韶关中支　供）

2020年9月，永安保险韶关中支在"清廉金融杯"主题系列比赛中，获"韶关银行业保险业清廉金融文化建设活动"三等奖 （永安保险韶关中支 供）

护""亲情关爱，百城计划""儿童彩绘，我心中的爸爸""掌上服务，畅快理赔"4个主题活动，分别从社会责任、客户关爱、科技理赔等方面展现公司服务形象。

（华安保险韶关中心支公司）

【永安财产保险股份有限公司韶关中心支公司】 简称永安保险韶关中支。截至2020年年底，永安保险韶关中支完成保费收入2191.27万元，比上年增长9%，车险市场排名居前八。赔付案件1719件，赔款支出金额1076万元。永安保险韶关中支参与政府和银保监组织的各项活动并获多个奖项，公司选送的参赛作品分别在书法、绘画、征文、视频等方面获得5个奖项，其中微视频获"一等奖"、机构获"韶关银行业保险业清廉金融文化建设活动"三等奖，保险业宣传工作"优秀单位奖"，扶贫工作"突出贡献奖"。 （赖晓芳）

【大家财产保险有限责任公司韶关中心支公司】 简称大家财险韶关中支，于2020年2月领取经营保险业务许可证，于5月领取营业执照。大家财险韶关中支地址位于广东省韶关市浈江区北江北路1号财富广场A单元1403号。韶关市10个县（市、区）分别设有中心支公司1家，营销服务部4个，共5个。

（大家财险韶关中支）

【中国大地财产保险股份有限公司韶关中心支公司】 简称中国大地保险韶关中支。截至2020年年底，大地保险韶关中支实现全险种保费收入3417.53万元，保费规模在韶关17家财产保险主体中排第九位，为当地经济建设提供289.58亿元保险保障。全年承保件数2.24万件，处理赔案1950件，赔款支出969.22万元。

8月21日，中国大地保险广东分公司系统首单"防返贫"业务落地韶关中支，为韶关市翁源县最大贫困村龙仙镇中心村提供总计500万元保额的政府防贫救助责任保障。该份保单可帮助解决该村169户507个贫困村民由于疾病、突发意外事故或自然灾害因素导致再次返贫的后顾之忧。 （陈真珍）

【阳光财产保险股份有限公司韶关中心支公司】 简称阳光产险韶关中支。截至2020年年底，阳光产险韶关中支实现保费收入2528.87万元，其中机动车辆险保费收入1957.33万元，企业财产险保费收入343.27万元，意健险保费收入228.27万元。

（陈丽琼）

【中国人寿财产保险股份有限公司韶关中心支公司】 简称国寿财险韶关中支。2020年底，国寿财险韶关中支实现保费1.02亿元，比上年增长10.96%；保费规模在韶关财险市场排名第四，占市场份额5.95%。

（范　超）

【鼎和财产保险股份有限公司韶关中心支公司】 简称鼎和财险韶关中支，截至2020年年底，鼎和财险韶关中支拥有韶关市方天物业服务有限公司、韶关市大江南输变电工程有限公司、韶关市关山工程建设集团有限公司、广东方夏集团有限公司等客户，实现全年保费收入4454.89万元。 （饶冬梅）

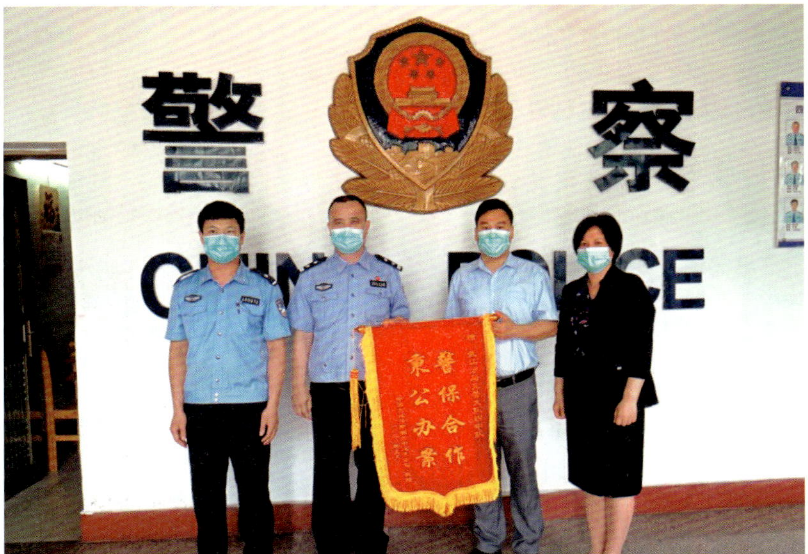

2020年5月12日，中国大地保险韶关中支向配合该公司联合办案的韶关交警武江四中队送上锦旗 （中国大地保险韶关中支 供）

2020 年 1 月 21 日，人保财险韶关市分公司牵头平安养老保险股份有限公司韶关中心支公司、中国人寿保险股份有限公司组成联合体，与韶关市医疗保障局签署 2020—2022 年韶关市城镇职工住院附加医疗保险和韶关市城乡居民大病保险协议 （人保财险韶关市分公司 供）

【富德财产保险股份有限公司韶关中心支公司】 简称富德产险韶关中支。截至 2020 年年底，富德产险韶关中支实现累计保费收入 1234.7 万元，比上年增长 82.4%。

（富德产险韶关中支）

【利宝保险有限公司韶关中心支公司】 2020 年，该公司对于复杂案件，利宝保险采用一起事故，多车、多人损失拆分赔付服务模式。涉及车辆损坏、人员伤亡及道路设施损坏等的复杂案件，利宝将此类案件拆分赔付，同一事故中的标的车损、三者车损、人员伤亡及财产损失进行单独立案，各自赔付，缩短客户等待赔付时间，确保客户最快领取赔款。在利宝签约的特约维修商修理事故车，利宝可根据维修工单先行赔付，客户不再有垫付修理费的困扰。符合条件的车险客户可享受 365 天 ×24 小时的非事故道路救援增值服务，包括无限次免费车辆搭电、紧急加水、紧急拖车、更换轮胎、代驾。尊客会会员客户更可享受代办年审服务，减少客户年审等待时间，代办费用由利宝承担。

（利宝保险韶关中支）

【北部湾财产保险股份有限公司韶关分公司】 简称北部湾保险韶关分公司，于 2020 年 10 月 14 日在韶关市市场监督管理局注册成立，10 月 21 日开业，办公场地位于韶关市武江区西联镇滨江路 69 号城投商务大厦东塔 8 楼南侧，是第一家进驻韶关金融集聚区的金融机构。截至 2020 年年底，北部湾保险韶关分公司实现总保费收入 515.67 万元。

（北部湾财险韶关分公司）

证券

【广发证券韶关营业部】 广发证券在韶关市设立 4 家证券营业部，分别位于浈江区解放路、武江区怡华路、曲江区府前中路及南雄市新城区，其中位于浈江区的韶关解放路营业部作为一级营业部统一协调管理韶关地区各营业部的证券业务发展。2020 年，韶关各营业部总成交量 1392.13 亿元，手续费收入 6814.63 万元，市场占有率 36.79%，在韶关地区券商中均位列第二，其中位于韶关市浈江区的韶关解放路营业部各项经营指标在全市所有券商营业部中均位列第一。

（广发证券韶关解放路营业部）

【粤开证券股份有限公司韶关新华北路证券营业部】 截至 2020 年 12 月，粤开证券韶关营业部托管资产逾 5 亿元，服务客户 4 万余人。

（陈文婷）

2020 年 10 月 21 日，北部湾保险韶关分公司开业

（北部湾保险韶关分公司 供）

城市建设和管理

综述

【概况】 2020年，韶关市资质等级建筑企业184个，完成建筑业总产值239.8亿元，比上年增长12.4%；公租房新开工173套，完成率100%；公租房基本建成147套，完成率134.9%；累计缴存住房公积金364.69亿元。新增绿色建筑项目81个，总建筑面积312.67万平方米；新建装配式建筑项目32个，建筑面积36.31万平方米。完成农村危房改造国家任务571户；韶关市循环经济环保园一期工程建成投入使用；完成70个老旧小区改造（完成30个老旧小区示范改造，新开工40个老旧小区改造）为民办实事项目；第二批30个乡镇“139”整治提升完成，镇街风貌焕然一新；治理违建面积120.24万平方米；镇级生活污水处理设施建设实现全覆盖。

【数字化城市管理】 2020年，韶关市数字化城市管理覆盖范围扩展到辖浈江、武江和曲江三区韶关新区。数字城管平台共采集和受理浈江、武江两区有效案件86003宗，办结84873宗，办结率98.69%；受理曲江区有效案件29593宗，办结29588宗，办结率99.98%。数字化城市管理的运行初步实现被动投诉为主动发现，提高城市管理问题的发现率及处置率。

自然资源与国土空间规划

【土地开发利用】 2020年，市自然资源局引导各县（市、区）通过核销使用国家及省指标、处置批而未供及闲置土地、利用好“增存挂钩”和“增减挂钩”、盘活存量建设用地（含“三旧”改造和拆旧复垦）等途径获取用地指标。为全市建设项目保障用地指标1079.13公顷。其中争取“三旧”改造、拆旧复垦等奖励指标160.93公顷（全省排名第一）；省自然资源厅核定韶关市处置批而未供及闲置土地挣得计划指标259.73公顷；通过“增减挂钩”方式报批用地21.8公顷；为交通、军事、教育、医疗、环保、农民住房等基础设施项目争取使用省指标636.67公顷；重点保障韶关丹霞机场、武深高速公路始兴连接线、韶赣高速公路欧山互通立交、韶州中学、韶州人民医院、市公安监管中心等一批省、市重大项目建设用地指标。12月23日，市自然资源局因在年度“挣指标”工作中表现突出被市政府予以通报表扬。

【市场监管】 2020年，市自然资源局研究优化年度土地收储和出让计划，研发土地储备与征收管理信息系统，加强土地包装，利用城市推介会宣传韶关市土地储备资源。市本级完成年度土地出让金收入29.9亿元。包括完成20宗土地挂牌，计出让面积110.27公顷，涉及土地价款28.87亿元；供应土地66宗，面积183.47公顷；追缴土地出让金5.37亿元。韶关市处置2009—2017年批而未供土地433.61公顷，处置率19.29%，排全省第十一名。完成闲置土地处置99.85公顷，处置率33.89%，排全省第十名。2009—2020年韶关市供应土地的开发利用违约率15.58%，排全省第四名。

【“三旧”改造】 2020年，省政府下达韶关市新增“三旧”改造任务指标133.33公顷，完成改造的任务指标100公顷，“工改工”的任务指标6.67公顷。截至12月31日，韶关市超额完成任务。其中：完成新增改造面积322.93公顷，任务完成率242%；完成改造面积304.07公顷，任务完成率304%；完成“工改工”面积24.55公顷，任务完成率368%。获得广东省“三旧”改造奖励用地指标102.47公顷（排全省第二名），为韶关市争取用地指标作出突出贡献。

【自然资源统一确权】 2020年，韶关市在落实不动产登记一般业务4天办结、抵押登记2天办结的基础上，在年底再次压缩办理时限，实现4天压缩到3天，2天压缩到1天的目标。不动产抵押权首次登记、抵押权注销登记业务线上办理比例超97.96%。全市各县（市、区）启用“一窗受理”不动产登记系统，实现不动产登记“一次收件、并行办理”；在“不动产＋金融”“总对总”成功试点的基础上，又深化多项省级改革试点工作。如“不动产登记＋企业”得到应用，初步实现“不动产＋民生服务”，推行不动产登记“韶城通办”，试点不动产登记部分业务“智能秒批”应用。结合“粤省事”“一证两码”等科技手段开展自助查询、打印服务。市自然资源局办理市辖浈江区、武江区2个区不动产登记发证量10.86万宗（其中颁发不动产权证书7.39万宗，不动产权证明3.47万宗），提供档案查询服务并出具查档证明3.88万宗。开展农村宅基地和集体建设用地使用权及地上房屋（“房地一体”）确权登记。

【国土空间生态修复】 2020年，市自然资源局组织实施广东粤北南岭山区山水林田湖草生态保护修复试点，从矿山环境治理恢复工程、土地整治与土壤修复利用工程、生态系统和生物多样性保护工程和流域水环境保护及治理工程4个方面，开展大宝山矿及周边区域生态修复工程、韶关市土地综合整治工程、韶关市重点区域污染土地修复利用工程、石漠化综合治理工程和新丰江流域水环境保护工程等17项治理工程，推进山水林田湖草一体修复。开展矿山生态修复，完成矿山石场复绿122公顷；开展土地综合整治，完成拆旧复垦160公顷；开展污染土地治理修复，实施耕地安全利用示范区3266.67公顷；完成石漠化治理5380公顷；开展中小河流治理，完成水土流失治理面积1.36万公顷；开展美丽乡村建设，村镇生活垃圾处理率90%；加强自然保护地管护，开展国家、省级自然保护区范围划定工作，自然保护区勘界立碑、生态廊道建设、野生动物调查监测、华南五针松育苗基地及松材线虫防护工程、黄腹角稚栖息地保护和永久监测样地建设，野生动物主要栖息地范围内陆生野生动物个体数量增加，生物多样性丰富，新发现海南虎斑鳽、黄角鱼鸮和白鹇等多种珍稀鸟类。组织各县申报全域土地综合整治试点，韶关市申报4个全域土地综合整治试点乡镇，待自然资源部批复。举办韶关市山水林田湖草生态保护修复技术和工程治理创新研讨会，拓宽韶关市生态保护修复思路。

【自然资源行政执法】 2020年，市自然资源局推进《韶关市农村住房建设管理条例》地方立法工作，开展“七五”普法，做好行政复议相关工作。开展卫星图片执法和农村乱占耕地建房问题整治。全市立案查处自然资源违法案件493宗，其中土地案件470宗，矿产案件23宗，收缴罚款290余万元，拆除建筑物面积2.65万平方米，消除违法用地面积256.74公顷（其中耕地面积107.57公顷）。韶关市成立市农村乱占耕地建房问题整治工作领导小组，印发《韶关市农村乱占耕地建房问题整治工作摸排方案》，并于7月至11月组织各县（市、区）对农村乱占耕地建房问题进行摸查，全市摸排农村乱占耕地建房问题疑似图斑22.7万宗，不属于农村乱占耕地建房问题图斑18.8万宗，属于农村乱占耕地建房问题图斑3.9万宗。根据初步摸排情况，形成摸排情况报告及有关处置建议并于11月以市政府名义上报至省农房整治办。截至12月底，全市发现新增农村乱占耕地建房问题10宗，整治到位10宗。作出违法建筑认定212批次。全年受理各种信访件186件，246人次，其中省厅转办件34件，市信访转办件16件，办结率100%；“12345”网络问政热线受理工单964件，回复964件。

【地质灾害防治】 至2020年，韶关市在册地质灾害隐患点353处，连续8年无地质灾害亡人事故。制定印发《韶关市2020年度地质灾害防治工作方案》《韶关市自然资源局汛期地质灾害防治工作组分片负责地区方案》，实行汛期地质灾害防治工作分片包干负责制，发布地质灾害气象风险预警361次（其中二级预警4次、三级预警82次、四级预警134次），发送地质灾害预警短信15.05万条，出动巡查排查1952人次、巡查三级以上预警隐患点1674处，排查出风险点246处、削坡建房隐患188处，投入专项资金9800万元开展180个隐患点治理工程。开展地质灾害防治应急预案演练和防治知识宣传，提高市区防灾减灾自救能力。

【国土空间规划体系】 2020年，韶关市铺开市、县国土空间总体规划编制。市级国土空间总体规划形成规划框架。《对接大湾区协同发展下的空间发展战略研究》、“双评估”（即国土空间规划实施评估和风险识别评估）等12个专题完成初步成果。“双评价”“国土空间开发保护现状评估”通过专家评审。生态保护红线基本划定、城镇开发边界形成预案、永久基本农田优化调整建立台账。赴各县（市、区）开展调研，指导各地国土空间规划工作。组织编制完成《韶关市区控制性详细规划修整（2020）》和《广东省韶关市芙蓉新城控制性详细规划整合》。与国土空间总体规划的“三线”（生态保护红线、永久基本农田、城镇开发边界）、土地储备计划、重点招商项目等衔接，优化用地布局，完善城市基础设施的配套，增加用地开发建设弹性，考虑项目开发建设成本。组织编制完成《韶关市城市设计导则》《韶关市百旺大桥西桥头片区城市设计》《芙蓉新城南部片区城市设计检讨及新城整体城市设计》等城市设计结合韶关山水城市的特点，明确各类控制要素要求，加强建筑布局、尺度、风格、色彩等风貌的管控，增加城市景观风貌的丰富度。

【国土空间规划管理】 2020年，韶关市实施“东进、南拓、西融、北优”城市发展战略，做好体育公园、九龄公园、韶州中学、韶州人民医院、丹霞机场等项目的规划研究和服务保障。组织召开韶关市国土空间规划委员会会议6次，审议韶关市重点项目及规划28项。推进城市提升，推进中心城区道路贯通联网“10+1”工程项目实施，完成丹霞大桥、丹霞大道北、教育路、武江大道南、乐业路上跨京广铁路、高创南路等“10+1”项目建设工程规划许可证核发；组织编制完成江湾片区竖向优化调整方案、芙蓉新城110千伏电力管沟通道规划方案等专项规划及市区主要拥堵区域节点整治方案。截至12月31日，审批出具用地预审与选址意见50宗；核发市辖三区建设用地规划许可100宗；核发建设工程规划许可796宗，收取城市基础设施配套费总计约3.28亿元。推动实现古驿道活化利用。获南粤古驿道保护利用省级专项资金6900万元，开展完成自然资源修复与优化、人文名胜修缮打造、建筑物周边环境整治、设施配套建设、古驿道本体修复、连接线建设、古驿道维护管养等任务，推动重点线路巩固提升和活化利用。

【测绘地理信息管理】 2020年，韶关市加强测绘资质监督管理，将工作重心从事前资质审批转向事后监督检查，对在韶关注册的丙级、丁级测绘资质单位进行监督检查，结果纳入行业信用体系信息，规范测绘市场行为。推动测绘制度改革，将工程建设项目涉及的规划条件核实测量、人防测量、不动产测绘等实行一次委托，联合测绘，成果共享。改革审批制度，对测绘资质核准、测绘作业证实行网上办理，优化办理程序，精简审批材料，优化信息公开与查询，实现“不见面”审批，为企业提供服务。提高测绘地理信息公共服务水平，为社会公共事务管理、城乡建设、防灾减灾等提供基础测绘数据。完善地图审核制度，联合市场监督、文化管理部门联合执法，随机抽查地图编制、出版、对外加工和互联网地图服务等单位，查处和封堵互联网用户上传、标注涉密地理信息，打击各种违法违规编制、出版、传播、使用地图及侵犯地图知识产权等行为。

【第三次全国国土调查】 2020年，完成韶关市第三次全国国土调查统一时点更新工作，明确任务目标和调查时间任务节点，并完成资金交付；在权属、耕地坡度、图斑尖锐角等方面进行自查自纠，对数据库进行修改并通过省级检查；完成统一时点更新调查和复核整改工作；完成市级数据汇总、图件编制、数据库及其管理系统的建设工作。韶关市提取变化图斑9.52万个，其中国家变化图斑4.61万个，省级变化信息点3.36万个，完成外业调查和数据库建库工作。

（周欣凯）

城市改造

【老旧小区改造】 2020年，韶关市区实施70个老旧小区改造（完成30个老旧小区示范改造，新开工40个老旧小区改造）列入市政府为民办实事项目。在完成30个老旧小区示范改造方面，年底前全部完工（其中浈江区4个、武江区13个、曲江区13个），改造涉及80栋楼，建筑面积15.23万平方米，受惠住户近1700户。在新开工40个老旧小区改造方面，5月，出台《关于扎实推进2020年韶关市区老旧小区改造工作的通知》，总体延续2019年示范改造政策，在前期工作费用，雨污分流，弱电迁改费用等由财政全额承担的基础上，合理确定政府、居民的改造费用分摊规则，基础完善类项目确立财政奖补出大头（70%），居民筹资出小头（30%）的出资比例原则，对加装电梯延续试点奖励，市财政奖励3万元/台。韶关市分四批公布各区确认的56个老旧小区改造名单（其中浈江区14个、武江区22个、曲江区20个），并年底前开工改造46个老旧小区（浈江区4个、武江区22个、曲江区20个），超额完成市政府为民办实事项目。

【公房管理】 2020年，全市公共租赁住房4873套，分配4790套，分配率98.3%。租赁补贴发放121户，其中南雄市完成发放108户，发放金额19.65万元，市本级完成发放13户，发放金额1.59万元，完成率121%。4月，韶关市完成广东财政非税缴费平台与韶关非税系统和住房保障系统对接工作，实现广东财政非税平台微信支付收缴租金，韶关市成为广东省率先开通广东财政非税平台微信支付收缴公租房租金的城市。

公房维修 2020年，韶关市完成公房零星维修工程1014宗，比上年减少10.1%。完成各种维修项目金额合计589.5万元，比上年增加14.06%。

公房消防安全治理 2020年，韶关市对市辖区所有公房进行消防安全检查，更新缺损的公房消防设备设施184处，完成27处消防车通道标志和318处安全通道标示的施划；完成3个公房小区电动自行车集中停放、充电处安全隐患、整改，组织2次消防安全演练、1次预防地质灾害演练。清理整治5幢公房天面堆放的易燃杂物，更换3栋公房旧楼老化线路，改造1处公房供水设施，对7栋老旧楼房外立面进行整治提升，完成2个公房小区门禁管理设施升级改造。

【市政公共基础设施管理】 2020年，韶关市开展市政设施专业日常巡查、专业考核及月度明检，全年检查1440路次，发现并落实整改道路病害2581处。完成武江大道、朝阳路、工业路、浈江大道、韶祥路、东堤北路面、南韶高速乐村坪出口道路、大学路、凤凰路（五里亭大桥至凤凰城路口段）整治提升工程，通过整治绿化、改造花基、硬化铺装、改造道路及排水、立面改造、新增路灯、建设公厕、拆除违章建筑、重新规划道路标线等措施，全面提升沿线景观效果，优化道路交通组织。推动停车场建设，完成光明巷红星综合厂、启明北路、东堤北路停车场等23个停车场，新增停车位2411个。推动市区老旧供水管网改造，对市区71条道路的供水主管进行改造更换，处理115处暗漏点，更换水表4182套，减少年漏水量约1065万立方米，降低管网漏损率，提高城市水资源利用效率。

【桥梁隧道养护管理】 2020年，韶关市在做好市区桥隧日常巡查考核管理工作的基础上，对50座桥梁、5座隧道开展养护维修，维护韶城桥隧的良性运作。完成市区武江桥、西河桥、北江桥、曲江桥、风采桥、百旺大桥、新乡村大桥、顶峰山隧道等桥隧的整治提升工作。完成西联隧道漏水应急维修工程，开展韶关市百旺隧道维修工程。开展桥梁、隧道专项排查，消除安全隐患，完成2020年市政桥梁常规定期检测服务项目。完成《韶关市区桥梁养护中长期规划(2020—2030)》编制。（杨伟剑）

市政设施

【概况】 2020年，韶关市市政设施运行良好。供水、供气、供电充足。完成用水改造“一户一表”5452户。韶关本地上网电量209.6亿千瓦时。全市用电量154.14亿千瓦时。疫情期间，对市区非居民用水户实施水价10%等优惠政策，为11.05万户企业办理95折电价。新建65座城镇污水处理厂，全市城镇生活污水处理率100%。

【供水】 2020年，市水投集团推进南水水库供水工程——扩建西河二水厂部分及其配套供水管网工程、市区河道清淤工程、市区污水管网建设与提升工程(首期)、市第一污水处理厂出厂水水质提标改造项目、市区供水管道改造工程，及武江区、浈江区城边村配套设施补短板项目。完成用水改造“一户一表”5452户，新装“一户一表”1.94万户，新敷设DN80以上供水管道36.22千米。“三供一业”(即指企业的供水、供电、供热和物业管理)供水移交分离改造工程基本完成，使1.8万户居民受益。将原23个工作日缩减至涉及外线工程用水报装时限9个工作日和不涉及外线工程用水报装时限4个工作日；实现浈江区、武江区2个区5个营业窗口提供用水服务。在疫情期间，实施欠费不停供、减免违约金、“一免两减半”(2020年2月租金减免，3、4月租金减半)、对市区非居民用水户实施水价10%等优惠政策，受惠企业约1.06万家，落实政策优惠金额280万元，“一免两减半”受益商铺节省租金2.84万元。固定资产投资1.36亿元，增幅23.84%，其中，给水项目投入约1.05亿元。（金　玥）

【供电】 2020年，韶关本地上网电量209.6亿千瓦时，比上年增长0.8%，其中水电51.3亿千瓦时，比上年下降28.8%；火电108亿千瓦时，比上年增长6.7%，其他50.2亿千瓦时，比上年增长45.5%(光伏6.8亿千瓦时，比上年增长54.5%；风电8.8亿千瓦时，比上年增长84.8%；生物质16.9亿千瓦时，比上年增长51%)。外来上网59.5亿千瓦时，同比下降2.6%。本地消纳154.1亿千瓦时，同比增加6.9%。外送郴州0.9亿千瓦时，增长近9倍。南送省主网56.2亿千瓦时，同比下降27.6%。全年全市全社会用电量154.14亿千瓦时，同比增长6.9%。其中工业用电量105.89亿千瓦时，占比68.7%，同比增长8%。韶关电网统调负荷年内9次创新高，最高负荷出现在12月19日，达到246.6万千瓦，比上年最高负荷增长13.5%。年度完成电网固定资产计划投资19.04亿元，超年初计划36%，比上年增长23.4%。

用电保障　2020年，韶关市供电局做好全市171家防疫重点单位和场所的用电保障工作。运用大数据分析全市用电需求变化趋势，定期向市政府报告各行业和全市116家重点企业用电情况，为相关部门了解掌握企业复工复产情况提供电量数据支撑。落实“惠企19条”，对受疫情影响较大企业、高耗能企业等进行甄别，确保降费政策落实。为11.05万户企业办理95折电价，节省1.24亿元；主动帮助571家企业办理用电变更追溯，退费0.09亿元；对13万户企业实施“欠费不停电”，为1.7万家中小企业办理缓缴电费、减免违约金，缓解企业成本10.72亿元。与农行韶关分行进行“电费E贷”项目合作，解决小微企业融资难题。

为脱贫攻坚和乡村振兴提供电力保障　2020年，韶关市278个省定贫困村户均容量、供电可靠率、电压合格率全部达标。累计接收78个独立供电区(2020年接收17个)，投资约3亿元进行改造，完成75个改造。3.3万户“免费电”百分百执行，完成203户跨地市和1128户“非我司供电范围”免费电办理。全年电力线行下实施绩化改种油茶38.93公顷。

智能电网　2020年，韶关市供电局深化无人机智能巡检在电网的应用，成为全国首个实现全城架空配网线路无人机自主巡视的地市局。220千伏芙蓉变电站无人巡视成果登上央视科教栏目。探索无人机智能巡视在国土、林业、农业、河道和交通的应用。组建韶关电网生产监控指挥中心，实现配电网线路跳闸、变压器重过载等设备状态、台区电压等测量数据的实时常态化监测，整合生产运维、客服服务等数据，为电网规划、生产运维、市场营销管理质量提升提供数据支撑。

电网规划建设　2020年，投产35千伏及以上主网项目10个，新增中压线路1111千米、变电容量11.7万千伏安。500千伏丹霞站工程累计完成投资5.87亿元，其中2020年完成4.5亿元，超出年初计划90%。推动电网规划纳入市国土空间规划，“十三五”以来累计完成农网改造升级投资33.6亿元。实施美丽乡村农网专项规划和配电网自愈3年规划，解决农村配网网架结构和转供电能力薄弱问题。开展低台区专项治理，提升农村地区供电可靠性。在乳源瑶族自治县打造智能电网示范，完成23个示范项目建设，山区农村智能电网成果推广。深化市政工程配套工程沟通机制，加速电网迁改进度。对韶州体育公园、张九龄公园、韶州中学、丹霞山机场等重点项目和民生项目，安排专人跟进供电服务和迁改。完成3项主网、46项配网线路迁改。

创新服务模式　2020年，市供电局向高新区、华南装备园区客户提供从临时基建用电租赁到永久用电的报装服务，客户受电工程设计、安装及接电后电气设备维护，让客户“一次都不用跑”为125名客户提供设备代维服务，为13名客户提供设备租赁服务，降低客户用电成本。制定“一口对外”客户用电需求响应机制，推行一证受理及服务，中压业扩平均用时33.26天，比上年下降5.6%。低压客户、高压客户的用电报装环节压减为2个、3个，互联

韶关市94个乡镇实现污水处理设施覆盖，图为仁化县周田镇污水处理厂

（市住管局 供）

网办理比例99.78%。与市通信办和3大电信运营商合作，巩固共享铁塔合作模式，在变电站、供电所提供基站建设场所，探索5G与智能电网的融合。降低5G基站用电成本，推进基站供电“转改直”工作，完成246个。2座220千伏和1座110千伏变电站纳入发展规划。支持九龄公园项目实施，做好用电报装等工作。实施业扩延伸服务，推进城区范围内核心区域小微企业160千伏安低压供电，实现接电零成本。全市业扩延伸率99.9%，为客户节约投资7925万元，五年累计完成业扩配套项目投资金额8.98亿元。全年实增用电容量122.11万千伏安，实增用电客户6.80万户。全市交易用户1261户，增长40.41%，交易电量82.08亿千瓦时，增长15.22%，平均降低0.04元/千瓦时，为全市用户节省3.3亿元。（赵湘敏）

【污水处理】 2020年，市住管局加大污水收集及处理设施建设力度。2020年全市新增县级以上污水管网52.18千米，改造城镇老旧污水管网26.52千米，新增建成镇级生活污水处理设施31座、镇级污水管网160.357千米，部分乡镇为完善镇区污水收集范围或结合“139”乡镇提升工作，仍在增加镇级管网建设长度，同时组织开展韶关市区多个片区污水管网提升改造工作。完成镇级污水处理设施全覆盖目标任务，建成并投入运营的城镇生活污水处理厂共29座，总处理能力达42.13万吨/日。韶关市镇级生活污水处理设施建设实现全覆盖，超额完成新增配套管网建设任务。2020年度全市城镇生活污水处理率100%，市区城镇污水处理率99.77%，县（市）生活污水处理率100%。（杨伟剑）

园林绿化

【园林市政环卫设施维护】 2020年，韶关市强化市政园林设施的日常管护力度。完成人行道维修任务1万平方米，修补侧石1500米，更换、修补市政井盖323套，维修路面（砼路面及沥青路面）3万平方米。加强绿化植物的肥水、松土、除杂草、病虫害防治等精细化管养，做好裸露地整治和缺株绿化植物的补植工作。全年修剪浈江大道、武江大道、启明路、小岛慢行系统等主次干道行道树2.28万株，危树抢险308株；对辖区公园、游园、街道绿地内缺株断带、枯死苗木等进行补植面积5.7万平方米。修订韶关市城市管理考核评分标准及考核办法，对四区的主次干道、城中村及内街小巷、公厕及垃圾转运站检查1.7万次，上报案件1328宗。

2020年，韶关市中心城区持续强化环卫设施管理工作，更换及新增6700个垃圾桶。接收原环卫所可使用的195台车辆，新增288台清洗工具车辆，实现机械清扫从横面到立面的全覆盖。

【城市绿化】 2020年，韶关市重点以滨江带状景观绿地为绿脉，通过桥、岸、岛等的整合、利用、绿化、美化，拓展游憩型公园绿地。建成区绿化覆盖率41%；建成区绿地率40%；人年均公园绿地面积16.54平方米。2020年，韶关市紧紧围绕全力筑牢粤北生态屏障、争当北部生态发展区高质量发展排头兵的目标定位，重点以山体公园为主要支撑，综合公园、社区公园为主要载体，“小公园”为重要补充的城市公园体系，落实“300米建绿、500米见园”要求。推进韶关张九龄纪念公园、芙蓉山森林公园等山体公园建设，韶关张九龄纪念公园主要建设内容包括韶州历史文化博物馆、主次入口广场、人行步道等建设内容。推进韶关市社区体育公园建设，建成南雄市水口镇沙头社区体育公园、南雄市油山社区体育公园、华南教育历史研学基地（坪石）长尾洞社区公园、沿江路三家村社区体育公园、浈江区犁市镇大村抗战时期岭南大学办学旧址社区体育公园等5个社区体育公园。利用各类边角地块、强化点状供地，开展街头游园等“五小”项目建设，市区建设11个小公园、小游园。（杨伟剑）

照明

【概况】 截至2020年，韶关市城区（含新区、浈江区、武江区）景观照明各类灯具7.4万盏（支）；道路照明长度542千米，灯具4.96万盏，城市照明设施的亮灯率和完好率分别保持98.7%和99.4%，超过建设部颁发的城市道路照明各项标准。

【道路照明】 2020年，韶关市城市照明管理中心完成韶关市高速公路出入口和省道S246线（市公安戒毒所至韶关仁化交界处段）路灯安装采购项目、G106国道连接线（大学路至大塘交汇处）无灯路段路灯安装采购项目等8个新增道路照明项目，

新装LED(发光三极管)路灯8479套(含小街小巷灯6562套);完成五里亭大道路灯改造安装采购项目、十里亭大道路灯改造安装采购项目等4个道路照明改造项目,共更换LED路灯灯具237套,更换西联、百旺隧道1209套隧道灯。

【公共设施景观照明】 2020年,韶关市城市照明管理中心完成南韶路护坡景观亮化安装采购项目、四大高速出入口路灯"中国结"安装采购项目等7个景观亮化项目,共计安装景观灯饰4261套。(杨伟剑)

城市公共交通

【概况】 至2020年底,韶关市有公交企业14家(含子公司、分公司),车辆777辆。韶关市辖三区有公交企业5家,线路81条,市区公交线路覆盖城区主要干道。全国公交一卡通在全市8个县(市、区)实现公交100%覆盖。累计发放网约车驾驶员从业资格证8150张,网约车道路运输证142张。

【公交车辆管理】 至2020年年底,韶关市有公交企业14家(含子公司、分公司),车辆777辆。市辖三区有公交企业5家,车辆541辆(其中:城市公交车辆418辆,城乡公交车辆123辆)。是年,市辖三区公交客运量3460.27万人次。全市新购新能源公交车共96辆,其中韶关市区56辆、乐昌市9辆、仁化县18辆、乳源瑶族自治县13辆。(钟满芬)

【公交线路】 至2020年年底,韶关市辖三区有公交企业5家,线路81条(其中:城市公交线路62条;城乡公交线路19条)。市区公交线路覆盖城区主要干道,东至韶关学院、金沙生态园、仁化长坝村,南至曲江区马坝镇、南华寺、韶钢,西至武广韶关站、龙归镇,北至韶关监狱、明华韶关分公司。

【公交车站亭】 2020年,百旺桥东、莞韶园、十里亭3个首末站进展顺利,凤凰桥(原上饶桥)公交首末站正在重新选址中。年内调整或新增公交站点10处,迁移候车亭11座,整体翻新公交候车亭30座,更新简易站牌10个,更换钢化玻璃21块,更换线路表348幅。

【公交信息化建设】 2020年,全国公交一卡通在全市8个县(市、区)实现公交100%覆盖。韶关市能够受理全国一卡通卡刷卡乘车和全国一卡通卡及银联移动支付方式,可实现全国一卡通卡、韶州通卡、银行卡闪付及银联云闪付、手机Pay闪付。韶州通公交IC卡累计发行50.76万张。公交公司引进"车来了"实时公交APP,实时查询车辆运行信息。在马坝至韶关东站路段试行繁忙时段公交优先道。(赵 洁)

【网约车管理】 2020年,韶关市落实网约车平台公司、网约车辆、网约驾驶员证件核发管理工作流程。累计发放网约车驾驶员从业资格证8150张,网约车道路运输证142张。(张文俊)

城市水利

【概况】 2020年,韶关市有大型水库6宗,中型水库33宗,小型水库653宗,万方以上山塘2247宗,水闸22座,总蓄水库容37亿立方米。水利工程年供水量19.43亿立方米,耕地有效灌溉面积178.39千公顷;小水电站2114宗,总装机容量182.5万千瓦,多年平均发电量50亿度。

2020年全市地表水资源量为196.18亿立方米(折合年径流深为1067.1毫米,比上年偏少11.2%,比多年均值偏多9.0%)。地下水资源量47.99亿立方米(不含中深层地下水比上年偏少11.3%,比多年均值偏多8.9%)。供用水量18.4243亿立方米(其中地表水源占93.7%,地下水源占3.5%,其他水源占4.8%)。总用水量18.4242亿立方米(比上年基本持平,生产用水占总用水量的85.8%,居民生活用水占9.7%,生态环境用水占1.5%)。全市用水消耗量为9.15亿立方米。全市水资源利用率为9.4%(比上年略有增加)。人均综合用水量626立方米,万元国内生产总值用水量136立方米,万元工业增加值用水量60立方米(含火电),农田实灌亩均用水量736立方米,城镇居民生活人均生活用水量206升/日,农村居民生活人均用水量124升/日。韶关市完成水利投资17.67亿元,其中,中央投资1.98亿元,省级投资7.11亿元,市县自筹8.58亿元。

【碧道规划建设】 韶关市河长办组织编制《韶关市碧道建设总体规划(2020—2035年)》,规划以乡野型碧道为主,自然生态型和城镇型为辅,规划碧道137宗、总长933.2千

市民在丹霞碧道上游玩 (张伟 摄)

米，近期、中期规划总投资 15.26 亿元。截至年底，完成 2020 年计划任务 16 宗碧道建设项目，建成碧道长度 123.5 千米，完成投资 2.47 亿元。韶关市列入省 2020 年度碧道建设项目 2 宗，分别为韶关市环丹霞山（车湾新桥至夏富镇江司段）碧道试点项目和仁化董塘—丹霞街道段碧道项目。韶关市环丹霞山（车湾新桥至夏富镇江司段）碧道试点项目建成碧道长度 7.1 千米，完成投资 998 万元。仁化董塘—丹霞街道段碧道项目共建成碧道长度 9.6 千米，完成投资 2100 万元。

【市区河道清淤工程】 2020 年，韶关市政府实施韶关市区河道清淤疏浚工程，对浈江湾头水利枢纽、武江溢洲水电站至北江孟洲坝水电站之间市区三江河道进行清淤，清淤总长度为 32.97 千米。其中：浈江河湾头电站至市区海关段 12.06 千米；武江河溢州电站至市区海关段 9.8 千米；北江河市区海关两江入河口至孟洲坝电站段 11.11 千米。该工程设计清淤总量 318.77 万立方米，其中：浈江河湾头电站至市区海关段 83.39 万立方米；武江河溢州电站至市区海关段 84.17 万立方米；北江河市区海关两江入河口至孟洲坝电站段 151.21 万立方米，工期计划实施至 2021 年汛期前。该工程于 2019 年 12 月开标，2020 年 5 月动工。截至 2020 年年底，该工程完成清淤量 121 万立方米。（刘　蔚）

建筑施工

【建筑业发展】 2020 年，韶关市建筑业总产值 239.8 亿元，比上年增长 12.4%，建筑业增加值比上年增长 9.2%。完成建设工程大中型项目初步设计审查 11 宗。委托市建筑培训中心举办培训班 28 次，培训建设领域专业技术工人 4583 人次。开展建筑企业及执业人员月度挂网公示 32 次，在韶关市公共资源交易服务平台、市住房和城乡建设管理局官网月度轮动公示 AAA 级施工家施工企业 26 家、AA 级施工企业 49 家，AAA 级监理企业 2 家、AA 级监理企业 6 家、AA 级勘察企业 1 家、AA 级设计企业 3 家，共计建筑业诚信企业 555 家，诚信登记注册人员 2454 人。

【建筑工程质量、安全监管】 *建筑工程质量监督* 2020 年，韶关市住房和城乡建设管理局推行“两书一牌”制度，明确工程的建设、勘察、设计、施工、监理等五方责任主体项目负责人的质量终身责任。要求工程项目开工前，五方责任主体单位法定代表人签署授权书，全年发出质量整改通知书 377 份，建设工程各方责任主体违规人员进行动态扣分处理累计 34 人次项，合计分值 185 分。受理并处理建筑工程质量投诉 346 宗。办理分户验收的住宅工程 30 项，分户验收覆盖率 100%。

2020 年，建设工程监督项目获奖的有：广东省建设工程金匠奖 1 项；2020 年度广东省建设工程优质奖 1 项；2020 年度广东省房屋市政工程安全生产文明施工示范 7 项；2020 年度广东省市政优良样板工程 1 项；2020 年度韶关市房屋市政工程安全生产文明施工示范工地 43 项；2020 年度韶关市建设工程优质奖 17 项；2020 年韶关市建设工程优质结构奖 27 项；2020 年韶关市建设工程优秀装饰奖 1 项。

在监房屋建筑工程 2020 年，韶关市受监工程 421 项，总面积为 1703.03 万平方米。全年市区新报监工程项目 84 项，建筑面积 283 万平方米，工程造价 84 亿元，受监率 100%。办理竣工验收工程 257 项，建筑面积约 496.77 万平方米，工程造价 138.85 亿元，所有竣工项目均按规定设置永久性竣工标识牌。

建筑施工安全生产检查 2020 年，韶关市组织开展以“消除事故隐患，筑牢安全防线”为主题的建筑系统“安全生产月”和“安全生产南粤行”活动、2020 年全市住房城乡建设系统“质量月”活动、粤北二院传染病综合大楼项目、碧桂园新城之光一期项目现场观摩会、2020 市年终建筑施工质量安全综合检查等活动。做好抗洪汛防台风工作，保障人民生命财产安全。组织全市开展上半年在建房屋市政工程安全生产大检查和下半年质量安全、扬尘治理和农民工工资支付管理综合检查、开展建筑业企业信息和人员信息核查工作。

建筑施工安全专项治理 开展建筑施工安全专项治理行动，要求企业强化危大工程安全管控、强化安全事故责任追究、构建安全监管长效机制。国庆节前建筑施工安全生产综合督查专项整治行动，抽查全市在建工程 30 项，检查建筑施工起重机械 86 台，高边坡 7 处，高支模 3 处，高层外脚手架 42 处；检查施工企业 11 家，监理企业 13 家。针对存在的问题发出安全隐患整改通知书 16 份、扣分通知书 6 份。对全市建筑施工质量安全、扬尘治理、农民工工资支付开展综合检查，随机抽取各县（市、区）在建工程 24 项，实地核查项目综合工作落实情况、质量安全管理资料及实体质量安全管理状况，针对存在问题发出整改通知书 24 份。

【建筑市场规范化管理】 2020 年，韶关市开展建筑业监管与规范引导，发展装配式建筑，加强建筑行业企业及注册人员诚信管理，探索政务服务提升之路，利用“广东省施工图设计文件审查管理系统”，与审批管理系统互联互通、信息共享，累计在线上实时上传 335 个房屋建筑项目、111 个市政基础设施工程进行上线申报审查。做好建筑业高质量发展工作。先后发出《关于做好全市“四上企业”中建筑业企业经营发展情况的通知》《韶关市住建管理局关于全力收窄 2020 年上半年降幅稳步实现全年经济稳增长工作的通知》《韶关市住建管理局关于做好 2020 年第一季度建筑业经济形势预估工作的通知》《市住建管理局关于完善和规范建筑业企业资质审批及相关人员资格证书事项的通知》《推行工程过程结算的指导意见》等通知，加强经济运行调度，推动全市建筑业经济平稳健康发展。对建设项目初步设计方案不合理、违反工程强制性规范条文、工程概算错项、漏项等问题在专家评审会上进行纠正。提升项目设计质量，保证项目政府投资效益。督促开展工程勘察设计领域挂证自查。

【建筑工程管理】 2020年，韶关市办理施工许可391宗，投资额共计218.88亿元。其中，由本地施工企业承建的项目167宗，总造价64.39亿元；由外地施工企业承建的项目224宗，总造价154.49亿元。市区办理施工许可101宗，投资额共计96.28亿元。其中，由当地施工企业承建的项目共42宗，总造价29.14亿元；由外地施工企业承建的项目59宗，总造价67.14亿元。

文明施工 2020年，韶关市住房和城乡建设管理局督促在监工地做好施工现场文明施工，规范建筑工地的围挡设置，提升施工现场安全文明管理水平。强化落实建筑工地大门、洗车槽及冲洗设施、场地硬化及排水沟，作业区分割、施工现场的建筑垃圾和生活垃圾处理、工地饭堂、卫生间、渣土运输等工作。对市区每个建筑工地的督查落实到具体责任人，发现问题迅速整改。督促在建工地设置创文宣传栏，在施工围墙上设置附有韶关特色的创文标语。重点督促在监工地落实"六个100%"（施工现场100%围蔽、工地路面100%硬地化、工地砂土不用时100%覆盖、拆除工程100%洒水降尘、出工地车辆100%冲净车轮车身、长期裸土100%覆盖或绿化）的措施要求，狠抓房屋市政工程施工现场文明施工和施工扬尘污染环境整治工作。定期定时循环开展日常巡查检查工作，对措施不到位的下发限时整改通知书、企业、人员动态扣分通知书，对情节严重和拒不整改的责令停工整改或给予行政经济处罚。对市区在监项目开展巡查660次，出动2296人次，下发限期整改通知书141份，企业、人员动态扣分17份，暂停施工通知书4份。

【建设工程项目招投标】 2020年，韶关市实施房屋建筑和市政基础设施工程招标文件备案要点说明制度、招标失败告知制度、招标人招标备案全过程参与制度，压实招标人主体责任。开展招标代理机构和从业人员诚信体系建设，参与发布招标代理机构诚信评分，推进招标代理诚信评价与中介超市选取挂钩。规范评标专家选取，房建和市政工程专家统一从原来的韶关市库改为从省级库中抽取，在备案过程中，注意指导招标人和招标代理机构合理配备选择专家，避免跨行业抽取专家现象，提升专家委员会的专业水平。

2020年，监管进入市公共资源交易中心交易的房建和市政工程80项，中标金额24.07亿元。办理诚信登记工程招标代理机构139家，其中市内8家，市外131家；甲级资质的103家，乙级7家，暂定级23家，无资质6家。纳入诚信管理从业人员624名，审批公示中介超市招标代理机构193家。

【建设工程造价管理】 2020年，韶关市住房和城乡建设管理局印发《市住建管理局关于进一步加强和完善建设工程造价咨询企业市场行为诚信综合评价工作的通知》，对韶关市建设工程造价咨询企业市场行为诚信综合评价工作进行调整、加强与完善。韶关市造价行业诚信与四价备案系统（设计概算价、招标控制价、合同价、结算价）中，有72家工程造价咨询企业将企业信息录入并接受评价。造价行业诚信与四价备案系统每月月底自动生成并公布企业诚信排名。开展造价成果文件偏差率超过规定的调查，对10个项目发出《关于调查工程造价文件质量偏差率的通知》，召开情况调查会3场。推行工程过程结算，维护各方主体合法权益。印发《韶关市住建管理局关于印发〈韶关市住房和城乡建设管理局关于推行工程过程结算的指导意见〉的通知》，完成29个项目的建安成本综合指标计算、分析、编制、发布；296个工程量清单综合单价计算、分析、编制、发布（其中建筑装饰工程的49个、安装工程的102个、市政道路工程的145个）；更新65个指标分析系统的案例并进行造价分析。印发《关于新冠肺炎疫情防控期间建设工程造价调整的若干指导意见》，包括"合同价款调整的原则""工期调整的建议""工程费用调整的建议"和"协商分担防疫费用的建议"内容。

【绿色建筑】 2020年，韶关市新增绿色建筑项目81个，总建筑面积312.67万平方米，超额完成市政府下达年度目标任务（48万平方米）；年度任务完成率651%。

【能耗统计和既有建筑节能改造】 2020年，全市完成247栋居住建筑、国家机关办公建筑及大中小型公共建筑（建筑面积186万平方米）及163栋农村居住建筑（建筑面积3.49万平方米）的能耗统计、公示工作。

【散装水泥应用】 2020年，韶关市完成散装水泥供应量542万吨，占年计划的108%；预拌混凝土使用量553万立方米，占年计划的110%；预拌砂浆使用量18.42万吨，占年计划的102%。超额完成年度目标任务。

搅拌站绿色生产升级改造 2020年，韶关市组织开展搅拌站绿色生产升级改造。累计投入绿色生产升级改造经费1.36亿元，经省预拌混凝土行业协会或省建筑科学研究院专家实地验收，26家搅拌站通过"绿色生产星级达标"评价，其中三星级11家、二星级3家、一星级12家，绿色生产达标率位居全省前列。

【装配式建筑发展】 2020年，韶关市完成《韶关市装配式建筑2017—2025年发展规划报告》和《韶关市装配式建筑的现状及发展方向研究报告》编制工作；印发《关于大力发展装配式建筑的实施意见》，明确提出韶关市装配式建筑发展目标、重点任务和保障措施。引进1家装配式部品部件生产企业，填补装配式建筑粤北地区无产品部件生产基地的空白。建成宝能仁化商业产业园项目、广东韶关机场军民合用工程航站区及工作区——航站楼等32个装配式建筑项目，建筑面积36.31万平方米。

【可再生能源建筑规模化应用】 2020年，韶关市新增个人住宅分布

式光伏发电项目95项，总装机容量2.07兆瓦。（杨伟剑）

市容市政管理

【城市管理制度完善】 2020年，韶关市住建管理局起草编制《韶关市城市市容和环境卫生管理办法（草案）》《韶关市生活垃圾分类管理办法（草案）》，公开征求社会各界、相关部门的意见，并报韶关市司法局进行合法性审查。

【市容市貌整治】 2020年，持续抓好市区“六乱”整治，整治乱象行为5.8万起，拆除违规户外广告招牌518块、面积0.91万平方米。开展市区乱搭乱建专项整治，组织对城区内违法乱搭乱建，存在安全隐患、影响市容环境、群众反映强烈的楼顶、楼体、地面各类建（构）筑物、设施等进行全面清理。实施购买服务加强市辖三区（浈江区、武江区、曲江区）夜间市容环境治理，组建专业的夜间巡检整治队伍，强化对市区夜间大排档、露天烧烤档及“六乱”综合整治。坚持疏堵结合，落实中央文明办指示精神，不将占道经营、马路市场、流动商贩列为考核内容，督促各区结合实际划定疏导区，引导经营者落实门前“三包”管理（即“一包”门前市容整洁，无乱设摊点、乱搭建、乱张贴、乱涂写、乱刻画、乱吊挂、乱堆放等行为；“二包”门前环境卫生整洁，无裸露垃圾、粪便、污水，无污迹，无渣土，无蚊蝇孳生地；“三包”门前责任区内的设施、设备和绿地整洁等）规定，开展自治自理、诚信经营。开展“三线”专项整治（对不规范的外挂线，多的废旧线，随意的高空架线进行整治），修订《韶关市区“三线”整治工作指南和技术指引》，理顺各环节实施流程。督促完成最差路段、背街小巷、马拉松沿线弱电整治验收工作。

重要节点整治提升　2020年，韶关市开展重要节点整治提升工作。完成火车东站北广场地下商场出入口整治提升；金康桥旁公产房外墙整治提升；市渔业技术推广站周边整治提升，并对闲置土地实施绿化活用。

重要路段整治提升　2020年，韶关市以重要路段提升工作为重中之重，做好市容市貌整治提升。开展浈江大道、武江大道、曲江大道、丹霞大道中4条重要路段专项提升。韶关市城市管理考评办公室建立日常动态评比考核，打造各区样板示范路。开展乐村坪高速出口至百旺隧道路段道路及环境专项提升；开展大学路鹅坑桥至韶关东互通立交环境专题提升，并活用闲置土地修建小停车场。

【违法建设治理】 2020年，韶关市完成治理违建面积120.24万平方米，完成省任务率520.97%，完成市任务率100.2%。其中，韶关新区治理违建面积8.02万平方米、浈江区16.03万平方米、武江区14.87万平方米、曲江区12.39万平方米、仁化县10.07万平方米、始兴县10.08万平方米、乳源瑶族自治县10.02万平方米、翁源县10.18万平方米、新丰县6.12万平方米、乐昌市10.88万平方米、南雄市11.59万平方米。

【建筑渣土治理】 2020年，韶关市在市区内继续推广使用新型全密闭建筑垃圾运输车辆，禁止不符合技术规范、无牌无照车辆运输建筑垃圾。至年底，全市有符合新车10辆以上等条件的运输企业20家。全年有287辆新型全密闭环保车投入运营，其中266辆配备卫星定位装置，其余车辆正在办理相关手续。市区建筑渣土运力能满足市区建筑渣土运输。

违规渣土运输打击　2020年，韶关市落实日常巡查制度、强化工地出场管理，查处处置渣土的各类违法违规行为。出动执法人员6214人次、执法车辆1679车次，发出调查通知书38份、责令改正违法行为通知书17份，立案处理案件33宗。渣土运输车辆超载、不按规定路线行驶和严重污染路面等现象得到遏制，路面污染情况得到改善。

【生活垃圾处理填埋】 2020年，由于花拉寨一期生活垃圾卫生填埋场库区满容，该场停止使用，韶关市建成并投入运行花拉寨二期生活垃圾卫生填埋场项目，新增设计处理规模为700吨/日的填埋能力。韶关市循环经济环保园一期工程（垃圾焚烧发电）项目克服新冠疫情影响，于11月28日完成项目主体建筑施工建设及设备安装工作，12月24日进入设备调试阶段，开始全面接收市辖三区生活垃圾入场处理，花拉寨二期填埋场仅作为焚烧产生的飞灰填埋和应急填埋使用。（杨伟剑）

乡村建设

综述

【概况】 2020年，韶关市完成脱贫攻坚主要目标任务，农民人均可支配收入增幅8%。市政府出台《韶关市开展脱贫攻坚访贫问效工作方案》，提出“五访十问四整改”(五访即市县领同志带头访、帮扶干部跟踪访、帮扶责任人结对访、监督检查部门定期访、社会组织和爱心人士“暖心”访。十问指聚焦家庭情况、经济收入、教育保障、医疗保障、住房保障、产业扶贫、就业扶贫、兜底养老保障、帮扶工作、脱贫退出十项内容访问。四整改指即针对民生问题改、兜牢贫困户民生保障底线；针对产业问题改、提升产业扶贫的带贫益贫能力；针对环境问题改、着力改善农村人居环境；针对作风问题改、深化扶贫领域作风建设)，摸清贫困人口脱贫攻坚硬指标达标情况目标任务。实施农村人居环境整治，构建由农业农村局牵头抓总、重点部门各司其职的推进体系和“县区主责、镇街主推、村级主抓、农民主体”的落实体系。所有自然村完成农村人居环境基础整治，通过广东省农村人居环境整治三年行动考核验收，并在全省公布推进乡村振兴战略实绩考核综合评价中获评“优秀”等次。

【村级集体经济】 截至2020年12月底，韶关市农村集体经济组织登记完成比例99.74%，赋码颁证集体经济组织比例99.6%，实现省提出2020年底基本完成农村集体经济组织赋码登记工作的目标任务。韶关市加强组织领导，完成农村集体资产清产核资工作，并对2018—2020年集体资产进行年度清查，开展农村集体产权制度改革工作国家试点等工作，推进非试点县农村集体经济组织成员身份确认和赋码颁证工作，明确农村集体经济组织成员身份，明晰集体所有产权关系，保护农民财产权益。2020年，韶关市贫困村集体经济收入平均每村达23.39万元，比2016年增长626%。

【农村公共服务】 2020年，在2018年率先在全省启动‘139’(即“一个规划、三项整治、九项基础工程”的“139”提升建设行动。即：编制一个有特色、留乡愁、能落地的乡镇整治提升专项规划。开展垃圾、污水、六乱三项专项整治。实施镇街主干道风貌街(商业街)提升工程、镇街门户标志标识节点工程、镇街绿化美化工程、镇街文体中心工程、镇街文化公园工程、镇街农贸市场提升工程、镇街停车场建设工程、镇区污水处理和公厕改造工程、镇街文化书屋(党员服务中心、志愿者驿站)工程等9项基础设施工程)乡镇提升工作，于4月底完成首批20个试点镇整治提升。启动第二批30个镇的整治提升工作。30个乡镇完成规划设计及初步的“3项整治”，“9项基础工程”实施也进入尾声。截至2020年12月底，第二批30个乡镇270个“9项基础工程”整治提升项目，其中完工的有181个，占比67%；市财政统筹全市各类资金，印发《韶关市乡镇(镇街)提升考核验收办法》，对纳入整治提升的85个乡镇给予奖补资金。按照每个镇平均1000万元的奖补标准加大财政投入，市级财政累计投入1.5亿元。市成立由市长为组长，分管副市长为副组长，各县(市、区)区长、县长及市直相关单位负责人为成员的韶关市乡镇(镇街)提升五年行动计划工作领导小组。强调“规划先行”原则，发挥规划的引领作用，确保整治规划能有效指导乡镇整治提升工作。坝仔镇依托茶园河周边，通过梳理出滨河绿道，串联各节点公园，结合原有部分设施形成运动中心、儿童乐园、文化广场；南雄市探索“帮扶单位+”“乡贤捐助+”，引入多方社会力量参与乡镇整治提升中；仁化县依托红色特色小镇创建，规划城口镇中心片区+红色旅游区的建设。村庄环境面貌和农村生产生活条件得到改善。

【“乡村工匠”工程实施】 2020年，韶关市人力资源和社会保障局、韶关市教育局、韶关市自然资源局、韶关市住房和城乡建设管理局、韶关市农业农村局、韶关市林业局联合印发《关于印发〈韶关市“乡村工匠”工程实施方案〉的通知》，服务乡村改革发展大局，加快建立起一支能够满足农业农村发展需要的实用技能人才队伍。

【农民培育】 2020年，韶关市培训经营主体带头人983人，农业经理人312人，合计培训高素质农民1295人。其中，乐昌市廖石秀入选“广东省2020年十大杰出高素质农民”。

（肖仕胜）

【镇村规划】 2020年，韶关市在实现全市村庄规划全覆盖的基础上，完成村庄规划成果评估工作，掌握村庄规划情况，查找村庄规划中的突出问题；开展全市首批4镇13村的村庄规划优化提升试点工作，为全面提升村庄规划质量探索一条可以复制推广的方法路径。（周欣凯）

【美丽乡村建设】 2020年，韶关市打造乐昌市省际边界、翁源县“兰香古韵”廊线、仁化县环丹霞山生态休闲线、浈江区阅丹公路、乳桂经济走廊等一批“四沿”（即沿交通线、沿边界线、沿旅游景区、沿城市郊区）区域美丽乡村示范带，以及“五彩瑶乡”“丹霞彩虹”等7个示范片，形成泛徽、广府、客家、瑶族等极具韶关特色的传统建筑风貌体系。

农村综合改革

【农业水价综合改革】 2020年省下达给韶关市农业水价综合改革面积1.52万公顷（其中中型灌区1.47万公顷、小型灌区506.67公顷），补助资金313万元。中型灌区选择已完成节水改造和综合条件较好的7个灌区作为综合改革实施对象，小型灌区面积按规划任务数比例分配。截至2020年年底，全市累计完成改革面积2.18万公顷，其中：中型灌区9宗1.76万公顷（南雄市横江灌区1760公顷、瀑布灌区2153.33公顷，曲江区小坑水库灌区3666.67公顷，乐昌市廊北灌区3080公顷，仁化县高坪灌区2506.67公顷，始兴县凉口灌区1153.33公顷，尖背灌区913.33公顷，翁源县青龙灌区726.67公顷，乳源县引杨灌区1666.67公顷），小型灌区13宗4153.33公顷；累计完成资金1369.31万元，建成一批用水计量装置，部分工程已实现粗放式用水计量。开展中型灌区灌溉农业用水计量实施方案编制，13宗中型灌区完成计量设施实施方案编制。开展中型灌区农业供水成本核算，16宗中型灌区完成成本水价核算。选取乳源瑶族自治县引杨灌区（中型）作为农田灌溉水有效利用系数测算分析样点，开展农田灌溉水有效利用系数测算工作。38宗灌区办理农业取水许可，并实行农业用水年度计划管理。

（刘　蔚）

【农村宅基地管理改革】 2020年，新修改《土地管理法》实施后，农村宅基地改革和管理工作移到农业农村部门。市农业农村局会同市自然资源局印发《韶关市农村宅基地审批管理工作指引》，各县（市、区）先后编制和出台本辖区的宅基地审批相关文件，规范农村宅基地改革和管理工作。9月，南雄市申报成为新一轮国家级农村宅基地改革试点县。《韶关市农村住房建设管理条例》于11月27日经省第十三届人大常委会第二十六次会议批准，2021年3月1日起施行。

【农村产权制度改革】 2020年，韶关市武江区、乐昌市被列为农村集体产权制度改革工作国家试点县。全市村组两级农村集体经济组织14870个，完成登记农村集体经济组织14840个，其中经济联合社1220个、经济合作社14840个，完成比例为99.74%；赋码颁证集体经济组织14820个，其中经济联合社1213个，经济合作社13607个，完成比例为99.6%。各县（市、区）完成率均在98%以上，其中乐昌市、始兴县、翁源县、新丰县4县（市）完成率达100%。

【农村承包地确权登记颁证】 2020年，韶关市在全市组织开展农村承包地确权登记颁证“回头看”，加快颁证到户、档案归档工作。

【农村“三变”改革】 2020年，韶关市开展“三变改革”（即资源变资产、资金变股金、农民变股东），盘活“三资”（即资金、资产和资源），惠及“三农”（农业　农民　农村），加快转变集体经济发展方式，拓展集体经济发展途径，建立企业、村集体、群众利益链接机制，走出农村改革和脱贫攻坚的新路子，特别是南雄市湖口镇张屋村通过实施“三变改革”，打破田埂地界，增加土地面积6.67公顷，每年每亩旱坡地的租金由50元增至100元、水田由300元增至400元，这两类土地的分红标准分别为利润的10%和15%。经初步计算，全村每年土地租金和保底分红收入达17万元左右，企业产出后，全村每年分红达12万元以上，村民实现“租金+薪金+分红”的“3+”创新收益模式。该村的“三变改革五大合作”工作成为其他镇村“三变改革”工作的模范和标杆。（熊丽萍）

韶关市乡镇（镇街）“139”提升行动，桂头镇文化公园　（市住管局　供）

农村建设

【省级以上历史文化名镇(村、街区)】 2020年，韶关市实现历史文化街区“零”的突破。5月14日，韶关市浈江区广富新街—升平路、曲江区白土镇、南雄市珠玑古巷三片历史文化街区通过由广东省住房和城乡建设厅会同广东省文化和旅游厅组织的专家组的现场调研检查和会议审查，专家组一致同意广富新街—升平路历史文化街区、白土镇历史文化街区、南雄市珠玑古巷历史文化街区申报“广东省历史文化街区”。

【传统村落保护】 2020年，韶关市组织做好中国传统村落挂牌保护工作，按照住房和城乡建设部提供的标志牌样式，并选择金属适宜材质制作，将韶关市14个中国传统村落设置标志牌进行挂牌保护。

【农村人居环境改善】 2018年，韶关市在全省率先开展“1个规划”“3项整治”“9项基础工程”的乡镇（镇街）整治提升“139”行动。2019年完成首批20个试点乡镇的整治提升工作。2020年，总结首批试点乡镇经验，扩大实施范围，完成第二批30个乡镇的整治提升工作，镇街风貌焕然一新，乡镇公共服务水平及人居环境质量提升。

【农村危房改造】 2020年，韶关市推进农村危房改造与精准扶贫工作无缝对接、动态调整，落实开展农村贫困户危房改造“回头看”排查行动，摸清建档立卡贫困户住房安全保障情况，确保农村相对贫困户基本住房安全。有农村危房改造国家任务571户，中央财政补助资金799.4万元，竣工验收并发放补助资金。

【农村生活垃圾处理】 2020年，韶关市完善生活垃圾收集、转运和处理设施建设，完成56个镇级填埋场和48个非正规垃圾堆放点整改销号，规范农村垃圾收运处置监管，改善农村环境卫生状况。2020年，全市共投入1.86亿元用于农村生活垃圾收运处置体系建设和运行投入。全市99个镇（街）、1227个行政村、12309个自然村组设立2.3万个垃圾收集点，配备保洁员6196人。全市基本实现环卫外包覆盖到乡镇的农村生活垃圾收运处置模式，基本实现农村清扫保洁和垃圾转运工作的常态化，形成政府引导、企业主导、全民参与的农村生活垃圾收运处理设施建设及运营机制。达到省住建厅“到2020年年底基本实现收运处置体系覆盖所有的行政村、90%以上自然村组”的目标。（杨伟剑）

韶关市浈江区花坪镇奎塘村连理樟树王入选韶关市十大樟树王

（王志珍 摄）

【省级新农村示范片建设项目】 2020年，韶关市7个县(市)推进省级新农村连片示范工程建设，涉及33个行政村、330个自然村，其中，包含15个省定贫困村181个自然村。第一批乳源瑶族自治县“五彩瑶乡”、第二批仁化县“丹霞彩虹”、第三批南雄“千年驿道·广府原乡”、第四批乐昌市“桃李人家”、始兴县“画里清化”省级新农村示范片进入全面提升阶段；第五批翁源县“水墨田园·花果九仙”、新丰县“云髻乡韵”省级新农村示范片基本完成道路硬底化、村村通自来水、村庄垃圾和生活污水处理、房屋外立面改造、卫厕改造“5个100%”的目标。

【农村人居环境整治】 2020年，韶关市推进“千村示范、万村整治”，抓好省际廊道等“四沿”区域美丽乡村示范带创建，推进农村人居环境整治，建设美丽宜居乡村。2020年省级下达韶关中央财政农村“厕所革命”奖补资金983.8万元、综合改革转移支付资金3358.6万元和省级一般债农房管控风貌提升资金3.253亿元，推进户厕改建、市辖三区铁路和机场路沿线村庄的外立面整治提升、生态宜居美丽乡村示范县创建和扶持少数民族地区村庄加快发展等。市本级相关配套资金投入1.4亿元，实施自然村整洁达标建设民生实事工程和市辖三区城市郊区连线整治。2020年，全市拆除破旧泥砖房77.02万间、1948.73万平方米，达应拆破旧泥砖房的100%，累计创建干净整洁村407个、美丽宜居村682个、特色精品村94个，干净整洁村以上共计1183个，干净整洁村达标率达97%，基本完成“三清三拆三整治”环境基础整治任务，涌现出南雄市珠玑镇灵潭村等一批美丽乡村样板村，连线打造融合粤北人文历史的乐昌市省际边界、凸显兰花特色的翁源县“兰乡古韵”廊线、揽“世界自然遗产地”的仁化县环丹霞山生态休闲线、“村民自己动手更懂珍惜”的武江区“龙归—江湾”和“广东最美公路”的浈江区“阅丹”公路、尽显瑶族风情文化的乳桂经济走廊、修复展新姿的古驿古巷(南雄梅关—乌迳古道)、赏花摘果的翁源县“平步青云”绿道、红色旅游的曲江区龙岗环村绿道、农家体验的新丰县“潭石—大陂”美丽乡村精品路线等一批“四沿”区域美丽乡村示范带，以及“五彩瑶乡”“丹霞彩虹”“画里清化”“千年驿道·广府原乡”等7个示范片，形成韶派、广府、客家、瑶族等极具韶关特色的传统建筑风貌体系，带动研学基地、红色教育基地、“十大樟树王”“十大榕树王”和市树、市花评比工作。

【省定贫困村创建新农村示范村】 2020年，韶关市有省定贫困村278个，20户以上自然村2757个，除纳入省级新农村连片示范工程建设的15个省定贫困村外，省财政对其他263个省定贫困村创建工作按每村1500万元资金标准下拨到相关县（市、区），累计投入39.45亿元。至年底，所有行政村达到示范村创建标准，所有自然村完成农村人居环境基础整治，逐步完善公共服务设施建设，实现村委通自然村道路硬底化、20户以上自然村集中供水、光网和4G信号全覆盖，进入全面提升阶段。武江区重阳镇万侯村被农业农村部认定为“全国乡村治理示范村”，南雄市珠玑镇灵潭村被评为“全国乡村旅游重点村”，翁源县坝仔镇珍珠村获省乡村振兴大擂台“十强村”称号。在第二届“广东十大美丽乡村”系列评选活动中，曲江区枫湾镇新村村获评“广东农房风貌提升名村”。 （黄　健）

农村水利

【农村安全饮用水保障工程】 2020年，韶关市委、市政府部署开展农村安全饮用水保障工程专项行动，计划用三年时间（2020—2022年）实施470宗工程，涉及全市1054个行政村8024个自然村，受益人口159.81万人，估算总投资25.05亿元。其中，2020年计划实施207宗工程，涉及全市553个行政村3641个自然村，受益人口75.08万人，估算总投资10.5亿元。至年底，全市建成242宗工程，完成投资11.84亿元；1207个行政村实现集中供水，11129个自然村覆盖集中供水，覆盖率98.35%，农村自来水普及率92.89%；278个省定贫困村2757个20户以上自然村全部覆盖集中供水，32376户82823人贫困人口均喝上安全饮用水；全市农村饮用水卫生合格率从2019年53.7%提高到2020年91.26%，达到中央和省确定的85%目标要求。

2020年7月13日，韶关市推进乡村振兴暨农村安全饮用水保障工程专项行动现场会在南雄市召开。韶关市委书记李红军与参会人员在南雄市珠玑镇里东村里士桥村小组调研智能水表安装情况 （市水务局　供）

【农村水电工作】 2020年，韶关市开展小水电清理整改工作，列入省试点退出电站12宗，至年底全部完成试点工作。开展小水电清理整改核查评估，对全市2114宗电站进行核查评估，至年底，10个县（市、区）全部编制完成小水电清理整改综合评估报告，并公示核查结果。加强农村水电站安全生产标准化建设，完成43宗农村水电站安全生产标准化达标评级，居全省首位。开展绿色小水电示范电站创建工作，7宗电站完成申报工作，3宗电站获得“绿色小水电”称号。督促指导曲江区做好樟市镇钉螺区域水利与血吸虫病防治工程综合整治工作，完成投资2680.59万元，改造渠道14.99千米，其中混凝土硬化7.09千米，渠道清表7.895千米；治理沟渠16条，治理涵（洞）、闸、桥洞4个；新建沉螺池2座；达标率100%。12月，水利与血吸虫病防治工程通过省级验收。

【水库移民】 截至2020年年底，韶关市水库移民后期扶持人数为7.83万人，其中大中型水库移民后期扶持人数6.89万人，小型水库后期扶持的人口9386人。2020年，全市下达各类水库移民资金1.15亿元。全年农村移民人均可支配收入1.69万元，比上年增长52.1%。 （刘　蔚）

扶贫开发

【概况】 2020年，韶关市278个相对贫困村、32376户82823名贫困人口全部脱贫出列。贫困村集体经济收入平均每村 23.39 万元，所有贫困村居民年人均可支配收入达 1.85 万元，有劳力贫困户年人均可支配收入 1.94 万元，相比 2016 年底分别增加 6.26 倍、1.46 倍、2.03 倍。推进贫困村创建美丽乡村示范村，打造出南雄市灵潭村、始兴县水南村、新丰县大陂村等一批美丽乡村。深入实施“头雁工程”，村党组织书记“三个职位一肩挑”比例 98.1%，村级领导班子带领群众脱贫致富能力显著提升。完成 26 个软弱涣散贫困村整顿，驻村帮扶和结对责任人“一对一”帮扶得到强化，构建起农村三级党建网格和党群协同治理大格局。改革创新“五个一系列”(召开一系列部署会议、出台一系列政策文件、开展一系列重点攻坚、开展一系列挂牌督战、开展一系列管理措施)督战工作机制、“四个注重”(注重政策设计，全域推进扶贫资产管理改革；注重动员部署，稳步推进扶贫资产确权登记；注重分类指导，重点加强扶贫资产运营管理；注重平衡推进，有效衔接全面脱贫与乡村振兴）全域推进扶贫资产管理改革、访贫问效、“四早四同”精准扶贫档案管理和中国丹霞山扶贫公益行等经验做法，助推全市脱贫攻坚取得实效，获得中央、省的肯定。

【访贫问效机制创新】 2020 年，韶关市创新出台《韶关市开展脱贫攻坚访贫问效工作方案》，坚持“五访十问四整改”(“五访”即市县领同志带头访、帮扶干部跟踪访、帮扶责任人结对访、监督检查部门定期访、社会组织和爱心人士“暖心”访。“十问”指聚焦家庭情况、经济收入、教育保障、医疗保障、住房保障、产业扶贫、就业扶贫、兜底养老保障、帮扶工作、脱贫退出十项内容访问。“四整改”指即针对民生问题改、兜牢贫困户民生保障底线；针对产业问题改、提升产业扶贫的带贫益贫能力；针对环境问题改、着力改善农村人居环境；针对作风问题改、深化扶贫领域作风建设）全面开展访贫问效，全面摸清贫困人口脱贫攻坚硬指标达标情况，精准掌握贫困户生产生活动态状况，关注贫困户的获得感和满意度，调整完善措施，加强问题整改，夯实脱贫攻坚基础，提升脱贫出列的质量。市、县、镇、村各级领导干部开展访贫问效 16.67 万人次，访问普通农户、贫困户、边缘户和不稳定户 5.67 万户，100%遍访全市贫困户，帮助解决扶贫问题 1.93 万件。创新推动“五访十问四整改”访贫问效机制的经验做法得到省领导肯定并在全省推广。7 月，新华网对韶关市创新推出访贫问效机制巩固脱贫成果进行报道；11 月，《中国扶贫》第 21 期登载《广东韶关：用访贫问效巩固脱贫成果》的亮点做法。

【扶贫档案管理机制创新】 2020 年，韶关市加强组织领导和检查督导，组织推动全市及各地精准扶贫档案收集整理归档。9 月，全省精准扶贫档案管理培训班在仁化县召开，肯定韶关市“四早四同”(早谋划、早安排、早介入、早指导，同步部署、同步实施、同步检查、同步验收)做好精准扶贫档案管理的经验做法。

【扶贫资产管理改革】 韶关市创新扶贫资产管理机制，全域规范和加强扶贫资产管理，推动各地设立扶投公司，按照企业化、市场化模式统一运营管理。韶关市扶贫资产登记、资产移交、台账管理、资产确权、“三资”管理平台录入等五项工作完成率均达 100%。2016—2020 年，累计筹集各类扶贫资金（全域口径)32.02 亿元，形成扶贫资产 21.63 亿元。5 月，广东省扶贫办在南雄市召开全省扶贫资产管理专题调研座谈会；6 月，韶关市作为东部地区唯一单位在全国扶贫资金项目资产管理培训班上作发言；7 月，广东省扶贫办批复同意韶关市成为全省首个扶贫资产管理示范试点市，同时将南雄市列为全省健全解决相对贫困长效机制示范试点县。

【脱贫攻坚成果巩固】 2020 年，韶关市出台《关于建立防止返贫监测和帮扶长效机制的实施方案》，健全防止返贫监测帮扶机制，防止贫困人口返贫和新增致贫。抓好扶贫资产管理，提升扶贫项目资金资产运营监管水平。组织开展“讲好脱贫攻坚故事”媒体座谈会和“我所经历的脱贫攻坚故事”征集等，宣传各级党委、政府关于脱贫攻坚的决策部署以及全市脱贫攻坚工作取得的显著成果、涌现出的先进典型。推动乡村产业、人才、文化、生态、组织全面振兴，做好巩固拓展脱贫攻坚成果同乡村振兴有效衔接，加快农业农村现代化进程。 （朱永明）

科学技术

综述

【概况】 2020年，市科技局、市财政局、市自然资源局、市农业农村局、市市场监管局、市金融局等部门联合编制《关于进一步促进科技创新的若干政策措施实施指引》文件，重点对韶关市重大科技专项资金、引进科技创新资源、支持科技型中小企业技术创新、优秀科研成果奖励等24项领域政策的实施进行说明，为市科技创新发展提供政策“工具包”。全年新增高新技术企业72家、省级工程技术研究中心3家。年末，省、市工程技术研究中心累计达到268家。

【科技投入】 2020年，韶关市召开韶关市科技信贷风险准备金工作座谈会，与各合作银行签订合作协议。对生产疫情防控急需物资、受疫情影响的入池企业增加100万元科技信贷额度，先后对始兴赛洁无纺布料、广东自由能科技等4家科技信贷风险准备金防疫物资入池企业发放贷款5407万元。科技信贷风险准备金新增入池企业45家，撬动银行贷款8.8亿元，缓解科技企业在科技成果转化和产业化过程中资金短缺的难题。举办第九届中国创新创业大赛（广东·韶关赛区），发动50多家企业报名参赛，首次采用“线上+线下”方式对大赛进行宣传推广，超过20万人次在线观看韶关赛区决赛直播。大赛决出一、二、三等奖6名、优秀奖14名，并推荐10家企业晋级省行业赛，其中，韶关清文声学科技有限公司获得广东省新一代信息技术行业决赛初创组第二名，晋级全国总决赛。通过大赛平台，帮助参赛企业融资贷款4642万元，缓解企业融资难题，营造大众创新、万众创业的氛围。

【科技人才】 2020年，韶关市引进3个大数据及应用创新创业人才团队、70名产业发展领域紧缺适用人才和632名产业科技人才；优化外国人来华工作许可办理流程，由原来的10个工作日缩短到1个工作日，实现全程网络办理。截至2020年年底，韶关市有来华工作的外国人达90人，其中A类人才28人。

科技创新

【科技创新项目】 2020年，韶关市主动争取省科技厅支持，获得省科技创新“大专项+任务清单”项目切块资金2800万元，在重点企业创新攻关、乡村振兴科技创新和绿色发展、引进重大科技创新资源、地市科技服务能力提升等方面，支持67个项目。韶钢“高品质热作模具钢研发与产业化”、利民制药厂“参芪扶正注射液上市后系统再评价研究”、仁化奥达“竹重组材制备关键装备研发”、欧莱“高迁移氯氧化物半导体溅射靶材研究及显示应用”等4个项目获得2020年省重点领域研发计划3100万元的专项资金支持。市本级科技计划项目资金1.01亿元，其中，用于支持高新技术企业培育奖补、企业研发机构及新型研发机构奖补、中国创新创业大赛获奖企业奖金、省重点领域研发计划项目配套等方面的奖励性后补助资金8598.49万元；支持社会发展、农业农村科技等方向39个事前竞争性项目，资金1148.4万元；其余资金主要用于区域交流合作等方面。

【高新区及高新技术企业】 2020年，乳源经济开发区、南雄产业转移工业园认定为省级高新技术产业开发区，分别定名为韶关乳源高新技术产业开发区（简称乳源高新区）、韶关南雄高新技术产业开发区（简称南雄高新区），2个省级高新区均实行现行的省级高新区政策。组织开展2020年度高新技术企业认定，累计分3批组织和指导150家企业进行申报，其中118家企业通过认定，净增72家，全市高新技术企业总数达到308家；深化科技领域“放管服”改革，落实高新技术企业培育奖补政策，简化审批流程，以零见面方式安排后补助资金，拨付资金6200多万元，助力科技企业复工复产；主动做好科技型中小企业评价，累计组织9批次申报，有247家企业通过评价；开展高新技术企业惠企暖企工作，支持企业高质量完成高新技术企业认定申报，邀请有关领域专家，举办2期专家“一对一”申报诊断咨询服务活动，其中第一期由广东省科技厅厅长龚国平主持启动活动，为韶关市广大企业申报提振信心。

【农业科技】 2020年5月，韶关市选定“韶关生态发展区特色果、精致花、优材竹产业”为产业主题，申报科技部、财政部组织开展的“百城百园”（利用国家创新型城市（县市）、国家高新区等载体的创新资源、政策环境和产业基础优势，加快推广一批先进技术成果落地应用，支撑地方夺取疫情防控和经济社会发展双胜利）行动并获得批准，促进韶关市一、二、三产业融合发展。培育指导曲江区食用菌产业、翁源县“兰花＋蚕桑”产业创建省级农业科技园区，以技术集成和成果转化为支撑，辐射带动区域性农业结构调整和产业升级，韶关市曲江区、翁源县被省科学技术厅认定为第六批广东省级农业科技园区。全年选派88名省级农村科技特派员和199名市级农村科技特派员，深入全市278个省定贫困村及省定贫困县（乳源县）的9个乡镇，开展助力韶关市乡村振兴行动756人次。加强省级技术创新型专业镇建设，2020年韶关市曲江区樟市镇、乳源县大桥镇被广东省科技厅认定为省级技术创新型专业镇。韶关市省级技术创新型专业镇21个。（方 勇）

科技成果转化

【科技成果】 2020年，韶关市贯彻落实《科技部关于进一步鼓励和规范社会力量设立科学技术奖的指导意见》和《广东省关于深化科技奖励制度改革的方案》有关精神，支持社会力量设置科技奖励，经申报、评审等程序，最终确定由韶关市创亿谷科技发展有限公司设立2019年度韶关科技成果奖。经组织专家评选出2019年度韶关科技成果奖一等奖7项，二等奖10项，三等奖20项。

【科技项目荣誉】 2020年，韶关市企事业单位实施或参与实施的科技项目获2020年度广东省科学技术奖一等奖1项、二等奖2项，其中乐昌市龙山林场参与实施的《南方主要松树脂材两用新种质创制及产业化关键技术》获一等奖，乳源瑶族自治县东阳光化成箔有限公司实施的《固态电容器低压软腐蚀箔高速制造关键技术研发及产业化》获二等奖，粤北人民医院参与实施的《脊柱脊髓损伤系列诊疗技术的重要创新与应用推广》获二等奖。

产学研合作

【产学研结合】 2020年，韶关市市级以上工程中心258家，其中省工程中心78家；规上企业研发机构覆盖率52%；推进中科院南岭国家公园研究院、武汉理工大学韶关研究院（广东省内河港航产业研究有限公司）、松山湖材料实验室韶关研究院等大院大所落地韶关市创建新型研发机构；引进6个院士等高端人才领衔的团队到韶关市落地或开展成果转化。

【科技企业孵化器】 2020年，经广东省科技厅审批，韶关市新增3家省级孵化载体，其中华科城·莞韶双创（装备）中心被认定为广东省级科技企业孵化器，众投邦科技众创空间、华工众创空间被认定为广东省级众创空间。韶关市有省级及以上孵化载体10家，其中国家级孵化器1家，省级孵化器4家，省级众创空间5家。

（方 勇）

地质科学

【概况】 韶关驻地注册的地质单位主要有广东省地质局第三地质大队、广东省有色金属地质局九三二队等。

【重点企业】 *广东省地质局第三地质大队* 广东省地质局第三地质大队（广东省韶关地质灾害应急抢险技术中心）下设7个综合管理部门，8个业务部门，2个经营单位，在韶关、惠州、东莞、清远、深圳等地设有基地和分支机构。大队长、党委书记：赖啸宇。

2020年，地质三队开展惠来县1∶5万地质灾害详细调查项目，大亚湾区“房地一体”不动产确权登记项目，大亚湾区多个地质灾害隐患点自动化监测，东莞市寮步镇削坡建房综合整治设计、勘查（第一批），东莞市纺织服装学校教师楼后边坡地质灾害隐患点治理工程等。地质三队开展韶关精准扶贫项目仁化中学新建项目工程，浈江区新韶镇陈江村（新岭下）、十里亭镇金凤坪、腊石村（小门头村、井头片区）、武江区龙归镇凤田村（北岸片区）拆旧复垦，仁化县、武江区农村削坡建房风险排查，连州市全域推进新农村建设（美丽乡村建设）EPC工程第一期四标段（龙坪镇、西江镇）勘察等乡村重点民生工程。编制广东省南岭国家公园古生物化石调查研究实施方案，提交省林业局申报立项。发现莞韶公园寻梅路半坡地质遗迹，编制该地质遗迹保护与科普项目实施方案，采集具代表性的古生物化石，提交武江区博物馆收藏。在南雄市澜河镇进行古驿道调查。在大宝山矿、凡口铅锌矿等采集一批岩矿标本，捐赠给省自然资源博物馆。开展武江区西河镇芙蓉山旧煤窿矿区生态修复等14个项目可行性研究，编制可研报告。开展乐昌市长来罗村硫铁矿矿山地质环境治理恢复工程EPC总承包，完成矿山地质环境治理恢复面积15.52公顷，实现耕地再利用面积8公顷。开展新丰江流域（梅坑镇）陶瓷土矿历史遗留工矿废弃地复垦工程施工，乐昌市铅锌矿矿山地质环境治理恢复工程EPC总承包项目。接到175次预警信息并启动地质灾害预警值守；组成8个排查（巡查、核查）分队，每月1轮次对在册地质灾害进行排查（巡查、核查），累计出动近千人次；参与调查、处置26起地质灾害（崩塌14处、滑坡8处、地面塌陷3处、坡面泥石流1处），编制应急调查报告26份。开展大亚湾区高一高二村后山地灾隐患点前期治理工作边坡监测，乐昌市坪石镇金鸡村金鸡岭崩塌隐患点（特大型，威胁300人），乳源瑶族自治县东坪镇、乳城镇、必背镇3个滑坡隐患点（大型，威胁100～200人）等13个自动化监测项目。编制《韶关市多要素城市地质调查实施方案》。组建地质三队抗震救灾救援队，购置物资、开

乐昌地灾隐患巡查排查　　（广东省地质三队　供）

展培训。开展省财政专项项目3项：韶关地区地热资源调查评价，野外工作质量评定为优秀；广东省矿产资源国情调查项目——清远片区矿产资源国情调查与数据更新（一期）项目推进；协助广东省国土资源档案馆完成广东省粤北标准（典型）地层剖面岩石标本采集及成果编制。开展韶关市武江区莞韶公园寻梅路半坡地质遗迹保护与科普项目，韶关市浈江区ZJ0201—06A号地块压覆思茅坪勘探区（茶山南10号）煤矿资源储量评估，韶关市浈江区ZJ0201—06B号地块压覆河边厂东区煤矿资源储量评估等地方财政项目3项。惠东县1：5万地灾详查项目获2020年度广东地质科学技术奖二等奖；职工刘春艳被评为“广东省劳动模范”；郑永浩获“全国优秀地质调查员（地质灾害方向）人才”称号；张云斌获“广东省优秀地质调查员（地质灾害方向）人才”称号。（刘　珊）

广东省有色金属地质局九三二队　简称九三二队，在韶关市新华北路、西联小阳山、工业西路、珠海、佛山等地设有基地和办事处，队机关设在韶关市新华北路38号。队长：蒋祖浩；党委书记：罗颢。开展的地质勘查项目有16项。服务凡口铅锌矿接替资源勘查找矿工作及红岭钨矿地区矿产远景调查（省财政项目）、始兴金炯矿业资源勘察、武江区龙归红尾坑矿区详查等项目。推进地矿主业供给侧结构性改革，商业地质勘查项目持续推进。为红岭钨矿、梅子窝钨矿、瑶岭钨矿、石人嶂钨矿、锯板坑钨矿、乐昌市上龙锑矿、乳源县超源白云岩矿、乐昌砖坳银铅矿、白石岭脉石英矿等多个矿山企业进行矿产勘查。在地质灾害勘查评价服务和矿山土地复垦工作中推进，完成项目10余项。实施绿色勘查与绿色矿山保障行动，编制“韶关市曲江区乌石镇牛头山建筑石料用石灰岩矿绿色矿山建设方案及评估报告”和上仓铅锌矿闭坑地质报告。完成“2020年度韶关市级、曲江区、乳源县自然资源局地质灾害防治技术支撑服务”。完成广东省南雄市、乳源瑶族自治县、仁化县、曲江区、珠海等地多项地灾防治项目。完成翁源县红岭钨矿和阳春市石菉铜矿的矿山地质环境保护与土地复垦方案和白石岭加工厂土地复垦方案的编制；乐昌市冠利新型建材有限公司猴子迳石场新立采矿权相关报告编制。2020年，九三二队在延续2019年南雄市农用地分类管理项目及始兴县农用地分类管理项目基础上，制订农用地分类管理实施方案，为2020年安全利用率达到90%以上提供保障；新开展始兴县水稻加密调查项目，了解水稻内敏感元素含量及分布范围，计算安全利用率。承揽施工、勘察、测量项目67个，动测、水文环评及其他（沉降观测）项目7个，完成丹霞冶炼厂锅炉房载体桩基础工程，丹霞冶炼厂事故槽迁建钢管桩基础工程，乐昌市坪石新城一期19栋东侧停车位边坡支护和乐昌市永乐城住宅小区边坡支护等工程施工。珠海分院累计新中标项目36个，佛山分公司主动出击开拓市场。完成《广东省翁源县红岭矿区614线—626线钨矿详查报告》编制工作，该勘查项目获2020年度广东省地质科学技术奖二等奖、有色金属协会找矿成果三等奖。（李倩倩）

科研机构

【核工业二九〇研究所】　隶属于中国核工业集团有限公司，是中编办登记的事业单位，成立于1979年1月，是集生态环保、遥感测绘、工程技术、铀矿勘查、钻探施工和分析测试六大产业和科研为一体的综合性研究所，具有完整的产业体系。

市场经营　2020年，核工业二九〇研究所完成上级MKJ考核目标，实现主营收入1.53亿元，其中地矿延伸市场化收入9100万元，比上年增长15%，完成年度目标任务8805万元的103.4%；实现净利润622万元，完成年度目标任务563万元的110.5%；完成EVA65万元，超额完成年度地勘任务和科技投入指标；签订收入合同403份，合同金额1.1亿元，同比增长3.6%，其中生态环境产业和钻探施工产业增长较快。

铀矿地质勘查　顺利完成钻探工作量35032.3米，完工钻孔70个，优质孔率100%，工业矿孔39个，工业矿孔见矿率55.7%。完成年度资源量任务的124.7%。

科技创新　获批建设广东省放射性生态环境保护工程技术研究中心。长江1号科学深钻纠回方位角18度，为首例在南方花岗岩地区深部纠斜成功案例。公开发表学术论文20篇，获授权16项实用新型专利证书。获广东省科技创新战略专项资金项目和广东省海洋遥感重点实验室开放基金项目各1项，总经费22万元。

科研成果　获得广东省地质学会地质科学技术奖二等奖2项，中国铀业有限公司“找矿发现奖”二等奖2项，三等奖1项；中国铀业铀矿勘查采冶科技成果三等奖1项。长排铀矿床勘查成果收录于“重大勘查成果100例”，入选中国矿业联合会地质勘查信用红名单。完成3个矿业权的延续申请，“广东省诸广矿集区绿色勘查项目”通过自然资源部评审，获评国家绿色勘查示范项目。邓善桥受生态环境部、农业农村部和自然资源部三部委联合表彰，郑智阳获广东省农用地土壤污染状况详查表现突出个人，田晓照获广东省第二次全国污染源普查表现突出个人，王春双获中国核工业地质局首届地质调查员（地质灾害方向）职业技能竞赛个人三等奖，许丽丽获中国铀业2020年度MKJ工作先进个人称号，陈明获韶关市“最美科技工作者”称号，宋允入选2020年度韶关市三八红旗手。

资质建设　组织成立韶关市建筑协会建筑工程质量检测分会并担任分会长单位；完成建筑工程质量检测资质扩项—单桩静载试验1000吨升级，岩基载荷试验以及单桩竖向抗拔试验等计量认证扩项；分析检测实验室完成有机扩项54项。

安全生产　2020年，二九〇研究所完善安全生产责任制和安全规程，修订《安全环保年度先进评定管理办法》《科研生产设施消防安全管理办法》等8项安全管理制度，梳理6项问题隐患清单、5项行动制度措施清单以及76个行动项。层层签订安全环保责任书363份，全面完成2020年各项安全环保考核指标，中国铀业考核得分97.3分，被评为中国铀业2020年度安全环保先进单位。开展“领导带班跟班”、反“三违”“包片管理”“携手共建”结对子等活动，全年所领导带队开展安全检查74次，下达整改通知36份，排查并完成闭环整改问题隐患216项。查处“三违”（即指生产作业中违章指挥、违规作业、违反劳动纪律这三种现象）行为7起，处罚金额8730元。加强标准化机台的考核评比，诸广钻探安全管理班组获中国铀业2020年先进班组。开展地勘、危险化学品、消防和交通安全整治。开展“4·6”安全生产日、安全生产月、“8·18”警示教育和安全生产专项整治三年行动等安全活动，组织63人参加韶关市应急管理局安全生产培训并获得证书。

一所两制改革　2020年，二九〇所完成平台公司的领导班子组建，10月11日，“中核（广东）地矿科技发展有限公司”揭牌。

退休人员社会化管理移交　2020年，完成115份人事档案和73名党员信息的整理，于6月签订移交协议，8月签订退休人员社会化管理交接书，9月将115人的社会管理服务职能、党员组织关系和人事档案等移交给街道，12月完成社保移交。该项工作负责人马良广获中国铀业剥离企业办社会职能和解决历史遗留问题先进个人。

管理加强　2020年，对地矿延伸市场项目收入合同在20万元以上的项目进行单独核算，全年完成102个地矿延伸市场项目的核算。加强“两金”管控，发放催款函71份，追回资金376.9万元；核销备用金30.6万元。加强合同管理和审核，全年审核合同746份，对2018和2019年合同进行梳理和汇总，查漏补缺，并建立全所合同台账。通过环境管理体系、职业健康安全管理体系认证；完成计量扩项认证，实现64项扩项。修订《采购管理规定》和《物资验收管理规定》2项制度。（阮　昆）

2020年10月11日，中核（广东）地矿科技发展有限公司揭牌
（核工业二九〇研究所　供）

【核工业广东矿冶研究】 韶关市主要的核工业单位是核工业广东矿冶局、中核（广东）科技有限公司简称“广东矿冶局”，为中央驻粤事业单位，是集团公司派出驻粤管理机构，注册地广东省韶关市。承担中核集团、中国铀业在广东、广西等省（自治区）天然铀勘察、采冶、科研、项目建设、产业规划、企业调整改革等工作的协调服务和安全环保监管，以及受地方政府委托管理的社区等职能。党委书记、董事长：肖启斌。2020年，广东矿冶局获得中国铀业2020年度安全环保先进单位、业绩突出贡献团队；在韶关市2020年党建工作目标管理责任制考核中被评为“好”；741矿被韶关市政府列为文物保护单位并立牌，被中核集团评为第二批工业文化遗产；王明健、司守义被评为中国铀业功勋人物。2020年6月28日，中核集团党组征得韶关市委组织部同意，决定撤销广东矿冶局党组和纪检组，成立中共核工业广东矿冶局委员会和中共核工业广东矿冶局纪律检查委员会。10月25日，广东矿冶局召开中共核工业广东矿冶局委员会第一次党员大会，选举产生局党委委员和纪委委员，肖启斌任党委书记，李从飞任纪委书记。采掘和水冶生产任务完成。全年实现营业收入比上年增长12%，净利润比上年增长30%，EVA比上年增长57%，市场化收入比上年增长114%，超额完成全年经营责任目标考核经济指标。公司组建后，组成工作专班，对7个重点项目制定推进手册挂图作战，天然

铀、绿色循环经济、特色经济“三大产业”战略目标推进。锦原铀业引进无轨设备，全年投入378.5万元购置无轨设备，井下无轨化生产强化；吸纳铀矿采冶技术人才15人；加建立五星班组6个，申请管理创新和优秀QC小组3项。采掘一体化基本实现，成本管理受控。签订安全环保责任书467份、兑现绩效考核265万元。各类现场检查和带班749次，解决安全环保问题187项，铁腕“反三违”，查处98起、罚款7.6万元。入900多万元，解决7项问题隐患，安全环保隐患整治项目完成建设并通过验收。投入科技经费1400万元，申报实用性专利8项，获得中国铀业自主科研项目立项批复2项，水冶超细粒矿石浸出试验科研项目取得实质性进展，井下铲运机可视遥控研究项目投入使用，采冶自动化水平提升。锦原铀业爆破QC小组获得集团公司优秀QC小组三等奖。全年各部门联系政府机构65次。为同方股份、中核宝原在韶关的产业发展牵线搭桥。韶关市与中国铀业签约战略合作协议，由公司负责推进。公司与市交投、中海油等签订相关合作协议，与10余家伴生矿企业签订合作意向。韶关市政府、区政府举行招商推介会，公司均被邀请到会推介。广东矿冶局驻粤、桂8家单位有退休人员2012名，截至2020年9月30日，所有退休人员的管理服务、人事档案、党组织关系社会化管理移交工作完成，广东矿冶局提前全面完成国有企业退休人员社会化管理移交工作。（左桂华）

【韶关市生产力促进中心】 2020年，韶关市生产力促进中心负责地方财政科学技术支出统计调查、科学研究和技术服务业非企业单位科技统计调查、火炬统计快报和年报、专业镇调查、省高技术产品及高技术服务调查、全国科普统计调查等报表的统计和汇总工作，涉及全市机关、企事业单位560家。

科技培训促学活动 2020年，该中心以科技培训为载体，开展或参加联学促学活动。组织全市中小企业及科技服务机构等50多人参加由省生产力促进中心网上举办“全省生产力促进机构人员创新创业综合服务能力建设培训”二十期课程，提高企业业务能力。

科技企业创业园建设 2020年，定期开展垃圾清运、地面保洁和绿化养护工作，委托市艺景生态环境建设公司负责定期清运生活垃圾，设置垃圾桶统一摆放点，收集分类垃圾。1月7日，邀请韶关市居安应急管理服务中心消防安全教员到市科技企业创业园开展消防安全培训，现场消防演练示范。做好配电房、抽水房设施的更换维修及供电、供水线路的维护工作，保障园区生产、生活用电用水。

组织科技计划项目验收 2020年组织开展15场次项目验收会议，邀请各行业专家按要求参加验收工作，共完成科技计划项目验收35项（其中国家级11项、省级项目24项）。

加快所承担科技项目实施 2020年，该中心完成中央引导地方科技发展专项（粤北科技金融服务体系建设），并通过省科技厅组织的专家验收。联合广东省科学技术情报研究所、佛山火炬园孵化器管理有限公司实施“韶关市科技创新服务体系建设”项目，推进创新创业载体合作交流服务。联合广东省科技基础条件平台中心开展“韶关市科技资源共享服务平台”建设，梳理科技资源数据，对数据进行规范化管理。（刘锡禧）

承担“十四五”科技创新规划编制相关工作 按照韶关市科技创新“十四五”规划编制分工，会同广东省科技基础条件平台中心开展前期研究，对韶关高质量发展阶段及科技创新的基础、短板、发展机遇和挑战进行初步研判，对韶关科技创新支撑高质量发展的总体思路、战略路径及政策建议进行梳理。9月份，完成各县（市、区）、相关市直部门、高校和科研院所、重点企业、科技创新平台、高新区调研工作。12月初，形成韶关市科技创新“十四五”规划初稿。

改革调整机构编制事项 根据《中共韶关市委机构编制委员会办公室关于调整市科学技术局所属部分事业单位机构编制事项的通知》（韶机编办发〔2020〕51号），市生产力促进中心（市科韶开发中心、市科技情报研究所、市科技企业创业服务中心）不再加挂市科韶开发中心、市科技情报研究所、市科技企业创业服务中心牌子，承担的经营性职能予以剥离，由公益二类调整为公益一类，收回事业编制2名，核减副科级领导职数1名，经费按财政补助一类拨付。调整后，重新核定市生产力促进中心事业编制7名，其中主任1名、副主任1名。（刘锡禧）

【农业科学研究】 2020年，韶关市农业科技推广中心承担水稻新品种区域试验、水稻生产试验、单季稻试验、南方稻试验、水稻稻瘟病抗性鉴定试验、蔬菜新品种区域试验等国家、省级科研生产试验任务16项，鉴定水稻、蔬菜等农作物优良新品种580个。与广东源泰农业科技有限公司合作育成的优质水稻新品种韶优766于2020年通过湖南省主要农作物品种审定。通过多品类多批次的食用菌试验筛选4个食(药)用菌品种。

组织实施省、市级重大农业科技项目 2020年，韶关市农业科技推广中心承担省级优质农产品标准化种植示范项目、省级现代农业产业技术体系建设果菜产业技术体系创新团队项目、广东省果菜体系建设项目、省级耕地地力监测项目、省水稻机械精良穴直播技术及农用无人机水稻直播技术示范点项目、精致农业示范区改造项目、猕猴桃新品种引进试验与示范项目、农村科技特派员——韶关市农业技术服务团队项目等省、市级重大农业科技项目。

联合省农科院韶关分院推动韶关“三农”发展 2020年，韶关市农业科技推广中心联合省农科院韶关分院助力农业复工复产调研及技术帮扶工作，做好疫情防控下的春耕工作，累计发放蔬菜种子及育苗盘等农用物资5400袋（块），派发省农科院编制的《战“疫”进行时 科技助春耕——2020春耕生产技术要点》《农村新型冠状病毒肺炎防控指南》等生产技术资料1000多册；韶关市农业

科技推广中心联合依托单位及驻点人员等共同申报并立项科技项目8项；示范推广玉米、辣椒、花生、番薯等19个品种和2项技术；调研与对接服务产业园区，助力科技支撑韶关现代农业产业园建设；开展乡村振兴、数字乡村等调研与对接服务；开展产业调研和科企对接、科技下乡等活动55次、网络联系与对接服务49次，建立各类科技示范基地15个；开展、参加各类现场会、现场指导等43场次，组织开展农业技术培训会9场；重视宣传工作，发布新闻32个、韶关分院微信公众号发布技术文章及新闻83篇，参与出版专著《农科擎：院地合作推进乡村振兴纪实》。

（余姗姗）

【畜禽业科学研究】 2020年，韶关市畜牧研究所获得省级项目《家禽健康养殖示范区建设》资金支持30万元；与华南农业大学合作，获2020年省级乡村振兴项目—农业科技创新及推广（生猪创新团队）项目资金支持；单位专业技术人员发表论文1篇；在杉木湾基地开展鸡的药物残留检测试验和饲料植物提取物试验。

地方资源品种调查 2020年，韶关市畜牧研究所组织专业技术人员开展地方资源品种调查，到曲江区罗坑镇调查本地鸡品种——胡须鸡，为下一步考虑是否开展选留保种工作奠定一定的基础。

加大技术服务和推广力度 2020年9月11日，韶关市畜牧研究所在韶关市凤凰酒店主办家禽健康养殖技术培训会，培训家禽从业人员160多人；联合养殖企业韶关立华牧业有限公司、韶关市今朝牧业有限公司开展家禽技术培训会议3期，每期培训家禽从业人员20～30人；组织科技下乡活动4次，分别在乳源瑶族自治县桂头镇、乐昌坪石镇、浈江区犁市镇和翁源官渡镇举行科技下乡活动，深入养殖场（户）技术服务和指导20次以上。

（谢光明）

【林业科学研究】 2020年，韶关市林业科学研究所（加挂广东省韶关区域性林业试验中心）以油茶良种良法的试验、示范、推广及轻基质苗木培育技术推广等为科研工作重点，推进实施《粤韶系列油茶良种区域性试验与示范》项目，营建粤韶系列油茶良种区域性试验与示范林6.67公顷，在乳源瑶族自治县一六镇油茶基地采穗圃、育苗圃0.67公顷，同时开展珍贵树种引种繁育、植物组织培养技术研究等林业科研项目。实施《茗冠茶树新品种引种繁育技术研究及区域性试验》项目，在始兴县车八岭生态保护区交汇处建立项目基地，建立茗冠茶树标准化良种试验示范区、种质资源基因库3.33公顷，产茶青制成干茶茶叶送质检机构进行成分检验，进行品质鉴定，并经专家现场品鉴一致认可。韶关市科技计划项目《林下优质天麻栽培技术开发与应用》和《广宁红花油茶无性繁殖技术开发与优良品种选育》进行到项目结题阶段。

油茶良种示范林调查 （市林科所 供）

苗木生产 2020年，韶关市林业科学研究所完成各类苗木培育61.95万株。其中，“2020年珍贵阔叶树种及优良茶叶苗培育”项目11万株，培育品种为梅占、迎霜、金观音、金萱、山杜英、枫香、木荷、乐昌含笑、火力楠等；“韶关市2020年珍贵阔叶树种大苗培育”培育大苗2.4万株，培育品种为香樟，黄花风玲、红乌桕、红叶石楠、红苞木、樱花、枫香、乐昌含笑、碧桃等；轻基质容器苗10万株、油茶苗20万株；完成“2021年义务植树苗木培育项目”苗木11.55万株的培育。

林业技术推广 2020年，韶关市林业科学研究所承办林业技术推广活动，通过专家出诊、现场教授、科技宣传、技术咨询等方式，开展油茶丰产栽培技术、茶叶技术、轻基质苗木培育技术等林业科学技术推广工作。其中，《轻基质苗木培育技术推广》项目通过省林业局组织专家组的验收评审，项目经过三年的实施，培育出一批优质的轻基质容器苗，在韶关林场黄岗工区营建13.33公顷轻基质苗推广示范林，达到较好示范效果；完成广东省林业科技创新《药用植物天麻优良品种培育及林下仿野生无公害栽培技术示范》项目结题。

造林规划设计及监理 2020年，韶关市林业科学研究所承接韶关市林业重点生态工程作业设计技术审核业务。完成韶关市阋丹路沿线绿化景观提升种植、韶关市南华大道中景观提升绿化种植等14个项目的监理工作。

（谭景成）

【水产业科学研究】 2020年，韶关市渔业技术推广站（加挂韶关市水产研究所、广东省韶关区域性水产试验中心、韶关市渔业资源增殖站牌子）实施的省、市科研项目共有5项。其中，“优鲈一号养殖示范与推广”“黄尾鲴繁育技术研究”完成项目的合同指标。

稻渔综合种养技术示范推广进展顺利　2020年，韶关市渔业技术推广站累计建立稻田养鱼示范基地约46.67公顷，起到较好的示范带动作用。4月，编撰的“稻渔综合种养养殖技术”被广东省农业农村厅列为广东省2020年主推渔业新技术，为粤北地区开展稻田养鱼提供重要的参考。12月，举办全市稻渔综合种养培训班，聘请2名中国水产科学研究院珠江水产研究所的行业专家为全市渔业技术推广人员、稻田养鱼养殖户和水产养殖户讲授稻渔综合种养模式、稻渔综合种养技术和稻田养鱼产业发展路径等内容，参加培训人数143人。

水产品标准化养殖示范区建设成效　2020年，韶关市开展水产品标准化养殖示范区建设工作，建立水产品标准化养殖示范区4个，总面积约40公顷。在示范区，推行全过程质量安全监管，建立养殖环境、投入品、水产品质量监管制度，构建韶关市水产养殖行业的高标准水产品质量安全生产标准体系。

苗种生产　2020年，韶关市累计生产三角鲂、光倒刺鲃、倒刺鲃、南岭禾花鲤、广东鲂、赤眼鳟及黄尾鲴等名优鱼类苗种约500万尾，为名优特色鱼类养殖提供苗种保障。

增殖放流　2020年7月，与清远市水利水电勘测设计院有限公司合作完成清远水利枢纽鱼类增殖站年度增殖放流任务，增殖放流广东鲂、赤眼鳟、黄尾鲴苗种近400万尾，超额完成增殖任务。

参加中国首届水产种业博览会　2020年12月，参加在广州举办的中国首届水产种业博览会，单位选育的三角鲂、光倒刺鲃、倒刺鲃和南岭禾花鲤等品种参展，使更多的人了解韶关市的水产种业。（罗钦洪）

【矿产应用研究】 2020年，广东省矿产应用研究所开展科技项目8项。包括省级科技计划项目2项（广东省放射性与三稀资源利用重点实验室、钢厂冶金炉窑协同处置社会难处理含能固废工艺技术研究），广东省社会发展科技协同创新建设专题1项（粤北典型铀矿山放射性污染控制关键技术研究与铀矿山环境信息管理系统构建），广东省地勘事业发展经费项目1项〔火山岩型铀多金属提取及分离技术研究项目（续作）〕，省科技创新战略专项1项（能源植物皇竹草修复大宝山矿区酸性土壤技术研究与示范），社会委托项目3项（分银渣多金属湿法梯级回收新技术、钨钼矿石可选性选矿试验、蒙古国索德尔钼钨矿的辉钼矿与滑石分离技术）。

科技创新　2020年，广东省矿产应用研究所出版发行专著《矿产地质与生态环境》1部；获国家发明专利9项：“水力空化耦合H_2O_2净化铅锌硫化矿选矿废水回用工艺”“一种硅酸盐闪速循环浸出提取铷的工艺方法”“一种咪唑类聚离子液体电解质及其制备方法和应用”“高放废物的固化方法”“放射性沸石废物的固化处理方法”“放射性锶污染土壤的应急处理方法”“一种利用铁尾矿废料和污泥混合制备烧结透水砖的方法”“一种从稀土二次资源中提取有价金属的方法”“一种从废弃荧光粉中清洁高效提取稀土元素的方法”；授权实用新型专利8项：“一种含锰废水处理装置”“一种含钴废水净化装置”“一种重金属污染土壤的检测装置”“一种从含镓废渣中回收镓的生产装置”“一种集土壤检测和土壤修复于一体的实验车”“一种水文地质检测用采样装置”“一种高频振动螺旋选矿机”“一种离心连续选矿机”。受理并公开的发明专利1项：“一种适用于含铷细粒云母浮选的组合捕收剂及其应用”。发表科技论文49篇，其中SCI(Science Citation Index，引文数据库）论文31篇、EI论文3篇、核心期刊论文15篇。《陕西华阳川地区铀多金属矿冶金综合利用技术研究》获得广东省地质科学技术一等奖。

创新平台建设　2020年，广东省矿产应用研究所在建强建优部、省两个重点实验室的基础上，进一步加强科技创新平台建设，完成4个科技创新平台的申报工作，其中向广东省人力资源和社会保障厅申报的“广东省博士工作站”获批挂牌。向广东省科技厅申报的“科技型中小企业”顺利通过评审。完成“博士后科研工作站”和“高新技术企业”的申报工作。创建“海水提铀创新联盟”。

地质检测　2020年，广东省矿产应用研究所完成各类实验测试9749批88647个样品。矿产地质方面，完成武江区龙归镇红尾坑矿区熔剂用石灰岩矿、连平县坪田地区铀矿等多个项目的岩矿、土壤、水等样品检测。环境地质方面，完成放射性样品检测79批次185个样品，包括广东省连平县坪田地区铀矿普查、743军工核设施退役治理项目格顶产品运输治理工程、兴宁县叶塘镇汤湖村地热资源储量核实等项目。城市地质方面，完成岩土检测3000多批次，包括广州轨道交通七号线、十一号线，十三号线等城市轨道建设，深圳至中山跨江通道项目主体工程施工、潮汕站站南广场及地下车场扩容改建工程、广州白云国际机场扩建工程、深汕特别合作区望鹏大道（深东大道至通港大道）建设等工程勘察工作；为韶关市始兴、仁化县等部分县市的中、小型水库（公益性）大坝安全鉴定提供数据支撑。农业地质方面，开展韶关市DH0112号-C地块污染土壤修复、韶关市万山土壤修复、铅锌镉砷复合污染土壤修复关键技术研发及示范应用等，为韶关市乃至广东省经济发展提供技术支撑。（卢宥霖）

教　育

综述

【概况】 2020年，韶关市教育局完成2020年义务教育质量监测工作，9个单位获表彰。全市创建全国校园足球特色学校14所，全国校园足球特色幼儿园19所，全国青少年校园篮球特色学校6所，全国青少年校园排球特色学校2所，广东省校园篮球推广学校7所，广东省校园排球推广学校2所。命名18所“韶关市体育基地学校”，创建7所“韶关市艺术教育基地学校”。评选20位“韶关市新时代好少年”。全市共有4所全国文明校园、3所省级文明校园、221所市级文明校园，82所省绿色学校。开展“安全文明校园”和“依法治校示范校”创建活动，全市共有“全国和谐校园先进学校”5所，“全国消防安全教育示范学校”1所，“广东省安全文明校园”61所，“广东省依法治校示范校”52所，广东省交通安全文明示范学校2所，“省安全教育基地学校”11所，“韶关市安全文明校园”125所，县级依法治校达标学校294所。2020年12月韶关市成功创建“广东省现代职业教育综合改革示范市”，成为全省第二批创建成功的首个地级市。

【教育经费】 2020年度，全市国内生产总值（GDP）1353.49亿元（统计部门数据），国家财政性教育经费81.14亿元，占GDP的比例为5.99%，比上年增加0.49个百分点；一般公共预算教育经费占一般公共预算支出的15.52%，比上年减少0.04个百分点。全市财政经常性收入138.43亿元，比上年增长7.32%，一般公共预算教育经费60.14亿元，比上年增长1%，但低于财政经常性收入增长6.32%。

2020年11月25日，韶关市教育局召开韶关市成功创建现代职业教育综合改革示范市新闻发布会　　（市教育局　供）

【师资队伍建设】 至2020年底，全市有中小学（幼儿园）教师36590人，其中小学教师1.49万人，初中教师8260人，高中教师4308人，中等职业学校教师1683人，幼儿园教师7452人。特殊教育学校175人。全市学前教育专任教师大专及以上学历比例76.75%，小学、初中专任教师本科以上学历比例分别达62.22%和85.22%，高中阶段学校专任教师硕士研究生以上学历比例6.86%。

中小学教师学历提升　实施《韶关市基础教育学校教师学历提升助学办法》，并出台《韶关市市区基础教育学校教师学历提升助学办法》，2020年支付教师学历提升助学款612万元，学历提升教师2133人。

教师培养培训　一是加大对骨干教师的培养与培训力度。2020年开展韶关市基础教育系统名校长名教师培训、韶关市市直学校党务工作者培训、教育行政干部和高中校长培训及各学科各学段骨干教师培训等近40场次培训活动，共计5273人次参加培训。二是开展“三区”教师轮训工作。制定出台《韶关市“三区”教师全员轮训省市县三级培训规划一体化方案》，依次开展韶关市

2020年11月27日，2020年全民终身学习活动周广东省开幕式在乳源瑶族自治县举行。省教育厅党组副书记、副厅长邢锋（右七）出席活动并讲话
（市教育局 供）

"三区"中小学（幼儿园）骨干教师、后勤副校长、教研组长等专题培训，共计培训"三区"教师1256人。三是扎实推进信息技术应用能力提升工程2.0工作。成立"韶关市中小学教师信息技术应用能力提升工程2.0工作领导小组"，开展三期专题培训。始兴县、始兴县丹凤小学、韶关市一中实验学校、仁化县第一中学分别确定为"广东省中小学教师信息技术应用能力提升工程2.0"省级试点县和试点校。四是执行《中共韶关市委教育工委、韶关市教育局关于建立健全教师师德建设长效机制的实施细则》，加强师德师风建设。实施支教工作，派出援藏教师4人、援疆教师14人。五是落实省"三区"支教工作，韶关市会同东莞市、茂名市、珠海市等市，安排67名教师分别到乐昌市、南雄市、乳源瑶族自治县、新丰县等地支教，其中韶关市派出教师30名。六是开展优秀乡村教师表彰活动，2020年评选100名"韶关市优秀乡村教师（校长）"。

推进人事制度改革　市委市政府制定《关于全面深化新时代教师队伍建设改革的实施方案》，实施中小学教师"县管校聘"管理改革，试点推行校长职级制改革。

全面扩充教师队伍　2020年，全市招聘教师1278人，其中招聘农村教师493人。在1278名招聘教师中，研究生学历134人，本科学历944人，大专学历200人。其中通过"丹霞英才"招聘招聘571人（其中研究生学历132人、本科学历439人）。

教师待遇保障激励　2020年，落实山区边远地区教师生活补助，人均水平不低于1000元／月。

【教学科研和质量】 2020年，市教育局推进普通高中新课程改革，倡导启发式、互动式、探究式和体验式课堂教学策略。通过改进教学组织管理，加强分类分层教学指导，建立学校选课走班运行机制。开展生涯规划指导，完善学校选课排课系统，加强学生选课指导。2020年，韶关市高考成绩继续保持增长势头，在山区市中继续名列前茅。优先投档线（不含农村专项）、本科以上上线率（分别是14.22%、53.7%）连续8年增长，并创历史新高。农村专项（重点高校招收农村和贫困地区学生专项计划）上线人数略微下降，从2019年的417人下降到2020年的374人。本科以上人数和上线率分别为9970人和53.7%。

2020年，韶关市获广东省教育科学"十三五"规划2020年度中小学教师教育科研能力提升计划项目立项15项，获省财经素养专项课题2项。获颁省基础教育学科教研基地10个，获广东省2019年度中小学（幼儿园）心理健康教育优秀教学成果15项。2020年度市教育科研课题立项课题423项，结题课题372项。获中央电化教育馆立项1项。确定市级优秀教育科研成果推广应用项目10项。2020年度学术讨论会暨第十六届广东省中小学校长论坛中，全市教师、校长获一等奖11篇、二等奖23篇、三等奖54篇。并正式启用韶关市教师发展服务中心服务平台教育科研管理系统。

2020年全市教师参加各类比赛获国家、省、市级奖励分别为8项、497项、1636项。学生参加各类比赛获国家、省、市级奖励分别有54项、258项、3575项。

【教育装备】 2020年，全市中小学校装备和教育信息化工程建设全年投入资金超过1亿元，全市新增计算机室26间、计算机2390台、校园网络15套、"班班通"多媒体教室1393间、其他功能场室129间、纸质图书40余万册、常规教学仪器660万元。

【教育信息化】 2020年，始兴县获批成为广东省互联网环境下基础教育改革实验区之一。完成市直学校智慧校园第二期建设项目（韶关市第一中学、韶关市第五中学）。全市春季开学期间学生参与线上教学率100%。

基础教育

【学前教育】 2020年，全市幼儿园599所，其中乡村幼儿园110所；全市在园幼儿119458人，3～5岁学前教育毛入园率103.15%。全市99%的乡镇建有公办乡镇中心幼儿园；100%的常住人口规模4000人以上的行政村独立举办规范化幼儿园。

2020年，全市新建、改扩建幼儿园33所，新增学位12300个。公办幼儿园和普惠性民办幼儿园在园幼儿占比达91.25%。实现公办幼儿园在园幼儿占比达50%，公办幼儿园和普惠性民办幼儿园在园幼儿占比80%的目标。

【义务教育】 2020年，广东北江中学、韶关市第一中学恢复初中办学第二年，两校各招收七年级新生8个班。市属民办初中学校和广东北江中学、韶关市第一中学同步采取电脑摇号方式招收七年级新生。市田家炳中学继续采用学区对口金福园小学直升方式招生。

务工人员子女平等接受义务教育 2020年秋季，韶关市安排进城务工人员随迁子女40913人就读，其中小学30885人，初中10028人。除1198人（占全市义务教育阶段进城务工人员随迁子女总数的2.93%）自主选择民办学校就读外，其余的39715人（占全市义务教育阶段异地务工人员随迁子女总数的97.07%）全部安排进入公办学校免费就读（其中小学安排学位30586个，初中安排学位9129个）。

农村义务教育寄宿制学校建设 寄宿制学校建设全市各地投入1.34亿元，完成达标改造农村义务教育寄宿制学校58所，改造达标寄宿制学位2.12万个，新增寄宿学位1843个；完成新建改扩建农村义务教育寄宿制学校建设35所，新增建筑面积6.2万平方米，新增寄宿学位4359个。

推进农村义务教育阶段薄弱学校改造工程 全市投入各级资金合计4.03亿元，其中中央能力提升专项资金0.62亿元，省级资金2.08亿元，市级资金0.05亿元，县级及其他资金1.18亿元，其他资金0.09亿元。项目实施覆盖学校138所、教学点59个，惠及学生11.94万人。

【普通高中教育】 2020年，广东北江中学、韶关市第一中学、韶关市田家炳中学、韶关市第五中学、韶关市张九龄纪念中学继续开展自主招生(含体育艺术特长生)的探索实验。

做好“指标到校”工作 全市省一级以上公办普通高中学校严格按省要求“安排不低于50%的公费招生名额，按初中学校在校生数和实施素质教育的情况，直接分配到区域内各初中(含民办)学校”。

【民族教育】 2020年，全市有少数民族普通中小学学校3所，少数民族学龄人口入学率100%。实施少数民族考生中考加分政策(加10分)。

【特殊教育】 2020年，全市有特殊教育学校9所，分别是韶关市特殊教育学校、乐昌市启智学校、南雄市特殊教育学校、仁化县启智学校、翁源县启智学校、乳源瑶族自治县特殊教育学校、曲江区启智学校、浈江区特殊教育学校、始兴县幸福学校。各县（市、区）建设随班就读资源教室81间，并配备兼职教师。

2020—2021学年全市适龄残疾儿童少年总数为3112人，已入学人数为2999人，适龄残疾儿童少年义务教育入学率为96.37%。

【广东北江中学】 创办于1931年，位于韶关市惠民北路66号，被广东省教育厅确定为广东省首批7所重点中学之一。学校占地面积26.2万平方米，建筑面积12.8万平方米，校园绿化率99%。2020年，学校有74个教学班（其中高中60个班，初中14个班）；在校学生3342人（其中高中2680人，初中662人）。在职专任教师270人(其中，正高级教师5人，副高级教师122人，高级教师占比为47%)。2020年，招聘丹霞英才19人。

2020年，全校实际参加高考895人，优投线上线711人，优投线上线率为80.2%；本科上线881人，上线率为98.4%。

2020年，广东北江中学获韶关市中小学教师专业发展示范校、2020年度广东省空军招飞工作先进单位、空军招飞优质生源中学和2019—2020年国家节约型公共机构示范单位等称号。学生学科竞赛获得全国二等奖2人次；省一等奖17人次、二等奖44人次、三等奖32人次；市一等奖62人次，二等奖77人次、三等奖64人次。

体育文艺比赛获2020年广东省中学生田径锦标赛团体总分二等奖、广东省田径冠军赛成绩团体总分一等奖，韶关市第二十五届中小学（幼儿园）“英东杯”器乐、舞蹈节目一等奖，男子足球第四名。

【韶关市第一中学】 创建于1905年，是广东省人民政府确认的首批省重点中学之一，首批广东省一级学校，国家级示范性普通高中学校。学校占地21.6万平方米，校舍建筑面积9.2万平方米，绿化面积13.41万平方米，植被覆盖率62%。2020年，学校办学规模为71个教学班，在校学生人数3267人，教职工356人。2020届879人参加高考，本科上线835人，上线率94.99%，优先投档线上线是315人，上线率35.8%。

办学成果 2020年，学校学生获数学竞赛国家级三等奖1人；第三十七届全国中学生物理竞赛国家级三等奖3人，市级一等奖1人；信息技术竞赛省级一等奖11人、二等奖2人、三等奖1人，市级一等奖15人；美好生活劳动创造广东省青少年书画活动竞赛获省级金奖6人、银奖6人、铜奖34人、优秀奖12人；第35届韶关市青少年科技创新大赛中小学生创新成果竞赛二等奖2人；韶关市中小学生“学宪法讲宪法”演讲比赛(初中组)二等奖1人；韶关市“小小科学家”中小学生科学实验活动竞赛一等奖4人、二等奖7人、三等奖8人；韶关市青少年校园足球联赛暨韶关市第二十五届中小学生“英东杯”足球竞赛第七名18人。

教师成果 2020年，学校教师论文评比获国家级一等奖1篇、三等奖1篇、发表6篇，优秀课例、课件评比国家级二等奖1例；获省级课题立项2个、结题2个，论文评比获奖省级一等奖2篇、二等奖1篇，优秀课例、课件评比省级一等奖3例、二等奖2例、三等奖2例，教师教学能力大赛、教学设计省级二等奖1人、三等奖1人，省级各类教学获奖证书3份；获市级课题立项16个、结题12个，论文评比获市级一等奖7人、二等奖4人、发表2篇，优秀课例、课件评比市级二等奖5例、三等奖1例、优课3例，教师教学能大学、教学设计市级一等奖5人、二等奖2人、三等奖4人，市级各类教学获奖证书28份。学校获得第二届全国文明校园称号，被评为2020年度广东省空军招飞工作先进单位。

【韶关市田家炳中学】 创建于1992年，是由香港著名实业家田家炳捐资，政府兴办的市直公办重点完全中学，学校分惠民南校区（高中部）、沙洲校区（初中部）两个校区，2020年有教学班70个（高中38个班，初中32个班），学生3388人。有特级教师和正高级教师3人，高级教师111人，市拔尖人才1人，市高层次人才2人，市首席教师3人，市教学能手5人，市名教师6人，第一批、第二批市学科带头人31人；9个教研组被评为“韶关市中小学先进教研组”。

教学质量提升 2020年，学校高考本科上线437人，上线率为69.3%。中考上省、市重点中学分数线共100人，体育满分(55分)139人。

艺术修养增强 2020年，学校举行戏曲进校园活动；获2020年校园足球联赛暨第二十五届“英东杯”足球赛高中组冠军，第二十五届“英东杯”篮球赛初中组男、女子冠军、高中组第六名；杨琪琪同学获全国青少儿跆拳道公开赛暨第三届粤港澳跆拳道联赛总决赛中少年女子组第一名。

职业教育

【职业教育招生】 2020年，全市隶属教育部门管理的中等职业学校有14所（含韶关学院医学院中专部），其中公办10所，民办4所；有国家中等职业教育改革发展示范校1所、国家级重点中等职业学校3所、省级重点中等职业学校4所，已建成省级实训中心5个，共开设53个专业，其中，省中等职业教育“双精准”示范专业5个。有专任教师1683名，全日制在校生数为32079人。

2020年，省下达给韶关市的中职学校招生指标任务为9980名，全市中等职业学校实际招生人数为12332名，完成年度招生计划123.6%。在全省各地市中职学校招生工作中排名第二。

【职业教育培训】 2020年，韶关市职业教育新增专业24个，调整专业6个，淘汰专业12个。校企一体化培养初具规模，采取“企业冠名”“企业办班”等模式，2020年共有45个班，校企合作企业已达到554家，在韶企业占93%。其中2020年新增校企合作企业38家。2020年中职学校毕业生留韶率50.94%，比上一年提高6.54个百分点，为地方培养技能型人才。2019—2020学年，全市中职学校为地方行政机关、企事业单位承办各类培训7451人。

【职业技能竞赛】 2020年，全市中职学校学生技能竞赛开设零部件测绘与CAD成图技术、电子商务技术、数字影视后期制作技术、酒店服务等共15个竞赛项目。涵盖全市中等职业学校开始的大多数专业。全市15所职业院校（含技工院校）中职学校共538名选手参加。评选出团体赛一等奖14个，二等奖25个，三等奖38个；个人赛一等奖22名，二等奖43名，三等奖65名。

【韶关市中等职业学校】 创建于1980年，是韶关市直属的一所国家级重点中等职业技术学校。学校占地面积16.8万平方米，校舍建筑面积7.44万平方米。2020年学校有全日制在校学生3592人，在职在编教职员工250人，在职在编教师中专任教师221人，专业教师153人，高级教师80人。

学校管理 2020年，学校将原来6个系部调整为机电汽修系、信息建筑系、经贸化检系、升学旅游系4个系，新增设一个高职部；开设15个专业和3+证书高考班。其中，电子与信息技术、计算机网络技术为省重点专业；电子与信息技术、计算机网络技术、旅游服务与管理为国家示范重点建设专业；电子商务与建筑工程施工是省“双精准”示范专业；2020年开展“1+X”证书试点工作，试点专业为电子商务与市场营销专业。

教学成果 2020年，学校组织承办“2020年韶关市中等职业学校学生技能大赛”，来自全市各县（市、区）的15个学校代表队共计538名选手参赛，比赛设图形图像处理、动漫设计与制作等15个专业项目，韶关市中等职业技术学校派出的代表队获团体赛一等奖5个、二等奖4个、三等奖3个，个人赛一等奖6个、二等奖5个、三等奖8个；获得2020年韶关市中小学生“我心中的国家森林城市”绘画比赛多个二等奖，“提升网络素养、共享网络文明”青少年手绘大赛二等奖和优秀奖；学校原创舞蹈《红色畅享》获韶关市第二十五届“英东杯”文艺比赛一等奖。

校企合作 2020年，学校与14家企业签订合作协议（其中韶关本地10家），共建校外实训基地20个。学校加强与本地企业的合作力度，留韶率由2019年的46.02%增加到2020年的50.1%，学生就业留韶率和就业率等方面均有所增长。（薛梅沁）

普通高等教育

【概况】 2020年，韶关市有普通高等教育学校2所，分别是韶关学院、广东松山职业技术学院（专科），在校生3.89万人，教职工为3133人。

【韶关学院】 学校（含医学院）占地面积174.96万平方米。校本部设有大塘（主校区）、韩家山、黄田坝等校区。至2020年年底，校舍总建筑面积86.89万平方米，固定资产总值16.45亿元，教学科研仪器设备资产总值3.66亿元，图书馆纸质藏书288.21万册；学校入选教育部——中兴通讯ICT产教融合创新基地项目合作院校；与各类企事业单位共建实习实践基地340个。有专任教师1245人；特聘教授、客座教授113人。有全日制本、专科在校生2.97万人，成人教育学生0.9万人。设有17个二级学院，开设本科专业74个，涵盖11个学科门类。与20个国家和地区的50余所大学建立友好合作关系，开展专升本、本科双学位、本升硕等10多项交流合作项目。

“冲补强”提升计划（省市共建） 2020年，韶关学院获批省财政专项资金5060万元，立项建设“冲补强”提升计划重点项目28项，推进重点学科、师资队伍、专业建设及教学管理、教学科研平台、智慧校园及补齐办学条件短板等五大方面建设。年

内，完成“冲补强”三年建设期满考核工作。遴选2021年“冲补强”重点项目70余项。

招生与就业 2020年，韶关学院录取全日制学生10632人，报到10232人，报到率96.24%，较2019年上升4.28个百分点。招录成人高等学历教育学生3066人。2020届毕业生就业率96%。2020年，留韶毕业生744人，占已就业毕业生11.21%。

人才培养与教育教学成果 2020年，韶关学院获第九届广东省教育教学成果奖6项，位列全省高校第15位。在教育部首届民族教育教学成果奖评审中，申报项目以广东省排名第3报送。1项教育部“新工科”项目通过结项验收。本科教学工作审核评估整改获“优秀”等级，是省内2所获“优秀”等级的同类院校之一。获国家级、省级一流课程14门。新增省级一流本科专业3个，全校省级一流专业已达9个；获批新增数据科学与大数据技术专业。获省级质量工程项目11项、省级教改项目15项。获省在线教学优秀案例29项。获省级教师教育实践基地立项14个。学校获省“优秀网络学习空间”。1人获省优秀教师空间。与3所高职院校合作开展“4+0”、与8所高职院校合作开展“3+2”高本衔接协同育人项目。学生综合竞争力在《2015—2019年全国普通高校学科竞赛评估结果（本科）》排名中进入广东省20强。学生参加省级以上各类竞赛和活动获奖212项，其中国家级46项。566名毕业生考取国内外硕士研究生，考研录取率8.8%。

教师教育工作 2020年，韶关学院组建教育学部，成立教师教育工作委员会，统筹全校师范教育工作。社会体育专业完成首个师范专业认证工作。首次承接省委改革办第三方评估重大项目（全省2项之一），项目成果《广东省中小学教师“县管校聘”管理改革实施效果评估报告》获省委书记、省长等10位省委省政府领导批示和圈阅。首次获得基础教育省部级以上教学成果奖。“教师队伍建设县域整体提升”项目模式得到省教育厅采纳，作为全省“三区”全员培训模式推广。基础教育类咨询报告首次获得韶关市社科成果一等奖。

创新创业教育 2020年，韶关学院设定创新创业实践学分，新开设创业实训1门，线上建课41门，创新创业基础课程获省级在线教学案例二等奖。大学生创新创业训练计划项目立项、结项320项，在孵创业团队31个。出版发行教材《大学生职业生涯规划与就业创业指导》7600册。6篇论文在中国高校创新创业学院联盟年会创新创业学术论文中获奖。4658人参加中国国际“互联网+”创新创业大赛，在广东省决赛中获1金3银1铜，获奖总数位列全省高校第11位。“智能工程学院——粤嵌众创空间”成为科技部认定的“粤嵌国家级众创空间”共建单位。16个项目获大学生科技创新培育专项资金（“攀登计划”专项资金）立项资助。

实践育人 2020年，韶关学院被团省委确定为全省第一批10所“青年云支教”乡村学子学业提升计划高校之一，招募1025名志愿者组建“青年云支教”志愿服务团，对接韶关市65个乡镇236名“建档立卡”贫困户青少年开展线上“青年云支教”活动。组织390支社会实践队伍2242名师生，开展暑期社会实践活动，获全国大中专学生志愿者暑期“三下乡”社会实践活动优秀单位、全国“镜头中三下乡”社会实践活动优秀单位。第十一批43名援藏支教志愿者援藏支教。

学科建设与科研 2020年，韶关学院获纵向科研项目立项384项，其中自然科学类144项，社会科学类240项，立项经费1805.6万元；国家基金项目8项，2020年度、2021年度省自然科学基金项目8项和10项；省部级项目17项；教育科学“十三五”规划课题14项，并列全省高校第2位；广东省智库1项，在全省同类院校中唯一立项；广东省哲学社会科学“十三五”规划粤东西北专项课题6项，位列粤东西北地区高校第1位。首次获得广东省重点领域研发计划、省林业厅入库项目、中央引导地方科技发展资金项目。获省优秀科技成果1项，中国商业联合会科学技术奖1项，韶关科技进步奖2项。成功转让发明专利3件，转让科技成果1项（转让费50万元）。入围省高校科技成果转化路演大赛4项，入选粤港澳大湾区知识产权交易博览会专利成果8项。获授权专利94件；授权软件著作权51项；登记国家农作物品种7个；申请PCT专利4件；提交集成电路布图登记3项。与华南农业大学等联合成立研究攻关团队，成功获批2个省级科研创新团队和1项韶关市重大科技专项课题。与华南师范大学、华南农业大学、广州大学等高校联合培养硕士研究生33名，至今共联合培养硕士研究生101名。1名教师入选跨学科领域的全球“高被引科学家”名单（内地第261名）。

人才队伍建设 2020年，韶关学院依托“冲补强”人才项目，引进博士36人，4年累计引进105人，博士占专任教师比例连续4年增长，达到24%。选派省教育厅资助中青年教师国内访学4人、双师型培训1人、中小学挂职锻炼5人、合作研究1人、在职博士后进站2人、国家留学基金委地方合作项目资助累计6人。推荐1个重点学科带头人岗位申报本年度珠江学者岗位计划，推荐各级各类专家66人。1人获评国务院特殊津贴专家，6人入选享受市第二批特殊津贴人员，组织661人申报人才优粤卡。48人通过2019年度职称评审，45人通过2020年度职称评审。

国际交流与合作 2020年，韶关学院与澳大利亚联邦大学、英国北安普顿大学、澳大利亚纽卡斯尔大学、英国普利茅斯大学联合招收本、专科班学生254人，其中本科179人、专科75人。加快实施“一院一项目”，推进英国西英格兰大学与外国语学院、澳大利亚伊迪斯科文大学与信息工程学院、泰国曼谷吞武里大学与体育学院及音乐与舞蹈学院的合作。招聘外籍教师11名，有2位外教给学校义捐一批防疫物资。

服务社会 2020年，韶关学院承担校地校企合作项目78项，合作项目经费981.12万元。完成广东省委依法治省办重大项目《广东北部生态区治理体系与治理能力现代化》，如期上报省委依法治省办。多名教授、博士担任市政府部门法律顾问、特聘专家、社科联智库专家，为政府决策咨政建言。在校外组织宣传宪法志愿宣讲活动10余场次，服务人数超2000人次。出版《韶文化概论》《韶关工矿发展简史》等5部韶文化研究专著。

华南研学工作　2020年11月28日，韶关学院成功举办华南教育历史研学学校联盟成立大会，并当选联盟理事长单位。年内，开展抗战时期华南教育史研究，完成资料库与数据中心首期建设，编印7期资料辑刊和2册资料集；学报开设粤北华南教育史相关专栏。推进华南教育研学活化利用，完成浈江大村基地玉清书舍、大村展馆、四姑医务室展示馆设计与布展；与凤凰卫视联合录制5集纪录片；设立华南研学展厅并完成展厅VR制作；创作14组华南教育先师雕塑、4组油画、2套口袋书、5组文艺作品，2部专题片；研学文创产品获得8项国家外观设计专利；成立宣讲团和讲解队，组织研学活动43批次。研学工作受到《人民日报》、凤凰卫视等各级媒体报道。学校被韶关市评为"华南研学基地共建合作单位""韶关市华南研学工作先进单位"。

继续教育　2020年，韶关学院撤销校外教学点2个，保留18个，设置专升本优势专业9个、高中起点专科优势专业7个，修订合作办学协议，规范校外教学点办学行为。与韶关市委组织部、团市委联合举办村干部班、"圆梦计划"本专科学历班。开展"韶院培训微讲堂"活动，实现师范生职前培养和教师职后培训一体化。省级中小学教师发展中心、干部教育学院完成2020年各级各类培训项目58项，4500人次，获培训经费2000余万元。完成省级中小学教师发展中心600万元补助项目的安排与落实。做好韶关、清远三区教师全员轮训省市县三级培训规划一体化方案。

办学条件　2020年，韶关学院建成风度书房韶关学院分馆。学校被评为"2019—2020年全国公共机构能效领跑者"。强化资金预算管理和资金使用，2020年年末学校的省国库资金支付进度98.11%（含申请收回资金），市国库支付进度100%，获得省教育厅2019年度部门决算工作优秀单位称号。

疫情防控　2020年，韶关学院开展线上教学培训和学生在线学习培训，开出984门在线课程，在线教学服务工作方案及成效获广东省疫情阶段在线教学优秀案例（第一批）高校类优秀案例奖。（邹　云）

【韶关学院医学院】　2020年年底，启动办学体制调整。至2020年年底，学校培养8万名各类医学专业人才；为各级各类医务工作者提供医疗专业知识学习和专业技能培训3万多人次。学院设有8个教学系部，开设3个本科专业、9个专科专业、7个中专专业。2020年有在职教职工391人。

办学条件与规模　韶关学院医学院有新华南、西郊、十里亭前进路和碧亭路4个校区，总占地12.9万平方米，总建筑面积14万平方米（2020年6月29日韶关市人民政府已将新华南校区土地使用权及地面附着物划转给粤北人民医院，但实际仍在使用）。拥有1所直属附属医院、2所非直属附属医院、6所医教共建临床学院、近100所教学实习医院。建成有"香港道德会实验大楼""霍宗杰实验大楼""临床医学实训中心""影像实训中心"和"模拟药房"等实验实训场所。至2020年年底，有固定资产总值2.067亿元，其中教学设备仪器5240万元；藏书42.9万册，其中纸质图书22.9万册、数据库2个。有全日制在校学生8457人。

人才培养与学生就业　2020年，学院先后与粤北人民医院等6家医院签订"临床教学合作协议"共建临床学院，由临床学院组织开展为期二年的临床专业课程的理论教学、见习与实习。有113名临床学医、医学技术和护理学本科毕业生考取复旦大学、中山大学等重点医学院校硕士研究生。2020年，学院有本专科毕业生1047人、中专毕业生773人。

2020年，召开毕业生供需见面会，有200多家用人单位到校招聘，提供近6000个就业岗位。至2020年年底，本专科毕业生就业率92.65%。

教研科研　2020年，学院教职工在各级立项机构教研、科研项目立项34项，其中地厅级以上科研立项项目15项。学院教职工以第一作者（或通讯作者）在国内外各级刊物上发表论文58篇，其中中文核心期刊2篇、科技核心期刊1篇、SCI论文8篇。

对外交流与服务　2020年，累计完成中级育婴员、健康管理师等职业技能鉴定2908人。完成韶关市全科医生（中、西医）转岗（岗位）培训及小儿推拿师等培训321人。校企合作方面与博雅生物制药（广东）有限公司签订合作框架协议，并与广东医科大学与东莞理工学院签订对口帮扶框架协议。

学生助学　2020年，本、专科有8名学生获国家奖学金6.4万元；142名

2020年11月28日，华南教育历史研学学校联盟成立大会暨研学基地考察交流活动在韶关学院举行　（韶关学院　供）

2020 年 1 月 30 日至 2 月底，韶关学院医学院党员教工组成抗疫党员突击队，360 多人次赴韶关市各疫情防控点抗疫，图为在广东湖南交界的坪石高速站　　（胡健文　摄）

学生获国家励志奖学金 71 万元；544 名学生获国家助学金 95.3 万元。120 人获得陈国威先生助学金 24 万元；104 人获得薪火计划助学金 52.8 万元。

疫情防控　2020 年，韶关学院医学院获韶关市委市政府授予的"韶关市抗击新冠肺炎疫情先进集体"称号，青年志愿者协会获评"2020 年韶关市最美抗'疫'志愿服务组织"，学院派韶关援驰东莞流调工作的戴朝福获"最美抗疫志愿者"称号。

（饶雅琴）

【广东松山职业技术学院】　截至 2020 年年底，学校占地面积 61.4 万平方米，有曲江和浈江两个校区，有教职员工 493 人；学校网络出口带宽 10700Mbps；馆藏图书 63.48 万册；设有 8 个二级教学单位，开设 45 个专业，其中 4 个省级重点专业、1 个省级示范专业、1 个省级二类品牌专业、2 个中央支持高职院校提升专业服务产业发展能力项目重点建设专业、2 个广东省首批高水平专业群建设项目；建有 2 个中央财政扶持的职业教育实训基地，8 个省级实训基地；1 个省级工程技术研究中心；1 个省级青少年科技教育基地；3 个韶关市工程技术研究中心；建立全国高新技术考试站和职业技能鉴定所，能组织 10 个职业工种的职业资格鉴定考试，具有 6 个职业技能等级证书考核资质。

创新强校　学校首次进入"创新强校工程"A 类学校考核，学校由 B 类第七名上升到 A 类第十八名。省市以上媒体宣传报道学校 102 篇次。

专业课程　学校电子信息工程技术专业群、电子商务专业群 2 个专业群入选广东省首批高水平专业群建设项目；数控加工技术及应用、工业机器人技术应用、创新创业教育子库 3 门资源课程入选国家职业教育机械设计与制造专业教学资源库，互动总量 100 万多次。

人才培养与内部质量保证体系　学校学生 245 人次在省级以上技能竞赛中获奖，首获广东省挑战杯金奖，工业机器人队伍获得省赛一等奖，代表广东省参加 2020 年全国职业院校技能大赛改革试点赛，获得高职组"机器人系统集成"赛项三等奖；组建校院两级教学督导队伍，制定《广东松山职业技术学院听课管理办法（试行）》《广东松山职业技术学院课堂教学质量评价实施办法（试行）》，建立多方参与的人才培养质量评价机制。

教科研工作　2020 年，学校获批立项省市科研项目 32 项，其中省级科研项目 16 项、市级科技计划项目（社会发展与农业农村科技方向）11 项、市级哲学社会科学规划课题 5 项；获得知识产权授权 16 项；省级绿色与智能制造工程技术研究中心主持和参与制定行业标准 8 项，12 月通过广东省科技厅动态评估。

招生就业与创新创业教育　2020 年学校高职扩招专项行动招录 4995 人（原计划 3058 人），实际报到 4936 人，录取规模居全省第二。春季分类招生、夏季高考招生合计录取 3775 人，报到 3175 人，报到率 84.11%，创历史新高。在校生 14435 人。学校重启成人教育工作，设立 7 个成教校外教学点，录取 305 人。2020 届毕业生就业率超过 96%，建档立卡学生 100%就业。师生参加第六届中国国际"互联网+"大学生创新创业大赛，4466 人次参赛，参赛项目 782 个。第十二届"挑战杯"广东大学生创业大赛中，获得 1 项金奖、2 项银奖、3 项铜奖，立项 2020 年度广东省科技创新战略专项资金（"攀登计划"专项资金）项目 6 项，合计获得专项资金 19 万元。协办 2020 年"创客广东"韶关市中小企业创新创业大赛，学校有 5 个团队入围决赛，其中 1 个团队获三等奖，4 个获优胜奖。

强师工程　开展师德师风建设月活动，启动实施"8891"计划（专职教师 80%具有研究生学历、"双师型"专业课专任教师 80%以上，建立 900 人以上的企业兼职教师库，教授、博士等高级职称教师 100 人以上）。引进高层次人才 2 名（正高、博士 1 名，副高 1 名），11 人晋升副高职称，2 人晋升正高职称；1 人获"广东省技术能手"称号，1 人获"韶关市第二期享受市政府特殊津贴人才"，64 人入选韶关市"丹霞英才计划"。

产教融合　学校建成校外实训基地 181 个，与宝武集团、韶能集团等 224 家企业（单位）开展订单班、现代学徒制人才培养及技术服务等多方位常态合作；新商科生产性实践基地暨翁源兰花基地建设作为示范案例，被教育部原副部长鲁昕在第七届产教融合发展战略国际论坛分享（本科、高职各 1 所）；成立广东省首家农村电商产业学院；助推合作企业宝武集团韶关钢铁入选广东省第一批建设培育产教融合型企业名单。

2020年11月15日，广东松山职业技术学院2020年高职扩招新生注册入学及教育教学工作研讨会上校长吴奇峰（左五）为教学点和职工培训基地授牌　（郑小艳　摄）

继续教育与社会培训　学校与华南师范大学等省内6所名校联合搭建相沟通专升本学习平台，在读学生859人，各专业毕业率均在70%以上；15个“1+X”制度证书试点项目获批，累计完成28个职业工种1.69万人次的职业资格鉴定；承接完成宝武集团韶关钢铁、恒华重工等企业的岗前进修、执行力提升培训、职工技能大赛培训等2.29万人日数培训任务；承接韶关市司法局、卫健局、银行等系统的五项大型国考项目，累计完成4159人次的社会考试服务工作。

国际办学　学校成立国际合作与交流中心，与广东外语外贸大学签订《战略合作协议书》，打造英国“专升硕”、韩国“专升本”系列国际合作办学项目。

大学生思想政治教育　学校成立马克思主义学院，落实党委书记、校长、二级学院党政负责人上“思政第一课”。加强思政课名师培育工作，1名教师入选思政课名师工作室“李霞名师工作室”；推进思政课程和课程思政同向同行，推进将思想政治教育融入专业人才培养方案、融入课程标准；实施思想政治理论课课程导师制，增加14名校内兼职辅导员。学校获“2019—2020年韶关市赛事赛会志愿服务优秀组织奖”。

助学　先后出台九大惠生资助举措，全年发放国家奖助学金、勤工助学补助等各类资金总额1083.7万元，有学生14018人次获得资助；超额174%完成年度征兵工作任务，学校获广东省2020年度“征兵工作先进单位”称号。（杨　飞）

社会教育

【帮扶教育】 2020年，莞韶职教对口帮扶两市开展莞韶线上教研，建立27个学科教研群和1个网络圈子，搭建网络教研云课堂，建立结对中小学120所，东莞市选派12名优秀教师到乳源县支教1年，全年开展线下培训超过600人次，开展线上交流培训超过5000人次。广东医科大学、东莞理工学院与韶关学院医学院建立结对关系，签订《广东医科大学、东莞理工学院对口帮扶韶关学院医学院协议书》。开展捐赠活动，香市中学捐赠5万元作为启动资金，成立乳源县一六中学帮扶奖学基金；东莞银行出资20万元资助40名大学新生；东莞知联会和瓦蓝栈公益基金会资助深渡水瑶族乡31名家庭生活相对困难的学生每人每学年1000元，帮扶两年，民进东莞市委会向乳源县捐赠一批图书。

【韶关开放大学】 韶关开放大学（原韶关市广播电视大学）始办于1980年，2017年9月，学校更名并挂牌“韶关开放大学”，下辖8个县（市、区）分校。韶关开放大学坐落于韶关市武江区松山山麓，校园占地面积1.10万平方米，固定资产净值435万元。

师资力量　2020年，学校通过“丹霞英才”计划引进3名人才。学校在职教职工41人。

学历教育　2020年，学校开设8个专科专业及6个本科专业。学校与西安交通大学、福建师范大学开展网络合作办学，学科涵盖范围广。在校学生1606人。

农村成人教育　浈江区、曲江

2020年11月27日，韶关开放大学获中国成人教育协会“2020全国全民终身学习品牌项目奖”。图为学校党委书记、校长钟永红（左一）上台领奖　（严娅　摄）

韶关市忠诚立家风行动启动仪式暨2020年“树清廉家风·创最美家庭”主题宣传活动在韶关开放大学举办 （严娅 摄）

区、乳源瑶族自治县、南雄市、始兴县、乐昌市六地成为“广东省社区教育实验区”，乳源瑶族自治县、乐昌市创建成为国家级农村职业教育和成人教育示范县，翁源中职成为省级粤菜师傅培训基地，育威中职成为市级粤菜师傅培训基地。

社区教育　2020年，韶关开放大学与中国人民银行韶关支行、市妇联、韶关市消防救援支队和市卫健局等单位合作，先后开展金融知识线上专题讲座及“忠诚立家风”“消防安全进社区”“健康教育进社区”等系列宣讲活动。10月23日，学校“社区文明大讲堂”项目获中国成人教育协会“2020全国全民终身学习品牌项目奖”，学校开展社区教育活动，吸引2500余名学员线上报名学习、开展公益讲座，近1.8万人次参加学习。

教学改革　2020年，韶关开放大学组建学校直播课程教学团队，推出校内13人20门次直播课程，并试点共享东莞开大优质课程资源，全年共享18门次课程，实现与大湾区开放大学系统的融通对接，并获“国家开放大学教育信息化创新应用”案例优秀奖。 （黄家辉）

民办教育

【概况】 2020年，韶关市现有民办教育机构592个，其中中等职业学校4所，完全中学2所，普通初级中学和小学10所，幼儿园432所，非学历文化类培训机构196个。

【加大扶持力度】 2020年，韶关市落实市财政2020年安排300万元作为市级民办教育发展专项资金并列入年度财政预算的政策。

【规范办学行为】 2020年，韶关市教育局组织或参与民办教育机构专项检查3次，重点检查机构的办证情况、经验范围、安全工作、规范培训和招生收费情况。12月，开展“双随机一公开”检查。

招生考试

【招生入学考试】 2020年，韶关市组织实施11大类、18场考试，考生人数24万多人次。全市普通高考考生22503人，其中普通类考生19241人，“3+证书”高职类考生2482人，单招类考生780人。全市成人高考考生共10482人，其中报考专科升本科的有3859人，高中起点本科60人，高中起点专科的有6563人。新安装空调416台，首次实现全市高考考场空调全覆盖。高考招生春夏两季录取20912人，比上年增加2284人，各批次、各科类招生任务完成，实现平安高考目标。全市九年级报名参加中考人数为3.50万人，八年级报名参加中考人数为3.66万人。理化生实验操作考试7.16万人。硕士研究生入学考试全市有4039人报考。

【自学考试】 2020年，韶关市自学考试13472人次，报考31864科次。上半年毕业考生有102人，其中本科96人，专科6人；下半年毕业考生有183人，其中本科130人，专科53人。

【技能考试】 2020年，韶关市初中学业水平音乐美术信息技术考试35869人。全国中小学教师资格考试有8914人参加考试。组织全国计算机等级考试7235科次。 （薛梅沁）

文化

综述

【概况】 2020年，韶关市组建的具有韶关特色的“红色文艺轻骑兵”队伍，深入基层一线开展17次文化惠民活动，惠及群众50490人次。韶关市文联会员的作品获省级奖项82项、国家级奖项5项；出版作品13本，发表作品848篇，其中市级刊物669篇、省级刊物175篇、国家级刊物4篇；展览（展演、展示）文艺作品25场，展出作品（幅）801幅；举办文艺交流研讨16场，研讨作品22本。推出“情韵小康路——韶关文艺界主题作品集”12期。市作协推出王心钢的《赤焰》；马月兰的《铺花的西京古道》；江先华、王心钢的《大宋名臣》；秦向东的《韶州往事》《红土地之恋》《电工的女儿》《客家山歌集》《千年书香》等8部文学作品。其中，市作协荣笑雨《一个时代的精神回响》、钟祥荣《喜壶》获第五届广东省期刊优秀作品二等奖；苏景文《冬日暖阳》、陈长莲《天香》、杜海涛《彩云易散琉璃脆》获三等奖。市书协黄倩婵获“大沥杯”广东省第六届中青年书法篆刻作品展优秀奖。

【文化体制改革】 2020年，韶关市中小学教师“县管校聘”改革等国家级试点取得成效。成功创建省现代职业教育综合改革示范市。推进新时代文明实践中心建设、基层公共文化设施全覆盖及县级文化馆、图书馆总分馆制建设、县级融媒体中心建设等重点工作，建成新时代文明实践中心（所、站）920个，10个县级公共文化场馆、71间风度书房、1430个基层综合性文化服务中心。为140个公共文化馆（站）量身定制整改措施，对标对表进行攻关解难。建成浈江区博物馆、武江区图书馆，消除文化设施“盲点”，实现全市“三馆一站一中心”［即美术馆、公共图书馆、文化馆（群众艺术馆）、乡镇综合文化站、城市社区（街道）文化中心］全覆盖目标。 （黄文华）

文化遗产保护

【文物入选名录】 2020年，1日，韶关市入选由中央宣传部，财政部、文化和旅游部、文物局联合公布的第二批革命文物保护利用片区分县名单，是广东省内唯一入选长征片区（红一方面军）的地级市，其中仁化县、乐昌市、南雄市三县（市）入选。浈江区、曲江区、始兴县、仁化县、翁源县、新丰县、南雄市等7个县（市、区）入选广东片区。中共广东省委旧址、犁市当铺等6处省级文物保护单位入选广东省文物保护单位革命文物名录。5名非遗传承人列入第六批省级非物质文化遗产代表性项目代表性传承人名录。华南教育历史研学基地项目、乳源西京古道活化利用项目入围2020年广东省文物古迹活化利用典型案例。开展韶关市第六批非物质文

2020年，韶关市武江区图书馆开馆试运行，图为少儿期刊杂志区

（陈励 摄）

化遗产项目传承人、第七批文物保护单位的申报和评审。

【文物保护】 2020年，韶关市文化广电旅游体育局申请国家和省级文物保护资金2186万元，对满堂围、韶州府学宫、华南教育历史研学基地办学旧址等文物保护单位进行保护修缮。统筹安排市级财政文物保护资金210万元，对市级文物保护单位进行日常维护和保护修缮。9月3日，韶关市政府公布第七批市级文物保护单位20处。

公共文化

【公共文化服务】 2020年，韶关市11个市、县级文化馆达到国家二级馆以上标准，完成率100%，比2019年增长36.4%；全市建成11个市、县级博物馆，覆盖率100%；全市107个乡镇（街道）综合文化站达到二级站以上标准，完成率100%，比上年增长72.9%；全市建成11个市、县级图书馆，建成率100%，达到国家二级馆以上标准的有7个，占比63.6%，比上年增长45.4%。探索文旅融合发展路径。完成6个公共文化设施进旅游行业“粤书吧”试点、8个基层综合性文化服务中心和旅游咨询中心、10个基层综合性文化服务中心村史馆试点建设工作。新建风度书房23间，全市总量71间。建成浈江区博物馆，消除文化设施“盲点”。

【图书馆】 2020年，韶关市图书馆完成图书采购分编10.3万册纸质图书，总藏量达到94.4万册，接待读者54万人次，其中本馆总馆接待14万人次，风度书房各分馆接待20万多人次；持证读者总量全市9.9万人（其中市图书馆3.6万人），纸质文献外借量20.5万册。由于新冠肺炎疫情影响，各项数据较往年有所减少。

【博物馆】 2020年，韶关市完成浈江区博物馆和武江区博物馆的达标建设任务，完成浈江区博物馆和红军长征粤北纪念馆的备案登记，实现县（市、区）博物馆建设的全覆盖要求。参与全国第四批博物馆定级评估工作，翁源县、乳源瑶族自治县博物馆在评估定级中被评为三级博物馆。至年底，全市有二级博物馆1个、三级博物馆3个。乐昌市、南雄市、始兴县、翁源县、乳源瑶族自治县、新丰县博物馆和市博物馆馆藏文物预防性保护方案获省文物局批复通过，争取国家文物保护专项资金905万元。韶关市文化广电旅游体育局组织指导市博物馆完成历史人文展厅《古虞名郡 风度韶州——韶关古代历史文化陈列》、省委机关旧址《中共广东省委粤北省委历史陈列（1938—1942）》和北伐战争纪念馆《北伐·韶关出师》等陈展的布展提升，完成风采楼游客服务中心建设工作并对外开放。

文艺

【文学艺术创作】 2020年，韶关市推进重点题材文艺精品创作。围绕建党一百周年主题，粤北采茶戏保护传承中心创排采茶调音乐剧《又一个春天》；打磨提升《51号信箱》，9月7—8日在韶关剧院公演。粤北采茶戏《51号信箱》、音乐剧《过山“谣”》参加第十四届广东省艺术节，获铜奖，实现市参评该艺术节以来历史突破。参加省级群众文化活动，选送的4个作品在2020广东省群众艺术（音乐舞蹈）花会上获得“一银三铜”，其中：始兴县群舞《一盏红油灯》获得舞蹈类银奖，市文化馆群舞《落水天》获得舞蹈类铜奖，乳源瑶族自治县情景表演唱《山的那一边》获得音乐类铜奖，乐昌市男女声对唱《桃李人家》获得音乐类铜奖；选送的《九歌组合》获得“同饮一江水”2020广东劳动者歌唱大赛年度总决赛年度冠军，是历年来的最好成绩。韶关市选送的节目在第八届“广佛肇清云韶”原创音乐作品展演获“一金两银”，其中仁化县表演唱《五更鸡仔季节歌》获金奖。承办2020年“文化和自然遗产日”非遗宣传展示广东主会场暨“全域旅游在行动·广东人游广东”健康出行季系列活动，举办第六届韶关市戏剧曲艺花会，《智送情报》《小康路上》《十二月红军》等6部作品分别获得曲艺花会小戏类、小品类、曲艺类剧目金奖。举办2020广东省群众文艺作品创排基地优秀作品展演季大型文化活动，开展粤北采茶戏进乡村、进校园活动48场。

【文艺活动】 2020年，韶关市创作小品《我们一起去抗“疫”》《妈妈你什么时候回来》《合影》，方言快板《疫情防控 人人有责》，歌曲《逆行勇士》《信念》《拥抱春天》等一系列抗疫题材音乐、诗歌朗诵、曲艺、小品等文艺作品。线上公共文化服务丰富生活。依托公共文化数字化平台、数字资源库、手机阅读终端等，举办线上看大戏——粤北采茶戏《51号信箱》，线上艺术培训、线上朗诵活动、品读经典等活动，为宅在家的市民提供营养丰富的线上文化服务。线下文化艺术活动精彩纷呈。举办2020韶关市庆元旦迎新年群众文艺会演、2020“迎国庆·贺中秋”主题活动、重阳节主题活动等7场节庆群众性文化演出活动。9月30日至10月3日在市区中山公园举办第六届韶关市戏剧曲艺花会活动，采茶小戏《智送情报》、小品《小康路上》、渔鼓表演唱《承诺》等节目轮番上演。开展送戏曲“两进”活动。编排采茶戏（折子戏），复排经典采茶小戏《阿三戏公爷》《母亲岭》节选等剧目。开展粤北采茶戏进乡村活动18场、进校园活动30场。承办“群星耀南粤”—2020广东省群众文艺作品创排基地优秀作品展演季活动。12月10—13日，由广东省文化和旅游厅主办，中共韶关市委宣传部、韶关市文化广电旅游体育局承办的“群星耀南粤”—2020广东省群众文艺作品创排基地优秀作品展演季活动在南雄市文化馆、乳源瑶族自治县传习馆举办。展演活动汇集15个省群众文艺创排基地2019—2020年创作的优秀音乐、舞蹈、戏剧、曲艺作品。举办2020“我最ok”广东全民才艺大比拼（韶关赛区）决赛，来自全市各县（市、区）的20队选手同台竞技，活动最终评选出韶关赛区金奖1名、银奖2名、铜奖3名、优秀奖14名奖项。

社会科学

2020 年 6 月 12 日，韶关市“尚善尚美”社科普及专家基层行活动在仁化县董塘镇董塘中学新时代文明实践站讲堂举行启动仪式　（市社科联　供）

【概况】 截至 2020 年年底，以韶关市社会科学联合会（简称市社科联）为业务主管单位的市级社科学会有 26 个。乐昌市、南雄市、曲江区、仁化县、始兴县、乳源瑶族自治县、翁源县、新丰县等 8 个县(市、区)设有社科联机构。全市创建省级社科普及基地 5 个、市级社科普及基地 17 个。有学会 26 家（其中有挂靠单位的 10 家、纯民间社团的有 16 家）。

【社科普及】 2020 年，韶关市社科联于 6 月 12 日开展“尚善尚美”社科普及专家基层行活动启动仪式，在仁化县董塘镇董塘中学新时代文明实践站讲堂举行。截至 12 月底，先后选派 13 名社科普及专家，分别到仁化县董塘镇董塘中学新时代文明实践站、仁化县丹霞街道新城社区文明实践站、新丰县梅坑镇梅坑村等基层校园、村居或者文明实践基地，开展社科知识志愿宣讲服务活动 21 场，受益群众 1.6 万人。11 月，分 2 批次组织有关县(市、区)社科联、社科普及基地和社科学会代表，分别到始兴县满堂客家大围、马市镇红梨村和乳源瑶族自治县瑶族文化博物馆、西京古道等地，现场参观社科普及基地建设，座谈交流社科普及工作经验做法。组织市内文史类专家学者编写出版《韶文化概论》《历史上的韶关古道》《马坝人与石峡文化研究》等 6 部社科普及书籍。创建《资本论》史料数据库，配合华南教育历史研学基地建设，指导市图书情报学会及社科专家学者重点收集《资本论》各种版本和相关研究论著、史料，建成《资本论》史料数据库，为专家学者搭建一个学习和研究的互动平台。认定南雄市油山镇上朔村等 13 家单位为第二批“韶关市社会科学普及基地”。指导全市 22 个省市级社科普及基地开展社科普及特色活动。先后对仁化县董塘镇安岗村党员红色教育展馆的基础设施建设及拟开展的社科普及活动等 5 个基地项目进行扶持。7—9 月，组织开展闻韶讲堂之余靖风采系列活动，包括“一代名臣　千年风采——北宋名臣余靖图片展”图片流动展、“余靖风采”专题授课和余靖《从政六箴》主题宣讲等 3 项活动。

【社科规划及评奖】 2020 年，韶关市社科规划领导小组办公室批准 94 项课题列入社科规划立项课题，其中资助课题 16 项、基地课题 21 项、青年课题 8 项、共建课题 26 项、中小学教师专项发展研究课题 23 项。7 月 23 日，组织开展 2019 年度社科规划课题结项评审。以市社科规划领导小组名义邀请省社科专家组成评审组对 2019 年度结项课题进行集中评审。评审组从 2018 年度 87 项申请结项的课题中，评审出优秀等级 8 项、良好等级 36 项、及格等级 40 项、不及格等级 3 项、并对评审结果做出通报。8 月 27 日，市社科规划领导小组在市委宣传部会议室召开第十次会议。会议对过去逾期未结项社科规划课题提出处理意见，审议并通过市第四届哲学社会科学优秀成果拟获奖名单和 2020 年度社科规划拟立项课题。10 月 21 日，市哲学社会科学规划领导小组对市第四届哲学社会科学优秀成果评定结果进行通报。本届优秀成果奖分别设著作、论文和调研咨询报告等三类成果，评选出一等奖 4 项、二等奖 8 项、三等奖 14 项。其中，韶关学院蔡升奕编写的《廖燕全

2020 年 8 月 27 日，市社科规划领导小组在市委宣传部会议室召开第十次会议　（市社科联　供）

2020年11月11日，韶关市召开哲学社会科学工作会议，通报和表彰市第四届社科优秀成果，市委常委、宣传部部长刘启宇为优秀成果一等奖获得者颁奖 （市社科联 供）

集校注》，韶关学院杨志江等撰写论文的《中国绿色发展效率的评价与区域差异》、韶关学院廖素群等撰写论文的《认知重评对负性效价的抑制促进条件性恐惧消退》和韶关学院黄华明等撰写《韶关市中小学教师专业发展需求调研报告》等4项成果分别获得著作类、论文类和调研咨询报告类的全市一等奖。

【社科研究基地】 2020年，市社科联加强对广东省人与自然和谐研究基地和韶文化研究基地2个社科研究基地的工作指导。其中，广东省人与自然和谐发展研究基地相关科研人员主持的《新冠肺炎疫情防控中的行政补偿问题研究》等4个课题获得省部级课题立项，完成《对接粤港澳大湾区、深圳建设先行示范区打造武深高速产业发展轴研究》等6项服务地方经济社会发展的应用研究成果。该基地的负责人曾宇辉主持完成的《加快南岭国家公园建设面临的紧要问题即对策研究》调研报告，得到韶关市委书记王瑞军的专门批示，并邀请课题组与职能部门进行座谈研讨。

【社科学会管理】 2020年，市社科学会变更业务主管单位1家（韶关市国税学会）、注销3家（韶关市阅读学会、韶关市谢安文化研究会和韶关市社会发展研究会）。配合市民政局做好学会年检和抽检，对于市生产力学会、市张九龄研究会等4家不按时年检或年检资料不齐全的学会提出整改要求。执行对学会负责人的约谈和学会办事登记制度，利用社科工作QQ群和学会工作微信群，下发业务工作的文件通知，提醒学会做好疫情防控工作和会员言论管理，对学会开展的业务活动予以指导，帮助解决学会所遇困难和问题。在市张九龄研究会等18家学会建立临时党支部，韶关市芙蓉书院等7家管理层不足3名党员的学会，从市社科联选派党建工作指导员。选派7个学会13名社科专家参与韶关市“尚善尚美”社科知识基层行活动。组织学会社科普及活动项目申报，以学会活动项目竞争性申报评定方式，对市集邮协会承办的“感谢、感恩、感动”韶关书信文化传播活动和市图书情报学会承办的“疫情防控专题文献图片展览”等6个活动项目的进行业务指导和资金扶持。

【社科活动】 2020年9月30日，由韶关市社会科学联合会和韶关市精神文明建设委员会办公室主办，韶关市朗诵学会承办的我们的节日•中秋“月圆中秋 诗诵中华”韶关市2020年中秋诗词朗诵比赛活动在市图书馆八楼报告厅举行，20位选手参加角逐，近百人参加现场观摩。10月30日，由市社会科学联合会指导，市收藏家协会主办，市图书馆协办的“丹霞古代石刻拓片展”在市图书馆一楼展览厅举办。此次展出丹霞地区从北宋到民国的古代石刻拓片40多幅，其中20多幅为丹霞岩画。11月11日，韶关市哲学社会科学工作会议召开，会议通报市第四届社科优秀成果评奖情况，并为优秀成果一、二、三等奖获奖者颁发荣誉证书。（张建明）

史志档案

【党史工作】 2020年，韶关市委党史研究完成《中国共产党韶关历史（第三卷）》统稿及评议。做好改革开放以来地方党史编写，于2016年启动《中国共产党韶关历史（第三卷）》（1978—2002年）编写工作，于2018年省委党史研究室提出“三卷内容的时间下限从2002年延伸到2012年”后，聘请专人编写新增部分，形成《中国共产党韶关历史（第三卷）》（1978—2012年）初稿，邀请省党史专家陈弘君统稿编审。9月22日，召开韶关市党史三卷评议会，集中征集省委党史研究室及本地的专家学者的意见建议。内容补充完善工作正在进行。《中国共产党韶关历史（第三卷）》完成程度位居全省第三位。

完成《韶关简史》初稿及评审。《韶关简史》作为全市首部通史类地方志史成果自2018年启动编纂，委托华南师范大学撰写书稿，于2020年8月形成初稿后，9月，组织召开《韶关简史》初稿评审会，收集意见建议20余条。

开展改革开放专题研究，组织编撰《韶关改革开放实录》，回顾总结韶关市改革开放的做法和经验，展示市委领导及全市人民推进改革开放的历程和取得的成就，新增收集13个市直单位的资料。

开展红色革命遗址大普查。市委党史研究室会同市委宣传部、市文广旅体局、市退役军人事务局等单位在全市开展新一轮红色革命遗址普查工作。于2019年年底启动，至 2020 年 5 月，完成普查资料送审工作。经省委党史研究室基本认定，韶关市有 798 个革命遗址被列入省级名录，比 2010 年第一轮普查净增 511 个。其中，列入“广东省红色革命遗址名录”的有 502 个，全省排第三名；有 296 个列入“广东省红色革命遗址线索名录”。组织启动《韶关市红色革命遗址大通览》(上下卷) 编辑。年内完成“粤北烽火——韶关市重要红色革命遗址系列宣传片”及画册的拍摄制作。

组织各县(市、区)报送当地红色保密故事，挖掘整理中华人民共和国成立前在当地区活动的党内交通人员事迹，征集红色保密故事，择优结集成《韶关市红色保密故事》。征稿工作完成。

组织乐昌市、浈江区、武江区开展纳入全省苏区老区政策支持范围申报工作。于 2019 年 6 月开始，市委党史研究室牵头组织乐昌市、浈江区、武江区开展纳入全省苏区老区政策支持范围的申报工作，指导 3 个市(区)规范编写申报材料。8 月，3 个市(区)的申报材料汇编完成后，市委党史研究室向市委、市政府提交《关于组织乐昌市、浈江区、武江区开展革命老区县申报工作的报告》，获市长王瑞军同意批复，以市委、市政府的名义向省委、省政府报送。该项工作交由发改局牵头实施。

2020 年 7 月 2—3 日，市委党史研究室承办全省党史工作现场会 (北片区)，得到省委党史研究室领导和分管市领导的肯定。支持和参与市政协办牵头组织的关于韶关市红色旅游产业发展的调研，市人大办组织的韶关市红色文化资源保护立法座谈调研，市民建开展的韶关市红色资源开发和产业化发展项目，芙蓉山公园道路命名等工作。推动广东南岭干部学院、长征国家文化公园 (广东段)、华南教育历史研学基地和红色村建设。为市委组织部了解改革开放初期韶关人才外流情况提供有关史料，为市总工会编写韶关工人运动和工会历史陈列室展示大纲提供史实建议等。

建好党史宣讲团，调整成立韶关市党史宣讲团暨广东省党史宣讲团二团韶关市分团，由市委党史研究室主要领导担任团长、分管领导担任副团长，成员由市委党史研究室业务骨干和市委党校、韶关学院、有关县(市、区) 等单位党史党建专家组成，2020 年，结合实施党史“六进”(即进机关、进农村、进社区、进企业、进学校、进网络)活动，共组织开展党史宣讲 80 多场次，听众 3000 多人次。

2020 年，市委党史研究室将推动党史方志馆建设列入重要议事日程，经过多方考察调研、反复沟通协调，多次向市分管领导重点汇报，形成建设市党史方志馆的思路。10 月 19 日，在向市委十二届第 211 次常委会会议上汇报工作时，首次提出建设党史方志馆的意见，得到市委常委会的肯定并作出专题部署。12 月下旬，列入《中共韶关市委关于制定韶关市国民经济和社会发展第十四个五年规划和二〇三五年远景目标的建议》，初定选址，准备提请市政府常务会议研究。

【志鉴工作】 2020 年，韶关市委党史研究室落实年鉴“一年一鉴、公开出版、当年出版”的目标要求，完善年鉴部分类目，进行出版前评议、出版后审读，开展年鉴质量评价，严格把好年鉴质量关，完成年度出版发行任务。《韶关年鉴 (2020)》于 12 月出版发行。指导《韶关公安年鉴》《韶关工会年鉴》编纂出版，指导《韶关人大年鉴》创刊编纂出版。《浈江年鉴(2019)》获得第七届全国地方志优秀成果(年鉴类)二等年鉴，另有 4 本年鉴分别获得全省 2019 卷优秀年鉴。其中，《韶关年鉴(2019)》被评为省市级三等年鉴，《浈江年鉴(2019)》被评为县区级一等年鉴，《武江年鉴(2019)》《乐昌年鉴(2019)》被评为县区级三等年鉴。

整理汇总《韶关抗击新冠肺炎疫情大事记》。编辑出版《韶关史志》期刊(季刊)4 期，2020 年的《韶关史志》期刊增设“韶域文苑”和“市情速看”栏目。开展《广东省疫情录》和《广东省全面建设小康社会图志》图文资料的征集工作，完成 2019 年度地方志资料年报的搜集和整理，完成“广东物产”系列丛书韶关部分的核改稿。

推进村落普查及开发利用。韶关市于 2015 年 10 月启动自然村落历史人文普查试点，至 2020 年 6 月完成全市 9770 个自然村的村名由来、村落由来、姓氏源流、传统建筑、特色民俗、掌故传说等方面的基本普查，完成 25 册文稿的送出版工作，2020 年度就完成送出版 12 册。围绕普查成果提交资政报告《挖掘古道文化，助推乡村振兴——基于韶关市自然村落历史人文普查成果的运用与研究》《深化普查成果开发利用，在“四通三抓”融入“双区”建设中作出地方志贡献》，实施开发利用项目 2 个。其

2020 年 6 月 25 日，市委党史研究室主任黄勤昌为知识竞赛一等奖获得队伍颁奖
（市委党史研究室　供）

中地情系列丛书之《韶关古桥》印刷发行,《隐藏的战线,神秘的使命——抗战时期韶关红色交通站展览》于12月15日在广东南岭二部学院开幕,完成北江中学、韶关学院、始兴县巡展,参展近万人次。

推进地方志数字化工作。2020年以来,“韶关史志”部门频道发布信息17条,在“韶关史志”微信公众号发布信息71条,向广东省情网报送工作动态类稿件9篇,均被采用。完成县(市、区)37本地情书籍的数字化入库市级审核工作,省方志办规定的入库审核任务量完成率47.52%。完成韶阳楼、通天塔、百年东街、北伐战争纪念馆4个韶关年鉴资源利用微视频拍摄。 (朱彩云)

2020年6月29日,市档案局联合市城建档案馆检查指导广东中烟工业有限公司韶关片烟仓储库区一期建设项目档案工作 (市档案局 供)

【档案工作】 2020年,市档案局指导市委主题教育办完成市委“不忘初心、牢记使命”主题教育档案资料归档并移交进馆;指导涉改单位档案处置工作,审核批复23家市直单位新修订的文件材料归档范围和文书档案保管期限表,并重点对有关单位进行现场检查指导,监督规范档案的交接处置和档案日常管理;组织评审组对国家物资和储备管理局广东局七三三处档案综合管理晋升省特级单位进行考核验收;联合市国资委对市属国有退出企业档案规范化处置工作进行联合督导检查;参与验收省道S245线翁源半溪至坝仔段路面改造工程和国道G106线沙溪路口至大宝山隧道口段路面改造工程项目档案。

档案安全管理 2020年12月,市档案局印发《韶关市档案局关于开展档案馆安全风险评估和排查工作的通知》,组织全市各级各类档案馆对照《档案馆安全风险评估指标体系》开展档案馆安全风险评估和排查工作,落实整改措施,防范和化解重大档案安全风险。组织开展2020年平安广东建设档案安全考评自评工作,将档案安全工作纳入市对县(市、区)平安建设考核指标体系。

市档案馆做好库房温湿度调控,定期翻查馆藏各全宗档案,进行馆藏档案安全检查,主要领导带队定期检查馆库安全状况,发现问题及时解决,确保档案安全。

档案接收征集 2020年,市档案馆对《韶关市档案馆档案接收工作制度》《韶关市档案馆档案服务外包工作制度》等多项制度进行完善更新,保证进馆档案质量。全年接收进馆全宗9个、293卷,3347件,其中文书档案213卷、3347件,死亡人员档案64卷;接收电子档案8640件;接收41个市政府信息公开单位的文件6771份。向社会各界发出征集疫情档案资料公告,征集疫情期间宣传品、实物一批,各类文学作品、抗疫声像材料2000余张(辑)。对35个单位进行全宗卷规范整理辅导,接收29个市直单位的全宗卷。

档案利用服务 2020年年初,疫情期间市档案馆发布《韶关市档案馆关于近期档案查阅利用服务工作安排的通知》,通过电话预约、电话受理、快递投递到家等方式为群众服务。全年接待来电来人查阅档案资料220人次,调阅档案资料580卷,复印1407张,出证330份。

重点档案抢救修裱 市档案馆利用重点档案抢救费推进民国档案的修复抢救工作,抢救严重残损的重点全宗档案108卷、3364页。

档案开放鉴定及鉴定销毁 2020年,市档案馆开展第五批档案开放鉴定工作,完成民国档案47215件、市皮塑总公司3212件及市农机管理处(市农机局)1280件的开放鉴定。组织档案鉴定销毁初审、复审小组对市二轻局、贸易总公司等23个全宗在企业退出时移交的短期档案902卷、馆藏档案数字化(一期)52个全宗中清理的1675件档案的重份件进行鉴定销毁。

馆藏档案全文数字化 2020年6月,市档案馆启动第三期馆藏档案数字化加工项目。截至12月底,完成230万页馆藏档案(含30万页民国档案)的数字化加工。韶关市档案馆馆藏纸质档案数字化比例从2017年的6.3%提升至72.3%,完成省“十三五”规划要求馆藏数字化比例目标。

声像档案收集整理 市档案馆安排专项资金购置高清视频采集器并报装高清电视机顶盒,提高《韶关新闻》定期录制归档的质量。10—12月录制《韶关新闻》90集;完成2019年和2020年上半年2800张相片的整理冲洗;制作完成《李红军同志在韶公务影集》(第一、二、三册)26本;收集、整理中国共产党韶关市第十二届委员会第十二次全体会议、韶关市第十四届人民代表大会第六次、第七次会议、政协第十二届韶关市委员会第四次会议等韶关市重要政务活动照片数据3400余张。

民生档案 市档案局联合市农业农村局下发《关于进一步做好农村土地承包经营权确权登记颁证档案

2020年9月15日至17日，全省精准扶贫档案管理培训班在韶关市仁化县举办，介绍并推广韶关精准扶贫档案管理经验做法　（市档案局　供）

移交进馆工作的通知》，做好档案接收进馆工作；联合市民政局对全市第二次全国地名普查档案资料和儿童福利机构业务档案建档工作进行检查指导。指导市生态环境局完成韶关市第二次全国污染源普查档案归档整理并通过国家、省的工作验收。开展档案工作服务农村基层社会治理试点工作，仁化县董塘镇安岗村被确定为档案工作服务农村基层社会治理省级试点，实现村级档案工作的规范化、制度化管理。

精准扶贫档案　指导仁化县打造全市精准扶贫档案管理样板，并于8月21日在仁化县召开全市精准扶贫档案管理工作现场推进会议，交流总结经验做法，在全市推广可复制的工作模式和工作经验。9月15—17日，全省精准扶贫档案管理培训班在仁化县举办，全省21个地级市扶贫和档案部门分管领导及粤东西北有扶贫任务的97个县（市、区）扶贫和档案部门业务骨干等参加培训会议。

疫情防控档案　市档案局先后于2月13日、2月26日向各地各单位印发《韶关市档案局关于做好新型冠状病毒感染肺炎疫情防控期间档案工作的指导意见》《韶关市档案局关于做好新冠肺炎疫情防控档案工作的补充通知》，对全市疫情防控工作文件材料的收集、整理、保管、利用等工作提出具体要求。

档案编研宣传　收集、整理、编辑2020年《韶关大事记》和市委书记、市长公务活动实录；收集、整理2020年韶关市抗击新冠病毒疫情资料；完成《中国档案年鉴（2020）》相关资料的编纂和上报工作；整理、编辑、印制《李红军同志在韶关公务活动实录》和《2019年韶关大事记》；围绕市委市政府中心工作编写2020年《档案资政参考》两期，分别为《回顾2003年“非典”疫情》和《档案记录的我市两次污染源普查工作》，为领导决策提供参考。

以“档案见证小康路、聚焦扶贫决胜期”为主题，组织开展“6•9”国际档案日宣传活动。6月，市档案局、市档案馆举办“脱贫攻坚　幸福奔康”——讲述韶关脱贫故事专题图片展，展出图片160组、243幅，（其中市档案馆征集图片70幅（组），并收入馆藏。

韶关市综合档案馆新馆建设　2020年，韶关市新丰县档案馆新馆建成达标并投入使用；翁源县档案馆新馆完成主体工程建设。截至2020年12月底，全市11个国家综合档案馆已建设达标9个。韶关市综合档案馆（新馆）建设完成地块勘探、深化设计、施工招标等工作，并于年底开工建设。

档案数据异质异地备份　2020年6月，韶关市档案馆与珠海市档案馆签订《珠海市档案馆与韶关市档案馆档案数据异地备份协议书》，并于8月13日到珠海市档案馆完成首批3.27TB馆藏档案数据的异地备份工作。

档案业务建设评估　9月22日、23日，广东省档案局组织专家对韶关市档案馆进行档案业务建设评估。12月22日，韶关市档案馆业务建设评价被评为合格等级。

大众传媒

【报纸】 2020年6月23日，韶关报业传媒有限公司举行挂牌仪式。

重点报道韶关市统筹推进疫情防控和支援湖北工作情况　韶关日报社开设《坚决打赢疫情防控阻击战》《战“疫”日记》《连线赴湖北荆州医疗队》等专栏和《韶关战“役”》特刊，推出新闻、纪实、文艺、微信、海报、H5、小视频等传播产品，做好疫情防控科普知识、全市各检疫检查站查控、确诊病例情况、基层一线开展疫情防控先进典型，以及支援湖北医疗队有关情况宣传。深入报道全市各地各单位复工复产复市复课情况，对市政府出台政策促进实体经济发展、各部门服务企业复工复产、创新手段刺激实体经济发展的做法，以及韶关市抗疫物资生产、实体经济复苏、文化旅游场所陆续开放、学校复课等，进行报道。

脱贫攻坚宣传　2020年，韶关日报社策划推出“走向我们的小康生活　决战决胜脱贫攻坚”“我看脱贫攻坚新成就”“全面建成小康生活　百城千县万村调研行”“东莞帮扶韶关脱贫攻坚见闻”等系列报道。完成市委网信办委托的“走向我们的小康生活”“脱贫攻坚奔小康　共建美好新时代”网络新媒体系列宣传任务。

各类主题宣传　2020年，韶关日报社在封面版、要闻版和时事版等重要版面开设“学习贯彻党的十九届五中全会精神”“深入学习贯彻习近平总书记视察广东重要讲话重要指示精神”等专题专栏，做好习近平总书记出席深圳经济特区建立40周年庆祝大会、习近平总书记视察广东重要讲话重要指示精神、中共十九届五中全会、《习近平谈治国理政》第三卷等重大主题的宣传报道。做好全国“两会”、省“两会”和市“两会”、市委全会等重大会议报道，策划推出“推动绿色发展 共筑生态屏障”“回眸2019——我眼中的韶关变化”“回眸十三五 喜看新成就”“党建三年行动党委书记系列访谈”“扫黑除恶专项斗争”等重大报道，跟进全市重点工程项目建设、重要文旅体活动情况，宣传推广韶关工作成效。

融媒体指挥中心建设 2020年8月1日，投入近400万元建成的韶关日报社融媒体指挥中心启动运行。融媒体指挥中心的基本架构为“两区四部”，核心指挥区大屏主要由九大功能模块组成，依托核心指挥区将“四部”职能联合，落实报社各项采编任务，实现日常报道和重大报道的“一体策划、一次采集、多种生成、多元传播、全天滚动、全网覆盖”及新兴媒体与传统媒体、各媒体矩阵之间的多方联动机制，提升采编效率。运营的“韶关发布”微信公众号获广东省“2020政务新媒体年度影响力订阅号(市级)”称号。

2020年，韶关日报社第一季度各项经营收入与上年同比下降30%～50%，媒体扶持资金压减10%(40万元)。从第二季度开始，韶关日报社开拓新的经营创收领域和渠道。时隔五年后恢复代理发行南方系列报刊，增强创收能力。做好微信公众号代运营业务的客户跟踪服务及业务开拓工作。策划、承办2020年“‘9•20’公民道德宣传日晚会”、南粤家政、粤菜师傅、广东技工三项技能大赛等大型活动，带动业务增长。全年收入比上年有所提高。

综合改革 2020年，韶关日报社推进《韶关日报社三年提升发展计划(2020—2022年)》，推进媒体融合发展、转型升级。完成记者证的全面换证(87人)及2020年资格培训(8人)工作。推动将媒体人才纳入市“丹霞英才”计划，加强人才引进。建立健全《韶关日报社精品创作实施方案》，开展“创新创优”行动，提升精品创作能力。全媒体新闻中心记者黄俊被评为广东省抗击新冠肺炎疫情先进个人。 (李陶猛)

【广播电视】 2020年，韶关市广播电视台抗击新冠肺炎疫情等6项工作获市通报表扬、表彰。1月20日以来，全平台播发新冠肺炎疫情相关新闻作品超过1.5万条(次)，公益广告刊发460万条(次)，全网阅读量达2000万次，省台采用稿件超过110条(次)。其中，微纪录片《韶关战“疫”24小时》入选中央广播电视总台展播，并被国家图书馆收录，在“中国同心战疫纪实影像”主题活动中被评为好作品奖；疫情主题海报《特别提醒》被省委宣传部表扬并在全省推广。经营部门策划举办战“役”助农、云游韶关、第三届韶关广电交易博览会等多场大型助力复工复产活动，产品总成交额近5000万元，实现社会效益和经济效益双丰收。韶关市广播电视台被评为市级抗击新冠肺炎疫情先进集体，1人被评为市级先进个人，韶关广电传媒公司被评为市级应对新冠疫情支持复市复业促消费先进单位。

广播电视宣传 2020年，韶关市广播电视台全平台推出《学习贯彻落实习近平总书记视察广东重要讲话精神》《开展扫黑除恶 创建善美韶关》《决战决胜脱贫攻坚》《坚决打赢疫情防控阻击战》等专栏和主题系列报道30多个。携手中央广播电视总台、广东广播电视台在国庆假期推出直播节目《坐高铁，叹广东之韶关篇》，讲好韶关发展成就故事。《全市新闻联播》《民生关注》《今天》《蒲公英》《阅读时间》《飞阅韶关》等一批品牌节目在融合中提质增效。购买剧集、引进节目1648集，剧场收视率回升。自办频率频道收听收视率回升。设立《民声热线》乡村工作站，发挥《民生关注》《民声热线》等栏目的桥梁纽带作用，推动韶关市党风政风行风建设。会同凤凰卫视联合摄制纪录片《烽火逆行——抗战中粤北华南教育史全记录》在凤凰卫视、广东台播出。制作《阅丹公路》《带货》《守关的人》《飞阅韶关》等一批广播电视精品项目。《飞阅韶关》节目被翻译成英语版、粤语版，通过广东国际美洲台、美国夏威夷中文电视台等平台在多个国家播出。2019年度广东省影视奖获奖作品19件，获奖作品总量全省排第十名，在粤东西北地区列前三名。2019年度广东新闻奖获奖作品2件。《40城40年》获得中国广播电视大奖广播电视节目奖。围绕韶关市扫黑除恶、第五届广府后裔联谊会申报2项中心工作而提供的媒体服务工作，获市政府通报表扬。

事业发展 2020年，争取到项目建设资金397万元，初步完成市级智慧应急广播平台和15个二级子平台建设。中央、省、市地面数字电视及韶关电台调频广播在全市覆盖效果得到巩固。综合广播3千瓦、105.7兆赫频率使用许可证获国家广电总局批准。按程序关停模拟电视信号。

2020年7月3日，韶关市广播电视台连续九年常态化开展爱心送考活动。图为参加爱心送考启动仪式活动的领导干部职工 (李胜选 摄)

各部门融合协作，完成广播电视节目直、录、转播任务120多场，其中新媒体直播61场、会议转录播60场，实现常态化运作。

深化改革 2020年，《韶关市广播电视台机构编制方案》获批复实施，为妥善解决历史遗留问题提供政策依据。完成机构编制运行方案、人事和薪酬制度改革方案优化上报工作，争取各级支持方案落地。加快完善构建一体化媒体融合发展的组织架构、管理机制、生产经营体系。探索企业化运行，注册成立韶关广电传媒有限公司，善美文传公司实现全资控股。参与组建"全国一网"股份公司。

产业建设 2020年，实施产业经营提升工程，产业发展能力韧性足。围绕影视广告创意、培训产业、户外广告、品牌活动等方面，培育新增长点。突出做好十大最美环卫工人表扬大会、南雄徒步活动、农业招商大会等大型活动30多次场，加快向多元化增收方式转变。全台收入基本与2019年持平，其中经营创收比上年增长1.23%。

【网络媒体】 2020年，抖音号"风度先生""善美韶关"众筹参与人数达7200多人。抖音号"风度先生""善美韶关"发布视频390条，总播放量超1亿次，单条最高播放量近2900万次。韶关民声网微信号发布推文3931条，总阅读量2095万次，比上年增长190%，点赞量比上年增长291%。韶关民声网网站、无线韶关、触电新闻、南方+、今日头条等新媒体平台，全年更新发布信息3.6万条。

【媒体融合】 2020年，推动媒体融合，实行栏目联动，民声热线、民生关注、"两微一端"内容打通共享，实现广播电视新媒体多平台分发，多元传播。内容生产与经营部门联合开展乡村振兴、"家乡蝶变"、"善美韶关"等融媒体产品拍摄与制作。全媒体新闻中心新闻素材在全台共享，再造生产流程，新闻作品基本实现小屏首发、大屏选发、多屏分发的融合新格局。广播、电视、新媒体各部门业务网络实现互联互通，4K专题节目内网共享，专题节目内容的管理与审核实现快速发布。 （黄 旭 李胜选）

文化产业

【概况】 2020年，韶关市文化、旅游企业364家，其中电影院26家、歌舞娱乐场所（含KTV、游戏游艺室）118家、互联网上网服务营业场所95家，旅行社50家，星级旅游饭店41家，A级旅游景区35家。

【旅游文化产业】 2020年，韶关市旅游文化产业新签约项目19个，合同投资额219.52亿元。全市24个在建重点文旅体项目年度计划投资28.16亿元，完成投资28.61亿元，为年度计划的101.6%。

【文化人才培养】 2020年7月29日至8月7日，由广东省文化和旅游厅、中共韶关市委宣传部指导，广东省艺术研究所、韶关市文化广电旅游体育局主办，韶关市文化馆承办2020年韶关市地方戏曲编导人才培训班。邀请省内外戏曲音乐创作、舞美设计专家进行授课，22名青年地方戏曲业务骨干参加培训。11月9—11日，韶关市文化广电旅游体育局主办2020年韶关市文化馆（站）长培训班，来自各县（市、区）文广旅体（文旅体）局的分管领导及文化馆（站）长共150多人参加此次培训。开展2020年公费签约培养地方戏曲人才试点工作，制定《2020年公费签约培养地方戏曲人才试点工作方案》，采取公费签约培养的模式，委托广东舞蹈戏剧职业学院为韶关市培养五年一贯制大专文凭戏曲表演（粤北采茶戏、乐昌花鼓戏）专业人才；录取29名学生。

文化行业管理

【文化市场管理】 2020年，韶关市检查歌舞娱乐场所4772家次，出动执法人员42011人次。检查互联网上网服务营业场所505家次，出动执法人员1231人次，市辖浈江区、武江区两区处理疫情期间被投诉的场所22家。指导文娱场所按照复工复产工作指南，落实进入场所人员佩戴口罩、扫粤康码、登记个人有效信息，场所保持整洁，常消毒，互联网上网服务营业场所上网人员隔机而坐、KTV歌舞娱乐场所设置隔离观察室等举措，确保全市文化市场总体稳定。

【文化行业监管】 2020年，韶关市加强文化行业监管，加大执法检查力度，坚决打击行业乱象，办理案件17宗。深入开展扫黑除恶专项斗争，上报相关线索20条，建立完善长效机制10条。参加韶关市第三届国家机关"谁执法谁普法"履职评议，在8个评议单位中排第三名，获得优秀等次。建成广播电视监听监看监录系统，提高安全播出监管水平。抓好安全生产和市场秩序检查，实现安全生产和疫情防控零事故。 （邓桂文）

体育

综述

【概况】 2020年，韶关市体育运动及健身设施良好，拥有体育场地设施9187个，其中公共体育场馆共42个（其中市区16个）。人均体育场地面积2.57平方米。

【体育设施建设】 2020年，韶州体育公园及配套工程于8月21日动工建设，建成后将提升市体育设施建设水平。

【体育组织】 2020年，韶关市完善乡镇、社区、镇(村)基层文化体育组织服务功能，重点培育发展城乡社区群众自发性健身组织和全民健身站(点)，促进体育社会组织网络规范发展。全市有单项体育协会120个，市民政部门登记注册的市级体育组织37个，其中2020年审批成立韶关市游泳协会。

【社会体育指导员培养】 2020年，韶关市加强韶关市全民健身志愿服务人员、社会体育指导员队伍建设，提高全民健身服务水平。完成市级二级社会体育指导员150名培训工作，全市拥有社会体育指导员1万人，每万人拥有社会体育指导员33人。

【青少年体育人才培养】 2020年，韶关市培养青少年体育后备人才，命名15个训练点为韶关市业余训练重点班，开展2020年韶关市青少年运动员注册工作。

【体质监测】 2020年，韶关市作为全省3个国民体质监测抽样市之一，启动第五次国民体质监测工作，全市完成3—79周岁不同年龄不同群体体质监测抽样数2758例，在全省率先完成第五次国民体质监测工作任务，抽样数据有效率100%。

群众体育

【概况】 2020年，韶关市文广旅体局完善群众体育设施。利用市级财政资金为15个村购买健身器材，改善基层健身条件。

【群众体育活动赛事】 2020年，韶关市文广旅体局开展全民健身品牌活动赛事。举办2020年环丹霞山自行车赛、2020丹霞山山地马拉松赛、2020徒步穿越丹霞山50千米徒步赛、2020丹霞100跑山赛、2020年韶关市第十三届“市长杯”篮球赛等。鼓励有条件的县（市、区）发展户外营地、徒步骑行服务站、汽车露营营地等，打造体育休闲旅游精品线路和精品景区。

【全民健身日嘉年华活动】 2020年8月8日，韶关市举办“全民健身日”嘉年华活动。活动集健身气功展示、轮滑公开赛、网球体验与推广活动、市桥牌赛、全民健康体质测定活动等，在全市体育场馆陆续举行。通过展演的形式，推广广场舞、轮滑、太极拳(剑)等项目。

【2020年广东省青少年科学健身指导普及活动（韶关）】 2020年11月11日，韶关市文广旅体局与市教育局共同主办的2020年广东省青少年科学健身指导普及活动(韶关)，在赖新小学举行启动仪式。

竞技体育

【2020年南粤古驿道定向大赛】 2020年6月14日，韶关市在乐昌坪石举行2020年南粤古驿道定向大赛（韶关乐昌站），赛事吸引502名运动员参赛，省体育名人、抗疫英雄到场进行“体育+支教”、扶贫活动，受到当地群众、学生好评。举行“华南教育历史坪石研学基地怀旧基金”捐赠仪式。经过比赛，分别产生少儿组、专业组、成年组和体验组的第一、二、三名，村民组、青年女子组、青年男子组、女子精英组、男子精英组的1~8名。

【2020年环丹霞山自行车赛】 2020年10月25日，韶关市在阅丹公路举行2020年环丹霞山自行车赛，分公开组、中年组、本地组、女子组、骑游组等5个组别，另设儿童平衡车项目，吸引全国各地自行车专业运动员、爱好者4000人参赛。43千米女子组冠亚季军分别是张婷婷、周慧倩、吴

2020 年 10 月，环丹霞山自行车赛　　（丹霞山管委会　供）

文敏；43 千米当地组冠亚季军分别是宋子豪、黄韶东、苏伟强；43 千米中年组冠亚季军分别是陈湘源、孙成义、张福生；60 千米公开组冠亚季军分别是施文通、孙小龙、陈贻恩。

【2020 年韶关市第十三届“市长杯”篮球赛】 2020 年 10 月 30 日至 11 月 11 日，韶关市在市体育馆举行第十三届“市长杯”篮球赛，比赛由市总工会和市文广旅体局共同主办，设青年组和中年组，来自全市机关、企事业单位和各县（市、区）的 41 支球队、400 多名运动员参加比赛，韶关农商银行队、市场监管个私协队分别获得青年组和中年组冠军。

【2020 年徒步穿越丹霞山 50 千米徒步赛】 2020 年 11 月 28 日，韶关市在阅丹公路和丹霞碧道举行第十三届“农行杯”穿越丹霞山 50 千米徒步赛，起点设在丹霞山南门，终点设在丹霞山正门，设穿越组、欢乐组和亲子组 3 个组别。穿越丹霞山 50 千米徒步赛名列广东省十大群众体育赛事活动，吸引徒步爱好者 1.6 万人参加活动。该届徒步赛设 42 千米穿越组、17 千米欢乐组和 10 千米亲子组 3 个组别。韶关人洪隆彬获穿越组男子冠军，来自广州市的曾晓星获穿越组女子冠军。

【2020 年丹霞山山地马拉松赛】 2020 年 12 月 6 日，韶关市在阅丹公路举行 2020 丹霞山山地马拉松赛，起点设在丹霞山正门，终点设在丹霞山南门，设全程马拉松、半程马拉松和欢乐跑 3 个组别，吸引省内外马拉松专业运动员及爱好者 1 万人参赛。这是丹霞山连续第二年举办山地马拉松赛。该赛事的全程马拉松赛的男子组冠军被来自贵州省安顺市的岑万江获得，全程马拉松赛的女子组冠军被来自贵州省兴义市的杨花获得。半程马拉松男子组冠军被来自青海省海北市的贾俄仁加获得，半程马拉松女子组冠军被来自云南省昆明市的张开琴获得。

【2020 年丹霞 100 跑山赛】 2020 年 12 月 19—20 日，韶关市在丹霞山风景区举行广东 100 跑山系列赛总决赛暨 2020 丹霞 100 跑山赛，起、终点设在丹霞山正门，比赛设 100 千米大师组、50 千米精英组、30 千米挑战组、15 千米体验组和 5 千米青少年体验组，这是韶关市首次举办跑山赛，吸引 1500 名全国各地的跑山赛专业运动员和爱好者参赛。林映晴、周雪贞、冯婉妃分别获得 30 千米女子组冠亚季军；蔡法正、满永利、金建虎分别获 30 千米男子组冠亚季军。

【2020 年广东省“中国体育彩票”青少年跆拳道锦标赛】 2020 年，韶关市承办 2020 年广东省“中国体育彩票”青少年跆拳道锦标赛。有来自全省 21 个地市的代表队，593 人参赛。比赛设男子甲、乙、丙组和女子甲、乙、丙组 6 个组别。韶关代表队获铜牌 5 枚，4 个第五名和团体体育道德风尚奖的成绩。

【2020 年广东省青少年太极拳、南拳锦标赛】 2020 年，韶关市承办 2020 年广东省青少年太极拳、南拳锦标赛，有来自 13 个地级市 26 个单位的 456 名运动员参赛。韶关市 71 名运动员参加，获金牌 20 枚、银牌 25 枚、铜牌 25 枚。此次赛事闭场进行，不对公众开放，全程通过网络进行视频直播，赛事直播吸引 52.2 万人次观看。

【参加 2020 年广东省青少年锦标赛】 2020 年，韶关市组织全市 417 名青少年运动员参加 2020 年广东省青少年锦标赛。韶关市获金牌 27 枚、银牌 34 枚、铜牌 51 枚。

【2020 年韶关市青少年锦标赛】 2020 年，韶关市举办 2020 年市青少年锦标赛 12 个项目的比赛，全市 10 个县（市、区）、4 个青少年体育俱乐部有 1120 名运动员参加比赛，其中曲江区、仁化县、翁源县分别获团体部分前 3 名。

体育产业

【体育彩票销售】 2020 年，韶关市体育彩票销售工作于 3 月 16 日恢复销售，各代销站点推进体育彩票销售工作开展。体育彩票累计销量 1.91 亿元。市场占有率 43.54%，对比上年增长 0.77%。在售代销站点 266 个，其中专营点 174 个，兼营点 92 个。筹集留成韶关市公益金 1954.56 万元（其中：市本级 1113.4 万元，县区级 841.15 万元），用于全民健身及群众体育事业，为体育事业发展提供经济支持。

2020年韶关市运动员参加省锦标赛获奖一览表（前三名）

表20

项目	序号	运动员姓名	性别	组别	比赛小项	名次
田径	1	李　佳	女	乙组	撑竿跳高	第一名
	2	沈海文	男	甲组	400米	第一名
	3	王第垚	男	甲组	跳高	第一名
	4	沈海文	男	甲组	4×400米接力	第一名
	5	陈相成	男	甲组		
	6	沈德聪	男	甲组		
	7	王第垚	男	甲组		
	8	张学彬	男	甲组	撑竿跳高	第二名
	9	沈玉兰	女	甲组	撑竿跳高	第三名
	10	何思敏	女	甲组	1500米	第二名
	11	何思敏	女	甲组	800米	第三名
	12	沈　涛	男	甲组	三级跳远	第一名
	13	丘祥智	男	乙组	800米	第三名
	14	刘玙璠	女	甲组	400米栏	第二名
举重	1	官小梅	女	甲组	45公斤	第三名
	2	潘英钙	男	丙组	49公斤	第三名
	3	潘达成	男	甲组	84公斤	第三名
	4	黄俊鹏	男	甲组	61公斤	第三名
	5	王柱旭	男	甲组	89公斤	第三名
	6	赵佳丽	女	乙组	49公斤	第二名
	7	刘　杰	男	丙组	61公斤	第三名
射击	1	孙　昊	男	甲组	10米气步枪60发个人	第二名
	2	孙　昊	男	甲组	50米步枪三姿个人3×40发	第一名
	3	孙　昊	男	甲组	50米步枪卧射团体40发	第三名
	4	龚顺基	男	甲组		
	5	罗　泰	男	甲组		

续表20

项目	序号	运动员姓名	性别	组别	比赛小项	名次
射击	6	李　涛	男	甲组	50米手枪慢射团体60发	第二名
	7	林　磊	男	甲组		
	8	郭文科	男	甲组		
	9	郑小青	女	甲组	飞碟双向125靶团体	第三名
	10	曾智贤	女	甲组		
	11	何　甜	女	甲组		
赛艇	1	廖志鹏	男	甲组	公开级2千米四人双桨	第三名
	2	卢　豪	男	甲组		
	3	梁　强	男	甲组		
	4	邓著彬	男	甲组		
	5	邱　力	男	甲组	公开级2千米单人双桨	第三名
	6	陈嘉乐	男	乙组	公开级2千米单人双桨	第三名
皮划艇（激流回旋）	1	廖　玮	男	乙组	团体K1	第三名
	2	欧阳群帅	男	乙组		
	3	张坚炼	男	乙组		
皮划艇（静水）	1	官坤鑫	男	甲组	200米 C1	第三名
武术套路	1	邓阳洋	女	甲组	自选南拳	第一名
	2	邓阳洋	女	甲组	自选南刀	第一名
	3	罗　权	男	甲组	自选南拳	第二名
	4	李应权	男	乙组	自选太极拳	第三名
	5	李应权	男	乙组	自选太极剑	第二名
羽毛球	1	戴诗凝	女	乙组	女单	第三名
跆拳道	1	王　睿	女	丙组	59公斤+	第三名
	2	肖沄沄	女	甲组	62公斤	第三名
	3	刘思宇	女	乙组	59公斤+	第三名
	4	周振强	男	乙组	54公斤	第三名
	5	刘方正	男	甲组	68公斤	第三名
武术散打	1	王明超	男	乙组	65公斤以上级	第三名

续表20

项目	序号	运动员姓名	性别	组别	比赛小项	名次
摔跤	1	林梓毅	男	甲组	古典式摔跤87公斤	并列第三名
柔道	1	黄义杰	男	甲组	混合团体	第三名
	2	陈锦辉	男	甲组	混合团体	第三名
太极拳、南拳	1	邓阳洋	女	甲组	自选南拳	第一名
	2	蔡健坤	男	甲组	国际第一套规定南拳	第一名
	3	华海熊	男	乙组	国际第一套规定南拳	第一名
	4	胡文权	男	丙组	国际第一套规定南拳	第一名
	5	胡佳丽	女	甲组	国际第一套规定南拳	第一名
	6	罗海溶	女	乙组	国际第一套规定南拳	第一名
	7	莫世颖	女	丙组	国际第一套规定南拳	第一名
	8	黄浩铭	男	乙组	32式太极剑	第一名
	9	华海熊	男	乙组	规定南刀	第一名
	10	王　笑	女	乙组	规定南刀	第一名
	11	罗　权	男	乙组	自选南刀	第一名
	12	温　晴	女	甲组	自选太极剑	第一名
	13	蔡健坤	男	甲组	规定南棍	第一名
	14	罗海溶	女	乙组	规定南棍	第一名
	15	莫世颖	女	丙组	规定南棍	第一名
	16	黄浩铭	男	乙组	24式太极拳	第一名
	17	梁　振	男	甲组	杨式太极拳	第一名
	18	谭　欣	女	甲组	杨式太极拳	第一名
	19	钟雨婷	女	乙组	杨式太极拳	第一名
	20	罗　权	男	乙组	自选南拳	第二名
	21	温　晴	女	甲组	自选太极拳	第二名
	22	梁钜冲	男	甲组	国际第一套规定南拳	第二名
	23	侯家军	男	乙组	国际第一套规定南拳	第二名

续表20

项目	序号	运动员姓名	性别	组别	比赛小项	名次
太极拳、南拳	24	邓品浩	男	丙组	国际第一套规定南拳	第二名
	25	黄姝桃	女	甲组	国际第一套规定南拳	第二名
	26	王　笑	女	乙组	国际第一套规定南拳	第二名
	27	张邓婧	女	丙组	国际第一套规定南拳	第二名
	28	张玉岚	女	乙组	国际第三套规定南拳	第二名
	29	李应权	男	乙组	自选太极拳	第二名
	30	曹　丹	男	乙组	32式太极剑	第二名
	31	丘梓睿	男	丙组	32式太极剑	第二名
	32	曾宇鸣	女	乙组	规定南刀	第二名
	33	胡佳丽	女	甲组	其他南派长器械	第二名
	34	罗　琳	女	甲组	自选太极剑	第二名
	35	冯俊翰	男	甲组	规定南棍	第二名
	36	吴　璐	女	乙组	规定南棍	第二名
	37	胡文权	男	丙组	规定南棍	第二名
	38	李宇龙	男	丙组	24式太极拳	第二名
	39	梁　振	男	甲组	42式太极剑	第二名
	40	张　静	女	甲组	42式太极剑	第二名
	41	曾粤明	男	甲组	杨式太极拳	第二名
	42	张苗玲	女	丙组	32式太极剑	第二名
	43	罗　琳	女	甲组	杨式太极拳	第二名
	44	梁　琳	女	乙组	杨式太极拳	第二名
	45	韶关风烈中学		甲乙组	南拳类集体项目	第二名
	46	冯俊翰	男	甲组	自选南拳	第三名
	47	谢可莹	女	甲组	自选太极拳	第三名
	48	郑和宇	男	甲组	国际第一套规定南拳	第三名
	49	林珍云	女	甲组	国际第一套规定南拳	第三名

续表20

项目	序号	运动员姓名	性别	组别	比赛小项	名次
太极拳、南拳	50	谢静怡	女	乙组	国际第一套规定南拳	第三名
	51	李佳怡	女	丙组	国际第一套规定南拳	第三名
	52	杨祖明	男	乙组	规定南刀	第三名
	53	陈飞洋	女	乙组	规定南刀	第三名
	54	黄姝桃	女	甲组	其他南派长器械	第三名
	55	郑和宇	男	甲组	自选南刀	第三名
	56	邓阳洋	女	甲组	自选南刀	第三名
	57	谢可莹	女	甲组	自选太极剑	第三名
	58	梁钜冲	男	甲组	规定南棍	第三名
	59	张玉岚	女	乙组	规定南棍	第三名
	60	张邓婧	女	丙组	规定南棍	第三名
	61	曹 丹	男	乙组	24式太极拳	第三名
	62	谭 欣	女	甲组	42式太极剑	第三名
	63	钟雨婷	女	乙组	43式太极剑	第三名
	64	曹梓曦	女	乙组	32式太极剑	第三名
	65	卢瑞阳	男	甲组	杨式太极拳	第三名
	66	陈 豪	男	乙组	陈式太极拳	第三名
	67	陈玟希	女	丙组	32式太极剑	第三名
	68	张 静	女	甲组	杨式太极拳	第三名
	69	曹梓曦	女	乙组	杨式太极拳	第三名

卫生健康

综述

【概况】 截至2020年年底，韶关市有医疗卫生机构796家（不含村卫生站），其中医院54家、社区卫生服务中心13家、社区卫生服务站3家、卫生院98家、门诊部34家、诊所（卫生所、医务室）551家、专业公共卫生机构40家、其他卫生机构3家。有床位数1.93万张，比上年增长0.99%，每千常住人口拥有病床6.38张。在岗职工数（含村卫生站）2.83万人，比上年增长4.12%。其中，卫生技术人员2.32万人，占人员总数82.04%，比上年增长4.93%；中级以上职称人员6746人、本科以上学历人员7795人；执业（助理）医师7984人，注册护士1.10万人。每千常住人口在岗卫技人员7.64人，执业（助理）医师2.63人，注册护士3.64人。全市拥有村卫生站1366个，村卫生站拥有执业（助理）医师373人，注册护士32人，乡村医生和卫生员1055人。2020年，韶关市获“全国无偿献血先进城市”称号；公立医院编制与基层岗位改革经验被列入年度韶关改革创新典型案例，“人才兴医”经验被省医改简报刊登并报国家有关部门，分别被国家《健康报》《中国人口报》等刊登；巩卫工作通过国家卫生城市复审检查；妥善处置曲江区钉螺疫情，完成新冠病毒疫情阶段性防控工作。

【基层卫生服务体系建设】 2020年，韶关市纳入省补助范围的20家县级公立医院建设项目中，有10家完成建设并投入使用，7家完成装修，3家加快装修。完善城区基层医疗机构，9月，西河镇卫生院建成并投入使用。韶关市6家基层医疗卫生机构达到基本标准，2家达到推荐标准。

是年，韶关市135.1万人签订家庭医生服务协议，签约服务覆盖率45.08%，其中，包括68.4万名老年人、孕产妇、儿童、慢性病患者、残疾人等重点人群，重点人群签约服务覆盖率78.22%。

【卫生人才】 2020年，韶关市开展医疗卫生类“丹霞英才”招聘工作，全市引进医疗卫生类“丹霞英才”392人（其中市直医疗机构147人，县市区245人）。加大基层医疗卫生人才引进，全年为基层引进医疗卫生人才298人，为全市120家基层医疗卫生机构招聘240名全科医生，为25名医疗专业高校毕业生下基层从医办理退费工作。将市直公立医院编制管理提升至韶关市卫生健康局统筹行使，实行编制“总量控制、统筹使用”。经统筹，盘活市直医疗机构存量编制900多个，7个直属公立医院相比改革前增加127个内设科室。通过“化零为整”优化基层医疗机构岗位设置。优化设置后，韶关市基层医疗卫生机构高级职称岗位从374个增加到777个，增长107.75%；中级职称岗位从1517个增加到1795个，增长18.32%，拓宽基层医务人员职称晋升通道。改革经验于12月被列入韶关创新典型案例，全市“人才兴医”经验于9月被省医改简报刊登并报国家有关部门，11月分别被国家《健康报》《中国人口报》等刊登和市人才办转发。在抗“疫”斗争中发挥医卫主力军作用，全市卫生健康系统共有84人荣获国家、省和市抗疫先进个人称号（其中国家1人，省16人，市67人），19个单位荣获省、市抗疫先进集体称号（其中省2个，市17个）；15人荣获省、市优秀共产党员称号（其中省3人，市12人），8个单位荣获省、市先进基层党组织称号（其中省1个，市7个）。

【基本公共卫生服务】 2020年，韶关市人均基本公共卫生服务补助标准提高到74元，比上年提高5元/人。韶关市下拨各级基本公共卫生服务补助资金2.2亿元，到位人均补助经费73.47元（不含省级人均统筹资金0.7元/人）。居民健康档案电子建档率92.56%。

【计划免疫】 2020年，韶关市完成9家市、县级疾控中心扫码设备、冷藏车和冷链包材采购，以及冷库新建和改建；为117家预防接种门诊配置扫码设备、后补式冷库、数字化设备和智能医用冰箱，实现117家预防接种门诊数字化管理。

韶关市报告流行性腮腺炎502例，比上年下降25.96%；报告15岁以下乙肝病例14例，增长27.27%；报告百日咳40例，下降6.98%；无风疹、乙脑、新生儿破伤风、白喉、流脑病例报告。

全市120家预防接种门诊的常规免疫接种工作正常运转。全年全市基础免疫接种情况：卡介苗接种率为99.8%(22366/22411)，乙肝疫苗接种率为99.62%(34693/34824)，脊灰疫苗接种率为99.56%(33077/33223)，百白破疫苗接种率99.63%(36421/36555)，含麻疹成分疫苗接种率99.67%(40230/40363)，乙脑疫苗接种率99.63%(37354/37492)，流脑A群疫苗接种率99.64%(23092/23176)，甲肝疫苗接种率99.61%(39826/39983)；加强免疫接种情况：脊灰疫苗接种率99.50%(53596/53868)，百白破疫苗接种率99.56%(37206/37371)，含麻疹成分疫苗接种率99.6%(38674/38828)，乙脑疫苗接种率99.54%(40677/40867)，流脑A+C疫苗接种率99.55%(41845/42033)。单苗接种率均达95%以上。

【卫生健康宣传】 2020年，韶关市卫生健康局开展新冠肺炎疫情防控知识普及，设计开发新冠肺炎疫情防控宣传资料17种，发放资料100万份。在各类新闻媒体上宣传用稿1925篇，其中“南方+”125篇，《南方日报》158篇，《韶关日报》638篇，省、韶关网站746篇，融媒韶关258条。利用韶关市卫生健康微信公众号和网站、健康宣传栏、“韶关健教”公众号等平台，开展精准健康科普，消除居民恐慌焦虑情绪，筑牢抗击疫情的全民防线。在全市开展健康巡讲“五进”活动92场，巡讲覆盖人数1万人次。开展“健康知识进万家”系列专题宣传活动，全市举办居民健康素养知识竞赛11场。挖掘乐昌市、翁源县、始兴县的民间艺术，将健康知识和卫生政策与当地特色文化艺术创新融合，开发健康科普文艺节目，在各辖区内巡演30余场次。结合儿童青少年预防近视主题、爱国卫生月主题、世界无烟日、全国科普日、世界艾滋病日等卫生健康节日和主题宣传活动，重点宣传政策法规、普及健康知识。曲江区成功创建国家级健康促进区，南雄市完成省级健康促进市评估验收，韶关市在广东省居民健康素养知识竞赛省级决赛中获团体三等奖，在南方健康科普作品大赛中，粤北人民医院、韶关市职业卫生与健康教育所、韶关市第一人民医院分别获2020年度南方健康科普创作贡献二、三等奖；粤北人民医院被命名为“广东省科普教育基地”；韶关市第一人民医院、粤北人民医院分别获最具影响力健康科普作品(视频类)二、三等奖；韶关市卫生健康局连续2年获全国科普日优秀活动荣誉；在庆祝第三个医师节的同时举行第二届韶关医师奖颁奖仪式，11名医师获第二届“韶关医师奖”；韶关市居民健康素养水平20.12%，达到《“健康中国2030”规划纲要》要求的2020年20%目标要求。

2020年6月16日，韶关市卫生健康局在向阳小学开展卫生健康宣传进校园活动 （市卫健局 供）

【医疗信息化建设】 2020年，韶关市在新冠肺炎疫情初期，组织粤北、市一、市妇幼保健院、铁路医院上线新冠肺炎免费在线问诊程序，减少医院就诊交叉感染风险；48小时完成粤北二院的远程医疗系统部署工作。改造远程医疗视频会议系统。联合各方加强定点医院和全市16家发热门诊重点医院通信保障。完成韶关市104家乡镇卫生院远程医疗项目建设。建设市级健康医疗业务网络。依托市级政务外网资源实现韶关市健康医疗业务“一张网”的业务专网建设目标，各公立医疗卫生机构接入专网。完成粤北片区首间电子健康码试点上线(粤北人民医院)，推动电子健康码在全市各二级以上公立医疗机构启动应用。组织部分医疗机构进行网络安全应急演练，完成建党99周年网络安全保障，获市公安局授予的“2019年度韶关市网络安全等级保护工作先进单位”称号。

【无偿献血】 2020年，韶关市无偿献血3.24万人次，总采血量约10.8吨，临床用血连续22年100%来自无偿献血。新冠肺炎疫情发生后，市中心血站采集3名新冠肺炎康复者血浆，为全市新冠肺炎重症患者救治贡献力量。举办各种大型活动、会议，宣传无偿献血：开展“百人百次献血活动”、“世界献血者日”活动、全国献血宣教招募及志愿服务工作交流会、献血志愿者成人礼。志愿服务常态化，服务队总志愿服务时间突破50万小时。

【老龄康养】 2020年，韶关市打造粤北疗养康复中心项目，一期改造项目完成，有床位180张，为全省老年慢性伤病的老年人服务。推进粤北人民医院、核工业四一九医院省、市安宁疗护试点工作，启动启仁医康产业园项目，打造“医—养—康—护”四

韶关市援助湖北医疗队出征仪式举行，韶关市委李红军书记亲自为支援武汉医疗队队长薛冰授旗、送行武汉　　（粤北医院　供）

位一体的新型养老产业。市核工业四一九医院被定为国家首批老龄健康医养结合远程协同服务试点单位，武江区新华街道花城社区被列入国家心理关爱项目试点单位。全市核工业四一九医院被定为国家首批老龄健康医养结合远程协同服务试点单位，武江区新华街道花城社区被列入国家心理关爱项目试点单位。

【卫生应急】 2020年，新冠疫情期间，韶关市组建省级新冠肺炎疫情防控韶关市专家队和韶关市现场流行病学调查队。组织开展农贸市场、集中隔离场所、大规模核酸检测等方面应急演练。韶关市9家疾控中心均完成核酸检测实验室建设，单日最大核酸检测能力2996人份（单人单管）。韶关市无报告突发公共卫生事件，规范处置学校诺如病毒感染性腹泻病、水痘疫情，未出现因防控不力导致的传染病暴发、流行。

【卫生科研成果】 2020年，韶关市获批省自然科学基金项目1个，获资助0.5万元；省科研基金项目立项2个，获资助0.5万元；广东省卫生健康适宜推广项目1个，省中医药局建设中医药强省科研课题6个，获资助2万元；韶关市科技计划项目78个，获资助32.5万元。2019年度的市级科技成果项目（10月通报）37个中，韶关市卫生计生系统有19个获奖，其中一等奖4个，二等奖5个，三等奖10个。受理和审核全市卫生健康科研项目延期、结题和阶段性进展报告申请240个。组织开展市级卫生健康科研项目的申报和评审327个，从中择优推荐20个申报2021年度省级医学科研基金项目。

【实验室生物安全】 2020年，韶关市备案一级病原微生物实验室18个，二级病原微生物实验室62个。组织全市实验室生物安全专项自查和现场检查，督促落实实验室生物安全责任，保障全市实验室生物安全。

【公立医院改革】 2020年，实行市直医疗机构内设机构备案管理，激发自主发展活力。市直医疗机构内设机构比改革前增加127个。28家医院实行党委领导下的院长负责制，组建市级、县级医院党建工作指导委员会。

【医联体建设】 2020年，韶关市10家省市三级甲等医院与韶关市10个县级人民医院或中医院组成“组团式”紧密型帮扶关系，选派50名高级职称专家开展驻点帮扶，接受帮扶县级公立医院医疗服务能力水平提升。3家三级医院、12家二级医院分别参加国家三级、二级公立医院绩效考核，推动提高医院管理水平。南雄市、始兴县、曲江区成为国家级医共体试点，韶关市组建10个紧密型医共体，涵盖各县市、曲江的8家人民医院、6家中医院、8家妇幼保健院、3家第二人民医院、90家乡镇卫生院、5家社区卫生服务中心和1家民营医院，共计121家医疗机构。各县市、曲江区均出台医共体建设方案，成立以政府主要领导任主任的医管委，任命医共体总院长，完成政府挂牌并进入实质运作。曲江、南雄等地率先在管理体制、运行机制、服务模式上大胆创新，助推优质医疗资源下沉基层，提升基层医疗服务能力。　　（马　玄）

疾病防预控制

【概况】 2020年，韶关市完成省民生实事疫苗冷链配送和预防接种标准化建设任务，全市117间预防接种门诊均完成标准化建设；全市扩大国家免疫规划疫苗每剂次接种率平均达到95%。曲江区钉螺疫情处置持续实施以控制传染源为主的综合防治策略，在查螺，灭螺、查病治病、综合治理等方面取得明显效果，达到预期目标。完成艾滋病、结核病、地方病等“十三五”规划、行动计划终期评估，完成地方病攻坚行动评估，完成梅毒、麻风病（2011—2020年）防治规划终期评估。10个县（市、区）碘缺乏病均达到消除标准，消除率100%；饮用水卫生监测覆盖所有县（市、区）和100%以上的乡镇。乐昌市创建省级慢性病综合防控示范区，曲江区创建国家慢性病综合防控示范区。

【新冠肺炎疫情防控】 2020年1月21日，韶关市确诊首例新冠肺炎病例。3月8日，全部病例“清零”。全年累计报告10例新冠肺炎确诊病例和4例无症状感染者。追踪286名密切接触者，并实施集中隔离医学观察。累计派出312人次对543家企业和94间重点场所进行疫情防控工作现场指导，累计现场查看242所大中小学校、技工院校、幼儿园的防控措施落实情况。协调安排31名医护人员出征湖北，安排疾控专业人员15名支援东莞、广州、香港和河北。对860

所院校2524人进行7次专项培训。对33个疫点进行终末消毒，消毒面积6.78万平方米。完成冷链食品从业人员、隔离场所工作人员等八类重点人群新冠疫苗接种1.53万人次。

开展疫情防控常态化监测 韶关市落实症状监测、核酸检测、哨点预警等措施，提升早发现早报告的能力。做好重点场所和人群监测。每半月组织对11类重点场所和重点人群常态化新冠病毒核酸监测工作，落实应检尽检、其他人群愿检尽检措施，累计检测标本156.52万份，结果均为阴性。强化对"两站一场一港口"等重点场所环境监测抽检和清洁消毒工作指导。做好集中隔离医学观察场所监测。集中隔离医学观察场所启用期间，韶关市每周对集中隔离医学观察场所进行环境物表、污水新冠病毒核酸监测，截至年底，累计采样531份，结果均为阴性。做好跨境货车作业点监测。做好跨境司机及其作业点监测、消毒工作，累计采集标本1.90万份，结果均为阴性。定期对韶关新区跨境货车作业点司机休息区域、专用洗手间、入境货物装卸区域开展环境核酸检测工作进行培训和指导；从个人防护、采样点和采样部位选择、采样流程、样品信息登记和送检等方面对工作人员进行培训和指导。

做好疫情防控应急处置准备 完善应急机制。制定多地发生本地新冠肺炎疫情应急处置工作方案和新冠肺炎聚集性疫情常备工作组工作方案，以县（市、区）区域成立5支应急处置工作指导组。全市流行病调查队、核酸机动采样队、机动检测队节假日期间在原地待命。各级医疗卫生机构落实岗位责任制，严格执行24小时专人值班和领导干部在岗带班、外出报备制度。市直医疗机构应急物资储备能够满足满负荷运转1个月以上；市疾控中心储备足量的个人防护物资、采样耗材和核酸检测试剂，协议采购5∶1混采管和10∶1混采管用于紧急情况下的社区大规模人群核酸筛查，能满足疾控人员满负荷运转1个月以上；并提前准备好10个应急处置箱，确保疫情发生后，拎箱就能随时出发。疾控机构对重大节假日韶关市新冠肺炎疫情发生风险进行评估。强化疫情防控应急队伍培训。对35名应急队员进行现场流行病学调查、采样和送检、环境消毒、病原检测等应急处置技能强化培训，全员通过现场考核。组织开展应急演练。3月，举办韶关市新冠肺炎聚集性疫情应急处置演练，提升"四人应急处置小组"对管辖区域突发聚集性疫情事件开展事件应急处理能力。6月，举办综合市场新冠肺炎疫情应急处置联合演练，以桌面演练场景推送的方式，考核各部门在综合市场疫情应急处置中的协调应对能力。11月，举办韶关市集中隔离场所新冠肺炎疫情处置应急演练。

统筹做好社区大规模人群核酸筛查准备 市疫情防控指挥部办公室印发《韶关市应对大规模人群核酸检测工作预案》，全市完成人员队伍、采样点管理、快速检测系统等准备工作。市疾控中心完成韶关市新冠病毒一体化检测管理平台一期建设，1月29日，组织开展韶关市疾控中心社区大规模人群核酸筛查演练，对标本登记受理、统计分析、数据查询等核酸筛查全流程信息化管理进行现场验证，确保该信息系统能用于实战。市疾控中心购置11套新冠病毒移动采样终端等硬件设备，用于市级和10个县（市、区）大规模人群采样和检测培训，以及在当地疫情发生初期，能紧急投入使用。

提高核酸检测能力 从疫情初期的1家疾控机构、3家医疗机构能开展新冠病毒核酸检测工作，每日最大检测量546人份，发展到9家疾病预防控制中心及27家医疗机构具备新冠病毒核酸检测能力，每日最大检测量3.09万人份，核酸检测能力较疫情初期获得提升。

提高应急处置和医疗救治能力 市疫情防控指挥部办公室印发《韶关市方舱医院建设应急预案》，明确当韶关市新冠肺炎患者人数或增长趋势达到新建或改造方舱医院的要求时，由指挥部发布实施行动命令，确定新建或改造方案。

落实基层农村地区疫情防控工作 开展农村地区疫情防控应急演练。各县（市、区）均通过现场集中实战或桌面演练等方式开展农村疫情防控应急演练，应急演练内容涵盖应急物资准备、核酸检测、流行病学调查、重点人群摸排、隔离场所准备等。发挥村卫生站、零售药店等哨点监测作用。印发并要求各村医疗点张贴《新冠肺炎疫情常态化防控下村卫生室人员接诊十须知》，执行"三查一询问"（查健康码行程码、查口罩、查体温，询问流行病学史接触史）。加强农村地区药店购买退热、咳嗽药等重点人群的排查，发现发热等异常情况，做好登记、报告，及时转诊到就近发热门诊和发热诊室，进行详细排查。每个基层医疗卫生机构由分管领导带队，完成一次村卫生站全覆盖巡查。指导"三人小组"加强重点人群排查工作。对春运期间返乡人员实行网格化管理，落实对重点地区返乡人员健康管控工作，加强对核酸检测阳性进口冷链货物的相关人员健康管理。

开展重点人群新冠疫苗接种工作 开展冷链食品从业人员、隔离场所工作人员等重点人群新冠疫苗紧急接种，全市高风险重点人群基本完成接种，降低医疗卫生机构、集中隔离点、冷链等7类重点岗位人员罹患新冠肺炎的风险。

【慢性病防控】 2020年，韶关市基本公共卫生服务高血压、糖尿病管理项目工作的真实性和规范性逐步提高。常规做好两病的每月质控工作，参与基本公共卫生的评价和指导，覆盖县（市、区）所有基层医疗卫生机构。韶关市慢性病综合防控示范区建设推进，建成慢性病综合防控示范区国家级2个，省级2个。开展健康支持性环境建设，全年验收20余家健康单位。逐步健全死因监测、肿瘤登记、心脑血管疾病监测等慢性病相关监测的报告管理机制，建立完善常规质量控制机制，定期对数据质量进行考核评估和技术指导。通过省市联合督导肿瘤登记工作，提高监测点的规范性。跟踪指导南雄市、仁化县伤害监测点电子报卡质量，并减少漏报率。

【食源性病源监测】 食品安全监测　2020年，韶关市完成食品安全企业标准备案45份。设置10个食品监测点，食源性疾病病例监测医疗机构134家、开展特定病原体监测的哨点医院2家，采集样品887份、17检测项目153项，获监测数据3457个，完成省、市实施方案的监测任务。

食品安全风险监测　2020年，韶关市疾控中心完成省食品安全风险监测任务22类347份。其中，食品中化学污染物及有害因素常规监测完成14类175份，完成率100%，污染物合格162份，超标13份，合格率92.57%；微生物及致病因子的监测完成8类172份，完成率100%，微生物9份检出致病菌，检出率5.23%。完成市食品安全风险监测任务13类540份。其中，食品中化学污染物及有害因素常规监测完成10类410份，完成率100%，污染物合格372份，超标38份，合格率90.73%；微生物及致病因子监测完成3类130份，完成率100%，微生物13份检出致病菌，检出率5.23%，50份大肠菌群超标，超标率38.46%。

食源性疾病监测　2020年，韶关市疾控中心收到134家监测医院上报的3706份食源性疾病个案调查表。

病原学监测　2020年，2间病原体监测医院（市妇幼保健计划生育服务中心、曲江区人民医院）登记腹泻病例4310人次，采集标本3486份，对950份标本进行检测，检出沙门菌153份，未检出志贺菌、副溶血性弧菌、大肠埃希菌。

2020年，韶关市疾控中心通过食源性疾病监测系统甄别37起疑似食源性聚集病例，核查37起，核查率100%。核实为食源性疾病事件20起，辖区疾控中心均介入调查并采取相应防控措施，在一周内将相关流行病学信息及调查报告上报至食源性疾病事件监测系统。

碘缺乏病监测　2020年，韶关市疾控中心监测8—10岁儿童及孕妇家庭的食用盐3000份，学校饭堂/配餐点26间，合格碘盐覆盖率99.15%。监测8—10岁儿童尿碘2000份，尿碘中位数256.6微克/升。监测200名8—10岁儿童甲状腺容积，未发现有甲状腺肿大，肿大率0.00%。共监测孕妇尿碘1000份，尿碘中位数192.5微克/升。全市10个县（市、区）碘缺乏病技术指标均达到消除标准。

【公共卫生病源监测】 2020年，韶关市疾控中心监测旅业、公共浴室、文化娱乐场所、商场、美容美发、候车室等各类公共场所180家次，合格180家次，合格率100.00%，监测布点477个，开展消毒效果监测727份，监测各类样品约5770项次，合格5770项次，合格率100%。监测各类场所57户，包括33家住宿场所、3家沐浴场所、21家美容美发场所，合格率100%。开展31个游泳场所泳池水卫生检测。将检测结果及时反馈市卫生监督所。

生活饮用水监测　2020年，韶关市疾控中心开展4个季度专项抽样监测工作。设置监测点包括市政供水水厂4间、市政供水末梢水60个，合计64个。检测项目为水质常规指标及氨氮、锑、铊等非常规指标。按照用户水龙头水质监测信息公开工作要求，每个季度将武江区、浈江区各20个监测点的水质监测信息上报市卫健局。全年抽检水样146份，合格146份，合格率100%。对武江区、浈江区部分农村饮水工程开展基本情况调查与水质卫生监测，监测水样234份，合格215份，合格率91.88%。

重金属污染重点防控区域监测　韶关市曲江区、翁源县、仁化县、乐昌市4个县（市、区）疾控中心分别对韶关冶炼厂、大宝山矿区、凡口铅锌矿、乐昌铅锌矿等4个厂矿及周边地区开展重金属污染监测工作。监测县疾控中心负责采样与饮用水水质监测，市疾控中心承担土壤与食品样品重金属检测工作，10月底完成监测任务。检测生活饮用水55份，土壤样品64份，食品（初级农产品）285份，监测指标3046项次。

农村环境卫生监测　2020年，韶关市疾控中心在乐昌、曲江、仁化、始兴4个县20个乡镇开展农村环境卫生监测工作。9月7—11日，先后对4个监测县疾控中心开展现场工作指导，督促监测县完成现场调查工作，并承担80份土壤样品的pH、铅、镉、铬含量及蛔虫卵检测任务，完成各项监测数据的上报、审核及汇总工作。

饮水型氟中毒病区水氟复核　乐昌市、始兴县仍为韶关市饮水型氟中毒病区监测点，开展改水情况调查、饮用水水氟含量检测等工作。市疾控中心于10月对乐昌市、始兴县送检的水氟样品开展市级复核。依据《饮水型氟中毒控制评价内容和判定标准》各项指标要求，乐昌市、始兴县饮水型氟中毒病区符合控制标准。

2020年3月12日，韶关市流行病学调查队支援东莞出征仪式在市疾控中心举行　（伊俊　摄）

【寄生虫病防控】 血吸虫病防治 2020年，韶关市疾控中心对血吸虫病螺情、病情等监测任务完成率100%。开展人群血吸虫病血清学检测1674人，抗体阳性3人，粪检阳性0人，无人群感染血吸虫。开展耕牛查病130头，野粪检测100份，无粪检阳性，无家畜感染血吸虫。韶关市4个原流行区（武江、曲江、仁化和翁源）开展螺情监测，累计对河滩、低洼荒地、沟渠、塘堰（塘基）等981个环境开展钉螺调查，查螺面积159.09万平方米，查螺面积完成率122.37%(159.0872/130)。其中有螺环境4个，有螺环境面积1.70万平方米，查获活钉螺198只，有螺环境平均钉螺密度0.02只/0.1平方米、最高钉螺密度0.33只/0.1平方米。解剖活钉螺198只，未发现感染性钉螺。对易感地带及时采用药物喷洒、泥敷、地膜覆盖等灭螺措施。实施药物灭螺面积42.99万平方米，药物灭螺覆盖率100%。经实施药物灭螺及引导农民复耕复垦、土地流转、水改旱、干支渠改造、毛渠疏通、抑螺林种植等血防综合措施后，螺情得到有效控制，有螺环境面积及活螺密度减少。截至年底，对17个有螺环境及周边1千米范围内环境开展螺情监测，未查获钉螺。

消除疟疾 2020年，韶关市无疟疾病例报告，发热病人血检及传疟媒介控制监测任务完成率100%。累计完成发热病人血检5492人，血检阳性零人，发热病人血检完成率137.3%(5492/4000)。

其他重点寄生虫病 2020年，韶关市疾控中心在始兴县和翁源县设立土源性线虫病和肝吸虫病固定监测点各1个，开展人群肠道寄生虫病（蛔虫病、钩虫病、蛲虫病等）和肝吸虫病基线调查和检测，监测2289人，监测任务完成率100%(2289/2000)。土源性线虫病染人数41人（蛲虫36人、钩虫5人），土源性线虫病感染率1.79%(41/2289)，比上年(1.87%)略有下降，肝吸虫病感染人数零人。韶关市人体寄生虫病处于轻度感染水平。人群规范药物驱虫41人，人群规范药物驱虫覆盖率100%(41/41)。 （龚 华）

妇幼保健

【妇幼健康】 2020年，韶关市推进市、县两级妇幼保健院建设项目。市妇幼保健院新院建设项目建筑类工程建设已全部完工，县级8家妇幼保健院已基本完成主体建设，其中乐昌市妇幼保健院（改扩建项目）和翁源县妇幼保健院（迁址新建项目）已投入使用。

【孕前疾病筛查】 2020年，韶关市为2.76万人农村妇女免费增补叶酸，目标人群覆盖率达到106.7%，为8476对计划怀孕夫妇提供免费孕前优生健康检查，目标人群覆盖率达到100%。韶关市开展地中海贫血血常规初筛59333例，目标人群覆盖率达90.06%（目标要求为80%），血红蛋白电泳检测4853对，地贫基因检测678对，胎儿地贫产前诊断孕产妇144例。完成产前唐氏干预筛查23860人，目标人群覆盖率达133.30%，产前结构畸形超声筛查干预筛查24448人，目标人群覆盖率136.58%，新生儿代谢病筛查29872人，目标人群覆盖率达98.88%（目标要求为80%），新生儿听力筛查29784人，目标人群覆盖率达98.59%（目标要求为80%）。在广东省卫健委开展的2020年孕前优生项目室间质评中，全市所有县（市、区）参评服务机构质评成绩均为合格。

【生育监测管理】 2020年，韶关市常住人口出生2.57万人，出生率9.73‰，自然增长率2.3‰，政策生育率81.43%，政策外多孩率16.47%，出生人口性别比111.64%；户籍人口出生3.65万人，出生率10.47‰，自然增长率4.4‰，政策生育率81.78%，政策外多孩率16.5%，出生性别比111.29。执行计划生育奖励扶助制度，省农村部分计划生育家庭奖励对象9747人，发放奖励金1403.56万元；特别扶助对象1477人，发放扶助金1245.48万元；城镇独生子女父母计划生育奖励对象5.75万人，全市各级财政发放奖励金4798.61万元；省农村计划生育节育奖励对象3.03万人，全市各级财政发放奖励金1820.88万元；计划生育手术并发症扶助对象263人，全市各级财政发放扶助金63.73万元。组织开展市直及中省驻韶有关单位年度计划生育情况审核，下发《关于市直及中省驻韶有关单位2019年计划生育有关情况的通报》。

中医中药

【概况】 截至2020年年底，韶关市中医医疗机构626个，其中：中医医院（含中西医结合医院、中医专科医院）9家。全市医疗卫生机构中，设置中医床位2704张，其中：中医机构床位2020张。中医类别执业（助理）医师1205人、中医药师（士）265人。中医医疗机构中，执业（助理）医师920人（内：中医类别医师444人），药师（士）191人（内：中医类别96人）。全年中医类门诊服务总量346.8万人次，中医出院人次8.7万人次，中医利用率上升。

【中医药文化宣传教育基地建设】 2020年，韶关市中医院完成中医药文化宣传教育基地建设。

【首届中医药"膏方节"】 2020年12月26日，韶关市首届中医药"膏方节"在沃尔玛广场举办。市卫生健康局副局长刘建军上台致辞、市中医院党总支书记、院长陈龙介绍膏方节的重要意义及膏方在慢病调理上应用和优势。

启动仪式上，韶关市中医院、粤北医院、市一医院、粤北二院、市保健院、铁路医院、韶钢医院、核工业四一九医院开展义诊活动，市中医院展示中医药膏方体验，推荐50多种传承数千年的食补养生文化，引导群众树立中医"治未病"理念。

中医特色体验有针灸、艾灸、推拿、火罐、中药贴敷、刮痧等让市民享受到"简、便、验、廉"的中医药服务。

（马 玄）

爱国卫生

【爱国卫生运动】 2020年，韶关市组织开展新冠肺炎疫情防控爱国卫生专项行动。先后7次组织开展企事业单位环境整洁、社区环境清理、市场环境综合整治、其他重点场所环境清洁等专项行动。截至年底，全市开展环境卫生整治7355次，清理卫生死角1.53万处，整治环境卫生脏乱差问题投诉5179宗。落实“三个一”环境卫生整治制度。4月，组织开展以“防疫有我，爱卫同行”为主题的第32个爱国卫生月活动。并与清远市、河源市联动，在市域交集处开展跨区域城乡卫生综合整治。落实“周五公共卫生日”活动制度，机关、企事业单位搞好“门前三包”和网格管理职责，共建共治。通过搭建广播、电视、报纸、微信等宣传平台，结合疫情防控加强宣传动员，传播科普信息，引导人们勤洗手、多通风、戴口罩、不食野生动物的文明卫生习惯和健康的生活方式。开展爱国卫生运动历史主题宣传周活动、城乡环境卫生整治周活动、病媒生物防制集中周活动、进工厂企业、进学校、进农村爱卫行动周活动等“四大”主题活动。开展新冠肺炎疫情防控市场专班工作，对全市农贸市场环境卫生进行督导检查。推进韶关市无烟党政机关创建工作，举办一期市直机关单位控烟工作培训班。结合巩卫、爱国卫生月、疫情防控等爱国卫生活动，开展清除“四害”滋生地和清理卫生死角，开展“四害”密度检测。开展在全市范围内集中人力物力，统一时间对住宅区、办公区、公共场所、通道、地下污水管道等相关区域进行彻底的消杀投药。举办一期市直单位病媒生物防制技术培训班，全市无因病媒引起的传染病发生流行。加强“139”“439”行动项目技术指导，在新丰县举办一期全市卫生镇（村）创建业务培训班，各县市区爱卫办主任及创建卫生镇村负责人90多人参加培训。仁化县城、翁源县城被全国爱卫会重新确认为“国家卫生县城”称号。韶关市新创省卫生镇11个、省卫生村66个、市卫生镇5个、市卫生村102个。乳源瑶族自治县城、必背镇分别通过“广东省卫生县城”“广东省卫生镇”省级复审。

【国家卫生城市巩固】 2020年7月29日，全国爱卫会发文重新确认韶关市为“国家卫生城市”。8月25日，市委、市政府通报表彰在巩固国家卫生城市工作中做出突出贡献的先进集体单位38个。巩卫工作纳入市政府创文巩卫绩效考核内容，市国家卫生城市工作办公室负责巩卫工作的日常组织协调和督导检查，制定年度计划，落实巩卫网格化管理，做到“职责明确到网格、人员固定在网格、整改落实在网格、管理服务在网格”；推行路长制、河长制、门前三包责任制等制度，巩卫工作常态化管理。

卫生监督

【概况】 2020年，韶关市办理各类卫生行政许可事项2906件。接受各类许可事项电话咨询3156宗，提前预约上门服务628次，提前办结率100%。对公共场所卫生许可注销等14个审批项目实现“就近办、一次办、马上办”服务。查处各类卫生案件429件，罚款49.35万元。有1件案件被省卫生健康委员会评为“优秀案件”。“双随机一公开”监督完成率96.77%，完结率100%，完成率居省前列，完成国家“双随机”工作。对全市8875家监管对象实施卫生监督管理，应监督中实监督户8595家，监督覆盖率96.85%，监督家次1.12万次，监督抽检306家次，2235件，现场快速检测55家次，查处案件429件。全市开展2020年韶关市十件民生实事之一——韶关市百所中小学卫生工作示范学校建设，对达到建设标准的110所学校，评选出韶关市育威中等职业学校等100所学校作为卫生工作示范学校。

【卫生监督以案促管案件查处】 2020年，韶关市卫生监督所查处各类案件107件，其中一般程序34件，简易程序73件；移送公安1件。

【“双随机一公开”国家重点监督抽检工作】 2020年，韶关市卫生监督所参与执行“双随机”监督抽检任务248单，监督完成221单，监督完成率91.3%，完结率100%。在“双随机”抽查工作产生的行政处罚25宗，罚款金额0.85万元。全市“双随机”重点抽查工作的监督完成率96.79%，在全省地级市中位列第三名；完成率95.06%，在全省地级市中位列第二名。

【卫生监督为行政审批提速增效】 2020年，韶关市卫生监督所公共场所卫生许可注销等14个审批项目实现“马上办”服务，缩短审批时限138个工作日；医师执业注册等13个审批项目的审批时限进行提速调整，缩短审批时限40个工作日。

【卫生健康行政许可】 2020年，韶关市卫生监督所办理各类卫生健康行政许可事项3118件，接受各类电话咨询5152余次，提前预约上门服务3174次，提前办结率100%。

【公共场所卫生监督】 2020年，韶关市卫生监督所办理公共场所行政许可473件，其中，新证办理273家、延续160家、变更40家、注销70家。对273家卫生许可证申办单位、160家延续、40家变更申请单位进行审核。对全市1109家公共场所经营单位进行巡查，监督覆盖率85%。引导136家经营单位完成卫生许可证办理工作，书写检查笔录932份，发出限期整改意见书503份。对836家公共场所单位实施卫生监督量化分级管理，其中旅业、美容美发、歌舞厅720家，公共浴室、游泳场馆116家。新增B级单位2家，C级单位419家。国家下达随机监督抽查任务488家经营单位，任务完成448家，任务关闭40家，监督完成率94.67%，立案103件，罚款金额1.55万元。对辖区内羽毛球馆、跆拳道馆等实行非卫生许可的体育场馆进行建档立卡，81家。出动执法人员1064人次，巡查公共场所1954家次。其中住宿场所512家次、美容美发场所1063家次、商场60家次，沐浴场所196家次，文化娱乐场所83家次，候车室40家次，排查旅客549人，发出《卫生监督意见书》2228份。出动执法人员473人次，巡查公共场所1331家次，其中住宿场所254家次、文化娱乐场所73家次、美容美发场所963家次、体育场所26家次、商场5家次、客运站（候车室）10家次。出动车辆5辆次、监督员20人次，对辖区内的候车室、住宿、电影院等人员密集的11家公共场所进行节前公共卫生安全专项监督检查。

【密闭通风不良场所卫生防疫监督】 2020年，韶关市卫生监督所检查82家住宿场所、119家美容美发场所、47家文化娱乐场所、16家购物场所、37家沐浴场所、1家候车室等6类302家重点场所。对73家存在问题的经营单位依法下达责令限期整改通知书，立案查处15家经营单位，罚款0.27万元。

【医疗美容市场监管】 2020年，韶关市卫生监督所监督检查医疗美容机构14家次，出动卫生监督员45人次，下达整改意见书1份。

【医疗机构卫生监督】 2020年，韶关市卫生监督所对68家医院、44家未定级医疗机构和单采血浆站开展综合评价，其中未定级单位评价率19.5%，优秀单位8家。对3家医院，1家诊所的医疗废物和医疗污水处置情况进行监督抽查。完成16家医院、28家门诊部，150家诊所年度校验；监督检查医疗卫生单位244家，监督285家次；监督检查传染病卫生单位250家，监督330家次，医疗卫生和传染病卫生监督覆盖率为100%；组织母婴保健技术许可行政审批专家对县市3家母婴保健技术服务机构的婚前医学检查项目进行换证校验评分；对53家医疗机构作不良执业行为记分，查处案件47件。年医疗卫生双随机工作任务15家、传染病卫生18家，血液安全1家、按时完成率100%。对医疗废物处置不当作出行政处罚3宗，警告3宗，对1家有超范围开展诊疗活动行为的医疗机构作行政处罚，罚款1000元。对53家医疗机构作不良执业行为记分，合计记分123分，其中公立医院3家，记6分，民营医院2家，记4分；民营门诊部5家，记8分；42家诊所，记103分；健康体检机构1家，记2分。1家医疗机构记分达到12分及以上。

【学校卫生监督】 2020年，韶关市出动执法人员30人次，检查学校和托幼机构医务室或卫生室14家，下达卫生监督意见书14份。出动卫生监督执法人员502人次，监督检查单位279家次，监督覆盖率100%。制作现场笔录13份，下达卫生监督意见书116份、专项卫生监督检查表78份，作行政处罚案件5件。国家下达随机监督抽查任务13所学校，出动执法人员39人次，任务完成13所，制作现场笔录13份，发出卫生监督意见书13份，作出行政处罚案件5件。出动执法车辆63辆次，执法人员236人次，对78所学校开展疫情防控监督检查，含高校4所，职中和技工学校6所，中、小学校68所。填写卫生监督检查表78份，下达卫生监督意见书78份，发放学校新冠肺炎疫情防控指引78份。出动卫生监督员12人次，检查高考考点5间次，发放卫生监督意见书5份。落实《韶关市人民政府办公室关于印发韶关市百所中小学卫生工作示范学校建设工作方案的通知》精神，开展各项工作。出动执法人员274人次，调研及复评考核学校137间次。

【卫生监督考试考点考前疫情防控】 2020年，韶关市卫生监督所出动执法人员36人次，检查公务员笔试考点15间、会计专业技术资格考试考点1间，发放卫生监督意见书16份。

【用水供水卫生监督】 2020年，韶关市卫生监督所出动执法人员190人次，监督检查单位76家次，其中集中式市政供水8家次，二次供水35家次，镇村饮水工程23个，管道分质供水5家，涉水产品生产企业5家。制作现场笔录31份，下达卫生监督意见书53份，填写专项检查表10份，农村集中供水设施信息卡23份。监督检查二次供水单位35家，出动执法人员86人次，制作现场笔录17份，填写二次供水卫生专项监督检查表10份，下达卫生监督意见书35份。对6家涉水产品生产企业进行现场监督检查，发放《涉水产品卫生许可批件》2个。共出动卫生监督执法人员12人次，出具现场审核意见书3份，卫生监督意见书6份，制作现场笔录6份。

【消毒产品卫生监督】 2020年，韶关市卫生监督所出动执法人员316人次，监督检查消毒产品生产、销售、使用单位144家次，制作现场笔录21份，下达卫生监督意见书89份，责令2家单位限期整改。在新冠肺炎疫情防控期间对18家消毒产品生产企业进行现场审核并出具现场审核意见书，为15家企业发放消毒产品生产企业卫生许可证，备案通过8个消毒产品。消毒产品国家随机监督抽查任务下达9家，出动卫生监督执法人员18人次，任务完成9家，制作现场笔录9份，卫生监督意见书9份，抽检6家企业6个产品，6个产品经检验均合格。出动卫生监督执法人员298人次，对辖区内18家消毒产品生产企业、6家消毒产品销售单位和78家消毒产品使用单位开展消毒产品专项检查。出动执法人员24人次，执法车辆10辆次，排查消毒产品生产企业17家，消毒产品经营单位6家和消毒产品使用单位61家。

【职业放射性卫生监督】 2020年，韶关市卫生监督所参与放射诊疗国家双随机执行单位14家，出动监督员46人次，对14家放射诊疗机构进行现场监督检查。监督完成14家，任务完成14家，监督完成率100%，完结率100%。检查结果显示，11家单位合格，3家单位不合格。参与职业卫生国家双随机执行单位1家，出动4人次，检查结果为合格。出动监督员82人次对29家放射诊疗机构开展《放射诊疗基本情况》《放射诊疗频度》问卷调查；对8家医用辐射防护监测点开展《放射工作人员职业健康管理情况》问卷调查。完成全市40间医疗机构医用辐射防护监测点、120家医疗机构和78家非医疗机构放射工作单位相关问卷调查表的收集、审核和汇总上报工作。

出动监督员39人次，监督检查13家放射诊疗机构，发出监督意见书13份。出动卫生监督员35人次，检查用人单位16家，制作《用人单位职业卫生检查表》16份，下达《卫生监督意见书》16份，对县（市、区）存在违法行为的企业，指导当地卫生监督机构下达监督检查意见书，并要求当地卫生监督机构对整改情况进行跟进。出动监督员138人次、检查48家用人单位、发出68份卫生监督意见书、68份工作指引和48份用人单位职业卫生状况调查表。编写《放射卫生监督执法技能实训教材》《放射卫生管理知识手册（八）》《放射卫生基地案例汇编》《实训工作制度汇编》四本教材；明确实训基地教学点，明确韶关市实训基地由基地本部、延伸点、现场教学点和师资保障点组成；组建放射卫生综合监管教学队伍，印发《关于印发韶关市省放射卫生专业卫生监督实训基地师资库名单的通知》，组建放射卫生综合监管教学队伍；举办3期省放射卫生监督执法技能实训班，对来自青海省、云南省及广东省各地级以上市卫生监督机构和韶关市各县(市、区)卫生监督所的92名学员进行实训。

【防暑降温专项监督检查】 2020年，韶关市卫生监督所重点对露天矿山、采石场、水泥厂、火力发电厂、机械厂和陶瓷厂等存在高温作业的15家单位进行监督检查，出动监督员45人次，发出卫生监督意见书15份。

【尘毒危害专项执法】 2020年，韶关市卫生监督所开展尘毒危害专项执法，出动监督员36人次，对12家用人单位进行监督检查，其中矿山行业2间，冶金行业2间，建材行业2间、化工行业5间，检查覆盖率100%。

【卫生监督信访和案件查处工作】 2020年，韶关市卫生监督所受理投诉举报71宗，立案13宗，出动卫生监督员355人次，检查被投诉经营单位及个人71家，书写现场检查笔录71份，下达卫生监督意见书39份。罚款3.83万元，没收非法所得1.27万元，罚没总金额5.06万元。

【卫生监督稽查】 2020年，韶关市卫生监督所对卫生监督员执法行为和着装风纪进行稽查。随机抽取现场笔录和卫生监督意见书各10份（共140份）进行稽查。对2020年度行政处罚案卷进行抽查。查阅卫生监督文书及处罚案卷计190份，其中一般程序卫生行政处罚案卷80份，简易程案件110份。 （戴甲文）

医政管理

【职业健康监督】 2020年，韶关市开展尘肺病防治攻坚行动。由市政府与各县（市、区）签订尘肺病防治攻坚行动目标责任书。12月，市政府常务会议听取尘肺病攻坚行动专题汇报。全年建成7个尘肺病康复站、15个尘肺病康复点。至年底，韶关市有684家用人单位进行职业病危害项目申报，筛查尘肺攻坚专项治理企业91家，基本完成尘肺病防治攻坚任务。对432家用人单位进行职业卫生监督检查，监督635家次，卫生监督意见书136份，行政处罚27宗，处罚金额5万元。完成21项新、改和扩建放射诊疗建设项目预评价报告审核工作，完成14项新、改和扩建放射诊疗建设项目职业病危害放射防护设施竣工验收。完成放射诊疗许可证行政审批77项（其中新证13项、校验42项、变更12项和注销10项）。做好放射卫生监督检查工作，对65个单位进行监督检查，监督137家次，日常监督覆盖率100%。完成40家放射诊疗机构质量控制和场所防护监测、放射诊疗频度调查、放射工作人员职业健康管理调查，全市放射工作人员放射防护培训人数633人，创历史新高。8月，完成全市职业性尘肺病患者随访和回顾性调查，对近70年来报告的韶关市职业性尘肺病开展回顾性随访调查，随访率97.22%（得分≥95%，等次为优）。指导曲江区创建为国家级健康促进县区。

【医疗质量管理】 2020年，韶关市卫生健康局建立和完善全市医疗质量管理与控制体系，累计成立45个市级临床质量控制中心，其中2020年成立40个市级质控中心，覆盖韶关市临床主要专业和相关辅助支撑专业，涵盖公立医疗机构及社会办医疗机构。制定各专科质量控制标准，对各级各类医疗机构进行现场质量评估，评估结果在市卫生健康局网站进行公示，促进医疗质量和安全管理。

【临床用药管理】 2020年，韶关市卫生健康局推进国家基本药物制度的实施，强化对各医疗机构实施国家基本药物配备及使用管理，开展韶关市药政管理自查工作调研，促进上下用药衔接，实施药品使用监测，做好药品临床综合评价，降低慢病门诊用药负担。完善全市短缺药品供应保障工作联动会商机制，印发《韶关市短缺药品供应保障工作联动会商机制工作规则》。加强医疗机构麻醉药品和第一类精神药品管理，开展专项监督指导工作，启动全市麻醉药品、第一类精神药品购用印鉴卡电子化管理前期准备工作。组织全市开展“2020年提高抗微生物药物认识周”活动。

【护理管理】 2020年，韶关市卫生健康局推动护理事业发展，每千人口注册护士数从2015年的2.59人提高到4.3人，加强护理内涵建设和岗位管理，优化护理队伍结构，完善护理管理组织，为人民群众提供护理服务。新冠肺炎疫情发生以来，由市护理协会评选出52名“最美抗疫天使”，其中1人获广东省五一劳动奖章、广东省先进女职工称号，6人获“广东省优秀共青团员”称号，集体获“韶关市三八红旗集体”和第一季度“韶关好人”敬业奉献团体荣誉。

【公益医疗活动】 2020年，韶关市卫生健康局开展韶关市“乡村健康快车”项目，在南雄市、翁源县、始兴县、乐昌市设立基地医院，帮助全市637名贫困、低收入白内障患者免费实施手术治疗，邀请省级、市级眼科专家对基层医疗机构进行技术帮扶。推进曲江区糖尿病视网膜病变筛查试点工作，邀请国家级、省级、市级专家到基层现场指导，为2917名建档在册糖尿病患者进行免费糖网筛查。在全市开展“致敬抗疫英雄，爱眼光明行动”活动，为33名韶关援鄂及抗疫一线医务人员免费实施飞秒摘镜手术。

（马　玄）

医疗单位

【粤北人民医院】 创建于1886年，是广东省高水平医院，是国家住院医师规范化培训基地、国家全科医生临床培养基地、国家药物临床试验机构、全国综合医院中医药工作示范单位、卫生部电子病历试点医院、国家高级卒中中心建设单位、广东省联合培养研究生示范基地、汕头大学医学院博士后流动站科研基地。医院占地面积9.02万平方米，业务用房面积22.9万平方米。

2020年，该医院有职工3476人，其中专业技术人员2847人，硕士研究生导师11人，主任医师等高级职称人员356人，主治医师等中级职称人员696人；有博士、硕士484人。编制床位2500张，开放床位2818张。全年门急诊145.41万人次，出院病人12.1万人次，住院手术6.93万人次。

疫情防控　严把关口，确保医护零感染。支援定点收治医院，第一时间向定点医院支援呼吸机和ECMO，派出9名ICU专业技术人员进入定点医院支援。派出8人加入韶关市第一批和第二批援鄂医疗队，先后于2月9日、2月11日率队出征湖北，分别到武汉方舱医院和荆州市第一人民医院支援。提升核酸检测能力。被省卫生健康委员会确认为韶关市临床基因扩增检验实验室培训基地，培训全市184名学员。挂靠医院的韶关市临床检验医疗质量控制中心指导验收新冠核酸检测实验室17个，作为韶关市医院感染质控中心挂靠单位，对18家医院的疫情防控及发热门诊规范化建设工作进行现场指导和管理巡查。

抗疫先进　各大公众媒体和医院微信公众号推出防疫援鄂事迹宣传报道、疫情健康宣教291次。举行抗疫事迹分享会、精品党课，弘扬伟大的抗疫精神。该医院被评为“韶关市抗疫先进集体”，该医院党委被评为“抗疫优秀基层党组织”。李莉获“全国抗击新冠肺炎疫情先进个人”称号，刘易林被评为“广东好人”，孙烨获“广东省抗击新冠肺炎疫情先进个人”称号，薛冰获“广东五四青年奖章”，刘娟、王兴平被评为“广东省优秀共青团员”。双双投入疫情救治一线的孙烨、薛冰家庭被评为韶关市“最美家庭”，以他们的事迹为原型，该院原创出品的抗疫微电影《家》获省卫生健康委员会组织的“广东医生战疫情”系列主题活动一等奖。

医疗技术发展　2020年，该院成为广东省胸痛中心第二批示范基地。独立建立心脏电生理科，成为国家标准化房颤中心示范中心。开展4例经导管主动脉瓣置换术（TAVA）。成为国家高级卒中中心建设单位。静脉溶栓223例，比上年增长32.7%，动脉取栓141例，增长98.6%。开展颈动脉支架及颅内支架62例，降低患者病死率、病残率。救治急性创伤患者1.04万人次；其中危重症创伤患者252人。多发严重创伤、创伤专科能力2019年度保持全省第二位、第三位。9月，牵头多家基层医院成立“粤北创伤救治联盟”。开展肿瘤防治中心工作。9月，该院被省卫健委确认为第一批市级癌症防治中心，乳腺癌单病种诊治工作被纳入全国200家乳腺癌规范化诊疗中心试点单位。拓展精准医学中心检测领域。检验部开展4类10个项目的新业务，运用串联液相色谱——质谱开展血清氨基酸33项检测、血清药物浓度测定和遗传代谢病43项等检测项目填补韶关地区空白。病理部开展肺癌、肠癌、卵巢癌、淋巴瘤及乳腺癌精准检测2454例，比上年增长86%。建设危重孕产妇救治中心和危重新生儿救治中心。产房手术室开展11例“5分钟紧急剖宫产术”，阿氏切口在中央性及凶险型前置胎盘剖宫产术中的临床应用等高难度手术纳入常态化项目开展。收治危重产妇296次，比上年增长21.8%，其中外院转入该院疑难危重病人178人，危重孕产妇抢救成功率100%。完成危重新生儿救治中心早产儿监护室病房改造升级，建成省内早产儿精准治疗中心。诊断广东省第一例Charge综合征，全国第一例新生儿婴儿芽孢杆菌败血症。

新技术新项目应用　5项院级重大技术项目在临床得到应用，动脉瘤栓塞术、颈内动脉内膜剥脱术等脑卒中防治救治技术305例，心脏瓣膜成形／置换术等心脏中心重大技术项目19例，3D重建指导下肝癌手术24例，院士张英泽精准微创治疗技术49例，PRP生物细胞治疗技术177例。开展新技术项目98个。

专业学科建设　2020年，该院脾胃病专科被认定为“广东省中医药重点专科”，全科医学科被评为“广东省住院医师规范化培训重点专业基地”，医院省级重点专科18个，占医院专科总数35%；29个专科被市卫健局认定为“韶关市重点专科”，占全市重点专科总数60%。为期3年的杰出学科、成长学科建设期满，被批准为“韶关市重点专科”。日间手术室于1月投入使用，年日间手术量2722例。全年药占比22.9%，人均住院药费2315元，均为省内三级医院最低。医院成为国家药品不良反应监测哨点医院和广东省药品不良反应监测工作先进单位。高级内科、高级外科、静疗、骨科获批为省级专科护士培训基地。

专业人才队伍建设　全年招收147名专业技术人员，其中1名学科带头人、1名省杰出青年医学人才、2名博士研究生、1名在站博士后、53名硕士和4名高级职称专业技术人员。选派75人到上级医院进修。连续第二年完成卫生系列高级职称自主评审工作，39人取得高级职称资质。为期3年的第一届“优秀青年医师人才培养项目”于5月期满，28名入选

“优青”医师开展新技术102项，获科研立项54项，获科技成果奖6项，发表专业论文65篇，其中SCI论文16篇，16人外派出国培训学习，40人次国内进修，8人攻读博士或博士后，4人取得博士学位。第一届“天使之翼”20名护理人才培养项目完成。加强专科护士队伍建设，有专科护士58人，达到高水平医院要求。

科研工作　2020年1月8日，粤北人民医院医学研究中心（一期）启用，4个平台投入运作，产出SCI论文8篇，专利2项。4月10日，再生医学实验室投入使用，开展关节病损修复细胞培养300多例。104名学员参加“菁英班”学习，32人参加“卓越班”进阶学习。储备科研人才。完成12个药物临床试验专业备案工作，开展25项药物和器械临床试验，临床试验质量提升。I期(BE)临床试验中心于5月运营，开展2项生物创新药一期临床试验、4项人体生物等效性（BE）试验。完成各级课题申报261项，比上年增长19.18%；获课题立项数220项，增长8.37%。其中获2021年度广东省中医药局科研立项5项，较上年增长150%。获韶关市2019年度科学技术进步奖9项，其中一等奖2项，二等奖3项和三等奖4项。获实用新型专利7项，第一作者发表SCI论文45篇，比上年增长150%。影响因子117.96分，比上年增长184%。

教学工作　2020年，该院新招住培学员98人，招生任务完成率117%。新增重症医学科住培专业基地，专业基地22个。适住培结业考核通过率86.2%。接受各大院校实习生570人，与上年基本持平。与汕头大学医学院共同举办的同等学力研究生课程班招生79人。做好50名在院硕士研究生培养。举办继续教育项目114项，比上年增长52%。其中国家级继续医学教育项目6个，省级继续医学教育项目46个，市级继续医学教育项目62个。将优质继教项目带到基层医院举办，扩大对基层医院学术辐射。承担县级医院骨干医师、转岗医师近30人为期一年的培训任务。

医院管理　公立医院绩效考核进入国家“A”级行列。门诊电子病历上线，完成智慧医院一期建设工程，实现院区WIFI全覆盖，移动护理PDA在全院范围内铺开。推广应用自助服务、移动支付等方式，推行电子票据。完成高水平医院建设相关设备采购计划，完成介入耗材及骨科外固定支架等高值耗材带量采购，节约发展资金。卫生材料收入占医疗收入的比例11.84%，呈下降趋势。做好公共机构节能工作，医院获“2019—2020年国家公共机构能效领跑者”称号。

医联体建设　按照8年内建成二甲医院的目标，与南雄市第二人民医院共建紧密型医联体。10名管理人员、专家和技术骨干常驻医院，10名专家每周一天专程前往开设专家门诊，52人到该院进修，进行管理和技术帮扶。帮扶乐昌市人民医院和始兴县人民医院。利用广东省远程医疗中心平台，与基层医院建立远程培训与疑难病例会诊机制，培训人数700余人，广东远程医疗公众号3次专题推广该院的做法和经验。（朱伟红）

【粤北第二人民医院】 2020年，医院设有7个住院科室，编制床位412张，开放床位430张。设有4个门诊部。其中西河门诊部是广东省指定韶关市餐饮及公共场所服务从业人员健康体检的定点单位。全年服务门诊病人9.72万人次，比上年下降7.9%；出院病人9380人次，下降13.61%；住院手术量1304人次，增长5.2%；平均住院日14.74天，增长17.6%。平均门急诊人次费用246.41元，下降16.1%，每出院人次费用9941.95元，增长7.46%。完成2020年采购年度计划（含部分疫情专项设备）的全身彩超、ECNO等应急医疗设备，总金额1778万元及医用防护耗材。完成传染病综合大楼项目第二台64排CT和1.5T核磁共振的省卫健委的大型设备批复许可证。

新冠肺炎疫情防控　粤北第二人民医院作为韶关市定点收治医院，在疫情发生后，迅速启动突发公共卫生事件应急预案，组建疫情防控领导小组，成立医院疫情防控指挥部，组建以肺科为主要成员的医疗救治团队。自1月20日打响“新冠”疫情防控阻击战以来，医院全员取消休假，与来自粤北人民医院、市第一人民医院、市中医院、铁路人民医院、南雄人民医院、曲江人民医院的新冠肺炎专家及医护人员，组成临床救治团队，开展医疗救治和疫情防控工作。从1月20日凌晨起，收治第一例发热疑似新冠肺炎病人至3月8日确诊病例清零，收治确诊新冠肺炎10人(其中9例治愈出院，1例危重症新冠肺炎患者因肾功能衰竭合并多器官功能衰竭，经抢救46天，最后因救治无效不幸去世)，无症状感染者4人，排查疑似病人32人，医护人员零感染，

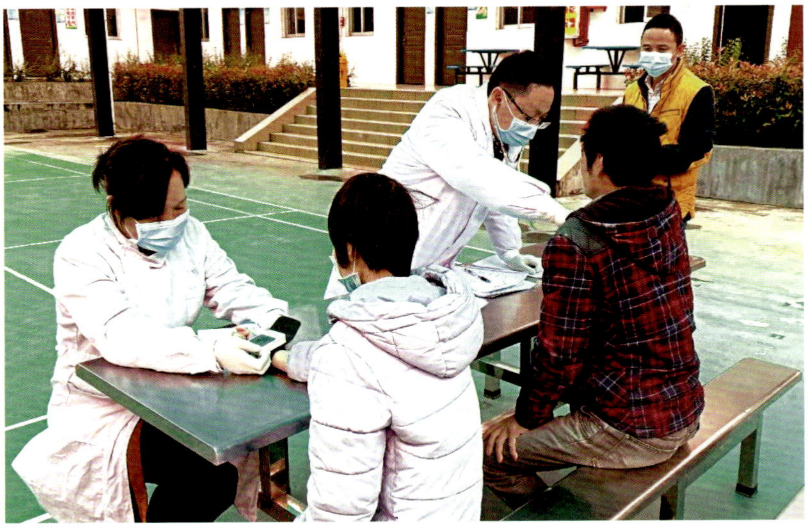

粤北第二人民医院医生在救助区为受助人员检查身体

（粤北第二人民医院　供）

完成韶关市新冠肺炎临床救治工作，新冠肺炎疫情防控工作取得阶段性胜利。粤北第二人民医院获“广东省抗击新冠肺炎疫情先进集体”称号；温志华获“广东省抗击新冠疫情先进个人”“广东省优秀共产党员”称号；沈智姹获“广东省五一劳动奖章”；李德昌获“韶关市抗击新冠疫情先进个人”“韶关市优秀共产党员”称号；刘增辉获“韶关市抗击新冠疫情先进个人”称号；该院获“广东医生战疫情”演讲比赛“最佳组织奖”等荣誉。

市重点项目建设　2020年，粤北第二人民医院在建的传染病综合大楼是韶关市卫生强市建设项目之一，项目总建筑面积4.2万平方米，立项总投资3.5亿元，中标总投资2.99亿元。新增病床350张，建设传染病综合大楼及基础配套设施等。截至年底，综合楼AB座基本完成建设与装修，ICU、手术室等部分科室二次装修抓紧招标建设。

艾滋病大楼储备项目　2020年，艾滋病大楼储备项目被纳入建设粤北第二人民医院“韶关市公共卫生医院（重大疫情救治基地）建设项目内，已完成前期可研性研究。完成项目建议书和可行性报告及概念性设计方案。

创建三级甲等传染病专科医院　2020年，按照韶关市关于实施1+3+3+1三级医院集群发展战略，年内建立内审员队伍，规范评审材料管理，完成全院摸底自评，力争2025年建设成为传染病专科三甲医院。

医疗服务质量提升　2020年，重点监督检查医疗质量和医疗安全核心制度的落实，严格执行诊疗技术操作规范及诊疗常规。加强病历质量管理，抓好流感、布鲁氏菌病等其他传染病病人的医疗救治工作。加强法定传染病报告管理，提高法定传染病信息报告质量。感染科开展内镜下食管静脉由张套扎术、胃底静脉曲张组织胶联合硬化剂注射治疗、消化道溃疡注射止血及喷洒止血术；肺科开展支气管镜检查；外科开展脊柱微创手术、胸腰椎椎体结核病灶清除+椎弓根内固定+植骨融合术、晚期胃癌根治术等；检验科开展“谷胱甘肽还原酶”检测和新冠核酸PCR检测；放射科新的64排螺旋CT投入使用；功能科添置一台飞利浦高端彩超，开展肌骨超声检查新项目，做到覆盖全身各部位的无创性超声检查。全年无重大医疗事故。

结核病防控　2020年，重新修订《肺结核患者发现诊断报告与治疗管理制度》，规范接收各县（市、区）传染性、耐多药、危重肺结核患者住院治疗，2019—2020年，全市登记管治肺结核患者通知管理率95%以上。肺结核可疑症状转诊率95%目标；肺结核患者管理率、规范管理率、规则服药率均达90%目标。实验室检测能力提高，开展痰结核杆菌涂片、培养、药物敏感试验、菌种鉴定、核酸检测、耐药基因检测。各县（市、区）结核病定点医疗机构实验室均开展痰结核杆菌涂片、培养检查，全部开展结核杆菌核酸检测项目，覆盖率100%。加强学校结核病防控工作，防控干预，落实防控措施，确保师生健康。

公益健康活动与宣传　2020年，开展公益性卫生健康义诊宣传活动。市级以上各类新闻媒体报道该院疫情防控相关报道60篇，该院疫情防控相关报道微信公众号50条、简报65条。粤北第二人民医院官方微信公众号被中国卫生摄影协会评为2020年全国卫生健康系统“战疫”纪实摄影大赛官方优秀支持媒体。彭裕强参赛作品获2020年全国卫生健康系统“战疫”纪实摄影大赛优秀作品三等奖。彭裕强与记者冯春华合作撰写的《战“疫”硝烟录》——粤北第二人民医院抗击新冠肺炎疫情纪实报告文学作品被广东省作家协会评为全省6部优秀报告文学作品之一并通报表彰，作品被刊登在《季风》“抗疫”专号上。

人才培养与引进　2020年，引进中专以上学历专业技术及其他管理人才共21人，其中研究生学历2人，本科学历10人，大专以下9人。

科研能力建设　2020年，粤北第二人民医院科研团队与深圳大学医学部教授陈心春团队成立的粤北结核病重点实验室及与深圳大学医学部合作成立的联合实验室，有《新型冠状病毒肺炎早期快速筛查和职业暴露人群血清流行病学研究》《依鲁替尼增强宿主细胞清除感染结核杆菌的机制研究》2项科研项目被列为广东省科技厅科研奖励基金项目，另外2项科研项目分别被列入白求恩医学科学研究基金资助及广东省防治新型冠状病毒科技攻关专项研发项目，累计获科研经费70万元；发表论文12篇，其中SCI论文5篇。列为韶关市卫健局科研项目4个，1个韶关市科技局立项、2个广东省科研立项。韶关市科技局授予由该院承担的科研项目“内外同治法对早期肝硬化作用的随机双盲临床研究”科学技术进步二等奖。

基础建设　2020年，完成院部门诊CT机房装饰工程，投资36.27万元；院内家属区6号楼翻新改造工程，34.03万元；分度分院加装天花、板房及地板工程，投资14.94万元；肺科雨水管改造工程，投资28.26万元；原有配电房增容改造工程，投资60.65万元。绿化改造（种植）约6500平方米。　（彭裕强）

【粤北第三人民医院】　2020年，钟伟英获广东省护士协会“优秀抗疫护士”、曾小英获广东省护士协会“优秀论文二等奖”、黄美莲和彭喜娟获广东省护士协会“优秀组织奖”、唐水华获广东省护理学会精神科护理专业委员会“个案比赛二等奖”、李武获广东省护理学会精神科护理专业委员会“优秀学员”、黄美莲获广东省护理学会精神科护理专业委员会“组织三等奖”、护理团队创作健康科普作品获广东省护士协会“健康科普一等奖”、医院获韶关市“全市全民禁毒工程先进集体”、黄美莲获韶关市政府特殊津贴人才待遇。1月17日起，设立一级、二级预诊分诊点、住院部预诊分诊点、重点设置发热门诊；住院病区划分住院康复治疗区、新入院治疗区、可疑感染区、院内发热感染区。

医院整合　2020年6月29日，经市委机构编制委员会办公室批准，整合粤北第三人民医院与韶关市复退军人医院，组建新粤北第三人民医院（韶关市复退军人医院、韶关市精神卫生中心）。7月15日，粤北第三人民医院与韶关复退军人医院合并，两院整合成立新的粤北第三人民医院（韶关复退军人医院、韶关市精神卫生中心）（以下简称“粤北第三人民医院”），定编床位1200张。整合后医院占地面积4.57万平方米、建筑面积3.98万平方米、业务用房2.35万平方米。2020年，入院病人1766人次，比上年下降26.6%；出院病人1765人次，下降30.2%；全院总住院日38.54万日，比上年减少36516日，下降8.65%；病床使用率90%；治愈率30.9%，好转率65.4%；门诊量5.27万人次，下降18.7%；业务总收入1.26亿元，下降12.8%；药品收入占业务总收入比例30.3%。

精神疾病社区防治管理　2020年，开展严重精神障碍管理治疗项目，定期对所管辖区进行督导。截至年底，全市在册严重精神障碍患者1.87万人，严重精神障碍报告患病率6.25‰，年面访率88.38%，管理率94.95%，规范管理率92.92%，在册患者服药率86.89%，规律服药率70.38%，服药率（精分）85.77%，规律服药率（精分）68.1%，韶关市各项工作指标均达到省级标准。

医疗资源整合　将精神心理服务项目延伸到优抚对象，为优抚对象区配备专职医护人员6人，医教科、护理部等相关科室每周定期督导，拓展精神心理服务项目，确保优抚对象的治疗康复疗效；创新开展“精神优抚”活动，推行“精神优抚”，创新开展拥军（关爱功臣）送医送药、“八一”慰问、节日庆祝等活动，关心优抚对象的心理需求、走访看望、面对面思想交流、提供心理咨询和心理治疗。对复退军人医院院区的康复楼功能重新分区定位，住院楼设有精神五科、六科、优抚对象区，设立退役军人食堂，配备经颅磁刺激、生物反馈、认知行为治疗等物理治疗项目，做到康复项目一应俱全。改善优抚对象住院条件，配备标准的活动间、娱乐间，康复治疗场所一应俱全。设立退役军人优抚科，负责韶关和清远两地退役军人、复员军人、烈士遗属等优抚对象的健康教育，心理行为问题的预防康复，以及精神病患者治疗工作的业务管理。

心理卫生建设　2020年2月7日，设立粤北第三人民医院疫情心理援助热线电话，2月21日上线《心理危机干预测评系统》，可在线实时评估自己的心理状态，进行自我调适，有效对战恐疫情绪。加强心理健康服务体系建设和规范化管理，促进韶关市心理卫生事业发展。　（叶伟标）

【韶关市第一人民医院】 2020年，韶关市第一人民医院门诊诊疗总人数59.18万人次，出院总人数3.73万人次，手术2.31万台次。

新冠肺炎疫情防控　2020年2月9日，韶关市第一人民医院选派5名湖北急需的专科医护人员组成医疗小分队驰援湖北，奋战48天，得到荆州市中心医院赞赏并赠送锦旗1面，是韶关援鄂医疗队中唯一获锦旗表扬的单位。选派1名专科医护人员参加内地核酸检测支援队广东组，助力香港新冠疫情防控工作，该支援队在广东省抗击新冠肺炎疫情表彰大会上被省委、省政府评为“广东省抗击新冠肺炎疫情先进集体”。先后派遣3批次医务人员支援粤北第二人民医院，7名市级专家组成员到粤北第二人民医院参加地区病例会诊5次，配合韶关市新冠肺炎疫情防控指挥部医疗救治组指导全市各项疫情防控救治工作。协助做好境外人员、白云机场巡诊、韶关高铁站检测体温及配合韶关市中小学指导健康服务工作。医院被评为“韶关市抗击新冠肺炎疫情先进集体”“韶关市抗击新冠肺炎疫情先进基层党组织”称号。

抓实医疗质量　2020年，韶关市第一人民医院落实医疗核心制度，制定三甲复审10项监测指标目标值；制订三甲复审工作相关绩效考核方案，包括现场评审部分考核方案和十项指标考核方案。完善多学科合作模式（MDT）诊疗方式；开展新技术21项。推行日间手术，制定日间手术病种及管理办法。引进第三方调查测评与院内考核相结合，完成满意度调查3497人次，全院各科室满意度均达标。实现网上诊疗及处方流转，网上预约诊疗率达90%以上。实现电子健康码上线，增设电子票据系统，为提升医院办公效率，引进OA自动化系统。全院实施病区站点医保结算服务。由伤口专科供稿科普宣传视频，获2020年南方健康科普作品奖，并被“学习强国”平台录用。利用韶关市医学会、市康复医学会优势，增加多个分会。开创粤北地区首个足踝外科专业，开展“彩虹之眼”红外热成像全身检查技术、3D打印辅助技术的临床应用等特色技术，取得PRP技术省内许可，开展第二代PRP技术。从服务、行为监管和制度建设三个方面规范医保管理，2020年医保年度考核，得到医保局肯定评价。

科研创新　2020年，韶关市第一人民医院科研管理专家委员会评审申报市卫健局科研29项，科技局21项。加强博士工作站建设，获市科技局科研立项3项，申报国家专利4项，其中1项获国家专利局授权；申报广东省自然科学基金立项1项，获资助10万元，课题取得阶段性成果；参与国家卫生健康委员会和工业和信息化部批示由北京积水潭医院牵头的国家骨科手术机器人应用中心组成单位建设；申报广东省卫生计生适宜技术推广项目1项，博士工作站获上级拨付建站补贴60万元；有2项科研成果获韶关市科技进步一等奖。

信息化建设　2020年，韶关市第一人民医院做好内网服务器计算资源扩容新增4台虚拟主机，建立隔离区3台超融合服务器以备后续陆续上线10—20台前置机的应用。开通上网行为管理，完成省医保平台切换。梳理完善HIS系统及曼荼罗平台，为后续信息化及三甲工作奠定数据平台基础。

医联体建设　2020年，韶关市第一人民医院对口帮扶科室中有11项技术完善国家推荐标准对应诊疗科目，填补南雄医疗技术空白；南雄市人民医院6人入选“韶关名医”，2

人评定为韶关市拔尖人才、1人选为享受韶关市政府特殊津贴人才；2个学科评定为韶关市市级临床重点专科。落实双向转诊制度，与韶关监狱签订深化医疗合作协议。与武警韶关支队签订对口帮扶协议。与广东省医院协会“医特专家中心”举行签约暨授牌仪式。完成韶关市基层呼吸系统疾病早期筛查干预能力提升项目，对新丰县、南雄市、乳源瑶族自治县、翁源县、乐昌市5个县56名学员进行理论及实践实习培训。

医院迁建项目　2020年，韶关市第一人民医院推进新区医院建设。至12月24日，1号楼及2号楼主体结构工程完成100%，封顶，砖砌筑四层；3号楼主体结构工程完成100%，砖砌筑完成100%。申请国家专项债券资金到位1.8亿元，截至年底，支付项目建设资金2.31亿元，其中专项债券资金1.8亿元。10月19日，通过市安全文明示范工地评审；11月27日，通过省安全文明示范工地初评。（伍　遥）

【韶关市中医院】 疫情防控　2020年，韶关市中医院完善基础设施，常态化疫情防控，11月完成核酸检测实验室建设并投入使用，12月，完成发热门诊建设并投入使用；派出2名医护人员驰援武汉；派出工作人员288人次分别在323国道龙归加油站、韶关火车东站、白云机场等检查点执行疫情防控体温监测任务，工作时长2248小时。免费为大桥镇奋战在疫情战线上的领导干部和工作人员送上新冠肺炎预防方。派出专家深入粤北二院传染病病房为新冠肺炎患者会诊，提供中医药诊疗方案。

中医专科建设　2020年，整合内五科和胃镜室，成立脾胃肝胆科，利用胃肠镜等设备开展镜下手术等业务，拓展胃肠镜业务。搬迁行政部分办公室，门诊五楼成立儿童中医保健中心，扩大儿科、皮肤科、男性科门诊。

治未病工作　2020年，发挥治未病优势，拓展治未病业务，治未病中心门诊人次比上年增长18%。

控成本调结构　2020年，优化绩效考核方案，整合护理单元，将和平分院门诊、肿瘤内科护理单元整合到针灸科；暂停妇产科住院业务，康复二区搬至原妇产科病房与骨伤二区共用护理单元；对总院及十里亭手术室的护理人员实行统一管理，统一调配。对使用率高，疗效尚不确切的中成药及辅助用药进行调整，促进合理用药。

医疗帮扶和义诊　2020年，做好始兴县中医院、乳源瑶族自治县中医院、南雄市中医院的对口支援帮扶，免费接收技术人员培训学习，开展双向转诊，开展中医适宜技术推广工作。安排相关专家对白土卫生院、大塘卫生院进行业务、技术帮扶。免费接收、培训基层医务人员258人次。完成市卫生健康局安排的会议、活动保健、保障任务3次。开展健康义诊6次，服务1300多人。

荣誉　2020年，韶关市中医院被评为2020年全国“敬老文明号”。妇科拍摄的微视频作品《盆腔康复操》在广东省中医药学会护理专业委员会举办的“2020年度中医护理养生操大赛”中获三等奖；朱晓华参加韶关市120心肺复苏单人比赛获三等奖；刘大康被评为广东省优秀共青团员，温智鹏被评为广东省抗击新冠肺炎疫情先进个人，罗美文被评为韶关市三八红旗手，叶湘粤被评为韶关市抗击新冠肺炎疫情先进个人。

（董彩兰）

【韶关市职业病防治院】 2020年，韶关市职业病防治院（韶关市第二人民医院、粤北工伤康复中心），在岗职工399人，卫生技术人员310人，其中中级职称70人、高级职称26人。开放病床470张，全年出院病人数6120人次、门诊量15.57万人次、职业健康检查人数5.14万人次。

抗击新冠肺炎疫情　2020年，完成各疫情防控点监测体温22万人次，入户为湖北（武汉）返韶人员进行咽拭子核酸检测1600份，发放疫情防控宣传资料5000份。其中20名志愿者组建的“青年突击队”在粤北站抗疫24个昼夜。3月赴广州白云机场执行对境外返（来）韶人员为期24天的转接任务。

医疗水平和服务质量提升　2020年，韶关市职业病防治院建立名医工作室，派9名医务骨干到省级医院及市三甲医院进修学习，拓展康复项目、设立疼痛科，加强优质护理，患者满意度93%。压实常态化疫情防控工作，全年各类环境、物体表面、无菌物品及消毒液的细菌监测709份，合格率93%，未发生院感爆发事件，未发生新生儿死亡、医疗事故和重大医疗纠纷。贯彻落实医保政策做好回头看自查工作，5月，韶关市职业病防治院被市医保局评为2019年度医保考核优秀等次。

职业病诊断及职业健康体检　2020年，韶关市职业病防治院协助企业复工复产，做好职业健康体检及职业病诊断、工伤鉴定工作，保障劳动者健康权益。完成574家企事业单位、5.14万人次职业健康检查及健康体检，工作量比上年增长5%，完成64例职业病诊断工作，诊断为职业病的37例（含新诊断和晋期），协助市社保局完成2452人的工伤保险劳动能力鉴定工作。4月28日开展线上职业病防治法宣传周“职业健康，我行动”为主题的宣传活动，印发职业健康宣传资料2000份。

职业病工伤康复水平和能力提升　2020年，韶关市职业病防治院加大康复设施设备投入，拓展新技术、新项目，提高治疗康复水平和能力。5月28日，被评定为韶关市首家广东省工伤康复协议医疗机构。受疫情影响，10月开始接收工伤康复患者，收治职业病工伤康复患者2000人次，其中工伤康复460人。

残疾儿童康复工作　加强与市残联协调，提升残疾儿童康复质量，引进康复人才和拓展新技术、新项目。2020年，韶关市职业病防治院承担康训任务的自闭部、脑瘫部残疾儿童100人，完成各项康复救助任务，康复有效率92%，入院治疗康复残疾儿童1230人次，康复效果明显。2020年11月，参加粤赣湘闽4省市康复技能大赛获二等奖。

社区卫生工作　落实基本公共卫生服务各项工作，全年完善居民电子健康档案6.77万份，有效建档率90%，儿童预防接种4.89万人次，“四苗”接种率100%，开展65岁以上老年人免费体检2160人次、老年人中医药健康管理2110人，家庭医生服务签约2.4万人。加强基本医疗服务工作，惠民社区卫生服务中心门诊量3.19万人次、住院患者1170人次。

医联体建设 2020年1月，与广东省职业病防治院、韶关市职业卫生与健康教育所3家签订职业健康工作医联体合作协议。6月，举行医联体挂牌仪式，陆续开展尘肺治疗药物和防治关键技术、职业镉暴露人群VEGFA基因单核苷酸多态性及其对肾小管损伤的修饰作用研究等科研协作工作。（邓有生）

【韶关市第三人民医院】 2020年，韶关市第三人民医院门（急）诊总诊疗病人17.52万人次，比上年度下降26.8%；出院病人8050人次，下降25%；完成各类手术6164例次，下降13%。曾锋被评为“广东省抗击新冠肺炎疫情先进个人”，罗飞艳获2020年第一季度“韶关好人”称号。

新冠肺炎疫情防控 新型冠状病毒感染的肺炎疫情发生后，韶关市第三人民医院成立疫情防控领导小组，围绕疫情防控工作制定一系列制度、措施、预案。1月20日，从发热病人中筛查韶关市第一例新型冠状病毒性肺炎确诊患者，未发生院内感染和社区传播。用2天时间完成发热门诊改造，将原急诊科改造成发热门诊，实现发热病人闭环管理。组织30余人的专业防控小组到乐村坪高速路口、京港澳高速路口韶关站、韶关火车东站及白云机场出口韶关测温驻点等处参加体温监测工作。12月30日，经韶关市卫生健康局同意，增设临床基因扩增检验实验室，独立开展新冠病毒核酸检测工作。

房颤中心、卒中中心创建 12月28日，韶关市第三人民医院整合多学科资源，成立卒中中心和房颤中心委员会，启动房颤中心、卒中中心创建工作。

科研成果 《房颤患者血浆NT-proBNP与NYHA心功能分级及EF值变化的相关研究》等7个项目获韶关市卫生健康局科研项目立项审批，《纵行切口不植骨钢板内固定对于跟骨骨折的疗效研究》等3个项目获韶关市科学技术局立项审批，其中一项获研究经费支持。《创新用药咨询平台丰富药学服务内涵的应用研究》课题获评为基层省级领先水平成果。（全宏丹）

【韶关市口腔医院】 2020年，韶关市口腔医院（韶关市牙病防治指导中心）门诊人次10.09万人次，全年未发生医疗事故和医疗差错。

教学和科研工作 2020年，完成9位实习生、2位进修生的临床教学任务，获市医药卫生立项6项，在学术期刊发表论文6篇。

新冠肺炎疫情防控 2020年，派出医务人员581人次到京珠高速公路韶关出口、广乐高速公路铜鼓大道出口和韶关高铁站入口3个检查点进行体温监测工作。

儿童口腔疾病综合干预项目 2020年，派出专业人员到韶关市区34所幼儿园、9所小学，为适宜儿童涂氟1.16万人次、窝沟封闭牙齿1920颗，开展口腔健康知识讲座7次。是年，通过广东省儿童口腔疾病综合干预项目验收。

义诊咨询活动 2020年，派出专业人员到韶关市社区、农村开展义诊咨询活动6次，发放宣传资料3000多份。（叶隆住）

【韶关市铁路医院】 2020年，韶关市铁路医院编制床位260张，开放床位320张，设有19个临床医技科室，固定资产1.5亿元。

新冠肺炎疫情防控 2020年设置预检分诊点1个、卡点5个，组建临时感染科，抽调骨干、招募志愿者承担各项防疫任务。截至年底，预检分诊近22万人次，接诊发热病人3269人次，留观21人次。承接浈江区疫情防控任务，包括对区内湖北来韶人员等高危人群1300余人次进行咽拭子核酸采集、浈江区所有发热病人的排查。到浈江区各学校、工厂、农贸市场对5000余人次进行核酸采样排查，为复工复产复学提供保障。在火车东站出站口开展24小时全天无间隙的旅客发热分诊工作，严守韶关防疫大门。1月31日，有1例疑似新冠肺炎感染患者就诊，迅速疑诊、留观，并于12小时内确诊断并转至定点医院，未发生院内感染事例。响应市新冠核酸检测扩容要求，用23天时间完成PCR核酸检测实验室建设并投入使用，完成7万人次核酸检测量。12名申请支援的医务骨干入选韶关市驰援湖北的第三、四批次名单，于红妮、肖彬支援粤北二院获好评。落实政策，为疫情防控7位一线医务人员办理入编。

广东韶州人民医院筹建 2020年，韶州人民医院筹建工作用4个月完成项目初步设计，项目于4月28日取得施工许可证并开工建设。截至年底，完成桩基基础施工，前广场及门诊部分地下室、门诊楼部分三层、住院楼及医技楼地下室部分开始施工，工程资金量1.24亿元。

重点学科建设 2020年，眼科推进市级公益项目“乡村健康快车”，下基层手术并带教指导，促进学科发展；麻醉科疼痛门诊创新开展B超引导下腰椎椎间盘臭氧消融术及膝关节神经支阻滞/毁损术，其中B超引导下膝神经关节手术达省内先进水平，完成100例。

履行浈江区人民医院职责 2020年，医院定期对浈江区冷冻食品及市场从业人员、医疗机构内所有职工、院内住院患者、陪护及家属进行核酸检测，有效防范疫情传播源。对工厂、学校等进行防疫指导，规划定点接种基层医疗机构医疗布局，抽调医务人员驻点做好新冠疫苗接种人群的医疗保障。对接区医疗卫生工作，承担浈江区内妇女两癌筛查工作，全年筛查约3000人。对接基层医疗服务帮扶，落实双向转诊制度，全年双向转诊（住院）104人次，门诊转诊58人次，对新韶卫生院开展各专科帮扶，发挥浈江区医疗联盟牵头单位作用。完成武装部兵检任务，实现连续11年无责任退兵。

医院荣誉 2020年，韶关市铁

路医院被浈江区人民武装部授予“2020年度支持国防建设先进单位”称号；获广东省医院协会最美抗疫医信人义无反顾集体奖；被韶关市慈善总会吸收为韶关慈善总会会员单位；功能检查科被韶关市妇联授予韶关市“三八红旗集体”称号。（李毅玲）

【韶关市应急救护指挥中心】 日常120医疗急救电话受理和医疗救援应急处置　2020年，韶关市应急救护指挥中心上线MPDS系统取得明显成效。通过电话指导抢救11名心脏骤停患者；指导5名孕妇在家分娩。完成院前医疗急救和应急医疗救援指挥调度工作任务：全年受理市民医疗急救电话8.73万次，比上年增长9.25%；受理呼救电话1.92万人次，派车1.79万人次，救治病人1.45万人次，与上年基本持平。进入MPDS预案数1.17万例，预案使用率90%；指导完成数8260例，指导完成率70%；为1000多名有生命危险的各类急危重症伤病员提供现场救护指导。处置重大医疗救援事件24起，比上年下降33.33%。全年未发生一起重大院前医疗差错事故和医疗纠纷。

院前医疗急救队伍培训演练　2020年，先后举办11期美国心脏协会（AHA）BLS和HS学员培训班，培训学员279人。为基层各医院开展各类急救培训11场，培训人员538人次。

开展公众急救培训　2020年，为公安、供电、中小学校、相关企业、社区、志愿者等开展急救知识与技能培训，全年开展社会公众培训37场，培训人员2088人次。

科研工作取得突破　开展的“韶关市社会急救模式及其策略研究”科研项目，通过市级科技成果鉴定，达到国内领先水平，填补单位科研项目及科技成果空白。（张绮凌）

【韶关市慢性病防治院】 2020年，韶关市慢性病防治院（韶关市皮肤病医院、韶关市性病防治中心）业务收入比上年下降10.91%；门诊病人9.03万人，下降7.56%；出院人次898人次，下降37.03%。是年，副院长温景获“抗击新冠肺炎疫情先进个人”称号；副院长梅册芳被评为“韶关市第二期享受市政府津贴人才”，获第二届“韶关医师奖”；刘桃香获广东省青年医师大赛“华邦杯”三等奖；李高峰获广东省医学会皮肤性病学分会优秀基层青年医师三等奖。

2020年8月19日第三届“中国医师节”庆祝大会上，举行第二届韶关医师颁奖仪式，11名医师荣获第二届“韶关医师奖”　（伍荣海　摄）

新冠疫情防控　韶关市慢性病防治院从2020年1月27日投入到疫情防控工作，负责中职技校、韶关东站疫情监测工作；2月1日，加入到武深高速城口联合检疫检查站进行体温监测，派出5支队伍、50名医护人员支援城口，完成24天的监测任务；韶关市慢性病防治院后续还参加韶关高铁站、韶关东站的体温监测任务。是年，全院有83人参与疫情防控工作，执勤724人次。投入资金8.83万元，用于购买体温监测仪、口罩、防护服、消毒物品等，确保监测点防控物资供应。

专科特色　2020年11月，韶关市慢性病防治院中医皮肤诊疗中心启用，发挥传统中医在皮肤病的治疗作用，开展穴位贴敷疗法（止痒、止痛）、止痒酊涂擦、止痛贴贴敷疗法等中医特色诊疗。

科研创新　2020年，韶关市慢性病防治院科研课题《308准分子光治疗白癜风的疗效观察》《完善性病实验室网络与质控对性病检测及疫情控制的研究》均获韶关市科技成果三等奖。

防治十年规划　参与《韶关市梅毒预防与控制规划（2010—2020）》进行终期评估，由市卫生健康局牵头，组织市专家组对全市医疗机构开展梅控十六项指标终期评估工作。《韶关市麻风病防治规划（2011—2020）》终期评估，2010—2020年，培训全市医务人员1.29万人次；各医疗机构转诊麻风疑似病例1546例，累计新发病例16例，其中2级畸残3人；有16位医务人员获报病奖励。

麻风村管理　2020年，由财政拨款8万元进行麻风村引水工程改造，10月，完成引水工程。开展宣传慰问活动，“世界防治麻风病日”、春节、中秋节等节日，给麻风村修养员送饺子、汤圆、粽子、月饼等慰问品。（罗玉香）

【韶关市中心血站】 2020年，韶关市无偿献血3.24万人次，总采血量1077.81升，5.39万个单位，10.8吨，全市临床用血连续22年100%来自无偿献血。保障全市临床用血需要，确保血液质量安全。

新冠肺炎疫情发生后，血站采集3名新冠肺炎康复者血浆。

2020年，服务队组织各类志愿者集体活动20余次，参加人数5000余人次，注册志愿者志愿服务时间2.3万小时，服务队成立以来总志愿服务时间突破50万小时。（刘凯波）

收入与消费

居民收入

【概况】 2020年，韶关市居民人均可支配收入27546元，同比增长6.7%，增速高于全国、全省平均水平，增速位居全省第五位，绝对值位居全省第十位。扣除价格因素，实际增长4.4%，增幅超全国、全省平均水平。2020年，在北部生态发展区5个市中，韶关市居民、城镇及农村居民人均可支配收入均排第一位，全体居民人均可支配收入增速排第二位。

2020年韶关与全国、全省居民人均可支配收入增速一览表

表21　　单位：%

单位	全体居民	城镇居民	农村居民
全国	4.7	3.5	6.9
广东	5.2	4.4	7.0
韶关	6.7	5.5	8.0

2020年北部生态发展区5个市可支配收入及增速对比情况表

表22

地区	全体居民		城镇居民		农村居民	
	收入（元）	增速（%）	收入（元）	增速（%）	收入（元）	增速（%）
韶关市	27546	6.7	34418	5.5	18289	8.0
清远市	26055	6.9	33159	4.9	17881	8.2
梅州市	23873	4.2	29942	2.4	17430	6.0
云浮市	22306	6.5	28330	5.7	17777	6.8
河源市	22291	5.9	28018	3.3	17313	8.0

【居民人均可支配收入】 2020年，韶关居民人均可支配收入完成翻番目标是19729元，韶关市居民人均可支配收入为27546元（剔除价格指数后为21825元），完成翻一番目标。城镇居民人均可支配收入34418元，比

上年增长5.5%，扣除价格因素实际增长3.2%；工资性收入增长主要表现在考核兑现工资提升。

韶关居民人均可支配收入比上年增长6.7%。在收入构成的四大类收入中，呈“两升两降”的态势，工资性收入和转移净收入是拉动居民增收的两个支柱。

工资性收入成为增收主要支柱 2020年，韶关市居民人均工资性收入16489元，比上年增长9%，占居民可支配收入的比重59.9%，拉动可支配收入增长5.3个百分点，对可支配收入增长的贡献率为78.2%。韶关市出台复工复产19条、支持生活性服务业39条等惠企纾困政策措施，在金融支持、做好税务保障、增加财政补贴、降低用工成本、便利政务服务等5个方面，支持受疫情影响、生产经营遇到困难的企业尽快实现复工复产。出台2.0版市“促进就业十条”，举办专场招聘活动134场，发布招聘岗位11.4万个次。落实促进灵活就业人员就业创业政策，落实促进异地创业务工人员返乡创业就业政策，多渠道促进就业创业，就业形势保持总体稳定。全市城镇新增就业2.53万人，完成全年任务的101.4%，城镇登记失业率控制在年度目标3.5%以内，稳定岗位补贴发放增长118.2%。就业水平的提高支撑居民收入工资性收入增长。

转移净收入增长是居民增收的第二大动力 2020年，韶关居民人均转移净收入4308元，比上年增长11%，占可支配收入的比重15.6%，拉动居民人均可支配收入增长1.7个百分点，对可支配收入增长的贡献率为24.6%，是居民增收的第二大动力。转移支付力度加大，底线民生保障水平提高。城乡居民基础养老金和城乡低保标准提高，社保离退休金发放总额增长8.5%。精准扶贫政策补贴提高。五保金、低保金标准提高，危房改造补助和教育扶贫等多项扶贫政策惠及农村困难群众。寄带回和赡养收入增加，拉动转移性收入增长。

经营净收入及财产净收入双降 2020年，受疫情影响，特别是上半年，相关经营性产业经营状况未完全恢复，从业人员收入下降。红利、租金等财产性收入受到影响。韶关居民人均经营净收入5122元，比上年下降0.4%；人均财产净收入1628元，比上年下降1.6%。

【农村居民收入】 2020年，韶关市农村居民人均可支配收入18289元，比上年增长8%，扣除价格因素，实际增长5.6%。实现乡村振兴战略规划城乡居民收入比发展目标。广东省实施乡村振兴战略规划（2018—2022）提出城乡居民收入比低于2.52。韶关农村居民人均可支配收入保持较高增速，连续4年增速高于城镇居民。全年韶关城乡居民收入比为1.88：1，低于全国城乡居民收入比2.56：1、全省城乡居民收入比2.5：1，实现乡村振兴规划中“2020年城乡居民收入比低于2.52”的发展目标，并且全市10个县（市、区）的农村居民人均可支配收入首次全部超过全国平均水平。

居民消费

【概况】 2020年，韶关市全体居民人均消费性支出18800元，同比增长0.4%。其中人均食品烟酒消费7250元，人均衣着消费821元，人均居住消费3697元，人均生活用品及服务消费1097元，人均交通通信消费2311元，人均教育文化娱乐消费1898元，人均医疗保健消费1363元，人均其他用品及服务消费363元。

【城镇居民消费】 2020年，韶关市城镇居民人均消费性支出22162元，同比下降1.4%。

【农村居民消费】 2020年，韶关市农村居民人均消费性支出14271元，同比增长2.9%。

【城乡居民耐用消费品拥有量】 2020年，韶关市城乡居民平均每百户拥有家用汽车38辆、摩托车95辆、助力车（电动车）39辆、洗衣机97台、电冰箱104台、微波炉36台、彩色电视机118台、空调181台、热水器108台、洗碗机1台、固定电话10台、移动电话288台、计算机63台（其中接入互联网的52台）、照相机10台、中高档乐器5台、健身器材7台。（林清然　欧全美）

市场物价

【概况】 2020年，韶关市落实阶段性降低水电气价格政策。编制政府定价目录清单。依据《广东省定价目录（2018年版）》和国家及省的收费政策调整，编制《韶关市2020年实行政府定价管理的价格和收费（含涉企收费）目录清单》。

2020年，韶关市居民消费价格指数（CPI）累计上涨2.2%，涨幅较2019年收窄0.7个百分点。韶关市CPI低于全省平均水平0.4个百分点，低于全国平均水平0.3个百分点。其中，食品价格涨幅高于非食品

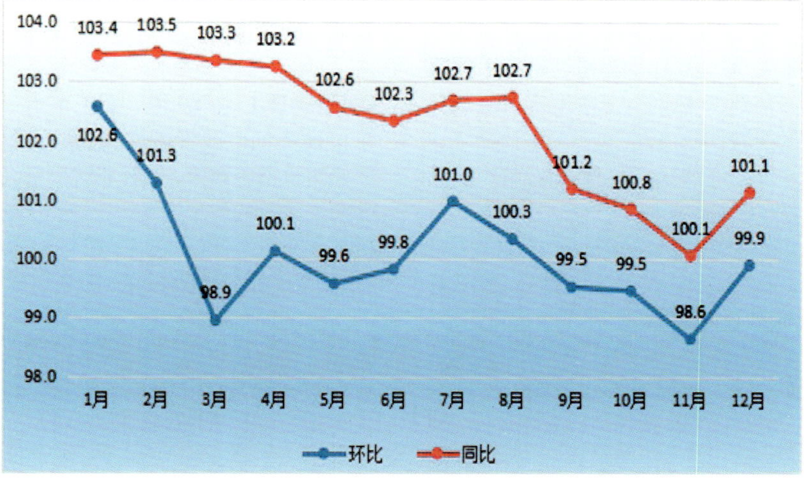

图1　2020年韶关居民消费价格走势图

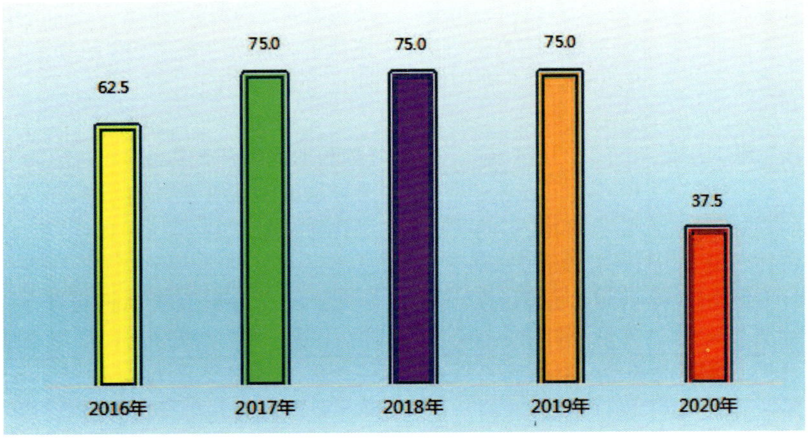

图2 “十三五”期间韶关八大类价格上涨面对比图(单位:%)

价格。食品价格上涨13.6%，非食品价格下降1.5%；消费品价格涨幅高于服务项目价格，消费品价格上涨4.1%，服务项目价格下降1.4%；工业品价格下降2.2%，能源价格下降4.6%。全市各月CPI环比指数分别为102.6、101.3、98.9、100.1、99.6、99.8、101.0、100.3、99.5、99.5、98.6、99.9，从月度环比情况来看，全年各月环比下跌的月份是3月、5月、6月、9月、10月、11月、12月，分别下跌1.1%、0.4%、0.2%、0.5%、0.5%、1.4%、0.1%。其他各月环比均有不同程度上涨，其中上涨最高的是1月，上涨2.6%，主要是受疫情、猪周期叠加春节“错月”影响，猪肉、鲜菜、鲜瓜果等鲜活食品价格涨幅明显，带动CPI上涨。各月CPI同比指数分别为103.4、103.5、103.3、103.2、102.6、102.3、102.7、102.7、101.2、100.8、100.1、101.1。从月度同比看，总体呈“高开低走”态势。1—12月波幅为3.4个百分点，均位于上涨区间。一季度CPI同比涨幅超过3%；二季度回落到“2区间”；三季度末回落至“1区间”；四季度在“0-1”区间运行。一季度受疫情、猪周期叠加春节“错月”影响，各月环比波动较大，1月、2月涨幅明显，3月随着复工复产复市的推进，涨幅回落至-1.1%，波幅3.7个百分点；二季度波动幅度较平缓，波幅0.5个百分点；三季度受猪肉价格回涨影响，7—8月环比价格有所回涨，波幅1.5个百分点；四季度受猪肉、鲜菜等食品价格回落影响，环比价格处于负区间，波幅1.3个百分点。

【水价管理】 2020年，从2020年2月1日起至6月30日，市区非居民用水销售价格由2.48元/立方米，下调至2.23元/立方米，减轻非居民用水企业负担165.23万元。

【电价管理】 自2020年2月1日起至12月31日，韶关市除高耗能行业用户外，对执行一般工商业电价和大工业电价的电力用户，电网企业在计收电费时，统一按原到户电价水平的95%结算，减轻用电企业负担13828.49万元。

【气价管理】 2020年，韶关市出台阶段性降低市区管道燃气非居民用气销售价格等政策，减轻非居民用气企业负担5651.18万元。

【物业管理费管理】 2020年，韶关市出台《韶关市物业服务收费管理实施细则》。经市司法局合法性审查和市政府第十四届108次常务会议审议同意，7月24日，市发改局、市住建管理局联合印发《关于印发〈韶关市物业服务收费管理实施细则〉的通知》，相关规定从2020年8月15日起施行。

【八大类商品和服务价格】 2020年，全市八大类商品和服务项目价格呈现“三涨五降”。其中，食品烟酒类价格上涨9.7%。涨幅最大；其他用品和服务上涨3.6%；衣着上涨0.8%，教育文化和娱乐下降0.9%；居住下降1.8%；生活用品及服务下降2.2%；医疗保健下降2.5%；交通和通信下降4.2%。食品中，粮食上涨0.1%，食用油下降1.3%，鲜菜上涨4.6%，畜肉类上涨49.6%，水产品下降1.4%，蛋类下降10.6%，鲜瓜果下降15.2%。全年工业生产者出厂价格下降0.7%。

2020年，韶关市八大类商品和服务价格呈现“三涨五降”，上涨面37.5%。与2016年的上涨面62.5%，2017—2019年上涨面75.0%相比，2020年价格上涨面收窄，是“十三五”期间上涨面最低的年份。

【韶关CPI在山区五市位居中游】 2020年，韶关市CPI涨幅比全国平均水平（上涨2.5%）低0.3个百分点，比全省平均水平（上涨2.6%）低0.4个百分点。在全省21个地级市中，按CPI同比涨幅从高至低排列，韶关排第十六位；在山区五市中，高于清远市、梅州市，但低于云浮市、河源市，位居中游。

山区五市近两年CPI及排位对比情况表

表23

地区	2020年1—12月（上年同期=100）		2019年1—12月（上年同期=100）	
	CPI	全省排位	CPI	全省排位
全国	102.5		102.9	

续表23

地区	2020年1—12月（上年同期=100）		2019年1—12月（上年同期=100）	
	CPI	全省排位	CPI	全省排位
广东省	102.6		103.4	
韶关市	102.2	16	102.9	并列8
河源市	102.6	并列7	102.6	10
清远市	102.0	并列19	103.1	并列6
梅州市	102.1	并列17	103.0	并列7
云浮市	103.3	1	102.7	并列9

【影响CPI运行的因素分析】 2020年，韶关市食品价格是拉动CPI上涨的最主要动力。2020年，受食品价格尤其是猪肉价格上涨影响，食品类价格上涨13.6%，比2019年同期(上涨10.3%)扩大3.3个百分点，影响CPI上涨约3.4个百分点，贡献率151%，是CPI上涨的主要推动力。

猪肉价格高企推高食品价格涨幅。2020年，猪肉价格上涨60.7%，拉动CPI上涨2.92个百分点。从月度环比看，猪肉价格涨幅主要集中在以下月份：1—2月，春节前后消费需求增加，但受疫情影响，交通管制，生猪调运受限，市场供应趋紧，猪肉价格分别上涨20.5%、12.1%；6—7月南方多雨对国内生猪生产及调运产生一定影响，且受国外疫情严峻形势影响，减少进口猪肉量，共同拉动猪肉价格反弹，分别上涨2.7%、7.7%；12月，受腊肉腊肠需求增加影响，猪肉价格上涨2.9%。虽然其余月份环比有所回落，但猪肉价格依然处于高位。鲜菜价格季节性波动明显。鲜菜价格上涨4.6%，涨幅较2019年同期扩大1.3个百分点，拉动CPI上涨0.15个百分点。从月度环比看，受春节、疫情和季节性因素影响价格波动较明显。1—12月环比价格呈现“七涨五降”。1—2月，受春节和疫情影响，鲜菜价格大幅上涨，环比分别上涨21.3%、8.8%；4月，受清明期间降雨较多影响，环比上涨7%；6—9月，受雨水、天气、节日等因素共同影响，鲜菜价格出现四连涨；3月，随着国内疫情防控形势好转，市场供应增加，鲜菜价格环比下降0.1%；5月、10月、11月、12月，随着本地菜陆续大量上市，菜价回落。

服务类价格因需求疲软受冲击　2020年，韶关市服务类价格下降1.4%，影响CPI下降约0.47个百分点。出游出行类服务遇冷。受疫情影响，居民出游出行受限，交通、住宿、旅游等需求减少。交通费下降4%，与2019年同期(上涨2.9%)相比，涨跌幅差6.9个百分点，其中飞机票降幅最大，价格下降28.9%，与2019年同期（上涨6.3%）比，涨跌幅差35.2个百分点，影响CPI下降0.1个百分点；旅馆住宿下降9.9%，比2019年同期(下降4.3%)降幅扩大5.6个百分点；旅游下降4.3%，相比2019年同期（上涨4.4%），涨跌幅差为8.7个百分点。房租价格低位运行。受疫情影响，企业生产经营受到一定影响，用工需求有所减少，导致租房需求减弱，价格与2019年同期相比有不同程度的回落。2020年，租赁房房租价格下降2%，比2019年同期（上涨0.8%）回落2.8个百分点。

价格因惠民政策回落居民获利　医改促药品降价。韶关市分别于2019年12月30日、2020年4月27日启动第一批、第二批国家药品集中采购。医疗保健类价格下降2.5%，影响CPI下降0.18个百分点。景点门票价格下调。韶关市政府印发《韶关市关于进一步支持餐饮、住宿、旅游、娱乐及相关生活服务业若干措施》，开展一系列旅游促消费活动，丹霞山、梅关古道、珠玑古巷、帽子峰等国有景区实行5折门票优惠。2020年，韶关景点门票价格同比下降10.2%，影响CPI同比下降0.01个百分点。管道燃气价格下调。韶关市发改局于2月下调管道天然气价格。全年，管道燃气价格下降5%，影响CPI下降0.01个百分点。

外部环境影响大宗商品价格走势　新冠肺炎疫情在全球蔓延，使世界经济陷入衰退，原油、黄金作为不同的大宗商品，价格走势出现反差：油价走低，金价走高。需求不足导致原油价格暴跌，2020年，韶关市汽油、柴油价格分别下降14.1%和15.3%，合计影响CPI下降0.28个百分点。而受避险情绪影响，国际金价受到追捧，价格一路走高，2020年韶关市金饰品价格上涨29%，涨幅比2019年同期高15.4个百分点，影响CPI上涨0.1个百分点。

（林清然　欧金美）

社会事务

人口管理

【户政管理】 2020年，市公安局深化户籍制度改革，完成《韶关市户籍管理规定》的修订、发布工作，启动身份证办理免费照相试点工作，免费拍摄打印身份证照片658张。

【出入境及往返港澳台管理】 2020年，市公安局受理各类出入国(境)证件、签注21769人次，受疫情影响，受理量比上年同比下降92.3%。其中，受理赴港澳旅游14133人次、赴港澳探亲734人次、赴港澳商务106人次、赴港澳定居60人次，受理护照申请5037人次，受理赴台湾申请330人次，受理外国人签证和居留许可486人次，办理港澳台居民证件78人次。

【生育管理】 2020年，韶关市常住人口出生25732人，出生率9.73‰，自然增长率2.30‰，政策生育率81.43%，政策外多孩率16.47%，出生人口性别比为111.64；户籍人口出生36525人，出生率10.47‰，自然增长率4.4‰，政策生育率为81.78%，政策外多孩率16.5%，出生性别比111.29。严格执行计划生育奖励扶助制度，省农村部分计生家庭奖励对象9747人，发放奖励金约1403.56万元；特别扶助对象1477人，发放扶助金1245.48万元；城镇独生子女父母计划生育奖励对象57495人，全市各级财政发放奖励金4798.61万元；省农村计划生育节育奖励对象30348人，全市各级财政共发放奖励金1820.88万元；计划生育手术并发症扶助对象263人，韶关市各级财政共发放扶助金63.73万元。组织开展市直及中省驻韶关有关单位2020年度计划生育情况审核，下发《关于市直及中省驻韶有关单位2019年计划生育有关情况的通报》。

婚姻家庭

【婚姻登记管理】 2020年，韶关市办理结婚18772对，其中内地结婚1.87万对，涉外及涉中国香港、台湾地区结婚43对；办理离婚登记8769对，其内地离婚8757对，涉外及中国香港、台湾地区离婚12对。

【收养登记】 2020年，韶关市各级民政部门办理国内收养登记7宗，涉外送养孤儿1人。

就业创业

【就业帮扶】 2020年，韶关市支持企业复工复产，为60家重点企业解决用工23437人，减免、延缓2.2万家企业社会保险费15.8亿元，发放失业保险稳岗返还8400万元、“以工代训”补贴1.23亿元。出台《韶关市进一步稳定和促进就业若干政策措施》，推动实现城镇新增就业2.53万人、城镇失业人员再就业2.23万人、就业困难人员就业2219人、促进创业1578人，城镇登记失业率2.45%。落实挂点联系服务企业制度，建立就业供需对接信息化平台，举办线上线下专场招聘活动153场。

【创业帮扶】 2020年，韶关市支持创业带动就业，加强创业孵化基地运营管理，举办2020年返乡人员创业创新大赛，支出就业创业补助资金6870.91万元，小微企业创业担保贷款实现零的突破。落实促进灵活就业人员就业创业政策。出台发布离校未就业高校毕业生就业工作实施方案和每月清单，帮助8163名离校未就业高校毕业生实现就业，事业单位首次集中面向应届毕业生公开招聘874人，基层公共就业服务机构公开招募64名毕业两年内高校毕业生。对有就业意愿的贫困劳动力100%提供就业帮扶，全市累计促进24363名有就业意愿贫困劳动力实现就业。

【人事工资管理】 2020年，韶关市安全组织38项3.99万人次人事考试，以直接考察方式完成97名疫情防控一线编外医务人员的聘用手续，核发519人次医务人员临时性工作补助168.33万元。加强高层次人才队伍建设，完成48名第二期享受市政府特殊津贴人才选拔，试点在韶关新区设立专业技术人员职称申报点，发放88名博士博士后人才资助项目待遇，落实人才待遇1018.24万元，受理3308名高校毕业生在韶就业补贴申请，协助人才办理业务1428件。

2020 年 12 月 26 日，2020 年"粤菜师傅"特色餐饮名店、名菜、名点美食评选颁奖活动在百年东街婚庆广场举行　（市人社局　供）

【就业技能培训】 2020 年，韶关市推进"粤菜师傅""广东技工""南粤家政"三项工程，开展"粤菜师傅"培训 2764 人次，建成 2 家省级粤菜师傅培训基地和 2 个大师工作室，组织"粤菜师傅"技能工匠大赛 11 场，举办 2020 年韶关市第二届"粤菜师傅"特色餐饮名店、名菜名点美食评选颁奖暨"粤菜韶品•广府原乡味"首播活动，推出多个"粤菜师傅"典型事迹被中央、省级媒体刊载报道；组织补贴性职业技能培训 8.72 万人、新型学徒制培训 1239 人，发放培训补贴 1.48 亿元；建立农村电商产业园和基层示范站 61 个，开展"农村电商"培训 5000 人次；推进市技师学院纳入高等学校序列，推动行业、企业岗位练兵；开展"南粤家政"培训 7343 人次，评定 6 家市级家政服务就业培训基地，成功举办首届"南粤家政"职业技能大赛暨"韶关保姆"评选活动。

【劳动争议仲裁】 2020 年，韶关市规范企业用工管理，指导用工单位妥善处理疫情期间劳动关系问题。提高劳动人事争议仲裁调解效能，探索劳动人事争议仲裁"要素式"办案，平均结案时间缩短 20%，全市劳动人事争议仲裁结案率 97.6%、调解成功率 80.9%。

【劳动监察】 2020 年，韶关市抓好保障农民工工资支付工作，推动用工实名制管理、工资保证金、工资分账管理等制度有效落实，主动监察用人单位 1551 户，全市劳动保障监察举报投诉案件结案率 98.6%、拖欠农民工工资举报投诉案件结案率 100%，未因劳资纠纷引发群体性事件或极端事件，劳资领域维稳形势总体平稳。　（李志伟）

社会保险

【概况】 2020 年，韶关市加强社会保险扩面征缴，企业职工基本养老保险、机关事业单位养老保险、城乡居民基本养老保险、失业保险、工伤保险参保人数分别为 41.89 万人、9.03 万人、103.49 万人、33.82 万人和 42.88 万人，完成省集中式社会保险信息系统上线使用工作。加强"智慧人社"建设，疫情期间推出 120 项"不见面、零聚集"网办业务，55 项社保业务均可在市级服务大厅综合窗口办理。

【养老保险】 2020 年，韶关市落实企业职工基本养老保险省级统筹，争取省级统筹调拨资金 30.44 亿元。抓好被征地农民养老保障工作。做好机关事业单位"中人"按新办法计发待遇测算工作。从 2020 年 7 月 1 日起，城乡居民基本养老保险基金实行市级管理。企业退休人员月人均基本养老金提高至 2463 元，城乡居民基本养老保险基础养老金最低标准提高至每人每月 180 元。

【工伤保险】 2020 年，韶关市工伤保险参保人数 42.88 万人，加强工伤认定管理，新开工工程建设项目工伤保险参保率 100%。

【失业保险】 2020 年，韶关市保险人数 33.82 万人。阶段性实施失业补助金政策，发放失业补助金 1539.96 万元。

医疗保障

【概况】 2020 年，韶关市参加职工医疗保险人数 63.99 万人，全市参加生育保险人数 38.67 万人，职工基本医疗保险和生育保险基金年总收入 27.56 亿元，总支出 22 亿元，当期结余 5.56 亿元。

【医疗保障政策调整】 2020 年，韶关市修订出台《韶关市全面推进生育保险和职工基本医疗保险合并实施方案》，自 2020 年 1 月 1 日起实施，实现统一的参保登记、基金征管、监督管理、经办服务、待遇保障、风险监控。合并实施后，在保持生育保险待遇不变的前提下，将灵活就业人员和领取失业待遇期间的人员的生育医疗费用纳入生育保险保障范围。参加城乡居民医疗保险人数 235.37 万人，城乡居民医保基金年总收入 19.5 亿元，总支出 19.48 亿元，当期结余 0.02 亿元。建立健全与经济发展水平相适应的稳定可持续的筹资机制，2020 年城乡居民医保个人缴费标准从 220 元 /（人•年）调整为 250 元 /（人•年），财政补助标准从 520 元 /（人•年）提高到 550 元 /（人•年）。各项医保待遇按时足额发放，城乡居民医保政策范围内住院费用报销比例保持在 75% 左右。各项生育保险待遇按时足额发放，参保女职工的合规生育医疗费用报销比例为 100%；职工按规定享受生育津贴，标准为按照职工生育或者施行计划生育手术时用人单位上年度职工月平均工资除以 30 再乘以规定的假期天数计发。

【医疗救助】 2020年，韶关市直接医疗救助14.37万人次，其中住院救助6.63万人次、门诊救助7.74万人次；支出医疗救助金8081.39万元，其中住院救助金5665.13万元、门诊救助金2416.26万元。修订出台《韶关市困难群众医疗救助实施办法》，自2020年3月1日起实施。全市救助对象政策范围内个人自负住院医疗费用救助比例由不低于80%提高至不低于85%，其中，对特困供养人员等重点救助人群救助比例达到100%。

【医保精准扶贫】 2020年，韶关市提升建档立卡贫困人口等特殊人群的医疗保障和医疗救助水平。制定《2020年韶关市医疗保障扶贫工作实施方案》并组织实施，全市建档立卡贫困人口100%纳入基本医疗保障和医疗救助范围，实行大病保险倾斜政策，建档立卡贫困人员等特殊人群大病保险起付标准下调不低于80%，报销比例达到80%以上，不设年度最高支付限额。提高全市困难群众医疗救助水平，增强医疗救助托底保障能力，从3月起，全市救助对象政策范围内个人自负住院医疗费用救助比例由不低于80%提高至不低于85%，其中，对特困供养人员等重点救助人群救助比例达到100%。医保扶贫工作得到市委市政府的充分认可，市医疗保障局被市委市政府评为2019年度脱贫攻坚先进行业部门，被市委实施乡村振兴战略工作领导小组评为优秀单位。

【全面落实新冠肺炎特殊医疗保障政策】 2020年，韶关市向定点收治医院粤北二院预拨1200万元专项费用，确保医疗机构不因医保总额预算影响救治。优化医疗保障服务，倡议、引导办事群众和单位实行“不见面”办事，及时向社会发布“不见面”办理通知，明确“不见面”办理事项的名称、办理方式、申办材料和办理流程等内容。严格按照省、市工作部署，加快新冠肺炎医疗保障费用结算。2020年全市“应检尽检”免费核酸检测医保结算人数35万人次，结算医保费用2262万元，在韶关市就诊的确诊和疑似病例和CT筛查对象全部结算完成，结算医保费用83.9万元。督促协调医疗机构做好疫情防控药品采购工作，向全市各医药经营企业发出支持参与疫情防控的倡议书，发挥医药企业的渠道优势，保障市场供应。

【药品耗材采购】 2020年，韶关市公立医疗机构按照“保障供应，质优价廉”原则，自主选择省内3家药品集中采购平台实施药品采购。2020年，全市医疗机构通过省平台采购药品3.4亿元，通过广州平台采购药品3.1亿元，通过深圳平台采购药品1.4亿元。采购国家集采试点扩围中选药品1865.39(片/袋/支)，金额2445.66万元，全市23个有定采购量的中选品种全部超额完成约定采购总量。全市医疗机构严格按照要求参加国家组织第一批高值耗材（冠脉支架）集中采购工作。实施集采后，冠脉支架价格从此前的均价1.3万元下降到700元，平均降幅93%。

（黄　平）

2020年11月5日，省医疗保障局党组书记、局长肖学（左二）一行到韶关市开展医疗保障工作调研。副市长高冬瑞（左一）参加调研活动

（黄平　摄）

社会救助

【最低生活保障和特困人员供养】 2020年3月，韶关市制定下发《韶关市民政局 韶关市财政局关于印发2020年全市城乡低保、特困人员供养最低月标准的通知》，对全市城乡低保、特困人员供养提标任务进行统一部署。5月，全市10个县（市、区）全部制定出台当地提标方案，按方案全面开展提标及补差工作。提标后，韶关市城乡低保人均月标准为772元和532元，比2019年分别增加70元、48元；补差水平由2019年的554元、251元分别提高到609元、276元；城乡特困供养人均月标准为1236元、852元，比2019年分别增加112元、77元。对全市特困人员进行生活自理能力评估，全面分类落实好特困人员照料护理工作和三级照护巡查制度。至年底，全市有城乡低保对象27737户52308人，其中城市3807户5806人、农村23930户46502人，累计支出低保金23650.9万元；城乡特困供养对象7261人，其中城镇525人、农村6736人，累计支出特困供养金8070.2万元，全部实现“应保尽保”。

【临时救助】 2020年，韶关市民政局畅通渠道解决城乡困难群众突发性、紧迫性、临时性生活困难，缓解因疫情影响、重大疾病、突发性事件等造成生活特别困难群众的生活压力。全市累计支出临时救助金1174.4万元，实施临时救助9823人次，人均救助水平1194元；发放困难群众临时价格补贴合计2140.2万元；为34860户困难群众家庭提供用电优惠，减免电费253万元。

【农村低保专项治理】 2020年3月，韶关市民政局制定印发《2020年韶关市农村低保和残疾人两项补贴专项治理行动实施方案》，联合市纪委监委派驻第十二纪检监察组在全市范围内深入开展农村低保和残疾人两项补贴专项治理行动，排查重点对象25004人，未发现涉及违法犯罪线索，未发现“关系保”“人情保”等违法违规现象。韶关市民政局委托第三方开展低保入户抽查专项行动，10月至12月，对各县(市、区)精准扶贫户中的低保户共15273户进行核查，确保韶关市低保工作规范开展；委托第三方审计机构，11月至12月，对2020年度下拨各县(市、区)的中央、省、市困难群众救助补助资金共计32883.24万元进行内部审计，规范资金使用，加强资金监管。

【流浪乞讨人员救助管理】 2020年，韶关市民政局制定印发《韶关市关于加强和改进生活无着的流浪乞讨人员救助管理工作的实施意见》，引导和支持社会力量参与流浪乞讨人员救助服务，韶关市救助管理站通过政府购买服务，引入“韶关市蜗牛公益互助会”参与流浪乞讨人员救助服务工作，使韶关市流浪乞讨人员寻亲成功率提升至78%。推进流浪乞讨人员安置站点建设，至年底，南雄市、始兴县新站点已建好，新丰县完成立项。协同公安、城管、卫健等部门做好流浪乞讨人员街面救助、医疗救助、寻亲送返等工作，开展“寒冬送温暖”“夏季送清凉”等专项救助行动。2020年，全市救助流浪乞讨人员1975人次，帮助寻亲返乡524人次，支出救助资金1365.5万元。

精准扶贫 2020年，韶关市民政局印发《韶关市民政局2020年决战决胜脱贫攻坚工作方案》，与市扶贫办联合印发《韶关市社会救助兜底脱贫行动实施方案》等文件，部署落实民政领域扶贫攻坚工作，巩固提升兜底脱贫成果。印发《韶关市民政局关于印发韶关市民政局防止返贫监测和帮扶长效机制的实施办法的通知》，建立民政脱贫攻坚行业部门防止返贫监测和帮扶长效机制。全市建档立卡符合条件贫困户无劳动能力精准扶贫对象21057人，100%纳入低保、特困供养或临时救助等政策兜底保障范围。 （黄永雄）

【慈善救助】 2020年，韶关慈善总会第四届理事会完成换届，修订《韶关慈善总会章程》和《韶关慈善总会财务管理办法》。市民政局组织开展“广东扶贫济困日”慈善募捐活动，市慈善总会接收到市级募捐资金1934.2万元，下拨1080.26万元，重点用于全市精准扶贫精准脱贫及乡村振兴工作。组织开展防控新冠肺炎疫情捐赠活动，接收捐款167.7万元及价值37万元物资一批，规范分配支持抗疫使用。组织参加第八届中国公益慈善项目交流展示会，与深圳和本地公益慈善组织合作开展助医助学、“情暖韶关”等公益慈善活动，发放助医助学金6.39万元，对9名生活困难群众和12名学生进行救助，筹集发放口罩等防疫物资和大米、花生油等食品，帮扶困难群众逾千人。

殡葬管理

【概况】 截至2020年年底，全市有殡仪馆9家，火化机34台，火化遗体18136具，提供殡葬基本服务17137宗，免除金额2457.58万元。规范殡葬服务机构疫情常态化防控工作，全市各殡仪馆通过预约、错峰等方式有序恢复遗体告别、守灵、骨灰祭祀等聚集性殡仪服务；部署清明等节日安全祭扫工作，开展网络祭扫、集体公祭活动，实现绿色文明平安祭扫。

【殡葬改革】 2020年，市民政局深化殡葬管理和改革，联合市财政局印发《韶关市节地生态安葬奖励办法》，进行全市范围、省市交叉检查的专项整治行动，开展安葬(放)设施违规建设经营专项摸排工作，联合多部门开展全市经营性公墓2019年检工作；联合市文明办印发《关于倡导移风易俗推进婚丧礼俗改革的通知》，倡导移风易俗、推进婚丧礼俗改革；分配2020年省级财政下达韶关市本级免除殡葬基本服务费用补助资金268万元、殡葬公共服务体系建设项目资金84万元及“长青计划”55万元，推进惠民殡葬、生态殡葬、阳光殡葬、安全殡葬。

社会福利

【老龄福利】 2020年，韶关市投入中央、省、市级资金3369.2万元用于长者饭堂和农村养老服务建设“幸福计划”项目建设、养老机构消防安全达标工程、敬老院改造提升工程和建设市级居家养老信息化服务平台（智慧养老）等养老服务体系项目建设。至年底，17个长者饭堂恢复运营服务，惠及长者用餐2.7万人次；新增10个农村养老服务“幸福计划”项目全部完工验收；市级居家养老信息化服务平台项目完成立项审批、招投标等工作，建设工作有序推进。召开韶关市养老服务体系建设情况新闻发布会，通报韶关市“十三五”期间养老服务体系建设情况。12月2日，韶关、郴州两地市民政局签订旅居养老合作框架协议，就推进两市旅居养老产业合作机制、旅居养老产业务实合作、旅居养老服务市场健康发展等三个方面达成合作意向。

至2020年底，全市有养老服务机构119间，其中，福利院10间、民办养老机构21间，乡镇敬老院88间。省资助的城市居家养老服务示范点3个，街道(镇)一级城市居家养老服务中心17个，农村养老“幸福计划”项目128个，全市共有养老床位18931张。

联合市直有关部门先后印发《2020年全市养老院服务质量建设专项行动实施方案》《韶关市养老机构消防安全达标工程实施方案》《特困人员供养服务设施（敬老院）改造提升工程实施方案》，着力提升全市养老院服务质量和安全系数。开展2020年养老机构服务质量专项行动检查，9月21日至30日，市民政局联合市消防支队、市市场监督管理局、市卫健局对翁源县、新丰县、乐昌市、乳源瑶族自治县、仁化县和始兴县的42间养老机构(含敬老院)开展

2020年6月6日，韶关慈善总会联合韶关市残联、东莞市残疾人福利基金会和东莞爱心企业举行“助力精准扶贫·爱心点亮光芒”——韶关千人白内障复明工程(翁源)启动仪式　（市民政局　供）

“双随机一公开”检查，并督促各养老机构加强整改薄弱环节，防范和化解养老机构安全隐患。建立健全农村留守老年人关爱服务机制，各县（市、区）定期更新农村留守老人信息台账，并及时录入全国农村“三留守”（即留守老人、留守妇女、留守儿童）人员信息管理系统，至年底，全市在册农村留守老人3847人。同时，各县(市、区)均建立关爱农村留守老年人定期巡访制度，动员和引导社会力量为农村留守老人提供志愿服务活动。

（张映映）

【残疾人福利】 2020年，韶关市困难残疾人生活补贴、重度残疾人护理补贴标准分别提高到每人每月175元和235元。全年全市发放两项补贴66565人次，发放金额近1.59亿元。其中，困难残疾人生活补贴19413人次，发放金额3696.6万元；重度残疾人护理补贴47152人次，发放金额1.22亿元。

【孤残儿童福利】 2020年，韶关市孤儿基本生活最低养育标准集中供养和分散供养标准分别提高到每人每月1820元和1110元，全市孤儿331人、事实无人抚养儿童1402人、困境儿童3516人、留守儿童13159人全面分类保障到位，并做好与低保救助、残疾人福利等政策衔接。组织开展智力残疾和精神残疾女童工作摸底排查专项行动，为933名女童落实监护帮扶。同时，调整市级农村留守儿童关爱保护工作联席会议制度为韶关市农村留守儿童关爱保护和困境儿童保障工作联席会议制度，并率先在省内建立市级弱势群体权益保障工作联席会议制度，不断完善儿童关爱保护体系，健全市、县(区)、镇(街)、村（居）四级儿童关爱服务网络，构建“家庭、政府、社会”三位一体的关爱弱势群体格局。持续围绕“善美韶城　筑梦成长”主题，开展关爱保护留守儿童、困境儿童系列活动，为市辖区200余名留守儿童和困境儿童提供居家安全、校园欺凌防范、防性侵等专题宣传教育活动；提升基层服务水平，组织开展全市儿童督导员培训班，120名儿童督导员参加培训，至年底，全市105个镇（街）、1441个村（居）配备儿童督导员和儿童主任，基层儿童工作队伍实现全覆盖，乡镇(街道)儿童督导员、村(居)儿童主任培训率达到100%。

（胡艳萍　华彩虹）

社会工作与志愿服务

【社工人才建设】 2020年，韶关市加强社会工作专业人才队伍建设。联合市委组织部，做好全市2020年全国社会工作者职业水平考试组织动员、报名登记等相关工作。全市有1991人参加全国社会工作者职业水平考试，443人通过考试。做好社会工作者职业水平证书登记工作，全年全市发放社会工作者职业水平登记证书447人。至年底，全市持有全国社会工作者职业水平考试证书共3237人，每万人拥有持证社工9.6人。

【双百计划】 2020年，韶关市持续推进“双百镇(街)社会工作服务站”示范项目建设。市民政局严格按照省、市6：4的比例及年递增5%落实配套资金，安排市级财政资金313.52万元保障34个社工站128名在岗人员工资和活动经费；做好2019—2020年社工年度考核；韶关地区有13篇案例入选2020年度广东省社会工作优秀案例评选，乐昌市秀水镇社工站《撬动多方力量　精准扶贫——韶关佛山两地双百社工联手介入困难残疾儿童个案服务》获优秀案例一等奖。

【志愿者服务】 2020年，市民政局发展“社工+志愿者”模式，依托传统节日开展关爱空巢老人志愿服务活动，同时，通过入户、电话探访、义诊义剪、线上咨询、讲座等形式多样的定期志愿服务，为空巢老人提供物质、情感等支持，全年服务空巢老人1858人次。　（李义华）

住房保障

【保障性住房建设】 2020年，广东省住房城乡建设厅下达韶关市保障性安居工程计划任务为公租房新开工172套，公租房基本建成109套。至年底，韶关市完成公租房新开工173套，完成率100%；公租房基本建成147套，完成率134.9%。

棚户区改造　2020年，韶关市棚户区改造开工42872套(含货币安置户数)，基本建成41336套(含货币安置户数)，棚改安置房分配26815套，货币安置住户5013户。韶关市区棚改安置房分配163套，累计已分配2018套。曲仁棚户区改造年度完成抽签选房158户，累计完成抽签选房11743户。广东省广晟公司驻韶企业国有工矿棚户区改造建成安置房共4536套，完成实物安置抽签选房4336户，签订货币安置协议268户。

【住房公积金资金管理】 2020年，韶关市住房公积金着力推进政务服务改革，个人缴存贷款信息查询、出具贷款职工缴存使用证明、正常退休提取3项业务实现“跨省通办”。提升网上政务服务效能，完善线上服务事项，在“粤省事”服务平台和网上办事大厅新增9项业务。接入“一网通办”平台，提升“一网通办”服务水平。应对新冠肺炎疫情影响，贯彻落实阶段性支持政策，支持企业复工复产，制定发布降缴、缓缴、停缴等多项保障政策，为61家企业办理缓缴，累计缓缴人数11347人，累计缓缴金额3984.87万元。

缴存额持续增长 2020年，韶关市缴存住房公积金41.75亿元，比上年增长8.88%，实缴单位5116家，实缴职工23.82万人，新开户单位563家，新开户职工2.39万人。至年底，累计缴存住房公积金364.69亿元，比上年增长12.93%；缴存余额100.92亿元，比上年增长8.53%。

贷款平稳发展 2020年，韶关市为4705户家庭发放住房公积金委托贷款12.03亿元。至年底，累计发放个人住房贷款75171笔146.78亿元，比上年增长8.93%，贷款余额90.98亿元，比上年增长3.78%。存贷比为90.15%。

提取额平稳增长 2020年，韶关市住房公积金提取额33.82亿元，比上年增长9.91%。至年底，提取总额263.77亿元，比上年增长14.71%。

增值收益支持城市廉租住房建设 2020年，提取城市廉租住房建设补充资金1.41亿元。至年底，累计提取城市廉租住房建设补充资金12.06亿元。 （杨伟剑）

退役军人事务

【优待抚恤】 至2020年年底，韶关市享受定期抚恤补助的优抚对象共15854人（户）。其中，残疾军人、伤残人民警察、伤残国家机关工作人员及伤残民兵民工1136人，“三属”（烈属、因公牺牲军人遗属、病故军人遗属）161人，年满60周岁烈士子女300人。2020年8月1日起，韶关市再次提高部分优抚对象抚恤和生活补助标准。其中，伤残人员抚恤金标准在原来基础上提高10%；烈属标准提高到每月2847元；因公牺牲军人遗属标准提高到每月2474元；病故军人遗属标准提高到每月2345元；红军失散人员标准提高到每月2757元；在乡老复员军人标准提高到每月1740元，在乡老复员军人（抗日战争时期）标准提高到每月1748元；带病回乡退伍军人标准提高到每月802元；参战涉核退役人员标准提高到每月790元；年满60周岁烈士子女标准提高到每月540元；60周岁以上农村籍退役人员标准调整为每服一年义务兵每人每月补助45元；“五老人员”标准每月573元。全年全市支出优抚对象保障资金1.07亿元。开展2020年“关爱功臣·送医送药”活动，从韶关市复退军人医院抽调医护专家组成巡回医疗队，在韶关市范围内为411位有需要的优抚对象赠送家用常备药品、血压计和拐杖和轮椅等辅助器具合计价值31.27万元。

【退役士兵就业创业】 2020年，韶关市发放自主就业退役士兵一次性经济补助金2397.91万元。全年全市退役军人参加全员适应性培训，退役士兵报读两年中等职业技能免费培训，退役士兵参加短期技能培训。举办2020年韶关市助力退役军人就业专场招聘会2场，现场进驻用人单位98家。退役军人事务部门联合税务部门举办“税月有温情·八一惠民生”退役士兵创业就业税费政策专题云辅导活动，全年落实退役士兵创业就业税收优惠政策合计减免税费307.92万元。

【军休干部服务管理】 2020年，韶关市有军休所3个、服务点7个。完成2020年广东省下达韶关市军队离退休人员接收任务。遗属53人，无军籍职工76人。

【军官转业安置】 2020年，韶关市完成军转干部接收安置。计划分配军转干部安置在机关单位，占总数92.31%；安置在央企，占总数7.69%。市退役军人事务局联合市委组织部在广东南岭干部学院举办2020年军队转业干部初任培训班，计划分配军转干部参加培训。

【军用供应保障】 2020年，韶关市完成军用供应保障任务。韶关军用供应站保障平时和战时过往部队、入退伍士兵及支前民兵、民工运输途中的膳食及饮水供应。 （刘志荣）

2020年8月30日，2020年韶关市退役军人和随军家属就业专场招聘会在中山公园举办 （邓琴 摄）

民族宗教事务

【概况】 2020年，韶关市有少数民族41个，少数民族人口5.6万人，全市宗教信仰主要有佛教、道教、天主教、基督教，登记主要活动场所51处，有宗教教职人员566人。韶关市交通运输局等4个集体被授予“全省民族团结进步模范集体”称号，张结莲等4个个人被授予“全省民族团结进步模范个人”称号。

【民族文化活动】 2020年，市委统战部出台《关于全面深入持久开展民族团结进步创建工作铸牢中华民族共同体意识的实施方案》，深入开展深化民族团结进步教育活动，深入挖掘民族文化资源，瑶族原创音乐剧《过山“谣”》获省“五个一工程”优秀奖和第十四届广东省艺术节三等奖。推进乳源瑶族自治县乳城镇县城“439”整治提升和必背镇、东坪镇乡镇(街道)整治提升“139”行动。推荐深渡水瑶族乡等5个镇村申报全国民族乡村振兴试点，推荐乳源瑶族自治县东坪镇雕子塘新村申报中国特色少数民族特色村寨名录。东坪镇雕子塘新村等3个村寨被评为广东省首批少数民族特色村寨。

【民族工作】 2020年，市委统战部成立推进《关于推动我省民族地区加快高质量发展的实施意见》工作专班，统筹安排使用中央和省市少数民族发展资金6733万元，用于支持民族地区基础设施建设，特色村镇建设和提高公共服务均等化水平。配合做好省政协开展民族地区高质量发展专题视察工作。做好少数民族人士慰问工作，在春节、开斋节和古尔邦节慰问在韶关经商的穆斯林群众，协调解决民族领域矛盾纠纷。完成23个民族成份变更，207名少数民族聚居区少数民族考生和530名大学生资助金的资格审核工作。

2020年9月21日，全省宗教活动场所“四进”活动推进会在云门寺召开
（邵晓文 摄）

【宗教工作】 2020年，市委统战部牵头承办全省宗教活动场所“四进”推进会和2020年广东省宗教界代表人士坚持宗教中国化专题培训班。加强宗教理论及政策法规宣传和学习培训，举办全市统一战线2020年第一期“同心大讲堂”——民族宗教法规专题讲座，统战、民宗部门及市直有关单位负责人共80余人参加。举行韶关市2020年反宗教极端思想宣传教育活动。做好宗教场所安全工作，开展全市宗教活动场所消防安全专项整治行动，召开全市宗教活动场所消防安全综合演练现场观摩会暨安全工作会议。做好宗教领域疫情防控和宗教场所有序开放工作。推动解决天主教红星厂落实房产问题。指导韶关市基督教三自爱国会完成换届工作。

【宗教活动】 2020年，市委统战部每月组织开展安全生产大排查大整治，全市宗教活动无安全事故的发生。加大春节、清明节、劳动节、国庆节及各宗教节日等重大节庆期间安全生产监管。全市宗教工作三级网络工作人员坚持每日巡查暗访部分场所，巡查范围涵盖宗教活动场所、基督教活动点和学习小组及民间信仰场所。严格执行宗教活动场所“双暂停一延迟”举措。自1月24日起，全市宗教活动场所暂停开放、集体宗教活动全部暂停，云门寺、东华寺等场所利用网络宣传疫情防控政策和防控知识，引导信教群众科学防范，配合做好疫情防控工作，全市宗教领域无一例确诊或疑似病例出现。推进宗教活动场所恢复有序开放。6月底以来，创新以“一场所一方案、一场所一演练、一场所一验收、一场所一审批”机制推动全市宗教活动场所有序开放。在云门寺召开全市宗教活动场所有序开放综合演练现场观摩会，全市各县(市、区)民宗局主要负责人和业务骨干，全市各宗教团体、宗教活动场所负责人及工作人员共119人参加会议。

【宗教事务管理】 2020年，市委统战部在2019年市政府根据落实宗教房产政策批复同意将红星综合厂有关房地产无偿划拨给韶关天主堂使用的基础上，2020年3月办理不动产权证书，含6940平方米土地和地上附属房产，土地性质为宗教用地。引导韶关市宗教界继续发扬爱国爱教传统，在疫情防控的关键时刻进行捐款，通过省、市两级慈善机构捐款184.33万元，捐赠口罩10.5万个。在“广东扶贫济困日”活动中，宗教界捐款25.9万元。 （刘秀易）

SHAOGUAN NIANJIAN

社会治理

社会治安综合治理

（参见“法治”类目“政法委及综治”分目）

社会矛盾预防和化解

【概况】 2020年，韶关市群众到中央、省、市、县（市、区）四级信访总量：走访1686批4421人次，来信877件，网信2391件。比上年下降8.9%。进京非接待场所人员、到国家信访局、到省上访人次分别下降77.8%、52.7%、40.5%。群众信访诉求主要集中在城乡建设、农村农业、自然资源、劳动社保、政法、生态环境等领域。南雄市、新丰县、翁源县被国家信访局评为信访工作“三无”县（无进京越级上访，无大规模集体上访，无因信访问题引发的极端恶性事件）。

【信访问题管理】 2020年，韶关市信访局做好涉新冠肺炎疫情信访问题化解。启动涉疫情信访问题特事特办机制，按照“第一时间受理、第一时间转办、第一时间办理、第一时间督办、第一时间回访”要求，化解因疫情导致权益受损引发的信访问题。做好信访事项办理和信访问题化解，规范信访事项办理流程，开展“最多访一次”活动。开展信访群众“满意度评价”，完善信访回访制度。针对重大疑难信访问题，通过召开协调会议、开展督查督办、协调市领导接访包案、报市领导签批等方式，推动化解一批信访案件，特别是一些历史积案。

【信访矛盾化解攻坚行动】 2020年，韶关市信访局做好上级交办案件的办理，办结国专件4宗、省专件45宗、省巡视交办件11宗，按期办结率100%。推动市领导包案案件的办理，排查疑难信访积案19宗，交由市党政领导包案，至2020年年底均已办结。开展重复信访治理工作，省信访局核定韶关市纳入重复信访治理案件335宗，至2020年年底办结152宗，超额完成省信访局下达的进度要求。做好省领导包案的韶关市3宗信访案件的化解，3宗信访案件均在规定期限内上报结案材料，得到市委有关领导和省包案领导的肯定。组织信访督查员到实地开展专项调查研究，与相关部门开展座谈，撰写调研报告，为市委、市政府补短板、强弱项提供决策参考。组织人员加强分析研判，撰写报告报市委、市政府，并提出意见建议，推动野生动物养殖户转型退出、破旧泥砖房拆除等矛盾问题的化解。

【信访保障】 2020年，韶关市信访局做好全国“两会”、深圳经济特区成立40周年等重点时期信访保障工作，完成重点时期信访保障工作任务，受到省信访工作联席会议办公室的通报表扬。（杨慧颖）

公共安全

【安全生产】 2020年，市应急管理局加强与有关部门的对接，加大相关系统的汇聚融合力度。指挥中心接入公安交通和治安监控、林火预警监控、水务大中型水库监控、交通局港航码头和客运站场监控、住建局建筑工地视频监控、海事局CCTV监控、气象预测预警、地质环境监控、地震预警、消防等17个信息系统和1万多个视频监控点，并配合省厅完成韶关市5家一、二级危险化学品重大危险源企业接入广东省危险化学品安全生产风险监测预警系统。强化通信保障能力。为全市10个县（市、区）应急局各配发多种通信器材，实现视频会议系统与融合通信系统对接互通，所有融合通信终端均可接入视频会议系统参与调度。梳理完善应急指挥平台三防责任体系，“一键通”APP激活人数1.28万人，在指挥平台更新4.72万名市、县（市、区）、镇（街道）、村四级三防责任人，做到全覆盖。加强应急值守制度建设。制定《韶关市应急管理局值班值守管理规定》，规范值班值守、自然灾害类、安全生产类突发事件信息报送、应急响应指挥等工作。加强对值班值守人员在岗情况的抽查检查，应用省厅值班值守系统和“一键通”APP对县、镇（街）值班人员进行点名和视频连线抽查；在汛期启动应急响应期间，加强对镇（街）金视通会商系统正常、流畅运行及会商场所情况进行抽查检查。强化网络互联互通。贯通部、省、市、县四级政务外网；实现国家（应急部）、省（应急厅）、市、县（市、区）、镇（街）五级，以及与市委指挥中心、市公安局、市林业局、市水务局、市气象局、市自然资源局互联互通；贯通部、省、市、县四级应急指挥信息网。

安全生产监督　2020年，市应急管理局推进工矿商贸企业建立健全安全生产委员会制度及责任考核制度。从源头上预防和遏制生产安全事故的发生，在全市冶金等工贸八大行业规模以上企业和非煤矿山企业推广建立健全安全生产委员会制度及责任考核制度。开展钢铁行业安全生产专项整治行动。对全市范围内4家钢铁企业开展安全专项整治行动。此次专项排查隐患3处，完成隐患整改闭环。韶关市组织辖区内尾矿库企业开展隐患排查、整治，提升尾矿库安全保障能力。强力推进石人嶂尾矿库重大安全风险整治。主要采取建立定期检查制度、建立每日报告制度、建立联合执法机制、建立定期安全评估制度措施。截至12月31日，尾砂回采工程（搬库）累计外运尾砂116.4万吨，累计清理外运废弃物11.53万吨。明确各县（市、区）、市直有关部门安全生产领域相关重点整治工作责任、内容和要求。“五一”、国庆节前，组织对10个县（市、区）和26个市直部门安全防范工作进行督导检查，通报检查中发现的114项问题，并给各县（市、区）党政主要领导发工作提醒函，督促各县（市、区）举一反三、查漏补缺、履职尽责。落实生产安全事故追究“三个必须”制度，即：在事故发生次日，视事故等级和性质，由市县安委办确定参会政府、部门及企业范围，在事故现场召开事故现场警示教育会。累计超过1000家次企业负责人参加现场警示会；事故发生次日，由市安委办立即约谈发生地县级政府分管领导、市县两级行业主管部门主要领导和企业主要负责人。市安委办先后召集4个县（市、区）、8个市直部门领导约谈提醒，向市工信局、市住建管理局发送安全生产提醒函；事故发生后，立即启动深度调查，追究相关企业负责人和当地政府及行业主管部门责任。

【防灾减灾】　2020年，韶关市年平均降水量1654.1毫米，正常（常年1649毫米）。其中，最多乳源瑶族自治县1830.3毫米，最少乐昌市1421.5毫米。年内降水分布不均匀，月降水量最多6月255.9毫米，最少11月1.1毫米。与常年值比较，降水偏多的月份有2～3月、6月、9月，偏多2～8成，4～5月持平；偏少的月份有1月、7～8月、10～12月，偏少2～9成。4月上旬全省开汛，正常。累计遭受9轮强降雨和1次低温冰冻影响，全市各地不同程度受灾。全市受灾人口5.53万人，因灾死亡3人，紧急转移安置7124人（其中集中安置278人）；农作物受灾面积4615.2公顷，倒塌房屋87户204间（其中倒塌农房34户128间），严重损坏房屋33户84间（其中严重损坏农房14户32间），直接经济损失约1.66亿元。通过人工增雨和紧急送水保障春节用水安全。春节期间，韶关市雨水持续偏少，8月以来的旱情持续，三防救援科落实防旱抗旱措施，保障春节城乡居民和重点领域用水需求。对接气象部门抓住有利时机，科学开展人工增雨作业，仅1月11日当天，全市9个作业点共发射火箭弹63枚，促使全市普降小雨，有效缓解旱情和山火风险；协调省水利厅，紧急从省三防物资储备中心调用两辆送水车，支援乐昌等旱情严重地区的抗旱工作，发动各地干部群众抗旱。春节期间平均每天送水32.77车次、合约290.33立方米，累计保障8428名饮水困难群众基本用水需求。为此，省防总第1期防汛防旱防风工作专报以《韶关市未雨绸缪 科学部署 持续抓好防旱抗旱工作》为题，在全省推广学习。举行韶关市（乳源桂头）防洪演练。4月16日，三防救援科联合乳源县三防指挥部，在乳源县桂头镇举行2020年韶关市（乳源桂头）防洪演练现场会。开展以危险化学品、建筑施工、道路交通、消防、防汛抢险、森林防灭火等行业领域为重点的应急预案管理执法检查。协调、指导开展全市性综合应急演练。6月30日，韶关市安委会在南雄市自由能化工有限公司开展韶关市危险化学品重大危险源企业生产安全事故应急救援演练。韶关市安委会相关成员单位如市交通运输局、市水务局、市自然资源局等部门组织开展各类专业安全生产培训和应急演练活动。

森林防灭火　2020年，全市发生森林火灾3起，比上年降低70%，过火面积19.3公顷，比上年减少77%，损失林木126立方米，比上年减少71.8%，无人员伤亡，清明、“五一”、中秋、国庆期间森林“零火情”。出台《韶关市森林防灭火指挥部工作规则》《韶关市森林防灭火工作职责事项划分意见》，明确各部门职责。落实“党政同责、一岗双责、齐抓共管、失职追责”，市政府及市直有关部门、各县（市、区）及各有关部门主要领导亲自部署、亲自统筹，确保组织机构、防火责任、基础设施、工作经费、火灾处置“五到位”。各地各部门制定抓好森林防灭火工作的具体方案、措施。各乡镇（街道）党政主要责任人落实“五天四夜”工作制度，带头冲锋、现场蹲守，确保森林防灭火工作各项部署落实到位。落实“市领导包县，县领导包镇，镇干部包村，村干部包山头、路口和重点户”的责任机制，落实护林员网格化管理责任，做到山有人管、林有人护、责有人担。开展森林防火宣传月活动。9月12日，由市人民政府主办，市林业局和市应急管理局承办，以“护林防火常记·绿水青山常在”为主题的全市2020年森林防火宣传月启动仪式主会场在韶关国家森林公园举行，7个县（市）设分会场一同举行。群发手机短信，提醒广大市民已进入森林防火特别防护期，严禁野外用火，严禁携带火种进入林区。在韶关电视台播放森林防火公益宣传广告。韶关市林业局印制《韶关市野外用火条例》宣传册子1万份，印制涵盖市县镇村森林防灭火工作联系通讯录1200份发放到各地各单位，制作森林防火宣传牌（不锈钢）180块。　（罗盛芳）

【农产品质量安全】 2020年，韶关市农业农村部门农药残留快速检测蔬菜样品16961个，综合合格率99.81%；生猪定点屠宰场"瘦肉精"快速检测样品35545个，合格率100%；全市定量检测农产品样品4331个，综合合格率99.54%。开展农产品质量安全专项整治"利剑"行动，共检查生产经营主体1278家次，出动执法人员4546人次，开展媒体宣传22次，发放宣传资料7786份，指导培训422场次，培训人员2546人次。推进试行食用农产品合格证制度。2020年，全市共有1742家生产经营主体出具合格证，用证数量531011张，用证产品81455.36吨，涵盖蔬菜、水果、畜禽、禽蛋、水产品、茶叶、食用菌等。全市9个"十一五""十二五"农产品检测体系建设中央投资项目已全部竣工验收。

（李　曼）

【消防安全】 2020年，韶关市火灾总量实现"5年5连降"，连续10年未发生较大以上火灾。参加韶关市第三届国家机关"谁执法谁普法"履职报告评议活动获全市第一名，涌现以"广东好人""韶关市先进集体""韶关市先进工作者""韶关市抗击新冠肺炎疫情先进个人"为代表的一批先进典型。

综合性消防救援　2020年，韶关市消防救援队伍成功处置"3·23"浈江犁市建筑垮塌、"6·9"抗洪抢险、"11·29"乳源大布驴友搜救等一大批急难险重任务。实战化练兵。出台训练奖惩办法、强化训练工作"六项措施"；参加国家队比武竞赛6次，组织开展全市乡镇专职消防队、微型消防站比武各1次。组织开展石化企业、医疗机构、高层建筑等"六熟悉"专项训练、高速公路事故救援等典型战例研讨，联合多部门开展抗洪抢险、地震救援、危化品处置、森林火灾扑救等大型实战演练12次。专业队建设。组建疫情处置机动队，推进地震、水域、山岳救援，森林火灾扑救等专业队建设，配置专业队模块化装备运输箱102个。举办山岳救援、轻舟驾驶、危化品事故处置等各类专业技术培训班6期，培训指战员150多人次。199名指战员取得国际绳索技术（IRATA、CRT）、CPR基础生命支持、DIWA充气艇救生员、URST潜水员等专业救援资质。组建专班编写《山岳救援技术》教材，获全省推广。应急通信建设。在全省率先配齐卫星便携站、动中通卫星指挥方舱、通信前突车等应急通信核心装备，配齐城市重大灾害应急通信系统、卫星电话、北斗有源终端等关键装备。组织开展各类通信拉动考核和训练300余次、通信技能会操1次，跨区域增援江门抗击台风"海高斯"、揭阳苯酚泄漏事故处置、汕头南澳岛山火扑救等险重灾火救援行动通信保障工作。

社会面火灾防控　2020年，韶关市消防责任落实。推动"四个责任"落实，构建消防安全责任体系。在全省开创性向分管行业部门副市长致函推动"每月消防安全检查日、重要时段消防安全检查"制度落地。实体化运行市县镇三级消防安全委员会，印发市消防安全委员会成员单位职责、任务"两个清单"，落实行业部门联合会商、信息通报、重大节日前提醒约谈等工作机制，发布火灾预警提示函。联合多部门开展危化品企业、养老院、乡镇专职消防队及微型消防站运行专项检查行动。火灾隐患治理。开展"打通生命通道"等20个专项行动。市政府每月对"三合一"场所整治，每季度对"打通生命通道"推进情况进行综合考评和约谈，考评结果纳入县级政府年度绩效考核，累计约谈4名县领导。在全市661个单位和住宅小区标划消防车通道1405条，整治疏散通道问题2855处；建立公安、消防勤务联动机制。将消防安全治理纳入老旧小区改造、农贸市场升级、市区违建整治、开放或半开放式居民区封闭式管理提升等工作内容。推动市县两级政府挂牌督办20个重大火灾隐患地区、33个重大火灾隐患单位；将"96119"火灾隐患举报投诉热线并入"12345"政府服务热线统一受理。消防执法服务。出台深化消防执法改革本地配套实施文件；将消防法律法规和消防执法改革文件纳入市委党校培训课程。联合市公安局在全省率先制定消防救援机构移送适用行政拘留消防安全违法案件办法，办理涉消行政拘留案件17宗；与市发改局、市场监管局建立消防安全领域失信联合惩戒工作机制；出台规范性文件《韶关市消防安全违法行为举报奖励办法（试行）》。强化火灾复盘、延伸调查，警示并倒逼消防安全责任落实。消防宣传培训。建立市县两级消防志愿服务队伍，并纳入新时代文明实践中心建设；组织"红袖章"、志愿者、社区党员"上门入户"发放消防宣传资料20余万份，扩大消防宣传覆盖面。线上线下相结合，开展"开学第一课"、逃生疏散演练、消防科普下乡等活动，开发消防培训学

2020年9月12日，全市2020年森林防火宣传月启动仪式在韶关国家森林公园举行

（市应急管理局　供）

疫情期间，韶关市场监管执法人员对药店销售的口罩进行检查

（陈惠韶　摄）

习平台，参与学习答题达43万人次。特色化运营全媒体工作中心，推出“消防小蓝”“戏说三国”“国风节令”系列原创消防宣传漫画等新媒体作品，被应急部、部局、总队转载150多次，阅读量突破1000万人次。

（徐文涛）

【地震应急救援】 2020年，韶关市应急管理局组织对全市汛前地质灾害防御工作、汛前应急管理工作、各地震站（台）基本情况、地震避难场所有关情况、地震示范学校和防震减灾示范教育基地有关情况及2019年度防震减灾经费的使用情况进行检查。完成印发《韶关市应急管理局 韶关市消防救援支队突发地质灾害应急救援联动机制》《韶关市应急管理局 韶关市交通运输局 韶关市自然资源局 广深铁路股份有限公司广州工务段京广铁路韶关段突发地质灾害应急救援联动机制》。配合组织“5·12”防灾减灾日宣传活动。组织举办地震应急管理工作业务知识培训，邀请广东省地震局地震监测中心副主任、高级工程师何寿清进行授课。组织绘制完成《韶关市2020年度威胁100人以上地质灾害隐患点分布图》。牵头组织召开市发展和改革局、市教育局、市交通运输局、市住房和城乡建设管理局、市水务局、市卫生健康局等单位参加的地震安全监管会议。

（罗盛芳）

【食品安全监管】 2020年，韶关市市场监督管理局率先在全市学校食堂100%实施“1+3”校园食堂“互联网+阳光餐饮”工程，将30家校外托管机构食堂纳入平台管理，实施网上巡查和风险预警，平台投入和功能运用居粤东西北的前列。构建食品安全综合治理体系。实施韶关深化改革加强食品安全11项放心攻坚工程行动，完成食品抽检1.8万批次，达到每千人6批次，各项指标均居全省前列。完成重大活动食品安全保障13场，保障人数超过13万人次。强化食品安全社会共治，开展食品安全宣传周、“你点我检”、“食安校园行”等品牌活动，开展“阳光查餐厅”执法直播活动14期，印发推广“食安封签”50万份，成立防范食品保健食品欺诈和虚假宣传志愿者服务队，协调联动各村居委“红袖章”治安联防队员辅助食安执法。推进全食品链条食品安全管理人员制度和食品从业人员健康检查制度的落实，实现全市食品生产企业食品安全管理人员配备率100%，大型肉制品、特殊食品生产企业的自查报告率100%，开展放心食品超市自我承诺活动。实施小作坊风险分类管理，推进韶关市食品生产加工小作坊集中加工区建设，开展小作坊专项整治，对小作坊食品抽检覆盖率100%。聚焦老年人群体开展“韶城护老”活动，面向老年人群体开展理性消费保健食品和反欺诈宣传，接受近万人次咨询。

（陈惠韶）

【公共卫生安全】 2020年，韶关市疾控中心无甲类传染病报告，乙类传染病报告8339例，报告发病率为275.18/10万，较2019年（9055例，302.07/10万）分别下降7.91%、8.90%；报告死亡61例，较2019年（81例）下降24.69%。在报告病种上，2020年主要报告布鲁氏菌病（10例，上升100%）、伤寒+副伤寒（96例，上升74.55%）、丙肝（716例，上升7.51%）、艾滋病（100例，上升2.04%），新冠肺炎（10例）和钩体病（1起）在2019年均未有病例报告。全市共报告突发公共卫生事件及相

2020年12月4日，韶关市成功举办2020年广东省食品安全示范性演练暨韶关市较大食品安全事故（Ⅲ级）应急演练

（文军　摄）

关信息38起，与2019年(38起)持平。所有事件均得到处置，未发现因防控不力导致的传染病暴发、流行。

（龚 华）

【“两品一械”安全风险防控】 2020年，韶关市市场监督管理局加强药品医疗器械质量监管，完善药品安全风险分析、交流及防控机制，联合10部门印发《韶关市改革和完善疫苗管理体制的实施意见》，提请市政府印发《韶关市疫苗安全事件应急预案（试行)》。开展打击非法添加专项整治行动，抽取化妆品81批次。开展化妆品“线上净网线下清源”行动，了解核实化妆品网络经营者57家。加强对疫情防控医疗器械经营单位的监督检查，全市市场监管系统检查医疗器械经营企业1.06万家次，医疗器械使用单位1158家次，抽检医疗器械19批次。

【特种设备安全监管】 2020年，韶关市市场监督管理局重点部署“安全生产专项整治三年行动”“八大专项整治”“铁拳行动”“电梯使用管理人首负责任落实情况专项整治”“大型游乐设施专项排查整治”，开展特种设备检验工作，年度重点监控特种设备检验覆盖100%，特种设备安装监督检验完成率100%，定期检验完成率98.6%以上。开展电梯、气瓶等特种设备安全监管体制改革，电梯确权率100%、电梯责任保险投保率95%，50台大型游乐设施、3条客运索道全部购买安全责任保险，气瓶使用登记方式改革工作完成。

【工业产品质量安全监管】 2020年，韶关市市场监督管理局开展电动自行车及配件产品质量专项整治、危险化学品及其包装物和车载罐体产品质量安全问题排查、塑料污染治理及油品质量专项整治行动。制定《2020年重点监管产品目录》《2020年监督抽查计划》，组织对全市生产领域47种138款产品开展质量监督抽查，合格131款，不合格产品检出率5.07%。在流通领域抽查成品油产品336款，合格330款，不合格产品检出率1.79%。

（陈惠韶）

【交通安全】 2020年，韶关市交通运输安全总体形势平稳。全年全市共发生交通运输生产安全事故共13起、死亡13人、受伤1人，未发生较大及以上事故。在建工程、港口营运两个业务领域均未发生生产安全事故，保持零事故良好态势。2020年，韶关市交通运输局先后部署开展安全生产专项整治三年行动、安全生产八大整治、13类易造成群死群伤生产安全事故整治、安全生产“铁拳行动”整治等专项工作，全力保障交通运输行业安全平稳。

（钟 敏）

【无线电管理】 2020年，韶关市完成省工信厅委托办理行政许可4项，行政检查3项，行政处罚10项，行政征收1项，其他事项7项。全年完成行政许可审批49项；开展执法、行政检查20次，检查单位28家，发出整改通知书9份，出动人员62人次，车辆行程820千米，投入设备49台套。

无线电安全保障 2020年，韶关市无线电管理机构完成各类无线电安全保障任务。春运期间、“两会”期间、国庆等重要无线电安全保障，开展丹霞马拉松等重要活动、重要会议保障次数6起，出动人员48人次，出动车辆30台次，保护频点168个。投入各类考试无线电安全保障，累计保障28个类别考试，执法人员168人次、监测车辆112台/次。启用固定监测站、便携式监测设备、考试保障专用设备等实施考试重点监测，维护考试公平公正。定期开展打击治理“伪基站”“黑广播”等非法无线电台站监测和处置工作，开展打击治理“伪基站”出动68车次、动用监测定位设备121台次、出动监测人员185人次、工作监测时长450小时；打击治理“黑广播”出动91车次、动用监测定位设备130台次、出动监测人员238人次、监测时长730小时，未发现“黑广播”“伪基站”等情况。

（白朝忠）

【网络安全防护】 2020年，韶关市委网信办建立完善韶关市网络安全态势感知平台，实现对全市政务网站、信息系统等重点网络资产的实时监测预警。编发《网络安全风险提示》8期、《网络安全信息通报》11期。统筹市公安局、市机要和保密局、市政务服务数据管理局等联合开展对全市重点单位和关键基础设施网络安全检查，发现和处置高危漏洞隐患67个。与国家计算机网络与信息安全管理中心广东分中心合作，遴选8家网络安全企业作为市委网信办网络安全技术支撑单位。举办首届韶关市网络文化节；举办网络安全讲座等系列宣传活动16场，发放宣传资料10余万份，发送网络安全公益短信312万条次。

（赖凤玲）

基层治理

【民主法治村建设】 2020年，韶关市开展2020年民主法治村(社区)创建工作。命名41个村、9个社区、50个村（社区）为2020年韶关市“民主法治村(社区)”，并申报创建省级“民主法治村(社区)”。

【社会组织管理】 2020年，韶关市共登记在册的社会组织1948个。其中，市级社会组织528个，县(市、区)级社会组织1420个。

10月10日，市民政局牵头召开全市社会组织工作联席会议第一次会议，副市长高冬瑞出席会议。创新社会组织管理模式，“年检”改“年报”，引入第三方监督评价机制，积极发挥重点培育和有效监管作用；通过政府购买服务，开展39家社会组织法定代表人离任审计和注销清算报告工作，切实减轻社会组织负担；完成2020年度社会组织等级评估工作，评选出1家5A等级的社会组织（韶关市江西商会)、2家3A等级的社会组织（韶关市民声网爱心协会、韶关市乐善义工会)、1家2A等级的社会组织(韶关市禁毒协会)、1家1A等级的社会组织(韶关市大唐源流文化研究会)；更新信用信息管理台账，将1家已注销登记的社会组织移除社会组织活动异常名录，将43家列入异常名录满2年的社会组织按程序列入严重违法失信名单；持续推进联合监管机制，加强“事中事后”检查，利用抽查审计、“双随机一公开”实地检查等方式，对涉嫌违法违规的5家社会组织（韶关市风采职业培训学校、韶关市安达职业培训学校、韶关市石油化学工业行业协会、韶关市煤炭行业协会、“小小读书会”）进行立案查处。

【基层政权和社区建设】 *基层政权建设* 2020年，市民政局开展正常离任村干部信息采集和补助对象资格认定与复审工作，至年底，市级备案19000余人。按照省、市、县6∶3∶1的比例发放2020年村务监督委员会成员补贴合计3261.6万元。进一步修订完善村规民约和居民公约，全市村规民约和居民公约修订完成率达100%，高效完成省下达的计划目标。关心关爱防控一线城乡社区工作者，为一级响应期间参与疫情防控的9900余名一线城乡社区工作者发放临时工作补助，全市共计发放3017.77万元。做好2021年村（居）委会换届选举准备工作，组织开展民主评议第七届村委会及其成员工作，召开2021年村(居)委会换届选举动员大会，制定换届选举工作方案。

城乡社区建设 2020年，下拨省、市福彩公益金620万元，资助建设省、市两级福彩公益金资助城乡社区综合服务设施建设示范项目31个，其中省级16个、市级15个，每个项目资助20万元，夯实构建和谐社区基础。做好2019年市级福彩公益金资助建设项目绩效自评工作。推动全市“村民议事厅”示范点建设，制定下发《关于加强对城乡社区综合服务设施项目建设福彩公益金使用管理的指导意见》，全面规范福彩公益金使用。 （邹子君）

【区划地名】 *“韶河线”联检* 2020年4月，韶关市民政局会同河源市民政局研究制定《韶关市与河源市行政区域界线第四轮联合检查工作实施方案》。2020年8月，韶关市、河源市民政局召开联检工作会议，查阅界线协议书及其附图、界桩成果表、界桩登记表等资料，核对1∶10000地形图的界线走向，并就韶河线日常管护情况进行交流，对界线管护存在的问题以及处理意见进行研究。2020年8月起，进行为期2个月的实地检查，全面了解界线、界桩的管理维护情况。完成韶河线的第四轮联检工作。

地名命名、更名 2020年，全市建筑物住宅区命名28个，道路街巷命名77条，桥梁命名5座，自然地理实体(湖泊)命名1个、更名1个。

增设和维护地名标志牌 2020年，韶关市民政局对韶关市辖区部分地名标志进行维护，规范合理设置地名标志，推进地名文化建设，提升地名管理服务水平，完成市本级增设道路地名标志牌250个。

社会信用体系建设

【社会信用体系建设】 2020年，韶关市信用办调整市社会信用体系建设统筹协调小组成员，完善社会信用体系统筹协调工作机制。印发《韶关市人民政府办公室关于加快推进社会信用体系建设构建以信用为基础的新型监管机制的实施方案》《关于在行政管理事项中使用信用记录和信用报告的通知》《关于建立健全失信政府机构相关人员责任追究机制的通知》，完善社会信用体系制度。建立“双公示”信息报送通报机制，开展数据信息专项治理。截至12月，市级平台归集331个部门各类信用信息2049.5万余条。做好诚信“红黑榜”发布工作，召开2期诚信“红黑榜”新闻发布会，发布诚信“红榜”名单2726个，失信“黑榜”名单252个。注重失信主体权益保护，分别到乐昌市、南雄市、始兴县、仁化县开展信用修复培训。推进行政处罚信息信用修复“一口受理、一次办成”改革，解决企业信用修复多头办理、多次跑动问题。 （陈艳君）

【企业信用监管】 2020年，韶关市市场监督管理局开展市场主体年报公示工作，2019年度企业年报率95.75%。建立韶关市查处无证无照经营联席会议制度，加强无证无照经营综合整治。印发《韶关市市场监管部门失信联合惩戒清单（2020版)》，落实信用约束和信用联合惩戒机制。推动市场主体诚信建设，公示2019年度广东省“守合同重信用”企业656户，较上年同期增长36.95%。

【信用记录关爱日活动】 2020年6月30日，韶关市发改局(信用办)、中国人民银行韶关市中心支行联合武江区发改局（信用办)、武江区金融办、韶关市机械行业协会在莞韶工业园开展2020年“6·14”信用记录关爱日暨信用建设进企业活动。韶关市发改局（信用办）为参会企业解读《国务院办公厅关于加快推进社会信用体系建设构建以信用为基础的新型监管机制的指导意见》，并就如何开展信用修复，维护企业良好信用状况作专题辅导，普及政策法规和诚信知识。人民银行韶关中支征信管理科解读疫情期间金融支持企业政策措施，介绍韶关市中小微企业信用信息和融资对接平台、中征应收账款融资服务平台为诚信、守信的中小企业有效缓解融资难、融资贵问题的突出作用，使“守信为荣、失信为耻”的观念深入企业、深入人心。参会企业代表现场签署信用承诺书。 （陈惠韶）

县（市、区）和功能区

浈江区

【概况】 浈江区位于韶关市东北部，2020年，下辖新韶、乐园、十里亭、犁市、花坪5个镇，东河、车站、风采3个街道及曲仁、田螺冲2个办事处。土地面积572.34平方千米。年末户籍人口31.5万人。耕地面积6764.03公顷，粮食播种面积3000公顷，粮食产量1.94万吨。林地面积3.58万公顷，森林覆盖率58.63%，活立木蓄积量240.6万立方米。3月，犁市镇黄竹村被认定为第一批"国家森林乡村"。10月，浈江茶油入选2020年第二批"全国名特优新农产品"。

2020年，全区生产总值194.29亿元，比上年增长2.9%；固定资产投资比上年增长0.2%。社会消费品零售总额115.53亿元，同比下降6.6%；外贸出口额5.64亿元，同比下降2.4%；实际利用外商直接投资0万元；地方一般公共预算收入4.45亿元，同比下降4.4%；全区城乡居民人均可支配收入3.85万元，同比增长7.7%。

【工业】 2020年，浈江区第二产业增加值52.13亿元，比上年增长7%；规模以上工业总产值112.62亿元，同比增长4.6%。11月30日，浈江区举行2020年重点项目的开工、竣工及集中签约仪式。其中寮浈共建标准厂房及配套、广东韶关健康职业学院建设等6个项目开工，投资总额14.54亿元；智能环保设备生产基地、浈江区（花坪）海大益豚原种猪场环保生态养殖综合开发等5个项目竣工，投资总额11.09亿元；浈江区与广东国粤环保投资有限公司、国粤华银（韶关）电热综合利用有限公司、韶关市罗特卡机械制造有限公司等8个企业签约9个项目。现场举办寮步镇对口帮扶共建项目启动活动，包括举行风度书房捐赠仪式，风采香市文化站共建项目和社区卫生共建项目的签约。

【农业】 2020年，浈江区第一产业增加值8.13亿元，比上年增长3%。8月8日，华南农产品交易中心水果蔬菜批发市场开业运营，吸纳130余家商户入驻经营。水果蔬菜批发市场作为华南农产品交易中心第二期水果蔬菜交易区共建设10万平方米，年内完成8万平方米建设。该中心园区周边建成双向8车道的莲花大道、双向4车道的风华路，园区主入口采用27米路宽设计，次通道口采用24米路宽设计，与农副产品区内部形成"十"字交通网络系统，保障车流、货流、人流畅通。水果蔬菜交易区还建成冷库1.8万立方米，并建设水果蔬菜交易大棚2个，可容纳蔬菜标准货柜车40台和水果标准货柜车24台。

【服务业】 2020年，浈江区第三产业增加值134.03亿元，比上年增长1.5%。韶关国际会展中心落户浈江。9月20日，韶关国际会展中心完成整体及配套设施建设并达到使用标

2020年11月30日，浈江区举行2020年重点项目的开工、竣工及集中签约仪式

（浈江区委宣传部 供）

准。该中心属于韶关市重点项目商创物联网小镇的首期配套工程，位于浈江区黄金村综合市场东北侧，规划用地面积33771平方米，总建筑面积25341平方米，投资1.6亿元。包含文化展厅、会议室、报告厅、办公管理用房、设备机房等。10月1日，风采楼游客服务中心运营，位于风采楼左侧一楼，该中心制作以韶阳楼、张九龄、风采楼和红军长征粤北纪念馆为灵感的文化创意产品，提供浈江区历史人文景点风采楼、韶州府学宫和斌庐的预约讲解服务，以及其他旅游景点的便民咨询服务。

【城乡建设】 2020年，粤北华南教育历史研学大村基地和特色村建设项目选址在浈江区省定贫困村犁市镇大村，该项目总投资2.5亿元，计划分三期实施项目，建设内容主要包括提升村容村貌、完善基础设施、道路提升建设、完善公共服务设施、历史遗存修缮及重建、产业发展6个方面。项目第一期工程完成，主要包括旧村委楼房及周边活动场所改造整治、大村驿站外立面整饰及周边环境美化；大村小舞台、纪念广场、玉清书舍、四姑医务室等建设；大村古桥周边场地、岭南大学校道和跑道清理。

【社会事业】 2020年12月15日，浈江区图书馆、文化馆、博物馆新馆揭牌。浈江区图书馆、浈江区文化馆位于田螺冲安置区“商业-8”商业功能用房的一、二层，均按国家一级馆标准建设，浈江区博物馆结合南昌起义部队革命活动旧址（犁市当铺）一体建设。新建成的图书馆建筑面积5600平方米，设计藏书量20万册，阅读座位260个；文化馆建筑面积4500平方米，设计文艺培训、文化展览展演等功能。

两所公立幼儿园投入使用。8月，浈江区红玫幼儿园和乐园镇中心幼儿园分别举行开园活动，投入使用。红玫幼儿园位于浈江区升平路91号，总投资1500多万元，利用韶师附小低年部改建而成，是该区公办幼儿园建设的重点项目，占地面积2350平方米，建筑面积3424平方米。开设10个教学班，其中小班4个，可容纳约300名幼儿就读。乐园镇中心幼儿园隶属于浈江区教育局主管的全日制公益一类乡镇公办幼儿园，位于浈江大道中南郊三千米西侧市八中东面，总投资约2300万元，占地面积4000平方米，建筑面积3266平方米。按照省一级幼儿园标准建设，幼儿园规划9个教学班，可容纳270名幼儿。

9月11日，浈江区老干部（老年）大学曲仁校区举行揭牌仪式，投入使用。该校区位于曲仁党群服务中心内，总建筑面积3800平方米，设有功能室，提供200个学位，可容纳300人学习活动。

1月18日，韶关市隆盛酱园博物馆开馆仪式暨首届酱文化节在隆盛酱园老楼旧址开幕。隆盛酱园博物馆位于浈江区东堤中路（百年东街旁），是韶关市首家调味品领域专业博物馆，骑楼建筑共三层，主体建筑旁边有一个晒场，内设酱园文化展示区、文化交流互动区、观众体验区三大部分，展示百年老字号“隆盛酱园”的历史文化。

【新韶镇】 位于浈江区东北部。2020年，辖区总面积106平方千米，下辖1个社区及12个行政村。年末户籍人口2.14万人，常住人口2.18万人，农业人口1.68万人。耕地面积1030公顷，粮食播种面积438.65公顷。林地面积 4677公顷，森林覆盖率41.92% 。财政一般预算收入623.29万元，比上年减少14.43%。辖区有小学8所，在校学生2075人，幼儿园7所，在园幼儿1108人。

工会联合会一届一次代表大会

2020年7月23日，新韶镇工会联合会第一届第一次会员代表大会在新韶镇政府召开。选举第一届工会联合会委员7名、第一届工会联合会经费审查委员会委员3名。

党委书记：李建华

镇　　长：叶伟国

人大专职主席：刘国成

【乐园镇】 位于浈江区北江河畔。2020年，下辖6个社区及7个行政村。辖区总面积29.18平方千米。年末户籍人口5.25万人，常住人口6.41万人，农业人口7116人。耕地面积159.4公顷，粮食播种面积60.07公顷。林地面积774.62公顷，森林覆盖率76%。农村经济总收入2148.4万元，比上年增长7.6%。财政一般预算收入708.16万元，比上年减少8.15%。参加医疗保险人数2.16万人，覆盖面98%。辖区有初中2所、小学5所、幼儿园18所。

党委书记、镇长：黄伟强

人大工委主席：余党明

【十里亭镇】 位于浈江区北部。2020年，辖区总面积53.7平方千米，下辖6个行政村及10个社区。年末户籍人口6万人，常住人口9.46万人，农业人口1.09万人。耕地面积803.3公顷，粮食播种面积86.7公顷。林地面积1606公顷，森林覆盖率30.3%。农村经济总收入9.4亿元，比上年增长1.5%。农村人均收入1.67万元，比上年增长1.8%。财政一般预算收入640万元。辖区内有高中1所、初中1所、九年一贯制学校1所、完全小学4所、小学分教点4个、公办幼儿园1所、民办幼儿园15所。

浈江区法治文化主题公园揭牌

2020年1月9日，浈江区法治文化主题公园启动仪式暨送法进村（社区）活动在十里亭镇举行。该主题公园占地面积5.38万平方米，主要展示该区“七五”普法的成果，以及法治名言、格言，法治造型等。

党委书记：唐孝坤

镇　　长：郭　聪（3月任职）

人大专职主席：周永权（8月任职）

【犁市镇】 位于浈江区北部。2020年，辖区总面积305平方千米。下辖3个社区及18个行政村。年末户籍人口4.58万人，常住人口3.11万人，农业人口3.45万人。耕地面积3457公顷，粮食播种面积2668公顷。林地面积1.6万公顷，森林覆盖率62.12%。农村经济总收入4.34亿元，比上年增长3.1%。农村人均纯收入8810元，固定资产投资1.59

亿元，比上年增长11.7%。财政一般预算收入7498.9万元，比上年增长120.1%。参加医疗保险人数3.06万人。辖区有初中1所、小学5所、幼儿园8所。

农村人居环境综合整治 2020年，犁市镇以3+1个省定贫困村、阆丹沿线9个村庄为试点创建社会主义新农村示范村，改善农村环境整体面貌。清理村巷道及生产工具、建筑材料乱堆乱放点526处，清理1312吨垃圾材料；清理房前屋后和村巷道杂草杂物、积存垃圾点540处，清理杂物、垃圾1650吨；清理沟渠池塘溪流河道的淤泥、漂浮物和障碍物213处1536吨。拆除危旧废弃房屋1589间6万平方米；拆除农村破旧泥砖房5194间，面积14万余平方米；拆除乱搭乱建、违章建筑73处4069平方米；拆除非法违规商业广告、招牌214处5012平方米。整治垃圾乱扔乱放68处，整治污水乱排放32处，整治“三线”乱拉乱挂1500米。

党委书记：罗奕文（任至11月）
卢群吉（11月任职）
镇　　长：张美成
人大专职主席：欧锐文

【花坪镇】 位于浈江区北部。2020年，辖区总面积76.5平方千米。下辖1个社区及5个行政村。年末户籍人口7985人，常住人口4596人。耕地面积324.93公顷，粮食播种面积243公顷。森林覆盖率74.01%。辖区内西牛潭水库属于典型的丘陵型水库，总面积267公顷，是浈江区最大的水库。财政一般预算收入327.83万元，比上年增长8.57%。辖区有义务教育阶段九年一贯制学校1所、教学点2个、公办幼儿园1所、成人文化技术教育学校1所。参加医疗保险人数5598人，覆盖面100%。

特色生态产业发展 2020年，花坪镇启动实施特色生态产业高质量绿色发展倍增行动。花坪镇存栏优质肉鸡12.95万只，蛋鸡存栏5.8万只，真空包装优质肉鸡深加工年均产量37.5万只以上。

党委书记：吴根平
镇　　长：杨荣华（6月任职）
人大专职主席：潘寿段（6月任职）

【东河街道】 位于韶关市区东部。2020年，辖区总面积4.2平方千米，下辖6个社区。年末户籍人口3.9万人，常住人口2.68万人。财政一般预算收入271.06万元，比上年增长20.24%。辖区有初中1所，小学1所，幼儿园6所，在校学生约5800人；建有启明路全民健身广场1个。参加医疗保险人数2.56万人，覆盖面99.5%。

育红巷党建主题公园启用 2020年7月1日，浈江区东河街道办育红巷党建主题公园启用，党建工作从室内“搬”至室外，实现形式、内容和服务对象的三创新。举行重温入党誓词、党日教育专题课、知识竞赛等活动。

党工委书记：龚　翔
街道办主任：李芳芳
人大工委主任：罗爱军

【车站街道】 位于韶关市区东南部。2020年，辖区总面积4.8平方千米，下辖7个社区。年末户籍人口3.02万人，常住人口2.99万人，固定资产投资8468万元。辖区有技校1所、初中1所、小学4所、幼儿园9所。

小区充电桩安装 2020年，车站街道办全域推广小区充电桩安装，免费为小区居民安装电动车充电桩。车站街道办30个小区中有24个小区安装74个充电桩740个充电位，覆盖率80%，惠及群众8000多人。

党工委书记：张翠萍
街道办主任：付雪平
人大工委主任：邱少琼

【风采街道】 位于浈江区中部。2020年，辖区总面积3.02平方千米，下辖11个社区。年末户籍人口5.1万人，常住人口6.8万人。固定资产投资1.04亿元，财政一般预算收入449.37万元，比上年增长14.27%。辖区有初中2所、小学3所、幼儿园7所。

老旧小区改造 2020年，风采街道办推进韶关市民政局宿舍和平治巷10号老旧小区改造项目。完成照壁街无物业小区封闭式管理项目，围蔽小区出入口7个。通过墙面立体彩绘、门店适度点缀、旧城记忆重拾等形式，再现老街古韵和风情，打造韶城街巷新名片。

党工委书记：梁吉兵
街道办主任：杨荣华
人大工委主任：周建君

【曲仁办事处】 旧址位于浈江区的东北部。2020年，下辖6个居民区。年末户籍人口2.29万人，常住人口1.5万人。1月17日，曲仁办事处办公地址搬迁至浈江区曲仁园乐土路3号曲仁田螺冲党群服务中心4楼，西连黄金村，北接国道G323。

党工委书记：钟　荔（女）
办事处主任：廖　灵
人大工委主任：高宏伟

【田螺冲办事处】 位于韶关市东郊六千米处。2020年，辖区总面积1.3平方千米，下辖1个社区及4个居民区。总人口8101人，总户数2636户。全年固定资产投资1.33亿元，一般公共预算财政拨款收入359.17万元，参加医疗保险人数4850人，参保率138.85%。辖区有东鹏幼儿园1所，在校幼儿204人。

棚户区改造 2020年，浈江区黄金小镇一期结转地块——国有土地房屋征收拆迁服务项目涉及国有土地面积13.33公顷，650户住户。田螺冲办配合拆迁服务公司研判征拆难点，落实清单责任，截至年底完成签约411户。

党工委书记、办事处主任：黄　文
人大工委主任：方燕珍

2020年浈江区经济社会发展情况表

表24

指标	单位	绝对值	比上年增长（%）
地区生产总值	亿元	194.29	2.9
第一产业增加值	亿元	8.13	3.0
第二产业增加值	亿元	52.13	7.0
第三产业增加值	亿元	134.03	1.5
规模以上工业总产值	亿元	112.6	4.6
农林牧渔业总产值	亿元	14.67	3.3
社会消费品零售总额	亿元	115.53	-6.6
外贸进口总额	万元	66037	7.4
外贸出口总额	万元	56373	-2.4
地方一般公共预算收入	亿元	4.45	-4.4
地方一般公共预算支出	亿元	18.21	19.1
城镇常住居民人均可支配收入	元	41398.7	7.4
农村常住居民人均可支配收入	元	21022.3	8.5

（刘姣妹）

武江区

【概况】 武江区位于韶关市西部。2020年辖2个街道、5个镇。土地面积677.85平方千米。年末户籍人口28.97万人，根据第七次全国人口普查数据，常住人口373686人。耕地面积0.68万公顷，粮食播种面积0.39万公顷，粮食产量2.45万吨。林地面积5.04万公顷，森林覆盖率70.38%，活立木蓄积量359.33万立方米。

2020年，全区生产总值269.49亿元，比上年增长1.3%；固定资产投资增长4%。社会消费品零售总额69.69亿元，同比下降4.9%；外贸出口额1.25亿元，同比下降34.6%；实际利用外资1976万美元；地方一般公共预算收入5.94亿元，同比增长10.5%（不含韶关新区，可比口径）。全区居民人均可支配收入3.85万元，同比增长5.9%。

【工业】 2020年，武江区第二产业增加值104.58亿元，比上年下降3.3%（工业增加值79.59亿元，下降3.7%）；落实惠企纾困政策，减税降费6.4亿元，下达惠企利民资金1.09亿元，推动复工复产。营商环境和惠企暖企服务质量显著提升，武江范围内登记注册的各类市场主体、注册资本、从业人员数与上年同期相比分别增长13.56%、36.55%、12.05%，对优质企业的吸引力与日俱增。全年净增“四上”企业49家，净增数列全市第一位；新登记市场主体5277户、比上年增长2.25%。

【农业】 2020年，武江区第一产业增加值8.58亿元，同比增长2%。完善重点建设项目组团八项制度，开展奋战100天重点项目建设行动，武江城乡融合产业园、现代农业产业园等产业创新发展平台开工建设，完成武江科创园一期建设并引入40家企业。全年招商引资新签约项目总投资73.32亿元。乡村产业发展取得阶段成果，“五朵金花”（百香果、无花果、生姜、香蜜薯、南药等“五朵金花”）特色农业产业新增种植面积73.33公顷，成功申报省级“一村一品、一镇一业”入库项目2个，新增粤港澳大湾区“菜篮子”生产基地1个。

【服务业】 2020年，武江区第三产业增加值156.33亿元，比上年增长4.5%。完成中央、省、市部署改革事项11项。完成农村集体产权制度改革国家级试点任务，累计登记集体资产24亿元，较改革试点前增幅

231%。乡镇街道体制改革完成，推动自然资源、市场监管等人员、权责下沉镇街。政务服务改革不断深化，全区行政许可事项“两减一即”（即压缩办理时间、减少跑动次数、提高即办件占比）在全省实现最优。全区通报表扬批评 213 项，推动武江区在市辖三区各类现场会评比和全市各类考评中位列前茅，获 78 项市级荣誉、15 项省级荣誉、3 项国家级荣誉。被省政府确定为城乡融合发展省级试点，被市委市政府确定为党建引领乡村振兴、重点项目“全生命周期”管理机制改革等试点示范。

7 月，广东股权交易中心韶关运营中心在武江区揭牌。至年底，在韶关举办活动 3 场，协办活动 3 场。韶关市存量挂牌企业 18 家，存量展示企业 30 家。2020 年，韶关市新增挂牌企业 1 家，新增展示企业 13 家。其中科创板展示企业 2 家，在途审核 3 家；科创板挂牌企业在途审核 1 家。至年底，通过风险补偿资金备案的知识产权质押融资项目有 8 个，贷款金额合计 4770，知识产权质押登记金额 7462 万元。质押知识产权包括发明专利 11 件，实用新型专利 34 件，商标 9 件。

【城乡建设】 2020 年，武江区完成韶州公园及芙蓉山公园路网建设。完成朝阳路等 9 条主次干道及背街小巷改造提升。完成 17 个老旧小区改造。建成 10 个停车场，增设 849 个停车位。建成 5G 基站 299 个。试点建立重点主干道整治提升管理站，武江大道、朝阳路等重点路段成为样板路，年度城市管理综合检查考评成绩位列全市第一，被评为全市巩卫先进集体。完成省道 S520 线龙归段、省道 S246 线重阳镇区段提升工程。完成“四好”农村路（建好、管好、护好、运营好农村公路）建设约 32.5 千米。创新以“打擂比武”方式开展农村人居环境整治提升，撬动社会资金超 2000 万元，江湾镇倒流水村等 29 个自然村在“打擂比武”中胜出获奖。“龙归—江湾”乡村精品线路获评“广东美丽乡村精品线路”，江湾镇湖洋村获评广东省乡村振兴大擂台污水治理优秀村，重阳“生态体验 + 特色产业休闲线”入选韶关首批十大乡村旅游线路。2020 年，武江区辖区空气质量优良率 97%，比上年提升 5.3 个百分点。饮用水水源和地表水断面水质达标率均为 100%。完成龙归水江湾镇段、方田段碧道项目建设约 10.1 千米。完成 3 个镇级污水处理厂及 19 千米配套管网建设，农村生活污水治理率 70%。关停涉重金属企业 8 家，完成重金属排放削减任务。完成农用地安全利用 2466.67 公顷，受污染耕地安全利用率 97.7%。完成造林面积超 46.67 公顷。武江区国家储备林项目完成总体规划编制。绿美古树乡村、景色景观带等一批绿化美化项目建设完成。第一批山水林田湖草修复工程在全市绩效考核中排第一名。11 月，广东省人民政府办公厅印发广东省城乡融合发展省级试点地区名单，包括 7 个市县试点和 39 个中心镇试点地区。韶关市武江区成为 7 个市县试点之一。试点工作于 11 月启动，到 2022 年试点地区城乡融合发展体制机制初步建立，武江区全域纳入试点范围，试点任务包括建立美丽小镇发展机制、健全村改社区管理机制、搭建城乡产业协同发展平台、健全完善农村集体经济运行机制。

武江区正在打造宜居宜业宜游的生态品质中心城区（武江区史志办　供）

【社会事业】 2020 年，武江区民生投入 14.7 亿元，比上年增长 6.73%，占一般公共预算支出比重 75.04%。提高困难重点人群补助标准并发放 2520 万元补助金。实施武江教育“四大工程”（义务教育保障机制、中职困难学生资助、中小学校舍安全工程、农村中小学留守儿童之家建设），国家义务教育质量监测成绩位居全市第一位，全年新增优质学位 3240 个。谋划推动区中医院、儿童医院等项目开工建设，镇级中医馆和村卫生站实现全覆盖，被国家卫健委授予“计划生育优质服务先进单位”称号，超额完成城乡居民医保参保任务。新增城镇就业 4590 人、城镇失业再就业 4050 人，城镇登记失业率 2.76%。率先在全市完成国有企业退休人员社会化管理移交工作。完成第七次全国人口普查，居住人口比户籍人口增加 4.66 万人。统筹抓好“两个文明”建设，提升改造区镇两级文化场所，花城社区、红星小学被授予“省文明单位”、“文明校园”荣誉称号。创新社会治理成果显著，“五级联创”［市、区（县、市）、乡镇（街道、工业园区）、村（社区）和企业］等 4 个案例入选市域社会治理创新案例。深入推进扫黑除恶专项斗争，全区刑事警情比上年下降 30%。

8 月 11 日，广东省立图书馆抗战遗址纪念碑在武江揭幕，是韶关市推进“华南教育历史研学基地”文化工程的重要成果。该遗址位于广东省韶关市武江区武江北路（朝阳村上窑村）。9 月 28 日，武江区西河镇卫生院投入使用。负责辖区 2.8 万名居民的基本医疗保障、城乡居民医保报销、重大卫生公共事件服务等工作。武江科创园项目于7月动工，一期改造完成并投入使用，引进40家企业。科创园项目总投资约5000万元，该项目位于韶关大道北原镇泰厂区，占地6.93公顷，建筑面积4.9万平方米，项目规划结构为一轴（中央共享轴）、四区（科创办公区、路演中心区、主题广场区、青创家园）。11月24日，武江区中医院建设项目破土动工。该项目建设地址位于武江区龙归镇龙归人民法庭西侧。项目占地面积3.01万平方米，总建筑面积3.14万平方米，设置停车位330个，规划床位200张，武江区中医院建设项目被列入广东省2020年公共服务领域补短板项目，纳入2020年省重点项目管理。12月29日，武江区儿童医院建设项目破土动工，项目选址位于核工业四一九医院院内，项目估算总投资2.77亿元，总用地面积1.69万平方米，新建建筑面积2.68万平方米，将设置规划床位200张，停车位110个，整个项目工期为389个天。1月17日，武江区御龙湾小学和东岗太阳城小学低年级部校区举行新校落成启用仪式，御龙湾小学办学规模24个班，学位1080个，占地面积1.2万平方米，由欧浦置业有限公司于2018年12月底开工配建，历时13个月建成，有一年级学生225名；东岗太阳城小学低年级部校区办学规模36个班，学位1620个，占地面积2.8万平方米，由碧桂园韶关房地产公司于2018年11月底开工配建，历时14个月建成，有一年级学生493名。区委区政府将其列为2019年度重点项目，区教育局投入2000余万元完善两校的功能场室，将其建成为标准化、现代化学校。

【西河镇】 位于武江区城区西北部，面积63平方千米。辖14个村。沿江有镇村码头4个。2020年，西河镇户籍人口1.95万人。辖区常用耕地面积1037.24公顷，林地面积2996.67公顷，森林覆盖率39.14%，活立木蓄积量205758立方米。全镇财政一般公共预算收入1491万元。全镇参加医疗保险人数13119人（不含低保、残疾等特殊人群参保），覆盖面98%。辖区有九年一贯制学校1所，为西河学校；完全小学4所、幼儿园37所，教学点2个，在校学生4129人；有1个文化站，14个文化服务中心，1个新时代文明实践所、14个新时代文明实践站，市成人文化技术学校1所。

黄塱无花果入选全国名特优新农产品 2020年，西河镇黄塱无花果入选第三批全国名特优新农产品名录，在2019年黄塱无花果列入省级“一村一品”入库项目。其经营主体为卓康农业专业合作社，合作社种植无花果面积13.33公顷，带动周边农户种植无花果约20公顷，现在种植面积约33.33公顷，年产量100吨。

民生工程 西河镇投入3000万元用于改善西河镇北片7个村的污水处理环境。武江区西河镇污水处理及其附属设施采购安装项目于2019年12月开工，至2020年年底竣工。覆盖面积达西河镇北片7个行政村27个自然村，共建设27套生活污水处理设施及其配套污水收集管网，生活污水处理规模总量1235立方米／日，单个终端池最大处理量90立方米／日。投入使用的污水处理设施将交由村自行管理维护。

创新试点推行“一毛钱工程” 西河镇下坑村以村委会为主体，村民每户每天拿出一角钱，聘请专业公司分类处理废弃家具电器和建筑物料，维护村庄的干净整洁，该工程率先在下坑村试点，并在全镇推广。

党委书记：何远韶（任至5月）
　　　　　吴韶华（5月任职）
镇　　长：余　聪
人大主席：李　毅

【西联镇】 位于武江区中部，2020年全镇总面积68.9平方千米。辖8个行政村和恒3个社区。2020年，全镇合计户籍1.03万户、3.24万人，常住3.07万户、7.91万人。林地面积3017.2公顷（包括商品林和生态林）。全镇农村经济总收入1178万元，全镇财政一般预算收入1139万元。2020年，全镇有中学2所（公办1所，民办1所），小学8所（公办7所、民办1所），幼儿园14所，在校学生19150人；有文化站1个、文化服务中心10个。全镇参加医疗保险人数17001人，覆盖面100%。2020年，镇获评为2020年广东省卫生镇、2018—2020年度韶关市文明镇、韶关市抗击新冠肺炎疫情先进集体等称号。

征拆交地工作 2020年12月底，西联镇签订房屋拆迁协议100户，拆除房屋2.01万平方米，迁移坟墓270座，完成交地169.25公顷。完成20号路、22号路、23号路、芙蓉山公园、华韶数据谷变电站、莞韶城一期、南水水库工程、东片区医药产业园等重点项目的征拆交地任务。沐溪村大细村整村拆迁完成95%，车头村整村拆迁完成85%，确保芙蓉新城的开发建设的用地需求。

党委书记：粟　健
镇　　长：杨国浩
人大主席：朱小燕

【龙归镇】 位于武江区中西部，2020年全镇总面积237平方千米，辖15个村和龙归街1个社区。2020年，全镇年末户籍人口42034人。耕地面积2792.68公顷，粮食播种面积2309.7公顷，粮食产量14602吨。林地面积18482公顷，森林覆盖率86.9%，活立木蓄积量145.69万立方米。2020年，全镇农村经济总收入167.41万元，比上年增长7%。农村居民人均可支配收入1.81万元，比上年增长7%。固定资产投资1522.08万元，比上年增长10.58%。全镇财政一般预算收入6526万元。2020年，全镇有初中1所、小学2所、幼儿园10所、教学点7个，在校学生4355人；有文化站1个、16个文化服务中心。全镇参加医疗保险人数31296人，覆盖面70%。2020年获评为“广东省卫生镇”称号，龙归—江湾精品线路获评“广东美丽乡村精品线路”。

武江乡村振兴培训实践中心正式投入使用 2020年，武江乡村振兴培训实践中心投入使用。武江乡村振兴培训实践中心的前身是龙归粮仓，武江区邀请全国工程勘察设计大师倪阳和华南理工大学教授叶红对

龙归粮仓开展“大师小筑”，对龙归粮仓进行活化利用，建成韶关市武江乡村振兴培训实践中心。中心投入使用以来，举办2019年中国城市规划学会乡村规划与建设学术委员会年会，及多类型主题的乡建培训和文旅活动。举办各类专项培训50余期，承接市直、区直开展的主题党日、学习交流活动30多场次，共1万余人次到培训实践中心参观学习。

中国农民丰收节韶关系列活动在龙归启动 2020年9月22日，韶关市政府主办，各县（市、区）政府承办，以“庆丰收、迎小康”为主题的2020年中国农民丰收节韶关系列活动，在武江乡村振兴培训实践中心启动。该系列活动以“谷满粮仓·幸福武江”金秋轻骑活动拉开序幕。随后举行启动仪式暨“谷满粮仓·幸福武江”农旅展销推介会，设置农特产展区等十大展区，并为获得2019年广东省名牌产品（农业类）和武江区“十优农业先锋”的企业代表授牌。该系列活动在全市各县（市、区）十大会场同时举办，持续至10月8日。

龙归香蜜薯入选全国名特优新农产品 2020年5月，武江区龙归香蜜薯入选全国名特优新农产品名录，龙归香蜜薯生产经营单位为龙归镇乡村家庭农场，香蜜薯生产规模约60公顷，年产量约1740吨。

党委书记：韩伟强
镇　　长：刘　武（任至5月）
人大主席：叶贤治

【江湾镇】 位于武江区西部，总面积213平方千米。辖6个村和江湾社区1个社区。2020年，全镇年末户籍人口7379人。耕地面积858.34公顷，粮食播种面积434.9公顷，粮食产量2666吨。林地面积2.17万公顷，森林覆盖率94.7%，活立木蓄积量150万立方米。2020年，全镇农村经济总收入3.39亿元，比上年增长1.2%。农村居民人均可支配收入1.81万元，同比增长1.3%。全镇财政一般公共预算收入4332万元。2020年，全镇有初中1所、小学1所、幼儿园1所，在校学生444人；有文化站1个、7个文化服务中心。全镇参加医疗保险人数5464人，覆盖面96.32%。

农村人居环境整治“打擂比武” 2020年，江湾镇湖洋组团倒流水村、围坪组团涂屋村和湖洋组团菜队村在全区第一轮、第二轮和第三轮“打擂比武”评选表彰活动中，分别获得第一名，被评为武江区“生态宜居美丽乡村”。江湾镇湖洋村在省委农办牵头主办的乡村振兴大擂台活动中被表彰评为“污水治理优秀村（自荐类）”；武江区“龙归—江湾乡村精品线路”在第二届广东十大美丽乡村系列评选活动中获评广东美丽乡村精品线路。

江湾镇中心幼儿园建设项目动工 2020年10月15日，江湾镇中心幼儿园建设项目动工，该项目房屋建筑总面积4053平方米，项目总投资预估2500多万元，建设教学规模9个班，270个学位的江湾镇中心幼儿园，满足江湾镇居民子女入读公办幼儿园的需求。

党委书记：黄海涛（任至5月）
　　　　　刘　武（5月任职）
镇　　长：曾玉玲
人大主席：黄永和

【重阳镇】 位于武江区西北部，辖8个村和重阳社区1个社区。重阳镇总面积82平方千米，耕地面积1823.35公顷，林地4600.28公顷，粮食播种面积958.47公顷，粮食产量6100吨。全镇户籍人口18124人，农业人口14500人，外来人口490人。2020年，农村居民人均可支配收入13743.7元，比上年增长4%。全镇有初中1所、小学1所、幼儿园2所、教学点2个；有文化站1个、9个文化服务中心。全镇参加医疗保险人数13378人，覆盖面99.2%。

妙联村委观音山村整村搬迁建设项目完工 重阳镇启动观音山整村搬迁建设项目，项目规划总搬迁安置户数64户，并建设挡土墙、巷道硬化、路灯、污水、排供水、通信、公共绿化、公共停车场等市政公共基础设施。2020年11月17日，观音山村整村搬迁建设项目验收（含房建项目及市政基础设施工程）通过。

党委书记：龚映韶
镇　　长：郁　扬
人大主席：侯福清

【惠民街道】 位于武江区的中北部，总面积6.2平方千米。辖14个社区。2020年，全街年末户籍人口7.02万人。辖区有公办成人高校（韶关开放大学）1所，公办全日制综合普通本科大学分校区（韶关学院黄田坝校区）1处、初中2所、高中2所、小学6所、幼儿园17所；有1个文化站、14个文化服务中心。2020年，惠民街道及所辖群立社区被广东省妇女联合会会、广东省精神文明建设委员会办公室评为“第六批广东省家庭文明建设示范点”；武江区惠民街道关工委被韶关市关心下一代工作委员会、韶关市精神文明建设委员会办公室评为韶关市关心下一代工作先进集体。

党工委书记：何远韶（5月任职）
办事处主任：宋　清（任至6月）
　　　　　　唐家勇（6月任职）
人大工委主任：陈志坚

【新华街道】 位于武江区东部，总面积约13.84平方千米。辖17个社区。2020年，全街年末户籍人口10.14万人。辖区内有初中4所、小学7所、幼儿园27所；有文化站1个、17个文化服务中心。参加城乡居民医疗保险人数35721人，覆盖面38.27%。2020年，该街道获得的荣誉称号有广东省抗击新冠肺炎疫情先进集体、广东省三八红旗集体、广东省五四红旗团支部、广东省文明单位、韶关市五四红旗团委、2020年老旧小区改造工作先进社区（武江南社区）、广东省五四红旗团支部、武江区先进人民调解组织。

党工委书记：罗北京（5月任职）
办事处主任：罗北京（任至5月）
　　　　　　丘细琼（6月任职）
人大工委主任：刘尚周（任至5月）
　　　　　　　张祈俊（6月任职）

2020年武江区经济社会发展情况表

表25

指标	单位	绝对值	比上年增长（%）
地区生产总值	亿元	269.49	1.3
第一产业增加值	亿元	8.58	2.0
第二产业增加值	亿元	104.58	—3.3
工业增加值	亿元	79.59	—3.7
第三产业增加值	亿元	156.33	4.5
人均地区生产总值	元	—	—
规模以上工业总产值	亿元	159.54	0.6
农林牧渔业总产值	亿元	15.05	3.2
固定资产投资	亿元	—	4.0
社会消费品零售总额	亿元	69.69	—4.9
外贸进口总额	万元	48829	300.8
外贸出口总额	万元	12525	—34.6
实际利用外资	万美元	1976	8491.3
地方一般公共预算收入	亿元	5.94	10.5
地方一般公共预算支出	亿元	19.59	6.8
城镇常住居民人均可支配收入	元	41306	4.9
农村常住居民人均可支配收入	元	21849	7.0

（董素梅　邱海燕）

曲江区

【概况】 2020年，位于韶关市南部。曲江区辖9个镇和1个街道办事处。年末全区总户数9.58万户、人口31.29万人。土地面积1620.85平方千米，耕地面积1.9万公顷，粮食播种面积1.16万公顷，粮食产量7.52万吨。林业用地面积12.42万公顷，森林覆盖率74.5%，林木绿化率76.1%。全年晴天数（无雨天数）222天，雨天数144天。全年平均降雨量1599.4毫米，年均温度21.2℃，年日照时数为1581.8小时。矿产资源有各类矿48种，是全国黑色金属、有色金属之乡。2020年，全区实现地区生产总值192.39亿元，比上年增长3.5%。其中：第一产业增加值19.45亿元，增长6.9%；第二产业增加值109.58亿元，增长6.5%（工业增加值101.74亿元，增长5.5%）；第三产业增加值63.37亿元，下降1.4%。地方一般公共预算收入8.23亿元，下降9.7%。固定资产投资78亿元，增长7.3%。社会消费品零售总额34.49亿元，下降10.7%。外贸出口额69222万元，下降20.1%。实际利用外资2987万美元，增长352.6%。全年全区城乡居民人均可支配收入27457元，增长8.4%，其中城镇居民人均可支配收入33601元，增长7.3%；农村居民可支配收入20022元，增长9.3%。6月，获评国家慢性病综合防控示范区。10月，再次获得“广东省双拥模范区”称号，从1992年至今，已获全国双拥模范县（区）“五连冠”、全省双拥模范县（区）“十连冠”的成绩。

【工业】 2020年，曲江区工业启动实施15家优质企业倍增计划，五年累计完成工业投资145.41亿元、技改投资68.68亿元，钢铁、装备制造、纺织服装、食品饮料为主导的工业产业长足发展。园区规模和质量效益提升，曲江经济开发区新增用地面积66.67公顷，盘活低效闲置用地82公顷，2020年实现工业总产值54.79亿元；完成华南先进装备产业园征地800公顷。以两大园区为依托的招商引资工作成效明显，五年累计新增签约项目153个，落地动工项目63个，竣工投产项目39个，实际完成投资33.91亿元。

【旅游服务业】 2020年，曲江区省级全域旅游示范区创建工作推进，编制完成全域旅游发展规划，马坝人——石峡遗址公园一期、曹溪文化小镇一期、4个城乡观景平台等相继建成开放，百林湾生态园获评国家AAA级旅游景区，华家班赛车文旅小镇、小坑国际森林康养运动小镇建设推进。设计推出“马坝人先生”等IP文创产品，创建“九龄故里·百里画廊”等省级乡村旅游精品线路，持续举办罗坑茶文化节、枫湾花果节、经律论体育文化旅游节、农民丰收节等系列节庆活动，引进2家五星级标准酒店，新增星级民宿7间。五年累计接待游客2419万人次，实现旅游总收入175亿元，对比“十二五”时期分别增长47.4%和65.1%。商贸物流、房地产、住宿餐饮、电子商务、5G等行业快速发展，实现第三产业增加值63.37亿元，五年增长38%。

【农业农村建设】 2020年，曲江区实现第一产业增加值19.45亿元，五年增长24.5%。严守耕地保护红线，粮食生产保持稳定。打赢脱贫攻坚战，全区29个省定贫困村和2311户5433名贫困人口全部达到脱贫出列标准，形成稳定扶贫资金来源项目67个。农业产业成链发展，省级食用菌现代农业产业园、粤港澳大湾区“菜篮子”产品韶关配送中心、亚北冷链物流等项目落户曲江，省级农业科技园区获批建设。天合牧科等7家企业入选粤港澳大湾区“菜篮子”生产基地，马坝油粘米、罗坑茶叶、火山粉葛、白水蜜桃等品牌带动力逐年提升。新增全国名特优新农产品3个、省级农业龙头企业7家、农民专业合作社7家，“粤字号”农产品30个、无公害农产品59个。创建“一村一品、一镇一业”省级专业镇3个、专业村10个。

曲江城区展新貌 （梁国劲 摄）

【城乡建设】 2020年，曲江区推进“三清三拆三整治”，拆除破旧泥砖房5.49万间130多万平方米。改造农村危房718户。创建干净整洁村1151个。城郊美丽乡村示范片6个，无害化卫生户厕普及率100%。马坝龙岗王屋村、枫湾新村村入选“广东特色名村”。樟市西约都陂村、枫湾竹子坝村、罗坑中心坝村等成为“网红村”和游客“打卡”点。完善镇村基础设施，建设高标准农田5360公顷。完成垦造水田84.33公顷、拆旧复垦28.2公顷，新建“四好农村路”400千米，20户以上的自然村道路全部实现硬底化，农村客运班线实现“村村通”，连接镇村主干道路全线完成太阳能路灯安装。治理中小河流126千米，农村安全饮用水保障工程在全市率先实现全覆盖。建成镇村文体活动场室273间（个），组织实施大塘等6个镇的“139”行动，武广高铁、国道G106等重点廊道沿线风貌整治初见成效。累计投入42.6亿元，相继建成莲花大道、铜鼓大道、韶州大道、影剧院周边道路及营顶至邓屋、黑石至韶钢公司等公路。基本完成韶南大道、曲江大道、马坝大道、南华大道南、南华大道中、G106茨菇塘至转溪段、S251黄岭亭至汤湖段、S292白土至樟市段、X312枫湾至小坑段等道路的提升改造，南华大道北、狮岩路、城西路、韶州互通、马坝互通等项目加快推进。北江航道“五改三”扩能升级濛浬枢纽二线船闸竣工通航，乌石港、白土港动工兴建，全区“公路水路铁路”外通内联交通网络格局基本形成。实施苍村水库坝体加固工程，获得提高汛限水位批复，完成演山水厂改扩建工程，城区供水保障能力提升。文明城市创建工作常态化开展，完成“三旧”改造面积82万平方米，改造老旧小区35个。农贸市场5个，完成7个开放或半开放式居民区实施封闭式管理提升项目，实施城区亮化工程和马坝河“一河两岸”景观提升，完成17条市政道路白改黑和15条人行道升级改造。新增公交线路19条。建成5个社会化智能停车场，新增汽车停车位1630个、新能源充电桩47座，新建改造35个文化体育休闲场所和14间公共厕所。重点整治城区市场周边和桃园西等路段脏乱差问题。建成数字城管监督指挥中心，新增电子警察抓拍设备97处和红绿灯8处，交通拥堵点和车辆乱停乱放现象得到整治，市容市貌焕然一新。

【生态环境建设】 2020年，曲江区划定生态保护红线597.58平方千米。配合做好南岭国家公园创建工作，开展绿美南粤和全域创建国家森林城市行动，完成造林与生态修复2060公顷。森林抚育1.04万公顷。建成52个乡村绿化美化建设示范点和2个绿美古树乡村。小坑镇获评“

广东省森林小镇″。小坑上洞村入选省首批“国家森林乡村″。打好蓝天保卫战，建成乌石物流园一期工程，白土物流园、韶钢物流园建设加快推进，基本实现城区周边及主要国省道干线公路连接路口硬底化，设立非现场执法治超点4个，完成10家燃煤锅炉和76家“散乱污”企业整治。逐年扩大烟花爆竹禁燃区城和时段，严厉打击野外用火行为，重度污染天气和森林火灾减少，全年空气优良天数从2015年的325天增加到2020年的35天。打好碧水攻坚战，查处整治直排和超标排污企业14家，督促完成251家养殖场粪污处理配套设施建设。实施白土工业园区和鑫田污水处理厂扩容提标改造。新建沙溪等5个镇级污水处理厂，建成村级污水收集管网1220千米、污水处理设施678个，镇级生活污水处理设施实现全覆盖。开展河湖“清四乱”“五清”专项整治，河长制工作落到实处。城镇生活垃圾无害化处理率100%。省考以上断面水质优良率100%。打好净土防御战，淘汰落后涉重金属企业11家，改造提升17家。实施1333.33公顷耕地安全利用技术集成示范项目及原无机盐厂地块土壤风险管控和修复工程。推进大宝山矿、梅花河周边区域土壤治理，完成生态复绿60公顷，大宝山新山片区历史遗留矿山生态修复项目获评广东省首届国土空间生态修复十大示范案例。超额完成国家和省市下达的“十三五″时期污染成排目标任务。

【社会公共事业】 2020年，曲江区“数字政府”建设全面推进。深化“放管服″改革，取消或调整行政审批事项547项，推行网上中介服务超市”一门式一网式”政务服务平台延伸至镇村，434项政务服务事项在镇村实现无差别办理，343个事项实现全市通办。实施商事登记全程电子化改革，企业开办时间压缩至0.5个工作日。建成区政务服务中心新办事大厅，政务服务事项基本实现“一窗受理”“最多跑一次”“进一门办所有事″。社会守信联合激励和失信联合惩戒实现制度化，基本实现“双随机一公开”全覆盖。支持完成农村信用社改制为农商银行，农村普惠金融有序发展。累计淘汰落后钢铁产能60万吨。落实“降成本”政策，累计为各类市场主体减免税费31.15亿元。国资国企改革稳步推进，全面完成韶钢、大宝山、粤江电厂等中省企业办社会职能分离移交工作。企业职工基本养老保险、工伤保险实现省级统筹，城乡居民基本养老保险基金实施市级统一管理。在全市率先完成中小学教师“县管校聘”管理改革试点工作。推进医药卫生体制改革，国家紧密型县域医共体建设试点工作取得阶段性成效，医疗卫生系统基层人事薪酬改革和镇村卫生服务一体化管理工作经验在全市推广。推进农村“三变”改革，. 农村集体产权制度、土地承包经营权流转、“房地一体”改革试点工作实施。完成农村土地承包经营权确权颁证工作。累计投入民生资金82亿元，是“十二五”时期的1.73倍，占全区一般公共预算支出的74.32%。“粤菜师傅”“广东技工”“南粤家政”三项工程推进。城镇登记失业率控制在3.5%以内。社会养老、医保、特殊困难人员生活补贴标准提高，落实在职村（社区）“两委”干部统一购买社保，为全区60岁以上老年人购买意外伤害综合保险。教育强区成果得到巩固提高，新建九龄幼儿园、大塘镇和小坑镇中心幼儿园，回购马坝镇幼儿园和沙溪镇中心幼儿园改为公立幼儿园，加快推进樟市镇和白土镇中心幼儿园建设，新增公办学前教育学位2900多个。在全市率先实现“5080”目标和中小学校内课后服务全覆盖。完成城南小学改扩建工程，建成区教师发展中心、曲江一中体育馆、枫湾镇中心小学教学楼。基本完成韶钢实验学校、西区幼儿园教学楼拆危建新工程，启动曲江职校迁建工作。高考成绩稳居全市前列。引进高层次医技人才16名。基本建成区人民医院新住院综合大楼和区新妇幼保健院，完成9个镇级公立医疗卫生机构标准化建设和10间基层中医馆建设，50间村卫生站实现医保即时结算，公建规范化村卫生站实现全覆盖。樟市钉螺疫情处置和环境综合治理通过省级综合验收评估，“非洲猪瘟”得到控制。新时代文明实践中心省级试点建设进展顺利，区图书馆获评全市唯一“国家一级图书馆”。海峡两岸交流基地成功授牌。风度书房等公共文化体育设施日益完善，城区“15分钟健身圈”基本建成。建设棚改房2069套。分配保障性住房463套。连续10次蝉联全省“双拥模范县（市、区）”称号。完成第四次全国经济普查和第七次全国人口普查工作。化解社会矛盾纠纷259件，新时代广场、理想花园、城北拆迁等历史遗留问题逐步得到解决。完成基层派出所规范化建设，“雪亮＋智格”工程加快推进。开展扫黑除恶专项斗争，打掉恶势力犯罪集团5个。刑事、治安警情分别同比下降22%、38%。狠抓应急救援队伍建设、安全生产“一岗双责”和企业主体责任制落到实处，全区安全生产、消防、森林防灭火和食品药品安全形势保持总体平稳。

【马坝镇】 马坝镇属省级中心镇。2020年，镇辖区总面积187.5平方千米，户籍总人口11.7万人。下辖16个村229个村民小组，8个社区。耕地面积1588.4公顷，山林面积9333.33公顷。2020年，全镇财政总收入完成5605.1万元，比上年增长42.2%。全镇财政总支出5405.8万元，比上年增长37.9%。累计完成固定资产投资8750万元，引进招商引资项目3个，总投资额2.4亿元。完成上级扩种早稻面积29.27公顷任务。全年水稻种植1600公顷。发放耕地地力保护补贴金额202.51万元。马坝镇申报入库省级“一村一品，一镇一业”项目新增2个，分别是转溪沃柑和小坑杨梅项目。龙岗、水文和转溪通过民主大会对扶贫资产收益给贫困户进行分配，为111户贫困户分红14.19万元。张九龄纪念公园项目完成征地面积9.42公顷，占总任务50.5%。龙岗“红色村”建设完工并通过工程竣工验收。马坝镇“曹溪香水”观景平台于1月竣工，正式对外开放游览；7月，龙岗环村绿道建成，形成“龙岗红色村＋红色步道＋王屋村＋环村绿道”特色乡村旅游圈。打造“美丽廊道之乡”“格桑花新村”“红色塔下”等一批乡村旅游品牌，累计全镇接待游客20万人次。全镇20户农户被评为区级“清洁家园、美丽庭院”家庭。龙岗村被评为“广东省家庭文明建设示范点”。9月，陈韵旭、下带兰被评为2019年第四季度“韶关好人”。

党委书记：黄　华
镇　　长：徐海波
人大主席：甘自强

【大塘镇】 位于曲江区东北部，距离曲江区人民政府13千米。2020年，全镇总人口36378人，农业人口33840人，城镇人口2538人。大塘镇总面积175平方千米。全镇辖15个村委会和1个社区居委会，下设189个村民小组和1个居委会。大塘镇有2866.67公顷耕地，山地面积1.23万公顷。2020年大塘镇完成固定资产投资8000万元。完成“四好农村路”建设项目、华油征拆项目、新疆天然气征拆项目、黑石至韶钢农村公路征拆项目、省道S251线公路征地工作等5个重点项目，实现年初制定的全镇经济社会发展预期目标。2019年度“一镇一业，一村一品”的“火山粉葛”“田园蔬菜基地”建设项目完成全部投资，沃土优质蔬菜、黄金奈李成功申报2020年“一镇一业”实施项目，富硒火龙果、金富旺优质水果成功申报2021年“一镇一业”实施项目。大塘镇被评为市级特色农业专业镇，塘口、竹园、大塘等3个村成为市级特色农业专业村。在申报省级“一村一品”专业村，大塘镇成为曲江区兰花种植示范基地定点镇。引入专业水稻种植合作社，复种水稻31.67公顷，完成上级下达的早稻扩种任务，完成耕地地力保护补贴面积登记汇总工作，全镇7398.4公顷耕地上报申请地力保护补贴。全镇11个省定贫困村，建档立卡贫困人口466户1303人全部达到脱贫退出标准。有劳动能力在家务农贫困户86户全部签订购销合同。通过“合作社+公司+农户+基地”模式建设起大塘镇竹园火山粉葛合作社、大塘镇新桥村新农业合作社，引进兰花、富硒蔬菜、有机蔬菜3个高附加值种植项目。解决贫困户就业问题，发展43名创业致富带头人。开展消费扶贫，消费扶贫金额99.31万元，带动110户贫困户增加收入。申请区慈善会捐赠资金18.66万元促贫困户增收。为251户353人发放务工补助；在贫困户户厕改革工作中，申请慈善会捐赠资金3.9万元帮助39户贫困户修建卫生厕所。“两不愁、三保障”水平提高，贫困人口2020年全部享受医疗保险，医疗救助1051人次，总医疗费333.68万元。教育保障实现全覆盖，发放教育补助41.5万元。住房保障落实到位，危房改造指标95户竣工验收并入住，发放补助资金322.2万元，全部贫困户均实现住房安全。开展“五看五心”、访贫问效及临时救助工作等专项行动，完成对全镇467户贫困户的走访，排查问题87个并全部解决，筹集57.35万元帮助129户贫困户提升居家环境，对受疫情影响或其他因素影响收入的164户贫困户家庭开展临时救助工作，累计发放临时救助金26.9万元。

党委书记：谢伟强
党委副书记、镇长：李少军
人大主席：丘建光(5月起任)

【白土镇】 位于曲江区西南部。2020年，全镇辖11个村委会和白土居委1个社区居委会，下设161个村（居）民小组。总面积139.05平方千米。山林面积106平方千米。林区活立木蓄积量10.21万立方米。全镇户籍人口25985人。2020年全镇财政总收入完成3947万元，比上年增长2%。全镇财政总支出3867万元，增长2%。完成民福园、韶关港白土作业区一期工程、物流园和丰泽项目的征地111.44公顷。韶关市曲江区职校整体迁建项目启动，征收6.8公顷用地。爱上菇项目征地完成3.5公顷，完成支付征地款。9—12月，完成2.3公顷的征地协议签订工作。白土镇2020年“四好农村路”的建设任务数为18条，21.705千米，完成“四好农村路”建设任务。白土镇首个生活污水处理厂建成，设计日处理量1000吨，可处理镇街4000人的生活污水。白土生活污水处理厂配套污水管网及镇街雨水管网建设工程投资1381.84万元，总长9.57千米，7月进场施工，截至2020年底，总污水管网工程量完成100%。

党委书记：刘日夫
镇　　长：李文雄
人大主席：陈文芳

【沙溪镇】 位于曲江区东南面，距离曲江区人民政府11千米。2020年，全镇总面积210平方千米，辖7个村和2个社区；下设88个村民小组和16个居民小组，总人口20338人。下设1个党总支，1个社区党委；20个党支部，党员943人。耕地面积1107.2公顷，其中水田857.47公顷。山林面积1.67万公顷，其中毛竹林基地6600公顷。全镇可供开发的水能蕴藏量5240千瓦，建成水力发电站15座，总装机容量8000多千瓦。2020年，全镇实现地区生产总值8.6亿元，比上年增长4.5%，辖区规模以上工业企业数7家，规模以上工业企业增加值增长8%，完成固定资产投资超过7000万元。地方财政一般公共预算收入4628.7万元，增长2.1%。一般公共预算支出4008万元，增长1.5%。全年新签订招商引资工业项目2宗，总投资6500万元。南华大道南改扩建工程建成通车。总投资2600多万元的镇街“139”提升工程加快推进，“一个规划”“三项整治”基本完成，“九项基础工程”完成总进度的70%。投资900多万元。日处理污水量3000立方米的沙溪镇污水处理厂建成运行。投资1300多万元，建成总长14千米的镇街南污水管网。完成拆旧复垦施工待验收的项目地块16.19公顷，新立项拆旧复垦项目地块16.13公顷。全镇88个村小组中，有44个村小组立项实施拆旧复垦项目。引进广东华家班赛车文旅小镇项目落户，项目一期的赛道建设完工，粤港澳大湾区汽车拉力赛确定在镇举办。支持狮坪合作社水稻机械化育秧和优良食用菌品种培育项目建设。利用拆旧复垦地块种植南华李、柑橘、辣椒等水果蔬菜，拓宽农民增收致富渠道。全年新增水稻播种面积10.87公顷。全年完成22个村小组的干净整洁村整治、4个“一事一议”美丽乡村建设工程、“南华文化之乡”美丽乡村示范片建设一期、二期工程全部完工，东华村委麻坝子村、中心村委社背村、新村村容村貌填然一新。拆除破旧泥砖房5787间13万平方米。改造户厕14户，完成卫生公厕建设6座。提前完成“四好农村路”10.5千米的建设任务，完成凡铜村内洞老虎墩到上寨6.8千米道路硬底化。

党委书记：江绍德
镇　　长：宋望波
人大主席：魏新连

【乌石镇】　位于曲江区南部，距曲江区人民政府15千米。2020年，乌石镇土地面积118.6平方千米，山林面积7333.33公顷，耕地面积1107.27公顷，活立木蓄积量32万立方米。2020年，全镇辖6个村和2个社区。下设的90个村民小组。全镇总户数有5532户，人口17353人，其中农业人口13266人，城镇人口4087人。党支部21个。党员604人。2020年，全镇财政总收入完成3996.05万元。比上年增长36.94%；累计完成固定资产投资1亿元；引进招商引资项目3个，总投资额7300万元。韶关港乌石综合交通枢纽一期项目动工兴建；台泥项目开采道路和主厂区建设推进；建成乌石物流园，乌石镇污水处理厂及附属污水管网工程；南雄热电“上大压小”线路、粤北燃气管道项目等4个重点项目均在建设当中。全镇2020年种植各类蔬菜186.67公顷，种植水稻1100公顷，种植水果153.33公顷，种植花生553.33公顷，牲畜存栏1.1万头，渔业养殖水面86.67公顷。建成家庭农场20个，农民专业合作社7个，“一村一品”项目1个。完成总造价1620多万元日处理量500吨的镇级污水处理厂和全长6千米的配套污水管网建设，实现镇级生活污水处理全覆盖。投入31万元引进专业作业公司，每天常态化对辖区道路路面进行冲洗和沿线保洁。韶关市曲江区乌石镇坑口村被授予韶关市卫生村称号；乌石镇坑口村被授予韶关市卫生村称号；乌石镇退役军人服务站被省退役军人事务厅评为“广东省五星级退役军人服务中心（站）”，乌石镇保留全国文明镇称号。

党委书记：曹　权(1月起任)
镇　　长：江清霞
人大主席：李建春

【樟市镇】　位于曲江区西南部，距曲江区人民政府22千米。2020年，全镇总面积204平方千米，辖11个村委会和2个居委会，总人口29326人，境内有瑶族村委1个，人口651人，有粤北“第一平原”和“粤北粮仓”之称。2020年，镇生产总值14.23亿元，农民人均年收入19758元，农业总产值12.21亿元，工业总产值1.05亿元。第三产业总产值0.97亿元。铺开“139”镇街提升项目，增设电子警察监控系统工程，项目总体规划面积85.2公顷。完成13.8公顷抑螺林的改造种植及秋季抑螺林抚育，“三面光”水渠清淤清堵21.82千米，横江坡干渠、小连塘低陂圳、上奇塘水坑等改造工程，对有螺风险支渠、水坑进行填埋和新建改造。完成千家村2公顷沼泽地，鸡窝新梁屋大坑旁竹林荒地3.33公顷环境改造工程。完成水利血防工程，改造渠道总长14.99千米，11月通过省水利厅专家验收组省级专项评估，12月群星村委螺区环境综合治理通过省级整体评估。完成补充耕地整改面积54公顷。消雪岭垦造水田项目立项，计划投入5612万元，垦造任务66.67公顷。引进“金新农”生猪养殖项目，总投资3亿元（其中第一期投资1.5亿元），建设面积40公顷，建设2个5000头的母猪养殖场。投入约5万元扶持流坑村14户贫困户种植黑糯米3.73公顷。第一期投资1300万元新建樟市镇中心幼儿园。投入资金1204.77万元建设“四好农村路”27条，共28.69千米均验收达标，覆盖10个村委。4月，发动乡贤捐资20万余元，在S521樟市——罗坑沿线打造香樟大道。建设高标准农田3153.94公顷，修建水渠20.97万米，修建田间道48057.6米。安装太阳能光伏杀虫灯600盏。完成13所党群服务中心主体建设和配套设施建设。完成镇街18个贫困村提升工程（文化室建设）等民生建设项目，干净整洁村75个建设项目。建设流坑村委胡屋村、南约村委莲塘下片区、樟市村委大竹园公园等示范点。5个省定贫困村投入省级乡村振兴资金5500万元，建设雨污分流村巷道，文化活动设施、标准化公厕等基础设施，均达到干净整洁村标准。完成22个改厕任务。拆除闲置泥砖房231间、6500平方米。流坑村马坝油粘米、北约村优质肉牛入选广东省2021年“一村一品、一镇一业”项目。樟市镇被评为2020年广东省“一村一品一镇一业”专业镇（水稻）、广东省技术创新专业镇（马坝油粘米）。

党委书记：吴伟中
镇　　长：廖韶军
人大主席：谢伟明

【枫湾镇】　位于曲江区东北部，距离曲江城区马坝镇34千米。2020年，镇区面积19691公顷，新城区规划占地面积130公顷，总人口1.9万人，下辖9个村委，1个居委会，128个村小组。耕地面积1200公顷，林地面积1.8万公顷，原始森林面积5300多公顷，可供发展林业的缓山坡地3300多公顷，有“小桂林”之称。2020年，全镇生产总值14.47亿元，农民人均年收入19826元，农业总产值9.09亿元，工业总产值4.36亿元，第三产业总产值1.02亿元。2020年，枫湾镇新村被评为“广东省农房风貌提升名村”。完成“四好公路”建设任务38.43千米，打通农村路“最后一公里”。完成城郊美丽乡村示范片建设。投入800多万元，以大笋村作田、竹子坝2个村小组，联结新村石坑村小组，打造禅农谷周边村庄连片示范片建设，打造竹子坝村成为“网红村”。启动广东“小桂林”风貌建设提升工程。投入1340万元，以枫湾镇石峰村委与大塘镇交界处为起点，沿县道X312连接到新村村委渡船头，对沿线道路进行路面拓宽和道路的整治提升。

党委书记：陈焕云
镇　　长：卢　波
人大主席：林其文（任至8月）
　　　　　王朝其（8月起任）

【小坑镇】 位于曲江东部，距曲江中心城区34千米。2020年，小坑镇辖5个村委会和1个社区居委会。下设37个村民小组和1个居民小组。总户数1688户，户籍人口6029人。镇域面积16445.6公顷。森林覆盖率89%。耕地面积589.52公顷。辖区内农业企业4个，家庭农场16个，农民专业合作社7个。有小学1所，小学专任教师26人。小学在校学生238人。公办幼儿园1个。2020年，一般公共财政预算收入1032.1万元，支出1032.1万元。完成固定资产投资3800万元。农民人均收入2.08万元，增长12%。辖区内接待旅游人数40万人次。镇街文化书屋、农贸市场、停车场、文化公园、湿地公园、文体中心等投入使用。截至2020年末，省道S251线改扩建工程基本实现全线通车。投资743万元完成枫湾河（杨屋水）治理工程，完成水口洞口治理，建设护岸、沿河绿道1千米。投入360多万元，基本完成曹角湾美丽乡村建设工程。“四好农村路”建设工程任务29.06千米，完成空洞子等7个标段路段铺设任务，竣工水泥公路里程22.11千米。投资200万元，建成曹角湾国家古树公园。曹水湾民宿被评为韶关市三星级民宿。完成新田面至上岗的环湖路建设。小坑镇获“广东省卫生镇”称号，成功创建广东省森林小镇，上洞村委入选省首批“国家森林乡村”。经律论文化旅游小镇被中国旅游景区协会评为中国优秀特色小镇，被韶关市列为文化旅游融合示范区，两次登上“世界第一屏——美国纽约时代广场纳斯达克屏向世界宣传。曹角湾被列为“韶关乡村旅游季·最美古村落”和省级文物保护单位。禅意山水·百里画廊——小坑镇被省林业局、省文化和旅游厅认定为广东省森林旅游新兴品牌地，禅意山水·百里画廊——东线（韶关市马坝人遗址公园——千年古刹南华禅寺——小坑国家级森林公园——曹角湾客家古村落）被认定为广东省森林旅游特色线路。经律论小镇森林康养基地、韶关市曲江区曹角湾森林康养基地被认定为“韶关市森林康养基地（试点）”。完成造林更新40公顷，森林抚育466.67公顷。森林蓄积量121.29万立方米，森林覆盖率88.59%。成功申报“省级森林小镇”。完成广东曲江（小坑）国际森林康养运动小镇（环湖道路）建设。

党委书记：邓会成
镇　　长：唐玲君（任至9月）
人大主席：王朝其（任至8月）
　　　　　林其文（8月起任）

【罗坑镇】 位于曲江区西南部，距曲江中心城区马坝镇45千米。2020年，全镇辖5个村委会和1个社区居委会，有99个村小组。全镇户籍人口12113人，其中瑶族人口1304人，常住人口7155人。全镇土地总面积218平方千米，耕地面积790.51公顷。山林面积2.17万公顷，生态公益林1.87万公顷，森林覆盖率86%。罗坑镇是国家级鳄蜥自然保护区、“中国十佳最美露营地”，世界一绝“杏仁香高山古树山茶”出产地。全境最高山峰船底顶海拔1578米为广东第二高峰。2020年，全镇国民生产总值3.68亿元，比上年增长3.5%，农民人均纯收入15992元，比上年同期增长3.2%。铺设“四好农村路”16个施工标段共16.49千米，合同总价678.70万元。罗坑镇完成“一镇一业、一村一品”茶叶专业村项目，社会化服务面积86.67公顷。罗坑镇国家级特色小镇项目建设完成以“曲江古茶活动养生小镇”命名的“千企千镇工程”入库工作。“139”镇街提升工程建设一期工程总投资1918万元。镇街主干道风貌街（商业街）提升工程、门户标志标识节点工程、绿化美化工程、文件中心工程、文化公园工程、农贸市场提升工程、停车场建设工程、污水处理和公厕改造工程、文化书屋工程9项基础工程齐头并进，完成工程量的95%。

党委书记：谢国健
镇　　长：罗锦球
人大主席：张金明

【松山街道】 2020年，松山街道办事处下设6个社区居委会，总面积11平方千米，户籍总人口3.8万人。松山街道三村、四村2个社区党支部升格为社区党委。8月31日起，松山街道党工委、街道办事处设有9个党政机构。被定为广东省技术创新专业镇（钢铁）。韶钢家属区“三供一业”物业维修改造项目总占地面积104万平方米，完成400多栋住宅楼及周边基础设施改造和居民楼外立面加固及粉刷、道路硬体化、环境美化等，总投资7323万元，整体工程于10月完工，改善韶钢家属区的人居环境。松山街道文化站位于韶钢东区文化活动中心三、四楼，占地面积730平方米，文体广场1个，文化站图书阅览室拥有各类藏书8570册（套），电子阅览室有10台电脑可供服务。推广“银龄安康工程”惠老工程，7937个老人符合条件并参加银龄安康保险。

党工委书记：邝发文
办事处主任：钟安源
人大工委主任：曾文雄

（杨文捷）

2020年曲江区经济社会发展情况表

表26

指标	单位	绝对值	比上年增长（%）
地区生产总值	亿元	192.39	3.5

续表26

指标	单位	绝对值	比上年增长（%）
第一产业增加值	亿元	19.45	6.9
第二产业增加值	亿元	109.58	6.5
第三产业增加值	亿元	63.37	-1.4
规模以上工业总产值	亿元	468.62	+3.4%
农林牧渔业总产值	亿元	33.79	8.0
社会消费品零售总额	亿元	34.49	-10.7%
外贸进口总额	万元	22659	-21.6
外贸出口总额	万元	69222	-20.1
地方一般公共预算收入	亿元	8.23	-9.7
地方一般公共预算支出	亿元	27.94	2.0
城镇常住居民人均可支配收入	元	33601	7.3
农村常住居民人均可支配收入	元	20022	9.3

乐昌市

【概况】 位于韶关市北部，2020年，全市辖16个镇、1个街道和2个办事处。年末户籍人口52.77万人，常住人口38.35万人，人口自然增长率4.9‰。

土地面积2419.28平方千米；粮食播种面积1.43万公顷，粮食产量9.88万吨。林地面积19.15万公顷，森林覆盖率70.64%，活立木蓄积量0.11亿立方米。是全国青花石之乡、观赏石之乡、马蹄之乡；全国义务教育发展基本均衡市、全国体育先进市、全国健康促进县。

2020年，全市有中等职业学校和技工学校2所，在校学生2448人；普通中学25所（高中3所、初中22所），在校学生22887人；小学（含42间教学点）73所，在校学生41091人。医院6所，卫生院16所，床位3386张。文化馆1座，公共图书馆1座，博物馆1座。

2020年，全市生产总值122.98亿元，同比增长3.3%。其中：人均地区生产总值32026元，同比增长3.7%；固定资产投资增长6.1%。社会消费品零售总额50.54亿元，同比下降7.4%；外贸出口额2985.18万美元，同比增长50.8%；实际利用外商直接投资5230.57万元，同比增长50.19%；地方一般公共预算收入7.25亿元，同比增长1.6%；全体居民人均可支配收入24665元，同比增长6.2%。

2020年，粤北省际公安检查站获得全国公安系统抗击新冠肺炎疫情先进集体称号，市公安局坪石分局获得省抗击新冠肺炎疫情先进集体称号。推进华南教育历史研学基地（坪石）项目，基地获得“广东省中小学研学实践教育基地”称号。争取抗疫特别国债1.31亿元，累计新增减税降费超2亿元，新增“四上”（即规模以上工业企业、资质等级建筑业企业、限额以上批零住餐企业、国家重点服务业企业这四类规模以上企业）企业33家、市场主体2963户。

【工业】 2020年，乐昌市第二产业增加值23.06亿元，同比增长8.9%（工业增加值16.28亿元，同比增长10.7%）；实现规上工业增加值12.3亿元、同比增长11.8%，完成工业投资额25.15亿元、同比增长33.7%。引进同向精密机械、共力新材料等项目24个，投资总额61.28亿元。推动21个项目落地动工，21个项目竣工投产。新增博升乐、创睿极光等11家规上工业企业，新增亿元企业6家、高新技术企业6家、“专精特新”企业5家、市级工程中心6家。推进大朗（乐昌）产业共建科技园、大朗民营企业产业园等“园中园”项目，建成标准厂房13.7万平方米，增强园区承载力。

【农业】 2020年，乐昌市第一产业增加值28.61亿元，比上年增长3.1%；农林牧渔业增加值增长3.1%。推进香芋和岭南落叶水果两个省级现代农业产业园项目，发挥联农带农作用，辐射带动3884户农户增收。完成省级“一镇一业、一村一品”项目14个，新增省级专业镇2个、专业村18个，新增粤港澳“菜篮子”生产基地3家、省“菜篮子”生产基地9家。九峰镇入选全国农业产业强镇建设名单。建成市区和坪石两家生猪定点屠宰厂，生猪存栏量达23.5万头，生猪产能逐步恢复。

【服务业】 2020年，乐昌市第三产业增加值71.31亿元，比上年增长1.7%。服务业平稳复苏，新增限上批发零售业企业5家、限上住宿业企业1家、限上餐饮业企业2家。建成市级电商服务中心，实现镇级电商服务站全覆盖。房地产市场持续回暖，商品房销售面积增长12.6%，销售额增长6%。金融行业平稳运行，存贷比57.72%，在韶关市排第二名。开展“汽车下乡”“家电惠民”行动，发展家政、托幼、养老等服务行业，增加公共服务供给。

【城乡建设】 2020年，乐昌市启动旧城提质改造二期项目，推进12条道路“白改黑”，梅乐桥辅道、站北路下穿京广铁路涵洞等通车。开展首批25个老旧小区改造提升，改善市民居住环境。完成人民南路等路段绿化美化，建成主干道景色景观带49千米，建设碧道10千米。新增小型停车场8个、车位1377个，缓解城区停车难问题。推进北乡、九峰、坪石、梅花四个镇“139”镇街整治提升工程，打造“马蹄之乡”“桃李人家”等特色镇街风貌。拆除违法建筑10.26万平方米、户外广告2200平方米。建成镇级污水处理厂14个、镇级公园6个。补齐农村基础设施短板，硬化农村公路110千米、“畅返不畅”建设123千米。完成坪石——梅花自来水扩网工程，推进全域自然村集中供水项目。完成高标农田4760公顷、垦造水田21.93公顷、拆旧复垦38公顷。开展农村人居环境整治，完成849个自然村污水处理设施建设，改造无害化卫生户厕1067户，农村卫生保洁长效机制实现全覆盖。推进农村破旧泥砖房“拆清用”，拆除破旧泥砖房28.62万平方米，拆后利用25.93万平方米。“千村示范、万村整治”取得新进展，G107沿线农房风貌示范带基本建成，省级新农村连片示范片和省际廊道美丽乡村示范带成效明显，农村生产生活环境持续改善。乐昌市创建国家森林城市获得国家林业和草原局备案。完成石漠化治理9333.33公顷、森林抚育1666.67公顷。龙山林场入选省100个森林旅游新兴品牌地。争取中央奖补资金9813万元，实施山水林田湖草生态保护修复试点工程项目7个。完成以食用为目的人工繁育陆生野生动物退出工作。全年未发生较大森林火灾。推进污染防治攻坚战，市区空气质量指数优良率98.89%。完成市区饮用水源地“划立治”工作，县级集中式饮用水水质稳定保持在Ⅱ类水质标准，省考以上断面水质优良率达100%，河长制工作获韶关市优秀等次。完成第二次全国污染源普查，推进农业面源污染防治工作，污染地块安全利用率100%，农用地安全利用率90%以上，土壤环境质量总体良好。建成市循环经济环保园，提升垃圾处理能力。中央、省环保督察整改任务全面销号。

【社会事业】 2020年，乐昌市加快政府职能转变，压减行政审批事项34项。完成镇街体制改革，坪石镇入选城乡融合发展省级中心镇试点地区。完成公益三类及从事生产经营活动事业单位改革。推进“一门式一网式”政务服务模式，1574项政务服务事项实现“一门式”办理，网上可办率90%以上。深化“放管服”改革，“证照分离”改革实现“24证合一”。开展“房地一体”农村不动产登记发证工作，登记发证任务完成82%以上。完成省定“僵尸企业”处置和国有企业退休人员社会化管理移交工作。开展社会信用体系建设。推进农村集体产权制度改革，完成经营性资产股份合作制改革和农民集体资产股份权能登记工作。深化医疗卫生体制综合改革，实施分级诊疗制度，推行家庭医生签约服务，便利群众就医。乐昌市民生投入37.68亿元，占一般公共预算支出87.06%。打好脱贫攻坚战，39个省定贫困村全部出列，4960户13571名建档立卡贫困人口全部脱贫，通过省、韶扶贫成效考核。城镇新增就业3123人，城镇登记失业率控制在3.5%以内。提高孤儿基本生活费、残疾人两项补贴、低保和特困人员基本生活保障金发放标准。完成学前教育公办幼儿园在园幼儿占比50%、公办幼儿园和普惠性民办幼儿园在园幼儿占比达80%以上攻坚任务。凤凰小学、乐园小学投入使用，新增学位2430个。完善医疗卫生基础设施，市第二人民医院新建项目投入使用，完成3家县级公立医院发热门诊和17个乡镇卫生院发热诊室的改造建设。创建全国基层中医药服务先进单位、省级慢性病综合防控示范区。完成“三馆一站”升级达标工作。完成“七五”普法工作，创建省级法治文化主题公园，长来镇和村村被评为省级民主法治示范村。开展“百镇千村”示范创建，北乡镇获评省级乡村治理示范镇，九峰茶料等6个村获评省级乡村治理示范村。推进平安乐昌建设，“飓风”“净网”等专项行动成效明显，扫黑除恶专项斗争取得阶段性成效。开展省维稳工作示范点创建工作，获得国家信访工作“三无”（即无进京越级上访、无大规模集体上访、无因信访问题引发的极端恶性事件）市称号，乐昌市司法局获得全国宣传人民调解工作先进集体。完成年度征兵任务，获评省双拥模范市。乐昌市乐城街道城北社区获评全国文明单位。完成第七次全国人口普查登记阶段性工作。安全生产形势稳定。完成定友图书馆项目、长尾洞社区体育公园（一期）篮球场、足球场项目、亚南书舍、《资本论》与中国经济教育历史陈列馆、管埠村国立中山大学师范学院历史陈列馆馆舍建设项目、武阳司国立中山大学法学院旧址3间古建筑、三星坪国立中山大学工学院旧址10间古建筑、三星坪朱氏宗祠、沈氏门楼（门楼二）、壮士不留亭、文学院遗址旧建筑修缮项目，总投资1226.75万元。组织开展中山大学、培正培道联合中学等学校

2020 年 9 月 29 日，安口村"樟树王"公园开园　　（乐昌市林业局　供）

办学旧址的文物普查、登记造册和挂牌保护，新发掘出新村不留亭、塘口村理学院物理系上课的古庙课堂、诗音漫道、王亚南在坪石老街住址等遗址，至年底，基地有不可移动文物点 47 处，走访寻找到遗址遗迹或文物线索近 160 条。举行"工农革命军坪石大捷战场中大工学院抗战教育游径"——重走长岗岭西京古道活动、2020 年南粤古驿道定向大赛第一站（乐昌坪石）大型赛事活动、"追忆先辈足迹·重温烽火岁月"华南研学纪念八一建军节活动、"铭记烽火历史、传承红色基因——走进华南教育历史研学基地"等系列活动。

【乐城街道】 位于乐昌市区河南武江河畔，管辖原乐城、河南两镇 11 个居委会和 16 个村委会。街道城区面积 12.2 平方千米，辖区总面积 187.78 平方千米，2020 年年末，户籍人口 147127 人。

凤凰小学投入使用　2020 年 9 月 1 日，乐昌市凤凰小学完成第一期建设并投入使用。凤凰小学占地约 5.33 公顷，是六年制公办小学。建设规模 54 个教学班，分两期进行建设。第一期投入 6500 万元，建设 36 个教学班，提供 1620 个学位。建设场地分别配有教学楼、综合行政楼、400 米田径场、篮球场、排球场、器械体操区等。

党工委书记：肖永剑
办事处主任：熊海泉
人大工委主任：谭玖英

【长来镇】 位于乐昌市南部，2020 年，辖 1 个居委会，12 个村委会，56 个自然村；年末户籍人口 25843 人，其中农业人口 24498 人、外来人口 2306 人。全镇总面积 94 平方千米，其中常用耕地面积 1521 公顷；粮食播种面积 1684 公顷，粮食产量 10440 吨；林地面积 4666 公顷，森林覆盖率 77%。2020 年，全镇一般公共预算收入 1393.09 万元，比上年下降 44.54%；农村居民人均可支配收入 14703 元增长 12.3%。

樟树王公园建成　2020 年，长来镇依托 2019 年"韶关市十大樟树王"评选活动，在安口村委贝兴村建成樟树王公园。公园总体规划面积约 22460 平方米，第一期项目工程于 2020 年 8 月中旬动工，于 2020 年 9 月底竣工。

党委书记：朱新玉
镇　　长：邹方球
人大主席：王土根

【北乡镇】 位于乐昌市北部，2020 年年末，全镇总面积 93.6 平方千米，辖 8 个村民委员会（其中 1 个为瑶族村民委员会），85 个自然村。户籍人口 1.61 万人，其中农业人口 15490 人。耕地面积 1340 公顷，全年粮食播种面积 330 公顷，粮食产量 2500 吨。林地面积 6666 公顷，森林覆盖率 75%，活立木蓄积量 100 万立方米。北乡镇是"马蹄之乡"，是全国"一村一品"示范镇。2020 年 12 月，北乡镇获得广东省乡村治理示范镇、广东省卫生镇称号。2020 年，全镇生产总值 4.22 亿元，比上年增长 1.9%。地方一般公共预算收入 3804 万元，增长 59.19%。农村常住居民人均可支配收入 15136 元，增长 1.8%。

党委书记：谭　辉
镇　　长：陈永英（1 月任职）
人大主席：陈永英（任至 9 月）
　　　　　陈昌泉（9 月任职）

【廊田镇】 位于乐昌市东部，2020 年，辖 17 个村委会和 1 个居委会，197 个村民小组、5 个居民小组。全镇总面积 147 平方千米，年末总人口 3.8 万人。耕地面积 2936 公顷，粮食

2020 年，乐昌市廊田镇白马寨绿色产业发展　　（何海松　摄）

播种面积3000公顷（含复种面积），粮食产量2.3吨。2020年，全镇地方一般公共预算收入2146万元。农村常住居民人均可支配收入17129元，比上年增长9.5%。

廊田镇马屋村白马寨村小组连片示范村，柏油路干净平整，灰边红顶白墙的房屋整齐排列，外墙上壁画栩栩如生，屋后绿树成荫。白马寨村面貌焕然一新，人居环境提升，并成为乐昌市的网红乡村旅游胜地，每逢假期就吸引众多的市民前往游玩。该村拥有一片百亩花田，格桑花、波斯菊盛开，游人流连忘返。鸳鸯山观景平台俯瞰，田园风光一览无遗。白马寨有花海和特色美食糍粑，还有一些土特产。

党委书记：陈金旺
镇　　长：何勇斌(6月任职)
人大主席：李森林(任至8月)
　　　　　李国飞(9月任职)

【五山镇】 位于乐昌市东北部。土地面积18390公顷；耕地面积1840.96公顷，其中水田面积1340.49公顷；林业用地面积16564.8公顷，森林覆盖率达86.57%。镇域毛竹资源丰富，有毛竹面积8666.67公顷（占韶关市毛竹种植面积的48%），年产量约1500万条，是“毛竹之乡”。2020年，辖11个村委会，128个村小组。年末户籍人口22466人。2020年，全镇生产总值1.42亿元，比上年增长5.1%；地方一般公共预算收入1013.38万元，减少23.33%；农村常住居民人均可支配收入14630元，增长0.8%。

打造红色文化特色小镇　2020年，五山镇推进乐昌市红军长征突破第三道封锁线遗址群修缮保护项目，红军长征临时指挥所展览馆片区约1.20万平方米，其中新建长征文化展览馆建筑面积1600平方米、长征文化培训中心建筑面积1000平方米、游客服务中心建筑面积800平方米，绿化景观提升工程3520平方米，红军革命烈士墓修缮面积4158.16平方米，坪田红军革命烈士墓占地1728.39平方米，含墓碑修缮以及广场和停车场修建；石下红军革命烈士墓占地2429.77平方米，含210平方米烈士墓、60米石阶梯、30米的铁梯及临时停车点修缮。

党委书记：张广润
镇　　长：梁新来(任至9月)
　　　　　聂晓峰(9月任职)
人大主席：梁志雄(任至9月)
　　　　　邓庆华(9月任职)

【九峰镇】 位于乐昌市北部，全镇辖12个村委会和1个社区，171个自然村，总人口22098人；辖区总面积192平方千米，其中耕地面积903.1公顷，林地面积1.78万公顷，森林覆盖率92.18%以上。

2020年，全镇生产总值4.42亿元，比上年增长3.5%。其中农业总产值3.36亿元，增长9.4%；工业总产值0.73亿元，增长5%；第三产业总产值0.34亿元，下降33.4%；人均纯收入18576元，增长9.5%。

九峰镇上榜2020年全国农业产业强镇建设名单　2020年5月26日，农业农村部、财政部联合发布《2020年农业产业强镇建设公示公告》，九峰镇跻身榜单。九峰镇应用物联网、智能大棚等数字化技术推动传统农业向智能化农业转型升级，增加水果产业的综合效益。普及“互联网+”电商发展模式，依托“黄金柰李王评选”“乐昌水果节”等节庆活动，助力果农脱贫增收，引领全镇水果产业向高质量轨道发展。全镇水果种植面积4333.33公顷，年产量10万吨，培育黄金柰李种植示范基地，农业配套设施日趋完善，产业强镇渐见成效。

九峰镇小廊村、茶料村、坪石村获评2020年广东省首批“一村一品、一镇一业”专业村　2020年8月24日，九峰镇小廊村、茶料村、坪石村被广东省农业农村部评为广东省首批“一村一品、一镇一业”专业村。九峰镇利用各村水果产业特色优势，发展壮大农民专业合作社，利用合作社的示范带动，推进“一村一品”“一镇一业”专业村建设。

党委书记：马建民
镇　　长：赵平平
人大主席：王献栋

【两江镇】 位于乐昌市西北部，全镇辖7个村委会、101个自然村，土地面积130.91平方千米。2020年末户籍人口1.3万人，其中农业人口6589人、外来人口115人。耕地面积976公顷，粮食播种面积620公顷，粮食产量3624吨。林地面积1.2万公顷，森林覆盖率89.8%，活立木蓄积量82万立方米。

2020年，全镇农村经济总收入2.71亿元，比上年增长7%；地方一般性财政收入1052.5万元，增长3.3%；农民人均可支配收入16800元，增长6.2%。

党委书记：沈家和
镇　　长：黄元勇
人大主席：黄　彪

【大源镇】 位于乐昌市中部，2020年辖9个村（居）委会，78个自然村，全镇总面积329.93平方千米。年末户籍人口11007人，农业人口2213人，无外来人口。耕地面积607.78公顷，粮食播种面积531.2公顷，粮食产量3330吨。林地面积2.33万公顷，森林覆盖率87.65%，活立木蓄积量219.12万立方米。是全国白毛茶基地、茶叶之乡。2020年“一村一品，一镇一业”(茶叶)专业镇。

2020年，全镇生产总值0.29亿元，比上年增长3.3%。地方一般公共预算收入0.01亿元，下降15%。农村常住居民人均可支配收入15692元，增长7%。

党委书记：邹　亮
镇　　长：张　青
人大主席：罗招良

【坪石镇】 位于乐昌市西北部，2020年，辖25个村委会、4个居委会、256个自然村，总面积271.47平方千米。年末户籍人口54950人，农业人口35896人，外来人口20076人。耕地面积3893公顷，粮食播种面积1297.87公顷，粮食产量8222吨。林地面积2.5万公顷，森林覆盖率76%。2020年，全镇地方一般公共预算收入1.16亿元。

打造生态旅游　2020年，坪石镇开展中山大学、培正培道联合中学、岭南大学农学院、中山大学五七干校、省立仲恺高级农业职业学校、国立华侨第三中学、省立高级工业职业学校等办学旧址的可移动文物和不可移动文物普查和登记造册，进行挂牌保护80多处。一期EPC项目四大纪念地基本完成主体工程。完成定友图书馆项目、长尾洞社区体育公园（一期）篮球场、足球场项目建设。亚南书舍、《资本论》与中国经济教育历史陈列馆于7月1日开馆对外开放、管埠村国立中山大学师范学院历史陈列馆于9月3日开馆。完成武阳司国立中山大学法学院旧址3间古建筑、三星坪国立中山大学工学院旧址10间古建筑、三星坪朱氏宗祠及沈氏门楼（门楼二）的修缮。成功举办华南教育历史研学基地（坪石）韶关千名学生研学首发团活动、2020年南粤古驿道定向大赛第一站（乐昌坪石）大型赛事活动、华南研学"七一"主题党日活动暨探寻历史的足迹活动。

党委书记：邓新建

镇　　长：邓勇健

人大主席：王重华

【三溪镇】 位于乐昌市西北部，2020年，辖8个村委会，86个自然村。年末户籍人口1.27万人，农业人口10727人，外来人口537人。全镇总面积113.3平方千米，其中耕地面积14074公顷，粮食播种面积199.33公顷，粮食产量1392吨；林地面积9.47万公顷，森林覆盖率76.97%，活立木蓄积量25.59万立方米。2020年全镇生产总值1.15亿元，比上年增长1.03%。地方一般公共预算收入1264.3亿元，减少58.38%。农村常住居民人均可支配收入13465元，增长8%。

普通公路路长制"136"行动工作　2020年，三溪镇开展普通公路路长制"136"行动工作，启动三溪镇镇区道路白改黑项目，通过自筹资金135.6万元，对镇区1.8千米道路进行沥青路面改造。打造陈家塘至仕坑最美景观路段，沿路种植中国红、乐昌含笑、樱花、黄花风铃木等观赏性强的景观植物；加快促进公路路域环境提升，加大公路沿线"六乱"（即乱变道、乱停车、乱开灯、乱挂牌、乱鸣笛、乱穿马路）整治整治查处力度，开展普通公路沿线绿化和沿途村镇美化建设，推进普通公路美化、绿化、亮化工程；完成谢家塘至雷打岭、塘背至桐木水以及小石至天堂坪5.65千米道路硬底化建设；完成板家坝至白露塘和陈家塘至仕坑8.51千米道路扩宽硬化项目建设。该镇代表乐昌市接受韶关市"136"路长制考核并获得优秀等次。获得市委、市政府奖励资金200万元，完成三溪至丫告岭全长5.2千米"畅返不畅"路面改造工程建设。

党委书记：吴伟标

镇　　长：丁　琦

人大主席：杨宏华

【梅花镇】 位于乐昌市西北部，辖17个行政村、1个居民委员会、215个自然村。辖区总面积197.77平方千米。耕地面积1853.3公顷，粮食播种面积1534公顷，粮食产量6.6万吨。林地面积1.42万公顷，森林覆盖率69%，活立木蓄积量141240立方米。2020年，户籍人口6.1万人，其中农业人口5.5万人，外来人口0.6万人。2020年，全镇生产总值9.5亿元，比上年增长3%。农村常住居民人均可支配收入15928元，增长7%。

发展特色农业项目　2020年，梅花镇完成两个2019年"一村一品"验收工作，成功申报碧春晖油茶项目等2个2020年"一村一品"项目，申请流山村油茶种植项目等4个2021年"一村一品"入库项目；梅花镇培云蔬菜基地、梅花镇莓花蔬菜基地、百臻生态蔬菜基地3个蔬菜种植基地通过广东省"菜篮子"基地初评；梅花镇大坪村（蔬菜）、深塘村（水稻）等2个村被广东省农业农村厅认定为首批省级"一村一品、一镇一业"专业村；梅花镇（蔬菜）被认定为第二批省级"一村一品、一镇一业"专业镇。

党委书记：颜昌松（任至12月）
　　　　　卢保新（12月任职）

党委副书记、镇长：林俊仪

人大主席：付仙宝

【秀水镇】 位于乐昌市西北部，2020年，辖10个村委会、77个自然村。年末户籍人口2.11万人，其中70%的人口外出务工。全镇总面积56平方千米，其中耕地面积866.67公顷，林地面积3866.67公顷。2020年，全镇工农业生产总值22494万元，固定资产投资完成1500万元；农村经济总收入完成17602万元，比上年增长5.3%。农村常住居民人均可支配收入14862元，增长19%。

党委书记：邝贤松

镇　　长：朱裕超（任至9月）
　　　　　李月明（9月任职）

人大主席：李月明（任至9月）

【沙坪镇】 位于乐昌市西南部。辖7个村委会和1个八宝山林场，86个自然村。2020年年末户籍人口2.49万人，农业人口2.01万人，外来人口1031人。全镇总面积146平方千米，其中耕地面积1579.582公顷，粮食播种面积404.6公顷，粮食产量3031吨。林地面积6445公顷，森林覆盖率70%。2020年，全镇地方一般公共预算收入1206.16万元，比上年下降59.80%。农村常住居民人均可支配收入14612.74元，下降4.14%。年内，沙坪镇山坪村王蒙家庭获得"韶关市文明家庭"称号。

党委书记：廖远强

镇　　长：余树晗

人大主席：张锦锋

【云岩镇】 位于乐昌市西南部。全镇辖9个村委会，55个自然村。土地面积66平方千米。2020年年末户籍人口1.73万人，农业人口16855人，外来人口210人。耕地面积805公顷，粮食播种面积331.86公顷，粮食产量2218吨。林地面积4018.6公顷，森林覆盖率60.3%，活立木蓄积量4.6万立方米。2020年，全镇农村经济总收入650万元，比上年增长4%。地方一般公共预算收入1310万元，增长9%。农村常住居民人均可支配收入13059元，增长9%。

党委书记：罗其桓

镇　　长：丘永和

人大主席：黄志斌

【黄圃镇】 位于乐昌市北部，2020年辖11个村委会，81个自然村，土地面积79.97平方千米，年末户籍人口1.918万人。耕地面积800公顷，粮食播种面积600公顷，粮食产量4154吨。林地面积5778.67公顷，森林覆盖率54.09%，活立木蓄积量25.41万立方米。黄圃镇素有“板栗之乡”的美称，2020年，全镇生产总值2.69亿元，比上年增长2.1%。地方一般公共预算收入1292.07万元，下降20.44%。农村常住居民人均可支配收入14790元，增长2.6%。年内，新塘村、鱼池岭村获评2019年广东省“民主法治村”，紫溪村获评为2020年广东省卫生村。

党委书记：张以社

镇　　长：欧志勇

人大主席：张柏根（10月任职）

【庆云镇】 位于乐昌市北部，辖8个村委会，105个村小组，2020年年末户籍人口1.28万人，农业人口1.22万人。全镇总面积90.24平方千米，其中耕地面积882公顷，粮食播种面积736公顷，粮食产量4873吨；林地面积6919公顷，森林覆盖率72.85%，活立木蓄积量86767立方米。2020年，全镇生产总值2.23亿元，比上年增长2.3%。地方一般公共预算收入1228.08万元，增长7.8%。农村常住居民人均可支配收入12713元，增长0.6%。庆云镇被评为2018—2019年度乐昌市“文明镇”。

省际廊道生态美丽宜居乡村示范带建设 2020年，庆云镇开展省际廊道生态美丽宜居乡村示范带建设项目，计划总投资4500万元，涵盖土佳寮、袄田、湾雷3个行政村39个高铁沿线村小组共73个项目，完工71个，完工率97.26%。39个村小组村庄基础工程建设基本完成，5个节点村村庄提升建设项目完成进度85%。

党委书记：邓继润

镇　　长：何勇斌（任至6月）

　　　　　谭云能（8月任职）

人大主席：赵平南

【白石镇】 位于乐昌市最北部。2020年，辖9个村委会，90个自然村，年末户籍人口16376人，其中农业人口15580人、外来人口208人。全镇总面积79.3平方千米，其中耕地面积1315.9公顷，粮食播种面积86公顷，粮食产量774吨。林地面积5214.5公顷，森林覆盖率65.8%。2020年，全镇生产总值2.81亿元，比上年增长5%；地方一般公共预算收入0.14亿元，下降49.7%；农村常住居民人均可支配收入13612元，增长1%。

党委书记：丘永锋

镇　　长：丁钢文

人大主席：罗发强

【坪石办事处】 位于乐昌市西部，是乐昌市人民政府派出机构，2020年，辖区下辖南岭、八字岭、关春、河西、新村5个居民区。2020年年末户籍人口9612人。内有乐昌市三益水泥股份有限公司、乐昌市南岭水泥厂等民营企业。

党工委书记：詹彬文

办事处主任：杨容斌

【梅田办事处】 位于乐昌市坪石镇群众路97号，属乐昌市人民政府派出机构，管辖坪石镇武水河西岸1.5平方千米的居住面积。2020年管辖矿区乐昌市户籍职工家属7554户，15873人。梅田办事处下设坪东居民区、坪西居民区、坪北居民区、坪中居民区和坪梅居民区5个居民区，其中坪梅居民区主要管辖具有乐昌市户籍的异地居住人员。坪东、坪西、坪北、坪中管辖常住人口。梅田办事处河西生活区内有初级中学1所（坪梅中学），在校学生约900人；小学1所（坪梅小学），在校学生约1000人；乐昌市第二高级中学与乐昌市第二人民医院均坐落于河西片区内。

党工委书记：李兴军

办事处主任：李　杰

（张春玲）

2020年乐昌市经济社会发展情况表

表27

指标	单位	绝对值	比上年增长（%）
地区生产总值	亿元	122.98	3.3
第一产业增加值	亿元	28.61	3.1
第二产业增加值	亿元	23.06	8.9
工业增加值	亿元	16.28	10.7
第三产业增加值	亿元	71.31	1.7
人均地区生产总值	元	—	—

续表27

指标	单位	绝对值	比上年增长（%）
规模以上工业总产值	亿元	47.57	15.3
农林牧渔业总产值	亿元	49.18	2.5
固定资产投资	亿元	—	6.1
社会消费品零售总额	亿元	50.54	-7.4
外贸进口总额	万美元	497.86	57.4
外贸出口总额	万美元	2985.18	50.8
实际利用外资	万美元	799	50.19
地方一般公共预算收入	万元	7.25	1.6
地方一般公共预算支出	万元	43.28	0.6
城镇居民人均可支配收入	元	29476	5.2
农村居民人均可支配收入	元	17508	9.4

南雄市

【概况】 南雄市地处韶关市东北部、2020年，下辖17个镇1个街道办事处，土地面积2326.18平方千米，年末户籍人口49.13万人，常住人口预计31.31万人。南雄市是“中央苏区县”“国家可持续发展实验区”，中国“黄烟之乡”“银杏之乡”“恐龙之乡”“特色竹乡”，是全国绿化模范单位。2020年南雄市再次入选“国家级电子商务进农村综合示范县”，10月评定为广东省全域旅游示范区。

南雄市耕地面积3.82万公顷，粮食播种面积3.48万公顷，比上年增长2.11%。粮食产量20.48万吨，增长1.4%。林地面积15.86万公顷，森林覆盖率65.89%，活立木总蓄积量925.16万立方米。2020年接待旅游人数415.02万人次，下降25.02%；旅游总收入29.26亿元，下降27.75%。全市有星级宾馆4家，星级宾馆客房总数403间。

2020年，全市普通高中3所（其中，完全中学1所、高级中学2所）；小学35所、幼儿园63所、特殊教育学校1所。

全市有医疗卫生机构345个（含村卫生室）。各类卫生技术人员2348人。农村自来水普及率93.7%。

2020年，南雄市地区生产总值116.22亿元，比上年同期增长3.2%。三次产业对GDP增长的贡献率分别为25.2%、49.0%和25.8%。三次产业结构为30.6∶19.8∶49.6。人均地区生产总值37121元，比上年增长11.5%。农林牧渔业总产值61.04亿元，增长2.7%。工业总产值71.01亿元，比上年增长11.5%。全年固定资产投资增长5.7%。社会消费品零售总额42.49亿元，比上年下降6.4%。外贸进出口总额54999万元，比上年下降6.1%。地方一般公预算收入6.12亿元，比上年增长8.7%。居民人均可支配收入24530.1元，同比增长5.9%。

全年实现地区生产总值116.2亿元、比上年增长3.2%；实现一般公共预算总收入47.18亿元，总量在韶关排第一名。固定资产投资增长5.7%，规上工业增加值增长13.4%、在韶关排第三名。

【工业】 2020年，南雄市第二产业增加值23.0亿元，增长8.2%(其中，工业增加值16.25亿元、增长11.6%，建筑业增加值6.74亿元、下降0.6%)。南雄市产业园区一期完成企业置换8家，园区二期扩园新增规划面积1466.67公顷，道路管网、标准厂房和智慧园区等基础设施建设推进。犁牛坪风电三期建成投产，自由能、衡光新材料被评为国家专精特新“小巨人”企业，南雄市被评为广东省制造业发展较好县(市、区)。

【农业】 2020年，南雄市第一产业增加值35.63亿元，比上年增长3.0%；南雄市丝苗米、云峰山蓝莓入选全国名特优新农产品名录中国农业农村部农产品质量安全中心公布2020年第三批全国名特优新农产

2020年4月30日，南雄市举行重大项目集中开工暨招商引资项目集中签约仪式，8个招商项目集中签约，14个重大项目集中动工，总投资75亿元

（董子龙 摄）

品名录，韶关市3个农产品新入选，其中南雄市的丝苗米、云峰山蓝莓入选。南雄市成立丝苗米产业园，通过“黄烟—水稻”、“花生—水稻”、水旱轮作、“鸭稻共作”的种植传统，减少农药和化肥的使用，合理利用土壤肥力，种植出独特优质丝苗米。南雄市云峰山蓝莓种植在海拔700米以上的山区，属高山气候，砂壤土，透水性好，无污染水源，种植出的蓝莓个大饱满，细腻软嫩，甜酸适口。并通过“公司＋基地＋农户－旅游＋加工”的运作模式在云峰山生态园建立规模化、产业化的蓝莓种植示范基地80公顷，发展蓝莓精深加工产品，提升农产品附加值，培育发展优势特色农产品。完成黄烟收购8500吨、收购资金2.3亿元。新增脐橙、葡萄、百香果、稻虾共作等特色农业966.67公顷，完成丝苗米省级现代农业产业园建设，打造广东省“一镇一业、一村一品”专业村17个，迳口村被评为广东特色产业名村，南雄丝苗米、云峰山蓝莓入选全国名特优新农产品名录。生猪产业转型升级，32栋高效猪场建成投入使用。

【服务业】 2020年，南雄市第三产业增加值57.59亿元，比上年增长1.5%。推进“放管服”改革，下放镇级可办事项437项。完成镇（街道）体制改革，市场监管、自然资源等派驻机构率先在韶关市试行属地管理。深化“数字政府”建设，“粤商通”平台市场主体注册破万。基本完成城乡农贸市场综合改革。深化农村综合改革，加快土地流转，成立广东省首家农村产权交易中心，南雄市被列为韶关唯一的全国农村宅基地制度改革试点县（市）。深化普惠金融服务，加快推进农村移动支付示范县建设，雄州街道、珠玑镇获评广东省移动支付示范镇（街道）。加强法治政府建设，完成“七五”普法，开展民法典学习宣传。举办银杏文化旅游节、第七届姓氏文化旅游节等活动，入选第三批广东省全域旅游示范区名单，珠玑·梅关古驿道入选广东省首批中小学生研学实践教育基地。招商引资新签约项目28个、总投资额61.9亿元，超额完成韶关市下达任务目标。南雄市再次入选“国家级电子商务进农村综合示范县”，成为全省唯一两度上榜的县（市、区）。

南雄市两度上榜“国家级电子商务进农村综合示范县” 2020年，南雄市组织开展电商培训87期，培训5514人次。带动5400多人从事电商产业，其中2500多人从事农村电商；入驻电商企业66家。孵化电商企业13家，具备网络代购、在线支付等基础服务功能的企业电子平台10多家。建成覆盖全市、延伸镇村的农村电子商务服务体系，含镇级电商服务站18个，村级电商服务站237个；建成大型物流仓储配送中心1个，入驻南雄市、镇的快递物流企业26家，镇代办站点18个，物流从业人员500多人，物流车辆1500多台；邮政物流新增县、镇、村三级3条专线，形成覆盖全市镇、村的农村三级物流网络体系。全市在淘宝、天猫开设各类网店700多家，登记注册电商企业332家。7月，南雄市再次入选国家级电子商务进农村综合示范县，成为全省唯一两度上榜的县（市、区）。

南雄市成立广东省首家农村产权交易中心 2020年10月29日，南雄市农村产权交易中心揭牌开业，该中心是政府主导、市场化运作，以农村生产要素流转交易为核心，提供交易全链条服务的专业化服务平台，是广东省首家县级农村产权交易中心，也是南雄市唯一专业从事农村要素流转交易的服务平台，办公地点设在南雄市丝苗米现代农业产业园。

【城乡建设】 2020年，南雄市推进国土空间规划编制工作。实施县城品质提升“439”［即“四城同创”（即全国文明城市、国家森林城市、国家卫生城市、国家园林城市）、“三项整治”（即垃圾、污水、六乱（乱搭乱建、乱堆乱放、乱设摊点、乱拉乱挂、乱贴乱写乱画、乱扔乱吐整治）、“九项提升工程”（即门户节点提升工程、交通优化提升工程、城市景观提升工程、主干道商业街提升工程、背街小巷提升工程、文体健身广场提升工程、公厕改造提升工程、社区服务提升工程、农贸市场提升工程）”］行动，推进雄州廊桥竣工通车，智慧停车、人民法院审判法庭等项目建设，城区新增公共停车位445个。深化“街长制”网格化管理，基本完成5个老旧小区试点改造，成功续创省级文明城市。推进第二批乡镇提升“139”行动，全面完成自然村“三清三拆三整治”，打造一批“四小园”和美丽庭院。完善基础设施建设，通用机场列入全省布局规划，雄信高速公路启动，完成524千米“四好农村路”建设，被评为广东省“四好农村路”示范县。开展普通公路路长制“136”行动试点工作，深化重点路段管理，考核成绩位居韶关第一。实施城乡供水一体化工程，完成水厂收购21宗。推进灌区改造，完成高标准农田建设4106.67公顷。电网及信息基础设施加快建设，实现行政村“村村通光纤”和城区重点区域5G网络全覆盖，被列为广东省、国家数字乡村试点。

南雄市推进国家森林城市创建。国家储备林项目完成林地收储6666.67公顷。实施林业四大工程，完成各类造林2866.67公顷、森林抚育1.07万公顷，新增乡村绿化美化示范点9个。坚决打赢污染防治攻坚战，强化国省道路域环境整治，加强森林防灭火工作，城市AQI优良达标率99.45%。严格落实河长制，建成万里碧道10千米，强化畜禽养殖污染防治，完成5个“千吨万人”乡镇级及以下饮用水水源保护区环境问题整改，上榜2020中国净水百佳县市。完成拆旧复垦102.93公顷、垦造水田100公顷，消化批而未供土地139.87公顷。完成矿山石场复绿3.15公顷。加强野生动物保护，完成以食用为目的的人工繁育陆生野生动物退出。

南雄发现大面积国家一级重点保护野生植物 2020年，在南雄市小流坑—青嶂山省级自然保护区内，发现面积4.67公顷的国家一级重点保护野生植物野生莼菜。莼菜属睡莲科的一种水草，被列入国家一级重点保护野生植物，多生长在池塘湖沼等湿地中，对生长环境特别是水质要求极高，被中国古代文人誉为“江南水八仙”。

【社会事业】 2020年，南雄市民生支出占一般公共预算支出的比重达85.95%。8件民生实事全面完成。如期高质量完成脱贫攻坚目标任务，全市68个省定贫困村和5714户14534名贫困人口全部脱贫出列，被列为广东省健全解决相对贫困长效机制示范试点县。推进“粤菜师傅”“广东技工”“南粤家政”三项工程，建成省级“粤菜师傅”大师工作室、韶关市级创业孵化基地各1家，珠玑镇梅关村被评为广东粤菜师傅名村。完成学前教育“5080”攻坚计划（“5080”攻坚计划：公办幼儿园在园幼儿数占比达到50%以上，公办幼儿园和普惠性民办幼儿园占比达到80%以上），建成乌迳中心小学二校区等项目，新增教育学位2460个，水口学校和乌迳中心小学被命名为红军学校。推进县域医共体建设，市中医院医共体总院、康宁医院等项目加快建设，“四大中心”（医学影像诊断中心、心电诊断中心、慢病中心、胸痛中心）启用，创建省卫生镇3个、卫生村9个。文化事业繁荣发展，新改建风度书房3间，设立首批艺术大师工作室11家，《珠玑巷人南迁传说》入选第五批国家级“非遗”项目，《智送情报》入选文旅部“庆祝中国共产党成立100周年舞台艺术精品创作工程”重点扶持作品。成功举办全省老促会会长座谈会和水口战役胜利88周年学术研讨会。打好打赢扫黑除恶专项斗争收官战，食品药品安全加强，安全生产形势总体稳定。

《珠玑巷人南迁传说》入选第五批国家级“非遗”项目 2020年12月22日，文化和旅游部发布《关于第五批国家级非物质文化遗产代表性项目名录推荐项目名单的公示》，南雄市“珠玑巷人南迁传说”入选其中。该传说在粤港澳大湾区所在11个城市及海外50多个国家粤语族群中也历代口传不辍。主要讲述南宋至元初，大批中原汉人因避战乱，长途跋涉翻越南岭到达南雄地区珠玑巷，随后有186个姓氏先后130多批次南迁珠江三角洲，从而开拓岭南这片疆土、传承先进文明。这段传说扎根于民间，后人创作出许多富有地方特色的文学作品，具备历史、文化、艺术、社会等研究价值。珠玑移民与岭南原住居民融合成为广东三大民系之首的广府人。

【雄州街道】 位于市境中南部，2020年，辖区总面积96.94平方千米，下辖13个村委会和11个社区居委会。户籍人口8.89万人，常住人口13.83万人。耕地面积1663.3公顷，林地面积2763.84公顷，森林覆盖率30.51%，活立木总蓄积量24.17万立方米。粮食种植面积2471.6公顷，比上年增长8.02%。粮食产量1.43万吨，增长7.4%。黄烟种植255.07公顷，收购522.86吨。街道有普通高中2所，中等职业学校1所，初级中学2所，小学6所，完小（教学点）5个，幼儿园21所。2020年，街道一般公共预算收入4644.3万元，下降30.5%。一般公共预算支出4082.3万元，下降12.1%。

党工委书记：王高峰
党工委副书记、办事处主任：刘春伟
人大工委主任：刘烈斌

【界址镇】 位于南雄市东部，2020年，辖区总面积56.39平方千米，下辖8个村，1个居委会，户籍人口1.59万人，常住人口8751人。林地面积3701.74公顷，森林覆盖率60.91%，活立木总蓄积量24.69万立方米。耕地面积875公顷，粮食种植面积816.4公顷，比上年增长2.06%。粮食产量4696吨，增长1.8%。镇有初级中学1所，小学2所，完小（教学点）4个，幼儿园2所。2020年，镇一般公共预算收入891万元，下降16.76%；一般公共预算支出891万元，下降16.76%。

党委书记：黄得龙
党委副书记、镇长：李见宏（任至7月）
陈于军（8月任职）
人大主席：陈　俊

【坪田镇】 位于市境东南部，2020年，辖区总面积138.26平方千米，下辖14个村，1个居委会，户籍人口2.76万人，常住人口1.41万人。林地面积9625.35公顷，森林覆盖率64.67%，活立木总蓄积量44.49万立方米。耕地面积2380.1公顷，粮食种植2493.9公顷，比上年下降0.07%。粮食产量1.51万吨，增长1.2%。黄烟种植220公顷，收购454.54吨。镇有初级中学1所，小学2所，完小（教学点）9个，幼儿园3所。2020年，镇一般公共预算收入1712.2万元，下降10.98%；镇一般公共预算支出

1712.2 万元，下降 10.98%。

党委书记：廖海泉

党委副书记、镇长：崔文佳

人大主席：刘　军

【乌迳镇】 位于南雄市东部，2020 年，辖区总面积 157.02 平方千米，下辖 21 个村，1 个居委会，户籍人口 4.79 万人，常住人口 3.07 万人。林地面积 7906.89 公顷，森林覆盖率 48.97%，活立木总蓄积量 72.03 万立方米。耕地面积 3977.8 公顷，粮食种植面积 3261.3 公顷，比上年增长 2.06%。粮食产量 1.93 万吨，增长 2%。黄烟种植 360 公顷，收购 744.31 吨。镇有九年一贯制学校 1 所，小学 8 所，完全小学（教学点）2 个，幼儿园 4 所。2020 年，镇一般公共预算收入 2386 万元，下降 9.99%；一般公共预算支出 2386 万元，下降 9.99%。

乌迳镇成立首个镇级电商扶贫展销中心　2020 年 6 月 28 日，南雄市首个镇级电商扶贫展销中心在乌迳镇成立。该电商扶贫展销中心是由韶关市卫生健康局出资新建，并由其对口帮扶村——响联村农业专业合作社营运。

党委书记：叶　飞

镇　　长：陈于泉

人大主席：陈于军（任至 7 月）

卢德斌（8 月任职）

南雄市乌迳镇电商扶贫展销中心　（南雄市史志办　供）

【油山镇】 位于南雄市东北部，2020 年，辖区总面积 146.63 平方千米，下辖 17 个村、1 个居委会。户籍人口 3.33 万人，常住人口 1.76 万人。林地面积 8976.37 公顷，森林覆盖率 60.67%，活立木总蓄积量 41.35 万立方米。耕地面积 3312.7 公顷，粮食种植面积 2750 公顷，比上年增长 2.79%。粮食产量 1.65 万吨，比上年增长 0.5%。黄烟种植 282 公顷，收购 580.07 吨。镇有初级中学 1 所，小学 2 所，完全小学（教学点）4 个，幼儿园 3 所。2020 年，镇一般公共预算收入 2258.8 万元，下降 8.6%；一般公共预算支出 2258.8 万元，下降 8.61%。

油山镇红军战士墓　2020 年，南雄市首次发现并确认一处红军战士墓。该红军墓位于油山镇延村村委会船塘湾村小组的后龙山上。经南雄市红色革命史料收集工作小组、市史志办初步确认，位于船塘湾村小组的无名墓，系长征时期留下来的红军战士墓，并将其列入南雄市革命遗址。

党委书记：雷　毅

党委副书记、镇长：林金山

人大主席：黄树材

【黄坑镇】 位于南雄市东部，2020 年，辖区总面积 58.27 平方千米，下辖 10 个村、1 个居委会，户籍人口 2.55 万人，常住人口 1.51 万人，有 1 个少数民族（畲族）。林地面积 1048.99 公顷，森林覆盖率 15.15%，活立木总蓄积量 6.64 万立方米。耕地面积 2901.2 公顷，粮食种植面积 2136.1 公顷，比上年增长 6.28%。粮食产量 1.25 万吨，比上年增长 5.6%。黄烟种植 766.67 公顷，收购 1575.62 吨。镇有完全中学 1 所，小学 1 所，幼儿园 3 所。2020 年，镇一般公共预算收入 1982.6 万元，同比增长 4%；一般公共预算支出 1982.6 万元，增长 4%。

党委书记：陈冬生

镇　　长：胡军华

人大主席：蓝连山

【邓坊镇】 位于南雄市东北部，2020 年，辖区总面积 118.04 平方千米，下辖 9 个村，1 个居委会，户籍人口 1.67 万人，常住人口 8478 人。林地面积 7552.79 公顷，森林覆盖率 70.81%，活立木总蓄积量 32.05 万立方米。耕地面积 1646 公顷，粮食种植面积 1765.3 公顷，比上年增长 1.1%。粮食产量 1.02 万吨。黄烟种植 280 公顷，收购 597 吨。镇有九年一贯制学校 1 所，完全小学（教学点）3 个，幼儿园 3 所。2020 年，镇一般公共预算收入 1737.5 万元，比上年增长 13.75%；一般公共预算支出 1737.5 万元，增长 13.75%。

党委书记：夏新坤

镇　　长：谭利华

人大主席：孙宏澜

【珠玑镇】 位于市境东北部，2020 年，辖区总面积 197.53 平方千米，下辖 22 个村，1 个居委会，户籍人口 4.59 万人，常住人口 2.53 万人。林地面积 1.14 万公顷，森林覆盖率 62.79%，活立木总蓄积量 86.19 万立方米。耕地面积 3063.8 公顷，粮食种植面积 3214 公顷，比上年增长 6.14%。粮食产量 1.89 万吨，增长 5%。黄烟种植 289.33 公顷，收购 599.33 吨。镇有初级中学 1 所，小学 3 所，特殊教育学校 1 所，完小（教学点）2 个，幼儿园 4 所。2020 年，镇一般公共预算收入 3605 万元，下降 19.33%；一般公共预算支出 3605 万元，下降 19.33%。珠玑镇灵潭村灵芝蘑菇乐园、三佳农业公园入选为“韶关市科普教育基地”。

珠玑镇灵潭村入选第二批全国乡村旅游重点村　2020 年 9 月 2

日，文化和旅游部、国家发展改革委发布第二批全国乡村旅游重点村名单，珠玑镇灵潭村为韶关市唯一一个入选乡村。灵潭村位于珠玑镇中北部，是红色革命老区村，留下“南雄农民暴动的策源地”鸳鸯围、优秀抗日将士钟蛟蟠家乡旧址、广东陆军总医院、红军标语等红色遗迹，有“腐竹之乡”的美名。灵潭村将红色革命老区村建设为现代化美丽新农村，推出“一心”“三带”“多点”的“红色研学乡村旅游综合体”项目总体规划——“一心”即党群服务中心，“三带”包括红色研学带、生态科普带、古驿文化带，“多点”有灵潭乡村振兴讲习所、灵潭古驿站（民宿）、陆军总医院故事馆、灵潭产业园、灵潭古戏台、灵潭村史馆。改造村容村貌，拆除危房，规划新农村，新建文化广场、路灯、活动中心等公共基础设施，建设光伏发电和农家乐项目，发展以“红色文化”“古城风貌”“休闲农业”为特色的乡村旅游。

党委书记：朱世平

镇　　长：曾凌云

人大主席：张东林

【湖口镇】 位于市境东部，2020 年，辖区总面积 73.64 平方千米，下辖 12 个村，1 个居委会，户籍人口 3.57 万人，常住人口 1.97 万人。林地面积 1437.66 公顷，森林覆盖率 16.08%，活立木总蓄积量 9.72 万立方米。耕地面积 3766.5 公顷，粮食种植面积 2245.3 公顷，同比下降 11.9%。粮食产量 1.28 万吨，同比下降 13.2%。黄烟种植 548 公顷，收购 1139.77 吨。镇有初级中学 1 所，小学 4 所，完小（教学点）3 个，幼儿园 4 所。2020 年，镇一般公共预算收入 2384 万元，同比增长 103.3%；一般公共预算支出 2927.6 万元，同比增长 104.1%。

党委书记：凌生成

党委副书记、镇长：王翔华

人大主席：刘世娣

【南亩镇】 位于市境东南部，2020 年，辖区总面积 111.26 平方千米，下辖 11 个村，1 个居委会，户籍人口 1.75 万人，常住人口 9028 人。林地面积 5562.49 公顷，森林覆盖率 74.26%，活立木总蓄积量 29.45 万立方米。耕地面积 1297.8 公顷，粮食种植面积 1425.7 公顷，增长 2.25%。粮食产量 7971.7 吨，增长 2.4%。黄烟种植 44.07 公顷，收购 93.92 吨。镇有九年一贯制学校 1 所，完全小学（教学点）2 个，幼儿园 3 所。2020 年，镇一般公共预算收入 1384 万元，下降 8.16%；一般公共预算支出 1384 万元，下降 8.16%。

南亩镇迳仂村樟树王　2020 年 8 月 27 日，韶关市公布“十大樟树王”，南雄市南亩镇迳仂村樟树王名列其中。该古樟树树龄达 1000 年，树高达 25 米，是所有候选古树中的双料“亚军”（树龄、树高均排第二名），从韶关市 2306 棵三级以上古樟树中脱颖而出。

党委书记：池宏安

党委副书记、镇长：曾志明

人大主席：罗青山

2020 年 11 月 11 日，全国红军小学建设工程理事会副理事长兼秘书长方强为南雄市水口学校授予“陈毅元帅红军学校”校牌　　（董子龙　摄）

【水口镇】 位于市境东南部，2020 年，辖区总面积 114.56 平方千米，下辖 13 个村，1 个居委会，户籍人口 2.51 万人，常住人口 1.06 万人。林地面积 5956.91 公顷，森林覆盖率 56.08%，活立木总蓄积量 43.26 万立方米。耕地面积 2758.3 公顷。主要经济作物为水稻、花生、黄烟。粮食种植面积 2161.9 公顷，比上年增长 7.66%。粮食产量 1.29 万吨，增长 6.4%。黄烟种植 337.27 公顷，收购 708.42 吨。镇有九年一贯制学校 1 所，小学 1 所，完全小学（教学点）1 个，幼儿园 4 所。2020 年，镇一般公共预算收入 2045.3 万元，下降 14.35%；一般公共预算支出 2045.3 万元，下降 14.35%。

党委书记：陈如华

镇　　长：叶邱婷

人大主席：吴英琪

【江头镇】 位于市境南部，2020 年，辖区总面积 132.13 平方千米，下辖 9 个村，1 个居委会，户籍人口 1.24 万人，常住人口 6747 人。林地面积 1.07 万公顷，森林覆盖率 80.69%，活立木总蓄积量 68.93 万立方米。耕地面积 1454.2 公顷，粮食种植面积 1073.5 公顷，比上年增长 2.21%。粮食产量 6343.5 吨，增长 2.0%。黄烟种植 50 公顷，收购 102.44 吨。镇有九年一贯制学校 1 所，幼儿园 2 所。2020 年，镇一般公共预算收入 739.7 万元，下降 25.96%；一般公共预算支出 739.7 万元，下降 69.04%。

党委书记：钟爱莲

镇　　长：袁　斌

人大主席：张卫平

【主田镇】 位于市境南部，2020 年，辖区总面积 165.67 平方千米，下辖 8 个村，1 个居委会，户籍人口 1.45 万人，常住人口 6312 人。林地面积 9799.23 公顷，森林覆盖率 68.72%，活立木总蓄积量 51.35 万立方米。耕地面积 1786.4 公顷，粮食种植面积 1029.8 公顷，比上年增长 6.55%。粮食产量 6099.9 吨，增长 2.4%。黄烟种植 276 公顷，收购 581.83 吨。镇有小学 1 所，幼儿园 1 所。2020 年，镇一般公共预算收入 1385 万元，下降 19.83%；一般公共预算支出 1385 万元，下降 19.83%。

党委书记：蓝北华
镇　　长：罗慧琴（任至 8 月）
　　　　　董雪英（8 月任职）
人大主席：吴　楠

【古市镇】 位于南雄市西南部，2020 年，辖区总面积 112.77 平方千米，下辖 8 个村，1 个居委会，户籍人口 2.15 万人，常住人口 1.27 万人。林地面积 5017.53 公顷，森林覆盖率 44.29%，活立木总蓄积量 16.24 万立方米。耕地面积 2078.8 公顷，粮食种植面积 1968.7 公顷，比上年增长 4.3%。粮食产量 1.17 万吨，增长 2.3%。黄烟种植 336 公顷，收购 699.73 吨。镇有小学 1 所，完小（教学点）2 个，幼儿园 1 所。2020 年，镇一般公共预算收入 2582.7 万元，增长 31.88%；一般公共预算支出 2582.7 万元，增长 31.88%。

党委书记：朱　慧（3 月任职）
党委副书记、镇长：
　　　　　朱　慧（任至 2 月）
　　　　　陈伦平（8 月任职）
人大主席：王　静（任至 6 月）
　　　　　叶永明（7 月任职）

【全安镇】 位于市境西北部，2020 年，辖区总面积 190.44 平方千米，下辖 13 个村，1 个居委会。户籍人口 2.93 万人，常住人口 1.61 万人。林地面积 1.39 万公顷，森林覆盖率 70.03%，活立木总蓄积量 71.86 万立方米。耕地面积 2047.5 公顷。粮食种植面积 2983.1 公顷，比上年增长 4.4%。粮食产量 1.84 万吨，增长 4.4%。黄烟种植 22.8 公顷，收购 48.1 吨。镇有初级中学 1 所，小学 3 所，完小（教学点）1 个，幼儿园 2 所。2020 年，镇一般公共预算收入 3161.3 万元，同比下降 7.2%；一般公共预算支出 3161.3 万元，下降 7.2%。

党委书记：潘　彬
镇　　长：陈汉铭
人大主席：张熙斌

【帽子峰镇】 位于市境北部，2020 年，辖区总面积 125.97 平方千米，下辖 5 个村，1 个居委会，户籍人口 9593 人，常住人口 3442 人。林地面积 8116.86 公顷，森林覆盖率 79.48%，活立木总蓄积量 59.64 万立方米。耕地面积 883.3 公顷，粮食种植面积 922 公顷，比上年下降 1.45%。粮食产量 5137.1 吨，下降 0.7%。黄烟种植 26.13 公顷，收购 55.15 吨。镇有九年一贯制学校 1 所，完全小学（教学点）3 个，幼儿园 1 所。2020 年，镇一般公共预算收入 1166 万元，下降 9.68%；一般公共预算支出 1166 万元，下降 9.68%。

党委书记：黄德忠
党委副书记、镇长：徐精华
人大主席：叶细芳

【澜河镇】 位于市境北部，2020 年，辖区总面积 139.25 平方千米，下辖 6 个村，1 个居委会，户籍人口 1.05 万人，常住人口 4270 人。林地面积 1.29 万公顷，森林覆盖率 89.92%，活立木总蓄积量 59.53 万立方米。耕地面积 827.7 公顷，粮食种植面积 653.5 公顷，比上年下降 11.3%。粮食产量 3725.7 吨，下降 12.4%。镇有九年一贯制学校 1 所，小学 1 所，幼儿园 1 所。2020 年，镇一般公共预算收入 1076.3 万元，下降 10.02%；一般公共预算支出 1076.3 万元，下降 10.02%。

党委书记：赖建志
镇　　长：郭　君
人大主席：杨简彬（任至 7 月）
　　　　　谢章文（7 月任职）

【百顺镇】 位于市境北部，2020 年，辖区总面积 191.42 平方千米，下辖 9 个村，1 个居委会，户籍人口 1.33 万人，常住人口 6059 人。林地面积 1.72 万公顷，森林覆盖率 89.06%，活立木总蓄积量 78.68 万立方米。耕地面积 1500.2 公顷，粮食种植面积 1424.2 公顷，比上年下降 2.2%。粮食产量 8204.4 吨，下降 1%。镇有九年一贯制学校 1 所，幼儿园 1 所。2020 年，镇一般公共预算收入 635.3 万元，下降 42.62%；一般公共预算支出 635.3 万元，下降 42.61%。

党委书记：陈　华
党委副书记、镇长：
　　　　　高春花（任至 7 月）
　　　　　杨简彬（7 月任职）
人大主席：朱定福

（周晓飞）

2020年南雄市经济社会发展情况表

表28

指标	单位	绝对值	比上年增长（%）
地区生产总值	亿元	116.22	3.2
第一产业增加值	亿元	35.63	3.0
第二产业增加值	亿元	23.0	8.2

续表28

指标	单位	绝对值	比上年增长（%）
第三产业增加值	亿元	57.59	1.5
规模以上工业总产值	亿元	60.61	12.4
农林牧渔业总产值	亿元	61.04	2.7
社会消费品零售总额	亿元	42.49	-6.4
外贸进口总额	万元	2736	-57.5
外贸出口总额	万元	52263	0.3
地方一般公共预算收入	亿元	6.12	8.7
地方一般公共预算支出	亿元	41.15	7.2
城镇居民人均可支配收入	元	29795.8	5.0
农村居民人均可支配收入	元	17740	8.0

仁化县

【概况】 仁化县位于韶关市北部。2020年辖1个街道10个镇。行政区域面积2223.22平方千米。年末户籍人口24.4万人，第七次全国人口普查常住人口18.6万人。人口自然增长率1.98‰。全县有耕地面积2.1万公顷，粮食播种面积0.98万公顷，粮食产量6.9万吨；林地面积17.16万公顷，森林覆盖率80.77%，活立木蓄积量0.12亿立方米。2020年，仁化县被授予“全国文明城市”称号，入选国家全域旅游示范区、省全域旅游示范区，被命名为“四好农村路”省级示范县、广东省双拥模范县，被列为广东省率先实现农业农村现代化试点县；丹霞贡柑入选2020年第一批全国名特优新农产品名录。2020年，仁化县实现地区生产总值103.51亿元，比上年增长2.9%，三次产业结构比重为22∶41.1∶36.9；地区一般公共预算收入5.94亿元，下降9.3%；社会消费品零售业总额23亿元，下降8.4%；实现旅游收入31亿元，下降51.6%；全县农林牧渔业增加值37.96亿元，增长4.3%；全县居民可支配收入25125.2元，增长4.7%；城镇居民人均可支配收入30909.6元，增长4.8%；农村居民人均可支配收入19409元，增长4.6%，城乡收入比1.59。

【工业】 2020年，仁化县第二产业增加值42.51亿元，比上年增长5.6%。发展形成以有色金属、新能源、高端制造及动力电池为主导产业的工业产业体系。全年完成工业增加值33.03亿元，下降1.3%，占GDP比重31.91%。其中，规模以上工业企业31家（其中，有色金属企业5家、新能

2020年5月19日，仁化县2020年重大项目集中开工暨招商引资项目集中签约活动在省产业转移工业园区举行 （黄荣坤 摄）

源企业2家、高端制造及动力电池产业企业2家），1—12月完成工业总产值71.5亿元，下降5.7%；完成规模以上工业增加值21.81亿元，下降2.7%，占GDP比重21.07%(全市23.71%)。完成工业税收2.9亿元，下降39.8%，占全县税收总额比重约38.67%。完成工业投资23.3亿元（完成市下达19亿元目标任务的120.2%），增长47.1%；完成技改投资12.4亿元(完成市下达的8.5亿元目标任务的146.2%)，增长97.1%。县域21家施工企业建筑业总产值11.58亿元，增加66%。

图为仁化县水稻种植主产区之一丹霞街道夏富村稻区　（龙全明　摄）

【农业】 2020年，仁化县农林牧渔业总产值37.96亿元，比上年增长4.3%；第一产业增加值22.76亿元，增长3.5%。做好疫情防控及复工复产，派驻检查人员966人次，检查畜禽运输车辆813辆次，检查家畜7.3头，家禽25.3万羽，劝返不符合检疫要求的车辆25辆次，开展动物疫情监测2536场次，检查监测家畜47万头，家禽756万羽，指导2536家(次)畜禽养殖场开展消毒杀菌工作。完成粮食种植1万公顷，粮食产量6.9万吨。新改扩建猪场17家，年末生猪总存栏9.5万头，出栏17.1万头；羊存栏0.88万只，出栏0.385万只；牛存栏710头，出栏150头；家禽存栏63.4万羽，出栏118万羽；肉类总产量1.47万吨；水产养殖面积1683公顷，水产品总产量0.98万吨。认定省级专业镇村14个。完成“三清三拆三整治”(即三拆：拆除农村的危旧废弃房屋、露天厕所；乱搭乱建房屋；违规商业广告、招牌。三清：主要是清理村巷道及生产工具、建筑材料乱堆乱放，清理房前屋后和村巷道杂草杂物、积存垃圾，清理沟渠池塘溪河淤泥、漂浮物和障碍物。三整治：整治垃圾、污水及水体污染)977个村庄，拆除农村破旧泥砖房6.28万间176.5万平方米，农村无害化户厕普及率99.8%，建成农村公厕157座；累计实施人居环境整治工程589个自然村，对环丹及国省道沿线127个自然村实施风貌提升工程，建成瑶山、新源、新坪等一批美丽乡村示范点，成功打造阅丹、环丹沿线美丽乡村示范带，实施阅丹公路沿线、董塘河碧道沿线建设。4月，全县通过省扶贫开发成效考核，全县33个省定贫困村退出“十项指标”(省定相对贫困村的贫困发生率、农民收入、集体收入、人居环境、村道建设、饮水安全、水利和电力设施、电视信号和宽带网络、公共服务、党组织建设)脱贫标准，3219户9242名建档立卡贫困对象达到户退出“八有指标”(即有稳固住房、有饮用水、有电用、有路通自然村、有义务教育保障、有医疗保障、有电视看、有收入来源或最低生活保障)脱贫标准；11个镇(街)设立合计规模131.1万元兜底保障专项资金，114个村(居)设立规模为6万～30万元不等兜底保障专项资金。指导11个镇(街)完成农业公司成立工作；全县有工商注册登记农民专业合作社338家、家庭农场370家，新增认定县级农业龙头企业6家、市级2家、省级1家，新增县级农民专业合作社示范社5家、省级1家，新增县级示范家庭农场13家、市级6家、省级2家。结合15所“农村夜校”和28个教学点，开展线上线下农业科技培训30多次，培训人数3000多人次，提供技术指导、技术咨询3000多人次，农业主推技术到位率95%、良种覆盖率98%。出动执法人员580人次，检查种子、化肥、农药、饲料、兽药、农机具等经营门店180家，查处违法违规行为3起，处罚1.2万元；联合开展水生野生动物专项执法行动和禁渔期专项执法整治行动，执法巡查39次，出动执法船(艇)8艘次、执法车辆37辆次，出动执法人员142人次，查处违法违规捕捞行为1宗，清理整治违规渔具100余张和查扣涉渔“三无”船舶(指无船名船号、无船舶证书(无有效渔业船舶检验证书、船舶登记证书、捕捞许可证)、无船籍港的“三无”渔业船舶)1艘，严厉打击电、毒、炸鱼等违法行为。

【服务业】 2020年，仁化县第三产业增加值38.23亿元，比上年下降0.1%，12月2日，文化和旅游部发文认定第二批国家全域旅游示范区名单，仁化县上榜该名单，成为广东省入选第二批国家全域旅游示范区的3个县（区）之一，是韶关市首个入选的县(市、区)。仁化县依托世界自然遗产丹霞山、红军长征粤北纪念馆等生态、红色文化优势，以“唱响红色主旋律，打造绚美大丹霞”为主线，建立“党委统筹、政府主导、部门联运、市场运作、社会参与”旅游发展运作机制，升级全域旅游体验。截至2020年，全县打造省级旅游精品线路5条，建成省级休闲农业和乡村旅游示范点9个，发展丹霞精品民宿400余家，发展酒店、餐饮、农家乐等涉旅企业1100余家。举办2020丹霞山山地马拉松赛，广东100跑山系列赛总决赛暨2020丹霞100跑山赛南粤古驿道五周年系列活动之2020年仁化定向比赛等。全面建成韶关市2020年10件民生实事项目之一的环丹霞山碧道项目。

【城乡建设】 2020年12月31日，仁化县获评为广东省“四好农村路”示范县。仁化县通车总里程2203.67千米，其中列入管养里程1572.87千米，列入管养道路除高速和国省道，地养农村公路1272千米，农村公路列养率100%。“四好农村路”攻坚任务为118.96千米，总投资5556万元，其中省交通运输厅数字农村公路系统库内任务数90.41千米，截至8月底，超额完成当年攻坚任务数，走在全市前列。

【社会事业】 2020年11月，仁化县入选第六届全国文明城市。6月，2020年“文化和自然遗产日”非遗宣传展示广东主会场暨“全域旅游在行动·广东人游广东”健康出行季系列活动在丹霞山风景名胜区举行。12月，仁化县第四届文化旅游节在仁化县城口镇文化广场举行，活动期间，发布仁化特色农副产品梨树下堆花酒、双峰堆花酒、石塘寻味酸品、农民头辣椒酱、怡煌红白毛茶、长丝念米粉、杨泰和米饼、扶溪鸭稻米、腊稻鸭、丹霞贡柑“十大文创”品牌，举行3个投资项目签约。10月30日，2020年“仁化新乡贤”“仁化好人”发布仪式晚会在仁化县城丹霞新城全民健身广场举行，发布“仁化新乡贤”“仁化好人”名单。11月22日，由仁化、汝城、崇义3县县委和县人民政府主办的2020年“南岭风”第32届粤湘赣边仁化、汝城、崇义三省三县文化艺术节晚会在仁化县城文化广场举行，该活动启动于1988年，采取3县轮流主办办法，每年至少举办1届。

【丹霞街道】 位于仁化县中南部。2020年，辖区面积288.13平方千米。辖13个村委会，4个社区居委会。年末总户数22153户，户籍人口63059人，农业人口15041人、迁入人口736人。2020年，全街道财政收入7875.22万元，比上年减少14.73%。全年农林牧渔业产值80504万元，比上年增长4.4%。农民人均可支配收入21187元。耕地面积2730.47公顷，粮食播种面积2286.3公顷，粮食产量15943吨。山地面积1万公顷（不含韶关市国有林场、韶关市仁化国有林场和仁化县霞山林场），森林覆盖率63.58%。有初级中学1所，小学7所，幼儿园14所，在校学生1901人。有文化站1个。参加医疗保险人数36758人，覆盖面101.1%。2020年，丹霞街道累计投入资金160余万元，重点打造丹霞街道、新城社区2个新时代文明实践所(站)工作，全年累计开展新时代文明实践活动92场。丹霞街道评定党员诚信经营民宿5间；完成夏富村第二批省文旅特色村申报；完成阅丹旅游公路平交口硬底化建设82条、公路沿线可视范围穿衣戴帽房屋82栋、外立面改造面积2.9万平方米、绿化提升26.6千米，构建阅丹乡村旅游重点村瑶塘村、省级古村落夏富村等丹霞山域内景点多处。完成13个行政村“三清三拆三整治”工作、2个省定贫困村和2个国省道沿线村庄人居环境综合整治；农村破旧泥砖房拆后利用绿化2.2公顷，拆旧复垦6.61公顷；拆后土地利用面积17350.35平方米，完成“四小园”(小菜园、小果园、小花园、小公园)建设365个；拆后土地利用面积568平方米，建成美丽庭院15个；完成丹霞山片区农村生态环境治理工程，建设雨污分流管道9840米、污水处理设施16个；完成户厕改造148户，公厕改造1户；完成“四好公路”建设7694米。

党工委书记：连辉标

人大常委会主任：梁美娥

办事处主任：侯政春

【董塘镇】 位于仁化县城西南部，距县城12千米。2020年，辖区面积243.34平方千米。辖17个村委会和3个社区居委会，总户数13246户，年末户籍人口42350人，农业人口26695人，迁入人口129人。2020年，全镇生产总值4.29亿元，比上年增长2.6%。镇财政收入8453.34万元，比上年增长4.93%。全年农林牧渔业产值56813万元，比上年增长4.4%；农民人均可支配收入20322元。规模以上工业总产值48.76亿元。耕地面积2691公顷，粮食播种面积1520.2公顷，粮食产量10493万吨。林地面积12207.2公顷，森林覆盖率63.29%。全镇有初级中学1所、小学9所、幼儿园10所，在校学生5218人；有文化站1个。全镇参加医疗保险人数29555人，覆盖面94.54%。2020年1月，高莲村被广东省爱国卫生运动委员会授予“广东省卫生村”称号；7月，新龙村被广东省妇女联合会和广东省精神文明建设委员会办公室命名为第六批广东省家庭文明建设示范点；12月，董塘镇退役军人服务站被广东省退役军人事务厅评为“五星级服务站”、安岗村被确认为2020年广东省“民主法治示范村”创建单位。万里碧道董塘镇至丹霞街道段项目完工。举办仁化县“庆丰收·迎小康”中国农民丰收节。“粤见森林·悦见美好”——第二

美丽乡村示范点董塘镇新坪村　（龙全明　摄）

届广东省森林文化周暨韶关市全域创建国家森林城市巡回主题宣传活动“古树·古村·绿美家园——仁化县董塘镇创建广东省森林小镇活动暨大井村爱情主题公园开园仪式”在河富大井村举行。

党委书记：万志明

镇　　长：刘志坚

人大主席：刘剑勇

【石塘镇】 位于县境西部，距县城19千米。2020年，辖区面积77.92平方千米。辖6个村委会和1个居委会（社区）。2020年末总户数4284户，户籍人口13635人，其中，农业人口8683人，迁入人口53人。2020年，全镇生产总值22371万元，比上年增长3%；财政收入1630万元，增长25.3%；农林牧渔业产值27275.29万元，增长4.3%。农民人均可支配收入17537元。工业产值1205万元。耕地面积1634.18公顷，粮食播种面积968.07公顷，粮食产量6724.8吨。林地面积5171.09公顷，森林覆盖率64.15%。全镇有初级中学1所、小学5所（其中，中心小学1所、教学点4个）、幼儿园1所（其中公办1所），在校学生1053人；有文化站1个、广播站1个。全镇参加医疗保险人数11096人，覆盖面91.8%。2020年1月，石塘镇被广东省爱国卫生运动委员会授予“广东省卫生镇”称号；7月，石塘镇被广东省文化和旅游厅、广东省工业和信息化厅评定为堆花酒传承教育基地；9月，石塘镇双峰寨被广东省教育厅评定为广东省中小学生研学实践教育基地；11月，石塘古村被广东省体育局、广东省自然资源厅、广东省文化和旅游厅授予“2016—2020年南粤古驿道定向大赛最佳推广站点”；12月，石塘镇被广东省文化和旅游厅评为广东省旅游风情小镇。

石塘镇城乡供水一体化工程通水，解决石塘镇2220户1万余人饮水问题。完成镇街主干道风貌提升、门户标识、文化公园、镇街绿化美化、镇街农贸市场、停车场建设、污水处理与公厕建设、仁化图书馆石塘分馆等工程建设。建成石塘镇新时代文明实践所仁化县示范所及石塘村新时代文明实践站仁化县示范站。完成全域自然村（上、下中坌村）集中供水全覆盖工程管网铺设4.19千米，完成率100%。全镇309户危房改造任务全部完工验收。拆除违建7宗，完成并投入使用农村公厕建设4个，完成无害化卫生户厕改造6户。开展“地毯式”农村人居环境整治行动52次，镇域内污水、垃圾、六乱得到有效整治。

党委书记：江艳芬

镇　　长：徐　泳

人大主席：李培林

【红山镇】 位于仁化县西北部，距县城52千米。县道335线贯穿全境，域内有高坪水库、高坪省级自然保护区等，交通便利。辖区面积169.64平方千米。辖8个村委会和1个社区居委会，年末总户数3061户，户籍人口11097人。2020年，全镇完成生产总值2.93亿元，比上年增长1.6%，全镇财政收入3538.62万元，农林牧渔业产值14397.33万元，比上年增长4.2%；农村人均可支配收入19235元。耕地面积1188.47公顷，粮食播种面积337.2公顷，粮食产量2387.4吨。林地面积15027公顷，森林覆盖率90.62%。全镇有初级中学1所、小学4所、幼儿园4所，在校学生808人；有文化站1个、广播站1个。全镇参加医疗保险人数8692人，覆盖面96%。2020年8月，鱼皇村被广东省农业农村厅认定为首批“一村一品 一镇一业”专业村。白毛茶采摘现场直播活动在东坑茶叶观光园举行，该次活动吸引约100万“粉丝”进入线上直播。地质灾害防灾避险应急演练，有280人参加演练，邀请省核工业地质调查院专家现场讲授地质灾害防御知识。

党委书记：王剑斌

镇　　长：何海生

人大主席：李培云

【城口镇】 位于仁化县北部，距县城38千米。2020年，辖区面积266.89平方千米。辖7个村委会和1个城口社区居民委员会，2020年年末户数3402户，户籍总人口10884人，其中，农业人口9313人，迁入人口12人。2020年，全镇财政收入4350.11万元，比上年减少51.89%；农林牧渔业产值20992.52万元，比上年增长4.3%；农民人均可支配收入20384元。有耕地面积1230公顷，粮食播种面积689公顷，粮食产量4838吨。林地面积21333.33公顷，森林覆盖率89.71%。全镇有初级中学1所、小学4所、幼儿园2所，在校学生782人；有文化站1个，广播站1个。全镇参加医疗保险人数8430人，覆盖面100%。2020年2月，城口镇被广东省爱国卫生运动委员会评为“2019年广东省卫生镇”；3月，城口镇被广东省农业农村厅、广东省文化和旅游厅评为“2019年度休闲农业与乡村旅游示范镇”；11月，城口镇被中国人民银行广州分行、广东省地方金融监管管理局评为“2020年度广东省移动支付示范镇”。全年城口镇完成南北2个城口标识，4个主要景观节点建设；完成红军街115栋房屋外立面提升工程，提升改造谭甫仁将军旧居、地下交通站、胜一理发店、广兴栈及游客咨询服务中心；完成镇区旅游厕所4间、停车场4个及镇标、红军街、红色小镇内标识牌、导览图、门户牌建设。丹霞丰源温泉带动新增直接就业岗位200个，间接带动就业岗位500个。下半年，利用酒店150间房源接待住店游客5万人。城口镇办理上级转办信件19件，办结率100%；排查矛盾纠纷37宗，成功处理36宗；完成7个综治视联网会议系统延伸至村（社区）综治中心建设试点工作和各行政村36个、红军街17个视频监控系统升级改造。红军长征粤北纪念馆接待进馆参观团队1198批次102611人次。

党委书记：李汉辉

镇　　长：张增清

人大主席：郭胜洪

【长江镇】 位于县境东北部，距县城49千米。辖区面积300.64平方千米。下辖16个村委会和1个社区居委会，2020年年末总户数8341户，户籍人口27585人，其中，农业人口22729人。2020年，全镇农业产值38433万元，比上年增长4.3%。全镇财政收入2891.92万元，比上年增长7.4%。农民人均可支配收入19255元。耕地面积2554.13公顷，粮食播种面积835.27公顷，粮食产量5919吨。林地面积2.36万公顷，森林覆盖率83.71%。全镇有初级中学1所、小学9所、幼儿园4所，在校学生3675人；有文化站1个、广播站1个。全镇参加医疗保险人数22360人，覆盖面96.7%。2020年1月，芭蕉垅村被广东省爱国卫生运动委员会评为“广东省卫生村”，学堂村被命名为2018—2020年度“广东省文明村”；2月，长江镇被广东省爱国卫生运动委员会评为“广东省卫生镇”；8月，塘洞村、陈欧村被广东省农业农村厅认定为广东省“一村一品 一镇一业”专业村（毛竹）；12月，长江镇退役军人服务站被广东省退役军人事务厅评为“广东省五星级退役军人服务站”。长江镇7个省定贫困村和9个分散村549户1633人全部脱贫出列。全镇建成山楂、香芋、毛竹等18个产业扶贫示范点，带动403户有劳动能力贫困户增收稳定。转移就业523人，安置公益性岗位73人。贫困户入股阳光电源资产性投资项目收益178.71万元、中金岭南资产性投资项目收益68.01万元。全镇消费扶贫159.58万元。全面落实医疗、养老、低保、残疾及教育政策。实施困难群众动态监测预警帮扶机制，解决家庭因病、因意外事故224人次（户）18.18万元。建立完善扶贫资产登记确权项目153项2979.72万元。年内到位扶贫资金960.79万元，扶贫资金使用率94.36%。拆除破旧泥砖房12075间33.64万平方米，拆除乱搭乱建、违章建筑7处，开展户外广告巡查行动15次，更换大型户外宣传牌10幅，拆除大型户外广告8幅、非法违规商业广告11处，对书店、农家书屋、学校图书室、卡拉OK等文化市场和文化场所开展专项整治行动11次，排查学校周边环境隐患5次，整治村（居）各处户外广告、横幅200余处，整治村巷道及生产工具、建筑材料114处和污水规范排放11处，整治“三线”（电力线、电视线、通信线）27处，完成171户厕改造。投资497.91万元完成塘洞和高洞2个省定贫困村5条道路的硬底化建设；投入1618万元完成长江镇“畅返不畅”公路工程项目涉及15个村委会。总投资4092万元完成覆盖12个行政村119个自然村供水人口17647人全域自然村集中供水全覆盖项目。种植山楂233.33公顷、灵芝13.33公顷，香芋106.67公顷。引进黑皮鸡枞菌种植。建成小浒松年出栏4800头高效生态养猪场基地。“浒松腊鸭”获得商标。长江镇金果园柑橘专业合作社贡柑获得“丹霞贡柑•果王争霸赛”铜奖。完成长江镇生态停车场至沙坪桥头1850米绿道亮化项目，安装37盏路灯。拆除乱搭乱建91宗5673.5平方米。完成镇区主干道109栋房屋立面改造，以及镇区主干道6千米路面白改黑工程。安装长江镇加油站至山塘窝路段、邮政至市场路段、派出所至沙坪村委会路段3处路段7个违停抓拍点。新建及修复“三线”下地通信工程主线管孔总长3.3千米。建成镇街门户标志标识和可提供80个停车位生态停车场、20个车位地下停车场。完成农贸市场（二期）建设。在原电影院新建新时代文明实践广场和改建长江竹韵风度书房。推行“河长制”开展“四乱五清”专项行动9次，制止非法采砂7起，集中清理水面漂浮物行动4次，累计清理河道100余千米。查处非法采砂运砂人员11人次，没收非法砂石约800立方米。压实护林防火工作责任，严格管控秸秆等焚烧污染。发放创平安问卷500余份、宣传品6000多份。全面摸底排查“三小”场所500余家，并造册登记。查处非法售卖烟花爆竹零售点1处、非法液化煤气代充点1处，责令拆除危险建筑2处，责令违规经营场所停业整顿3家。

党委书记：邹汉明
镇　　长：李杏兰
人大主席：熊世伟

【扶溪镇】 位于仁化县东北部，距县城37千米。辖区面积187.9平方千米。辖9个村委会和1个社区居委会，总户数3792户，年末户籍人口13813人，农业人口8969人。2020年，镇财政收入2112.28万元，比上年增长5.67%；农林牧渔业产值24222.91万元，同比增长4.2%；工业产值1477万元；农民人均可支配收入19328元。耕地面积1781.29公顷，粮食播种面积760公顷，粮食产量5293.4吨。林地面积1.44万公顷，森林覆盖率83.99%。有初级中学1所，小学5所、幼儿园2所，在校学生1295人；有文化站1个，广播站1个。全镇参加医疗保险人数1.13万人，覆盖面97.38%。2020年，扶溪镇被广东省农业农村厅评为“一村一品 一镇一业”专业镇。完成镇区停车线、商贩摊位线划定工作，镇区面貌得到提升。实施全域集中供水工程，基本实现全镇所有自然村自来水全覆盖。竣工通车“四好农村路”10.8千米。开展“三清三拆三整治”，清理村巷道卫生死角、乱堆放建筑材料3892处，拆除破旧泥砖房4678间，拆除乱搭乱建、违章建筑43处，拆除非法违规商业广告、招牌6处，整治生活垃圾、生活污水、水体污染1004宗，拆旧建绿413处，实施村道、庭院、房前屋后绿化美化工程，建设“四小园”359个。开展植树造林，森林覆盖率83.99%，超出全县平均水平近4个百分点。4个村成功创建为市级文明村，6村（居）成功创建县级文明村。全面完成脱贫任务，现行标准下农村相对贫困人口218户660人全部稳定脱贫，3个省定贫困村出列。扶溪镇代表韶关市接受省扶贫办组织的脱贫攻坚专项调查考核，结果优秀。对21户存在风险贫困户（农户）采取干预措施。开展消费扶贫，促成116户贫困户与专业合作社签订产供销协议，实现消费扶贫51万元，解决贫困户就业150人。重点打造优质水稻产业，优质水稻种植684公顷。重点扶持苦竹坪梯田复耕，举办农民丰收节。扶溪镇和古夏村分别被农业农村厅认定为市级“一镇一业，一村一品”农业特色专业镇和专业村；扶中、紫岭鸭稻米产业列为省“一村一品”建设示范项目；扶溪大米被农业农村部列入2020年国家第三批名特优新农产品名录；申报省级示范家庭农场1家，申办广州海关“出境水果果园注册登记证书”农业企业1家。全年化解矛盾纠纷146宗。申请司法救助金6万多元。成功解决2016年涉农民70多人外出务工欠薪案。9个村1个社区均创建为省级民主法治村(社区)。

党委书记：祝向恩

镇　　长：邓文光

人大主席：骆宝生

【闻韶镇】 位于县境东部，距县城32千米。辖区面积85.78平方千米。辖5个村委会和1个居委会（社区），年末总户数1648户，户籍人口6280人。2020年，全镇生产总值18587.86万元，比上年增长2.9%，镇财政收入1423.02万元，比上年增加27.43%；农民人均可支配收入16817元。耕地面积644.2公顷，粮食播种面积421.07公顷，粮食产量2960.2吨。林地面积7260.6公顷，森林覆盖率88.20%。有初级中学1所、小学2所、幼儿园1所，在校学生454人；有文化站1个，广播站1个。

占地面积42公顷、总投资8亿元的温氏股份闻韶楼房式生猪产业园开工。开展农村人居环境整治“三清一改”春夏秋冬战役，清理房前、巷道杂物和河岸、村道垃圾1236处331吨，清理沟渠池塘淤泥54.6吨，清理河流漂浮物、障碍物49吨，整治村巷道及生产工具、建筑材料968处。结合拆旧复垦政策拆除破旧泥砖房3177间6.71万平方米。完成改厕任务51户，改厕率100%。

党委书记：刘普新

镇　　长：肖武荣

人大主席：黎名全

【黄坑镇】 位于仁化县东南部，距县城15千米。2020年，辖区面积164.94平方千米。辖7个村委会和1个社区居委会，年末户籍人口4142户15528人，其中，农业人口10984人。2020年，镇财政收入5984.75万元，比上年增加264%；农林牧渔业产值2.58亿元，比上年增长4.4%；农民人均可支配收入20632元。耕地面积1608公顷，粮食播种面积543.33公顷，粮食产量3056吨。林地面积1.38万公顷，森林覆盖率79.71%。全镇有初级中学1所、小学2所、幼儿园2所，在校学生1449人；有文化站1个，广播站1个。全镇参加医疗保险人数11962人，覆盖面99.98%。2020年4月，黄坑镇被中共广东省委网络安全和信息化委员会办公室列为广东省数字乡村发展试点镇；9月，黄坑镇电商公共服务中心被广东省互联网业联合会评为广东省首批“E网兴农”农村电商示范站，下营村、小溪村被广东省农业农村厅认定为首批“一村一品　一镇一业”专业村。开展农村破旧泥砖房拆除和“清拆用”，完成拆后复绿面积8.55万平方米，农村“四小园”建设243个2.62万平方米，新建农村工具房45间0.45万平方米；完成蓝田村委会蓝田村、下营村委会上皇村、高塘村委会新木村3个“美丽乡村”示范点建设；完成中小河流治理项目58.6千米，打造景观点11个；推进生活污水治理，全面完成农村改厕工作；加强创建森林小镇申报、国省道沿线环境扬尘治理、环境卫生整治、垃圾清运、全域自然村集中供水全覆盖项目工程及后期运营管理、“四好农村路”硬底化等工作。统筹36.66万元完成镇文化站升级改造和7个行政村综合性文化服务中心建设，统筹28万元建成全自动智能化仁化县图书馆黄坑分馆，统筹县、镇、村三级资金10万余元打造黄坑镇新时代文明实践示范所、新时代文明实践示范站、回归田园(休闲农庄)新时代文明实践示范点，开展农村夜校、农业技术指导、贡柑种植培训、“党员+”服务特色活动，开展新时代文明实践活动41场次。

党委书记：谭家琪

人大主席：许俊华

镇　　长：邓永林

【周田镇】 位于仁化县南部，距县城17千米。2020年，辖区面积296.12平方千米。下辖15个村委会和1个社区居委会，年末总户数8250户，户籍人口28645人。2020年，全镇生产总值10.05亿元，增长2.9%；镇财政收入8293.5万元，增加67.6%；农林牧渔产值5.07亿元，增长4.2%。农民人均可支配收入19945元。规模以上工业总产值7.79亿元。耕地面积1723.5公顷，粮食播种面积874.8公顷，粮食产量6269吨，林地面积22331.4公顷，森林覆盖率79.71%。全镇有初级中学1所、小学6所、幼儿园3所，在校学生3462人；有文化站1个、广播站1个。2020年2月，周田镇被广东省爱国卫生运动委员会评为“广东省卫生镇”。

完成省级“一镇一业　一村一品”平甫柰李专业村建设项目，社会化服务面积86.67公顷；种植贡柑面积1500公顷；平甫村雪印集团蔬菜种植项目建设标准温室大棚2公顷、露天蔬菜种植基地20公顷；完成“一村一品”扶贫产业较坑草珊瑚基地8公顷；完成较坑园地垦造水田80公顷；申报家庭农场169家、县级新型农业经营主体4家、仁化县柑橘产业园项目主体1家。定期督导落实每季度开展“村庄清洁战役”活动，建设垃圾收集点194个。建设雨污分流管网135.14千米，自然村覆盖率67%；建成污水处理设施80个，自然村覆盖率67%。建设村道路面硬化村委会通自然村159.71千米，自然村村内道路硬化103.09千米。完成农村无害化户厕改造任务数211户，卫生户厕普及率100%，无害化户厕完成率100%。开展水域水面漂浮物清理专项行动，清理河流长度39.59千米。完成第一批病险山塘加固工程7宗。整治中小河流10条计11千米，涉8个村委会河道环境得到有效美化。设立永久性宣传牌20块，入户发放宣传资料5500余份，聘用护林员24名加强野外用火巡查，整改林火隐患点16个；春植树苗4000余株，投入450万余元在赣韶铁路沿线植树2000余株。

党委书记：冯奋德

人大主席：邓　飞

镇　　长：冯　鹄

【大桥镇】 位于仁化县南部，距县城24千米。辖区面积132.8平方千米。辖6个村委会和1个社区居委会（社区），总户数2976户，年末户籍人口11119人，农业人口8453人，迁入人口27人。2020年，全镇财政收入6609.47万元，比上年增加277.47%。农林牧渔业产值2.64亿元，比上年增长4.3%。农民人均可支配收入19773元。耕地面积627.5公顷，粮食播种面积564.33公顷，粮食产量3972吨。林地面积10560.1公顷，森林覆盖率81.76%。全镇有初级中学1所、小学3所、幼儿园1所，在校学生940人；有文化站1个、广播站1个。全镇参加医疗保险人数8326人，覆盖面98%。2020年，长坝村入选农业农村部“2020年全国乡村特色产业亿元村”名单。“中国农民丰收节”系列活动在长坝村金喆园举办。全镇沙田柚种植面积0.19万公顷，年产量3.1万吨，产值5.2亿元以上，有沙田柚经营企业8家，其中省级龙头企业1家、市级龙头企业5家、县级龙头企业3家；农民专业合作社25家、其中省级示范农民专业合作社2家、县级示范农民专业合作社1家。2020年，长坝村入选农业农村部“2020年全国乡村特色产业亿元村”名单。11月，大桥镇完成各村小组垃圾收集点布设103个。完成水江村华屋村、刘屋村、水西坑的雨水沟680米、污水管网860米及水江村各村民小组村民家庭厨房生活污水接入污水管处理施工建设。11月，153户413名贫困户实现脱贫。省定贫困村大桥村、水江村出列。

党委书记：黄银泰

人大主席：钱世全

镇　　长：蒙升龙

（谢嘉文）

2020年仁化县经济社会发展情况表

表29

指标	单位	绝对值	比上年增减（%）
地区生产总值	万元	1035148	2.9
第一产业增加值	万元	227614	3.5
第二产业增加值	万元	425191	5.6
工业增加值	万元	330317	-1.3
第三产业增加值	万元	382343	-0.1
人均地区生产总值	元	—	—
规模以上工业增加值	万元	218141	-2.7
农林牧渔业总产值	万元	379639	4.3
固定资产投资	万元	540715	-2.8
社会消费品零售总额	万元	230025	-8.4
外贸进口总额	万元	0	—
外贸出口总额	万元	1200	4.4
实际利用外资	万美元	1170	130.77
地方公共财政预算收入	万元	59441	-9.3
地方公共财政预算支出	万元	262040	-7.4
城镇常住居民人均可支配收入	元	30909.6	4.8
农村常住居民人均可支配收入	元	19409	4.6

始兴县

【概况】 始兴县位于韶关市东部。2020年，始兴县辖9个乡镇、1个少数民族乡。年末户籍人口26.3万人；常住人口22.4万人，土地面积2131.91平方千米。耕地面积2.18万公顷，粮食播种面积1.04万公顷，粮食产量7.1万吨。林地面积16.56万公顷，森立覆盖率77.7%，活立木蓄积量1500万立方米。始兴县是石斛之乡、枇杷之乡、杨梅之乡、围楼文化之乡。2020年，始兴县有中小学校23所；全县在校学生25469人。全县有医疗机构155家、床位897张，文化馆1间、公共图书馆1间，博物馆1间。2月，深渡水瑶族乡获得“广东省卫生镇”称号；7月，深渡水瑶族乡获得“广东省森林旅游新兴品牌地”称号；8月，隘子镇满堂客家大围旅游区被评为国家AAAA级景区；9月，隘子镇风度村评为第一批广东省红色村；10月，始兴县被评为第四批国家“生态文明建设示范县”，获得第三批“广东省全域旅游示范县”称号；11月，罗坝镇获得韶关市文明镇，沐头村获评为“全国文明村”称号，东二村、角田村、田心村、河渡村获评为韶关市文明村；12月，始兴县被授予“中国生态康养胜地”称号，顿岗镇开心农庄评为国家AAA级景区，深渡水瑶族乡被评为第二批广东省旅游风情小镇。

【工业】 2020年，始兴县第二产业增加值20.82亿元，比上年增长3.4%。规模以上工业增加值16.34亿元，同比增长3.9%。县工业企业实现规模以上工业增加值由负转正。德宝电子公司新增列入全市倍增计划试点企业，至2020年年底，全县有10家企业纳入“倍增计划”企业。推动4家倍增企业实施技术改造，备案金额2430万元。创新“服务企业特派员”制度，转变服务企业模式，从企业“找服务”变为政府“送服务”。选派3名专业干部“点对点”定点联系域内30家重点工业企业，送政策、送服务。全县127个行政村（居）4G网络实现全覆盖；20户以上（包括20户）自然村实现光网全覆盖；贫困村网络全覆盖。推动5G移动通信基站建设46座，其中电信、联通公司完成20个，移动公司完成26个。

【农业】 2020年，始兴县第一产业增加值23.78亿元，比上年增长3.5%。累计投入1.71亿元建立184个特色扶贫产业，其中新增6个扶贫产业，有始兴县九丰葡萄现代农业产业园项目、沈所镇沈南村葡萄产业项目、沈所镇广源农业“稻虾共生”生态种养扩展基地项目等。各产业项目主要通过收益分红、保价收购、协议用工等方式带动贫困户实现增收。始兴县隘子镇满堂村香菇、城南镇新村村香芋、澄江镇方洞村肉牛、太平镇上台村贡柑、罗坝镇燎原村油茶、司前镇黄沙村草珊瑚等6个项目被列为2020年“一村一品、一镇一业”建设项目。4个镇评为省级专业镇、12个村评为省级专业村。车八岭茶叶2018—2020年连续3年获得“广东省十大好春茶”。培育“二品一标”特色农产品。新增“粤字号”名牌产品13个；新增“二品一标”（即“无公害农产品”“绿色食品”“有机农产品”“农产品地理标志”）产品5个。“始兴杨梅”“清化粉”被评定为全国区域公用品牌，始兴县被评为全国县域数字农业农村发展水平评价先进县。通过宣传直播带货、网销模式，组织县内枇杷、杨梅直播、云游韶关网播等活动，促进农产品销售。枇杷直播由县长直播带货，1小时就成交118吨，销售额超过200万元；杨梅直播带货总观看人数154万人，活动带货量6吨。

【服务业】 2020年，始兴县第三产业增加值35.65亿元，同比增长2.4%；始兴县正在实施建设的“环车八岭生态经济圈”。心泉谷项目建设推进，发展水南村、八一村等乡村旅游景点。满堂客家大围、开心农庄分别被评为国家AAAA、AAA级景区，创建1条省森林旅游特色线路，深渡水瑶族乡被评为省旅游风情小镇、省森林旅游新兴品牌地，成功举办环车八岭骑行、省无线电测向冠军赛等活动，始兴县获“广东省全域旅游示范区”称号。

【城乡建设】 2020年，始兴县完成15家挥发性有机物企业整治，全县空气环境质量优良率99.72%。改造规模化养殖场46家，城镇集中式饮用水和江河断面水水质达标率100%。编制生态文明建设规划，完成碳汇造林196.67公顷、森林抚育5133.33公顷，建成绿美古树乡村2个。开展访贫问效、民情夜访等活动，新增扶贫产业6个，发放就业补贴231万元，扶贫产品销售额过亿元，现行标准下贫困村、贫困人口全部脱贫出列。压减政府一般性支出、“三公”经费10%以上，化解政府隐性债务2759万元，政府债务风险控制在警戒线内。开展县城品质提升“439”

始兴正式获“中国生态康养胜地”称号 （始兴县史志办 供）

行动，武深高速始兴南连接线延伸段、站前路等道路建成通车，县城主次道路“白改黑”完成。墨江生态园基本建成。完成“创文一片区”背街小巷整治和3个老旧小区改造提升。建成5G基站62座。落实创建文明城市“包联包创”网格化管理，通过省文明城市复评。城南镇被评为省卫生镇，沈所镇沈南村等8个村被评为省卫生村。建成乡镇污水处理设施，完成顿岗镇、隘子镇乡镇提升项目建设。完成普速铁路、高速公路安全隐患治理，打造县道X344线周所至花山段等3条“网红”打卡公路。统筹推进农村厕所革命、垃圾处理、污水治理，完成“总甫至东湖坪”“横岭至长梅”特色乡村风貌示范带建设，深渡水瑶族乡长梅三组、深渡水自然村被评为省少数民族特色村寨，隘子镇风度村建成省级红色村、满堂村被评为省文化和旅游特色村，城南镇周前古村落实现活化利用。全县所有行政村达到“干净整洁村”标准，56个行政村达到“美丽宜居村”标准，13个行政村达到“特色精品村”标准。

【社会事业】 2020年，始兴县完成各类民生支出21.86亿元，占一般公共预算支出的82.66%。国道220线顿岗周所至翁源坝仔、国道323线东湖坪至中古坑路面改造工程建成通车，武深高速始兴联络线、联俄渡口改建大桥开工建设，完成220千米“四好农村路”和4座危桥改造攻坚任务，成功创建“四好农村路”省级示范县。推进县城供水主管网改扩建、农村安全饮用水保障工程，基本实现城乡居民同质饮水。发放返还各类补助资金900多万元，城镇登记失业率控制在3.5%以内。完成养老、医疗等社会保险征缴任务，流浪乞讨人员救助安置中心、马市区域性敬老院投入使用，完成石人嶂棚户区改造安置房分配，困难群众实现100%兜底保障。基本完成日新、风度2所公办幼儿园建设，新增学前学位1800个。完成始兴中学等5所中小学校改扩建工程，新增学位2700个，建成特殊教育学校和教师发展中心。开展紧密型县域医共体试点，基本完成新人民医院、新妇幼保健院建设，正在进行搬迁工作，启动慢性病防治院新建和马市镇卫生院规范化建设。新增风度书房3间，建成全民健身中心和游泳馆。拓展新时代文明实践中心省级试点县建设。2020年十件民生实事完成七件，市民活动中心和管道燃气改造提升工程正在抓紧实施，国道323线始兴县城段改线工程受省、市部门审批影响，在2021年实施。

【太平镇】 位于始兴县城中北部。2020年，镇域总面积283.3平方千米，森林覆盖率72.3%。全镇辖18个村委会，6个居委会。户籍人口6.5万人，常住人口8.8万人。2020年，太平镇先后获得“国家级生态乡镇”“全国文明村镇”“全国优秀人民调解委员会”“广东省教育强镇”“广东省文明镇”“广东省生态示范镇”“广东省卫生镇”“广东省‘一村一品、一镇一业’专业镇（水果）”“广东省移动支付示范镇”等省级以上称号。2020年，全镇完成地区生产总值48.84亿元，增长2.3%，其中：农业生产总值为4.94亿元，增长3.5%；工业生产总值18.72亿元，增长3.4%；第三产业生产总值25.18亿元，增长2.4%。完成重点项目征地73.33公顷、交地104公顷、租地466.67公顷，征拆房屋94间、9780平方米。原粤林车队及周边地块项目、国道323线始兴县城段改线工程项目、太平镇污水处理厂项目、新人民医院南侧道路（梧桐香岸至渔珠潭桥）工程项目、天然气管道及门站建设项目等一批重点项目征地拆迁工作完成。培育农业龙头企业15家（省级3家、市级5家、县级7家），农民专业合作社74家，家庭农场49家。太平镇入选第二批省级“一村一品、一镇一业”专业镇（水果），罗围村（沙田柚）和水南村（杨梅）获评为首批省级“一村一品、一镇一业”专业村，上台村贡柑申报为2020年省级“一村一品、一镇一业”建设项目，获得扶持资金100万元。始兴县广东省有机沙田柚标准化示范区通过终期验收。清理整治农村破旧泥砖房4333间14.86万平方米，完成“四好公路”建设38.4千米，新建农村公厕21座，全镇18个行政村100%达到干净整洁村标准，创建12个美丽宜居村和3个特色精品村，完成3个老旧小区改造。绿化美化村庄4个，水南村的1棵具有600年树龄的古樟树成功入选为韶关市“十大樟树王”。

党委书记：张国华
镇　　长：李子榕
人大主席：王县生（任至5月）
　　　　　陈昌文（5月任职）

【马市镇】 位于始兴县城东北部。2020年，该镇行政区域面积280平方千米，耕地面积4504.5公顷，山林面积1.46万公顷。马市镇下辖18个村委会、1个居委会、256个村民小组，总人口41085人。2020年，全镇完成地方生产总值7.24亿元，比上年增长8%；农民人均纯收入16846元，同比增长3%。是年，该镇举办广东省第二届自然水域钓鱼公开赛。至年底，全镇在册482户贫困户1155人及2个省定贫困村均达到脱贫出列标准，按时完成脱贫退出。完成黄烟种植任务1200公顷，收购烟叶2500吨；完成早稻新增面积71.3公顷。有杨梅园386.6公顷、沙田柚40公顷、柑橘400公顷。完成基本农田建设高标准建设，投入资金2700万元，并完成早稻新增面积71.3公顷。拆除泥砖房5541间24.75万平方米，全镇连片拆除0.66公顷以上的自然村有39个。全镇干净整洁村214个、美丽宜居村64个、特色精品村2个。启动镇污水处理厂提标改造工程，完成全镇农村污水处理站点选址工作，正在动工建设的有18个。全年全镇拆旧建新村庄有9个。开展普通公路路长制“136”行动，完成“四好农村路”25千米建设任务和4座危桥改造任务；墟镇提升“139”行动通过市级验收；文化站（原省二级）升级改造工作完成；启动马市镇卫生院规范化建设，举办始兴县全民健康管理行动（马市镇试点）启动仪式。与合肥阳光电源有限公司签订泽洋光伏发电项目（三期）合作协议，项目占地面积53.3公顷。完成马市工业园区扩园及坟墓安置地征地任务，签订征地协议121.2公顷。

党委书记：钟俊锋（任至4月）
何建雄（4月任职）
镇　　长：杨　坚（任至12月）
人大主席：王优亮（任至4月）
王县生（4月任职）

【顿岗镇】 位于始兴县东南部，距离县城8千米。2020年，下辖11个行政村委会和1个社区居委会，总户数9762户，总人口28801人。2020年，顿岗镇生产总值完成6.02亿元，比上年增长6%，其中工业总产值1.34亿元，比上年增长6.60%；农业总产值2.36亿元，比上年增长7.20%；第三产业总产值2.32亿元，增长9.20%。农村人均纯收入15295元，比上年增长1.5%。12月，顿岗镇被授予"广东省文明村镇"称号；12月30日，顿岗镇开心农庄创建国家AAA级景区。

顿岗马蹄申报省"一镇一业"，贤丰马蹄申报省"一村一品"；实施垦造水田项目，协助做好"中国农民丰收节"活动。新培育新型农业经营主体16家、经济合作组织31个、家庭农场46个、7个县级农业龙头企业，获绿色产品认证5个。规划建设新农村15套，立项并启动拆旧复垦项目9.2公顷；攻坚建设农村"四好公路"21.98千米；完成武深高速公路始兴联络线和工业园区扩园等县重点项目133.33公顷土地的征收工作和农科所5.27公顷土地收储工作。完成墟镇提升一期改造工程和墟镇三条主要道路"白改黑"工程，统一墟镇主要道路两边商铺店招和外立面。12月创建为广东省文明镇。拆除破旧泥砖房2020间7万平方米；新建农村公厕34间，户厕改造48户；建成"四小园"40个。

党委书记：郑万龙
镇　　长：王建明
人大主席：陈乙明

【城南镇】 位于始兴县中部。2020年，全镇总面积52.86平方千米，有耕地1172.7公顷，林地2484公顷。2020年全镇生产总值约5.56亿元，比上年同期增长3.5%。其中，农业生产总值4.36亿元，比上年增长3.1%。农村人均年纯收入21807元，比上年增长3.9%。2020年，城南镇申报省级蔬菜专业镇，河南村、石桥头村分别成功申报蔬菜专业村、辣椒专业村。通过推进产业扶贫，促成三个省级贫困村新增10公顷香芋种植，贫困户平均每户增收2549.38元；经过三级核查，城南镇贫困学生义务教育阶段入学率及入学补助落实率100%，贫困人口养老保险、医疗保险覆盖率100%。城南镇无劳动能力的贫困户均实现最低生活保障，有劳动能力的贫困户人均可支配收入达到省定脱贫标准9061元，贫困户"八有"指标全部实现、三个省定贫困村"十项"退出指标均达到标准。周前村传统村落保护及生态宜居美丽乡村建设项目于4月开始动工建设，9月底完成主体工程一期建设。完成新疆煤制气外输管道干线与西二线干线韶关联通工程始兴城南段征地租地、湿地公园扩征地、墨江南路天元大桥至武深高速连接线道路工程、党校周边政府储备地、刘镇营果场安置地、杨公岭政府储备地（杨公岭幼儿园）等11个项目。"三清三拆三整治"工作开展后拆除整治泥砖房1840间，土地清理面积约8.48万平方米，协助全镇各村整治出1.33公顷以上的连片点，杨公岭大伙、细伙两个小组完成泥砖房拆除整治面积4.5万平方米，拆出连片可利用面积7.53公顷。

党委书记：罗祥山
镇　　长：陈　敏
人大主席：邓旭日

【沈所镇】 位于始兴县的西部。沈所镇下辖11个行政村，1个社区居委会，4724户2.1万人。全镇总面积168平方千米，耕地10.12万公顷，森林1.29万公顷。2020年6月，中共地下交通站、八一村光荣之村、外营保卫战遗址馆完成陈展，全市首家村级智慧书房——八一村风度书房建成开馆并免费对外开放；2020广东"文化和自然遗产日"非遗宣传展示始兴分会场活动暨2020年始兴县围楼文化旅游节在四馆一书房所在地的八一村举行。投入160多万元新建3个电排，缓解石内村、石下村等地早期农田用水问题；完成石内村居家养老服务中心、黄所村康乐园中心，四好农村公路建设，农村安全饮用水保障（黄所村、石下村、南方村）等民生工程都在推进中。完成新疆煤制气外输管道干线与西二线干线韶关联通工程项目沈所段土地征收征地租用、补偿发放工作；基本完成四好农村公路建设任务。拆除破旧泥砖房2166间14.65万平方米；完成34个户厕改造任务，完成9个污水处理设施建设任务，完成八一示范村项目建设；完成4个省定贫困村农村人居环境整治提升工程；完成"四小园"建设，建设3个小菜园、88个小果园、2个小花园、2个小公园。4个省定贫困村"十项"指标、全镇301户贫困户八有达到出列标准。发放产业"以奖代补"资金58.4万元，发放就业"以奖代补"23.26万元，完成危房改造3户，发放小额贷款100户，累计建成特色扶贫产业4个。完成对脱贫攻坚档案进行收集、整理、归档，是全县最早完成整档的乡镇。

党委书记：卢献华
镇　　长：张国平
人大主席：陈卫军

【澄江镇】 位于始兴县以东32千米。2020年，全镇下辖1个社区居委会，7个村委会，116个村民小组，总人口17976人。辖区总面积219平方千米，其中农业耕地面积886.67公顷，山林面积1.77万公顷，森林覆盖率83%。打造4个规模较大的千亩连片产业示范基地，成为全县唯一拥有4个连片千亩以上现代农业产业基地的乡镇。暖田村实现有机蔬菜种植100公顷和有机猕猴桃种植66.67公顷，澄江村实现有机山茶油种植面积266.67公顷，善亨村实现优质柑果种植400公顷，方洞村实现有机黄牛养殖600头，铁寨村实现有机特色水果种植80公顷，四村村和潭坑村实现有机水稻种植200公顷。清理整治破旧泥砖房946间2.26万平方米；公厕改造任务为18间，户厕改造任务101户，至年底均按要求完成建设。全镇87个自然村全部达到干净整洁村标准，18 个达到美丽宜居村标准，2 个达到特色精品村标准。在村庄清洁行动中清理垃圾 54 吨、杂草 68 吨、乱堆乱放 306 处、残垣断壁 125 处、河道 7 条、沟渠 94 条，完成家禽圈养 300 多户。

党委书记：刘过源（任至 11 月）
　　　　　卢海燕（11 月任职）
镇　　长：卢海燕（任至 11 月）
　　　　　杨　坚（12 月任职）
人大主席：李大胜

【罗坝镇】 位于始兴县东南部地区。2020 年，行政区域总面积 316 平方千米，耕地面积 893.49 公顷，下辖 12 个村委会和 1 个居委会，146 个村民小组，总人口 2.2 万人，有少数民族畲族 600 多人和瑶族 500 多人。2020 年，罗坝镇户籍人口 2.2 万人，经济生产总值 4.96 亿元，其中农业生产总值 3.38 亿元，占比 68.1%；人居可支配收入 2.04 万元，比上年增长 10.4%。罗坝镇淋头村获得“全国文明村”称号，罗坝镇获得“韶关市文明镇”称号，东二村、角田村、田心村、河渡村获得韶关市文明村称号。全镇有机茶叶种植面积 240 多公顷；油茶种植面积 573.33 公顷，打造为韶关市油茶种植示范基地。全镇有专业合作社 34 家，其中省级示范社 1 家；家庭农场 44 家，省级示范家庭农场 1 家；市级示范家庭农场 3 家。省级农业龙头企业 1 家，市级农业龙头企业 1 家，县级农业龙头企业 2 家。罗坝镇古堡文化俱乐部、石笋生态农庄获评为韶关市四星级乡村旅游民宿。清理整治 1099 间 3.53 万平方米；至年底，该镇 21 个农村标准化公共厕所提前竣工并投入使用；4 个省定贫困村的排污管网及 31 个污水处理池建设工程完成。276 户 643 人贫困户实现脱贫，其中 4 个相对贫困村完成十项脱贫出列指标实现脱贫出列。河渡村拟投入 100 万元入股县扶投公司，每年可增加村集体经济收入和带动全村 20 户贫困户增收。

党委书记：张福兴
镇　　长：卢爱民
人大主席：李文斌

【深渡水瑶族乡】 位于始兴县中部。2020 年，该乡总面积 171 平方千米，耕地面积 297.73 公顷，森林覆盖面积 15333.33 公顷，森林覆盖率 91% 以上；下辖 4 个村委会，32 个自然村 46 个村民小组，总人口 7901 人（其中瑶族 1629 人、畲族 510 人）；是广东省 7 个少数民族乡之一，是韶关市唯一的少数民族乡，也是始兴县少数民族人口最多的乡镇。2020 年，全乡农村经济总收入 1.05 亿元，比上年增长 6%；农村人均纯收入 1.65 万元，比上年增长 5.5%。2 月，深渡水瑶族乡被广东省爱国卫生运动委员会授予“广东省卫生镇”称号；7 月，被省林业局、省文化和旅游厅评为“广东省森林旅游新兴品牌地”；12 月，创建为“广东省旅游风情小镇”。投入东莞市帮扶资金 400 万元用于坪田村蜂蜜基地项目建设，完成一期建设。全乡养蜂户 100 多户，养蜂 1000 多箱，年生产蜂蜜 35 吨，年产值 400 万元以上。承办始兴县 2020 年“农民丰收节”暨消费扶贫月主会场活动。3 月，启动被列为始兴县 2020 年重点建设项目、总投资约 3000 万元的深渡水乡新农村建设示范线路项目，至年底全面完工。投入民族发展资金 520 万元用于建设长梅五组特色村寨，投入东莞对口帮扶资金 370 万元用于建设坪田黄泥田畲族特色村寨，均完工。长梅三组及深渡水自然村创建“广东省第一批少数民族特色村寨”。成为全县首个全部自然村三清三拆通过县级验收的乡镇。至年底，全乡 32 个自然村全部达到“干净整洁村”和“美丽宜居村”标准，其中深渡水村下辖 3 个自然村以及长梅一组、三组、六组达到“特色精品村”标准。全乡完成 18 个公厕建设并全部投入使用，完成巷道硬化 1.17 万平方米和“四好农村路”11.47 千米建设。摸排清拆破旧泥砖房 314 间，面积 7834 平方米，连片清理整治谭屋、天塘和老良塘 3 个自然村的破旧泥砖房 2.13 公顷。

党委书记：唐代勇
乡　　长：邵耀发
人大主席：林永亮

【司前镇】 位于始兴县城南部，距县城 45 千米。2020 年，全镇总面积 242 平方千米，其中，林地面积 2.08 万公顷，耕地面积 1354.67 公顷。镇行政区辖 9 个村委会 75 个村民小组，1 个居委会，总人口 16936 人，其中常住人口 8618 人、农业人口 1.64 万人。司前镇林业用地面积 2.07 万公顷，其中生态公益林面积 4600 公顷，森林覆盖率 76.7%，活立木蓄积量 132 万立方米。2020 年，全镇实现生产总值 2.28 亿元，比上年增长 2.8%；农村经济总收入 2.48 亿元，同比增长 2.6%；农村人均纯收入 1.53 万元，同比增长 2.5%；完成固定资产投资 4753 万元。全镇种植草珊瑚 104.4 公顷、草珊瑚育苗 2 公顷、始兴石斛 20 多公顷、凉粉草 33.33 公顷、仿原生态灵芝种植 33.33 公顷。申报黄沙村草珊瑚省级“一村一品、一镇一业”专业村。将 17 个项目纳入县“十四五”规划和“环车八岭生态经济圈”规划；编制司前镇“国土空间规划”“墟镇提升规划”等专项规划；完成 5 条 14 千米“四好”农村公路建设、国道 G220 线周所至翁源坝仔路面改造工程、12 个村组污水处理站点和管网建设工程及全镇农村安全饮用水保障工程。补齐“四好农村路”、安全饮水、信息网络等农村基础设施和公共服务短板。完成新建 21 座卫生公厕任务。推进破旧泥砖房“拆清用”（拆除农村破旧泥砖房、拆后清理整治拆后土地清理利用）和拆旧复垦工作，打造一批小菜园、小果园、小花园、小公园等小生态板块。完成墟镇污水管网和污水处理场建设并投入使用。完成 G220 线司前墟镇段“三线下地”（指把电线、网线、电视线路由空中铺设改为地下铺设）工程。实施绿美南粤三年行动，完成造林 285.32 公顷。

党委书记：李步林
镇　　长：陈建兴
人大主席：陈智祥

【隘子镇】 位于始兴县南部。2020 年，隘子镇下辖 13 个村委会，1 个社区居委会，有 4687 户，总人口 2.21 万人。总面积 32 万公顷，林地面积

30万公顷，占国土面积的93%；森林覆盖率86%，耕地面积733.3公顷。2020年8月，满堂客家大围旅游区被评为国家AAAA级景区，9月，隘子镇风度村评为第一批广东省红色村。至年底，在2019年新增的6户22人贫困人口如期脱贫，完成9户贫困户住房提升工程，巩固全镇335户784人贫困人口、2个省定贫困村脱贫成果。清化山庄森林康养基地、龙斗森林康养基地入选韶关市首批森林康养基地（试点）名单。满堂村香菇项目申报省级“一村一品”建设项目。13个行政村达到干净整洁村标准，6个行政村达到美丽宜居村标准，2个行政村达到精品示范村标准。完成满堂大桥改造升级，完成游客服务中心主体框架。完成2场满堂客家大围旅游区2020年“文明旅游 我们的节日”主题宣传活动，举办2020年广东省无线电测向冠军赛暨广东省社科普及宣传服务队基层行（隘子站）活动。完成隘子镇镇街整治提升项目（一期）工程建设。实施“四好”农村公路建设项目，完成路面硬化16条15千米，完成县道X794线路面硬化4千米。建设完成农村公厕22个、户厕70个，并通过县级验收；建设完成100个垃圾收集点。推动“四小园”（小菜园、小果园、小花园、小公园）建设，建成小菜园47个、小果园56个、小花园21个、小公园9个。开展环车八岭生态经济圈的项目谋划工作，在全县率先形成谋划报告。

党委书记：刘春明（任至4月）
肖家锋（4月任职）
镇　　长：朱县军
人大主席：黄　颖

（梁恬馨）

2020年始兴县经济社会发展情况表

表30

指标	单位	绝对值	比上年增长（%）
地区生产总值	亿元	80.25	3.0
第一产业增加值	亿元	23.78	3.5
第二产业增加值	亿元	20.82	3.4
第三产业增加值	亿元	35.65	2.4
规模以上工业总产值	亿元	16.34	3.9
农林牧渔业总产值	亿元	39.61	4.2
社会消费品零售总额	亿元	25.87	-7.0
外贸进口总额	万元	161062	-10.9
外贸出口总额	万元	—	—
地方一般公共预算收入	亿元	48067.0	0.3
地方一般公共预算支出	亿元	264545.0	7.3
城镇常住居民人均可支配收入	元	23236.3	5.8
农村常住居民人均可支配收入	元	18299.7	7.6

翁源县

【概况】 位于广东省北部。2020年辖8个镇。土地面积2175平方千米。年末户籍人口42.24万人。耕地面积3.28万公顷，粮食播种面积23.3万亩，粮食产量9.52万吨。林地面积16.35万公顷，森林覆盖率76.3%，活立木蓄积量1132.61万立方米。是中国三华李之乡、中国九仙桃之乡、中国兰花之乡。

2020年，全县生产总值107.8亿元，比上年增长6.1%；固定资产投资比上年下降0.2%；社会消费品零售总额37.24亿元，比上年下降7.2%；外贸出口额8136万美元，比上年下降29.7%；实际利用外商直接投资1628万美元，比上年增长25.2%；地方一般公共预算收入6.71亿元，比上年增长10.3%；城镇居民人均可支配收入27663元，比上年增长7.8%；农村居民人均可支配收入16028元，比上年增长8.9%。

【工业】 2020年，翁源县第二产业增加值24.14亿元，比上年增长12.0%。按照“一区多园”和“精细化”服务模式打造华彩新材料产业园、电源电子产业园等多个专业园区，新材料、电源电子、现代轻工三大支柱产业企业数量占全县规上工业企业的66%，产业集聚发展态势明显。新增17家国家高新技术企业、5家省专精特新中小企业，全县高新技术企业23家，研发经费支出占GDP比重0.56%，比2015年增长3.3倍。五年来签约投资超10亿元项目3个，超亿元项目35个，累计完成工业投资97亿元。翁源产业转移工业园被认定为省产业转移工业园、工信部产业集群区域品牌建设试点单位。厚源商务大厦、县第二人民医院、华彩应急救援基地等建成并投入使用，产城融合步伐加快。

【农业】 2020年，翁源县第一产业增加值28.65亿元，比上年增长9.0%。粮食、水果、甘蔗等农业主导产业保持稳定发展态势，农业总产值五年增长21.7%。累计培育省级以上龙头企业8家、农民专业合作社435家、家庭农场277家，农业产业化水平提高。兰花产业园纳入国家现代农业产业园创建管理体系，并通过创建绩效中期评估；蚕桑产业园创建为省级现代农业产业园。兰花种植面积1400公顷，年产值超20亿元，国兰供应量超过全国的60%。翁源兰花实现自主出口，兰花展示中心、兰花交易市场一期建成投入使用。翁源发展现代农业产业的经验做法在全省乃至全国得到推广。先后创建为国家农产品质量安全县和全国休闲农业与乡村旅游示范县。翁源兰花通过国家农产品地理标志目录外产品审定和感官品质鉴评会。兰花被确定为“韶关市花”。

【服务业】 2020年，翁源县第三产业增加值55.05亿元，比上年增长2.5%。举办翁山诗书画院十周年庆典等一系列文化节事活动和“水墨桃花”“投桃报李”、兰花文化旅游节等大型文旅活动，创建国家AAAA级东华山风景区、国家AAA级幽兰谷风景区、江尾农耕文化园和湖心坝客家群楼。嘉华康养小镇、东华山风景区房车露营基地等一批大型文旅项目加快建设，下庄科普教育基地建成启用。五年来，全县累计接待游客1664万人次，年均增长20%；旅游总收入109.38亿元，年均增长20.7%。商贸物流稳中向好，五年来全县社会消费品零售总额累计完成179.2亿元，年均增长5.3%。推进农村电子商务综合服务体系建设，农村电商产业学院成立揭牌，建成1个县级公共服务中心，8个镇级服务站，110个村级服务点，累计实现农特产品电商销售收入3.5亿元，入选“2020年国家级电子商务进农村综合示范县”。

【城乡建设】 2016年至2020年，翁源县县城框架扩大，引进碧桂园等大型房地产企业，五年累计完成房地产开发投资50.24亿元。实施县城品质提升“439”行动，投资5.6亿元推进县城环境整治及道路照明、龙湖周边环境整治等工程，兰花创新博览中心建成使用，打造南龙出入口、兰韵公园等一批兰花主题景观节点。投入资金11.3亿元，完成农机厂片区、城南市场片区等旧城改造工程。县城主要干道“三线”整治基本完成，中心农贸市场升级改造工程竣工投入使用，县城面貌更加靓丽。完成坝仔镇、江尾镇等镇街提升“139”工程，翁城镇被列为城乡融合发展省级试点地区，乡镇发展环境提升。基础设施更加完善。武深高速、汕昆高速建成通车，韶新高速建设加快推进，“三纵一横”高速公路网络即将成型。完成龙翔大道二期、翁江大道一期等10条县城新建道路和建设一、二路、朝阳路东段等6条主次干道改造，建成“四好农村路”514千米，城乡交通基础设施改善。城西、城北党群服务中心、龙仙派出所业务用房等项目相继完成，公共服务水平提升。完成1300多个电网建设和改造项目，城市配套设施日趋完善。县城网格化管理机制和“社区吹哨、党员报到”工作机制成效明显，创建国家卫生县城和广东省县级文明城市。全县生活垃圾保洁清运体系基本形成，生活垃圾分类减量率65%，实现“两违”建筑巡查防控外包服务常态化监管，拆除和查没“两违”建筑10万多平方米，基本实现“两违”建筑“零增长”。落实脱贫攻坚责任制和双“113”工作机制，实施

2020年1月13日，韶关“翁源兰花”走进大湾区（广州）暨消费扶贫迎春展销会在广州开展 （翁源县史志办 供）

"第一家长"帮扶责任制，在全省率先实施产业就业扶贫"以奖代补"政策，五年来累计发放产业和就业奖补资金7139.95万元。到2020年6月，全县6396户15750名建档立卡贫困人口全部达到脱贫标准，51个省定贫困村全部完成退出程序。2020年渔溪村产业扶贫项目入选全国"产业扶贫"优秀案例，翁源县在省产业扶贫工作推进会和省、市扶贫资产管理工作座谈会上均作经验交流发言。开展农村破旧泥砖房拆除攻坚行动，全县拆除农村破旧泥砖房14.5万间。构建起县、镇、村、组四级管控网格，农村"两违"建筑得到管控。举办全省农房管控和风貌提升（粤北）现场推进会，翁源农房管控的经验和做法得到推广。落实农村环境卫生保洁管理长效机制"十大行动"，开展农村人居环境整治攻坚行动，全县156个行政村达到干净整洁村标准，被中央农办、农业农村部授予"全国村庄清洁行动先进县"称号。深化农村产权制度改革，开展土地确权颁证工作，完成确权面积2.09万公顷，颁证6.9万户。累计整合涉农资金4.7亿元，集中财力重点保障全县乡村振兴战略实施。投入资金3000多万元，完成8个镇级党群服务中心、174个村（社区）党群服务中心建设。"村村响"应急广播建设实施，建成1个县级广播中心、8个镇级广播站、174个行政村（社区）级广播室，2231个接收终端，实现县、镇、村三级广播全覆盖。坝仔镇获"2020年全省乡村治理示范镇"称号，龙仙镇桂竹村、新江镇连心村等5个村被认定为"2020年全省乡村治理示范村"。五年累计投入造林绿化资金2亿多元，完成碳汇林造林3640公顷、中央森林抚育1.11万公顷和碳汇林抚育1.50万公顷，全县森林覆盖率73.1%。创建国家森林城市工作全面启动，林长制试点工作实施，翁源县被定为广东省林长制4个试点县之一。桉树退改工作深入推进，累计完成退改面积2933.33公顷。江尾镇被评为"广东十大绿美森林小镇"，青云村、沾坑村等4个行政村获得"国家森林乡村"称号。五年累计投入资金5亿多元完成中小河流治理338.87千米，清理河道2132千米，建成万里碧道10千米。开展24个山水林田湖草生态修复工程，建成8个县级以上自然保护地。滃江源国家湿地公园通过国家验收。推进城镇生活污水处理设施建设，8个镇级生活污水处理厂建成使用，完成省市下达的镇级全覆盖任务。开展"散乱污"企业整治和扬尘、烟花爆竹等专项整治，县城空气质量优良率99.44%。全县基本杜绝"非采"现象。实施农用地分类管理，全县农用地安全利用率98.29%。

【社会事业】"十三五"期间，翁源县用于教育、医疗、卫生等社会民生支出131亿元，年均增长15.29%，是"十二五"期间的2.5倍。新建实验小学、永翔实验学校等中小学4间，新建、扩建教学楼12栋，增加中小学学位9160个，"大班额"问题得到缓解。完成"县管校聘"改革，教育教学质量得到提升。创建"国家义务教育发展均衡县""广东教育强县"和"广东省推进教育现代化先进县"，县教育局获"2020年广东省先进集体"称号。投入资金7.79亿元，建成县人民医院新城院区、县第二人民医院等一批医疗院区。翁源县博物馆荣获国家三级博物馆称号，涂志伟美术馆被评为广东省一级民营美术馆，实现体育健身设施156个行政村全覆盖。推进促进就业创业工程，建成省级"粤菜师傅"培训基地和全市首家"南粤家政"培训基地，五年累计新增城镇就业1.23万人，实现贫困劳动力就业6120人次，城镇登记失业率控制在3%以内。五年累计发放低保资金1.5亿元、特困供养资金6900万元、残疾人两项补贴资金1亿元。全县基本医疗保险总体参保率98%以上，基本实现医保全覆盖。建成应急指挥调度系统平台，组建成立县镇村三级专职救援队伍，突发应急事件救援能力提升。"平安翁源"建设深化，扫黑除恶专项斗争成效明显，群众安全感和满意度测评连续五年排名全市前列。完成政府机构改革和铁龙设镇工作，机构职能配置更加优化。推进"数字政府"改革建设，基本建成县、镇、村三级政务服务体系，400项政务服务事项延伸至镇办理，130多项延伸至村（居）办理，打通服务群众"最后一公里"。推进"七五普法"，全县8个镇均达到省级法治镇创建标准，翁源县被评为"全国法治县（市、区）创建活动先进单位"，县司法局先后荣获"广东省人民满意公务员集体"、第六届"全国文明单位"称号。

【龙仙镇】 位于翁源县境东部，为县城所在地，属全省规划建设的中心镇之一。2020年，该镇总面积427.3平方千米，其中耕地面积5340公顷，林地面积2.8公顷。辖34个村委会，6个社区居委会，总人口14.1万人，其中城镇居民7.68万人、农业人口6.42万人。主要乡村道路铺设水泥路面。镇辖中学2所、小学9所、幼儿园1所，镇级卫生院2所。

党委书记：甘志初
镇　　长：朱启养（任至11月）
　　　　　陈志成（12月起任）
人大主席：陈志成（任至12月）
　　　　　袁榕兵（12月起任）

【翁城镇】 翁城镇地处翁源县西部，韶关市南部。2020年，翁城镇镇域总面积146平方千米，建成区面积3.85平方千米，山林面积9266.67公顷，耕地面积1353.33公顷，人均耕地面积460公顷，植被7466.67公顷，森林覆盖率67%。下辖18个村（居）委会，包括1个瑶族村委会，1个居委会，163个村民小组。户籍人口数11448户38853人，其中农业人口3.67万人，墟镇外来流动人口1万多人。蔬菜和果蔗种植面积达933.33公顷，全镇有28间蔬菜专业合作社。

2020年，农林及服务业总产值2.6亿元，农民人均年收入2.1万元，本级财政收入5140.8万元，固定资产投资4800万元。

党委书记：陈德道
镇　　长：涂清华
人大主席：李宗强

【新江镇】 位于翁源西部。全镇总面积336.57平方千米，其中耕地面积3535.4公顷，林地面积2.83万公顷，森林覆盖率74%。辖19个村委会，1个居委会，252个村小组。2020年，全镇总户数1.43万户，总人口4.87万人，其中农业人口4.67万人，瑶族人口533人。新江镇是“鱼米之乡”“水果之乡”。

全镇有中学1所、九年一贯制学校1所、中心小学1所、校区14所，幼儿园6所；有文化站1所、公共文化服务站20处、森林公园1处、体育公园1处、文体广场19个；有中心卫生院1所、门诊1所、乡村卫生站27所，敬老院1所；有供电所1座、小水电站16座；有邮政网点1个、投递点1个；有电信网点1家、服务网点5个。

2020年，新江镇完成地区生产总值26.04亿元，比上一年增长8.3%，其中，农业总产值2.83亿元，比上一年增长4.04%；工业总产值7.15亿元，增长1.7%；公共财政预算收入8053万元，增长27.44%；城乡居民人均可支配收入22374元，增长8.5%；农村居民人均收入1.75万元，增长8.9%。

党委书记：练培新

镇　　长：林武新

人大主席：何卓新

【江尾镇】 地处韶关市翁源县北部，距翁源县城12千米，总面积334平方千米。下辖24个村委会，3个居委会，272个村民小组。总人口4.86万人，其中农业人口4.02万人。耕地面积4862.47公顷，山林面积25508公顷。

江尾被称为中国九仙桃之乡、中国兰花之乡。全镇种植九仙桃面积200公顷，年产出九仙桃约5000吨，年产值1.5亿元，兰花种植企业50多家，种植户300多户，生产经营面积800公顷，年产值12亿元，产业链从兰花生产向兰花交易市场和物流领域延伸。

2020年在“139”镇街提升首批试点工作中获评“优秀”等次。

2020年，全镇实现生产总值15亿元，比上年增0.4亿元，增长2.67%；农村人均纯收入17462元，增加1434元，增长8.21%。固定资产投资1296万元。

党委书记：钟敏梅

镇　　长：朱志辉

人大主席：涂永玉

【坝仔镇】 位于翁源县东北部，距县城23千米，是中华人民共和国成立以来翁源县唯一获得“全国文明村”称号的乡镇。2020年，占地总面积384平方千米，下辖22个村委会，2个居委会及1个综合场，331个村民小组，741矿位于中洞村。全镇总人口5.41万人，林地面积3.13万公顷，耕地面积4200公顷。小(1)、小(2)型水库7座。有中学2所、小学11所、幼儿园5所。有镇卫生院1间，村卫生医疗站34间。

2020年，坝仔镇实现财政性收入1.01亿元，其中一般公共预算财政拨款收入4836.15万元，补助收入4482.33万元，政府性基金预算财政拨款收入350.12万元，税收收入349.13万元，非税收入52.16万元。城乡居民人均可支配收入1.75万元，比上年增长8.9%。

党委书记：温敏麟

党委副书记、镇长：何志勇

人大主席：张永平

【周陂镇】 位于翁源县南部，距县城21千米。辖18个村委会和2个居民委员会，总面积230平方千米，总人口4.98万人，耕地面积3300公顷，林地面积1.33万公顷。新的周陂大桥完工通车。

2020年，农林及服务业总产值47774亿元，农民人均年收入17462万元，固定资产投资1700万元。

党委书记：何新平

镇　　长：罗　媚

人大主席：黄镜光

【官渡镇】 位于翁源县西南部，东距县城龙仙32千米。2020年，全镇总面积约240平方千米，森林面积1.61万公顷，森林覆盖率是65%，下辖19个村民委员会和2个居民委员会，户籍人口5.22万人，常住人口3.78万人。

2020年，全镇实现生产总值7.1亿元，比上年增长7%，地方公共财政预算收入累计完成4505.34万元，完成固定资产投资3513万元。

党委书记：赖永兴

镇　　长：叶米昌

人大主席：曾朝志

【铁龙镇】 铁龙镇位于翁源县西部，距县城82千米，离韶关市区45千米。2020年，全镇总面积97平方千米。

2020年，农林及服务业总产值8025亿元，农民人均年收入1.75万元，固定资产投资2085万元。

党委书记、人大主席：池建人

镇长、场长：付泽生

（杨永其）

2020年翁源县经济社会发展情况表

表31

指标	单位	绝对值	比上年增长（%）
地区生产总值	亿元	107.8	6.1
第一产业增加值	亿元	28.65	9.0
第二产业增加值	亿元	24.14	12.0

续表31

指标	单位	绝对值	比上年增长（%）
第三产业增加值	亿元	55.05	2.5
规模以上工业总产值	亿元	—	—
农林牧渔业总产值	亿元	47.01	10.6
社会消费品零售总额	亿元	37.24	-7.2
外贸进口总额	万美元	13192	-18.1
外贸出口总额	万美元	8136	-29.7
地方一般公共预算收入	亿元	6.71	10.3
地方一般公共预算支出	亿元	—	—
城镇常住居民人均可支配收入	元	27663	7.8
农村常住居民人均可支配收入	元	16028	8.9

新丰县

【概况】 新丰县位于韶关市南端。2020年，辖马头镇、黄磜镇、梅坑镇、沙田镇、遥田镇、回龙镇和丰城街道。土地面积2015.2平方千米；年末户籍人口26.77万人。

2020年，新三县有耕地面积1.63万公顷，粮食播种面积0.91万公顷，粮食产量5.29万吨。林地面积16.96万公顷，森林覆盖率81.15%，活立木蓄积量0.11亿立方米。水力资源蕴藏量可供开发14.9万千瓦。

2020年，共有学校97所（其中普通高中1所，职业中学1所，初级中学9所，完全小学20所，九年一贯制民办学校1所，教学点23个，幼儿园42所，特殊教育学校0所）；在校（园）学生3.95万人〔其中：小学生1.91万人，初中生0.75万人，普通高中3.35万人，职业中学0.15万人，幼儿园（含学前班）0.79万人〕。各类医疗卫生机构192个，其中二级医院2个、疾病预防控制中心1个、妇幼保健院1个、卫生监督所1个、中心卫生院2个、乡镇卫生院7个、社区服务中心1个、个体私人诊所25间，农村卫生站150间。全县床位1042张。群众艺术馆、文化馆1座，公共图书馆1座，博物馆1座。2020年，新丰县生产总值71.78亿元，比上年增长5.6%，其中：固定资产投资增长8.1%；社会消费品零售总额24.10亿元，下降8.2%；外贸出口额22656万元，同比增长69.7%；实际利用外商直接投资1709万美元，同比增长62.8%；地方一般公共预算收入4.58亿元，同比增长8.2%；全体居民人均可支配收入23771元，同比增长7.6%；实际利用外资1709万美元，完成年度目标的219%；各项存款余额突破百亿元大关，各项贷款余额增长30.51%，存贷比74.73%，排全市第一名。

【工业】 2020年，新丰县第二产业增加值21.01亿元，比上年增长12.5%（工业增加值16.84亿元，同比增长13.3%）。出台《支持企业复工复产十条措施》等暖企惠企政策，向企业发放贷款7.5亿元，减税降费6900万元，减免租金400多万元，5月地区生产总值、规上工业增加值增速扭负为正。全年地区生产总值增长5.6%，列全市第二位；规模以上工业增加值增长14%，固定资产投资增长8.1%；均列全市第一位。52个重点项目完成投资50.57亿元，超额完成年度投资任务。工业发展态势向好。广汽测试中心近133.33公顷用地用林难题破解；海山游乐、玖钢世博等项目建成投产；广兴牧业、杰力电工、绿洲环保餐具等企业完成技改升级；标准厂房项目、佰旺高性能汽车配件等项目动工建设。

【农业】 2020年，新丰县第一产业增加值14.12亿元，比上年增长4.3%；现代农业稳中有进。成立省首个县级茶产业联盟，新丰红茶入选全国首批名特优新农产品名录。马头镇、黄磜镇分别被认定为省级"一村一品、一镇一业"蔬菜、佛手瓜专业镇。

【服务业】 2020年，新丰县第三产业增加值36.65亿元，比上年增长

1月21日，新丰县举行鲁古河水库供水及第三水厂建设工程通水仪式

2.7%。生态旅游业稳步复苏。“高山有机茶园之旅”入选全国茶乡旅游精品线路，大陂获评市“旅游名村”。云髻山酒店试业运营。全年接待旅游总人数370.93万人次，旅游总收入29.7亿元。9月28日，中国气象学会农业气象与生态气象学委员会授予新丰县“中国岭南避暑胜地”称号。

【城乡建设】 2020年，新丰江大桥动工；金园路、滨江中路、双子东、西桥建成；30条县城巷道完成改造；智慧路灯、城市亮化、道路绿化等一批工程完成建设。乡镇提升持续深化。黄礤镇、沙田镇、遥田镇、回龙镇“九项基础工程”推进。梅坑路长制“136”工作获市优秀等次。“云髻乡韵”建设成效明显，丰城高桥、紫高公路景观带成为新的“网红打卡点”。回龙镇楼下村获评全国文明村，马头镇大陂成为省文明村。城乡生产生活条件改善。高速公路出口国省道景观路完成升级改造。第三水厂建成供水，全域自然村集中供水工程完成38宗。1月21日，新丰县举行鲁古河水库供水及第三水厂建设项目通水仪式，该项目总投资1.56亿元，自2019年3月开工建设，用时近10个月，完成建设任务。9月23日，新丰江大桥动工建设。总宽度32.5米，桥梁加引道建设总长度约120米，建设总投资估算5500万元。

【社会事业】 2020年，新丰县完成农村中小学厕所新建改造等8件民生实事。教育发展更均衡，县城五小加紧建设，一中实验学校学生宿舍楼、教师发展中心主体建成，特殊教育学校动工；新增840个公办学前教育学位。县人民医院率先在全市获授“国家防治卒中中心”牌匾；全县医共体总医院和乡镇分院全面挂牌；家庭医生签约服务实现村（居）全覆盖。文体事业更繁荣，7个镇（街）文化站完成升级，工人文化宫、档案馆、方志馆完成建设；县退役军人服务中心、马头镇和梅坑镇退役军人服务站创建为省五星级示范中心（站）。对因疫情导致基本生活出现困难的家庭和个人，发放价格临时补贴156万元。80岁以上高龄津（补）贴制度覆盖全县，受益人5653人。率先在全市完成国有企业退休人员社会化管理工作。社会大局和谐稳定，开展安全生产专项整治三年行动，安全生产事故起数、经济损失分别下降8.97%、34.41%。率先在全市组建县应急救援综合队伍，“村村响”应急广播实现村（居）全覆盖。丰城派出所获评省一级派出所。县社区戒毒（康复）中心获评省示范点。新丰县新行政服务中心建成，部门审批事项加快进驻；县、镇、村三级综合政务服务中心（站）实现全覆盖；加快商事登记制度改革，企业登记1天可办成，不动产一般登记、抵押登记3天可办好，政府、社会投资项目审批分别压缩至86个、60个工作日以内；推广实施“全市通办”“网上办”“马上办”等服务模式，444个服务事项“全市通办”，1454项政务服务事项“最多跑一次”，政务服务事项网上可办率93.6%。县级政府机构改革完成，镇街机构改革推进。

【丰城街道】 位于新丰县中部，是县治所在地。2020年，总面积329.6平方千米。辖7个社区和25个行政村，户籍人口88042人，常住人口127307人。有耕地1033.8公顷，粮食播种面积1560.53公顷，粮食产量1.01万吨。林地面积1.45万公顷，森林覆盖率76%，是县林业重点地区，建有4200公顷生态公益林。

党工委书记：廖　剑
办事处主任：陈锦彬
人大工委主任：陈子筹

【马头镇】 位于新丰县境东北部。2020年，总面积529.85平方千米。辖30个行政村，3个居民社区，总人口49987人，其中农业人口46743人。耕地面积2616.2公顷，粮食播种面积1678公顷。林地面积4.57万公顷，森林覆盖率82.52%。

党委书记：陈赞写
镇　　长：潘伟程
人大主席：黄鸿海

【梅坑镇】 位于新丰县西南部。2020年，总面积310平方千米。辖20个行政村、2个居民社区，户籍总人口2.9万人。耕地面积2100公顷，粮食总播种面积1053.33公顷，粮食总产量6348吨。林地面积2.52万公顷，森林覆盖率78%。

新丰江源温泉谷项目签约

2020年9月15日，重大文旅项目新丰江源温泉谷项目签约，项目选址于梅坑镇梅东村，由荔园集团旗下子公司——新丰县荔源文化旅游开发有限公司投资，总投资约30亿元。

党委书记：陈雄章
镇　　长：郑国荣
人大主席：谭青天

【黄礤镇】 位于新丰县北部。2020年，总面积247.3平方千米。辖13个行政村和1个社区。总人口19077

人，常住人口 6322 人，农业人口 17362 人。耕地面积 1098.4 公顷，粮食播种面积 442.53 公顷，粮食产量 2947 吨。林地面积 2.2 万公顷，森林覆盖率 75%。

2020 年 5 月，黄磜镇全域旅游精品线路入选“夏季避暑到茶乡—全国茶乡旅游精品线路”；5 月，以黄磜镇 4 家茶企（新丰县茶峒高山茶专业合作社、新丰县丰盛高山茶农民专业合作社、新丰县大丰观光休闲农场、新丰县营盘高山茶农民专业合作社）为主体的“新丰红茶”，被农业农村部评为“全国名特优新农产品”；11 月，黄磜镇茶峒村岭南红叶世界建设项目入选 2020 年第六批全国森林康养基地试点建设单位名录。

党委书记：谢罗生

镇　　长：谭文增

人大主席：陈志新

【沙田镇】 位于新丰县西部。2020 年，总面积 242.5 平方千米。辖 17 个行政村、1 个居民社区。户籍人口 2.4 万人，其中农业人口 2.3 万人。耕地面积 1443.33 公顷，山地面积 1.93 万公顷。沙田镇天中村百香果品牌入选省“一村一品”项目。

党委书记：朱　君

镇　　长：陈志华

人大主席：罗志华

【遥田镇】 位于新丰县西南部。2020 年，总面积 214 平方千米。辖 19 个行政村和 1 个居民社区。总人口 38285 人，其中农村人口 30044 人。2020 年水稻种植面积 1393.4 公顷，玉米 79 公顷，花生 560.07 公顷，大豆 24 公顷，甘蔗 7.73 公顷，薯类作物 24.6 公顷，蔬菜 1191.27 公顷（含复种），各类水果 728.67 公顷。

党委书记：黄剑武

镇　　长：潘伟强

人大主席：陈文林

【回龙镇】 位于新丰县西北部。2020 年，总面积 193 平方千米。辖 17 个行政村，1 个居民社区，总人口 23059 人。全年水稻种植面积 1033.13 公顷，玉米 39.87 公顷，花生 430.73 公顷，大豆 24.73 公顷，甘蔗 24.2 公顷，薯类作物 14.2 公顷（木薯 12.53 公顷），蔬菜 989.73 公顷（含复种），各类水果 589.33 公顷。回龙中学“风俗纸浆画”获广东省艺术教育特色项目；楼下村获第六届“全国文明村镇”称号。

党委书记：徐建平

镇　　长：周文学

人大主席：许海洋

（黄文武）

2020年新丰县经济社会发展情况表

表32

指标	单位	绝对值	比上年增长（%）
地区生产总值	亿元	71.78	5.6
第一产业增加值	亿元	14.12	4.3
第二产业增加值	亿元	21.01	12.5
工业增加值	亿元	16.84	13.3
第三产业增加值	亿元	36.65	2.7
规模以上工业增加值	亿元	14.89	14.0
农林牧渔业总产值	亿元	23.12	5.2
固定资产投资	亿元	65.07	8.1
社会消费品零售总额	亿元	24.10	-8.2
外贸进口总额	万元	4228	14.8
外贸出口总额	万元	22656	69.7
实际利用外资	万美元	1709	62.8

续表32

指标	单位	绝对值	比上年增长（%）
地方财政一般公共预算收入	亿元	4.58	8.2
地方财政一般公共预算支出	亿元	27.96	-0.3
城镇居民人均可支配收入	元	29422	7.0
农村居民人均可支配收入	元	17235	10.8

乳源瑶族自治县

【概况】 乳源瑶族自治县位于韶关市西部、是广东省3个少数民族自治县之一。2020年，辖9个镇13个居民委员会，102个村民委员会，1158个小组（其中居民小组65个）。行政区划面积2299平方千米。2020年，末户籍人口23.23万人，常住人口18.73万人，其中瑶族人口2.52万人，占全县总人口的10.85%。全县人口自然增长率6.6‰。

2020年，全县总耕地面积1.47万公顷，粮食播种面积7386公顷，粮食产量4.3万吨。林地总面积19.83万公顷，森林覆盖率为78.05%，活立木总蓄积量866.18万立方米。

2020年，乳源地区生产总值比上年增长2.3%，固定资产投资增长2.7%。出台扶持企业复工复产18条政策，净增“四上”企业5家，规模以上工业增加值31.95亿元，比上年增长4.7%。农业生产保持平稳，农林牧渔业总产值14.39亿元，增长5.5%，其中：农业产值增长4%，林业产值增长5.6%，牧业产值增长10.1%，渔业产值增长2.8%。旅游业逐步恢复。

【工业】 2020年，乳源瑶族自治县第二产业增加值43.97亿元，比上年增长5.43%，乳源开发区成功创建为省级高新区，增加高新技术企业6家和研发机构4家。建成东阳光精箔三期工程、金贝源婴童用品厂、雪印酱料工厂等5家工业企业，开工建设东阳光新型宠物药制剂、曼陀罗健康产业园、胜蓝电子二期工程等5个工业项目，招商引资：签约引进万森科技等制药项目，引进天津天士力集团、浙江蓝城集团、珠海健帆集团等企业，签约项目24个，总投资105亿元。建成高新区产业创新孵化园，制造业高质量发展工作获省表彰。

【农业】 2020年，乳源瑶族自治县第一产业增加值8.65亿元，比上年增长4.58%，种植优质稻7533公顷、蔬菜5000公顷、水果3000公顷、茶叶和中草药1200公顷、高山油茶2000公顷，精致农业规模稳步扩大。大桥镇（油茶）被认定为第十批全国“一村一品”示范专业镇，新增省级“一村一品、一镇一业”专业镇村2个、市级11个。新增省级新型农业经营主体9家，全县新型农业经营主体累计734家。

【服务业】 2020年，乳源瑶族自治县第三产业增加值42.41亿元，比上年下降0.79%。旅游收入34.4亿元，旅游接待人数386.2万人次，其中接待过夜游客134.9万人次。

【城乡建设】 2020年，韶关丹霞机场航站区及工作区竣工验收，完成乳桂公路、省道248线桂头段提升改造和乳桂路口下沉式立交工程，云门寺到云门山、大桥至银山温泉等旅游公路建成通车。县城北环路、国道323线上围至沙坪段、省道258线鸭麻湖至大布段等项目正加快建设，建成“四好农村路”96.9千米。国道240线沐溪工业园至县城段、南岭旅游公路等项目前期工作有序推进。全县实现城镇新增就业1206人，失业人员再就业1008人，就业困难人员再就业147人。乳源瑶族自治县2016年至2020年，乳源建档立卡贫困户2681户6855人全部脱贫出列，有劳动能力贫困户实现人均可支配收入1.8万元。完成3条县城街道人行道改造、鹰峰路建筑外立面改造三期工程和亮化工程，2个老旧小区改造完工，1个城中村封闭式管理，特色县城更具魅力。完成4个镇镇街品质提升，桂头镇、洛阳镇等镇区面貌焕然一新。

【社会事业】 2020年，乳源瑶族自治县推进民族实验学校扩建工程、大布幼儿园和洛阳中心幼儿园、东湖小学等项目建设。推进创建11所市级卫生示范学校。提升医疗服务水平，建成2间PCR实验室，核酸检测能力日测600人以上。完成县公立医院和9个乡镇卫生院的发热门诊（诊室）规范化改造，新人民医院建设和妇幼保健院扩建项目完成主体工程。全县参加城乡居民基本养老保险7.97万人，基本医疗保险参保人数19.81万人，覆盖率100%。城镇和农村最低生活保障月标准分别提高到772元和532元。农村特困供养金标准提高到每人每月852元。乳桂公路沿线美丽乡村示范带初步建成，全部行政村实现常态化保洁和家禽圈养。20户以上村庄全部实现集中供水。

新建4间风度书房、3间粤书吧、2间稻香书斋，建成2个11人制标准社会足球场，建成1间长者饭堂和6个居家养老服务站。推进创建广东省公共文化服务体系示范区建设，实现全县“三馆一站一中心”（美术馆、公共图书馆、文化馆（站）、乡镇综合文化站、城市社区（街道）文化中心）达标率100%。新建成旅游公厕9间，新增县城公共停车位300多个，实施县城一元公交惠民政策。西京古道活化利用项目入选2020年度广东省文物古迹活化利用典型案例。完成瑶族迁移村危房改造住房363套。整治瑶族迁移村人居环境，完成21个村的村道硬底化、56个迁移点供水管道铺设、530盏路灯安装。改善瑶区交通，完成游公坑至老游溪等3条环瑶山公路建设。继续落实免除农村少数民族妇女孕产检费用和少数民族学生高中阶段学杂费及住宿费，以及资助少数民族大学生助学金等优惠政策。开展民族团结进步创建活动，县委统战部、县人武部被广东省人民政府评为省民族团结进步模范集体，1人获评省民族团结进步模范个人。获省、市表彰先进集体3个、先进个人12名。出台扶持企业复工复产18条政策，落实“六稳”“六保”工作任务，解决县域企业、个体工商户减负1500万元，帮助企业复工复产。11月，全国瑶医药学术交流会暨乳源瑶族自治县瑶医药产业发展研讨会在乳源瑶族自治县召开。

10月，乳源瑶族自治县再次被省委、省政府、省军区授予“广东省双拥模范县（市、区）”称号。

【乳城镇】 乳城镇位于乳源瑶族自治县东南部，是县政府所在地。2020年，全镇土地总面积209平方千米，其中耕地面积1710.68公顷，水田面积1640.1公顷，林地面积1.42万公顷，森林覆盖率80.5%。地势西北高、东南低，平均海拔97米，是丘陵平原地区，属中亚热带季风气候，南水河自西向东穿越境内汇入北江。乳城镇交通便利，京港澳高速公路在乳城镇境内设有1个出入口，国道G323线、省道S249线、省道S250线、县道X358线贯穿全镇。乳城镇下辖13个村委会和5个居民委员会，共218个村民小组。全镇户籍总户数23845户，常住人口10.51万人，其中农村人口4.24万人。

党委书记：吴志俭
镇　　长：兰　贤
人大专职主席：
陈荣生（任至7月）
张新芳（8月任职）

【桂头镇】 桂头镇地处乳源瑶族自治县东北部。是广东省人民政府确定268个中心镇之一。全镇总面积125平方千米，有耕地面积1966.7公顷，森林面积8000公顷，森林覆盖率64%。镇辖14个村民委员会，1个居民委员会，共93个自然村。户籍总数11231户，总人口38433人，其中农业人口34393人。镇域设有中学1间，专任教师83人，在校生1074人。设有小学10所（中心小学1所，村委小学9所），专任教师171人，在校学生2962人。建有幼儿园8间。设镇级中心卫生院1家，执业医师20人、助理医师8人、卫技人员62人，床位26张，乡村卫生站16个。

2020年，全镇国民经济生产总值11.24亿元，农村人均纯收入14425元。

党委书记：邓桂雄
镇　　长：陈大伍
人大专职主席：
黄永久（任至9月）
李卫清（9月任职）

【大桥镇】 位于乳源瑶族自治县西北部。2020年，镇域总面积384平方千米，耕地面积3.94万公顷，森林面积2.65万公顷，森林覆盖率72%。辖21个村委会，1个居委会，267个村（居）民小组，户籍总数9789户，总户籍人口44621人。镇设有中学1间，小学2间，幼儿园3间，镇级卫生院1间，村级卫生站19个。

2020年，全镇国民经济生产总值6.13亿元，农村人均纯收入10159元。

党委书记：陈文忠（任至7月）
黄祖胜（7月任职）
镇　　长：黄祖胜（任至7月）
郑小明（7月任职）
人大专职主席：
林文辉（任至5月）
谢　涛（5月任职）

【大布镇】 大布镇地处乳源瑶族自治县南部，2020年，全镇总面积220.26平方千米，其中耕地面积1928.21公顷，林地面积1.94万公顷，森林覆盖率为81%。辖村民委员会7个，居委员会1个，村民小组85个。全镇户籍总户数2973户，总人口数14106人，其中农业人口数13645人。有中学、小学各1所，镇级卫生院1间，村级卫生站7个。城镇居民人均可支配收入30188.16元。

党委书记：杨川毅
镇　　长：张润岳
人大专职主席：
侯永娣（任至5月）
赵伟胜（5月任职）

【洛阳镇】 位于乳源西南部，镇域总面积558平方千米（其中耕地面积1582.30公顷，林地面积3.12万公顷，森林覆盖率为90%）。辖12个村民委员会，1个居民委员会，有122个自然村，91个村小组（其中1个少数民族村小组）。镇有户籍总户数2894户，户籍总人口数10527人，其中农业人口9273人。镇内设有小学2所，分教点2个，镇级卫生院2间，村级卫生站12个。

党委书记：张　杰
镇　　长：马振球
人大专职主席：
盘良银（任至5月）
林永平（9月任职）

【必背镇】 必背镇地处乳源瑶族自治县北部。2020年，全镇总面积147平方千米。全镇总耕地面积695.33公顷，林地面积1.31万公顷，其中生态公益林0.51万公顷，森林覆盖率83%。辖必背、王茶、桂坑、方洞、半坑、公坑、横溪7个村委会和必背口社区1个居委会，自然村49个，村民小组56个。全镇总户数2411户，总人口8367人。其中，农业户口2251户，

2020 年洛阳镇“139”镇街整治提升成效图之二 （张家祯 摄）

人口 8087 人；瑶族 1949 户，人口 6667 人。镇内设有小学 1 间，幼儿园 1 间。镇级卫生院 1 间，村级卫生站 6 个。

2020 年，全镇国民经济生产总值 8135.42 万元，农民人均纯收入 10346 元。

党委书记：杨志坚（7 月任职）

镇　　长：赵少辉（任至 6 月）

人大专职主席：赵　章

【东坪镇】 东坪镇地处乳源西北部。2020 年，镇域面积为 359 平方千米，有耕地面积 262.6 公顷，森林覆盖率 92.9%。下辖 1 个居委、10 个村委会，80 个村民小组。共 3484 户，总人口 13254 人，其中瑶族人口 7232 人，占全镇总人口 54.56%。设小学 1 间、幼儿园 1 间，在职教师 26 人。镇级卫生院 1 间，村级卫生站 8 个，在职医师 11 人。镇级综合文化站 1 个，村级农家书屋 10 间。

党委书记：肖福城

镇　　长：赵春英

人大专职主席：郑玮如（任至 5 月）

陈顺华（8 月任职）

【游溪镇】 位于乳源的东北部。2020 年，镇域总面积 133.6 平方千米，耕地面积 874.8 公顷，林地面积 12694.5 公顷，森林覆盖率 83.83%。全镇户籍总数 3700 户，户籍人口 12955 人，其中瑶族 7102 人、占总人口 54.82%，农业人口 10345 人、占总人口 79.85%。镇域辖 11 个村委会（汉族 3 个、瑶族 8 个），1 个居委会，67 个自然村，74 个村（居）民小组。

2020 年，全镇国民经济生产总值 3.01 亿元，城乡村（居）民可支配人均收入 10827 元。

党委书记：赵伟明

人大专职主席：

黄贱胜（任至 7 月）

林文辉（7 月任职）

镇　　长：邓良辉（5 月任职）

【一六镇】 一六镇位于乳源瑶族自治县东北部。2020 年，全镇总面积 84 平方千米，其中总耕地面积 1113.33 公顷，林地面积 5855.8 公顷，森林覆盖率 65.81%。辖 7 个村委会，1 个居委会，有 63 个自然村（其中瑶族迁移自然村 30 个），95 个村民小组。镇有户籍总数 5106 户，户籍总人口 21834 人，其中农业人口 20896 人（含瑶族迁移自然村人口）。镇内设有中学 1 所，在职教职工 43 人，在校学生 373 人；中心小学 1 所，村级小学 3 所，在职教职工 80 人，在校学生 1107 人；幼儿园 4 间。镇级卫生院 1 间，村级卫生站 7 个，在职医师 23 人（包括乡村医生 8 名）、护士 14 人，设床位 8 张。

党委书记：丘振强

人大专职主席：赵明明

镇　　长：宋治华

（赵天养）

2020年乳源瑶族自治县经济社会发展情况表

表33

指标	单位	绝对值	比上年增长（%）
地区生产总值	亿元	95	2.3
第一产业增加值	亿元	8.7	4.6
第二产业增加值	亿元	44	5.4
第三产业增加值	亿元	42.4	-0.8
规模以上工业总产值	亿元	32	4.7

续表33

指标	单位	绝对值	比上年增长（%）
农林牧渔业总产值	亿元	14.4	5.5
社会消费品零售总额	亿元	22.31	-1.3
外贸进口总额	万元	22387	-8.7
外贸出口总额	万元	75350	3.1
地方一般公共预算收入	亿元	5.6	-18.3
地方一般公共预算支出	亿元	30.1	-2.6
城镇常住居民人均可支配收入	元	29698	6.3
农村常住居民人均可支配收入	元	17185	8.7

韶关新区

【概况】 韶关新区位于韶关市区西南部，代管西联镇。2020年，辖区有8个行政村和3个居委会，总面积70.25平方千米，2020年末常住人口7.91万人。2020年，实现地区生产总值65.44亿元，规模以上工业增加值17.64亿元，固定资产投资完成额84.28亿元。

2020年，新建的韶关实验学校、东岗岭太阳城小学、芙蓉第一小学建成开学，盆景山公园建成并对外开放，广东南岭干部学院、市妇幼保健新院建成投入使用。韶州中学、风度小学、市第一人民医院迁建等一批重大项目动工建设，进驻新区的市(区)级行政服务机构达21个，公共服务水平正提升。碧桂园五星级酒店、印雪酒店、丽枫酒店开业运营，客运枢纽（一期）、城投商务中心、中国移动生产调度中心、联通生产调度中心建成投入使用，金融集聚区、保利商业综合体、恒大酒店、中海投、前海人寿韶关医院等一批产业项目陆续启动实施，城市产业特色正逐渐形成。建成莞韶大厦、华科城莞韶双创装备中心、黄沙坪创新园等孵化平台，是国家创新型产业集群试点、国家高新技术产业化基地。至年底，辖区内有“四上”企业117家，其中规模以上工业企业54家。新区范围的宏大齿轮、东南轴承、韶关液压等68家企业为国家高新技术企业。华韶数谷、明德电器、萱嘉医品等一批产业项目动工建设。

【新冠肺炎疫情防控】 2020年1月28日，韶关新区新冠肺炎疫情防控领导小组成立，印发《韶关新区新型冠状病毒感染的肺炎防控及安全生产巡查工作方案》，对沐溪阳山片区258家企业和辖区62个建设工地实行网格化管理。2月27日，省科技厅在韶关新区组织开展主题为“科学防控，共克时艰”的广东“科技暖企行动”科普服务行活动，向韶关市欧莱高新材料有限公司、韶能集团韶关宏大齿轮有限公司、韶关东南轴承有限公司等10家企业捐赠防疫物资。3月12日，62处在建建筑工地实现全面复工。3月23日，52家规上工业企业复产。截至2月29日，为园区企业解决555桶84消毒液（13.88吨）、1302瓶杀菌洗手液（380毫升／瓶）、3万只口罩、1116瓶酒精喷雾（450毫升／瓶）和78支体温抢等防疫物品。3月5日，举行“善美韶关·活力新区”2020年政银企融资对接活动，73家企业和12家银行、证券、保险机构参加活动，现场签约授信总额3.6亿元。韶关新区实业集团有限公司根据《韶关市人民政府关于应对新型冠状病毒肺炎疫情支持企业复工复产的政策措施》的通知，全面落实“一免两减半”政策（对承租企业2月租金减免，3、4月租金减半）。分别为39家中小企业减免租金111.36万元，31户个体户减免租金22.8万元。全年累计组织新区企业申报应对新冠肺炎疫情工业企业贷款397万元，产业发展扶持资金贷款贴息118.56万元。

【“两区”融合改革】 2020年1月3日，韶关市人民政府批复同意《韶关新区实业集团有限公司组建方案》，由韶关新区管理委员会负责管理并履行出资人职责，依法依规对韶实集团进行监管。1月5日，韶关市人民政府批复同意同意《韶关市城市投资发展集团有限公司组建方案》。2020年7月23日，经市政府批准，黄少洲任韶关新区实业集团公司董事长、总经理。韶关新区市政综合管理中心组建成立。先后印发《中共韶关新区管理委员会党组“三重一大”事项清单（试行）》《中共韶关新区工作委员会工作制度（试行）》《中共韶关新区管理委员会党组会议议事规则（试行）》《韶关新区管委会委务会议议事规则》等工作的规章制度。

【科技创新】 2020年3月10日，韶关专用工程机械及关键零部件特色产业基地等29家产业基地被科技部火炬中心核定为2020年第一批国家火炬特色产业基地。7月3日，韶关高新区与东莞松山湖高新区签订战略合作协议。8月25日，韶关市欧莱高新材料有限公司博士后工作站挂牌。9月21日，武汉理工大学韶关研究院筹备办公室揭牌。9月22日，高新区与中国联通韶关分公司签订战略合作协议，深化数字政府、智慧园区、智慧城市、工业互联网等领域创新合作。11月19日，韶关高新区与广东省科学院产学研院共建孵化器签订合作协议。全年有广东普本纳米科技有限公司、广东新科农生物科技有限公司、韶关市超微磨机设备有限公司、韶关核力重工机械有限公司等69家企业，先后8个批次被认定为科技型中小企业。通过线上线下结合的方式开展“创新点亮新区，分享迸发活力”系列分享活动，举办“高新技术企业申报认定暨科技型企业税收服务工作培训会”“中国——芬兰高技术领域线上对接会”等10场培训会、交流会，各项活动400多人次。完成2019年度科技创新扶持奖励申报工作，下达扶持资金546.4万元。申报2020年度广东省重点领域研发计划“5G+智慧园区”项目，并通过省科技厅答辩。

【产业发展】 2020年6月12日，韶关新区管理委员会与交通银行广东省分行战略合作框架协议。交通银行广东省分行将在3年内，向韶关新区城市建设、现代产业体系建设、民生服务等领域提供总金额不少于100亿元的意向性授信额度。6月16日，印发《关于实施韶关新区领导班子和部门挂点联系重点企业的通知》，实行专人专责服务企业制度，建立企业、项目网格化跟踪服务机制，安排专人对新区范围内重点企业、项目开展“一对一”服务。10月13日，印发《韶关新区招商引资工作领导小组议事制度》，形成部门协同、流程规范的招商引资决策机制。全年完成工业投资完成14.08亿元，比上年增长114%，工业技改投资完成3.53亿元，同比增长39.2%。新签约项目21个，总投资32.64亿元，其中亿元以上项目11个。实际利用外资6144万美元，完成进度787.69%，全市排第一名。广东联通BPO项目、科艺200纸质精品包装生产线项目、华南数谷鹰硕大数据中心（一期）等11个产业项目新开工建设，广东萱嘉医品科技公司、莞韶众创（装备）中心（二期）项目等7个产业项目实现竣工，华韶数据（一期）、明德电器、广东新蓝天纺织等一批新兴产业项目加快建设。

2020年3月5日，“善美韶关·活力新区”2020年政银企融资对接活动在韶关新区举行 （韶关新区 供）

【城市配套建设】 2020年6月29日，广东南岭干部学院建成投入使用。芙蓉新城水系引水涵管工程、芙蓉山片区道路改造提升项目建成，完成韶州大道（新区段）、九龄路、芙盛路等13条（段）总长14.4千米道路和7.2千米污水管网建设，芙蓉新城污水主干管网连通成网。完成韶关大道南路面维修。韶州中学、风度小学、阳山小学改扩建、沐溪小学改扩建、新区公立幼儿园、甘棠生物医药产业园（基础设施）、高创南路（南段）等项目动工建设，综合客运枢纽（二期）、恒大商业综合体、前海人寿韶关医院、保利商业综合体完成主体结构封顶，市第一人民医院迁建项目、恒大酒店开展主体工程施工，印雪酒店、丽枫酒店开业，城市配套加快完善。圆满解决中波台征拆历史遗留问题，国道新G323线Ⅲ标道路工程剩余工程动工建设。

【社会管理】 2020年，韶关新区完成第七次全国人口普查。加强芙蓉山公园环境管控，拆除周边区域违法建筑面积1.15万平方米。推进环境综合整治，完成3处停车场、17处砂石场（堆）、5家废品收购站整治。完成梅关路项目部等17处工棚拆除，总面积1.2万平方米。2020年拆除违法建筑物86宗，面积5.4万平方米。完成“打旱打小”任务13宗，拆除面积2万平方米。实施丹霞大道中、百旺路及市场周边秩序综合整治，城市形象提升。开展打击非法改装机动车及“飙车”违法行为“百日专项整治行动”，查扣车辆3849辆。

【西联村】 位于西联镇中心。2020年，总面积6平方千米。下辖9个自然村，户籍人口2720人，户数746户，常住人口3150人。辖区内有1所中学，1所小学，2所幼儿园，1个中型农贸市场，1所卫生院。重点建设项目有保利地产、宝能公馆、碧桂园太阳城、韶州中学、广东韶关实验中学、广东韶关实验小学、前海人寿医院、市妇幼保健院等。西联安置新村安置房进行分配公开抽签共720套，新村入住率90%，入住人口2630人。

最美家庭评选 开展评选“最美家庭”活动，涌现出一批文明户典型，经过层层筛选，最终评选出西联镇“四美家庭”、西联镇“最美家庭”等先进示范户。

【芙蓉村】 位于西联镇东部，总面积约6.7平方千米。下辖5个自然村，户籍人口1830人，户数497户，常住人口1560人。辖区有1间中医诊所、1间卫生站。重点建设项目有芙蓉广场、碧桂园太阳城商业广场。芙蓉安置新村安置房分配公开抽签497套，新村入住率99.8%，入住人口约1560人。2020年，武江区委、区政府授予芙蓉村“武江区担当落实先进党支部”、芙蓉村党总支部“担当落实先进党（总）支部”等称号。

【下胡村】 位于孟洲坝电站下游。2020年，总占地面积约3.29平方千米，下辖1个自然村，户籍人口1510人，户数473户，常住人口1467人。辖区内有1所小学，1所幼儿园，1间卫生院。重点建设项目有恒大地产、保利地产、滨江商务中心、韶洲文化广场等项目。下胡安置新村基本完成新村主体建设工作。

改善农村人居环境 2020年投入1万多元修建一条长100米、宽6米的便道。投入2.7万元，完成3个垃圾站的改造。申请上级资金30多万元，重新组排水管，解决新村、老村、车头小学等用水困难问题。投入4.5万元对办公楼左侧草地进行改造，硬化地面460平方米，增设党建宣传栏50平方米。建造74平方米铁皮棚作为校车临时接送点及义诊义询点。安装健身器材6套，建设文化健身小广场。

【车头村】 位于北江河畔。2020年，总占地面积3.6平方千米，下辖3个自然村。户籍人口1635人，总户数约390户，常住人口1567人。辖区有1所小学、1所幼儿园、1间卫生院。重点建设项目有北江航道扩能升级孟州坝枢纽工程、城投大厦、广东南岭干部学院、犁石湖公园陆续建成并投入使用，市一人民医院迁建、风度小学、省档案备份中心正在建设中。车头安置新村分配公开抽签529套，新村入住率96%，入住人口1561人。2020年，车头村被广东省爱国卫生运动委员会授予“广东省卫生村”称号，被武江区精神文明建设委员会命名为“武江区文明村”。

新时代农村“庆丰收”活动 2020年9月22日，车头村委联合西联镇社区居家养老服务中心、韶关春晖社会工作服务中心在车头新村祠堂开展“五谷丰登 村民丰庆”——新时代农村“庆丰收”活动。村民们围着一起做饺子、油糍、糖角、艾糍等传统食品，邀请部分村里70岁以上的长者品尝美食，村里的舞蹈队现场表演广场舞、扭秧歌等节目。

【赤水村】 位于西联镇西南面。2020年，总面积约3.2平方千米，下辖1个自然村，户籍人口700人，总户数228户，常住人口700人。辖区有1所卫生院。重点建设项目有武广高铁站、恒大城、京珠高速、星汇休闲商业街等。赤水安置新村安置房分配公开抽签211套，新村入住率100%，入住人口700人。

传承民间艺术文化 赤水村青年于2020年10月自发出资成立由12名村民组成的赤水醒狮队，醒狮队拜当地的舞狮老艺人学习技艺，担当传承民间艺术的重任。赤水醒狮队于重阳佳节、春节在本村里表演。

【阳山村】 位于西联镇西北部。2020年，总面积约16.7平方千米，下辖8个自然村，户籍人口3456人，户数690户，常住人口3950人，流动人口1.9万人。辖区内有1所小学，7所幼儿园，2所农贸市场，2间医院。辖区内建有旭日玩具厂、五洲汽配城、韶瑞重工、铁友机械等30多家企业。

阳山村新党群服务中心建成 2020年12月25日，阳山村举行党群服务中心揭牌仪式投入使用。阳山村新党群服务中心于2019年12月奠基动工，历时约1年时间建设完成，建筑面积约2200平方米，阳山村新党群服务中心得到韶关市龙韶实业公司等7家企业、5名人士、8个村小组捐资支持建设。

【沐溪村】 位于西联镇西北部。2020年，总面积约13.3平方千米，下辖5个自然村，现有户籍人口数1596人、常住人口约1351人、流动人口3900多人，总户数535户。有1个农贸市场、1所小学、1所幼儿园、1间卫生站。辖区内有科艺创意、丹霞制药、百事得茅、核力重工等实力企业20多家。沐溪大村、细村现完成拆迁工作，沐溪七路安置工作现完成，入住率98%以上。2020年，沐溪村被广东省爱国卫生运动委员会授予“广东省卫生村”称号，被武江区精神文明建设委员会命名为“武江区文明村”。

村集体产权制度改革完成 该项工作从2019年7月启动，到2020年10月完成。

【甘棠村】 位于西联镇西面。2020年，总面积约12平方千米，下辖8个自然村，户籍人口2722人，户数770户，常住人口2938人。辖区内有1所小学，1所幼儿园，1所农贸市场，1所卫生院。甘棠工业园建设有莱雅化工、都市丽人、东盈制衣厂等项目。2020年，甘棠村被广东省爱国卫生运动委员会授予“广东省卫生村”称号。

甘棠综合市场改造提升 2020年11月，甘棠村完成对甘棠综合市场进行升级改造。改造面积约3500平方米，改造工期耗时10个月。改造后市场现有2个熟食区摊位，10个生鲜区摊位。

【碧桂园太阳城社区】 太阳城社区总规划建设面积1.07平方千米。2020年，辖区有芙蓉湾、天玺湾、蓉城花园、天钻、新城之光等多个片区。有户籍人口1300户5524人，常住人口15000人，辖区内有1所中学、2所小学、1所幼儿园、1所农贸市场，1

所医院和1所社区卫生院。碧城广场商业体、前海人寿医院、韶州中学正在建设中。碧桂园太阳城社区居委会办公场所位于芙蓉湾1街1座架空层，总面积420平方米。

【碧桂园太阳城第二社区】 位于西联镇东南面，总规划建设面积约1.6平方千米，辖区范围有花地、芷兰湾、泊林、天麓山、青云台、岭誉等片区。现有户籍人口1186户4153人，常住人口约1万人，有1所小学、2所幼儿园。碧城广场商业体、前海人寿医院、韶州中学在建设中。碧桂园太阳城第二社区居委会于2020年11月办公，办公场所位于芷兰湾3街商业街1座1楼1号，总面积649平方米。

社区文化事业蓬勃发展　成立文体活动队伍，在社区居委会的倡议下，社区居民自发成立十多支群众性文体队伍，主要有太极、广场舞、书画、歌唱、古筝等表演队。开展"文艺轻骑兵"社区服务活动，成立红色文艺轻骑兵太阳城分队，参与社区敬老扶幼、消防交通安全、文明礼仪、环保巩卫、文艺活动等义务服务活动。

【恒大社区】 位于韶关市西联芙蓉新城。2020年，辖区总规划建设面积1.39平方千米。辖区范围有恒大城一至五期等多个片区，户籍人数3066人，户数1250户。截至2020年年底，社区常住人口8000人。辖区内有芙蓉第一小学。恒大城幼儿园、恒大商业综合体、恒大酒店等大型配套在建设中。恒大社区居委会位于恒大小区一期一栋一楼，建筑面积356.3平方米。（曾善福）

2020年韶关新区经济社会发展情况表

表34

指标	单位	绝对值	比上年增长（%）
地区生产总值	亿元	65.44	0.8
第一产业增加值	亿元	0.09	-31.8
第二产业增加值	亿元	22.92	-6.2
第三产业增加值	亿元	42.43	5.3
规模以上工业总产值	亿元	66.17	-0.5
农林牧渔业总产值	亿元	—	—
社会消费品零售总额	亿元	12.92	-3.4
外贸进口总额	万元	—	—
外贸出口总额	万元	—	—
地方一般公共预算收入	亿元	3.22	37.56
地方一般公共预算支出	亿元	6.84	29
城镇常住居民人均可支配收入	元	—	—
农村常住居民人均可支配收入	元	—	—

人物

全国劳动模范

钟　韶

钟韶，男，1973 年 10 月出生，汉族，中共党员。宝武集团广东韶关钢铁有限公司能环部维检作业区调试班班长。带领班组连续 5 年获“韶钢年度十佳标杆班组”“韶钢安全‘1000’标准化示范班组”“工人先锋号”的称号；2015 年、2017 年，该班组两次获评“宝武集团安全‘1000’标准化示范班组”，2019 年获“广东五一劳动奖状”，个人在 2016 年获“全国安全管理标准化百名优秀班组长”称号，2014 年以来连续 5 年获“韶钢十佳班组长”称号。

他创新班组安全管理，建立岗位风险管控表、各类作业安全措施表、安全规范标准表、故障汇总表和应急疏散图四表一图。探索总结出双安全交底法、一票一柜法、一对一联系法、“211”创新安全工作法和“3331”安全管理模式；创新推出重点检修项目风险描述和员工风险自检动态看板，推行检修风险隐患滚动消缺。

2016 年，他领衔创建韶钢能环部第一个以一线员工为主体的钟韶蓝领创新工作室。至 2020 年，创新工作室完成创新课题 21 项。获韶钢公司级银奖 2 项，韶钢能环部自主管理成果发布一等奖 3 项、二等奖 5 项、三等奖 6 项。合理化建议和课题攻关为企业降本增效 275 万元。参与的“35 千伏——高线开关站综合自动化保护系统改造”项目获得广东韶钢松山股份有限公司科技成果一等奖；参加实施的创新成果获得实用新型专利授权 6 项；技术秘密 12 项、通过专利授权认定 3 项。岗位创新、专利成果为企业降本增效 160 万元。2016 年、2019 年 2 次获韶钢能环部电气检修工技能竞赛第三名。2017 年以来，在修旧利废方面为企业降本增效 365 万元。

作为韶钢首届班组长联谊会的会长，他组织标杆班组和安全“1000”班组的班组长走进基层班组传经送宝。他主动帮助和辅导后进班组；他的班组成韶钢基层班组长现场观摩、交流学习的实训场。他带领韶钢基层班组长助推韶钢的基层班组建设。他于 2015 年被评为“韶钢最佳员工”，2017 年获宝武“金牛奖”，2019 年获“中央企业劳动模范”称号。2020 年 11 月，钟韶被中共中央、国务院授予“全国劳动模范”称号。

付结卫

付结卫，男，1970 年 6 月出生，汉族，中共党员，广东省大宝山矿业有限公司选矿部磨浮车间首席选矿技师。

付结卫自 1999 年成为一名浮选操作工以来，一直奋战在选矿事业第一线。

2016 年，他在实现老铜选厂提质达效目标过程中，主要参与的“浮选机 + 浮选柱混合浮选”“选铜扫选流程改造”两个改造大项目，使铜回收率从 68%提升到 83%，直接为公司创造经济价值近 1000 万元。2017 年，大宝山 7000 吨铜硫选厂投产，他带领班组成员攻坚克难，使新选厂用 3 个月实现达产达标目标，创造国内同规模选厂达产达标纪录。2017 年，“付结卫劳模创新工作室”成立。2019 年，该工作室完成改造及技术研究 20 项，为公司带来的总经济效益近 2500 万元，其徒弟江峰华被评为 2019 年度广东省国资委系统优秀共产党员。2018—2019 年，他带领选矿技术团队完成 350 多项技术整改，使选厂日处理量由原来的 7000 吨 / 天提升到 10000 吨 / 天，提高 42%以上，回收率提高 2.5 个百分点，每年创造经济效益 0.8 亿元，使大宝山一举成为国内先进选厂。

2008 年，他获公司第六届“百项技能大比武”浮选探花称号；2011 获得公司“优秀员工”称号；2016 年获得“广东省五一劳动奖章”；2018 年获得“全国五一劳动奖章”；2018 年 4 次获得公司科技进步奖；2019 年“付结卫劳模创新工作室”被公司评为“优秀党员创新工作室”。2020 年 11 月，付结卫被中共中央、国务院授予“全国劳动模范”称号。

刘学华

刘学华，男，1975 年 12 月出生，汉族，中共党员，高级工程师，丽珠集团利民制药厂副总工程师。2012 年，他获“广东省劳动模范”称号，2017 年获“韶关市首期享受市政府特殊津贴人才”荣誉。

他在利民制药厂从业20年，致力于现代中药的生产关键技术和质量控制研究，以参芪扶正注射液为核心，在药材和活性炭等关键物料、生产过程控制、上市后安全性研究等方面取得关键性进展和突破，解决中药注射剂的质量稳定性、可控性和临床安全性难题，带动中药注射剂产业发展。近五年获省级科技进步一等奖1项，市级科技进步一等奖2项、三等奖1项，获4项国家发明专利授权，发表论文2篇。

他作为核心成员参与国家中医药管理局的中药标准化建设示范项目——“参芪扶正注射液标准化建设”，将道地产区山西浑源的黄芪种植和加工技术传授到陕西榆林地区，带动当地规模化、规范化种植、采收和加工，取得良好的示范作用。

他历经八年多的技术攻关，解决密封性、相容性和质量提升等技术难题，引进吸收国内外先进技术，完成生产技术转移和产业化，填补国内外中药袋装输液生产的空白。

他被聘为广东省药学会中成药专业委员会委员等职务，担任首届韶关市青年科技人才协会副会长，第九届武江区人大代表。2020年11月，刘学华被中共中央、国务院授予“全国劳动模范”称号。

潘国平

潘国平，男，汉族，1966年12月出生，中共党员，广东省乐昌市九峰镇绿峰果菜专业合作社理事长兼支部书记。

他初中毕业后回乡，先后参加多个函授班拿到中专文凭，取得高级农技师职称，在多种报刊发表文章20多篇，并在中国农村发展论坛上获得“三农研究创新奖”。

他于2005年牵头成立九峰镇绿峰果菜专业合作社并担任理事长，把零资产的合作社发展到现在拥有净资产1000多万元，年销售额达到1360万元，从100个社员发展到现在600多户社员的合作社，辐射带动全镇2000户农户从事水果产业发展。并创新柰李套袋技术，辐射带动周边乡镇和九峰果农的2000公顷黄金柰李实现增收上亿元。他参与精准扶贫工作，合作社与省定贫困村上廊村签订结对帮扶协议，对贫困户实施精准培训，教会贫困户进行果树修剪、土壤改良、病虫害防治技术。2019年，该合作社累计投入10多万元对贫困户进行帮扶，带领他们一起致富。2019年，成立劳模创新工作室。

他先后获韶关市科技进步二等奖、韶关市优秀共产党员、韶关市创业带动就业先进个人、韶关市农村青年创业示范户，广东省百佳职业农民、广东省十大优秀书香之家、广东“农电奖”电商致富带头人、广东省劳动模范，全国农业劳动模范、全国五好家庭等荣誉。2020年11月，潘国平被中共中央、国务院授予“全国劳动模范”称号。

全国先进工作者

李慧文

李慧文，男，1960年12月20日出生，1976年7月参加工作，中共党员，大学文化，内科执业医师、输血技术副主任技师。韶关市中心血站献血服务科副主任技师。

40多年来，他奋战在采供血工作第一线。2015年3月以后，6次获得省部级奖。1995年在北京人民大会堂获全国无偿志愿献血金杯奖；1996年被中共广东省卫生厅党委授予优秀共产党员称号；2000年以来，先后10次获全国无偿献血奉献奖金奖、3次获全国无偿献血促进奖，2次获全国无偿献血志愿服务终身荣誉奖；2017年12月被中央组织部确定为全国党员电视教育楷模；2018年3月被中央文明委授予“中国好人”称号。

1989年3月至今，李慧文主要负责无偿献血者招募和对献血者体检监护等工作，完成对献血者体检监护10余万人次，完成本职和领导临时交代的工作。其间，带头参加无偿献血及其志愿服务工作，其个人累计无偿加班加点工作27586.35小时，相当于在本职岗位上无偿工作14年；个人实际无偿献血403次，实际献血量16万多毫升，所献血液参与挽救一千多名伤病员的生命。新冠肺炎疫情发生以来，他先后2次为抢救病人捐献机采血小板（2020年1月29日、2020年2月12日）；2020年2月15日为抢救危重新冠肺炎患者，他主动带队采集提取新冠肺炎病人血浆，完成任务。他撰写、出版相关书籍20多卷册，发表学术论文70余篇、新闻宣传报道类文章300多篇，约250万字；他牵头申办全国性研讨及交流会、培训班20余次，应邀到全国各地讲课200余场次，培训相关工作人员及志愿者1万多人次；参与成立韶关市无偿献血促进会和全国及韶关市无偿献血志愿者团队等工作，引入社会力量参与无偿献血的宣传招募和服务，引领全国的无偿献血志愿服务工作，创建无偿献血宣教招募和服务新模式，得到社会各界的普遍认可。

获省级以上科技奖的人才

吕根品

吕根品，男，1968年5月生，祖籍浙江东阳，中共党员，高级工程师，1990年毕业于北京航空航天大学应用化学专业，现任职于广东东阳光科技控股股份有限公司，担任总工程师，享受国务院特殊津贴专家。他对制约电容器的关键性的技术问题进行攻关研究。近年来，他先后承担国家科技创新、省技术创新、技术改造、产学研等项目10余项，并获中国专利优秀奖1项、省科学技术进步奖二等奖1项，授权专利数十件，在核心期刊发表学术论文5篇。

滕世国

滕世国，男，1975年7月出生，浙江温州人，本科学历，高级工程师，毕业于山东科技大学信息与电气工程学院电气技术专业，2002年到乳源东阳光机械有限公司工作；现任设计室电气副主任，主要从事电子腐蚀设备、化成设备和智能家用电器的研发。他持省级科技项目1项，制定国家标准 1 项 (GB/T 23131-2019)，并先后获得广东省科技进步二等奖 2 项，广东省优秀科技成果 1 项，广东省机械工业科学技术奖一等奖 2 项、三等奖 1 项，韶关市科技进步一等奖 3 项、二等奖 2 项、三等奖 1 项；发表学术论文 9 篇，专利获得 116 项；2017 年获得韶关市政府特殊人才津贴，2019 年获得韶关市第二届“韶关工匠”荣誉称号。

吴 强

吴强，男，1969 年 1 月生，湖南长沙人，中共党员，医学博士，主任医师，硕士研究生导师，1991 年本科毕业于衡阳医学院，2006 年博士毕业于中南大学湘雅医学院外科学专业，2004 年通过广东省高级职称评审聘为主任医师；1993 年起在粤北人民医院工作，现任粤北人民医院副院长、党委委员，被评为韶关市“第六届十大杰出青年”，韶关市第七期专业技术拔尖人才，韶关市首届、第二届享受政府津贴人才，韶关名医。他主持省、市级科研课题 10 余项，第一完成人获韶关市科技进步一等奖 1 项、二等奖 6 项，指导或主要参与省、市科技进步奖多项，发表 SCI、核心期刊等科研论文 50 余篇。作为骨科学科带头人坚持在临床一线，每周二上午专家门诊，定期参加骨科各亚专科交班、查房、疑难病例讨论等临床工作，不定期主刀或指导下级医生开展骨科重大手术和新技术。

2020年广东省劳动模范

罗顶双

罗顶双，男，汉族，中共党员，1960 年 9 月生，韶关市林场职工。自进入林场工作以来，他参加林场的生产劳动和林场管护工作，被林场干部职工尊称为“营造林工作的行家里手”和“森林资源的守护者”。2019 年，被市直机关工委授予优秀共产党员称号。

罗顶双是一位有 43 年党龄的老党员。长期从事营造林一线生产工作，在造林工作中，总是把地势平坦较容易施工的主动让给他人，把地势陡峭施工难度大的工作留给自己。对种植树苗不规范的批评指正，传授示范，做好传帮，在造林技术和安全生产工作中起到“标兵”作用；山上外业工作路途遥远，他会提醒其他同事带足食品和饮用水，每次都能够把参加外业的同事安全地带回家。

罗顶双铁面无私地保护林场。2008 年 7 月和 10 月，在巡山护林过程中，发现在偏远的山上有 20 多立方米的林木被不法分子偷砍倒下，报警取证后，带头组织职工把林木锯好、集中后，一根根背下山并验收。2010 年冬天的一个深夜，他发现华溪村有不法分子在 105 国道边六角水山上盗伐林木，当场向领导汇报后，第一时间组织人员进行伏击，与不法分子斗争，抓获不法分子 2 人、作案车辆 1 台、作案工具一批。2012 年 6 月晚上 7 时，他发现有不法分子在“孩儿座席”(地名) 的山上盗伐林木，他会同派出所干警进行包抄伏击，盗伐人员中有他的亲朋，他不留情面，制止不法分子，抓获 2 人、作案拖拉机 1 辆、缴获木材 3 立方米，把不法分子移交森林派出所处理。2020 年 12 月，罗顶双被中共广东省委、广东省人民政府评为 2020 年广东省劳动模范称号。

张本忠

张本忠，男，回族，中共党员，1987 年 9 月生，大学本科学历，韶关市技师学院教师。他爱岗敬业，甘于奉献，立德树人，为人师表，2018 年被授予“南粤优秀教师”称号，2019 年被授予“全国优秀教师”称号。作为学院逆向工程工作室的负责人，带领团队转化成果，培养大批高技能人才。2019 年通过韶关市总工会评审，该工作室晋升为“韶关市职工(劳模、工匠)创新工作室”。所培养的师生中，有 5 人获得“广东省技术能手”称号，3 人获得省级以上技能竞赛第一名。作为技能竞赛选手，在“广东省 CAD 机械设计职业技能竞赛”中两次获一等奖，并获“广东省技术能手”“韶关市技术能手称号”等称号。近五年，他作为主教练带领师生参加技能大赛取得优异成绩，被评为“韶关市职业技能竞赛优秀教练”“广东省技能竞赛优秀指导老师”。在 2016 年第 44 世界技能大赛全国选拔赛中，所指导的参赛选手进入省集训队；在 2018 年第 45 届世界技能大赛全国选拔赛中，所指导选手入选国家集训队，实现韶关市技能竞赛选手进入国家集训队零的突破。2019 年，所指导选手在 2019 喀山未来技能大赛全国选拔赛中获得第一名，并代表国家参加在俄罗斯喀山举办的 2019 喀山未来技能大赛，获得逆向工程项目金牌，是中国代表队在 2019 喀山未来技能大赛的唯一一块金牌。2020 年 12 月，张本忠被中共广东省委、广东省人民政府评为 2020 年“广东省劳动模范”称号。

曾令平

曾令平，中共党员，1966 年 10 月出生，大学本科学历，小学副高级职称，中国教育学会课题研究“先进个人”、韶关市名校长、韶关市和南雄市“优秀教师”。

2011 年 8 月，曾令平担任南雄市八一路学区的校长。针对八一路学区师资薄弱、设备设施落后的实际情况，他助推八一路小学的转型，并整体搬迁到新的南雄市第一小学。

2013 年 9 月 1 日，南雄市第一小学投入使用。作为南雄市第一小学的校长，他培育时代新人。打造校园“三红文化”，实施班级“三红”小组精细化管理，开展育人活动，推进教科研改革，落实教学常规精细化管理，求真务实，真抓实干，提高教育教学质量，推动学校跨越式发展。

南雄市第一小学从前身八一路小学的生源不济转变为如今深受社会认同、家长欢迎，争相前往就读的学校，缓解城区学位紧张，让更多的孩子享受到更加公平优质的教育。通过国家、省、市的督导考核验收，该校被评为“全国优秀家长学校”，成为具有示范性的城区特色品牌学校，是南雄义务教育阶段学校的一张名片，助推南雄教育高质量的发展。2020 年 12 月，曾令平被中共广东省委 广东省人民政府评为2020年广东省劳动模范称号。

杨　斌

杨斌，男，1975年1月出生，群众，现任广东电网有限责任公司韶关城区供电局配电运维班班长（兼主任助理）。

杨斌带领班组人员24小时负责韶关市区30万客户的故障急修工作。从事电力工作26年来，奋斗在配电网故障抢修第一线。在洪灾、冰灾等历次抗灾抢修复电等急难险重任务及疫情防控特级保供电任务中带头冲在最前线。

主动服务韶关芙蓉新区、产业园区等企业客户，最大限度减少停电对企业的影响；为故障停电客户安全快速恢复供电，保障韶关市区可靠供电。

杨斌先后获广东电网公司抗冰救灾抢修复电先进工作者、“优质服务年”先进个人、迎峰度夏暨国庆60周年庆典保供电先进个人、安全生产先进个人、优秀班组长、广州亚运会和亚残运会保供电先进个人等荣誉。在他的带领下，原急修班获中国南方电网公司通报表扬。2020年12月，杨斌被中共广东省委、广东省人民政府评为2020年广东省劳动模范称号。

郑贱林

郑贱林，男，中共党员，1974年8月出生，大专学历，深圳市中金岭南有色金属股份有限公司韶关冶炼厂熔炼车间副主任、鼓风党支部书记，密闭鼓风炉冶炼高级技师。

连续多年被工厂评为先进工作者、十佳青年、十佳员工，2018年度获中金岭南公司优秀员工称号。在排除鼓风炉急难故障，提高鼓风炉生产周期及产量，开展鼓风炉烟气治理技术攻关实现达标超低排放，鼓风炉三槽天然气改鼓风炉低热值煤气攻关实现节能降耗等工作中业绩突出。

参与的《鼓风炉电热前床黄渣有价金属综合回收》项目获2015年韶冶厂合理化建议一等奖；《有效提高ISP焦炭利用率生产实践》项目获2016年中金岭南公司技术革新二等奖；《优化电热前床岗位管理，降本增效》项目获2017年中金岭南公司技术革新二等奖；《创新鼓风炉大修方案有效确保大修进度》项目获2018年中金岭南公司技术革新二等奖；《降低鼓风炉三槽天然气使用量的攻关与实践》项目获2019年韶冶厂技术革新二等奖。2020年12月，郑贱林被中共广东省委、广东省人民政府评为2020年广东省劳动模范称号。

赖运美

赖运美，注册安全工程师，中共党员，现任深圳市中金岭南有色金属股份有限公司凡口铅锌矿采矿车间主任。

参加工作28年来，工作在采矿生产一线，制定和完善《凡口铅锌矿安全生产责任追究和处罚制度》等86项管理制度和规定，组织和参与研发《井下大型溜破系统高压干湿雾化除尘循环风利用技术研究与运用》《地压监测平台》《电子雷管网络爆破》《凡口铅锌矿IMS地压微震监测系统》等科研成果，其中《井下大型溜破系统高压干湿雾化除尘循环风利用技术研究与运用》项目获中国有色金属工业科学技术一等奖。

推行全员安全管理，落实《凡口铅锌矿安全隐患举报奖励管理规定》，每年收到安全隐患举报上百起，形成人人参与安全管理的良好氛围。提高矿山本质安全水平，从设备、工艺、生产组织着手，推行“机械化换人、自动化减人”项目实施，机械化采矿比例超80%。推行机械化采矿后，凡口矿井下采矿风钻作业班组从60多个减少到40个，且主要从事安全风险较小的采场准备工作。

组织实施“电子雷管网络爆破”“掘进台车使用”“天井钻机使用”“悬臂式掘进机的使用及推广”等技术攻关，对矿山实现智能化管理奠定基础。2019年采出矿量143.91万吨，实现利润总额8.23亿元。他于2012年、2016年两次被评为“凡口铅锌矿十佳文明职工标兵”。2020年12月，赖运美被中共广东省委、广东省人民政府评为2020年广东省劳动模范称号。

刘运雄

刘运雄，男，1971年7月出生，汉族，广东南雄人，自1990年7月参加工作，中专学历，韶关市粤运汽车运输有限公司始兴汽车站驾驶员。

刘运雄主动投身团队，和同事们交流安全驾驶和车辆养护经验，互相学习、达到互相提高的目的。在闲暇时间，他进行安全学习，并对一些安全事故案例对比总结，吸取教训，宣传汽车安全知识给身边的人。他根据自己多年的行车经验，按道路、季节、车况、任务等情况，对行车任务的危险点进行预控分析，设计最优的安全行车路径，做到坦然行车。他自觉遵守各项规章制度，行车时遇到横冲直撞的行人或车辆，总是宁停三分、不抢一秒，并时常提醒他们注意安全，从来没有发生过安全事故。他作为长途班线的司机，在每年的春运期间，总是服从上级领导的安排，并在春运期间保持良好的心态，同时鼓励、安慰其他不能在春节期间与家人团聚的司机。他先后获2004年深圳市优秀驾驶员、韶关粤运2018年“优秀驾驶员”、2019年粤运交通“最美客车司机”入围奖、2019年度“南粤好司机”等荣誉。2020年12月，刘运雄被中共广东省委、广东省人民政府授予2020年广东省劳动模范称号。

朱建华

朱建华，男，汉族，广东始兴县人，1979年11月出生，群众，中专学历，自动化专业毕业。2015年入职始兴县标准微型马达有限公司，担任设备开发工程师，他开展公司设备的升级改善研发工作。

他从事设备工作20余年，攻克在加工产品时焊接效果达不到产品要求的难题，使设备成本得以降低30%，效率提高20%，产品可靠性提高。五年来，培训技术人员100多名。

作为设备团队主要技术骨干，2015年入职至2017年期间，参与部门各类设备改良、研发，先后为公司获得13个设备类实用新型专利证书，为公司至少每年节约300万元的生产成本。2017年3月至12月，他参与公司“生产线自动化技术升级改造”项目(项目金额7000万元)，获得广东省技术改造投资项目备案证，通过这个项目，政府对公司财政奖补资金140.6万元。2018年至今主要参与公司自动化设备引进、调试、生产效率、生产质量工作，提出意见建议。两年来，确保设备正常运作，提高设备的运作效率，减少操作人员，消除人为操作失误的影响，使产品质量和生产效率更加稳定。2020年12月，朱建华被中共广东省委、广东省人民政府授予2020年广东省劳动模范称号。

杨青坡

杨青坡，男，汉族，1976年8月生，群众，大学本科毕业，广东自由能科技股份有限公司董事长兼总经理。2019年11月28日，获“第五届广东省优秀中国特色社会主义事业建设者”称号。

1997年，他开始进入气雾剂领域。2010年，在广州创办成立自由能公司，经历由轻资本运营、实体经营、规模化发展到资本市场运作的蜕变。在南雄5年多的时间里，他制定和组织实施企业战略规划、对重大发展项目进行科学决策，提出发展“环保友好型”气雾剂产业的构想，引领自由能实现重大突破。在他的科学决策和引领下，自由能实现规模化、产业化，拥有控股子公司5家，初步形成集环保气雾剂产品和服务为一体的气雾剂全产业链制造中心。带动周边产业的发展和经济结构的优化，直接提供就业岗位160多个、纳税幅度逐年递增。

2017年11月，自由能公司在“新三板”挂牌。借助“实体+资本+平台”的创新模式，参与政府产业共建项目、探索投融资创新模式、营造“共生共赢”机制。

他给员工提供教育培训、住房保障等福利。在担任南雄市政协委员、韶关市政协委员期间，履行政协委员的责任和义务，结合企业的实际情况和市场调研，就地区经济发展、产业结构调整出谋献策，并形成提案。承担和履行社会责任，依托自由能党支部分别通过韶关市红十字会、韶关市河北商会、南雄市民政局、南雄慈善总会向社会定向捐款捐物。定点帮扶困难群众、关爱孤寡老人、疫情期间向防疫一线及社会无偿捐赠自主研发的酒精消毒剂产品等。2020年12月，杨青坡被中共广东省委、广东省人民政府授予2020年广东省劳动模范称号。

林契养

林契养，男，1958年月生，中共党员，1993—2005年，连续13年被乳源瑶族自治县委评为优秀共产党员；2001年6月被韶关市委评为优秀党员；2002年6月被广东省委评为优秀农村基层党员干部；2011年被评为韶关市敬业奉献好人；2011年被乳源瑶族自治县委评为优秀共产党员；2018年12月被乳源瑶族自治县委、县政府授予“感动乳源十大杰出人物”称号。

2000年，他带领专业队开山炸石，为各自然村修建储水池筹集石材，解决高寒山区群众饮水难问题。

1991年，林契养争取县里的支持，解决村委的4个自然村率先用电。

林契养组织群众把大坪村委辖下13个村小组的乡村小路变成乡村公路。

林契养上任大坪村支部书记时，于1992年秋建起5间18平方米的新平房作为教室，解决校舍在6千米之外、校舍是危房的难题。于1998年解决村里所有学龄儿童的校舍。

1996年，林契养率先引进黄烟试种，当年就取得成功，1998年至2005年，大坪村的黄烟种植面积从最初的1.87公顷逐步发展到66.67公顷，产值177万多元。2016年以来，他又引领村民种植青椒、甜玉米53.33公顷。2016年精准扶贫工作进入具体实施阶段以来，大坪村委有13户57人被纳入精准扶贫户，全部贫困户实现“八有”，累计发放产业奖补金2万元，对16名在校学生发2018—2019学年的助学金4.6万元，2019年13户贫困户全部实现脱贫。

林契养落实好村委护林防火工作“第一责任人”职责，大坪村委未发生一宗森林火灾，一举扭转“年年火烧山”的局面。2019年7月，市委、市政府部署拆除农村破旧泥砖房工作以来，大坪村的破旧泥砖房拆除工作刚开始推进较慢。林契养带领村干部率先拆除自家泥砖房，反复联系村民做思想工作，利用中秋、国庆等村民集中回村契机逐户上门做工作，终于打开破旧泥砖房拆除工作新局面，拆除破旧泥砖房756间17908平方米，其中，峨眉山、塘洞新屋等4个村小组有1万多平方米纳入拆旧复垦项目，为今后农业扩大生产，农民增收拓展新的发展空间。2020年12月，林契养被中共广东省委、广东省人民政府评为2020年广东省劳动模范称号。

黄秀芬

黄秀芬，女，汉族，1981年7月生，广东曲江人，广东亚北农副产品有限公司董事长。2013年1月，她成立广东亚北农副产品有限公司。

作为曲江区唯一一家农产品冷链物流企业，通过整合曲江生态农业资源，增强农产品在市场中的竞争力和附加值。企业总资产从创业初期的20万元跃升到近2亿元，近三年的营业收入、上缴税收每年都以30%以上的速度增长，直接带动社会就业200多人，直接带动农户2300多户，带动农户平均年经济收入9000元，间接拉动上下游产业经济发展5000多万元，公司连续6年无发生重大安全生产事故。在她的领导下，亚北公司获得“广东省重点农业龙头企业”“广东省连续三年守合同重信用企业”“广东省信息进村入户县级运营中心”等称号。公司新投资建设的“亚北农副产品冷链仓储物流中心”，是广东省现代农业曲江区食用菌产业园的核心区，也是粤港澳大湾区“菜篮子”韶关配送中心的实施主体。

在2020年抗击新冠肺炎疫情中，黄秀芬为市场提供肉制品、食品、农产品供给，无偿向社会捐赠一次性医用口罩、消毒水、防病毒中药包、喷雾消毒机等抗疫物资，向湖北捐赠价值35万元的食品。

2019年，黄秀芬成为韶关市曲江区政协委员。2020年12月，黄秀芬被中共广东省委、广东省人民政府授予2020年广东省劳动模范称号。

广东省先进工作者

林 兵

林兵，男，1977年3月出生，汉族，中共党员，大学本科学历，四级高级法官，历任广东省韶关市中级人民法院刑一庭书记员、助理审判员、审判员、副庭长、庭长及研究室主任。2001年3月进入法院工作。2019年获广东省五一劳动奖章，多次获评“办案成绩突出个人”，2005年、2010年、2018年分别立个人三等功。2019年立个人一等功。

他办案数量常年名列前茅，多次获得嘉奖。主动承办大案要案，审理“2·15”新丰练溪托养中心虐待被托养人员案，被告人均认罪服判，受到上级领导赞赏；依法审理庞某某等15人黑社会性质组织犯罪案，取得良好效果。

他审理的李某女儿被杀害一案中，李某家中生活困难，被告人无力赔偿，他主动联系有关部门，多次奔波，最终为李某争取最大程度的救助，获其高度评价。又如刘某被故意伤害一案中，一审时被告人并未赔偿刘某经济损失，二审时他多次向被告人释明法律，劝说被告人主动赔偿刘某经济损失，争取从轻处罚，最终刘某的经济损失得到赔偿。2020年12月，林兵被中共广东省委、广东省人民政府授予2020年广东省先进工作者称号。

广东省“五一”劳动奖章获得者

沈智姹

沈智姹，女，1974年8月出生，广东乐昌人，主管护师职称，粤北第二人民医院肺科护士长。

粤北第二人民医院作为韶关市唯一的新冠肺炎省级定点收治医院，由院肺科及抽调医护人员组成的医疗团队，承担集中救治全市确诊患者的任务。沈智姹作为肺科护士长是第一个投入救助的战士。作为一名经历过抗击禽流感、H7N9、非典型肺炎等流行病救助的护士，面对突发疫情，她毫不畏惧。在随后的工作中，她总结出护理患者的经验，对科室护理人员做好传、帮、带。

在她的带领下，粤北第二人民医院肺科全体护士主动参加疫情救助。她从抗疫开始一直住在科室的值班室，随时应对病情突发状况。她加强对科室医护人员物品准备、穿脱隔离衣防护服、手部卫生、戴口罩、标准预防、医疗垃圾处置、预检分诊、环境物品及时消毒等内容的全员培训，在科室设立防护穿脱专职人员，确保医务人员零感染。她从第一名病人入院起就建立医患家属的微信群，每天关注患者基本生活情况和医疗治疗情况，与患者及家属密切沟通。在除夕夜，她为患者送上饺子。

她在抗击疫情的关键时刻，主动向党组织递交《入党申请书》。2020年3月，她被广东省总工会授予广东省“五一”劳动奖章。

2020年广东省爱国拥军模范

梁祖超

梁祖超，男，汉族，中共党员，1962年2月生，韶关市退役军人事务局党组书记、局长。自退役军人事务局成立以来，他深入开展双拥模范城（县）创建工作，高标准完成全国和省双拥模范城考评。推动形成市、县、镇三级双拥工作体系，牵头成立“韶关市爱国拥军促进会”，引导退役军人强化自我管理、自我服务。推动完成已纳入解困范围的企业军转干部解困生活补助提标工作，落实自主择业军转干部住房改革补贴，得到省退役军人事务厅表扬。帮助部队协调解决20多处军事用地的征地及权属问题。协助解决部队官兵的“三后”问题，力促市军转干部就业安置实现接收单位、安置对象和所在部队“三满意”，安置质量稳居全省前列。开展军地两用人才培训班，开展元旦春节、“八一”期间的拥军优属慰问活动。联合驻韶7家国有银行签订“拥军优抚合作协议”，为退役军人提供优先、优质、优惠的金融服务。将悬挂光荣牌与走访慰问、宣传政策、情感交流结合起来，市光荣牌悬挂率位于全省前列。协调韶关军分区、邮储银行韶关分行，筹集资金14万余元，为“一家三代齐当兵、一门双英烈”的军烈属何观生老人解决危房改造资金。在英烈法实施两周年、中国人民解放军48军剿匪胜利70周年之际，指导曲江区退役军人事务局完成19座零散烈士墓的迁移工作，此举被退役军人事务部官网报道。2020年10月，梁祖超被中共广东省委、广东省人民政府、广东省军区授予“广东省爱国拥军模范”称号。

朱俊英

朱俊英，女，汉族，中共党员，1968年9月生，韶关市教育局职业与成人教育科科长。朱俊英自在韶关市教育局工作以来，高度重视双拥工作，将国防教育融入学校教育教学中，做好国防教育课程开设的保障工作，开展军民共建文明学校活动，提高学校教师、学生和家长拥军意识和国防观念。

朱俊英始终坚持依法依规对符合条件的现役军人子女落实教育优待政策，她在军人子女入学、转学、升学问题，军人家属工作问题，教师、学生当兵问题上，尽职尽责疏通好军人子女入学渠道，努力为军人解决后顾之忧。

引导职业院校面向退役军人开展技能培训工作，2019年全市中职学校共培训退役士兵519人。在疫情期间，朱俊英要求学校做好征兵宣传工作，通过线上教育等各种形式向符合条件的学生开展兵役登记、征兵宣传，引导有意向的学生携笔从戎。她要求学校强化征兵工作的使命担当，针对性地开展工作，推进征兵工作有效落实。2020年10月，朱俊英被中共广东省委、广东省人民政府、广东省军区授予“广东省爱国拥军模范”称号。

汤焕樑

汤焕樑，男，汉族，中共党员，1982年12月生，韶关市财政局社会保障科副科长。汤焕樑抓好财政资金支出、规范支出管理、推进双拥工作重点项目支出等工作。加强对双拥法规、政策的学习，强化国防安全意识，不断增强做好双拥共建工作的自觉性、主动性。他虽然没有当过兵，但是始终将自身当作一名“编外”战斗员，将拥军工作当作事业来干。充分学习掌握各项拥军优抚政策和资金文件，优抚抚恤补助经费、优抚对象节日慰问金、边疆进藏入退伍士兵和在校大学生入退伍补贴、退伍军人生活困难补助、退役军人培训经费等，做到资金安排心中有数。配合市退役军人事务局等部门，对驻地部队和优抚对象开展走访慰问活动，密切军民关系。汤焕樑作为一名财政系统的党员干部，落实双拥工作各项资金预算安排、及时下达财政资金，牢固树立“大国防、大双拥”的观念，探索新形势下做好双拥工作的新办法、新途径，提高双拥工作的业务水平。2020年10月，汤焕樑被中共广东省委、广东省人民政府、广东省军区授予“广东省爱国拥军模范”称号。

2020年广东省拥政爱民模范

姜 武

姜武，男，汉族，中共党员，1979年6月生，中国人民解放军某部队政治工作部副主任。他通过走访地方党政机关、参加地方仪式活动、举办军营开放活动等形式，营造维护团结、促进和谐、军民情深的浓厚氛围。定期带领或组织人员走访驻地村委、派出所、市公安局等相关政府职能部门，利用“八一”和春节慰问时机加强与地方沟通交流，两年来先后与22家地方政府部门、学校企事业单位进行20多次沟通交流。利用春节和国家扶贫日等时机，走访慰问营区周边困难群众，送去米、油和鸡蛋等生活必需品，把部队大家庭的温暖传递到地方。

响应驻地文明村镇建设，累计组织200多人次官兵走上街头，清理垃圾、清扫街道、植树绿化，参加公益活动，组织官兵无偿献血71470毫升，受到驻地政府和群众的赞扬。参与制定2019年精准扶贫工作项目计划表，建立南雄市水口镇、仁化县城口镇城群村、仁化县丹霞街道高联村3个扶贫帮扶点共5个扶贫项目。组织发动官兵参加韶关市、曲江区全国双拥模范城（县）争创活动。作为非战争军事行动牵头负责人，梳理完善抗洪抢险、森林火灾扑救、地质灾害抢险救灾等预案，先后组织20余次相关演练。2019年1月，组织官兵成功扑灭武江区江湾镇瑶族村山火，为驻地政府和群众应对自然灾害提供坚强后盾。利用国防教育日、建军节等时机，深入开展国防教育，不断强化群众国防观念，牵头或参与组织10余次军营开放活动。2018年以来，连续两年协调韶关市共青团委组织留守贫困少年儿童200人、志愿者30人、教师20人开展“我的中国梦·青春七彩梦”夏令营活动，并为留守儿童发放书包、图书等学习用品。先后协助市双拥办、市团委组织“壮美青春·军营有约”“幸福双拥·缘定韶关”军地青年联谊活动，为军地青年交友交流搭建平台。协调部队为驻地大塘小学、执信小学捐赠价值7万余元的电脑、打印机、书籍等教辅物资。先后协调组织80余名优秀干部骨干为驻地学校举办3期学生军训，累计受训学生近5200人。开展“4·15”全民国家安全教育日活动，为营区周边居民发放国防教育宣传册500余册、国防宣传单600余份，并推送国防教育短信，普及《中华人民共和国国家安全法》《中华人民共和国军事设施保护法》等法规。2020年10月，姜武被中共广东省委、广东省人民政府、广东省军区授予“广东省拥政爱民模范”称号。

附 录

法规文献摘选

韶关市文明行为促进条例

（2020年6月12日韶关市第十四届人民代表大会常务委员会第三十五次会议通过 2020年7月29日广东省第十三届人民代表大会常务委员会第二十二次会议批准）

第一章 总则

第一条 为了弘扬和践行社会主义核心价值观，引导和促进公民行为文明，提高公民文明素质，促进社会进步，建设善美韶关，根据有关法律法规，结合本市实际，制定本条例。

第二条 本市行政区域内的文明行为促进及相关工作，适用本条例。

第三条 本条例所称的文明行为，是指遵守宪法和法律法规，践行社会主义核心价值观，符合社会主义道德要求，遵循公序良俗，引领社会风尚和文明进步的言行举止。

第四条 文明行为促进工作应当坚持党的领导、政府主导、社会参与、统筹推进、倡导为主的原则。

第五条 市、县（市、区）精神文明建设委员会统一领导本区域内的文明行为促进工作，指导建立健全文明行为促进工作长效机制，营造共建共治共享的社会治理新格局。

市、县（市、区）精神文明建设工作机构具体负责本行政区域内文明行为促进工作的规划实施、指导协调、监督检查以及宣传教育。

第六条 市、县（市、区）人民政府应当建立文明行为记录制度，将文明行为促进工作纳入国民经济和社会发展规划，并在公共财政预算中统筹安排专项资金，保障文明行为促进工作的正常开展。

镇（乡）人民政府、街道办事处应当指导村民委员会、居民委员会、小区业主委员会制定文明行为公约，并在职责范围内做好文明行为促进工作。

村民委员会、居民委员会应当将文明行为规范纳入村规民约、居民公约，协助镇（乡）人民政府、街道办事处推进文明行为促进工作，加强对文明行为的宣传和引导。

第七条 市、县（市、区）公安、城市管理、综合执法、教育、文化、旅游、交通运输、卫生健康、财政等有关行政主管部门应当按照各自职责分工，做好本行政区域的文明行为促进工作。

负有执法职责的行政主管部门应当将文明行为纳入岗位工作规范，文明执法，依法对不文明行为进行监督管理。

第八条 文明行为促进是全社会的共同责任。任何组织或者个人应当结合自身实际，积极参与文明行为促进工作。

第二章 文明行为规范

第九条 市、县（市、区）行政机关和其他国家机关应当完善政务服务办事流程，简化办事程序，合理设置现场办理窗口，推广网上预约、网上办理等便民高效政务服务方式。

第十条 公共服务机构应当制定服务标准，明示办事程序，公开服务承诺，落实便民措施，提供文明优质服务。

第十一条 国家机关工作人员应当模范遵守宪法和法律法规，践行社会主义核心价值观，遵循公序良俗及其他文明行为规范，积极参与社会公德、职业道德和家庭美德建设，树立全心全意为人民服务的宗旨意识，在文明行为促进活动中发挥引领示范作用。

第十二条 公民在公共场所应当言行举止文明，自觉遵守下列文明行为规范：

（一）上下楼梯靠右侧通行，乘坐电梯先出后进；

（二）等候服务时依次排队；

（三）接打电话时轻言细语；

（四）不以语言、侮辱性动作挑衅他人；

（五）参加展览会、博览会和观看文艺演出、体育比赛等活动时，注重礼仪，用语文明，服从管理，维护场地整洁；

（六）参加健身、广场舞、演唱会等群众性文体活动时，尊重他人合法权益，做到不扰民；

（七）遇有公共突发事件时听从应急指挥；

（八）其他公共秩序文明行为。

第十三条　公民应当爱护公共环境，自觉遵守下列文明行为规范：

（一）不大声喧哗、争吵、谩骂；

（二）不采摘花草、践踏公共绿地、花圃等；

（三）不占用公共场所，不损坏公用设施，不躺卧公共座椅；

（四）不在办公楼道、电梯等公共场所内吸烟；

（五）不违规摆设摊点、占道经营；

（六）其他公共环境文明行为。

第十四条　公民应当维护公共卫生，自觉遵守下列文明行为规范：

（一）在公共场所咳嗽、打喷嚏时遮掩口鼻，患有呼吸道传染性疾病的外出时应当佩戴口罩；

（二）文明如厕，维护公共厕所的清洁卫生；

（三）遛狗时应当使用牵引绳，给犬只佩戴嘴套，主动避让行人，并即时清理其排泄物；

（四）其他公共卫生文明行为。

第十五条　公民应当自觉维护网络安全和网络秩序，文明上网，遵守下列文明行为规范：

（一）拒绝网络暴力、网络霸凌，不浏览、传播内容不健康的视听资料和信息；

（二）不得利用网络侵害他人名誉、隐私、知识产权等合法权益；

（三）不发帖谩骂、攻击他人；

（四）不造谣，不信谣，不传谣；

（五）其他网络文明行为。

第十六条　公民应当践行低碳、环保、绿色的生活方式，文明健康生活，自觉遵守下列文明行为规范：

（一）节约粮食、水、电、煤、燃油、天然气和其他公共资源；

（二）文明用餐，不酗酒不劝酒，使用公筷公勺，采用分餐的健康卫生饮食方式；

（三）摒弃滥食野生动物的行为，不非法食用、买卖野生动物及其制品；

（四）节俭办理婚嫁喜庆事宜，拒绝奢华和浪费；

（五）文明简约殡葬、祭祀，不随意焚烧、抛撒、处置祭祀物品；

（六）按照规定分类投放垃圾，主动减少日常生活废弃物对环境造成的污染；

（七）自觉抵制黄、赌、毒、封建迷信等行为；

（八）其他健康文明生活行为。

第十七条　公民应当文明出行，自觉遵守下列文明行为规范：

（一）乘坐公共交通车辆时，不得将宠物带上车，不在车内抛杂物，不大声交谈、播放视频音频等；

（二）在公共交通车辆上主动给老、弱、病、残、孕、怀抱婴儿者等乘客让座，不霸占座位；

（三）驾驶车辆不得互相追逐竞驶；

（四）驾驶车辆慢速通过人行横道，友善礼让行人；

（五）驾驶车辆慢速通过积水路段；

（六）电动摩托车、电动自行车骑乘人员应当佩戴头盔；

（七）车辆停放有序，服从管理；

（八）行人应当走斑马线，穿行道路时不使用手机、嬉戏等；

（九）其他出行文明行为。

第十八条　公民应当文明就医，自觉遵守下列文明行为：

（一）尊重医学规律，遵守就医秩序和医疗场所有关规章制度，配合医护工作者工作，不得危害医护工作者人身安全，不得损害医护工作者合法权益；

（二）不得在医疗机构焚烧祭祀用品、搭建灵堂、摆放花圈挽幛以及法律法规规定的其他扰乱医疗机构正常秩序的行为；

（三）其他文明就医行为。

第十九条　公民应当文明旅游，自觉遵守下列文明行为规范：

（一）遵守旅游文明行为指南和公约，尊重当地文化习俗和宗教信仰；

（二）服从景区景点管理，爱护旅游公共设施，不破坏、损毁文物古迹等文化旅游资源；

（三）爱护景区景点的环境卫生，保护生态环境，自觉将垃圾投入指定地点；

（四）其他旅游文明行为。

第二十条　公民应当和睦友爱，自觉遵守下列社区文明行为规范：

（一）不在社区生活区域内饲养家禽、家畜；

（二）房屋装修按照规定时间文明施工，避免噪声、粉尘和污水等对社区环境和他人正常生活的影响；

（三）爱护社区公共环境，积极参与楼院、社区的绿化、美化活动；

（四）爱护和合理使用社区共用设施、设备，不侵占社区公共场所、不损坏社区治安、消防、文娱、通讯、强弱电等公共设施、设备；

（五）不违法搭建建筑物、构筑物和建造地下空间；

（六）自觉将车辆停放在规定的区域和车库内，不占用他人车位，不以设置障碍物等形式侵占公共停车位；

（七）其他社区文明行为。

第二十一条　公民应当参与农村乡风文明建设，自觉遵守下列乡村文明行为规范：

（一）遵守村规民约，见贤思齐，移风易俗，摒弃陈规陋习；

（二）尊敬长辈，赡养、孝敬、关爱父母和老人；

（三）男女平等，尊重老人、妇女、儿童的合法权益；

（四）保持房屋周边卫生、整洁，不随意堆放垃圾、农家肥、土石、柴草等杂物；

（五）不在公路上晒粮或堆放物品；

（六）科学合理处置农用薄膜、农作物秸秆等农业生产废弃物；

（七）自觉保护古树、古民居、古村落等乡村人文和自然资源；

（八）其他乡村文明行为。

第三章 鼓励与支持

第二十二条 鼓励和支持扶贫济困、扶老救孤、恤病助残、优抚赈灾、捐资助学等慈善公益活动，依法保护慈善公益活动当事人的合法权益。

全社会应当推进无障碍环境、老年宜居环境建设，依法保障残疾人、老年人等社会成员平等参与社会生活的权益。

市、县（市、区）的政务、机场、火车站、汽车客运站、景区等服务大厅和大型商场、医院等公共场所，应当设置母婴区（室、座），为孕妇以及携带婴幼儿的乘客提供绿色通道服务。

第二十三条 鼓励和支持企业事业单位和社会组织利用本单位设施和场所设立志愿服务站点，为社会提供各种便利服务。

鼓励公民无偿献血和自愿捐献骨髓、角膜、器官、遗体。

第二十四条 鼓励具备救护技能的公民在他人出现意外伤害或突发疾病时，实施现场救护。

鼓励社会各方力量在人员密集的公共场所设置自动体外除颤器等急救设备。

第二十五条 鼓励、倡导公民采取适当的方式实施下列见义勇为行为：

（一）制止正在危害国家安全、公共安全或者扰乱社会秩序的违法犯罪行为；

（二）制止正在侵害国家、集体财产或者他人人身、财产安全的违法犯罪行为；

（三）抢险、救灾、救人，保护国家、集体的财产或者他人人身、财产安全；

（四）其他见义勇为行为。

第二十六条 图书馆、博物馆、美术馆、群艺馆、文化馆（站）、科技馆等公共文化设施，应当设立志愿服务站点，按照规定向社会免费或优惠开放。

鼓励有条件的单位和组织设立风度书房、农家书屋、书刊阅读点、漂流书箱等公益性学习场所。

鼓励宾馆饭店、景点景区等经营场所的停车场、厕所向社会开放。

第二十七条 市、县（市、区）精神文明建设工作机构和有关部门应当组织开展道德模范、身边好人、最美人物、优秀志愿者、美德少年等道德先进人物评选与表彰活动。

企业事业单位、社会团体及其他组织应当结合自身实际，积极参与道德先进人物的评选活动，对本单位人员文明行为进行表扬奖励。

第二十八条 市、县（市、区）人民政府应当对见义勇为、自愿捐献、慈善公益、志愿服务等文明行为促进工作中表现突出的单位和个人进行表彰和奖励，并按照自愿原则，纳入个人档案。

第四章 重点治理

第二十九条 本市对突出的不文明行为实行重点治理清单制度。

市精神文明建设工作机构应当定期对重点不文明行为治理工作进行评估，并根据评估结果和文明行为促进工作需要，在广泛征求社会公众意见后，对重点不文明行为治理清单提出调整意见，经市人民政府同意后向社会公布。

市、县（市、区）精神文明建设工作机构应当根据本区域文明行为促进工作的现状和目标，提出重点不文明行为治理总体方案，经本级人民政府批准后组织实施。

第三十条 县（市、区）人民政府应当建立健全综合整治工作机制和查处协调联动机制，针对列入重点治理清单的不文明行为，组织开展重点监管、联合执法等工作。

第三十一条 在公共秩序方面，重点治理下列影响公共秩序的不文明行为：

（一）开展商业、文体等活动时，产生噪音、造成交通拥堵干扰他人正常生活、工作和学习的；

（二）中午和夜间在住宅区、居民集中区、文教区和疗养区从事产生噪声污染的室内装修、家具加工等活动。

第三十二条 在公共卫生方面，重点治理下列破坏公共环境的不文明行为：

（一）乱扔垃圾，随地吐痰、便溺；

（二）随意涂写刻画、张挂物品、张贴宣传品等；

（三）驾驶或者乘坐机动车时，向车外抛物；

（四）擅自占用城镇道路、广场、桥梁、人行天桥、地下通道或者景区景点等公共场所堆放物品、设置广告、兜售经营等。

第三十三条 在公共安全方面，重点治理下列妨害公共安全的不文明行为：

（一）乘坐公共交通车辆时与司机攀谈、争吵，拉扯打骂司机；

（二）从建筑物或构筑物内向外抛掷物品；

（三）遛狗时未用牵引绳牵领大型犬只或者未给烈性犬佩戴嘴套。

第三十四条 在公共交通方面，重点治理下列影响公共交通的不文明行为：

（一）翻越道路隔离设施；

（二）在盲道、人行通道等非车辆停放场地停放车辆；

（三）自行车、助力车、电动车、三轮车等非机动车辆逆行、随意横穿机动车道；

（四）行人、非机动车闯红灯；

（五）违规使用远光灯。

第五章 实施与保障

第三十五条 市、县（市、区）人民政府应当建立文明行为促进工作考核评价制度，将文明城市创建工作纳入工作考核内容。

第三十六条 市、县（市、区）人民政府和有关部门应当加强下列设施设备的建设与管理：

（一）社会主义核心价值观主题景观等公益广告宣传设施；

（二）城市道路、人行天桥、地下通道、道路照明、环境卫生、雨污分流和污水排放系统等市政设施；

（三）交通、治安等涉及公共安全

的电子监控设施设备；

（四）公共场所的盲道、坡道、第三卫生间等无障碍设施；

（五）大型商场、电影院等人员密集场所的急救设施设备；

（六）公园、广场等公共场所的休闲设施；

（七）交通标识、地名标志、公共设施指示牌、文明行为引导标识等；

（八）其他与文明行为促进工作相关的设施设备。

第三十七条　学校应当把社会主义核心价值观融入校园文化建设，制定校园文明行为规范，加强师德师风建设，开展文明行为教育和实践活动，提升学生文明素养，培育优良校风、教风、学风。

第三十八条　国家机关、企业事业单位、社会团体应当开展文明行为宣传教育活动，营造促进文明行为的社会氛围。

报刊、广播、电视、网络等新闻媒体应当引导文明行为舆论，通过多种形式宣传文明行为规范，报道模范先进事迹，依法曝光不文明行为。

公共场所、公共交通车辆等设置的广告，应当安排一定比例的文明行为公益广告。公园、广场、公共文化场所应当合理设置道德名人园、文明模范墙、善行义举榜等，纪念模范人物，宣传先进事迹。

第三十九条　公共场所经营管理单位、物业管理企业和业主委员会，应当对其管理的区域发生的不文明行为及时予以劝阻、制止。对不文明行为可以保留影像、照片等证据并向有关行政主管部门举报。

第四十条　市、县（市、区）人民政府应当建立统一的政务咨询投诉平台，设置投诉电话并向社会公布，将不文明行为投诉、举报工作纳入政务咨询投诉平台管理。

公民有权对不文明行为进行制止和劝阻，通过电话、信函、电子邮件等方式举报不文明行为。任何单位和个人不得以威胁、侮辱或者殴打等方式打击报复劝阻人、投诉人、举报人。

第六章　法律责任

第四十一条　法律、法规对本条例规定的不文明行为已有处罚规定的，从其规定。

第四十二条　国家机关及其工作人员在文明行为促进工作中违反本条例规定，由其所在单位或者上级机关责令改正，通报批评；情节严重的，由有关机关对直接负责的主管人员和其他直接责任人员依法给予处分；构成犯罪的，依法追究刑事责任。

第四十三条　违反本条例第四十条第二款规定，以威胁、侮辱或者殴打等方式打击报复劝阻人、投诉人、举报人的，由公安机关按照《中华人民共和国治安管理处罚法》的有关规定予以处理；构成犯罪的，依法追究刑事责任。

第七章　附则

第四十四条　本条例自2020年10月1日起施行。

附件六

韶关市农村住房建设管理条例

（2020年8月28日韶关市第十四届人民代表大会常务委员会第三十七次会议通过 2020年11月27日广东省第十三届人民代表大会常务委员会第二十六次会议批准）

第一章　总则

第一条　为了加强农村村民住房建设管理，规范农村住房建设活动，改善农村人居环境，促进美丽乡村建设，根据《中华人民共和国土地管理法》《中华人民共和国城乡规划法》等法律法规，结合本市实际，制定本条例。

第二条　本市行政区域内的村庄规划、农村村民住房建设及其监督管理等活动，适用本条例。

第三条　农村住房建设和管理遵循规划先行、先批后建、一户一宅、绿色环保的原则。

第四条　市、县（市、区）人民政府负责本行政区域内农村住房建设的统筹管理，将农村住房建设和宅基地管理工作纳入乡村振兴考核内容。

镇、民族乡人民政府负责本行政区域内村庄规划的编制及农村住房建设工程质量、安全生产的监督管理。

第五条　市、县（市、区）人民政府自然资源主管部门负责本行政区域内国土空间规划编制和村庄规划的管理工作。市人民政府自然资源主管部门具体负责组织编制韶关市城镇开发边界内的国土空间规划。

市、县（市、区）人民政府农业农村主管部门应当建立宅基地基础信息数据库和管理信息系统，建立宅基地分配、使用、流转等管理制度，指导宅基地合理布局、闲置宅基地和闲置农房利用。

市、县（市、区）人民政府住房和城乡建设主管部门负责农村村庄风貌管控，农村住房单体设计、建设安全和质量管理，会同本级人民政府人力资源和社会保障主管部门对农村建筑工匠提供专业技能、安全知识等培训。

市、县（市、区）人民政府生态环境、林业、水务、交通运输等主管部门，按照各自职责，配合做好农村住房建设管理和监督工作。

第六条　市人民政府可以依照省人民政府的决定，在实行综合行政执法的领域，将本条例规定的由县级行政执法部门行使的行政处罚权以及与之相关的行政检查权、行政强制措施权确定由符合条件的镇、民族乡人民政府和街道办事处行使。

第七条　村（居）民委员会应当协助、配合镇、民族乡人民政府开展农村住房建设管理工作。

第八条　村庄规划编制、农用地转用等经费由市、县（市、区）人民政府纳入本级财政统筹安排，予以保障。

第九条　任何组织或者个人对农村住房建设管理工作依法享有监督权利，对农村宅基地使用、住房建设中的违法行为有依法举报、投诉的权利。

县(市、区)、镇、民族乡人民政府应设立举报电话、信箱和网上举报平台等，受理农村宅基地使用、住房建设等违法行为的举报和投诉。

第二章　规划和用地

第十条　城镇集中建设区内的农村住房建设执行国土空间总体规划及详细规划。城镇集中建设区外城镇开发边界内的村庄，尚未编制详细规划的，可以编制村庄规划。城镇开发边界外的村庄应当编制村庄规划。

第十一条　镇、民族乡人民政府应当组织编制本行政区域内村庄规划，并报上一级人民政府审批。村庄规划在报送审批前，应当经村民会议或者村民代表会议讨论同意。

经批准的村庄规划应当向社会公布，确需修改的应当报原批准机关审批。

第十二条　村庄规划编制工作应当保护历史文化资源，尊重农村村民意愿。农村住房建筑高度、体量、材料、色彩应当与环境相协调，体现绿色环保、民族特色和岭南农村建筑风格。

第十三条　农村村民一户一宅规划面积按照省规定的标准执行，各县(市、区)人民政府可以结合本地实际作出规定，并向社会公布。

人均地少，不能保障一户拥有一处宅基地的地区，在充分尊重农民意愿的基础上，县级以上人民政府可以通过集体建房等方式，按照本地区规定的标准保障农村村民实现户有所居。

第十四条　城镇集中建设区外的农村村民一户一宅建设一般符合下列要求：

(一)建筑层数不超过3层；

(二)首层不高于4.5米，其余每层不高于3.5米；

(三）建筑总面积不超过300平方米。

第十五条　农村住房建设应当优先利用原有宅基地和空闲地、荒山、荒坡等未利用地。但不得在下列区域规划选址：

(一)永久基本农田和高标准农田；

(二)地下有矿床的区域；

(三)公路建筑控制区、铁路建筑界限范围和电力线路保护区；

(四)河道管理范围、水利工程管理范围；

(五)自然保护地核心保护区范围、一级保护林地、饮用水源一级保护区等生态保护红线内区域；

(六)崩塌、滑坡、泥石流、地面塌陷等地质灾害容易发生的危险区域；

(七)其他法律法规和国家规定不适宜住房建设的区域。

第三章　建设和管理

第十六条　县(市、区)人民政府住房和城乡建设主管部门应当无偿提供农房设计图集供村民选用。农房设计图集应当含有中国元素，体现岭南特色、民族风格和新时代广东乡村风貌。

第十七条　农村村民一户只能拥有一处宅基地。具有农村集体经济组织成员资格的农村村民，已依法登记结婚或者本户中有已达法定婚龄的未婚子女需要分户，原有宅基地不能安置的，可独立申请宅基地。

符合下列情形之一的，农村村民可以重新申请宅基地：

(一）房屋因自然灾害倒塌或成危房的；

(二）住房因国家建设项目征收或政策性搬迁的；

(三）退出原有宅基地异地建房的；

(四)其他依法可以重新申请宅基地的。

第十八条　农村村民住房建设应当取得宅基地批准书。

农村村民申请宅基地，村民小组、集体经济组织或者村民委员会应当受理，对公示无异议的，按规定提出审核意见，由镇、民族乡人民政府依法核准。申请的宅基地涉及占用农用地的，应当依法办理农用地转用审批手续，涉及占用林地的依法办理林地使用审批手续。

第十九条　城镇开发边界内的农村村民住房建设应当依法申请办理建设工程规划许可证，城镇开发边界外的农村村民住房建设应当依法申请办理乡村建设规划许可证，并按照许可证的内容建设。

农村村民住房建设未取得建设工程规划许可证或者乡村建设规划许可证和农村宅基地批准书的，不得施工建设。

第二十条　镇、民族乡人民政府应当设立宅基地和农村住房建设管理集中审批窗口，实行一站式限时办结。

涉及市、县（市、区）人民政府有关主管部门办理的事项，由市、县(市、区)人民政府相应的主管部门受理，限时办结。

第二十一条　有下列情形之一的，农村村民宅基地申请不予批准：

(一)不符合一户一宅原则的；

(二)不符合村庄规划的；

(三)削坡建房存在安全隐患的；

(四)建房用地存在权属争议的；

(五)原有住房和宅基地被征收已依法安置的；

(六)将住房出卖、出租或者赠予他人的；

(七)将现有住房改作非生活居住用房的；

(八)法律法规规定不予批准的其他情形。

第二十二条　农村村民取得建

设工程规划许可证或者乡村建设规划许可证和农村宅基地批准书后，不得擅自变更许可证和批准书所记载内容进行建设。确需变更的，应当依法向镇、民族乡人民政府申请办理变更手续。规划许可证的变更，由镇、民族乡人民政府报上级人民政府自然资源主管部门审批。

第二十三条　镇、民族乡人民政府应当加强农村住房建设过程中的监督管理，组织有关单位和人员对农村村民住房建设进行规划验线和核实。

农村村民在取得建设工程规划许可证或者乡村建设规划许可证和宅基地批准书后，应向镇、民族乡人民政府申请验线，镇、民族乡人民政府应当自受理申请之日起十个工作日内组织验线。未经验线，住房建设不得开工。

城镇开发边界外的农村村民住房竣工后，应当向镇、民族乡人民政府申请核实，镇、民族乡人民政府应当自受理申请之日起十个工作日内组织核实。符合规划和建设要求的，出具农村宅基地和建房规划许可验收意见材料，并报县（市、区）人民政府自然资源主管部门备案。城镇开发边界内的农村村民住房竣工后，应当办理竣工验收手续。

第二十四条　农村村民取得竣工验收证明或者农村宅基地和建房规划许可验收意见材料后，可以依法向不动产登记机构申请办理不动产登记。

第二十五条　镇、民族乡人民政府应当指导农村村民选用政府提供的农村住房设计图样建设，引导农村村民委托具有相应资质的施工企业或者建筑工匠施工，鼓励农村村民委托具有相应资质的第三方机构对住房施工进行监理。

第二十六条　农村村民可以在原址上按村庄规划要求新建住房。

农村村民异地建设住房或者购买本村村民住房的，应当与集体经济组织签订拆除旧房和退还原有宅基地协议书，并明确拆除旧房和退还原宅基地的时间。

第二十七条　有下列情形之一，应当撤销农村宅基地批准书或者注销不动产权属证书，由集体经济组织收回宅基地：

（一）实施旧村改造，已迁入新村居住的原宅基地；

（二）非本村村民因房屋倒塌或灭失的宅基地；

（三）使用权人死亡，且未有合法继承人的宅基地；

（四）其他应当收回的宅基地。

第二十八条　县（市、区）人民政府应当制定退出宅基地奖励办法，对进城落户、移居国外、拥有多处宅基地等自愿退出农村宅基地的农村村民进行奖励。

第二十九条　农村住房建设应当注重传统村落和历史建筑及生态环境的保护，减少对森林植被、山水景观、乡村风貌等的破坏。

鼓励和支持农村村民建房使用节能环保的新技术、新工艺和新材料。

第三十条　农村住房建设应当遵循有利生产、方便生活、团结互助、公平合理的原则，不得影响相邻住户的通行、通风、采光等，不得给相邻的房屋安全造成危害。

第三十一条　城镇居民不得以购买、交换、抵债或者其他非法形式使用农村宅基地建设住房。

第三十二条　县（市、区）、镇、民族乡人民政府应当建立巡查机制，加强对农村用地建房动态巡查，及时查处宅基地使用和住房建设的违法行为。

第四章　法律责任

第三十三条　有关行政机关工作人员违反本条例规定，不履行或者不正确履行农村住房建设管理职责的，依法给予处分；构成犯罪的，依法追究刑事责任。

第三十四条　违反本条例第十九条规定未依法取得建设工程规划许可证、乡村建设规划许可证、未按照规划许可证许可的内容建房的，由有关部门依法责令停止建设，限期自行拆除或采取改正措施；逾期不拆除或不改正的，依法拆除。

第三十五条　违反本条例第二十六条第二款规定，不按约定自行拆除原有房屋并退还宅基地的，由有关部门依照《中华人民共和国土地管理法》第七十八条的规定进行处理。

第三十六条　违反本条例的规定，法律法规已作出处罚规定的，从其规定。

第五章　附则

第三十七条　本条例所称农村住房，是指农村村民在其宅基地上建设的住宅房屋。

第三十八条　城镇开发边界是在国土空间规划中划定的，一定时期内因城镇发展需要，可以集中进行城镇开发建设，完善城镇功能、提升空间品质的区域边界，涉及城市、建制镇以及各类开发区等。城镇开发边界内可分为城镇集中建设区、城镇弹性发展区和特别用途区。城市、建制镇应划定城镇开发边界。

第三十九条　有农村宅基地管理职责的街道办事处参照本条例关于镇、民族乡人民政府职责的规定执行。

第四十条　本条例自 2021 年 3 月 1 日起施行。

荣　誉

2020年韶关市获省部级以上表彰的先进集体一览表

表35

单位名称	荣誉称号	表彰单位
韶关市发展和改革局	韶关市推动老工业基地调整改造真抓实干成效明显获国务院激励表彰	国务院办公厅
韶关市人民检察院计划财务装备科	全国检察机关检务保障工作表现突出集体	最高人民检察院政治部、最高人民检察院计划财务装备局、最高人民检察院机关服务中心
中共韶关市委宣传部	2020年度《党建》杂志学刊用刊工作“先进集体”	中共中央宣传部办公厅
韶关市气象局	第六届全国文明单位	中央文明委
翁源县司法局	第六届全国文明单位	中央文明委
乐昌市乐城街道城北社区	第六届全国文明单位	中央文明委
韶关市第一中学	第六届全国文明校园	中央文明委
浈江区和平路小学	第六届全国文明校园	中央文明委
凡口铅锌矿	全国“安康杯”竞赛优胜单位	中华全国总工会、中华人民共和国应急管理部、国家卫生健康委员会
广东宜方律师事务所	全国法律援助工作先进集体	司法部
广东天行健律师事务所	全国公共法律服务工作先进集体	司法部
韶州公证处	全国公共法律服务工作先进集体	司法部
韶关市乐昌粤北省际公安检查站	全国公安系统抗击新冠肺炎疫情先进集体	公安部
武警韶关支队	安全工作先进单位	武警部队
武警韶关支队	百日安全竞赛活动先进单位	武警部队
韶关市机要通信分局	2019年度全国邮政行业先进集体	人力资源和社会保障部、国家邮政局
韶关学院	2019-2020年“公共机构能效领跑者”	国家机关事务管理局、国家发展和改革委员会、财政部联合颁发
韶关市科协	2020年全国科学实验挑战赛优秀组织单位	中国科协

续表35

单位名称	荣誉称号	表彰单位
韶关市科协	2020年全国科普日活动优秀组织单位	中国科协
韶关开放大学	2020全国全民终身学习品牌项目奖	中国成人教育协会
凡口铅锌矿	《广东凡口铅锌矿区狮岭南-400～-600米探边扫盲找矿》获2020中国有色金属地质找矿成果一等奖	中国有色金属工业协会
凡口铅锌矿	《金属矿山尾砂胶结充填质量控制新技术与新材料研究》获2020年度中国有色金属工业科学技术一等奖	中国有色金属工业协会、中国有色金属学会
丹霞冶炼厂张庆恩创新工作室	全国机械冶金建材行业示范性创新工作室	中国机械冶金职工技术协会
韶关市粤运汽车运输有限公司	中国道路运输百强诚信企业（2020年）	中国道路运输协会
粤北人民医院团委	全国五四红旗团委	共青团中央
丹霞冶炼厂浸出车间磨矿氧压浸出工序	全国青年安全生产示范岗	共青团中央办公厅、应急管理部办公厅
韶关市战“疫”青年京珠高速粤北检测站志愿者突击队	抗击新冠肺炎疫情青年志愿服务先进集体	共青团中央、中国青年志愿者协会
丹霞冶炼厂电解车间工会	全国模范职工小家	中华全国总工会
韶关市新丰县妇幼保健院妇产科	全国巾帼文明岗	中华全国妇女联合会
韶关乐昌市金鸡幼儿园教研组	全国巾帼文明岗	中华全国妇女联合会
韶关市铁路医院眼科中心	全国巾帼文明岗	中华全国妇女联合会
广东省矿产应用研究所化学检测室	全国巾帼文明岗	中华全国妇女联合会
韶关市翁源县仙雅农业发展有限公司	全国巾帼文明岗	中华全国妇女联合会
广东省韶关乐昌市九峰镇绿峰果菜专业合作社	全国巾帼建功先进集体	中华全国妇女联合会
韶关市新丰县妇幼保健院妇产科	全国巾帼文明岗	中华全国妇女联合会
广东省韶关乐昌市金鸡幼儿园教研组	全国巾帼文明岗	中华全国妇女联合会

续表35

单位名称	荣誉称号	表彰单位
韶关市铁路医院眼科中心	全国巾帼文明岗	中华全国妇女联合会
广东省矿产应用研究所化学检测室	全国巾帼文明岗	中华全国妇女联合会
韶关市翁源县仙雅农业发展有限公司	全国巾帼文明岗	中华全国妇女联合会
韶关乐昌市九峰镇绿峰果菜专业合作社	全国巾帼建功先进集体	中华全国妇女联合会
九三学社韶关市委员会	2016—2020年社会服务先进集体	九三学社中央
民盟韶关市委	民盟思想政治建设和宣传工作先进集体	民盟中央
农工党韶关市委	“纪念中国农工民主党成立90周年”先进集体	农工党中央
农工党韶关市委浈江区二支部	“纪念中国农工民主党成立90周年”先进基层组织	农工党中央
中国民主建国会韶关市委员会	全国先进集体	中国民主建国会
韶关市疾病预防控制中心	全国农村饮用水卫生监测十年成绩突出集体	中国疾控中心农村改水技术指导中心
韶关市疾病预防控制中心	2004—2019年中国死因登记报告工作先进集体奖	中国疾控中心慢性非传染性疾病预防控制中心
韶关开放大学	国家开放大学教育信息化创新应用	国家开放大学
韶关市烟草专卖局	广东烟草韶关市有限公司金盾QC小组荣获全国烟草行业第三十一届优秀质量管理小组成果发布会二等奖	中国烟草总公司
中国邮政集团有限公司韶关市分公司	2019年度全国邮政用户满意企业	中国邮政集团有限公司
中国人民银行韶关市中心支行调查统计科	继续认定为2017—2018年度“全国青年文明号”	中国人民银行
中国人民银行韶关市中心支行科技科	继续认定为2017—2018年度“中国人民银行青年文明号”	中国人民银行
中国人民银行韶关市中心支行团委	中国人民银行2019年青年工作先进集体	中国人民银行
韶关市接待办公室	全国接待系统扶贫工作先进单位	全国公务接待系统扶贫先进接待单位、接待与交际杂志社

续表35

单位名称	荣誉称号	表彰单位
韶州宾馆	全国先进政务接待基地	全国公务接待系统先进接待基地、接待与交际杂志社
韶关市浈江区市场监督管理局	广东省抗击新冠肺炎疫情先进集体	中共广东省委、广东省人民政府
韶关市高信塑胶制品有限公司	广东省抗击新冠肺炎疫情先进集体	中共广东省委、广东省人民政府
东莞韶关对口帮扶指挥部	广东省抗击新冠肺炎疫情先进集体	中共广东省委、广东省人民政府
韶关市交通运输局执法七支队	广东省抗击新冠肺炎疫情先进集体	中共广东省委、广东省人民政府
乐昌市公安局坪石分局党支部	广东省抗击新冠肺炎疫情先进集体	中共广东省委、广东省人民政府
韶关市武江区新华街花城社区居民委员会	广东省抗击新冠肺炎疫情先进集体	中共广东省委、广东省人民政府
韶关市疾病预防控制中心	广东省抗击新冠肺炎疫情先进集体	中共广东省委、广东省人民政府
粤北第二人民医院	广东省抗击新冠肺炎疫情先进集体	中共广东省委、广东省人民政府
丹霞冶炼厂质检中心	广东省先进集体	中共广东省委、广东省人民政府
韶关海事局	广东省文明单位	中共广东省委、广东省人民政府
韶能集团翁源致能生物质发电有限公司	广东省先进集体	中共广东省委、广东省人民政府
韶关市卫生健康局	2018—2020年度广东省文明单位	中共广东省委、广东省人民政府
韶关市行政服务中心	2018—2020年度广东省文明单位	中共广东省委、广东省人民政府
国家税务总局始兴县税务局	2018—2020年度广东省文明单位	中共广东省委、广东省人民政府
曲江区市场监督管理局	2018—2020年度广东省文明单位	中共广东省委、广东省人民政府
国家税务总局乐昌市税务局	2018—2020年度广东省文明单位	中共广东省委、广东省人民政府
国家税务总局新丰县税务局	2018—2020年度广东省文明单位	中共广东省委、广东省人民政府
乐昌市气象局	2018—2020年度广东省文明单位	中共广东省委、广东省人民政府
广东青云山药业有限公司	2018—2020年度广东省文明单位	中共广东省委、广东省人民政府
武江区新华街道花城社区	2018—2020年度广东省文明单位	中共广东省委、广东省人民政府
武江区红星小学	2018—2020年度广东省文明校园	中共广东省委、广东省人民政府

续表35

单位名称	荣誉称号	表彰单位
韶关市行政服务中心	2018-2020年度广东省文明单位	中共广东省委、广东省人民政府
中共韶关市委组织部	广东省爱国拥军模范单位	中共广东省委、广东省人民政府、广东省军区
曲江区	广东省双拥模范县（市、区）	中共广东省委、广东省人民政府、广东省军区
乐昌市	广东省双拥模范县（市、区）	中共广东省委、广东省人民政府、广东省军区
南雄市	广东省双拥模范县（市、区）	中共广东省委、广东省人民政府、广东省军区
仁化县	广东省双拥模范县（市、区）	中共广东省委、广东省人民政府、广东省军区
乳源瑶族自治县	广东省双拥模范县（市、区）	中共广东省委、广东省人民政府、广东省军区
韶关市委组织部	广东省爱国拥军模范单位	中共广东省委、广东省人民政府、广东省军区
韶关市支援湖北医疗队员	新时代最美逆行者称号	中国共产党湖北省委员会、湖北省人民政府
中共韶关市疾病预防控制中心总支委员会	广东省先进基层党组织	中共广东省委
韶关市市场监督管理局	2019年省对市食品安全考核评议工作获最高等级A级	广东省人民政府
韶关市扶贫开发办公室	广东省民族团结进步模范集体	广东省人民政府
韶关市市场监督管理局	2019年度广东省粮食安全责任考核工作优秀	广东省人民政府办公厅
韶关市委政法委	2020年上半年维稳工作成效优秀等次	广东省委政法委
中共韶关市委组织部	全省组织系统2020年度信息报送先进单位	中共广东省委组织部
乐昌市坪石镇老人活动中心	全省离退休干部先进集体	中共广东省委组织部、中共广东省委老干部局
翁源县老年人体育协会	全省离退休干部先进集体	中共广东省委组织部、中共广东省委老干部局
韶关市发展和改革局	2018—2019年度广东省节能先进集体	广东省发展和改革委员会、广东省人力资源和社会保障厅

续表35

单位名称	荣誉称号	表彰单位
韶关市发展和改革局	广东省节水型城市	广东省住房和城乡建设厅、广东省发展和改革委员会
共青团韶关市委员会	广东省最美禁毒团队	广东省公安厅
广东省乐昌中山地区人民检察院政治部	全省检察机关2019年度政工信息工作先进集体	广东省人民检察院政治部
韶关市人民检察院检察技术信息科	检察技术信息工作成绩突出的集体	广东省人民检察院
曲江区人民武装部	全面建设先进人武部	广东省军区
韶关离职干部休养所	“四铁先进”干休所	广东省军区
韶关军分区战备建设处	练兵备战先进单位	广东省军区
韶关军分区保障处	退役报废武器销毁先进单位	广东省军区
武警韶关支队	安全工作先进单位	武警广东省总队
武警韶关支队保障处	先进保障机关	武警广东省总队
武警韶关支队执勤二大队	四铁先进大队	武警广东省总队
武警韶关支队机动大队	四铁先进大队	武警广东省总队
武警韶关支队执勤五中队	集体三等功	武警广东省总队
武警韶关支队教导队	先进教导队	武警广东省总队
武警韶关支队执勤三大队党委	先进基层党组织	武警广东省总队
武警韶关支队执勤五中队党支部	先进基层党组织	武警广东省总队
武警韶关支队乳源中队党支部	先进基层党组织	武警广东省总队
武警韶关支队南雄中队团支部	先进基层团组织	武警广东省总队
武警韶关支队特战中队团支部	先进基层团组织	武警广东省总队
韶关市生态环境局始兴分局	广东省2019年生态环境保护执法大练兵县级表现突出集体	广东省生态环境厅
韶关市民政局	2020年度全省民政统计工作获良好等次	广东省民政厅
韶关市福利彩票发行中心	2019年度福利彩票销售工作综合考评获二等奖（2020年4月评选表彰）	广东省民政厅

续表35

单位名称	荣誉称号	表彰单位
广东松山职业技术学院	2020年度全省征兵工作先进单位	广东省人民政府征兵办公室、广东省教育厅
韶关市教育局	2019年教育系统网络安全保障工作成效明显单位	广东省教育厅
韶关市教育局	2019年度地市学生资助工作绩效考评韶关市于广东省内排名第一	广东省教育厅
韶关市教育局	广东省中小学新时代劳动教育暨学生信息素养提升实践活动—优秀组织奖	广东省教育厅
韶关市特殊教育学校	广东省绿色校园	广东省教育厅
广东北江中学	2020年广东省中学生田径冠军赛甲组团体总分（一等奖）	广东省教育厅、广东省体育局
韶关市民政局	2019年度广东省扫黑除恶专项斗争先进单位（2020年4月评选表彰）	广东省扫黑除恶专项斗争领导小组
韶关市人大常委会办公室驻翁源县坝仔镇半溪村扶贫工作队	2019—2020年广东省脱贫攻坚突出贡献先进集体	广东省委农村工作领导小组
韶关市民族宗教事务局	全省民族宗教信息工作先进单位	广东省民族宗教事务委员会
市委网信办	2020年广东省“扫黄打非”先进集体	广东省“扫黄打非”工作领导小组
韶关市扫黑除恶专项斗争工作领导小组	2019年度全省扫黑除恶专项斗争领导小组先进地市	广东省扫黑除恶专项斗争领导小组
韶关市禁毒办指导协调科	全省全民禁毒工程先进集体	广东省禁毒委员会
韶关市妇女联合会	全省全民禁毒工程先进集体	广东省禁毒委员会办公室
韶关市市场监督管理局	2019年全省市场监管系统政务信息工作先进单位	广东省市场监督管理局
韶关市市场监督管理局	学校食堂“互联网 明厨亮灶”建设100%，获省局通报表扬	广东省市场监督管理局
韶关银保监分局	广东银保监局系统2019年度优秀单位	广东银保监局
韶关银保监分局	广东银保监局2019年度信息工作突出贡献分局	广东银保监局
韶关银保监分局	2020年广东银行业保险业“3·15”消费者权益保护教育宣传周活动优秀组织单位	广东银保监局

续表35

单位名称	荣誉称号	表彰单位
韶关银保监分局	广东银保监局系统2019年度现场检查优秀项目（“巩固治乱象成果促进合规建设”现场检查）	广东银保监局
韶关银保监分局	2020年度广东银保监局消费者权益保护工作标兵单位（普惠金融科）	广东银保监局
广东省有色金属地质局九三二队	科学技术奖二等奖	广东省地质协会
丹霞冶炼厂质检中心	广东省先进女职工集体	广东省总工会
韶关市战“疫”青年京珠高速粤北检测站志愿者突击队	广东青年五四奖章	共青团广东省委员会、广东省青年联合会
共青团韶关市委员会	广东志愿服务发展指数2020年度地市排行榜第三名	共青团广东省委员会、广东省志愿者联合会
中国邮政集团有限公司广东省南雄市新城支局	第20届广东省青年文明号	共青团广东省委员会
中国邮政储蓄银行股份有限公司韶关市中华路营业所	第20届广东省青年文明号	共青团广东省委员会
广东松山职业技术学院机械工程学院团委	2019—2020年度广东省五四红旗团总支	共青团广东省委员会
康复医学科团支部	第20届广东省青年文明号	共青团广东省委员会等
急诊科团支部	战“疫”特别推荐广东省青年文明号	共青团广东省委员会等
翁源县仙雅农业发展有限公司	广东省巾帼创业示范基地	广东省妇女联合会
南雄市农家妹种养家庭农场有限公司	广东省巾帼创业示范基地	广东省妇女联合会
韶关市中金岭南有色金属股份有限公司韶关冶炼厂质控车间化验一班	广东省三八红旗集体	广东省妇女联合会
韶关市中级人民法院民事审判第一庭	广东省三八红旗集体	广东省妇女联合会
粤北人民医院重症医学科	广东省三八红旗集体	广东省妇女联合会
深圳市中金岭南有色金属股份有限公司凡口铅锌矿采矿车间运转工区集中控制班	广东省巾帼文明岗	广东省妇女联合会
韶关市仁化县人民检察院第一检察部	广东省巾帼文明岗	广东省妇女联合会

续表35

单位名称	荣誉称号	表彰单位
韶关市浈江区纪委监委党风政风监督室	广东省巾帼文明岗	广东省妇女联合会
韶关海关综合业务科	广东省巾帼文明岗	广东省妇女联合会
国家税务总局韶关市税务局纳税服务中心	广东省巾帼文明岗	广东省妇女联合会
韶关市妇幼保健院儿童保健科	广东省巾帼文明岗	广东省妇女联合会
韶关市武江区行政服务中心	广东省巾帼文明岗	广东省妇女联合会
韶关乐昌市人民法院家事审判团队	广东省巾帼文明岗	广东省妇女联合会
翁源县仙雅农业发展有限公司	广东省巾帼创业示范基地	广东省妇女联合会
南雄市农家妹种养家庭农场有限公司	广东省巾帼创业示范基地	广东省妇女联合会
南雄市乌迳镇孔塘村	广东省家庭文明建设示范点	广东省妇女联合会
曲江区马坝镇龙岗村	广东省家庭文明建设示范点	广东省妇女联合会
仁化县董塘镇新龙村	广东省家庭文明建设示范点	广东省妇女联合会
翁源县龙仙镇青云村	广东省家庭文明建设示范点	广东省妇女联合会
武江区惠民街群立社区	广东省家庭文明建设示范点	广东省妇女联合会
新丰县马头镇大陂村	广东省家庭文明建设示范点	广东省妇女联合会
韶关市广府人家训馆	广东省家教家风实践基地	广东省妇女联合会
韶关市人民检察院案件管理室	2019年度“广东省巾帼文明岗”称号	广东省妇女联合会
九三学社韶关市委员会	新冠肺炎疫情防控工作先进集体	九三学社广东省委员会
民盟韶关市委	2019年度民盟广东省参政议政工作先进集体三等奖	民盟广东省委
民盟韶关市委	2019年度民盟广东省反映社情民意信息工作先进集体二等奖	民盟广东省委
韶关市邮政管理局	全省邮政市场监管工作优秀单位	广东省邮政管理局
韶关市邮政管理局	全省邮政管理系统新闻宣传工作先进单位	广东省邮政管理局
韶关市邮政管理局	全省邮政普遍服务和特殊服务监督管理工作优秀单位	广东省邮政管理局

续表35

单位名称	荣誉称号	表彰单位
韶关市邮政管理局	全省邮政管理系统统计工作先进单位	广东省邮政管理局
广东北江中学	2020年度广东省空军招飞工作先进单位	空军招飞局广州选拔中心、广东省招生委员会办公室
广东北江中学	空军招飞优质生源中学	空军招飞局广州选拔中心、广东省招生委员会办公室
广东北江中学	被华南理工大学确定为优质生源基地	华南理工大学
广东松山职业技术学院经济管理学院学生会	2019—2020年度广东省优秀学生会	广东省学生联合会
韶关市委统战部	第七届台湾青年岭南行活动优秀组织奖、节目展演一等奖	台湾青年岭南行活动组委会（主办：省台办、省文旅厅、省教育厅、省科技厅、省农业农村厅、团省委）
韶关市气象局	广东省第一届职业技能大赛广东省行业企业职业技能竞赛团体第一名	广东省第一届职业技能大赛组委会
韶关市福利彩票发行中心	2019年度全省“刮刮乐”即开型福利彩票工作获市场份额奖（2020年4月评选表彰）	广东省福利彩票发行中心
韶关市市场监督管理局	牵头农贸市场新冠疫情防控工作获得省农贸市场疫情防控专班感谢和表扬	广东省农贸市场疫情防控专班
韶关市市场监督管理局	2019年广东政务新媒体年度政务公开奖	南方报业传媒集团
瑶岭公司	特别贡献奖单位	稀土集团
瑶岭公司	2020年度党建工作优秀单位	稀土集团
瑶岭公司电力分公司	先进班组	稀土集团
韶关液压件厂有限公司	广东省先进集体	广东省人民政府
乐昌市沿溪山茶场有限公司	广东省先进集体	广东省人民政府
翁源县教育局	广东省先进集体	广东省人民政府
韶能集团翁源致能生物质发电有限公司生产经营与建设事部	广东省先进集体	广东省人民政府
深圳市中金岭南有色金属股份有限公司丹霞冶炼厂质量检验中心	广东省先进集体	广东省人民政府

2020年度获省部级以上表彰先进个人一览表

表36

姓 名	工作单位	荣誉称号	表彰单位
钟 韶	宝武集团广东韶关钢铁有限公司能环部维检作业区调试班班长	全国劳动模范	中共中央、国务院
付结卫	广东省大宝山矿业有限公司选矿部磨浮车间首席选矿技师	全国劳动模范	中共中央、国务院
刘学华	丽珠集团利民制药厂副总工程师	全国劳动模范	中共中央、国务院
潘国平	乐昌市九峰镇绿峰果菜专业合作社党支部书记、理事长	全国劳动模范	中共中央、国务院
李慧文	韶关市中心血站献血服务科副主任技师	全国先进工作者	中共中央、国务院
罗海涛	韶关市生态环境局曲江分局	第二次全国污染普查表现突出个人	国务院第二次全国污染源普查领导小组办公室
肖仕胜	韶关市农业农村局	第二次全国污染源普查表现突出个人	国务院第二次全国污染源普查领导小组办公室
廖先宏	市委办（市档案局）	第二次全国污染源普查表现突出的个人	国务院第二次全国污染源普查领导小组办公室
李华峰	韶关市水务局	第二次全国污染源表现突出个人	国务院第二次全国污染源普查领导小组办公室
潘恩松	新丰县人民检察院	全国检察机关检务保障工作表现突出个人	最高人民检察院政治部、最高人民检察院计划财务装备局、最高人民检察院机关服务中心
黄国强	韶关市公安局禁毒支队	全警实战大练兵部级“标兵个人”	公安部
黄明儒	韶关市拘留所	全国公安系统抗击新冠肺炎疫情先进个人	公安部
魏晓雄	广东省韶关监狱政治处	全国司法行政系统抗击新冠肺炎疫情个人嘉奖	司法部
李日升	韶关市司法局人民参与和促进法治科	“大排查早调解护稳定迎国庆”专项活动表现突出个人通报表扬	司法部

续表36

姓 名	工作单位	荣誉称号	表彰单位
夏利民	原北江监狱四监区	二级英模	司法部
江志星	北江监狱医院	全国抗疫先进个人	司法部
宋智刚	北江监狱二监区	援疆三等功	司法部
田景贤	北江监狱九监区	援疆嘉奖	司法部
江 琳	北江监狱狱内侦查科	援疆嘉奖	司法部
高 亮	韶关学院	指导学生第三届“《人民中国》杯”日语国际翻译大赛，本科组汉译日一等奖获“优秀指导教师”奖	教育部
秦国和	韶关学院	指导学生第三届“《人民中国》杯”日语国际翻译大赛，本科组汉译日一等奖获“优秀指导教师”奖	教育部
罗艳娟	韶关市浈江区风采街环园路社区	全国抗击新冠肺炎疫情优秀城乡社区工作者	中华人民共和国民政部
钟 昊	韶关市住房和城乡建设管理局	全国住房和城乡建设系统抗击新冠肺炎疫情先进个人	中华人民共和国住房和城乡建设部
刘建雄	韶关市农业农村局	农用地土壤污染状况详查表现突出个人	生态环境部办公厅、自然资源部办公厅、农业农村部办公厅
叶庆强	韶关市农业农村局	表扬信——2020年畜牧业统计监测工作	农业农村部畜牧兽医局
冉 强	韶关海事局	2020年直属海事系统优秀共产党员	中共交通运输部、海事局党组
范路发	韶关市司法局人民参与和促进法治科	2018—2019年度全国平安医院工作表现突出个人	国家卫健委、中央政法委、最高人民法院、公安部、民政部、司法部、市场监管总局、中国银保监会、国家中医药管理局
唐茂生	广东烟草韶关市有限公司	全国优秀工会工作者	中华全国总工会
王钦泽	广东松山职业技术学院机械工程学院2018级工业设计1班专业	2019年度中国大学生自强之星	共青团中央、全国学联
侯金彦	广东省韶关粤江发电有限责任公司	全国三八红旗手	中华全国妇女联合会

续表36

姓 名	工作单位	荣誉称号	表彰单位
肖碧琴	韶关市武江区新华街花城社区	抗击新冠肺炎疫情全国三八红旗手	中华全国妇女联合会
张春娜	韶关市翁源县龙仙第三小学	全国巾帼建功标兵	中华全国妇女联合会
刘 炳	韶关南雄市农家妹种养家庭农场有限公司	全国巾帼建功标兵	中华全国妇女联合会
黄晓萍家庭		全国最美家庭	中华全国妇女联合会
吴育孟家庭		全国最美家庭	中华全国妇女联合会
杨雪花家庭		全国五好家庭	中华全国妇女联合会
姚望家庭		全国五好家庭	中华全国妇女联合会
谭道生家庭		全国抗疫最美家庭	中华全国妇女联合会
彭 峰	粤北人民医院	“纪念中国农工民主党成立90周年”先进个人	农工党中央
彭 峰	粤北人民医院	农工党抗击新冠肺炎疫情先进个人	农工党中央
陈汉飞	韶关市卫健局	抗击新冠肺炎疫情先进个人	九三学社中央
唐红梅	韶关市商务局	全国先进个人	中国民主建国会
蔡 超	外国语学院	全国高校教师教学创新大赛——第六届外语微课大赛全国二等奖	中国高等教育学会
陈丽梅	韶关市供销合作联社	2020年度供销合作社系统统计同工种竞赛先进个人	中华全国供销合作总社办公厅
雷 炜	韶关市邮政管理局	新中国成立70周年庆祝活动邮政业服务保障工作嘉奖	国家邮政局
廖翼民	中国邮政集团有限公司韶关市分公司	优秀党务工作者	中国邮政集团有限公司
唐振辉	中国联通韶关分公司	2020年度中国联通劳动模范	中国联通集团
邓小良	韶关市气象局	全国气象行业技术能手	中国气象局
邓小良	韶关市气象局	第十五届全国气象行业职业技能竞赛暨第四届全国气象行业县级综合气象业务职业技能竞赛个人全能三等奖	中国气象局
邓小良	韶关市气象局	第十五届全国气象行业职业技能竞赛暨第四届全国气象行业县级综合气象业务职业技能竞赛监测预警服务单项三等奖	中国气象局

续表36

姓名	工作单位	荣誉称号	表彰单位
邓小良	韶关市气象局	第十五届全国气象行业职业技能竞赛暨第四届全国气象行业县级综合气象业务职业技能竞赛综合业务理论单项三等奖	中国气象局
黄晓泉	广东松山职业技术学院机械工程学院2018级机电一体化技术专业	2020年全国职业院校技能大赛改革试点赛高职组“机器人系统集成”赛项三等奖	2020年全国职业院校技能大赛改革试点赛机器人系统集成赛项执委会（济南职业学院）
黄嘉伟	广东松山职业技术学院机械工程学院2018级工业机器人技术专业	2020年全国职业院校技能大赛改革试点赛高职组“机器人系统集成”赛项三等奖	2020年全国职业院校技能大赛改革试点赛机器人系统集成赛项执委会（济南职业学院）
李建斌	丹霞冶炼厂	全国有色金属行业班组长综合管理技能竞赛三等奖	中国有色金属工业协会
罗顶双	韶关市国有华溪林场职工	广东省劳动模范	中共广东省委、广东省人民政府
张本忠	韶关市技师学院教师	广东省劳动模范	中共广东省委、广东省人民政府
曾令平	南雄市第一小学校长	广东省劳动模范	中共广东省委、广东省人民政府
杨　斌	广东电网有限责任公司韶关城区供电局配电运维班班长	广东省劳动模范	中共广东省委、广东省人民政府
钟　韶	宝武集团广东韶关钢铁有限公司能环部维检作业区调试班班长	广东省劳动模范	中共广东省委、广东省人民政府
赖运美	深圳市中金岭南有色金属股份有限公司凡口铅锌矿采矿车间主任	广东省劳动模范	中共广东省委、广东省人民政府
刘运雄	韶关市粤运汽车运输有限公司始兴汽车站驾驶员	广东省劳动模范	中共广东省委、广东省人民政府
朱建华	始兴县标准微型马达有限公司设备工程师	广东省劳动模范	中共广东省委、广东省人民政府
杨青坡	广东自由能科技股份有限公司董事长、总经理	广东省劳动模范	中共广东省委、广东省人民政府
林契养	韶关市乳源瑶族自治县大桥镇大坪村党支部书记、村委会主任	广东省劳动模范	中共广东省委、广东省人民政府

续表36

姓 名	工作单位	荣誉称号	表彰单位
黄秀芬（女）	广东亚北农副产品有限公司董事长	广东省劳动模范	中共广东省委、广东省人民政府
温志华	粤北第二人民医院	广东省抗击新冠肺炎疫情先进个人	中共广东省委、广东省人民政府
孙　烨	粤北人民医院	广东省抗击新冠肺炎疫情先进个人	中共广东省委、广东省人民政府
黄晓明	韶关市第一人民医院	广东省抗击新冠肺炎疫情先进个人	中共广东省委、广东省人民政府
樊秋民	韶关市妇幼保健院	广东省抗击新冠肺炎疫情先进个人	中共广东省委、广东省人民政府
李锦源	仁化县董塘镇中心卫生院	广东省抗击新冠肺炎疫情先进个人	中共广东省委、广东省人民政府
黄海辉（女）	乐昌市人民医院	广东省抗击新冠肺炎疫情先进个人	中共广东省委、广东省人民政府
赖民园（女）	新丰县人民医院	广东省抗击新冠肺炎疫情先进个人	中共广东省委、广东省人民政府
廖　英（女）	韶关市曲江区马坝镇卫生院	广东省抗击新冠肺炎疫情先进个人	中共广东省委、广东省人民政府
林月娇（女）	始兴县人民医院	广东省抗击新冠肺炎疫情先进个人	中共广东省委、广东省人民政府
涂虹清（女）	翁源县人民医院	广东省抗击新冠肺炎疫情先进个人	中共广东省委、广东省人民政府
吴生华	南雄市人民医院	广东省抗击新冠肺炎疫情先进个人	中共广东省委、广东省人民政府
莫永清	乳源瑶族自治县人民医院	广东省抗击新冠肺炎疫情先进个人	中共广东省委、广东省人民政府
曾　锋	韶关市第三人民医院	广东省抗击新冠肺炎疫情先进个人	中共广东省委、广东省人民政府
王浩强	韶关市武江区沙洲尾社区卫生服务中心	广东省抗击新冠肺炎疫情先进个人	中共广东省委、广东省人民政府
温智鹏	韶关市中医院	广东省抗击新冠肺炎疫情先进个人	中共广东省委、广东省人民政府
李书剑	韶关市疾病预防控制中心	广东省抗击新冠肺炎疫情先进个人	中共广东省委、广东省人民政府
黎　冰（女）	韶关市公安局	广东省抗击新冠肺炎疫情先进个人	中共广东省委、广东省人民政府

续表36

姓 名	工作单位	荣誉称号	表彰单位
黎 冰	韶关市公安局情报信息中心	广东省抗击新冠肺炎疫情先进个人	中共广东省委、广东省人民政府
李 莉（女）	粤北人民医院	全国抗击新冠肺炎疫情先进个人	中共中央委员会、国务院、中共中央军事委员会
邱文怡（女）	韶关市公安局武江分局西郊派出所	广东省抗击新冠肺炎疫情先进个人	中共广东省委、广东省人民政府
陈利军	韶关市人民政府办公室	广东省抗击新冠肺炎疫情先进个人	中共广东省委、广东省人民政府
李国华	韶关市工业和信息化局	广东省抗击新冠肺炎疫情先进个人	中共广东省委、广东省人民政府
胡德宁	韶关市浈江区委	广东省抗击新冠肺炎疫情先进个人	中共广东省委、广东省人民政府
胡克标	韶关市委政法委员会	广东省抗击新冠肺炎疫情先进个人	中共广东省委、广东省人民政府
赵喆晟	韶关市卫生健康局	广东省抗击新冠肺炎疫情先进个人	中共广东省委、广东省人民政府
李永强	韶关市委组织部	广东省抗击新冠肺炎疫情先进个人	中共广东省委、广东省人民政府
曹明飞	韶关市就业服务管理局	广东省抗击新冠肺炎疫情先进个人	中共广东省委、广东省人民政府
吴明珠	韶关市商务局	广东省抗击新冠肺炎疫情先进个人	中共广东省委、广东省人民政府
胡 峰	韶关市委办公室	广东省抗击新冠肺炎疫情先进个人	中共广东省委、广东省人民政府
黄 俊	韶关日报社	广东省抗击新冠肺炎疫情先进个人	中共广东省委、广东省人民政府
邱浩铭	广东财经大学华商学院学生	广东省抗击新冠肺炎疫情先进个人	中共广东省委、广东省人民政府
宁声珍（女）	仁化县董塘镇新龙村	广东省抗击新冠肺炎疫情先进个人	中共广东省委、广东省人民政府
郑贱林	韶关冶炼厂熔炼车间	广东省劳动模范	中共广东省委、广东省人民政府
刘春艳	广东省地质局第三地质大队	广东省劳动模范	中共广东省委、广东省人民政府
罗顶双	韶关市国有华溪林场	广东省劳动模范	中共广东省委、广东省人民政府

续表36

姓 名	工作单位	荣誉称号	表彰单位
李慧文	韶关市中心血站	第七届广东省道德模范提名奖	中共广东省委、广东省人民政府
梁祖超	韶关市退役军人事务局	广东省爱国拥军模范	中共广东省委、广东省人民政府、广东省军区
朱俊英（女）	韶关市教育局职业与成人教育科	广东省爱国拥军模范	中共广东省委、广东省人民政府、广东省军区
汤焕樑	韶关市财政局社会保障科	广东省爱国拥军模范	中共广东省委、广东省人民政府、广东省军区
姜 武	中国人民解放军96736部队政治工作部	广东省拥政爱民模范	中共广东省委、广东省人民政府、广东省军区
林 兵	韶关市中级人民法院研究室主任	广东省先进工作者	广东省人民政府
钟安林	外国语学院	第九批省市优秀援疆干部人才	中共新疆维吾尔自治区委员会、新疆维吾尔自治区人民政府
钟安林	外国语学院	记功1次	中共新疆维吾尔自治区委员会、新疆维吾尔自治区人民政府
郑大伟	原韶关市科委	全省离退休干部先进个人	中共广东省委组织部、中共广东省委老干部局
郭福平	韶关市文联	全省离退休干部先进个人	中共广东省委组织部、中共广东省委老干部局
赖展域	新丰县政协	全省离退休干部先进个人	中共广东省委组织部、中共广东省委老干部局
钟 辉	乳源瑶族自治县委政法委	全省离退休干部先进个人	中共广东省委组织部、中共广东省委老干部局
凌 军	韶关市水务投资集团有限公司	广东省“岗位学雷锋标兵”	广东省委宣传部
林 冬	韶关市发展和改革局	2018-2019年度广东省节能先进个人	广东省发展和改革委员会、广东省人力资源和社会保障厅
邹臣嵩	广东松山职业技术学院电气工程学院	广东省技术能手	广东省人力资源和社会保障厅
楼庆华	韶关市公安局森林分局副局长	三等功	广东省公安厅

续表36

姓 名	工作单位	荣誉称号	表彰单位
黄伟强	韶关市公安局森林分局刑警队队长	三等功	广东省公安厅
伍伊帆	韶关市人民检察院	个人三等功	广东省人民检察院政治部
梁汁柱	韶关市人民检察院	个人嘉奖	广东省人民检察院政治部
钟志坚	韶关市人民检察院	个人嘉奖	广东省人民检察院政治部
吴志红	韶关市人民检察院	全省检察机关2019年度政工信息工作先进个人	广东省人民检察院政治部
徐艺英	曲江区人民检察院	第九届广东省优秀公诉人	广东省人民检察院
冯日田	广东省乐昌中山地区人民检察院	个人嘉奖	广东省人民检察院
吴雯仪	韶关市人民检察院	第二届全省检察机关案件管理业务标兵	广东省人民检察院政治部、广东省人民检察院案件管理室
魏 凯	北江监狱改造质量评估科	援疆三等功	广东省司法厅
张 锐	北江监狱一监区	援疆嘉奖	广东省司法厅
苏 斌	北江监狱警保中心	抗疫三等功	广东省司法厅
陈文雄	北江监狱狱政科	抗疫三等功	广东省司法厅
丁四海	北江监狱狱内侦查科	抗疫三等功	广东省司法厅
李国春	北江监狱党委班子	抗疫嘉奖	广东省司法厅
管孝伟	北江监狱勤务监区	抗疫嘉奖	广东省司法厅
彭 骏	北江监狱五监区	抗疫嘉奖	广东省司法厅
莫俊华	北江监狱十监区	抗疫嘉奖	广东省司法厅
钱震宇	北江监狱十二监区	抗疫嘉奖	广东省司法厅
胡占平	北江监狱十二监区	抗疫嘉奖	广东省司法厅
宋常龙	曲江区人民武装部	优秀团级单位主官	广东省军区
刘荣欣	韶关军分区战备建设处	练兵备战先进个人	广东省军区
贺 芳	韶关军分区保障处	退役报废武器销毁先进个人	广东省军区

续表36

姓 名	工作单位	荣誉称号	表彰单位
陈 曦	韶关离职干部休养所	要讯工作先进个人	广东省军区
胡文杰	乳源瑶族自治县人武部	民兵工作先进个人	广东省军区
王竑力	特战中队指导员	十佳“四会”政治教员	武警广东省总队
林崇桢	副支队长	三等功	武警广东省总队
吕 兢	执勤二大队大队长	三等功	武警广东省总队
邱钧其	执勤四大队大队长	三等功	武警广东省总队
邓 智	卫生队医师	三等功	武警广东省总队
王家龙	宣传保卫股股长	三等功	武警广东省总队
蔡康利	执勤一大队教导员	三等功	武警广东省总队
林 洲	作训股参谋	三等功	武警广东省总队
黄志强	北江监狱劳动改造科	抗疫嘉奖	广东省监狱管理局
谭永昌	北江监狱医院	抗疫嘉奖	广东省监狱管理局
钟裕广	北江监狱党委班子	年度优秀嘉奖	广东省监狱管理局
禹宏魁	北江监狱党委班子	年度优秀嘉奖	广东省监狱管理局
李国春	北江监狱党委班子	年度优秀嘉奖	广东省监狱管理局
吴玮华	北江监狱政治处	三年优秀三等功	广东省监狱管理局
彭永东	北江监狱政治处	三年优秀三等功	广东省监狱管理局
黄晓彤	江监狱改造质量评估科	三年优秀三等功	广东省监狱管理局
余德炎	北江监狱一监区	三年优秀三等功	广东省监狱管理局
冯修接	北江监狱二监区	三年优秀三等功	广东省监狱管理局
丁福勇	北江监狱三监区	三年优秀三等功	广东省监狱管理局
欧锦荣	北江监狱五监区	三年优秀三等功	广东省监狱管理局
田利合	北江监狱四监区	三年优秀三等功	广东省监狱管理局
刘志辉	北江监狱八监区	三年优秀三等功	广东省监狱管理局
傅春林	北江监狱七监区	三年优秀三等功	广东省监狱管理局
邓 翀	北江监狱十监区	三年优秀三等功	广东省监狱管理局

续表36

姓 名	工作单位	荣誉称号	表彰单位
彭　骏	北江监狱五监区	三年优秀三等功	广东省监狱管理局
刘贵明	北江监狱十一监区	三年优秀三等功	广东省监狱管理局
朱琰龙	北江监狱医院	三年优秀三等功	广东省监狱管理局
高成申	韶关军分区动员处	征兵工作先进个人	广东省征兵办
刘学轶	韶关市工业和信息化局	第十届“省长杯”工业设计大赛优秀工作者	广东省工业和信息化厅
周玮珺	韶关市工业和信息化局	2019年度产业共建和园区提质增效信息数据报送工作优秀数据员	广东省工业和信息化厅
刘思敏	韶关市生态环境局	2020年国家强化监督帮扶行动表现突出人员	广东省生态环境厅
谭　发	韶关市生态环境局	2020年国家强化监督帮扶行动表现突出人员	广东省生态环境厅
李剑英	韶关市生态环境局	2020年国家强化监督帮扶行动表现突出人员	广东省生态环境厅
成玉菲	韶关市生态环境局武江分局	2020年国家强化监督帮扶行动表现突出人员	广东省生态环境厅
罗盛焕	韶关市生态环境局新丰分局	全省生态环境保护执法工作表现突出个人	广东省生态环境厅
丘德胜	韶关市生态环境局乐昌分局	全省生态环境保护执法工作表现突出个人	广东省生态环境厅
向丽霞	韶关市生态环境局	《广东生态环境年鉴·2019》优秀撰稿人	广东省生态环境厅
陈卫国	韶关市住房和城乡建设管理局	广东省大气污染防治攻关攻坚工作表现突出的个人	广东省生态环境厅
阮　立	韶关市粤运汽车运输有限公司韶关汽车客运西站	2020年广东省交通运输行业道路客运汽车驾驶员职业技能竞赛一等奖	广东省交通运输厅
阮　立	韶关市粤运汽车运输有限公司韶关汽车客运西站	2020年广东省交通技术能手称号	广东省交通运输厅
郑秋桦	粤东生物与农业学院	第六届互联网+大学生创新创业大赛广东省分赛“青年红色筑梦之旅”赛道获优秀创新创业导师奖	广东省教育厅
黄昱琪	韶关学院化学与土木工程学院	第八届广东省高校辅导员素质能力大赛三等奖	广东省教育厅

续表36

姓 名	工作单位	荣誉称号	表彰单位
瞿晓玲	韶关学院化学与土木工程学院	2020年度广东省第五届高校（本科）青年教师教学大赛（工科组）二等奖	广东省教育厅
李灵聪	韶关学院化学与土木工程学院	2020年度广东省第五届高校（本科）青年教师教学大赛（工科组）三等奖	广东省教育厅
焦琳娟	韶关学院化学与土木工程学院	第七届广东省本科高校师范生教学技能大赛优秀指导教师	广东省教育厅
薛晓芳	韶关学院马克思主义学院	广东省教育厅高校思政课“抗疫”优秀教学案例三等奖	广东省教育厅
李嘉莉	韶关学院马克思主义学院2016级思想政治教育1班	第七届广东省本课高校师范生教学技能大赛政治组二等奖	广东省教育厅
黄思敏	韶关学院马克思主义学院2016级思想政治教育1班	第七届广东省本课高校师范生教学技能大赛政治组三等奖	广东省教育厅
周小玲	韶关学院马克思主义学院	广东省第九届“自觉爱国奋斗 潜心教书育人”师德征文高校本科组一等奖	广东省教育厅
邵晓文	韶关市委统战部	2020年度信息报送工作先进个人	广东省民族宗教事务委员会
郭晓明	市委宣传部	2019年广东省“扫黄打非”先进个人	广东省“扫黄打非”工作领导小组
邓　鹏	韶关市人大常委会农村农业民族宗教工作委员会办公室主任	2016—2018年广东省脱贫攻坚突出贡献先进个人	广东省扶贫开发领导小组
刘志强 袁永光 杨浩锐 张　洋	韶关市农业农村局	广东省2016—2018年脱贫攻坚突出贡献个人	广东省扶贫开发领导小组
华一元	韶关市人大常委会法制工作委员会办公室主任	2019—2020年广东省脱贫攻坚突出贡献先进个人	广东省委农村工作领导小组
钟良珍	韶关学院国际交流合作处	2020年度广东省高等院校对外交流与合作优秀个人奖	广东省高等教育学会高校外国文教专家工作委员会
洪　波	韶关学院国际交流合作处	2020年度广东高校来华留学工作“优秀个人”	广东省高等教育学会外国留学生工作委员会
Neelakandan Chandrasekaran	韶关学院	2020年度广东省高等院校外国专家国际合作奖	广东省高等教育学会高校外国文教专家工作委员会
王健平	广东北江中学	2020年度空军招飞工作先进个人	空军招飞局广州选拔中心、广东省招生委员会办公室

续表36

姓 名	工作单位	荣誉称号	表彰单位
黄昱琪	韶关学院化学与土木工程学院	2019年度广东省高校学生资助先进工作者	广东省高校奖学助学工作专业委员会
丘秀珍	韶关学院化学与土木工程学院	仪器分析在线教学优秀案例二等奖	广东省本科高校在线教学指导委员会
郭会时	韶关学院化学与土木工程学院	仪器分析在线教学优秀案例二等奖	广东省本科高校在线教学指导委员会
罗建民	韶关学院化学与土木工程学院	仪器分析在线教学优秀案例二等奖	广东省本科高校在线教学指导委员会
蓝 毅	韶关学院化学与土木工程学院	广东省本科高校在线教学优秀案例（教师或课程类）二等奖	广东省本科高校在线开放课程指导委员会
薛晓芳	韶关学院马克思主义学院	广东省首届公办本科高校教师党支部书记素质能力大赛二等奖	中共广东省委教育工作委员会
朌红英	韶关学院马克思主义学院	广东省高校党建研究会2019年年会优秀论文一等奖	广东省高等学校党的建设研究会
邓小良	韶关市气象局	广东省第一届职业技能大赛广东省行业企业职业技能竞赛综合气象观测人员项目第一名	广东省第一届职业技能大赛组委会
曹智梅	广东松山职业技术学院机械工程学院	2020年广东省公办高职高专院校教师党支部书记素质能力大赛二等奖	中共广东省委教育工委
邹 亮	韶关银保监分局	广东银保监局系统2019年度分局优秀主要负责人	广东银保监局
邹 亮	韶关银保监分局	2019年度辖内银保监分局党委书记抓基层党建述职评议考核获“好”的等次	广东银保监局
曾 勇	韶关银保监分局	广东银保监局系统2019年优秀扶贫工作者	广东银保监局
黄 瑞	韶关银保监分局	广东银保监局2019年度信息工作先进个人	广东银保监局
黄雅云	韶关银保监分局	2019年度现场检查（银行条线）优秀检查员	广东银保监局
吴 旻	韶关银保监分局	2019年度现场检查（非银条线）优秀检查员	广东银保监局
钟浩宇	韶关银保监分局	广东银保监局系统2019年度优秀借调干部	广东银保监局

续表36

姓 名	工作单位	荣誉称号	表彰单位
杜昭平	韶关银保监分局	2020年EAST系统应用劳动技能竞赛应用类模型参与奖	广东银保监局
吴 旻	韶关银保监分局	2020年EAST系统应用劳动技能竞赛参与类模型参与奖	广东银保监局
彭立文	韶关学院马克思主义学院	广东省第五届青年教师教学大赛二等奖	广东省总工会、广东省教育厅
彭立文	韶关学院马克思主义学院	广东省高校思想政治理论课青年教师基本功比赛三等奖	广东省总工会、广东省教育厅
刘颖慧	韶关学院马克思主义学院	广东高校思政课青年教师教学基本功比赛优秀奖	广东省总工会、广东省教育厅
沈智姹	粤北第二人民医院肺科护士长	广东省“五一”劳动奖章获得者	广东省总工会
曾令成	丹霞冶炼厂	广东省工会优秀女职工之友	广东省总工会
朱智祯	丹霞冶炼厂	广东省工会女职工工作先进工作者	广东省总工会
黄雅云	韶关银保监分局	广东省优秀共青团干部	共青团广东省委员会
马心怡	韶关银保监分局	广东省优秀共青团员	共青团广东省委员会
许家英	韶关海事局	广东省优秀共青团员	共青团广东省委员会
史晓溪	广东松山职业技术学院外语商务学院	2019—2020年度广东省优秀团干部	共青团广东省委员会
付浩坤	中国联通韶关分公司	2019-2020年度广东省优秀共青团员（防疫专项）	共青团广东省委办公室
李德庆	广东省妇女维权与信息服务站（韶关站）志愿者、韶关市乐善义工会会长	广东省项目优秀志愿者	广东省妇女联合会
李 婕	广东省妇女维权与信息服务站（韶关站）志愿者、广东众同信律师事务所民事业务部主任	广东省项目优秀志愿者	广东省妇女联合会
黄粤宁	广东省妇女维权与信息服务站（韶关站）志愿者、韶关市地平线心理咨询服务中心负责人	广东省项目优秀志愿者	广东省妇女联合会
薛 冰	粤北人民医院全科医学科	广东省三八红旗手	广东省妇女联合会
吴晓惠	韶关市疾病预防控制中心	广东省三八红旗手	广东省妇女联合会

续表36

姓 名	工作单位	荣誉称号	表彰单位
赵 薇	宝武水务科技有限公司韶关分公司	广东省三八红旗手	广东省妇女联合会
符小密	广东丹霞印象客栈民宿管理有限公司	广东省三八红旗手	广东省妇女联合会
曹智梅	广东松山职业技术学院	广东省三八红旗手	广东省妇女联合会
陈新建家庭		广东百户最美家庭	广东省妇女联合会
彭红莲家庭		广东百户最美家庭	广东省妇女联合会
钟巧群家庭		广东百户最美家庭	广东省妇女联合会
欧咏梅家庭		广东百户最美家庭	广东省妇女联合会
邹文慧家庭		广东百户最美家庭	广东省妇女联合会
冯穗元家庭		广东省十大优秀书香之家	广东省妇女联合会
黄晓萍	英东生物与农业学院	广东省五好家庭	广东省妇女联合会
蓝 毅	韶关学院化学与土木工程学院	2019年广东省高校辅导员人物入围奖	高校思想政治工作队伍培训研修中心（华南师范大学）、教育部高校辅导员培训和研修基地（华南师范大学）
蓝 毅	韶关学院化学与土木工程学院	2019年广东省高校辅导员人物“最具科学精神辅导员”	高校思想政治工作队伍培训研修中心（华南师范大学）、教育部高校辅导员培训和研修基地（华南师范大学）
康雁冰	韶关学院马克思主义学院	广东高校思政课区域协同创新中心2020年会教研论文评比一等奖	广东高校思政课区域协同创新中心
康雁冰	韶关学院马克思主义学院	广东高校思政课区域协同创新中心2020年会教研论文评比三等奖	广东高校思政课区域协同创新中心
吴国桂	广东松山职业技术学院电气工程学院2017级智能控制技术专业	2019—2020年度广东省优秀学生干部	广东省学生联合会
沈明礼	市委宣传部	“十佳新闻秘书”称号	南方日报社
郑洁红	中国人民银行韶关市中心支行	获得2017-2018年度中国人民银行巾帼建功标兵	中国人民银行工会工作委员会
黄胜利	中国人民银行韶关市中心支行	获得2020年中国人民银行定点扶贫先进个人	中国人民银行
邓新生	瑶岭公司	稀土集团特别贡献奖个人	稀土集团

政府工作报告

——2021年1月31日在韶关市第十四届人民代表大会第八次会议上

韶关市市长　陈少荣

各位代表：

现在，我代表市人民政府，向大会报告工作，请予审议，并请各位政协委员和列席人员提出意见。

“十三五”发展成就和2020年工作回顾

“十三五”时期，全市政府系统高举习近平新时代中国特色社会主义思想伟大旗帜，在市委的坚强领导下，在市人大及其常委会、市政协的监督支持下，按照省委省政府“1+1+9”工作部署，围绕全力筑牢粤北生态屏障、打造绿色发展韶关样板、争当北部生态发展区高质量发展排头兵的战略定位，坚持稳中求进工作总基调，坚持新发展理念，坚持高质量发展，凝心聚力，砥砺奋进，决胜全面建成小康社会取得决定性成就，较好完成“十三五”规划主要目标任务，取得“一个新突破、两个重大进展、三个显著提升、四个明显改善”的发展成就。

“一个新突破”：综合竞争力实现新突破。全市地区生产总值1354亿元，人均地区生产总值5.1万元，均居北部生态发展区第2位，年均分别增长5.1%和6%。地方一般公共预算收入突破百亿元、达105.1亿元，年均增长5.9%。金融机构各项存款余额突破2000亿元。社会消费品零售总额445亿元，年均增长4.4%。五年累计完成固定资产投资3463亿元。三次产业结构调整为14.7：34.3：51。荣获全国双拥模范城“四连冠”，获评全国绿化模范城市、最美中国文化旅游名城，是全省唯一的国家产业转型升级示范区、国家绿色矿业发展示范区、国家山水林田湖草生态保护修复试点市，被列为第七届全国文明城市提名城市，环境质量改善、老工业基地调整改造两项工作获国务院督查激励，城市竞争力和美誉度不断提升。

“两个重大进展”：融入粤港澳大湾区和深圳先行示范区取得重大进展。基本融入大湾区城市1小时生活圈经济圈，汕昆高速、武深高速、北江航道扩能升级等一批重大交通项目相继开通，韶新高速完成主体工程，雄信高速动工建设，韶关港、韶关丹霞机场取得重大进展，基本构建“八高三铁两航”现代综合交通运输体系。产业共建扎实有效，第二轮莞韶对口帮扶以来两市共投入产业共建专项资金29亿元，签约亿元以上项目313个，“2+10+N”园区建设全面提速；融入广佛肇清云韶经济圈和广州都市圈，引进广州港、广汽等来源于广州的项目171个、总投资额339亿元；融湾产业平台扎实推进。新增粤港澳大湾区“菜篮子”生产基地34家。推进重点领域改革取得重大进展。供给侧结构性改革扎实推进，累计淘汰落后钢铁产能315万吨，完成补短板投资350亿元，为企业降成本148亿元。市属一级国有企业从10家优化整合至5家，国有“僵尸企业”全部出清，“三供一业”分离移交和退休人员社会化管理工作基本完成。启动国家产融合作试点工作。开展林长制试点，市县属国有林场改革全面完成，林业碳普惠改革经验在全省推广。全面完成农村土地确权登记颁证工作。农村集体产权制度改革、集体林业综合改革、紧密型医共体改革、中小学教师“县管校聘”改革等国家级试点取得积极成效。成功创建省现代职业教育综合改革示范市。

“三个显著提升”：工业运行质量显著提升。累计完成工业投资1018亿元、其中技改投资317亿元。2020年全市规上工业企业利税总额180亿元，比2015年增长51%。制造业“主力军”作用不断凸显，占工业增加值的80.4%、比2015年提高6.4个百分点。园区“主战场”地位持续提高，占规上工业增加值的37.5%、比2015年提高10.5个百分点。华南装备园累计引进亿元以上工业项目35个。乳源东阳光入围省民营企业百强榜，新增国家“小巨人”企业3家、省级“专精特新”中小企业45家。创新驱动能力显著提升。研发经费支出占GDP的比重连续五年位居粤东西北第一。高新技术企业308家，比2015年增长8倍；高技术制造业占规上工业增加值比重比2015年提高3个百分点。新增省级研发平台（孵化器）74个、院士（博士）工作站和创新基地30个，规上企业研发机构覆盖率52%，国家级孵化器和省重点实验室均实现零的突破。每万人口高价值发明专利拥有量1.32件。政务服务水平显著提升。营商环境综合评价和企业开办便利度均居粤东西北第一。“数字政府”改革建设走在全省前列，在全省率先完成“一门式一网式”系统延伸到所有镇村，建成“粤省事”“粤商通”韶关专版，高频服务事项基本实现指尖办理。政府投资项目、社会投资项目审批时间分别大幅压减至100个和42个工作日内。打造12345政府服务热线“一号通”。基本实现“双随机、一公开”全覆盖。

“四个明显改善”：生态质量明显改善。落实绿美南粤行动，划定生态保护红线6101平方千米，完成造林更新167万亩，新建森林公园38个、湿地公园7个。森林覆盖率达74.43%、有林地面积121万公顷、活立木蓄积量9350万立方米，均保持全省前列。污染防治力度加大，2020年市区空气质量优良天数比例达97.3%、创2014年以来的新纪录，省考以上断面水质优良率为100%。城乡面貌明显改善。铜鼓大道、丹霞大道中、莲花大道、韶南大道等一批主干道贯通城区，城市建成区面积比2015年扩大23.7平方千米，主城区框架进一步拉大，“四区”融合发展步伐加快。新增污水管网689千米，国家卫生城市成功通过复评。累计投入128亿元开展县城“439”和镇（街）“139”行动，县城和乡镇面貌焕然一新。乡村振兴走在全省前列，获批省级现代农业产业园13个，建成高标准农田112万亩，解决3641个自然村安全饮用水问题，完成“四好农村路”建设4617.9千米，拆除破旧泥砖房77万间、1949万平方米，农村人居环境持续改善。社会治理明显改善。平安韶关、法治韶关建设扎实有效，群众安全感稳居全省前列，法治广东考评居粤东西北第二，成功创建3个信访工作“三无”县（市、区）。食品安全工作考核首获A级，居粤东西北首位。扫黑除恶专项斗争取得重要成果，累计打掉黑社会性质组织、恶势力犯罪集团48个。创新实施派出所“八个一”和红袖章“三个一”工作机制，基本构建立体化信息化治安防控体系。建设省级救援基地2个和省级应急救援队伍5支，亿元生产总值生产安全事故死亡率下降29.8%。消防工作连续5年获省“优秀”。民生福祉明显改善。城乡居民人均可支配收入达2.73万元、年均增长8.5%。城镇新增就业16万人。企业退休人员月人均基本养老金提高至2463元，年均增长5%。城乡居民医保补助标准提升至550元。全市278个省定贫困村和32376户82823名贫困人口全部脱贫出列，扶贫开发工作成效位居全省“第一方阵”。韶州师范学院迁建、九龄中学、东鹏中学、天麓山小学等建成使用，市级和10个县（市、区）均成功创建省推进教育现代化先进市（县），学生资助工作连续5年位居全省第一。“1331”医院集群发展战略顺利推进，乐昌、南雄、翁源第二人民医院建成使用，完成36家乡镇卫生院标准化和1035间村卫生站规范化建设，医疗卫生体系不断完善。建成新时代文明实践中心（所、站）920个。文艺精品创作取得突破性进展。华南教育历史研学基地建设有序推进，建成红军长征粤北纪念馆及10个县级公共文化场馆、71间风度书房、1430个基层综合性文化服务中心。人均体育场馆面积2.5平方米。每千人拥有养老床位达35张。基本建成12349套棚改房和保障性住房。

2020年是极不寻常的一年，突如其来的新冠肺炎疫情给全市人民生命健康和经济社会运行带来严重冲击。在这场没有硝烟的大战大考中，全市上下坚决贯彻习近平总书记关于统筹推进疫情防控和经济社会发展的重要指示精神，按照中央、省和市委的部署要求，扎实做好“六稳”工作，全力落实“六保”任务，为“十三五”规划画上圆满句号。一年来，我们主要做了以下工作：

一是有效应对疫情风险挑战，全力推进“双统筹”。始终把人民群众生命安全和身体健康放在第一位，第一时间启动全市应急响应，因时因势调整完善疫情防控措施，构建组织领导“一盘棋”和横向到边、纵向到底的联防联控网，坚决守好广东疫情防控“北大门”。各级各单位闻令而动、履职担当，设置联合防疫检查站118个，在全省率先开展机关党员干部到社区报到工作，6万多名在职党员下沉基层一线，全市人民众志成城、共克时艰，48天实现全部病例清零，疫情防控取得重大成果。全力抓好复工复产复商复市，及时出台复工复产19条、支持生活性服务业39条等惠企纾困政策措施，在战风斗雨中全力稳住经济基本盘。全年减税降费28.9亿元，新增“四上”企业176家，新增市场主体1.6万户、增长9.2%。全市地区生产总值增长3%，居全省第6位。地方一般公共预算收入增长4%，建筑业产值增长12.4%，实际利用外资增长1.5倍，三项指标均居全省前列。固定资产投资增长2.8%，在全省排位上升4位。

二是推进产业转型升级，加快新旧动能转换。我市在北部生态发展区中唯一获评全省制造业发展较好地市。工业投资增长11.9%。规上工业增加值增长3%、居全省第5位，其中先进制造业、高技术制造业分别增长5.7%和13.4%。华韶数据谷、中电鹰硕、联通智慧客服南方中心、博雅生物等项目建设加快，医药产业增加值增长26.4%。南雄、乳源成功创建省级高新区，净增高新技术企业72家。全市建成标准厂房17万平方米。14个镇、118个村被评为省级“一村一品、一镇一业”专业村镇，分别居全省第1位和第2位。全域旅游深入推进，创建研学基地（营地）21家，举办徒步穿越丹霞等66场大型文旅活动，擦亮韶关户外运动赛事品牌。仁化被评为国家全域旅游示范区。

三是扎实推进城乡建设，持续改善人居环境。武江大道南、南华大道南、九龄西路等道路贯通，韶关国际会展中心、市妇幼保健院新院等项目基本建成，韶州公园、芙蓉山公园、林桥公园建成提升，韶州大道、韶州历史文化博物馆、韶州中学、市一医院新院、韶州人民医院等加速推进。广东南岭干部学院建成使用，成为全省红色教育新高地。市区完成30个老旧小区和8家农贸市场改造，全市治理违建120万平方米。交通基础设施完成投资82.2亿元，新改建国省道218千米。3条天然气主管道、南水水库供水工程、500千伏犁市输变电站等项目扎实推进。建成5G基站1220个。10个县（市、区）品质提升和50个镇（街）整治提升成效明显，自然村基本完成“三清三拆三整治”，打造了“兰乡古韵”“阅丹公路”“画里清化”等美丽乡村示范带。

四是全域加强生态保护，提升

生态环境质量。山水林田湖草生态保护修复试点工程完成投资71亿元，7个县（市）均完成创建国家森林城市申请和总体规划“双备案”。城市绿化覆盖率达43.4%。始兴获评国家生态文明建设示范县。全面加强扬尘整治，$PM_{2.5}$和PM_{10}平均浓度分别下降17.2%和14%。全面落实河长制，严厉打击查处非法采运河砂，建成万里碧道129千米，江河水质持续保持优良。市区和乐昌垃圾焚烧发电项目建成投产，完成56个镇级生活垃圾填埋场治理，城镇生活垃圾无害化处理率达100%。镇级生活污水处理设施实现全覆盖。全面实现全国土壤污染防治先行区建设目标。

*五是全面发展社会事业，提高群众幸福指数。*十件民生实事全面完成。城镇登记失业率控制在3.5%以内。底线民生保障水平进一步提高。基本医疗保险参保率提高至98.9%，乡镇以上公立医疗机构全部实现省内外异地联网直接结算。新增公办学前教育学位1.23万个，实现“5080”目标。完成农村义务教育寄宿制学校改造92所。仁化入围全国文明城市行列。20间县级公立医院升级项目基本完成，实现镇级中医馆和村卫生站全覆盖，引进基层医疗卫生人才298名。建成农村安全饮用水保障工程207宗。国防动员、统计调查、审计监督、外事侨务、民族宗教、妇女儿童、残疾人等事业取得新成效。

*六是大力提升政府效能，全面优化营商环境。*办理人大代表建议69件、政协提案315件。调整435项市级权责清单事项，415项高频县级事项下沉镇村办理，基本完成乡镇（街道）体制改革。“证照分离”改革实现“24证合一”。深化法治政府示范创建，健全重大决策法定程序制度，广泛开展民法典学习宣传，深入实施《韶关市烟花爆竹燃放安全管理条例》等6部地方性法规。重点领域信息发布平台实现全覆盖。政府系统党风廉政建设和反腐败工作深入推进。

各位代表！这些成绩的取得，是我们深入贯彻落实习近平新时代中国特色社会主义思想的结果，是省委省政府和市委坚强领导的结果，是全市上下共同努力的结果。在此，我代表市人民政府，向全市人民，向各位人大代表、政协委员，向各民主党派、各人民团体，向驻韶有关单位和人民解放军、武警官兵，致以崇高的敬意！向所有关心、支持和参与韶关经济社会发展的各界朋友，表示衷心的感谢！

在看到成绩的同时，我们也清醒认识到，发展不平衡不充分仍是我市最大短板。主要有：经济总量较小，发展后劲不足；产业集聚能力较弱，中低端产业占比仍然较大，新经济新产业发展不足；有效投资不够，招商引资成效不明显，重大产业项目、龙头项目缺乏；中心城区辐射带动能力不强，县域发展水平不高，城乡区域发展不平衡不协调的问题仍然突出；生态文明建设存在短板弱项，社会治理、民生建设任务艰巨；政府效能有待提升，营商环境仍需优化。对此，我们必须高度重视，尽最大努力加以解决。

“十四五”奋斗目标和主要任务

“十四五”时期是我国“两个一百年”奋斗目标的历史交汇期，也是全面开启建设社会主义现代化强国新征程的重要机遇期。“十四五”时期我市经济社会发展的指导思想是：坚持以习近平新时代中国特色社会主义思想为指导，深入贯彻党的十九大和十九届二中、三中、四中、五中全会精神，坚持贯彻新发展理念，坚持稳中求进工作总基调，以推动高质量发展为主题，以深化供给侧结构性改革为主线，以改革创新为根本动力，以满足人民日益增长的美好生活需要为根本目的，按照省委省政府“1+1+9”工作部署和“一核一带一区”区域发展格局要求以及市委的部署，坚定不移走生态优先、绿色发展之路，以非凡之举加快新型工业化、信息化、城镇化和农业现代化进程，积极参与构建新发展格局，推进治理体系和治理能力现代化，全力筑牢粤北生态屏障，打造绿色发展韶关样板，争当北部生态发展区高质量发展排头兵，为与全国全省同步基本实现社会主义现代化开好局、起好步。

*——我们要全力筑牢生态屏障，厚植生态新优势。*优化国土空间开发保护格局，落实碳达峰、碳中和工作要求，生态环境质量持续改善，资源利用更加高效。高水平建设南岭国家公园，全域成功创建国家森林城市和国家生态文明建设示范市。森林覆盖率达75%，省考以上断面水质优良率和县级以上饮用水源水质达标率继续保持双“100%”，空气质量稳中有进，建设天蓝、水清、土净、地绿的美丽韶关。

*——我们要全力发展绿色经济，培育产业新引擎。*坚持产业生态化、生态产业化，大力发展需要山水而不污染山水的产业，加快实现资源资产价值化，提升生态“含金量”、发展“含绿量”。深入推进创新驱动战略，研发经费支出占GDP比重达到2%以上。全国产业转型升级示范区建设取得重要成效。“十四五”期间，地区生产总值年均增长7%、迈上2000亿元台阶，人均地区生产总值年均增长6%，工业增加值占GDP比重每年提升1个百分点，固定资产投资率达55%以上，社会消费品零售总额突破700亿元。

*——我们要全力深化改革开放，增强发展新动力。*坚持向改革要空间要动力，以深化供给侧结构性改革为主线，以“放管服”改革为牛鼻子，加强“数字政府”改革建设，大力推进一批战役性战略性和创造性引领性改革，高质量发展、高效能治理、高品质生活的体制机制更加完善。实行更高水平对外开放，以“四通三抓”高质量融入“双区”建设，基本建成与“双区”接轨的市场体系。推动外资外贸高质量发展，出口总额翻一番。

*——我们要全力加快新型城镇化，推动城乡新发展。*引导各类优质资源向中心城区集聚，提升城市承载力竞争力。市区建成区面积达130平方千米以上，市区人口达110万以上、其中韶关新区人口超15万，户籍人口城镇化率每年提升1个百分点。推进以县城为重要载体的新型城镇化建设，实施县域品质提升工

程，县域产业和人口集聚辐射能力大幅提高。深入实施乡村振兴战略，全市省级现代农业产业园增至 25 个，建设大湾区“米袋子”“菜篮子”“果盘子”“茶罐子”“花瓶子”，加快农村一二三产融合聚变，全力将农业农村短板变为“潜力板”。

——我们要全力发展社会事业，增进民生新福祉。城乡居民人均可支配收入与经济增长基本同步。强化就业优先政策，实现更充分更高质量就业。健全多层次社会保障体系，基本养老保险参保率达 95%以上，基本医疗保险参保率稳定在 98%以上。推动教育、卫生、文化、体育、民政等社会事业全面发展，基本公共服务水平显著提升。大力创建全国文明城市，推动全域精神文明创建，社会主义核心价值观深入人心，“善美韶关”城市形象品牌更加响亮，建设更高水平的幸福韶关。

——我们要全力推进共建共治共享，构建治理新格局。统筹发展和安全，坚决防范和化解各种风险，平安韶关建设不断深化，突发公共事件应急能力显著增强，社会保持和谐稳定，全国市域社会治理现代化试点建设取得明显成效。坚持依宪施政、依法行政，行政效率和公信力显著提升，法治政府和法治社会建设水平持续提高。

2021 年工作安排

2021 年是中国共产党成立 100 周年，也是“十四五”的开局之年，做好今年的工作至关重要。今年经济社会发展的主要预期目标是：地区生产总值增长 7%以上，工业增加值增长 9%，地方一般公共预算收入增长 6%，固定资产投资增长 10%，社会消费品零售总额增长 7%，出口总额增长 10%，城镇登记失业率控制在 3.5%以内，居民消费价格上涨 3%左右，居民人均可支配收入增长与经济增长基本同步，完成省下达的能耗强度控制目标任务，主要污染物排放量继续下降。

围绕以上目标任务，重点抓好以下七个方面工作：

一、突出生态保护主旋律，全力筑牢粤北生态屏障

全域加强生态建设。全面完成国土空间规划编制，落实“三线一单”管控方案。高质量完成山水林田湖草生态保护修复试点工程。全力配合省做好南岭国家公园创建工作，优化创建范围和功能分区，加快建设南岭国家公园研究院、物种资源保护研究中心、专家工作站等创新平台，抓好丹霞山文物保护与修复、入口廊道景观提升、入口社区提升等项目建设，充分发挥南岭国家公园辐射带动作用，推动文旅等绿色产业融通发展。加快乳源西京古道国家石漠公园建设。全面推行林长制，强化森林资源管护。大力建设高质量水源林，完成造林 18 万亩，力争成功创建国家森林城市。倡导绿色生产生活方式，新增市区绿道慢行系统 50 千米，城市绿化覆盖率提高至 45%，推广新能源公交车，建成新能源充电站 100 座。推进公共机构节能降耗，绿色建筑占新增建筑面积达 80%以上。争取设立粤北地区生态环境研究中心，开展固废危废处理处置、碳中和等研究试点。

强化生态环境治理。加强油路车企污染联合防控，持续开展扬尘专项整治，严格露天焚烧管控，力争市区空气质量优良天数比例 97.5%以上。进一步落实河长制，常态化推进河湖“清四乱”，开展河道非法采砂专项整治，加强入河排污口治理，改造城乡污水管网 30 千米，治理 5 条市区河涌和江河主要支流 30 千米，实现县级以上饮用水水源地在线监测，地表水考核断面水质优良比例保持 100%。建设万里碧道 100 千米以上。深化土壤污染综合防治，防控重金属源头污染，加强农用地和建设用地土壤环境全过程风险管控，确保主要农作物化肥、农药使用量零增长。推广生活垃圾分类，推进中心城区餐厨垃圾收运处理项目建设。

推动资源资产价值化。摸清各类自然资源的分布、面积、权属等情况，开展编制自然资源资产负债表试点，逐步建立全市统一资源资产数据库和确权登记信息管理平台。建立生态产品价值评估、自然资源资产有偿使用机制，探索建立“生态银行”模式，开展生态产权融资、生态产权交易、生态补偿、“生态 +”等创新，推动山水林田湖草等自然资源和岸线使用权、水权、排污权、用能权等权益性资产价值化。采取赎买、租赁、托管、股权合作、特许经营等方式，将碎片化的资源资产进行统一收储和整体运营，实现生态效益最大化。抢抓省加大对北部生态发展区生态补偿和产业引导支持的机遇，争取省制定北江流域生态保护补偿机制和增加碳汇交易准入量，推动省林产品交易中心项目落户。

二、坚持绿色发展主路径，构建生态产业体系

培育壮大高端高新产业。出台“3+3”战略性支柱产业和战略性新兴产业集群专项行动计划，加快发展电子信息、装备制造、新材料、生物医药、大数据、汽车及零部件等高新产业，制造业投资完成 180 亿元、增长 45%。做强先进材料产业，重点发展先进钢铁材料、有色金属材料、化工新材料、新型建材，引导涂料化工产业高端化转型，打造大湾区先进材料供应基地。做强先进装备制造业，加快明德电器、东阳光精箔三期等重点项目建设，着力构建“先进材料—装备基础件(零部件)—装备整机”的完整产业链，力争新开工、新投产亿元以上装备制造业项目 25 个以上。做强现代轻工业，大力发展食品饮料、环保餐具、竹木加工、纺织服装、玩具及文化用品产业，加快新丰新盟生产基地、新蓝天高端纺织、丹宁未来服装等项目建设，现代轻工业占规上工业增加值比例达到 15%以上。培育发展生物医药产业，加快东阳光药业、曼陀罗医药、青云山药业二期、花安堂等项目建设，争取中药材交易中心落地，着力构建中药材种植加工、化学原料药、血液制品和医疗器械等协同发展的完备生态，医药制造业投资增长 15%以上。培育发展电子信息制造业，抢抓广州、深圳、东莞等电子信息制造业向外转移机遇，促进忠信世纪、欧莱新材、比亚迪电子等高成长企业增资扩产。培育发展大

数据及软件信息服务业，加快华韶数据谷、中电鹰硕、联通智慧客服南方中心等项目建设，推进中国互联网金融协会南方数据中心落地，积极引进虚拟现实技术、动漫、电竞、人工智能等大数据应用企业，实现大数据产业集聚发展。大力发展汽车及零配件产业，加快推进广汽试验场建设，鼓励宏大齿轮、韶铸精锻等围绕专精特新进行配套，建设新能源汽车配件园。

*优化提升传统优势产业。*争取省出台支持政策，高水平建设全国产业转型升级示范区。加快绿色矿业发展示范区建设，加快推进丹冶炼锌渣绿色化升级改造、大宝山铜硫资源综合利用、稀土产业园等项目建设，全面开展稀土开采和分离加工，延伸做长有色金属产业链，提升产品附加值。优化钢铁产业结构，支持韶钢提升短流程钢铁生产能力、开展汽车用钢资质认证，提升特殊钢、优质钢产能。推动烟草全产业链布局，促进韶烟提质增效，加快中烟物流基地建设。推动能源产业绿色发展，扎实推进韶关天然气分布式能源站、朱安风电、泽洋光伏发电等项目建设。提高本地建筑企业竞争力，鼓励大型建筑企业在韶注册分公司，建筑业产值增长15%以上。实施新一轮工业企业技改行动和“双百”行动计划，加强链主企业和生态主导型企业培育，新增规上工业企业60家、专精特新企业40家，力争完成工业投资250亿元、其中技改投资80亿元。大力推进“两化融合”，支持企业上云上平台，推进30家工业企业数字化改造，培育工业互联网发展项目及5G和数据中心融合应用示范项目各2个，新增机器换人应用800台。支持企业创建省级制造业创新中心，培育发展共享制造和大中小企业融通发展平台。

*大力发展现代农业。*编制市域区块分类种植规划，开展现代农业产业发展十大行动，整县建设农业现代化示范区，构建“跨县集群、一县一园、一镇一业、一村一品”现代农业产业体系。新增省级现代农业产业园3家、省市农业龙头企业和大湾区“菜篮子”生产基地各10家以上，建设省农业特色镇村70个以上，新增全国名特优新农产品5个、“粤字号”农业品牌10个，打造大湾区特色优质农产品生产供应基地。落实“米袋子”“菜篮子”工程，推动粮食生产稳定增收，加强生猪家禽渔业转型升级。规划建设浈江河谷产业带。推进全域兰花产业发展。加强农产品安全质量监管和溯源体系建设，全域创建国家农产品质量安全示范市。加快农产品交易中心、农村冷链物流和智慧粮储设施建设，推进广东供销公共型农产品冷链物流基础设施骨干网区域中心城市建设，打造一批具有供销集散功能的专业化市场。加快数字农业平台建设，完善市县镇村四级助农平台。完成高标准农田建设25万亩、拆旧复垦1000亩、水田垦造3000亩。大力发展林下经济，新增林下种植2万亩以上，支持南雄等地实施国家储备林项目。积极筹办粤湘赣三省七市生态农业博览(展销)会。

*积极发展文旅康养产业。*抓紧编制完善全市旅游发展规划，以“一区两园一基地”建设为牵引，全力打造红色教育游、银色康养游、古色文化游、金色观光游、绿色生态游“五色”韶关。加快华南教育历史研学基地建设，建成坪石5个办学纪念地、大村遗迹地等项目，规划建设车八岭研学基地，打造全省研学目的地。开展南粤古驿道保护活化工作，提升文化内涵。加快云门山、嘉华康养、岭南红叶世界、心泉谷等重点项目建设，推进翁源兰花、珠玑文化、乐昌誉马等特色小镇建设，打造康养胜地。加快长征国家文化公园（韶关段）建设，打造红色旅游精品线路，打响“红色韶关”品牌。加快南岭旅游公路建设，推动旅游景区景点串珠成链，擦亮“绿色南岭”品牌。积极引进大型文旅集团，开发建设一批文旅综合项目，各县（市、区）至少规划建设1家高星级标准酒店。全市新增限额以上批发零售企业40家、住宿餐饮企业30家、规模以上服务业企业30家，培育星级民宿20家。加强户外运动基地和汽车营地建设，策划举办旅游节庆、体育赛事等活动50场以上。积极创建国家级和省级全域旅游示范区，完善智慧景区、旅游标识等配套设施，新增3A级以上景区5个。接待旅游者人数和旅游收入均增长40%以上。

三、强化项目落地主抓手，发挥有效投资关键作用

*推动招商引资上新台阶。*实施招商引资“一把手”工程，各级领导班子及干部职工全员招商，强化产业链招商、中介招商、以商引商、商会招商、行业协会招商，千方百计引进一批示范带动强的大项目。健全招商引资“五个一”工作机制，完善招商引资考核激励，组建专业、专责、专注的招商队伍，构建大招商、招大商、招好商工作新格局。发挥莞韶对口帮扶、世界广府人恳亲大会、京粤(韶关)跨区域产业协作中心等平台作用，办好韶商大会、产业链专题推介会、丹霞天使投资论坛等品牌招商活动。实施产业链“链长制”，聚焦重点产业“串链、强链、延链、补链”，“一链一策”制定重点产业链配套政策，全力引进链主企业、旗舰企业落户，积极引进一批“瞪羚”企业，着力构建全产业链生态。力争引进产业项目新开工200个、新竣工150个以上、当年完成投资200亿元。

*加强重点项目组织实施。*充分发挥市重大项目指挥部作用，建立“一条龙”跟踪服务机制，当好“服务员”“店小二”，力争完成固定资产投资780亿元、增长10%以上。强化项目协调督查，每周召开一次招商引资和重点项目推进会，每季度举办一次重点项目开竣工活动，全力推进35个省重点项目和216个市重点项目建设，确保64个新开工项目动工建设，46个项目建成投产，重点项目完成投资325亿元，其中工业、农业、文旅重点项目分别完成投资80亿元、25亿元和20亿元。加强重大战略谋划、重大平台规划、重大项目储备，推动形成滚动开发势头，市级和各县(市、区)储备项目分别不低于200个和50个，力争更多项目纳入国家、省计划盘子。

*加强项目要素保障。*打好中心城区土地收储攻坚战，各县(市、区)连片储备发展用地。推行工业用地“标准地”供应和农旅项目“点状供地”，

探索集体经营性建设用地入市改革。开展工业园区土地利用专项清理行动，全面清理盘活批而未供以及低效闲置土地资源，园区低效闲置用地处置率较上年提高30%以上。建立补充耕地后备资源潜力库，着力保障优质项目用地。推行分阶段办理施工许可，工程建设项目审批时限压减至30个工作日内。实施产业项目“交地即动工”改革，推广投资项目审批告知承诺制，在韶关新区、华南装备园探索实行“企业承诺+先建后验直接落地”改革，力争全市当年动工项目占当年签约项目一半以上。

*拓宽项目融资渠道。*积极争取中央预算内投资和地方政府债券资金，力争到位资金规模不低于上年。探索“招一个产业、成立一支基金”模式，打造我市基金招商名片。健全贷款贴息、科技信贷、小额信贷等机制，盘活政府投资基金、贷款风险补偿基金，着力扩大社会投资。引导银企双方用好线上线下融资对接平台，贷款余额增长18%以上、其中中小微企业贷款增长20%以上。大力发展生产设备、存款单、仓单、知识产权等动产和权利担保融资，挖掘应收账款融资潜力，力争年度成交金额15亿元以上。做大做强地方金融机构，引入2家以上金融机构。用好多层次资本市场，推动2家企业主板上市。

四、高水平融入“双区”建设，拓展高质量发展新空间

*加强与“双区”的互联互通。*力争韶关丹霞机场建成通航。推进韶关港“一港三片区”及疏港公路、北江航道上延工程、北江韶关段绿色智能航运示范工程建设，促进港航现代化发展。加快雄信高速、武深高速始兴联络线、马坝互通建设，开展韶连高速、黄浪水互通前期工作，建成韶新高速、韶州互通，加快构建“四纵五横二环”高速公路网络，打造市域1小时交通圈。改造提升国省道47千米，建设国省道服务区。做好厦昆高铁、沪穗高铁、京广高铁第二通道韶关段、广从轨道快线延伸至新丰和粤赣运河等项目前期工作。加强新型基础设施建设，探索建设韶关至东莞、深圳的高带宽低延时光缆，实现5G网络主城区全覆盖，加快发展智慧医疗、智慧环保、智慧交通、智慧警务等场景应用。

*加强与“双区”的协同创新。*抢抓大湾区建设国际科技创新中心的机遇，加快“三地六大板块”创新平台和探索面向“双区”的离岸孵化器建设，在孵企业(项目)50个以上，打响“湾区创新•韶关加速”品牌。开展高新区“一区一特色”行动。推动韶关高新区创建国家高新区，强化与东莞松山湖高新区的战略合作关系，积极创建“5G+智慧园区”。实施高新技术企业树标提质行动，通过科技型中小企业评价200家以上，力争净增高新技术企业50家以上、省市工程技术研究中心30家以上，规上工业企业研发机构覆盖率54%以上。加强国家农业科技园建设。深化政产学研合作，抓好韶关先进材料研究院、武汉理工大学韶关研究院等建设。对接省“特支计划”“扬帆计划”，引进“丹霞英才”“南岭顶尖人才”300人，开展创业导师倍增行动。实施制造业品质领跑者工程，推进技术、专利、标准协同创新，制定地理标志产品市级地方标准，建设质量强市。

*打造对接“双区”的园区平台。*划设工业用地控制线，完善园区发展规划，引导企业集中入园和产业集聚集约集群发展。理顺韶关高新区核心功能区与各协调片区的关系，重点发展“1+3”主导产业，构建“一区多园”发展格局，发挥好高新区对全市高新产业的“主引擎”作用。围绕“再造一个韶钢、韶冶”的目标，大力推进韶钢、韶冶“厂区变园区、产区变城区”工作，串链补链引进上下游企业，启动一批“厂区—园区—城区”标志性项目，加快宝武(韶关)现代产业园和韶冶新型功能材料绿色制造基地建设。推进华南装备园二期、融湾产业平台、空港经济园、乳桂经济走廊、北江经济带、粤湘开放合作先行区等重大平台建设，打造生物医药、大数据、汽车零配件、有色金属、新材料等一批专业园区，促进区域产业高水平共建。深化工业园区体制机制改革，吸引社会资本参与投资开发与运营服务。大力推广园区“七通一平”和“七个一”配套工程，建成华南装备园表面处理站一期，加快东韶公园、莞韶城人才房、印雪酒店等配套设施建设，全市新增标准厂房50万平方米。园区新签约产业项目200个以上，完成固定资产投资200亿元以上，工业增加值增长15%以上。

五、统筹城乡协调发展，提升新型城镇化和乡村振兴水平

*提升中心城区功能和品质。*完善中心城区控规整合，实施城市更新行动，打造粤港澳大湾区居民“第二家”。继续实施市区道路联网贯通工程，加快丹霞大桥建设，建成韶州大道、丹霞大道北、南华大道北、高创南路、西景路、珠玑路，力争完成教育路和乐业路上跨京广铁路桥梁工程。加强新区产城人文融合，加快金融集聚区、大数据集聚中心、生物医药集聚区建设，建成韶州中学、保利商业综合体等项目，抓好韶州小学、风度小学、恒大酒店、中骏世界城等项目建设，完善新城水系、变电站、垃圾中转站等配套设施。实施百年东街至通天塔灯光改造提升，促进夜间经济发展。加快韶州历史文化博物馆、韶州体育中心和新区2个小公园、2座人行天桥建设，抓好升平路、白土镇两片历史文化街区的整治修缮和活化利用，推进国家历史文化名城创建。完成40个老旧小区改造，有序推进“三旧”改造，推动城中村改造和完整社区建设，建成“五小”项目60个。

*推动县域特色化发展。*按照主体功能定位和发展方向，优化县域高质量发展绩效评价，推动各县(市、区)在高质量发展轨道上一体协同、各扬所长、赛龙夺锦。实施县域产业提升工程，支持县域“一县一特色、一园一支柱”建设，发展特色产业集群(基地)。深入推进县城“439”和镇(街)“139”行动，实施120个县城品质提升项目，完成30个镇(街)整治提升，提升综合服务能力，促进县城和中心镇人口集中、产业集聚、要素集约。抓好武江区、翁城镇、坪石镇城乡融合发展省级试点工作。推进天然气主干管网“县县通”。加强全市46个高速公路出入口路域环境综合整治。

*实施乡村建设行动。*落实乡村

振兴定点帮扶工作，推进巩固脱贫攻坚成果与乡村振兴有效衔接和进一步拓展，抓好扶贫资产管理工作，防止贫困人口返贫和新增致贫。持续推进“千村示范、万村整治”，全域实施“五美”行动，开展农房管控和乡村风貌带建设工程，持续抓好省际廊道等“四沿”区域美丽乡村示范带创建。科学治理空心村，妥善保护和活化利用古村落古民居，逐级连点串线成片打造干净整洁村、美丽宜居村、特色精品村，50%以上行政村达到美丽宜居村标准，创建生态宜居美丽乡村示范镇（村)50个以上。以南雄和仁化为试点，推进美丽乡村建设市场化改革，推动企业、资本和人才“上山下乡”，大力发展休闲农业、农事体验、乡村民宿等美丽经济。加强商贸设施和到村物流站点建设，推进“汽车下乡”，促进家电家具家装消费，释放农村消费潜力。加快实施农村电商、乡村工匠、高素质农民培育工程。推进乡村治理“百镇千村”示范创建。加快补齐水电路气、信息、垃圾和污水处理等短板，全面推行“136”路长制，推进农村公路管理养护体制改革，完成124宗农村安全饮用水保障工程，农村生活污水处理率提高至60%。

六、以非凡之举推进全面深化改革，破解体制机制障碍

*深化重点领域改革。*全面落实市委全面深化改革部署。深化供给侧结构性改革，继续抓好减税降费。深化韶关新区管理体制机制改革，加快去机关化、去行政化，将社会事务回归属地政府管理。制定支持民营企业加快发展政策措施，破除制约民营企业发展的各种隐性壁垒，优化民营经济发展环境。深化财政体制改革，建立集中力量办大事预算安排机制，推进预算编制执行监督管理市县全覆盖。深化市本级与市辖区财政体制改革，增强区级财政保障能力。深化投融资体制改革，创新投融资服务和财政资金分配模式。扎实推进国企改革，出台国有资产价值化方案，盘活整合土地、矿产、森林等国有资源资产。推动土地收储整备机制改革，建立政府主导土地收储整备模式。深化国际贸易“单一窗口”建设和通关模式改革，提升跨境贸易便利化水平，推动外资外贸稳中提质。深化土地征收及农村集体留用地安置制度改革，加快农村集体产权制度改革，深化涉农资金统筹整合改革，大力推进土地流转，盘活用好农村闲置的宅基地和农房，打造更多农村“三变+”改革案例。

*深化营商环境综合改革。*开展营商环境补短板强优势专项行动，打造“四最”营商环境。完善市县镇三级政府权责清单。深化强县、强区、强镇放权改革，继续向县下放一批市级管理权限，再压减一批市级职权事项。全面推进减证便民，坚持法无规定一律取消，建设“无证明城市”。推进规划用地“多审合一”“多证合一”“多测合一”，全面推进建设项目“联合测绘”改革。推广“一业一证”“一企一证”“证照联办”等创新举措，推行涉企经营许可事项告知承诺制，新增市场主体1.6万户。规范供电、供水、供气行业收费，压缩报装接入时间。推动不动产一般登记基本实现最多1个工作日、最快1小时办结。推进12345政务服务便民热线优化整合。加强诚信建设，落实“红黑榜”制度，推动企业联合奖惩和信用修复工作。做好“亲商安商稳商”工作，健全市县两级走访企业、“服务包”和“服务管家”制度，力争企业诉求办结率达80%以上。

*推进“数字政府”改革建设。*全面建成数字政府一体化政务大数据中心，推进各业务系统迁移上云。抓好“跨省通办、省内通办”试点，拓展“粤省事”“粤商通”韶关专版功能。大力推进“一件事一次办”改革，确保一窗受理率88%、马上办率65%、网上可办率90%、全流程网办率60%以上。推动更多事项“一网通办”和“秒批”“秒办”，建设“掌上办事之市”，让企业、群众办事像网购一样方便。

七、坚持以人民为中心的发展思想，提升群众生活品质

*慎终如始抓好疫情防控。*毫不放松抓好外防输入、内防反弹工作，坚持“人、物、环境同防”，完善应急预案，加强应急物资保障，抓好疫苗接种。推进省区域高水平疾控中心建设。强化冷链食品等高风险品种全链条监管，加强入境货物检验检疫，做到“应检尽检”。强化医院门诊、药店等“哨点”作用，加强境外和中高风险地区来韶人员管控，严格落实核酸检测、健康监测和隔离管控等措施。健全“三个一”社区网格化疫情防控机制，强化重点地区、重点场所、重点环节的常态化疫情防控，织牢织密疫情防控体系。

*加快建设现代化教育强市。*推进基础教育高质量发展工程，新改扩建公办幼儿园15所、新增学位4000个以上，加强残疾人学前教育。扩大优质集团化办学规模，全力打造韶关新区知名教育机构，规划建设朝阳片区、沙洲尾片区小学，推进义务教育优质均衡发展试点，全面完成农村义务教育寄宿制学校达标建设。加快韶关健康职业学院建设，推进松山职业技术学院和省南方技师学院扩建，支持广州科技职业大学、东莞理工学院城市学院在韶创建分校区。实施新一轮“强师工程”，扎实做好中小学教师“县管校聘”、校长职级制等改革。

*大力建设卫生强市。*实施省市级医院对口协作提升计划，推动粤北人民医院创建省级区域医疗中心，加快市一医院新院、韶州人民医院、前海人寿医院项目建设。启动县级医院提升行动，加强紧密型县域医共体建设，提升镇村医疗服务能力。深化“三医联动”改革，完善分级诊疗制度。加快公共卫生应急和防控救治能力体系建设。加强中医药体系建设，推动高水平中医院建设，探索医养结合发展模式。全面实施药品与医用耗材集中采购，加强医疗服务价格管理和医保基金监管长效机制建设。健全重大疾病医疗保险和救助制度。争取创建省级区域紧急医学救援基地。提升优生优育服务水平。抓好爱国卫生运动。

*大力发展社会事业。*办好十件民生实事。推进“粤菜师傅”“广东技工”“南粤家政”三项工程，打响“韶州客家菜”“丹霞保姆”“丹霞月嫂”“韶关工匠”品牌，办好“丹霞杯”返乡人员创业创新大赛，力争城镇新增就业2万人以上。扎实推进莞韶全面帮扶行动。稳步提高城乡低保、特困人员、

孤儿、优抚对象等补助标准，加强流浪乞讨人员救助管理。全面实施全民参保计划，完善养老、医疗保险制度体系，推广韶关市民保。新建风采长者饭堂6间，实施政府购买居家社区养老服务，建设市级居家养老信息化服务平台。做实做细市区棚户区房屋土地收储工作。建立多元供给、租购并举的住房制度，促进房地产市场平稳健康发展。完成棚户区改造1145套，动工建设公租房100套。加快发展公交事业。实施新时代精神文明建设提质工程，推进全域文明创建，加强文化精品创作展播展演和文物保护工作。大力推进文化惠民，完善公共文化设施，规划市博物馆新馆，加快市图书馆新馆、市党史方志馆、市文化馆改扩建、国家综合档案馆等标志性文化重点工程建设，实现风度书房中心镇全覆盖。基本建成城乡15分钟健身圈。加强国防动员、征兵和“双拥”工作，开展退役军人服务中心(站)能力提升行动，促进军政军民团结。支持老区苏区和民族地区高质量发展，争取全域纳入革命老区。

加强和创新社会治理。开展安全生产专项整治三年行动，充实强化镇街应急和消防力量，加快粤北（韶关）区域应急救援中心、粤北片区消防综合训练基地、市国防教育训练基地、市公安监管中心等项目建设，力争平安建设走在全省前列。加强食品药品、医疗器械和化妆品安全监管。开展农村削坡建房综合整治，全面整治地质灾害大型隐患点。防范化解金融系统性风险。建设气象防灾减灾第一道防线先行示范市。抓好村(社区)“两委”换届工作。落实户籍制度改革政策，实现入户“零门槛”“零障碍”，引导外地和农业转移人口市民化。开展集中治理重复信访、化解信访积案专项工作，加快县级“信访超市”标准化建设。推动社会治理重心下移，建设双百镇街社会工作服务站。常态化开展扫黑除恶，严厉打击突出违法犯罪和新型网络犯罪行为。扎实推进“雪亮+智格工程”和视频监控，持续加强公安派出所规范化建设，全面推广社区“一区一警两辅”和农村“一村一辅警”模式。深化行政复议体制改革和乡镇(街道)综合行政执法改革，开展“八五”普法，做好民法典和《韶关市文明行为促进条例》《韶关市农村住房建设管理条例》等地方性法规的宣传实施，深入创建全国法治政府建设示范城市。

全力办好十件民生实事。一是完成韶州中学、北江中学改扩建一期工程建设。二是提升公共卫生防控救治能力。三是降低管道燃气用气成本。四是完善主城区主干路网。五是建成南水水库供水工程。六是推进普惠性学前教育增容提质。七是实施市区80个老旧小区改造。八是建设韶州体育中心。九是实施食品药品安全检测为民工程。十是提高困难群众保障标准。

各位代表！立足新发展阶段、贯彻新发展理念、构建新发展格局，对政府工作提出了更高要求。全市政府系统要深入学习贯彻落实习近平新时代中国特色社会主义思想，把坚持和加强党的全面领导贯穿到政府工作的全过程、各领域，增强“四个意识”，坚定“四个自信”，做到“两个维护”，坚决落实上级和市委的决策部署。要坚持依宪施政、依法行政，自觉运用法治思维和法治方式推动工作，主动接受人大、政协和社会各界监督，认真办好人大代表建议和政协委员提案。要坚持廉洁从政，坚决纠正“四风”，力戒形式主义、官僚主义，严肃整治侵害群众利益的不正之风和腐败问题。要坚持主动作为、奋发有为，始终保持“闯”的精神、“创”的劲头、“干”的作风，夙夜在公，埋头苦干，狠抓落实，扎实做好每一项工作，不辜负人民群众的期望！

各位代表！发展时不我待，实干成就未来。只有干出来的精彩，没有等出来的幸福。让我们更加紧密地团结在以习近平同志为核心的党中央周围，在市委的坚强领导下，勠力同心、真抓实干、只争朝夕、接续奋斗，奋力谱写韶关高质量发展新篇章，以优异成绩向中国共产党成立100周年献礼！

统计资料

2020年韶关市国民经济和社会发展统计公报

韶关市统计局国家统计局韶关调查队
2021年3月12日

2020年，韶关坚持以习近平新时代中国特色社会主义思想为指导，全面贯彻党中央、国务院和省委、省政府决策部署，坚定不移贯彻新发展理念，统筹抓好新冠肺炎疫情防控和经济社会发展，扎实做好“六稳”工作、全面落实“六保”任务，决胜全面建成小康社会取得决定性成就，为开启全面建设社会主义现代化新征程奠定了坚实基础。

一、综合

根据广东省地区生产总值统一核算结果，2020年，韶关实现地区生产总值（初步核算数）1353.49亿元，比上年增长3.0%。其中，第一产业增加值198.36亿元，增长4.5%，对地区生产总值增长的贡献率为18.9%；第二产业增加值464.80亿元，增长4.5%，对地区生产总值增长的贡献率为49.4%；第三产业增加值690.33亿元，增长1.8%，对地区生产总值增长的贡献率为31.8%。三次产业结构比重由2019年的13.4∶34.1∶52.5调整为14.7∶34.3∶51.0。

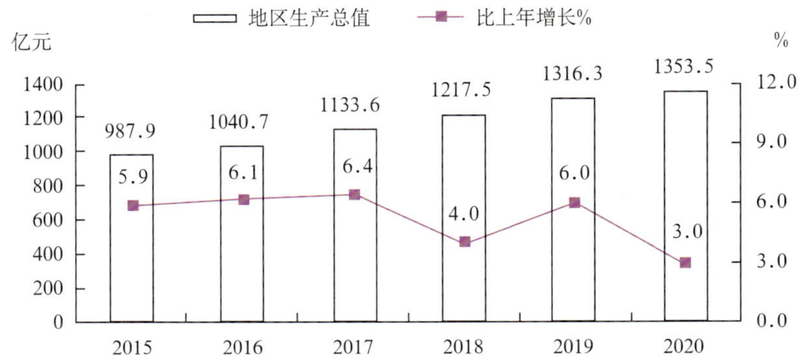

图1　2015—2020年地区生产总值及增长速度

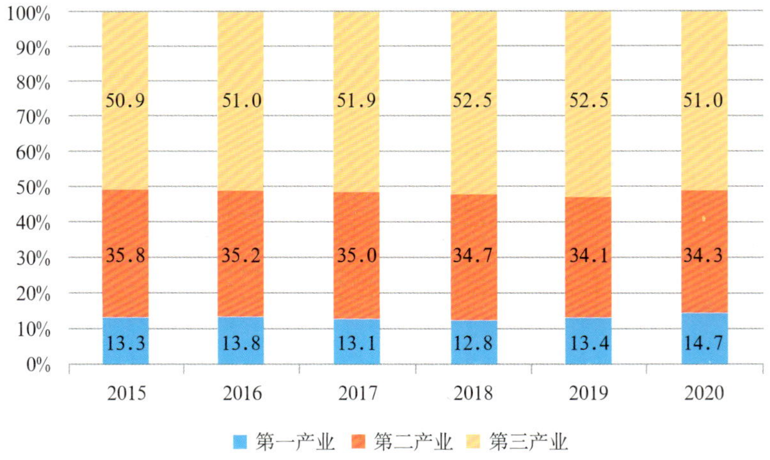

图2　2015—2020年三次产业增加值占地区生产总值比重

分区域看：韶关市区生产总值656.2亿元，比上年增长2.4%，占全市地区生产总值48.5%；县域生产总值697.6亿元，增长3.7%，占全市地区生产总值51.5%。

全市年末户籍人口336.6万人，其中城镇人口151.9万人，户籍人口城镇化率45.1%。

全年地方一般公共预算收入105.1亿元、比上年增长4%，其中税收收入54.8亿元、下降6.6%。全年一般公共预算支出394.4亿元，增长3.1%。其中：教育支出60.2亿元，增长2.3%；卫生健康支出40.6亿元，增长4.1%；社会保障和就业支出56.4亿元，下降6.5%。民生类支出317.2亿元，占一般公共预算支出的80.4%。

图 3 2015—2020 年韶关居民消费价格涨幅走势

图 4 2015—2020 年农林牧渔业总产值及增长速度

全年城镇新增就业人数 2.53 万人，城镇失业人员再就业 2.23 万人，就业困难人员实现就业 2219 人。城镇登记失业率 2.45%，比上年提高 0.34 个百分点。

全年韶关居民消费价格比上年上涨 2.2%。其中，消费品价格上涨 4.1%，服务价格下降 1.4%。消费价格中，食品烟酒价格上涨 9.7%、衣着价格上涨 0.8%、居住价格下降 1.8%、生活用品及服务价格下降 2.2%、交通和通信价格下降 4.2%、教育文化和娱乐价格下降 0.9%、医疗保健价格下降 2.5%、其他用品和服务价格上涨 3.6%。全市工业生产者出厂价格下降 0.7%。

二、农业

全年农林牧渔业总产值 335.8 亿元，比上年增长 5%。其中，农业增长 5.2%，林业增长 5.6%，畜牧业增长 5.8%，渔业增长 0.2%。

全年粮食作物播种面积 179.59 万亩，比上年增加 5.59 万亩；甘蔗种植面积 4.07 万亩，减少 3293 亩；油料种植面积 61.53 万亩，增加 1.64 万亩；烟叶种植面积 12.94 万亩，减少 229 亩；蔬菜种植面积 83.44 万亩，增加 5.01 万亩。农村用电量 14.3 亿千瓦时，增长 10.3%。

全年粮食产量 74.45 万吨，比上年增长 2.5%。其中，稻谷产量 67.93 万吨，增长 2%。蔬菜及食用菌 135.23 万吨，增长 6.3%。甘蔗产量 30.03 万吨，下降 0.6%。水果产量 67.3 万吨，增长 6.3%；茶叶产量 0.76 万吨，增长 5.4%。

2020年韶关市主要农产品产量表

表37

农产品名称	计量单位	产量	比上年±%
粮食	万吨	74.45	2.5
其中：稻谷	万吨	67.93	2.0
蔬菜及食用菌	万吨	135.23	6.3
甘蔗	万吨	30.03	-0.6
花生	万吨	13.47	2.8
烟叶	万吨	2.12	-0.6
水果	万吨	67.29	6.3
茶叶	吨	7583	5.4

续表37

农产品名称	计量单位	产量	比上年±%
蚕茧	吨	7208	-10.2
肉类	万吨	21.98	5.2
其中：猪肉	万吨	13.99	-6.4
水产品	万吨	8.34	0.2

全年肉类产量21.98万吨，比上年增长5.2%。其中，猪肉产量13.99万吨，下降6.4%。年末生猪存栏174.9万头，增长48.7%；生猪出栏180.0万头，下降9.9%。水产品产量8.34万吨，增长0.2%。

三、工业和建筑业

全年全部工业增加值372.7亿元，比上年增长3.6%。年末规模以上工业企业497个，规模以上工业增加值320.9亿元，增长3%。在规模以上工业中，国有及国有控股工业增加值178.2亿元，增长3.1%。股份制工业增加值276.8亿元，增长5.3%；外商及港澳台工业增加值40.8亿元，下降9.5%。轻工业增加值95.5亿元，下降2.7%；重工业增加值225.4亿元，增长5.5%。年末产业转移园规模以上工业企业326个，规模以上工业增加值121.6亿元，增长5.3%。

2020年韶关市规模以上工业主要产品产量表

表38

产品名称	计量单位	产量	比上年±%
卷烟	亿支	207.5	0.7
布	万米	4275.0	-18.7
人造板	万立方米	126.3	6.2
机制纸及纸板（外购原纸加工除外）	万吨	8.8	25.5
水泥	万吨	902.8	11.6
钢材	万吨	893.3	9.1
#棒材	万吨	75.7	13.7
十种有色金属	万吨	31.0	8.9
#铅	万吨	4.5	0.1
锌	万吨	26.5	10.6
滚动轴承	万套	329.5	10.0
发电量	亿千瓦小时	189.37	7.6
其中：火电	亿千瓦小时	157.8	11
水电	亿千瓦小时	18.14	-29.5

先进制造业增加值比上年增长5.7%，占规模以上工业增加值的比重为32.7%，比上年回落2.5个百分点。其中，高端电子信息制造业增长10.2%，生物医药及高性能医疗器械业增长27.4%，先进装备制造业增长4.5%，先进轻纺制造业下降16.2%，新材料制造业增长6.2%。

高技术制造业增加值比上年增长13.4%，占规模以上工业增加值的比重为7.3%，比上年提高1.3个百分点。其中，医药制造业增长27.9%，电子及通信设备制造业增长7.6%，计算机及办公设备制造业增长45.6%。

装备制造业增加值比上年增长5.8%，占规模以上工业增加值的比重为13.8%，比上年提高0.6个百分点。其中，电气机械和器材制造业增长11.7%，计算机、通信和其他电子设备制造业增长7.5%，汽车制造业下降2.4%。

优势传统产业增加值比上年增长1.8%，其中，家用电力器具制造业增长9.2%，建筑材料增长10.8%，金属制品业增长19.9%，食品饮料业下降1.2%，家具制造业增长168.8%，纺织服装业下降27.8%。

六大高耗能行业增加值比上年增长5.2%，其中，非金属矿物制品业增长10.5%，电力、热力生产和供应业增长4.8%，黑色金属冶炼及压延加工业增长5.1%，化学原料和化学制品制造业增长3%，有色金属冶炼及压延加工业增长0.7%。

全年建筑业增加值92.8亿元，比上年增长9.2%。年末资质等级建筑企业258个，完成建筑业总产值239.8亿元、增长12.4%。

四、服务业

全年金融业增加值67亿元，比上年增长7.3%；房地产业增加值112.1亿元，增长1.4%；批发和零售业增加值106.4亿元，下降7.8%；住宿和餐饮业增加值18.6亿元，下降13.4%；交通运输、仓储和邮政业增加值44.8亿元，下降3.1%。现代服务业增加值347.7亿元，增长5.4%。生产性服务业增加值205.4亿元，增长0.6%。

全年规模以上服务业企业实现营业收入80.37亿元，比上年下降6.9%。分行业看：互联网和相关服务下降16.1%，软件和信息技术服务业下降49.4%；科学研究和技术服务业增长15.4%；交通运输、仓储和邮政业下降26.5%；租赁和商务服务业增长6.4%。

全年公路货运周转量70.8亿吨千米、增长3.7%，客运周转量15.4亿人千米、下降47.3%。水路货运周转量116.3亿吨千米，下降10.6%。年末公路通车里程1.71万千米，公路密度92.74千米/百平方千米。按路面类型分，高级路面公路1.71万千米。按技术等级分，等级公路1.71万千米，其中高速公路688.8千米、一级公路218.4千米、二级公路832.8千米。

年末民用汽车保有量47.5万辆，增长12.1%，其中私人汽车43.6万辆，增长11.4%。民用轿车保有量28.5万辆，增长12.9%，其中私人轿车27.3万辆，增长12%。

全年完成邮电业务总量221.1亿元，增长29%。其中：邮政业务总量（按2010年不变价计算）9.38亿元，增长11.3%；电信业务总量（按2015年不变价计）211.7亿元，增长29.7%。年末固定电话用户30.2万户，移动电话用户287.5万户。家庭宽带用户数81.5万户，手机上网用户数246.9万户，移动基站总数18623个，WLAN无线局域网345个，AP热点754个。

五、固定资产投资

全年固定资产投资比上年增长2.8%。按投资主体分：国有及国有控股经济投资增长1.1%，外商及港澳台经济投资增长0.9%，民间投资下降0.6%。按产业分：第一产业投资增长79%；第二产业投资增长11.9%，其中制造业投资增长3.2%；第三产业投资下降2.8%。民间投资占固定资产投资的比重为41.8%。

市重点建设项目完成投资370.7亿元，完成计划的102.1%。建成北江（韶关至乌石）航道扩能升级工程、韶州大道项目、市妇幼保健院新院、南岭干部学院等55个项目，新开工建设武深高速公路始兴连接线、丹霞大桥、华南数谷、韶州中学、韶关张九龄纪念公园等99个项目。

全年房地产开发投资192.6亿元，比上年下降1.6%。全年商品房销售面积330.5万平方米，比上年下降1.9%，其中住宅销售301.4万平方米，下降1.6%。商品房销售额203.6亿元，下降3.4%，其中住宅销售179.9亿元，下降3%。商品房待售面积203万平方米，增长26.3%。

六、国内贸易和对外经济

全年社会消费品零售总额445.3亿元，比上年下降6.8%。按消费类型统计：商品零售额411.05亿元，下降6.6%，餐饮收入34.21亿元，下降8.6%。

限额以上批发和零售业商品零售额中：中西药品类比上年增长10.7%，粮油、食品类增长16.7%，日用品类增长29.5%，石油及制品类下降22.7%，家用电器和音像器材类下降32.1%，汽车类下降1.3%。

全年货物进出口总额183.5亿元，增长0.7%。其中，进口112.5亿元、增长5%，出口71.1亿元、下降5.6%。按贸易方式分，一般贸易出口38亿元，加工贸易出口33.1亿元。按出口商品分：玩具出口下降22.8%，机电产品出口增长0.7%，纺织服装出口增长15.6%，高新技术产品出口下降13.2%。按出口市场分：对香港出口下降25.6%，对欧盟出口增长16.9%，对美国出口下降12.3%，对日本出口增长31.2%。实际利用外资2.03亿美元，增长1.5倍。全年新批外商直接投资项目17个。

七、金融

年末金融机构本外币各项存款余额2090亿元，比上年末增长7.5%，其中住户本外币存款余额1459亿元，增长10.9%。年末金融机构本外币各项贷款余额1317亿元，增长18.6%，其中住户贷款余额695.6亿元，增长14%，企（事）业单位贷款620.1亿元，增长24.2%。住户贷款余额中，个人消费贷款594.7亿元，增长11.8%，其中中长期消费贷款568.4亿元，增长20%，短期消费贷款26.2亿元，下降54.9%。企（事）业单位贷款中，短期贷款

165.2 亿元，增长 19.3%，中长期贷款 408.4 亿元，增长 23.5%。存贷比 63%，比上年提高 5.9 个百分点。

全年保费总收入 62.3 亿元，比上年增长 4.8%。其中：寿险保费收入 45.1 亿元，增长 4.9%；财产险保费收入 17.2 亿元，增长 4.6%。全年共支付各项赔款和给付 16.1 亿元，下降 4.9%。其中：寿险业务赔付支出 7.53 亿元，下降 11.5%；财产险赔付支出 8.59 亿元，增长 1.8%。

八、居民收入消费和社会保障

全年全市居民人均可支配收入 27546 元，比上年增长 6.7%。按常住地分：城镇居民人均可支配收入 34418 元，增长 5.5%；农村居民人均可支配收入 18289 元，增长 8%。城乡居民收入比为 1.88：1，比上年缩小 0.05。

全年全市居民人均消费支出 18800 元，比上年增长 0.4%。按常住地分：城镇居民人均消费支出 22162 元，下降 1.4%；农村居民人均消费支出 14271 元，增长 2.9%。全市居民恩格尔系数为 38.6%，比上年提高 0.9 个百分点。

截至 2020 年年底，全市 278 个省定贫困村、32376 户贫困户共 82823 名贫困人口全部脱贫出列。全市所有贫困村居民人均可支配收入 18513 元，全市有劳力贫困户人均可支配收入 19359 元。

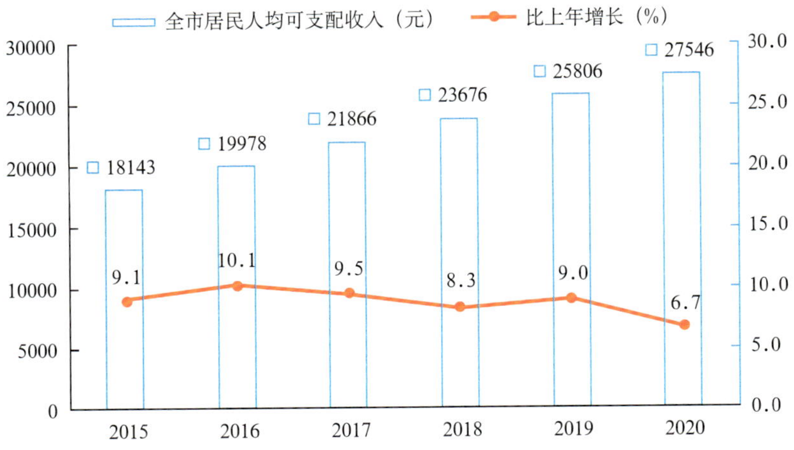

图 5　2015—2020 年全市居民人均可支配收入及其增长速度

全市参加城镇职工基本养老保险（含离、退休人员）73.5 万人，增长 7.6%。参加城乡居民基本养老保险 103.5 万人，下降 1%。参加基本医疗保险（含城乡居民基本医疗保险）299.4 万人，增长 0.6%，其中参加城镇职工基本医疗保险 64 万人、增长 3.4%。参加工伤保险 42.9 万人，增长 1.3%。参加失业保险 33.8 万人，增长 5.3%。参加生育保险 38.7 万人，增长 6.7%。年末享受城镇职工基本养老待遇的离、退休人员 22.6 万人。全年养老、失业、工伤保险基金收入 43.2 亿元（不含城乡居民基本养老），年末累计结余 29.1 亿元、下降 14.3%。全市医疗、生育保险基金收入 45.8 亿元、比上年增长 11.8%，年末累计结余 52.9 亿元、增长 11.8%。年末城乡居民享受低保人数 5.23 万人，其中城镇居民 0.58 万人，农村居民 4.65 万人。全年发放保障资金 3.3 亿元。

年末敬老院 88 所、床位数 3231 张、在院人数 1490 人。社会福利院 10 所、床位数 2270 张、在院人数 945 人。全年发行福利彩票 2.48 亿元，筹集福彩公益金 0.75 亿元。

九、教育和科学技术

全年各级各类教育（含技工学校，不含成人高等教育、非学历培训和学前教育）在校学生 52.4 万人，增长 3.8%。拥有全日制高等学校 2 所，技工学校 3 所，普通中学 151 所，中等职业学校 14 所，小学 209 所。

2020年韶关市各类学校教育发展情况表

表39

	学校数（所）	在校学生数（人）	比上年增长（%）
全日制高等学校	2	44168	22.6
技工学校	3	19590	-3.7
其中：市属	1	8026	3.0
中等职业学校	14	32484	9.3
普通中学	151	159587	1.0
其中：高中	25	51505	1.9
初中	126	108082	0.5
小学	209	268462	2.9
学前教育	599	119464	—

全年新增国家高新技术企业72家、省级工程技术研究中心3家。年末省、市工程技术研究中心累计达到268家，其中省级工程技术研究中心78家。国家级高新技术企业308家，国家级火炬计划特色产业基地1个，省级火炬计划特色产业基地3个。

十、文化、旅游、卫生和体育

全市共有公共图书馆11个，公共图书馆图书总藏量243.4万册。文化系统公办艺术表演团体2个，博物馆11个，文化馆11个。卫星地面接收站点5个，微波线路总长80.6千米，广播电视微波站3座，电视发射台8座，广播调频发射台13座。有线电视用户67万户，有线数字电视用户67万户，有线电视入户率40%。年末广播节目综合人口覆盖率95%，电视节目综合人口覆盖率97%。2019年，文化及相关产业增加值29.85亿元，占地区生产总值的比重为2.3%。

全年接待旅游者人数596.34万人次，下降25.8%。其中：国内过夜游客423.68万人次，入境过夜游客0.1万人次。旅游总收入60.8亿元，下降38.3%。新增国家AAAA级景区1个，AAA升AAAA景区1个，新评定AAA级景区5个。

年末共有医疗卫生机构796个，其中疾病预防控制中心9个、妇幼保健院（站、所）9个。医疗卫生床位数1.93万张。各类卫生技术人员2.32万人。其中，执业（助理）医师7984人，注册护士11042人。乡镇卫生院98个，床位3194张，卫生技术人员4218人，乡村医疗点1366个。

全市体育场馆共9187个。成功举办2020年环丹霞山自行车赛、2020丹霞山山地马拉松赛、2020徒步穿越丹霞山50千米徒步赛、2020丹霞100千米跑山赛、2020年韶关市第十三届“市长杯”篮球赛等。

十一、资源、环境和安全生产

已探明的矿产资源储量中：煤1.31亿吨，铁矿石754.8万吨，铜金属36.8万吨，铅金属95.9万吨，锌金属166.9万吨，钨金属9万吨，锡金属0.7万吨，铋金属1.2万吨，钼金属6.5万吨，锑金属0.97万吨，银金属0.18万吨。

全年水资源总量196.2亿立方米，年降雨量1831.7毫米，年平均气温21℃，年日照时数1534小时。

全年规模以上工业综合能源消耗量（等价值）842.3万吨标准煤，增长3.4%。全社会用电量154.1亿千瓦小时、增长6.9%，其中工业用电105.9亿千瓦时、增长8%。

全市28个市控以上地表水监测断面水质优良率（Ⅰ～Ⅲ类）为100%，其中Ⅰ类比例为3.6%（1个断面），Ⅱ类比例为89.3%（25个断面），Ⅲ类比例为7.1%（2个断面）。全市河流综合污染指数为3.2523，下降5.5%，全市河流水质总体提升。

全市未出现中度污染和重度污染。二氧化硫（SO_2）、二氧化氮（NO_2）、一氧化碳（CO）、臭氧（O_3）、可吸入颗粒物（PM_{10}）、细颗粒物（$PM_{2.5}$）浓度均达到国家二级标准。实况状态下，AQI优良达标率为97.3%，达到省考核目标96%的要求；$PM_{2.5}$浓度为24微克/立方米，下降17.2%；O_3浓度为132微克/立方米，下降9%；空气质量综合指数为3.01，改善率达到12.5%。

完成荒山（沙、土）造林面积4433公顷。全市林业用地面积145万公顷，森林覆盖率74.4%，林木绿化率74.9%，活立木蓄积量9675万立方米。全市共有自然保护区37个（其中国家级4个，省级12个），面积25.2万公顷。

全年共发生工矿商贸、生产经营性道路交通和火灾事故共1010起，比上年下降3.9%，死亡94人，下降21.7%。其中：工矿商贸生产安全事故22起，下降24.1%，死亡23人，下降28.1%，受伤8人，直接经济损失1671万元，下降32.9%；生产经营性道路交通事故168起，下降30.3%，死亡71人，下降26.8%。消防火灾事故820起，下降6.6%，直接经济损失842万元，上升44.7%，生产经营性消防火灾死亡0人。全年一次死亡3人以上的生产安全较大事故2起，死亡6人。

注：

1. 公报中的2020年数据为初步统计数。部分数据因四舍五入的原因，存在着与分项合计不等的情况。

2. 地区生产总值、各产业增加值绝对数按当年价格计算，增长速度按可比价计算。

3. 市区指武江、浈江、曲江。县域指始兴、仁化、翁源、乳源、新丰、乐昌、南雄。

4. 从2011年起，规模以上工业统计口径由年主营业务收入500万元以上调整为2000万元及以上；固定资产投资项目统计起点由计划总投资50万元提高到500万元，增速为可比口径。2013年起按照新的调查口径对外发布城乡居民人均可支配收入和分城镇、农村常住居民人均可支配收入数据。从2015年起，“地方公共财政预算收入”更名为“地方一般公共预算收入”；各项存款余额中，“单位存款”更名为“非金融企业存款”“储蓄存款”更名为“住户存款”。

5. 现代服务业主要包括金融业、现代物流业、信息服务业、科技服务业、外包服务业、商务会展业、文化创意产业和总部经济八个产业。先进制造业包括装备制造业、钢铁冶炼及加工业、石油及化学制造业。生产性服务业主要包括为生产活动提供的研发设计与其他技术服务、货物运输仓储和邮政快递服务、信息服务、金融服务、节能与环保服务、生产性租赁服务、商务服务、人力资源管理与培训服务、批发经纪代理服务、生产性支持服务等十个类别。

6. 2020年旅游统计数据根据最新的统计方法制度进行了调整。

7. 矿产资源储量数据按在采矿山储量计算。

各单位在职领导人名单

△韶关市四套班子、纪委监委

中国共产党韶关市委员会

市委书记市委书记，市人大常委会主任，韶关军分区党委第一书记：
李红军（任至8月）
王瑞军（8月任职）
市委副书记，市长：殷焕明（任至6月）
王瑞军（6月任职）
市委副书记：朱余旺（任至10月）
市委常委、副市长：华旭初
市委常委、宣传部部长：刘启宇
市委常委、统战部部长：颜　珂
市委常委，副市长（挂职），东莞韶关对口帮扶指挥总指挥：
万卓培（任至1月）
罗晓勤（1月任职）
市委常委、政法委书记：李安平
市委常委、组织部部长、市委党校（市行政学院、市社会主义学院）校（院）长：
肖展欣
市委常委、纪委书记，市监委代理主任：
冯国华
市委常委、韶关军分区政委：黄星会
市委常委、秘书长：颜玉明

韶关市人民代表大会常务委员会

主　任：李红军（任至9月）
王瑞军（10月任职）
副主任：邓小杰（9至10月代理主任）
杨小明（任至6月）
张　平（任至6月）
林　岚　梁韶灵
陈　曦
周伟源（5月任职）
秘书长：高振忠
副秘书长：陈早霞　陈忠旭
段平波

韶关市人民政府

市委副书记、市长：殷焕明（任至5月）
王瑞军（5月至9月）
陈少荣（9月任职）
市委常委、常务副市长：华旭初
韶关市委常委、副市长，东莞韶关对口帮扶指挥部总指挥：万卓培（任至1月）
罗晓勤（1月任职）
副市长：陈　磊　高冬瑞
李　欣　凌振伟
副市长，市公安局局长：
刘清生（任至6月）
谢超武（6月任职）
秘书长：朱裕华
副秘书长：刘国昌（挂任至12月）
卢春燕（任至4月）
梁丽芳
安向东（挂任至3月）
叶洪番（11月任职）
曾清兰（4月任职）
朱增志
石　文（挂任至3月）
邱杨生
李志兵
张鹏良（挂任至9月）
林　欣（4月挂任）
副秘书长（兼）、市信访局局长：丘德周

中国人民政治协商会议韶关市委员会

主　席：王青西
副主席：兰　茵　刘大济
张文铭　许志新
吴春腾　王德雄
谢天友（5月任职）
卢春燕（5月任职）
秘书长：陶学权
副秘书长：黄颂华　何新文
汤满懿

中共韶关市纪委、韶关市监察委员会

市委常委、市纪委书记、市监察委员会代理主任：冯国华（市监察委员会代理主任任至5月）
市委常委、市纪委书记、市监察委员会主　任：冯国华（市监察委员会主任5月任职）
市纪委副书记、市监察委员会副主任：
李熏杰　　覃　峥
赵　峰
市纪委常委、市委巡察工作领导小组办公室主任：陈天雄
市纪委常委、市监察委员会委员：
饶桦林　潘美婷
邓　钢
市纪委常委：雷能福
市监察委员会委员：贺建军
办公室主任：张群羚（3月任职）
组织部部长：关林勇（任至1月）
吴湘瑜（1月任职）
宣传部部长：张　默（任至3月）
党风政风监督室主任：
张群羚（任至3月）
信访室主任：彭奋生
第一监督检查室主任：
陈　冰（任至1月）
第三监督检查室主任：
梁水平（3月任职）
第四监督检查室主任：
梁水平（任至3月）
曾　光（3月任职）
第五监督检查室主任：
田春华（1月任职）
第七审查调查室主任：李志光
第八审查调查室主任：
陈伟东（任至3月）
姚　毅（3月任职）
第九审查调查室主任：叶志明
案件审理室主任：李健凯（任至1月）
陈伟东（3月任职）
纪检监察干部监督室主任：曹建龙
案件监督管理室主任：王　果

中共韶关市委办公室

秘书长：颜玉明
副秘书长、机要和保密局局长、保密委专职副主任：邓彩虹
副秘书长、市档案局局长：谢祥腾
副秘书长（挂职）、东莞韶关对口帮扶指挥部办公室主任、招商局局长：
蔡国威（任至2月）
副秘书长（挂职）、东莞韶关对口帮扶指挥部办公室主任、华南先进装备产业园管委会主任：周　曦（2月任职）

副秘书长：黄力平（挂职）
余长勇

市委机要和保密局
市委保密委主任：华旭初
市委保密委副主任：颜玉明 朱裕华
市委保密委专职副主任、市委机要和保密局局长：邓彩虹
市委机要和保密局副局长、总工程师：邓福德
市委机要和保密局副局长：廖文龙

韶关市信访局
局 长：丘德周
副局长：何 怡 李江南
罗伟强

韶关市精神文明建设委员会办公室
主 任：王明志

中共韶关市委巡察机构
巡察工作领导小组办公室主任：陈天雄
巡察办副主任：钟 鸣
第一巡察组组长：张朝盛
第二巡察组组长：黄光明
第三巡察组组长：谢志铎
第四巡察组组长：丘旺祥
第五巡察组组长：罗 斌
第一巡察组副组长：江仁瑞
第二巡察组副组长：叶 文
第三巡察组副组长：肩振朝
第四巡察组副组长：高 照
第五巡察组副组长：朱 彬

中共韶关市纪委监委派驻（出）机构
第一纪检监察组组长：张联清
第二纪检监察组组长：谢 斌
第三纪检监察组组长：卢中强
第四纪检监察组组长：张桂先
第五纪检监察组组长：叶东生
第六纪检监察组组长、三级调研员：朱观洪
第七纪检监察组组长：
谭春雨（任至1月）
关林勇（1月任职）
第八纪检监察组组长：廖卫华
第九纪检监察组组长：徐进平
第十纪检监察组组长：蒋林龙
第十一纪检监察组组长：张卫东
第十二纪检监察组组长：吴海岩
派驻市交通运输局纪检监察组组长：李国荣
派驻市人民政府国有资产监督管理委员会纪检监察组组长：王淑军
派驻市教育局纪检监察组组长：温 强
派驻市卫生健康局纪检监察组组长：尹恒春
派驻市公安局纪检监察组组长：吴梓章
派驻市人民检察院纪检监察组组长：张旗胜
派驻市中级人民法院纪检监察组组长：王献军
派驻市司法局纪检监察组组长：杨晓红
派驻第一纪检监察组副组长：钟晓云
孙纯杰
派驻第二纪检监察组副组长：伍 诚
林卫东
派驻第三纪检监察组副组长：翁文生
市直属机关纪检监察工委书记：
赖世生（5月任职）

△韶关市人民代表大会常委委员会机关

财政经济委员会
主任委员：潘 穗（任至5月）
刘剑城（5月任职）
副主任委员：谢运洪
钟沛东（任至5月）

法制委员会
主任委员：周正祥
副主任委员：杨日葵 韩登池
李 铖

社会建设委员会
主任委员：李 铖
副主任委员：徐伟华
刘海旺（6月任职）
汪 波（6月任职）

代表资格审查委员会
主任委员：杨小明（任至6月）
副主任委员：高振忠
余构华

办公室
副处职：刘剑飞 王秀芳

研究室
主 任：李 铖
副主任：颜德宜 徐伟华

法制工作委员会
主 任：周正祥
副主任：谢建忠 陈雄标

财政经济工作委员会
主 任：潘 穗（任至1月）
刘剑城（1月任职）
副主任：刘翠同 谢运洪

农村农业民族宗教工作委员会
主 任：巫育明（任至6月）
副主任：李步林 颜晓茹

教育科学文化卫生华侨外事工作委员会
主任：何正平
副主任：唐国驹 陈文英（任至8月）

选举联络人事任免工作委员会
主 任：余构华
副主任：贺金池 吴术东

城乡建设环境与资源保护工作委员会
主 任：潘国忠（1月任职）
副主任：周国庆 谭耀均

监察和司法工作委员会
主 任：杨日葵
副主任：卜小燕

△中国人民政治协商会议韶关市委员会机关

提案委、社会法制委
主 任：张 衡
副主任：徐志宏

经济委、人口资源环境委
主 任：刘德泉
副主任：刘平云

教科卫体委
主 任：张红娟
副主任：罗洪伟

文化和文史资料委、民族和宗教委
主 任：沈妙光
副主任：彭长伟

港澳台侨联络委
主　任：孙　斌
副主任：华　明

农业和农村委
主　任：邓志聪（5月任职）
副主任：周　平（1月任职）

联络工作委
副主任：罗江英

办公室
副主任：赵东灿　叶　明

△韶关市委工作部门

中共韶关市委组织部
市委常委、组织部部长、市委党校校长：肖展欣
常务副部长：蓝振云
副部长、市直机关工委书记：李志斌
副部长、市委“两新”工委书记：涂为群
副部长、市公务员局局长：骆新航
副部长、市委老干部局局长：
陈　熙（任至8月）
副部长，市委编办主任，市人社局局长：
刘晓佳
部务委员：余席强　孙　宇
市委“两新”工委专职副书记：
李晓辉（5月任职）

韶关市委宣传部
市委常委、宣传部部长：刘启宇
常务副部长：李晓林
副部长：王明志　刘炎生
夏　娟　毕式明

中共韶关市委统一战线工作部（韶关市民族宗教事务局、韶关市台港澳事务局）
部　长：颜　珂
常务副部长：孔庆红
副部长、市台港澳事务局局长：文火玉
副部长、市民族宗教事务局局长：
文清年
副部长：翁良方（兼任）　廖雨婷
邓良德（挂任）

中共韶关市委政法委
书　记：李安平
常务副书记：张广晖
副书记：曾　洪
委务会成员：邓南炜　李先德
叶安强　胡克标

韶关市网信办
主　任：刘炎生
副主任：谢章全　叶志雄

中共韶关市委政策研究室（市委改革办）
主　任：刘华益
副主任：杨应海　张桂胜
专职副主任：钟科峰（1月任职）

中共韶关市直属机关工作委员会
书　记：李志斌
副书记：梁镜华　向志强

中共韶关市委编办
主　任：刘晓佳
副主任：赵宏宇　黄志忠

市委老干部局
局　长：陈　熙
副局长：马小青　陈国营
涂海平

△韶关市政府工作部门

韶关市发展和改革局
局　长：郭先桂
副局长：肖荣忠　朱保良（任至9月）
总经济师：巫锦国

韶关市政务服务数据管理局
局　长：潘　卫
副局长：叶新年　张　风
谢金保

韶关市金融工作局
局　长：李功保
副局长：潘光敏　周金满
周晖彦（挂任至8月）

韶关市教育局
局　长：张立江
副局长：黄叶亭　刘小文
梁丽娟　曾楚清
刘文胜

韶关市科学技术局
局　长：张　彬
副局长：刘光浩

韶关市应急管理局
局　长：王　刚
副局长：洪益林　许立夫
顾　健　符利民

韶关市民政局
局　长：邢　丽
副局长：张瑞兰　胡建文
陈卫红

韶关市司法局
局　长：吴文丽
副局长：宋启龙　包玉兰
刘剑军　曾房兰
李丽冰　罗永忠
陈　敏
市律师行业党委专职副书记：肖建鸿

韶关市财政局
局　长：陈大川
副局长：杨文乐　陈树川
肖少康　张文华
副处职干部：温建明

韶关人力资源和社会保障局
局　长：刘晓佳
党工委专职副书记：吴岳朋
副局长：邹新珍　李子毅
郭兴华　张建国
伍梅华

韶关市自然资源局
局　长：许险峰
副局长：何平良　叶富明
文武宏　徐建华
冯建国　吕　泱
张东灵　杨锦华

韶关市生态环境局
局　长：谭启源
副局长：张　莉　方贵平
沈步亮　朱卫斌
总工程师：陈　卓

韶关市住建管理局
市政协副主席，市住建管理局工委书记、党组书记、局长：谢天友
市住建管理局工委专职副书记、党组副书记：蒲莱湘
工委委员、党组成员、副局长：
谭宝龙　邱代胜

范韶旭　张广礼
葛晓起
工委委员、党组成员、总工程师：
陈志新
工委委员、党组成员、二级调研员：
梁　敏
副局长（挂职）：黄浩锋（任至6月）
何志伟（2月任职）

韶关市交通运输局
局　长：唐明强
副局长：梁韶春　谭建强
罗缵锦　徐维逍
罗新才（6月挂职）
总工程师：姚　斌
党组成员、副处职干部：张铁南

韶关市公安局
局　长：刘清生（任至5月）
谢超武（5月任职）
副局长：张韶梅　谢玉田
张伙养　连　卫
肖　景
政治处主任：曾　伟（5月任职）

韶关市水务局
局　长：胡亮亮
副局长：袁辅星　彭爱华
刘再辉　黄良勇
王瑞友（挂职）
总工程师：雷祖培
副处职干部：罗建湘
市防洪管理中心主任：严桂龙

韶关市农业农村局
局长，市委农办、市扶贫办主任：
柯建忠
市委农办、市扶贫办常务副主任：
刘世冬
副局长：范国文（任至11月）
彭德才（任至10月）
陈少梦　肖盛华
骆少明　赵金刚
市委农办、市扶贫办专职副主任：
许益云（3月任职）
总畜牧兽医师：黄苑芳

韶关市林业局
局　长：邹文军
副局长：赵克生　张国安
陈卫红
森林分局局长：梁家禄
总工程师：李贤胜
林场事务中心主任：李建林
韶关国家森林公园管理处：杨志军
广东粤北华南虎省级自然保护区管理处：龚志海
森林分局政委：罗时辉

韶关市商务局
局　长：张　雯
副局长：李季平　丁　冰
王卫军　李秋雯

韶关市文化广电旅游体育局
局　长：黄宣剑
副局长：朱伙新　胡　强
黎阳升　王　镒
温军燕　陈　祎
梁成斌　陈　忠
党组成员：包其华

韶关市卫生健康局
市政协副主席、市卫生健康局局长：
卢春燕（5月任职）
市卫生健康局党组书记：
龚小倩（5月任职）
副局长：李高龙　刘建军
谢晓斌

韶关市审计局
局　长：钟定鸿
副局长：李秋月　毛考清
总审计师：罗文达

韶关市统计局
局　长：杨水养
副局长：张盛福　李春城

韶关市国资委
主　任：张才明
党委专职副书记：李湘柱
副主任：柳　刚　李春雷
谢雪波　李清泉（任至7月）

韶关市市场监督管理局
局　长：欧新全
副局长：张福志　王武生
陆伟杰　黄善智
蔡美华　杨万林
龚兴桥　杨炳祥
副处职干部：李应武　简冰浩
宋　欢

韶关市医疗保障局
局　长：车万里
副局长：陈海明　曾烈省

韶关市退役军人事务局
局　长：梁祖超
副局长：李燕山
李剑虹（任至12月）
杨瑞光（11月任职）
韶关军用供应站站长：
肖卫球（5月任职）

中共韶关市委军民融合发展委员会办公室
主　任：张　蘋
副主任：李志雄　黄庆红
叶玉春

△韶关市党政直属部分事业单位

韶关市委党校（市行政学院、市社会主义学院）
市委常委、组织部部长、党校校长：
肖展欣
常务副校长：高　忠
副校长：龚礼宁　杨　斌
胡韶斌
专职校委委员：赵倩倩

韶关市接待办公室（市机关事务管理局）
主任（局长）：韩丽华
副主任：朱熹华　冯宪青
纪检组长：张广生（任至1月）
副主任：冯广照　雷禹民（1月任职）

中共韶关市委党史研究室（韶关市人民政府地方志办公室）
主　任：黄勤昌
副主任：杨维国　邓培雄

韶关市档案馆
馆　长：肖润良（任至10月）
副馆长：申爱平　黄　平

韶关市行政服务中心
主　任：罗国华
副主任：林钟强
纪检组长：姚世昌

副主任：裴　斐

韶关日报社

社长、总编辑：林伟新
副总编辑：赖玉平　曾明娟
　　　　　李仲超　张小卫
副社长、纪委书记：李宇强（任至6月）
副社长：张　波

韶关市广播电视台

台　长：段志坚
副台长：胡韶贤　张维平
　　　　庞小琥　李国荣
纪委书记：邓红红
党委委员：罗　翔

韶关市发展研究中心

主任（院长）：张文铭
专职副主任（副院长）：曾年红
兼职副院长：黄明奇

韶关新区

中共韶关新区工作委员会书记、中共韶关新区管理委员会党组书记：凌振伟
中共韶关新区工作委员会书记、中共韶关新区管理委员会党组书记：罗晓勤
中共韶关新区工作委员会副书记、中共韶关新区管理委员会党组副书记、主任：石　文
中共韶关新区工作委员会副书记、中共韶关新区管理委员会党组副书记：翟成洪
中共韶关新区工作委员会委员、中共韶关新区管理委员会党组成员、韶关芙蓉新区管理委员会副主任：宋卫红
中共韶关新区工作委员会委员、中共韶关新区管理委员会党组成员、广东韶关工业园区管理委员会常务副主任：赖香全
中共韶关新区工作委员会委员、中共韶关新区管理委员会党组成员、广东韶关工业园区管理委员会副主任：阳火成
中共韶关新区工作委员会委员、纪检监察工作委员会书记、中共韶关新区管理委员会党组成员：曹胜文
中共韶关新区工作委员会委员、中共韶关新区管理委员会党组成员、广东韶关工业园区管理委员会副主任：李英明
中共韶关新区工作委员会委员、中共韶关新区管理委员会党组成员、韶关芙蓉新区管理委员会副主任：刘石秀
中共韶关新区工作委员会委员、中共韶关新区管理委员会党组成员、广东韶关工业园区管理委员会副主任：叶剑斌
中共韶关新区工作委员会委员、中共韶关新区管理委员会党组成员、韶关芙蓉新区管理委员会副主任：何声岳
中共韶关新区工作委员会委员、中共韶关新区管理委员会党组成员：
　　粟　健（兼任）
广东韶关工业园区管理委员会副主任：
　　潘振宇（挂职）
韶关芙蓉新区管理委员会副主任：
　　何惟富（挂职）
韶关新区管理委员会副主任：
　　刘　宁（挂职）
韶关新区党工委委员、韶关新区管委会党组成员：钟浩华（挂职）
韶关芙蓉新区管理委员会党政办公室主任：段世甲
韶关芙蓉新区管理委员会规划建设局局长：黄端利
韶关芙蓉新区管理委员会招商发展局局长：张小枫
韶关芙蓉新区管理委员会社会工作局局长：何先觉

韶关市丹霞山管理委员会（广东韶关丹霞山国家级自然保护区管理局）

主任（兼）：林国华
党委副书记（兼）：周小明
副主任，丹霞山国家级自然保护区管理局局长：谢庆伟
纪委书记：廖宏峰
副主任：侯荣丰
副主任、丹霞山国家级自然保护区管理局副局长：陈　昉
副主任（兼）、丹霞山国家级自然保护区管理局副局长（兼）：沈建图
　　　　梁钰清
　　　　刘子龙

韶关市代建局

局　长：李　宏
副局长：邓永坚　陈希茂
　　　　乔显辉
总经济师：刘礼清
总工程师：梁万红

韶关市消防救援支队

支队长：刘小冬（11月任职）
　　　　葛长荣（任至11月）
政治委员：黄　珂（4月任职）
　　　　　葛长荣（任至4月）
副支队长：李代友　廖海容
　　　　　温岸文
副政治委员、纪委书记：邹勇群
政治部主任：程　健（11月任职）
　　　　　　于卫平（任至11月）

△法院、检察部门

韶关市中级人民法院

院　长：叶向荣
副院长：黄秋雄　冯应昌
　　　　宋良锋（任至6月）
　　　　李再丰（6月任职）
　　　　刘　斌
政治处主任：谢庆文
执行局局长：谭伟才
审判委员会专职委员：胡一兵　陈东阳

韶关市人民检察院

检察长：曾伊山
常务副检察长：温洁麟（任至4月）
副检察长：李再丰（任至6月）
　　　　　傅泽熙
　　　　　宋良锋（6月任职）
　　　　　李亚军
政治部主任：沈明河
检察委员会专职委员：徐友贤
　　　　　　　　　　陈奕荣

△群众团体

韶关市总工会

主　席：邓小杰
常务副主席：吴国强
副主席：肖伟旗　钟山红
　　　　陆石辉
兼职副主席：邹志忠　寿耀明
　　　　　　钟国建

中国共产主义共青团韶关市委员会

书　记：刘海旺
副书记：刘喆焱　郭凡奇
韶关市青少年宫主任：严志均

韶关市妇女联合会

主　席：汪　波
副主席：伍海艳　彭跃勤

韶关市科学技术协会

主　席：成绍强
副主席：罗金锋　黄端鹏

韶关市社会科学界联合会
主　席：马志明
专职副主席：黄明奇

韶关市文学艺术界联合会
主　席：刘照丁
副主席：李　梅

韶关市归国华侨联合会
主席候选人：钟山红（12月任职）
副主席：曾　园

韶关市残疾人联合会
理事长：张朝养
副理事长：谭祥红　王心钢

中国国际贸易促进委员会韶关市委员会
会　长：李敦华
副会长：陈汉城

韶关市红十字会
会　长：高冬瑞
常务副会长：赵远芳

韶关市关心下一代工作委员会
第二主任：肖展欣
执行主任：李石保
常务副主任：肖志雄　许永吉
　　黄其振

韶关市老区建设促进会
会　长：胡灵光
第一副会长：梁聪（主持工作）
副会长：甘义娣　李国华
　　甘　雷　夏忠礼
　　何新云
副秘书长：张钰廷

△民主党派

中国国民党革命委员会韶关市委员会
主任委员：张文铭
副主任委员：叶　纬　娄　平
　　钟树梅　成　容

中国民主同盟韶关市委员会
主任委员：林炜东
副主任委员：包玉兰　李敏瑶
　　龙仕华

中国民主建国会韶关市委员会
主任委员：陈　曦
副主任委员：胡湘泉　肖华茂
　　钟爱明

中国民主促进会韶关市委员会
主任委员：刘大济
副主任委员：宋良锋　杨松柏
　　李步德

中国农工民主党韶关市委员会
主任委员：卢春燕
专职副主任委员：吴　蔚
副主任委员：黄得慧　李　亶

九三学社韶关市委员会
主任委员：兰　茵
副主任委员：成绍强　姜向东
　　谢　勇　李再丰

韶关市工商业联合会
党组书记：翁良方
副主席：莫志强　陈岳峰
　　祝雄辉

△中省直属部分行政事业单位

韶关海关
关　长：冯庆坚
缉私分局副局长（主持工作）：刘　洋
广州海关第十五派驻纪检组组长：
　　刘志成
副关长：姜开明　张　明

国家税务总局韶关市税务局
局　长：林　晓
副局长：高　海　朱伟波
　　黄　文　李建新
纪检组组长：李品良（10月任职）
总会计师：蔡汉生（10月任职）
总经济师：王海仁（12月任职）

韶关市烟草专卖局（广东烟草韶关市有限公司）
局长、总经理：罗福俞
广东烟草烟叶生产技术中心（广东省烟草南雄科学研究所）主任（所长）：
　　李茂军（任至3月）
总农艺师：李茂军（3月任职）
副总经理：赵天顺
　　邱妙文〔挂任广东省局（公司）烟叶管理处副处长〕
纪检组组长：李国鹏
副总经理：陈泽鹏

韶关市气象局
局　长：戴　润
纪检组组长：饶纲伟
副局长：曾运东　李　丽

韶关海事局
局　长：林文珊
副局长：神小龙　牟相颇

韶关市航道事务中心
党组书记：杨向东
中心主任：胡森涛
中心副主任、纪检组长：魏学升
　　林庆齐
总工程师：曾祥辉

国家统计局韶关调查队
队　长：邸彦明
副队长：刘巧玲
纪检组长：吕伟坚

韶关市邮政管理局
局　长：王　伟（任至5月）

韶关监狱
监狱长：刘东阳
纪委书记：黄玉庭
总经理：邓光俊
副监狱长：陈立环　夏海波
　　刘　斌　韩　琛
政治处主任：冯维国

北江监狱
监狱长：钟裕广
政　委：于啟林（任至10月）
副监狱长：陈于东　禹宏魁
　　骆　斌　李国春
纪委书记：郭振明
副监狱长兼任北江工业总厂总经理：
　　符雁飞
政治处主任：吴凯南

武江监狱
监狱长：杜文滔（任至10月）
　　于啟林（10月任职）
政　委：黄　维

副监狱长：唐爱民　陈中平
江伟龙　郭诗雄
纪委书记：李炜煜
公司总经理：陈业群

广东省水文局韶关水文分局
局　长：周　艄
副局长：赖仲淄

广东省盐业集团韶关有限公司
执行董事：欧志辉
工会主席：潘志华

△金融管理部门

中国人民银行韶关市中心支行
行长、国家外汇管理局韶关市中心支局局长：刘志嘉
副行长、国家外汇管理局韶关市中心支局副局长：关艳芬
工会主任：李　青
副行长：邱　琳　孙方江
纪委书记：易　荣

韶关市银保监分局
局　长：邹　亮
纪委书记：刘卫华
副局长：陈美玲
侯　峰（5月任职）

△县（市、区）

韶关市浈江区
中共韶关市浈江区委员会
区委常委、区委书记：陈来安
区委常委、区委副书记：
曾清兰（任至4月）
胡德宁（5月任职）
罗永东
区委常委、区纪委书记：曾光明
区委常委、区委办主任：谢林茂
区委常委、常务副区长：
王友华（1月任职）
区委常委、区委政法委书记：刘　锋
区委常委、区委组织部部长：钟　真
区委常委、区委宣传部部长：宋宇林
区委常委、区委统战部部长：
刘子龙（任至11月）
区委常委、人武部政委：吕玉华
区委常委、副区长：祝志超（挂职，2月任职）

韶关市浈江区人大常委会
主　任：谭雪华
副主任：马瑞华（任至7月）
朱明远
麦桥悠（5月任职）
张玉花　刘伟光
麦章彬

韶关市浈江区人民政府
区委副书记、区长：曾清兰（任至4月）
胡德宁（5月任职）
常务副区长：王友华（1月任职）
副区长：刘雄生（挂职，任至5月）
祝志超（挂职，5月任职）
杨　雄　彭荣华
曾东野
张爱军（任至1月）
何艳霞（任至1月）
邱福林（挂职，任至10月）
罗奕文（6月任职）

政协韶关市浈江区委员会
主　席：黄德乔
副主席：麦桥悠（任至5月）
吕德基（5月任职）
周耀成（任至10月）
何艳霞（1月任职）
张爱军（1月任职）
林　瑜　何绍福
曾永红（任至3月）

中共韶关市浈江区纪律检查委员会、监察委员会
纪委书记、监委主任：曾光明
纪委副书记、监委副主任：廖志莲
周可华

韶关市武江区
中共韶关市武江区委员会
区委常委、区委书记：颜　亮
区委常委、区委副书记：郑伟平
陈　刚
区委常委、统战部部长：曹　钼
区委常委、宣传部部长：
卢建成（任至5月）
李宇强（5月任职）
区委常委、纪委书记：肖建红
区委常委、组织部部长：沈中伟
区委常委：陈　雪
区委常委、政法委书记：黄向阳
区委常委、人武部部长：杜　亚
区委常委、办公室主任：欧伟强
区委常委：张伟竣（挂职，任至2月）
黄远文（挂职，2月任职）

韶关市武江区人大常委会
主　任：孙理鸣
副主任：卢建成（5月任职）
李学源（任至10月）
潘歧亮　谭木初
聂平南　曾　宏

韶关市武江区人民政府
区　长：郑伟平
副区长：陈　雪
张伟俊（挂职，任至2月）
黄远文（挂职，2月任职）
余志强
刘拥军（任至8月）
黄燕斌
欧伟强（任至6月）
钟爱明
马文娟（6月任职）
侯志军（挂职，任至8月）

政协韶关市武江区委员会
主　席：彭　波
副主席：谭浩托
何　岚
罗元月
林　健
张思建（5月任职）
黄艺顺（5月任职）

中共韶关市武江区纪律检查委员会、监察委员会
纪委书记、监察委主任：肖建红
纪委副书记、监察委副主任：朱旭东
张耀雄

韶关市曲江区
中共韶关市曲江区委员会
书　记：罗海俊
副书记：伍　文　林应良
常　委：罗海俊　伍　文
林应良　王长征
唐继华　文浩培
吕小辉　肖绍托
陈夏广　钟秋华
华志兵（2月任职）
周大伟（挂职，2月任职）

中共韶关市曲江区委员会办公室
主　任：肖绍托
常务副主任：孙志强
副主任：邓国柱　黄明勇（任至9月）

韶关市曲江区人大常委会
党组书记、主任：黄健庭
党组副书记、副主任：叶信胜
党组成员、副主任：卜师带　刘文挺
张以荣　邓春鸿
副主任：龙仕华

韶关市曲江区人民政府
区委副书记，区政府党组书记、区长：
伍　文
区委常委，区政府党组副书记、常务副区长：陈夏广
区委常委、区政府党组成员：钟秋华
区委常委、副区长：周大伟（挂职）
区政府党组成员、副区长：朱永刚
蓝振球
张秀兰
谭群英
黄　华
区政府党组成员、区政协副主席：
张祥林
区政府副区长：杨　瀚（任至8月，挂职）

政协韶关市曲江区委员会
主　席：杨绍凯
副主席：廖年娇　释传正
钟树梅　梁文华
王爵承　张祥林
秘书长：黄长明
政协党组副书记：唐继华（4月兼任）

中共韶关市曲江区纪律检查委员会、监察委员会
书　记：王长征
副书记：龙惠平　廖　琳
常　委：何国新　何玉兰
叶伟民　陈飞文

乐昌市

中共乐昌市委员会
市委书记：沈河民
市委副书记、市长：钟　曦
市委副书记、常务副市长：
黄艺坤（任至4月）
市委副书记：黄艺坤（4月任职）
市委常委、政法委书记：
卢保新（4月任职）
市委常委、组织部部长：陈继平
市委常委、统战部部长：刘允曾
市委常委、纪委书记、监委主任：
邹有胜（任至4月）
市委常委、副市长：邹有胜（4月任职）
市委常委、市委办公室主任：林柏居
市委常委、宣传部部长：林砂胜
市委常委、纪委书记、监委代理主任：
许细桥（4月至5月）
市委常委、纪委书记、监委主任：
许细桥（5月任职）
市委常委、人武部政委：张　波
市委常委、副市长、大朗乐昌对口帮扶指挥部总指挥：曾　悦（任至2月）
市委常委、副市长、大朗乐昌对口帮扶指挥部总指挥：叶建华（2月任职）

乐昌市人大常委会
主　任：许新华
副主任：杨剑云
孔少川　徐国秀
王昭良　邹志忠
陈　雄

乐昌市人民政府
市　长：钟　曦
党组副书记、副市长：
黄艺坤（任至4月）
邹有胜（5月任职）
党组副书记、副市长（挂职）：
曾　悦（任至1月）
叶建华（2月任职）
党组成员、副市长：
邱才郁
彭桂珍
朱锋麟（任至11月）
刘洪生
姚兴伍（任至8月）
副市长：邓洪炜

政协乐昌市委员会
主　席：邬贤有
副主席：黎跃飞　谭桂明
李锡洪　孙俊华
何国志（5月任职）

中共乐昌市纪律检查委员会、监察委员会
纪委书记：邹有胜（任至4月）
许细桥（5月任职）
纪委副书记：曾培伟　杨忠荣
纪委常委：段定刚　欧阳勋
杜利雷　周　欢

南雄市

中共南雄市委员会
市委常委、市委书记：王碧安
市委常委、市委副书记：林小龙
叶济熊
市委常委：朱海兵
市委常委、市委办主任：
曾文辉（任至1月）
温　鑫（1月任职）
市委常委、组织部部长：林　军
市委常委、政法委书记：张英宏
市委常委、宣传部部长：温春花
市委常委、纪委书记：徐建坤
市委常委：邵锦炯（任至2月）
市委常委、统战部部长：陈志光
市委常委、人武部政委：夏小辉
市委常委：李福全（2月任职）

南雄市人大常委会
主　任：陈玉英（任至5月）
曾文辉（5月任职）
副主任：刘发龙　李　冰
陈仁麟　何文忠
叶凌峰　王高峰（5月任职）

南雄市人民政府
市　长：林小龙
常务副市长：朱海兵
副市长：邵锦炯（任至2月）
李福全（2月任职）
马细妹
吴良彬
王友华（任至1月）
焦晓松
杨　乾（任至9月）
雷　洪
杨耀轩（2月任职）

政协南雄市委员会
主　席：何人平
党组副书记：陈志光（4月任职）
副主席：袁元桃　刘卫忠
罗战勇　陈尚妹
肖梅山
何旗明（5月任职）

中共南雄市纪律检查委员会、监察委员会
纪委书记、监委主任：徐建坤
纪委副书记、监委副主任：
曾　光（任至4月）
黄文儒
纪委常委、监委委员：王长连
邱荣胜
纪委常委：江学文
刘福娣
监委委员：谢金城

仁化县

中共仁化县委员会
书　记：林国华
副书记：周小明　邱志坚
县委常委：谢庆伟
张　毅（任至3月）
苏　斌（5月任职）
邓红红（任至5月）
林　静（5月任职）
谭建华（任至4月）
刘拥军（7月任职）
丘光强　邹永祥
李伟杰　张　军
连辉标
梁晓辉（任至2月）
陈浩华（2月任职）

仁化县人大常委会
主　任：廖志常（任至4月）
副主任：黄付养　邓田庭
马小荣　廖兰英
夏德文　李建平

仁化县人民政府
县　长：周小明
副县长：邹永祥　沈建图
包伟红　梁钰清
钟卫苏　苏　斌
梁晓辉（任至2月）
陈浩华（2月任职）
曹　正（任至8月）

政协仁化县委员会
主　席：李秀荣（任至5月）
邱志坚（5月任职）
副主席：张标兵　李志贞
陈喜年　赖东北
邹汉明（5月任职）

中国共产党仁化县纪律检查委员会
书　记：张　毅（任至3月）
苏　斌（5月任职）
副书记：黎　明　陈少忠
常　委：张　毅（任至3月）
黎　明　陈少忠
李润平　张建珍
谭德永　胡　伟

仁化县监察委员会
主　任：张　毅（任至3月）
（3月起空缺）
副主任：黎　明　陈少忠
委　员：张建珍　胡　伟
兰长福　邱文灵

始兴县

中共始兴县委员会
县委书记：黄建华
县委副书记、县长：
叶洪番（任至11月）
华　关（11月任职）
县委副书记：宋在军
县委常委、副县长：李　勇
县委常委、宣传部部长：赖小红
县委常委、组织部部长：凌雪峰
县委常委、县纪委书记：
曹胜文（任至3月）
张　默（3月任职）
县委常委、县政法委书记：
卢保新（任至4月）
谭建华（4月任职）
县委常委、县委统战部部长：胡长江
县委常委、县委办主任：
温　鑫（任至4月）
何晓域（4月任职）
县委常委、人武部政委：刘明珠
县委常委、副县长：
李杰秋（任至2月）
曾东营（2月任职）

始兴县人大常委会
主任、党组书记：赖　根
副主任、党组副书记：肖强运
副主任、党组成员：
汤爱亮（4月任党组成员）
朱光东
饶刚卫
何武强
副主任：刘胜春

始兴县人民政府
县　长：叶洪番（任至11月）
华　关（11月任职）
副县长：李　勇
李杰秋（任至2月）
曾东营（2月任职）
汤爱亮（任至4月）
张智光
段　琪
叶常青
付　强（任至8月）
王伟强
钟俊锋（2月任职）

政协始兴县委员会
主　席：雷雨明
副主席：邓炳光　邓海清
蔡　军　刘晓梅
曾秋荣　黄月文

中共始兴县纪律检查委员会、监察委员会
县委常委、纪委书记、监察委主任：
曹胜文
纪委副书记、监察委副主任：
沈润声　陈万化
纪委常委、监察委委员：于俊明
张世军
纪委常委：林祥仁
卢海英（4月任职）
监察委委员：李子榕（任至3月）
邓所明（5月任职）
肖　斌（5月任职）

翁源县

中共翁源县委员会
县委常委、县委书记：黄令遥
县委常委、县委副书记：陈来安
柯建忠
县委常委、纪委书记：杜奇立
县委常委、政法委书记：陈路生
县委常委、常务副县长：谭晓健
县委常委、县委办主任：阮炳溪
县委常委、宣传部部长、统战部部长：
丘雪媚
县委常委：翁源经济开发区工委书记：
叶有昌
县委常委、组织部部长：熊　亮
县委常委、武装部政委：谢　刚
县委常委、厚街翁源对口帮扶指挥部总指挥：陈向宗

翁源县人大常委会
主　任：温毅麟
副主任：余小英　陈志峰
　　　　雷展发　陈福环
　　　　甘志初　王迅东

翁源县人民政府
县　长：陈来安
常务副县长：谭晓健
副县长：连　卫　林有成
　　　　陈卫红　肖俊青
　　　　曾志华

政协翁源县委员会
主　席：陈建为
副主席：刘少青　李翠红
　　　　张　洪　谢少龙
　　　　李金桓　张从真

中共翁源县纪律检查委员会、监察委员会
县委常委、纪委书记：杜奇立
县纪委副书记：江汉洪　朱振如
县纪委常委：张美秋　李敏华
　　　　　　郭伟洪　赖燕英
县监察委主任：杜奇立
监察委副主任：江汉洪　朱振如

新丰县

中共新丰县委员会
书　记：刘祥锋
副书记、县人民政府县长：区毅明
副书记：曾　军
县委常委、政法委书记：
　　曾　伟（任至6月）
　　罗　平（7月任职）
县委常委、纪委书记、监委主任：
　　王展渊
县委常委、县委办主任：潘文辉
县委常委、常务副县长：刘国洪
县委常委、宣传部部长：李芳足
县委常委、统战部部长：廖功文
县委常委、人武部部长：彭　达
县委常委、组织部部长：易建军
县委常委、副县长、东城新丰对口帮扶指挥部总指挥：祁晓峰（任至2月）
　　　　　　彭　俊（2月任职）

新丰县人大常委会
主　任：江大凡
副主任：郭世初　廖少明
　　　　陈小同　胡志彬（5月任职）
　　　　欧阳历　周　明

新丰县人民政府
县委副书记、县长：区毅明
县委常委、常务副县长：刘国洪
县委常委、县政府党组成员：
　　潘文辉（2月任职）
县委常委、副县长、东城新丰对口帮扶指挥部总指挥：
　　祁晓峰（任至2月）
　　彭　俊（2月任职）
副县长：连　卫　谭雪梅
　　　　胡志彬（任至1月）
　　　　陈小可
　　　　潘小定（任至5月）
　　　　于吉杰（任至10月）
　　　　唐　浩（2月任职）

政协新丰县委员会
主　席：潘允标
党组副书记：廖功文
副主席：廖保青　郑　斌
　　　　嵇春明　江武佳
　　　　李会清

中共新丰县纪律检查委员会、监察委员会
纪委书记、监委主任：王展渊
纪委副书记、监委副主任：罗哲行
　　　　　　　　　　　　陈向群
纪委常委、县委巡察办主任：曾小丽
纪委常委、监委委员：夏霜剑　黄绍福
监委委员：潘俊锋　赵米生
纪委常委：温志文

乳源瑶族自治县

中共乳源瑶族自治县委员会
书　记：钟沛东
副书记：邓志聪（任至3月）
　　　　邓国雄（4月任职）
　　　　张　军
县委常委、纪委书记：刘　峰
县委常委、政法委书记：陈耀宇
县委常委、统战部部长：简连英
县委常委、县委办主任：秦正京
县委常委、宣传部部长：谢向军
县委常委、组织部部长：肖俊青
县委常委、县人武部部长：刘仁平
县委常委：许益云（任至3月）
　　　　　张健和（任至4月，挂职）
　　　　　李洪海（4月任职，挂职）
　　　　　阮炳溪（3月任职）

乳源瑶族自治县人大常委会
主　任：林昌卫
副主任：朱均玉　赵　雷
　　　　邱　波　邓国雄（任至4月）
　　　　许尔金　吴衍雄

乳源瑶族自治县人民政府
县　长：邓志聪（任至4月）
　　　　邓国雄（5月任职）
常务副县长：许益云（任至4月）
　　　　　　阮炳溪（4月任职）
副县长：邓国雄（4月至5月，任副县长、代理县长）
　　　　李明华　高瑞坤
　　　　唐保生　龚　民
　　　　魏卢捷
　　　　张健和（任至4月，挂职）
　　　　李洪海（4月任职，挂职）

政协乳源瑶族自治县委员会
主　席：赵志敏
副主席：刘宏美　黄寿生
　　　　吴巧英　释明向
　　　　禤继文　李智军（5月任职）

中共乳源瑶族自治县纪律检查委员会、监察委员会
纪委书记、监察委主任：刘　峰
纪委副书记、监察委副主任：赵　鹏
　　　　　　　　　　　　　杨志坚
纪委常委：李东生　付晓娟
　　　　　陈文煜　吴韶华
监察委员会委员：陈文煜　廖　平
　　　　　　　　李文峰　吴韶华

索　引

主　题　索　引

一、本索引采用主题分析方法，款目按首字汉语拼音字母（同音字按声调）顺序排列。

二、文中的类目题、分目题、次分目题用黑体字标明，其余用宋体字排印。

三、索引款目后的数字表示内容所在的页码，数字后的英文字母（a、b、c）表示栏别（即版面的1、2、3栏）。

E

F

G

H

J

K

L

M

N

P

Q

T

W

X

表 格 索 引

图 照 索 引